張培剛 著
譚 慧 整理

張培剛集（上）

荊楚文庫編纂出版委員會
華中科技大學出版社

張培剛集
ZHANG PEIGANG JI

圖書在版編目(CIP)數據

張培剛集 / 張培剛著；譚慧整理
—武漢：華中科技大學出版社，2017.5
ISBN 978-7-5680-2071-8

Ⅰ.①張…
Ⅱ.①張… ②譚…
Ⅲ.①經濟學—文集
Ⅳ.①F0-53

中國版本圖書館CIP數據核字(2016)第170484號

責任編輯：章 紅　錢 坤
整體設計：范漢成　曾顯惠　思 蒙
責任校對：祝 菲
責任印製：周治超
出版發行：華中科技大學出版社
地　　址：武漢市東湖新技術開發區華工科技園華工園六路
電　　話：027-81321913　郵政編碼：430223
印　　刷：湖北新華印務有限公司
開　　本：720mm×1000mm　1/16
印　　張：82.75 印張　插頁：9
字　　數：1267 千字
版　　次：2017 年 5 月第 1 版　2017 年 5 月第 1 次印刷
定　　價：398 元(全三冊)

《荊楚文庫》工作委員會

主　　　任：蔣超良
第一副主任：王曉東
副　主　任：梁偉年　尹漢寧　郭生練
成　　　員：韓　進　肖伏清　姚中凱　劉仲初　喻立平
　　　　　　王文童　雷文潔　張良成　馬　敏　尚　鋼
　　　　　　劉建凡　黃國雄　潘啓勝　文坤斗

辦公室
主　　　任：張良成
副　主　任：胡　偉　馬　莉　何大春　李耀華　周百義

《荊楚文庫》編纂出版委員會

顧　　　問：羅清泉
主　　　任：蔣超良
第一副主任：王曉東
副　主　任：梁偉年　尹漢寧　郭生練
總　編　輯：章開沅　馮天瑜
副總編輯：熊召政　張良成
編委（以姓氏筆畫為序）：朱　英　邱久欽　何曉明
　　　　　　周百義　周國林　周積明　宗福邦　郭齊勇
　　　　　　陳　偉　陳　鋒　張建民　陽海清　彭南生
　　　　　　湯旭巖　趙德馨　劉玉堂

《荊楚文庫》編輯部

主　　　任：周百義
副　主　任：周鳳榮　胡　磊　馮芳華　周國林　胡國祥
成　　　員：李爾鋼　鄒華清　蔡夏初　鄒典佐　梁瑩雪
　　　　　　胡　瑾　朱金波
美術總監：王開元

出版説明

　　湖北乃九省通衢，北學南學交會融通之地，文明昌盛，歷代文獻豐厚。守望傳統，編纂荆楚文獻，湖北淵源有自。清同治年間設立官書局，以整理鄉邦文獻爲旨趣。光緒年間張之洞督鄂後，以崇文書局推進典籍集成，湖北鄉賢身體力行之，編纂《湖北文徵》，集元明清三代湖北先哲遺作，收兩千七百餘作者文八千餘篇，洋洋六百萬言。盧氏兄弟輯録湖北先賢之作而成《湖北先正遺書》。至當代，武漢多所大學、圖書館在鄉邦典籍整理方面亦多所用力。爲傳承和弘揚優秀傳統文化，湖北省委、省政府決定編纂大型歷史文獻叢書《荆楚文庫》。

　　《荆楚文庫》以"搶救、保護、整理、出版"湖北文獻爲宗旨，分三編集藏。

　　甲、文獻編。收録歷代鄂籍人士著述，長期寓居湖北人士著述，省外人士探究湖北著述。包括傳世文獻、出土文獻和民間文獻。

　　乙、方志編。收録歷代省志、府縣志等。

　　丙、研究編。收録今人研究評述荆楚人物、史地、風物的學術著作和工具書及圖册。

　　文獻編、方志編録籍以 1949 年爲下限。

　　研究編簡體横排，文獻編繁體横排，方志編影印或點校出版。

《荆楚文庫》編纂出版委員會
2015 年 11 月

1947年攝於武漢大學

1934年在北平的留影

前　　言

張培剛先生(1913—2011年)，中國著名經濟學家，發展經濟學奠基人之一，湖北省首屆"荆楚社科名家"，新中國成立60年，獲評功勛湖北100人，華中科技大學經濟學院名譽院長、教授。

先生1913年7月10日出生於湖北省黃安(今紅安)縣。1934年畢業於武漢大學經濟系，1934年6月任中央研究院社會科學研究所助理研究員。1941年考取清華庚款留美，進入哈佛大學學習，1945年獲哈佛大學經濟學博士學位。1946年回國任武漢大學經濟系教授兼系主任。1948年應聘出任聯合國亞洲及遠東經濟委員會高級顧問及研究員。1949年毅然辭去聯合國職務，再次歸來，報效祖國，繼續擔任武漢大學經濟系主任，代理法學院院長。1952年調至華中工學院(今華中科技大學)。

先生屬於中華民族求生存和發展時期產生的一代知識分子。先生出生在一個普通農民家庭，少年時就隨家人從事放牛、砍柴、栽秧、割穀等勞動，親身感受到農民生活的困苦和農業勞動的艱辛，在他幼小的心靈裏，早就立下志願要為改善農民生活、改進農業耕作尋覓一條出路。二十世紀初葉和中葉，國內軍閥連年混戰，外侮日亟，國恥不斷。這種民不聊生、民族危亡的情景，日益促使他發奮讀書，從無懈怠地探索富國強兵、振興中華的途徑。1934年武漢大學經濟系畢業，他以最優成績被選送到中央研究院社會科學研究所從事六年的農業經濟的調查工作。六年中他的足迹遍及河北、浙江、廣西、湖北各省，深入到農村基層進行考察，開展調研。可以説，這是他日後逐漸形成的人生觀和學術觀點的早期根源。

迨至1943年先生在哈佛選擇博士論文題目時，以他出國前的調查資料，本可駕輕就熟、比較輕鬆地完成撰寫任務。但他始終堅持少年時代立下的志向，且當時正值第二次世界大戰即將結束前的兩三年，他想到大戰後中國必將面臨如何實現工業化這一複雜而迫切的歷史任務，決定將"農業與工業化"作為論文題目，立足中國，面向世界，探討貧窮落後的農業國怎樣實現國強民富工業化的途徑。在哈佛圖書館六米見方的空間，他翻閱大量的歷史文獻和統計資料，仔細閱讀有關英、法、美、日、蘇聯諸國從"產業革命"以來各自實行工業化的書刊，嚴肅認真、全神貫注、極其辛苦地於1945年10月寫完"農業與工業化"論文英文稿。該論文榮獲哈佛大學1946—1947年度最佳論文獎和"威爾士獎金"。

《農業與工業化》是第一次從歷史上和理論上比較系統地探討農業國工業化的學術專著。該書提出了包括城市工業化和農業現代化在內的獨特的工業化概念，系統地提出了農業在工業化和經濟發展過程中的糧食貢獻、原材料貢獻、市場貢獻、勞動力貢獻、資本和外匯貢獻的"農業貢獻理論"，系統地分析了工業化的發動因素和限制因素，特別是突出了技術進步和企業家創新管理才能的作用，系統分析了工業化發生的先後順序，特別是提出了基礎工業和基礎設施先行的思想。這部著作被國際學術界譽為是第二次世界大戰後成為新興經濟學科的"發展經濟學"開先河之作。

本集收錄了先生二十世紀三十至四十年代所發表出版的絕大多數有代表性的著述，是先生新中國成立前著述的首次結集出版，從中可以看出其核心內容，都是圍繞著農業國工業化的理論形成和建立而展開的。

上冊收錄的四十余篇文章，是先生對農村經濟、糧食問題、貨幣與金融、農村調查方法、西方經濟的研究、評論和書評，曾在《獨立評論》、《經濟評論》、《東方雜志》等刊物和書籍上刊發。

中冊收錄的是先生於1934—1940年在中央研究院社會科學研究所任助理研究員期間的研究成果，包括四個農村調查報告：《冀北察東三十三縣農村概況調查》(1935年)，《清苑的農家經濟》(商務印書館，1936年)，《廣西糧食問題》(商務印書館，1938年)，《浙江省食糧之運銷》(商務印書館，1940年)。

下册收録的是先生在美國哈佛大學撰寫的博士論文《農業與工業化》（Agriculture and Industrialization），該書最早由哈佛大學出版社於1949年以英文出版，1969年美國再版；1951年翻譯成西班牙文，在墨西哥出版；中譯本於1984年由華中工學院出版社出版；2013年列入"武漢大學百年名典"在武漢大學出版社出版。下册的最後附上張培剛先生的年譜，可讓讀者對先生的生平有一個大概的了解。

　　張培剛先生的這些著述均出版於民國年間，當年的出版規範與今日或不盡相同。依文庫體例，一仍其舊。個別疑似之處，也未作刊正，以存其舊。另外需要説明的是，上册腳注中加＊的爲編者注，其餘均爲原注；中册文下注中的"本志"，是指首登該文的《社會科學雜誌》；個別文字、數據印刷模糊，無法辨認，多方查找其他版本印證未果，祇能以方框替代；個別文章在重版時，作了少許修訂和注釋。

總 目 錄

論文集	1
冀北察東三十三縣農村概況調查	371
清苑的農家經濟	425
廣西糧食問題	621
浙江省食糧之運銷	751
農業與工業化	935
張培剛年譜	1257

論文集

目 錄

農村經濟

民國二十三年的中國農業經濟 …………………………… 9
民國二十四年的中國農業經濟 …………………………… 28
民國二十五年的中國農業經濟 …………………………… 43
近年來的灾荒 ………………………………………………… 65
我國合作社的現況 …………………………………………… 69
保定的土地與農業勞動 ……………………………………… 79
中國農村經濟的回顧與前瞻 ………………………………… 87
我國農民生活程度的低落 …………………………………… 99
中國農業經濟的新動向 ……………………………………… 110
淪陷區的農村經濟 …………………………………………… 123
亞洲及遠東地區的土地利用 ………………………………… 130

糧食問題

浙江糧食消費的一個特殊習慣 ……………………………… 145
論我國食糧盈虧的估計方法 ………………………………… 149
論戰時糧食統制 ……………………………………………… 168
抗戰期中我國糧食問題的探討 ……………………………… 174
亞洲及遠東地區的糧食與農業 ……………………………… 182

貨幣與金融

一年來農村金融的調劑工作 ………………………… 207
法國貨幣貶值的問題 ………………………………… 218
匯兌干涉之研究 ……………………………………… 226
通貨膨脹下的農業和農民 …………………………… 234

農業國工業化理論

第三條路走得通嗎？ ………………………………… 243
農業與中國的工業化 ………………………………… 248

經濟學說評論

關於"廠商均衡理論"的一個評注 …………………… 259
論"正統學派"對於經濟學的新看法 ………………… 271
論經濟學上兩大準則——效率與公平 ……………… 277
從"新經濟學"談到凱恩斯和馬克思 ………………… 280

農村調查方法

我國農村調查之困難及其補救 ……………………… 287
論農村調查的方法——揀樣調查法的理論及其應用 … 295
論農家記帳調查法 …………………………………… 303
農村調查與資料整理 ………………………………… 310

書　評

中國的土壤——讀梭卜氏《中國土壤與人文地理紀要》 ……… 319
評湯惠蓀、杜修昌編：《中國農家經濟之記帳的研究》 ……… 324
評 W. Gee：《農業的社會經濟學》英文版 ……………………… 330
評 Edmund de S. Brunner and J. H. Kolb：《農村社會趨勢》
　英文版 ……………………………………………………………… 334
評 Paul de Hevesy：《世界小麥問題》法文版 …………………… 340
評 Bertrand Nogaro：《世界農產價格與經濟恐慌》法文版 …… 346
福利經濟原理——統制經濟之理論的分析 ……………………… 351
評 Paul M. Sweezy：《資本主義發展的理論——馬克思政治經濟學
　原理》英文版 …………………………………………………… 364
評 Edward Heimann：《經濟學說史：經濟理論導論》英文版 … 368

農村經濟

民國二十三年的中國農業經濟[*]

中國農業經濟的衰落，年來與日俱劇；民國二十三年祇不過是衰落加劇的一個過程。儘管農村經濟復興運動，經朝野的鼓吹和施行，成績上稍有表現，但在農業經濟衰落的根本原因沒有消除時，農業既沒有發達的可能，農村也沒有復興的希望。

本文的目的，在將民國二十三年中國農業經濟的真象，簡要的指出來。如果我們能看清一年來農業經濟所表現的各種事實，則我們不難探出構成此種事實的真實原因，以為改進農業與發展農村的依據。關於農業經濟一般情形的叙述，上年曾有巫寶三先生撰《民國二十二年的中國農業經濟》一文，載於《東方雜志》31卷11號。巫先生用農業生產利得及農民購買力二者，作為論述的中心點。本文有些地方仍沿用此種方法。

一、農業生產

考察一定期間內，農業生產的興衰，即農業經營的利損，可從兩方面看：第一，在一定的生產技術之下，農作物產量之多寡。產量增多了，則雖每畝產量不變，每單位生產品的利得如一，而總收益必增。反之，在同樣情狀之下，產量減少了，總收益必減。第二，因生產技術之進退，投資之增減，所招致單位成本的變動，這也可使總收益或增或減。第一種情形，可用耕作面積的增減，天時氣候的影響等來說明；第二種情形，則可藉每畝產量的大小，作物成本的高低等來測量。在我國目前，因每

---

[*] 本文原載《東方雜志》1935年夏季特大號。

畝產量的多寡，及作物成本的高低諸種統計，尚付闕如，故第二種情形，無從闡述。我們祇能從生產量的絕對數額方面，佐以物價的漲跌，藉示農業興衰的趨勢。

我們首先看看二十三年農作物的產量。在這裏，我們祇能選擇幾種主要農作物作代表。畜養及他種副業產品，雖然在農產中也占相當的地位，但因材料限制，祇得略去不述。二十三年，各主要農作物的產量，我們可以概括的説，除少數一二種外，餘均較前幾年減少。兹將四年來實際產量，作表列後，并以二十年爲100，將各年產量作成連鎖指數，以資相互比較。

近四年來主要農產品產額及相互比較表*（單位：千擔）

物品	民二十年		民二十一年		民二十二年		民二十三年	
	總量	%	總量	%	總量	%	總量	%
稻米	528 310	100	572 350	108.34	519 000	90.68	342 526	66.00
棉花	6 399 780	100	8 105 637	126.65	9 774 207	120.52	11 172 553	114.31
小麥	370 620	100	368 960	99.55	390 100	105.73	360 341	92.37
小米	142 740	100	150 280	105.28	141 100	93.89	113 515	80.45
高粱	133 850	100	155 530	116.20	139 630	89.78	112 158	80.33
玉米	100 030	100	113 040	113.01	105 700	93.51	91 464	86.53
大豆	130 360	100	147 520	113.16	164 540	111.54	105 434	64.08
花生	23 150	100	24 930	107.69	24 930	100.00	26 461	106.14
甘薯	186 900	100	279 590	149.59	261 900	93.67	265 812	101.49

*除棉花一項係根據中華棉業統計會估計外，餘均係根據中央農業實驗所全國農產估計。

由上表我們知道除棉花、花生二項的產量較前三年都增加，甘薯的產額較民二十二年及二十年兩年增加，而較二十一年仍減少外，其餘各主要農作物，較諸前三年，無不顯着極度的減低。其中如稻米較二十二年減少34%，大豆減少36%，高粱、小米各減19%，祇小麥一項減少的程度稍緩。但是二十二年的產量，一般都不及二十一年之多，所以如果把二十三年的產量和二十一年相較，則減退的程度之劇，尤足驚人，至少在五分之二以上。

四年相互比較之增減率（民二十年爲 100）

物品	民二十一年	民二十二年	民二十三年
稻米	8.34(+)	9.32(-)	34.00(-)
棉花	26.65(+)	20.59(+)	14.31(+)
小麥	0.45(-)	5.73(+)	7.63(-)
小米	5.28(+)	6.11(-)	19.55(-)
高粱	16.20(+)	10.22(-)	19.67(-)
玉米	13.01(+)	6.49(-)	13.47(-)
大豆	13.16(+)	11.54(+)	35.92(-)
花生	7.69(+)	*	6.14(+)
甘薯	49.59(+)	6.33(-)	1.49(+)

＊與民二十一年平，無增減。

從產量的增減上，我們可以說：本年農產中，祇棉花、花生兩項較爲有利，餘均表示虧折。農作物的產量，大多數既然顯示劇烈的減退，不說來年每畝產量沒有增加，單位成本沒有減少，即令前者增加了，後者減少了，也難填補那種由於產量減少所招致的絕對損失。

現在我們進而檢討一年來主要農作物的產量所以增減的原因。第一，假使耕作技術不變，每畝產量不變，氣候天時如常，則種植面積的擴縮，實可直接影響作物產量的增減。民二十三年，各主要作物的種植面積，僅有少數是較前幾年增加，多數是較前幾年減少了。如以二十二年爲 100，則本年稻米種植面積爲 92.7，棉花爲 110.7，小麥爲 104.6，玉米爲 101.4，小米爲 81.7，大豆爲 79.4，高粱爲 83.5，花生爲 118.2。①其

---

① 除棉田面積係根據中華棉業統計會估計外，餘均係根據中央農業實驗所全國作物種植面積估計。

中較二十二年增加者祇有棉花、花生、小麥、玉米四項，餘則均減少，尤以大豆、小米、高粱爲最。這裏我們顯然的看得出種植面積與產量的關係來。由上表，我們知道棉花產量在二十三年較上一年增加了14.32%，花生增加了6%，小麥、玉米雖較上年減少，但減少程度極微，各不過7.6%及13.5%而已。這是由於種植面積的擴張，一看便可瞭然。再看大豆的產量減退最劇，而大豆的種植面積亦減縮最劇，餘如小米、高粱亦然。稻米的產量所以比種植面積減少更甚者，這自然還有他種原因，留待下述。不過，在此地我們仍可以說：二十三年各主要作物產量的增加和減少，種植面積的擴縮，不失爲一主要的原因。

第二，構成民二十三年作物產量一般劇減的重要原因，不待說是本年的大旱。受災最大的，如江蘇、安徽的稻損失量占全數之半；餘如河北的高粱、玉米，陝西、河北的小米，安徽、浙江的棉花，江西、河北、浙江的大豆，損失量都在40%—50%，高者且達80%—90%，[1] 災之奇重，實十數年來所罕見。以上所舉各省，多係各作物的主要產區，所給予作物產量減少的影響尤大。茲將二十三年主要農作物因災損失的數量，及其占常年總估計量(近五六年平均數)之百分率，列表於下：

本年主要作物的損失量與總估計量比較表(單位：千市擔)

作物名稱＼類別	損失量	總估計量(近五六年平均數)	受災量占總估計量之%
稻	215 984	1 072 037	20.15
高粱	31 186	159 899	19.50
玉米	25 501	125 689	20.29
小米	111 648	172 898	64.57
棉花	5 984	19 361	30.91
大豆	31 638	167 849	18.85
總計	421 941	1 717 733	24.56

---

[1] 《民國二十三年全國旱災調查》，見《農情報告》第2年第9、10、11期。

由上表我們知道除小米一項損失最大外，餘如稻、玉米、高粱、大豆等，損失亦多在 20% 左右，棉花且達 30%。從這裏我們看得出災荒給予收穫量影響之大。

第三，還有一個影響作物產量增減的要素，便是每畝產量的多寡。各作物中，每畝產量增大的，祇有棉花一項。本年每畝產額為 0.249(千市擔)，較民二十年增加 23.3%，較二十一年增加 14.2%，較二十二年亦增加 2.9%。棉花每畝產量的增大，乃是年來改良種子及種植方法的結果。因為每畝產量增大，所以本年受災害的程度雖然甚大，總產量還是增加了。年來各種農產都表示衰落，祇有棉花獨自欣欣向榮，也無非是這個緣故。其餘的農作物，每畝產量既未見增大，自難抵銷災害及他種足以招致產量減少的因素之影響。

就上面的分析，我們知道民二十三年，一般的作物一方面因耕作面積的收縮，他方面因水旱蟲災的侵蝕，生產量大為減退。耕種面積的收縮，表示農業經營的無利可圖，因而放棄土地，或改植他種作物(如改種棉花是)；災荒的侵蝕，表示農業技術的幼稚，以致不能抵抗自然；這一切根本的因子，遂由全體作物產量的縮減上，顯示着農業衰落的情況。雖然棉花的產量是增加了，但我們看看棉花種植面積的擴張，便知道這是由於種植他種作物無利可圖，因而改植棉花的緣故。且棉花一項產量增加的這種利得，也難抵補大多數作物產量減少的損失。故此我們現在不必分析一年來單位成本的變動，便知本年度農業經營極為虧損，依農為生的農民，生活益趨窘迫了。

其次我們看看一年來的農產品價格。一般言之，民二十三年農產品的全年平均價格，比上年更為跌落，繼續着四年來下降的趨勢。就中僅大米價格呈着漲勢；棉花則有漲有跌，唯比較平穩。跌落最劇的要算是大豆，比較民二十年跌落 54%。小麥比二十年跌落三分之一，比二十二年跌落六分之一。雜糧、花生亦呈着顯然的跌勢。這一切現象，看下表便可知道。

表中所根據的，雖是都市的價格，但我們知道都市價格比鄉村價格還要高，其程度等於運銷費用加上稅捐；我們如果從都市價格中除去此二項，則農產價格低落的情勢將表示得更劇烈。

近四年來主要農產品價格指數

地名	農產品	民二十年	民二十一年	民二十二年	民二十三年
天津	小站米	100.00	96.56	78.44	78.94
	白麥	100.00	95.08	77.11	69.28
	元玉米	100.00	93.63	79.25	77.61
	紅糧	100.00	94.85	80.88	75.37
	元小米	100.00	95.86	80.00	70.57
	生米	100.00	95.20	87.82	78.97
	西河花	100.00	79.72	79.61	81.90
上海	陝西棉花	100.00	87.95	84.28	81.87
	常熟粳米	100.00	113.20	69.13	84.67
	徐州花生	100.00	85.12	62.01	46.23
	河南火車豆	100.00	87.00	76.75	46.53
	牛莊高粱	100.00	83.33	76.42	61.16
	遼寧玉蜀黍	100.00	86.46	75.26	66.45
	漢口小麥	100.00	94.42	79.52	64.62

但是，如若把一年分季來觀察，那情形就完全不同了。民二十三年第一、第二兩季，主要農產價格跌落的程度，比全年總平均價格還要劇烈；到了第三、第四兩季，則顯然呈着漲勢，尤以第四季爲甚。這可說是本年最值得注意的一種表現。茲將近兩年的農產價格，分季比較於後。

我們看得出各農產品中，價格增漲最大的是大米、雜糧：如常熟粳米在第三、第四兩季，比民二十二年同季增高達50%以上，各種雜糧亦都比二十二年同季增高10%或20%。陝西棉花亦是逐季漸漲。和此種傾向完全相反的，祇有西河花一項。西河花在第一、第二兩季是呈着漲勢，到第三、第四兩季，則顯着下落的趨勢。這也是本年的一種特別現象。

近兩年主要農產價格分季比較表

地名	農產品	第一季		第二季		第三季		第四季	
		二十二年	二十三年	二十二年	二十三年	二十二年	二十三年	二十二年	二十三年
天津	小站米	100.00	78.99	100.00	90.11	100.00	115.02	100.00	91.75
	白 麥	100.00	73.55	100.00	72.69	100.00	109.54	100.00	110.92
	元玉米	100.00	75.94	100.00	81.53	100.00	120.98	100.00	121.30
	元小米	100.00	71.45	100.00	78.84	100.00	93.77	100.00	120.34
	紅 糧	100.00	75.69	100.00	76.51	100.00	109.58	100.00	119.84
	西河花	100.00	119.59	100.00	112.86	100.00	94.10	100.00	90.16
	生 米	100.00	80.51	100.00	83.89	100.00	85.50	100.00	113.27
上海	陝西棉花	100.00	91.64	100.00	93.28	100.00	97.48	100.00	107.88
	常熟粳米	100.00	88.25	100.00	105.80	100.00	153.18	100.00	152.12
	徐州花生	100.00	67.97	100.00	67.12	100.00	76.70	100.00	91.73
	河南黃豆	100.00	53.61	100.00	53.09	100.00	61.12	100.00	83.30
	牛莊高粱	100.00	78.76	100.00	70.11	100.00	69.83	100.00	111.09
	遼寧玉蜀黍	100.00	73.01	100.00	73.15	100.00	98.01	100.00	119.12
	漢口小麥	100.00	72.30	100.00	68.40	100.00	93.97	100.00	95.80

接着我們要探索民二十三年的農產價格，全年的或分季的價格增減原因。這中間的關係當然是十分的複雜錯綜，一種原因固難解釋各種現象，而一種現象，也難用一種原因闡述。現將其中原因，分別略陳於下：

（1）國際傾銷的影響。如就全年的趨勢來說，農產品價格所以較前幾年低落，當然是受了國際傾銷的影響。本年農產品的輸入，雖比前幾年減少（詳情見後），但其數值仍是很驚人的。我們如果把幾種主要農產品的輸入和輸出的量值比較一下，便知道外國廉價農產品的輸入，所給予農產品價格的影響了。

本年主要農產品輸入輸出量值比較表*

名　稱	輸　入		輸　出	
	數　量	價　值	數　量	價　值
米　穀	12 753 180	66 143 328	112 947	669 519
小　麥	7 689 530	31 900 789	219 425	561 964
棉　花	1 923 896	90 462 804	346 347	15 200 879

＊數量以擔計，價值以元計。

（2）本國產量的增減。這可說是最大的一個原因，蓋農產品與製造品不同，需要方面無多大更易，故其價格的變動，所受需要方面的影響，不如所受供給方面的影響爲多。本國產量的增減，實可代表供給方面的最大變動。民二十三年上期，農產品價格之所以極度跌落，自與二十二年的產量大有關係。蓋二十二年的全國農產量，雖不如二十一年之多，但比較亦是豐年，則其所給予本年價格，尤其是本年上期價格的影響，自然很大。本年下期，農產品所以又多由跌勢變爲漲勢，很明顯的是由於本年農產量的銳減。同時，商人預卜年歲荒歉，乃收買幷囤積農產品，以便居奇獲利，其結果使農產價值急速上漲，高到其所應高的程度以上。這從前面價格分季比較表中便可看出。

（3）國際市場的影響。農產價格的漲跌，不但與本國的產量有關，同時又須受國際市場的影響。由前面所述，我們知道各農產品中，產量增加了而仍能維持價格於不跌落者，祇有棉花中西河花一項。這無疑的是世界市場的關係。據估計：民二十三年美國棉產額爲 9 624 000 包，較上一年減少了 3 400 000 包，其他各國的棉產額，雖較上一年增加了 500 000 包，而爲 13 566 000 包；但全世界棉花總產量仍祇有 23 200 000 包，較上一年減少了 2 900 000 包。產量的減少，當然影響價格的上騰，故美棉價格在本年大爲騰貴。西河花係輸出供國外之用，則產量豐多而仍能維持價格於不疲者，自然是受了這種影響。

最後，我們可以根據農產價格的變動，來推測農業經營的盈虧。我們先就民二十三年上期的農產價格來說。上期的價格，從上表可知跌落極劇；農產價格的跌落是表示農業經營利得的減少，因之我們由上期農產價格跌落的程度，便可推知農業利得損失的大小了。再就本年下期的價格來説。下期的價格，尤其是糧食價格，表示極度的高漲；乍觀之，似覺可喜。但我們要認清，這種高漲，不但對於農民毫無利益，而是更足招致農民的貧困。我們已知道本年為大荒之年，農產收穫量大減；大半農民在這時候，不但無所賣，反須有所買，則價格高漲的結果，對於他們是利是害，不問可知。在產量豐的時候，糧價慘跌，在產量歉的時候，糧價飛漲；農民不幸的，既做了穀賤時的"生產農"，又做了穀貴時的"消費農"了。由此可知本年農產價格的一跌一漲，不但使農業經營毫無利得可獲，且更使農民生計趨於艱難，農業經濟的前途，更顯着衰落的徵象。歷年來，地價漸趨下落，當然表示農業經營的無利可圖，以致農民多放棄土地。觀乎年來離村人數日多，尤足徵信。本年地價的增減，雖無確實的調查，但我們可推知仍是表示下降的趨勢。

二、農產對外貿易

農業對外貿易的大小，一方面可表示本國農業在國際上的地位，他方面可表示本國農業所受國際的影響。欲知前者，須追索農產輸出額的增減；欲明後者，須探悉農產輸入額的漲縮。茲就本年的貿易統計，將輸出輸入分別闡述於後。

(一) 輸出

民二十三年的農產輸出量，一般言之，都較上年增加；計小麥由二十二年的 4 萬擔增到 22 萬擔，米穀由 10 萬餘擔增到 11 萬餘擔，花生由 220 萬擔增到 227 萬餘擔，豆類由 90 萬擔增到 180 餘萬擔。棉花則由 72 萬餘擔減到 34 萬餘擔，減少一半以上；這是一般情形中的特殊現象。至就輸出總值而言，則顯然的表示退縮。這種差異的原因，無疑的是農產品價格的跌落。若與二十年及二十一年兩年相較，則值、量兩方面，除少數農產品外，都表示着減退。這當然是由於經濟恐慌所招致國際市場日益萎縮的結果。現爲比較起見，特將四年來農產輸出的量和值，作成指數如下表。

四年來主要農產品輸出數量及價值比較表[*]

種別	量值	年　度			
		民二十年	民二十一年	民二十二年	民二十三年
米　穀	數　量	100.00	119.38	343.17	373.92
	價　值	100.00	79.88	188.83	183.71
棉　花	數　量	100.00	83.97	91.62	43.85
	價　值	100.00	76.61	71.97	36.19
豆　類	數　量	100.00	45.41	2.15	4.29
	價　值	100.00	37.06	2.22	3.23
花　生	數　量	100.00	74.55	52.93	54.92
	價　值	100.00	69.46	40.12	28.40

[*]本表輸出指數及下表輸入指數，均係根據"海關貿易報告"的數字作成。在輸出各項中，小麥輸出額因受東北被侵占及撤銷禁糧外運令之影響，四年增減極劇，相差至數千倍；玉蜀黍、小米輸出額，自東北失陷後，亦劇減，幾由 100 降到 0；爲此，本表祇有把這幾項略去。

由上表知輸出狀況較好的，祇有米穀一項。米穀的輸出，歷年來都表示增加的趨勢，尤以本年及民二十二年增加最速，約爲二十年的三至四倍。但米穀的輸出價格在本年則跌落甚劇，觀乎本年的輸出量雖較二十二年爲多，而值反減少可知。棉花輸出，在二十二年表現了好景象。可是到了本年又呈示着不景氣的情況。此外花生、豆類在量的方面都較二十二年增加，但較二十年及二十一年，則又顯着退縮的趨勢。

现在我们要探索各项主要农产品的输出所以增减的原因。在这里我们得到以下诸点：

（1）禁止粮食外运令之撤销。民二十二年十月，政府有撤销禁止粮食外运，准予自由运销，并免征出口税之令，粮食的出口，因之陡然增加。在禁令撤销之先，小麦的出口，数极微小，几等於零，到第四季突增到4万担；米在前三季均各不足万担，到第四季忽增到8万余担。二十三年，米麦输出量均继续增加；米在第一季较二十二年同季增加了五倍，第二季增加了八倍；小麦在第一季为32 000担，第二季增到46 000担，第三季又增到87 000担。观此可知该法令影响之大。

（2）上年的丰收。民二十三年的农产输出，有的所以增加者，大半又要归於上一年的丰收。盖将全年分期来说，上期的输出额，均较下期为多。如小麦、小米输出量最多之时，在本年的前二季或前三季，到第三、第四两季则都显着剧烈的低落。大米在第三季仅及民二十二年同季74.7%，第四季更降到8.5%；花生在第三、第四两季均仅及民二十二年之60%—70%；小麦在第三季为87 000担，到第四季降到55 000担。其中以大米一项，减退最剧，在二十二年第三季还未撤销禁止粮食出口令之时，输出尚较本年为多，则知本年上期米出口量的增加，全为上年存米多的结果了。

（3）本年的荒歉。虽然民二十三年全年的出口额，多较上年增加，但如上所述，这乃是上年丰收的结果，若就本年的产量而论，自必招致输出额的减少。此将本年各农产品的输出量分季比较，便可瞭然。如前段所示，米输出额在第三、第四两季减退甚剧，而我们知道每年第三、第四季为米谷收割上市之时，照理输出应该增加，而事实上乃得其反。这无疑的是由於本年荒歉的结果。由是可知产量不丰，则虽无禁粮外运之令，亦必使输出额大为减退。

（二）输入

本年农产的输入，无论就值或就量而言，都显着极度的退缩；如米穀由二十二年的2 140萬擔，減到1 270餘萬擔，小麥由1 770萬擔，減到770萬擔；棉花、豆類亦是減少，唯程度極微。這個減低，是近三四年來一般的趨勢，看下表便知。

我們由上下二表，知本年農產品輸入額與上一年相較，無不減少，其中以小麥、米穀減少最烈。與民二十一年相較，除豆類輸入增加外，餘均減退，并以棉、麥為最，計各在一半上下。這因二十年的水災，農產損失已極大，故二十一年輸入不得不特別增加，此觀二十一年為入超最大之年可知。與二十年相較，則祇有豆類大增，米穀稍增；棉花、小麥均劇減，僅及當年三分之一。

四年來主要農產品輸入數量及價值比較表

種別	量值	年度			
		民二十年	民二十一年	民二十二年	民二十三年
米穀	數量	100.00	209.36	199.42	118.74
	價值	100.00	186.32	150.52	65.57
棉花	數量	100.00	79.80	42.86	41.35
	價值	100.00	67.34	35.23	32.38
小麥	數量	100.00	66.24	77.79	33.77
	價值	100.00	59.41	64.54	23.37
豆類	數量	100.00	75.73	232.93	171.46
	價值	100.00	79.45	164.14	94.33

我們再看看本年農產品輸入所以增減的原因。茲就數項分別敘之。

(1) 米麥麵粉及雜糧進口稅。此稅於民二十二年十二月開始徵收，目的在抑制國外糧食的傾銷，以維持國內糧食的價格。二十三年實行的結果，事實上不無相當成效。以本年第一季與二十二年同季相較，米僅及二十二年59%，小麥51%；第二季更減，米僅及58%，小麥39%。可知本年上期糧食的進口，較諸二十二年同期，已減少40%—50%了。雖然此中尚有其他原因，但我們總可窺見糧食進口稅及於糧食輸入的影響。

（2）國內的需供情形。農產品進口的多少，當視本國需要的大小而定，而對於糧食及他種原料品的需要，又因國內供給量的多寡致有大小的變動。本年總輸入額的減少，及各季輸入量的變動，都可用國內需供之情狀來說明。現在先說棉花。棉花的輸入量，不但全年總額減少，若就各季來說，減低的程度更劇。本年第一季的輸入量，還超過二十二年同季之三分之一，到第二、第三兩季則落到上年的95%，第四季更落到祇有上年的一半。這有兩個原因：一是國內產量增多，本國供給增加了，對外需要自然減少；二是外棉價昂，其結果自又影響對外棉的需要。所以棉花的輸入量，遂顯示日益減退的趨勢。米的輸入總額，雖較上年減少，但以前三季減低的程度最劇，到第四季反而大為增加，數為300餘萬擔，雖不如二十二年同季之多，但較諸本年第三季之230餘萬擔，已增加70餘萬擔了。這很明顯的是由於本年荒歉的結果，糧食不足自給，致對外需要增加。

（3）農民購買力的減低。本年各主要農產品的輸入，都表示極度的低落，其中以糧食為最，這除上述原因外，農民購買力的減低，亦不失為一主因。觀乎本年空前奇荒，農產損失重大，論理對於國外糧食及他種農產品的需要自大增高，則農產總輸入自亦應增加。乃事實上竟剛相反，各主要農產品中，雖大米一項的輸入，於第四季顯示增加，而其他各種則仍與前三季相若，可知農民購買力一般的減低，實為農產輸入減少的主要因子。且即就本年第四季米的輸入量與民二十二年同季相較，前者仍僅及後者的85%，二十二年本為豐收之年，而其輸入糧食反較荒歉之二十三年為多，這情形表示了農民因灾荒致無力購米。蓋雖有洋米徵稅之舉，如果農民對於洋米有效的需要甚大，則仍難杜絕洋米的大宗入口。是以二十三年，農民雖因生產短乏，對國外糧食有極大的需要，但因收益減損，購買力降低，致此種需要不能成為有效的需要，則農產輸入不能達到相應的程度，自為必然的結果。

最後，我們在分析農產輸出輸入之後，可以總括的說：本年農產的輸出總額，雖比上一年增加了，但因本年產量劇減的關係，到下期就表現爲顯然的減退。輸入的趨勢則剛與輸出相反，上期雖然極少，下期則急速增加。但因爲一般農民購買力降低的緣故，農產的輸入量仍沒有高度的進展。不過，就輸出漸減和輸入漸增的兩種趨勢來說，農產貿易的前途，是日趨不利於中國。農產輸出減少，輸入增加，在工業國是必然的現象，可是在以農爲業的我國，却顯然表示爲農業的衰落。我們既沒有脫去農業經濟的階段，則農業的頹敗，實足顯示國民經濟前途的危機。

三、農民生計

農民生活的裕困，一方面關係農業生產的發達與頹敗，他方面則可表現農業經濟的興衰。我們於明瞭一年來農業生產與農產貿易的實況後，當進而觀察農民生活的現狀。

在我國目前，因爲農家經濟調查材料的缺乏，而農家更無收支帳項的記載，所以要想研究農民收支，以期明瞭農家生活的狀況，殊感困難。我們祇得從另一途徑去探討。一方面從農產量的豐嗇，利得的大小，和農產價格的漲跌，去探索農民收入的多寡；他方面從生活品價格的高低，換言之，農民所須購買的必需品價格的高低，去探知農民支出的增減。我們假定農民收支，歷年來都恰好彌補（事實上農民多是入不敷出，參閱年來農家生活的調查報告便知）。則本年收支的實況，便不難由上述兩方面間接追索而得。

農民的收入，在本年可說是大爲減少。由農業生產一節中所述，我們知道本年農產收穫量，受耕種面積的縮小，及空前的水旱蟲災的影響，減少甚劇，比前幾年差不多減少了三分之一；其減低的程度，誠爲近十數年所罕見。故在農產品的絕對量方面，農民已受到不可補救的打擊了。其次再看看利得方面。利得是農民的純收益，利得的有無和多寡，不但可表示農民收入的大小，同時因爲它是農業投資的泉源，再生產的張本，所以又可用以表示農業生產的發達和衰頹。利得的計算，在目前尚付闕如，所以不能用精確的數字去表示。不過，我們由歷來零碎的農場經營調查，實可推知全國的農業經營，净損的實居多數。據民二十年韓德章氏所作"河北省深澤縣農場經營調查"①，該縣梨元村每農場之净損平均爲90.16元，南營村則爲157.93元，可知我國農業經營虧空之大了。在生產技術尚未改進，每畝產量亦未見增加的情狀下，我們實可以說一年來農業經營祇是净損的了。再就農產價格方面說，本年上期價格的慘落，實給農民以莫大的損失；而下期價格，尤其是糧食價格的飛漲，更予農民以直接的威脅。這在前面已經詳述，茲不贅。

農民支出方面，我們若就生活品價格來推測，則可斷定一年來不但未減少，而反有增加的趨勢。我們先看看四年來北平、上海兩地生活品的零售價格。

近四年來北平、上海生活品零售價格指數

年　度	北　平				上　海			
	粗布	香油	煤油	食鹽	粗布	豆油	煤油	食鹽
民二十年	100.00	100.00	100.00	100.00	100.00	100.00	100.00	100.00
民二十一年	97.54	96.39	92.28	96.21	95.06	91.98	92.12	84.00
民二十二年	87.36	73.69	70.26	101.12	86.36	90.86	71.36	99.52
民二十三年	76.82	63.20	72.94	109.65	81.42	66.43	76.04	126.18

由上表知生活品中，除粗布、香油、豆油稍跌外，煤油、食鹽都呈現着漲勢，其中以食鹽爲最。本年的食鹽價格，北平比民二十年增加了10%，上海則增加了26%，至與二十一年和二十二年相較，則高漲的程度更劇了。食鹽爲生活必需品，食鹽價格奇漲，無怪乎許多地方的農民

---

① 《社會科學雜志》5卷2號。

無力購鹽而改爲淡食了。

假使我們把一年來生活品的價格作一分析，則前之所言，更爲確切。茲將本年與民二十二年價格分季比較於下。

近兩年生活品零售價格分季比較表

地名	種類	第一季		第二季		第三季		第四季	
		民二十二年	民二十三年	民二十二年	民二十三年	民二十二年	民二十三年	民二十二年	民二十三年
北平	粗布	100.00	80.27	100.00	90.54	100.00	89.95	100.00	92.25
	香油	100.00	79.54	100.00	75.80	100.00	86.92	100.00	103.96
	煤油	100.00	69.29	100.00	103.41	100.00	126.61	100.00	137.60
	食鹽	100.00	106.26	100.00	111.47	100.00	101.68	100.00	114.46
上海	粗布	100.00	100.00	100.00	90.00	100.00	94.00	100.00	92.95
	豆油	100.00	72.87	100.00	63.66	100.00	75.54	100.00	81.53
	煤油	100.00	71.24	100.00	102.21	100.00	125.79	100.00	132.54
	食鹽	100.00	126.15	100.00	135.83	100.00	131.25	100.00	115.77

從此表，我們顯然看得出食鹽、煤油、香油的價格都是呈着漲勢，仍舊祇有粗布、豆油的價格稍跌。中如煤油一項，各季漲勢更劇，從第一季到第四季，較之民二十二年的第一季到第四季，差不多漲了一半。煤油是現在鄉村的一般用品，其價格的奇漲，自予農民生計以莫大的影響。雖然粗布、豆油的價格是跌落了，但以程度過微，故仍不能抵銷食鹽、煤油、香油等價格的漲勢。

總而言之，本年農產不足，農民爲購買糧食，已受本年下期糧食價格高漲之苦；現在爲購買他種生活品，也受到生活品價格上漲的威脅了。

農民收支的情狀，依上文間接推算，可見農家收入有減少的趨勢，支出有增加的傾向。此種收支不敷的數額當是日益增大。據最近江寧縣化乘鄉農家調查的結果，[①] 即可見農民生計的一般。

---

① 《農情報告》第2年第23期。

江寧縣化乘鄉農家平均收支表

每家人口	每家經營田畝	每家收入（元）	每家農場支出（元）	每家生活支出（元）	收支不敷數（元）
5.32	13.18	112.50	38.82	181.62	103.94

由上表平均五口之家，每年生活費支出祇有 181.61 元，生活可謂低下。但是即此極低之生活，亦不能維持，因其不敷之數竟達 103.94 元，幾與收入額相等。由此可見農民生計是如何的窘迫了。

其次我們再看看農民的購買力。以生活品價格指數，除農產品價格指數，便得農產品的購買力指數，用之可表現農民購買力的大小。從前所述農產價格劇跌的趨勢，及本節前段所云生活品不但祇有微跌，并有上漲的傾向，我們可以斷定近幾年來農產品的購買力是益趨下降的。這種下降的程度見下表。

近四年來農產品購買力指數[①]

年度	農產品價格指數	生活品價格指數	農產品購買力
民二十年	100.00	100.00	100.00
民二十一年	89.76	93.20	96.31
民二十二年	75.47	85.07	88.72
民二十三年	70.30	84.08	83.61

四年來，農產品的購買力下降的程度，殊屬劇烈，其中尤以民二十

---

① 本表根據的農產品價格指數，係天津、上海兩地者；生活品價格指數係北平、上海兩地者。農產品價格，都市較鄉村爲高，程度等於運銷費用加上稅捐；生活品價格，鄉村較都市爲高，程度亦等於運銷費用加上稅捐。所以如果把鄉村的農產品價格和生活品價格來測量農產品的購買力，則降低的程度當益劇。

二年及二十三年爲最。民二十二年是由於農產價格跌落極劇的結果，二十三年則是由於生活品價格跌落極微，幾乎等於未跌的緣故。二者原因雖不同，而其影響農產品購買力的降低，則是一樣。依此表，農產品購買力自二十年至二十三年，四年之間降低了17%。我們由此不難看出本年農民購買力減低的程度。

由農民收支的分析，我們知道一年來農民生活益陷窘狀；從農民購買力的劇降，尤可證明農民生計窘困的加劇。我們再用一年來農民借貸的情狀，來表示農民生計的陷於困難。

根據中央農業實驗所年前所作二十二省八百五十縣的調查，①借錢的家數占全體農家的56%，借糧的家數占48%，可見農家陷於借貸者之多。這雖然是民二十二年十二月份的調查報告，但我們知道農家借債的，實有日漸增加的趨勢。李景漢氏曾於《農村高利貸的調查》②一文中發表十八、十九與二十年三年定縣5村莊526家的調查結果，內中借債的農家，借款的次數，和借款的總額，都是一年比一年增多；以在平教會③積年努力改進下的定縣，尚且如此，其他的縣份便不問可知了。同時二十三年又爲空前災荒之年，農家借債者增多，自可斷言。

借債度日的農民之實際情形，根據調查的結果，④ 可以看出以下各點：(一)農村金融的無上權仍操諸地主、商人之手。按農民借款來源分析，24.2%來自地主，25%來自商人；按儲蓄機關分類，農村餘資25.6%存於商店，61.2%存於私人(地主、商人)；由此可見農民是挣扎在地主、商人的腳尖下了。(2)農民仍處於高利貸剝削之下。據此調查報告，農民借貸的利率，2分至4分的占56.5%，1分至2分的僅占9.4%，至於5分以上的反比1分的爲多，占12.9%，由此可見農民呻吟於高利貸壓迫之下的苦景了。這些雖是本年三月的調查，但是本年農民

---

① 《農情報告》第2年第4期。
② 《民間》第1卷第14期。
③ "平教會"乃"平民教育委員會"，是本世紀二三十年代晏陽初先生在河北定縣所辦的實驗區。
④ 《農情報告》第2年第11期。

生計既更爲艱難，陷入借債的農家，自必加多，結果農村借貸利率必然更爲增高。因此本年農民所受重利盤剝的程度，較往年當更烈。農民生計前途，真令人不堪設想！

1935 年 3 月 12 日作於國立中央研究院社會科學研究所
南京

民國二十四年的中國農業經濟[*]

我國的農業經濟歷年表示兩種顯著的現象：一是農作物產量減少；一是農產品價格跌落。前者主要的是由於國內的災荒，後者主要的是由於國際商品勢力的侵入。到本年，雖然農產品價格一般都較上年增高，但因本年災荒的奇重，加之洋米麥的大量傾銷，則農產品價格的上漲是否就表示農業經濟的復興，對於農業經營與農民生計有否好的影響，頗值得我人予以深切的研究。本文在將一年來我國農業經濟所表現的諸種事實，予以真實的陳述，并對於那些特殊的現象，作一番較詳盡的探討。

一、農業生產與災害

我國是一個在災荒中度日子的國家，隔不到一年兩年便有一次大旱或一次水災，而蟲害、風雹等災更是屢見不鮮的事。這種災害損失的程度愈到近年愈劇。其結果不僅影響農業生產的衰落，而更招致農民的貧困與流亡。

據賑務委員會調查，本年受水災最劇的，計有揚子江、黃河兩流域鄂、贛、湘、皖、豫、魯、蘇、冀等八省，被災面積共64 904.49平方公里，占八省總面積5%；災民共20 595 826人，占八省總人口10%。其中湖北災情最重，計被災面積占25%；災民人數占27%；山東次之，被災面積占4%，災民人數占14%；江西、湖南再次之，被災面積各占2%，

---

[*] 本文原載《東方雜誌》第33卷第8號，1936年4月16日。

灾民人數各占 16% 與 13%。總計財產損失爲 415 701 905 元，就八省總人口來說，平均每人損失 2 元；就灾民人數來說，平均每人損失 20 元。其中仍以湖北損失最劇，計 147 935 000 元，而據武漢大學刊行的《湖北江河流域水灾調查報告》所載，尚不止此數，計爲 161 863 000 元。本年水灾損失之大，由此可知。

又據中央農業實驗所估計①，本年夏季作物稻、高粱、小米、玉米、糜子、大豆等受水旱兩灾的損失，計受灾面積(種植面積)共 93 620 千畝，作物損失數量共 132 345 千擔，如以每擔平均價格 4 元計算，損失價值共 529 133 千元。受灾的省份有陝、晉、冀、魯、蘇、皖、豫、鄂、湘、贛、浙、閩、粤等十三省，其中以魯、皖、冀、鄂、豫、蘇六省損失最大。各種作物受水灾損失數量的成數(%)，計稻爲 34%，高粱爲 37%，小米爲 40%，玉米爲 43%，糜子爲 44%，大豆爲 47%；受旱灾損失數量的成數，計稻爲 37%，高粱 37%，小米 35%，玉米 38%，糜子 38%，大豆 47%。損失成數最低亦在三分之一以上，且有高達二分之一者，灾害損失之巨，於此可見。據同種材料來源，本年冬季作物小麥、大麥、豌豆、蠶豆、燕麥等受旱灾、風灾、病害、蟲害及其他霜、雪、雹等灾害的損失數量共計 2 685 263 千擔，如仍以每擔平均價格 4 元計算，損失價值共 10 740 052 千元，較夏季作物損失尤巨。此種灾害遍及全國各省，中以魯、蘇、豫、鄂、冀五省最劇。各種作物，計受旱灾損失數量的成數，最低爲 19%，高達 32%，受風灾損失數量的成數由 8% 到 15% 不等；受病害損失數量的成數亦在 11% 到 15% 之間；受蟲害損失數量的成數低雖僅 2%，而高則達 16%；受霜、雪、雹等灾害損失數量的成數，最低爲 13%，高達 22%。從這些數字推斷，我們知道本年的灾害當是如何的嚴重！外人常說中國是一塊"灾荒之地"，實非過甚之辭。

我國現時的農業經營，論技術的改良是談不上的，故每畝產量當未較往年增加；而年來國外則商品勢力的侵入日劇，國內則苛捐雜稅的暴

---

① 載《農情報告》第 3 卷第 9、11 期。

斂如昔，農家則生産要素的缺乏年甚一年，一時自又做不到耕種面積的擴張；所以即令在豐年，生産已難望改進，至一遇空前的灾害，農作物的産量自然要極度降低。民二十三年已是大荒之年，本年的灾害不減當年，農作物的産量之爲同等程度的減低可知。其中有幾項農作物的産量且較上年減少，有幾項雖較上年增加，但比之二十二年或二十一年却仍大爲遜色。兹分述如後。

先說糧食作物。稻（糯稻除外）本年産量爲870 537千擔，較上年增加173 685千擔，較民二十二年則減少8 480千擔，較二十一年則減少69 894千擔。本年稻的産量之所以較上年增加，一方面固由於本年稻作物受灾害的損失不及上年重大，另方面則因爲本年稻的種植面積略有擴張。小麥本年産量爲426 052千擔，較前四年均減少，即較上年已減少25 160千擔。小麥的種植面積，在本年較上年增加7%，本年産量之所以劇減，當是由於春初小麥主要産區的華北各省遭受大旱。大麥的情形與小麥同。高粱本年的産量爲135 551千擔，較上年雖增加2 412千擔，但遠不及二十一年與二十二年之多。不過，高粱本年的種植面積較上年減少了9%，而産量却較上年微有增加，總算是比較好的一種現象。小米本年産量爲136 247千擔，較二十一年與二十二年雖見增加，而較上年却減少1 037千擔，這是因爲本年的種植面積減少了3%的緣故。玉米本年的産量爲136 889千擔，僅少於二十一年，較二十二年及上年均見增加，其中以較上年增加最甚，計25 705千擔，其故在於本年種植面積大爲擴張，計較上年增多12%。總括的說，糧食作物中，除小麥外，餘如稻、高粱、小米、玉米等項，産量均較上年增加，但比之二十、二十一及二十二諸年則仍不及遠甚，其原因主要的可以説是灾荒。

其次論油類作物。花生本年的産量爲44 972千擔，較上年減少7 912千擔，較二十二年減少14 641千擔，減低的程度可謂極劇。這一方面是由於本年種植面積較上年減縮8%，另方面則因爲本年花生主要産區山東遭受大旱與水灾。芝蔴本年産量爲15 257千擔，較上年減少1 700千擔，較二十二年減少4 011千擔；減低的程度同於花生。油菜籽本年的産量爲

49 749千擔，較上年減少1 675千擔，但較二十二年却遠見增加。總計油類作物的產量均較上年減少，論其原因，大部分可以説是種植面積的減縮，小部分則爲灾害。

我們再看豆類作物。自東三省被日寇侵占後，豆類產量劇減，但在農作物中仍不失一重要地位。大豆本年的產量爲100 379千擔，較上年減少12 511千擔，較二十一年與二十二年則更爲減低。本年產量的減少，雖一部分原因是種植面積減少了2%，但主要的還是由於本年八月以後的天灾。豌豆本年產量爲66 901千擔，較上年減少1 861千擔。蠶豆本年產量爲63 443千擔，較上年減少 385 千擔。查此二作物本年的種植面積均較上年擴張，計豌豆增加5%，蠶豆增加1%，而產量反較上年減少，其故當完全是由於本年的大旱。總觀本年的豆類作物，產量亦均較上年減少，但種植面積多較上年擴張，所以我們可以説：這種現象的構成，主要的完全是由於本年的灾害①。

最後我們看看棉花的生產情形。本年全國棉作物，承續着上年的發展，在植棉初期，各省棉田本有增多趨勢。詎料到下種時期，黃河流域如山東、河南、河北等省，亢旱不雨，致未能播種的，或已播種而未能發芽的，或已發芽而未能生長的廢田甚多；長江流域各省，初期生長雖稱良好，惟殆開花之初，鄂、湘等省大告水灾，棉田被淹而成廢田者極廣。所以本年各省的棉田面積，無不較上年縮減，計冀、魯等十二省共爲34 939 121畝，較上年減少22%；本年廢田面積由上年的664 140畝，增到9 625 075畝，增加達十四倍有餘；本年皮棉產額，除蘇、皖兩省較上年略有增加外，其他各省莫不劇減，計十二省共產8 197 688擔，較上年減低27%②。但本年各省總數字，包括有上年未曾列入的四川省，計棉田面積1 901 746畝，皮棉產額448 332擔，如除去該省不計，則棉田面

---

① 以上各項農作物的產量，均係根據中央農業實驗所的最後估計；其中夏季作物的最後估計數字，因該所尚未公布，故係直接向該所探得者。
② 棉產數字係根據中華棉業統計會民二十四年全國棉產最後修正估計。

積僅爲33 037 375畝，較上年減縮26%，皮棉産額僅爲7 749 356擔，較上年減低11%。棉花産量減少之劇，由此更可概見。這實在是本年農業生産中最嚴重的一個問題。蓋棉花生産自上年種植面積大爲擴張，産量極度增加後，前途頗有發展的徵兆，而到本年却因遭受灾害，致産量不但遠不及上年，即較二十一年與二十二年亦大爲減少，其結果不僅影響到棉農生計的貧窘，而更因棉花占對外貿易之重要地位，將必招致來年出口的減低。

由前所述，我們知道本年的農業生産仍繼續陷在衰落的過程中。在上年，因奇重的灾荒，致産量鋭減，因國際商品的侵入過劇，致農産價格慘跌，結果自使農業的再生産難予維持，所以一到本年，種植面積乃有一般縮小的趨勢。不幸的是，本年又遭受同等程度的灾荒，致使産量受兩方面的影響，減低益甚，我國的農業生産，至此已瀕絶境。這種結果，并不能諉之於天時的薄我，主要的實在是由於"人謀不臧"。此中，生産制度與耕種技術的未能改善固爲原因之一，而水灾的迭次發生，實不能不歸之於社會政治制度的未臻健全。

二、農産對外貿易

我國出口農産，在輸出貿易中，向占極重要的位置，進口農産在輸入貿易中的地位雖不如前者的重要，但其增減亦足以影響輸入總數的高低。本年我國的總輸入，就價值來說，由上年1 038 979千元減到924 695千元，總輸出由上年535 783千元增到576 298千元，入超由上年503 246千元降到348 397千元。這種現象的構成，可以說主要的是由於農産對外貿易的變遷。所以我們在檢討了農産對外貿易情形之後也就可以明瞭我國國外貿易的大概。

爲簡便計，我們在進口農産中選取了四種最重要的農産品，即棉花、米穀、小麥、雜食；在出口農産中選取了十種最重要的農産品，即糧食、桐油、棉花、麻類、生絲、茶、花生、豆類、烟葉、畜產及其副產品等。後面的分析與討論以此數種爲限，其餘未行列入者以無關重要，從略。①

本年四種進口農產總值爲165 947 048元，較上年減少23 038 743元，減低達12%；十種出口農產總值爲234 176 535元，較上年增加40 531 060元，增高達17%。進出口農產兩相抵消的出超，由上年4 659 684元增到本年68 229 487元，增高達十五倍。其影響於我國本年對外貿易入超的減少，由此可見。本年四種進口農產值占總輸入值的百分率與上年同，計爲18%，但較民二十一年與二十二年則大見降低；本年十種出口農產值占總輸出值的百分率由上年的36%增到41%，打破三年與年俱降的趨向②。農產進口在總輸入中的地位雖未變，而數值却較上年減少；農產出口則不獨在數值上較上年增加，且在總輸出中的地位有轉形增高之勢，這些，表面上呈現了農產對外貿易的好轉，但如就進口農產品個別分析，則知事實上亦有不然者。

輸入：本年進口農產中，米穀由上年的第二位躍爲本年的第一位，數量爲27 928 962擔，較上年增加15 421 220擔，價值89 562 586元，較上年增加23 877 908元，增高達三分之一。這是本年農產貿易中最值得注意的一件事。蓋我國以農爲本，歷年民食的大宗均賴外洋輸入，其於喪失國家元氣已至深且巨，本年米穀進口竟又增高如此之巨，誠令人不寒而栗！作者檢討上年的農產貿易時，曾指出米穀進口在當年第四季，遠較前三季增加，并預示到本年有繼續增多的趨勢③，今不幸竟成事實。考本年米穀輸入的劇增，其要因當是上年的荒歉。蓋上年荒歉的結果，使糧食價格在當年冬令與本年開春時極度上漲，糧價上漲自誘致外米穀進口的增加，故雖自二十二年冬徵收洋米、麥進口稅，但因價格高漲的

---

① 本節各項農產品的輸出入數字均係根據《海關貿易報告册》。
② 參看王子建《民二十三年重要農產品輸出入貿易鳥瞰》，載天津《益世報·農村周刊》58期。該文所列進口農產中未包括雜糧，出口農產中未包括糧食與畜產，故數字方面當有差異，但增減趨勢則是一致的。
③ 見拙作《民國二十三年的中國農業經濟》，載《東方雜志》32卷13號。

程度超過此限，致進口稅完全失去抑止輸入的效力。米穀進口以上海最多，占二分之一有餘，此因上海向爲米穀的集散市場之故。本年米穀來源以安南最多，數量較上年增一倍強，占全額十分之六；暹羅次之，數量同於上年，占全額十分之三弱；印度、緬甸又次之，數量雖較上年增加兩倍，但在全額中仍不過占十分之一強而已。

小麥進口亦較上年增加，計數量10 418 174擔，增加1 119 336擔，價值34 887 254元，增加3 018 083元，其在進口農產中仍舊保持着第三位。小麥輸入增多的原因同於米穀，同樣表示我國糧食問題的日趨嚴重。進口小麥仍以上海最多，其故在於麵粉廠多集中上海，對小麥之需要最大。輸進國家，美國在上年居第一位，今則降爲第三，數量祇及上年六十分之一；澳洲則由上年的第三躍爲本年的第一，數量增加達九倍；阿根廷較上年微有增加，仍保持第二位。美國小麥進口在本年所以特少，當是因爲上年該國產量減少，計由二十二年的528 975千英斛減爲當年的496 469千英斛。① 各種雜糧進口量值則均較上年減少，計本年價值爲583 779元，較上年減少601 566元，減低一倍有餘。但因其在進口農產中不居重要位置，故影響極小。

棉花在進口農產中的地位由上年的第一降爲本年的第二，計本年輸進數量551 804擔，較上年減少615 692擔，價值40 913 429元，較上年減少59 333 168元，減低在一半以上，這和本年米穀輸入的增加有同等值得注意的必要。考其原因：一是我國上年棉產豐多，使本國供給增加；二是本年我國紗業衰落，致對外棉需要減退。關於前一個原因我們對照前節所述上年乃我國棉產最豐之年便可知道，關於後者試一考查本年棉業情形便可明瞭。據華商紗廠聯合會發表之《二十四年中國棉業統計》，本年各紗廠銷用花衣總數爲2 358 383包（每包500磅），較上年減少153 301包。其中銷用的中棉爲2 054 042包，反較上年增加102 447包，結果自使銷用的外棉更爲減少。計本年銷用美棉173 157包，較上年減少153 879

---

① Yearbook of Agriculture, 1 935, United States Department of Agriculture.

包；銷用印棉95 701包，較上年減少110 704包。美、印爲我國棉花進口的主要來源，我國對於外棉的需要既形減退，其進口數量自然降低。此觀本年美棉進口爲551 804擔，印棉進口爲425 924擔，較上年均減少一倍以上可知。

總之，農產輸入的情形，不但未能表示我國農業經濟的漸趨好轉，且更表示我國國民經濟的愈入窮途。蓋米穀與小麥進口的增加，實足加重糧食問題的嚴重性；而棉花進口的劇減，雖半由國內產量增多，但紗業的衰落亦大有影響，則可斷言。

輸出：本年十種出口農產中，較上年增加的有糧食、桐油、棉花、生絲、花生、畜產及其副產等六項，較上年減少的有茶、豆類二項，與上年相若的有麻類、烟葉二項。增加的農產就價值來說以桐油與生絲最大，就比率來說以糧食最高。茲依次叙述如下。

先說出口較上年增加的農產品。糧食在我國輸出貿易中向不居重要地位，總計上年蕎麥、高粱、玉蜀黍、小米、米穀、小麥及其他雜糧出口價值不過1 734 825元，數目微小可知。到本年，此數項糧食的出口合計雖較上年增加四倍强，計價值共7 358 105元，但仍不能占出口農產的主要位置。其中除玉蜀黍、小麥較上年減少，米穀與上年相若外，其他各項均見增加，中復以小米增加最劇，計由上年的1 054擔，增到1 353 532擔；高粱次之，由上年的2 384擔增到270 574擔。各項糧食以輸出日本、朝鮮者最多。桐油本年出口數量爲1 477 730擔，較上年增加172 058擔；價值爲41 582 879元，較上年增加15 366 196元。桐油爲我國川、鄂、湘、贛、浙諸省特產，主要爲軍事上之用，歷年以輸往美、英、法、德諸國爲多。本年一方面因我國植桐各省產量增加，他方面因各國擴張軍備，對桐油需要猛晋，故本年桐油出口激增，不但在農產對外輸出中最爲重要，且進而占總輸出貿易的第一位。棉花本年出口數量爲629 838擔，較上年增加211 020擔；價值爲21 732 316元，較上年增加6 531 437元。棉花出口增加的原因有二：一因我國上年棉產額爲打破紀録之年，國內供給增多，而需要未能同等增進，自刺激輸出的增加。二因國外需要增高，蓋日、德、美諸國年來在紡織上以及在軍事上對棉花的需要均極度增進，此觀本年棉花對該三國的輸出激增可知，其中尤以對日、德出口增加最甚。生絲本年出口總值爲35 679 013元，較上年增加12 159 263元，計增加二分之一强。本年生絲出口雖未恢復往年的優越地位，即較民二十二年的4 800餘萬元，仍相差1 300餘萬元，但其打破年來與年俱衰的趨勢，總算是一種可喜的現象。因此蘇、浙衰落已久的絲業，經此一刺激又見興起。但生絲出口的增減，固以海外需要的大小爲轉移，而更須視其與日絲競爭力的强弱爲決定，今後能否在國際市場繼續與日絲爭一日之長，當視國人努力的程度如何而定。花生本年出口數量，如將帶殼花生與花生仁合并計算，共爲3 226 670擔，較上年增加477 354擔；價值共爲19 601 750元，較上年增加7 230 177元。花生以荷蘭爲主要銷售國，法、意次之。本年出口的增加，主要原因當是上年產量的增多。畜產及其副產本年輸出總值爲56 320 725元，較上年增加2 036 106元。其中畜產（包括牛、猪、家禽、綿羊、山羊及其他牲畜）出口爲8 126 458元，較上年減少787 480元。猪鬃出口計數量97 960擔，較上年增加13 834擔；價值16 224 805元，較上年增加1 097 650元。蛋類出口爲31 909 462元，較上年增加1 665 936元。

其次論茶與豆類。茶本年出口總值爲29 624 184元，較上年減少7 474 365元。我國茶的銷用國，上年以非洲的摩洛哥居第一，英第二，蘇俄第三，美第四。本年對摩洛哥的輸出固較上年增加，而對其他三國的輸出則大見減少，中以對英減退最劇，對蘇俄次之。所以本年茶的銷用國雖仍以摩洛哥居首，但英則降爲第三，蘇俄因減少較緩升居第二，美則歷來銷用數量極小，故仍居第四。本年茶對英與蘇俄輸出之所以劇減，不外是我在該兩國的市場爲日本所奪。豆類（包括蠶豆、綠豆、赤豆、黃豆、白豌豆等）本年的出口總值爲5 255 005元，較上年減少1 698 765元。這一方面是由於我國上年大豆產量劇減，他方面則因爲英、美、意諸國對我國豆類的需要減低，中以意為甚，計由上年的1 211 928元，減到本年的268 679元，減少達四分之三。所幸對日輸出增進，計本年為2 071 867元，較上年增加幾達1倍，故豆類總輸出值尚未劇減。

麻類本年出口數量為528 648擔，價值為9 778 943元。其中火麻輸出較上年增加，籴麻與苧麻則較上年減少，三者總計與上年相若，不過微見減少。烟葉本年出口數量為271 390擔，價值為7 243 615元，與上年相若，亦僅有極輕微的減少。

由上知本年的農產輸出，除茶仍表示衰落，豆類因東三省被日寇侵占後不居重要地位外，其他各項則均表示增進而有好轉的趨勢。本年各項農產輸出的位次就價值來說，計桐油由上年的第三位躍為第一位，生絲由第四位進居第二，蛋類由第二降為第三，茶由第一降居第四，棉花仍保持第五，花生由第七升為第六，豬鬃由第六降為第七，麻類與畜產各保持第八與第九，糧食由末位進居第十，烟葉由第十降為第十一，豆類由第十一降居末位。（因畜產及副產一項分開為畜產、豬鬃、蛋類三項，故共計十二位。）

總觀本年農產輸出的變動，國內外供需的變遷當為主要原因。撤消糧食出口禁令及徵收洋米麥雜食進口稅等法令，雖於本年糧食輸出的增加有若干影響，但在輸入方面因國內對米麥需要增加，故米麥進口反呈劇增之象。但我人仍不能抹殺法令的效力，蓋如若對米麥不徵收進口稅，則其進口必將較此更為增多。此外對於輸出入的增減，還有一個很重要的因素，那便是本年十一月所采行的新貨幣政策。因為幣價較前低落，換言之，即對外匯價較前降低，故頗能阻抑輸入而促進輸出。此觀進口方面：米穀、小麥在本年十一月與十二月的進口數量均較前數月減少，其中米穀在十一月雖較上年同期為多，但十二月則遠較上年同期為少，至小麥則本年兩月均遠較上年同期為少；同時出口方面：糧食中之小米、米穀、小麥及桐油、棉花、麻類、花生等項，在本年十一月與十二月的出口數量則或較本年前數月爲多，或較上年同期爲多可知。

三、農產品的價格

農產品價格是農業經濟的中心問題；因爲從價格的探討，不但可以知道農業生產的興衰，如佐以農用品價格的分析，亦可以推測農民生計的裕窘。近數年來，農產品價格都是與年俱降，上年仍繼續着這種趨勢。到本年，雖然極少數的農產品價格是較上年跌落，但大部不僅是較上年增高，且較民二十二年尤過之，這實在是一樁值得注意而頗令人感覺興趣的現象。本節就幾項主要農產品價格，探索其漲落的原因，并推測其可能的影響。節末附述農用品價格的騰跌，藉以明瞭農產品購買力的增減及其對於農民生計的影響。

爲要使代表性較大，我們特選用都市的農產品價格及鄉村的農產品價格兩種。關於前者，我們選定上海的市價，這因爲上海是我國農產品主要的集散市場，選取種類計有常熟機粳米、無錫絲繭、祁門紅茶（上等）、河南火車豆、山東花生仁、漢口小麥、陝西棉花、大號雞蛋等①。關於後者我們因爲利便，且爲要代表另一個區域，特選用河北肥鄉縣的市價，計有小麥、穀子（小米未去皮殼的俗稱）、玉蜀黍、紅高粱、黑豆五項，及無極縣的市價，計有籽棉、棉、花生三項。②

本年農產品中，價格較上年增高的有大米、小麥、穀子、玉蜀黍、高粱、花生、豆類、絲繭等項，其中除絲繭一項增漲的程度仍不及二十二年的價格外，其餘則概較該年爲高。價格較上年減低的有棉花、茶、雞蛋等項。茲分別述之。

大米價格在上年已較民二十二年爲高，本年更較上年騰貴。上年常

---

① 根據稅則委員會的報告資料。
② 根據中央研究院社會科學研究所所作的鄉村物價調查。

熟機粳米每擔價格為 10.4 元，本年漲到 12.3 元，增高達五分之一，不可謂不劇。米價如此的高漲，充分表現我國糧食供給的缺乏。且正因國內價格高漲，始能招致洋米的大量進口，此觀前述米穀本年輸入較上年劇增可知。本年小麥每擔價格，計漢口小麥 3.8 元，較上年漲 0.5 元，較二十二年漲 0.4 元；肥鄉小麥 6.7 元，較上年漲 2.2 元，較二十二年亦漲 0.9 元，雖較二十一年猶見低落，但本年增高的程度也總算劇烈的了。肥鄉穀子每擔價格為 4.3 元，較上年漲 1.1 元，較二十二年漲 0.7 元。肥鄉玉米每擔價格為 4.8 元，較上年漲 1.6 元，較二十二年漲 1.0 元。肥鄉紅高粱每擔價格為 4.8 元，較上年漲 1.7 元，較二十二年漲 1.1 元。花生價格，計無極花生每擔價格為 3.9 元，較上年漲 1.0 元，較二十二年漲 1.1 元。山東花生仁每擔為 7.3 元，較上年漲 2.2 元，較二十二年漲 0.6 元。豆類價格，計肥鄉黑豆每擔為 5.0 元，較上年漲 1.8 元，較二十二年漲 0.3 元，河南火車豆每擔為 3.8 元，較上年漲 0.8 元，較二十二年減低 0.3 元。

　　總計上述糧食作物與油類作物，除大米價格是承續着上年的漲勢外，其餘各項價格則都打破近年來的跌落趨勢，且增漲的程度，除河南火車豆外，均高於民二十二年的價格。這實是本年的一種特殊現象。此種騰漲是否即農業經濟復興的徵兆呢？這裏我們因為缺乏關於全國農業生產要素價格如地價、工價、耕畜價格及農具價格等的調查材料，單據農產品價格不能作剴切的回答。不過，當我們進而考查上述諸種農產品價格增高的原因時，便會明瞭此種現象并不能表示農業經濟的復蘇。作者在《民國二十三年的中國農業經濟》一文中，曾歸結到：上年農產品價格一般的下跌，主要的是受了二十二年豐收的影響；同時由分季比較的結果看出自上年下期後糧食價格已呈上漲之勢，并指出農民做了穀賤時的"生產農"與穀貴時的"消費農"的痛苦。從這裏我們一方面很可明瞭產量的豐歉和價格的漲跌有極密切的關係，另方面知道農產品價格尤其是糧食價格的上漲，如不得其時，反足予農民以無窮之害。本年上春，一般農產品價格，尤其是糧食價格，承續着上年下期的增高趨勢；到本年下秋，因灾象已成，收穫大歉，農產品價格不僅未見若何退縮，反有更爲增漲的傾向。上年與本年的大荒，致農作物產量平均減少達 1/4，這可說是本年一般農產品價格上漲的主要原因。所以本年大多數農產品價格的增高，不但未能表示農業生產的轉形發達，且因大荒之後，糧食價格的飛漲，反足予農民生計的前途以莫大的威脅。

絲繭價格在本年稍見回頭，但較之民二十二年仍有不及。本年無錫絲繭每擔價格爲 95.3 元，較上年漲 12.6 元，較二十二年仍相差 19.1 元。絲繭價格的增高，主要的是因爲國外需要增加，此觀前節所述本年生絲出口數量遠較上年增加可知。此外國內絲繭出產數量因年來絲業衰落而漸形減少（如本年無錫各絲廠多感原料缺乏之苦），當亦是助成絲繭價格上漲的次要因素。不過，本年絲繭價格雖轉趨上漲，但因本年蠶農出繭數量太少，故其惠益恐未能普及到一般的蠶農；且漲高的程度仍遠在二十二年以下，則蠶農是否真正受益，尤成問題。

我們再考查價格跌落的農產品。陝西棉花是繼續着近 3 年來跌落的趨勢，計棉穰價格每百斤 34.4 元，較上年減低 1.0 元，較民二十二年減退 1.9 元。無極棉花所表示的情形稍有不同，是由上年的漲落而轉趨跌落①。計籽棉價格每百斤 10.4 元，較上年降低 1.4 元，而與二十二年相若；棉穰價格每百斤爲 27.0 元，較上年降低 3.3 元，較二十二年亦降低 0.4 元。棉花價格的跌落，主要的是因爲上年棉產有打破紀錄的豐收。且正因爲價格的低下，所以一方面能促進大量的輸出，另方面使華商紗廠銷用中棉的數量增多（參閱前節所述）。但其給予棉農的損失，則又不容忽視。茶的價格經上年一度上漲後，本年又形下落。祁門紅茶本年每擔價格爲 109.7 元，較上年減低 6.4 元，惟較二十二年仍高 9.4 元。茶價格的漲跌和國外市場需要的大小頗有關係。上年茶出口量較二十二年增加，故價格亦較二十二年漲高；本年茶出口量較上年減少，故價格亦

---

① 關於上年陝西棉花價格與西河花價格相互差异的原因，請參看《民國二十三年的中國農業經濟》一文。

較上年低落。二者間的關聯，顯然可見。鷄蛋繼續上年的跌落趨勢，計本年大號鷄蛋價格每千個為 15.1 元，較上年跌 0.7 元，較二十二年則跌 7.7 元，降低達一半。價格的低落自能刺激輸出，此觀本年鷄蛋出口較上年增加可知。唯鷄蛋為農家重要的畜養產品，其價格的跌落不利於農民則又不待言。

總之，本年農產品價格，大多數較上年漲高，少數較上年低落，比較上最堪令人注意的為各項糧食價格的突漲與鄉村棉花價格的轉趨下跌。此外絲繭與茶的價格之一漲一落，亦值得我人注目。總考農產品價格騰落的原因，國內供給與國外需要的變遷均居重要，此由前述年來本國產量的增減及對外輸出的多寡和價格間有着密切的關係可知。但尚有二原因不容我人忽視的，其一便是本年年底新貨幣制度的頒行，此影響當時一般物價尤其是糧食價格的上漲頗大；其二便是農產價格的調劑機關未臻普及，致農產品價格的一漲一落，均極劇烈，對於農民收入支出的影響匪輕。

現在我們分析本年農用生活品價格的變遷。同樣我們還用上海市價和河北肥鄉縣的鄉村市價。本年調味品油的價格，計上海豆油每斤為 0.127 元，較上年漲 0.038 元；肥鄉香油每斤為 0.244 元，較上年與民二十二年漲 0.065 元；二者漲高程度頗劇。調味品鹽的價格，計上海鹽每斤為 0.100 元，較上年漲 0.001 元，較二十二年漲 0.022 元；肥鄉小鹽每斤為 0.058 元，較上年與二十二年均漲 0.016 元，漲高程度較上海為甚。煤油價格，計上海每斤為 0.134 元，較上年漲 0.014 元，較二十二年更見騰貴；肥鄉每斤為 0.159 元，較上年漲 0.039 元，增高程度亦遠較上海為劇。布匹價格，計上海粗布每尺 0.084 元，較上年稍跌，計降 0.002 元；但肥鄉白洋布則較上年微漲，計每尺 0.024 元，較上年漲 0.003 元。總上所述，知農用生活品價格，除上海粗布外，其他莫不上漲，中以燃料品煤油與調味品香油、豆油增漲最劇，而鄉村價格漲高的程度較都市尤甚。鹽在上海的價格增高雖極微，但在鄉村則騰漲頗劇，此點更值得我人注意。

最後我們看看本年農產品購買力的變動。在本年以前的四年，因為農用品價格跌落的程度遠不及農產品價格跌落之劇，所以用農用品價格指數除農產品價格指數的結果所表示的農產品購買力指數是年復一年的降低，如以民二十年爲100，則民二十一年爲96，民二十二年爲89，民二十三年爲84①。本年農產品價格固然一般都上漲了，但是農用品價格一般也都漲高。依據河北省的鄉村市價，以民二十一年的價格爲100，則農產品價格總指數在民二十二年爲78，民二十三年爲73，本年爲91；農用品價格總指數在民二十二年爲84，民二十三年亦爲84，本年爲109。其中農產品價格總指數本年較上年增高的程度不及農用品價格總指數之劇。所以農產品的購買力指數，如仍以民二十一年爲100，則民二十二年爲93，民二十三年爲87，本年爲83。② 故知本年仍繼續着降低的趨勢，特程度較前數年稍緩耳。

　　農產品價格較農用品價格更爲跌落的情形下所表示農產品購買力的降低，固然使農民因銷售虧折而感受生活的困苦，但若農民處於購買者的立場，反可蒙價格低廉之利。至於本年的情形則大有不同，雖然農產品價格漲高了，乍觀之似對於農民頗有利，但事實上則因農家收穫在上年遭受空前的荒歉，存糧無多；本年災害不減上年，而遭受水災之區蒙禍較上年尤重，農家更無餘糧可知；因之農民既無所賣，價格可漲之利云何？再者，農產品價格的上漲，不但於農民無利，且因大荒之後，農家反須購買食糧，致遭"穀貴傷民"的痛苦。同時本年農用生活品價格不僅較歷年增高，且上漲程度一般還在農產品價格之上，其給予農民雙重打擊之劇，更不待言。

1936年3月6日於中央研究院社會科學研究所
南京

---

① 參見《民國二十三年的中國農業經濟》。
② 農產品價格總指數，農用品價格總指數及農產品購買力指數，均根據肥鄉縣與無極縣的鄉村市價計算。

民國二十五年的中國農業經濟[*]

一般言之，民二十五年的中國經濟，確實走進了新的階段，表現了好轉的徵兆，這種現象可自農工商各業及金融、財政、貿易等各部門觀察而出；其著者如新幣制之建立，物價之上漲，外匯之穩定，債信之增高，一般農產之豐收，工業生產之增加，商店倒閉之減少，對外貿易的逆勢之緩和等是。經濟現象彼此都是關聯着的，因爲一般經濟景氣之增進——至少是不景氣的減退，所以一年來的農業經濟多少也表現着好轉的趨勢。最顯明的表徵，便是農產相當的豐收與農產價格的高漲。因此許多人，在言談或筆述時，對於這一年度的情形表現了極高度的樂觀。我人雖不反對這種樂觀的態度，但覺得在未將真切的事實細加分析以前，過分的樂觀也是不當的。本文之旨趣，一方面在將一年來的農業經濟情形正確的指示出來，一方面在探索各種現象構成的原因及其可能的影響，最後並就中央及地方政府關於農業經濟的諸種建設工作，略爲評述。

一、農業價格的變動及其因子

表現農業經濟的興衰，最顯明的現象是農產價格及農業生產要素價格的漲落。所謂生產要素的價格，包括地價、工資、耕畜與農具價格，及其他農業資本與農場設備的價格等項；合此種價格與農產價格而稱之，便是農業價格。據傳統的理論，各項農業價格的變遷，大抵有一定的關

---

[*] 本文原載《實業部月刊》第 2 卷第 4 期，1937 年。

聯與步驟，其中關係最密切的爲地價、工資與農產價格三項，這是因爲前兩者是最重要的生產要素，後者是推進一般生產要素價格變動的主動力的緣故。在常態中，農產價格變動在前，地價變動在後，換言之，後者變動較前者爲遲滯；至於工資則變動比較平穩，其長期趨勢是向上的。現在試就我們所能得到的地價與工資數字及幾種主要的農產品的價格，分析於下，并探述各項價格變遷的原因，以期明瞭本年度農業經濟的總趨勢。

A. 地價：關於本年度的地價，我國無系統的統計數字，現在我們所能援用的，祇是河北省三河、無極與肥鄉3縣的報告數字，① 浙江省嘉興、嘉善、平湖、吳興、長興、安吉、金華、蘭谿、武義、紹興等十縣的調查數字，② 及湖北省黃安縣南鄉的調查數字。③ 雖然調查的範圍不大，但因這三種數字代表的區域，分布在華北、華南及華中三個區域，所以也許可以藉此窺測出全國的情形。現將三年來的地價，（原調查及報告的數字，本將田地分爲上中下，今爲簡便計，祇示其平均數。）列示如下表。

近三年來平均每畝地價（元）

		民二三年	民二四年	民二五年
河北 3 縣	—	32.8	40.2	61.5
浙江 10 縣	水　田	32.7	33.4	34.1
	旱　地	19.6	19.9	20.2
湖北黃安	水　田	23.4	30.2	35.0
	旱　地	21.0	25.0	29.3

---

① 此項數字係該三縣合作社按時報告於中央研究院社會科學研究所者。
② 此項數字是作者民二十五年夏秋在浙江調查者。
③ 此項數字是作者委托該縣小學負責人調查者。

據歷年的調查，自民十九年（有的自十七年、十八年或二十年）後，地價即開始跌落，二十三年達於低點，二十四年漸行回漲。今由上表，知二十五年地價仍繼續上年的漲勢：① 其中河北三縣漲勢最劇，三年間幾達一倍；湖北黃安縣次之，二十五年較之二十三年，水田與旱地價格均增高約三分之一；浙江十縣增漲程度極微，唯所示上漲起勢則係一致。

　　考諸地價增減的因子，最重要者當是農產價格的漲落。因為農產價格上漲，在生產費不變的情形下，必表示農業經營的利潤增大；在我國，因為農業經營與農家生活不能予以顯然的區分，故農產價格的上漲，必表示農家經濟的盈餘差額將增大或虧損差額將減少，其結果或是農業經營的投資增多，或是農家生活程度的提高，而一般言之，則是兩者并行的。農業投資增多之一端，便是對於土地的需要增大，結果使地價增高；反之如農業價格下落，則所得結果與此正相反。在民二十四年，大多數農產品的價格均回漲，② 本年農產價格亦然，且上漲程度極劇（見後述），依前述理論，自然誘致土地價格的增高。因此地價的增減，不但常在農產價格之後，且因土地的固定性與收益的緩慢性，使地價的增高趨勢不如農產價格之速，又因各地有其特殊的環境，致異區地價相差的程度，遠較農產價格為大。此外影響地價增減的因子，尚有農村的安定與紊亂，稅捐的輕重，都市利率的高低諸端，因篇幅所限，不及細述。

　　B. 工資：我國關於農村工資的統計，更為零星稀少，現在所能援用者，亦唯與前述地價同一來源之數字而已。近年來工資的增降情形如下表。（原調查及報告數字，亦將工資分為最高、普通、最低三等，下表所示，為三等之平均數。）

---

① 在本年，有些地方的地價呈示跌落現象。如"豫省通訊：豫省二十五年地價跌十分之三，教育款產處稅收實增，超過過去 20 萬元以上。然係變態，前途可慮"（見民二十六年二月五日上海《大公報》）此種情形是否就代表豫省一般的現象，同時這消息的來源是否確實可信，因未實地調查，無從推斷；姑志之以待來證。

② 詳見上文《民國二十四年的中國農業經濟》。

近三年來的平均長工每年工資(元)

	民二三年	民二四年	民二五年
河北 3 縣	28.2	32.0	36.0
浙江 10 縣	50.7	51.3	52.4
湖北黃安	26.3	28.0	35.0

近年來工資變動的趨向與地價相若，即民二十三年以前的幾年都是與年俱落，至二十四年回漲，二十五年繼續着此種趨勢，前面説過工資的變動本較平穩，故近兩年工資的增高程度亦不若地價之甚。表中浙江十縣工資變動極爲緩和，固因地價變動亦甚緩，不必深論；而河北三縣與湖北黃安縣，則工資的增漲，均較地價遲緩，故知此種事實與理論符合。

影響工資增減的原因，與地價一樣，最重要者也還是農產價格的漲落；所以農產價格和工資相互的關係，正與農產價格與地價的關係同，因爲農產價格的上漲，在常態下，既影響到農業投資的增多與農家經濟的較裕，其結果，前者自招致雇傭機會的增加，即對於勞動者需要的增加；後者自使農民能夠維持相當的生活，阻止農民離村或貧農淪爲雇農的現象發生，簡言之，使勞動的供給減少。兩方面綜合的力量，都招致工資的增高。因之工資在二十四年回漲，二十五年繼續增高的這種現象，是跟隨農產價格變動趨勢的，其理至明，不待多述。除此而外，影響工資增減的，尚有農村安定與否及城市工業工資的高低等因子。

C. 農產價格：農產價格的漲落，可視爲農業經濟興衰的表現，同時又爲招致地價、工資及其它生產要素價格增減的主動原因。這裏，我們選擇上海的市價(共計八種農產品)，① 及河北肥鄉縣的市價(計小麥、穀子、玉米、紅粱、黑豆五種農產品)與無極縣的市價(計花生、籽棉、棉

---

① 根據上海《貨價季刊》及上海《物價月報》的數字折算而成。

穫三種農產品)①分析之。因爲本文祇在探述農產價格漲落的趨勢，故僅列示指數如後，其實數則不及焉。

近五年的農產價格指數(民國二十一年爲100)

		民二二年	民二三年	民二四年	民二五年
上海	常熟機粳米	73	90	106	90
	漢口小麥	84	81	95	124
	河南火車豆	88	64	83	121
	山東生仁	75	57	81	110
	陝西中棉	96	93	91	114
	無錫絲繭	104	75	87	105
	祁門紅茶	65	74	71	65
	大號鷄蛋	89	62	59	77
河北	小　　麥	65	51	75	101
	穀　　子	74	66	89	113
	玉　　米	71	60	89	121
	紅　　糧	71	61	95	134
	黑　　豆	71	48	76	107
	花　　生	83	86	115	155
	籽　　棉	93	106	93	116
	棉　　穰	94	104	93	111

由上表知民二十五年除少數農產品如大米、紅茶外，餘均表示漲高的現象。在這些價格漲高的農產品中，又除棉花、鷄蛋是由跌轉漲外，餘概係接續二十四年的漲勢。二十五年漲高的程度極劇，除鷄蛋外，莫不超過二十一年的價格，其中尤以無極花生、肥鄉紅糧、漢口小麥、河南火車豆、肥鄉玉米數項爲甚。兩種跌落的農產品，計常熟機粳米降到

---

① 根據中央研究院社會科學研究所調查的鄉村物價數字。

二十三年的價格，祁門紅茶降到二十二年的價格，可說是本年的特殊現象。

農產價格變動的因素，最爲複雜錯綜，不易探索。令先述一般農產品漲價的原因，然後再就兩種落價的農產品述之。本年度農產品價格一般上漲的原因，要而言之，不外以下數端：

(1) 新幣制的施行：在幣制改革以前，因爲各國采行貨幣貶值政策，致我國對外貿易大受影響，又因銀價上漲，致現銀源源外流，國內則物價低落，工商凋敝；政府籌思再三，乃於民二十四年十一月三日，毅然頒布改革幣制緊急命令，放弃銀本位，實行外匯本位制，以期對外穩定匯價，對內安定物價，新幣制施行後，對於穩定金融，提高物價，實有相當功效，觀乎一年來一般物價之上漲可以知之。如上海躉售物價總指數，二十四年爲96.4，二十五年增爲108.2；華北批發物價總指數，二十四年爲95.5，二十五年增爲110.6（均以民十五年爲100）。農產價格及批發價格中之最重要者，其必受幣制改革的影響而呈示上漲，自不待深論。

(2) 春荒與秋旱：民二十五年雖爲我國農產豐收之年，但究其實際，并不如一般宣稱之甚，我人試一細讀各地農村通訊，便知本年上期的春荒與下期的秋旱，分布的範圍既廣，灾害的程度亦不輕，其中僅揚子江流域、江浙等少數省份未罹重害而已。關於灾害，下節將予論述。我人所須認清者，即二十五年不但并非十足之豐年，且許多省份尚感荒歉，即在稻作豐收之區，亦有春荒秋旱之苦，在此種情況下，自也誘致農產價格的增高。

(3) 國外非常的采買：年來各國備戰甚急，對於戰時所需之物，無不盡量收買貯藏。其中最顯著者爲糧食，因爲各國大量的囤積，乃影響到世界糧價的上漲，而世界糧食中，最重要者爲小麥，故我國小麥價格亦步隨世界市場而漲高，觀下述本年度小麥出口大增便知個中的關係。至小麥以外的其它各種雜糧，雖非國外所需用，但爲國內之重要食糧，且爲小麥的代用品，明乎此則知雜糧價格亦必與小麥價格表示同一趨勢。

其次爲棉花，棉花爲製火藥必需之物，各國競相擴充軍備，棉花價格因需要增加而漲高。我國棉花價格的增高，除上述原因外，尚有二端：其一爲日本在華北大量收買，實行經濟掠奪；其二爲美國國內需棉甚殷，輸出減少，遂使中棉有起色。這證明下述的本年棉花進出口情形，便可明瞭。

(4) 國內的囤積：新幣制實行後，對於商人心理上的影響甚大，大多認爲紙幣增發，通貨膨脹，與其儲存貨幣，不如囤積實物。這種囤積，尤以糧食最爲普遍。除商人外，一般較富裕的農業經營者，亦受此種心理的作用，或延遲出售期限，或自行囤積待價。這些對於一般農產價格的上漲，都有相當的關係。

(5) 倉庫的效用：年來倉庫已較普遍，通都大邑莫不增設，即在鄉鎮亦有創立者。商人、業主、地主、農民等既有此等供給金融便利的機關，同時又受紙幣政策心理上的影響，致原本要即刻脫售者，至此亦延緩之。其效果固大半在調劑季節變動上的差異，但對於全年變動亦有相當影響。

本年度有兩種農產品的價格較上年低落，一爲大米，一爲紅茶。茶價之變動與國外市場關係較大，如民二十三年茶出口增加，故價格亦上漲；至二十四年兩者俱落；本年茶出口雖未減，但茶市仍無起色，而尤以對蘇聯輸出減少殊甚，故紅茶價格且較上年降低。大米價格與國內收成最有關係，如二十年大水災，二十一年米價便上漲；二十一年收成較佳，二十二年米價遂跌落；二十三年大旱荒，故二十四年米價再度回漲。至於二十四年收成尚屬良好，本年收成在七成以上，較上年更佳，其必影響到米價之跌落，理至淺顯。

二、農業生產與農產貿易

A. 農業生產：民二十五年爲我國比較豐收之年，除少數作物外，一般則產量都較上年增加，較二十三年增加尤甚。據中央農業實驗所估計，冬季作物中除蠶豆、油菜子，夏季作物中除玉米、甘薯、芝蔴較上年減少外，其他莫不較上年增加，其著者爲稻、小麥、棉花、高粱、大豆數項，增加率由 10% 到 20% 不等。見下表。

民二十五年的農產估計量及當十足年之百分比*

		產量(千市擔)	當十足年之%	
			二十五年	二十四年
一 冬季作物	小 麥	461 555	64	57
	大 麥	162 748	68	65
	豌 豆	69 096	63	59
	蠶 豆	62 253	64	65
	油菜籽	49 572	63	65
	燕 麥	18 036	63	59
二 夏季作物	秈粳稻	895 601	74	70
	糯 稻	90 959	74	68
	高 粱	155 198	72	64
	小 米	139 621	66	64
	糜 米	31 928	64	59
	玉 米	122 239	63	66
	大 豆	123 113	64	51
	甘 薯	378 204	68	69
	花 生	54 052	66	59
	芝 蔴	18 466	63	65
	烟 草	12 600	65	59
	皮 棉	21 058	64	54

* 本表數字均依據中央農業實驗所之估計。其中季冬作物據最後估計，夏季作物據第二次估計。

考本年農產增加之原因，不外每畝產量之提高與種植面積之擴張二端。前者主要由於天時的順調，後者係人爲的力量。各種農產的變遷情形，最值得我們注意者爲棉花。本年皮棉產額，據中央農業實驗所第二次估計爲21 058 000市擔，合舊制17 641 950擔，另據中華棉業統計會最後修正估計爲舊制14 468 288擔，計前者估計數約高於後者18%。但不論兩者如何相差，而較之上年莫不表示極大之增加，就中華棉業統計會的估計言，亦增加47%。這種增加的速率，真是本年農業生產上值得大書特書之事。唯其原因亦不外兩端：一爲種植面積擴張，計棉田面積本年較上年增加率，中華棉業統計會的估計爲60%，中央農業實驗所的估計爲22%；二爲每畝產額增加，此由本年度皮棉產額的增加率遠較棉田面積的增加率爲高，可以知之。年來棉田面積的擴張，以華北數省最甚，本年亦然，其原因實由於日本企圖在所謂"開發華北"的口號之掩蔽下，壟斷華北原棉，傳聞日本陸、外、拓三省和興中公司已經確定華北植棉五年計劃，此項計劃果真實現，則華北便成了鄰邦棉紡織業最好的原料供應市場了。隨棉花價格的上漲而擴張棉田面積的這種現象，對於棉農自然多少有些利益，但另有幾種影響，却是不可忽視的。作者曾調查河北清苑縣棉田面積在民二三、二四年的擴張情形，而論其影響謂："第一是民食問題更加嚴重。我國食糧每年多賴進口供給，……今農田面積既未擴張，而棉田面積增大，糧食作物的面積必然相對的減少，其結果必招致糧食產量的減低。……第二是農產商品化的程度加劇。……農家所出棉產，并非爲自織自穿，而完全販賣於小商人，轉售於國內外。這一點表示農產商品化的色彩漸形濃厚，其所受世界經濟聯繫的影響亦漸增大，我國農民將因隨時要受世界市場的波動，而獲得更深一層的痛苦。……"①這用之以論述本年棉田擴大的影響，仍舊適合。

本年農作收成雖較上年爲佳，然以各省平均，僅當十足年之六成或七成，即較常年亦有遜色。推究其故，蓋因本年當作物生長季內，雖無

---

① 見拙作《清苑的農家經濟》(中)，載《社會科學雜志》7卷2號。

嚴重的水旱災情，但就各省分別而論，豐收實僅限於局部。常人不察，遂據此以推斷全國的生產情形，竟謂年成在十足以上，誠不切事實之談。據中央農業實驗所的調查，本年春季作物所受災害有旱災、水災、風災、病蟲害諸種。各種冬季作物中，受災害最大而損失最重者首推小麥，約當本年產量22%；次爲豌豆、蠶豆，各當16%；再次爲大麥，當14%；輕者爲燕麥，當4%。夏季作物的受災損失統計，雖猶未得見，但衡諸本年的災害情形，恐與前者不相上下。除此種系統的數字外，尚有許多關於春荒秋旱的農村通訊，綜合這些報告，知本年遭嚴重春荒的有皖、冀、鄂、豫諸省，遭秋旱與水災的有蜀、豫、皖、黔諸省。① 災害較輕者，僅少數省份如江、浙等是。故知所謂豐收，不過少數省縣產量較上年略有增加而已，我人實不能過於樂觀。

B. 農產貿易：民二十五年我國輸入總額爲941 544 738元，輸出總額爲705 741 403元，均較上年增加，入超額爲235 803 335元，較上年減少，此因本年輸入的增加額不及輸出者大之故。本年農產輸入總額爲75 458 743元，較上年減少一半以上，農產物輸出總額爲293 507 501元，較上年增加約30%，農產出超額爲218 048 758元，較上年增加三倍有餘。農產輸入占總輸入之百分率，由上年之18%降爲8%；農產輸出占總輸出百分率，由上年之41%增加爲42%。因此我人可謂本年總入超額之減少，大半由於農產輸出入的關係，故本年的農產貿易實表現好轉的現象。茲就農產的輸入與輸出，分別論之。②

（1）輸入：這裏所包括的農產品爲棉花、米穀、小麥及各種雜糧四項。本年各項農產品的輸入數值，除雜糧外，其它莫不較上年減少，尤以米穀、小麥爲甚，就數量來說，前者減少達四分之三，後者減少在一半以上。所以輸入農產品的地位，就價值來説，上年以米穀居首，棉花

---

① 見天津《益世報·農村周刊》"每周農情述要"（第104—152期）。
② 本節統計數字均係根據民二十五年十二月份海關"進口貿易統計月報"。

第二，小麥第三，雜糧居末；本年小麥與雜糧的位次仍舊，而米穀則降爲第二，棉花進居首位。輸入總值由上年之 165 947 048 元，減至 75 458 743 元，這未始不是一種好的轉變。詳見下表。

近兩年農產輸入數量與價值統計表

	數量(公擔)		價值(元)	
	民二十五年	民二十四年	民二十五年	民二十四年
棉花	406 904	548 622	36 149 799	40 913 429
米穀	3 103 485	3 964 481	26 736 147	89 562 586
小麥	1 168 093	5 209 087	11 848 499	34 887 254
雜糧	58 544	30 605	72 729	583 779
總計	—	—	75 458 743	165 947 048

考本年農產輸入額減少的原因，第一由於近兩年來國內收成尚佳，無須多賴國外供給。如米穀一項，因爲近兩年國內收成好，故國米價格本年較上年跌落，而洋米輸入價格本年反較上年增高，（據表中數字，以數量除價值，計上年洋米輸入平均每公擔價格約爲 6.9 元，本年約爲 8.6 元。）在此種情形下，自可阻抑洋米之進口。其次由於世界各國，或因作非常準備，或因經濟好轉，遂大量囤積與購買。故如重要原料品的棉花，主要食糧的小麥，價格均高漲，這當然要影響我國輸入的減少。至於雜糧一項，數值均微，其增減原無一定因子，故不具論。

（2）輸出：這裏包括桐油、花生、棉花、麻類、生絲、茶、糧食、豆類、烟葉、畜產及其副產等十項。爲簡便計，僅論其價值。如下表所示，本年各項農產品輸出價值，除花生較上年減少達一半外，其餘則均較上年增加，中以桐油、棉花、豆類、畜產及其副產諸項增加率最高，麻類次之，至生絲、茶、糧食、烟草諸項，增加率極微小。合而言之，本年農產輸出總值，由上年之 234 276 535 元，增到 293 507 501 元。

近兩年農產輸出價值(元)

	民二十五年	民二十四年
桐　　油	73 378 654	41 582 879
花　　生	10 938 861	19 601 750
棉　　花	28 197 719	21 732 316
麻　　類	11 715 916	9 778 943
生　　絲	36 712 870	35 679 013
茶	30 661 711	29 624 184
糧　　食	9 790 860	7 358 105
豆　　類	8 277 628	5 255 005
烟　　葉	8 980 148	7 243 615
畜產及副產	74 853 134	56 420 725
總　　計	293 507 501	234 276 535

　　農產輸出增減的原因，主要的自是國內的剩餘供給與國外的不足需要的雙重作用關係。桐油大部分輸到美國，次爲德、英、法諸國。年來美國雖極力擴張植桐面積，但因各國對桐油之需要甚爲殷切，至緩不濟急，同時我國植桐面積因價高利厚及政府之提倡亦日行擴張，所以本年桐油輸出激增。又就數量言，(上年輸出738 865公擔，本年867 383公擔)增加率不及價值者大，由此知本年桐油輸出價格遠較上年爲高，棉花以輸於日本占大部分(輸出總數爲368 426公擔，日本占258 463公擔)，由前述本年棉田面積之極度擴張與皮棉產額之大量增加，以及日本企圖壟斷華北原棉市場的種種計劃，便知本年棉花出口之所以增加，尤其是以輸於日本者增加最甚之原因何在。除日本外，則以輸於美國爲多(72 639公擔)。本年輸美數亦較上年增加，其原因仍不外，一，軍火工業之需要增加，二，經濟略見好轉，棉紡織業發生新的需要。此外輸出增加的其它各項農產品，或因變動甚微，或因增加率雖大而輸出量甚少，故略。本年輸出減少者，殆惟花生一項；其原因固由於國外之需要減退，

但主要的實由於上年因山東遭受大旱與水災。我國花生產量遠較以前諸年減少，計較民二十三年減少 16%，較二十二年減少 32%，此證以近年來花生價格之與年俱漲，便可明瞭。

三、農產購買力與農民生計

在農用生活品的價格不變而農產品價格漲高的場合，或兩者都漲高而後者較前者爲甚的場合，均足以提高農產購買力，使農民生計較爲寬裕，關係農民生計裕窘的因子甚多，而農產購買力的升降則爲其一。茲先述農用品價格的漲落情形，并以之與農產品價值相較以推測本年農產購買力的變動；然後再就農家收支、農家副業及農民離村各方面，觀察農民生計的實況。

(1) 農用品價格：關於農用品價格，爲便於與前述農產價格對照，我們仍選定上海市與河北肥鄉縣的價格。[①] 據下表，本年農用品價格大都表示上漲，僅河北肥鄉縣的小鹽價格較上年減低，白洋布價格未有變動，但兩者較之民二十二年與二十三年仍高。增漲最劇者爲豆油與香油二項；煤油價格的變動，在二十二年與二十三年，城市與鄉鎮一致，至二十四年與本年，則鄉鎮價格上漲程度遠較城市者大。上海食鹽價格與年俱漲，本年較二十一年增高達三分之一有餘；至河北小鹽價格則與此不一致，其原因由於小鹽爲河北農家的副業出產，因之構成大鹽的代用品，故其價格變動的趨勢與大鹽不同。

農用品價格上漲，所給予農民生計的影響甚大；因爲如農家收入未增加，其必使農家的生活享受減退。這點作者在論述前兩年度的我國農業經濟狀況時，都曾詳加討論，讀者自可參考，茲不贅。

---

① 資料來源見本文"農業價格"一節。

近五年來的農用品價格指數

（民二十一年為 100）

		民二二年	民二三年	民二四年	民二五年
上海	食 鹽	120	152	154	160
	豆 油	100	73	95	142
	煤 油	77	80	89	97
	粗 布	92	87	85	101
河北	小 鹽	89	89	123	111
	香 油	83	82	112	171
	煤 油	78	80	106	129
	白洋布	84	84	96	96

（2）農產購買力：以農用品價格指數平均所得的總指數，除農產品價格指數平均所得的總指數，便得農產購買力，此種推算，難免粗疏，不過示其大致趨勢而已。為要與上年比較，故先就上年所用的同種材料來源，即前述河北的數字，作成下表。

近五年來河北農產購買力的變動

（民二十一年為 100）

	民二二年	民二三年	民二四年	民二五年
農產品價格指數	78	73	91	120
農用品價格指數	84	84	109	127
農產品購買力	93	87	83	95

就河北省的鄉村物價而論，本年農用品價格總指數雖較上年增高頗劇，但因農產品價格總指數較上年增高更甚，故農產品購買力較上年增加，由 83 升為 95。自民二十一年後，河北農產品購買力與年俱降，至二十四年而達於低點，本年則一反落勢而轉行增高，當然是本年值得慶幸

的一個現象。這因為農產品購買力的提高，在理論上言之，必將招致農民生計的改善，增加農家生活的享受。

但我人却要注意：第一，上表所示，祇是河北省的情形，至多祇能代表華北區域，因為大米是南方的主要農產，而大米價格本年反較上年跌落，上表既未包括此種農產品，自難表示華南諸省的情形。第二，小鹽既為農家的副業產品，則其價格的變動給予農家經濟的影響，自與普遍農家購買的生活品大異其趣，且即在華北農村中，食用小鹽者仍不及大鹽多，故上表多少必抑低農用品價格的上漲趨勢。因此我人再就前述上海市的價格列表如下。

近五年來上海農產購買力的變動

（民二十一年為100）

	民二二年	民二三年	民二四年	民二五年
農產品價格指數	84	79	89	103
農用品價格指數	97	98	106	125
農產品購買力	86	80	84	82

據此所得結果，則與前者大不同，農產品購買力却較上年減低，由84降為82；此因依上海市價，農產品價格的漲高率不及農用品大的原故。但這與前者并非矛盾，因為農用品價格的增減趨勢，兩者相同，而農產品中，則因本年大米價格較上年跌落極甚，華南既以稻作為主，自必招致一般農產品購買力的降低。如以此表代表稻作區域，則知華南農產購買力的變動與華北頗不一致，在農家經濟的他種因子相等的場合，又可推知本年稻作區域內農家生活的享受程度，和雜糧區域不同，不但未較上年增高，且相反的更較上年減低。

（3）農家生活：考查一定時期內農家生活的裕窘，最簡便的方法當然是研究農家收支在數額上與比例上的變遷。無如這種有系統的及有連續性的材料，在我國尚無從獲得，所以我們祇能從其他各方面去推測。

第一是從農產品價格與農用品價格方面。如前所述，本年農產品價格較上年增高，在農作物經營收入占農家總收入七成或八成的現狀下，自然可招致農家收入的增多。自然，這祇是就有餘農產品出售的農家而言，至對於僅足自給或不足自給的農家，則或無利，甚且有害。我們再從農家支出來觀察。因爲農場支出大多祇占農家總支出一成或二成，農家生活費則常在八成以上，所以從前述本年農用生活品價格的騰貴，便可窺知本年農家爲要獲得生活上與往年同等的享受，其支出必較前增加，如因收入無從增加致支出亦不能增加時，則農家祇有減少生活上的享受，這樣便招致生活程度的降低。

其次是從農村副業方面觀察。副業收入占農家總收入由一成到二成不等，至關係農家經濟頗大，尤其是中小農家，其不以副業進款爲收支不敷的挹注。年來我國農村副業，實有日漸衰落的趨勢。中央農業實驗所曾於民二十四年底及本年初，作全國農村副業調查，除幫傭、割柴草、兼業小商販三種表示興盛外，所餘各種，如養蠶、養蜂、養魚、紡紗織布、編草鞋草繩、編織草帽辮、製土磚、兼業木匠、兼業裁縫，莫不表示衰落。① 且細考前三者之所以興盛，亦正因後者衰落，致資本缺乏，勞力過剩有以致之，試觀察各副業之性質便知。另據各地農村通訊，亦知本年副業之衰落。茲略舉數則，以見一斑。"a. 河北任邱縣土布業衰落——該縣紡織土布爲農村主要副業產品，銷售於山西省及鄰近各縣。邇來因受洋布影響，土布乃日趨没落，縣城原來布店林立，今則倒閉殆盡，至爲蕭條。b. 河北玉田縣鄉村手工業衰落——該縣手工業以土布、葦席爲主，近年因銷場缺乏，致一落千丈，昔日業者凡四五千户，今則不過數十户，工人大部失業離村。c. 豫省農村副業衰落——豫省各縣農民，多於春冬農暇之時，兼營榨油、製粉條、紡織土布、編草帽辮、編柳具、製大香、做紙炮等副業，藉以輔助家計，故農民生活之充裕與否，全視副業品銷路之暢滯爲轉移。近年來，外貨大量傾銷，影響所及，致

---

① 見《農情報告》4 卷 7 期。

農村副業日趨衰落，陷於不可收拾之狀態。"①

因爲本年副業的衰落，農用生活品的昂貴，以及春荒秋旱，結果必使中小農家的生計陷於窮困，農民相率弃田離村。據統計，上年全家離村之農家占總户數5%，僅青年男女離村之農家占總户數9%；其原因由於灾害者占37%，由於農產歉收、副業衰落、捐稅苛重，致生計困難者占30%。② 關於農民離村的情形，雖無系統的數字，但據報告所載，農民逃荒離村者仍多。此因本年就一般而論，固爲比較好轉之年，但因歷來元氣損傷過甚，兼之本年豐收亦僅限於局部，故中小農民的生計一時自難望改善耳。

四、政府的建設工作

年來政府對於農業之改進與農村之設施，頗爲致力，本年工作尤多。要而言之，可概分爲下述諸端。③

(1)農業技術。在中央機關方面，負技術之改良與推廣工作者，爲中央農業實驗所與稻麥改進所，本年工作多在作物良種之推行方面。如改良稻種之推行，在蘇、皖、湘等省"帽子頭"等良種之推廣已達265 900畝，共用種子33 900斤；良種示範農田在蘇、皖、湘三省達二十三縣。棉種之推廣，因全國經濟委員會之協力，在蘇、鄂、冀、豫、陝、甘等省推廣美棉計2 676 000畝，較去年增多1 388 000畝，現在斯字第四號棉種已普及華北，德字第五三一號棉種則大量向長江流域推廣。其他如小麥及各種雜食品種之改良，化學肥料之推行，均在進行中。除中央而外，各省市多自行設立農作改良場，推廣優良品種。如浙江在民十九年，便

---

① 天津《益世報·農村周刊》"每周農情述要"（第104—152期）。
② 見《農情報告》4卷7期。
③ 本節材料，多係根據《實業部月刊》2卷12期論文與各期農業消息欄，及各省市經濟刊物，報章零星記載等等。

設立稻麥改良場，負責改進稻麥作業。二十五年，將純系稻推廣範圍擴充至 10 萬畝(上年僅5 000畝)，雙季稻除上年已推廣 9 萬餘畝外，本年更另選適當地域，擴充 7 萬畝。湖北在二十四年春，設立棉產改進處，計二十五年在襄陽、宜城、穀城及天門等縣，推廣良種共 13.5 萬餘畝。此外各省，雖推進成效有所不同，但工作之性質類皆如此。

(2) 農產運輸。關於農產運銷之改良與便利，年來國人既漸注意，政府亦漸看重。本年此項工作尤見增多。茲舉其犖犖大者略述於下。

a. 鐵道運輸之改善與運價之減低：關於改善運輸方面，有本年五月鐵道部的訓令，命各路局到秋冬時，宜盡力設法將所有車輛移供農產品之運輸，以求迅速。關於減低運費方面，則先後有京滬、滬杭甬(寧波)鐵路，將上年運輸糧食特價辦法(按五等減除 15% 收費)延長一年；京滬、滬杭兩路與江南鐵路商定，對於米、麥、菜子等之運價，江南鐵路概按五等普通價減去 46%，兩路部分減去 20%；津浦鐵路與京滬路會訂運輸黃油特價辦法，以路程之遠近而定減費率之大小；粵漢鐵路對於運至粵境各站之米穀，均按五折收費等。

b. 運銷之改良：如鄂省設立農產整理運銷處，負責施行米、麥、棉、麻、雜糧、豆類、桐油、茶葉等之整理、分級、包裝及倉儲之改進事項，并接受各合作社專廠商之委託代理運銷。皖、贛兩省府及全國經濟委員會農業處，為改良紅茶對外輸出，特組織皖、贛兩省紅茶運銷委員會，其任務在指導紅茶種植之改良，介紹貸款及保證信用，便利運輸與推廣銷路等。

c. 合作運銷：如中央棉產改進所運銷總辦事處等商定陝、晉、冀三省棉花合作運銷辦法——社員合作運銷，七成付款與合作社單獨運銷，十足付款兩項。蘇省辦理蕭縣之酥梨、葡萄與碭山之秋桃等水果合作運銷，在滬銷場頗盛。

d. 運輸統制：如財部於年底成立全國糧食運銷局，擬在長江沿岸及近海各鎮市建立糧食倉庫，以調劑糧食之供需，可謂國營運銷事業之先聲。皖省準備於短時期內，將農業倉庫遍設成功，期於年內實行米麥之統制運銷；該省又試辦統制茶葉運銷；先就祁紅試辦，如有成效，即推行全皖茶區。浙江籌設糧食運銷處；并擬舉辦桐油、棉花之集中運銷。豫省擬訂糧食出境暫行辦法，規定凡在該省購運糧食者，須持有購運者所屬省、市政府核發之購買證，上載明購運貨名、數量、起運車船及運往地點，方能采購起運。贛省南豐，爲謀統制運銷，發起組織蜜橘運銷合作社，盡量收買，并封鎖客商采辦，禁止客運出口，俾能統一運銷，提高售價。

（3）農業金融。年來因資金集中都市，致鄉村金融日益枯竭；但工商業未能積極興起，銀行界遂苦於過剩資金，無處投放，故在"資金歸農"的口號下，不得不轉注目光於農村。本年在中央及地方政府與銀行界合作之下，農業貸款事業更見發展。茲擇其要者述之。

a. 農本局之成立：實業部在本年上春即開始籌設農本局，經與銀行界蹉商再三，并徵詢各省市當局之意見，遂於九月十五日召開第一次理事會，擬定規章，於十月初農本局正式在南京成立。該局固定資金與合放資金共定6 000萬元，由政府與銀行各認半數，五年撥足；并視客觀之需要如何，再隨時由該局與銀行界協定流通資金之多寡。該局進行計劃綱要分爲：一，改進及調整農事生產，二，提倡建設農村合作金融機關，三，造成農業倉庫網，四，促進農產運銷。此項任務由該局之農資農產兩處分別負之。

b. 農業倉庫之籌設：本年中央及各省對於農業倉庫及設置，極爲重視。如中央方面，農本局正擬計劃，完成全國倉庫網，預定將農倉分爲甲、乙、丙、丁四級，總容量爲2億市擔，共需經費約1 800萬元。又全國經濟委員會與財、實兩部會商，即着手完成全國十大農倉（設於重要市鎮），建築及儲積金定爲500萬元。各省方面，本年以蘇、浙、皖、贛、鄂、閩等省籌設最爲積極。蘇省辦理農倉儲押本已有成績，本年更向江蘇農民銀行借款15萬元，另建新倉十所。浙省有成立全省倉庫網計劃，并已向中國農民銀行借款40萬元，作爲建築基金；至流動資金則由中國農民、中國農工及中國三行分別貸放，總額約300萬元。皖省擬定建設農業倉庫計劃，由京滬銀行界投資400萬到600萬元。贛省向中國、中國農民及裕民三行商借600萬元，舉辦農倉。鄂省擬於年內設簡易農倉1 200所，舉辦農產品儲押貸款，總額定爲100萬元，由中國農民銀行承借。閩省亦向中國及中國農民兩行借款225萬元，籌設農倉。此各省之農倉，除江蘇外，雖尚未具規模，但進行之努力則係一致。

c. 農村貸款之擴充：此項貸款包括投放於農業生產之農業貸款及投於中小農之農民貸款。投資者和往年一樣，大都爲銀行界，如中國、交通、上海商業儲蓄、中國農民、中國農工、浙江興業、金城、大陸、江蘇農民、江西裕民、浙江地方等銀行，此外尚有各省的省銀行及縣農民銀行；團體組織有上海中華農業合作貸款團與"二十五年江浙春期收繭收款銀團"。除銀行而外，則爲郵政匯業儲金局，及各省行政機關。放款種類可分爲：土地抵押放款(中國農民銀行在籌辦中)、青苗放款、儲押放款、運銷放款、鑿井放款、種籽肥料放款、動產抵押放款、農民保證放款諸項，其中儲押與運銷放款多爲對米穀、棉花、絲繭、茶、蔗等農產品貸放者。貸款區域遍及蘇、浙、皖、贛、鄂、湘、粵、冀、魯、陝、甘、蜀、黔等省。本年農貸數額，我人雖未獲得確定統計數字，但據作者綜合報章所載計算所得的結果，約共6 000萬元左右。但這些都是就各銀行預備放款之數額而言，至實際放出額則在此數以下，如上海各銀行所組織的"二十五年江浙春期收繭收款銀團"，雖預定放款3 000萬元，但實際上僅放出千餘萬元；自然，另方面也有實際放出額較預定爲多者，但究屬少數；因之假定除去預定過高額三分之一，則本年農貸實額或在4 000萬元左右。較之上年各銀行的農村貸款數額2 300萬元，① 增加甚多。

(4)農村合作。我國農村合作事業年來擴張極速，社數與社員數增加之速率，較歐美倡導合作之先進國家實有過之而無不及。但因過去僅注重量的增多，忽視了質的改進，遂致流弊叢生，而尤以信用合作爲甚。

---

① 見吳承禧《民國二十四年度的中國銀行》，載《東方雜志》33卷7號。

本年則大多數省份漸注意質的提高。如浙江在民二十四年八月，共有合作社1 793社；但自該年九月合作社法頒布後，省建廳即銳意改進，重行登記，將組織不健全者予以淘汰，故到本年僅有600餘社，裁去三分之二。此外各省亦多實行嚴格登記，雖社數增加之省份仍多，但已不如上年之速矣。

  本年農村合作之改進，最要者爲行政指導之統一。過去指導合作社之機關，不說中央無一切實負責之組織，而各省之合作行政更屬紊亂。同一合作社，往往須接受兩三個以上之機關的命令，比如省建設廳、供給資金之銀行，所在地之黨部，倡導合作社的社會服務機關，便常常是同一個合作社的上司，流弊因此而生。本年實業部成立合作司，如指導有方，合作行政自可漸趨完整。次要者爲普及合作教育，從事人材訓練，以求技術方面之改進；及籌設合作金庫，以充實合作基金兩項。

  一年來政府的建設工作，略如上述。我人認爲今後政府應注意下述諸點：

  第一，樹立農民的信心，并要求無害於農民。現在大多數農民常不信任政府的改革工作，即就技術的改進而論，作者於民二十五年八月在浙江的一個純系稻推廣區調查時，便親耳聽見一個農人說："……政府發給我們改良種，同時不要錢，自然是好，但是就我們往常栽植普通稻種時，大都有八成的收穫，而去年我這一家的田都栽植了改良稻種，收成祇有兩三成，我一家今年吃飯便成問題。……"由這點我們覺得當局似乎應該先做到兩點：第一把推廣區的土壤、氣候、水利等自然環境調查清楚，是否宜於栽植改良種；第二不僅白給種籽，對於收成的損失亦應有相當的賠償保證，或按各家農田比例推廣，以免發生農民生計問題。否則如有害於農民，自難獲得他們的信任。

  第二，兼顧中小農民的利益，防止鄉紳商賈操持。現時政府施行的農業倉庫、農村合作及農村貸款，或僅爲城市商人所利用，或爲鄉紳、地主所操縱，中小農民反被排斥在外。如農業倉庫多無小額儲押，農民無從問津，農村合作爲有產者把持，低息貸款之利反爲他們所享，農民借款多要保證，於是發生以低息借進而以較高利率貸出的中間人。凡此都是今後應予徹底改善者。

第三，由中央統籌辦法，免去省自爲政的浪費。我們承認各省政府應有相當的獨立權力，但有些事情如農產運銷的調劑這種工作，如聽憑各省甚至各縣去禁止入口或出口，則其結果會更阻抑農產的自由流動，喪失區域間的調劑功能。我們試看關於糧食一項，大部省縣都本諸自己的利益打算，統制糧食的供需，這就國民經濟的立場來說，實應嚴加取締，而由中央統籌辦法。(關於這點，行政院於民二十五年十一月第289次院務會議已通過實業部提議之"食糧調節暫行辦法"，據此各省應一律停止禁運。)此外的各種改革工作，也應由中央示其原則與方針，使各省可在相當範圍内，據其特殊的環境，在實施的程序與方法上稍加變更。

以上所言，祇是指明現在政府的設施上所應加改善之點；至於欲圖全國農業經濟之昭蘇，固然要係於一般經濟組織之演進，但也待諸一個對外有保護作用，對內含改造性質的農業政策之產生，此則我人切望於政府者。

1937年3月10日作於中央研究院社會科學研究所

南京

近年來的灾荒[*]

在我國農村，有一句盛行的俗話，說："靠天吃飯"。這句話，一方面固然表示我國人民多是依農過活，他方面則又表示人力的不能征服天然，以致有"聽天擺布"之感。歸真說起來，我國農民實在都是靠天過日子，天道好一點，雨水均勻一點，年歲也就好，收成也就豐，大多數人民的吃穿，也就比較的飽暖。否則祇有凍餓。不過，因爲我國所處的天時地利勝過許多旁的國家，同時吃苦耐勞，是我國人民的特性，所以農民雖然"起五更，睡半夜"，但如果外力不侵犯他們，政府不擾亂他們，他們倒也能"粗衣淡飯"的度過一生。數千年來，農業的經營，得能以賤價的勞力，在一種極不進步的農耕技術的條件下，維持了這龐多的世代子孫，也無非是這個緣故。

可是，到近幾十年來，尤其是近幾年來，就不同了。除掉外來的各大強國之經濟的壓迫外，"天"也似乎漸漸的擺起猙獰的面孔。水災、旱荒、蟲害，不停的發生於各地。去年災荒的餘痛未去，而今年春荒的厄難又來。觸目驚心的消息，遍地皆是。如果葉逢士（S. Jevons）所推測的太陽黑斑點和經濟循環（Economic Cycle）的因果關係是真正存在的話，那我們實在可以相信天道是已經變了。旁的省縣姑不舉說，即就我的故鄉——湖北黃安——而論，記得在民國十八年以前，祇經過民國十四年的一個荒年，此外則聽得老輩說，同樣的一個荒年是光緒二十六年。但是民國十八年以後呢？一連四五年都鬧荒，最近兩年更劇。如去夏植稻時，正渴望水的時候，偏偏一兩月未見雨，致秧未出穀便已乾死；而今春麥子正欣欣向榮的時候，偏又淫雨爲災，致麥子都爛死於田中。這種

---

[*] 本文原載《獨立評論》第150號，1935年5月。

現象，在旁的省份縣份，當然可以找出，或許灾害還要大。從天的旱雨恰反於農時一點而言，真令人覺得天是存心故意捉弄我國農民了，而"靠天吃飯"一語，也真是不錯！

至於年來灾荒的損失，和農民受灾的苦況，似無容我們細説。去年的統計數字，全國農產因灾荒而損失的數值，達三分之一，實屬前所罕見。不過，因爲前年豐收，所以農民雖極窘苦，尚能勉強維持於一時。今年春荒的結果則大不相同了。毫無存糧的農民，現在唯有坐以待斃。農民早已陷於貧窮綫下，現在更被拖到死亡綫上。照理都市雖可以吸引農村人口，但因年來工商業不景氣的結果，都市失業人數日復加多，那能有餘力收容鄉村裏許多的餓殍？所以四鄉吃樹皮、嚼樹根、吃觀音土，甚至吃人肉的消息，隨時可聞；蓬頭跣足，鳩形鵠面的灾民，到處可見。都市的洋房大廈，雖日在增多，但無論如何是遮不住鄉村的慘相了。

然則近年來灾荒的發生，果真是由於天道反常嗎？或果真是農民命該如此嗎？除非是迷信者，否則在這科學的二十世紀，這問題實不值一問。那麼年來灾荒的次數增多，程度加劇，其原因究在那兒呢？我們的回答：這原因全是人爲的。現在約略分述於下：

第一，農耕技術的幼稚。我國農具初期的發展，本不後於歐西，甚或過之；祇以十數世紀來，無若何的變易，致農業經營，乃停滯於千餘年前的狀態。就與農事最關切的灌溉器具而言，在後漢三國時便已應用龍骨車（即翻車，俗名水車），到現在，其形狀雖稍有改變，而方法一仍如昔。祇此一端，可知我國農民的保守和不求上進。比如我的故鄉，現在一般農家所用的灌溉器具，還是兩人或四人搖轉的水車。這種水車，祇能用於池塘沼澤，至於大一點的河流，則無法展其本領。嘗見鄉人於天旱時，望着河水，無法引灌。由此知旱灾的發生，并不能怨天。至於蟲害，更是人力所能除盡的；但是我國農民，到現在祇知道用人力捕蝗蟲於事後，不知道施用藥料防止於事前。吃力受害，到頭不落一飽，這表示耕種技術的落後，以致灾荒無法免除。

第二，水利的失修。我國農作物之有待於水分的營養，盡人皆知。

尤其是東南部產稻區域，其賴於水者更多。西北部諸省，農作物雖多不直接靠水生長，但如果雨量不足，也使得土地日漸磽瘠，致地力減而農產歉。同時，北方河流，因黏土的輕鬆和易於沖毀，以致河身常爲之淤塞而釀成水患。黃災的難防，正是此故。所以在我國，無論南北，水利都很重要。至於水利的範圍，包括很廣，如防潦，灌溉，疏浚，宣泄，便利航運，發展水力等等都是。不過，其中最關係於農業的，還衹有灌溉和排水兩項。許多歐西的歷史社會學家，如 Engels, Marx, Varga, Mardiar, Weber 氏等，認農田灌溉和排水的問題，是瞭解東方社會，尤其是中國社會的重要樞紐，當非過言。考我國的水利事業，自大禹治水開其端，歷代無不列爲國家的要政。防堤官員，都戰戰兢兢的遵守"堤破興亡"的律條，所以頗能消除水患。唯迨晚清與歐西交接以來，政治日窳，不但不能建設新的水利系統，而到了民國，反而內戰頻仍，致固有的水利建設，什九爲之破壞或湮沒。負治水責任的官吏更不能遵守往時的律條，視人命如兒戲。水災的迭見，自不足怪。所以水利的失修，實是近年來水災特多特重的一個重要原因。

第三，近十數年內戰連連，樹木遭砍伐，橋樑堤岸被拆毀，整個鄉村爲之凋零。我們知道植林可以改善氣候，現在林叢既多被毀滅，當然又影響氣候的惡化。南方旱荒的增多，這不失爲原因之一。至於橋樑堤岸的拆毀，直接關係水災，更不待言。此外農具被徵用，農民被拉夫，在在均足以直接或間接妨害農事，致農產收穫減少。蓋許多重要農具，如灌溉器具，製造頗費，實非農民現在的資力所能應付；農具既缺，焉能有良好的收成？所以解決農具缺乏的問題，實屬迫不及待。拉夫或拉差，在農閒時，猶有可説，至於農忙時，則荒蕪田地，爲害甚大。凡此均足以説明近年來災荒之所以增多并加重。

此外自然還有許多原因；不過，即單就上述各點看起來，我們已足以知道近年來災荒次數特多，損失特重的，并不是緣於天道反常，而實是緣於人力的不能"未雨綢繆"，預防災害。所以盡管賑災的機關設遍全國，而災害的發生，一仍如舊。姑不論賑災的恩惠，是否可以使災民普遍受得，或即令施放的賑款足以濟農民的厄難，但須知"羊毛出在羊身上"，農村破敗了，農民窮死了，賑款又安能有着？因此，我們祇能把賑災當作一種事後的臨時救濟；至於欲圖永久的功效，則仍須有待於根本的辦法。這種根治的要圖，不外：治標方面——禁止軍兵破壞關係農事的各種設備，及其他足以防害農事的一切行爲。治本方面——建設水利系統，以永除水患；改良農耕技術，以便利灌溉；推廣植林運動，以調劑氣候；普及農業化學，以防止蟲害。這些辦法，或已早爲政府所注及，祇是見諸實行的還很少。所以不厭煩瑣的特又將其提出來，以促政府注意，而期早觀成效。

最後，我們希望"靠天吃飯"這一句話，能够早日改變過來。

寫於 1935 年 4 月 30 日

我國合作社的現況*

一、合作社數與社員數

我國合作運動雖僅有十幾年的歷史，而在社數方面已頗有可觀的成績，年來一方面因朝野人士之鼓吹與倡導，他方面因銀行界對於農民貸款，須假手合作社以爲紹介，合作社的社數與社員數，遂因之大增。姑無論合作社的組織是否已達完善之境及合作的效益，於中小人民究達若何程度，單就社數與社員數增加之速度而言，總可表示倡導與推行者的相當成績，現將兩年來各省市所有合作社數列後，以明近年來的進展。

由下表可知我國合作社由民二十二年之5 335所，增到現有之14 649所，一年之中，增加了9 314社，差不多增加的社數多出原有社數一倍以上。就各省而論，江蘇仍保持第一位，山東則由第四位進爲第二位，河北仍居第三，浙江由第二降爲第四，安徽由第六進居第五，江西由第五降爲第六，河南由第十躍爲第七，湖北、湖南亦均由第十數位躍居第八、第九位。其他各省亦莫不急爲增加，如陝西、山西、廣東諸省，社數擴張，殊足驚人。就社數言，我國合作運動之推進，已大著成效。

---

* 本文原載天津《益世報·農村周刊》，1935年4月27日。

近兩年來各省市合作社社數

省市別 \ 社數 \ 年度	民二十二年	民二十三年
江蘇	1 911	2 937
浙江	1 139	1 793
安徽	387	1 463
湖北	5	566
河南	10	997
河北	756	1 935
山東	545	2 472
陝西	5	320
山西	7	190
湖南	14	558
江西	489	1 078
四川	2	3
廣東	12	193
廣西	8	8
福建	0	14
綏遠	3	20
南京	5	16
上海	37	85
廣州	0	1
總計	5 335	14 649

注：本表及以下各表材料，均係根據《農情報告》3卷2期。

隨着社數的添設，社員數亦大爲增加。兩年來，各省市社員數增加的情形，可見下表。

社員數由民二十二年之18萬餘人，到去年底，一躍而爲55萬餘人，一年之中，增加社員37萬餘人。唯按我國4億人口計算，每千人中僅有社員1.4人，仍覺太少，由是人民所受合作組織之利益仍極微甚小。良以我國幅員之大，人口之多，欲令中小農民及小工商業者，均能獲得合作之益，斷非數年內所能一蹴而及。一年來合作社員數竟有如此巨大的增加，循此以往"人人爲我，我爲人人"的功效，當可期於不久的將來。

近兩年來各省市合作社社員數

省市別 \ 年度 社員數	民二十二年	民二十三年
江蘇	61 284	105 036
浙江	40 652	61 433
安徽	11 172	46 939
湖北	459	24 343
河南	1 061	51 508
河北	20 503	40 041
山東	14 006	65 386
陝西	3 283	44 683
山西	453	6 187
湖南	6 972	36 484
江西	15 954	36 079
四川	15	95
廣東	603	24 499
廣西	800	800
福建	—	—
綏遠	43	258
南京	2 415	2 746
上海	4 912	10 771
廣州	—	233
總計	184 587	557 521

二、合作社的種類

考我國合作運動的誕生，本以信用合作社爲先導。居我國合作史上重要地位之華洋義賑會，所導設的合作社，又幾全爲信用合作一種；故信用合作社歷來便占各種合作社中之重要地位。數年來農村金融，日趨枯澀，更極力鼓吹信用合作組織的推廣。信用合作社在各種合作社中，乃更鞏固其領導的地位。下表指出全國各種合作社之社數及其所占全體之百分率。

全國合作社之分類及其百分率

種類	社數	百分率
信用	9 841	67.2
運銷	1 059	7.2
購買	547	3.7
利用	466	3.2
生產	1 260	8.6
兼營	1 365	9.3
其他	111	0.8
總計	14 649	100.0

總計信用合作社爲9 841社，占全體社數67%有奇。兼營、生產與運銷合作社各不過占9.3%、8.6%與7.2%，至購買與利用合作社更僅占全體3.7%與3.2%。此數者相合，尚不及信用合作社之一半，則知信用合作社實可代表我國全體的合作組織。這點，表示着農村金融問題的迫切，而更表示年來合作社的推廣，半是得力於銀行的貸款。

近兩年來全國各種合作社之百分率比較

種類	民二十二年	民二十三年
信用	77.2	67.2
運銷	2.1	7.2
購買	4.7	3.7
利用	2.3	3.2
生產	8.5	8.6
兼營	4.6	9.3
其他	0.6	0.8
總計	100.0	100.0

雖然信用合作社居各種合作社之首要地位，但是如果我們分析近年來各種合作社地位之變遷，我們將發現信用以外之合作社，實有漸居重要的趨勢。這看上表便知。

信用合作社在民二十二年占全體合作社77.2%，二十三年則降為67.2%；雖然其絕對數增加，而相對數則已減少。其他諸種合作社，除購買一種外，餘則地位均有增高趨勢，就中尤以運銷合作社為最，計由2.1%增到7.2%。運銷合作社所以增加特速者，乃政府提倡及各銀行廣為推設之功。年來國人咸認交通不便與運費昂貴，為農產需供不能相應及農產價格不能調劑之主因，故政府一方面減低鐵路運費，他方面則竭力提倡運銷合作，各省農行對此尤為努力。他如兼營、生產、利用合作社亦漸因客觀之需要而地位日見重要。由合作社種類的日漸廣闊，知合作運動的前途更有大量發展的希望。

三、合作社的創設及其行政

就合作社的倡導而言，世界各國可歸納為兩類：一為人民自動創立與推行者，如德、意、比諸國是，此可稱自下而上之制；二爲依政府的力量創立與推行者，如法、日、印、俄諸國是。此可稱自上而下之制。前一類的合作社行政上均具獨立自助的精神；後一類者則因多依賴國家的款項與幫助，故行政上不免受政府的干涉。我國近年合作運動之起，本爲社會團體。華洋義賑會所倡導，社多設在河北省；自後南部諸省相繼仿行，但推行則均賴政府之力，故我國合作組織，實兼具前述二類的性質。惟近年來，即華北諸省，亦爲假政府之力，從而維持或推廣，蓋欲收合作推廣之速效，處此國困民窮之時，自非政府肩此重任不可。一年來合作社之發展，多爲政府之力。

根據《農情報告》3 卷 2 期所載各省市合作社指導機關之調查，計各種指導機關共爲 524 所。其中縣政府占全體機關 59.7%。其他政府機關（包括縣黨部，民衆教育館，農業推廣所，合作事業指導委員會，合作聯合會，市社會局，農村金融救濟處等）占 27.3%。華洋義賑會占 7.5%，農民銀行（四省農民銀行與江蘇省農民銀行）占 1.7%，商業銀行（中國銀行與上海商業儲蓄銀行）占 0.6%，其他如實驗區、植棉改進所、水利公司、教堂等機關占 3.2%，就各省而論，指導機關最多者爲山東，次爲河北、浙江、江蘇等。由這裏我人當知創導機關之多少與合作社之推廣，有直接的關係。至就指導人數言，各省市共計爲 764 人，其中以廣東最多，爲 135 人；山東次之，爲 125 人，他如河南、河北，均近百人。創導人數多，其社數推廣必速，此由前述山東、河南、河北、廣東諸省社數增加最速之一事實便可知之。

由創導機關的分析，知我國合作社的推行，大半爲政府及政府機關負其責，創導既由於政府，則合作社的行政權必握於政府機關之手，至低限度必須受後者之干涉與約束。以我農民知識之幼稚，欲其自動組織，事實上既不可能。則目前之假手政府，似亦爲不可避免之趨勢。唯我人所望於政府中負指導責任之機關或人員者，即創設合作社時，不應僅爲社數的擴張，同時更須注重合作社"質"的增進。政府一時雖負創導者之責，但須知社員自治，乃合作組織之最後目標，故此時，不論創設，或指導一合作社，均應竭力扶助農民或中小市民，以培養其自治之力量。如此，庶幾合作組織，可以樹立永固基礎，并達到完善的境域。

四、合作社的資金

合作社既基於自動與自助的原則，則其資金自須求諸社員與合作社本身。唯合作社社員多爲中產階級以下之人民，大額出資乃事實上所不能，故不得不賴以合作社本身信用向外借得款項。歐美各國稍有基礎的合作組織，其資金來源多係如此。我國合作運動仍在發端時期，合作社之信用未立，向外借款頗爲困難。雖然政府可爲之協助，但我人決不能視合作社爲慈善機關，故合作社之資金，仍非求之於合作社自身不可。

爲要解除合作社向外借款的困難，我們得先明瞭此種困難的原因。根據中央農業實驗所之調查，各省市向外借款困難之原因不外：借款手續麻煩，金融機關不能盡量放款，無抵押品，保證困難，無放款機關，交通不便，自身信用不固，利息太高，匯兌不便，無介紹機關，貸款須費時日，致失去時效等等。這些原因，可歸納爲三項：一，合作社基礎未立，因基礎未立，所以保證困難，和缺乏抵押品，以致自身信用不固。此種原因，合占全體之30%。可見如何使合作社組織得以獨立與健全，實爲深值考慮的問題。在這裏，我們就要注意：於推進合作運動時，不應僅注意於社數的擴張，而較此更重要者則爲合作社質的完善。華洋義賑會所負責創導的合作社頗能注意於此，所以其組織基礎，遠較政府負責創導者爲健全。二，上層金融機關闕如。合作社僅爲合作組織之下層機關，其上苟無上層機關，則不但各合作社間不能取得聯絡，而資金通融，尤難獲得。我國合作組織之上層統一機關，至今仍未建立，聯合會爲數亦少。負通融資金責任的農民銀行，雖漸見增加，但以成立伊始，資力薄弱，不敷分配。商業銀行年來雖有放款合作社之舉，但杯水車薪，更無濟於事。觀乎上述原因中，無放款機關，利息太高，金融機關不能盡量放款數種，占全體之30%，可見以低利貸款的上層機關，其設立是迫不及待了。三，借款之不利便：交通不便，匯兌不便，借款手續麻煩，無介紹機關，貸款須費時日致失去時效等，均表示借款之不便。此種原因占全體之34%。因此，即令合作社有借款之需要，他種金融機關有資金之供給，亦必因手續繁瑣，致合作社裹足不前，或貸款費時，致上級金融機關難如期供給。是以如何縮短資金匯兌之阻隔及減少借款手續之麻煩，實爲便利資金通融之要圖。

由各省市合作社借款利率之分析，（見同期《農情報告》），知月利8厘至1分者占全體之52%，6厘至8厘者占35%，簡言之，利率大半爲月利6厘至1分。至於1分至1分5，及1分5以上者占8%，比6厘以下之占5%尤多。合作社借入資金，利率尚如此之高，則其放款利率，換言之社員所負擔之利率，自然更重。此一方面固表示合作組織的上層機關闕如，致雖高利向其他金融機關借入，亦所不恤；他方面則表示合作組織的根本缺陷，其及於中下層階級人民之利仍不多。凡此諸點，均望負責推行合作社者，作一根本的籌劃。

五、合作社的前途

由年來合作社進展之速，可推知本年在社數方面必更有大規模的擴張。今年三月十三日，行政院農村復興委員會，會同全國經濟委員會、實業部，召開全國合作事業討論會。到會者包括各方面之關係人士，會議凡五日，集會五次。議決要案百餘件，舉凡關於合作制度，合作法規，合作業務，合作資金，合作教育等項，均經分別議定。會後已將議決各案，分別送請主管機關采擇施行。由此預卜合作社之將來，實有無限的希望。

但我人於明瞭年來合作運動發展情狀之餘，有幾點意見希望負責推進合作組織者注意。

（1）注意質的培植，以奠定健全的基礎。近兩三年來，合作社在社數與人數方面的發展，殊足驚人；徵之歐西各國，亦無與其匹。誠然，以我國人民之衆，及當前之需要，即就已有之社數而言，仍離目的遠甚。但是，如若僅專注於量的擴充，忽略合作社本身組織之健全，其極必有使整個合作組織趨於崩潰之危險。據聞有許多省份負責創導合作社之人員，均以增添社數、及收羅社員，以自邀功績；而農民亦有純爲借款而組織合作社者。此誠極須革除之弊端，往昔華洋義賑會因采嚴厲手段，對於合作社的承認（承認後之合作社，始有向義賑會借款之權），限制極嚴，并施考績制度，分合作社爲甲、乙、丙、丁諸等；推行數年，社數擴張雖較緩，而合作社本身則頗爲健全，社員均無倒帳情事。時至今日，就質言，仍以河北合作社爲首。所以社數的擴張，必須在質的優良之條件下，方能稱得合作組織之真實的發展。此我人所以特別重視質的方面者。

（2）普及合作社的種類。歷來合作社的組織方面均限於信用合作一種，此固與歷史的久暫有關，而其易於成立及農民多視此爲獲得借款的妙法，當亦爲重要原因。就我國現狀而言，平民對於資金通融的需要固極爲急迫，而他種爲農業或工業所需要之利便，如生產上及交易上之利便，亦不容緩。因此生產、利用、運銷合作社當與信用合作社有同樣的重要。歷年來，此諸種合作社所以推廣不及信用合作社之速者，一方面由於農民對於前者的功用多不易明瞭，他方面則因政府之忽視及舉辦之困難，故未能積極籌設。所幸年來政府有轉行注重此數種合作社的趨勢，此閱合作社的種類一節所述便知。今後更須繼此以往，以發揮合作組織對於農業國的根本效用。

（3）完成合作社的金融系統。在農民經濟極端貧窶之現狀下，合作社的資金問題，誠最不易解決。而此問題不解決，則合作組織萬無維持或發展之希望。據中央農業實驗所的調查，各省市合作社需要金融機關的放款數額，共爲3 200餘萬元。此數雖非至巨，但以目前中央之資力，亦談何容易。以後社數日增，所需資金之數額愈大，其既非他種金融機關所能應付，亦非彼等所宜應付，則政府自應負責解除此種困難。目前全國合作事業討論會，有王志華先生之合作金融系統提案。係按諸我國之特殊國情，并兼采歐西制度之優點，創與衆不同之四級制。該案又將金融系統分爲兩起，中央及省則由上而下，縣以下則由下而上，以求兩全之道。計畫之周詳，允稱特到。此案已經由大會詳細審查通過，果能依此施行，合作社的資金問題不難完滿解決。

保定的土地與農業勞動[*]

本月初，作者與韓德章先生因公赴保定，於保定農村現狀，稍有考察。就我們直接所見，知保定四鄉的交通與教育，較前頗有進步，而保定市面亦因新爲省會，一時頗呈活躍之象。至於農村經濟的諸般現象，變動尤多。在舉世鬧經濟恐慌，全國農村破敗的現在，保定農村所能表現的情狀，自逃不了這種範疇。不過保定農村經濟亦有其特殊之處，在衰落中亦有幾項表現着繁榮的事態。姑無論這種繁榮是否暫時的，但我們實有深加注意的必要。現在僅就土地和勞工兩項，略述近幾年來的變遷，其餘則俟另日爲文論之。

一、土地的移轉

保定農村土地的買賣，與其他地方同，係憑中人說合，并立賣契。鄉人有專以說中爲業者，稱爲經紀人。賣田契約，通稱曰"死契"，寓賣出不能收回之意。土地買賣的傭錢，有二種制度：（一）爲"成三破二"，即買方出地價3%，賣方出地價2%；（二）爲"各出三分"，即買方賣方各出地價3%。此種傭錢由經紀人與村中所設學校分得，或各半，或3與2之比。保定四鄉學校，所以增加者，此種經費來源不失爲一大原因。

土地轉移的頻繁與否，隨其需要與供給的情形而定。近幾年來，保定農村與其他農村一樣，因爲經營上的損失，和銷售上的失利，遂致欲放弃土地者多，欲投資於土地者少。這樣就表示了土地供給的增多與需

---

[*] 本文原載天津《益世報·農村周刊》91期，1935年11月30日。

要的減少。近幾年來，地價跌落的程度，便可作此種情狀的指數。

近年來地價的增減（元）

	上等地	中等地	下等地
民國十七年	100	65	30
民國十九年	60	37	20
民國二十一年	35	25	10
民國二十三年	40	30	15
民國二十四年	50	35	18

地價的跌落，以民二十一年最劇，去年與今年，雖稍有增加之勢，但仍不及民十七與民十九遠甚。民二十一年地價所以跌落特甚，原因當很複雜，唯主要的我們可以説是由於世界經濟恐慌的波動與全國農村破產的影響。去年與今年地價所以又稍見增高者，乃是由於經濟情形的漸趨好轉，致對土地的需要增加。後面所説的棉田的擴張，便是一個主要因素。這種好轉的現象是永久的或是暫時的，我們不必深論，祇須明瞭：因爲年來棉產的獲利較厚，農人乃以減少他種作物面積或購進土地的方法以擴充棉田。土地的需要既然增高，地價自有增高的趨勢。

土地在這幾年來的集中趨勢，是我們不容忽視的。關於這點，因未予數字上的調查，故難測其確切程度。不過，由詢問農人所得知的"賣田者家數多，買田者家數少"的這種現象，確可以表示土地是漸漸集中在少數富裕農家手中。

土地的另一個轉移方式，便是典出的土地，雖可贖回，但一般多是賣田的先聲。典地亦須有中人，并立契約；這種契約，通稱曰"活契"，蓋表示可以贖回之意。典價約爲地價60%至70%不等。期限普通爲三年，須於契約上載明，滿期方可贖取，如不收回，又不轉當，則曰"死當"。近幾年來，保定農村中，典當土地不甚通行。推源其故，不外：（一）欲放弃土地的農民，鑒於世態無常，既經決心放弃土地之後，絕不存再度贖回之望，故與其典地，不如賣絕。(二)放棄土地的農民，多係經濟貧窘至極者，以是欲得高價，不如賣地。(三)離村人數，近年來年復增多，此種農民的放棄土地，更未存收回的希望，所以都采"一刀兩斷"的賣田方法。

二、租佃制度

北方的租佃關係，是遠不及南方複雜的。根據中央研究院社會科學研究所民國十九年在無錫農村和保定農村所作的調查，我們知道保定的純自耕農占絕對多數，而在無錫則一方面佃農占極重要的成分，另方面租佃方式也是複雜到了極點。這一點是我們欲分析中國的租佃關係時所首須瞭解的。

這次我們詳細地訪問了三個村莊，調查的結果均表示純出租地主與純佃農是占極微小的成分，甚至於完全沒有這種農家。三個村莊中：第一個村莊計純佃農十家，純出租地主一家；第二個村莊計純佃農無，純出租地主無，自兼佃農四家，其餘百多家均爲純自耕農；第三個村莊計純佃農無，純出租地主無，純自耕農最多，其餘則爲自兼佃農和自耕兼出租地主。

保定的租佃制度有兩種：一爲錢租，二爲分租。糧租這種制度在保定可說已經滅迹，這一點也是值得我們注意的。現將上舉兩種租佃方式分述如下。

1. 錢租：這是鄉村中最通行的租佃方法。類皆於十月一日租地，租錢先付後種。翌年春雖亦有出租者，但居極少數。租種期限通常爲一年，雙方同意得延長之。訂租采口頭方式，例不立契。

租額的增減，是隨着對於土地需要的大小而變動的。近年來因爲水災旱荒交相爲害，農民被迫而放棄土地者，日復加多。土地使用的需要既減，地租額自然降低。看下面的數字便可知道。

六年來地租的增減

	民十九年	民二十四年		民十九年	民二十四年
上地	5.5元	2.5元	下地	2.5元	1.2元
中地	3.5元	2.0元	園地	8.5元	3.5元

地租額降低的劇烈，頗堪注意。5年中，幾乎降低了3/5，農業經營的衰落，實可借此而表現。不過，若就現在的租額而言，仍覺得對於佃農的負擔是很重的。

2. 分租：保定通稱爲客租，乃一出資本(土地或他種資本)一出勞力的租佃關係。這種租佃方式實具特殊性質，蓋出租者有時并非富裕農家，其出租原因，多是因人口簡單，做田間工作者少。承租者有時經濟情形反較出租者爲富裕。鄉人之所以稱此種分租爲客租者，亦是故此。湯爾穌氏曾將此種租佃方式，當作耕作方式之一，稱其曰合伙經營，可說有相當見地。不過，我們總覺得供給土地者總比供給勞動者的經濟地位強，所以還是把它列爲租佃方式之一。

分租和錢租一樣，訂租不立契，采口頭方式。付租對象爲農作物的主産，租額通爲對半分。有由出租者供給農具、牲口、種籽、肥料者，俗稱爲"實份"，在這情形之下，即農作物的副產亦須均分，或改租額爲四六分或三七分(前者出租主得十分之六，後者出租主得十分之七)。分租的年限不預定，蓋分租關係多半是發生於親戚間或鄰友間的緣故。

三、土地的使用

保定的農場面積，一般都是10畝到30畝；平均說來約爲15畝。經營面積在100畝以上的農家，每村不過三數家，至於200畝以上者更少，10畝以下的同樣不多見。保定的農場面積，比南方爲大。據《成莊村的農家經濟調查》一文(載《益世報・農村周刊》85號),該村經營面積爲11.5畝。不過,保定的農場面積仍嫌狹小,其不足以贍養平均6口之家,顯然可知。最近幾年,農場面積有否增減的趨勢,雖因未作數字上的調查,不能斷定,但據諸以往在保定所作過的調查統計,及近年來的灾害情形看,我們實可說是漸趨縮小的。

保定的田塊,因易於分割與整合,故大小常是不定的。這幾年來,田塊的分割較整合的情形多,故田塊面積的趨於減少,當是可以推測而知的。

保定農村所種植的農作物,有小麥、高粱、小米、玉米、黍子、稗子、櫻子、大麥、黃豆、黑豆、綠豆、棉花、蔬菜諸種。在離保定城較遠的村莊,農作物的分布位次爲:(1)小麥、(2)高粱、(3)小米、(4)玉米、(5)豆類與棉花。在保定城周圍十數里的村莊,農作物的分布位次爲:(1)小麥、(2)小米、(3)玉米、(4)高粱、(5)白菜。這些農作物的出售比例,以白菜與棉花最高,幾爲100,小麥約爲二分之一,其餘的作物則三分之一或四分之一不等。本年收成,因各村的有無水澇而彼此不一樣,一般言之,約爲七成左右。水澇給予農家的影響,并非全屬有害,蓋農田遭水澇後,今年雖歉收,但因水退後污泥停積,農田肥性增大,明年產量反可額外提高。

保定農作物的分布,在近兩年有一個特殊的變更,值得我們深切注意。這便是近兩年來,各村種植棉花的加多。前年保定農村種棉花的可謂完全沒有,即有亦極爲稀少。自去年起,種棉花的漸漸增多,去年種棉花的家數,一般言之約有十分之三,今年則家家種植。至於棉花的種植面積,擴張得更快。我們現在把調查瞭解的三個村莊的數字,列在後面,以見一般。

棉田面積所以擴張如此之速,當是由於農人鑒於棉價高,植棉有利可獲。不過棉田的擴大,是否真正於農民有利,或此種利是否長久可靠,頗值得我們予以進一步的研究。現在因篇幅所限,不能詳加探討,不過由於這種事實,我們可以看出三種現象:第一是民食問題更加嚴重。我

保定的棉田面積(畝)

	民二十二年	民二十三年	民二十四年
第一村	30	100	220
第二村	—	30	540
第三村	10	30	70

國的糧食，尚不能自足，即保定農村亦然；今農田面積既未擴張，則棉田面積的增大，自使種植糧食作物的面積相對的減少，其結果乃招致糧食產量的減低。苟棉產甚豐，則農民亦可以植棉之利換購糧食，唯據今年的收成，棉產僅及十足年之半，故整個說來，農業經營的損失，反更增大。所以河北是否宜於植棉，或棉田面積是否值得繼續擴充，實有深加注意的必要。第二是農產商品化的程度加劇。保定的棉產，并非為農家自織自穿，而完全在販賣於小商人，銷售於國內外。這一點表示農產品商品化的色彩漸形深厚，因而其所受全世界經濟連累的影響亦漸增大，我國農民，將隨時受世界市場的波動，而獲得更深一層的痛苦，不言而知。第三是農民的固執性減輕。我國農作制度，歷千百年而極少變化，一向是傳統的耕作與經營。現在居然在兩年短期之內，農民亦因"利之所在，群起趨之"，致使農作發生了重大變化。我們從這點知道農業的改良，將因農民固執性的減少，而有易於成功的希望。

最後，我們要說的，便是保定的輪耕制度與間種方式。保定是兩年三熟制。即第一年春種"大秋"。如高粱、早穀之類，秋收後種小麥，至第二年夏收割後種晚秋，如玉米、晚穀之類，秋收後第三年又重新開始。兩年中有大秋、麥作、晚秋三熟，故曰兩年三熟制。

保定的間種多為混種，套種者少。至間種的作物配合，以玉米與綠豆間種，高粱與黑豆間種二者最為普遍。此外高粱與黃豆、高粱與青豆、玉米與稷、黍子與稷子間種者亦不少。間種這種方式，在農作上的重要，也是不容忽視的。

四、勞動供需與工資

在保定農村中，一般都是用自有人工來作田地經營，到農忙時間或雇用短工；完全靠雇工經營的農家，或半靠自有人工半靠長工的農家，都占極少數，據統計合共不過十分之一。至純粹被雇爲長工的農家更少，計爲3%。比較上除了自工經營的農家最多之外，就要算自工兼被雇爲短工的農家了。所以保定的雇傭關係，因爲農家經營還是停留在"自耕自給"的狀態上，還是表現得非常單純的。

保定的雇工，可以分爲長工與短工。

1. 長工：長工的供給來源是本地，一般且是本村，外縣或外鄉來者均甚少。雇傭期限例以年計，半年者不多見。上工爲陰曆十月一日，至翌年九月三十日滿一年，雙方同意，可繼續維持雇傭關係。工資預先訂明，以現金償付。過年過節有無賞錢，各雇主家不一致。除現金工資外，雇主有單供被者，有單供褥者，有供被褥兩種者，衣服全係自備。如雇主家種有烟葉，則供給烟，否則須自買。至於供給膳宿則例均一般。

工資的漲落，可表示農業經營的興衰，更可直接表示勞動者收入的增減。近幾年來，因爲農村的破產，失業人數加多，勞動市場供過於求，工資乃顯呈低落的趨勢。我們現將工資依勞動者之爲熟手工人、普通工人或生手工人分別舉述之。

長工各等工資的變遷(元)

	民十九年	民二十一年	民二十四年
熟手工人	50	35	30
普通工人	30	25	20
生手工人	16	15	10

2. 短工：短工的來源和長工一樣，多是本村的人。保安農村因多爲自工的農業經營，故雇短工的農家頗少；而以短工作爲副業以謀補助收入的農家更多。短工多是以日計，亦有計件工資的短工。因工作種類不同，工資的高低亦不一致。一般説來，可分爲普通、秋收、拔麥、割麥四種。其中以拔麥工資最高，蓋其工作最煩苦，且當最忙時之故，普通工資最低。拔麥有時按畝計算，健者日拔三畝半。短工工資的漲跌極微，以其并不基於正常的供求原則，而是憑臨時的供求關係爲轉移，所以工資的變遷性較小。現將本年各種工資列表如下，以見其高低的一斑。

短工各種工資(銅元——枚)

普通	80	每日	140
秋收	100	每畝	70
拔麥	140	割麥	120

短工除現金工資外，日供三餐飯，并招待茶烟，此種飯食較平常者爲優，折作現金約爲 60 枚。我們計算短工工資時，這種飯食費亦不容忽視。

從上面的叙述，我們知道保定農村所表現的事實，是與國内其他農村相同的。近兩年來，因爲種植棉花的緣故，農村暫時又呈興起之象，唯棉田的擴充，對於農民是利是害，還值得我們作進一步的探求。我們總覺得許多基本的因素，如不能設法解除與補救，單靠一時的小利，是不足以復興農村的。

寫於 1935 年 11 月 28 日

中國農村經濟的回顧與前瞻*

自從民國二十年的大水灾後，我國農村經濟的崩潰，日趨顯著。其實崩潰的因子，并不始自近幾年；祇不過愈到近年，國內灾害的程度愈深，國外商品勢力的侵入愈劇，因而加速農村的破敗，加甚農民生活的貧窘。年來朝野的改良運動，雖呼聲極高，和者甚衆，行之亦頗力，但因根本的因子未能鏟除，"頭痛醫頭，脚痛醫脚"，自難收實效。可是，我國的農村經濟，就是這樣一蹶而不能復振了嗎？究竟近幾年崩潰的真象是怎樣？崩潰的因子是什麼？前途又將如何？這些便是本文所要討論的。

最能表現農村經濟的興衰的，便是地價與工資的漲落。近幾年來我國各地地價與工資的跌落頗劇，足證農村經濟是與年俱衰。就手邊所能得到的材料，試先引用近年來河北省定縣與保定的地價，以見增減趨勢的一斑。

近幾年定縣的每畝地價(元)

	水田			旱田		
	上等	中等	下等	上等	中等	下等
民十九年	136	79	49	78	46	23
民二十年	118	71	39	69	40	21
民二十一年	93	59	30	51	30	15
民二十二年	60	38	24	43	24	13
民二十三年	40	29	17	29	18	8

注：見《定縣經濟調查一部分報告書》民國二十三年，河北省縣政研究院印行。

---

* 本文原載《經濟評論》二周年紀念號，第 3 卷第 3 期，1936 年 3 月 31 日。

定縣地價與年俱降之劇，由下表可知。在十九年以前，地價是逐年增高的，故可推知該縣的農業恐慌從十九年後便正式暴露了。我們再看保定(清苑縣)的情形。

近幾年保定的每畝地價(元)

	上等地	中等地	下等地
民十七年	100	65	30
民十九年	60	37	20
民二十一年	35	25	10
民二十三年	40	30	25
民二十四年	50	35	18

注：見拙作《保定的土地與農業勞動》，載天津《益世報·農村周刊》91期。

保定地價在近幾年來的跌落趨勢是和定縣一致的。不過去年保定地價却呈現着微漲，這種現象，是否全國皆然，我們因缺乏其他地方的材料，難予斷定。但據諸下表所引原文所載，該縣去年地價的增高，是由於年來農家棉田擴張，對於土地的需要增大所致。因此在其他的省縣，或無此種需要，或因災害致農民放弃土地者加多，則地價的繼續跌落，當是可以推知的。

其次看工資。工資所表現的漲落趨勢是和地價一致的。據同種材料來源，定縣與保定長工工資的增減情形如下：

近幾年定縣的長工每年工資(元)

	最高	普通	最低
民十九年	56	42	26
民二十年	54	40	25
民二十一年	49	39	23
民二十二年	39	31	18

近幾年保定的長工每年工資(元)

	熟手工人	普通工人	生手工人
民十九年	50	30	16
民二十一年	35	25	15
民二十四年	30	20	10

長工每年工資跌落之劇已如上述，短工每日工資在近年降低更甚。見下表：

近幾年清苑縣的短工每日工資(元)

	通常	秋收	拔麥	割麥
民十九年	0.23	0.29	0.53	0.51
民二十四年	0.16	0.17	0.25	0.21

注：見拙編《清苑的農家經濟》，《社會科學雜志》7卷1期。

地價與工資的跌落，表示農業經營的無利可圖，放棄土地的農民日多，失業與離村人數日衆。因之土地的集中愈形顯著，雇農階級日益增加。農村經濟的崩潰，遂成爲不可掩飾的事實了。

我國農村經濟崩潰的原因，是我們進一步要分析的。由於我國農村經濟的特殊性，我們明顯的看得出這原因不外二端：一爲國内的天災與人害，二爲國外經濟勢力的侵略。現分述如後。

天灾在近年來給予農村損失的巨大，誠令人不可想像。民二十年的大水災，據賑務委員會調查，受災區域凡十六省，就中尤以皖、湘、豫、贛、鄂、閩、浙、冀、粵、蘇十省爲重；而蘇、皖、贛、鄂、湘五省，因地濱江淮，受災最烈，豫、浙二省次之。此七省受災最劇的縣數共計290縣；被災面積共32萬方公里，占七省總面積的33%；被災人口共4 330萬人，占七省總人口的26%；被淹田畝共1.277 0億畝；財產損失共15.753 0億元。據國府主計處調查，該年皖、蘇、鄂、湘、豫、魯等八省遭受水災農戶共858萬戶，占八省總農戶的26%。又據中國銀行調查，該八省被災農户共1 410萬户,被灾田畝共2.117 0億畝,作物損失共4.5億元。當年水灾之嚴重,由此可見。民二十一年雖爲灾荒較輕之年,但亦有十三省告灾,其中重者爲吉、黑、晋、陕四省,較輕者爲豫、皖、贛、甘、青、冀、湘、魯、粤九省。民二十二年則灾荒較上年爲重,尤以水灾爲最。據賑務委員會調查,受灾區域計有十五省四百七十六縣,灾情種類有水、旱、蝗、風、雹、霜諸種。單河北省長垣、東明、濮陽三縣,被灾人口便達62萬人,被灾面積達472萬畝,財產損失總計共2.1億元。灾荒損失之大,并不亞於民二十年。民二十三年的大旱更屬空前。據中央農業實驗所及賑務委員會調查,被灾區域有蘇、浙、皖、魯、豫、鄂、湘、贛、冀、陕、晋、閩、粤、桂、渝、黔、甘肅等十七省七百五十八縣;受灾田地面積共37 000萬畝,占總面積的47%;受灾作物有稻、高粱、玉米、小米、棉花、大豆等項,平均損失量占常年收穫量的24%。該年水灾亦頗重,據賑務委員會調查,受水灾區域共十四省二百八十三縣,被灾田地面積共3 100萬畝,占總田地面積5%。此外尚有蝗蟲爲害,據中央農業實驗所調查,受蝗灾區域計有蘇、皖、冀、豫、魯、浙、湘、鄂、陕九省一百九十五縣,被灾面積共1 600萬畝,農作物損失共計約1 300萬元。民二十四年則同時遭受大旱與水灾,程度較前之各年均劇。據賑務委員會調查,該年受水灾最劇的,計有揚子江、黄河兩流域鄂、贛、湘、皖、豫、魯、蘇、冀等八省,被灾面積共64 904.5方公里,占八省總面積的5%;灾民共20 595 826人,占八省總人口的10%;財產損失共計415 701 905元。各省中以湖北灾情最劇,山東次之,江西、湖南再次之。又據中央農業所估計,該年夏季作物稻、高粱、小米、糜子、玉米、大豆等項受水旱兩灾的種植面積共9 362萬畝,作物損失數量共13 234萬擔,如以每擔平均價格4元計算,損失價值共529 133千元。受灾的省份有陕、晋、冀、魯、鄂、湘、贛、浙、閩、粤等13省,中以魯、皖、冀、鄂、豫、蘇六省損失最大。各種作物受水灾損失數量的成數,最低爲34%,最高達47%。據同種材料來源,該年冬季作物小麥、大麥、豌豆、蠶豆、燕麥等項受旱灾、風灾、病害、蟲害及其他霜、雪、雹等灾害的損失數量共計26億8 526萬擔,如仍以每擔平均價格 4 元計算，損失價值共 107 億 4 005 萬元。此種災害遍及全國各省，中以魯、蘇、豫、鄂、冀五省最劇。各項災害給予作物損失數量的成數，由 10% 到 32% 不等，今年春雪為害，各地冬季作物已蒙極大損失，且因雪雨過多，到夏季洪水泛濫之災能否幸免，猶難逆料。從這些數字知道我國真是一塊"災荒之地"。災荒所招致的結果，其一是農產量的減少，其二是農民的流亡。

我國農作物的產量，近幾年來因災害的劇烈，頓形銳減。我們現在選擇幾種主要農作物，以說明產量在近幾年來的增減情形。

近幾年來主要農作物的產量（千擔）

	民二十年	民二一年	民二二年	民二三年	民二四年
稻	817 480	940 431	879 017	696 852	870 537
小麥	412 360	454 564	450 562	449 212	426 052
高粱	131 535	148 314	138 324	133 139	135 551
小米	128 678	132 910	132 829	137 284	136 241
玉米	127 774	139 495	114 988	111 184	136 889
大豆	114 327	131 009	145 418	112 891	100 739
花生	—	—	59 613	52 889	44 972
棉花	6 400	8 106	9 774	11 201	8 198

資料來源：《農情報告》第 1、2、3 各卷各期，棉產據中華棉業統計會統計。

近幾年來主要農作物產量與十足年之百分比

	民二十年	民二一年	民二二年	民二三年	民二四年
稻	68	77	71	57	71
小麥	63	63	66	66	57
高粱	60	68	65	61	64
小米	62	64	61	63	64
玉米	64	67	62	61	66
大豆	56	63	70	56	51
花生	—	—	66	62	59
棉花	56	58	59	61	58

資料來源：《定縣經濟調查一部分報告書》，民二十三年，河北省縣政研究院印行。

近五年來各主要農作物的每年產量平均還不及通常年三分之二，換言之，每年因災害使農作物損失三分之一以上。但是農民所負擔的田租與捐稅却并不因此減低，以致農家收入更形減少。農民終歲勤勞，結果反不能繼續農業的再生產，維持家庭的生活。則農村經濟的破產，自屬必然的趨勢。

灾荒還有一個結果便是使農民流亡异鄉。那種因水災與大旱致全家逃亡异地的情形我們暫且置諸不論，現爲材料的利便，試引用一個灾害比較少的地方農民離村的情形，以見一般。

近幾年定縣出外謀生人數

民十九年	443	民二二年	7 849
民二十年	1 368	民二三年	15 084
民二一年	3 367		

五年之內，農民離村人數竟增加四五十倍之多，其表示農業經濟的衰落，實至明顯，以灾害極少，且在平教會積年改進下的定縣尚且如此，其他灾荒極重之區，農民流亡异鄉的衆多，更不待言。

國內招致農村經濟衰落的原因，除了灾荒之外，還有高利貸的剝削與苛捐雜稅的暴斂。我國農村信用合作社與鄉設銀行，年來雖見擴張，但據統計，借款來源仍以商店、地主與富農爲多；借款利息亦多在3分到4分之間，并未因新式金融機關之組織而減少。且因連年灾害的侵蝕，借款的家數，借款的次數，借款的數額，均與年俱增，此表示農民更陷於苛重的壓迫之下。據統計，定縣在近幾年農家因債務被債主沒收所有家產之家數，民二十年爲51家，民二一年增爲256家，民二二年增爲2 889家；① 農民所受高利貸的榨取，實足驚人。苛捐雜稅的數額雖無確切的統計，但據官方統計應該廢除的捐稅達4 400萬元之多，此外還有駐

---

① 見《定縣經濟調查一部分報告書》，民二十三年，河北省縣政研究院印行。

軍臨時的徵取，縣吏勾結鄉紳的敲詐，爲數當更多。

國外經濟勢力的侵入是列強傷害我國命脉的唯一武器，這於招致我國農村經濟的崩潰最居重要。其中如在我國內地開闢商埠，設置工廠，開發煤礦，修築鐵路及對我政府的借款等等，以不屬本文範圍，不加多述，現僅就直接影響農村的商品勢力的侵入，略爲分析如後。這又可分作兩方面來說：一爲農產品輸入，二爲農產品價格。

農產品輸入中，以米穀、小麥、棉花三項最爲重要。此三項農產品在近幾年的輸入情形如下。

近幾年三項主要農產品輸入值

	輸入值(元)	占總輸入值%
民二十年	515 849 746	22
民二一年	453 190 904	28
民二二年	337 068 475	25
民二三年	188 506 922	18
民二四年	188 402 012	18

資料來源：據海關進出口貿易報告冊。

上表顯示着兩種現象：其一是進口農產品數值的巨大。我國號稱以農立國，而民食的必需品與主要工業的原料都要大宗仰賴國外，其占總輸入值的百分數高達28%，低亦占18%，年來我國入超之所以極爲巨大，這實爲一主要原因。但是此數項農產品的大宗輸入，是否即表示我國糧食與工業原料品的缺乏，則頗值考慮。據統計，在歐戰時期，我國糧食輸入不但大爲減少，而糧食輸出反極度增加，① 可見年來農產品的大宗進口，大部分原因還是國外的傾銷，詳情且待下述價格時再予討論。其二是農產品進口與年俱減。近年來灾荒奇重，產量劇減，照理農產品

---

① 見巫寶三《中國糧食對外貿易》。

輸入應該增加，其所以減少，當是由於我國農民購買力降低。不過當我們分析去年農產品輸入時，便會發覺農村經濟衰落的情形更爲嚴重。前年三項主要農產品的輸入以棉花居第一位，計90 246 597元；米穀居第二位，計65 684 678元；小麥居第三位，計31 869 171元。去年輸入情形則大爲變更，米穀升爲第一位，增到89 562 586元；棉花降爲第二位，減到40 913 429元；小麥仍居第三位，而數量則增加到34 887 254元。米穀與小麥輸入的增加表示我國糧食問題更爲嚴重，表示我國農產品受洋米麥的壓迫益劇；棉花輸入的減少，表示我國唯一僅存的民族工業——紡織業的衰落。這些都直接或間接影響到農村經濟的崩潰。從農產品價格方面來考查，更可明瞭國外商品勢力侵入的實況及其明顯的影響。近幾年來農產品價格因受國外農產品傾銷的影響，降落頗劇。茲引用天津與上海的農產品價格指數，以見其漲落趨勢。

近幾年來主要農產品價格指數

（民二十年爲100）

		民二一年	民二二年	民二三年
天津	小站米	97	78	79
	白　麥	95	77	69
	元玉米	94	79	78
	紅　糧	95	81	75
	元小米	96	80	71
	生　米	95	88	79
	西河花	80	80	82
上海	常熟粳米	113	69	85
	漢口小麥	94	80	65
	遼寧玉米	87	75	67
	牛莊高粱	83	76	61
	河南火車豆	87	77	47
	徐州花生	85	62	46
	陝西棉花	88	84	82

注：見拙作《民國二十三年的中國農業經濟》，《東方雜誌》32卷第13號。

各項農產品價格均表示與年俱降，且跌落的程度極為劇烈。如將其合而作為農產品價格總指數，仍以民二十年為 100，則民二十一年為 90，民二十二年為 76，民二十三年為 70。三年間降低幾達 1/3，農家的農業經營，已因產量減少而遭受虧損，至此更因價格跌落而難以維持了。

去年是一個特殊之年，大多數農產品價格都打破歷年的跌落趨勢而轉趨上漲。我們現在引用鄉村的農產品價格指數，以示其變遷。

近幾年來鄉村主要農產品價格指數

（民二一年為 100）

	民二二年	民二三年	民二四年
小麥	65	51	75
高粱	71	61	95
玉米	71	60	89
小米	74	66	89
花生	83	86	115
棉花	93	106	93

資料來源：據社會科學研究所《河北鄉村物價調查》（未刊稿）。

由上表知去年農產品價格除棉花外，餘均漲高，且較二十二年的價格猶過之。據上海市價，常熟機粳米、河南火車豆、漢口小麥、山東花生仁亦均較前增高，唯陝西棉花、祁門紅茶則較往年跌落，考去年農產品價格所以一般都上漲，其原因有三：一為自民二十二年起開始徵收洋米麥雜糧進口稅，并撤銷糧食出口禁令；二為去年十一月實行新貨幣政策；三為民二十三年的大災荒，農產量銳減。從這裏更足證明國外商品勢力的侵入，是我國農產品價格跌落的主要原因，因為很明顯的，由於我國在前昨兩年予以阻止和抵抗的結果，農產品價格便稍見回頭。但因國內產量大減，所以這種上漲不能認為是好的現象。

國際商品給予農村的影響，不但從農產品價格的增減上可以表示出來，而由農用品價格的漲落上更可顯見。煤油在近年因我國農民需用極多，故其價格在近兩年均呈上漲趨勢，其程度遠較農產品爲高，據統計，①煤油價格指數，如以民二十一年爲100，則民二十二年降爲78，民二十三年增爲80，民二十四年更升爲106。鄉村需用最廣的白洋布亦然，計其價格指數，如仍以民二十一年爲100，則民二十二年降爲84，民二十三年仍爲84，民二十四年升爲96。這表示我國農民是如何聽受國際商品的擺布了。

我國農村經濟衰落的真象及其招致衰落的原因已如上述。進一步我們要推測其前途將演變到如何地步？農村經濟有否復蘇的希望？如有，是否最近所能一蹴而及？這些大的問題，當然不是短短的本文所能論述詳盡的，且因經濟事態的演變，常無一定的軌道，故我們也不能作決斷的結論。以下所要説的，祇不過是就其以往演進的事實，推測其將來的大勢；再從年來農村改良與救濟運動的成功和失敗，歸結出一條復興農村經濟的可能的道路。

從前面所述，我們知道近年來我國農村經濟的崩潰，是由各方面的原因湊合起來的結果。假如此種根本原因不除，則農村經濟的前途，將更陷於不堪設想的境域。所以我國農村經濟的前途將演進到怎樣的一種情形，要看我們鏟除招致其崩潰的因子的工作做到如何一個地步而定。據作者看來，我國農村經濟在目前尚未顯示復興的徵兆，故在短期内是決無光明前途的。其原因有下述諸端。

第一，從國際經濟大勢觀察，知道在資本主義的生產制度之下，一國的經濟不能完全脱離他國而單獨繁榮與發展。在資本主義的社會裏面，從生產分配到消費，都是放任於個人的決定的，在自由競争的原則下，聽憑個人的取捨。這種盲目的混亂的結果，便造成了資本家的生產過剩，勞工大衆的消費不足，社會分配的不均自此更爲顯著。所謂空前的世界經濟恐慌，便一發而不可收拾了。雖然在無可如何中，他們不得不采取統制經濟的政策，但因社會生產制度的内在矛盾百出，則各國競相采用

---

① 據社會科學研究所《河北鄉村物價調查》（未刊稿）。

抵制政策的結果，反足加重其嚴重性。這種嚴重的程度愈到近年愈有加深的趨勢。我國現在雖尚未達到如歐美的資本主義的過程中，可是依照現行的經濟政策，的確是向着這條路上走，因此我們就得與他們打做一團，換言之，打做混亂的一團，而同遭受經濟恐慌的襲擊。且因我國抵抗力薄弱，故吃虧最大。所以照國際現勢來看，在大家都感受恐慌的時候，除非是我們改頭換面，否則必難獲得單獨的繁榮，農村經濟的復興自然是談不上了。

其次，如把我國從殖民地的觀點來說，則農村經濟在短期內更無復興的可能。由前面的分析，知道我國農村經濟崩潰的原因，也可以說整個國民經濟衰落的原因，則列強經濟勢力的侵入。這種侵入的經濟勢力，在我國已根深蒂固，且使客主倒置，我們的農工商業，一舉一動反須仰他人的鼻息。往昔極為純靜的農村，到現在因為都市的媒介，成了外貨銷售的尾閭，固有的農村工業遂呈示極速的衰落。在另方面，我國農產品的商品化的程度與日俱深，致國際市場的一波一瀾，使我國農民也轉入漩渦。同時因為我國經濟的落後，生產組織不全，致競爭力不如外人，國外市場均為他人所奪。這種國際經濟的桎梏，一時既難解除，農村經濟的復蘇是和全國國民經濟的復興一樣的沒有希望。

最後從農業生產情形來說，短期內決難使農村經濟好轉。這因為一方面國內的災害毫無完全避免掉的把握；他方面農業生產技術的改良一刻還得不到成效。關於這二者，我們不能把它們全歸之於科學技術的問題。而主要的因素還是在社會政治制度與社會經濟制度的改革。因為社會政治制度不良，社會經濟制度不善，土地分配不均，舊有的繼承制度使土地分割愈零碎，這使農業技術無從改良，大規模的農業經營無從樹立。故說短期內農村經濟難望復蘇。

這樣說來，我國農村經濟的前途就沒有革新的希望了嗎？我們却也不作如是的悲觀。不過如若我國仍舊祇是作些零零碎碎的改良與救濟，而不作通盤的打算，那恐怕上面的話就要變成事實。近幾年來，國內的農村改進運動，進行頗力，而收效并不大。這種改進運動要者有三：一爲鄉村建設運動，二爲合作運動，三爲生產技術改良運動。關於鄉建運動，理論上事實上均有人批評過，① 我們不願多說，我們祇要看清：在這種運動下的農村，是和其他各地的農村呈示着同速度的崩潰，便可認識它的真正價值了。合作運動在各種農村改良運動中總算是最切乎實際的，於農民多少有點益處。但因合作運動祇能做到鏟除國內的中層障礙這一點，對於抵抗國外經濟勢力則仍屬徒然。所以我國農村的出路，不能靠它來打通。至於生產技術的改良運動，在其實驗的區域內，當地農民雖可蒙其利，但因生產技術問題，主要的還是經濟問題，故此即令已有新式方法可供采用，但經濟上的考慮使農民仍祇有保持舊有方法；何況如前所述，在現在的經濟分配制度之下，許多改良在事實上不能做到呢？以上所述，并不是説農村改進運動對於農村經濟的復興，全無幫助，而祇是説這都不是根本的辦法，在根本原因未除時，這些改進工作是難收大效的。

總之，技術的改良，零星的救濟，以及省自爲政，縣自爲治的經濟政策，雖可裨益於一時一地的農民，但與全局實無多大影響。且因缺乏統一性，大者造成經濟的割據局面，小者則自是其是，致整個國民經濟的勢力愈形薄弱；何況有許多辦法都是舍本逐末，其結果自屬徒勞。所以我們歸結：中國農村經濟的前途是有希望的，但其復興則非短期所能達到。復興之道不能求之於零碎的改進運動，而須依賴整個經濟政策的變革與實施。

1936 年 3 月 16 日於南京

---

① 見千家駒、李紫翔合編《中國鄉村建設運動批判》。

我國農民生活程度的低落[*]

農業經營與工商企業不同。工商企業雖然一旦投下了資本和勞力，但若經營無利，則可轉投於他種較有利的工業或商業。這種轉投資，縱然因爲固定資本過多或他種要素的限制，沒有絕對的自由，但其移動性比較大，則不容否認。農業經營却完全不同，因爲土地的固定性和鄉鄰的聯繫性，即令經營虧損極大，農家仍是要忍受并維持下去。然則，這種虧短如何填補呢？唯一的路徑便是農家減少自身的支出，大部分是減少生活費的支出，其結果便是農民生活程度的降低。

我國的農業經營，雖然對於土地的利用極爲集約，而經營的方法則頗幼稚。數千年來所以能維持不敗者，主要原因在於有廉價的勞工。我們如果把自有的廉價勞工也算進生產成本中，則農業經營的結果，無不表示虧損。所以我國農民的生活程度，自始就很低。近年來，更加外來的，内在的，天時的，人爲的各種原因湊在一塊，致使農村經濟日趨崩潰，農民生活日漸貧乏。關於這些，已有許多論文叙述過，不再贅言。本文的趣旨，僅在將我國農民生活程度實際低下的情狀，及這幾年來降低的趨勢，簡要的揭示出來。

研究農民的生活程度，在目下的我國，因爲調查統計的缺乏，極感困難。我們現在先就已有的統計數字說明農民生活程度的低下，然後再從價格——農產品與農用品的價格——方面和農民所得方面，間接推測年來農民生活程度降低的趨勢。

要明瞭農民的生活程度，主要的雖然在分析農家的生活費，但是農家收入，却是我們先得明瞭的。我國農家收入，全以農作物經營收入爲

---

[*] 本文原載《東方雜志》第 34 卷第 1 號，1937 年新年特大號。

主，畜養收入及副業收入爲數都很少；而農作物的經營，則因耕種面積的狹小及生產技術的幼稚，其收入額也是很少的。故農家收入總額遂表現得極度微小。民十年到民十四年，卜克（J. L. Buck）氏調查我國的農場收入，計平均每個地主場主的收入爲376.2元，自耕農場主爲334.2元，半自耕農場主爲357元，佃農場主爲312元。其中我國北部諸省（豫、冀、晉、及皖北）較之中東部諸省（浙、蘇、及皖南）還要貧窮，計地主場主收入278.3元，自耕農場主234.9元，半自耕農場主268.4元，佃農場主207.2元。① 民十三年，戴樂仁（J. B. Tayler）氏及麥倫（C. B. Malone）氏調查浙江省368農家平均每家收入186.1元，江蘇省1 379農家平均每家收入194.4元，安徽省615農家平均每家收入250.1元，河北省3 954農家，平均每家收入145.1元；總平均四省每家收入爲168.5元。② 民十六年，李景漢氏在北平郊外調查，掛甲屯村一百家，平均每家收入180.8元。③ 民十七年，李氏在定縣調查平均每家收入281.1元。④ 從這些數字，我們看得出我國農民的生活程度向來就是很低下的。其中最高的收入，每年亦不過370餘元，低者則僅140餘元。但是我國農民例以半自耕農及佃農爲多，至於那種每年收入達370餘元的地主場主，究屬少數；所以根據以往的數字，我們可以說農家收入多在200元到300元之間。以二三百元的收入，用平均每家人數五口或六口來分配，每人每年祇攤到四五十元。這裏面要包括吃飯、穿衣、住房、燒柴及其他雜項費用，其不夠顯然可知。但是農家收入，不能完全用在家庭消費，用到農場支出的，如購買種子肥料、添製農具、飼養耕畜、繳納田租、完納捐稅等項，至少要占去收入的三分之一或四分之一。⑤ 所以如果除

---

① J. L. Buck：Chinese Farm Economy.
② 根據C. B. Malone and J. B. Tayler, The Study of Chinese Rural Economy, 37頁，表14的數字總平均而成。
③ 李景漢：《北平郊外之鄉村家庭》。
④ 李景漢：《定縣社會概況調查》。
⑤ 見拙著《成莊村的農家經濟調查》（下部），載天津《益世報·農村周刊》86期，及《經濟評論》2卷10號。

去了農場支出與稅捐，則收入所餘而能用於家庭消費者將更少。農民生活程度的低下，是不待多說的。

以上所述，是前幾年的數字，而近兩年來的增減情形怎樣呢？這裏，因爲對於同一區域，未作過繼續的調查，所以農家收入增減的確切程度不能求得。不過，我們却可引用近兩年其他區域的數字，間接的推測農家收入的增減趨勢。據去年中央農業實驗所在江寧縣化乘鄉調查的結果，① 平均每家收入祇有 112.5 元，其低下的程度，殊足驚人。同年馮紫崗氏在浙江蘭谿調查，平均每家收入爲 357.6 元。② 就這個數目來說，農家收入似乎很大，同時并未表示有低落的趨勢。實在說起來，蘭谿因一方面屬於比較富庶的揚子江下游的區域，他方面本身是一個實驗縣，農家經濟的情況，自然表現得好一點。不過，我們要是除去那些每年收入幾達千元的經營地主，僅就占全農家一半以上的半自耕農、佃農、佃農兼雇農及雇農而論，則知此四者的平均每家收入，各爲 313.9 元，168.5 元，135.8 元及 61 元；總平均爲 169.8 元，農家的收入額仍是極其微小的。作者今年（二十四年）九月在湖北省黃安縣成莊村所作的農家經濟調查，亦是表現同一的情狀；計平均每家收入：地主 328.4 元，純自耕農 180.6 元，自兼佃農 103.9 元，純佃農 84 元，總平均 150.8 元。③ 在這裏，如果單提出自兼佃農及純佃農來說，則農家收入的微小，更表現得明顯。這一切的數字，表示近年來農民生活更漸趨貧窘。

其次，我們就農家生活費的支出來觀察。前面已經說過，農家的收入并不完全用於家庭消費；農家收入額既已是那麼少，則家計的支出額將較此更低，自不待多爲引證。前幾年的農家生活費，據卜克氏調查，北部爲 190.6 元，中東部爲 288.6 元，平均爲 228.3 元；據李景漢氏在北平郊外的調查，掛甲屯村爲 164 元，其他數村爲 235.2 元；在定縣的

---

① 見《農情報告》第 2 年第 23 期。
② 馮紫崗：《蘭谿農村調查》，民國 24 年 1 月出版。
③ 見拙著《成莊村的農家經濟調查》（下部）。

調查，爲 242.4 元。① 整個的說起來，農家生活費的支出約在 200 元左右，平均每人祇有三四十元。區區此數，要分配於各種生活費用上當然不夠。如果我們將我國農家的生活支出額與美國相較，則二者之差異眞讓人發生"天壤"之感。據民十二年的調查數字，兩國平均每家生活支出額如下。②

中國、美國農家生活費比較（元）

	飲食	衣服	住房	燃料	雜項	總計
中	136	17	11	25	38	227
美	1 232	439	373	159	784	2 987

但是近兩年來農家的生活費用，更有減少的趨向。據前面所引近兩年關於農家收入的調查數字，計江寧縣化乘鄉農家生活費支出爲 181.6 元，浙江蘭谿縣爲 265.4 元，湖北黃安縣成莊村爲 138.8 元。③ 假使我們把占農民成分較多的半自耕農及佃農提出來說，則生活支出額表現得更小，計蘭谿縣半自耕農 256.8 元，佃農 150.8 元，佃農兼雇農 107.8 元，雇農 69.0 元；成莊村自兼佃農 95.7 元，純佃農 74.7 元。這些數字，一方面表示大多數農家的生活支出額，向來就很低下；他方面則表示近兩年來農民生活更不如前幾年了。其中尤以作者今年所調查的成莊村，農家的生活費，更顯得低落。該村平均每家人口爲 6.4，"現在計算平均每家的生活費支出祇有 138.8 元，每人每年祇分到 21.7 元，生活的貧困可見。據當地標準，每人每年要 6 石穀方能夠食，如無穀則大小麥及他種雜糧替代；依現時糧價折算，每人年須 15 元左右方能足食。此外所剩 6

---

① 李景漢：《北平郊外之鄉村家庭》、《定縣社會概況調查》。
② J. L. Buck: Chinese Farm Economy, 390 頁。
③ 見拙著《成莊村的農家經濟調查》（下部）、《農情報告》第 2 年第 23 期、馮紫崗《蘭谿農村調查》。

元之款，要支配於衣服、住房、燃料及雜項等費用之上，生活程度的低下，不言可知。"（引自《成莊村的農家經濟調查》）。

我們再進一步分析各種生活費支出的百分比，以窺索農民生活程度的低落。關於這層，我國本無系統的調查數字；月前李樹青氏曾搜集歷來已有的統計，作成"中國各省市農民的生活程度"一表，現在爲方便起見，把原表引用在這裏。①

中國各省市農民的生活程度(%)

調查地域	食品	被服	房租	燃料	雜項
河北三縣	63.83	5.31	8.29	12.92	9.65
河南二縣	75.90	4.65	3.50	8.45	7.50
山西五臺	50.00	9.60	5.70	15.90	18.80
遼寧二處	55.45	16.35	1.95	11.95	14.05
安徽三縣	55.26	8.50	3.80	12.93	19.50
江蘇武進	65.50	2.30	6.60	8.70	16.90
浙江二處	77.85	5.70	5.75	1.25	9.45
福建連江	52.90	12.80	5.20	8.20	20.90
北平郊外	65.80	4.50	3.00	12.80	13.90
南京二村	51.10	9.85	4.80	11.35	22.90
上海郊外	75.70	8.00	0.30	1.50	14.60
平均	62.66	7.96	4.45	9.64	15.28

就各省市平均說起來，飲食費竟占生活費總額63%，其餘衣、住、燃料、雜項合共祇占37%，農民的生活程度可謂非常低下。這種低下的程度，若與美國、丹麥及日本相較，則表現得更爲明顯。據統計，美國農民生活費的百分比爲：飲食41，衣服15，住房13，燃料5，雜項26。丹麥農民生活費的百分比爲：飲食33，住房10，其餘各項57。日本農民生活費的百分比爲：飲食43，衣服10，住房3，燃料6，雜項39。② 這三

---

① 李樹青：《中國農民的貧困程度》，《東方雜志》31卷11號。
② J. L. Buck：Chinese Farm Economy, 391頁。

國的雜項費用，平均占總生活費 30% 左右，而我國僅占 15%；他們的飲食費僅占總生活費三分之一或五分之二，而我國則占五分之三。農民生活程度的懸殊，於此可見。但若將前面所引舉的我國和美國農家生活支出額折合而予以比較，則差异之甚，將更不堪比擬。

近兩年來的農民生活程度，就國內經濟情形來推測，當然是日趨下落。我們試先將已有調查數字來考查一下。據前面所引馮紫崗氏在蘭谿所作的調查，該縣農家生活費的百分比如下表。

蘭谿農家生活費的百分比

村戶類別	飲食	衣服	房屋	燃料	雜費
地主	33.62	8.23	7.17	7.99	42.99
地主兼自耕農	41.54	12.81	6.38	4.99	34.28
自耕農	54.81	7.72	4.94	4.78	27.75
半自耕農	60.52	6.14	4.27	6.60	22.47
佃農	64.75	5.40	3.02	8.85	17.98
佃農兼雇農	63.25	5.03	2.83	9.40	19.49
雇農	72.22	5.67	2.35	4.27	15.49
總計	55.26	7.80	4.75	5.99	26.20

按這個調查來說，我國農民的生活程度，似漸行提高，因爲飲食一項所占成分減到 55%，雜項增到 26%。實際言之，一般農民的生活程度並未提高。該調查總平均數字所以表現爲一種良好情況者，乃是受地主及地主兼自耕農的影響過大之故。如果除去了這兩種農家，僅就半自耕農、佃農、佃農兼雇農、及雇農的生活費百分比來說，則農民生活程度是顯然表示爲低落。

現在再就個人兩月前在成莊村所作的農家經濟調查來推測年來農民生活程度的低落情狀。該調查的數字引如下表。

成莊村農家生活費的百分比

農戶類別	飲食	衣服	住房	燃料	雜項
經營地主	70	12	2	3	13
純自耕農	73	10	1	4	12
自兼佃農	83	8	1	*	8
純佃農	86	3	1	—	10
總計	77	9	1	2	11

＊爲不及 0.5 者。

這個調查呈示着我國農民生活程度是如何的趨於低落。不說自兼佃農及純佃農的生活是怎樣的低下，即經營地主和純自耕農的生活亦表現得非常貧乏。合共言之，飲食費竟占 77%，雜項費僅占 11%，農民是僅能糊口，由此可知。

上面就已有的統計，把年來農民生活程度低落的情形，大概的描畫了一個輪廓。文首已經說過，在我國目前，因爲農家經濟調查材料的缺乏，而農民更無收支帳項的記載，所以要想研究農民的生活程度，殊感困難。且已有的調查又如此的零星，更難作系統的叙述。我們現在衹有再從另一途徑去探索。

關係農家收支最切的莫過於農產品和農用品的價格。因爲農產品價格的騰落，必影響農民收入的多寡；農用品價格的高低，必招致農民支出的增減。所以從這兩種價格的一漲一跌，便可間接探索出農家的收支情形，和農民生活程度。

農產品價格，在近幾年來都是表現着跌落。民二十一年豐收的結果，使農產品價格大跌，釀成"豐收成災"的奇聞。二十二年又逢美棉麥借款成立，致麥價一瀉無餘，出現十餘年的新記錄。① 二十三年農產品的全年平均價格，比上年更爲跌落，繼續着 4 年來下降的趨勢，就中僅大米價格呈着漲勢，蓋本年荒歉，外米輸入增加之故。棉花則有漲有跌，唯

---

① 巫寶三：《民國二十二年的中國農業經濟》，《東方雜志》31 卷 11 號。

比較平穩。跌落最劇的要算是大豆，比較民二十年跌落54%。小麥比二十年跌落1/3，比二十二年跌落1/6。雜糧、花生亦均呈着顯然的跌勢。近幾年的農產價格，如以二十年當100，則二十一年爲89.8，二十二年爲75.5，二十三年爲70.3。① 這種跌落的程度是很劇的，其招致農民收入的劇減及農民生活程度的劇降，不言可知。今年的農產品價格却表示上漲，尤以上年爲劇。據上海躉售物價指數的糧食價格，去年一月爲60.7，4月爲60.3，7月爲68.8；今年則1月爲81.4，4月爲81.3，7月爲74.0(民十五年全年平均爲100)，漲高的程度頗劇。但是，我們細看此種上漲的原因，則知其不但於農民無利，抑且有害。蓋去年爲大荒之年，農產收穫量大減，大半農民到今年不但無所賣，反須有所買，則價格高漲的結果，對於他們是利是害，不問可知。我在《民國二十三年的中國農業經濟》一文中，解釋該年農產品價格上半年跌落，下半年上漲的這種現象與農家經濟的關係時，曾這樣説過："在産量豐的時候，糧價慘跌，在産量歉的時候，糧價飛漲；農民不幸的，既做了穀賤時的'生產農'，又做了穀貴時的'消費農'了。由此可知本年價格的一跌一漲，不但使農業經營毫無利益可獲，且更使農民生計趨於艱難。"這用之於解釋今年的現象，仍很適當。我們更須注意的是去年既逢旱荒，今年又遭水災，則本年農產價格的上漲，更予農民以直接的威脅。農民除節衣縮食降低生活程度外，是無第二條路的。

　　農用品的價格，近年來雖亦呈跌落，但程度甚微。且如煤油、食鹽二項反有上漲的趨勢。總計粗布、香油、煤油、食鹽四項的價格指數，如以民二十年爲100，則二十一年爲93.2，二十二年爲85.1，二十三年爲84.1。② 這種跌落的程度是不及農產價格遠甚的。如果就關係農民生活最切的食鹽與煤油二項來説，則近三年來的價格指數如下

---

　　① 見拙著《民國二十三年的中國農業經濟》，《東方雜志》32卷13號。
　　② 見拙著《民國二十三年的中國農業經濟》，《東方雜志》32卷13號。

（民二十年爲100）：

近年來食鹽煤油的價格指數

		民二十一年	民二十二年	民二十三年
北平	食鹽	96.2	101.1	109.7
	煤油	92.3	70.3	72.9
上海	食鹽	84.0	99.5	126.2
	煤油	92.1	71.4	76.0

煤油在二十三年已較二十二年上漲，而食鹽價格的高漲，尤足驚人。計二十三年的食鹽價格，北平比二十年增加了10%，上海則增加了26%；至與二十一年及二十二年相較，則高漲的程度更劇。食鹽乃農民主要的生活必需品，其價格高漲，自使農民生活更陷於困苦。許多地方的農民因無力購鹽而改爲淡食，農民生活程度的低落，如此可見一般。

河北省縣政建設研究院曾在定縣調查民十九年到民二十二年，農產品與農用品的價格，現在引用在這裏，以證實上述情狀的逼真。①

定縣農產品與農用品價格的變動（單位：元）

		民十九年	民二十年	民二十一年	民二十二年
農產品	本地小米	0.750	0.867	0.725	0.497
	本地高粱	0.533	0.544	0.444	0.302
	本地黑豆	0.730	0.716	0.572	0.344
農用品	鹽	0.091	0.091	0.097	0.102
	紅糖	0.147	0.163	0.192	0.201
	白糖	0.164	0.172	0.211	0.227

---

① 見《定縣經濟調查一部分報告書》。

農產品價格的跌落和農用品價格相對的高昂，其結果表現於農民購買力的降低。以農用品價格指數，除農產品價格指數，便得農產品的購買力指數，用之不但可直接表現農民購買力的大小，且可間接推測出農民生活程度的高低。根據近年來農產品與農用品價格指數計算的結果，農產品的購買力，如以民二十年為100，則二十一年為96.3，二十二年為88.7，二十三年為83.6。這種低落的趨勢，不啻是農民生活程度降低的寫真。

　　農民收入的多寡，直接關係農民生活支出的豐嗇。據恩格耳氏的消費律（Engel's law of consumption），生活費中飲食費所占成分隨收入增多而漸減，雜項費隨收入增多而漸增；換言之，收入大者生活程度高，收入小者生活程度低。我們現在試一考查近年來農民收入的增減，藉探索農民生活程度的變動。

　　構成農家收入主項的是農作物經營收入。農作物收穫的大小，在我國小半靠人力，大半靠天時。這幾年來水災旱荒所給予農產收穫的影響，是不待我人細論的。民二十年的水災，據中國銀行調查，皖、蘇、鄂、湘、贛、浙、豫、魯八省的被災田畝為2.11668億畝。二十一年災情較輕，然亦有十三省告災，其中災情較重者為吉、黑、晉、陝。二十二年，據賑務委員會調查，災荒區域達十五省四百七十六縣之廣，災情種類有水、旱、蝗、風、雹、霜諸種，中以水災最烈。二十三年，不特旱災空前，即他種災荒亦劇。據中央農業實驗所估計，本年農作物損失由四分之一到三分之一。至於今年的水災，則較民二十年尤烈，受害最劇者為揚子江流域與黃河流域諸省。災荒年復加重，農產收穫自與年俱減，農民生活程度的趨於低落，乃必然的結果。

　　我們再看看農家的他種收入。這裏分為工資收入與副業收入兩項來說。年來農產價格慘跌，農業經營無利可圖，致對於僱農的需要減少，同時稅捐負擔甚重，地租與利率極高，中小農民多放弃土地，遂使農民失業人數增加。這二種因子促成工資的漸趨下落。如河北省長工每年工資，二十一年爲 43.89 元，① 二十三年降爲 32.34 元，② 三年間跌落了 26%。李景漢氏等曾調查定縣十年來工資的變動，民十三年到民十八年逐漸增高；民十九年後則漸趨低落。計長工每年工資民十九年爲 42 元，民二十年爲 40 元，民二十一爲 39 元，民二十二爲 31 元。③ 愈到近年，跌落的趨勢愈劇。工資爲雇農唯一的收入泉源，而雇農占全體農家之數，據統計由 10% 到 20% 不等，則工資的低落，自然直接的招致一般農民生活程度的降低。副業在近年來更表示衰落的徵象，其原因蓋在敵不住外貨的競爭。比如紡織業是農家的一種重要副業，但是到近年因爲農民多購用價廉的洋布，以致本地粗布價格大跌。這影響於副業收入的減少，及農民生活程度的減退，自又不待言。

與農家生活程度低落相伴而生的結果，一是中小農民出賣土地，二是一般農家陷於借債的深淵，三是窮苦農民出外謀生。這觀乎年來統計數字所表示的佃農成分增高，借債的農家加多，離村人數日衆諸種事實，便足資證，現在用不着我們贅述。最後，由上面所論各端，我們知道我國農民生活程度一般的趨於下落的這種現象是非常嚴重而不容忽視的。如何設法阻止此種趨勢，并維持農民最低限的生活程度，實值得我人予以深切的考慮。

1935 年 12 月 2 日於南京

---

① 《國府統計局調查》，載《統計月報》，民國 22 年，9、10 月合刊。
② 見拙文《冀北察東三十三縣農村概況調查》，《社會科學雜志》6 卷 2 期。
③ 見《定縣經濟調查一部分報告書》。

中國農業經濟的新動向[*]

自從民二十年大水災及東北四省淪亡後，兼以世界經濟恐慌的波動，國內農村的不安定，我國經濟乃日呈衰落之景象；直到最近兩年，纔進入新的階段；表現着好的徵兆。這種現象可自農、工、商各業及金融、財政、貿易等部門觀察而出；其著者如新幣制之建立，物價之上漲，外匯之穩定，債信之增高，一般農業之豐收，工業生產之增加，商場倒閉之減少，對外貿易逆勢之緩和等是。經濟現象彼此都是關聯着的，因為一般經濟景氣之增加——至少是不景氣的減退，所以最近年來農業經濟多少也表現着好轉的趨勢。其明顯的表徵便是前、去兩年農業相當的豐收與農產價格的由跌轉漲。此外，農產對外貿易的順勢，亦較前增加，農民生計雖不能得到徹底改善，但多少將受好轉的影響，則可斷言。凡此都是近年我國農業經濟的新動向。但是所謂新動向，並不完全包括好轉的趨勢；蓋如就最近年來的農業經濟情形加以分析，則知事實上亦有不容我人過度樂觀者；祇不過大體言之，仍可謂為好轉耳！下面試就其顯著者分別論述之。

一、地價與工資

土地與勞工為農業生產要素中之最重要的二項，故地價與工資的騰落，很可以表現農業經濟的興衰趨勢。

（一）地價：據歷來的調查，自民十九年（有者謂自民十九年，十八

---

[*] 本文原載天津《益世報·農村周刊》，1937年4月24日。

年或二十年)後，地價即開始跌落，二十三年達於底點，二十四年漸行回漲。關於二十五年的地價，我國尚無系統的數字，唯據中央研究院社會科學研究所及作者個人的調查，知民二十五年地價仍繼續上年的漲勢，見下表。①

近三年來的平均每畝地價(元)

		民二十三年	民二十四年	民二十五年
河北三縣	一	32.8	40.2	61.5
	水田	32.7	33.4	34.1
浙江十縣	旱地	19.6	19.9	20.2
	水田	23.4	30.2	35.0
湖北黃安	旱地	21.0	25.0	29.3

考諸地價增減的因子，最重要者當是農產價格的漲落。因為農產價格上漲，在生產費不變的情狀下，必表示農業經營的利潤增大；在我國，因為農業經營與農家生活不能予以顯然區分，故農產價格的上漲，必表示農家經濟的盈餘差額將增大，或虧損差額將減少，其結果或是農業經營的投資增多，或是農家生活的提高，而一般言之，則是兩者并行的，農業投資增多的一端，便是對土地的需要增大，結果使地價增高。反之如農產價格下落，則所得結果與此正相反。在民二十四年大多數農產均回漲，二十五年亦然，且上漲程度極劇，必然誘致土地價格的增高。此外影響地價增減的因子，尚有人民對於紙幣的態度，農村的安紊，稅捐的輕重，都市利率的高低諸端。

(二)工資：近年來工資變動的趨向與地價相若，即民二十三年以前的幾年都是與年俱落，至二十四年回漲，二十五年繼續着此種趨勢。但因工資的變動本較平穩，故近兩年工資的增高程度亦不如地價之甚。

---

① 此表數字錄自張培剛《民國二十五年的中國農業經濟》，原載《實業部月刊》2卷4期。

茲據前述同種材料來源，將近年來工資變動的新趨勢列示如下表。

近三年來的平均長工每年工資(元)

	民二三年	民二四年	民二五年
河北三縣	28.2	32.0	36.0
浙江十縣	50.7	51.3	52.4
湖北黃安	26.3	28.0	35.0

影響工資增減的原因，與地價一樣，最重要的也還是農產價格的漲落；故此農產價格與工資相互的關係，正與農產價格和地價的關係同。因為農產價格的上漲，在常態下，既影響到農業投資的增多與農家經濟的較裕，其結果：前者自招致雇傭機會的增加，即對於勞動者的需要增加，後者自使農民能夠維持相當的生活，阻止農民離村或貧農淪為雇農的現象發生，簡言之，使勞動者的供給減少。兩方面綜合的力量，都招致工資的增高。因之，工資在近兩年的由跌轉漲，是跟隨農產價格變動的趨勢，其理至明，不待多述。除此而外，影響工資增減的，尚有農村的安定與否及城市工業工資的高低等因子。

二、農產價格

農產價格的漲落，可視為農業經濟興衰的表現，同時又為招致地價、工資及其他生產要素價格增減的主動原因。這裏我們為要表示一般農產品價格變遷的新趨勢，特選擇上海的市價(計八種農產品)，及中央研究院社會科學研究所調查的河北肥鄉縣的市價(計小麥、穀子、玉米、紅米、黑豆五種農產品)與無極縣的市價(計花生、籽棉、棉穰三種農產品)分析之。因為本文祇在探述農產價格漲落的趨勢，故僅列示指數如後，其實數則不及焉。

近五年來的農產品價格指數（民二一年爲100）

		民二二年	民二三年	民二四年	民二五年
上海	常熟機粳米	73	90	106	90
	漢口小麥	84	81	95	124
	河南火車豆	88	64	83	122
	山東生仁	75	57	81	110
	陝西中棉	96	93	91	114
	無錫絲繭	104	75	87	105
	祁門紅茶	65	74	71	65
	大號鷄蛋	89	62	59	77
河北	小麥	65	51	75	101
	穀子	74	66	89	113
	玉米	71	60	89	121
	紅米	71	61	95	134
	黑豆	71	48	76	107
	花生	83	86	115	155
	籽棉	93	106	93	116
	棉穰	94	104	93	111

由上表知民二十四年大多數農產品的價格都回漲；到二十五年，除大米、紅茶外，無不繼續上漲，其趨勢且甚劇。在二十四年，一般農產品價格之所以由跌轉漲，主要的實由於二十三年的荒歉；① 而二十五年的繼續上漲，則原因又不如此，因爲二十四、二十五兩年農產均有相當豐收之故。細考二十五年農產價格一般上漲的原因，要而言之，不外以下諸端：

（一）新幣制的施行：在幣制改革以前，因爲各國采行貨幣貶值政策，致我國對外貿易大受影響；又因銀價上漲，致現銀源源外流，國內

---

① 見拙作：《民國二十四年的中國農業經濟》，原載《東方雜誌》33卷第8號。

则物價低落，工商凋敝。政府籌思再三，乃於民二十四年十一月三日毅然頒布改革幣制緊急命令，放棄銀本位，實行外匯本位制，以期對外穩定匯價，對內安定物價。新幣制施行後，對於穩定金融，提高物價，實有相當功效，此觀一年來一般物價之上漲可以知之。如上海零售物價指數：二十四年爲96.4，二十五年增爲108.5；華北批發物價指數：二十四年爲95.5，二十五年增爲110.6(均以民十五年爲100)。農產價格乃批發價格中之最重要者，其必受幣制改革的影響而呈示上漲，自不待深論。

（二）春荒與秋旱：二十五年雖爲我國農產豐收之年，但究其實際，并不如一般宣稱之甚，我人試一讀各地農村通訊(可參閱《農村周刊》各期"每周農情述要")，便知本年上期的春荒與下期的秋旱，分布的範圍既廣，災害的程度亦不輕，其中僅揚子江流域，江浙等少數省份，未罹重害而已。關於災害，下面將予論述，現不爲言。我人所須認清者，即民二十五年不但并非十足之豐，且許多省縣，尚感荒歉，即在稻作豐收之區，亦有春荒秋旱之苦。在此種情狀下，自也誘致農產價格的增高。

（三）國外非常的采買：年來各國備戰甚急，對於戰時所需之物，無不盡量收購貯藏，其中最顯著者爲糧食，因爲各國大量的囤積，乃影響到世界糧價的上漲；而世界糧食中最重要者爲小麥，故我國小麥價格亦步隨世界市場而漲高，此觀後述二十五年度小麥出口大增，便知個中的關係。至小麥以外的各種雜糧，雖非國外所需用，但爲國內之重要食糧，且爲小麥的代用品，明乎此，則知雜糧價格亦必與小麥價格表示同一趨勢。其次爲棉花，棉花爲製火藥之必需品，各國競相擴充軍備，棉花價格因需要增加而漲高。但我國棉花價格的增高，除上述原因外，尚有二端：其一爲日本在華北大量收購，實行經濟掠奪，其二爲美國國內需棉甚殷，輸出減少，遂使中棉有起色。這證以民二十四年與二十五年棉花進口減少，出口增多便可明瞭。

（四）國內的囤積：新幣制施行後，給予商人心理上的影響甚大，大多認爲紙幣增發，通貨膨脹，與其儲存貨幣，不如囤積實物。這種囤積，尤以糧食為最。除商人外，一般較富裕的農業經營者，亦受此種心理作用，或延遲出售期限，或自行囤積待價。這些，對於一般農產價格的上漲都有相當的關係。

為南部諸省重要農產品的大米價格，近兩年的變動甚為特殊。在民二十四年，大米價格仍承續二十三年的漲勢，其程度且超過二十一年之上，但到二十五年則又呈示跌落。此為農產價格中最特異而又最值得注意的現象，大米價格與國內收成最有關係：如二十年大水災，二十一年米價便高；二十一年收成較佳，二十二年米價遂跌落；二十三年大旱荒，二十四年米價又回漲；至於二十四年收成尚屬良好，二十五年收成在七成以上，較上年更佳，其必影響到米價之跌落，理至淺顯。

三、農業生產

自民二十年發生大水災後，農民莫不顛沛流離，加以二十三年的大旱，農民乃更感貧困，農村益趨破敗。直到近兩年來，因天時的順調，農產有相當的豐收，衰落已極的農業生產，至此始略露轉機。在近兩年中，二十五年的收成較二十四年的收成更佳。據中央農業實驗所的估計，二十五年除冬季作物中之蠶豆、油菜籽，夏季作物中之玉米，甘薯、芝麻較上年減少外，其他各項農產品莫不較二十四年增加，最顯著的為稻、小麥、棉花、高粱、大豆數項，增加率由10%到20%不等。見下表。

考農產增加之原因，不外每畝產量之提高與種植面積之擴張二端。前者主要的由於天時的順調，後者則係人為的力量。各種農產的變遷情形，最值得我人注意者為棉花。皮棉產額，另據中華棉業統計會的估計，民二十四年為8 142 911擔（舊制），較二十三年減低三分之一；但二十五年則增為14 468 288擔，較二十四年增高80%。此種增減趨勢之劇，誠而近年農業生產上值得大書特書之事。二十四年棉產劇減的原因，要言

近兩年的農產估計量及與十足年之百分比

農作物		民二五年產量（千市擔）	與十足年之%	
			二十五年	二十四年
冬季作物	小　麥	461.555	64	57
	大　麥	162.748	68	65
	豌　豆	69.096	63	59
	蠶　豆	62.253	64	65
	油菜籽	49.572	63	65
	燕　麥	18.036	63	59
夏季作物	秈粳稻	871.002	74	70
	糯　稻	89.296	74	68
	高　粱	153.532	72	64
	小　米	135.487	66	64
	糜　子	32.467	64	59
	玉　米	122.602	63	66
	大　豆	118.220	64	51
	甘　薯	341.797	68	69
	花　生	52.622	66	59
	芝　麻	17.300	63	65
	烟　葉	12.673	65	59
	皮　棉	20.639	64	54

之，爲當年的灾害。二十五年則因爲：一方面種植面積擴張，據同種估計，棉田面積上年增大60%；一方面每畝產額增高，此由皮棉產額的增加率遠較棉田面積的增加率爲大可以推知，遂使得皮棉總產額呈示着極高度的增加現象。年來棉田面積的擴張，以華北數省最甚，其原因實由於日本企圖在所謂"開發華北"口號之掩蔽下，壟斷華北原棉，傳聞日本陸、外、拓三省和興中公司已經確定華北植棉五年計劃，此項計劃果真實現，則華北便成了鄰邦棉織業最好的原料供給市場。

步隨棉花價格的上漲而擴張棉田面積的這種現象，對於棉農自然多少有些利益，但另有幾種影響却不可忽視。作者曾調查河北清苑縣棉田面積在民二十三和民二十四年的擴張情形，而論其影響，謂：第一民食問題是更加嚴重，第二農產商品化的程度加劇；① 這用之以論述二十五年棉田擴大的影響，仍舊是適合的。

民二十五年農作收成雖較上年爲佳，但我人并不能因此過於樂觀，蓋以各省平均，仍僅當十足年之六成或七成，即較常年亦有遜色。推究其故，實因二十五年當作物生長季內，雖無嚴重的水旱灾情，但就各省分別而論，豐收實僅限於局部。且據中央農業實驗所的調查，二十五年冬季作物所受灾害有旱灾、水灾、風灾、病蟲害諸種。各種冬季作物中受灾害最大而損失最重者首推小麥，約當同年產量的22%；次爲豌豆、蠶豆，各當16%；再次爲大麥，當14%；輕者爲燕麥，當4%。夏季作物的受灾損失，亦與此不相上下。此外，綜合各地關於春荒秋旱的通訊，知本年遭嚴重春荒的有皖、冀、鄂、豫諸省，遭秋旱與水灾的有蜀、豫、皖、黔諸省。灾害較輕者，不過長江下游較富庶的數省而已。② 常人不察，竟謂二十五年年成在十足以上，誠不切事實之談。

四、農 產 貿 易

近年來我國對外貿易的總入超額與年俱減，計民二十三年爲50 324.6萬元，民二十四年減爲34 839.7萬元，民二十五年又減爲23 580.3萬元。考此種現象的構成，主要的可以說是由於農產對外貿易的變遷所致。在最近年來，農產輸入額與年俱減，農產輸出額與年俱增。現爲簡便計，我們在輸入農產中選取四種最重要的農產品，即棉花、米穀、小

---

① 詳見拙作《清苑的農家經濟》(中)，原載《社會科學雜志》7卷第2期。
② 見《益世報·農村周刊》"每周農情述要"(第104—152期)。

麥、雜糧是；在輸出農產中選取十種最重要的農產品，即桐油、花生、棉花、麻類、生絲、茶、糧食、豆類、烟葉、畜產及其副產是。兹分別述之。

（一）輸入：就四種輸入農產言之，民二十三年的輸入總值爲188 199 791元，二十四年減爲165 947 048元。較上年減低達12%；二十五年減爲75 458 743元，較二十四年又減少一半以上。農產輸入占總輸入之百分率，二十三年爲18%，二十四年同，二十五年則降爲8%。二十四年農產輸入較二十三年減少，實由於棉花一項減少所致，因爲米穀與小麥不獨未減少，抑且較上年增加。至二十五年，則米穀、棉花、小麥均較二十四年減少；雜糧雖略增，但因進口數甚微，故無重大影響。二十五年尤以米穀與小麥輸入額減少最劇，就數量而言，前者減少達3/4，後者減少在一半以上。輸入農產品的地位，因此亦有變更，就價值來說，二十四年以米穀居首，棉花第二，小麥第三，雜糧居末；二十五年小麥與雜糧位次固仍舊，而米穀則降爲第二，棉花進居首位。我國以農立國，糧食自給性加強，當然是一種好的轉變。詳見下表。

近兩年農產輸入價值（單位：元）

	民二十四年	民二十五年
棉花	40 913 429	36 146 799
米穀	89 562 586	26 736 147
小麥	34 887 254	11 848 499
雜糧	583 779	727 298
總計	165 947 048	75 458 743

考棉花在近兩年進口少的原因有三：第一，國內棉產豐多，使本國供給增加；第二，近年來，特別是民二十四年，我國紗業衰落，致對外棉需要減退；第三，世界各國或因作非常準備，或因經濟好轉，遂大量囤積與購買，棉花爲重要的原料品，因此價格高漲，影響我國輸入減少。

米穀輸入額在近兩年的增減，則完全受收成的豐歉所致，如二十三年大旱，故二十四年米穀進口劇增；二十四年收成尚佳，故二十五年進口劇減，此由二十五年國米價格較上年跌落，洋米價格較上年增高尤可明瞭。如就二十五年的收成言之，則可預卜今年洋米的進口亦將減少。小麥輸入的變遷，除與國內收成有關外，則又因小麥爲世界的重要商品，故與國際市場有密切關係。前已言之，近四年各國因作非常準備，對於戰時需要品，無不盡量貯藏，小麥爲重要食糧，囤積更甚，因此價格高漲，其必影響到我國輸入的減少，固不待言。

（二）輸出：就十種輸出農產言之。民二十三年的輸出爲193 645 475元，二十四年增爲 234 276 535 元，增高達 21%；二十五年更增爲293 507 501元，增高達30%。農產輸出占總輸出之百分比：二十三年爲36%，二十四年增爲41%，二十五年增爲42%。在二十四年，十種出口農產中，較二十三年增加的有糧食、桐油、棉花、生絲、花生、畜產及其副產等六項；減少的有茶、豆類二項；無甚增減的有麻類、烟業二項。增加的農產，就價值來說，以桐油與生絲最大；而桐油確爲二十四年總輸出品中的第一位，尤爲值得注意的現象。至二十五年，除花生較上年減少達一半外，餘均較上年增加；中以桐油、棉花、豆類、畜產及其副產諸項增加率最高，麻類次之，生絲、茶、糧食、烟葉數項則增加甚微。大致言之，近兩年各項農產輸出均有增加之趨勢。見下表。

近兩年農產輸出價值(元)

	民二十四年	民二十五年
桐油	41 582 879	73 378 654
花生	19 601 750	10 938 861
棉花	21 732 316	28 197 719
麻類	9 778 943	11 715 916
生絲	35 679 013	36 712 870

續表

	民二十四年	民二十五年
茶	29 624 184	30 661 711
糧食	7 358 105	9 790 860
豆類	5 255 005	8 277 628
烟葉	7 243 615	8 980 148
畜類與副產	56 420 725	74 853 134
總計	234 276 535	293 507 501

農產輸出增減的原因，主要是國內的剩餘供給與國外的不足需要的雙重作用。桐油大部分輸到美國，次爲德、英、法諸國，年來美國雖竭力擴張植桐面積，但因各國備戰甚極，對桐油之需要甚爲迫切，致緩不濟急；同時我國植桐面積，因價高利厚及政府之提倡，亦日形擴張，所以近年桐油輸出激增。棉花以輸於日本占最大部分，由前述年來棉田面積之極度擴張與皮棉產額之大量增加，以及日本愈圖壟斷華北原棉市場的種種計劃，便知近兩年棉花出口之所以增加。尤其是以輸於日本者增加最甚之原因何在。除日本外，棉花以輸到美國爲多。近年輸美數亦較前增加，其原因仍不外：（一）軍火工業之需要增加；（二）經濟略見好轉，棉紡織業發生新的需要。花生一項，二十四年輸出較上年增加。二十五年又趨減少，其原因由於二十四年花生最大產地的山東遭受大旱與水灾，致產量劇減所致；故知國內供給爲輸出增減的重要原因。

五、農 家 生 計

考查一定時期内農家生活的裕窘，最簡便的方法當然是研究農家收支在數額上與比例上的變遷。但因我國尚無此種有系統的及有繼續性的材料，故我們祇能從其他各方面去推測，第一是從農產品價格與農用品價格的漲跌方面，如前所言，近兩年農產品價格均較以前數年增高，在農作經營收入占農家總收入七成或八成的現狀下，自然可招致農家收入的增多。自然，這祇是就有剩餘農產出售的農家而言，至對於僅足自給或不足自給的農家，則或無利，或甚且有害。我們再從農家支出來觀察。因爲農場支出大多祇占農家總支出一成或二成，農家生活費則常在八成以上，所以從近年來農用生活品價格的騰貴，便可知農家爲要獲得生活上與往年同等的享受，其支出必較前增加，如因收入無從增加致支出亦不能增加，則農家祇有減低生活上的享受，這樣便招致生活程度的降低。①

其次是從農村副業方面。副業收入占農家總收入由一成到二成不等，其關係農家經濟頗大，尤其是中小農家，莫不以副業收入作爲收支不敷的挹注。年來我國農村副業日趨衰落。本年初，作全國農村副業調查，除幫傭、割柴草、兼業小商販三種表示興盛外，其餘各種，如養蠶，養蜂，養魚，紡紗織布，編織草鞋草繩，編織草帽緶，製工磚兼業木匠，兼業裁縫，莫不表示衰落。②且細考前三者之所以興盛，亦因後者衰落，致資本缺乏，勞力過剩有以致之，試觀察各副業之性質便知。據二十五年各地通訊，便知近年副業衰落之眞象。茲略擧數例，以見一斑。(一)河北任邱縣土布業衰——該縣紡織土布爲農村主要副業品，銷售於山西省及鄰近各縣。近來因受洋布影響，土布日趨沒落，縣城原來布店林立，今則倒閉殆盡，甚爲蕭條。(二)河北玉田縣鄉村手工業衰落——該縣手工業以土布、葦席爲主，近年因銷場缺乏，致一落千丈。昔日業者凡四五千戶，今則不過數十戶，工人大部失業離村。(三)豫省農村副業衰落——豫省各縣農民多在春冬農暇之時，兼營榨油，製粉條，紡織土布，編帽辮編柳具，造紙，製大香，做紙炮等副業，藉以補助家計。近年來

---

① 見拙作《我國農民生活程度的低落》，原載《東方雜志》民國二十六年新年特大號。
② 見《農情報告》4卷第11期。

外貨大量傾銷，影響所及，致農村副業日趨衰落，陷於不可收拾之狀態。

因爲副業的衰落，農用品的漲價及春荒秋旱的嚴重，雖主要農作（如稻作）有相當的豐收，但又因租額繁重，致中小農家所得無幾，結果，陷農家生計於貧困，農民不免弃田離村。據統計，二十四年全家離村之農家占總户數5%，僅青年男女離村之農家占總户數9%，其原因：由於災害者占37%，由於農産歉收，副業衰落，捐税苛重，致生計困難者占30%，① 二十五年雖無農民離村的系統數字，但據報章所載，農民逃荒離村者仍多。就一般而論，近兩年固爲比較好轉之年，但因歷來元氣損傷過甚，兼之二十五年雖稱豐收，究其實際僅限於局部，而田租之苛取未去，捐税之重徵如昔，中小農民的生計一時自難望改善耳。

---

① 見《農情報告》4卷第7期。

淪陷區的農村經濟[*]

抗戰發動後，因沿海及華北，華中等重要農業生產區域之相繼淪陷，向未獲解決之我國農村經濟問題遂更趨嚴重；而在淪陷區（遊擊區），則以農業資源之被敵人掠奪及農業生產機構之被敵人破壞，此一問題之嚴重性尤過於後方。因戰事之影響，淪陷區之農業經濟情形大爲變遷，其最顯著者爲：一，耕地之破壞與荒蕪，及無主土地之增加；二，因壯丁之流亡及被敵人殺害與徵用，影響到農業勞工之減少；三，耕牛及農業生產工具，農場設備等因受損失與破壞而感覺缺乏；四，田間工作之停頓及農業生產之退化；五，農業價格之低落及農產收穫之減少，使農民生活更趨於貧困；六，農產品之被敵人掠奪與徵用及農產運銷之被敵人統制。

這些變遷必然的要影響到現時及將來農業經濟機構的整個的變革。關於戰後的革新與建設，本文不想去討論它，現祇就當前的實際問題及其應采行的對策來論述一番。對於淪陷區的情形，我人因未作親身調查，輾轉所得的見聞，自難語於切實詳密；不過根據前方通訊及報章的零星記載，我們亦可窺出淪陷區內農村經濟之演變現況及其所遭遇的種種困難之一斑。現在分別觀察於後。

一、首須注意者爲敵人在淪陷區域徵用農產物及破壞農業生產的種種政策與行爲。關於農產物之徵用方面，最重要者第一種是食糧。在華中一帶，據報載某敵軍官之通信，其軍糧十之七係取給中國，十之三來自其本國。在華北各地，敵軍糧秣現均改爲就地徵給，在天津、北平、石家莊、濟南、張家口等地，分設軍用經理部，大批收集食糧，致華北

---

[*] 本文原載《今日評論》（昆明）第 2 卷第 10 期，1939 年 8 月。

各地糧價大漲。在華東江浙一帶，這是我國所謂"魚米之鄉"，敵軍除盡量徵用外，且禁其出口；據上海《新聞報》（本年2月17日）載稱："日方最近以糧食供給國民政府爲詞，竟壓迫本市商民不準販運出境，且不但不準運輸出口，甚至由內地運至上海之米糧，亦在嚴禁之列，並由僞組織接受日方之命，通知各內地米行商停止販運"。此其結果，一方面將使滬市民食發生恐慌，一方面則使內地食糧價格趨於跌落。在華南淪陷區域，則以粵省向感米糧不足，故敵軍除用和平手段徵用外，更用武力實行強盜式的掠奪。據最近報載盤據廣州之敵軍，近因糧食異常缺乏，遂每晨派出大批汽艇分赴西江各處河道，攔河搶劫。以上雖屬零星記述，但亦足見敵軍因食糧缺乏，在我淪陷區徵取掠奪之一般。第二種爲原料品之棉花。自戰事起後，我國產棉豐富之區，大部淪失，敵在占領區內，對於棉花嚴加統制，並盡量搜括，運回本國充作工業與軍火原料，以致去年我國棉花出口激增，占全國土貨之第一位。總計我國去年棉花出口爲1 356 600公擔，值國幣101 003 200元，輸日者計963 800公擔，值國幣71 079 700元，約占全數90%，尤以華北各省，棉田之擴張爲期雖暫，而棉產則增加甚速，今其利竟完全爲敵人所享受，殊足痛心。此外如華北之食用油類（花生油、豆油）及江、浙之絲、繭亦莫不爲敵人所壟斷與囊括。關於敵人破壞農業生產方面，則種種暴行，更不一而足，如徵用田間壯丁，供其役使；搜掠耕牛，以充肉食；任意毀壞農舍與農場設備等是。有時敵人甚且直接干涉農田之耕作，如今春敵在華北一帶，因懼我遊擊隊襲擊，曾下令農民將未成熟小麥，一律割去；復下令在距鐵路500米內，距公路機場與市鎮300米內之處，不得種植高粱。凡此都表示淪陷區內，農業生產機構之橫遭破壞。

　　二、淪陷區農業資源之未能妥爲移運後方。已經淪陷的區域，大都是我國農產品富庶的地方。如華北的棉、麥，揚子江下游的米穀，江、浙、皖的絲、茶，均向居我國農產之重要地位。可是每當一地淪失時，多因爲交通工具的不良，經濟機構的不健全及主管機關應付的不當，致對於當地資源，常不能事先妥爲撤退，其被迫而資敵者爲數甚巨。就主要食糧的米、麥言，如前年在江蘇各市鎮陷落時，存在江蘇省農民銀行及其他公私機關的小麥有四百萬石，當時因無法運輸，祇得忍痛拋弃；蕪湖陷落時曾焚米八十萬石；九江失守時又曾遺弃米糧百餘萬担；而民間存糧之損失尚不在內。他如棉花、絲繭等亦都未能作妥善的移運。凡此固表示運輸機構之遲滯，但主管者處置失宜，軍民未能密切合作，亦其要因。

三、戰區軍糧仍常患不足。據前方通訊，我軍在各地作戰時，常因軍糧缺乏而由軍士自己刈稻，有時則令人民赴敵人占領區內偷運。有某記者於去秋在南潯前綫黃老門一帶，看到前綫將士因為糧食接濟困難，已經三四天沒有飯吃，從師長到士兵祇吃一點稀飯和乾糧的情景，不禁有"遍地禾稻熟，軍民鬧饑荒"之嘆。最近晉南抗戰，中條山一帶，以大軍雲集，致沿山千餘里之安邑、聞喜、解縣、永濟、虞鄉、芮城、平陸、垣曲等縣，食糧大感恐慌，人民嗷嗷待哺者數在10萬以上。他如浙江鄞屬各地及廣東南海、番禺、順德、三水等淪陷區之鄉村，亦都先後鬧過嚴重的糧食恐慌。此中原因一方面固由於當地食糧生產之不足，另方面則由於糧食供應的缺乏調節。所謂缺乏調節第一便是後方對前綫的供應不迅速，使戰區軍糧常感缺乏；第二便是軍糧與民食未能打成一片，以致一城市失陷時，常遺弃或毀壞大宗食糧，而當地難民却餐霜飲露，難求一飽。

四、農業資本之缺乏。農業資本包括現款、種籽、肥料、耕畜、農具、農場設備等項。在我國農業生產要素中農業資本向居極輕微的地位，換言之，向來就感缺乏。戰事發生後，淪陷區的農業資本，幾被破壞殆盡，特別是耕牛、農場設備等項。如蘇北東臺縣，畜產完全沒落，不但猪、羊、雞、鴨全部告盡，就是必要的耕牛，一村也難得一二頭。考其原因：一，直接淪為戰區之農村，牲畜全被軍隊宰殺或作為拖重之用；二，靠近城市及沿公路綫的鄉村，牲畜大都爲敵兵搜索净盡；三，距離城市較偏僻的鄉村，也唯恐敵兵來搜索，故早就殺個乾净。又如江蘇宜興的情形，每當敵人被我遊擊隊襲擊吃虧之後，便將被襲擊所在地之民房，統統燒掉，以爲報復；因此淪陷區内的農民房屋、農具以及家用什物，隨時有被敵焚燬的可能。又農民的耕牛，因爲被敵兵掠奪過多，致耕牛價格極昂，甚至無牛可買。農業資本之缺乏自影響到農業生産之難以繼續維持。

五、從事田間工作之困難。炮火的威脅，恐慌的心理，壯丁的缺乏，生産工具的不足，使田間工作遭遇着重大的困難。在敵人防綫以内的田地，根本不能耕種。在敵人防綫附近的地區，農民白天不能耕種，入晚始得在田間種些大豆、綠豆等需要人工較少的作物。在離防綫較遠的地區，亦以農業資本之缺乏及戰事之威脅，農田經營顯著退化。

六、農産價格之低落。近年以來，我國農産商品化的程度已漸見提高，如絲、茶、米、麥、棉花、桐油等都已成了重要的"商品作物"，因此農業生産便和市場發生了密切的關聯，使得市場價格直接影響着農家經濟。戰爭起後，農産商品化較高的區域都已先後淪陷，由於銷場的破壞及運輸的阻滯，農産價格均大跌特跌（雖然有些地方有些農産也表示着漲高的現象），如無錫、宜興一帶，在淪陷前穀價每擔3元，淪陷後跌至每擔1.6元，尚無人問津。湖南洞庭湖産米區，因戰事影響，穀價曾跌至每擔0.5元。我們也常在報章見到，在戰區可用1元買米1石。這些毛病，一部分當然是由於主管機構未能於事前盡量收買以運送後方所致，但敵人的操縱，及故意壓低農産價格以便於收購，亦爲一原因。如本年3月上海新聞報載稱：上海豆油市場，自大連豆油傾銷以來，已整個爲其所控制，行情遂亦爲日商洋行所操縱。近來日商洋行更圖向外發展，直接裝運大連豆油500桶至無錫等處傾銷，致内地油價驟落。此點自間接影響到花生、豆類等農産品價格之降低。

從上所述，我人知道淪陷區農村經濟機構的活動，顯然已經遭遇着重大的困難。爲要展開淪陷區的經濟爭奪戰并支持敵人後方的遊擊戰起見，對於淪陷區的農村政策，我人實應予以重大的注意與慎密的考慮。

在決定此項政策時，我人對於我國農村經濟之特性及其在現時所表現的有利於持久戰與遊擊戰之優長,不能不先予認識。此種特長,綜言之,有:(一)地方自給自足的優越性——因我國農村經濟具有此種特點,所以直到今日,雖重要農作區多淪陷敵手,而食糧之給養,除少數地區外,却仍未感巨額的缺乏。此較之大戰時的歐洲各國,誠勝過許多。在淪陷區而特別是在後方的大城市,雖糧價有時呈現不合理的上漲,但此則主要的由於農產運銷機構之不健全及當地行政機關之未能善其事,初不足斷定爲食糧生產不足,我人試觀城市糧價與鄉村糧價相差之巨可知。(二)自耕農制度的優越性——據前綫所得經驗,在自耕農較多的地方,民眾動員較易,因爲自耕農保鄉保家的觀念較濃之故;但在佃農成分較多及農民生活過於窮苦的地方,民眾動員就比較困難。一般言之,我國自耕農所占比例較高,因而易於利用農民保衛鄉土之觀念,以激動其抗戰情緒。(三)小農經營的優越性——小農經營以經營面積之狹小,耕作工具之簡單,勞力集約的程度高於資本及農田工作之輕易與富於伸縮性爲其特性,在戰區內,此諸種特性充分的表示其優長。現時淪陷區之農業生產,雖在資本缺乏,耕畜損失,農場設備破壞等困難環境下,而仍能勉力維持者,實由於此種經營上的諸種特性故。(四)淪陷區內土地問題之部分解決——因戰事之影響,淪陷區內地主相率離村撇土者頗多,因而無主之土地增加不少。此類田地自可分配於無地農民耕種,既可維持其家庭生活,復可增進其守土衛國之熱誠,其利於抗戰者實多。此種土地之再分配在山西已見諸實行。此外在江、浙諸省,聞已有數縣採行減租、減息等辦法。有很多地方,在自然情勢中,地主不收租,佃農亦無須還租。凡此雖不能語於土地問題之整個的解決,但實可認爲解決斯問題之試行的先聲。

　　淪陷區農村經濟政策之決定,誠是一樁困難的事端;因爲一方面我們缺乏詳密的材料以資依據,另方面淪陷區域極爲廣大,各地環境不同,極難以一策而貫繩一切。不過無論如何,下面所述的幾個基本原則是應該採行的。

　　(一)軍農應打成一片。在軍農不合作的情形下,淪陷區之農業生產與農産運銷均不能繼續維持，此在上面已經述過。蓋唯有活動性與圓滑性的農業經濟機構，始能配合機動性的遊擊戰爭。在淪陷區內，以環境之困難與特殊，自非做到軍農合一不可，換言之，應做到民即是兵，兵即是民。一邊乘時襲擊敵人或抵抗敵人之侵入，一邊從事田間生產。即使軍農不能完全合而爲一，雙方亦應密切合作，由軍隊負起戰鬥及保障地方安全的責任，由農民擔任軍用給養的生產與供應工作，對於軍糧民食尤應加強其聯繫性。

（二）加強地方自給自足性。此種特性在戰時的優長，前已述過。在第二期抗戰中，我們更應盡量發揮此種優點，使一村一鄉亦能做到自給自足，獨立維持最低限度的經濟生活，而作爲遊擊的支持單位。

（三）如屬可能，應做到土地公有或"耕者有其田"。抗戰發生後，戰區地主逃亡或內遷者甚多，無主土地增加甚巨，此實爲試行土地改革之一良機，故可藉政治力量，重作公平的分配，使貧農有田可耕。自然，我人亦要因地制宜避免造成戰區地方秩序之紊亂，破壞人民的團結力量。

（四）擴大減租減息運動。淪陷區農業耕作之進行既非常困難，每單位收穫量亦比較減低，此時佃農對於不勞而獲之地主，自不應再有不堪負担之責任。凡地主能自動減租者，當然予以獎勵；否則亦應以政治力量，斟酌當地情形，施行減租政策。減息辦法亦應同時實行。

（五）改行農作制度。爲適應遊擊戰之需要，淪陷區農家種植作物，應以合乎當地之迫切需要，及易於耕作且生長期間較短者爲選擇標準。戰區中最急需者爲食糧，各項食糧中，雜糧之種植遠較水稻省時省工，故淪陷區內之農業生產，無論華北、華中或華南，均應以雜糧爲主。至棉花一項，費時費工過於水稻，且其需要遠在食糧之下，爲免於爲敵人所掠奪利用計，應盡量減縮其種植面積（據報載北平本年2月合衆社電訊，河北省南部各縣，因奉我國遊擊隊之命令，不準種植棉花，故去年度冀南棉產，較之以往已大爲減少）。

（六）改善農産儲藏辦法。爲免農産品之被敵搜索起見，淪陷區之農産儲藏政策，應一面求儲藏場所之分散，一面提倡農産的簡易加工，以求農產之輕便而易於儲藏與移運。

　　以上所述，不過示其原則六要；同時淪陷區農村經濟政策之施行，要和整個經濟政策配合起來，纔能發生充分的效力。關於這些，還待我們作進一步的討論。

1939 年 8 月寫於昆明

亞洲及遠東地區的土地利用[*]

一、耕種程度

我們通常用現有耕地面積占總土地面積的比率或百分比來表示土地利用的程度。如果用總的可耕地面積代替總的土地面積，那麼得到的結果可能更爲準確，但是許多亞洲及遠東國家沒有這些可耕地面積的資料。下表是亞洲及遠東各國現有耕地面積的百分比。

從表中可知，耕地面積祇占土地總面積的13.5%，這個數字是相當低的。在亞洲及遠東國家中，上項比率最高的是印度(28%)，爪哇和馬杜拉是最低的(5.5%)，中國(9.9%)，印度支那(8.1%)，暹邏(10%)也比較低，而錫蘭(23.9%)，南朝鮮(26%)，則僅次於印度，屬於較高的一組。這些差异應該和人口分析一章中各國不同的人口密度，以及下面將要分析的土地利用方式結合加以考慮。這些因素是最緊密聯繫的。在農業技術水平不高的情況下，耕地所占百分比較高的國家或地區可以養活較多的人口。另一方面人口壓力也會導致一個國家或地區耕地面積的擴大，除非農業生產技術改進了，人們就祇有靠減少森林和草原來擴大耕地面積。

---

[*] 本文原載聯合國亞洲及遠東經濟委員會《1947年度亞洲及遠東地區經濟調查報告》(Economic Survey of Asia and the Far East, 1947)，紐約聯合國總秘書處經濟部，1948年出版。本文係該報告的第4章。
本文由張亞紅譯，孫鴻敞校。

亞洲及遠東國家現有耕地面積占總土地面積的百分比

國　　家	總土地面積 （1 000公頃）	現有耕地面積 （1 000公頃）	耕地占總面積 百分比
緬甸	60 297	7 082[a]	11.75
錫蘭	6 475	1 548[b]	23.91
中國：	1 120 639	110 450	9.88
中國本部	987 015	93 886	9.51
東北地區	130 041	15 615	12.01
臺灣	3 583	949	26.49
印度	407 917	114 043[c]	27.96
印度聯邦	347 547	96 140[c]	27.66
巴基斯坦	60 370	17 903[c]	29.65
印度支那	74 056	6 000[d]	8.10[d]
印度尼西亞[e]	190 434	10 400	5.46
日本	38 239	6 012	15.72
朝鮮：	22 025	4 398	19.97
南朝鮮	10 107	2 630	26.03
馬來亞聯邦及新加坡	13 759	2 023	14.71
菲律賓	29 629	3 954	13.34
暹邏	49 998	5 000	10.00
總計	2 013 468	270 910	13.45

資料來源：除另行說明者外，以上數字均根據下列文件估計：《遠東國家糧食與農業資料》由美國農業部、對外農業關係辦公室1948年打印稿；《太平洋地區經濟概覽》第一部分；《人口和土地利用》佩澤爾（Karl Pelzer）著，太平洋關係研究所出版，1941年。

　　a. 這個數據來自聯合國國別研究的緬甸部分，由經濟和社會委員會，亞洲和遠東工作組提供，1947年1月。

　　b. 來自錫蘭，《戰後發展建議》1946，第2頁。

　　c. 來自《印度與巴基斯坦基本情況》，見《遠東經濟學家傳單》，第5號，1946，第6頁。

　　d. 這個數字來自印度支那統計總局，指的是正常情況。目前由於政治動盪，印度支那的現有耕地已減至470萬公頃，據此，耕地占總土地面積的百分比將由8.1%降至6.4%。

　　e. 祇包括爪哇和馬杜拉。

二、人均耕地面積

在一定生產技術水平下，人均耕地占有率大致可以反映各國農業的自給程度。下表中的人均耕地面積是根據1946年的估計人口和耕地面積得出的。

亞洲及遠東國家人均耕地占有情況表

國　　家	耕地占有比例 （每百人公頃數）	國　　家	耕地占有比例 （每百人公頃數）
緬　　甸	42	日　　本	8
錫　　蘭	23	朝　　鮮	16
中　　國	24	南朝鮮	14
東北地區	38	馬來亞	34
臺　　灣	15	巴基斯坦	23
印　　度	28	菲律賓	21
印度支那	24	暹　　邏	28
印度尼西亞*	14	總平均數	24

*祇包括爪哇和馬杜拉。

亞洲及遠東國家平均每百人占有24公頃耕地。這個平均水平是否能滿足生活需要，主要取決於土地利用方式和經濟活動的協調運行方式。緬甸的人均耕地占有率是最高的。每百人達42公頃。日本則最低，每百人僅有8公頃。其他國家多在14公頃和34公頃之間。但要注意即使在同一國家內不同地區的比率也是不同的。在中國，地區差異就相當明顯，東北地區每百人占有38公頃，而臺灣祇占15公頃。印度尼西亞則更爲明顯，在那裏爪哇和馬杜拉與外圍各省相差懸殊。

人口占有耕地比例的不同，一方面與人口密度的不同相關，另一方面又與土地利用方式相關。日本的耕地占有率最低，正是由於日本的人口密度最高所致。爪哇和馬杜拉每百人祇14公頃，稍高於日本。這是由於整個印度尼西亞的人口密度每平方公里雖祇有39人，但爪哇、馬杜拉和蘇門答臘，這三個地區土地面積占印度尼西亞總土地面積的32%，而人口却占87%。緬甸的人口密度是每平方公里28人，是本調查包括的所有國家中最少的，所以緬甸的人均土地占有率也最高。同時也應指出，在那些土地占有率低的國家中，土地往往得到更爲集約的利用。

三、土地利用方式

下表是戰前一部分亞洲及遠東國家幾種基本的土地利用方式的分布情況。由於土地利用方式變化緩慢，所以表列數字大致也可以代表現在的狀況。

戰前一部分亞洲及遠東國家土地利用基本類型(百分比)

	中國 (1929~ 1933)	中國臺灣[a] (1930~ 1936)	印度 (1930)	印度尼 西亞[c] (1938)	日本 (1936)	朝鮮 (1936)	菲律賓 (1938~ 1939)
農耕地	27.0	23.8(1936)	46.3	63.5[d]	17.5	20.8	21.9
草　原	4.6	—	b	—	8.7	—	17.8
森　林	8.7	59.7(1930)	13.1	23.0	54.5	77.5	58.2
其　他	59.7	16.5	40.6[b]	13.5	19.3	1.7	2.1
總　計	100.0	100.0	100.0	100.0	100.0	100.0	100.0

a. 當時臺灣被日本侵占。

b. 没有單獨的草原數據。

c. 爪哇和馬杜拉。

d. 包括土著農業與莊園農業。

从上表可以看出印度、爪哇和马杜拉的农耕地所占比例最高，分别为 46.3% 和 63.5%。其他一般在 18% 和 27% 之间。菲律宾草原所占比率最高，达 17.8%。印度没有单独的草原面积统计，中国和日本的草原所占比率最低，前者是 4.6%，后者 8.7%。这里必须指出，有关中国的数据仅是从中国本部抽样调查得到的，没有包括其他地区，而这些地区，如东北和西北各省，草原是比较重要的土地利用方式。所以如果考虑这些因素的话，整个中国的草原所占比率会更高一些。森林通常比其他各种利用方式占有高得多的比例。除中国、印度、爪哇和马杜拉外，大多数亚洲及远东国家也是这种情况。朝鲜的森林覆盖率最高，达 77.5%，最低的是中国，仅 8.7%，中国数字之低和上述草原的情况一样，也是因为仅包括中国本部。中国和印度的"其他"类型土地利用率较高，很可能其中一部分是森林和草原。

耕地还可以根据不同的耕作的类型分类。

下表给出了亚洲及远东各国主要农作物分布百分比。农作物可分成：粮食作物，经济作物和其他作物。

除了锡兰和马来亚，亚洲及远东各国以粮食作物为主。缅甸、中国、朝鲜、印度支那和暹罗的粮食作物所占比率最高，达 95% 或更高。其次是印度、日本、印度尼西亚、巴基斯坦，和中国的东北地区，占 81% 到 92%。菲律宾和中国的台湾，分别是 63% 和 75%。而锡兰仅有 30%，马来亚为 21%。

除中国外，水稻是亚洲及远东国家最重要的粮食作物。在中国，小麦和水稻同样重要。暹罗、印度支那和缅甸，是世界上最大的稻米出口国。对巴基斯坦来说，小麦是仅次于稻米的第二位重要的农作物；在印度，小米则居第二位。在印尼和菲律宾，玉米则位于第二。在中国东北大豆是最重要的农作物，在朝鲜也是主要粮食作物之一。

马来亚和锡兰的经济作物所占百分比最高，分别为 78% 和 70%。在马来亚，橡胶一项即占 65%。在锡兰，椰子、茶和橡胶各占一定比例。但必须指出，有些亚洲及远东国家除自给外还有大部分粮食作物是用于

亞洲及遠東國家主要作物耕種面積分布情況（占總面積百分比）

國別	緬甸	錫蘭	中國	中國臺灣	中國東北	印度聯邦	印度支那	印度尼西亞	日本	朝鮮	馬來亞聯邦及新加坡	巴基斯坦	菲律賓	暹邏
年份	1940~1941	1946	1930~1937	1930~1936	1935	1938~1939	1937	1938	1936	1936	1938	1938~1939	1936	1937~1938
糧食作物														
水稻	71.81	30.0	22.02	62.1	1.9	31.61	82.96	45.1	43.8	26.8	14.3	46.66	45.5	93.89
小麥	—	—	22.44	—	7.9	14.70	—	—	9.4	5.6	—	20.20	—	—
小米	2.58	—	7.78	—	19.4	23.00	—	—	—	15.9	—	6.06	—	—
玉米	1.23	—	5.25	—	10.0	3.25	8.30	22.9	—	2.2	—	2.00	15.2	0.24
大麥	—	—	7.50	—	—	2.81	—	—	10.7	17.9	—	1.17	—	—
高粱	—	—	5.72	—	22.4	—	—	—	—	—	—	—	—	—
大豆	—	—	5.83	—	26.3	—	—	—	—	13.2	—	—	—	0.31
豆類	6.74	—	—	—	—	—	1.24	7.3	—	2.0	—	—	—	—
土豆	1.58	—	2.61	12.7	—	—	1.91	2.2	—	—	—	—	—	—
油料作物	—	—	—	—	—	7.47	—	—	—	—	—	4.43	—	—
木薯	—	—	—	—	—	—	—	10.8	—	—	—	—	—	—
椰	—	—	—	—	—	—	—	—	—	—	1.2	—	—	—
其他	12.26	—	16.00	—	2.7	—	0.83	3.6	25.7	12.6	5.0	—	2.0	0.04
總計	96.20	30.0	95.15	74.8	90.6	82.85	95.24	91.9	89.6	96.2	20.5	80.52	62.7	94.48

续表

国别	缅甸	锡兰	中国	中国台湾	中国东北	印度联邦	印度支那	印度尼西亚	日本	朝鲜	马来亚联邦及新加坡	巴基斯坦	菲律宾		
年份	1940~1941	1946	1930~1937	1930~1936	1935	1938~1939	1937	1938	1936	1936	1938	1938~1939	1936	1937~1938
经济作物														
椰子	—	30.24	—	—	—	—	—	—	—	—	12.1	—	14.0	1.40
甘蔗	—	—	—	11.3	—	—	0.66	—	—	—	—	—	5.6	0.25
茶	—	18.06	—	3.8	—	0.34	0.33	—	—	—	0.1	0.17	—	—
咖啡	—	—	—	—	—	—	0.16	—	—	—	0.5	—	—	0.01
烟草	0.76	—	0.64	—	—	0.55	0.36	1.7	—	—	0.1	0.86	1.5	0.33
棉花	—	—	4.21	—	—	9.51	0.24	—	—	3.8	—	5.07	—	0.22
马尼拉麻	2.40	—	—	—	—	—	—	—	—	—	—	—	10.6	—
橡胶	—	—	—	—	—	—	2.10	—	—	—	64.7	—	—	3.24
黄麻	0.64	21.70	—	—	—	1.75	—	—	—	—	—	8.36	—	—
总计	3.80	70.00	4.85	15.1	—	12.15	3.85	1.7	3.6	3.8	77.5	14.46	31.7	5.45
其他作物	—	—	—	10.2	9.4	5.00	0.91	6.4	6.8	—	2.0	5.02	5.6	0.07
总计	100.00	100.00	100.00	100.00	100.00	100.00	100.00	100.00	100.00	100.00	100.00	100.00	100.00	100.00

资料来源：根据当时各国政府和有关地区提供的统计。表中"中国"未包括中国台湾和东北地区的数字。

出口的，所以商業化程度很高。在緬甸、印度支那和暹邏稻米是最重要的出口農產品。而在中國東北多年來大豆也是最重要的出口農產品。

四、戰前、戰後的變化

第二次世界大戰給大多數亞洲及遠東國家帶來了嚴重的灾難，日本投降後有些國家至今還没有獲得和平。這個因素使耕種面積銳減，使糧食和一些重要的工業原料(如棉花)的供給問題更趨尖鋭和難以解決。下面列出1947年、1946年和戰前糧食與主要經濟作物播種面積的比較。

讓我們首先看看主要糧食作物。

1947年，水稻、小麥、小米、玉米、大麥、大豆，和高粱的總耕種面積是166 845 000公頃，較1946年增長2.3%，較戰前增長4.6%。在糧食作物中，1947年小米比1946年增長4.7%，比戰前增長25.8%。玉米則分别增長2.3%和17.9%。但同時，大豆和高粱的耕種面積也同時明顯減少。1947年這兩種作物的耕種面積祇占戰前的3/4。大豆和高粱主要產地是中國(特别是東北)和朝鮮，1947年這兩個國家動盪的形勢，部分地説明了這種銳減的原因。最使人感到有信心的是水稻這個主要糧食作物的耕種面積基本上保持與1946年或戰前相同。這是因爲，雖然在那些受戰爭破壞的國家如緬甸、中國、印度支那、日本和菲律賓，水稻種植面積大幅度減少，但是在那些未受戰爭直接影響的國家如錫蘭、印度、朝鮮和暹邏，水稻種植面積則相應地有所增加。

在主要糧食作物總面積的變化方面，亞洲及遠東國家可以分成兩類：一類國家1947年總面積減少，其中包括受戰爭直接影響的國家，如印度支那、日本、朝鮮和菲律賓；另一類國家總面積增加，包括錫蘭、印度和暹邏。這裏需要解釋一下中國的情形。中國是戰爭創傷最重，歷時最久的國家。而它的1947年的主要糧食作物總播種面積竟比1946年略有

1947年亞洲及遠東國家主要糧食作物耕種面積及其與1946年與戰前相比變化百分比

國別	錫蘭	中國	印度支那	印度	日本	朝鮮	馬來亞聯邦及新加坡	菲律賓	暹邏	總計
糧食作物					1947年耕種面積（1 000公頃）					
水稻	370	18 898	4 000	31 625	2 900	1 111	330	1 852	4 000	65 086
小麥	—	23 013	—	14 015	604	88	—	—	—	37 720
小米	11	7 389	30	27 631	192	205	—	—	—	35 417
玉米	—	5 665	—	3 465	42	23	—	819	—	10 055
大麥	—	6 834	—	2 646	353	425	—a	—	—	10 258
大豆	—	4 005	—	—	255	281	—a	—	—	4 542
高粱	—	3 727	—	—	—	40	—	—	—	3 767
總計	381	69 531	2 222	79 382	4 346	2 173	331	2 671	4 000	166 845
					占1946年的百分比					
水稻	100.0	100.5	88.9	97.8	103.1	101.2	103.4	112.2	125.0	100.1
小麥	—	104.9	—	100.2	95.5	106.5	—	—	—	102.9
小米	—	98.2	300.0	106.3	115.6	146.7	—	—	—	104.7
玉米	100.0	99.3	—	99.4	114.9	112.6	13.2	143.4	—	102.3
大麥	—	116.5	—	96.8	95.6	105.1	110.3	—	—	109.5
大豆	—	100.1	—	—	115.2	120.3	—	—	—	101.7
高粱	—	94.1	—	—	—	303.1	—	—	—	94.8
總計	100.0	102.6	89.4	99.8	102.3	109.1	102.6	120.2	125.0	102.3

续表

国别	锡兰	中国	印度支那	印度	日本	朝鲜	马来亚联邦及新加坡	菲律宾	缅甸	总计
年代	1935~1939	1930~1937	1935~1939	1935~1940	1930~1934	1936~1940	1936~1940	1938~1942	1938~1941	
				占战前的百分比						
水稻	105.4	95.6	74.9	106.3	90.9	101.2	111.0	88.6	108.5	99.0
小麦	—	114.2	—	100.7	110.0	68.2	—	—	—	108.6
小米	—	105.6	—	133.4	81.6	100.6	—	—	—	125.8
玉米	—	120.2	10.0	135.9	100.0	145.2	30.8	89.9	—	117.9
大麦	—	101.4	—	105.5	97.7	61.8	—	—	—	99.6
大豆	—	76.5	—	—	75.1	86.1	820.6	—	—	77.0
高粱	—	72.6	—	—	—	270.0	—	—	—	73.2
总计	105.4	101.2	71.5	112.9	92.1	87.8	110.7	89.0	108.5	104.6

资料来源：根据各国政府和有关地区提供的统计。其中"中国"的统计不包括中国台湾和东北地区的数字；"印度支那"由印度支那统计总局估计；表中注"a"者，表示耕种面积少于500公顷，故未计入。

增長。從個別農作物來看，與戰前1930年—1937年相比，水稻、大豆和高粱耕種面積減少而小麥、小米、玉米的耕種面積則有所增加。大麥的耕種面積增加很少。這裏需要強調一組糧食作物耕種面積的增長決不會完全彌補另一組作物面積的減少。既然那些減少播種面積的作物如水稻和大豆通常使用的土地最為肥沃而且單位面積產量也最大，這一點尤其明顯。

下面最後一表說明一部分亞洲及遠東國家主要經濟作物的面積以及與1946年，與戰前的比較的變化百分比。

除了這兩種作物——橡膠耕種面積有微小增長，茶的耕種面積幾乎沒有變化——外，1947年與戰前相比，所有重要的經濟作物都有所減少。減少最嚴重的是棉花，大約減少26%。個別國家如中國、日本、馬來亞聯邦及新加坡耕種面積則有所增加，其他國家都是下降。最重要的情況是棉花，中國和印度是亞洲及遠東國家中最大的棉花生產國。1947年與戰前相比，中國的棉花耕種面積增加9%而印度却減少40%。耕地面積的減少直接導致產量的下降。既然印度是亞洲及遠東地區唯一的原棉大量出口國，所以棉花產量減少產生的後果也更為嚴重。

1947年亞洲及遠東國家經濟作物耕種面積及其與戰前與1946年相比變化百分比

國 別	錫蘭	中國	印度	日本	馬來亞聯邦及新加坡	菲律賓	總計
1947年（1 000公頃）							
經濟作物							
椰 子	—	—	—	—	3	—	3
甘 蔗	—	—	1 663	—	—a	20	1 683
茶	222	—	—	—	4	—	226
烟 草	—	597	—	42	—a	23	662
棉 花	—	4 124	5 912	—	—a	—	10 036

续表

国别	锡兰	中国	印度	日本	马来亚联邦及新加坡	菲律宾	总计
橡 胶	—	—	—	—	1 343	—	1 343
总 计	222	4 721	7 575	42	1 350	43	13 953
占1946年的百分比							
椰子	—	—	—	—	101.3	—	101.3
甘蔗	—	—	107.4	—	6.9	303.1	108.0
茶	100.0	—	—	—	118.9	—	100.3
烟草	—	106.7	—	184.1	250.0	85.2	107.2
棉花	—	102.8	100.9	—	—	—	101.2
橡胶	—	—	—	—	—	—	—
总计	100.0	103.2	102.3	184.1	66.1[b]	127.2	102.7[b]
占战前的百分比							
年代	1935~1939	1930~1937	1935~1940	1930~1934	1936~1940	1938~1942	
椰子	—	—	—	—	96.4	—	96.4
甘蔗	—	—	107.6	—	58.2	8.9	94.4
茶	99.6	—	—	—	147.6	—	100.1
烟草	—	104.7	—	120.1	500.0	34.6	98.5
棉花	—	109.0	60.4	—	—	—	73.9
橡胶	—	—	—	—	102.1	—	102.1
总计	99.6	108.4	66.8	120.1	102.2	14.1	77.5

资料来源：根据各国政府提供。其中"中国"未包括中国东北和中国台湾的统计数字；表内注"a"者系耕种面积少于500公顷；注"b"者不包括马来亚联邦及新加坡的橡胶。

糧食問題

浙江糧食消費的一個特殊習慣[*]

浙江是一般人認爲糧食不足的一個省份，可是究竟不足與否，或不足到什麼程度，得不到一個確切的答案。浙江盡管自產不足以自給，但仍不失爲我國產米最豐多的省份之一。現在先不討論這個大問題，僅將浙江省的一個特殊消費習慣提出來說一說，或許可以引起讀者的興趣吧！

大家都知道浙江的精華是在浙西（包括舊府杭，嘉，湖所屬各縣），而這個糧食消費的特殊習慣便剛好發生在浙西區域，尤其是在嘉湖二屬各縣。浙西毗連江蘇，同爲我國著名的平原區，土質良好，極宜於耕植，而河道縱橫，密如蜘蛛網，尤其便於灌溉與交通。物產以絲米二項最著名，其中產絲之平湖縣及產米之嘉善縣，素有"金平湖，銀嘉善"之稱，富庶可知。浙西的居民有一部分是從外縣（溫、臺、紹三府所屬各縣）或外省（河南，安徽，江西，湖南，湖北）移來的，俗稱"客民"。據稱因洪楊起兵後，浙西本地人民死亡殆盡，故從外地移入大量人口。約計客民占浙西各地人口由十分之一到十分之六不等。這些客民都是年少力強的，極能耐勞吃苦，因而種田的居多，他們的經營也較原籍本地的"土民"爲好。本籍人民眼高識遠，他們寧願放棄一般農作物的經營而專從事於植桑養蠶或織綢，因爲後數者工作輕而利益大。本籍人與客民謀生方法之不同，是我們理解浙西特殊消費習慣先得明瞭的。

其次，浙西出產的稻米種類之不同，也是須加注意的一點。在嘉善，嘉興，平湖，崇德，海鹽諸縣及吳興縣東部，水道貫橫最密，灌溉最稱便利，所以他們生產的稻作和江蘇松江、吳江等縣相同，均以粳稻爲主。因爲粳稻自插秧到收割經過時間極長，常在 150 天左右，如無良好的水

---

[*] 本文原載《獨立評論》第 226 號，1936 年 11 月。

利作保證，便不能有好的收成。但在消費上，粳米形圓性粘（普通都用其作年糕），既易脹飽，又難消化，尤其是對養蠶織綢的人民來說更覺得"吃不消"。所以他們便另圖良法。在吳興縣西部及長興德清諸縣，水利較差，故多種秈稻。因爲秈稻經過的時間較短，一般都是在 80 天到 100 天之間，因而免除旱荒的可能性較大。秈米又稱尖米，象其形，無甚粘性。唯浙西人民還是覺得非變一變花樣製造一番便不好吃。

在粳稻生產區域，人民消費的糧食是加工製造過的"冬春米"，糧市上稱"冬雙米"，俗稱"黃米"，以其色黃之故。這種米的做法有多種，普通是：第一步用竹席在地上圍一大圓屯形，內可容米 100 石；第二步在圓屯底下墊一層稻草與礱糠（由穀礱成糙米之粗糠），以免地下潮氣侵入；第三步將碾白了的粳米，每 100 石加以白糠（由糙米碾成白米之細糠）5 擔到 10 擔（如欲黃色深則多加糠，否則少加。）攪合之，倒入屯中；第四步上面覆以礱糠十數擔，使屯中米不致透氣。這樣過了兩個月或三個月，揭開圓屯，其中白米便因發酵統統變成黃米了。農民或米商做米的時候都在冬天，所以稱"冬春米"。這種米既和糠攪在一起悶了幾十天，所以有些糠味。初吃的人真覺得格格難入口，可是浙西人民都吃得津津有味。冬春米的好處，據當地人說：第一是香，即外地人不慣聞的糠味；第二是鬆散，做飯較容易；第三是粘性完全失去，易於消化。其壞處，據我們觀察：第一是損耗白米，即做出來的黃米不如原來白米多，損耗率約爲 2%—10%。第二是不易儲藏，白米普通可儲藏一年到兩年，冬春米僅半年，如果到一年，便有發生腐蝕的危險。第三是減少營養成分，因爲經過一次悶閉，米的潤澤完全失去，養分也許要失去許多，故吃起來很覺乾澀。自然，冬春米的滋養力是否不如白米，尚待專家予以分析研究，不過由浙西人民生得"秀氣有餘，而強大不足"這一點來說，冬春米的養分較差或許可以斷定。（據云蘇州人也吃這種米，如果是實，那就更多一證據了。）第四是不耐餓，因此浙西人民吃飯次數特多，每天四餐到五餐不等；常見農民在工作最起勁時，因肚餓祇得停止工作回家吃點東西再說。這雖然可以提高他們的生活享受，調劑他們工作的疲乏，但總有點妨礙農田工作，并且不經濟。

考粳稻產區居民食冬舂米的原因，由前所述，當是由於它較白米易於消化。但查我國產粳稻的地方并不限於浙西，爲何在別的地方并不一定吃冬舂米呢？説到這裏，我們須得考察浙西人民的工作狀況。前面説過，浙西的本籍人民多以植桑養蠶織綢爲業，這種工作不需大力氣，吃粳米便有停滯不消化的危險。就是種田的人，也因本地河道四方貫通，出進都用船隻，即在農田經營上利用畜力的程度也很高，所以樂於食用極鬆散而又易於消化的冬舂米。但我們却要注意：客民大多不慣於冬舂米的氣味，又因做的是"粗重生活"，所以他們有的是賣出粳米，買進秈米充食；有的自種秈稻，留爲自食。（當然本籍人民也有吃秈米的，客民也有吃冬舂米的，但居少數。）除浙西數縣外，吃黄米的地方僅紹興縣的沙地而已。

在浙西秈稻生產區域，人民吃的是"蒸穀米"，其色略較白米暗淡，表形亦較粗糙。這種米的做法：第一步用土磚或青磚堆砌一個竈，以能放置二鍋或三鍋爲最適宜，竈邊設一風箱，便於抽風吹火；第二步鍋中置木蒸，將穀倒入蒸内，下面燒柴生火將穀蒸熟；第三步將蒸熟的穀數擔或數十擔聚成一大堆，周圍覆以稻草，使内中發熱；第四步隔一天在陽光下露曬，曬乾後礱碾成米。據云曬穀這層手續很不容易，需要技巧，如果曬得不均匀，有些太乾，有些帶潮，礱碾時便易成碎米。這種米因係先將穀煮熟，再行礱碾，故又稱"熟米"，普通秈米則稱"生米"。蒸穀米的好處：第一是鬆散，易於下咽；第二是由糙米出精米的程度較粳米及普通秈米爲高，計糙米出精米的百分率：粳米與秈米普通由85%—95%，蒸穀米則由95%—97%；第三是出飯程度亦較粳米與秈米高，約高七分之一；第四是煮飯易熟，可省若干柴火。蒸穀米的短處也有幾點：一是米的香味完全失去，若冬舂米尚有獨到的糠皮味，蒸穀米則"味同嚼蠟"；其次是不易於保藏，因已經煮熟之故；其三就皮相觀之，其滋養力或較冬舂米略强，但恐怕還是不及普通的白米。

浙江食蒸穀米的區域較廣，除浙西數縣外，杭州市及其附近各縣亦有食之者。杭州食蒸穀米的多爲工廠工人，做重活的苦力，及學校的學生。但這都是因爲厨房或飯莊打的經濟算盤，蓋一來蒸穀米出飯程度高，可以少費米；二來蒸穀米易煮，可以少費柴，實則食者對於蒸穀米并無特别好感。

浙西的這種糧食消費方法，在我國食米區域可算是特殊的了。其給予米糧的損耗，人民的體質，糧食的儲藏能力等等的影響如何？此種方法是應該推廣抑應該改變？這些都值得我們作進一步的研究。

1936 年 10 月 20 日於南京

論我國食糧盈虧的估計方法[*]

一、前　　言

歷來討論我國食糧問題者，都謂我國食糧生產不足自給，他們或從國內的調查統計來推算，或用洋米麥的進口數字來證明。但究竟我國食糧不足與否，或不足到若何程度，在未有較科學的統計數字作爲依據以前，我人實未便遽爾斷定。因爲關於生產量與消費量既沒有確切的數字，單憑近年洋米麥進口量的增加，不能就推定國內食糧之不足自給，因爲其中含有不可忽視的價格傾銷的這種因素。比如歐戰期中，因爲大多數國家施行糧食管制，同時主要的食糧生產國家遭遇歉收，糧價奇漲，我國食糧對外貿易竟造成空前的出超現象。戰後各國恢復常態，我國食糧貿易又還原爲入超。此種情形頗能表示我國洋米麥進口之劇增，實由於國外傾銷所致，不足證實國內生產之不足自給。因之，如何采用較確切的估計方法，尤其是適宜於目前情形的方法，以探求食糧自給問題的眞象，當是很有意義的。本文之企圖即在此。

關於食糧盈虧問題，不但因估計方法之不同，致所見各異；更常因盈虧一語涵義之不同，致各具看法，因而所得結果相去甚遠。盈虧之涵義，要而言之有二：一指實際的盈虧，即一定時期內一國實際的生產量與消費量抵消後的差額；二指假定的盈虧，即假定一定時期內一國可能的生產量與合理的消費量抵消後的差額。一國實際的盈虧額，各年每有

---

[*] 本文原載《中山文化教育館季刊》第4卷第2期，1937年夏季號。

不同，而其假定的盈虧額，則在一定的生產條件與消費習慣下，若干時期內當無多大變异。凡統計行政完善的國家，類皆有實際的生產量與消費量(或較確切的消費量估計)種種數字，因而推算實際的盈虧自易；反觀我國，則以國勢清查尚未舉行，各種基本數字，如人口、耕地面積、作物產量等尚付闕如，即欲求較合理的估計已不可得，遑論實際的生產量與消費量？故論者祇能述及假定的盈虧，實際者則不可得也。本文重在列論食糧盈虧的估計方法，雖各種方法所包涵的盈虧意義常有不同，但可能的以實際的盈虧為主。

以下分別論述主要的估計方法，最後并就個人意見略為評論其得失，以與留心我國食糧問題者一同商討焉。

二、生產量與消費量抵差法

估計一國食糧的盈虧，最簡易的方法，當然是用一國的生產量與消費量比較，如前者超過後者便為盈，否則便為虧。歐美諸國，固多用此法，我國歷有的估計也是如此。采用這個方法的先決條件，在有確實的生產量與消費量等統計數字，否則既無真憑實據，所得結果自難確實。關於生產量與消費量的估計方法，本有多種，玆擇其要者述之。

(一) 生產量

要計算糧食作物的生產量，最好是按時將該種作物就全國總清查一次。但清查工作費用甚大，不說我國目前做不到，即使歐美各國亦不能年年舉行，類皆基於過去的清查數字，施行較科學的估計方法。唯歐美各國因有隔期清查數字以為依據及核正，故結果很近於事實；而我國直到現在還祇有個人的或機關的估計，這些估計差誤率的大小，估計者本人亦未能道出。因此關於我國食糧生產量的估計數字，雖不下十數種,而彼此差異之大,實令人感覺得無所適從。各種估計中規模比較大者,當推國府主計處統計局發表的民十九年立法院統計處經由張心一先生主持,用通信方法所作的各省作物產量的估計,① 及實業部中央農業實驗所按期所作的農情預測(在《農情報告》上發表)。因爲後者是有繼續性的,其所用以預測與估計的方法亦較爲確實,故略爲述之。②

"一種作物在某一處、某一年出產多少,是由兩種原素來決定的:第一是這種作物所占面積的大小;第二是這種作物在每單位面積內(如每畝)的平均產量。若用算術公式寫出來,便是:

$$作物所占面積 \times 每單位平均產量 = 作物總產量$$

按上述公式,如能知道一種作物的面積,再知道每畝的平均產量,便可推算出一種作物的總產量。

有了這個公式之後,第二步便要知道作物栽培面積與每畝產量的調查法。這裏作爲依據的,是國府主計處統計局發表的下列各項估計數字:(a)各縣耕地畝數;(b)各縣平常年主要作物畝數之百分數(民十三年至民十八年);(c)各縣平常年主要作物之每畝通常產量(年份同上)。根據這幾項數字,然後請各地農情報告員報告下述各項:(a)今年某處某種作物所種植的面積占耕地面積的百分數;(b)平常年間某處某種作物所種植的面積占耕地面積的百分數;(c)今年某處某種作物的每畝產量約占豐年產量的幾成?(d)平常年間某處某種作物的每畝產量約占豐年產量的幾成?據此便可以推算出某一時期內某處某種作物的種植面積與生產量"。

這種估計方法自不免粗疏,因爲其估計作物產量所依據的——國府主計處統計局的估計數字本身便有問題。但無論如何,在目前的中國,總算是關於生產量之唯一的有繼續性的估計了。

---

① 載國府主計處統計局《統計月報》農業專號,民二十一年第一、二月合刊。
② 詳見民二十一年《農情報告匯編》,7~9頁。

(二)消費量

食糧的消費量較之食糧的生產量更難估計，這因爲：第一，各地的食糧消費習慣不同，比如我國有些地方食米，有些地方食麥，有些地方食米、麥、雜糧；第二，食糧消費的種類常有變遷，比如揚子江一帶，在豐年固常食米，在荒年則多全部或部分改食雜糧；第三，每家或每人的消費量亦有伸縮性，比如一家如果某一時期經濟情形較好，"油水"吃得厚點，便可少食米；一個人如果某一時期操作較力，便要多用飯；第四，消費食糧方法之不同，如浙江西部大多食用"冬舂米"，① 這比食用普通白米要多消耗10%到20%，但有些地方食用"霉穀"（如湖北東部），因爲霉穀比普通白米出飯程度高，耐餓性大，故比食用普通白米經濟，浙西食用之"蒸穀米"亦然；第五，家庭消費與畜養消費之混同，比如比較富裕的家庭，常用剩餘的飯粥餵猪或其他牲畜，② 這常影響到一家消費量之過大。綜上所述，當知估計一國實際的消費量是如何的困難，所以一般都舍此不談而專論假定的消費量。

估計一國消費量的方法，就已經見諸采用者言之，有三：

(1)全國產銷總額估計法。此法依下述公式求之：③

(生產量+年初盤存額+輸入量)－(輸出量+年終盤存額)＝全國消費量

這種方法最稱簡便，歐美各國的估計多依據之。唯援用此法，須有幾種基本數字，如生產量、輸出輸入量、年初年終盤存額等是，否則必難推算。我國現在雖有輸出入數字可供稽考，但生產量與盤存額尚無從調查，故這種簡便方法亦無從應用。

(2)每人消費量推算法。此法即先求出平均每人的消費量，然後乘

---

① 見拙作《浙江食糧消費的一個特殊習慣》，《獨立評論》226號。
② 見拙作《成莊村的農家經濟調查》，載天津《益世報・農村周刊》86期，及《經濟評論》2卷10號。
③ Paul de Hevesy 曾根據此公式計算小麥主要生產國家的小麥消費量：Le Probléme Mondial dv Blé, p. 23, p. 229.

以全國人口數，便得出全國人民的總消費量。唯平均每人的消費量，如何方能具備真確的代表性，乃須深切考慮者。因爲如前所述，即一個人的食糧消費在種類上常有變遷，在數量上且常具伸縮性，何況各區域、各階級、各職業的人民呢？所以用平均數以概其餘，代表性最難真確，一不謹慎，便難免"差之毫厘，謬以千里"之弊了。但我國歷來推算食糧消費量者率多用此法，蓋取其簡便耳。如蔣學楷先生在《中國食糧供求的新估計》一文中，估計消費量，便係引用張心一先生的每人需米量估計，侯厚培先生的每人食用小麥量估計，及其本人假定的每人消費雜糧數量4市擔，① 這自然太籠統一點。此外同患此病的估計亦正不少。我們知道每人的消費，依下述諸因子而有不同，此在推算全國人民的消費量時不可不注意者：

（a）鄉村人口與城市人口。據歷來調查統計的證明，大抵鄉村人口的消費量要較城市人口爲大。據張心一先生在南京及其附近區域的調查，鄉村人口的消費量大於城市人口的程度約爲20%；② 又據巫寶三、張之毅兩先生在福建全省的調查，如各以鄉村男女的消費量爲100，則城市男子爲68，城市女子爲64，③ 相差較前例更甚。所以我人推算全國消費量時，應注及鄉村人口與城市人口的比例，加權計算。

（b）男女性別。據張心一先生之同種調查，鄉村人口中平均女子消費量僅及男子88%，城市人口中，平均女子消費量僅及男子87%。又據前引福建糧食調查，計全省鄉村人口中，平均女子消費量僅及男子89%，城市人口中，平均女子消費量僅及男子85%。由此可見男女性別的比例亦應在推算時注意及之。

（c）年齡上的差異。人有老幼壯弱，因年齡之大小，每人的消費量亦有不同。大抵20歲到25歲者食量最大；不及20歲者隨年齡之愈低而

---

① 蔣學楷：《中國食糧供求的新估計》，《國際貿易導報》8卷6號。
② 張心一：China's Food Problem, p. 22.
③ 根據巫、張兩先生的調查原表計算而得。

食量愈小，減少程度極劇；在25歲以上者，隨年齡之愈高而食量愈小，但減少程度甚緩。茲據前引同種材料來源，列示各年齡組每人每日食米數量如下。

有了各年齡組的食米量，然後再按各年齡組的人數所占百分率加權計算，這樣所得的結果始能較爲真確。

每人每日食米數量(單位：市斤)

(一)福建食米區域

年齡組	城市男子	城市女子	鄉村男子	鄉村女子
4歲以下	0.444 5	0.437 4	0.723 4	0.758 4
5~9歲	0.791 5	0.710 3	1.458 4	1.243 8
10~14	1.180 5	1.042 2	1.786 9	1.650 2
15~19	1.495 8	1.263 1	2.126 2	1.921 8
20~24	1.688 4	1.434 9	2.406 5	2.325 7
25~29	1.809 8	1.451 6	2.475 3	2.289 3
30~34	1.715 1	1.446 0	2.448 3	2.084 9
35~39	1.593 1	1.363 0	2.404 6	1.981 1
40~44	1.538 9	1.238 9	2.373 8	2.006 2
45~49	1.470 7	1.181 8	2.257 1	1.854 2
50~54	1.328 4	1.144 2	2.083 9	1.564 0
55~59	1.139 6	0.993 6	1.742 8	1.422 8
60~64	1.146 9	0.931 7	1.473 7	1.358 8
65歲以上	0.954 6	0.770 8	1.366 6	1.312 3

(二)南京附近區域

年齡組	城市男子	城市女子	鄉村男子	鄉村女子
4歲以下	0.28	0.28	0.30	0.32
5~9歲	0.85	0.81	1.09	0.99
10~14	1.16	1.14	1.55	1.45
15~19	1.62	1.34	2.11	1.71

續表

年齡組	城市男子	城市女子	鄉村男子	鄉村女子
20~24	1.63	1.48	2.13	1.95
25~29	1.62	1.45	2.12	1.90
30~34	2.10	1.41	2.09	1.83
35~39	1.57	1.36	2.04	1.76
40~44	1.52	1.29	1.96	1.67
45~49	1.45	1.22	1.87	1.56
50~54	1.37	1.14	1.74	1.45
55~59	1.28	1.05	1.60	1.32
60~64	1.17	0.95	1.43	1.18
65歲以上	1.05	0.85	1.24	0.94

(d) 職業上的差別。此種差別在鄉村人口不及城市人口重要，因爲鄉村職業較爲單純，農業者常在九成以上，而城市中則職業頗爲複雜，因職業之爲勞心的或勞力的，食糧消費量遂有不同。職業別的食糧消費調查，在我國尚不多睹，就作者所知，唯前引之福建糧食調查而已。據該項調查中建甌縣的數字，加權平均後的結果①，計各業每人每日食米量，男子爲：商界 1.298 市斤，工界 1.472 市斤，學界 0.942 市斤；女子爲：商界 1.152 市斤，工界 1.246 市斤，學界 0.863 市斤。故此各職業人口的比例，在推算城市人口的消費量時也是應當注及的。

綜上所言，當知就每人平均消費量來推算全國人民的消費量，其限制的條件很多，如不顧及，則必失之籠統，致離事實甚遠。且在我國援用此法尤有困難之處：其一全國人口數至今尚無確實的統計；其二各類食糧所占成數各地相差甚大，而同一個家庭亦常因經濟狀況的變遷或原食米改食麥，或原食麥而改食雜糧，因之頗難捉摸。在我國俗常謂"南

---

① 此平均之加權，係根據前國府統計處在北平、上海、漢口、廣州、無錫等市調查工人家庭 1 000 人口所得的年齡組百分率。（因爲建甌縣城數字僅有各年齡組之消費量，而無總平均消費量。）

人食米，北人食麥"，其實據研究的結果，北方食雜糧的成分，倒比食麥的多，① 而南方食雜糧的亦不少。中央農業實驗所曾估計全國各種食糧所占成數計大米 29%，小麥 17%，雜糧 54%②，但過嫌粗略。所以在這些基本數字未能具備以前，根據每人消費量以推算全國消費量既感困難，而結果又不可信。

(3) 標準家庭消費量推算法。此法第一步須求出標準家庭，所謂標準家庭(standard family)在美國城市裏包括一夫、一妻、12 歲男孩一、6 歲女孩一、2 歲男孩一，共五人。這五個人按下述食糧消費能力比例：

等　　級	折成等成年單位
成年男子(15 歲以上)	1.00
成年女子(15 歲以上)	0.90
11 歲~14 歲	0.90
孩童 7 歲~10 歲	0.75
4 歲~6 歲	0.40
3 歲以下	0.15

計折合成等成年(equivalent adult males)，爲 3.35。換言之，美國城市中的標準家庭包括 3.35 等成年。用同樣方法求得鄉村標準家庭包括 4.8 等成年。第二步，將某一個地方的人口總數按上述食糧消費能力比例折成等成年數，如原有 15 000 人，現折合爲 14 000 人，再以 3.35 (如爲城市人口)或 4.8(如爲鄉村人口)除之，則得出該地方的標準家庭總數，比如該地方爲城市，則用 3.35 除 14 000 得 4 000，此即該城市的標準家庭數。第三步，選擇最能代表該地方的人民消費習慣與消

---

① 見曲直生《華北民衆食料的一個研究》；及張培剛《清苑的農家經濟》(下)，載《社會科學雜志》，8 卷 1 期。
② 見《農情報告》4 卷 8 期，《農家購買之各種糧食占糧食購買總額之百分率》。

費數量的家庭食糧消費表(food budgets），作爲依據，將每家每種食糧的消費數量乘以標準家庭數，便得出該城市食糧消費的總數量。比如在前述的一個城市裏，最具代表性的平均家庭食糧消費表爲：米每等成年6市擔，小麥8市擔，番薯4市擔，則以4 000標準家庭數相乘之結果，計該城市食糧總消費量爲：米64 000市擔，小麥32 000市擔，番薯16 000市擔。美國 New Jersey 州曾用此法計算全州食糧消費量，結果甚稱良好①。

此法堪稱精密，但在我國則仍難援用，因爲第一人口確數不知，第二標準家庭食糧消費表不易求得，第三等成年單位的折合尚無適合我國情形的特定標準。此中第一種困難，祇有待諸政府之努力，至第二、第三兩種困難，則賴研究者予以克服焉。

但作者又覺此法尚可變通辦理，能用等成年消費量推算法以代替標準家庭消費量推算法。這方法很簡單，即先用家庭消費調查求出每等成年的平均消費量，再依食糧消費能力將全國人口數折合爲等成年數，然後以此數乘平均每等成年之消費量，便得全國食糧消費總額。這法較標準家庭消費量推算法簡便的，在將全國人口(或某區人口)折算爲等成年後，不必再折爲標準家庭數，故省却一筆折算手續，唯其援用的限制，則彼此初無二致，即一方面須有人口統計數字及等成年折合標準，另方面須有家庭消費調查，以期求得每等成年的消費數量。此法較優於每人消費量推算法的，在將總人口已就食糧消費的能力，按性別與年齡折成了標準單位，故代表性較大，籠統之弊當可避免。關於每等成年的消費量，在我國尚無較大規模的調查，尤其是關於小麥與雜糧的消費統計更屬少見。玆將作者對於河北清苑縣分析所得的結果引用如下，亦許有參考上的價值。②

---

① The Production and Consumption of Food in New Jersey, State of New Jersey, Dept. of Agriculture, 1924.
② 見拙著《清苑的農家經濟》，原載《社會科學雜志》8卷1期。

每等成年食糧消費數量*

種類	消費量	種類	消費量
玉米	9.85	黄豆	0.26
高粱	7.63	黍子	0.24
小麥	6.09	大米	0.21
小米	5.73	黑豆	0.14
大麥	2.25	蕎麥	0.10
緑豆	1.43	紅薯	8.97
稷子	0.34		

* 以上除紅薯單位爲市斤外，餘均爲市斗。

按上述方法，將生産量與消費量求得後，便可合兩者比較而求出差額，生産量大於消費量爲盈，否則便爲虧。歷來我國學者與機關對於全國食糧的供需估計，均係依據此法。關於生産量的估計雖不少，但以全國爲範圍且有繼續性者殆唯實業部中央農業實驗所的《農情報告》一種而已；以全國爲範圍而無繼續性者則爲民十九年立法院統計處的調查，後經主計處統計局整理發表者；這在前面都已提説過。此外之估計，或則雖以全國爲範圍而估計方法太不可靠；或則方法雖較合理，但多限於一省或一縣，因零星不及詳舉。① 關於消費量方面，以全國爲範圍的估計更少，大都是用某一個地方的每人食糧消費量來乘全國人口數，以推算全國總消費量，至以一省或一縣爲範圍者亦不多見。生産量與消費量抵差法之精粗得失，留待後面討論，現在我人所須注意者，即此法的應用，須有兩個重要的先決條件，這在前面已先後舉述過，兹爲着重起見，特再撮述之：1. 估計區域(一省或一國)内的人口數與耕種面積、作物産量須有精密的調查統計；2. 估計區域内人民的消費習慣與一般家庭的消費數量須先有調查，即須先作食糧消費表的研究。如果缺乏這些基本數字，

---

① 關於最重要的兩種食糧稻、麥生産量的諸種估計，可參看曹立瀛《中國稻、麥生産統計之初步研究》，《實業部月刊》1卷2期。

則所估計的盈虧額必與事實差離甚大。

三、省單位運銷額推算法

運銷額推算法是從食糧的移動上來推知其盈虧的。比如說：某一區域從甲區輸進食糧多少，從乙區輸進多少，從丙區、丁區……等運進多少，把從這些區輸入的數量合計起來，便是某區的食糧總輸入量；在另一方面，某區輸出到子區食糧若干，到丑區若干，到寅區、卯區……等若干，把輸出到這些區的數量合計起來，便是某區的食糧總輸出量。將食糧的總輸入量與總輸出量相較，如前者小於後者便為盈，大於後者便為虧。此種估計方法根據的原則有二：

第一，食糧的移動（運銷）即是盈虧的表現。蓋今日之經濟社會已由自給自足演進到地域上的分工，雖各地不必完全進入後者之階段，但其趨勢之日益明顯與深刻，則係事實。所謂地域上的分工，便是各地都依其天然條件及社會環境從事其最有利之生產，所缺之物則由生產該物最有利之他地供給之，這樣彼此調盈濟虛，便能得到社會之最大利益。食糧的生產與消費亦然。雖然因為社會經濟發展有先後緩速，致有些地方商業化程度較深，有些地方自給色彩較濃，但就一般而言，有餘必輸出，不足須輸入，則係一定不移之理。故此運銷的本身便是供給與需要的交流，多餘或不足的記錄，用之以推算盈虧，自然合理。

第二，市場為食糧進出的咽喉，盈虧的實數較易求得。在經濟落後之區，雖鄉人間、農家間及村與村之間，彼此常行直接交換，但究以經過市場者為多，且隨着社會經濟之演進，此種趨勢日顯。所以我人祇要抓住某一區域內一個或數個主要的食糧集散市場，無異抓住食糧移動的總樞紐，其結果不但運銷數字較易獲得（在目前的中國，運銷數字的調查，仍有種種困難），而推算所得的盈虧數字亦較能代表實際的情狀。

运销额推算法所依据的原则已如上述，然则为何须以"省"为估计单位呢？这里，理由有三：

(1)行政上：依照目前情形，我国政治、经济及其他各方面的设施，都是以省为单位，以省当局为其发端与推动者。虽然"省自为政"及因此而引起的经济割据局面，常为识者所诟病，但省单位的行政机构与经济设施，为一时不能完全纠正的事实。同时，如果省当局能够发动或代中央主持该省区的食粮运销调查，则因行政上之种种便利，实可收事半功倍之效。我人故主张先求得各省的盈亏，然后合各省而得出全国的盈亏，俾能使用行政上的方便。

(2)经济上：我人之所以不能直接求出全国的盈亏者，因为按照我们的方法，一区域的盈亏，是用该区输入、输出比较后所得的结果，这样如果以"国"为估计单位，则必然要用一国的输入量与输出量相比较而得其差额，可是如文首所说，国与国之间的输出入常含有价格倾销的因子在内，这种倾销因为利用汇价之降低、输出之津贴、外国关税权之取得或最惠国条款之订定等等人为的方法，致国际的运销为其扰乱，输出入不足以表示实在的盈亏情形。所以我人主张以"省"单位的估计代替"国"单位的估计。

(3)调查与研究上：在我国可据以作为划区的标准的，除省而外尚有县。但由于调查及研究上的便利，我人却又不主张以县为估计单位，因为县的数目过多，就全国说在1 900以上，且县区甚小，致常有许多县份，或因地境偏僻，或因差可自给，在运销上不发生密切的关系，故此如以县为估计单位，则不但调查时感程序纷繁之苦，而于人力、财力亦不经济。省单位则不然，盖无论何省在运销上亦必有相当密切的关系，以其区域较大，区内外的流通较多。但我人须注意：按照以运销为主旨的划区标准，本不必以省或县为其界限，今之以省为估计单位者，亦不过牵就行政上的组织而取得调查上的便利耳。至省区以内之各地，则可依粮货移动的路线，市场的性质，生产的环境，消费的习惯等等而划为数小区，在求得各小区的盈亏后，合之便可得出全省的盈亏。

但是運銷額推算法并不能應用到完全精密的程度，蓋由於有以下的數種限制在焉。

(1)地方交通上的限制：凡交通愈發達的區域，食糧的移動亦愈自由，有剩餘的地方可以盡量輸出，不足的地方可以盡量輸入，在此種狀況下所表示的盈虧因而愈能代表實際情形。反之，如交通不便，有餘不能輸出遂成"廢餘"；不足不能補充，遂感"米珠薪桂"之苦。在此種情狀下，食糧調劑既失其作用，則輸出入抵消後的差額自亦難代表實際的盈虧。我國年來交通頗見發展，雖各地盈虛尚未能達到充分調劑的境域，但以目前情勢觀之，運銷額推算法的應用仍大有可能，所得結果對於實際盈虧的代表性，亦將隨交通之發展而有與年俱增之勢。

(2)地方政府法令的限制：縱然交通發達，但因地方政府或其他當局藉口各自的特殊情形，頒令禁止食糧出境或入口，致糧貨的移動仍不能自由。此種限制在我國尤屢見不鮮，不說自定政策的省如是，即縣亦然；其阻礙食糧運銷之自由，致喪失盈虛調劑的作用，不待多言。幸行政院有鑒於此，爰於去年十一月第289次行政院會議通過實業部提議之"食糧調節暫行辦法"，其第一條規定："食糧在本國境內，應聽其自由流通，以期供求相劑，漸趨平衡，各省市所擬限制食糧出境之辦法，核與經濟原理及中央統籌糧食管理之本旨不符，各省市應即一律停止禁運。"果爾，則今後食糧的移動既較能自由，盈虧的實際情形自亦較能體現在運銷數字上。

(3)人民購買力的限制：用運銷額推算法所求得的盈虧，祇是指實際的盈虧而言，至於按道理某區人口有多少，因而需要多少食糧方足食，則非所能表示。因為普通影響於市場的供求關係及貨物的移動行為者，祇限於有效的需要(effective demand)，即有購買力的需要(the demand with purchasing power)；那種無購買力的需要和市場既不發生關係，則其所需要之物自不能在運銷數字上表現出來。所以飢餓者與貧苦者的食糧需要量不能包含在實際的盈虧數字中，此為運銷額推算法的最大缺點。

不過，文首已經說過，我人現在祇着重於實際的盈虧，蓋自經濟上言之，其重要性過於假定的盈虧之故。

（4）國家間人爲的限制：假如各國政府均能施行經濟上的放任政策，對於經濟事項祇從旁輔導，不予以積極的干涉，則商品在國與國之間，必能本自然的路綫流通暢達，盡國際分工合作，以盈濟虛之能事。在此種情形下，一國食糧的純輸入必能代表該國實際的虧額，其純輸出必能代表實際的盈額。無如各國現在都采極端的干涉政策，對於食糧的運銷且多施行嚴格的統制；向來食糧不足的輸入國，爲要做到糧食自給，對內則獎勵生產，對外則禁止輸入；其向來食糧有餘的輸出國，爲要尋求市場，因之對內則改良生產，減低生產費，對外則利用貨幣貶值或輸出補助，以利傾銷。① 所以經濟勢力薄弱的國家，便往往成了市場爭奪戰的犧牲者，本來有餘而可輸出的，現在反成了外貨傾銷的尾閭了。不幸的，我國便是一例。直到最近年來，政府纔認清這點，采行緩和的干涉政策而徵收洋米麥進口稅；不過此種徵稅之舉是否能充分盡其抵抗傾銷之作用，尚未敢斷言。在此種情形下，食糧的純輸入自難代表實際的虧額。前述國單位的運銷額估計法之不能援用，亦是此故。

應用運銷額推算法以估計省區食糧的盈虧，在我國尚不多見。規模較大者，唯前社會調查所在華北數省所作的食糧運銷調查，② 中央研究院社會科學研究所與福建省府合作舉行的福建省糧食調查，③ 及同所在

---

① 關於這點，可參考：
   1. Paul de Hevesy, Le Probléme Mondial du Bél, Paris, 1934；
   2. Paul Moroni, L' Agriculture francaise et le Contingentement des Importations, Paris, 1935；
   3. Wheat Problems and Policies in Germany, Wheat Studies, Vol. XIII, No. 3, November, 1936.
② 已經中央研究院社會科學研究所整理。
③ 根據巫、張兩先生調查的原表計算而得。

浙江所作的食糧運銷調查。① 其中華北食糧運銷調查包括省分雖多，而因調查原意并未注重盈虧方面，故所得數字比較簡略。福建糧食調查雖同時調查生產量、消費量（選樣調查）及運銷額，但其盈虧估計仍係根據運銷額推算法，計全省虧米約 80 萬市石，遠較一般所推測者爲少。浙江省素被視爲糧食極感缺乏的省分，歷來關於該省缺米數量的估計不下五六種之多，但彼此懸殊的程度很大，令人無從置信。最近社會科學研究所之調查雖未敢斷爲完全確切，但因所根據的方法比較科學，所涉列的區域極爲廣泛（共調查大小市場 50 餘個），故或能較近於事實。據該種調查，民二十四年浙江自外省輸入食米 1 659 000 市石，自外洋輸入 1 396 000 市石，共輸入 3 055 000 市石，輸出外省食米共 715 420 市石；輸出與輸入相抵，計本省净輸入 2 139 580 市石，② 此即民二十四年浙江的缺米量。③ 唯我人所須注意者，民二十三年適值浙江大荒，則民二十四年輸入自多，如就民二十四年的收穫及民二十五年的運銷數字而言，則輸入必定減少，可爲斷言，是以浙江常年缺米程度亦不如昔日估計之甚。梁慶椿先生曾應用此法以證實民二十二年建設委員會經濟調查所，用生產量與消費量抵差法，估計浙江全省缺米量 250 餘萬石之比較，近乎事實，謂："查浙省三處海關之統計，過去十年中平均每年洋米、土米之進口，總量爲 142 萬擔，其不經海關而移入之米，則無統計可稽。若假定此等入口數量與經由海關者相等，則浙省年缺米 250 餘萬擔（擔似應爲石）之數，想去事實不遠也。"④但因梁先生未作實際的調查，故有此不得已的假定；當然，假定的本身，如無事實作依據，亦常成問題。所以梁

---

① 此項調查係去夏張之毅先生與作者主持所作；除注重糧貨移動數字外，更注重市場之機構及運銷成本方面。
② 各區（按食糧運銷情形分區）食糧移動的詳細數字，因特殊情形，一時未能發表。
③ 按浙江人民消費，米在食糧中所占成數極高，浙西在 90% 以上，浙東各地亦多在 80% 左右，故缺米量亦可代表大部分的缺糧情形。
④ 見梁慶椿《非常時期浙江糧食統制方案》，《浙大農學院專刊》第 3 號。

先生雖用了運銷額推算法，惜限於材料，致根據不詳實耳。

四、比較的討論

兩種估計的方法已如上述。年來我國在統計方面雖有長足進步，然就當前情勢而言之，無論用那一種方法來估計我國食糧的供需情形，總免不了下述通病：

(1) 單位不統一。我國官廳統一度量衡制度及近數年之事。在此以前，各省縣之度量衡制殊爲紊亂。試以河北清苑縣爲例，"不說各村彼此不盡相同，即同一村莊亦常差異甚大。論度制則種類有木匠尺、裁尺、木徑尺、地畝尺諸項，長短合米由 0.312cm 到 0.343cm 不定。論量制則種類有麥斗、小米斗、粗橫斗諸項，每斗管數有 48 管、30.5 管、28 管、23.4 管不等。此外每袋斗數亦由 3 斗到 6 斗不定。論衡制則種類有糧秤、棉秤、肉秤、菜秤、草秤諸項，每斤兩數又有 14 兩、15 兩、16 兩、17 兩、20 兩之不同"。① 除了度制與糧食交易的關係較小外，量制與衡制則爲一般市場所習用，量衡制之不統一，使食糧統計發生莫大困難。在我國糧食上所用的量衡單位中，最易混淆者爲"石"與"擔"。比如浙江嘉興、杭、湖諸舊屬各縣多用量制"石"，金華舊屬各縣多用衡制"擔"，故前者心目中之所謂石與後者心目中之所謂擔，雖音同而義實異，偶不審慎，必致錯誤。普通 1 石之米約等於 1.5 擔（相當於 150 市斤強），故一有錯誤，情形嚴重可知。年來度量衡制在表面上雖已臻統一，實則不但窮鄉僻壤，即較大城市中，商人與鄉農交易大多仍沿用舊制，奸商且常從中牟利。所以量衡單位一天不統一，糧食統計便也不會有做到確實的一天。

(2) 基本統計缺乏。直到現在，我國尚未舉行人口登記與農業普查，故人口數與耕地面積猶無確實統計。其影響於生產量與消費量抵差法之

---

① 錄拙作《清苑的農家經濟》（上）文中一段，載《社會科學雜志》7 卷 1 期。

援用較之影響於運銷額推算法者尤甚。此因前法所用之生產量是直接以耕地面積乘每畝產量而得之積，消費量是直接以人口數乘每人消費量而得之積。但基本統計數字之缺乏對於運銷額推算法亦有相當影響，蓋此法推算所得之結果，必藉各種基本數字從旁核正之後，始能認爲正確。

至就兩法比較言之，我人認爲目前以采用省單位運銷額推算法較優，蓋進行時既較便利，所得結果亦較準確。這因爲一方面生產量與消費量抵差法有以下諸種缺點：

第一，在基本數字缺乏之時，生產量與消費量抵差法永遠得不到準確的結果；且因單位之紊亂，慣常所用的常年、豐年之涵義不明，一有小錯誤，便要發生巨大的差額，其危險可知。例如關於浙江食米之不足數量，歷來多用此法估計而得，其彼相差之大，令人不知誰是誰非。茲列示如下，以見一斑。

浙江食米不足數量估計

估計機關	所指年份	不足數量	材料來源
浙江工商訪問局	常年	13 900 000 擔	見《浙江之米》
浙江工商訪問局	民十八年	29 300 000 擔	同上
國際貿易局	常年	23 400 000 擔	見《中國實業志·浙江省》
國際貿易局	民二十一年	15 900 000 擔	同上
浙江民政廳	民二十一年	6 750 000 石	見該年杭滬報紙
建設委員會經濟調查所	民二十二年	2 500 000 石	見《浙江之農產·食用作物篇》

第二，各地消費習慣不同，如先不能明瞭各地食糧種類之差別，求出各地家庭食糧消費的平均數量，而僅以每人消費量乘全國人口數，必免不了籠統之弊。吳兆銘先生曾根據前北平社會調查所在北平所做的工人生活費調查，算出每人每年之食糧（米、麥）消費總量爲 2.1317 石，并以之代表南方的情形。① 吳先生又說："……以上兩種調查，雖係工人生

---

① 見吳兆銘《中國糧食統制》，載《實業部月刊》1 卷 4 期。

活状况，但亦可表示全国之情形，因食粮之消费，不论任何阶级，所差不多。吾人根据上述两种调查，不妨折中假定中国每人每年食粮消费量为二石一斗。……"吴先生的这种推算，未免过于粗疏，太不科学，因为食粮的消费，不但因职业（阶级）之相异而有差别，更因年龄大小，男女性别，城市人口与乡村人口等等因子而有不同。这种食粮消费的差异，有两层涵义：一是食粮种类之不同，一是消费数量之不同。如果忽视了这点，则真不免"差之毫厘，谬以千里"之误了。吴先生推算所根据的两种调查材料，都是城市工人的生活状况，城市工人类多壮年，且大半为男子，以之代表全国的情形，尤其是代表农民几占80%的人口，当不相符。所以吴先生根据这个假定成分过多的每人每年食粮消费量乘那种仍由估计得来的全国人口总数（474 487 000人），所得出的全国每年食粮消费总量（996 422 700石）自不确切。由这一例，当可知全国的消费量既难估计到真确的程度，则以生产量与消费量抵差所得的全国食粮盈亏数字也就难予置信了。

第三，最近年来，我国食粮入超额不过在1 000万担与2 000万担之间，而历来用生产量与消费量抵差法所作的盈亏估计，彼此相差有时达5 000万担之多。可见用该法既不足以表示我国食粮盈亏的实际情形，尤不能说明我国食粮入超之所以形成的真因。

另方面省单位运销额推算法有几个优点。如果我们将前法的弱点视为消极的理由，则此处所要说的优点便是积极的理由。兹分述于后：

（1）调查比较便利。前已言之，在基本数字（人口与耕地面积）缺乏的情状下，用生产量与消费量抵差法所求得的结果永不能达到真确的地步，而我国国势清查（census），因财力与人力之限制，一时尚难举行，故只得藉助于运销额推算法。至考诸实际，此法在实行上尤称便利；盖食粮移动情形之调查，或由中央负责进行，或由各省府在中央指导之下，分别担任，在行政上极称便利，且调查费用不大，不致影响国库或省库。证以中央研究院社会科学研究所先后在福建省与浙江省举行食粮运销调查的经验，便知此言之不谬。

(2)可與運銷研究合并或附帶舉行。食糧運銷之調查與研究，在我國乃最近數年來之事；但都很零星而無系統。現在國難日亟，國防經濟基礎急待樹立，故關係軍需民食之糧食，自宜立即着手調查其移動情形，并研究其運銷制度，以期平常時能以自由流通，收异地异時調劑之效；非常時能以中樞統制，以利戰時之需。這樣一來，全國食糧的盈虧數字，不難由各省運銷數字上推算而出，豈非一舉兩得？

　　最後，我們認爲：如果政府對於食糧的供需與盈虧情形，不能有確切的調查數字以爲施政的依據，則平常時既無從釐定糧食政策，對於食糧的進口或出口不知是禁止的好，獎勵的好，還是聽其自便的好？非常時更無從施行統制。記得去年爲一個小麥出口問題，各團體都爲自身利益打算，致意見紛歧，弄得政府幾乎無所適從。最近又發生粵省洋米進口稅的問題，粵商主張撤銷此稅，以利民食；華中諸省商人主張維持此稅，以利國米之銷售，而杜漏巵。雙方振振有辭，政府幾經考慮之後，還不能想出一個較圓滿的解決方法。如果早先對於粵省的食糧運銷狀況，已有調查，則此時便因有所依據而較易解決了。所以各省的食糧運銷調查，很有即由中央統籌舉行或由各省分別舉行的必要。在這種情形之下，用省單位運銷額推算法來估計全國食糧的盈虧，自然是最便當不過的。

論戰時糧食統制[*]

一、戰時統制糧食之重要性

糧食之充足與否，關係戰事之勝敗甚大。歐戰時，德國因糧食缺乏，致雖具優良之武備，亦不得不認敗求和。故大戰以後，各國有前車之鑒，均力圖糧食自給。德、意、日，其著者也。我國糧食貿易，向爲巨額入超，其趨勢與年俱劇，此中自有洋米價格傾銷及國內各地供需未能調劑等因素，而我國糧食生產未能改進，致不能步隨人口之增加而擴張，當亦爲重要原因。在平時糧食問題已甚嚴重，今戰事已起，斯問題之嚴重性將更加大矣。此種加重問題嚴重性之因素，可得而述者，有：

1. 隨戰區之擴大，耕作面積愈將減少，益以現在戰區均爲稻、麥、雜糧盛產區域，其影響於糧食供給之減少尤大。

2. 因徵兵徵伕關係，農業勞動者將減少，致糧食生產減低。

3. 戰區避難來內地者日多，致內地糧食消費額增加。

4. 據英國在前次大戰之經驗，戰時因直接或間接參戰人員之體力勞動增加，每人糧食消費量較平時增多，結果亦影響糧食消費額之增大。

現方戰端初開，上述諸影響一時尚未顯著，且因國內交通之不便，及運銷制度之不良，反時有矛盾之現象發生。如最近各地集中漢口之雜糧，因運輸困難，南北銷場閉塞，致積貨日多，價格慘跌（見當年11月20日漢口《大公報》）；另方面則粵省食糧頗感來源不濟之苦，致米糧價

---

[*] 本文原載《戰時文化》第3期，1938年。

格升騰，不得不借洋米調劑。此種矛盾與不合理之處有二：一爲國內各地未盡相互調劑之能事，致甲地糧價落，乙地糧價漲；一爲各種糧食未能實行適當之配合混用，致米糧價漲，雜糧價落。凡此均待中央統籌辦法，各省合作施行始克有濟。且戰事延長至一年，兩年以後，則上述影響益將明顯，糧食問題將更見嚴重，如不早爲之計，施行統制，則遺害將匪淺。況我國經濟命脈在農業，而糧食作物恒占農家作物面積十分之七以上，故統制糧食，即所以直接維持農業生產、間接保持國民經濟者也。至軍糧之待國家統籌辦法，使後方能盡量供給，前方能獲得源源接濟，更不待言。

國民政府曾於今年8月18日頒布戰時糧食管理條例，設戰時糧食管理局，但迄今未見諸組織。最近軍事委員會有農產調整委員會之設置，但該會之主要職責，在調整并促進全國原有或新設的，國營或民營的農產事業，予以資金與運輸之協助，并補助其虧損（該會實施辦法第1條）。其對於糧食業之運銷與倉庫業之經營，自有甚大之助力，但仍不能負糧食統制之龐大責任。又財政部本有糧食運銷局之設置，但以權限關係，平時并無巨大成效，戰時亦難委以此種重大責任。此外如華南米業公司，各省糧食公司及糧食管理局或糧食委員會，或則祇在營利，或則僅求一省之利益，如此叠床架屋，各不相謀，恐利未見而弊已叢生矣。由此知糧食統制實有由中央急於統籌舉辦之必要。爰將個人所見，略論於後，以促政府之注意并與國人共商討焉。

二、糧食統制的基本原則

戰時施行糧食統制，應以下列各端爲其基本原則：

(1) 以供應軍糧及調節人民食糧爲主旨。戰時軍糧問題極關重要，不待多言。蓋本"抗戰第一主義"，戰事一起，國家之一切設施，自當以支持戰爭爲首要目的。在此原則下，若糧食一有缺乏，後方自當節制消費，以盡量供前方之需要。故如何有系統的及源源不斷的供應軍糧，當為糧食統制的首要原則。其次，人民食糧亦極待調節，蓋我國因交通不便及捐稅繁重，各地糧食價格常相差甚大，供需不能調節。故如何免除一地糧食過剩，另地糧食缺乏，亦待政府施行妥善的統制方法。

(2) 不以營利為目的。糧食為國民生活之必需品，政府對於必需品之統制與管理，當不能有絲毫之營利企圖。不獨此也，為保持糧食生產者與消費者之利益起見，政府且可藉他種財源以補助之。如歐戰時，英國為調和生產小麥之農民利益與購買麵包之消費者利益起見，施行補助麵包制度，即對於當時政府所管理之麵包工場，規定國庫負擔依於一定價格出賣而受損失之金額。該項補助金額，一年達3 800萬鎊，其財源乃得自每鎊增抽一先令之所得稅額。現我國各省為施行糧食管理所設立之糧食公司，多有以營利為目的者，此點實不合統制國民生活必需品之原則。

(3) 不與商人爭利，但其不法行為則應取締之。糧食統制之最徹底的辦法，當為國內外運銷完全公營。但在我國現行經濟制度之下，此點實辦不到。且以大規模的公營代替細小分散的私營，在技術上亦屬難行。況戰時的統制政策應建築在與民合作之基礎上，對於某一階層之過分統制，常招怨於民，致授敵人以離間機會，有礙統一抗戰的工作。但我國經營之商人，多有操縱取巧，囤積奇居者，不僅細小農民常受欺朦、即普通消費者亦受其害。對於此類行為，自應嚴予取締。

(4) 不加重國庫支出與人民負擔。我國平時推動任何事業，已感經費困難，無從着手；戰時經費困難之程度當益劇。如一意仿效歐美在戰時所施行之糧食統制政策，則以經費難籌，所擬出之辦法亦終等於紙上空談。故糧食統制計劃之經費應以不過於龐大為原則。至人民負擔，平時已甚沉重，戰時之設施自以不再加重為善。

(5) 不妨害人民營養。戰時糧食問題，主要點在供能應求。為達此目的，當以實行"按口定量制"(rationing)為最徹底之方法，蘇俄於1934年以前曾行之，德國在歐戰時所用之"麵包券"(brote rorte)亦同。但此種制度，管理費用既巨，而非法買賣尤難杜絕。其結果富者常以重價私購，貧者則大感營養不足。且在我國大多數人民，生活已極低下，營養已感不足，戰時如不能積極的改善一般人民的生活，至少也不應再減低人民的營養，致有損其健康。

三、糧食統制計劃綱要

(1)糧食行政方面。戰時關於糧食之獎勵生產，節制消費及調劑分配，應由政府另設最高機關，專司其事。歐戰初起，英國先祇設立各種委員會，如糧食生産委員會，糧食價格委員會，小麥供給委員會，內閣所組織之糧食委員會，農政大臣所組織之顧問委員會，旋因彼此缺乏聯絡，事權至不統一，遂於1916年設糧食管理大臣(food controler)專負統制糧食生產、分配與消費之責。并劃全國爲16個糧食區，每區由糧食管理大臣任命一糧食監督官，襄助施行該區之糧食統制事宜。法國於戰争之初，設"國民給養處"，掌徵發糧食之權，又分全國爲14個管理區，以資調達及分給糧食。1917年該處改爲糧食局，隸屬農林部，由農林大臣兼任糧食大臣。德國在戰初僅設帝國穀物局，作爲糧食之調達機關；1916年應事實上之需要，另設戰時營養部與各部平行，并設管轄帝國穀物局，其職能爲：a. 增加糧食之生產，b. 維持國內生產穀物及極少量輸入糧食之國民經濟，c. 公定能使生產者與消費者滿意之價格，d. 糧食之徵發管理，e. 糧食之公平的分給等項。美國於1917年設糧食管理局(food administration)，以胡佛(Herbert Hoorer)爲糧食督辦(food administrator)。該局設於華盛頓，下分17組，爲統制糧食之中央機關；至地方統制機關，則設邦糧食管理長及郡糧食管理官等。糧食督辦，直屬大總統，權限與各部同。

我國欲實行糧食統制，應設置中央糧食管理局，該局或直屬行政院，與各部平行，或直屬大本營，與其他各部門平行。局內分總務，采購，運輸，倉庫，法制，糧產獎勵，調查等課。各省設糧食管理分局，其已有組織者，即以該項組織改爲直轄中央之管理分局。另選擇較重要之糧食市場，設糧食運銷處，承中央管理局之命，擔任軍糧之運送，按公定之最低與最高價格，應人民之申請，而爲糧食之收購與出售，及各省間糧食運銷之聯絡與調度事宜。

(2)生產方面。爲維持并增進糧食生產起見，應采兩項最重要之政策：a. 耕地面積之擴張。戰時因戰區之擴大，耕地面積必減少甚劇，爲補救計，惟有在離戰區較遠之內地各省，竭力開闢荒地，或改非糧食作物之耕地爲糧田。歐戰時英國曾頒布穀物生產法，計劃將 300 萬英畝之土地化爲耕地。爲達此目的并規定最低工資，保證最低穀價，限制地租及強制耕作。我國欲圖耕地之擴張，可酌量采用此數項辦法。b. 農業勞動之維持。關於此事歐戰時德、法實行之辦法極可參考，即實行婦女助耕，兵士助耕，假期學生助耕，戰區農業工人之移入和使用俘虜等項，并設立農業勞動委員會，調劑農業勞動者之供需，規定最低工資。

(3)運輸方面。關於國外糧食之輸出入所應施行之政策爲：a. 禁止糧食出口，此點已由政府頒令實行。但我人以爲單僅禁糧出口，而不同時注意運輸之調劑及倉庫之舉辦，則結果必使先之出口糧食突遭一嚴重打擊，如漢口現存之雜糧價格慘落，即其一例。b. 外米麥輸入自由，平時爲要保護國內糧食生產者，自當徵收洋米麥進口稅或禁止其輸入，唯戰時則以生產減少，爲使糧食供給不致缺乏起見，當予外米麥以輸入自由。但亦不可貿然免稅，致予國內糧食生產者以嚴重損失，須按形勢緩緩行之。關於國內運銷之調劑與改良尤屬重要。在調劑方面，消極的應注及水陸交通之便利，沿途捐稅之免除；積極的有二項：第一，若政府如下段所述，規定主要糧食之最高與最低價格，則爲保證此兩種價格計，應籌集資金，作爲采購資本，以便價格跌至最低價格以下時，收購糧食，漲至最高價格以上時，出售糧食，其結果因社會心理關係，不待多額之收購與出售，價格可返還於規定之最高與最低限度內。其次，應在中心市場，籌建倉庫，作爲儲藏并調劑供需之用。在改良方面，應注意主要糧食之分級與檢驗，運銷過程之縮短，不健全糧商之淘汰，糧食運銷同業組織之成立與加強等項。

(4)價格方面。價格統制常被認爲糧食統制之精髓。關於糧食價格之統制，依我國目前情形，可施行下述數項：a. 公定主要糧食(米、穀、小麥)之最低與最高價格，最低價格在保護生產者，最高價格在保護消費者。唯最低與最高價格之制定，如何方能允當，實爲最重要之問題。日本公定之米穀最低價格，係參酌米穀生產費、物價及其他經濟情形定之，米穀最高價格係參酌家計費、物價及其他經濟情形定之。b. 籌集資金，俾應人民之申請，按規定之最低價格或最高價格而爲收購或出售。c. 籌設倉庫調劑糧食之季節變動。(上b、c兩點已於上段論國內運銷之調劑時述之)。d. 取締囤積投機，應規定處罰辦法，交由各地方之糧食管理機關督令當地糧食業同業公會嚴厲執行之。

(5)消費方面。糧食之消費最難統制，其各項統制辦法，亦祇有利用宣傳方法，并訴諸人民的愛國心。大凡糧食足以自給，或人民消費之糧食多爲自田所出之國家，難予施行強制定量制度；如美國在歐戰時即未實行。我國目前所能行者，亦僅爲緩進的自動節約。其辦法有：a. 獎勵代用品，即除穀、米、小麥外，獎勵食用雜糧。b. 減低米之加工程度，即多食糙米；并提高小麥之製粉率。c. 減少浪費及不必要之用途，如限制以米穀釀酒，以糧食飼養牲畜是。d. 減少每人消費量，并實行糧食合理的配食用法。

(6)資金方面。戰時糧食統制，非有巨額資金，實不易奏效，歐戰時各國施行之統制政策已明白表示之。如美國上次關於戰時管理糧食而支出之經費共達5 000萬金元；德國爲購買并徵發糧食所設之帝國穀物局，資本金達5 000萬馬克；英國施行穀物生產法，補足金額一年達3 800萬鎊；我國目前實行糧食統制，一時自不能籌出此大量資金。但個人認爲：關於糧食管理機關之行政費，所需并不大，且各省多已設有糧食管理機關，其在未設省份添設分機關，經費至屬有限，當無若何問題。

抗戰期中我國糧食問題的探討*

抗戰迄今一年有半，大致說來，被認爲富有戰爭勝負決定力的食糧，在我國并未引起嚴重問題，這誠然是一樁幸事，并可表現我國戰時經濟的優越性。但若從持久戰的立場來看，由於糧產豐多省份的先後陷於戰區，食糧給養在將來恐不免發生問題；且即在現時，各地供需之不能調劑，價格之不能平衡，較戰前更爲加劇。因之探尋糧食問題的癥結并研討其解決方案，當是很有意義的。現在先就幾個較實際的問題來看看。

一、糧食輸出入問題

就米穀進口言，我國一般討論糧食問題的人們，大多斷定我國糧食不足自給，因而表示深切的悲觀，他們唯一的根據便是海關報告的米穀進口數字。但我們向來就認爲洋米進口并不能表示我國糧食之不足自給，其理由：第一，洋米之運銷機構較國米完善，因而在價格上壓倒土米。我們知道我國輸入洋米最多的是沿海各大城市，如上海、汕頭、廣州等處，"近水樓臺"，洋米在運輸上已占先；再就包裝、分級、加工等言，洋米亦遠較國米優良；照洋米市場上通行"指揮交易"，訂購極便，而國米不但品質參差，采購麻煩，且沿途捐稅繁重，加高運銷成本。第二，如以洋米的入超額和全國米糧生產額及消費額相較，則知其占後二者的比例實甚微小，且極易於填補。

---

* 本文原載《中國農村》第5卷第4期，1938年。

據許璇氏估計，中國米之生產額年爲 5 億石（實際上此估計數偏低），消費額年爲485 163 386石，每日消費額合1 329 215石；民十年至民二十一年之平均洋米入超額爲10 775 314石；據此，洋米入超額不過占全國生產額之 2.2%，若以每日消費額除入超額，得 8.1，即進口的洋米僅可供 8 日之糧。① 我國人民的食糧消費，在數量上向富於伸縮性，在種類上亦富於更易性，則 8 日之糧，必不致釀成糧食缺乏問題，可爲斷言。照我國稻穀生產量，因受天時影響，每年增減率遠在 2.2%以上，豈能據此微小的進口百分率，便斷定食糧生產不足自給？抗戰發生後，米穀的輸入情形更使我們的論斷獲得了憑證。

根據海關進出口貿易報告册的數字，同時概將穀按七成折米計算，民二十六年全國洋米進口總額爲3 281 124公擔，較民二十五年（2 731 793公擔）固略有增加，但較民二十四年（11 082 344公擔）則大爲減少。關於本年的數字，因手頭祇收到 9 月份的海關報告，且米穀未分，故不能作精確的比較，而祇可表示大致的情形。本年 1 月至 9 月的洋穀米進口，就數量言，共爲3 937 811公擔，較去年同期穀米合計2 523 972公擔，增加 1/3 有餘；就價值言，本年爲53 852 402元，較去年同期增加了 1 倍。價值增加率較數量爲大的原因，一是抗戰後米之進口比例較穀增大，如米進口價占穀米進口總值，二十四年與二十五年爲 60%左右，二十六年增爲 86%；二由於匯率關係，穀米之價格增高。現在我們歸到本題，抗戰後洋米進口的增加情形，是否表示抗戰後我國食糧給養更陷於不足呢？我們答曰："否。"理由爲：第一，抗戰後洋米進口的增加，主要由於上海與内地交通阻隔，湘、贛、皖等省餘米不能運往接濟，因而不得不輸入較多洋米，以圖補充。

觀乎本年 1 月至 6 月，上海進口米穀達615 188公擔，占全國進口額 18%，而去年同期當戰事未發生時，由於内地之源源接濟，上海進口米

---

①　見許璇《糧食問題》，70~71 頁。

穀不過 69 公擔，便可明瞭。故上海洋米進口之增加，實不能表示全國食糧之不足，而衹是説明這個孤島的食米再難取給於内地而已。第二，上海以外各輸入口岸的洋米進口，在抗戰後或增加甚微，或反而減少；前者如廣東各大城市（廣州、汕頭、九龍、拱北、江門），後者如寧波。按廣東各市每年輸入洋米額大致一定，約在 200 萬至 400 萬公擔之間，本年雖尚無分關統計可稽，但因抗戰後外匯之漲高，洋米之騰價，湘、贛、桂米之接濟，全省之推廣生產與節制消費，我人可推定廣東洋米進口僅在 300 萬公擔左右，較往年不致巨增。寧波在二十四年洋米穀進口曾達百萬公擔，至二十六年減爲 1 萬公擔，本年因該省當局對進口貿易之嚴格統制，及温臺兩屬出産之增加，洋米進口幾完全禁絶。

小麥與麵粉在抗戰後的進口情形，不但與米糧不同，且因小麥與麵粉的相互消長，尤值得我人注意。直言之，抗戰後小麥進口大減，幾等於零，如去年 1 月至 9 月，小麥進口爲 430 460 公擔，本年同期減爲 7 公擔；另方面麵粉進口却突飛猛晉，去年 1 月至 9 月爲 180 910 公擔，本年同期增爲 1 853 770 公擔，增加 10 倍有餘。這個事實亦不能説明戰後食糧之缺乏，而衹是表現一個沉痛的現象，即戰後上海，無錫麵粉廠之被破壞及我國整個麵粉業之衰微。

再就食糧出口來觀察。爲便利計，將近年來各項食糧的出口數字列示於後，以資比較。

近幾年各項食糧出口統計表（單位：公擔）

	米	小麥	小米	麥粉
民二五年（全年）	268 711	316 818	461 268	92 172
民二六年（全年）	214 328	71 581	55 999	15 480
民二六年（1—9 月）	213 770	71 581	55 999	15 480
民二七年（1—9 月）	2 985	11 353	—	—

資料來源：據海關進口貿易報告册。

抗戰後，不但各項食糧的出口均形銳減，且從去年 1 月至 9 月的出口額與去年全年出口額相同一點而言，更表示抗戰發動後食糧出口即陷於停頓狀態。

總括來說，自抗戰發生後米穀與麵粉輸入雖增加，但因小麥進口及各項食糧出口之銳減，食糧入超額實已降低；因而一向被人大聲疾呼的米穀入超問題，抗戰後反漸趨緩和。我人相信這個問題的重要性還要一天一天的減輕下去的。

二、調節糧食供需及平定糧食價格問題

在平時我國糧食運銷機構已極欠靈活，現在更因鐵路綫及主要江河之被侵占，食糧運輸益感困難，各地供需越發無從調劑，價格不平衡的程度愈劇。這實在是我國現時糧食問題的癥結所在。

關於糧食供需的缺乏調節，可從幾方面來看。第一，後方對前綫的供應不迅速，使戰區軍糧常感缺乏。第二，軍糧與民食未能打成一片，常見一城市失陷時，當局遺棄或毀壞大宗米糧，而當地難民却餐霜飲露，難求一飽。第三，後方各省縣間，未能相互調劑，致使需要地有"米珠薪桂"之苦，供給地則有"無人問津"之嘆。抗戰以來，糧食不足的省份如粵、閩、浙等省都先後鬧過糧食恐慌；但在另一方面，湘、鄂、贛、皖、川等省，却又發生過"穀賤傷農"的呼吁。就米價言，在同一時期，廣東米價高可達每石 20 元，而湖南產地低僅每石 5 元而已。這誠然是一個矛盾；而由於內地交通，尤其是水運的不便，使這個矛盾越到內地越深。更因我國糧食運輸向以水路為主，而我國河流多為西北流向東南，這使得糧食調劑及戰區食糧向後方移運等工作，愈臻困難。這種矛盾和困難，便是我們應設法解決與克服的。

三、糧食種植面積的擴張與減縮問題

抗戰發動後，各省當局力圖糧食作物面積之擴張，且多將栽種非糧食作物的面積改種糧食作物。這在食糧不足的地方，自無可非議；但在供給有餘的區域，我人則不敢贊同。蓋因為：第一，我國農家向以種植糧食作物為主，據統計，糧食作物面積占總作物面積的百分比在 80% 以上，有些省份如廣西，且達 94%，故如不另圖開闢荒地，而僅就已耕地中設法，必無多大效果。第二，在供給有餘的地方，若未能找得食糧的銷路，一味擴張生產，必使穀價跌落，轉使生產者遭受重大損失。第三，戰時農業生產應不僅在供給食糧，更應供給軍用品及其他生活必需品的原料，如抗戰後棉花的供給缺乏而應圖補救，便是顯著一例；有時如情勢所需，亦不惜縮減糧食作物面積，以利整個的農業生產。所以我人認為：戰時糧食作物面積的擴張或減縮，應依於當地食糧的供需環境及軍需工業原料的生產計劃而決定，不要盲目的祇圖糧食作物面積的擴張。

四、節制消費的效力問題

節制消費本是戰時糧食管理的重要政策之一，我國自抗戰發動後，此口號亦高唱入雲，然而事實上效力太小。考其原因：一由於我國農家散漫眾多，且富於家族自給性，所產即所食，所食即所產，難予統制；二由於農家食糧餘裕者不多，一般的都是無可再節者；三由於各地供需不能調劑自如，有餘的地既不能輸出，唯有大量消費，或以之飼養牲畜，或以之作為嗜好品的原料，如以食糧釀酒是。因此我國要行糧食消費節制，先祇能從城市做起，再推及於鄉村。

關於節制消費的方法，在我國不外三種：一為限制主要食糧如穀米、小麥、小米、玉米、高粱等的不正當用途，在我國此項用途主要的爲飼養牲畜；據中央農業實驗所最近發表的在去夏所作的調查數字，我國主要食糧用作家畜飼料之百分率：米爲4%，小麥爲5%，小米爲7%，玉米爲19%，高粱爲20%；① 可見此項用途如能代以次級食糧，則人用食糧必可大爲增加。二爲限制主要食糧的奢侈用途，此項用途包括釀酒、製醬等；據同種材料來源，主要食糧用於此種用途者，米爲8%，小麥爲13%，小米爲12%，玉米爲8%，高粱爲34%。這種用途如能予以限制，則節省額較前項尤大。三爲限制食用白米（精米），按由糙米碾製爲白米的損耗率，約爲10%—15%；且就營養價值言，糙米在白米之上，故食用糙米，在戰時實屬一舉兩得。就這三種限制方法合而言之，每年實可節省大宗的人用食糧；單就米言，已達25%，如據前述估計，假定我國米糧生產額爲5億石，則年可省米12 500萬石，退一步言，姑假定節省率僅爲10%，亦可餘米5 000萬石；那些祇根據洋米進口數字便遽爾悲觀并斷定我國食糧不足自給的先生們，看了這個數字又將做如何感想？

話說回來，這兒問題不在食糧應否節制，而在如何使節制有效。上述三種節制方法中，第一種最難，除藉宣傳及農事教育外，無從奏效。第二種較易舉辦，可先從釀製的城市作起，再推及於鄉村；若可能的話，最好對於釀酒坊加以統制；在各項食糧中，可先限制穀米的釀造，再及於其他高級食糧。第三步方法按一般論者之意見，多僅止於用宣傳之方法提倡食用糙米，殊不知如不"釜底抽薪"，萬難生效。我們認爲這點應從統制加工機關，禁碾白米着手。考我國穀米之加工，有爲農家自營，有爲商人專營。對於前者因散漫零碎，且碾白程度不高，暫可放任，對於後者亦須視其性質，先後施行統制。按商人經營的加工機關有礱坊，水碓坊，機米廠數種，其中礱坊祇擔任由穀到糙米之加工過程，自不在統制之列，故統制對象限於後二者。爲着施政的便利，可先統制機米廠，再及於水碓坊。祇要政府規定處罰辦法，嚴格限制機米廠碾製白米，同

---

① 見《農情報告》6卷10期。

时经由米業同業公會，竭力禁止米商販賣白米，自可使糧市上白米漸漸絕迹。

五、糧食行政上——各自爲謀與通力合作問題

抗戰發動後各省設置糧食管理機關者頗多，但事實上或僅有其名，或意在牟利，或辦理方法不善，致均無成效可言。考其原因，固有多端，而省當局各自爲謀，未能密切合作，中央亦未予集中統籌當爲主要。是以欲戰時糧食管理生效，非本於中央統籌，各省合作之原則不爲功。照此種合作應不僅限於各省行政當局間，即兼以調劑運銷并營利爲目的的糧食公司亦應在羅致之列。目前此種糧食公司規模較大者有抗戰前成立的華南米業公司，及今春5月成立的湘、贛、桂、粵4省國米營運公司；其僅以調劑省內運銷爲目的者，就作者所知，在浙江有今春4月成立的寧臺兩屬食糧運銷公司。各省相互間及各省與此種糧食公司間，如能有密切的合作，加以中央之集中管理，及農本局、各銀行等之資金扶助，則縱戰局萬分艱難，軍糧民食亦可獲得較妥善的解決。

抗戰期中的糧食問題，我人已就其較重要而切實者提出討論。其中第二與第五問題最爲迫切，次爲生產及消費問題，至食糧入超問題已漸進入不了而了之階段。對於解決這些問題的方策，我們也約略提出了一些意見，茲再將政府當前極應注重并採行的政策，摘述其綱要；由於篇幅的限制，恕不能分述其詳細辦法。

1. 爲要應付持久戰及全面戰，應加重糧食的地方自治性，但要注意及接濟鄰區；

2. 加強軍糧與民食的聯繫性，戰區軍糧囤積應以分散爲原則；

3. 接近戰區的餘存食糧，應設法先期移運後方，或散給於當地難民；至不得已時，再行燒毀；

4. 如一區域食糧供給有餘而無從運出時，應研究變換農作制度，改

種其他軍用與民用原料作物；

5. 不僅注意糧食零售價格的騰漲，且應注意其鄉村價格的跌落；

6. 不僅注意米糧，且須注意雜糧的補充，調劑與管理；

7. 不僅注意短期，且須注意長期的食糧供應；

8. 改進并增設後方的糧食倉庫，擴充其收買、儲藏、抵押放款等業務；

9. 疏浚內地河道，推廣橡膠輪畜車，以利食糧運輸；

10. 統制或官營機米廠，以期間接管制米糧消費；

11. 加強并普及糧食同業公會之組織，幫助政府施行管理政策；

12. 糧食管理應本於中央集中統籌，各省通力合作之原則施行之。

1938 年 11 月 29 日於廣西陽朔

亞洲及遠東地區的糧食與農業*

本章分爲三個部分：(1)糧食生産，包括水稻和其他穀類、家畜、家禽及漁業産品；(2)主要工業原料和經濟作物的生産，如棉花、天然橡膠、茶葉及烟草；(3)役畜及農業必需品的供給。

一、糧 食 生 産

(一) 水稻和其他穀類

除錫蘭和馬來亞之外的亞洲及遠東地區，糧食作物占總耕地面積的一半以上。其中水稻、小麥、黑麥、粗糧是幾種主要糧食作物。如下表所示，這些主要糧食作物在1948年的産量比1947年增長了3%，然則仍比1934—1938年的水平低4%。

主要糧食作物的生産(千噸)

	1934—1938 年	1947 年	1848 年
水稻	140 540	131 926	134 386
小麥和黑麥	34 516	33 540	36 400
粗糧	63 600	57 300	58 700
總計	238 656	222 766	229 486

---

* 本文原載聯合國亞洲及遠東經濟委員會(United Nations：Economic Commission for Asia and the Far East，簡稱 ECAFE)《1948年亞洲及遠東地區經濟調查報告》，紐約聯合國總秘書處經濟部，1949年出版，這是該報告的第4章。

本文由巴曙松譯，孫鴻敞校。

其他糧食作物，如塊根植物、塊莖植物、豆類、蔬菜、水果等的生產，1948 年均高於 1947 年，但這方面的統計數字不全或無法獲取。

水稻：遠東地區 1948—1949 年的水稻總產量是 1.34 億噸，比 1947—1948 年高 1.8%，較 1934—1938 年低 4.4%。

水 稻 生 產（千噸）

國　　別	1934—1938（年平均）	1947—1948	1948—1949
緬　甸	6 971	5 429	5 800[d]
北婆羅洲	170	119[d]	120[d]
錫　蘭	300	300[d]	300[d]
中國：			
22 省	50 064[a]	46 507	46 524
東北地區	411[a]	459	460[d]
臺　灣	1 642[a]	1 205	1 200[d]
印　度	29 204[b]	28 590	29 000[d]
印度支那	6 498	4 797[e]	5 103[e]
印度尼西亞	9 845	8 592	9 218
日　本	11 501	11 194	11 764
南朝鮮	2 520[c]	2 570	2 554
馬來亞聯邦	513	553	560[d]
巴基斯坦	11 168[b]	11 819	11 621
菲律賓	2 179	2 335	2 401
暹　邏	4 357	5 174	5 400
總　計[f]	140 540	131 926	134 386

資料來源：聯合國糧食及農業組織：《糧食和農業統計》，1949 年 3 月第 2 卷第 3 期；《水稻公報》，1949 年 2 月，第 60 頁。1948—1949 年的數據大部分是暫時的估計。表中，a. 1931—1937 年間的平均產量；b. 1936—1937 年至 1938—1939 期間的平均產量；c. 1930 年、1934 年和 1936 年的平均產量；d. 聯合國糧食及農業組織根據部分可收集的數據估計；e. 非官方估計；f. 含其他國家在內。

祇有馬來亞、巴基斯坦、菲律賓、暹邏、南朝鮮和日本1948—1949年的水稻產量超過戰前(1934—1938)的平均水準。與此同時，該地區的其他國家，特別是緬甸、中國、印度支那以及印度尼西亞，仍低於戰前水平。緬甸和印度支那一度曾是該地區的主要糧食供應國，其產量的回升緩慢，無疑深深地影響了該地區的糧食供給。由於中國人口眾多，水稻消費總量最大，所以，產量百分比的微小降低也會造成相當的虧缺，需要大量進口來彌補。

戰前，遠東地區的糧食剩餘可供給該地區以外的其他國家。自1934年至1938年，大米的年均净出口量是169.2萬噸。然而戰爭已根本改變了這種形勢。在1947—1948年間，水稻的净進口總量分別是30.5萬噸和25.2萬噸。

該地區從一個水稻净出口地區變成净進口地區，與其說是由於水稻需求量的增長，不如說是由於生產能力的下降。較之戰前，1948年的進出口額均有所下降，然而出口下降更甚。

其他穀類：據聯合國糧食及農業組織報告(如下表所示)，僅有小麥和黑麥的1948年產量超過1947年和戰前生產水平。

小麥和黑麥產量(千噸)

國　別	1934—1938年(年平均)	1947	1948
緬　甸	7	4	…
中　國[a]	22 640[b]	23 647	25 582
印　度	7 140[c]	4 871	5 432
日　本	1 287	767	941
南 朝 鮮	103[d]	88	102
巴基斯坦	3 183	3 200	3 317
總　　計[e]	34 516	33 540	36 400

資料來源：聯合國糧食及農業組織《糧食和農業統計》第2卷第3期，1949年5月，表中，a. 關內22省及東北三省。b. 1931—1937年的平均數。c. 1936—1937至1938—1939的平均數。d. 三年(1930, 1934, 1936)的平均數。e. 含其他國家在內。

1948 年小麥、黑麥產量比 1947 年高 8.5%，比戰前高 5.5%。自戰爭以來，該地區像小麥這樣重要的作物產量還是第一次超過戰前水準。然而，事實上，整個地區的提高僅爲中國和巴基斯坦產量增加所致。即使在中國，由於下半年日益加劇的內戰，1948 年的實際水稻產量是否能達到早期的預測，還有問題。

後表所示是粗糧的產量，即小米、玉米、大麥、燕麥及高粱。

粗 糧 生 產(千噸)

國別	1934—1938(年平均)	1947	1948
緬 甸[e]	39	29	
中國(22 省)	30 494[b]	27 662	28 454
印 度	18 160[c]	16 900	16 900
巴基斯坦		1 500	1 060
印度支那[e]	538	54[a]	60[a]
印度尼西亞[e]	1 978	1 313	1 937
日 本	1 963[d]	1 374	1 646
南朝鮮	1 046[d]	685	853
菲律賓[e]	427	466	489
暹 邏	5	9	10
總 計[f]	63 600	57 300	58 700

資料來源：除注明外，數據均取自聯合國糧食及農業組織《亞洲與遠東的糧食和農業狀況》，1948，p. 4。

表中，a. 根據聯合國亞洲及遠東經濟委員會的估計。b. 1931—1937 年的平均數。c. 1936—1937 至 1938—1939 的平均數。d. 三年的平均數(1930，1934，1936)。e. 僅指玉蜀黍。f. 含其他國家在內。

1948 年粗糧的地區總產量估計比 1947 年高 2.4%，但比戰前低 9%。除巴基斯坦外，該地區都顯示出一種趨勢，即比 1947 年略高，但仍低於戰前。菲律賓和暹邏的產量在 1947 年和 1948 年均顯示出超過戰前而持續增長的趨勢。

该地區小麥、黑麥、粗糧的淨進口量從戰前猛增至 1946—1947 的水準。也就是説，自戰前（1934—1938）的 35.2 萬噸增至 1946—1947 年的 478.4 萬噸，但 1947—1948 年略降至 432.1 萬噸。該地區一些糧食出口國大米供給量的下降，使這一地區其他國家不得不更多地依賴從區外國家進口小麥、麵粉和其他糧食。

(二) 牲畜和家禽産品

牲畜産品中，豬肉、牛肉、羊肉是該地區的主要消費品。由於牛主要是一種役畜而不是食用，這裏僅統計了生豬、山羊和綿羊。下表所示爲亞洲及遠東一部分國家 1948 年生豬、山羊、綿羊同 1947 年以及戰前相比的數字。

後表所列的五國，除印度尼西亞的山羊和日本的山羊、綿羊外，1948 年生豬、山羊、綿羊的總數較 1947 年爲高，但仍比戰前低。1948 年間衹有生豬的數字達到戰前的平均水平。①

由於缺乏有關屠宰牲畜的詳細資料，僅憑以上數據無法判斷近年人均肉類消費量的增減情況。就肉類的供給而言，既然 1948 年生豬、山羊和綿羊數字比 1947 年爲高，似乎預示着 1949 年的消費情況會有所好轉。

該地區的乳製品不能自給，有些國家近年來已顯示出乳製品增加的趨勢。例如，菲律賓 1946 年的進口量（奶油、牛奶等）總計 1 071.2 萬美元，而 1947 年增至 2 131.3 美元②。暹邏的罐頭牛奶進口量從 1945 年的

---

① 暹邏 1947—1948 年牛肉和豬肉的供應依然低於戰前，如後所示（據暹邏農業部《1948 年度向聯合國糧食及農業組織的報告》，p.36）：

	屠宰牲畜數目（千頭）		總産量（千公噸）	
	戰前	1947—1948	戰前	1947—1948
牛肉	85.4	78.0	8.5	7.8
豬肉	525.5	450.0	26.2	22.5

菲律賓肉類産品的進口自 1 772 000 美元增至 5 213 000 美元（據菲律賓政府《1948 年度向聯合國糧食及農業組織的報告》，p.15）。

② 菲律賓政府：《1948 年度向聯合國糧食及農業組織的報告》，p.19。

零增至1946年的1 172噸，1947年的前8個月內已增至3 468噸①。

生猪、山羊及綿羊數目（千頭）

年　度	國　別	生　猪	山　羊	綿　羊
戰　前	緬甸（1935—1939）	539	290	76
	中國（1934—1937）	60 675	19 695	15 578
	印度尼西亞（1940）	1 267	5 951	1 889
	日　本（1934）	449	36	108
	南朝鮮（1938）	828		
	總計	63 758	25 972	17 651
1947年	緬甸	309	151	21
	中國	53 758	13 609	9 191
	印度尼西亞	1 143	5 562	1 610
	日本	110	288	139
	南朝鮮	300		
	總計	55 620	21 438	11 061
1948年	緬甸	394	172	21
	中國	59 510	13 976	10 450
	印度尼西亞	1 171	6 907	1 822
	日本	170	383	279
	南朝鮮	374		
	總計	61 619	21 438	12 572

資料來源：戰前數字根據《1947年亞洲及遠東經濟概況》，表44；1947年和1948年的數字根據聯合國糧食及農業組織向聯合國亞洲及遠東經濟委員會秘書處的報告；緬甸和印度尼西亞的數字根據爲編印該《概況》而由各國政府提供的報告。

中國、日本和南朝鮮是依靠家禽產品作爲食物的主要國家，中國還將一部分產品用於出口。下面的表所示是這些國家在1948年的鷄鴨數字

---

① 暹邏農業部：《1948年度向聯合國糧食及農業組織的報告》，p. 11。

以及和1947年及戰前的比較。

雞 鴨 數 目(千隻)

年　度	國　　別	雞	鴨	總計
戰　前	中國(1934—1937)	365 860	64 307	330 167
	日　本(1934)	54 889	550	55 439
	南朝鮮(1938)	3 423	7	3 430
	總計	324 172	64 864	389 036
1947年	中　國	196 743	44 372	241 115
	日　本	19 600	200[a]	19 800
	南朝鮮	1 854	2[a]	1 854
	總計	218 197	44 574	262 769
1 948年	中　國	209 335	44 106	253 441
	日　本	19 053	274	19 327
	南朝鮮	2 267	3[a]	2 270
	總計	230 655	44 383	275 038

資料來源：戰前數字根據《1947年亞洲及遠東經濟概況》，表46。1947年和1948年的數字根據聯合國糧食及農業組織的報告。其中a. 據聯合國亞洲及遠東經濟委員會估計。

　　中國、日本、南朝鮮1948年雞的數目比1947年高6%，鴨的產量則與1947年基本持平。由於戰爭期間雞鴨數字大大下降，盡管1948年比1947年增加，但仍大大低於戰前水平。由此帶來的直接後果是家禽產品和蛋類出口額的大大下降。戰前中國是世界主要禽蛋和蛋製品的出口國之一。1934—1938年期間，中國的年均禽蛋出口額占世界總量36.7萬噸中的2.1萬噸，蛋製品占世界總量6.2萬噸中的5.6萬噸。① 1941年後，由於戰爭的破壞和運輸困難，中國幾乎不再是一個世界禽蛋市場了，1946年雖然出口額不大，但又以一個出口國重新出現在世界禽蛋市場。

---

① 聯合國糧食及農業組織：《農產品系列：家禽和禽蛋》，表8和表9。華盛頓，1948。

暹邏 1935—1939 年期間家禽類的年出口量是 151.7 萬隻，由於戰爭的破壞，加之戰後運輸不便，出口量已變得很小了。①

(三) 漁業產品

魚在本地區是一項重要的攝護性食品。在大多數國家，魚類的消費在生物蛋白總消費量中占很大部分。例如，中國和暹邏的鮮魚和咸魚行業是重要的供給來源，但有關統計資料不是缺乏就是不夠完整。因此，該地區的年捕魚量祇能在可能收集的數據基礎上加以估計，大部分情況下估計偏低。

該地區戰前的年均捕魚量大約是 800 萬噸②，約占世界總量的 45%。

戰時由於漁船的損失，該地區的年捕魚量已大爲下降。就目前有資料的國家來說，捕魚量僅占戰前一半的水平。③ 僅錫蘭幾乎爲戰前的三倍。然而，就少數國家現有資料來看，他們 1947 年和 1948 年的年捕魚量，由於捕魚設備的恢復緩慢，仍遠低於戰前水平。④

據官方統計，緬甸的年捕魚量是 50 萬噸，印度支那半島的魚類和魚製品 1947 年的出口量爲 3.6 萬噸。關於暹邏，戰前無捕獲量的資料，但魚製品在該國的重要性，從 1938—1939 年它的出口量 2.7 萬噸中可見一斑。據官方機構估計，1948 年暹邏的年捕魚量爲 19.58 萬噸，比 1947 年高 30%。

據估計，錫蘭和印度 1943 年的總捕魚量約有 68.2 萬噸⑤，錫蘭在戰前的年捕魚量約爲 8 000 千噸，1946 年爲 2.2 萬噸；印度戰前爲 66.2 萬噸⑥。最近的估計認爲印度每年魚產量爲 70 萬噸，但魚類年净出口量在

---

① 暹邏農業部：《1948 年度向聯合國糧食及農業組織的報告》，p. 33。
② 《亞洲及遠東經濟概況》，表 47，1947。
③ 《亞洲及遠東經濟概況》，pp. 71—72，1947。
④ 見聯合國糧食及農業組織《漁業補充資料》，1948。
⑤ K. L. Kesteven：《巴基斯坦、印度和錫蘭漁業報告》，p. 8，新加坡，1948。
⑥ 《亞洲及遠東經濟概況》，表 47，1947。

1945—1946 年與 1946—1947 年（除罐頭魚外）有 2.2 萬噸。①

據報道，中國的鹹水魚年產量 1946 年爲 25.9549 萬噸，②1947 年和 1948 年尚無資料。然而，在中國 1948 年遞交聯合國糧食及農業組織的年度報告中，上海港的 1946 年捕魚量爲 5.65 萬噸，1947 年爲 6.19 萬噸，大約增長 10%。香港 1946 年的捕魚量是 1.62 萬噸。日本 1947 年報道爲 247.21 萬噸，③ 比 1946 年稍低，但衹占 1938 年的 2/5，當然，戰前的數據包括日本的殖民地在内。

印度尼西亞 1940 年官方統計捕魚量約爲 47.2 萬噸，1948 年爲 35 萬噸。1940 年的總捕魚量中，海魚占 32.5 萬噸，内陸魚占 14.7 萬噸。1948 年海魚爲 25.5 萬噸，内陸魚則爲 9.5 萬噸。馬來亞聯邦和新加坡 1946 年產量爲 5.13 萬噸，其中馬來亞占 4.18 萬噸，新加坡占 0.95 萬噸。④ 盡管 1947 年總產量比 1946 年高出 1.13 萬噸，但仍低於戰前的 7.2 萬噸。⑤ 據官方統計，菲律賓 1947 年產量爲 18 萬噸，相當於 1946 年的 3.5 倍，第一次超過了戰前水平。

根據 1948 年僅有的資料，可以看出該地區 1948 年的魚產量和 1947 年一樣，仍然衹占戰前的一半。據報導，一些出口國的腌魚和罐頭魚產量也下降了。鑒於人口的不斷增長和生產恢復的緩慢，看來近期內該地區在漁業產品出口方面不會恢復戰前的地位。然而必須強調該地區的生產潛力很大，而且目前漁業發展的可能性要比畜牧業大得多。爲了彌補該地區人民動物性蛋白質攝入量的嚴重不足，首先應采取措施改善漁業產品的供給和分配。

---

① 印度農業部：《1948 年度向聯合國糧食及農業組織的進度和項目報告》，第 10 頁。
② 《亞洲及遠東經濟概況》，表 47，1947。
③ 聯合國糧食及農業組織：《漁業公報》第 1 卷第 4 期，華盛頓，1948 年 11 月。
④ 聯合國糧食及農業組織：《漁業公報》第 1 卷第 4 期，華盛頓，1948 年 11 月。
⑤ 《亞洲及遠東經濟概況》，表 47，1947。

二、工業原料與經濟作物

工業原料和經濟作物在該地區的許多國家中是外匯的主要來源。比如在錫蘭、馬來亞和印度尼西亞，就耕種面積和現金收入來說，橡膠、茶葉、可可都比糧食作物重要得多。在本節中，將就 1948 年該地區棉花、橡膠、茶葉和烟草產量同戰前作一比較分析。

（一）棉花

中國、印度和巴基斯坦是該地區的主要原棉生產國。中國的棉花主要用於本國消費，而印度和巴基斯坦則主要用於出口。在 1934—1938 年，1947 年、1948 年期間，這三國的總產量在該地區占 95% 以上。[①]1948 年比戰前低了 13%，這主要是因爲戰時和戰後糧食缺乏，導致不少棉田改種糧食。

從下表中可以看出 1948 年該地區的總產量比 1947 年增長了 11%，這主要是由於中國產量的大幅度提高。

原棉產量(千噸)

國別	1934—1938 年	1947—1948	1948—1949
緬甸	21	7	…
中國	826	844	974
暹羅	/	19	20
巴基斯坦	}1 004{	201	256
印度		387	373

---

① 戰前的數字見聯合國糧食及農業組織《1947 年糧食和農業統計年鑒》，華盛頓，1948。

续表

國　別	1934—1938	1947—1948	1948—1949
朝　鮮	40	14[a]	17[a]
總　計	1892	1472	1640

資料來源：1934—1938年數字見聯合國糧食及農業組織《1947年糧食和農業統計年鑒》；1947—1948年數字見聯合國糧食及農業組織提供給亞洲及遠東經濟委員會秘書處的有關緬甸、中國、巴基斯坦、南朝鮮和暹邏的數字；《印度農業情況》，1948年11月，pp. 23—24；以及巴基斯坦政府提供的資料。表中，a. 僅指南朝鮮。

(二) 橡膠

該地區是全世界天然橡膠生產的中心。1948年的產量中，馬來亞、印度尼西亞和錫蘭共占90%，北婆羅洲、印度、印度支那和暹邏共占10%。下表所示是該地區1948年天然橡膠產量同1947年以及戰前的比較。

天然橡膠產量（千噸）

國　別	1934—1938	1947	1948
北婆羅洲[a]	34	46	65
錫　蘭	62	89	93[b]
印　度	13	16	15[b]
印度支那	39	38	42[b]
印度尼西亞	353	356	430
馬來亞	423	646	698
暹　邏	49	56	33
總　計	973	1 247	1 376

資料來源：數據取自《每月經濟公報》，1949年1月，由新加坡總督府發布；《橡膠統計公報》，1948年10月由倫敦橡膠研究組秘書處提供；印度尼西亞和馬來亞聯邦向聯合國亞洲及遠東經濟委員會秘書處的報告；聯合國糧食及農業組織的各項報告；《亞洲及遠東經濟概況，1947》，戰前數據見《1947年糧食和農業統計年鑒》。表中，a. 包括文萊和沙撈越。b. 根據《橡膠統計公報》(1948年10月)預測。

1948年該地區主要生産國的天然橡膠總産量比1947年高10%，比戰前高41%。作爲世界天然橡膠的兩大生産國，馬來亞和印度尼西亞的增長最爲顯著。1948年這兩國的總産量比戰前增長了45%。戰後橡膠生産的增長不僅加劇了同合成橡膠的競爭，相對於世界需求，生産過剩的危險可能要求各國政府之間采取協調的行動。

(三) 茶葉

該地區茶葉的産量數據不全，尤其是中國這一最大出産國。然而，現有資料似乎顯示出：和戰前相比，除印度、巴基斯坦、錫蘭外，茶葉産量均急劇下降。

根據國際聯盟的資料，戰前中國的茶葉産量估計在30—50萬噸之間。其中大部分用於國內消費。有記載的出口量僅占1/10，如1937年爲4.07萬噸，1938年爲4.16萬噸。1948年由於戰争破壞及內戰，據中國農業部估計，茶葉産量僅有5萬噸。①

戰前未分割的印度在1939年的茶葉産量爲20.1萬噸，1943年增至26.04萬噸，1944年下降到23.2萬噸，1945年又升到26.04萬噸。最新資料估計1948年是24.8萬噸，大約比1947年多出1 400—1 800噸。據報道，巴基斯坦1948年從4月至12月9個月期間的産量是2.072 5萬噸，1947年同期則爲1.964 5萬噸②。

戰前(1934—1938)錫蘭的茶葉年産量大約爲10.1萬噸。1940年增至10.78萬噸，1941年爲12.02萬噸。戰後茶葉産量更爲提高，1945年達到歷史最高水平的13.3萬噸。但1946年和1947年分別降至12.7萬和12.0萬噸，1948年又升到14萬噸。

---

① 《統計年鑒，1942—1944》，國際聯盟，日内瓦，1945，p.125；《1948年度向聯合國糧食及農業組織的進度及項目報告》，南京，1948年6月，p.21。
② 戰前至1945年的數字見《統計摘要月刊》，1948年12月，印度商業部，新德里，p.10。1948年的估計數見《印度農業情況》，1949年2月。巴基斯坦的數據參見《國際茶葉委員會統計概覽月刊》，1949年3月。

1938年印度尼西亞的茶葉產量爲8.1萬噸，1948年僅有1.5萬噸。日本和1938年的5.5萬噸相比，1948年產量降至2.3萬噸。①

綜上所述，亞洲的三大茶葉生產國——中國、印度尼西亞和日本，同戰前相比，產量都有所下降。祇有錫蘭戰後產量明顯增加，印度和巴基斯坦盡管在年度之間有波動，但也有超過戰前的趨勢。

(四) 烟草

在那些有資料的國家中，1938年的烟草產量總計約130萬噸，比1947年高4%，但比戰前低3%。單個國家的統計數見下表。

烟草產量(千噸)

國別	1934—1938	1947	1948
緬甸	45	…	…
中國	649	649	659
印度/巴基斯坦	501	481[a]	476[a]
日本	64	60	62
南朝鮮	23[b]	11	20
馬來亞	…	15	30
菲律賓	32	12	29
暹邏	8	7	8
總計	1 322	1 235	1 284

資料來源：除馬來亞1948年的數字見政府報告、印度1947年、1948年的數字取自《1948年東方經濟學家年刊》外，其他所有戰後數據取自聯合國糧食及農業組織向聯合國亞洲及遠東經濟委員會秘書處的報告。戰前數字見《1947年糧食和農業統計年鑒》。表中：a. 非官方臨時估計數字。b. 整個朝鮮半島統計。

該地區的多數烟草生產國1948年比1947年產量有所增加。印度/巴

---

① 《統計年鑒：1942—1944》，國際聯盟；錫蘭的數據參見《錫蘭年鑒1948》，p. 62. 印度尼西亞的數據參見《印度尼西亞1948年經濟概況附件》，由印尼政府在巴塔維亞提供。日本1947年的數據取自《亞洲及遠東經濟概況》，1947。

基斯坦的產量在 1948 年略有下降，但仍保持在 1946 年的水平。

三、役畜和農業必需品的供給

(一) 役畜

由於役畜依然是該地區農業的主要動力，因此役畜數目的改變直接和農業生產相關。

役畜含黃牛、水牛和馬匹。從目前有資料的幾個國家來看，1948 年大體上比 1947 年有所增長，但仍遠遠低於戰前水平。如下表所示，1948 年緬甸、中國、印度尼西亞、日本、南朝鮮和暹邏的總黃牛數是 3 452.3 萬頭，比 1947 年約高 7%，但仍比戰前少 18%。水牛和馬匹的數目與黃牛也有同樣的變化。由於水牛是稻產區最重要的役畜，因此 1948 年水牛的數目的增長與該年水稻產量的增長有關。然而，役畜 1948 年的總數仍遠遠低於戰前水平。這也是該地區戰後農業恢復緩慢的主要原因之一。

役 畜 數 目(千頭)

國 別	戰 前		戰 後	
	年 度	數 目	1947	1948
黃牛：				
緬甸	1940—1941	5 246	4 480	5 207
中國	1934—1937	23 521	18 998	18 220
印度尼西亞	1940	4 599	2 691	3 578
日本	1934	1 585	2 069	2 100
南朝鮮	1938	925	610	640
暹邏	1941	6 385	3 555	4 798
總計		42 261	32 403	34 523

續表

國　別	戰　前		戰　後	
	年　度	數　目	1947	1948
水牛：				
緬甸	1940—1941	1 050	717	721
中國	1934—1937	12 645	9 320	9 460
印度尼西亞	1940	3 176	1 636	2 746
暹邏	1941	6 310	3 989	5 230
總計		23 181	15 662	18 157
馬匹：				
緬甸	1940—1941	45	11	12
中國	1934—1937	3 768	2 039	2 023
日本	1934	1 420	1 154	1 092
南朝鮮	1938	33	34	36
暹邏	1935—1939	375	89	205
總計		5 641	3 327	3 368

資料來源：戰前數據均見《亞洲及遠東經濟概況》，表 42 和 43，1947。印度尼西亞和暹邏 1947 年和 1948 年的數據取自各國政府遞交該《概況》的報告。其他數據均見聯合國糧食及農業組織向聯合國亞洲及遠東經濟委員會秘書處的報告。

(二) 農業必需品的需求

化肥、水利灌溉設施、農田機械設備、農藥等由工業提供的農業必需品供給不足，是阻礙農業生產恢復的另一主要原因。1948 年 6 月在印度烏塔卡蒙德第三次會議上通過一項決議，建立一個代表聯合國糧食及農業組織和亞洲及遠東經濟委員會的聯合工作組，以便：1. 審查聯合國亞洲及遠東經濟委員會地區各國政府提出的農業必需品需求量；2. 對各國政府利用國內資源以滿足上述需要方面提供諮詢；3. 確定聯合國亞洲及遠東經濟委員會地區各國政府對農業必需品的生產和分配採取有利的聯合行動方面所需的環境和條件；4. 根據各國政府提出的農業必需品需要量和通過本國生產與國際貿易可以取得的供給量來分析和審查亞洲及遠東經濟委員會地區各國的糧食和農業計劃。這項決議旨在使經濟與社會委員會向該地區經濟委員會提出一項建議，由它們與聯合國糧食及農業組織協商采取行動，"通過增加農業必需品的供給提高世界糧食供應量。"聯合工作組的這項報告業已提交給該委員會1948年12月召開的第四次會議。①

(三) 肥料

在該地區的農業生產中，有機肥料如糞便、堆肥、綠肥在用量上大大超過無機肥和化肥。但該地區的國家對後者的需求正逐漸增大，以便恢復和提高土壤肥力、增加農業產量以適應不斷增長的人口對糧食的需求。聯合國亞洲及遠東經濟委員會國家的耕地占世界總面積的1/3，而目前對化肥的需求僅占世界的11%，這一事實有力地說明了這些國家對世界化肥需求的巨大潛力。

下表的數字包括日本、琉球群島和南朝鮮和亞洲及遠東經濟委員會地區中7個國家的肥料總消費量，1948—1949年比1947—1948年增長了8.2%，但仍比戰前低16.5%。在總消費中，從地區外進口的部分1948—1949年占50.2%，1947—1948年占55.2%，戰前占54.5%。看來對進口的依賴有所下降。這種改變依賴進口的趨勢，日本、琉球群島和南朝鮮比亞洲及遠東經濟委員會地區的國家更爲明顯。

目前大多數化學氮係用於出口農作物，如蔗糖、椰子以及烟草的生產。面對當今的糧食短缺情形，首要的問題不僅在於增加肥料的總供給，而且在於降低化肥的價格，以鼓勵糧食生產中更多地使用化肥。有些國家已采取措施改進化肥的分配，使其更多地用於糧食作物。

---

① 《聯合工作組向聯合國糧食及農業組織和聯合國亞洲及遠東經濟委員會的關於農業必需品的報告》，E/cN, 11/135, 附件1, 1948年12月13日。本部分主要依據該報告。

化肥的生産、進口和消費（以千噸氮爲標準）

		戰前		1947—1948		1948—1949	
		千噸	百分比	千噸	百分比	千噸	百分比
7個亞洲及遠東經濟委員會國家[a]	生產	23.65	19.6	12.61	13.6	28.43	23.4
	進口	96.95	80.4	79.91	86.4	93.20	76.6
	總供給	120.60	100.0	92.52	100.0	121.63	100.0
日本、琉球群島和南朝鮮	生產	256.21	51.8	200.52	52.3	228.00	58.0
	進口	238.59	48.2	183.11	47.7	165.28	42.0
	總供給	494.80	100.0	383.63	100.0	393.28	100.0
整個地區	生產	279.86	45.5	213.13	44.8	256.43	49.8
	進口	335.54	54.5	263.02	55.2	258.48	50.2
	總供給	615.40	100.0	476.15	100.0	514.91	100.0

資料來源：均由聯合國糧食及農業組織肥料委員會提供。表中，a. 緬甸、中國（含臺灣）、印度、印度尼西亞、巴基斯坦、菲律賓和暹邏。

　　提高化肥供給最重要的措施之一，就是提高該地區自產的化肥產量。中國和印度正在興建化肥工廠，以提高生產氮肥和磷肥的能力。最大的計劃項目是在印度 Sindri，年生產硫酸銨能力將達到 35 萬噸。中國臺灣和中國許多較小的從事硫酸銨、硝酸銨、氨腈、熔性磷肥和高磷肥生產的工廠也在積極籌建中。

　　以上這些計劃項目的總產量約爲 58 萬噸，其中 1/3 已接近完成，其餘的尚在籌劃階段。菲律賓正籌建一個年產能力爲硫酸銨 12.6 萬噸的新廠。錫蘭也正在計劃籌建一個新廠。

　　然而，迄今計劃建立的化肥廠雖能增加產量，但仍不能滿足亞洲及遠東經濟委員會地區的總需求。在將來很多年內，即使當地所有化肥與有機肥料都充分利用起來，爲了維持必要的糧食生產水平，該地區仍需大量依靠進口化肥。

(四)水利排灌設施

水利是亞洲每個國家農業生產的基本特徵。這項工作大部分是由當地人力物力采取傳統技術來進行的，但仍需進口材料和機械設備，如水泵、電機、井箱、水管等。用於推土、挖掘用的推土機、挖土機也很重要。該地區各國提出今後三年內的主要要求之一，是每年增加2 000臺小型高效的水泵(參見下表)。此外還需要口徑爲2英吋到12英吋的透平式或離心式水泵，以及電動柴油機和汽油發電機。水泵將安裝在管井處，以供從河流中抽水或排水之用。抽水量大，但提升距離不高(約5—25英吋)，是水稻灌溉需要的主要特點。

各國自報對農用動力水泵的需求(套)

國　別	1949	1950	1951
緬　甸	10	70	100
錫　蘭	15	—	—
中　國	536[a]	418	637
印　度	809	1 009	1 114
印度尼西亞	10[b]		
馬來亞和北婆羅洲	15[b]	4	4
巴基斯坦	300	300	300
菲律賓	150[b]	—	—
暹　邏	128	64	—
總計	1 973	1 865	2 155

資料來源與說明：

a. 現有存量大部分係由聯合國善後救濟總署提供。

b. 根據1947年聯合國亞洲及遠東經濟委員會問卷調查的答復。

(五)農業機械設備

手工或役畜拉犁的傳統耕作方式在該地區依然占主要地位。盡管電動機械的使用分佈很廣，但據最近聯合國糧食及農業組織的統計，占有世界耕種面積30%的亞洲及遠東經濟委員會地區，擁有的拖拉機僅占世界的0.3%。看來，沒有長期性土地使用方式的調整和耕作技術的徹底轉變，大面積機械化是不大可能的。然而，該地區開荒的迫切需要，使拖拉機及其配套設備的需求量雖然數量不大，但却十分迫切。下表所示該地區各國的需求量大約爲1萬臺(包括1948—1951年間的2 000臺重型拖拉機)。和1948年世界可能達到的70萬臺的產量(除園林拖拉機外)相比，這個需求量還十分微小。在亞洲及遠東經濟委員會地區，當前尚無一國能自己製造拖拉機。

各國自報對農用拖拉機的需求(臺)

國別	重型			中型及輕型[a]			總計[a]		
	1949	1950	1951	1949	1950	1951	1949	1950	1951
緬甸	10	—	—	140	350	500	150	350	500
錫蘭	29[b]			80[b]			109[b]		
中國	c			c			c		
印度	300	350	350	130[d]	1 110[d]	2 470[d]	430	1 460	2 820
印度支那	e			e			e		
印度尼西亞	84	64	45	265	253	265	349	317	310
馬來亞和北婆羅洲	20[f]			50[f]			70[f]		
巴基斯坦	150	200	200	120[g]	220[g]	370[g]	270	420	570
菲律賓	129	31	15	360	560	720	489	591	735
暹邏	8	—	—	30	20	20	38	20	20
總計	730	645	610	1 175	2 513	4 345	1 905	3 158	4 955

資料來源及說明：a. 不含園藝用類型。b. 年度需求未詳細說明。c. 現有存量大部分係由聯合國善後救濟總署提供。d. 含灌溉工程建設用拖拉機。e. 未見詳細分類。所報總需求量是重型200臺、中型200臺，但時期未詳細注明。f. 取自對1947年聯合國亞洲及遠東經濟委員會問卷調查的答復。其中一些拖拉機在1948年已交貨，其餘需要可能是以後幾年內的總需求量。g. 含施放農藥用的需要量。

(六)農藥

亞洲各國對作物蟲害的科學治理一直很落後。據聯合國糧食及農業組織的稻米研究小組估計，每年在生產和加工過程中由於蟲害而損失的稻米總量竟達 1 200 萬噸。該地區蟲害對其他作物的破壞也很大。據中國、日本、印度和其他幾個遠東國家的報告，病蟲害造成的農作物損失約占 10%。

根據下表，該地區統計每年所需各種進口農藥，在今後三年內，約為 1.6 萬噸到 2 萬噸，這和戰前與目前相比，是一個明顯的提高，但和世界總需求量相比，依然僅占極小部分。

各國自報化學農藥的需求(噸)

國　別	1949	1950	1951
錫　蘭	20	20	20
中　國	1 715	2 147	2 690
印　度	7 600	7 790	8 515
印度尼西亞[a]	610	660	660
巴基斯坦	2 160	2 420	2 680
菲律賓	4 380	5 250	6 130
暹　邏	80	85	85
總計	16 565	18 372	20 780

說明：a. 僅指非莊園農業。

各國自報各種化學農藥需求量(噸)

	1949	1950	1951
砷類化合物	3 559	4 255	4 980
硫酸銅	1 460	1 560	1 860
滴滴涕及六氯苯	2 662	3 142	3 534
其　他	8 884	9 415	10 406
合　計	16 565	18 372	20 780

所有上述農藥數量均需進口。該地區自產的農藥主要局限於植物性農藥，特別是魚藤製劑。然而馬來亞、印度尼西亞、菲律賓、印度支那和中國臺灣在戰爭期間的魚藤根總產量急劇下降，從 1938—1940 年的 2 590 噸降至 1946 年的 900 噸。盡管從 1946 年以來就在努力恢復魚藤產量，但收效不大。

有關未來農藥的生產，各國都有所計劃。中國臺灣正擬籌建一家 DDT 月產量爲 70 噸的工廠。日本有生產砷製劑和硫酸銅的能力，同時也曾一度是世界最大的除蟲藥生產國和出口國，1938—1940 年的產量爲 1.26 萬噸，然而到 1945 年下降爲 2 850 噸，迄今尚未恢復過來。

(七)其他農業必需品

該地區的大多數國家正在急於開展或擴大對獸醫方面的研究。他們需進口以下各類物品以供研究之用：(1)製造生化產品的材料；(2)實驗室設備；(3)對獸疫防治的有關藥品。

爲了擴大糧食和經濟作物的加工，稻米脫粒機、去糠機、稻米的碾坊、麵粉的磨坊、軋棉機、榨坊、椰子油榨坊、糖廠以及茶葉與橡膠加工設備都很重要。在中國這樣一些國家中，建立動力糖廠和麵粉廠所需大部分設備都必須進口。該地區內的簡單加工設備也需增加生產。

由鼠類和昆蟲造成的糧食倉儲損耗十分巨大。因爲糧食易於霉爛和遭受鼠咬蟲蛀，最終儲存地點和中間運輸階段的設施都急待改進。許多國家正在采用燻蒸消毒劑和殺蟲劑來減少損耗，爲政府儲糧設置臨時棚舍；以及通過發放許可證來管理糧食的倉儲條件，以保證倉庫的建設與維護符合要求。

鑒於該地區國家飲食中一般缺乏肉類、牛奶和水果，這些易腐食物和農產品的冷藏具有很大發展潛力。冷藏技術在該地區尚處於創始階段，但其重要性已日益爲人們所認識，如一些國家的政府正在計劃修建製冰廠、冷藏庫和低溫冷凍庫、鐵路的冷藏車輛、冷藏卡車。

關於漁業的必需品，最基本的是各種纖維材料，諸如棉麻製成的魚網、帆布、繩索等。魚鈎也是另一需要。引擎及其配件、燃料以及用於建造和安裝機械化漁船所需的材料，以及某些情況下的整個漁船，都很重要。製冰過程需要氨和機械，加工過程則需食鹽。大部分纖維製品是本地自產的，但仍有一部分需從區外進口。

最後，該地區交通運輸恢復與重建的進程十分緩慢，給糧食的供銷造成了困難。例如暹邏1948年過剩的糧食由於缺乏鐵路車輛造成大量浪費，但在缺糧地區却同時出現營養不良及饑荒。如果能預先改善運輸，同時改善各種形式運輸工具(如鐵路、水路和公路)的配合與協調，則在一些主要食品進口國，如中國、日本、印度、錫蘭及馬來亞，食品匱乏程度將可大爲降低。

貨幣與金融

一年來農村金融的調劑工作*

農村金融的調劑，對於農業生產的促進及農民生活的改善，所居地位的重要，無待我人申述。年來因都市金融充血症的結果，銀行界苦於無地投資，遂有放款農村，周濟農民之舉。政府對於農村經濟的興發工作，年來亦頗努力。如農村合作社之推廣，農業倉庫之設立，農民銀行之組織等等，均有相當的成績。社會團體方面，著者如華洋義賑會，對於農村金融的調劑，尤盡了一番力量。我們現在先觀察一下，看看農村金融機關究竟增加了多少，銀行界對於農村的貸款究竟有多少，以便明瞭農村金融活塞的實況，及其調劑工作的成效。

農村金融機關的增加，最顯著的要算是農村合作社了。民二十一年全國合作社為4 000社，二十二年增為6 000餘社，二十三年則一躍而為9 948社，約近萬數，社員373 856人。① 全國農村合作社則為9 809社，社員346 211人，但此數還是6月所調查，半年期間增加如此之速，成績殊是驚人。

就各省社數論：安徽由第七位躍為第一位，計2 444社；江蘇由第一而為第二，計2 220社；河北由第二而為第三，計1 460社；浙江由第三而第四，計1 282社。餘如江西，山東，湖北，湖南諸省，社數均猛烈增加，如湖北由第十七躍為第七，計375社，江西由第十躍為第五，計961社。此外如粵、桂、閩、滇、黔、川、豫、晉、陝、甘肅、察哈爾、綏遠、青海諸省，亦均有莫大的進步。有合作社的省數，已達二十一省，不能不算是普遍了。至就各省社員論，則仍以江蘇居第一位，計72 404

---

* 本文原載《中國經濟評論》第2卷第3期，1935年一周年紀念號。
① 《民國二十三年合作運動之全國統計》，中央統計處。

人;次爲安徽,67 215人;再次河北,37 786人;又次浙江,36 561人。現爲明瞭起見,特作表於後:

全國各省合作社與社員總數表

省別	合作社數	社員數	省別	合作社數	社員數
江蘇	2 220	72 404	四川	10	665
浙江	1 282	36 561	河北	1 460	37 786
安徽	2 444	67 215	山東	539	15 918
福建	5	3 160	河南	55	3 397
廣東	47	3 694	山西	20	1 479
廣西	12	1 619	陝西	32	17 965
湖南	249	29 940	甘肅	3	93
湖北	375	15 014	察哈爾	3	749
江西	961	29 874	綏遠	60	1 906
雲南	27	2 908	青海	1	19
貴州	4	3 845	合計	9 809	346 211

由社數和社員數的分析,雖知合作社已廣爲普及,但實則仍集中於安徽,江蘇,河北,浙江諸省。綜此四省計算,社數共7 406,占全國農村合作社總數的75%,社員213 966人,約占全體社員的60%。由此我們可以說全國的合作社仍未有普遍的發展。

以上所說的是各類農村合作社的總計。雖然利用、運銷、供給諸種合作社,對於農業經濟的維護,都有深切的關係,但是對於農村金融直接影響的,還祇是信用合作社。關於全國合作社的分類統計,一時尚付闕如,故不能單述信用合作社的現況。不過我們看看各省的統計,大部均以信用合作社爲主要,如皖、鄂、豫、湘、江、浙諸省,信用合作社例均占全體合作社百分之七八十,至於華洋義賑會所舉辦之合作社幾全爲信用一種。由此我們即以各種合作社的數字,來闡述農村合作社對於調劑農村金融的貢獻,亦不至不適合。

年來農村合作社雖有如此驚人的發展，但以我國幅員之大，農民人數之多，此種少數的合作社，比之於全國人口數量和農民的需要，實有"杯水車薪"，無濟於事之感。若以各種農村合作社社員總數 346 211 人，和全國農民 3.4 億人相較，則每千人中祇有社員人數 1 人。比之於歐美多數國家都在 10 人到 100 人以上者真是瞠乎其後！由此知農民所受合作之利亦鮮矣。如以全國農村信用合作社社數和全國農民人數相較，則每 1000 人中尚不到 1 人，則是信用合作社對於農民金融之周濟，實尚未達到差可人意的程度。我們又由農民借款來源分析，知農民由合作社所獲得的借款，祇占全部的 2.6%①，微小的程度，幾使人看不到合作社的存在。我人由上可知新式的金融組織，對於農村金融的調劑，仍無若何功效，農民固仍處於金融枯澀的情狀下，伸手乞援！

其次我們要看看農民銀行和農業倉庫。實際負農民銀行之名而為農村金融的調劑者，至今仍祇有江蘇省農民銀行，和鄂豫皖贛四省農民銀行。此外則浙江已有農民銀行，甘肅農民銀行正在積極籌設中，川省有縣農行五六所，湘省有農民銀行籌設委員會之成立，晉省亦有籌設縣農行之議。江蘇省農民銀行現設有各縣分行二十一所，各縣辦事處十五處②，數量上頗為擴張。四省農民銀行截至二十三年九月底止，計共成立分行四處——豫之鄭州，贛之南昌，皖之蕪湖，閩之福州各一，支行一處（位於鄂之沙市），辦事處九處——鄂之宜昌，豫之開封，潢川，贛之九江，皖之安慶，六安，陝之西安，閩之廈門，南臺各一③。後又在上海，廈門各設分行一所。在地域上的分布上是比較廣了。我們現在看看他們對於農民放款的總額，以便明瞭農民所受的實惠。江蘇省農民銀行在民二十一年下期放款總額為 330 餘萬元，二十二年上期減為 260 餘萬元。④ 二十三年雖無報告，但我們可以推測出每期平均亦不過兩三百

---

① 《各省農村金融調查》，載《農情報告》第二年第 11 期。
② 見民國二十三年十二月十五日《蘇報》。
③ 《四省農民銀行工作概況》，載《合作月刊》6 卷 11、12 期合刊。
④ 《一年來復興農村政策之實施狀況》，《農村復興委員會會報》2 卷 3 號。

萬元之譜。江蘇農民近3 000萬，則每人由農行所獲得的放款平均每期祇有0.1元，每户亦祇有四五角。其成績實難令人滿意。四省農民銀行，截至二十三年9月止，計對鄂、豫、皖、贛、陝五省農村，共放款6 907 966元，① 簡言之，近700萬元。這數目是比較大一點了。可是，如果我們拿這幾省的農民人數户數來分配，則每人每户所分得數額的微小，更令人感覺到農民所受的益惠太少了。在農村金融極端枯竭的現在，殊令人有"粥少僧多"，無從分派之感。

農業倉庫的推進，年來稍著成效。差不多有合作社的省份，多兼辦農業倉庫，農民銀行更爲之廣爲設立，至於上海商業儲蓄銀行、中國銀行，亦紛紛設立，以期放款給農民。現全國已成立之倉庫，爲數究有若干，目前尚無統計。但我們可以説，就全國而論，以江蘇爲最發達。江蘇省農民銀行本行，分行自辦的及委托當地機關或農民教育館代辦的儲押倉庫，共有九十七所，計儲押絲、稻、米、麥、豆、棉、雜糧、菜籽、豆餅、布匹等農産，共值140餘萬元，并預備在本年擴充118所，可增押稻麥等農産百萬擔，約計300萬元。② 這成績是比較滿人意的。四省農民銀行經辦的農業倉庫有五處，計漢口、鄭州、南昌、皖之湖口、陝之棕陽各一。③ 此外湖南省成績亦不惡，餘則設立的省份雖多，但一時尚無顯著的成績。

在此須附帶叙述者，即農民借貸所。農民借貸所的目的，在救濟貧農，防止高利貸的剥削。現已設立者有皖、贛、冀、浙等省。各省縣如能聞風仿行，當亦可濟農民於一時。

年來農村金融機關進展的大概情形已説過了。現在我們要進而檢討以營利爲目的的銀行界，在農村金融調劑的工作上，所給予農民的實惠。一年來爲農村放款的銀行計有：中國銀行、上海商業儲蓄銀行、交通銀

---

① 《四省農民銀行工作概況》，載《合作月刊》6卷11、12期合刊。
② 《倉庫制度之推進》，《農村復興委員會會報》2卷3號。
③ 《四省農民銀行工作概況》，載《合作月刊》6卷11、12期合刊。

行、浙江興業銀行、金城銀行、中國農工銀行杭州分行等。其中以中國銀行放款最多，約爲1 000萬元，上海商業銀行次之，約近300萬元，餘則幾十萬元不等。總計銀行界對於農村放款的數額約爲1 400餘萬元，數目誠不可謂不多。但是一方面，我們如果以之與全國農民人數戶數相較，實仍覺渺乎小焉；他方面若比之於民二十年上海銀行界對於政治放款8 500萬元，鐵路放款7 000萬元，水利及公路放款1 600餘萬元，①又不免有小巫大巫之感！再就上年實業部中央農業實驗所對於二十二省農民借款來源調查的結果，銀行放款僅占2.4%，尤知農民受銀行界惠益之微。良以商業銀行以短期高利爲宗旨，而農村金融則以長期低利爲本；同時銀行爲放款安全計，又多索高額抵押品，農民呻吟於荒災之下，焉有抵押品可付，是誠農村金融難望商業銀行爲之劑調的根本原因，亦即銀行界放款農村難期收效的莫大阻障！最近上海交通、中國、浙江興業、上海商業、四省農民銀行等五銀行，又組農業貸款團，以作放款農村之舉。但據聞貸款資金僅300萬元，區區之數，何以濟當前的急難？我們深願銀行界當局，更放大眼光，擴大心胸，增多農村的貸款額。觀乎年來內地資金流入通商大埠之趨勢，不但未減，反倒增加，而大都市又因美國提高銀價的結果，現銀流出激增。都市資金不但未復歸農村，反更有搜集農村資金，以共謝外人之勢。以此循環輾轉，馴至農民購買力日低，其極將使都市農村同歸於盡。此我人於叙述年來銀行界對於農村金融調劑工作的成效之餘，更願再三致意於銀行界當局，以求深深注意及之者！

由上面的叙述，我們知道政府和社會團體年來對於農村金融調劑的功效尚極微小。在歷年虧損及兵匪蹂躪之餘，農民本已感耕耘資本缺乏之苦，而去年又水旱蟲灾并舉，農家經濟生活的窘狀，自更不待言，新式金融組織既仍感缺乏，則農民苦於告貸無門，還祇有聽憑高利貸剝削。

---

① 《民國二十三年度的中國銀行界》，載《東方雜志》32卷2號。

茲據實業部中央農業實驗所抽查二十二省八百五十縣農民借貸的結果,①來看看農村金融當前的實況。

農民的借款來源(百分比)

省名	銀行	合作社	典當	錢莊	商店	地主	富農	商人
察哈爾				12.5	18.7	25.0	3.5	31.3
綏遠	2.9	5.8	2.9	8.8	5.8	20.7	17.7	35.4
寧夏					21.8	14.3	28.6	35.2
青海			6.9		14.9	23.5	17.0	38.3
甘肅		1.3	2.6		16.0	21.3	22.7	36.1
陝西	4.1	2.0	9.0	5.0	20.5	15.4	14.4	29.6
山西	4.9	1.3	18.9	13.0	11.4	14.4	13.4	22.6
河北	3.3	11.9	5.1	10.7	13.8	13.2	19.8	22.2
山東	6.1	8.4	3.5	16.3	15.4	15.5	19.6	20.1
江蘇	8.8	5.6	18.5	6.2	7.2	22.5	14.2	16.0
安徽		8.6	6.9	0.5	13.1	30.4	16.9	22.6
河南	1.7	1.3	6.3	6.5	15.7	28.8	16.6	23.1
湖北	2.9	4.9	10.9	3.9	13.8	25.4	21.6	16.6
四川	2.6	0.9	18.3	6.8	8.8	26.6	14.5	12.5
雲南	2.6	0.8	0.2		6.1	33.4	21.1	30.8
貴州			7.4		10.4	32.9	23.9	23.4
湖南		1.6	5.6	2.2	13.5	34.5	22.7	19.8
江西	1.6	3.2	5.6	4.0	11.2	33.6	22.4	18.4
浙江	3.7	4.5	16.2	10.1	12.0	21.9	15.8	15.8
福建	0.9		3.6	7.2	16.3	20.0	22.8	29.2
廣東	3.2	0.3	18.4	5.5	13.2	26.9	12.4	20.1
廣西	3.7		22.3	0.8	8.9	31.8	13.4	19.1
平均	2.4	2.6	8.8	5.5	13.1	24.2	18.4	25.0

資料來源:《農情報告》第二年第 11 期。

---

① 《各省農村金融調查》,載《農情報告》第二年第 11 期。

1. 由農民借款來源的分析，我們知道農村金融的無上權，仍操諸地主商人之手，看上表便知。

新式的金融組織和機關，顯然的不置輕重；典當、錢莊這種舊有的剝削組織，也呈着衰落的現象；祇有地主、商人仍利用他們在農村的高越地位，把握着農村金融的無上權。

不但從借款來源看得出農村金融的無上權，係操諸地主、商人之手，即從遊資的儲蓄機關亦可看得出來。據《農情報告》同期所載，農民的餘資，60%都存在私人（地主、商人）手裏，25%在商店手裏，存在銀行與合作社的，祇各占0.4%與0.7%。茲爲明瞭起見，列表於後。

農民的儲蓄機關（百分比）

省名	銀行	合作社	典當	錢莊	商店	私人	其他
察哈爾					33.3	66.7	
綏遠					45.5	45.5	9.0
寧夏					16.6	16.6	66.8
青海					15.3	84.7	
甘肅			20.0		20.0	60.0	
陝西					38.4	59.1	2.5
山西	0.6		10.0	3.7	25.6	60.1	
河北	0.2	8.5	2.6	1.7	17.7	69.3	
山東	0.5		4.1	2.1	25.6	67.2	0.5
江蘇	2.2		7.5	2.2	31.6	56.5	
安徽		4.0	2.0	2.0	38.8	53.2	
河南	1.0		3.0		27.6	68.4	
湖北			9.6		35.4	55.0	
四川			14.5		10.0	75.5	
雲南			13.3		10.0	76.7	
貴州			21.0		5.2	73.8	
湖南			7.8		17.1	75.1	
江西		1.9	1.9		40.4	55.8	
浙江	2.4		7.2	6.0	30.1	54.3	
福建	1.8		3.7		34.0	60.5	

續表

省名	銀行	合作社	典當	錢莊	商店	私人	其他
廣東	1.0		16.3	5.4	26.1	51.2	
廣西			17.7		17.7	64.6	
平均	0.4	0.7	7.4	1.1	25.6	61.2	3.6

資料來源：《農情報告》第二年第11期。

由此更可明瞭新式金融組織與農民無多大關係，而農民的金融活動權，是握在地主商人手中了。

2. 由農民借款利率的統計，我們知道中小農民仍處於高利貸剝削之下。茲據同種材料來源列為下表：

由下表我們看得出1分至2分的利率已少見了，2/3的都在2分至4分，4分至5分及5分以上的反比1分至2分還多，農民呻吟於高利貸下的苦況，不問可知了。

各種借款利率所占之百分率

省名	一分至二分	二分至三分	三分至四分	四分至五分	五分以上
察哈爾	12.5	62.5	12.5		12.5
綏遠	18.7	12.5	6.2	43.9	18.7
寧夏			28.5	14.2	57.3
青海		42.9	19.0	14.2	23.9
甘肅	2.7	22.3	19.4	27.8	27.8
陝西	0.9	6.6	29.3	12.2	51.0
山西	2.6	17.0	40.6	27.6	12.2
河北	6.6	46.7	43.8	2.5	0.4
山東	5.4	35.7	37.0	20.0	1.9
江蘇	14.3	48.7	25.2	5.9	5.9
安徽	1.2	32.1	38.3	11.1	17.3
河南	1.2	10.8	52.8	19.2	16.0

續表

省名	一分至二分	二分至三分	三分至四分	四分至五分	五分以上
湖北	7.5	50.0	27.5	7.5	7.5
四川	15.6	32.7	40.9	6.1	4.7
雲南	8.3	39.6	37.6	4.1	10.4
貴州		15.2	65.5	12.9	6.4
湖南	1.1	44.9	43.6	4.7	5.7
江西	16.3	73.5	10.2		
浙江	41.2	57.7	1.1		
福建	31.9	53.9	4.2		
廣東	18.8	48.2	30.4	0.9	1.7
廣西	1.0	34.0	55.0	6.0	4.0
平均	9.4	36.2	30.3	11.2	12.9

以上援引的材料，雖是民二十三年二月的調查，但是我們知道二十三年的空前奇荒，即使農產量較上年大爲減少，則農民生活自更爲窘困。農家借債的在二十二年占全數一半以上[①]，本年陷入借債的當更會增多。在此種農家借款需要更爲迫切，而新式的金融組織還未取得優越地位之情狀下，我們當可推知二十三年的農村金融將更較上年枯竭，農民所受高利剝削的程度更較上年深刻了。

由上面的敘述，使我們覺得今後農村金融的調劑，應注意以下諸點：

1. 由政府負責統籌。農村金融的調劑，非由政府負起責來，實難收速效。年來銀行界及其他社會團體，雖有放款農村，或爲農民組織金融機關之舉，但因或礙於私利的企圖，或礙於力量的薄弱，雖於農村金融不無些稀活動之功，而欲其肩此重任，以期功效全見，則無異幻想。且社會各機關，因各自分頭工作，彼此間毫無聯絡，或則叠床架屋，或則仍付闕如，於各地的農村金融，實難有普遍調劑之效。故非待於政府的

---

① 《各省農民借貸調查》，載《農情報告》第二年第4期。

統籌不可。一年來，政府對於農村金融下層組織的推廣，亦不無功效，唯於上層統一的金融組織，則至今尚未見諸事實。各省合作社的聯合會，不說多未成立，即實業部決議籌設年餘的全國農民銀行，亦未見開幕，徒見法令多於事實耳！我人唯望政府今後將昔日的議案，實際地施行起來。

2. 應顧及佃農的利益。觀乎一切金融機關，多係有產者的活動所，貧民實難獲其利；商業工業金融機關如是，農業者亦何獨不然。觀乎年來銀行界對於農村貸款雖多，政府與銀行對於農業倉庫的設立雖廣，但佃農貧農并未深獲其利。蓋農村貸款，例多以農民的經濟地位及個人信用為衡，農業倉庫亦均以農產抵押品的多寡為準，大農、富農無論就經濟地位，個人信用，或可作抵押的農產品數量而言，均較佃農、貧農居優勢，則其所獲得的益惠，自亦較後者為厚。信用合作社雖有周濟一般佃農之功，但就目前狀況而言，不但其發展尚屬幼稚，且多數合作社，尚淪於大農、富農等之手，為彼等所操縱把持。農民借貸所，雖一時可圖貧民借貸的利便，又以創立伊始，功效至微。我們由是可知今後對於農村金融的調劑，尚須特別注意佃農利益，換言之，注意大多數農民的利益。除信用合作社應積極推廣并改良外，如各銀行的放款，農業倉庫的出貸，均應以周濟一般的農民為目標。

3. 其他的設施與工作。考年來農村金融的調劑工作，實較歷年努力，而事實上農村金融反日趨枯竭，不得不令人感到農村金融的活躍，殊難求諸本身的調劑。蓋農村金融的枯竭，雖亦為農村經濟衰落的原因之一，而其本身却又係構成農村經濟衰落諸因子所形成的結果。如年來巨額入超，使都市大量搜集農村的資金，一以囤積，一以輸出；最近一年來，則因美白銀購買政策實行的結果，銀出口的趨勢更劇，索本追源，農村經濟資金更有流出竭盡之勢。又因農產價格跌落及本年的奇荒，中農淪為佃農，佃農則經濟地位日窘，此時地主，商人雖有款可供貸放，但為安全起見，彼等亦寧願低利置於都市，不願高利放於農村；何況連年來農村經濟解體的結果，地主，商人亦無多額餘資耶？農村金融，在其調劑工作呼遍全國的聲浪中，而不得不益趨枯澀者，正是此故。我們從這裏可以知道，在招致農村金融枯竭的這種根本原因未除時，則頭痛醫頭的辦法，固可收一時之效，但仍難除永久的病源；是其他關於農村經濟復興的設施和工作，自應并舉，以觀成效。至於如何圖謀他種設施和工作，則以不在本文論列範圍之內，故略之。

1935 年 2 月 25 日於北平

法國貨幣貶值的問題*

自從 1929 年美國證券風潮發生以來，全世界頓陷於空前的混沌狀態。金融紊亂與經濟恐慌，推波助瀾，愈演愈劇。貨物找不到銷路，工人找不到飯吃，暴露了資本主義制度的根本弱點。但是經濟制度的改變，也不是短時期內所能做得到的，因之各國不得不竭力圖最後的挣扎。這樣一來，所謂關稅戰，所謂貨幣戰，場面既日益擴大，程度也就日益深刻了。

1931 年 9 月，英國因資金逃避，銀行準備減少，被迫而脫離金本位。金本位失去了一個素居金融領袖地位與一向熱誠擁護金本位的國家，其日趨動搖，乃是必然的結果。自英放棄金本位後，鎊價跌落，輸出大為增進，尤其是排斥了南美和遠東市場的美貨。1932 年，英國在世界貿易中的地位，反居美國之上，把美國從第一位拉下到第二位。為了與英國爭奪市場，日本在 1931 年 12 月，亦采用同一武器，宣布禁止金出口，使日元在國際上成為不兌換紙幣。自後日元匯價日趨跌落，對外輸出增加，其結果不但抵抗了英國，反與英國同樣的壓迫美國。在英日雙重打擊之下，金元王國的美國，自不甘心示弱。為了一方面保持黃金存量與緩和金融恐慌，一方面提高國內物價與增進對外輸出，遂於 1933 年 4 月實行美元貶值政策，從此黃金脫去向有的深長關係。日本又當然不甘落後，於同年美元開始跌落時，大藏省便頒布外匯管理法；至 11 月，又宣布新貨幣政策，收買新礦黃金，藉以壓低日匯，抵抗美元的貶值。1934年，這三國的貨幣戰爭，愈演愈烈，其他各國脫離金本位，相率轉入戰爭漩渦的也逐漸增多。到今年，這種趨勢更為顯著了。

現在困守金本位的，祇剩法，荷，瑞士，波蘭幾個國家。德，意雖

---

* 本文原載《中國經濟評論》第 2 卷第 6 期，1935 年。

然屬於金集團，但因早已實行匯兌管理，故事實上已與金本位脫離關係。比利時原亦爲金集團一員，却在今年3月，相繼頒布管理匯兌法，免除中央銀行的兌現義務，減低柏加(belga)的成色重量，顯然是放弃金本位而采行貨幣貶值了。金集團失去了這許多健將，前途殊爲黯淡。

以法國爲領袖的金集團(bloc-or)，與現在的美元集團，金鎊集團，鼎足而三；法國地位的重要是不待言的。所以，法國是否具備繼續維持金本位的心願，或有否繼續支持金本位的能力，實值得我人予以詳盡的探討。因爲法國的行動，不僅關係金本位的存亡，從而更關係全世界的金融命脉。在法國，貨幣貶值的問題，早已引起全國人士的注意，即到現在，這還是一個爭論甚烈的問題，本文的旨趣，是在先將法國貨幣貶值的問題，從該國人士一般的主張與見解，予以分析；最後并就客觀事實，推斷法國貨幣貶值的可能性，換言之，推斷法國是否能以繼續支持金本位制度。

1934年8月，保羅·雷納氏(Paul Reynaud)，在國會提出了貶低幣價的主張，雖未獲通過，但頗足代表法國一部分人士的議論，并引起全國人士的莫大關注。

雷納氏提案的大意是這樣："法國經濟恐慌的加劇，不但從農產品的賤價脫售這一點看得出，更可由輸出減少這一事實表現出來。現在，因爲世界大多數國家相繼實行貨幣貶值(la devaluation des monnaies)的結果，少數用金國家，爲着不僅是要支持金本位，而且要維持昔日的平價，便因幣價增高而感到莫大的困難。貨幣貶值國家的物價，就其對於黃金的比例來說，是跌落了；可是象法蘭西這種維持貨幣對金平價(la parite de monnaie relative a l'or)的國家，就外國購買者看來，它的物價則大爲增漲。更簡明的説，幣值減低的國家(les paye à monnaie dépréciée)，較之幣值增高的國家(les pays à monnaie apréciée)在以金表示物價(prix-or)的爭奪場中，是占着絕大的優勢，因之前者在國際市場上乃據着極優越的地位。它們的輸出大爲增進了，至於法國，則顯然處於相反的情狀。由此看來，法國必須立即減低貨幣平價，一方面使得法國的輸出物價，在外國購買者的眼光中,不致提高,他方面可以提高國內物價,俾填補在國外所受的損失。"

雷納氏的口號是:"貨幣貶值或通貨緊縮"(dé valuation ou déflation);這是雷氏的兩刀論法(dilemme)。這種兩刀論法,又分爲36點意見:一部分是贊成貨幣貶值的議論;一部分則指出通貨緊縮的不便與困難,——因爲通貨緊縮這個名詞,照現在一般的見解,不是指貨幣流通額的縮減,而是指一般物價的低落。總之,雷氏覺得通貨緊縮在當前是不可能的,故主張貶低幣值,并且提議要照樣的減低法郎價值的30%~40%,以期足以對抗那些已經實行貨幣貶值的國家。

和雷納氏唱同調的有賴孟·巴德羅特勒氏(Raymond patenotre)。賴孟氏的主張,雖與雷氏殊途同歸,但議論由較複雜,中且屢經遷易。賴氏在很久以前,本主張過金銀復本位制(bimétallisme),蓋氏覺得黃金的存量不足,非用白銀補充不可。後氏又認爲:黃金的存量不足,以致黃金的價格提高的結果,表現爲商品價格一般的跌落;繫於黃金的法郎(Franc),價格亦隨之騰貴,致法國處於種種不利的地位。① 因此,賴氏極力主張減低黃金的價格,并謂:事實上,減低幣價就是使法郎又回到1928年的情形,如同"波安加葉法郎"(Franc poincare)一樣。② 簡言之,賴氏的目的,在阻止黃金價格的上漲,換句話說,降低黃金的購買力(le pouvoir d'achat de l'or);至於方法則不限於一種,因時因地而有不同。

雷納與賴孟二氏的議論,當然都是對目前國際現狀及法國特情而發。其中雷納氏所主張的貨幣貶值,乃現在各國一般的要求,理至淺顯,無待深論。至於賴孟氏所主用的各種方法,許多已早爲一般經濟學者所道及,如氏嘗主張的金銀復本位制便是,故亦不加申述。不過,我們可以說:雷氏主張,實合乎法國當前的情況與需要。賴孟氏的主張,有些乃

---

① 見他的"La Crite et la drame Monétaire",載 Le Petit journal, aout, septembre, octobre, 1934。及"Voulonshous sortir de La Crise?"Paris, Plonet Nourrit, 1934.
② 1928年法郎減值案,爲當時總理 Poincare 所提出,故減值後之法郎,稱爲 Poincare Franc。此案將法郎純金減去原值4/5,即減低至戰前1/5。

今日行不通者，至於氏主張再實行1928年法郎一點，雖已引起一部分人的附和，但反對的人仍居多數。

自從雷納氏在國會提出了貨幣減值的意見後，當即引起很激烈的爭辯。卒因政府派代表及議員大部分的反對，該案未得通過。現在看看反對派的意見。

反對派以總理佛蘭亭（Pierre Etienne Flandin）及財長馬爾丹（Germain martin）爲代表。他們的理由，綜計有以下數點：

1. 要維持穩定的貨幣，纔能保存法國在歐洲已有的金融地位。關於穩定貨幣一語的解釋，和如何維持的方法，他們雖未予說明，但是法政府的這種用心，我人仍可明白。法國是一個債權國家，人民靠放債度日者甚多，一旦停止金本位，不但他們要受損失，外國存放法國的資金也勢必流出，則法國將失去其在歐洲已有的金融地位，從而在東歐中歐及巴爾干半島各債務國中，必喪失其已有的優越勢力。法國政府不惜以重大犧牲，支持金本位，恐怕這是最大的原因。

2. 由於1928年"波安加葉法郎"實行的結果，反對再貶值。他們認爲1928年法郎減值後，法國大感不利；爲要免除全國的再度紛擾，自不能又采行貨幣貶值政策。且在前次減值時，因法郎金價減去4/5，法國債權亦減去4/5；若再實行法郎貶值，爲害更不堪設想。總之，他們覺得雷納氏所提出的實行貨幣貶值案，是1928年法郎減值案的重奏，因爲頭一次實行的結果，已有許多不利，所以這一次不得不激烈表示反對。

政府是立於反對一方的，人民又怎樣呢？

一般的說，人民多半是反對貨幣貶值的。反對最烈的要算是債券的持券人，換言之，靠債息過日者。他們認爲法郎金價的跌落，直接損失了他們的債權；同時他們覺得現在國內的生活費既未增高，即令英鎊跌落，而由金鎊所表示的債權的購買力并未減低。現制不但與他們無害，而且有益，自然竭力的擁護它。農業者向主保守，同時薄有積蓄，所以他們也不願貨幣制度有什麼變革，尤其是不願有減低幣值的這種變革。工業者極力主張穩定貨幣，以免物價驟漲驟跌。同時他們覺得金鎊跌落，於他們并無多大損害，且正因金鎊跌落，而可以獲得廉價的原料。至於靠薪水與工資生活的人，不願貨幣貶值，是誰也知道的。一句話，各階級的人都是就其本身利益去考量，去打算，并表示其主張。

除了憑自身利害與情感而作主張的政府與人民之外，還有許多學者們，根據學理與事實發表意見。雖然有很多學者反對貨幣貶值，但贊成的亦不少。反對的如馬桐（Eugéne Mathon）①，狄雪曼（R. P. Duchemin）②他們的意見，或從國家當前的利益着想，而與政府相同，或從各階級的利益着想，而與人民一致，故不予深論。贊成的則有羅加禄氏（Bertrand nogaro）③，立論中肯，頗堪注意。茲就其意見，略述於後。

第一，羅氏申述此次的貨幣貶值，與 1928 年者不同，蓋其不在減低法郎本身的金價（法郎的含金），而在減低法郎對金的平價（la parité du franc par vapport àl'or），換言之，減低匯兌率（le taux du change）。此種貨幣價值的降低，祇有在外國購買者需要本國貨幣以爲支付的時候，方始感覺得到，因之很能促進輸出。他方面法郎對金平價減低的結果，必增高輸入商品的價格，其極等於新課一種從價稅（undroit ad valorem），足以減少輸入，至少可以抵抗國外的傾銷。至於國內債權者雖亦稍受損失，但物價可藉以提高，產業界將蒙其利。總之，羅氏此種論調，在於糾正社會人士一般的曲解。

第二，許多反對貨幣貶值的人，以爲欲抵抗國外傾銷，憑關稅也就很夠了，因之主張用"關稅減值"（dévaluation douniere）代替"貨幣減值"（dévaluation monétaire）。換言之，以提高關稅代替提高物價。因爲在他們眼中，二者原等於一。但羅氏則覺此種見解，實屬大謬。蓋就現代國際競爭情狀而言，二者大不相同。減低平價（即貨幣貶值）能增高輸入貨物的價格，致減少其競爭力，至於徵課關稅附加（la surtaxe douniere），

---

① 見氏之"Déflation ou dévaluation?"，載 Gournee industrielle 19-20，aout，1934.
② 見氏之"Ya—t—il intéret à dévaluer Le Franc?"，氏爲法國工業總會會長。
③ 見氏之"Problème de la dévaluation en France"，載 Revue économiqus internationale，Janvior，1935，氏爲巴黎大學教授。

從輸出一點而言，却使得國內生產費增高，以致外國購買者，要用增價的貨幣去償付，其結果阻礙輸出甚大。

第三，羅氏認為實行貨幣貶值的結果，不但不致於象一般人所想象的使國內物價(les prix interiéurs)的變遷增大，而反有穩定國內物價的可能。舉事實來説，英國自脱離金本位，實行金鎊減值以來，國內物價比較穩定；至於法國，則1931年到1934年之間，國內物價呈跌落的趨勢；而最近的跌落，更影響到國民的生產品(les produits nationaux)，即大部的農產品，如小麥與家畜是，其極則招致農人購買力的縮小，轉而影響工商業的衰落，這實在是法國經濟恐慌的一個重大原因。總之，英法兩國的物價曲綫，已不是同一的方向了。所以政府否認在貨幣貶值國家，物價有穩定的可能性，以及人民覺得貨幣減值，必招致莫大的紛擾，都屬錯誤。羅氏又謂：我們還可以根據貨幣貶值國家與貨幣安定國家產業活動的指數，而斷定兩國間以金表示的物價不相等的結果，祇有使後一種國家更蒙不利。因之，何從何舍，當不待智者而後知。

總括的説：貨幣貶值的問題，截至現在為止，在法國上下，還是一個爭論的問題。政府有地位的顧慮，人民有階級的利益，學者有理論的偏見，不能一致。

雖然法國政府已表示目前無貶低幣值的企圖，但是一種現象避免不了環境的影響，逃不脱因果的絆索，所以我們最好再從客觀的事實，去推測法國實行貨幣貶值的可能性，換言之，放弃金本位的可能性。

1. 對外貿易的逆勢：法國的對外貿易，大戰停止後，便轉入佳境，1924年起，連年都是出超。至1928年，則由出超變為入超，雖為數至微，不過百餘萬法郎而已。迨至1930年後，入超大增，每年均在千萬法郎之上；到今年，這種趨勢仍在繼續。考法國入超之所以日增，固然是一般經濟恐慌所招致的結果，但大半則是由於英，美，日，德諸國，實行貨幣貶值與匯兌管理，致一方面對此諸國的輸出減少，他方面法國固有的國外市場被諸國所侵奪。關於輸入方面，法國縱采臨時定額制度(le contingentement)，而仍難杜絕廉價的外國貨物，匯兌傾銷的結果，則使法國難於應付。入超增大，結果現金流出增多，計1932年到1933年，法國流入現金由236億法郎減到175.82億法郎，流出現金則由24.7億法郎增到113.29億法郎。這很能表示法國在對外貿易上所處的不利地位。此種不利的情勢，使法國維持金本位，遇到格外的困難。

2. 國內物價的跌落：英國自1931年後，物價雖未高漲，但漸趨穩定；美國近年來物價亦呈好轉；德國自1932年後物價增高甚劇；這一切現象，固屬人爲，但總可使經濟不景氣的空氣稍形緩和。祇有法國的物價，仍在繼續跌落，這是法國企圖維持金本位的根本障礙。國內物價的漲落，影響一國產業界的活動甚大，觀乎近年來英、美、日、德諸國的生產指數頗有進展，法國則甚見遲緩可知。且法國國內物價雖呈跌勢，而輸出物價，則因他國實行貨幣貶值而反逐漸增高，其結果使輸出銳減。因之，法國苟欲圖經濟的復甦，自非提高國內物價并減低對外物價不可。

3. 財政上的難關：歲入不敷歲出，乃現在資本主義國家通有的現象，法國亦難例外。不過，法國與其他資本主義國家稍有不同的則是：財政上的收支不敷，乃近兩年纔有的事。1932年以前，法國始終維持收支均衡狀態，至1933年則變爲逆轉。考各國收支不敷，雖亦由於收入減少，但大多則由於支出費用，尤其是軍備費用增加。祇有法國大半係收入短減所致，蓋1933年及1934年的歲出額與1931年相若；至於歲入額，則1933年減少40餘億法郎，1934年雖稍有增加，但仍短少20億法郎。此種歲入的減少，一方面是因農工商業不振，致國民所得降低；他方面則因關稅已提高到極限，致稅收反而縮減。凡此均表示法國財政，因經濟恐慌遭遇着空前的厄難。爲要彌縫收支不敷，政府惟有發行公債，向法蘭西銀行通融墊款。年來法蘭西銀行準備金的減少，引起現行貨幣制度的危機，原因亦在此。

4. 失業人數的增加：自經濟恐慌如巨潮波及全世界後，各國失業人數日多，社會上發生莫大的紛擾。失業救濟，遂爲各國政府的要圖；其中如英國，失業人數已漸有減少的趨勢。至於法國仍日益增加，計在1933年，各月登記失業人數平均不過20餘萬人，至1934年1月增到33

萬人，同年 12 月又增到 42 萬人，今年 1 月則增到 48 萬人。法國失業人數，向本較英美諸國爲少，但若繼此趨勢，則不久亦必過之。失業工人增加，表示經濟恐慌加劇，欲救此難，是否還能不惜重大犧牲，以維持金本位於不潰，殊成問題。

　　從上述各點，我人已足以明白法國維持金本位的企圖，已遭遇到極大的困難。除此之外，國外又有各種急迫的情勢，使法國的金本位，岌岌不可終日。第一是貨幣貶值國家的威脅，此種威脅表現最厲害的要算英國，今春鎊價劇落，即其示威之一端；次如美、日、德諸國，無不圓眼相睜，待機而動。犧牲最重的祇有無法報復的用金集團，法國位居領袖，首當其衝，其苦況更不待言。第二是金集團勢力削小。隨着國際經濟鬥爭的加劇，用金國家不得不相率被迫而脫離金本位，本年 3 月的比利時便是一例。截至現在爲止，荷蘭、瑞士雖尚無放棄金本位的表示，但金集團的勢力顯然已漸削小，法國縱有巨額黃金，但支柱既去，門面自亦無法撑持。記得今春用金國家集會於比京布魯塞爾（Brussels）時，法國代表亨利·格勒克（Henvi Clerc）曾發表過這樣的言論，他説："我以前是反對貨幣貶值的，但是現在我却已經寫過一篇文章①讚揚雷納氏，并擁護他的主張。因爲我覺得現在的問題不在於用貨幣貶值的方法，是否足以改良當前的經濟狀況，而在：一個國家是否願意讓情勢自然推進，到有一天，貨幣貶值仍然是必須的，換言之，不可避免的"。可見大勢所趨，法國也不能作中流之砥柱了。

　　最後，我們可以得到一個結論：法國當局即令一時無放棄金本位的願心，但因情勢所迫，終亦非實行貨幣貶值不可。其確期雖不能預卜，但苟無他法緩和當前的空氣，則爲期不遠，似可斷言。

1935 年 5 月 6 日寫於北平

---

① 該文標題爲"Le Chomeur Francais, soldat de L'etalon-or"（法蘭西的失業者，金本位的戰士），深含諷刺意味。

匯兌干涉之研究[*]

一、前　言

在經濟政策以個人自由主義爲其中心思想的時代,經濟上的組織與行動,全屬放任,國家不加以任何干涉。到19世紀末期,因國家經濟主義及李士特國民經濟學說的影響,政府對於經濟上的措施,乃漸帶干涉色彩。不過,當時醉心個人自由主義的國家仍舊很多,所以放任的風氣仍舊很熾。政府對於經濟界的諸種活動,固仍未加以監督或限制。迨大戰爆發,各國政府鑒於經濟狀態失常,遂一變昔日的放任態度,采取干涉政策,或爲消極的限制,或爲積極的管理。這種變革,最顯著的如:營業的限制,貿易的禁止,匯兌的管理,銀行的監督,貨幣權的集中等等。大戰停止後,各國因羨仰舊時的繁榮和固有的風氣,遂相屬頒行種種政令與措施,希圖恢復戰前的狀態。

可是,表面的安定與復興時期,祇經過了數年的光景。到了1929年,經濟恐慌變成了不可避免的事實,各國崇向放任風氣之心,至是斷絕。干涉政策代之以起;實施的範圍漸行擴大,而其計劃的周到,手段的毒辣,均爲前所未有。其中最要者,則爲貨幣金融政策的變更。所謂貿易統制,匯兌統制,相屬變本加厲,五花八門,不一而足。

匯兌統制(exchange control),戰時雖亦爲各國所采行,但其範圍之廣,程度之深,則爲在經濟恐慌發生後,伴隨着所謂統制經濟而發生的

---

[*] 本文原載《中國經濟評論》第2卷第11期(貨幣問題專號),1935年。

事。匯兌統制方法，一般言之，有下列諸端：

1. 匯兌干涉（exchange intervention）；
2. 匯兌限制（exchange restriction）；
3. 金政策（gold policy）；
4. 匯劃制度（exchange clearing）。

本文所要論述的，是四種方法中的第一種，即匯兌干涉。現分別就其理論與方法，略述於下；最後并略陳其實例。

二、何謂匯兌干涉

匯兌干涉，是政府爲要限制匯率，在國外匯兌市場上所采取的一種行動。它是匯兌統制方法中最通行的一種，也是最直接的一種。差不多普通所說的匯兌統制，多指此種匯兌干涉而言。更者，其他的幾種統制方法有些是消極的，祇在限制匯兌市場；至於匯兌干涉則是以積極的行動構成其特性，它是要政府出面負總樞之責。政府的干涉能否成功，一方面固然要看匯兌商人是否熟習匯兌市場，和是否聽從政府的支配；另一方面還要看政府干涉方法的本身是否正確，或是否行得通。

在這裏，我們要特別提出說明的，是匯兌干涉與匯兌限制的不同。匯兌限制是禁止私人不正當的匯兌交易；匯兌干涉則是政府出面用正當的方法從事匯兌買賣，以期達到預期的匯率。在匯兌限制之下，政府的中央銀行或受政府委托的他種銀行，獨占了匯兌市場，進口商人須向他們買進匯票，出口商人須將匯票賣給它們。在匯兌干涉之下，政府雖然積極干涉匯兌市場，但私人間的買賣仍是允許的。所以匯兌干涉祇是在阻止匯兌市場上各種有害的趨勢，至於匯兌限制則完全剝奪了個人的交易自由，不僅是違反了19世紀盛行的經濟法則，而且根本破壞了人類的自由思想。因之匯兌干涉爲一般人所附和，而匯兌限制則遭遇着激烈的反對。

匯兌干涉的有效與否，要看它在物價上和對外貿易上所發生的影響如何。倘若施行匯兌干涉的結果，貶低了貨幣價值，增高了對外匯價，提升了國內物價，則可促進生產與輸出，發生預期的效果；否則不能收效。但是匯兌干涉的這種利益仍祇是暫時的，因爲如果其他各國也都同樣仿行，則本國今日貶值的貨幣，明日就會變成增值的貨幣，預期的效果當然不能實現。這是現行統制政策的根本缺陷。

三、爲何采行匯兌干涉

匯兌干涉所以漸爲各國普遍采行，一般原因當是由於經濟情勢變更，放任主義的時代已成過去。這在首節已略爲提及。我們再來看看影響匯率的幾種主要情況的變遷：第一是貿易不能達到平衡。照以前正統學派的傳統學説，國際貿易上的差額，最後必定自然趨於均衡；因之對於利於己的差額不必喜，對於不利於己的差額不必憂。但是現在怎樣呢？因爲自由貿易的時代過去了，保護政策的手段日趨嚴厲；以致處於不利地位的國家，便永無翻身之日。這種國家，遂認爲政府應采取積極的態度，去干涉各種經濟活動，以解除現在不利的地位，阻止那些不利於他們的經濟情況發生。匯兌干涉是政府積極行動之一，當然認爲是必要的和合理的。第二是資金流動不自由。以往，一般人都認爲祇要中央銀行政策援用得當，資金的流動是自由的，并有其自然趨勢。可是現在呢？因爲經濟恐慌的結果，一國投放於國外的資金既難有收回之望，又因他國實行種種人爲的方法，本國資金復有逃出之虞；故此采行匯兌干涉，實屬必要。第三是投機的風氣增熾。因爲恐慌發生後，經濟情態不按常規演變，一般匯兌商人乃乘機牟利。投機增多，匯率騰落更是無定，致恐慌的嚴重性加劇。爲要制止匯兌投機，匯兌干涉當爲不可免的方法。

實在説起來，各國施行匯兌干涉，復含有政治上的作用。我們都知道，現時握有全世界最大金融勢力的，當推英、法、美三國。法國在

1926年施行外匯干涉政策，結果使法國擁有大量的黃金，成為金融界的巨擘。1932年到1933年，英國設立"匯兌平衡基金"（Exchange Egualization Fund），管理匯兌，所發生的結果，正與1926年的法國同。黃金積集的數量漸行增加，英國的金融勢力乃隨之增大。現在係於金鎊集團的國家日漸增多，美元集團當然不肯示弱，故亦采用同樣的抵制方法。匯兌干涉，遂成為各國勾心鬥角的一個重要手段。

四、政府與匯兌干涉

匯兌干涉政策的施行，例均由政府或國家的中央銀行負其責。蓋其利益凡三：1. 政府或中央銀行，擁有大量的資金，可供挹注；至於私家銀行雖因聯合而有大額資本，但為數究屬有限，且聯合本身亦難成功。2. 政府或中央銀行的行動，敏捷一致，能因時制宜，不會坐失良機，致陷於無法挽救的境域；至於私家銀行，則或因利害衝突，難於一致，或因聯絡散漫，難於敏捷。3. 貨幣與銀行政策，均由政府規定，故政府消息靈通，對於影響匯率變動的諸種因素，可預先設法防止，并預定各種應變的計劃。至於私家銀行往往自身影響匯率的騰落，其不能負施行干涉的責任，固甚昭然。

但是政府施行匯兌干涉，并非全無缺點。第一，政府往往組織委員會，負責施行；所以一遇緊要關頭，委員彼此須待磋商，然後始能決定應付辦法，致不能有隨機應變的功能。第二，政府過去缺乏經驗，致實行時不是陷於錯誤，便是發生弊端。不過，此二缺點亦可設法補救。關於前者，政府可將干涉的責任，付諸一人之手，給以在一定範圍內自由行動的權限，如此則既可除去濫行的流弊，亦可免掉遲滯的缺點。關於後者，雖一時無法挽救，但因此種政策既係初行，自應償付相當的代價。經驗是痛苦中得來的，若干年後，此弊當可自行消滅。

五、匯兌干涉的方法

國家對於外匯市場的干涉，可以分爲兩種方式：一爲被動的（passive），一爲主動的（active）。被動的干涉，是在保持一定的匯率，負干涉責任的銀行，有準備隨時依該種匯率買賣國外匯兌的必要。此處所謂準備着的意思，是說他們并不主動去作國外匯兌交易，而是要待有人需要時他們纔賣，有人供給時他們纔買。被動干涉的方式，有的是維持或"釘住"（pegging）匯價，有的是操縱投機市場的遠期匯率（forward rates）。匯價的維持是由負責者按情勢供給外匯或本國貨幣於匯兌市場，匯率可以稍有變動。釘住匯價是使外匯市場有一個在相當長久的時期內不變動的匯率。遠期匯率的操縱，是用變動即期匯兌（spot exchanges）與遠期匯兌（forward exchanges）間的比價之方法，以增進或抑止某種外匯交易。

主動的干涉，是負責者在外匯市場上立於主動的地位。他們不是待有人需要纔賣，有人供給纔買，而是主動買賣匯兌，以期影響匯率。自動的干涉，又可分爲攻勢的（offensive）與守勢的（defensive）。前者是在得到一種預先期待的匯率，後者是在使匯率不致有不必要的變動。因之我們可以說：在攻勢的主動干涉下，匯率是常變動的，在守勢的主動干涉與純粹的被動干涉之下，匯率是比較穩定的。

但是，被動的干涉并不一定僅限於維持一定不變的匯率。比如在移動"匯價釘住點"之時，匯率雖有變動，但政府的態度仍是被動的，不得與主動者相混同。同時，在另一方面，攻勢的主動干涉也常采取异樣的方法。比如政府想抑止投機時，不必逕采攻勢態度，可先認受一點短時的損失，給投機者以一種似有實無的希望。其法即：如果政府的目的是在阻止匯價的上漲，則政府不必事先減低匯率以打擊看漲的投機者，可首先讓匯價仍舊上漲；如果政府的目的是在阻止匯價下落，則政府亦不必事先增高匯率以打擊看落的投機者，可首先讓匯價繼續下落。這樣可使投機者自行縮手，然後政府再出面干涉，結果必收事半功倍之效。

六、匯兌干涉的實例

實行匯兌干涉政策最早者，爲大戰初期的英國。1915 年，英國用"釘住"方法穩定金鎊匯率。從翌年到大戰停止爲止，均由紐約摩根公司（J. P. Morgan & Co.）代理英國財部，以 4.70 又 7/16 的定價收買金鎊。此項購買資金，一部分來自英國直接運去的現金和美元證券，一部分則借自美聯邦政府。關於外匯市場的統制，摩根公司完全處於被動的地位，故爲被動的匯兌干涉。此時在另一方面，則有法國和德國實行自動的匯兌干涉。法國所用匯價釘住方法與英同，祇是法郎對英鎊的釘住價格，稍在市價以下。購買資金係以戰債方式借自倫敦和紐約；匯兌干涉係由法蘭西銀行（Bangue de France）自動實行。德國帝國銀行（Reichsbank）亦施用同種干涉方法，但不及法國的嚴謹而有系統。到大戰末期，許多中立國家的貨幣增價，於是英、法、美三國出而采行主動的匯兌干涉，以期穩定各該國與貨幣增價國間的匯率。

在戰後膨脹和安定時期，匯兌干涉的應用範圍漸廣。德國帝國銀行，鑒於貨幣膨脹，乃用主動干涉方法以阻止馬克落價。直到 1923—24 年，纔獲得圓滿成功。1924—26 年，法國施行匯兌干涉；總理普安賚（Poincare）更采用各種穩定匯價的辦法，法郎匯市因而好轉。

1929 年後，經濟恐慌彌漫全球，金融紊亂异常，匯率騰落無定，匯兌干涉遂成爲一時風行的政策。1931 年，英國放弃金本位，采行匯兌干涉，但仍爲被動的。到 1932 年 2 月，政府撥款 1.75 億鎊，設立匯兌平衡帳（exchange ebualization account），目的在阻止金鎊的上漲。自後英國所施行的干涉雖祇是釘住匯率，或必要時移動釘住點，但已漸取攻勢態度，變爲主動的匯兌干涉。當英國初行時，因經驗未宏，間不免有錯誤；

後則技術改善，進步頗速。現在英國的匯兌干涉方法，頗爲其他各國所讚揚。

意大利於 1931—32 年所施行的匯兌干涉，也值得我人稱道。意大利在戰時本已施行過被動的匯兌干涉，在戰後安定時期到最近恐慌發生時期，纔間用主動的方法。到 1931 年後，所用干涉方法始更爲精密，對於抑止里拉（Lira）投機一點，尤爲成功。意之所以取得良好效果，全是由於政府有權控制里拉的來路和去路。因爲意大利各銀行，一方面彼此是合作的，他方面都是處於政府嚴厲獨裁之下，所以政府隨時可借助各銀行的資力，作種種制止投機的舉動。

美國從 1931 年後所實行的干涉，完全是被動的。其唯一目的是抑制美元落價，阻止現金流出。日本政府經由橫濱正金銀行所施行的匯兌干涉亦然。此外歐洲尚有許多國家先後仿行，其目的或爲阻止匯價的不利變動，或爲防止黃金的外流；其方法或爲買賣外匯，或爲禁止投機；其態度或爲被動，或爲主動。

七、尾　語

我們從上面所說，知道匯兌干涉，各國在大戰時已經采用；至其援用的普遍，則爲近年來的事。匯兌干涉在理論上的根據，至爲淺顯，無待申述。在國家經濟主義蔓延全世界的今日，經濟統制既爲各國一般所采行，則外匯管理與干涉，亦當爲事實所難免。所以不論世界通貨的前途是否有安定之望，而在最近期內，匯兌干涉恐仍爲構成各國相互鬥爭的一個重要手段。至於匯兌干涉技術，則漸隨經驗增加而日有進步。即就現時所用方法而論，較之戰時的幼稚簡單，已不可同日而語；今後將有新的改進，當可預卜。

反觀我國，幣制固未達統一的地步，中央銀行亦未達健全的境域，一遇風波，顯然無法應付。年來所受國外匯兌傾銷之害，無待多言。去歲我國雖撥款一億元，設立匯兌平衡基金，但以數目過小，似難發生多大效力。加之外國銀行仍握有巨大的金融勢力，致我國無論實行何種政策，均不能暢行無阻。今後世界金融市場的爭鬥，將愈演愈劇，我國自當未雨綢繆，先為準備。前財部發行公債，增加中央、中國、交通三行資本，或為此種準備的先聲。但繼此以後，固仍待政府作一貫的籌劃。

1935 年 10 月 6 日於北平

通貨膨脹下的農業和農民[*]

我國通貨膨脹，近有與日益劇之勢。內戰再起，生產衰微，財政金融措施失當，均爲增強此種趨勢之主因。最近的金融風潮，更使繼漲的物價，一度飛跳。關於這些，專文討論者甚多，要皆認爲病根不除——內戰不停，任何良醫亦將束手，百寶靈丹亦無由奏效。論者於通貨膨脹之一般的影響，多着重工商業方面；至對於農業，或則語焉不詳，或則略而不論，或則謂其影響無足輕重。最近美國國務卿馬歇爾（Marshall）氏宣稱：中國人口80%爲農民，通貨膨脹於彼等殆無重大影響，故由於通貨膨脹所釀成的中國經濟危機，并不如傳聞之嚴重云云。此語似是而非，涵意中大有可商討之餘地。本文旨趣，即在從理論和事實兩方面，說明通貨膨脹所及於我國農業和農民之影響究竟何在。藉以間接明瞭我國經濟危機之真象及嚴重程度。

一、我國通貨膨脹之性質

欲明瞭通貨膨脹及於生產和人民生活的影響，須先辨通貨膨脹之意義及我國通貨膨脹之性質。廣義言之，凡由於通貨增加而引起的物價上漲，皆可視爲通貨膨脹（inflation）。所謂通貨膨脹，則不外表現通貨增發程度（包括流通速率），生產增加速度，及物價上漲進度的相互關係。因此我們可依通貨、生產、物價三者之增加率而分通貨膨脹爲數種情形：（一）由於生產的增加，或由於貨幣流通速率的減少，以致物價上漲的速

---

[*] 本文原載南開大學《經濟評論》第1卷第2期，1947年。

率不及通貨增加的速率者，稱爲緩性通貨膨脹。(二)由於生產不能增加，以致物價上漲的速率等於通貨增加的速率者，稱爲眞性通貨膨脹。(三)由於貨幣流通速率的增加，以致物價上漲的速率超過通貨增加的速率者，稱爲惡性通貨膨脹。(四)貨幣數量與物價已近於天文數字者，此時的情形可稱爲極度通貨膨脹。

在以上四種情形中，如采狹義的或嚴格的看法，則第一種不能視爲通貨膨脹。凱恩斯(J. M. Keynes)僅稱第二種情形爲眞正的通貨膨脹(true inflation)，蓋氏認爲充分就業以前的物價上漲是擴張(expansion)，充分就業以後的物價上漲始爲通貨膨脹。這四種情形，又可看作物價上漲的四個階段：第一種情形是開始階段，通貨膨脹刺激生產，如能運用得宜，倒是很合理的經濟政策；第二種情形到了限界的境地，有利的生產達於最大限度，稍一不慎，便有轉入第三種情形之可能；迨至第三階段，通貨膨脹有不能自制之勢，且含有累積循環之性質；到了第四種情形，通貨膨脹飛天造極，整個經濟有趨於崩潰之虞。一般人對通貨膨脹常懷厭惡恐懼，大致是由於最後兩種情形所引起的警戒。實則如就前兩種情形言，通貨膨脹爲刺激生產所不可少的物價上漲，當無令人厭懼之理。吳大業氏在討論通貨膨脹時，爲免引起國人誤解，曾以"物價繼漲"代替"通貨膨脹"。① 這種代用是很有理由的。但我以爲等到人家明瞭了這種代用的理由時，也就明瞭了通貨膨脹之眞義和內容，所以本文仍延襲通用的名詞。

我們援用他國經濟學者的理論以分析我國當前的通貨膨脹問題時，應特別注意他人理論所假定的經濟環境和前提條件。如前所述，凱恩斯的眞性通貨膨脹，係指充分就業後的物價上漲而言。此處我們須明瞭，凱恩斯之理論背景爲"閉關經濟"(closed economy)，此與海商大開，外貨潮湧之我國當前經濟情形，自迥然不同。在凱恩斯的分析中，眞性通貨膨脹和"部分就業"乃互不相容的兩個概念：在我國目前的經濟情形下，

---

① 吳大業：《物價繼漲下的經濟學》，商務印書館，1945年版。

通貨膨脹和失業却爲并行不悖且相得益劇的兩種現象。此中之軒輊差離，值得我們深切注意。

論及我國通貨膨脹的性質，先須依據基本經濟條件的改變，將通貨膨脹劃分爲兩個過程：一爲抗戰期間的通貨膨脹，一爲抗戰勝利後的通貨膨脹。在前一過程中，海口相繼淪陷，對外貿易幾瀕絕境，在條件上很接近凱恩斯的閉關經濟。如就物價指數增加率與通貨數量增加率予以比較，則這一過程又可分作三個階段：自抗戰發生至民二十八年上期爲第一階段，物價指數之增加率不及通貨數量之增加率，爲緩性的通貨膨脹。自二十八年下期至三十年下期爲第二階段，物價指數之增加率大致等於通貨數量之增加率，計自二十八年六七月間至二十九年六月，平均每月增加率，通貨爲5%，物價爲4%—8%。如剔除物價變動因素中之屬於物資方面者，則物價因通貨流通量增加而上漲之指數(即通貨膨脹指數)與通貨數量之比，在二十七年爲0.8，二十八年爲0.78，二十九年六月爲0.93，十二月爲1.18，三十年六月爲1.32，十二月爲1.63。此一階段的情形可看作真性的通貨膨脹。自三十年下期到抗戰結束爲第三階段，物價指數之增加率超過通貨數量之增加率，且與日俱劇，至日本投降時，即三十四年八月，重慶批發物價指數已增達1 800倍(以二十六年一至六月爲100)，九月因受上海物價之影響，跌爲1 200倍。此種情形，可謂已達於惡性的通貨膨脹矣。在前兩個階段，一般生產均在擴張；至後一階段，因生產工具之無從替舊換新，工業總生產衰退，僅農業及消費品工業，尚能維持或略事增加生產而已。

在第二個過程中，即自抗戰勝利到現在，通貨膨脹顯呈累積循環及不能自制之勢。此時海口大開，外貨涌進，前一過程所用閉關經濟的假定與分析，至此已不適用。大致而言，本過程以通貨膨脹加深惡化及工業轉趨凋敝爲主要特徵，其基本原因當然是內戰和外貨(特別是美貨)傾銷。據統計，本年一月上海批發物價指數增到12 000倍，遠超過通貨數量之增加率及匯價之減低率。此種趨勢，仍在有增無已。在此種情形下，人民購買力日低，固定薪水階級益苦，民族工業無法維持，出口事業無法恢復,外貨傾銷益劇,人民失業日多。政府靠發行賣物以圖存,人民在物價飛漲之威脅下,生活日感艱難。此中之基本原因不除,則惡性循環之結果,實不知伊於胡底。

二、通貨膨脹與農產價格

在一個經濟系統中,農業之主要功能,對於工業,在供給原料,對於整個社會則在供給食糧。在通常狀況下,農業與工業生產的變動關係,可用"加速原則"(Acceleration Principle)表示之。所謂加速原則,意謂:某種製成品在需要及生產上的變遷,常使爲該種製成品所需的生產品(包括生產工具和原料)在需要及生產上發生更大的變遷。如果我們以製成品代表工業品,以原料性質之生產品代表農產品,則此一原則即可表示農工業生產之動態關係。直言之,當物價向上時,農產品較工業品上漲爲劇;當物價向下時,農產品則較工業品跌落爲烈。惟須注意者,此原則僅能應用於常態的平時,却不能應用於非常態的戰時。按重慶批發物價指數,如以民二十六年一至六月爲100,則三十七年四月(抗戰結束前一月),計原料品上漲1 600餘倍,半製成品上漲2 500餘倍,製成品上漲7 800餘倍。① 此種情形,正和上述之加速原則相反,而表示愈接近製成階段之貨品,其價格上漲愈劇。固然,原料品中不全是農產品,而農產品亦不全用作原料,但原料品中必然包括有農產品,故上述情形,無異表示戰時農產品價格之上漲,不若工業品之甚。

農業生產向以食糧爲主,我們試比較戰時食物價格與他種基要商品價格之變動情形。此處我們選取四類基要商品,以和食物相較。如同樣以民二十六年一月至六月爲100,則三十四年七月之物價指數有如下示:②

---

① 見中央銀行經濟研究處編製之"重慶躉售物價指數"。
② 見中央銀行經濟研究處編"重慶二十二種基要商品躉售物價指數"。

食物	146 140
纖維	302 500
燃料	350 300
金屬	380 400
木料	207 100
總指數	164 500

　　從上述指數，我們看得出抗戰期間食物價格之上漲程度，遠不如其他四類基要商品。一部分纖維雖可看作農產品，木料亦可看作農業之同類產品，但食料生產究為農業之主產，我國糧食作物面積恒占耕地面積80%—90%，是則食物價格上漲程度之較低，顯然表示抗戰期間農業生產并非獲利最大之產業部門。

三、通貨膨脹與農業經營利潤

　　在通貨膨脹時期，單憑農產價格之上漲，并不足證實農業生產獲利甚厚。除價格外，我們還須注意農產收成和利潤的關係。農業和工業不同，生產數量之豐歉，悉聽天時，欲以人力隨價格之漲跌而為生產之擴縮，頗感不易。此種情形，在我國尤然。一般言之，農產價格高漲之年，往往為歉收之歲；反之，農產價格跌落，往往為豐收的結果。論者不察，常單憑農產價格之漲落，而定農業之榮枯。比如抗戰初期，自民二十六年下期至二十九年上期，農產價格下降，有人即評論此一時期，農業衰頹，農村凋敝。殊不知在此三年中，農產量因收成之改善而大為增加，農產價格雖跌落，但農業生產者的總利潤并未減少。二十九年後，農產價格飛漲，有人遂遽然斷為農村繁榮之象。殊不知此後耕地面積漸形縮小，兵役使農業勞工離村，屠宰使耕牛缺乏，農產數量，特別是米麥產量，因之大為減少。產量減少，當然影響於總利潤的減低。故謂抗戰後期，農業生產獲利最大，實屬過甚之詞。

論及農業利潤，除收成一因素外，尚須注意農業之生產成本。農業成本之項目有多種，今僅就工資及牲畜價格二者予以觀察。以言工資，民三十年四川農村長工工資較民二十六年上漲17倍餘，短工工資上漲23倍餘，農產物價格上漲17倍，而糧價上漲則達27倍。驟觀之，長工工資上漲之程度似遠不及短工工資，實則長工工資除貨幣所得外，尚應包括雇主供給之膳食費，此種膳食費上漲的程度可以糧價表觀之。大致而言，戰時農業工資之上漲程度，在農產物價格以上，在糧價以下。此種高漲，實由於農工離村，人力缺乏所致。戰時牲畜價格亦上漲。但究不如農產價格之甚。例如民三十一年，後方牲畜價格較二十六年上漲23倍餘，而農產物價格却上漲50餘倍，糧價亦上漲45倍。他種成本，如農具農舍之添置修繕，地主經營所納之糧，佃農經營所繳之租，一般農民所負擔之捐稅，則以統計資料缺乏，無從討論。綜合而言，在通貨膨脹期間，農業成本之增高，實不在農產價格之下；如將投資利息計算在內，則農業生產之所得恐不足補償其所出。人謂農業生產因通貨膨脹而獲得額外利潤，實屬"僅見一隅"之論。

四、農民所得與農民生活

　　農業之繁榮，農民生活之改善，賴於農產價格之上漲者少，賴於農民購買力之提高者多。普通用以表現此種情形者有農民購買力指數。此指數即農產品價格（農人收進價格）與農用品價格（農人付出價格）之比，比愈大表示農民購買力愈高。據中央農業實驗所的川省各地農民購買力指數所示，抗戰發生至二十九年下期，以所得物價低落及所付物價高漲之故，農民購買力落在二十六年水準以下，二十八年九月為最低，約及二十六年64%。自三十年起，形勢開始好轉，各地農民購買力指數，大抵均提高於二十六年水準之上，最高為同年七月之149。三十一年後，開始跌落，八月再落於二十六年水準之下，自後便無起色。第一次世界大戰時，美國亦有過同樣的情形，計農民購買力指數爲：1914年——100，1915年——93，1916年——94，1917年——115，1918年——111，1919年——101，1920年——99。農民購買力之降低，似爲通貨膨脹所不可避免的結果。

考農村階級，有地主、富農，有自耕農、佃農，有雇農、貧農。彼輩之經濟地位與收入情形，各不相同，所受通貨膨脹之影響亦異。我國盛行穀租制，故在戰時，地主獲利穩而厚。在抗戰初期，因農產物價落而日用品價漲，地主實際所得容較戰前爲低，但自三十年歲首，糧價開始猛漲，地主所得，頓形增高。寄居於城市中之"不在地主"，更兼營囤積投機，獲利尤巨。自耕農與佃農，占我國農民之最多數，在農業經營方面，所耗成本主要爲家工工資；在農產銷售方面，則因繳租及自身食用，所餘無多，售額有限。通貨膨脹所引起的農產價格上漲，對此兩種農民，實無利益可計，而農用品及生畜價格的上漲，却使他們的經營和生活，更感艱難。雇農與貧農，向賴出賣長工或短工以爲生，如前所述戰時農村工資曾步農產物價格而增高，可是糧價之上漲及一般日用品價格之飛騰，却形成他們生活上的直接威脅。一般言之，負債的農民，容或因貨幣價值的跌落而略受惠益，但在另一方面，徵實、納捐及抽丁等等負擔和擾害，已將這種惠益冲淡無餘。此諸種負擔和擾害，雖非全由於通貨膨脹，但後者有助長前者之趨勢，則似不容否認。

最後，我們略陳數語，以作本文之歸結。我國人口，農民占70%餘，工、商、運輸業者或不到20%。但就經濟機能言，工商運輸業遠較農業富於機要性（strategical）和敏感性（sensitive），前者之變動及於整個經濟機構之影響亦遠較後者爲大。此種影響之大小，實非職業人口之比例所可表擬。農業國之通貨膨脹，在性質與程度上，容或有異於工業國者，但如因農業人口之衆多，而忽視通貨膨脹之基本嚴重性，甚且忽視通貨膨脹及於農業和農民的惡性影響，則誠有不明眞象之嫌矣。

1947年2月於珞珈山

農業國工業化理論

第三條路走得通嗎?*

關於中國的經濟建設,在《獨立評論》第131期曾有賀岳僧先生論到兩條路:一條是主張復興農村,一條是主張開發工業。最近在同一雜誌第137期,又有鄭林莊先生提出了第三條路,即主張以開辦農村工業爲中國經濟的出路。筆者本文,不在論述前兩條路,也不在論述中國經濟建設前途究應走哪條路,而祇是對於鄭先生主張的第三條路,觀察一下,看看是否走得通。

鄭先生覺得"我們不易立刻從一個相傳了幾千年的農業經濟階段跳入一嶄新的工業經濟的階段裏去",因之主張"在由農業社會進入工業社會的期間,應該有個過渡的時期來作引渡的工作。"這個過渡時期裏的引渡工作,便是農村工業,即在農村裏面辦起工業來,以作都市工業發展的基礎,而達到建立工業經濟的目的。原文作者所以如此主張,是由於今日中國在經濟發展上所處的客觀的環境之需要。以上是鄭先生文中之大意。

我們承認中國經濟建設,應走上工業化的路徑,同時也承認由農業社會的階段不能一蹴而達到工業社會的階段。但是農村工業是否能作爲二者間的一架橋樑,在目前的中國,究竟能否使國民經濟的基礎樹立起來,我們却有幾點意見。兹先就鄭先生所舉諸點,檢討一下,再就個人的意見,論述一番。

第一,鄭先生認爲,發展都市工業的第一個先決條件,是國民經濟的自主,中國因受帝國主義經濟壓迫,致都市工業不能發達,工業的經

---

* 本文原載《獨立評論》第138號1935年2月;又載羅榮渠主編:《從"西化"到現代化——五四以來有關中國的文化趨向和發展道路論争文選》,北京大學出版社,1990年版。

濟不能產生出來，但是工業的經濟又爲最後的目標，爲達此目的，雖不能用建立大規模的都市工業這種方法，却可走培植小規模的農村工業這條路徑，理由是因爲農村工業分散，多少可易於免除帝國主義的束縛。我們現在要問：在帝國主義經濟侵略之下，農村工業果能免去束縛和壓迫而樹立起來嗎？無疑的，假使我們認爲在帝國主義經濟侵略之下，都市工業不容易建立，農村工業也就同樣的難以培植。這道理說來很簡單。如果我們把全國國民經濟看作整個的一圈，則農村與都市同樣要受到外來經濟壓力的影響，在農村舉辦工業，和在都市建立工業，對於受帝國主義經濟壓迫這一點，是無甚區別的。我們既不能實行關門主義，帝國主義的貨物傾銷，仍可以伸展到農村來。以肉體和機器相競爭，結果祇有失敗。不看許多鄉村裏，一般農人寧可購買洋布，而不穿用鄉村工業出產的土布嗎？許多縣裏（如高陽、灤縣）比較有點根基的小工業，尚且不堪壓迫而日趨衰落，還談什麽呢？① 試如原文作者所說，農村工業是分散的，但經濟的壓力如水銀瀉地，無孔不入；說農村工業易免去飛機的轟炸則可，說能免去帝國主義經濟的束縛與壓迫，就未免太不認清事實了。所以我們覺得，在帝國主義經濟的壓力不能免除之時，發展都市工業固然不容易，建立農村工業也是一樣的困難。則工業經濟之不能藉之以達到，自無庸深論。

　　第二，鄭先生以爲都市工業發展的第二個條件是要有"一片可做工業化必然產生的過剩生產的銷售之尾閭的土地"。但是在目前，因爲國際市場已爲先進工業國分割殆盡，後起的國家，幾無插足餘地，所以都市工業的發展，變爲不可能。至於農村工業是爲達到自給自足的狀態的，而不是想向外奪取市場的，因之可用作達到工業經濟的引渡辦法。我們現在姑將都市工業的發展是否必需以奪取國外市場爲目的這一點，置諸不論，我們要問：農村工業果能達到自供自給的狀態嗎？大家都知道，中國的農業經營，一向認爲是自供自給的，可是現在怎樣？因爲洋米、

---

① 王子建：《農業與工業》，天津《益世報·農村周刊》第 41 期。

洋麥、洋棉競爭的結果，致農產品價格慘跌；若遇荒歉之年，則農民將受量、值兩方面減縮的損失，每年輸入糧食與棉花的數值，殊足驚人。我們閉眼一想，農村工業的前途也必然呈顯此種現象。那就是說：因爲洋貨傾銷，不但使農村工業不能做到自供自給，且其本身亦將因此種競爭而不免衰亡。要知道現在的國際情形，已不容許我們關門來做任何一件事了。

第三，鄭先生又覺得要發展都市工業，必要有一群眞實的科學家和有科學意識的民衆。中國現在還未做到這一點，所以都市工業的發展還談不上。至於農村工業是不需要根本"改造"，而祇需要就現狀"改良"的，因之在目前可因陋就簡用以作爲走上工業經濟的過渡辦法。這種用意，固然出於不得已，但是我們却不敢贊同。中國的一切，無庸諱言，都較歐美先進國家落後。因爲學術上發展的路綫不同，使得中國到現在還沒有一群眞實的科學家；又因爲教育之不普及，使得中國沒有具備科學意識的民衆。可是我們却不可因噎廢食。一方面眞實的科學家和有科學意識的民衆要設法造就，他方面都市的工業也是要發展的。因爲任何事件或現象，其中的因子多半是互爲因果的，不能劃分得太剴切，何況是經濟社會的演進呢？我們看歐美工業的發達和科學的發明，都是互爲因果與日俱進的，所以我們不一定要把二者劃做兩個顯然的階段。即令退一步言，在現狀之下，因科學人才缺乏，不能建立都市工業，但我們要問：農村工業就不要眞實的科學家嗎？就不要有科學意識的民衆嗎？我們看看我國的農業，爲何因技術落後不能與國外競爭而日趨衰落呢？可見農村工業也不能在現狀之下，因陋就簡地培植起來。更退一步言，即令一時勉强可做到這一着，可是世界爭奪劇烈，不等你起來就打倒了你，這又令人怎辦？

由上所述，我們知道即就今日中國在經濟上的發展所處的客觀環境來說，農村工業實不見得可以成功。則原文作者把它當爲救亡圖存的方針，固然評價過高，同時又把它看作是解決失業和無業問題的方法，也未免不實際了。

但是，對於提倡農村工業，我們并不反對，盡管它成功的可能性很小。我們祇是覺得：中國經濟建設前途，是走不通農村工業這條路的，換言之，農村工業這條路，不能達到都市工業的發展，因而不能達到工業經濟的建立。其理由除上述者外，還有以下諸點：

1. 就國際形勢說，不容許我們如此。我們知道經濟內部組織的變更，和生產方法的改進，都具有國際性；這是因爲國際經濟關係日趨密切，盡管各國現在都有自足經濟的企圖。20 世紀的現代，不但是機器代替人工，從而一切經濟組織也日益標準化與合理化。在這個時候去提倡農村工業，想以肉體和機器競爭，不說在理論上近乎開倒車，事實上也終歸失敗，何況中國又有許多不利的客觀環境呢？因之，我們想要迎頭趕上人家，就非順着大勢，增加演進的速度不可。我們雖不能馬上像蘇聯那樣，五年之內便把全國工業化了，但是我們要學着那樣做，要把全國經濟統制起來，走上工業化的大路。

2. 就農村工業本身說，也不能達到引發都市工業的目的。都市工業的發展，照鄭先生的意見，必須具備三個條件，這在上面已分別答復了，但是，即令承認這三個條件是發展大規模的都市工業所必具的，然農村工業樹立之後，這三個條件是否就都可繼而具備呢？第一，在帝國主義經濟的壓力未除之時，一個自主的國民經濟能夠成立嗎？第二，在世界市場爭奪愈演愈劇的趨勢中，我們何日纔能得到一片銷售過剩生產品之尾閭的土地呢？第三，一群真實的科學家和有科學意識的民衆，果然就因農村工業之引發而產生了嗎？假使這幾個條件，不能因農村工業之樹立而具備，而仍待國人作他種努力時，則農村工業已失去它引發都市工業的重要性了，從而當作達到工業經濟的引渡辦法這種資格，也就自然喪失了。

3. 就經濟演進的自然趨勢說，不應開倒車。我們看看世界先進國家，不論其經濟制度是資本主義抑是社會主義，而由農業經濟達於工業經濟，乃是一般的趨勢。即令以農立國的國家，他們的農業也工業化了。因爲工業化一語，含義甚廣，我們要做到工業化，不但要建設工業化的城市，同時也要建設工業化的農村。總之，產業革命的結果，是使得機器代替了人工，是使得工廠制度代替了手工業制度，是使得工廠生產代替了家庭生產，工業化是一種必然趨勢。在這個時候，提倡農村工業，尤其是把農村工業當作走上工業經濟的過渡方法，自然是倒行逆施。因爲這樣做，不但農村不能走上工業化之路，工業本身反而會回到產業革命以前的那種工業制度去。都市工業的發展和工業經濟的建立，除非是從天上掉下來，否則仍舊不能達到。

最後，我們歸結：把農村工業當爲中國經濟建設的路徑，不但在理論上近乎開倒車，在事實上也是行不通的；退一步言，即令其本身樹立了，也不能引發都市工業，從而不能蛻化出工業經濟來。因此我們可以說，對於中國的經濟建設，農村工業這條路是走不通的。

農業與中國的工業化*

一、簡　　釋

中國的工業化已開始於 30 年前，① 但就人民的生活水準提高而言，其效果實甚微小。其中原因甚多，我們這裏祇論及經濟的方面。中國最初對於西方列強，稍後對於日本，都不過是作爲工業產品的一個銷售市場和原料的一個供給來源而已。這些乃是殖民地經濟的基本特徵，它們曾以不同的程度流行於美洲的殖民地時期，晚近流行於南非、印度及南太平洋區域。中國與這些殖民地不同的地方祇在於，從首先與西方列強接觸，後來與日本接觸，直到目前中日戰爭爆發這整個時期內，中國尚

---

* 本文作者曾以英文發表於 National Reconstruction Journal, China Institute in America, New York, October 1945, pp. 50-59；又載羅榮渠主編：《從"西化"到現代化——五四以來有關中國的文化趨向和發展道路論爭文選》，北京大學出版社，1990 年版。

① 除了官辦兵工廠外，1890 年以前中國幾乎無大工業存在。1890 年設立了第一個棉織工廠。1880—1894 年建築了一條鐵路，但鐵路的大量建造，直到 1894 年中日戰爭以後纔開始。我們應該注意，1890 年以前已經存在一些現代工業經營單位。1862 年，一個中國公司造出了第一艘汽船。1872 年 "中國招商局"（China Merchants Steam Navigation Company）組織成立。第一家碾米工廠在 1863 年設立於上海，1873 年成立第一家繅絲工廠，1878 年成立第一個現代煤礦，1890 年成立第一家鋼鐵工廠。關於進一步的實際情況，讀者可參閱方顯廷（H. D. Fong），China's Industrialization: A Statistical Survey, Shanghai, 1931.

　　不過本文作者認爲，直到第一次世界大戰開始時，中國纔真正開始發生比較大規模的工業化。因爲中國自從與列強接觸以來，這是它第一次獲得機會（雖然很短），趁着列強忙於戰事，來建立和發展自己的工業。

保持着政治上的"獨立"形式，使它多少能自由制訂自己的經濟政策。但是自由港埠的開放，大城市租界的設立，對列強在我國内河航行權的承認，使外國工業產品，在它們原來由於大規模生產和現代銷售組織就已經有了較低成本利益的基礎上，更有了超越中國產品的諸種利益。① 有些國家運用傾銷政策，結果使中國的情況更形惡化。而且，大多數外國貨物享有祇納一次低額關稅就可以自由地運到有運輸設備的内地的各種便利，而國内貨物從甲地運到乙地反而須繳納多種關卡租稅。在這種情況下，任何幼稚工業要想健康地成長起來是極其困難的。即使爲了實現自由競争和自由貿易，我們也樂於見到國内幼稚工業與外國工業處於同等地位的情形出現。何況從理論和歷史兩方面看起來，假若我們要使國内幼稚工業有一個成功的開始，還應該對它們給以特别的優越條件，并實行必要的保護政策。

中國國内區域之間的關卡壁壘和運輸工具的落後，是使商品和生產要素很難自由流動的另一種障礙。它們已經長期阻止了中國的現代工業化。這種障礙還抵消了本來可能進行農業改良的任何有利時機。例如，第一次大戰結束到第二次大戰爆發的一段時期，由香港輸入的緬甸和安南的大米及其他穀類，大部分是供上海、廣州、福州等大城市消費，其每年輸入額很大，有幾年甚至占中國進口額的第一位，但是就在這個時期，湖南、江西、安徽、四川等内地諸省却總有米糧剩餘，由於缺少足够的運輸系統和存在區域間的壁壘障礙（多半是地方税），不能有利地運到沿海的消費中心。② 原來本可給予農民以現金收入，促使他們增加并

---

① 湯納（Tawney）曾説："中國鐵路里數四分之一以上，鐵礦四分之三以上，礦山采煤量半數以上，棉紡織廠投資額半數以上，以及投於榨油廠、麵粉廠、烟廠、汽車廠和銀行等業的數量雖較小但也同樣重要的投資額，仍然是掌握在外國人手中。孫逸仙博士説中國是一個殖民地，這從經濟的觀點看來，并不是不合適的。"見 R. H. Tawney, Land and Labour in China, New York, 1932, p. 129.
② 關於本問題的統計資料，可求之於中央研究院社會科學研究所出版的有關中國糧食市場的調查和論文叢刊。本文作者亦曾參與其事，并撰寫專刊。在作者的《中國糧食問題》裏（1945 年英文本，油印於華盛頓美國國會圖書館 Library of Congress, Washington），亦可找到關於本問題的討論和文獻。

改進農業生產，而更明顯的是提高他們的生活水準的，但是這種激勵力量却被這類阻礙所消除了。而且另一方面，輸入米糧所花費的外匯本來也可以節省下來，用以輸入對現代農業極關重要的機器及化學肥料。

論到戰後的中國，我們有理由可以設想，所有那種制度上的障礙，將要消滅。我們也可以設想，在目前仍然渺茫的政治安定，將會到來。至於因運輸落後所發生的障礙，則大致還要存在一個相當長的時期，或者是 10 年、20 年，或者更長。其他關於農場的合并，租佃制度的改革，以及工業化等等方面將會遇到的在社會結構中根深蒂固的諸般障礙，① 也須考慮及之，但本文不能一一詳加討論。

二、農業在工業化中的作用

要估計農業在工業化過程中單獨所發生的作用是很困難的，因爲按照我們的概念，農業本身就包含在工業化過程之内，并且是這個過程的內在的不可分割的一部分。在一個通行着一般相互依存關係的經濟社會裏，正如同估計任何製造工業的地位和作用一樣，要遇到這種困難。不過，根據功能的區分而進行的分析討論，并不是完全不可能的，盡管從數量上比較各種功能很難總有正確結果。在這種考慮并認清了這些限制的情况下，我們對於這個問題的有些方面，當可進行考察，并且爲之作一扼要的討論。

第一，我們可以説，因爲對糧食需求的收入彈性較低，所以在工業化達到使人民獲得一個合理的生活水準時，農業的地位將不免要略形下降。在達到這點以前，對糧食的需求將隨收入的增加而增加；但達到這

---

① 讀者可參考 John E. Orchard, "The Social Background of Oriental Industrialization—Its Significance in International Trade", in Exploration in Economics, New York and London, 1936, pp. 120-130.

點以後,對糧食的需求則將隨收入的進一步上升而相對減少。這對於中國,和對於很多已經工業化了的國家,同樣正確。其所以成爲這樣的一種情形,是由於著名的"恩格爾法則"(Engel's Law)以及被凱恩斯所慣常利用的"基本心理法則"的雙重作用。當收入增加時,支出也增加,但增加率較慢,其中用於食物的部分更要小些。然而,這并不是説農業活動實際上在減弱,而祇不過表示用國民產品或國民收入所計算的農業相對份額將趨於下降,至於農業活動的絕對數量則多半將繼續擴張。在工業化初期,收入較低的人民對糧食的需要很高,使農民須盡極大努力來增加農業生產。當工業化再增進,而對糧食的需要又發生從穀類到動物產品的變動時,農作制度將因之被迫而要同時增加每畝土地和每人的生產力。那時,假若能采行良好而公平的收入分配制度,就不會害怕糧食生產過剩,即使把農場技術的迅速進步考慮在內,也是不用擔憂的。

第二,我們要指出,在中國的工業化過程中,農業將祇扮演一個重要而又有些被動的角色。在理論上和歷史上,我們知道任何重要的并遵循科學耕作途徑的農業改良,都必須以基本基要部門的工業發展爲前提。其所以如此,一方面是因爲祇有工業的發展和運輸的改良纔能夠創造并擴大農產品的市場;另一方面是因爲祇有現代工業纔能供給科學種田所必需的設備和生產資料。丹麥的農業,假若沒有高度工業化了的英國作爲鄰邦并與它保持密切的經濟關係,是不會發展到目前的水平的。美國的情形也是這樣,祇是美國的農業發展比較倚重於本國的工業,因爲美國農業資源和工業資源比較平衡。一個更顯著的例子是蘇聯,在那裏,關於科學化的農業改良,直到基本工業的發展達到一個可觀的程度時,纔真正開始[1]。所有這些例子都證明着我們的説法。當我們討論目前的問題時,必須把這點牢記於心;在討論到如何使農業和工業調整配合

---

[1] 蘇聯利用役畜的動力已從 1932 年的 77.8% 降到 1937 年的 34.4%,其餘的百分率則代表以拖拉機、收割機及機動貨車爲主的動力。見 A. Yugow, Russia's Economic Front for War and Peace, New York and London, 1942, p. 49.

時，也要這樣。關於後一問題，當中國工業化全部展開時，將更顯得迫切。

最後，前面曾經說過，農業可以通過輸出農產品，幫助發動工業化。幾十年來，桐油和茶等農產品曾在中國對外貿易中占據輸出項目的第一位。這項輸出顯然是用於償付一部分進口機器及其他製成品的債務。但是全部輸出額，比起要有效地發動工業化所需的巨額進口來，實嫌太小。農產品輸出究竟能擴張到什麼程度，須看對農產品需求的收入彈性和其他國家的競爭情況如何而定，例如茶；也要看別的國家正在發展人造代用品的情況如何而定，例如桐油。由於多數農產品需求的收入彈性較低，以及輸入國家用移植或人造方法來增加代用農產品的事實①，中國農產品輸出的擴張性很可能是不大的。所以發動工業化的資金，看來大部分必須從其他的途徑獲得。

三、農業上的調整

工業化過程中農業上可能發生的調整，係由於很多因素決定的，其中有些因素是不在經濟範圍之內的。例如政府對於資源分配和收入分配的政策，是最重要的因素，對調整的方式有直接的影響。根據本節開頭所提出的一套假設，我們擬從農業與工業相互依存的各個方面來研究這個問題。關於農業與工業的相互依存關係，我曾有專文作過比較詳盡的討論，所不同的是這裏將要引入生產技術這一因素。

第一，我們可以肯定地說，農業將繼續是中國糧食供給的主要來源。但是中國的農業將要面臨一些迫切的問題，從而在它的經濟轉變期中必須相應地實行調整。一部分的鄉村人口將要移向工商業中心，因而就祇有較少量的農業勞動者來生產和以前同樣多或甚至更大量的食糧。而且

---

① 移植最好的例子，是美國近年來種植桐樹。

各個工業化了的國家的經驗告訴我們，在工業化初期的人口增殖，很可能比普通時期快一些。所以在這個階段對糧食的需要必然要增大。再者，當工業化繼續進行時，會出現人民的收入增高這樣一個階段，這對於糧食的需要將發生相當大的影響。這時對較好的食物將有更大的需求，例如肉類將成為穀物的補充食物或代替品。這種對食物需要的轉變，將對於農作方式的換向(re-orientation)產生很大的影響。我們所最注意的就是這種農作方式的換向問題。

我在論述農業與工業的相互依存關係時曾經提出討論過，對食物需要的增加有兩個方面，其原因與影響是不同的，但却常被混淆。對食物需要的增加，可能僅僅是由於人口的自然增殖，在土地生產力不能提高或提高得很慢的情形下，這將引起"高產"(heavy-yielding)作物的種植。對食物需要的增加，也可能是由於人民收入的增加。這時人民將需要較好的食物，因而種植農作物的農場可能將要改種餵養牲畜的牧草和飼料。在工業化過程中，一般的趨勢將是從第一類對食物的需要轉變到第二類需要。歐洲很多高度工業化了的國家，都曾經有過這樣的情形。然而對於中國，情況可能不同，把種植農作物的農場變成牧場或草地，或把種稻的農場改種作為飼料的玉蜀黍，并不是必要的，甚至在將來很長的時期內都不是必要的。中國東北、西北、西南和東南還有很多未開墾的土地，祇要有交通工具伸展到這些區域，同時它們的產品又有了銷路，則將來都可用來作為牧場或種草之地。同樣重要的是必須有餵養和繁殖牲畜的資本。象揚子江流域、珠江三角洲、黃河周圍以及北迄東北諸省，這些區域的人口密度高於前述各地區，假若農作物種植的生產力能夠增加，則一部分土地用來餵養生豬和家禽將比現在可能獲利更大。祇有當農業生產力和人民的生活水準都達到一個很高的水平時，部分的從種植農作物到經營畜牧業的轉變，以及從種稻到種玉蜀黍的轉變，纔可能是必要的。不過鑒於中國人口之眾多，以及中國國民經濟將來很可能產生的農業和工業的適當平衡，象在英國所曾經發生過的那種情形，也許不會發生於中國。

第二，農業以及林業和礦業，將是給製造工業提供原料的主要來源。大多數輕工業必須從農業取給原料，比較普通的是棉織、絲織、毛織、製鞋、製襪及地毯等工業；同樣，罐頭工業、釀酒業及其他食物製造工業，如碾米及肉類裝製等，顯然也大半依賴農業的原料。這些輕工業，尤其是紡織類的輕工業，正如各個工業化了的國家的歷史所表明的，在工業化初期都曾經占據主要地位。中國工業化剛一開始，棉紡織業也曾經占據主要地位，無疑將來也一定會繼續是這樣。很可能，絲織業、毛織業和食品製造諸業，短期內將趕上棉織業。當然，工業化的輝煌階段，必須等到重工業，比如鋼鐵、機器及化學工業，充分發展後纔能達到。而這些重工業的發展，顯然主要的又將依靠中國自己煤礦和鐵礦的開采。但是這絕不會阻礙農業資源的利用。相反，重工業的發展將刺激輕工業的擴張，後者轉而會創造農業原料的更大市場。而且中國在工業化開始階段，無疑要大量從美、英、蘇聯輸入機器設備、化學產品，以及汽車、卡車等耐久貨物；但中國為了支付這些輸入，很可能就要輸出"特產"（specialty goods），其中大部分又是輕工業的產品。

第三，農場通常給工業提供大量的勞動力，而從農場到工廠的勞動力轉移則形成了工業化過程中最具有重要意義的一個方面。這個方面對於中國這樣的國家特別重要，因為中國農村家庭以"隱蔽失業"（disguised unemployment）的方式存在着大量的剩餘勞動力。這種剩餘勞動力究竟將被工、商、礦、運輸等業吸收多少，實無法準確推斷。但我們可以肯定的是，當工業化進行到充分發展的階段時，勞動力從農業到其他行業的轉移將極為引人注目。但是關於這一問題，有幾個因素必須認識清楚，以防過分樂觀。首先，這種移動在工業化初期不會太大。在這一時期內，目前停留在手工業的勞動者將最先獲得轉移到現代工廠的機會。這是因為他們比農場勞動者更有技術；同時就轉移費用說，他們又享有區位上的便利。但這也并不是說，在早期階段沒有一些農業勞動者將被吸收。在這種開始的階段，采礦以及鐵路和公路的修築，將迫切需要大量勞工，這無疑的多半將取給於農業來源方面。再者，當農業進行機械化時，農業勞動本身也會出現剩餘勞動力。其情形如何，將看工業吸收這種剩餘勞動力的速度與農業機械化進行的速率而定。鑒於中國農村人口爲數之大和所占比例之高，估計約占中國全部人口的75%，因此，工業化初期存在的農業剩餘勞動力是否能爲工業所全部吸收，實屬疑問，更不必提到因引用農業機器所產生的新的剩餘勞動力了。然而我們又要注意，要使農業機器的引用成爲現實，却又必須以沒有大量剩餘農業勞動力存在爲前提。

最後，在工業化過程中，農業可能發生的諸種調整的一個方面，就是農業可以爲工業產品提供購買者。這方面的討論促使我們考慮兩點：農民作爲消費者，僅爲消費目的而購買工業品；農民作爲生產者，爲生產目的而購買肥料及農業機器等工業品。作爲消費者的農民能吸收多少工業品，將取決於農場收入的大小及其增長率。作爲生產者的農民能吸收多少工業品，則將取決於農業生產改進和增加的方式及其速率。這自然引導我們討論到第二點，即農業的現代化和機械化的問題。

中國在工業化過程中無疑地將把農業機器和化學肥料引用到農業中去。問題是：農業機械化發生的可能性究竟有多大，其速度又將是如何？由於中國農村人口之衆多，使機器的引用在經濟上無利可獲；又由於農場面積過小，使機器的利用在技術上極爲困難①，因之可以預料，目前

---

① 根據1935年中國土地委員會所作的中國二十二省的抽查，平均每個農場的面積爲15.76畝（中國測量土地的單位，一英畝（acre）等於6.6畝或2.4英畝）。我們要注意，區域間的差別是很大的，東南平均每個農場面積爲十二畝，而內蒙達一百四十五畝。中國農場面積的分布情況有如下表所示：

農場面積	華北%	華南%	全國%
10畝以下	27.1	49.5	35.8
10—20畝	21.5	31.0	25.2
20—30畝	16.8	10.0	14.3
30—50畝	23.1	6.1	16.5
50畝以上	11.5	3.4	8.3
合計	100.0	100.0	100.0

中國農業機械化實現的可能性是不大的①。但有一件事情我們也必須認識清楚，那就是在目前情況下，農民每逢農忙季節，大都夜以繼日，工作過度。若能引用一些機器來做基本的農場勞動，則將會大大增加農民的工作效率和福利。一個具體而重要的步驟是引用抽水機到有良好灌溉系統的片片稻田。農場面積過小所發生的困難，可以通過采用進步方案比如合并農場來克服一部分。這或者由政府從地主手中買進他們無意開墾的農場，然後以合作管理的方式重新分配給自耕農及農業工人；或者由土地所有者自願將農場置於與無地農民合作的基礎上。無論用那種辦法，政府都可以在全國建立農業站，爲合作農場提供機器及其他基本農耕工作所必需的設備。目前的中日戰爭，多少使將來土地的合并較爲容易，因爲華東南淪陷區的農場面積通常都是全國最小的區域，田界多半在戰時被破壞，而地主和不少有地農民已經死亡或離開了農場。戰後，中國淪陷區在戰時被荒廢或混淆了田界的農場，一定要有某種方式的重新組織。現在是開始進行農場合并的最好時機；在適當的時候，這種合并還可推廣到未淪陷的地區。

---

① 在論及中國引用機器的問題時，湯訥(Tawney)也持一種悲觀然而現實的看法。他說："中國具有勤勞而智慧的人民，有生產質量良好物品的非凡天才；中國最嚴重的經濟缺點(一個很大的缺點)是由於人口衆多，人力低廉；結果，那種祇有勞動昂貴纔可發生的引用機器，就被阻止了。"見 R. H. Tawney, Land and Labour in China, New York, 1932, p. 135. 這種說法用於農業生產，比之用於工業生產，更爲適合，因爲勞動力剩餘的程度，在農場上比在任何其他部門，都要大些。

經濟學說評論

關於"廠商均衡理論"的一個評注[*]

人們經常爭論：在完全競爭、純粹壟斷、不完全競爭或壟斷競爭條件下，是否有可能達到"確定性的"廠商均衡。許多作者作了肯定的回答；而有些作者，特別是卡爾多先生(Mr. N. Kaldor)，作了否定的回答。另外還有一些站在中間或折衷立場上的學者，在一種情形下作了肯定的回答，而在另一種情形下作了否定的回答。本文打算：(1)對雙方的論點作一簡要的概括；(2)對他們當中的某些觀點，特別是卡爾多先生的觀點，就管見所及，作一評論；(3)在本文的最後，我將試圖指出，達到一些嘗試性結論的途徑。

首先，讓我們考察完全競爭假設下的問題。在卡爾多先生看來，這種情形下的廠商均衡是不確定的。在他的經常被引用的文章《廠商均衡》(The Equilibrium of the Firm)的開頭，卡爾多先生作了兩個假設：一個是完全競爭，另一個是廠商的成本和產量之間存在着一種確定的關係。然後他指出：如果僅僅給定生產函數和所有生產要素的價格，我們就祇能確定生產的最優比例，而不能確定生產的最優數量。因此，爲了確定生產的最優規模，我們必須找到至少一種生產要素，其供給是固定的。在這種情形下，由於非比例報酬規律(law of non-proportional returns)起作用的結果，最優規模就變成確定的了。這種類型的生產要素既不能在其"不可分性(indivisibility)"的特徵中找到，也不能在外部經濟(external economies)中找到，而祇能且必須在內部經濟(internal economies)中找

---

[*] 本文乃作者1943年5月在美國哈佛大學研究生院學習，主修當時經濟系主任張伯倫(Edward H. Chamberlin)教授開設的"經濟學專題"課程時，用英文寫的一篇考核論文。
本文由劉建洲譯，孫鴻敞校。

到。換句話説，這種類型的要素，祇能在那些構成生產函數的要素中纔能找到。而且這種要素，從廠商來看，也必然是一種稀缺的生產要素；但從整個行業的角度來看，其供給又具有完全的彈性。

緊接着，卡爾多先生又開始去尋找那些在供給方面可能是固定的生產要素。他將"企業家精神或才能"（entrepreneurship）這種要素挑選了出來。按照他的意見，企業家精神的職能可以劃分爲：

Ⅰ. 承擔風險。

Ⅱ. 管理才能，其中包括：a. 監督統轄，b. 協調能力。

在他關於企業家精神概念的基礎上，卡爾多先生提出了他的結論性的觀點，我們可以把它歸納爲：

1. 承擔風險和監督統轄的職能不是固定不變的。

2. 協調能力更是一種動態職能，它的範圍和程度將隨着經濟變化的頻率和大小而變化。

3. 在一個靜態的社會中，協調能力可能因爲沒有存在的必要而完全消失。因此，靜態條件下的廠商均衡是不確定的。

4. 在動態的假設下，生產函數中的協調能力的相對重要性或相對地位是不能決定的。因此，在動態條件下，這種要素不是固定不變的，從而廠商均衡也是不確定的。

5. 他的結論是：長期的靜態均衡和完全競爭是互不相容的假設。①

卡爾多先生的邏輯是完全正確的。關鍵在於有關企業家精神或管理的概念。在我看來，正是這一點使卡爾多先生的論點站不住脚。在重新評價企業家精神或管理職能的基礎上，我認爲，即使在卡爾多先生的假設下，廠商均衡仍然是確定的。

讓我們姑且保留卡爾多關於第一個職能（即承擔風險或承擔不確定性）的概念，而暫不加以任何辯駁。那麼，剩下來我們就要指出他關於"管理"的概念（包括監督統轄和協調能力），既有部分錯誤，而又不全面。

---

① N. 卡爾多：《廠商均衡》，《經濟雜志》1943 年 3 月號，第 60-76 頁。

卡爾多先生的觀點的部分錯誤，表現在他持有的關於監督統轄的概念上。在上面引用的文章中（本文將自始至終地參照他的這篇文章），他說："監督統轄需要一種特殊的才能，它可能是一種相對地不可分的要素。人們可能不會爲不足50個工人而花錢去雇傭一個'工頭'（foreman），但爲每75個工人而雇傭一個工頭在經濟上也許是最合算的；但爲什麽不能通過將'工頭'人數和工人人數同時增加一倍的方法而使產出也增加一倍呢？因此一連隊監督者（祇要他們是由具有同等才能的人所組成的）可能與一個單獨的監督者一樣具有效率。"

卡爾多概念中的監督職能（正如工頭職能所表明的那樣），嚴格地說來，不能作爲管理的一部分；至多，它祇能被認爲是管理的"基層"部分，如果允許將管理分爲基層部分和上層部分的話。的確，如果考慮到雇傭工頭，通過將工頭和工人人數同時增加一倍的方法而使產出也增加一倍，不僅是可能的，而且也是合理的。正是因爲這一特點，付給工頭勞務的價格就會使成本曲線上出現一段階梯形的折綫（"step" shape）。但在實際的企業活動中，工頭的職能不能代表管理職員的職能，有時候甚至可以把它當作間接的工人勞動。因此而產生的成本，部分地進入間接工人的工資，部分地進入企業管理費（overhead）并等待進一步分攤。這裏重要的一點是，我們所關心的或應當關心的將是上層職能，這纔是管理的核心。

卡爾多先生關於管理的概念之所以不全面，是因爲就一個廠商來說，他沒有看到或忽視了其中最基本的職能，亦即我將稱之爲"內部協調"（internal co-ordination）的職能，以區別於他所注意而我將稱之爲"外部協調"（external co-ordination）的協調能力。這兩種職能構成了（廠商）管理的最基本的部分。

按照卡爾多先生的想法，"外部"協調，是指決定應該簽訂哪種合同的那一部分管理職能，并根據一系列實際資料調整企業的活動。換句話說，這種職能主要是關於如何將資源配置於各種投資渠道，并隨着經濟狀況的不斷變化而相應地進行生產活動的調整。

而"内部"協調，就我看來，則是涉及按預先制定的計劃，恰當和有效地進行生產，不管是"爲訂單生產"(make for order)還是"爲庫存生產"(make for stock)的那一部分管理職能。這一職能又可劃分爲以下幾方面：

(1)承擔整個工廠責任的職能。這裏所指的責任是同生產有關的責任。這種責任應該同承擔風險區別開來，因爲風險在很大程度上是由股東承擔的。而協調的行動在一定程度上是可以委托別人承擔的，但最終的經營成就和最後的憑依必須是唯一的，祇能由一個首腦負責。

(2)選擇決策人職能。奈特教授(Prof. Frank Knight)說過："在有組織的活動中，關鍵的決策是選擇決策人。……其他決策或判斷行爲則自然而然地成爲日常的例行公事。"① 這一職能現在叫做"人事管理"(personal administration)，它已成爲工業組織和管理研究中最重要的課題之一。

(3)保證 A 的決策不同 B 的決策相衝突，或 B 的決策不同 A 的決策相衝突的職能。這也是人事管理的一部分；這也正是在嚴格意義上所指的協調職能。

(4)上層監督工作的職能。這一職能在於保證 A 的行動和 B 的行動都是按照整個單位的目標、預先加以妥善設計的，并且他們都在根據現有情況，以恰當的途徑來達到這一目標。應該記住的是，這一職能不同於工頭的職能或廣義的監督職能的基層工作部分。

總之，如果假設廠商外部的經濟狀況不變，那麼內部協調就是指處理廠商的內部摩擦和變化的那一部分管理職能。由於任何生產函數必然包括勞動力要素，且任何廠商都必須面對人事管理的問題，因此，很自然地可以說，即使已知對產品的需求(或假定對行業的需求不變)，生產函數不變，所有生產要素的價格爲已定，那麼內部協調仍有存在的必然性。正是因爲這個特點，所以當廠商產出的增加超過某一點後，內部協調的困難將會超過產出增加的比例。這就是說，即使是在靜態的假設下，

---

① F. 奈特：《風險·不確定性和利潤》，第 297 頁。

內部協調的職能不僅是必要的，而且會成爲廠商規模擴大的一個限制因素。

上面已經提到，卡爾多所説的協調（co-ordination）是一種動態職能。值得注意的是，羅賓遜先生（Mr. E. A. G. Robinson）更寧願將它看作是變化的程度的函數①，因爲他看到即使是在靜止狀態下，有些變化也需要協調。我認爲，如果像我在上面所説的那樣，將管理的職能區分爲"外部"協調和"內部"協調，前者指卡爾多先生心目中的動態變化和調整，而後者則指羅賓遜先生主要強調的變化、阻礙或廠商內部摩擦的協調，那麼，管理職能的概念就會澄清。

如果把內部和外部這兩種協調記在心裏，我相信，羅賓遜先生的結論，即"對企業的最優規模的限制，將會在經營單位擴大後管理方面所要求的協調成本遞增情況中找到"②，是可以接受的。

希克斯教授（Prof. J. R. Hicks）關於廠商均衡的觀點，也值得一提。在靜態的假定下，他不大相信會出現限制因素，雖然他認爲靜態之下廠商也一定會達到均衡。他曾經通過假定或假設廠商擁有某一生產要素的固定供給（該要素有自己特定的生產機會），以達到均衡，而這種生產要素相當重要，足以迫使廠商以遞增的平均成本進行生產。③ 他心目中這種假定的固定生產要素似乎就是"管理"，正如他所説，"對於長期的問題，最終的控制衹取決於企業家本人。邊際成本遞增的唯一原因，就是當生產規模擴大時，管理一個企業的困難也越來越大。"④但是到了後來，即使他自己也承認，"這一點不大令人信服"。⑤

衹是在動態條件下，希克斯教授纔對廠商達到均衡，抱有充分的信心。首先，他區分了兩種情形：（1）在正被討論的日期，企業家已經有

---

① E. A. G. 羅賓遜：《管理問題和廠商規模》，《經濟雜志》，1934年6月號。
② E. A. G. 羅賓遜：《競爭行業的結構》，第48頁。
③ J. R. 希克斯：《價值與資本》，第85頁。
④ J. R. 希克斯：《價值與資本》，第83頁。
⑤ J. R. 希克斯：《價值與資本》，第199頁。

了一個現成的企業;(2)他還僅僅是一個潛在的企業家,正在考慮是否開辦一個企業,以及辦什麽種類的企業。① 我們將第一種情形稱爲舊廠商,將第二種情形稱爲新廠商。

在舊廠商的情形下,希克斯教授認爲,似乎正是廠商過去遺留下來的條件(legacy)構成了在有關意義上的"固定資源"(fixed resources)群體(block)。這種初始設備的固定性必然導致收益遞減,而收益遞減即使不會限制廠商的最終規模,至少也會限制廠商生産擴大的速率。

在新廠商的情形下,廠商没有過去遺留條件的限制,但却存在着另外一些將會限制廠商規模擴大的障礙。這些障礙之一,就是當廠商生産規模擴大時,在管理和控制上不斷增加的困難。這個因素解釋了爲什麽廠商通常要從較小的規模開始。另一個障礙是風險因素。當廠商計劃的規模擴大時,可能的損失也會越來越大,而人們通常越來越不願意使自己暴露在這些風險的面前。

我并不認爲,在完全競爭的假設下,舊廠商過去的遺留條件會構成其擴張的限制因素。對我來說,廠商過去的遺留條件,特別是與廠商規模有關之處,在於它包括某些"習慣上的"(conventional)或"制度上的"(institutional)限制。然而,這與完全競爭的假設又會發生矛盾。因爲在完全競爭的假設下,這些習慣上的限制是不存在的。(當然,它們在不完全競爭或壟斷競爭下也許具有重要性。)另一方面,就新廠商來說,我不明白爲什麽在完全競爭條件下,風險因素會成爲廠商規模的限制因素,因爲對産品的需求已經給定。更有進者,在現代公司這樣的經營方式下,如果一個廠商通過增加其資本存量而不斷擴大,那麽,同樣數額的損失由更多的股份承擔,會使每股負擔減少;也就是説,當廠商擴大時,每股股份承擔的風險就會減小。因此,我祇能同意希克斯教授所説的,祇有在管理與控制上不斷增加的困難纔是廠商擴大的限制因素。

由上所述,我試圖得出如下結論。在完全競爭下,不管在静態還是

---

① J. R. 希克斯:《價值與資本》,第 199-201 頁。

在動態的場合，廠商均衡仍然有可能達到。在均衡點，價格和廠商的邊際收益一致，價格也和廠商的邊際成本相等。不論是在工業經營還是在農業經營，限制因素主要是管理，就其爲內部協調和外部協調的意義而言。在這裏，順便要提到，在人們通常假設存在着完全競爭的農業中，我們還要加上一個限制因素——土地。我希望以後有時間對這一問題再進一步加以討論。

現在，我們來看看在純粹壟斷和不完全競爭或壟斷競爭條件下的情況。在這兩種情形下，就產出而言，當其邊際收益等於邊際成本時，廠商就會達到均衡。這是張伯倫教授（Prof. Edward H. Chamberlin）①和羅賓遜夫人（Mrs. Joan Robinson）②所要求的單個廠商均衡的必要條件；這一點對大多數經濟學者來說，已成爲一般的共識。

"壟斷"意味着控制了供給，并因此也控制了價格。③ 壟斷者出售的價格不再像在完全競爭情形下等於其邊際成本，而超過了它的邊際成本，超過部分的大小取決於對其產品的需求彈性。因此，在壟斷條件下，產品價格大於平均成本，邊際成本小於平均成本。

由於壟斷的這些特徵，希克斯教授認爲在壟斷情形下，穩定的條件變得不確定了，因而壟斷假設的廣泛采用必然會對完全競爭假設下發展起來的經濟理論帶來毀滅性的後果。④ 其所以不確定，首先是因爲，不僅平均成本的下降是同壟斷相一致的，而且，邊際成本的下降也是同壟斷相一致的。因而，一定有什麽東西阻止廠商無限制的擴張；但市場容量的限制也能像邊際成本的上升一樣阻止它的擴張，雖然二者也能同時起作用。進一步說，產品需求的增加可能提高其價格，也可能降低其價格；因爲就我們所知，價格必須以某種比例超過邊際成本，祇不過不是固定的比例。於是，其影響變成加倍地不確定：隨着產出的增加，這個

---

① E. H. 張伯倫：《壟斷競爭的理論》，第27頁。
② J. 羅賓遜：《不完全競爭經濟學》，第3章、第11章。
③ E. H. 張伯倫：《壟斷競爭的理論》，第7頁。
④ J. R. 希克斯：《價值與資本》，第83頁。

比例可能變動,邊際成本可能上升也可能下降。①

我并不認爲希克斯先生的兩個反對理由是有決定意義的。第一,平均成本的下降和邊際成本的下降,同均衡和確定性的概念并不是不相容的。第二,希克斯教授所要求的那個比率(percentage)不是不確定的。因爲在壟斷下,祇有一個既控制了供給又控制了價格的生產者或出售者(也可能包括幾個人,但屬於同一個單位),因而,如果已知對其產品的需求彈性,且其動機是利潤最大化,那麽,均衡在理論上是相當確定的。這正是在邊際收益等於邊際成本的一點上。

在壟斷競爭或不完全競爭下,均衡的確定性問題討論更多。讓我們先將壟斷競爭下均衡的條件,闡述得稍微清楚一些。張伯倫教授認爲,除產出外,還有另外兩個變量,必須要有給定的解,纔能真正滿足均衡的條件。這兩個變量就是產品差异性和銷售費。② 正如特里芬先生(Mr. R. Triffin)所說,解的方法基本上是同將產出作爲一個變量的情形相同。③ 有了這一修正,均衡的條件就是廠商不能通過改變它所控制的任一變量來增加它的利潤。

許多學者一直認爲,甚至仍然堅持,在壟斷競爭或不完全競爭下不可能有廠商均衡。我將在下面對他們的某些觀點加以簡要評價。

卡爾多先生堅持認爲在不完全競爭下,就像在完全競爭下一樣,廠商的均衡是不確定的。④ 這是因爲,第一,祇要協調能力的相對地位不是由生產函數給定,而是取決於實際情形與均衡情形之間的關係,并隨着這一關係而變化,那麽,單個廠商的成本曲綫就是不確定的,因而與一給定的供給與需求曲綫體系相對應的均衡位置也是不確定的。其次,每單位產品所需的協調能力的變化,將會影響羅賓遜夫人定義中的"正

---

① J. R. 希克斯:《價值與資本》,第84頁。
② E. H. 張伯倫:《壟斷競爭的理論》,第5章、7章。
③ R. 特里芬:《壟斷競爭與一般均衡》,第21頁。
④ N. 卡爾多:《廠商均衡》,第73~74頁。

常利潤"①(即吸引新企業進入該行業所必需的利潤額),從而改變現有廠商所面臨的需求曲綫的位置。如果這是真實的話,在已知對廠商產品的需求和生產要素供給的條件下,不僅一個給定廠商的均衡產量是不確定的,而且該行業的廠商數目也是不確定的。

斯托爾坡先生(Mr. W. F. Stolper)對壟斷競爭條件下一個集團(group)或一個行業(industry)的均衡的可能性持有一種看法,恰好同卡爾多先生的第二個觀點頗有關聯。斯托爾坡先生認爲,在壟斷競爭或不完全競爭下,一個集團或行業不可能有穩定的均衡。他的推理主要是基於行業和進入行業(entry)的概念。他說,"在壟斷競爭下,所需做的決策不僅是要不要生產,而且是生產什麼的問題。既然產品是有差異的,出售者不可能生產同質的商品。在這種意義上,根本不可能有進入一個行業的自由。因此,生產者必須決定他希望引進的有差異的另一種產品,他還必須引進一個新的生產函數。"②因此,正是定義一個"生產領域"或一個"行業"的困難說明了這樣一個事實,即在壟斷競爭或不完全競爭下,穩定的均衡是不可能達到的。

正因爲卡爾多先生的第二個觀點很有影響,我們將對它作進一步的討論。在完全競爭下,正像上面所述,任何單個廠商的需求曲綫是一條水平綫,因此,爲要達到均衡,我們祇需要從成本方面找出某種限制因素。我們已經找到了"管理",包括內部協調和外部協調,可以在企業界起着這種作用。在壟斷條件下,由於存在着過剩的生產能力,而且祇涉及成本曲綫的向下傾斜綫段,所以爲要達到壟斷者的均衡,我們主要祇能依靠需求曲綫。在這種情形下,當壟斷者的邊際收益等於其邊際成本時,均衡就能夠達到。在壟斷競爭的情況下,用於分析壟斷情形下的技術和程序,看來同樣又可以適用。事實上,許多作者已經這樣做了。但

---

① J. 羅賓遜:《不完全競爭經濟學》,第92頁。
② W. F. 斯托爾坡:《壟斷競爭下均衡的可能性》,《經濟學季刊》(Q. J. E),1940年5月。

這裏又產生了一個重要問題。在壟斷情形下，由於祇有一個賣者，如果已知產品的需求彈性，那麼需求曲綫的位置就不會受壟斷者本身行動的影響。在壟斷競爭或不完全競爭下，情形就大不相同。任何一個廠商的需求曲綫的位置，都會受到同伙或同行業其他廠商行動的影響。需求曲綫本身就變得不確定了。照這樣推導下去，廠商的均衡也將會是不確定的。

這一點構成了羅賓遜夫人的分析中最明顯的弱點之一；與此同時，張伯倫教授却通過引用一條表明對任何一個賣者的產品在各種不同價格下的需求曲綫，并假設該賣者的競爭者的價格也總是同該賣者自己的價格相一致（但不是保持不變），從而使得他的分析在很大程度上避免了這一弱點。① 至於所有產品和所有其他價格是固定的或保持不變的假設是否合理，則會牽涉到方法論（即局部均衡方法與一般均衡方法）的爭論。而這個問題的討論却超出了本文的範圍。這裏我們所要說的是，雖然局部均衡分析方法在經濟理論研究中是一個必需的和有用的分析工具，而且很有貢獻，但另一方面，却又由於它的内在的缺點，使得它已經得出和將要得出的一些規律，會減少其應用於實際經濟社會的可能性；當然這種缺點也是迄今任何已經製作出來或正在使用的分析工具多少都不可避免的。

博爾丁先生（Mr. K. E. Boulding）指出了既存在於羅賓遜夫人理論中、又存在於張伯倫先生理論中（他給這兩種理論起了一個"綽號"，叫做"劍橋理論"）的另一個弱點，那就是它完全忽視了企業的"時間"因素，因此他們關於廠商（firm）的概念，遠離了現實世界，祇能是一種粗略的、雖然有用的近似值。② 按照博爾丁先生的看法，過去十年中的大部分工作，是爲了對廠商的性質和反應，建立一種更加準確的形象，特別是用明確

---

① E. H. 張伯倫：《壟斷競爭的理論》，第 90-94 頁。
② K. E. 博爾丁：《過去十年的廠商理論》，《美國經濟評論》，1942 年 12 月，第 791-802 頁。

的"時間關係"表達出來。在將時間關係引入分析的條件下，我們不再能假定净收益的最大化，因爲企業家也許寧願要近期内較小的净收益，而不願要將來較大的净收益。

這一修正——即將時間引入到分析中，可能使"劍橋理論"更爲完善，并指出其在應用方面的局限性；但它并不能使劍橋理論在批評下變成無效，特別是到了必須拋弃净收益最大化假定的地步。如果我們着眼於長期均衡，那利潤最大化的動機總是合理和切合實際的，即使把時間因素引入分析中也是如此。在這個關口，我想趁此機會，對希金斯先生（Mr. B. Higgins）的說法，即"利潤動機占主導地位的假定，并不適用於非完全競争的分析"①作同樣的回答。再者，希金斯先生指出，在企業界的實際活動中，除利潤動機以外，可能還有其他許多動機；但我相信這一點祇是在某些情形下是真實的，而在大多數情形下則不然。

在壟斷競争或不完全競争假定下所做的分析，據它們的著者宣稱，要比在純粹競争或純粹壟斷假設下所做的分析都更加切合實際一些。在很大程度上，這是正確的。然而，人們或許要問：迄今在純粹競争、純粹壟斷、特別是壟斷競争條件下，所有理論家都使用的基本工具"邊際收益等於邊際成本"，到底是否切合實際？牛津大學有一個經濟學家小組就這一問題作過調查。其中，哈羅德先生（Mr. R. F. Harrod）特別值得一提。他們的研究成果在霍爾先生（Mr. R. L. Hall）和希契先生（Mr. C. J. Hitch）所寫的文章中得到了公布。② 根據調查，企業家是按照與此完全不同的方式來考慮問題的（而不是根據邊際收益等於邊際成本）；在定價時，他們祇憑實際經驗，牛津經濟學家稱之爲"全部成本（full cost）原則"。這種所謂"全部成本"，也就是在每單位産品的直接成本（prime cost）上，再加一個預先確定的百分比，包括企業管理費和合理利潤。這

---

① B. 希金斯：《不完全競争理論中的不確定性因素》，《美國經濟評論》，1939 年 6 月。
② R. L. 霍爾與 C. J. 希契：《價格理論與商業行爲》，《牛津經濟論文雜志》，1939 年 5 月。

一百分比的計算，在不同廠商之間，甚至在同一廠商的不同時期之内，也是不同的，而要根據廠商的會計核算政策和定價政策而定。因爲事實上，不可能確定全部成本的範圍，所以廠商的均衡實際上也是不確定的。

牛津經濟學家所作的調查結果可能是正確的，但它并不意味着，也不可能以之爲依據，認爲這個迄今對理論分析如此有用的工具就應該抛弃。這是因爲，第一，大多數人所做的事情常常連他們自己也不一定真正理解，特別是不能從某些科學或學術觀點上來加以理解。然而，没有人能够否認，大多數企業家實際上都力求使其利潤最大化。在一定的市場(需求)和一定的工廠(成本)條件下，他們會致力於竭盡可能以達到利潤最大化。他們不斷嘗試和不斷擴張的最大限度，自然是達到不能再增加收入和不能再减少費用這一點爲止。這一點，對大多數工商業者而言，可能是"不自覺"的，但他們心裏是"理解"的。用理論術語來説，這一點也就是邊際收益等於邊際成本的一點。更有甚者，即使我們承認經濟學中的許多結論或所謂法則是不切合實際的，我們仍然不能説這種理論分析是無用的或應該抛弃的。理論和現實的結合或達到完全一致，當然是理論工作者和實際分析者應該努力達到的共同目標，然而，即使是要使理論比較接近於實際，也確實是一個漫長的歷程，更不用説達到理論與實際的完全一致這個最終目標了。

結論：從上面所説，我們可以得出一些嘗試性的結論。在静態假設的完全競爭條件下，廠商均衡是完全可以確定的；但在動態的假設下，則要困難一些，取决於所采用的動態概念。在純粹壟斷的情况下，也可能確定廠商均衡；但在壟斷競爭或不完全競爭的情况下，則要困難一些，取决於所采用的方法。"切合實際"的觀點，至多祇是對迄今已有的廠商均衡理論應用於實際的一個限制和修正的力量，但并不是從根本上來摧毁這種理論。

論"正統學派"對於經濟學的新看法[*]

《經濟周報》編者按：

張培剛博士向在國立中央研究院的社會科學研究所研究農業經濟，1941年秋去美國，在哈佛研究經濟理論與經濟史達5年之久，對近代各家經濟學說有特殊心得，最近返國，承其於百忙中為本刊撰此論文，實深感謝。

這次過上海，編者吳承禧先生要我寫一篇文章，并指定了這個題目。

在談到正文之先，我覺得"正統學派"這個名詞有略加解述的必要。照我的看法或想法，正統學派有狹義的和廣義的兩種解釋，狹義的正統學派是指亞當·斯密以下到小彌勒集其大成這個傳統的學說。皮固（Pigou）教授可說是這個傳統的真傳弟子。就這種意義來說，馬爾塞斯，以及逝世不久的凱恩斯都是反正統派的，我們可稱其為英國的革新派。另方面，社會主義學者則用廣義的看法，把所有非社會主義的經濟學者，連馬爾塞斯、凱恩斯在內，都看做正統學派。其它如奧地利學派的 Bohm Bawerk, 洛桑學派（Lousanne School）的 Walras, 以及瑞典學派的 Wicksell, 當然也都屬於正統學派的陣營了。馬克思主義者統稱這些學派的人為"庸俗的經濟學者"。本文所要談的經濟學上的幾個新看法，是指廣義的正統學派對於經濟學的新看法。

這種新看法當然不止兩三種。不過我打算祇就兩三種最重要的，略加介紹和討論。

第一，從"完整競爭"（perfect competition）到"不完整競爭"（imperfect

---

[*] 本文原載《經濟周報》第3卷第1期，1946年7月。

competition)并談到政府干涉。我們知道從亞當·斯密經李加圖、彌勒而到馬夏爾、皮固,都是假定"完整競爭"是存於這個經濟社會的。由於"完整競爭"的作用,生產、分配和消費都可達到理想的境界,在這一理想的境界上,私人利益和社會利益不但得到調和,而且達到最高點。在這種情形下,政府的干涉不但是多餘的,而且是有害無利的。

但是,"完整競爭"是真正存於這個經濟社會——資本主義的經濟社會嗎?要想達到完整競爭,必須完成幾個先決條件:(一)任何出售者的行動將不影響其貨品的價格;(二)生產要素及其它資源的移動完全自由而毫無障礙;(三)買賣雙方對於市場有完善的知識。不一定是經濟學者,即任何人也可認識:這種種"完整競爭"的條件,任何經濟社會也從沒有具備過。這就是說,"完整競爭"從來就沒有實現過。在經濟學的研究上,認識這種情形的人早已不少,不過,祇是到12年前,美國康橋的錢伯林教授(Chamberlin)和英國康橋的羅賓森女教授(Joan Robinson)同時發表了他們的系統的研究結果後,大家纔有更明確的認識。那便是說,對於存於現行經濟社會的不是"完整競爭",而是"不完整競爭"。這一點,有更明確的認識了。

在"不完整競爭"遍行的經濟社會裏,生產設備不能利用到最高程度,因之在消費品市場上,物價是過分的高,而在生產要素的市場上,工資是過分的低。那就是說,消費者和工人們吃了虧,受了剝削。誰占了便宜呢?當然是經營事業的所有者。要糾正這種對於整個社會不利的"不完整競爭",要使消費者及工人不吃過分的虧,政府的干涉是必須的。

第二,從以"全部就業"(full employment)爲分析的出發點,到以"部分就業"爲分析的出發點,并談到社會主義的設計。老牌正統學派的經濟學者都是假定生產要素的利用,特別是勞工的雇用,已經達到了飽和點,因之在生產技術不變的情狀下,繼續擴張生產或移動生產要素到另一生產部門,必定會招致不利。這是因爲生產要素的利用既然到了飽和點,并且到了最宜點(optimum),當然任何關於生產規模或生產要素利用的變動必定會招致不利的結果，那就是説每單位生產要素的限界生產價值必定會較前減少。這種分析，在邏輯上，當然是無疵可擊。問題是在"全部就業"這個假定是否合乎實際情形。這也不待學者或專家而可看出它和實際情形相去甚遠。

在這一點上，攻擊老牌正統學派最烈的，甚且全部推翻了老牌的理論的，是逝世不久的凱恩斯。在"General Theory"這本書裏，他提出了以"部分就業"爲分析的出發點。他的立論，和當時的經濟情形有密切關聯。"General Theory"發表於1936年，正值世界經濟恐慌之後，失業者慘痛的印象仍歷歷在目。在這種情形下，如果仍舊關在屋子裏，在"全部就業"的假定上翻筋斗，不但是近乎書呆子氣，而且可説是荒唐。無怪乎凱恩斯的理論一出來便風傳全世界了。但因爲他的立論是針對着經濟衰落的，所以他的"General Theory"又被稱爲"Economics of Depression"。

基於凱恩斯對於收入、消費，和投資的分析，一個社會的總收入等於總消費加總投資，所以總消費和總投資的增減便影響到總收入的增減。根據"倍率"(multiplier)，我們便可求出投資對於收入的影響。照凱恩斯的看法，總收入又等於總消費加總儲蓄。所以在研究上所想象的轉瞬間，總儲蓄應和總投資相等。關於總儲蓄和總投資是否相等的問題，曾經引起過很激烈的爭辯。在這裏，我們不能詳細去討論它。不過我們可以説，根據凱恩斯"轉瞬式"(instantaneous)的分析，兩者是可看做相等的；但是長期來看，兩者決不會相等，而相等不過是千百種可能性中的一個而已。原因説來很簡單，在現在經濟社會裏，不見得所有的儲蓄都能找到投資的出路。話再説回來，在資本主義社會裏，由於收入分配的不平均，隨着收入的增加，消費增加了，但其增加的速率必定較收入增加的速率爲小。這就是説，收入增加了一倍，消費也許祇增加50%；也就是説，儲蓄增加了一倍有餘。這是凱恩斯所謂的"基本心理法則"，是他全部立論的主要前提。當收入增加了，因爲消費不能同比例的增加，其結果便是不能全部吸收已經增加了的生產，則下一期的收入不但未見得增加，甚且還有減少的可能。所以老牌正統學派所提倡的節約不但不能激發生產，而且更促成生產過剩，使經濟衰落更爲嚴重。

照凱恩斯的説法，政府應出來舉辦事業，救濟失業。并且應由政府設計并保障"全部就業"。美國羅斯福總統統治下的復興法案，美政府所辦的修路和其它種種事業，以及最近英國 Beveridge 所提議的"全部就業方案"，美國國會所要仿行的同種辦法，可説都是受了凱恩斯理論的影響。

第三，從"静性的"（static）分析到"動性的"（dynamic）分析，以至於"演進性"（evolutionary）的分析。老牌正統學派的分析都是"静性的"，而假定一個"静性的社會"（stationary state）。所謂静性的分析不但假定生產技術不變，而且還要假定人口不增減，"口味"（需要的根據）老是一樣。若以經濟學當作純科學，這種分析當然是必須的。不過，講經濟政策的人，或者應用經濟理論的人，往往不察，輕率地便把這種静性分析的結論，應用到動性甚且演進性的社會裏來。其爲害當然不待明言。不過，即令把經濟學看作純科學，其立論也必求合乎事實。這樣説來，静性分析祇能當做一個起點，而其終極應做到動性的和演進性的分析。同時，經濟學歸根究底還是人文科學，和純科學大有不同的地方。馬夏爾、皮固都把經濟學看作研究人類物質福利及其促進之道的科學，可説是着重"致用"這方面。既然要兼重致用，當然更要使經濟學的分析合乎事實，并合乎經濟社會的實際要求。這些便是新近的經濟學者爲何要着重動性的，甚且演進性的分析的主要背景。

商業循環的研究表示了動性分析的重要。近十數年來，商業循環的研究，日被注重，而解釋商業循環的理論，雖然不見一致，但其漸爲深到，則爲事實。從純經濟理論來説，動性的分析實以"蛛網理論"（cobweb theorem）開其端。自後益見注意，而青年學者如 Lange、Samulson、Learner、Ezikiel、Fisch、Tinbergen 等，均以短篇論文，對這方面有很大的貢獻。至於講商業循環的學者，則爲數更多。就中如 Schumpeter 的"商業循環論"，可説是一部資本主義的發達史和發展理論，所以那部書的小標題叫做"資本主義過程之理論的，統計的和歷史的分析"。這裏面的分析不但是"動性的",而且是"演進性"的。

所謂"演進性"的分析,主要的特色在把技術變遷(technological changes)和人口增減介紹到被分析的經濟社會裏去。在正統學派,這是一個較近的事。其實馬克思的《資本論》講機器一章,早已注意到技術變遷這個因素了。他的"集中律"(law of concentration)更是演進性的分析的最好例證。

以上三種新看法,可説是革新派及其他反老牌正統學派的成就。還有兩點,我覺得很有提出來説一説的必要。一點是福利經濟(welfare economics)的研究。所謂福利經濟便是研究一個經濟社會的資源,如何能得到最適宜的分配和利用。這和社會主義的設計,歸根起來,便很接近。不過把純經濟學上的結論用到福利經濟的研究上,還是很新的一個嘗試。説起來很簡單,他們兩方面所依據的公式,還祇是一個,即:限界成本(marginal cost)等於限界收益(marginal revenue)。私人企業的經營要遵守(不自覺的)這個公式或規律,公營事業也要遵守這個規條。但是就一個社會資源的總分派來講,則其應遵守的規條是:限界社會成本等於限界社會收益。再者,新近的看法,很着重收入分配這一點。凱恩斯理論的特色便是介紹了收入這個因素。其實注重收入也不自他開始,瑞典學者威克塞爾(Wicksell)早已反覆詳論收入這個因素的作用了。當生產規模擴張,生產增加時,必定引起收入不均等的分配(在現行經濟社會裏),這種不均等的收入分配又必影響消費,而影響到再生產的過程。所以照福利經濟的研究結果,祇有收入的均等分配,纔可以獲得最有效的生產和資源利用。這和社會主義的結論是一樣了。這就是説,老牌正統學派的理想境界,祇有藉社會主義纔可以實現。

還有一點,是涉及到後進國和農業國的工業化問題。照老牌正統派的看法,農業國的人民既然全部就業了,便無須再轉到新的工業裏去,因為這種轉業并不見得於他們自己有利。在"全部就業"和生產技術不變的兩個條件下,這種理論是合乎邏輯的。可是很明顯,這兩個假定并不合乎事實。在新的生產技術已經出來後,農業國的人民雖然大部分就業了，但這種就業祇是一種"掩蓋着的失業"（disguised unemployment）。因爲按照新的生產技術，他們的生產所得是遠在應有標準以下；表面上他們是有職業，但這種職業并不足以抵償他應得的部分，所以這種情形稱爲"掩蓋着的失業"。要救濟這種現象，祇有把新的生產技術介紹進來，同時把工業者從舊的職業轉換到新的職業。這種新的看法，證實了農業國有工業化的必要。這是就純經濟的立場來看；至於就軍事的，政治的立場來看，農業國須工業化，更不待言。當然，軍事、政治的看法是超出本文範圍以外了。

最後，我可簡單的説幾句，做個結論。所謂"正統學派"的新看法，主要的特色是在把他們立論的分析和假定，修正得更接近事實。這樣一來，他們的理論，儘管表面上所用名詞有不同，分析技術有巧拙，而骨子裏則和社會主義經濟學者的理論，很多相近似。比如説，關於勞工被剝削，其所得工資遠在應得工資以下這一點，羅賓森女教授已經很明確地指出，并且透徹的予以分析過了。事實上，比較守舊的皮固教授早也提示過這一點。把他們的理論和激進的社會主義者相較，不同的地方僅在於應得工資的標準：一爲勞工的限界產品，一爲維持勞動者延續生長所不可少的生活品而已。又如革新派着重收入的均等分配這一點，可説完全與緩和的社會主義者同一見解。至於老牌正統學派向所理想的境界，很明顯地祇有藉政府的力量，實行社會主義式的設計，纔能達到。正統學派陣營裏的人，兜了一個大圈子，到頭來，慢慢和社會主義者的看法相接近了。説穿了，其中道理也很簡單，經濟學不過是研究人類經濟生活的一種學問，祇要我們對實際社會經濟生活明瞭了，再加上一點通常的智力，分析的結果應該是漸相接近的。這便是説，祇要是誠心求真的話，我們所走的方向，終極是要漸趨一致的。

1946 年 6 月 28 日脱稿於南京

論經濟學上兩大準則
——效率與公平*

普通衡量生產，無論依工程師的觀點，或依研究經濟者的立場，恒以效率為標準。談個人的生產如是，談一個經濟社會的生產亦復如是。但是以效率衡量一個經濟社會的生產時，更重要地尚須注意到分配的公平問題。所謂分配是指資源和生產工具的分配，以及生產結果的分配。公平的分配是現在研究福利經濟的一個基要準則。本文旨在簡釋效率和公平的涵義，以及兩者間的關係。

先說效率，所謂效率（efficiency）係指出產（output）和所費（input）的比例，即出產比所費，比例愈大表示效率愈高。此處所謂出產和所費，不一定要用貨幣單位來表示；這幾個名詞本是從工程學界借用而來的，原來的意思是用物質單位測定的，後來應用的範圍廣了，遂以貨幣為表示的單位。就一個生產單位（一個工廠或公司）言，最大的效率點，應是平均成本曲線的最低點。這一點的達到，有賴於"完整競爭"的實現。可是，完整競爭不過是正統學派的一個假定，是他們的理想境界，在現實經濟社會裏，我們所見到的祇是"不完整競爭"與"獨占性競爭"；生產單位的生產，恒在最大效率點以下。因之我們要達到最大效率點，既不能等待完整競爭這種夢想的境界，更非假手於有計劃的人為的方法不可，直言之，即實行社會主義的計劃經濟。唯有實行社會主義的計劃經濟，每個生產單位纔有達到最大效率點的可能性。因為祇有這樣，資源的分派和生產工具的分配纔能達到適宜的境界，生產規模纔能擴張到最適宜的地步。

---

* 本文原載於《武漢大學經濟學會會刊》，1947年。

其次言公平，公平（justice）應成爲分配的準則，是現在談福利經濟的人以及談經濟政策的人都承認的。我們先說生產結果的分配，再說資源和生產工具的分配。生產結果可分爲收入和貨物兩種方式。依正統學派的理論言，最適宜的收入分配原可依兩個假定而得到：一爲假定各個人所得到的滿足是同一類型而可相互比較的；一爲假定"收入限界效用遞減法則"有普遍的適用性。但是消費所發生的效用是主觀性，各個人對於效用的估價是不一致的，是無法比較的。所以此二假定根本不合乎實際情形，因之不能據而求得最適宜的收入分配。換言之，不能求得那種足以獲得最大消費滿足的收入分配。在另方面言，我們却可找出一個公平的辦法，即應用"均等法則"，將收入均等的分配於社會各個組成分子之間。均等的收入分配是在上述種種限制下，可能獲得最大消費滿足的一個法則。這是采行社會主義的一個重大理由。

說到貨幣的分配，依正統學派的意見，最適宜的（optimum）的分配情形是各種貨物彼此的限界替代性（marginal substitutability）對於各個消費者都達到彼此相等的地步。換言之，貨物 A 對於貨物 B 的限界替代性（即用最後一單位貨物 A 替代最後一單位貨物 B），對於有若干貨物 A 的某消費者甲，和對於有若干貨物 B 的某消費者乙是相等的。這原則的成立是根據關於人類欲望滿足的幾種假定，其中一個便是"限界替代性漸減法則"。在社會主義制度之下，這就是"各取所需"。在自由交換制度之下，如果沒有獨占性的剝削存在，則上述最適當的貨物分配情形是可慢慢實現的。可是我們研究經濟的人都知道：在資本主義的社會裏，"完整競爭"不過是純理論上的一個理想境界，實際上是從未有過的，許多經濟學者到現在仍認爲"完整競爭"曾經并仍舊存在於農業社會裏，但我們認爲這也是不合實際的一種觀察。所以最適宜的分配情形須用政府的力量促成之，而這又有賴於實現社會主義的計劃經濟。

談到資源和生產工具的分配，我們要注意兩點：一爲如何使每個工作者能獲得最適當的工作，以及從事此項工作的工具和環境；二爲如何使資源和生產工具能得到最大的利用。前一點便是"各盡所能"和"充分就業"的問題；後一點便牽涉到財產制度和生產效率了。如何使工作者能"各盡所能"，能"充分就業"，須待政府本諸平等和公平的原則，予以計劃。正統學派往往假定他們所要分析的社會，已經達到充分就業的階段，因之，這個問題被假定爲沒有問題。同時，按照他們所慣用的"限界生產力"學説各個工作者自然各盡所能，自然各得其應得的報酬。這個假定以及這個學説的不切實際，現在已爲多數學者所認識。

論及資源和生產工具的分配，如何纔能得到最大效用，我們須和生產效率合并來觀察。這裏我們就可看出公平和效率的關係。

前面我們已經説過，一個生產的單位最大效率點，是平均成本曲綫的最低點。但由於現社會裏獨占和"獨占性的競爭"的普遍存在，這一點多未達到，以致發生"剩餘設備"（excess capacity）或"設備利用不足"（under capacity）的現象。以習用語來説，便是"物未盡其利"。這個情形的發生，主要是由於資源和生產工具的分配未能公平，致爲少數人所獨占，這少數人既以牟利爲目的，爲要提高價格，常常限制生產，其結果自然使生產設備不能利用到最適宜點——平均成本的最低點。一個生產單位如是，社會的總生產亦復如是。要去掉此種弊病，亦衹有采行社會主義的計劃經濟。

效率和公平是經濟學上論生產和分配的兩大準則，如何依據這兩大準則，以做到合理的生產和分配，則有待於我們作進一步的研究。

寫於 1947 年 5 月 29 日　珞珈山半山廬

從"新經濟學"談到凱恩斯和馬克思[*]

最近十幾年來，談經濟學的人，或講經濟政策的人，大都聽說過凱恩斯（J. M. Keynes）及凱恩斯學派（the keynesian school）。無疑的，在資本主義已發達到高級并且已經或快要走下坡路的國家，如英國、美國以及少數歐洲大陸的國家，凱恩斯確是一位風頭人物。不僅此也，在這些國家某些人的眼光中，凱恩斯爵士簡直是一位濟世良醫，他的診單和藥方被有些人看作"百寶丹"，"萬應散"。甚且在中國，即令病人患的是另一種病，也有人想把這位"神醫"的藥經整套搬過來。

平心而論，凱恩斯在正統學派和新正統學派一脉相傳的系統中，確實算得是一位傑出的人才。他在 1946 年 4 月與世長辭後，更被看作天才。他雖是一位經濟學者，但對於哲學、數學的素養也很好；他的"或然率理論"，在數學界仍是一本標準以上的書。他不但是一位經濟理論家，而且還是一位實行家：他主管過劍橋大學的財務，非常成功；做過保險公司的董事長，開過農場，他當了很久的英國財政部的顧問，對於英國的財政和金融政策，貢獻很大；建議并起草過"國際貨幣基金"及"國際重建和發展銀行"的組織，那時，他是英國的首席代表，後來被派作該兩種組織的總裁，不幸兩月後即因病而謝世。生前他酷嗜藝術，開了一個戲院；討了一位"足趾舞"（ballet）皇后做太太；當過英國全國藝術學會的主席。他不但長期主編了聞名的《經濟雜志》（Economic Journal），而且還主編過《民族》（The Nation）及《新政治家》（The New Statesman）。他的興趣和活動可算是多方面的了。

本文所要介紹的《新經濟學》（The New Economics）一書，小標題爲：

---

[*] 本文原載《觀察》第 4 卷第 15 期，1948 年 6 月 5 日。

凱恩斯對於理論和政策的影響（Keynes' Influence on Theory and Public Policy），是哈佛大學赫利斯（S. E. Harris）教授主編的，出版於1947年，出版者為Alfred A. Knopf, New York。全書600餘頁，雖然內容略嫌雜亂，但到現在為止，還要算是討論凱恩斯學說最完善的一本書。執筆者包括英、美及歐洲大陸的經濟學者，從保守的執教於哈佛大學的哈伯勒教授（Haberler）到比較激進的馬克思派的理論者史維慈（Paul Sweezy），還有博學多能的熊彼特教授（Schumpeter），荷蘭獨樹一幟的丁伯根教授（Tinbergen）及所謂"美國凱恩斯"的漢森教授（Hansen）。這些執筆者，有些是所謂死硬派的人，無論如何，也不接受凱恩斯或任何人所倡導的緩性改革；有些是凱恩斯學派的健將，把凱恩斯的學說，發揚光大；有些是緩和的社會主義學者，所得到的結論，可謂和凱恩斯"殊途同歸"；有些是比較激進的社會主義學者，認為凱恩斯的學說和政策，還不夠徹底，也不能解決基本的經濟問題。

在正統學派及新正統學派的眼光中，凱恩斯祇是一個叛徒。但是客觀地講起來，因為凱恩斯是從新正統學派的氣味中薰陶出來的，"孫悟空跳不出佛爺的巴掌心"，所以凱恩斯到頭來仍跳不出修正性的緩和改革的圈子。凱恩斯的學說，在有些地方，固然得自并近似馬克思，但根本上兩人分野很大，這裏我們祇想簡單地談一談。

首先，我們要認清馬克思在經濟思想及經濟政策方面的影響，恐怕沒有任何經濟學者比得上；更重要的，他的這種影響還在繼續傳布和發展之中。論及博學和素養，馬克思不僅可以比美，甚且在有些方面還要勝過凱恩斯。馬克思對於哲學、數學、法律、歷史各方面，造詣極深，其觀察之深刻，敘述事實之銳利，有人說在正統學派裏，祇有李嘉圖（Ricardo）可勉強相與比擬，至與凱恩斯相較，則馬克思關於歷史方面的知識和看法，尤非凱恩斯所能望其項背的了。

在分析方法上，凱恩斯和馬克思都采用所謂"整體分析法"（aggregative approach），即以經濟社會現象的總體，作為分析的對象。但是凱恩斯不着重"時間"的因素，而馬克思的學說則以歷史的發展為基礎。

關於暴露資本主義的弱點，分析經濟恐慌，以及反對傳統的"珊依法則"（Say's law），凱恩斯和馬克思很有點"异曲同工"。所謂珊依法則，是正統學派整套理論結構的一個中心支柱。照這個法則的說法，"供給本身可製造需要"，因之社會上從來不會發生生產過剩，普通對於經濟恐慌的憂慮乃是莫須有的。所以在正統學派的作品裏，我們很少看到詳盡討論恐慌和失業的文字，因爲他們大都假定着恐慌不會發生（即令偶而發生了，本諸"自動調節"的原則，過些時便會恢復常態），并且假定着充分就業的存在。他們的分析，在邏輯上是無隙可擊的，祇是作爲分析支柱的假定却大有問題。馬克思早在《剩餘價值理論》一書中，就很激烈地抨擊過珊依法則。可是在正統學派的系統下，直到反判的凱恩斯出來，纔算把這個法則根本推翻了。

凱恩斯的學說，完全是對着經濟衰落而發的，所以他在1936年出版的代表作《一般就業理論》一書，又被稱爲"衰落經濟學"。凱恩斯認爲傳統所假定的"充分就業"，祇是許多可能情形中之一種，所以在他的代表作裏，他特別着重未達到充分就業時的種種現象，分析不充分就業下的均衡狀態。凱恩斯受了瑞典學派的影響，把收入變動這個因素導入了他的分析，并將貨幣變動和整個經濟現象聯繫了起來。他以"流動偏好"（liquidity preference）解釋利息，以"倍率"（multiplier）測量總投資對於總所得的影響。他在政策上主張提高消費，擴大投資，增加收入。這些都是凱恩斯學說的主幹。

可是凱恩斯的學說，如以《一般就業理論》爲代表的話，亦大有其缺點和應用上的限制。他的整個分析沒有滲進"時間"這個因素。他忽視了"生產技術"以及新的生產技術所引起的失業問題。他忽視了獨占以及獨占對於收入分配的影響。他引進了"收入"這個因素，但忽視了社會分配制度以及分配制度對於收入、儲蓄、和投資等現象的限制。因爲他的分析是"瞬息的"（instantaneous），沒有"時間"，所以不能用以解釋長期的經濟變動，不能用以解釋經濟的演進和發展。總之，凱恩斯歸根還是一個忠實的資本主義信徒；祇是他和旁的信徒不同：一來他不諱疾忌醫；

二來他一生是在苦心孤詣地要把這個病將不治的人醫好。

馬克思的經濟理論，根本上就是長期演進性的，他的《資本論》是一部資本主義長成、發展、衰退及轉形的理論。馬克思對於正統學派的學說也很有修養，他深知他們理論的破綻，及其假定的牽強和不合於事實。就反抗死硬的正統學派而言，馬克思和凱恩斯是站在一條綫上；但是對於資本主義的前途和歸宿，則兩人的看法，根本異趣。凱恩斯在《放任主義的末日》一書中，雖痛陳自由放任的流弊，但他歸根到底還是擁護資本主義的。在《一般就業理論》中，他暴露了資本主義的弱點——經濟恐慌，但是他還想用盡辦法，把這些病象治好。馬克思則不然。在他的分析裏，資本主義制度祇是經濟發展史上的一個必然的過程，終結是必然崩潰的。他着重"時間"這個因素，也着重"生產技術"和"生產力"這個因素。獨占在他的《資本論》中更有着重要的地位；對勞工的剝削，不等價的交換，都是以生產工具的獨占和市場的獨占爲其前提。不均等的收入分配和資本累積過程有着密切的關聯；市場的開發和爭奪，直接關係着投資的出路，終極更關係着資本主義的存亡。這些方面，現在一天一天地在顯露着資本主義的內在的矛盾。照馬克思的說法，這些內在的矛盾，必將加速資本主義的崩潰和滅亡。最近有一位緩和的經濟學者熊彼特氏，曾以《創新學說》(Theory of Innovation)見曉於世，亦謂資本主義制度將因創新機會日少(現已開端)而終趨滅亡。究竟如何，終有事實來作證明的一天，我們且拭目以待吧！

農村調査方法

我國農村調查之困難及其補救[*]

一、農村調查之史略

我國對於農村情況，農家生活，向不注意，故對農村現象的研究，實乃近年來之事。同時，因文化落後，采用科學的調查方法，以作社會現象的分析與探討者，爲時更晚。在此種情狀之下，用科學的方法，來作農村現象的調查研究者，其發端自然更遲。

應用科學的方法，舉行農村調查，不獨在中國是一種很新的事業，就是在歐美也不過三四十年的歷史。農村調查的策源地當推美國。1890年，美之白勒（L. H. Bailey）氏，曾在紐約州（New York State）西部，調查一個園藝，後據此作有許多報告。氏於農村調查的鼓吹與提倡，尤居大功。1908年，美總統羅斯福在任時，組織農村生活委員會，實行農村生活運動，決定以調查作爲改良農村生活的根據。至以科學方法，作實地之農村調查，要算 1922 年至 1924 年，美農部對於紐漢卜榭（New Hampshire）州及其他十個州，就2 886個農家所作的生活費調查。到現在，美國關於農村調查，日益普遍，規模亦日益擴大。其他如英、法、德、日諸國，農村調查的發生亦是上世紀末或本世紀初頭的事。我國學術研究，本極落後，則應用科學方法的農村調查，發生如此之遲，也不足爲怪了。說到我國實際的農村調查，最早的要算民十年，滬江大學教

---

* 本文原載天津《益世報・農村周刊》，1934 年 11 月 17 日。

授葛耳浦（D. H. Kulp）氏領導學生在廣東潮州鳳凰村所作的調查，其報告民十四年用英文出版。民十一年有麻倫（C. B. Malone）氏與戴樂仁（J. B. Taylor）氏，應華洋義賑會之聘，領導學生在河北、山東、安徽、江蘇、浙江五省二百四十個村莊所作的調查。比較上規模最大的，要算金陵大學教授卜克（J. L. Buck）氏，領導學生在河北、山西、安徽、河南、江蘇、浙江、福建七省十四縣，所作2 866個農場的調查，民十九年用英文出版。最近有國立中央研究院社會科學研究所，及社會調查研究所，先後在江蘇無錫、河北清苑（保定），及廣西所作的農村經濟調查，調查結果仍在整理中，尚未完全發表云。

年來農村經濟破產的呼聲高唱入雲，而如何改良農村組織，增進農人生產，以期農村復興與繁榮，更為全國上下一致所要解決的問題。所以年來負有此種責任的機關，如全國經濟委員會、實業部、各學校農院、各地農業研究團體，以及其他與農村有關的公私社團，都已有注重并從事農村調查的事實表現。

二、農村調查之困難

農村調查雖漸為社會人士所注意，但以我國疆域之大，人口之多，而組織缺乏，經濟落後，則實際從事調查時，必有多種困難。

我們要想舉行一種農村調查，不論其規模大小，範圍廣狹，假使先期未注意到困難所在，則實際調查時，必致中途因困難而發生阻礙，即令調查能如次完竣，但其結果必不合乎事實。所以研究并揭示農村調查困難之點及其補救方法，於調查前之計劃、調查中之進行、調查後之結果，皆有莫大的功效；我人之須加注意并詳加討論，不言而喻。

我國農村調查困難之點，較歐美先進諸國特多，其程度亦較後者為甚。茲就以下各方面述之：

(一)政府方面

我國政府,歷來不獨對於調查之研究與應用,未予注意;即號稱以農立國,而於農場經營情形,農村社會組織,農家經濟生活,亦從未注意及之。應用統計方法,以解決實際問題,更屬絕無僅有,故此關於立國根本的人口與國富,亦未有任何數字統計。舉行農村調查時,因上述諸種統計的缺乏,困難特別增多。譬如調查農家生活時,首先要知道的便是農村的人口,由此始可進而分析有工作能力者若干,無工作能力者若干,在家業農者若干,出外謀生者若干。這些問題解答之後,然後始更據而推斷農家的經濟狀況。乃中國以戶籍辦理不良,至今全國人口,尚無確實統計;故調查時既須多費一番功夫,而其結果是否確實,尚成疑問。又如調查農場經營時,最要緊的是農場數額的多少,耕地面積的大小等等。此種根本要素若不明瞭,則所謂農場之收益力,土地之報酬率,農民之耕作效能等等,均不能推測出來,萬一能夠,其結果亦難徵信。我國關於土地清丈,尚未從事;我人調查時間不免大感困難。在政府看來,因此種統計,不易舉辦,遂至一切調查亦不從事。觀乎我國農村調查,均係外人啓其端,即至今日亦多屬外人提倡與舉辦可知之。政府方面一向不重視調查,以致各種重大統計,均付闕如,實爲舉行農村調查的一大困難之點。

(二)農民方面

我國農民知識極淺,非但不知調查爲何物,且從而阻之(這自然是有社會背景的)。但其結果給予農村調查以兩種極大的困難:

A. 農民因毫無書本知識,故於數字計算之觀念毫無,調查員詢問某事費錢若干,其地收入若干時,常不能作具體的答復;即或勉強應答,其數字是否可靠,實爲一大問題。尤其是農家生活調查,更須以農家的收支賬目作基礎;而我國農家,向無家事簿記,農民對其家庭收入若干,所出若干,毫無記載,則當調查員詢問時,彼等唯有隨意回答。以至調查縱有結果,而内容亦不一定可靠。

B. 以上所言,係就農民願意回答,而苦於不能精確之困難而言。其實,農民因不知調查之意義,常持懷疑態度,有時根本不予以回答者。一般說起來,農民對於調查抱不信任態度者,在於他們常視調查爲徵兵抽丁,爲完糧派捐,或沒收土地的先聲,所以對於人口、田地,常以多報少(這當然是政府給他們的教訓太多了)。在某種場合,農民又以爲調查是一種賑災行動,所以又故意申訴家庭之苦狀,浮報支出,少報收入。其結果即知其虛假,亦不知虛假之點何在。農村調查的困難,實莫過於此了。

(三)調查人員方面

舉行農村調查,若無富有經驗學識之人任指導,及身體力行的人去從事,決不能達到完善的境地。在我國,目前因調查人員缺乏,以致發生諸種困難:

A. 調查人員知識能力之不足。我們知道,調查農村時,調查人員非富於調查知識,飽於調查經驗,及具有隨機應變之才不可。蓋農民缺乏知識,若調查人員不作適宜之詢問,即令對方費盡心力,亦難獲得結果。所以調查人員首先要明瞭農民的知識程度,詢以適當的而可回答的問句。同時有許多重要的詢問,根本爲農民所不能回答;調查人員應具有充足的經驗,用旁敲側擊的方法,考詢或推得之。也有些農民,常故意隱瞞事實,信口捏造,此時調查人員應有隨機應變之才,使農民終非正確回答不可。由此看來,當一個良好的調查人員是多麼不易。我國現在此種人才極少,農村調查之困難,自不待言。

B. 調查人員之難得。農村調查是一椿困苦的工作,非具有忍耐心的人,決難堅持到底,非具有硬幹精神的人,決難促其完成。調查人員奔走於農村之間,生活甚苦,工作單調,無忍耐性或對調查非真感興趣者,殊不堪任。吾國訓練農村調查人員機關,尚屬寥寥,故當作實地調查時,非臨時招雇一般中學畢業生不可,彼等之視調查爲"差事",欲其努力與耐性，蓋亦難矣。

C. 調查人員於當地農情之不熟習。調查人員若於當地情形熟習，或與當地農民相識，必能給予調查以很大幫助。苟調查人員不具此種優長，則調查時必常有抓不着癢處之弊。有時因與農民不識，招致農民之疑心，甚或因言語之隔閡，發生感情上的衝突，亦時有之。

（四）經費方面

無論從事什麼事業，實行什麼計劃，總離不開兩個問題——人才與經費。農村調查，自然不能例外。就我國現在的政治環境看，欲政府拿出一大筆款子，舉行大規模的農村調查，似屬奢望。至農人方面，則以年來我國農村已遭破產，農民生活已瀕絕境，謀衣圖食之不暇，哪有餘暇想到調查，更哪有餘款以舉行調查。所以我國近年來之農村調查，多係慈善性質之團體，或學術研究之機關所從事便可知之。但他們的能力究屬有限，致農村調查未能擴大與普遍，這也是一樁事實。

（五）調查方法方面

語云："工欲善其事，必先利其器。"調查若不得其法，則雖有良好的人才，充足的經費，結果仍難臻完善之境。調查方法，創自歐美，近年來始漸介紹入我國。但我國之農村情形，頗多與西歐各國根本不同者，即以農村調查表格而言，適用於歐美者，不一定即能適用於我國。現今各地所用之表格，大多係根據金陵大學卜克教授所用者，但此種表格缺陷甚多，已爲用者所公認。我國地大物博，黃河、長江、珠江三流域之氣候土壤作物情形迴异，益之以各地交通政治風土習慣之不同，凡適用於甲地之調查表未必能在乙地適用。即若前中央研究院及社會調查所曾專爲幾個地區擬劃表格，亦難致盡美盡善。誠以調查事業，方在萌芽，吾人對於農村之認識，尚未臻稔熟，即有精密妥善之調查工具，亦感英雄無用武地之苦。至若討論農村調查表格編制方法之專書，尚無一部滿意的著作出現，是尤待吾人之努力也。

三、農村調查困難之解除途徑

我國目前舉行農村調查，既有上述諸種困難，那我們爲要達到目的，首先就得設法克服這些困難，而更重要的還是尋出解除此種困難的途徑。本文所述，不過是就個人管見所及，寫出來供大家討論與批評而已。倘因此能引起大家研究的興趣，那更是個人所最慶幸的了。

農村調查的困難所在，既如上述，那麼，解除困難的途徑，也非從這幾方面下手不可。

(一) 政府方面

我國對於各種關係國民經濟的根本要素，向既無精確的數字統計，那我們舉行農村調查就應先要政府去從事各種國民經濟要素的初步調查，這在理論上應該如此。可是在事實上，恐怕政府施行後者，較之舉行農村調查，還要困難與費時。而且目前希望政府去舉行大規模的人口與土地調查，也是不可能的事。所以我們就不能不有權宜的辦法，即就目前地方政府已有人口、土地諸種經濟要素的調查統計之省、縣或村鎮，先行擇樣，試作農村調查，俟倡行有效後，可爲後進各省仿行借鑒。其未曾舉辦人口土地等初步調查統計之省分，亦須從速籌劃進行。等到全國、全省、全縣有了這種根本統計時，我們再把範圍擴大，以一村鎮、一縣或一省作基礎，推而及於全縣、全省或全國。這當然是沒有辦法中的一個暫時辦法。可是，要想全國的農村調查，能大規模徹底的施行，那仍非待乎政府努力從根本做起不可。

(二) 農民方面

農民因知識缺乏，一方面雖願意回答調查員之所問而苦於不能精確，他方面根本就怕調查致不予以回答，或捏造事實回答之。不論是那一方面，其阻礙農村調查之進行則一。我們要想解除此種困難，最根本與最切實的辦法，自然是從開化農民知識方面，即從普及鄉村教育方面下手為好。但是，談何容易，要想在短期内，收到農民教育普及之效，實在是不可能。所以我們認為解決辦法，可分為二種：

A. 根本方法——施行普及農村教育的方案，以求農民知識之開化與增進。

B. 臨時方法——舉行宣傳，對農民用演講集會或他種方式，說明農村調查的重要，及其與農民生活的關係。

第一個辦法，為造就健全國民之要圖，即不以調查農村為前提，亦須從速盡力推行。然苟非政府當局抱有決心，具有計劃，實難為力。第二個辦法，凡舉行農村調查時，都要先期做到，否則根本不能獲得農民的信任，他們或以為是課稅的先聲，因之故意捏造，模糊回答；或以為事不涉己，因之"敬而遠之"。所以施行宣傳，是一種必需的臨時方法。

(三) 調查人員方面

此為農村調查的人才問題，而關於人才問題的解決，簡言之，自然是以培植人才為其根本的辦法。但是，人才的培植決非一朝一夕之功。以是困難的解決，就得：

A. 設置農村調查人員訓練機關，以作調查人才的根本準備。這種訓練所的設置，最好以一省或一特定地區作單位。因為這種調查人員的培植是一種根本的長期的辦法，其中出來的人員，從事調查實際工作後，積有經驗又可擔任調查的指導工作；如能以此項熟練之調查人員兼事農業推廣、農村社會教育等工作，尤易收效。蓋吾人當今設計調查工作，非為純粹科學研究。好似急病就醫，一俟診出病原，即須立即投藥為之治療也。

B. 設置農村調查人員短期訓練班，以作調查人員缺乏的臨時補救辦法。這種訓練班的設置，最好以縣為單位，其人員亦限於當地人民，須以能忍苦耐勞，具有服務社會之熱忱之青年，生長於農家者充任之。彼等既多係鄉民，則於農村調查必有切身利害，其對於調查推行的熱心，較之那般居住於城市，僅從書本上瞭解農村調查之重要的人，自然是不可同日而語。尤以彼等所調查之對象，不外鄰里戚誼，被調查者，既不致拒絕，亦不致虛造謊報，調查之進行，將因之大感順利。

(四) 經費方面

就我國的現狀來說：第一，因農業尚未商業化，農家無論如何，尚不能切身感到舉行農村調查的需要。第二，即令農民已感到調查的重要，而以農家現在的經濟能力，在當前也是絕對辦不到的。所以要農民自行出錢來舉辦農村調查，在歐美先進國固然做得到，而在我國，目前無論如何是不能實行的。因之經費的來源，不得不另覓途徑。十數年來，我國農村調查的舉行，多係慈善機關、學術團體任其事，如華洋義賑會、各研究學會、學社與學校等是，往後農村調查的範圍，既須擴大，則專賴此種團體，自難奏其功，所以在理論上必須政府負起這個責任來。但現在的政府是不是能執行這種任務，那當然是另一問題了。

(五) 調查方法方面

我國對於各種調查統計的研究與實行，向感缺乏，其於方法的精進，更難促成，此種高深的研究，亦須廣爲儲才備用，其實現辦法不外籌設研究機關，并在大學農業、社會、經濟等學系酌設適當課程，以資倡導而已。

論農村調查的方法[*]
——揀樣調查法的理論及其應用

農村社會的調查，隨着統計科學的發展，日達於精密的境域。在歐美諸國，應用科學方法以作農村調查，爲時雖不過30餘年，却已有可觀成績。年來我國朝野，亦甚注意及此；雖然到現在仍談不上極精確的調查，但較諸前數年，也有差可人意的進步。我們知道，要使調查結果真確，非賴於精密的調查方法不爲功。故此，探討調查方法，實是一件有意義的事。

農村社會的調查，和一般社會的調查一樣，可以應用兩種方法：一爲全體調查，二爲局部調查。全體調查，在較小的範圍，猶可舉辦，否則，既因人力財力限制，難予從事，又因調查範圍的廣大，過爲繁難。因之關於農村社會的全體調查，祇能由政府舉辦，而調查的項目，亦以簡少爲宜。所以全體調查的結果是比較粗俗的。不能用作農村社會精邃的研究。局部調查又可分爲兩種：一爲隨意調查法，一爲揀樣調查法或稱代表抽查法。前者乃隨便而選，故具盲目性，不能代表調查區域的全體；後者是應用科學方法以選樣，故具科學性，可以代表調查區域的全體。通常研究農村社會，多是采用揀樣調查方法。本文所論，亦以此法爲限。

一、揀樣調查法的根據及其優點

揀樣調查法是在求得一全體的縮影，它在理論上的根據是"概然

---

[*] 本文原載天津《益世報·農村週刊》，1936年1月18日。

率"。葛特烈(A. Quetelet)論概率時說"囊中所有"。正與自然者同；自然所有，正與囊中者同"，此言即可解述揀樣調查法。至於揀樣調查法，所以能求得一全體的縮影，則係根據幾種推論，現分述於後。

(1)概然推論。

例如已知患腥紅熱者，百人中祇有一人能愈，則某甲患腥紅熱，其痊愈的機會亦祇有1%。此種推論方法稱爲演繹的論斷。此時，如揀樣觀察的次數有限，則預料的比率之可靠性小，若揀樣觀察的次數增多，則該比率之可靠性增強。

(2)假定推論。

例如從一袋穀中，隨便取出一把穀，發現其中有2/10爲蛀蟲所蝕，則知全袋穀，亦有十分之二爲蛀蟲所蝕。此種推論方法，稱爲歸納的論斷，或擴大的論斷。此時，若推論僅以少數的例證爲根據，則推得的比率之可靠雖小，如樣子加多，則該比率的可靠性增大。

從上面所說的看起來，我們知道揀樣的次數愈多，樣子的範圍愈廣，則所得結果的確實性愈大。這點，我們在實際選樣時，不可不予以注意。包萊教授(Prof. Bowley)雖然說過，祇要揀樣方法精密，1%的樣子便可代表全體；不過，這個估計的比率，究竟不能隨時隨地都可適應。

調查的目的，在明瞭一定期間內一定區域中所欲調查的事態的真象；則凡能以最經濟的手段，達到此種目的的調查方法便是最良好的，揀樣調查方法就具有這種優點。我們再把它的優長分述在下面：

(1)調查範圍可以擴大。因爲做一個全體調查，不但金錢極費，即在舉行時各種手續也極麻煩。揀樣調查法，祇要有精密的應用，則所省的人力實多，因而調查的範圍可以擴大，不致爲進行上的困難所限制。

(2)時間及金錢可以節省。假設調查時對象相同，區域大小相等，則用揀樣調查法較之用全體調查法，所節省的時間和金錢是很大的。雖然全體調查法所得的結果，容或比較確實，但如揀樣精密，則用揀樣調查法亦可獲得同樣切乎事實的結果。

（3）便於私人調查。前面已經說過，全體調查的進行，因需要大宗的人力與財力，故非私人所能從事，祇有由政府負責舉辦。然在政府尚無力顧及到此的國家如中國，私人方面因研究農村社會與經濟現象的必要，不能不自己去從事調查，在這種情形之下，揀樣調查法的優點更爲明顯。

二、揀樣調查法的類別

揀樣調查法，依阮森（R. Jensen）氏於 1925 年在國際統計會議所發表的其數年探討的結果，可以分爲兩大類：

（1）機遇揀樣，即純粹利用機械的方法，使全體每一分子均有同等被選擇的機會。

（2）設計揀樣，即純由調查者根據個人主觀的見解，作善意的判斷（無固執的成見），務使所選的樣子，能與全體的品性相合。

機遇揀樣法是完全根據數學上的"概然率"，它是揀樣調查法的正宗，包萊氏謂優於設計揀樣法。應用機遇揀樣時，一方面固應使全體事物中之各個單例有同等被選的機會。他方面應使某一單例被選後，不致影響其他單例被選的機會。此蓋在防止調查者或被調查者偏見（bias）的潛入；一般的盲目揀樣或隨意亂選，皆不得稱爲 random sampling，因爲 random 一字，并非是隨意的或盲目的，而是有其理論上的所謂"機遇"（probability）的根據的緣故。設計揀樣，則是完全根據個人先知的事實。其法即將全體現象分爲數"群"（groups），去掉不能代表全體的"群"，選取能代表全體的"群"，再就此被選取的"群"中將其各個單例予以全體的調查，不再揀選。此種設計揀樣，是以"群"爲單位，不是以個例爲單位。唯是個人先知的事實是否可靠，甚不易斷，故采用設計揀樣者，除必須爲善意的判斷外，祇須在全體中，提出已知的某種品性作爲樣子可靠的證據，此稱曰統馭（control）。所以設計揀樣調查，非主持者有精密的計劃與嚴厲的統馭，必難於成功。話雖如此，但許多統計學家如矩利（G. Glki）、高法尼（L. Galvani）、安得孫（O. Anderson）等氏，却都主張用設計揀樣法。安得孫氏說：如果（一）某種現象的全體有限，而各分子的變異性不大；（二）主持調查的人，能為精密的設計及嚴格的統馭；則設計揀樣法是很可以采用的。不過，設計揀樣法的可用，雖爲安氏所說，但我們切不可忽略他所舉出的兩個先決條件。

上述兩種揀樣調查法，就理論上的根據，及事實上的正確性而言，當以機遇揀樣法爲優。唯事實上，調查農村社會者多采用設計揀樣法。蓋設計揀樣法除便利外，尚有二優長：（一）機遇揀樣法的根據爲機會問題；但許多農村社會現象，尤其是經濟現象，其組織或構成并非依據此種觀念，此時如果用機遇揀樣法，必致調查不易甚或不能進行。故此設計揀樣法素爲經濟統計學者所主張。（二）農村之社會的及經濟的現象，時在演進，愈變愈繁。我們所能記憶的，至多祇限於少數的區域和較小的範圍。此種過去階段的現象，具有特種品性，不能依照現在階段的機遇原理去解述。所以農村社會中，大凡屬於時間序列的各種現象，非采用設計不可。唯總括而言，二法各有長短，其中究以何法爲宜，祇能依據被調查區域的情形及調查的目的如何而定。

進一步我們還要注意，機遇揀樣法和設計揀樣法是可以合而并用的，并且合用的結果較二法單獨采用爲優。其法乃先將全體現象分爲數群，根據個人先知的事實，舍去不能代表全體之群，取用能代表全體之群，再就此各群中，依機遇揀樣法選擇單例調查之。因爲此法是將社會現象分爲若干部分或層次，所以又叫做"逐層揀樣法"。包萊氏曾用此法研究生活程度與貧苦問題。此法和純粹機遇揀樣不同者，是先將全體現象根據事實分爲若干群，至於取舍後對於各群中單例的調查，則與機遇選樣法相同。此法和純粹設計揀樣不同者，是在各群取舍決定後，對於各群中的單例，不作全體調查，而僅用"機遇"選樣以調查之，至根據事實以定各群之取舍一點，則二者同。茲舉一例說明於下。

比如我們要研究某一縣的農家生活狀況。假定該縣 200 村，每村有

50户，共爲10 000户；今欲抽查五分之一，即2 000户，則我們可采用上述三種方法，以取得2 000户的樣子。（1）用純粹機遇揀樣法。每村均往調查，每村被調查户數爲五分之一，即10户，合200村爲2 000户。（2）用純粹設計揀樣法。根據該縣的情形，選代表村40村，每村予以全體調查，合爲2 000户。（3）機遇揀樣與設計揀樣并用法。根據該縣的情形，選代表村100村，每村再按"機遇"選查20户，合爲2 000户。三法中以第三法爲最完善，而普通多用第二法。

此外，局部調查法尚有二種，頗易與揀樣調查法相混同，其一爲詢問法，其二爲專查法或個案法。詢問法是根據個人主觀的意見與假定，在某一區域選若干人而詢問之，再據此以推知該區域的情形。我國歷來調查多用此法；而在歐美各國，近三十年來用者已不多見。此法極不科學，毫無數學原理的根據，僅憑被詢問者之一時的主觀見解，結果之難以確實，蓋不待言。例如年來我國郵局所作全國人口的估計，便係采用此法。其法乃先徵求各縣縣長對於各該縣人口數目的觀察與意見，從而匯集之；以作爲全國人口的總數。但各縣長是否確知該縣人口的數目，或此種數目是否任意浮報，則非所問。此種調查所得的結果，自難置信。唯觀乎此種詢問法係以求得全體總數爲目的，而普通抽查法則不能求得此數。專查法是假定某一地方足以代表全縣，全省或全國，因而對該地作一精密的調查，於是以調查所得的結果，代表全縣，全省或全國的情形。此種調查法的應用，由來甚久，至今仍多用之。如美國艾爾教授（E. C. Ayer），調查西部阿勒根（Oregon）州的農村生活，即是選定該州的嫩因郡（Lane County）爲詳細調查的範圍，而以該郡爲阿勒根州的特別代表區域。又如威爾遜（W. H. Wilson）與費爾登（R. A. Felton）二氏調查俄赫斯（Ohls）州的農村生活，亦僅選一郡爲代表。專查法是以一特別地方表現全體的情形，但社會現象异常複雜，這一個農村未必同於那一個農村，何況一縣一省乎。故專查法亦無數學原理的根據，所得結果自然不能代表全體的真象。

三、舉行揀樣調查時應注意之點

揀樣調查法雖有多種，且各有短長，但我們舉行調查時無論采用哪一種揀樣調查法，總須注意下述各端：

(1) 所選樣子，應能代表全體資料的各種要素。例如研究農家生活費的時候，則農家的人口，家庭的大小，收入支出的多寡，工作者與依賴者的數目等等，都是最確定的要素，故所選樣子，應以能代表這些要素為原則。

(2) 所選樣子的數目，最少以能包括全體各種性質，最多以不妨礙進行時的效率為標準。例如研究農村副業與農家收支的關係，則不僅是調查城市郊外的農村，而離城市甚遠的農村也要酌量選入。至於每種農村中，不必全數調查，僅選擇相當的數目，使能代表該區的特性便足。又如農家借貸調查，其揀樣方法亦同。

(3) 選樣時，須將全體的各種性質，分析清楚。如果某種性質過於複雜，則須另分為數層，各選相當數目的樣子。至於所選樣子的多少，應與所代表的性質的重要程度相符。例如研究某縣一般的農村經濟狀況，若依照地域性來揀樣，則縣城附近農村選擇的數目與邊陲各區農村選擇的數目，應依其各自所占全縣範圍的大小，保持相當比例。倘若縣城附近的農村選取數目過多，則必使所調查的結果，不能代表全縣的情形，又如研究農家生活狀況，若依照農家的種類與性質來揀樣，則因人口多寡而劃分的大家庭與小家庭，因地權關係而劃分的自耕農、佃農、自兼佃農，因經濟地位而劃分的地主、富農、中農、貧農、雇農，都要使它們得能依其各自所占全體範圍的重要程度而被選取，不要因注重某一種農家，致結果與全體情形不符，而發生偏勢。

以上是就調查者已深知所應研究的內容而言，如在調查者不知的場合，則舉行揀樣調查時，應先做到下述二事：

(A)連作幾次揀樣調查，每次所選的樣子，逐漸加多，以便比較，但最多應以不妨礙進行時的效率爲限。

(B)繼續進行揀樣調查，直到最後數次的結果，彼此大致相同爲止。

四、應用揀樣調查法的實例

揀樣調查法的應用，始於 1881 年，挪威用機遇揀樣法所做的全國人口調查。1895 年，國際統計會議在瑞京伯恩(Berne)開會，挪威統計局長凱爾(A. N. Kier)氏在大會宣讀論文，報告用揀樣調查法所作全國人口調查的結果，大受注意。自後各國相繼采用，不但用之作人口問題的研究，并用作農村社會經濟各種問題的研究。

1896—1899 年，馬亞博士(Dr. Mayet)曾用揀樣調查法，在德國佛勒堡(Freiburg)及滿汗姆(Mannheim)二地調查耕牛，著稱一時。其法係按字母揀樣，其方法即將兩地劃分爲許多教區，按字母排列，然後在每一字母之內，任取若干教區。此即機遇揀樣調查法。丹麥曾兩度用揀樣調查法，調查卜拉斯脫郡(Prasto County)的土地利用情形。第一次揀樣調查，係用"機遇"方法，在每區之中選出 12 個教區，以供調查。但是此種教區的劃分本漫無標準，各教區農田的多少，又毫不一致，故所選教區不足以作全體之代表。第二次揀樣調查，改由調查者先按照各教區農田的多少，將所有教區分爲四類，務使每類的農田，恰爲全體農田的 1/4。再從每類所選的教區中，選出 5 個教區，務使此 5 個教區的農田，恰爲全類 1/5。然後將選取的 20 個教區，逐畝詳查。此法係將機遇揀樣與設計揀樣二法并用，手續雖繁，結果則甚圓滿。1922—1924 年，美國農部對於新漢卜榭州(New Hampshire)及其他 10 州，2 886 個農家所作的生活費調查，是采用設計揀樣調查法。此外英、法、德、日諸國，在本世紀初年，都先後將揀樣調查法應用到農村社會的研究上了。

说到我国的农村调查，因为尚在发端时期，完善者极少。关于私人所作者多是用个例调查法，就便选择一两个村庄予以全体调查，结果即令可靠，但所代表的范围是有限的。关于政府所作者，则多用通信调查，即非依一定的法则去拣样，致代表性至少，而数字本身的可靠性尤成问题。比较上，学术团体与政府机关几种规模较大的调查，如民十一年麻伦(C. B. Malone)与泰勒(J. B. Taylor)所作冀、鲁、皖、苏、浙，5省240个村庄的调查，民十九年卜克氏(G. L. Buck)所作冀、晋、皖、豫、苏、浙、闽七省十四县2 866个农场的调查，及民二十二年农村复兴委员会所作苏、浙、豫、秦、粤、滇诸省的农村调查等，虽所用拣样方法较前大有进步，但仍未达于精密境界。此外中央研究院社会科学研究所与前社会调查所先后在江苏无锡，河北清苑，及广西所作的农村经济调查，均是采用设计拣样调查法，祇以调查结果尚未全部发表，故不能推知其成效。最近有中央土地委员会所作中国土地的调查，该项调查的范围，是每省选择五分之一县，每县选择五分之一村。闻该项材料已将整理完竣，唯在结果未发表时，亦无从批评其得失。

論農家記帳調查法[*]

一、農村調查法概述

研究農家經濟貴在調查方法之精密，因爲應用精密的調查方法，始能獲得確實的材料，於是分析并推論出來的結果亦因有比較的真憑實據而較爲可靠。約而言之，研究農家經濟——包括農業經營與農家生活兩大部分——所用的調查方法，有下列諸種：

(1)通訊填報法。此法係由調查人擬就表格，郵寄於被詢問人填報。美國在1902年以前，政府機關調查農事多用此法。我國近年官廳舉行調查，仍多襲用此法，蓋以其省錢省事之故。唯在被詢問人教育程度不够或故意敷衍了事之場合，此法往往不能收效。

(2)抄録農家記載法。前法係搜集農民關於農業生産和家庭生活的"估計"，此法則係搜集農民關於農業生産與家庭生活的"記録"，故此法較前者進了一步，所得結果亦較前者正確。此法應用之前提，在大多數農家有較詳細的記録；美國在1902年以前多用之[①]。至在我國，則因農民對於農事與生計率皆無記録，故無從采用此法。

(3)按表親查法。此法即調查人帶着空白表格，親自到各農家訪問，將訪問結果填入表格內。首創此法者爲美國白立教授(L. H. Bailey)，但應用於農場經營調查并推廣之者則爲華倫教授(G. F. Warren)。唯此法仍

---

* 本文原載天津《益世報·農村周刊》，1937年6月23日。

① M. K. Bennett, Farm Cost Studies in the United States, pp. 16-17.

祇是利用被調查者的估計，而可作通訊填報法之擴大；所不同者唯調查者親自訪問而已。故此法仍不能獲得極精確的材料①。我國年來所作之農家經濟調查，多援用之；此因第一法太不可靠，第二法爲事實所不許，下述一法又太費事并費時，故就材料之精確及時間與人力之經濟數點合而言之，采用此法或較善。

（4）農家記帳法。此法係由調查方與農家合作，農家按時記帳，調查方派人督促并按期予以審核；記帳項目與方式則由調查方擬定，此法應用之前提，一在調查方之能等候結果，蓋普通調查爲期甚短，此則至少一年，有時則須數年；二在農家願意合作；三在有較多的人力與財力。美國自1902年後，英國自1913年後多用此法；我國應用則爲近年之事，其詳後述之。

二、記帳法之肇始及其應用實例

記帳調查法肇源於美國，亦稱爲"路綫調查法"。緣1902年，明尼蘇達大學海士教授(W. M. Hays)與美國農部之統計師合作舉行農產成本調查。調查範圍散布在三個區域内，每區域將農家分爲數路，每路選定若干家（1902年與1903年選定十五家，1904年及以後則爲八家），與之合作，由此種農家記帳，每路另派一"專路統計師"按日赴各農家巡視，負監察并指導責任。專路統計師按預先擬定的表格形式，將農家的帳項匯集起來，然後送交海士教授整理分析。②

自後此種方法的應用，在美國逐漸推廣。戰前采用者僅爲明尼蘇達及伊利諾州，戰後則形普遍化。1920年有六州，1924年有十四州，1926

---

① M. K. Bennett, Farm Cost Stadies in the United States, pp. 19-20.

② M. K. Bennett, ibid, p. 18.

年到 1927 年有二十三州應用此法以舉行農產成本調查。①

英國用記帳法研究農產經營，始於 1913 年牛津大學設立農業經濟研究所時，其主事者爲歐文教授(C. T. Orwin)。歐文氏對於農業記帳極有研究，所著《Farming Costs》(《農業經營成本》)及《Farm Account》(《農場記帳學》)二書，對於農業成本記帳闡述甚詳，其方法已在英國廣爲采用。農業經濟研究所，代爲記帳之農場數與年俱增；1930 年以前應用此法作農場經營調查者亦有多人。② 歐文氏竭力推廣此種方法於農業經營經濟學上。他說，研究者應充分地利用此法，因爲其所得結果較爲確實；而農民亦應盡量地采用這種科學的記帳制度，因爲這種記錄可以作爲他們經營的指導者。③

除美國、英國外，歐陸諸國亦有用農場記帳法者；唯其方法之精密不如英國，應用之普遍不如美國。歐陸學者中，以瑞士勞爾博士(Dr. Ernest Laur)對這方面最有研究。歐氏所創之記帳法，曾於 1929 年，在羅馬尼亞召開的"國際農學會"中提出，供各國研究與采用。唯氏之着重農場記帳，主要的還是從農業經營的立場，而不是由於農家經濟研究上的觀點。氏曰：經濟的演進，可分爲三個時期：一爲個人自給時期，二爲都市經濟時期，三爲國民經濟時期。在頭兩個時期內，生產單純，交易未發達，無須乎應用記帳法。迨至第三時期，工業生產固無論矣，即農業生產因爲要適應市場，對其經營不得不有詳細的記錄，且不獨大農應有之，即小農亦然。此種記錄的節序，便是"農業記帳"。④

在我國，用統計方法以研究農村社會經濟本是最近年來的事，即到現在爲止，仍以個人的零星調查爲多，在此種情形下，記帳方法之未能

---

① W. E. Grimes, Preliminary Report of a surrey of Economic Research in Agriculture in the United States, 1927.
② T. A. Uenn and Others, An Economic and Financial Analysis of Fifteen East Anglian Farms, 1929.
③ C. S. Orwin, Farming costs, pp. 12-13.
④ E. Laur. Comptabilite Agricole, pp. 5-7.

采用，固事實所必然者。迨至 1934 年，始有實業部中央農業實驗所選定上下五旗（南京堯化門）、湘湖（浙江蕭山縣）及烏江（安徽和縣）三處試行記帳調查，計記帳農家共 241 家。1935 年進爲正式舉辦性質，除前述三地外，復添餘糧莊（南京孝陵縣）一處，記帳農家經慎重選擇結果，減爲 161 家。1935 年全年記帳之結果，已經該所整理發表，題爲《中國農家經濟之記帳的研究》①；因 1936 年起，該所又選定河北定縣爲記帳區域。這可說是我國目前唯一的利用記帳方法所作的農家經濟調查。

三、記帳法之利弊

在未論記帳法之利弊前，我們先看看前述四種方法之比較得失。這裏，我們借用彭勒特（M. K. Bennatt）氏從研究農場成本的立場，批評此四種方法的一段話。氏謂："一個調查所選定的區域，一定要很適當的散布在各處。按表親查法，可以合於此種基本的條件。分路調查法（即記帳調查法）固有其特長，特別是能就獲得可靠的關於成本數量及全年勞動的分配之材料一點而然，故在農場經營調查上仍繼續采用此法。但是如果一個調查是要得到每單位生產成本的數字，以期應用到廣大的區域上——即作爲厘定關稅稅率標準的數字，則此法在舉行上是太費事同時太慢了。通訊填報法太不確實；抄錄農家記載法也太慢，同時還不能獲得適足數量的記載。所以關於應用到廣大區域的單位成本的統計，大都還是采用按表親查法而得的。不過有些時候，此法所得材料固可視爲一般情形的代表，有些時候則又不然，這因爲按表親查法是含有若干成分的不正確性的，雖然不正確到若何程度我們仍不能道出。……"②

就以上所言，我們約略可以知道記帳方法之利弊及其與其他方法之

---

① 湯惠蓀、杜修昌：《中國農家經濟之記帳的研究》，民國 25 年 12 月。

② M. K. Bennett, ibid, p. 44.

比較上的優點，現在更詳爲述之於下。

記帳法之長處爲：

(1)記帳法既係采用科學的并詳細的會計方法，故其所得材料當較其他幾種調查方法所得者爲準確。

(2)關於農家收支細目，農場經營之"物品成本"，及全年勞動數量之分配等，如不施用記帳法，則根本不能求得。

(3)我國農民，類皆無數字觀念，即能記憶，亦祇求其大略，細數不及焉，在此種情形下，利用按表親查法所得結果亦覺不可靠，用與農家合作之記帳法，則此種困難可免。

(4)在歐美諸國，農家多已有帳簿記載，故調查有時可用抄錄農家記載法，在我國則尚無此種便利，爲獲得同等詳細之數字，非用記帳法不爲功。

(5)由記帳法所得之材料，不但本身正確，且可利用之以糾正其他調查法或估計法所得材料之錯誤。

(6)記帳法很適用於"試驗農場"之經營，從中可獲得技術上、經濟組織上之標準，而作爲一般農場之楷模或參考。①

記帳法之短處爲：

(1)選樣困難。用按表親查法，可依預定計劃選定區域或農家；而記帳法則爲要獲得監督之便利，常須密集在一處，不能廣泛地分布在各區，或一區之各處，或一處之各農家，因此記帳法調查結果往往不合乎選樣原則。

(2)代表性小。記帳法是與農家合作舉行，但願意合作之農家，不見得就是要調查的農家，因之根據調查便利所選定的農家，自不能爲一般農家之代表。且考之實際，願意合作之農家多是教育程度較高或經濟情形較裕者，則調查結果，必發生偏勢而去實際甚遠。彭勒特氏謂關於

---

① 參看裘開明《農場經營研究：目的、範圍與方法》，載《社會科學雜志》2卷1期。

代表廣大區域之成本統計，非記帳法所能爲力，即是此故。

（3）費錢。記帳法須長期派員監督農家記帳，而每人所能監督的家數，至多亦不過三四十家。此種監督人員之報酬便構成一筆大開支。據實業部中央農業實驗所舉行記帳調查之經驗，每年 100 農家約需款 1 000 元，此即與費錢較大的按表親查法比較，亦遠過之。

（4）費時。此種調查最少須一年，在一年中，農民每日要抽出一部分時間去記帳，自會占用他們許多時間；特別是在農忙時，農田工作既多，記帳項目亦最繁，更令農民感覺時間之不經濟。

（5）手續繁難。此種繁難有二：一爲記帳時農民感覺記帳工作之繁瑣與累贅；一爲整理時，調查機關感覺計算工作之繁重與困難。凡此都影響記帳法調查之工作效率。

四、我國采用記帳法之條件

我國用調查統計方法研究農家經濟，本屬近年來之事。歷來所用者，多爲按表親查法。規模較大者，有中央研究院社會科學研究所先後在無錫與保定所作的農村調查，① 金陵大學白克氏（D. L. Buck）主持所作的全國農家經濟調查及浙江大學馮紫崗氏主持所作的浙江蘭谿與嘉興農村調查。② 這些調查，就所用的款項與所調查的區域、家數比較而言，自然比記帳法經濟；就內容言，雖較記帳法所得者爲廣泛，却不如記帳法之精審。

由於這種情形，再參以上節所述記帳法之利弊，我人認爲我國采用農家記帳方法有下列諸種條件：

---

① 無錫調查結果未整理發表；保定調查由作者整理《清苑的農家經濟》一文，載《社會科學雜志》7 卷 1、2 期及 8 卷 1 期。

② 見馮紫崗編《蘭谿農村調查》及《嘉興農村調查》。

（1）限於農家收支與農業成本之純理的研究。前已說過，研究農家收支與農業成本均需要詳細的數字，否則調查既僅爲約略結果，自難使研究達於精審的境域。但同時我們也知道，記帳法所調查的區域不能擴大。爲此，記帳法祇能用於農家收支或農業成本之學理上的探討；如果自農政上的觀點而言，則以采用按表親查法爲宜，蓋記帳法代表性有限，我人決定某一種農業政策時，自不能以個案所得代表一般的情形。

（2）限於政府的研究機關或私家學術團體舉辦。舉行記帳調查，在進行上，手續極爲繁重。人力與財力兩方面，都非少數個人所能爲力。且記帳區域一經選定，需要當地方政府與鄉鎮公務人員合作之處尤多，故非事先取得行政上之便利不可。同時記帳調查爲期以年計，因此，爲使調查得以賡續進行，更非具有濃厚研究興趣之學術團體不爲功。

（3）限於社會經濟較爲開化的區域。記帳調查貴在農家之繼續的熱誠合作。欲獲得此種便利，則事先要使農家願意接受合作，而在接受之後，又能繼續依調查者所示諸點，實行記帳。實非能瞭解記帳旨趣并能自己記帳之農家不可。而此種農家唯社會經濟較爲開化之區域可以得之。在貧窘或知識程度淺陋之農家，農民多不能自己記帳，如調查者雇人代記，則所費益多。記帳方法之不能擴大其應用範圍，便是此故。

綜上所言，當知我國今日以記帳方法爲學術研究之輔助則可，至以農政爲目標及以大區域爲範圍之研究，則記帳法仍不如按表親查法在應用上的價值。

農村調查與資料整理*

今天我講的題目是"農村調查與資料整理"。

農村調查可以分爲三個步驟：(一)事前設計，(二)實際調查，(三)資料整理。普通一般所謂調查，祇是說前兩步而忽略了最後一步，所以我特地在題目上提出資料整理。這是應當說明的。

現在首先說調查。關於調查，各位也許有很好的經驗，或在理論上已有很好的研究。可是，每一種調查，我們要怎樣纔能順利地進行，怎樣纔能得到很好的效果，就須注意下面幾點。

一、選定題目與決定範圍

在進行調查之先，我們首要決定調查的目的。調查的目的凡二：一，爲研究而調查；二，爲行政政策而調查。前者又可分爲(一)區域別調查及(二)產品別調查。在歐美各國現多由注意區域別的調查，進而到注意商品別的調查。區域調查着重在農家的租佃，借貸，雇傭及農家生活狀況等等。而產品調查是着重在某一特定產物如糧食，棉花等等之年產多少，集散地怎樣，中間經過何種手續以及出口多少等等。在中國，區域調查方面，還未見較完全之調查。金陵大學卜凱教授雖做過一些，但還不够，這自然因爲時間，財力，人力的關係。至於產品調查，現在漸漸有人注意了。至爲行政政策而調查，則依當地政府之需要而決定，其目

---

* 這是1937年作者在廣西統計人員訓練所所作的報告。原載《廣西統計季報》第3期，1937年。

的專供行政上的參考，作施政之準則。

二、選用調查方法

調查方法，須依據人力和財力而決定，然大體上可分為4種：(一)通訊調查。這就是編制項目很簡單的表格，寄到被調查的地方，由他們填寫。這種方法是最簡便的，以行政機關做得最多。但調查結果最不可靠。(二)按表親查法。這是實地到農村去調查的方法，這種方法，較為可靠，因為在調查時，可以明白其情形，有錯誤的地方，也可立即改正。(三)抄錄農家帳簿方法。就是把農家帳簿上的記載抄錄下來作研究的資料。這在歐美用得很多，因為它們大多是工業化的國家，農業也工業化了，故其農場收支，農家生活費等等在農場帳簿裏都有詳細的記載，可供抄錄分析。且每到一年終結，農業經營主還要做成各種報告表送到政府機關去，這也可供參考。所以這種方法是很確當而經濟的。但在中國因為農村人民的文化程度低，不獨農家沒有記帳，即小工商業者亦少有記帳者，所以這種方法在中國當前還不好用。(四)農家記帳法。如僅在調查農村的借貸，租佃，及一般生活情形，我們可用第二種方法去進行。但是，如果我們要做學術性研究，如生產費的調查，則第一及第二兩法均不能用。因為地力如何，應當種什麼作物纔合算，普通方法是得不到精確結果的。再如人工支出多少，肥料多少，種子多少，則非有精確的記載不能作正確的研究。從前北平社會調查所(即後來的中央社會科學研究所)曾用記帳法作過北平學校教員與工人生活費調查，上海工人生活費調查。中央農業實驗所亦做過浙江，安徽，南京二三百農家記帳調查。不過這種方法是最不經濟的，因為要派人代農家記帳。由經驗得知，每人每天至多祇記得五家至十家，還要常年住在那裏，故生活費用支出很多，所以一般不敢采用。

綜合而言，調查方法的決擇標準是：(一)調查便利之程度，(二)調查經費之多少。如果調查便利而經費較多的話，可用第二和第四兩種方法，而以第一法作爲補充。

三、選樣問題

就時間與經濟上說，選樣調查較爲適宜，比方做全省調查，如我們按戶去問他的種植作物收穫量及各種情形，這在時間、金錢上都不合算。如果用抽查的方法，就經濟得多了。照廣西來說，我們祇須選擇二三千家來代表也就夠了。可是，這要選擇得當纔可以得到正確可靠的材料，不然，也是會失敗的。如金陵大學卜凱教授所選之河北省的平鄉及鹽山調查來說，那就有點不確當。因爲他所選的鹽山縣在河北說來是最窮苦的縣份，所以得到結論是：河北都是很窮苦的。這麽一來，就與事實相差太遠了。

現在我們講選樣的方法：（一）設計選樣，（二）機遇選樣。所謂設計選樣是調查主持者就調查目的與範圍加以計劃，選取樣子，故含有若干主觀成分。如我們先決定了調查某一縣，在該縣中有多少是離城市較近或較遠之鄉村，有多少是特殊的鄉村，各鄉村的生產形態，生產狀況怎樣，我們都要看清。因爲接近城市的鄉村，總比距離遠的鄉村，在文化方面及生活方面爲好，而距離城市遠的鄉村又較近的爲多，所以我們選擇的時候，應當按照它的比例來選擇。又如調查農村之各家，則應按地主，富農，中農，貧農等之大概比例而選擇。至於機遇選樣則是根據統計學中之概率而來的，毫不參加主觀的成分，所調查的家數多用抽簽法。比如依照門牌5號，10號，15號……等而調查。但此法是很危險的，設若所遇的或多數是地主，或多數是貧農，則結果就不正確了。

關於這樣的問題，在區域調查與產品調查中以何者爲適宜？這應以當地的情形及其重要性如何而定。如作廣西全省的農產運銷調查，則梧州，柳州，龍州，桂平，南寧，貴縣等都要注意到，對這些地方均可進行調查。但如在浙江進行調查則有所不同，因爲交通方便，農產品到處可以交易，市場異常分散，這就需要設計選樣。

四、調查人員問題

調查員是實地搜集材料的人，材料的準確性如何，調查員負有很大的責任。區域研究，用調查員特別多，而農戶調查則一二人就夠了。因爲區域調查大體上相同，故要同時調查，而農產則因彼此聯繫較大，故必須先將甲市調查清楚，然後再調查乙市，這樣可以知道各市場的聯繫關係。

做一個好的調查員是不容易的。依我們過去的經驗，應注意的有幾點：（一）態度誠懇而和靄。這是最重要的，因爲這樣，可以使被調查者不至厭惡和畏懼。（二）先對調查對象有個概念。比如做農家調查，首先要知道他們的各種情形，使他們喜歡和你談話。（三）盡可能不帶表格。這就是把我們所需要的材料問題，巧妙地插進談話裏面，使他們不自覺地説了出來，然後再在離開調查地點後填入表格裏。（四）間接訪問法。這是向第三者訪問被調查者不願或不能説出來的事項。如商業調查，商人常常不肯把與自己有利害關係（如資本多少，每年盈利多少等）的事項説出真話。我們可以向第二家去問這一家的情形。（五）要耐心刻苦。每天晚上，應將調查所得之材料，仔細看過有無缺漏及不正確之處，如有，則應立即加以更正補充。最後還要計劃第二天的調查。

五、調查表格之編製

編製調查表格可以分爲兩個步驟：（一）編製試查表，即在正式調查之先，利用初次編製的調查表格，舉行一次試查，以便發現表內各項目有何遺漏或不敷用之處，隨即予以修正或補充。(二)編製正式調查表，即根據試查所得的經驗，更正或添補後所正式編製的調查表格。一般在調查時因交通與時間關係，大都沒有經過第一層手續，徑直正式調查，以致表格上不適用的地方很多。所以祇要不太麻煩，第一個步驟還是先做爲好。

六、實地調查

實地調查有二：(一)永久性調查。(二)流動性調查。永久性調查，人員較多，住留亦較長，故應於調查之先，在達到目的地時，與當地人士談一談，一面宣傳調查意義，一面也可藉此聯絡感情，使調查易於進行。永久性調查，農家經濟，農場經營等多用之；流動性調查，糧食、運銷等多用之。

七、核正并補充調查材料

在調查後所得的材料，應在調查的當地做核正與補充的工作，以上已經說及。在這裏還有一個重要問題，就是把單位弄清，因爲我國單位甚爲複雜，近來雖有政府劃一度量衡的措施，但有許多地方還是沒有遵行。比如說一"石"與一"擔"，本來是不相同的，但在記錄上往往混同，這麼一來相差就遠了。故調查時最好先把單位弄清。

八、資料整理

所謂資料整理，即是將調查所得的資料加以計算，分門別類，用數字表示出來。整理的步驟有二：

（一）主持整理工作的人最好是主持調查的人。在中國有很多地方，設計爲一人，調查又爲另一人，而整理者更爲第三人。有些竟把所得資料，擱置數年之久纔整理，或者換了另一批人來整理。這是很困難的。因爲：（1）不知當時真確程度如何；（2）失了時間性。故調查後接着就要整理。整理工作可分爲3點：（1）審定材料。（2）細看表之內容。（3）擬定計算方法及表格。

（二）輔助整理工作：（1）完成計算工作。（2）摘要。

綜上所述，都是關於調查與整理方面的。至於如何分析材料，如何利用材料，有機會時再行討論。

書評

中國的土壤*
——讀梭卜氏《中國土壤與人文地理紀要》

梭卜(G. Thorp)氏是位土壤專家,現在我國地質調查所作研究員,這本小冊子(Notes on Soils and Human Geography in China),——實業部地質調查所與國立北平研究院地質調查所出版——是他遊覽并考查14省後所得的一點印象。全書祇有22面,内容雖簡而極充實,範圍亦甚廣。關於中國土壤的研究,前者曾有蕭(Shaw)氏發表過《中國的土壤》(《The soils of China》),但祇限於中國東部,而未包括中國西部、西北部和西南部諸省。梭卜氏這次的紀要,則西至喀葛羅爾湖和黄河套,北至戈壁沙漠,南至南京、上海、杭州和贛省,所到的區域不能説不廣了。

人類對於土地的改變,是一個潛伏的重要因素。所以梭卜氏謂:除内蒙古和西藏的草原不計外,整個的中國土壤,甚至東三省的一部分森林地和南部山地,都因爲人類數千年的耕耘操作而改變性質了;現在要想找一塊"處女地"(virgin soil),幾乎是不可能的事。

全書除頭節爲導言,最後爲關於土壤氣候的兩節附錄外,中分4節各論一主要項目。首言氣候,次言植林,再次論土壤,最後論土壤與人文地理。現在把這各節要點,簡略介紹如下:

在"氣候"一節中,著者歸結説:一般言之,華北是夏天濕熱,冬天燥冷的區域,急雨向西北戈壁沙漠落下;東三省北部和外蒙北部,雨量相當的高,特別是在多山的區域;華南則全部是春夏温熱,晚秋與冬季燥涼的氣候,大雨多發生於東南部的山脈區域。

"植林"一節的大意是説:中國各部的森林,因爲經過若干年的砍伐

---

* 本文原載天津《益世報·農村周刊》,1935年1月19日。

采用，原始的树木已不可见，现在多是再行种植者。在华中和华南高度冲洗土壤多栽植松柏，至于低度冲洗土壤则间植脱叶树和果木树类，中国大部分的平原都已经过了集约耕耘，除掉沿海岸盐性地多是喜盐性植物（halophytic plants）外，其余地方差不多就没有天生的植物，至于东三省，特别是北部和多山区域，大部是种植果树和脱叶树类，但仍有大部是草原，并且有些盐性地也是以喜碱性植物为最主要。

基于土壤外形的有无石灰质，梭卜氏将中国的土壤分作两大组，一是石灰质组（pedocals or calcium soils），一是非石灰质组（pedalfers）。黄河流域的大部分，以及淮河和扬子江流域的一部分是属于前一组。其中延着内蒙边界从黄河北套到内蒙东部和东三省中部为黑色土壤（chernozems），东三省大平原又多为分化后的黑色土壤（degraded chernozems），在内蒙古，兼有深色的和浅色的栗色土壤（chestnut earth），分析言之，则深浅色土壤一般都发生于陕西省与甘肃省的黄土高平原区域（loessial plateau earth）和山西省的多山地带，同时也发生于青海的高平原区域；浅栗色土壤多发生于大黄土高平原和渭河流域。后一组是包括萧氏所谓的大半在山东半岛的褐色土壤（brown soils），和灰褐色森林土壤（graybrown forest soils），以及华南的红色土壤（red soils）。

最后梭氏论述土壤和人文地理。他说：在将土壤的分配和全国的人口比较之后，我们可以得到一个结论：中国 4.85 亿人民都是集中在沿河平原和低山地带。克勒舍（Cressey）氏估计人口密度每方英里为 120 人，要是将西藏和外蒙不算在内，该数字将增高到每方英里为 156 人。中国本部，克氏所谓"农业的中国"（the agricultural China），每方英里约为 326 人，其中还包括大部人口稀薄的多山区域。华北大平原人口密度为每方英里 647 人。就全国已耕地来说，人口密度为 1 479。这就是说：每人所能分得的已耕地，平均祇有 0.43 英畝，约言之，将近半英畝。至于扬子江流域最好的冲积土壤，人口密度在每方英里 2 000 人以上。由此我们可以知道沿河平原和低山地带是中国人民的生命线了。

稻的生产祇限于非石灰质土壤的区域，这是因为在此种区域内，纔足有大量的水供灌溉。除水是决定稻的種植之要素外，還有一種要素。那就是因爲大部分冲積土壤和高地區域，其土壤鬆散，能保持水分於穀稻中；許多南方的沙地也具着此種特性。在非石灰質區域的北部，冬天氣候較溫，可以生長油菜、小麥、大麥和菜類植物；因之此種土壤在種稻之先，又可種植額外的作物。此種地利，加上高雨量這種天時，遂使揚子江流域得以供養大宗人口，事實上，如上所云，揚子江流域也是人口密度最高的地方，僅四川成都平原人口較爲稀薄。話雖如此說，但是華南這種肥沃土地的數額，比之於全國土地的面積，仍是很微小的。氣候太燥的地方，紅土非常磽瘠，雖然地勢上可以耕耘，但事實上大都荒廢。有些深山峻嶺，一時雖因耕耘年代之暫，地沃可以保持，但依現在耕耘之結果，最後必使地力全歸消滅。

梭卜氏又論到中國的灾情，他說：一般外國人都有一個共同的概念，覺得中國是一塊灾荒之地。要分析中國的灾情，我們可以找到許多原因，而水和旱則爲最主要者。水灾之發生，多源於雨量過多，同時人力不能控制河流，以致大水一來，附近咸遭淹沒。黃河較揚子江難於控制，所以前者發生水灾之次數多。最不幸的，因爲雨量最多時，恰是主要農作物的生產時期，所以水灾的發生，多在主要農作物收穫之前，這是水灾所以影響甚大的緣故。旱是構成黃土地帶灾荒的主要原因。要是雨量很足的話，黃土區域例爲豐收。所以西北部的灾荒，大部分不是由於地不利，而是由於天時不濟。

總之，就可耕地而言，中國是一個人口密度很高的國家；所以，即令在豐年，生產的食物也祇是剛够消費。無疑，苟能改良農具，采用人造肥料，農業生產品可增加，這雖說能改善人民的生活，但是如果那些較諸現在將更頻仍的灾荒不設法除掉，則中國大額的人口是否能以維持，是深可懷疑的。有些人主張移民西北，但西北是否有大額土地可供耕耘，尚成問題。故此，中國這塊良好地方，在其繁多的人民之精細的和忍耐的耕作之下，對於其子孫的供養，確是盡了一番大力。但是，我們很想看看未來5 000年以後，這塊土地將有何種食料以供養其子孫，其子孫將用何種努力使這塊土地能維持他們。

以上將梭卜氏在這本書中的論述要點，大略的介紹出來了。我們由此可以得到幾點印象：

1. 一般的概念都以爲中國是地大物博，實則肥沃的土地很有限。不說象南方那種肥土不多，就是象北部那種次等土地也很少。所以我國盡管地域大，但可耕地確是太少，拿全國人來分配，每人還得不到半英畝地。同時，因爲數千年來，農民祇專注重於地力的抽用，不知地力的培養，所以地力也顯著退化了。號稱以農立國的我國，自己的農產品既因農地不足，生產力不大而甚感缺乏，同時又因爲工業落後，不能以工業品易取他國之農業品，這該是何等的一個大危機！

2. 一般人都認爲我國的人口密度不高，因而多未感覺到人口的壓力。梭卜氏在這本小冊內，特別注意到這個問題。他引用克勒舍氏的估計，謂中國的人口密度，依可耕地計算，爲每方英里耕地1 479人。這較諸印度農業人口最密的地方每方英里耕地1 162人那種密度還要高；至於和英國每方英里耕地4.7人，及美國每方英里耕地71人相較，那更是相差得令人伸舌！當然，精確的統計，還要待諸將來。不過，我們可以說：在我國，人口及於土地的負擔是不輕鬆的，我們已經逐漸感覺到壓力了，這是值得全國考慮的一個問題。

3. 依梭卜氏的意見，西北能不能解決我國的人口問題，深表懷疑，這誠然給予現在盛唱的"移民西北"的口號以一大打擊。不過，我們也不要因此灰心，至少移民西北在目前還是可以解決中國本部一部分人口問題的。但是，我們却不可因此就忘了本部土地的改良和農耕的改進。應用新式工具與引用新式技術，對於農產品的增加有着直接的效力，對於人民生活程度的提高有着間接的影響。這當然可以增加土地對於人口的支持，換言之，延緩人口壓迫的程度。

4. 雖然農民的生活程度，可因農具的改良與技術的進步，使農產品增加而提高，但是梭卜氏又嚴肅地說過，苟灾荒不除，則中國的土地能否支持這大宗的人口，還是疑問。這促使我們要深切注意到灾荒的免除問題。由梭卜氏的分析，我們又知道中國的灾荒，多於天時不濟，所以如何防止灾害，便利灌溉，實是當今最迫切的問題。植林浚河已是刻不容緩的工作。

  5. 我國農業的經營，已經集約到極點，地力也已用到極限；在豐年，生產剛夠消費。由此看來，可耕地若不增加，依於人口增加的趨勢，5 000年後，全國土地是否能贍養大宗人口，以後的子孫是否可以自爲維持，實成問題。固然，這問題還隔得很遠，但我們不能不予以考慮。我們雖然不能象梭卜氏那樣説得令人喪氣，但是也不要盲目樂觀，我們要把那一向忽略了的問題注重起來。

評湯惠蓀、杜修昌編：
《中國農家經濟之記帳的研究》*

在歐美諸國，用記帳方法（accounting method）以調查并研究農場經濟者，爲例甚多；而在我國，用斯法以調查并研究農家經濟者，則僅一例，即實業部中央農業實驗所農業經濟科，自民二十三年始，在南京近郊上下五旗，浙江湘湖及安徽烏江三地舉行的調查。但該所二十三年的調查仍屬試辦性質，目的在與記帳農家取得密切聯繫，予以技術上之指導，經濟上之協助，并逐漸啓發其知識，俾農家能明瞭記帳之用意及其方法。到二十四年一月一日，始再統一各地記帳年度，於上列三記帳區域，重行選擇較爲可靠之農家，計上下五旗 50 家，湘湖 66 家，烏江 20 家。同時又在該所附近餘糧莊選定 25 家，共 161 家。本文所介紹的由湯惠蓀、杜修昌編，由實業部中央農業實驗所印行的《中國農家經濟之記帳的研究》，便是就此 161 家在民二十四年全年記帳之結果予以整理後的報告。唯因編者編述此報告的目的，僅在供給研究農家經濟者一類原始資料，故未予以理論上的分析與探討。雖然如此，但因在我國應用記帳方法作農家經濟之調查者，此次尚屬創舉，故對於記帳之方法、步驟、條件、所得之結果與正確性，及此種方法與他種調查方法的比較得失諸端，不得不深加注意。爲此，特就此諸點及報告內容略爲述之於下，以引起研究農家經濟者對於記帳方法之注意。

---

* 本文原載天津《益世報·農村周刊》，1937 年 6 月 26 日。

一、記帳之目標與方法

據本書編者所云，此次舉行農家記帳之目標有二：一爲農家所得，是否足資農家之供養，適合於相當的生活程度，即生產與消費是否平衡；二爲農家勞力利用之狀況，年中勞力分配之情形，即勞力利用之是否合理。蓋我國農業生產，尚爲小規模的家族經營，故農家記帳之目標，自與歐美國家基於企業經營，以期求得各部門之生產費與淨收益的農場會計（farm accounti）不同。此種目標，在大體上我人甚表贊同，凡研究我國農家經濟者須先爲理解之。

記帳方法爲：一方面先於記帳年度開始時，舉行農家財產估計，并調查其家庭人口與經營面積；至年度終了時，再舉行一次，如是既可知一年間農家財產之增減及其影響於農家經濟之盈虧，明瞭農家勞動量及消費主體之多寡，并可觀察其經營規模之大小。另方面，在記帳區域，由該所派員（有爲該所職員，有爲該所雇聘的熟悉當地情形的調查員）兼司管理、指導及監督之責，對其所管區域內之記帳農家，說明記帳之方法，令農家將其一年中所有家庭及農場間之經濟出入，逐日記於收支帳內，將各項勞動之種類與時數，按日記於工作帳內，并時時檢查各農家所記之帳，有無錯誤遺漏，而爲之更正，其不能自記之農家，則由調查員代記之。一般說，每個調查員可管理并監督記帳農家 30 到 40 戶。

在記帳工作開始之前，爲明瞭記帳區域內一般農家狀況，該所又先就上下五旗，餘糧莊，湘湖及烏江四地，用按表親查法（survey method）抽查農家共 446 家（上下五旗 213 家，餘糧莊 49 家，湘湖 147 家，烏江 127 家）。調查亦發表於本書中。

二、記帳區域之農家經濟述要

全書分爲兩編：第一編爲記帳區域之農家經濟概況，即用按表親查法所調查的結果，內容係就記帳區域"一般農家"及"記帳農家"之概況，加以說明，以求得對於各記帳農家之一般的概念。第二編爲農家記帳結果之分析，即按各記帳區域分別計算其收支及工作狀況，藉以認識一般農家經濟之構成。

說到此次調查所選定的四個區域，我人實有不盡贊同之處。因爲這四個區域，不但分布在不同的省份，從而所表現的農家經濟特質，亦大相異趣。上下五旗與餘糧莊均在南京近郊，前者以副業經營爲主，後者以園藝經營爲主。湘湖屬於浙江蕭山縣，幾爲純田地帶。比較能代表適中的經營方式與農家性質者，唯安徽之烏江而已。但烏江的農家似較一般爲富裕，故其結果又不足以表示一般農家的情形。因之此次調查的區域，就選樣而言，不僅難於代表揚子江流域一帶的一般農家，抑且難於代表各所屬省縣的一般農家，考調查者之所以如此選樣者，蓋在獲得調查上之便利，以試行記帳調查而已。故就此點言，我人又不能極端非議選樣之失當。

上述四區域之農家性質與經營方式既不相同，其所表現的收支，盈虧，工作等亦各有異。就收入比例言，上下五旗以副業收入爲主，占全部收入的50%；餘糧莊以園藝收入爲主，占46%；湘湖與烏江以農藝收入爲主，各占72%與77%。就收入形態言，前二地現款收入所占比例遠較後二者爲大。就經營費比例言，上下五旗以雇工工資、原料所占比例最大；餘糧莊以肥料、飼料及種子所占比例最大；湘湖以肥料與田租所占比例最大；烏江以飼料、田租、肥料及雇工工資所占比例較大。就家計費比例言，四區域大致相同；至就家計費形態言，則上下五旗與餘糧莊以現款所占比例較大，湘湖與烏江以實物所占比例較大。就農家所得而言，烏江最大，計每家 409 元；餘糧莊次之，228 元；湘湖又次之，175 元；上下五旗最小，166 元。就農家盈虧而言，盈餘者有二處，計餘糧莊平均每家 25 元，烏江 4 元；虧損者二處：計上下五旗平均每家 92 元，湘湖 36 元。就各種工作在全年中分配之比例言，上下五旗以分配於副業者最多，占 68%；餘糧莊以分配於園藝者最多，占 40%；湘湖與烏江以分配於農藝者最多，各占 71% 與 75%。

就 4 區域全體農家合而言之，所表現的特性為：

1. 小農經營。此四區域之農場面積，平均每家為 12 畝，每人為 2 畝，平均每勞動單位為 36 畝，其屬於小農經營的類型，固不待言。

2. 家族經營。此四區域所使用的人工中，家工占 78%，雇工占 22%，無疑是停留在家族經營階段。

3. 生活程度低下。四區域家庭生活支出比例為：飲食費 71.2%，衣服費 3.3%，住房費 0.6%，燈油燃料費 12.0%，雜項費 12.9%。飲食費與燈油燃料費所占比例大，雜項費所占比例小，均足表示農家生活程度之低下。

4. 收支不敷與負債。總計 161 戶農家，盈餘戶僅占 25%，虧短者占 75%，而平均每家盈餘額不及平均每家虧損額之大。如就實數言之，平均每家總收入 304 元，總支出（經營費與家計費）343 元，結果平均每家虧短額 39 元。因為收入不敷支出，農家多賴借債以為抵注，總計平均每家負債 145 元，每人負債 24 元。

5. 勞力的過剩。以農家勞動使用量對農家勞動總量之百分比，便可求出農家勞力的使用程度。據此法計算結果，農家勞力利用程度為 33%。換言之，農家勞力有 67% 是過剩的。

三、記帳方法與普通調查方法之比較

記帳方法調查的結果，要較其他調查方法為精確，不待多說。但記帳方法之長，猶不在此，蓋許多詳細的項目，尤其是關於農場經營之各種支出與勞動時間之分配，非記帳方法便根本難以查清。但其短處及其應用的限制亦很多，關於這點可參看《論農家記帳調查法》一文。至於說到記帳方法與其他調查方法在所得結果的精確性上所表示的差異程度，則在目前因材料限制，尚無從探討。今試就本書中用記帳方法調查的結果與用按表親查法調查的結果，擇要比較如下，以見其異同。

從以下二表，知記帳調查與按表親查之結果，大體甚相近。但種植面積指數及平均每家負債額，兩者相去甚遠，此或選樣不同有以致之歟？

記帳調查與一般調查之比較（一）

	記帳調查	一般調查
平均每家人口數	5.97	5.72
平均每家勞動單位數	3.29	3.17
平均每家消費單位數	4.12	4.00
消費單位系數	1.27	1.26
平均每家經營面積（畝）	11.88	12.03
平均每人經營面積（畝）	1.99	2.10
平均每勞動單位經營面積（畝）	3.62	3.79
種植面積指數（%）	1.64	1.22
平均每家負債額（元）	144.43	94.24

記帳調查與一般調查之比較（二）

組　別	記帳調查		一般調查	
	農家%	畝數%	農家%	畝數%
5 畝以下	11.8	3.4	14.8	4.1
5—10	42.9	26.3	36.3	21.8
10—15	21.1	21.1	23.5	23.4
15—20	10.6	15.0	11.9	16.6
20—25	5.0	8.7	4.7	4.8
25—30	3.1	7.1	2.9	6.3
30 畝以上	5.6	18.5	5.8	19.5
總計	100.0	100.0	100.0	100.0

最後，我們可以歸結的説：本書爲一記帳調查的報告，故很令我人感覺興趣；而通觀全書後，知此次試行結果尚稱滿意。唯有數點，亦值得商榷：(一)此次選樣，似完全從調查利便着想，因之所選田地，情形均屬特殊，不足以代表一般農家經濟情形。考記帳調查，在人力與財力方面，均較普通調查爲費，則如何慎重選樣，俾所得結果，能作爲解述一般農家經濟情形之代表，實值得深加考慮。(二)書中祇將調查結果原形陳示出來，而未加以理論上的探究，此點雖編者在開首便予以解釋過，但我認爲，既有如此比較眞確的材料，自應予以進一步的分析，俾便利學術研究上之援用。(三)本書標題爲《中國農家經濟之記帳的研究》，窺以實際內容，似覺不合。蓋一方面此次調查之選樣區域過爲特殊，不足冠以整個中國農家經濟一詞；另方面書中所示都是原始材料，既未將記帳調查結果予以進一步的分析，亦未將記帳調查與普通調查予以比較上的研究，故標題與內容似乎有不相稱之處。這些，祇是個人的一點觀感，不知質之本書編者，以爲何如？

評 W. Gee：
《農業的社會經濟學》英文版[*]

農業經濟學與農村社會學之成爲獨立的社會科學，均屬近年間的事。其被介紹到中國來爲時更遲。此二種科學之發生及漸被重視，有它的時代背景。考農業經濟學和農村社會學不獨發源於美國，而其爲社會人士所注意。亦以美國爲甚。這原因說來很簡單，美國是一個工商業極發達的國家，同時也是農業極興盛的國家。農業品的輸出歷來在總輸出中占着重要的位置。雖然美國是一個采行極端保護政策的國家，可是因爲農業發達的結果，使農產品發生了巨額的剩餘，這樣便不得不輸出。農業既與國民經濟有着如此深刻的關係，農業和農民的各種問題，自來便爲全國社會所注意。關於農村各種問題的探討，自也成了學術界的職責。近年來，因爲世界經濟不景氣的結果，美國農產品剩餘的輸出，便受到很大的威脅，感到很大的困難。這樣，農村問題自然更成爲全國社會注重的目標了。

我國近年注重并研究農村問題，原因却正相反。我國歷來就忽視農村問題，大概是因爲農業技術固然落後，農業經營固然不善，農民生活程度固然很低，但是農村尚屬安然無事，農民尚能安居樂業，所以一般人都以爲農村沒有什麽問題。誰知道自與各國通商以來，農村便播下了崩潰的種子，到最近年來，外來的經濟侵略益劇，加之灾禍頻仍，遂使農村的崩潰成爲事實，而如何去解決農村各種問題，也便成了全國上下一致的要求了。

美國的農村問題，是農業生產剩餘，找不到銷路；我國的農村問題，

---

[*] 本文原載《社會科學雜志》第 5 卷第 4 期，1934 年 12 月。

是農業生產之質量低下，致不能贍養大宗人口。美國是工商業過為發達的結果；我國是工商業未能發達的結果。我們把這幾個命題抓住了，纔能知道我國所要解決的農村問題和美國所要解決的農村問題不同；因而去讀美國關於農村問題的各種書籍，和去參證它關於農村問題的各種解決方法，纔不致盲然無鑒別力了。

本書著者 W. Gee 氏，是 Virginia 大學的農村經濟學教授。這本書是他執教 12 年的成果。他自信這書能作為一種良好的教本。本書最大的一個特點，是標題為《農業的社會經濟學》(《The Social Economics of Agriculture》)，把農業經濟諸問題和農村社會諸問題，都一同混在書內，當作研究的對象和領域。關於農村生活的研究。在美國近年來本有一種精密分工的趨勢，我們看農村社會，農村經濟，農村教育，農村衛生等等，都各自成了一種專門研究的學科便可知道。但是在另一方面，又有一派人以為分科太細緻反而阻礙對問題的整個觀察，所以主張一種問題的探討，不如從各方面下手為好。Gee 氏就是這一派。他在自序中解釋他這種標題的旨趣說："農業的社會經濟學這種標題，可以使我們對於農業問題，不僅當作經濟的，社會的，歷史的或政治的問題去觀察，并從此諸方面的聯合觀點去觀察。"所以著者這本書的最大企圖，并構成這本書的最大特色的，是將社會與經濟的關聯思想融合到農業問題上去。這是別開生面的。

全書分 6 大部分，共計 34 章。第一部分論農業問題；第二部分論經濟的考量（economic consideration）；第三部分論社會的因素（social factors）；第四部分論農民組織；第五部分論政治問題；第六部分論鄉村機關（rural institutions）。各部分又分若干章，每章之後附有大量的溫習問題。全書引論豐富，發揮周到，堪作為一良好教本。其特色可以簡述如下：

1. 範圍極為廣博。這有兩方面的解說：第一是引證的事實詳盡。這本書所論述的問題，雖然是以美國農業問題為對象，但在分析一種問題的現象時，常引他國事實為例。例如在第一部分第三章論述新舊農業的特點時，把東亞尤其是中國耕耘的浪費勞工，敘述得很周到；在同章第四節論述農民生活程度時，也引了我國農民生活程度低下的統計。至於引證歐洲各國的事實，那就更為詳盡。第二是論列的範圍廣泛。農業的社會問題，本來就包含各種因子，而其相關現象又極多；為圖問題完全解決起見，自然須考慮到各方面。加之本書既號稱"農業的社會經濟學"，那所涉及的問題自然更多了。所以這本書差不多把所有一切相涉的問題和事實都論列進去了。

2. 注重新的問題。美國糧食、棉產的輸出，數額甚巨；年來因為國外市場衰落，遂致發生農產品找不着銷路的恐慌。因之美國的農業問題，生產技術、農場管理倒在其次，如何使這些農產品獲得出路反是主要的了。雖然國外銷路的擴張，要依賴政府整個的經濟政策與手段，而國內市場的調劑，就不得不賴乎農業經營者本身了。所以運銷和物價問題便佔了第二部分的三分之一（共三章）。其次，農村的公共福利（rural public welfare）和農家童工（farm youth）也成了著者專論的章目。前者是在減少農村社會的犯罪和各種癲狂分子，政府對這方面曾有多種設施。後者是在培植農村的實力，對於鄉村兒童應積極的加以愛護和培養。美政府於1930年所頒行的"童工法案"（Children's Charter），就是政府注重農村童工問題，并實行童工保護的一個實例。這本書對此諸方面都有詳密的論述。

讀過此書後，令人發生數點意見和感想。

（一）這本書名雖為農業的社會經濟學，實則是討論美國現實的農村問題。這因為著者是從農村社會的和經濟的兩方面的聯合觀點去考究美國的農村。說到農村社會學與農業經濟學，究竟是當作純理論的研究，把社會學與經濟學已有的原理原則應用到農村現象的分析上去，或是當作實際的應用以求農村問題的探討與解決，自來學者就不一致。不過，大體說來，多是主張廣義的包括這兩條路徑。Gee 氏的這本書，涵義就很廣，因為要從社會的和經濟的諸方面去探討農村，所以不得不把各種問題都考慮到，因之這本書比較側重於實際應用方面。我們與其當作農業的社會經濟學去讀，倒不如當作美國的農村問題去讀還更明瞭。爲此斯書在美國雖能作爲良好的教本，而在我國是否適用，就成問題了。

2. 美國現時的農村問題，是好壞的問題；我國現時的農村問題，是有無的問題。比如說，美國的農業生產，已經應用了大規模的機械，采用了最進步的方法，現在農業生產的問題，祇是如何求更好的機械，和更好的方法；而我國現在的農業生產問題，則是如何用機械代替舊式農具，用進步的方法代替舊式方法。又如美國現在的農村教育，衛生，娛樂諸問題，是在如何使教育制度更良善，衛生設備更講究，娛樂方法更新穎，而在我國農村，則是如何使農民能獲得最低的教育，最簡單的衛生，和最容易的娛樂了。再者，美國現在是農產品剩餘如何處置的問題，而我國則是農產品如何充足的問題；所以在美國運銷問題重於生產問題；而在我國則生產問題重於運銷問題。這諸點，一方面固顯示我國農業的落後，他方面也表示我國的農村問題是和美國大不相同的。

3. 美國政府對於農村問題的解決，極爲努力；我國政府應有仿行的必要。觀乎美國政府歷來對於農村的改進，便甚注重，對於農村的各種救濟設施亦極爲周到；近年來對於農產品的輸出，尤極力設法減除其困難；可知美國政府對於農村的繁榮和農業的興盛，都居重大功勞。斯書除論述歷來政府對於農業的救濟設施外，并闢一部分專論政府與農村的關係，如政府與農民的關係，關稅與農業的關係，課稅與農場的關係等等。我國年來政府亦轉移視綫於農村，不過空洞的議決雖多，而實際施行的還是很少。同時，因爲沒有整個的劃一的政策，所以推行上便不能收連貫之效。我們參證他國的實例，覺得政府對於農村問題的解決，有重大的關係和責任；我國政府應如何審慎的去計劃與積極的去實行，是不容多說的。

評 Edmund de S. Brunner and J. H. Kolb：《農村社會趨勢》英文版^{*}

近十幾年來，美國社會的各方面，產生了新的變動和趨勢，引起了許多新的問題。對於這些變動和趨勢的探討，以及對於解決這些問題的途徑的尋求，便成了美國政府及一般社會人士注意的集中點。1929年12月，胡佛總統（President H. Hoover）特命組"國府的社會趨勢研究委員會"（President's Research Committee on Social Trends），召集許多社會科學專家，探求近年來美國人民所遇到的各種急迫問題及其解決途徑。這在美國歷史上還是開創性的事。集各專家調查和研究的結果，編製了許多報告，并依類印成專書問世。《農村社會趨勢》（《Rural Social Trends》）一書，便是其中之一。

本書的主要目的，依著者在"自序"中所說，是在呈示對於本世紀30年來，特別是1920到1930年十年來美國農村社會生活的變遷，所予以研究的結果①。這研究，原爲Brunner氏主持的"社會與宗教研究所"（Institute of social and Religious Research）所創始；後經上述國府所組"社會趨勢研究委員會"的請求，并爲後者之一部分，并加派Kolb教授合主其事。Brunner氏爲哥倫比亞大學的教育學教授，Kolb氏爲威斯康辛大學的農村社會學教授，他們兩人的同心協力，自然相得益彰。所根據的材料，除引用已有的全國國勢調查表册之外，并另派受過嚴格訓練的調查員，從事140個農村和26個州郡的社會調查，以作論述的根據。所概括

---

* 本文原載《社會科學雜志》第6卷第1期，1935年3月。

① 參閱 Royal Institute of International Affair：Monetary Policy and the Depression. p. 77, 1933.

的範圍，代表了美國的主要區域；這種大規模的調查和研究是以前農村社會的探討工作所不能比擬的。

全書共分 12 章，最後有附錄 7 種。第一章論農村人口及其移動和變遷的特徵，第二章論鄉村社會生活與農業，第三章論村落的發展，以下各章分論鄉村社會與村落的關係，農村與城市的關係，販賣與銀行事業，民眾學校與教育，宗教事業，社會的與娛樂的組織，農村社會服務，地方政府，等等；最後并略論農村社會的前途。論述的範圍，可謂詳盡。

在第一章中，我們可以看得出近幾年來美國農村人口的變動，顯然，有幾種特徵。第一是移動的方向不同。1930 年前，農村人口是移居城市者多，回到農村者少，1930 年以後，其傾向剛好相反，此種趨勢和農場收入及商業活動均有關係。依據 1924—1928 年的統計，我們知道農場收入的大小，和移入城市的農村人口數的多寡，適成反比例，即農場收入愈大，移入城市者愈少，反之則愈多。至於商業活動和回歸農村的城市人口，亦是反比例。1929 年以前(1922—1928)，移入城市的農村人口所以多，是因農場經營的報酬，比之於工商業的利潤，過於遜色的緣故。所以業農者多弃土就市，青年男女入市謀生者尤多。至 1929 年後，因商業恐慌之結果，城市中人多弃工商而務農，失業工人尤多回鄉謀生。這可以看出農場利潤和商業興衰，給予鄉村人口移動的影響。

第二種是性質上的變异。這可分作幾點來說：(1)農村人口的總數雖然增加，但比例於全國總人口之增加數，則呈減少之象。(2)生育率降低，嬰兒減少；這又可用每家平均人口數由 1920 年之 4.5 人減少到 1930 年之 4.1 人來說明。(3)老人數目增加，這是一種很有趣的現象。各州 60 歲到 70 歲的老太婆，和 70 歲以上的老頭與太婆都增加了，且較全人口增加尤速；這可證明美國的農村成了老年人的養老所了。(4)男女性別比例，各州變動不一；大致說來 1930 年為 95.1，較諸 1920 年的 95.5，已減少 0.43。(5)結婚人數加多，獨身人數減少，這也是一種有趣的變動。(6)本國白種人口增加，外僑與黑人生殖數目減少，人口的本質上更近於純一。

總而言之，美國人口經過了三種移動：自東到西，自鄉村到城市，自城市到鄉村。在 1910 年，全國人口達於高峰，1920 年減少了，到了最近，因為城市人口回歸鄉村的移動，又恢復到 1910 年的情狀。人口來回的移動，使得鄉村人口結構，兼具城市與農場的性質。

由著者在第二章的敘述，我們可以歸納出美國農業的幾種變遷趨勢。第一，農業之當為營利事業的重要性，漸趨減少。這不僅是農業勞動者總數的減退，而其對於全國勞動者的比例，尤為低落。蓋自 1920 年後，因工業人口之增加，農業失去了為人民生活方式上的首要地位，美國顯然在由農業國變為工業國；1930 年以後，這種傾向更為加劇。第二，佃農益趨增加。近年來，自耕農大為減少，而因城市人口之移入鄉村，土地的購買加多，致地價騰漲，其結果佃農不得不更為增加了。此外則有：因土地抵押之結果，農民多失去土地，抵押負債大形增加；農場收入雖日趨減少，而租稅負擔則益為增加；消費者的需要大為變更，自 1910 年後每人對於糧食的消費已漸減少。這一切，使得美國的農業，遭遇着空前的厄難。

農人為克服此種困難，乃采下述一些救濟辦法：

1. 改變農場經營計劃，即擴張耕種面積。
2. 提倡運銷與販賣合作，此種運動甚為成功。

關於農家生活的本身，年來大為改良；如汽車之大為增加，電燈，自來水之廣為引用等是。至於農家生活的調查研究，則更日見重要。

第三、四兩章中，我們可以得到一點約略的概念：因為人口的增加，村莊也隨之增加，農村中一切社會的與經濟的組織，也就得適應這種新環境。最大的變遷，是鄉村社會各種職業分配上的變動。原來鄉村社會裏有四種主要的職業，即：製造工業，販賣業（商業），農業和運輸業是。四者中，商業上的雇傭人數總額及比例都增加了，農業上則大為減少。這一方面是由於機器之應用，對於勞動者的需要減退；同時也可說是經濟恐慌的結果，釀成了對勞動者需要減少之同種現象。運輸業的雇傭人數有增加的趨勢；製造工業則沒有多大的增加。

在這裏，我們要注意農村與城市的關係。近年來，城市中人多購買農村土地，用於非農業的目的；關於農地經營，城市中人亦有從事的趨勢；城市附近之園藝種植日益發達，乳酪業亦然；關於教育，農村與城市已漸無不同之點。這些，可表示二者的關係日趨密切，而農村(rural)與城市(urban)二字的區別，祇不過是程度上的不同而已。

以上叙述的是年來美國農村社會的主要趨勢，爰再將他種趨勢，約略分別指示如下。

1. 販賣業和信用事業：這兒我們可以得到一個簡單的概念，就是：一方面因爲世界經濟恐慌之結果，農村的銀行業比較農村的零售業所受的損失大；二方面零售業之抵抗城市商店的侵入，較諸銀行之抵抗城市銀行的侵入，稍爲成功。

2. 農村教育：1931年以前，鄉村教育是走着發展的路徑。設備日全，受教育者日衆，經費亦日益增多。但是世界經濟恐慌，却給予此種發展過程以莫大的阻礙。現在一般的問題是：處於這種經費有限的場合下，如何節省不必要的支出，如何更經濟的再去設計劃策，使一切設施都合於現狀的必需。各州的報告，有許多都說鄉村教育已遇到了莫大的危機。

3. 宗教事業：連年來城市中的教徒人數雖減少，而農村中却大爲增加，但是和農村增加的人口相比，却又顯得減退。特別是耶穌教徒，比例上更爲減少。一般說來，人民對於宗教的興趣漸趨減少，教會的開支顯示着增加，是因爲教徒增加了的緣故，并非每人所出的增加。如此，教會的組織也要向更經濟的路上走了。

4. 社會生活(娛樂與交際)：成年人的娛樂組織近來漸趨減少，而兒童的則大爲增加。一個最大的變遷，就是這些組織多由享樂的(hedonistic)性質變爲社會的(social)性質。因之大部的組織，都由個人趨於社會共同方面。不幸的是農業恐慌給予這種社會生活的增進和此種組織的發達以很大打擊。

5. 農村社會服務：衛生方面的服務呈現着退縮的現象；雖然鄉村看

護婦人數增加了，可是醫生則數目既漸趨減少，年齡又漸趨衰老。自1929年以後，農村的公共衛生這種工作，是難以滿足鄉村人民的需要了。這也表示經濟恐慌之結果，使政府和人民都不能顧及鄉村各種公共設施了。

由上面的叙述，我們可以得到幾點重要的印象：

1. 美國近年來農村社會所發生的各種新的趨勢與變動，最大的因子是世界經濟恐慌。美國與全世界在經濟上的聯繫甚爲密切；雖然美國已經成了世界上主要的工業國，而農業在其國民經濟上，仍居重要地位；農村社會的一切組織，制度和設施，須受世界經濟恐慌之影響，自不待言。但是觀乎因農業技術進步之結果，農產品大爲過剩，以致農民購買力減低的這種現象，我們又未始不可以說：招致美國農村社會各方面衰頹的因子，不一定是世界經濟恐慌，甚且前者倒還是構成後者的一種因素。

2. 美國的農產品，本已生產過剩，而各國因要打破本國工商業的不景氣，希圖本國經濟自足，又各自高築壁壘；這使美國的農業，遭遇到空前的恐慌，這種恐慌的結果，翻動了整個農村社會。同時，因爲工商業的不景氣，使美國發生了"歸田運動"（back-to-the-land movement），但是此種運動之結果，祇有加重農村社會已發生的困難的程度。這種情形，不但使農業或工業勞動者失業，誠如著者在"將來的預測"一章中所說，高等學校的畢業生，尤感走投無路之苦。一些人們，不把他們的閑暇利用到電影或他種娛樂上，而是用以研究經濟和社會情形，這表示恐慌的深刻程度了。農村社會的各方面，都呈着衰落的趨勢。這在本書上，還是被當作一個不能解決的大問題。

3. 農村社會趨勢，隨着農業本身的興衰而變遷。現在要想使農村社會的各種組織與設施得以改進，就非得想法渡過目前農業生產上的危機不可。但是僅在農業生產本身，仍不能獲得復興農業之望。蓋如著者所説，美國多數的農場已高懸其"拖拉機"（tractors），而代之以馬；其原因是因爲馬可以食用過剩的食料，機器則須耗用汽油。農業技術的進步，倒好像足以加重農業危機的深度，這是一件很滑稽的事。最後，我們不得不被引到一個自然的結論，即：在整個經濟制度沒有變更時，不僅是農村社會的各個困難，即一切經濟上社會上的問題，都不能獲得圓滿的解決。這本書是用零碎的事實把它證實了。

評 Paul de Hevesy：
《世界小麥問題》法文版*

小麥問題是當今世界各國正在煞費苦心以謀解決的一個問題；因爲小麥是大多數人民的主要食糧，又是大多數國家的主要生産物，所以這個問題如不能獲得解決，農業的復興便要遇到很大的障礙。有人説："現今世界經濟恐慌問題追根究底是一個農業問題，而農業問題的中心便是小麥問題。"這個説法或許有點夸大或武斷，但小麥問題關係的重大，確是不可忽視的。因此各國當局也曾用過很大的努力，想共同把這個問題解決一下；1931 年的"倫敦小麥會議"便是顯著的一例。無如各國成見難除，經濟利害衝突不能避免，一直到現在，小麥問題仍未獲得相當的解決。

Hevesy 氏的《Le problème Mondial du Blé》(《世界小麥問題》)這本書，是以各關係國(小麥的輸出或輸入國，生產或消費國)的共同合作爲出發點，并以"一國的收成常有豐欠，全世界的收成則很固定"這句話作立論的根據，以探求小麥問題的解決方策。著者所提議的辦法頗稱周密，引證的事實亦很詳實，這是因爲著者有特殊的出身，他曾代表匈牙利出使小麥的主要關係國家如美國、阿根廷、奧地利、法國、葡萄牙、西班牙等國多年，對於各該國的小麥問題，曾作過連續的研究。這本書分爲兩大部分：第一部分較爲重要，包括建議的理由，解決方法，根據的事實，并細述英國、法國、美國、蘇俄的情形；第二部係分述各國關於小麥問題的解決方策及其經過，論列的國家有德、法、英、愛爾蘭、意大利、西班牙、匈牙利、加拿大、奧地利、阿根廷等等。附錄凡 37，主要是關於世界小麥的産銷、價格、國際協定、各國單行方案諸端。現擇述其要

---

* 本文原載《社會科學雜志》第 8 卷第 2 期，1937 年 6 月。

點如下，并略爲評論。

一、發起國際共同組織

著者主張由小麥的生產國，貿易國或消費國共同簽訂"國際小麥協定"（L'Entente International du Blé）。依此協定，由參加國各派代表一名組織"國際小麥理事會"（Le Conseil International du Blé），負責決定一切方策。在理事會下設一總執行機構，曰"國際小麥局"（L'Office International du Blé），地點以在倫敦爲宜；在參加國內各設一分執行機關，曰"國家小麥局"（L'Office National du Blé），受上者的管轄。

理事會的主要職責有三：

1. 處斷本年的小麥貿易與分配事宜，即計算各輸入國的總需要量，據此以決定各輸出國的"配份"（la quota-part）；

2. 處斷來年的小麥貿易與分配事宜，即決定各輸出國的配分，使他們得以據此而定其來年小麥生產額；

3. 決定世界小麥價格。

國際小麥總局將獨占全世界小麥的輸出與輸入，但祇能從國家小麥分局購進。各國小麥分局將獨占各該國小麥的輸出與輸入，但祇能從總局購進或出售於總局。

參加國又可依各自的情形，在小麥中心地點設立地方分局，統制各該區的小麥運銷事宜，其辦法由各國自定。

二、推行合理的或邏輯的種植面積
（les emblavures logiques）

這種面積根據兩個要素決定，一爲本國的消費量，一爲本國的輸出配份。

　　一國的消費量可援用一簡單的公式以求出。其公式爲：（生產量+耕植年度初的儲存量）①－（輸出量+耕植年度終的儲存量）= 全國消費量。（原著附錄9）一國的輸出配份的決定爲：第一步算出該國前5年的輸出平均額占同期世界純輸出總額的百分率，第二步由各輸入國的輸入需要量（本國消費量減去本國生產量的差額）的合計求出來年世界純輸出總額，第三步以第一步之百分率乘第二步之總額，其積便是該國的輸出配份。（原著附錄6"各國輸出配份表"）

　　然後根據本國的消費量與本國的輸出配份，求出本國的總生產量，除以每畝平均產量，便得出合理的種植面積。合理的種植面積既決定於實際的需要量，自能免除小麥生產過剩的恐慌。

三、施行收穫所得的特殊分配方法

　　上述合理的種植面積并非一經決定而不變者，它隨着世界小麥需要量的增減而有擴縮。這種擴縮的程度用百分率表示。國家小麥局在接到理事會關於增減百分率的通告後，便公告各小麥生產者遵行。但國家小麥局的公告祇是一種建議，而不是強制執行。不過，由於下述收穫所得的特別分配方法亦將使各個生產者都能遵從。

　　輸出國因輸出小麥所得的總價值，由該國小麥局按照一定的辦法分配於各生產者。這些生產者分爲兩大類：② 一爲照辦者（conformistes），即遵從小麥局的建議而減少種植面積者；二爲不照辦者（non-conformistes），即不遵從小麥局的建議者。現舉一例以說明二者分配方法之不同。

---

① 此二者合計爲全年的可供處置總量（disponibilités totales）。
② 這種區分祇限於要減少種植面積的場合；至於增加種植面積的建議，各生產者無不樂從，故無區分之必要。

譬如某國去年的小麥種植面積爲100萬公頃(hectares)，每公頃小麥產量10公擔(quintaux)，總產量爲1 000萬公擔，假定世界小麥價格被決定爲每公擔20金佛郎，計共值2億金佛郎。到本年國際小麥理事會依需要量的減退程度，囑各國減少產量10%。某國小麥局乃轉而建議各生產者縮減種植面積10%，以使本國總產量減爲900萬公擔(每公頃產量仍按10公擔計算)。假定本年度有一半的生產者照辦，他們的種植面積原爲50萬公頃，現減爲45萬公頃，產量減爲450萬公擔。另有一半的生產者不照辦，他們的種植面積反由原來的50萬公頃增到52萬公頃，產量亦增到520萬公擔。兩者合計小麥產量970萬公擔，超過建議量70萬公擔。但是本年國際小麥總局對於某國所能承受的小麥祇有900萬公擔，依世界價格每公擔20金佛郎計算，所能給予的代價共1.8億金佛郎。如果照辦者和不照辦者平均分配，則每公擔的代價應爲180 000 000金佛郎÷9 700 000(產量)= 18.56金佛郎。但是小麥局却采用另一種分配方法：照辦者的收穫報酬每公擔仍按20金佛郎計算，總值爲20金佛郎×4 500 000(產量)= 90 000 000金佛郎。不照辦者則分配照辦者分得後的餘額，即180 000 000－90 000 000＝90 000 000金佛郎；其每公擔的代價爲90 000 000金佛郎÷5 200 000(產量)= 17.30金佛郎，較照辦者所得爲低。這種分配方法在優待照辦者，抑制不照辦者，結果便可使後者自動照辦了。

在生產者都接受建議幷照辦之後，被減少的小麥種植面積可轉而種植他種作物，而留着種植小麥的土地將是最好的，因之生產費減少，在穩定的價格之下，生產者將獲得更多的利益。

四、舉辦備荒儲存(les stocks d'assurance)

現在的小麥問題，主要的由於生產量超過消費量，約計每年超過2%(每年因人口的增加所招致的消費量的增加已予以考慮幷已計算在內)。

單就一年來看，自然不致發生重大的生產過剩問題，但積年累月之後，那種找不着銷路的小麥滾存額逐漸增加，遂演成農業恐慌。

可是在小麥生產過剩的恐慌中，有些國家或有些時候，却又感到糧食缺乏或糧價騰高之苦，這真是一種矛盾。爲要免除此種矛盾，各國每年應預爲儲存若干量的小麥，以備灾荒之需。例如截至 1933 年止，小麥歷年過剩額達 180 萬公擔，這數額雖很龐大，但全世界人民有 54 天便可食用完盡。所以每個國家祇要每年多儲存一點，小麥問題便可解決一大部了。此種方法在瑞士早已采行，各國應相繼仿效。

五、提高并穩定世界小麥價格

近年來小麥價格逐漸降低，是加重小麥恐慌的一個重要因子，所以提高并穩定小麥價格實爲當務之急。關於穩定價格，非由各國共同合作不爲功，因爲就一國言，各年小麥的收成固因天時的好壞，豐欠不定，但就全世界言，各年產量實無多大變更，所以小麥的世界價格，如經各國共同決定後，當不致有頻仍的變動而有比較長期的穩定性。關於決定價格，應顧及價格的合理性，即高到可以獎勵有效率的生產，低到可以使生產條件太壞、生產成本過高者放弃小麥的生產，轉而種植他種作物。

這種合理價格由國際小麥理事會決定，以後遇有增減的必要，也由該會酌量更改。参加價格決定國家的表決權多寡各不同，其分配方法如下：

    a. 凡屬參加國每國一權，

    b. 凡輸出或輸入量大者，每 100 萬公擔加一權，

    c. 凡消費量大者，每多 200 萬公擔加一權。

據此標準，有幾個國家的表決權特別多，如輸出額大的美國與蘇俄，各有 131 權與 117 權；輸入額大的英國有 96 權；消費量大的中國有 101 權。（原著附錄 20）

世界小麥價格經提高并穩定之後，生產者的利益有了保證，他們的購買力當可提高，世界經濟恐慌亦將大爲緩和。

Hevesy 氏的建議已如上述。這裏我們不能詳細討論；大體説來，他的辦法很有參考價值，但依目前的國際形勢看，恐怕不易做到。第一，由於各國經濟利害的衝突，蓋近年來國際市場爭奪、貨幣戰爭、關稅壁壘等等，無不花樣翻新，日趨劇烈；要各國平心靜氣的來締結國際協定，恐怕很難；第二，由於事實上的困難，因爲著者所提議的辦法是國際性的小麥統制，各國在行政上、商業上、統計上如不能有完善的組織，則不能收效，而現在大多數國家尚未充分具備此種條件；第三，由於經濟政策的牽制，我們知道，經濟事項彼此多是關聯的，小麥問題雖然是生產過剩與價格跌落相互形成的結果，但僅從小麥本身去着手，仍未能抓住問題的核心。不過，在另一方面，年來因各國統制政策的日益風行，如能由國家的立場進而爲國際的聯合，則著者的辦法也許有實行的可能吧！

就全書來説，搜集材料可稱豐富，對於各國的小麥改革法案及其施行政績，亦都予以較詳細的檢討，所以很有一讀的價值。

評 Bertrand Nogaro：
《世界農產價格與經濟恐慌》法文版*

　　Bertrand Nogaro 氏是法國巴黎大學法學院的教授，對於經濟學與貨幣學有深邃的研究，是現在法國有數的經濟學者。他在經濟學方面，曾著有《Traité élémentaire d'économie politique》(《經濟學概論》)一書，為大學的良好課本與參考書；在貨幣學方面，著述尤多，而以《La monnais et les phenomènes monétaires contemporains》(《貨幣與現代貨幣制度》)①一書為其代表作品，在貨幣學中被稱為標準著作。Nogaro 氏因對貨幣理論有透澈研究，所以他分析價格的變動格外清晰，這在現在所要評述的《Les prix agricoles mondiaux et la crise》(《世界農產價格與經濟恐慌》)一書中，即可看出。因此，這本書雖是關於農業價格的，但我們與其從農業經濟的觀點去讀它，倒不如用貨幣經濟的眼光去讀它比較更為適當。

　　Nogaro 氏寫此書的目的，據他自己說，不在對於世界農產市場的研究有特殊的貢獻，而在：一方面闡明世界農產市場的現象，探尋世界農產價格的趨勢，以期對於價格變動及貨幣理論的研究有些貢獻；另方面，因為近年來農產價格的跌落，不僅是經濟恐慌的重要表徵，而且是形成經濟恐慌的主要因素，故本書企圖對於恐慌理論的研究提供一點助力。

　　全書除首尾之結論外，分為兩大部分：第一部分分析一般基本數字；包括第一章近年來批發價格，特別是農產價格的變動過程，第二章世界生產與堆存量的統計。第二部分論述世界農產市場，包括第一章小麥市

---

* 本文原載《社會科學雜志》第 8 卷第 2 期，1937 年 6 月。
① 此書 1924 年在法國初版，1935 年再版，1927 年譯為英文出版，書名《Modern Monetary System》。

場，第二章其他重要市場(包括糖類、肉類、咖啡、棉花、膠皮、木料等)，第三章次要市場(包括燕麥、裸麥、大麥、玉蜀黍、大米、羊毛、麻、絲等)，第四章法國農產市場。此書所依據的材料，主要是國際聯盟刊行的各種統計，其次是各國所作的調查統計及相關書籍。

為要說明農產價格變動的因素及其與經濟恐慌的關係，著者首先論述農業生產的特性，即與工業生產不同之點。這種特點可自兩方面述之：

(1)就生產費之影響於市場價格的決定而言，在農業上不如在工業上深刻。根據傳統的理論，決定交換價值的因素本有多種，如心理學派之著重邊際效用，因而注重需要(消費)方面；正統學派之著重生產費用，科學社會主義者之著重勞動價值，因而注重供給(生產)方面；供需律說之兩方面并重；及後新正統學派 Alfred Marshall 氏集各家之大成而創剪刀式論，將生產費作為供給價格的決定因素，將效用作為需要價格的決定因素，二者的平衡點便為市場價格的決定點，兩方面的相互影響與關係，宛如剪刀之兩口。但無論依據哪家學說，生產費對於市場價格之決定有若干影響，則無疑義。這種影響的程度與速率，農業生產實遠不如工業生產之深刻與敏銳。大部分的農業生產者，不但不知道如何使生產費與賣價相調節，且根本無生產費之觀念，此在商業化程度較淺的農業生產類型中，更可看得出來。因之農業生產與農產市場之間便沒有密切的與敏感的關聯，農業生產者對於價格的決定便不能施加有力的影響，致農產價格的變動較工業產品為大。

(2)農業經營不如工業經營之集中，因而難以施行統制。工業生產大都比較集中，如果經營者發現需要將減縮，則可限制生產，阻止價格的跌落。農業生產則不然，一方面收成要受自然的影響，另方面企業規模過於狹小(在生產社會化的國家，如蘇俄，則情形又不同)，因而經營者即使發現需要方面已有或將有變遷，但亦不能增減自己的生產量，使之與需要相適應。所以在農業上，生產與消費間的調節，遠不如在工業上迅速。因此所謂恐慌在農業方面便是賤價出售(la mévente)，在工業方面便是工人失業，機器停歇，利潤減少，資本損失，而很少是產品價格的減低。

接着著者分析農產價格在近年來的變動趨勢及其因素，這是本書最重要的部分。這裏所包括的時期是從 1919—1935 年，論列的國家是英、美、法、德幾個重要國家。大體說來，農產價格的增減趨勢可用批發價格(les prix de gros)作代表，因為實際上，大部分的批發貨品都是農產品。雖然各國的變動情形不一致，各種農產品亦因其本身為消費品或原料品而變動有所不同，但約而言之，農產價格的變動可以分為兩大時期：第一，1919—1924 年，其間經過 1921 年的跌落後，繼續上漲至期末為止；第二，1925—1935 年，在此時期，價格由漲轉跌，程度極劇。

考諸農產價格變動的因素，照傳統的最簡單的說法，當然是供需關係(le rapport entre la demande et l'offre)，直言之，即生產與消費間的關係(la relation entre la production et la consommation)。唯農產品的需要伸縮性較小，故需要方面的變遷較為和緩，因之農產價格變動的因素，主要的在於供給方面。表現供給變遷的，固然是生產量的增減，但最明顯的表徵還是堆存量(les stocks)，至少是有形的堆存量(les stocks visibles)的變遷。這裏著者臚舉幾種重要的農產品，如小麥、棉花、膠皮、咖啡、糖類、錫、絲、茶等，將各自的價格與堆存量列成一趨勢圖(自 1927—1936 年 2 月)，以表現兩者間的相互關係；堆存量減，價格便增；前者增，後者便減。這種反比例的關係，就上述諸種產品合而構成的總趨勢圖來看更為顯著。不過，因為種種人為的阻撓，如類似加拿大的 Wheat Pool 組織便是，致供給與價格間的關係不能表現得象數學上那樣真切。

近十餘年來，農產價格的跌落可說是由於農產堆存量的增加；同時，因為後者的增加是累積的，所以前者的跌落情勢極為劇烈。然則農產的堆存量為何年年增加，致發生生產過剩(la surproduction)呢？(在農業方面，和在工業方面不同，用消費不足(la sousconsommation)去解釋銷路，不如用生產過剩來得恰當。)這可以說完全由於世界大戰，因為大戰激動了生產，致一發而不能自制，使堆存量日增，價格日落。如果我人考察小麥、肉類、糖類等市場，便可明瞭生產過剩是伴生於下述的幾

种情形:

1. 當歐洲諸國酣戰時，新大陸國家(指美國等)以很高的速度增加生產；

2. 戰後歐洲國家改善生產組織，致發生"生產上的重復"，著者稱此爲"double emploi"①entre la production reconstituée des pays européens et la production agricole des pays neufs(即因歐洲國家與新大陸國家雙方都增加生產所發生的重復)。

3. 到後來，雖然新大陸國家已經減少生產，但因歐洲國家企圖自給，竭力增加生產，致產量超過戰前，那些原來是輸入國家的生產過剩額反比原來的輸出國家要大。

因爲上述種種現象，加上世界市場的聯繫性(la solidarité)，遂使生產過剩的影響傳布於全世界，釀成一般物價的低落。

貨幣方面，尤其是貨幣貶值政策，也是影響農產價格跌落及世界市場不景氣的一個重要因素。大戰時，通貨膨脹，致前一個時期物價高漲，後一個時期物價慘落。到現在，大多數國家都采行貶值政策，這雖然可以改善國內市場，但必然要妨害國外市場，尤其是對於那些未采行貶值政策的國家。可是那些國家却也有抵制的方法，其著者如輸入關稅，限額制度，輸出津貼等是。這種相互報復的結果，祇有加重世界市場的不景氣，加速農產價格的跌落趨勢。

最後著者歸結謂：經濟恐慌之形成，實以批發價格(包括農產品與原材料品)的變動和其他價格(包括工業品價格、零售價格、工資、薪給、生產費用等)的變動彼此的不一致(la discordance)爲主要因子。因爲農產價格跌落較劇，以致農業經營者利潤大爲減少，農業勞動者工資極度降低，其結果招致農村購買力低落，終則使工業產品找不到銷路，發生工廠倒閉，工人失業，生產減縮等現象而釀成經濟恐慌。著者極力詆毀現在各國所采用的非常手段，因爲照他的意見，這不獨不能緩和恐慌，

---

① "double emploi"意指重復之言或贅詞，此處借用其意。

反之，適足以加深恐慌。所以著者又說：在現階段的恐慌情狀下，我人如果想免除農產價格的低落，祇有兩條路：一是恢復往昔的經濟制度（即自由經濟制度）；一是走入新的經濟階段。這可以說是著者不滿意現狀的一種表現。

這本書的要點已如上述。因爲 Nogaro 氏是一個自由經濟主義者，所以他解釋農產價格的跌落及經濟恐慌的形成，均用供需的失調（生產與消費的失調），產業各部門的不平衡，國際市場的流通被阻礙等等因子去探述；這很能代表法國一部分經濟學者的意見。Nogaro 氏雖然不滿意現狀，但并未主張怎樣積極地去改造它，而祇是消極地主張廢止現行的一切足以阻害經濟自由的各種策略與法令。所以當我人讀完這本書後，對於提高農產價格，改善世界市場，救濟以農業恐慌爲主幹的經濟恐慌等等方面，仍不能獲得具體的有效辦法。不過 Nogaro 氏寫此書的用意，如前所述，不在有何特殊的新貢獻，而祇在分析農產市場與農產價格的諸種現象，并探述其因果，以期對於貨幣和恐慌理論有所幫助，所以從這點來說，著者是盡了他的職份的。

福利經濟原理——統制經濟之理論的分析*①

經濟學若作爲獨立的科學來看，到現在爲止，還是在其發軔的階段。雖然從十八世紀到現在，從許多經濟學者之累積的貢獻中，我們已經得到幾條所謂定律或法則例如"供給律"、"替代律"，與此相生的"需要彈性"、"供給彈性"、"替代彈性"，新近學者慣用的"替代限界比率"、"生產(物質成形)限界比率"，以及國際貿易上慣常引用的"比較利益原則"等等，但是由於經濟現象的複雜性與變異性，不但這幾條法則仍不夠支持一個有系統的理論的分析，而且就是在這些法則本身的應用上亦常須受到"空間"與"時間"的限制。在實際從事研究時，這些限制是無法隔離的。這是社會科學的通病，不獨經濟學爲然。因而許多"純經濟理論"(positive economics)的著作，即令在經濟學者自己的陣營內，常常爲被譏"不合事實"，也常有些人批評："純經濟理論"，僅僅基於幾個不切合實際的"假定"，其所得結論根本不能作爲釐定國民經濟政策的準繩和依據。這些批評大體上講起來，都是正確的。

不過對於這兩種批評，我人需要作幾點解釋。第一種批評，說純經濟理論不合事實，是經濟學界"老生常談"的批評；對於這點我唯有希望純經濟理論的鑽研者努力把他的"假定"設法做到與實際經濟社會的距離

---

* 本文原載《思想與時代》第39期。

① "The Economics of Controls—Principles of Welfare Economics", by Abba P. Lerner, The MacMillan Company, New York, pp 428, $3.75.

較短，換言之，使之更近於事實。① 第二種批評，說純經濟理論不能作爲厘定國民經濟政策的依規，可說大半是基於第一種批評而引發的。第二種批評涉及研究經濟學的目的問題，其討論當然不包括在這篇書評範圍以內。可是我人可以作一個簡單的解答，如果我們研究經濟學的目的是"爲科學而科學"(la science pour la science)，則研究經濟學不過在敘述或解說經濟現象而已，應不在求致用。如果我們研究經濟學的目的是在"經國濟民"，則致用當爲首要，② 因而在某種政治環境下，如實厘定所需要的經濟政策，當爲研究的中心命題。基於這兩種目的之不同，所以經濟學最好是劃作兩大部門或兩大類型：前一種即所謂"純經濟理論"，或"純經濟學"(positive economics)；後一種我們可稱爲"經濟政策原理"，或"福利經濟學"(welfare economics)。福利經濟學這一部門，雖早淵源於經濟學成爲獨立科學的初期——所謂"政治經濟學"及所謂德國的"官房學派"時代，但它的復興，尤其是把"純"經濟學上已經得到的比較切乎實際的理論應用到經濟"政策"的討論上，却不過是近二十餘年以來的事。

樓訥氏(A. P. Lerner)——本書的著者是一位新進的經濟學者，早年受熏陶於英國倫敦劍橋諸校，近年執教於美國。這本新著"經濟統制學"，亦稱"福利經濟原理"，可作爲上述第二種經濟學的主要代表之一。

---

① 讀者如有興趣，可參閱：
    1. E. F. M. Darbin, Method of Research—A Plea for Co-operation in the Social Sciences, Economic Journal, June 1938.
    2. L. M. Fraser, Economicsts and Their Critics, Economic Journal, June 1938.
    3. Theo Suranyi-Unger, Facts and Ends in Economics, Economic Journal, March 1939.
② 皮固氏(Pigou)在其《福利經濟學》第一章開首即申明研究經濟學的主要動機在於致助社會改良。見 A. C. Pigou, Economics of Welfare, pp 3-5.

在這本書出版以前樓訥氏的重要思想，已部分見於他的短篇文章①；而這書的前身原是他在倫敦大學受博士學位的論文。樓訥氏這書的特色，在將有關福利經濟各問題，綜合而給以系統的分析與討論；雖然新的意見很少，但對於研究院的學生，及從事經濟行政或留心經濟政策設施而對於經濟理論感覺興趣者，這實在是值得推薦的一本書，此外，其他很多經濟學界的權威和青年學者，或在樓訥氏以前，或與他同時，對於這個問題，更有過重要的討論，并且有過更重要的貢獻，他們的重要著作，列於篇末，以供有興趣者的參考。②

樓訥氏的"經濟統制學"共分二十九章，爲簡便計我們可概分其爲五大部分：第一部分包括第一到第四章，討論"統制經濟制度"（controlled economy）之特性，及"最適宜的"（optimum）貨物分配與收入分配之原理。第二部分包括第五到第十六章，討論生產理論、企業單位理論（我們可簡稱其爲"經營理論"）；著者在此諸章，比較統制經濟與資本主義經濟

---

① 其中最重要的一篇是 Statics and Dynamics in Socialist Economics, Economic Journal, June 1937, 再一篇是 Theory and Practice in Socialist Economics, Review of Economic Studies, October 1938.

② 兹將最基本的幾種作品擺舉於後，讀者中有興趣者可作爲參考：

1. A. C. Pigou, Economics of Welfare, 4th edition, 1936.

2. Oskar Lange, On the Economic Theory of Socialism, Review of Fc. Studies, Oct. 1938 and Feb. 1937.

3. E. F. M. Durbin, Economic Calculus in A Planned Economy, Economic Journal, Dec. 1936.

4. J. R. Hicks, The Foundation of Welfare Economics, Economic Journal, Dec. 1939.

5. N. Kaldor, Welfare Proposition of Economics and Inter-personal Comparison Utility, Economic Journal, Sept. 1939.

6. T. de Scitovszky, A Note on Welfare Propositions in Economics, Review of Economics Studies, Nov. 1941.

7. Oskar Lange, The Foundation of Welfare Economics, Econometrica, July-Oct. 1942.

8. H. Hotelling, The General Welfare in Relation to Problems of Taxation and of Railway and Utility Rates, Econometrica, July 1938.

之不同，比較"完整競爭"（perfect competition）與"不完整競爭"（imperfect competition）所引起之諸問題。并分別討論簡單生產與複雜生產，乃全書最重要的部分。第三部分包括第十七到十九章，可稱爲第二部分之延長；係討論"長期"與"短期"生產問題，并兼顧及剩餘（surplus）、租息（rent），及課稅問題。第四部分包括第二十到第二十五章，僅從時間上來討論生產問題，其主要的聯係是利息理論，同時論述到投資、就業及經濟循環諸問題。在此諸章内，著者大半係根據凱因斯爵士（Lord Keynes）的理論而重述與闡發者，乃全書重要并精彩部分之一。最後一部分包括第二十六到二十九章，討論國際貿易諸問題，并比較此一問題在統制經濟與在資本主義經濟之不同性；這一部分對於普通讀者實可從略。綜合而言，全書各章彼此均有深切關聯，我人實難以中分之；此所以原著者僅分爲章，而未歸納爲部者。按筆者個人意見，全書最重要處在頭三部分及第四部分之頭數章，兹僅就此諸章之各問題，合并討論并批評之。

首先我們須明瞭何謂"統制經濟"？其特性何在？據著者的解釋，及其在此一書中所用的涵義，"統制經濟"乃相對於"放任經濟"（laissez-faire）而言者，但統制經濟不一定就是"集産主義"（collectivism）。最基本的一點是我們不能將統制經濟、社會主義及集産主義并爲一談或混爲一物。"社會主義"乃民主制度的延展，其中心并不在廢除私有財產制，那種由不民主的政府占有或管理生產事業的制度，并不能稱爲社會主義，而只能算是集産主義。統制經濟可存在於集産制，亦可存在於資本主義制；而且只有實行統制經濟始可兼存資本主義制與集産制之長，而去二者之短。放任主義（liberalism）與社會主義亦可因施行福利經濟之原則而得到調和。此所以從經濟政策理論的立場上來看，基於福利經濟的統制經濟制是最適宜的經濟制度。

其次言分配。分配的對象可分爲貨物與收入兩種。這裏我們可借用"純經濟學"上的幾條法則，以作爲在統制經濟制度下厘定分配政策的依據。就貨物的分配言，"最適宜的"（optimum）分配情形是各種貨物彼此的"限界替代性"(marginal substitutability)對於各個消費者都達到彼此相等的地步。換言之，貨物 A 對於貨物 B 的限界替代性(即用最後一單位貨物 A 替代最後一單位貨物 B)，對於有若干貨物 A 的某消費者甲，和對於有若干貨物 B 的某消費者乙是相等的。(見原書，頁一四)這原則的成立是根據關於人類欲望滿足的幾種假定，其中一個便是"限界替代性漸減法則"。在自由交換制度下，如果沒有獨占性的剝削存在，則上述最適當的貨物分配情形是可慢慢實現的。可是我們研究經濟的人都知道："完整競爭"(perfect competition)不過是純理論上的一個理想境界，在實際經濟社會裏是從未有過的。許多經濟學者到現在仍認為"完整競爭"曾經并仍舊存在於農業社會裏，就筆者看來，這也是不合實際的一種觀察。經濟社會從有交易發生以來便是充滿着"不完整的"(imperfect)或"獨占性的"(monopolistic)競爭，雖然它們的性質與範圍因時因地而有不同。所以最適宜的分配情形須用政府的力量促成之。這是施行統制經濟的一個基本理由。

收入的分配，在經濟政策的程序上，應先於貨物的分配。從純理論上言，最適宜的收入分配原可依於兩個假定而得到：一為假定各個人所得到的滿足是同類的而可以相互比較的；一為假定"收入限界效用漸減法則"有普遍的適用性。但是消費所發生的效用是主觀性的，各個人對於效用的估價是不同而難於比較的，關於這一點讀者可參考加爾多氏(Kaldor)"Welfare Proposition of Economics and Inter-personal Comparison Utility"一文，所以這兩個假定根本不合乎實際情形，因而不能據之而求得最適宜的收入分配，換言之，不能求得那種能夠獲得最大消費滿足的收入分配。在另一方面講起來，我們却可找出一種不得已的補救辦法，此即應用"均等法則"(principle of equality)，是即均等地分配收入於社會各個組成分子之間。均等的收入分配是在上述種種限制下，可能獲得最大消費滿足的一個法則。這是采行社會主義的一個重大理由。

前已述過，在自由交換經濟制度下，如果完整競爭果真存在的話，則最適宜的貨物分配當可做到。例如消費者的無知(即對於市場消息的隔膜），生意人的廣告，以及工商業者的獨占，使得貨物的分配不能達到最適宜的程度。在此種情形下，政府的干涉是必需的。這裏本書著者主張三項政策：第一爲直接津貼。著者反對美國政府在戰前采用的"農作物限制計劃"（crop restriction plan）及"雙價票計劃"（two-price plan），因爲該二政策阻礙貨物的分配達於最適宜的境界，至直接津貼則無此弊。第二爲購買力的普遍限配（general rationing of purchasing power），此政策原爲加勒士基氏（Kalecki）所提倡，德國已施行之。至英、美現在所施行的個別限配（specific rationing），則爲樓訥氏所反對，其理由在於個別限配使得富者不能在交易市場上與貧者自由競爭，致有礙於貨物的適當分配。不過，筆者却要指出：個別限配對於供給量有限的必需品却有其應用上的理由。第三爲防止投機的"公買公賣"（counter speculation），著者主張設一"公買公賣局"（board of counter speculation），根據供需情形，規定價格，然後按價買賣，以防止投機與獨占。這和中國的"常平倉"制度相似，而原則上與常平倉之"賤糴貴糶"，亦可說完全一樣。

　　再次，我們要進而討論到全書最重要的部分，即生產政策及其所依據的理論。著者分生產爲簡單生產（simple production）及複雜生產（complex production）兩種，前者乃雇用一種生產要素的生產，後者乃雇用二種以上的生產要素的生產。當然，雇用一種生產要素的生產，在實際上是不多見的，不過爲了分析的便利計，這種假定的情形却有其神益。在簡單生產的場合，一種生產要素，比如說勞力，可以生產數種產品。這裏就發生了選擇（choice）的問題。我們可以說經濟學上的主要問題便是選擇問題。消費者在購買貨物的時候，常常要考慮選擇問題，生產者在購買生產工具及其他生產要素的時候，尤要考慮選擇問題。但是適纔所提到的選擇問題僅是從消費者或生產者個人的立場上來看，現在我們要從整個社會的立場上來看。從整個社會的立場上看，在簡單生產的場合，便是如何把這一個生產要素最適當地分配於其各個可能的生產用途之間。這涉及到"機會成本"（opportunity cost）的問題，一種生產要素可用於甲生產機會，可用於乙生產機會，尚可用於其他多種機會。現在的問題是如何使得這各種機會在獲得該種生產要素之後所產生的總結果最大并最好。要達到這種最適宜的境界（opimum），我們可借用純經濟理論上已經得到的一個原則，即：使這種生產要素在各項生產上所獲得的"限界產品價值"（value of marginal product）彼此相等。在自由交換的經濟社會裏，這個原則的實現可藉助於價格機構及市場的供需關係；由於理想的自由競爭之結果，"私人限界機會成本"（private marginal opportunity cost）終將與"社會限界機會成本"相等。但是我們要指出：這只是一種理想；在現實的經濟社會裏，最適宜的生產要素的分配是從未做到過的。所以只有借統制經濟，始有逐漸達到這種最適宜境界的希望。在統制經濟制度下，各工廠負責人均應遵行上述原則。具體而言，該原則可更詳明地寫作下述規條："若任何生產要素的'實物限界產品價值'大於該生產要素的價格，則擴大生產；若前者小於後者，則減縮生產；若前者等於後者，則維持同額生產。"（見原書，頁六四）這是全書的精髓所在，這個規條構成統制經濟的中心骨幹。

在複雜生產的場合，上述原則與規條同樣可以應用。困難之處在於：因複雜生產同時雇用數種生產要素，比如一個小麥農場同時雇用土地、勞工、農具，它們共同生產小麥；從小麥的總價值裏，我們很難分出多少是由於地力，多少是由於人力，多少是由於資力。所以在這種情形下，每一種生產要素的限界產品價值便難於決定。① 不過，我們可以用一種

---

① 這原是經濟學上一個慣常爭執的老問題，此一問題之不能獲得圓滿的解決，曾被視為"限界生產力說"（school of marginal productivity）的致命傷。讀者可參考：

    1. J. M. Cassels, On the Law of Variable Proportions, in Exploration in Economics, 1936.

    2. Joan Robinson, Euler's Theorem and the Problem of Distribution, Economic Journal Sept. 1934.

    3. G. Stiegler, Production and Distribution Theories, Chap. XII, Euler's Theorem and the Marginal Productivity Theory, 1941.

    4. P. M. Douglas, The Theory of Wages, Chap. III, The Postulates of the Marginal Productivity Theory, pp 68-96, 1934.

變通辦法，即將數種生產要素在某一種生產情形下的"配合"（combination）看作一種生產要素，則上述規條便可適用了。但是我們不得不指出：這種變通辦法却有它的限制與假定，即當生產數額增加或減少時，我們須假定各種生產要素的配合比例（proportion of combination）維持不變。可是在實際經濟社會裏，無論在放任經濟或在統制經濟制度下，由於有些生產要素的固定性（fixed factor）及不可分性（indivisibility），每當生產額增加或減少時，各種生產要素却很少能保持"同比例的"增加或減少；換言之，此種配合的比例很少是能維持不變的。

無論在統制經濟制度下，抑在資本主義制度下，有幾個基本的"福利公式"（welfare equations）是我們應深加注意的。在統制經濟制度下，這些福利公式可作爲中央經濟設計局（Central Board of Economic Planning）工作的依規，其本身亦可因政府的力量而逐漸實現。在資本主義社會裏，只有借於理想的"完整競爭"，這些福利公式纔可實現。自亞當斯密以下，正統派的經濟學者向例都假定完整競爭是存在的。所以他們歸結：在放任政策下，自由競爭的結果將使私人利益與社會利益合而爲一。不過這個看法根本上是不切實際的，盡管其理論上的邏輯甚爲精密。這點，已爲二十世紀以來，尤其是近十餘年以來的經濟學者逐漸認清了。簡而言之，福利公式包括下述六個項目：

  A. 限界社會收益（marginal social benefit）

  B. 限界產品價值（value of marginal product）

  C. 限界私人收入（marginal private revenue）

  D. 限界私人支出（marginal private cost）

  E. 限界生產要素價值（value of marginal factor）

  F. 限界社會成本（marginal social cost）

由上述六個項目，我們可以看到下列五個公式：（見原書頁七六）

  1. 限界社會收益＝限界產品價值（＝乃等號）

  2. 限界產品價值＝限界私人收入

  3. 限界私人收入＝限 界私人支出

4. 限界私人支出＝限界生產要素價值

5. 限界生產要素價值＝限界社會成本

爲簡便計，我們可用 A 代表限界社會收益，B 代表限界產品價值，如此類推，則上述公式可并寫爲：

$$A = B = C = D = E = F$$

在上述五個公式中，第三公式，即限界私人收入＝限界私人支出（或寫作 C＝D），乃資本主義社會裏以營利爲目的之生產者從事生產事業的依據。這個公式滿足了，則該生產者的利潤將達於最高點，而"企業單位平衡"（equilibrium of firm）亦可因而達到。在統制經濟下，此一公式可以從略，因之福利公式變爲：

$$A = B = E = F$$

綜合而言，生產要素分配於各用途間之最適宜的境界，可以"限界社會收益＝限界社會成本"（或寫作 A＝F）一公式表現之。此一公式代表在統制經濟制度下中央經濟設計局的基本準繩。

在討論生產政策的時候，原著者尚詳論及"報酬漸減律"（law of diminishing returns），"替代彈性"（elasticity of substitutability），"不可分性"（indivisibility），及長期與短期問題，這裏未能一一細述。不過有一點須爲我們特別注意者，此即"不可分性"影響之重大是。假如生產界在技術上不受"不可分性"之限制，例如一部供給一千匹馬力的發電機可隨意拆開分爲十座，每座可照樣供給一百匹馬力（這在技術上當然是不可能的），又如一個工廠可以隨意伸縮其生產規模而無損於生產設備的成本，則完整競爭當可實現，而上述一基本規條（即生產要素的限界產品價值＝該生產要素的價格）亦可做到。例如，"不可分性"是生產界的一個普遍現象，所以唯有借統制經濟，則資源的利用纔可達到最適宜的境界，纔可免除剩餘生產設備（excess capacity）的浪費。

在第四部分著者討論利息、投資與營業問題。此一部分大致上係采凱因斯氏的學說而加以擴張者。著者謂：在統制經濟下，價格硬性（rigidity）將不如在放任經濟下之大。利率將不與一般物價（price level）的本身相聯繫，而與一般物價的變動率（rate of change）相聯繫。論到生產上的"异時"問題，即將時間一因素介紹到生產設計上（實際上任何生產設計都要關涉异時問題），上述規條——即生產要素的限界產品價值等於其價格——同樣可以應用；所不同者生產要素的限界產品價值及生產要素的價格均須折算於（discounted）同一個"時點"（point of time）而已。國民收入係由消費與投資構成，故在統制經濟下，政府應設法增減消費以抵消投資方面所發生的變動，并應設法抵消投資及消費雙方意外的變動以防止膨脹或失業。此種政策即所謂"機能財政"（functional finance）是。

樓訥氏一書之主旨及大意，已如上述。總括而言，據著者的意見，統制經濟制度的基本特性在於：不將集產主義（collectivism）或自由企業（private enterprise）看作一種社會組織的目標或原理，而只將其看作一種工具或方法。統制經濟制度的基本原理，是在隨時采用那種能服務社會最佳最善的方法（"the means that serves best should be the one that prevails"——p 5），所以我們如稱統制經濟爲"服務經濟"（service economy），當更爲適當。

最後，我們擬提出三個大問題加以觀察：第一，樓訥氏在其書中所提出的原則與規條是否能作爲厘定經濟政策的依據，在應用上有無實際的價值？第二，樓訥氏所論到的原則與規條是否夠用？如不夠，尚應考慮何種問題？第三，關於中國的計劃經濟，樓訥氏所提出的基本規條是否可作爲準繩？有何特別問題須額外加以考慮？

就第一個問題大致而言，樓訥氏所提出的原則與規條都是很有應用上的價值的，歸根溯源，這些原則與規條均係假借於純經濟理論，而其應用到經濟政策的研究上亦不始自樓訥氏。例如郎格（Lange）、希克斯（Hicks）、加爾多（Kaldor）諸氏，對於福利經濟之生產與分配理論，均早有過建設性的貢獻。特別是郎格氏提出的"生產要素配合原則"（principle of the combination of factors）——即使配合的平均生產費達於最低點，或使各個生產要素的限界產品均相等，"出產規模原則"（principle of the scale of output)——即擴張或緊縮出產規模到限界費用等於產品價格那一點，加爾多氏在分配理論上對於衡量并比較個人間消費滿足程度問題的貢獻，都有獨特的價值。簡而言之，除分配政策要涉及政治思想與倫理評斷因而不能下最後結論外，至於生產政策理論，無論是樓訥氏所提出的規條——生產要素的限界產品等於該生產要素的價格，或郎格氏所提出的上述二原則（事實上他們所講的都是一樣），在完整競爭的資本主義社會裏和在統制經濟的社會裏，實無二致。其應作為從事生產的準繩，應為各廠主嚴格遵行者（實際上各廠主大都早已不自覺地奉行這些原則了，雖然他們不用這些科學名詞），亦無絲毫疑問。問題在如何才能使這些原則"切實實現"。郎格氏曾謂我們同樣可以應用"且試且改"的辦法（method of trial and error），但是詳細的答案還待我們作進一步的研究。

關於第二個問題，我們認為：截到現在止，樓訥氏及其他學者所提出的關於在統制經濟制度下所應引用的原則與規條是不够用的。此一問題甚為複雜，其詳細討論當非本文篇幅所許。不過我們可以簡單地說，其不够用可從時間上——經濟變動上——及經濟功能上兩方面來看。從時間上言，截到現在止，純經濟理論所得到的原理與原則都是應用"靜性分析"（static analysis），而現實的經濟社會不僅是"動性的"（dynamic），而且是"演進性的"（evolutionary），在演進性的社會裏，消費者的口味標準（taste），生產技術與組織（technological factors）都是時在變遷的（在靜性分析的社會裏這些都是假定不變的），因而靜性分析所得的結論，在應用上當然要受到很大的限制，甚且完全不適用。這點不僅表示經濟政策之理論的分析難以着手，亦且表示"純經濟理論"猶在她的孩提時代。從經濟功能上言，上述諸原則固然也可以用"全部平衡"（general equilibrium）的分析方法去發揚它，但在實際的行政上，誠如郎格氏所說，恐怕傳統的馬夏爾氏（marshall）的"部分平衡"（particular or partial equilibrium）方法，尤為有用。可是在純經濟理論的研討上，近來的趨勢已漸轉於全部平衡的方法。這點是使經濟政策——或福利經濟——與純經濟理論暫時難以調和的地方。

論到經濟政策理論——或福利經濟原則——與中國今後施行計劃經濟的關係，上述關於第二個問題的批評可以示其概略。除此而外，另有三個問題特別值得我們注意者：一為中國今後經濟建設，不僅是普通經濟現象的變動問題，而且涉及到"經濟轉形"（economic transformation）問題，即從以農業為主的經濟社會轉到工農并重，甚且以工業為主的經濟社會。當然，從"動性區位論"（dynamic location theory）這一派的經濟學者①或"全部平衡"派的經濟學者看起來，農業與工業原不應分開，亦不能分開；不過從經濟政策的立場上說，這種劃分當是便利而必需的。在這種經濟轉形的場合，樓訥氏及其他學者所得到的原則與規條，尤覺不夠用。二為公營與私營事業如何劃分與配合，及此種劃分與配合之理論上的根據的問題。雖然樓訥氏在其另外的短篇論文裏曾論過在公營與私營事業同時存在的國家，則"限界費用等於價格"的原則可改為"限界費用比例於（proportional）價格"的原則，其最適當的情形是使公營事業的此種比例與私營事業的此種比例相同，可是究竟說依據何種標準劃分，同時應根據何種理論配合，則未論及。三為經濟政策牽涉到政治制度問題。按統制經濟或社會主義雖為當今時髦名詞，但并非任何國家在任何政治制度下均可成功者。蘇聯之成功基於其政治制度及其經濟政策的"徹底性"者甚大。考其原因，蓋由於在現實經濟社會裏，經濟獨占者（monopolists）或經濟巨頭（oligopolists）——如大實業家、大銀行家、大商人、大地主等——往往利用其經濟勢力，獲得政權，或與政權相勾結，以致經濟統制之結果，更予他們以營私自肥之機會，實與福利經濟之目

---

① "動性經濟區位論"是比較新的學說，其主要作者及其著作為：

　　1. W. H. Dean, Jr., The Theory of the Geographic Location of Economic Activities, 1938.

　　2. A. P. Usher, A Dynamic Analysis of the Location of Economic Activity, (Mimeograph), 1943.

　　他們或者還不能構成一派，不過他們的分析方法是很值得注意的。

的根本背馳。此所以現在許多權威經濟學者，如郎格氏，均主張施行社會主義經濟或統制經濟須富有革命的勇氣，并采用革命的手段；否則難望成功。此點望我國負責經濟設計及經濟行政者三復思之。

民國三十三年十月，於哈佛大學

評 Paul M. Sweezy：《資本主義發展的理論——馬克思政治經濟學原理》英文版[*]

這本書是關於資本主義發展理論的一個研究，可說是闡述、解釋并應用馬克思學說的一本好書。著者史維慈氏（Paul M. Sweezy）雖說是英美經濟學傳統裏薰陶出來的，曾先後受教於哈佛大學及倫敦經濟政治學院，同時在哈佛擔任教員多年，但他受維也納及德國方面的影響也很大。這本書的特色，一方面是在系統闡述馬克思的經濟學說，另方面是在探討馬克思學說和當代經濟理論的异同，并探索它們的來踪去迹及其相互影響的關係。

全書 300 餘面，共分 4 大部分：第一部分言價值及剩餘價值，第二部分言積累過程（accumulative process），第三部分言恐慌與經濟衰落，第四部分言帝國主義。書末還有兩個重要的附錄：一為都留重人（Shigeto Tsuru）的《再生產程序》一文；一為《帝國主義釋義》，文僅 4 面，係從 Rudolf Hilferding 所著《金融資本》（《Das Finanz Kapital》）一書中節譯而得者。

本文祇打算就馬克思的剩餘價值學說及恐慌理論二者作較詳盡的討論，并特別着重本書著者的新穎意見。由剩餘價值我們要談到勞動者被剝削問題；由經濟恐慌我們要談到資本主義的維持問題。不待說，這兩個問題，都牽涉到勞動價值、生產過程、利潤率及資本積累過程諸方面。而這些在行文時，自然也是要論到的。

先論馬克思的剩餘價值學說。在普通討論馬克思學說的文獻中，剩

---

[*] 本文原載《社會科學雜志》第 9 卷第 2 期，1947 年 12 月。

餘價值學說是很被看重的一部分，本書對此則發揮尤詳。

剩餘價值之來源爲勞動力(labour power)，勞動者生產的結果，可以分作兩部分：一爲必需勞動，在實物上相當於維持勞動者本人及其家庭所必需的最低生活資料，在價值下即資本家通常償付勞動者的工資；一爲剩餘勞動，即超過上述部分的勞動，這一部分則爲資本家所得。如以 L 代表勞動者一日之勞動，V 代表必需勞動，S 代表剩餘勞動，則 L = V+S，V 爲勞動者所得，S 這一部分雖爲勞動者所貢獻，但爲資本家掠奪而去，這自然是對於勞動的一種剝削(exploitation)。從價值上說，這一部分便是"剩餘價值"(mehrwert; surplus value)。我們再從資本主義的生產過程來看。在簡單的生產過程裏，生產者先從事生產，再出售其產品，然後以出售所得購買其所需物品。以符號表示爲：C—M—C。在複雜的或資本主義式的生產裏，資本家首先帶着貨幣到市場，購買生產所需的勞動力和生產工具，從事生產，然後把生產品出售到市場，獲得比開頭更多的貨幣。以符號表示之，則爲 M—C—M′。這裏 M′必比 M 爲大，否則資本家的生產便失去其意義。M′大於 M 的差額，即馬克思所說的剩餘價值(mehrwert)，德文原意即是"更多的價值"之謂。我們看得出來，剩餘價值之產生，是在生產過程裏，而不是在銷售過程裏，它的唯一來源是勞動力。

關於勞動者所得，在其應得工資以下這一點，近來即令是正統學派陣容裏的人，也漸有所認識。正統學派傳統的工資學說，原是限界生產力說(theory of marginal productivity)，不獨工資如是，即其他生產要素的報酬亦以是說繩之。照這種工資學說，勞動者自然未被剝削。但問題在這種學說的前提條件。如果他們假定的完整競爭是存在於現實經濟社會裏的話，同時勞動者有完全移動自由的話，這種工資學說，當然站得住，在邏輯上實無懈可擊，無如這些假定的本身大成問題，所以基於這種假定所得到的結論，遂亦與實情不合。對於這一點——勞工被剝削一點，皮固氏早也提說過①，但直到羅賓森夫人纔予以較詳盡的分析②。史維慈氏對於勞工被剝削，雖未多加引申，但他認爲剩餘價值比率(S/V)亦即剝削比率(rate of exploitation)。所不同者：後者涵義較廣，可應用於任何有剝削事實存在的社會，而前者僅能適用於資本主義的社會(原書第64頁)。

次述馬克思的恐慌理論，這在一般關於馬克思的文獻中是比較被忽視的一部分。我們想在這方面多加討論，并由此談到利潤的長期降低趨勢，以及資本主義自趨崩潰的問題。在本書中，史維慈就馬克思的理論，將恐慌的性質分作兩種：一種是由於利潤的降低而發生的，一種是由於商品不能依均衡價格銷售而發生的。我們試依次討論之。

利潤率(rate of profit)的變動趨勢，是馬克思氏分析資本主義過程的一個重要支柱。馬克思的利潤率，即剩餘價值(S)和總資本支出(包括不變資本C及可變資本V)的比例，以符號表示爲S/(C+V)，這和凱恩斯的限界資本效率(marginal efficiency of capital)頗爲相近，③ 利潤率實即剩餘價值率，和資本的有機構成比率C/(C+V)合而成者。這裏馬克思有兩個假定：第一，剩餘價值率不變，第二，資本構成比例中不變，資本C繼續擴大。根據這兩個假定，則應用利潤率公式，自然使我們要得到利潤率漸形減低的結論。這點，正統學派的經濟學者早也注意到，不過他們避免作進一步的分析罷了。在本書裏，史維慈對於利潤率的降低趨勢，論列最詳，分析最透闢，批評亦即允到。他認爲第二個假定可以成立，至於第一個假定，即剩餘價值率不變一點，則大有問題。④ 就史維慈的

---

① A. C. Pigou, Economics of welfare, p. 59.
② Joan Robinson, Economics of Imperfect Competition, pp. 292-304.
③ 馬克思的利潤率與凱恩斯的限界資本效率，究有不同，不過這裏可暫重其同而輕其異。關於後者，詳見 J. M. Keynes,《General Theory of Employment, Interest and Money》, pp. 135-137.
④ 關於這方面的討論，最好參閱 Ladislaus von Bortkiewiez,《Wertrechnung und Preisrechnung in Marxschen System》, Archiv. Sozialwissenschaft und Sozialpolitik, September 1907.

觀察和分析，剩餘價值率是在逐漸增高的（原書第 100—102 頁）。同時馬克思即令不假定剩餘價值率不變，亦同樣可得到利潤率降低的結論。所以史維慈認為：利潤率之降低，乃由於剩餘價值之比例增加趕不上不變資本之比例增加所致（原書第 102 頁）。利潤率的降低，既是資本主義演進和發展的必然結果，恐慌遂成為不可避免的現象。利潤率降低了，資本家失去投資的鼓勵，生產不得不縮減，流通過程被阻塞，恐慌因而發生。這是資本主義崩潰的一個重要的內在原因。

另一種引起恐慌的發生因而資本主義難於維持的因素，則為商品的銷售難於獲得均衡價格。這又有兩個原因：一為各產業部門之失衡（disproportionality），一為消費不足。關於這兩點，則以限於篇幅，不擬討論了。

最後，我們要論到馬克思經濟理論中所應用的一個主要分析工具，即"全部産值＝C+V+S"這一公式。（C 為不變資本，V 為可變資本，S 為剩餘價值。）照史維慈的看法，這個公式無異是現代公司的收支對照表（the income statement）的縮影，所以馬克思的分析和實際工商情形很符合。在另一方面，如將此一公式擴而及於一個整體的經濟社會，則其所表示者，和當今"國民所得"所表示者，正復相同。關於這一點，原書附錄 A《再生產程序》一文，討論極詳。該附錄作者 Tsuru，係史維慈在哈佛的同窗密友。文中將法國重農學派領袖 Quesnay 的"經濟表"，馬克思的再生產過程，及凱恩斯的總體數字（如總收入，總消費，總儲蓄，總投資等）加以綜合與比較的研究，從這個分析，我們可以大略窺知這三位經濟學者相承相演的途徑。

史維慈在序言中說，因鑒於英文文獻中尚無一本關於馬克思經濟學說的系統著作，本書之作，意在彌補此項缺陷。在這一點用意上，著者可說已經很滿意的完成了他的使命。

評 Edward Heimann:《經濟學說史: 經濟理論導論》英文版[*]

在經濟學說史的書籍中,海曼(Heimann)氏的這本《經濟學說史:經濟理論導論》,無論就體裁或分析方法言,可以說是一本新穎而值得推薦的書。著者寫這本書的目的,乃在表示近代經濟思想在發展上的內在邏輯,這對於經濟理論的研究,無異乎是一個開場(原書 Preface,p. v)。全書雖僅 200 餘面,但所涉範圍甚廣,所循時期甚長,從 17、18 世紀的經濟學說到現代的經濟理論,都有扼要的介紹和批評。在現代經濟理論中,海曼氏對於全部均衡理論,不完整競爭理論,商業循環學說,凱恩斯學說以及社會主義的經濟學說,尤有精密的評述。大致言之,氏之分析,以學說或理論爲主,而不是照傳統的方法,以人物爲中心。

作者海曼氏,早年受教於德國海岱山(Heidelberg)大學,1925 年到 1933 年曾任漢堡(Hamburg)大學教授,自後避政亂於美國,任紐約新社會研究學院教授,以迄於今。紐約新社會研究學院聘有歐洲流亡教授甚多,其中不少是自由分子或激進分子。海曼氏亦爲其一,并曾於 1938 年著《Communism, Fascism, or Democracy?》一書,傳播甚廣。

海曼的經濟學說史,共分爲 9 部分,從這 9 部分的安排,便可知本書內容的別致處。9 部分爲:(1)命題與方法;(2)經濟學前期史;(3)經濟科學的創立;(4)古典學派;對於自然之理性的適應;(5)批評者與改革者;(6)反和諧的經濟學;(7)歷史學派與制度學派;(8)新正統學派;(9)經濟變動體制之誕生。書末附有每章的評注及參考書目,頗爲周詳,援引批評,亦極爲精到。

---

[*] 本文原載《社會科學雜志》第 10 卷第 1 期,1948 年 6 月。

我們祇想對於本書的寫法和觀點，加以討論。

按照海曼氏的意見，研究經濟學說史的方法可以分作下列幾種。爲便於明瞭計，我打算就每種方法舉出實例來說明。

一種方法是所謂綜述性的(eclectic)，即無定見地綜合闡述各家的學說。要舉例子的話，法人 Gide 及 Rist 所著《Histoire des Doctrines Economique》一書，最爲適當，此種方法固甚客觀，但因無一貫的邏輯系統，常使讀者有見樹失林之感。

其次一種方法，我們可以稱爲演進性的或分析性的(evolutionary or analytical)，即從各個學說的演進上找出一貫的思維之路及其發展的途徑。最顯著的例子是 J. A. Schumpeter 所寫《Epochen der Dogmen und Methodengeschichte》一文，發表於《Grundriss der Sozialökonomik》一書中，出版於 1925 年。此法之長在使經濟科學更爲精到而劃一；缺點則在捨弃了各個學說的個性，有時難免有"削足就履"之譏。

再一種方法是將各種不同意見的學說歸之於階級利益的衝突，我們可稱之爲階級利益説的方法。這種方法的例子有：Karl Marx：《Theorien über den Mehrwert》(1905—1910)；Erich Roll：《A History of Economic Thought》(1939, Revised Edition 1942)；Gunnar Myrdal：《Das politische Element in der nationalökonomischen Doktrinbildung》(1932)。照海曼氏的意見，此種方法不免失之過偏。亞當·斯密，馬爾薩斯，李嘉圖，以及許多現代的經濟學者，其所創學説，如細加推敲，常和他們所代表的階級利益相連。且如魁納(Quesnay)和亞當·斯密，采用不同甚至相反的方法來分析經濟問題，但是無疑他們都代表着布爾喬亞階級。可見經濟學説和階級利益不一定相符。

最後一種方法是海曼氏爲本書所用者，即將經濟學說史看作一連串的用以解決經濟學問題的方法史(a sequence of the methods employed in solving the problem of economics)。這種研究觀點，我們可稱爲"方法論的"(methodological)。此種方法着重經濟學説以外的因素，最重要的爲當時的經濟環境，當代的"世界觀"(weltanschauung)，以及各作者本人所用的研究方法。本書最大的特徵，可說是在方法上。

根據海曼氏的看法，方法上的創新（methodological innovations）并不單純祇反映階級利益，也不祇是爲着維護階級利益。人是有思想的動物，人的思想不完全是他生活的反映；他的思想有時反可影響并形成他的生活方式。人或社會上的任何變動，牽涉到人類生存各方面甚多；在人類的歷史上可說沒有所謂"獨立的變數"（independent variable）。人的想法是新的，并非由於人的經濟利益是新的，而是由於人自己在歷史上有變，他的思想與行動亦隨而有變。人的思想幫助規範他的行動，他這種新行動的經驗又影響他的思想。我們要建立的相關，不是存於經濟利益和經濟學說之間的相關；而是存於一方面人在其生活變動中瞭解自己的各種變遷方式和另方面經濟思維所用的各種變遷方法之間的相關。

海曼氏這種寫法的特徵，在第8章論新正統學派及第9章論經濟變動體制之誕生，都充分表現出來。普通言新正統學派，係指馬夏爾及其附和者而言，而本書中所謂新正統學派，則包括本世紀大多數的經濟學者，除馬夏爾外，J. B. Clark，Böhm-Bawerk，Wieser，Walras，Pigou，Mises，Cassel，Stackelberg，Hayek，Schumpeter諸人均在論列。而在第9章，對於Wicksell，Schumpeter，Keynes的學說系統，分析尤爲精到。在這兩章中，海曼氏的分析，均以經濟變動爲主要命題，即在第8章，亦由收入變動牽涉到商業循環問題，牽涉到資本主義與社會主義的替代問題。現代的經濟學說，趨重動態分析；這種方法之一般的應用，構成了當代經濟學說的共同特徵。海曼氏從分析方法來看各種經濟學說，可說是握住了要點。

張培剛 著
譚 慧 整理

張培剛集
（中）

荊楚文庫編纂出版委員會
華中科技大學出版社

冀北察東三十三縣農村概況調查

目　　錄

一　前言 …………………………………… 375
二　人口 …………………………………… 378
三　土地 …………………………………… 381
四　農作物 ………………………………… 389
五　自耕農，佃農，自兼佃農 …………… 396
六　雇農工資 ……………………………… 399
七　借貸利率 ……………………………… 405
八　兵差 …………………………………… 409
九　結論 …………………………………… 415

一 前 言

民國二十二年春，熱河事起，戰事沿長城而波及冀察各屬，當地人命財產之損失殊大。迨五月塘沽停戰協定成立，戰區民衆，驚痛始息，唯因戰時之摧毀搜括，痛苦不堪言狀。時農村復興委員會特向行政院建議，仿民國二十年皖贛農賑成例，在戰區舉辦農賑，旋經院議通過。六月，行政院明令組織華北戰區救濟委員會；七月，該會成立，議決分設急賑，農賑，財政三組。農賑組成立後，積極從事工作，且認爲欲圖救濟有效，須先明瞭農村實況，以是有此次調查之舉行。

此次調查開始於民國二十二年十月，至二十三年五月完成，歷時凡八個月。負責主持人爲該會農賑組，調查人員共四五十人。調查範圍限於兩省所謂"戰區"的各縣，起自普通所稱的灤東區域，止於察綏兩省交界之處。總計河北省二十四縣2 887村，察哈爾省九縣820村。至於各縣所調查的村數，則多寡不同，皆以受戰事影響的輕重而定。茲將調查的區域以圖示之，并將調查縣份及村數列如第一表。

第一表 兩省調查的縣份及村數

省縣別	村數	省縣別	村數
河北省	2 887*	三 河	50
遵 化	303	寶 坻	83
遷 安	338	順 義	68
密 雲	250	昌 平	61
薊 縣	164	香 河	34
平 谷	41	興 隆	8
灤 縣	227	安 次	6

續表

省縣別	村數	省縣別	村數
昌黎	78		
盧龍	150	察哈爾省	820*
撫寧	225	宣化	141
臨榆	109	懷來	54
武清	100	延慶	127
豐潤	188	沽源	110
懷柔	59	赤城	154
通縣	139	龍關	59
寧河	99	商都	52
樂亭	49	涿鹿	8
玉田	58	張北	115

* 此後之統計表，有時删去數字發生疑難之村莊，故其村莊總數不必與此總數相合。

調查方法，係將調查員分爲十數組，由每組赴各村莊訪問，將詢問的結果，填入該會農賑組所製之表格内。被詢問的人，有農夫，村長，小學教員，牧師等等。一切詢問，務以得到誠實坦白的報告爲目標，以備進行農賑的參考，故所得結果，尚屬可信。

調查表格自去冬開始計算。計自表格計算至編述此文爲止，費時共五個月。調查題目本擬定爲"戰區農村概況調查"，但因戰區二字，含義不明，所以改稱爲"冀北察東三十三縣農村概況調查"。原調查目的在知各地農村的大概情形，以便舉辦農賑，故調查項目極少，各項内容亦極簡單。且如各村的集市，交通，以及駐軍情形等項，常殘缺不全，故本文不予采入。此次調查，雖疏漏之處在所不免，但在關於農村各種情況的統計數字極感缺乏的今日，確可以表示一部分農村的大略情形。這可以説是有價值的。

第一圖　調查的區域

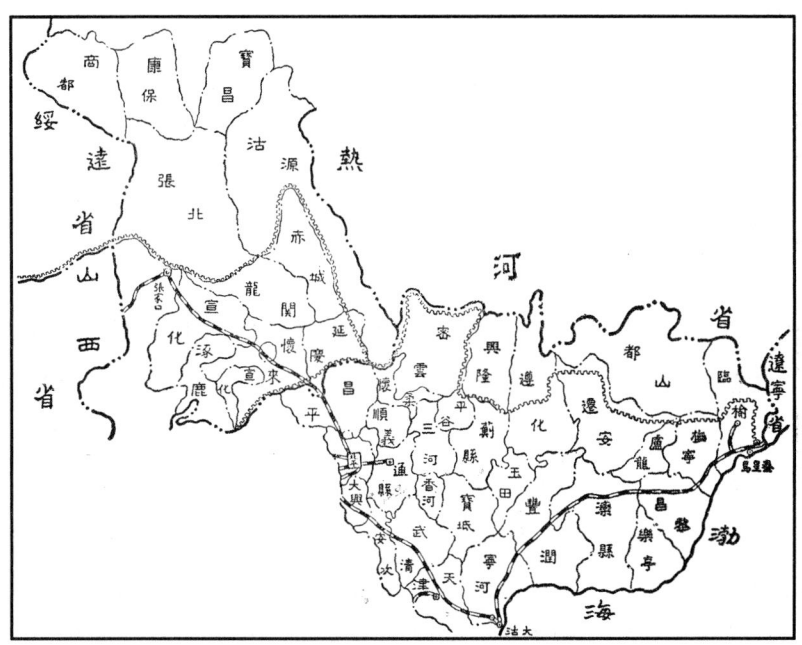

　　本文數字計算工作，係出自陳顯祚先生之手，繪圖則賴陳善勛先生之幫助，特此一并致謝。同時文中許多問題，因就商於韓德章先生，致能獲得圓滿的解決，作者深為感謝。至於華北戰區救濟委員會，及今之華北農業合作事業委員會二機關，慷慨的給予此種極珍貴的材料，我們也應致深切的謝忱。

二　人　口

每村户數與人口數的多寡，不僅可以看出村落的大小，還可以看出家庭的大小。

（1）每村户數　先就河北省説，總計二十四縣的村數爲2 740村，户數爲282 274户，總平均每村户數爲103户。有的縣份，平均每村户數較此爲大，如順義（121户），平谷（122户），懷柔（127户），樂亭（130户），昌平（146户），昌黎（151户）。有的縣份，平均每村户數則較小，如遵化，香河，薊縣，玉田諸縣，各僅在80—85户之間。（附表一）察哈爾省九縣的村數爲811村，户數爲62 903户，總平均每村户數爲78户。大者如宣化縣，爲101户；小者如沽源縣，僅60户。（附表一）就所調查的區域説，河北省村莊的户數大於察哈爾省平均約20%。

上面是就兩省各縣的平均數而言；如果把每村户數按村作成次數表，則情形將更瞭然。

第二表　兩省三十三縣每村户數

組　別 （每村户數）	河北省		察哈爾省	
	村　數	百分率	村　數	百分率
50以下	614	22	281	35
50—99	1 123	41	343	42
100—149	522	19	117	14
150—199	221	8	42	5
200—249	97	4	12	2
250—299	69	3	7	1
300—349	39	1	6	1

續表

組　別 (每村戶數)	河北省		察哈爾省	
	村　數	百分率	村　數	百分率
350—399	16	1	1	*
400 以上	39	1	2	*
總　計	2 740	100	811	100

* 不足百分之一

　　由上表知兩省三十三縣每村戶數都集中在 50 戶到 100 戶之間。但在察哈爾省九縣，50 戶以下的村莊，占三分之一以上，比在河北省二十四縣者爲多。而在河北省二十四縣，200 戶到 400 戶的村莊，占十分之一，比在察省九縣者稍多。大體說來，兩省村莊戶數相似，不過在察省 50 戶數以下的村莊偏多而已。

　　(2) 每村人口數　觀第三表可見兩省每村人口情形大體相近，均集中於 100—500 之間。但在察哈爾省九縣，100—300 之百分數特高，占 39%，在河北省祇有 25%；又在河北省二十四縣，則 500 以上者特高占 46%，在察哈爾省則祇有 27%。大體上，我們可以說：河北省每村的人口數，都比較察省爲大，因之可以推定河北省的村莊一般都較察省爲大。這與上面的觀察是一致的。

第三表　兩省三十三縣每村人口

組　別 (每村人口)	河北省		察哈爾省	
	村　數	百分率	村　數	百分率
100 以下	41	1	37	5
100—299	648	24	315	39
300—499	781	29	235	29
500—699	506	18	109	13
700—899	307	11	65	8

續表

組　別 （每村人口）	河北省		察哈爾省	
	村　數	百分率	村　數	百分率
900—1 099	140	5	17	2
1 100—1 299	100	4	17	2
1 300—1 499	51	2	3	＊
1 500以上	166	6	13	2
總　計	2 740	100	811	100

＊ 不足百分之一

（3）每戶人口數（家庭之大小）　河北省二十四縣，總計戶數爲282 274戶，人數爲1 673 038人，總平均每家人口爲5.9。大者如香河縣爲8.0，小者如寶坻縣爲4.9。察哈爾省九縣，總計戶數爲62 903戶，人數爲346 111人，總平均每家人口爲5.5。大者爲涿鹿縣之7.3，小者爲沽源縣之4.9。（均見附表一）就兩省來比較，河北省的家庭人數，是大於察省的。兹將本調查數字與歷來已有者比較於下表。

第四表　家庭之大小

區　域	調查人	每家人口
河北省：		
北部二十四縣	（本調查）	5.9
北平郊外：	李景漢	
挂甲屯		4.1
其他三村		6.0
二萬五千戶農家	董時進	5.4
察哈爾省東部九縣	（本調查）	5.5
華北數省平均	J. L. Buck	5.8

三　土　地

(一) 耕地面積與全村面積

全村面積包括耕地面積及其以外爲村莊所占之面積，如山陵，池沼，亦包括在内。河北省二十四縣2 740村的全村總面積，爲5 054 406畝，耕地總面積爲3 984 831畝，後者占前者79%。有的縣份，如興隆，武清，平谷諸縣，耕地面積占全村面積90%以上；有的縣份，如豐潤，密雲諸縣則尚不到70%。察哈爾省九縣811村的全村總面積爲2 698 362畝，耕地總面積爲2 141 163畝，後者占前者之百分率爲79%，此與河北省相同。百分率大者有涿鹿，宣化諸縣，達90%以上；小者有商都，沽源，赤城諸縣，在60%—80%之間。(各縣數字見附表二)

一個村莊耕地或非耕地在全村面積中所占的百分數，可以顯示它的土地利用的程度。如耕地面積占全村面積之百分比高，或非耕地面積占全村面積之百分比低，則土地利用的程度高，反之則土地利用的程度低。此次調查時，對於每縣之村莊雖未全行調查，但僅用所調查各村之耕地在全村面積所占之百分數，似乎也可以大略的表示各縣的土地利用情形。

土地利用程度低，則未耕地多，而耕地的地質亦較劣；因之其所用以表示地質優劣及供需情狀的地價必低。反之則地價高。這引證本章末節所述察省九縣的土地價格低於河北省二十四縣的程度極大，而河北省復以寶坻縣地價最低，察省以商都縣地價最低之諸事實，便知二者間具有一種合理的因果關係。

(二) 耕地的分配

由耕地的分配，表示人口與土地的比例。假定一個區域的土地在農民中是平均的分配着，則由耕地與人口數中，可以推知那個區域的土地是否足以養活現存的人口。茲按平均每戶及平均每人田畝數分別觀察。

1. 平均每戶所有田畝　平均每戶所有田畝的數額，各地方不同。在耕地較多而農戶較少的地方，平均每戶所能分得的農地面積自較大。

河北省二十四縣總平均每戶所有農地爲 14.12 畝。各縣彼此的差異極大。低者如昌黎 9.93 畝，遷安縣 9.09 畝，樂亭縣 6.56 畝；高者如玉田縣 24.35 畝，興隆縣 24.53 畝，寶坻縣 26.34 畝，武清縣 28.98 畝。(附表二)其中最低的是樂亭縣，最高的則爲寶坻，武清兩縣。

察省九縣的總平均每戶所有農地爲 34.04 畝。這較之河北省二十四縣，大過一倍以上。各縣中，可以劃分爲兩類：一類是平均每戶所有田畝特大的縣份，如商都，張北，沽源三縣，數都在五十畝到六十畝以上；一類是通常情狀的縣份，即除上述三縣以外的各縣，數均在二十畝到三十畝之間。(附表二)

2. 平均每人所有田畝　河北省二十四縣平均每人所有田畝爲 2.38 畝，察哈爾省九縣則爲 6.19 畝。兩省三十三縣數字的差異，與前述平均每戶所有田畝數的差異，是同一情形。不過，因爲察哈爾省九縣平均每戶人數較河北省二十四縣小的緣故（察省九縣平均每家人數 5.5，河北省二十四縣 5.9），所以察省九縣平均每人所有的田畝數，比河北省二十四縣的程度更高些。兩省各縣平均每人所有田畝數均見附表二。

我們現在將以上所述每戶田畝數與其他調查結果相較，藉作一番觀察。我們可以引用的資料有民二十年國府主計處所作河北，察哈爾的調查，及民十九年北平大學農學院董時進所作河北省 25 000 農家之調查。

兹表列如下：

第五表　每户及每人所有田畝

區　域	每戶田畝	每人田畝
河北省：		
二十四縣(本調查)	14.1	2.4
全省(國府主計處)	24	
二萬五千戶(董時進)	26.7	4.7
察哈爾省：		
九縣(本調查)	30	6.2
全省(國府主計處)	54	

據上表，主計處及平大農學院所調查之平均每戶及每人田畝數相近似，而皆比此次所得的結果爲高。這有兩個解釋，一個是三種調查之中至少必有一方面是錯誤的。一個是在這三四年之中，土地分配上已漸漸的發生了變化，這個變化便是耕地減少或人口增加或兩者俱有。在這裏，我們可參考農村復興委員會在河南，陝西兩省所作的調查。① 河南，陝西的情形，與河北，察哈爾雖不必盡相同，但前二者調查的結果與此次調查的結果則極相近，而陝西十八年與二十二年間每戶與每人田畝數的變遷，似乎可以説明此次調查與上段所引兩調查的差异。我們不敢説冀察兩省確有耕田減少或人口增加的趨勢，但農村復興委員會在陝西的調查，如果真確，却暗示我們祇可以作如此之解釋，即耕田減少或耕田未減少而人口增加。耕田減少在現在土地利用之程度下，似乎不可能，那末唯一的解釋便是耕地不變而人口增加了。以上不過是假定一切調查資料盡屬可靠，指示一種可能的解釋。至於事實果否如此還有待於實地的考察。

---

① 見農村復興委員會，"河南省農村調查"及"陝西省農村調查"。

3. 耕地與人口　兩省耕地的分配，換言之，耕地與人口的比例，已如上述。現在要問：平均每人所有耕地是否足以維持生活呢？我們暫不討論土地分配現狀是否公平的問題，我們祇看一看平均每人所有的耕地是否可以滿足他的需要。據 T. H. Middleton 的研究，歐美諸國每人所需要的耕地自 1.3 英畝(acres)到 2.5 英畝。折合中國畝約八畝半到二十畝。就我們上述兩省三十三縣每人的農地分配額河北省 2.4 畝，察省 6.2 畝而言，相差極巨，不足以維持生活顯然可見。即令根據國府主計處二十一年的調查數字河北省每人所有農地 4 畝，察省 10 畝，但仍不及遠甚。雖然歐美生活程度較高，但我國農民是如何與天然掙扎，總可從此點推得。①

(三) 土 地 價 格

1. 總平均地價　河北省二十四縣的總平均每畝地價是 24 元。各縣個別的平均每畝地價，高者有達 30 元以上者，如撫寧縣 30.8 元，臨楡縣 32.4 元，玉田縣 37.1 元是。低者有在 10 元以下者，如寶坻縣 6.7 元是。他如安次，寧河，薊等縣，都不到 20 元。察哈爾省九縣的總平均每畝地價爲 5.8 元，約言之 6 元，比較河北省是低得很多的。各縣中最高的如延慶縣，也不過 11 元，還不及河北省平均價格的一半。至於最低者，如商都縣竟只有 0.7 元，此種低下的地價，誠屬罕見。由本節第一段所述察省九縣之土地利用程度較河北省二十四縣爲低，同時平均每戶及每人所有的耕地面積亦較後者爲大，知其地價之低於後者，固爲必然的結果。至於河北二十四縣中寶坻縣地價最低，察哈爾九縣中商都縣最低，其故亦同。

---

① Perey Roxby 曾估計我國北部各省每人需要耕地 4.7 acres，合華畝約 26 畝，據此則耕地不足之數尤巨。唯此數字似覺過高，故不能援用。

2. 分等平均地價　上係根據各種地價之總平均結果而言者，現按其等級，就各等之平均價格分別述之。河北省二十四縣的土地價格，係依土地分為上，中，下三等而有不同。上等地的總平均價格為35元。高者如香河，盧龍，樂亭，撫寧，臨榆諸縣，都在40元到50元之間，玉田縣竟達52元。低者如安次，寧河，興隆，密雲諸縣，均在20元到30元之間，寶坻縣且低至11.4元，尚不及後所述下等地的總平均價格。中等地的總平均價格為23.4元，這與前述全省的總平均每畝價格相當。高者如撫寧，臨榆，樂亭諸縣均為30餘元，玉田縣達36.8元。低者如安次，薊縣，豐潤，寧河，興隆諸縣，均在15元到20元之間，甚者如寶坻縣，僅6.1元。下等地的總平均價格為13.5元。高者如通縣20.9元，玉田縣22.5元；低者如安次，寧河兩縣，將近10元，豐潤縣6.8元，寶坻縣2.5元。由此知二十四縣中以玉田縣地價最高，寶坻縣地價最低。

察哈爾省九縣的土地價格，亦分為上，中，下三等。上等地總平均每畝價格8.9元；高者如延慶縣16.1元，低者如沽源，商都二縣，均不到2元。中等地總平均價格為5.5元，與前述各等土地之總平均價格相若；高者為延慶縣，為10.9元，低者為沽源，商都二縣，在0.50元到1.00元之間。下等土地總平均價格為2.9元，最高者亦為延慶縣之6.1元，低者亦為沽源商都二縣之0.40元到0.60元。合各縣觀之，以延慶縣各等土地價格最高，商都縣最低。

以察省與河北省相較，前者上等地之價格猶不及後者下等地價格之大，二者懸殊的程度極大，而察省地價之低，尤足驚人。

3. 最高與最低地價　總平均地價及分等個別地價，均如上述，現更述兩省的最高與最低地價。因為地價隨土地的等級分為三種，所以我們欲總括的指出最高與最低地價，僅須擇上等地的最高地價當作一般的最高地價，及擇下等地最低地價當作一般的最低地價。現在從兩省各縣各村中找出了下述諸數字。

河北省二十四縣的高地價，總括而言，每畝為77元，其中復以豐潤縣最高，爲 200 元，這與上面所述的情形則不一致，蓋最高地價高的縣份，不必是總平均地價高的縣份。此乃因爲最高或最低地價乃一種特異的現象，只能表示一地方地價竟高到或低到某種程度，從而可知其個中的差異，而不能以之衡諸一般的情形。他方面河北省二十四縣的最低地價，總合而言，爲每畝 4 元，最低者有武清，豐潤，寧河，寶坻諸縣，均低至 1 元。其中最堪注意的，即豐潤縣，既爲最高地價中之最高者，又爲最低地價中之最低者，一地方地價差異之大，由此可見。

察哈爾省九縣，一般的說，最高地價爲每畝 29 元，中復以宣化縣最高爲 60 元。可見即在地價最賤之察哈爾省，亦有高至 60 元者。九縣中，最低地價爲每畝 1 元，中如商都，張北二縣竟低至一角，地價之低下，殊屬少見。

茲爲得一明白的概念起見，特將兩省三十三縣的總平均地價，分等地價，最高與最低地價，作表列下，以資比較。至於各縣的個別情形，則請參閱附表三。

第六表　兩省三十三縣各種地價

（單位：元）

省別	總平均地價	各等平均地價			最高與最低地價	
		上等	中等	下等	上等	下等
河北省	24.0	35.0	23.4	13.5	77.0	4.0
察哈爾省	5.8	8.9	5.5	2.9	29.0	1.0

其次，爲要明白兩省三十三縣最普遍的地價，特借用次數表的方法。這因爲平均數往往受高低兩極端數字的影響，致難與實際情形相合。如豐潤縣總平均地價爲 20.7 元，但如作成次數表，則其地價多爲十元左右，蓋其集中於此附近一二組之故。所以按村所作的次數表，是更能與實際情形相合的。

第七表　兩省三十三縣中等地地價①

組　別 （元）	河北省		察哈爾省	
	村　數	百分率	村　數	百分率
5 以下	71	2	414	51
5—9.9	137	5	236	29
10—14.9	208	7	92	11
15—19.9	345	12	43	5
20—24.9	760	27	20	3
25—29.9	367	13	2	*
30—34.9	594	21	5	1
35—39.9	106	4	1	*
40—44.9	179	6	3	*
45—49.9	18	*	—	—
50 以上	77	3	—	—
總　計	2 862	100	816	100

* 不足百分之一

　　由上表知河北省二十四縣2 862村中，每畝地價多在15元到35元之間。其中最普遍者為20元到25元，計占27%。這與總平均地價24元完全相合。5元以下及50元以上均甚鮮，至100元以上則更少。②察哈爾省九縣的一般地價多在5元左右，占全體51%，這與前述總平均地價5.8元亦相一致。5元到10元者亦很多，占29%。至於20元以上者少見，45元以上者則無有。由此更可表現察省地價低於河北省的程度。

　　近兩三年來，農村崩潰的趨勢日劇，農民離村的人數日多，致土地

---

① 本表僅用中等地價，藉以示一般的情形。
② 據原調查表，中等地價100元者祇有一村。

的需要大減，土地價格亦大落。茲將本調查數字與民國二十一年國府主計處的調查報告①比較於下，以示其跌落的程度。

第八表　近三年來每畝平均地價之變遷

	本　調　查 （二十三年）	國府主計處調查* （二十一年）
河北省	24.0元	25.8元
察哈爾省	5.8元	11.4元

　＊　國府主計處調查報告，原分水田與旱田二種地價，河北水田普通價格爲55.8元，察哈爾省爲43.3元。本表所援用者，僅爲旱田價格一項，水田價格則全予略去。蓋華北及東北區，例以旱田爲主，水田既少見，於農耕上自不占重要位置。

此兩種數字，雖非同一主持人用同一方法在同一地域所調查，但三年來地價的跌落趨勢，仍不難由此窺出。兩省中以察哈爾跌落最劇，三年跌落了一半以上。

---

①　《統計月報》，民二十一年，十一、十二月合刊。

四 農作物

此次農作物的調查，僅按各種作物位置的重要性排列先後，至於實際的產量則未予調查。但由各種農作物所占前幾位縣數的多寡，亦可以看出兩省三十三縣主要農作物爲那幾種，間接的可以推知農作物的分配情形。

(一) 農作物的位次

華北爲我國產雜糧區域，所以河北省的農產，亦以雜糧爲主。根據第九表，知河北二十四縣的農作物有高粱，玉米，小米，豆類，小麥，棉花，花生，黑豆諸種。就各種農作物所居第一位的縣數來說，河北省二十四縣中以高粱最爲重要，占十八縣，玉米次之，占三縣，小米又次之，占二縣，豆類再次之，占一縣。一般的說，高粱占第一位的多，小米占第二位的多，玉米，豆類則占第三位的多；與上述次序稍有不同。不過，高粱之爲河北二十四縣主要農作物，當無疑義。茲取前三位列爲第九表。

根據立法院的農作物統計[①]，河北農作物的位次，就產量言，小米第一，小麥第二，高粱第三，玉米第四。就曲直生氏所作河北省民衆食料的統計，[②] 其次序爲(1)小米，(2)高粱，(3)玉米，(4)小麥。兩調查所得結果，均與我們略有出入，這當然是由於調查區域的不

---

① 《統計月報農業專號》，21年1、2月合刊。
② 曲直生：《華北民衆食料的一個初步研究》，第三章。

同。但是我們可以總括的說：高粱，玉米，小米三種是河北省的主要農作物。

第九表　河北省二十四縣主要農作物位次

（以縣數計）

作物別	第一位	第二位	第三位	總計
高粱	18	3	2	23
玉米	3	6	7	16
小米	2	8	6	16
豆類	1	1	7	9
小麥	—	5	—	5
棉花	—	1	—	1
花生	—	—	1	1
黑豆	—	—	1	1

察哈爾省也是屬於雜糧區域。從第十表知察省九縣的農作物有小米，莜麥，高粱，豆類，小麥，蕎麥，山藥，黍子，黑豆，胡麻諸種。就各農作物在第一位所占的縣數而言，察省九縣農作物的次序爲：(1)小米，(2)莜麥，(3)高粱，(4)豆類。一般的說，小米，莜麥，多占第一位，高粱，豆類多占第二位，第三位則多爲小麥，黍子等。下表中表示小米在察省九縣農作物中所占的地位之優勢。

第十表　察哈爾省九縣主要農作物位次

（以縣數計）

作物別	第一位	第二位	第三位	總計
小米	4	2	—	6

續表

作物別	第一位	第二位	第三位	總計
莜麥	3	—	—	3
高粱	1	2	1	4
豆類	1	2	2	5
小麥	—	1	2	3
蕎麥	—	1	—	1
山藥	—	1	—	1
黍子	—	—	2	2
黑豆	—	—	1	1
胡麻	—	—	1	1

據前引立法院的統計，察省各種農作物的位次，就產量來說以小米居第一，莜麥次之，高粱又次之，小麥居第四。曲直生氏所作華北民衆食料的調查，察省民衆食料的位次爲：(1)小米，(2)莜麥，(3)高粱與黃米。這兩個調查的結果，與我們完全一致。所以我們可以說：察省的農作物以小米，莜麥，高粱三項居主要地位，其中又以小米與莜麥最爲重要。

就上所述，可知兩省三十三縣的農作物以小米，高粱占居主要，其他各種農作物則居輔助地位。小麥在河北省較在察哈爾省爲重要，但比起全體農產物來，地位仍居第四或第五。雖然此次調查，未能包括兩省所有的縣份，但是兩省都是產雜糧的區域則係事實。

現將兩省三十三縣的主要農作物，取其前三位，作成下圖，以示其位次的一般情形。

第二圖　兩省三十三縣主要農作物的位次

河　北	1 臨榆　2 都山　3 撫寧　4 昌黎　5 盧龍　6 樂亭　7 遷安　8 灤縣　9 遵化　10 豐潤
	11 玉田　12 興隆　13 薊縣　14 寶坻　15 寧河　16 密雲　17 平谷　18 三河　19 香河　20 武清
	21 天津　22 懷柔　23 順義　24 通縣　25 安次　26 昌平　27 北平　28 大興
察哈爾	1'沽源　2'赤城　3'延慶　4'龍關　5'懷來　6'張北　7'宣化　8'涿鹿　9'商都　10'康保
	11'寶昌

(二) 農作物的分布

　　冀察兩省三十三縣的主要農作物及其位次已如上述。其中占第一位的, 大致可當作該區的代表農作物, 由此種代表農作物我們不妨將兩省所調查的各縣劃爲數區。一方面以表示農作物在各縣的分布情形, 他方面更可以就地理上觀察農作物所以如此分布的原因。

第三圖　兩省三十三縣主要農作物的分布

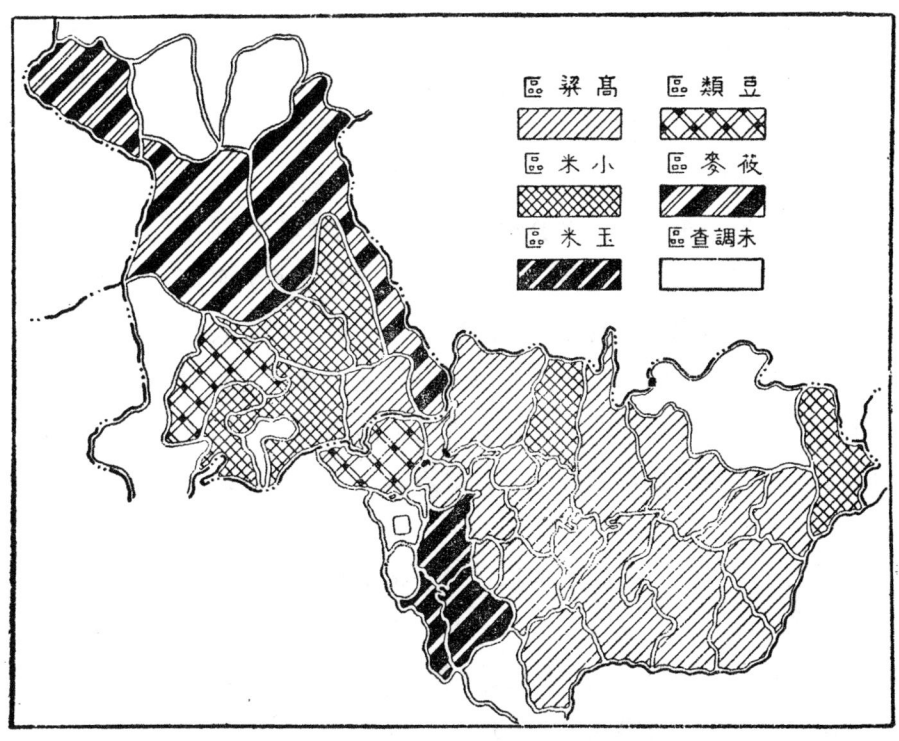

第三圖是按三十三縣第一位農作物的分布作成的。此圖分爲五區，即高粱區，小米區，莜麥區，玉米區，豆類區是。我們是以第一位農作物作爲該縣農作物的代表。不過有二點應該聲明的：第一，這所謂某作物區決不是說某種作物在該縣就占絕對的優勢，這不過說某種作物在這一縣中占相當優勢罷了。第二，有若干縣份①我們雖然假定它是某種農作物區，但因爲第一位與第二位的百分數相差無幾，而我們的調查村數

---

① 如河北省之遷安，平谷，盧龍，臨榆，武清，懷柔，通縣，順義，昌平，香河，興隆，安次；察哈爾之宣化，懷來，延慶，龍關等縣。

又决不足以代表全縣所有的村數,所以在分布圖中我們雖然把它歸爲某一作物區,但事實上或許別一種農作物(第二位的)反而更占優勢,這也是事實所難免的,所以這個圖至多不過供作參考之用而已。

整個的説來,河北省二十四縣幾全屬於高粱區,所占地域最大;次之爲小米。察哈爾省九縣,則大半屬於小米區與莜麥區,高粱區與豆類區則占次要地位。又因爲莜麥區諸縣包括地面甚廣,雖爲數僅有三縣,但其所占地域則并不小於河北省高粱區的十八縣。

農作物的分布,被決定於當地的土壤,地勢,與氣候。河北省有十八縣,屬於高粱區,這是因爲該十八縣乃河北省的大平原,甚適宜於種植高粱。興隆和臨榆兩縣之所以屬於小米區,這祇要我們把華北地圖打開一看,便知道這兩縣都在長城以北,該區多爲山地,山地是祇適宜於小米,而不適宜於高粱的,所以小米區與高粱區,便因長城而顯爲區劃出來了。與此兩縣相鄰的都山縣,雖未調查,依理測之,大概也屬於小米區。

圖之西南三縣,屬於玉米區。這一帶本爲河北的平原,種玉米,高粱,小米均可,其所以以玉米爲主的,或許是由於種植與食料的習慣所致。附近有十餘縣都以玉米爲主,① 構成河北省的玉米區。

比較特殊的,是構成豆類區的昌平縣。按豆類的種植,并不占河北農作中的主要地位,類皆爲玉米或高粱的輔助作物,即與玉米或高粱混種。其所以得此結果,或許是調查時,豆類特別豐收,致將豆類當作農作物的第一位;查該縣第二位是玉米,所以我們把它劃爲玉米區是較爲合理的辦法。

察哈爾省九縣顯然也以長城爲界,形成莜麥與小米兩大區域。莜麥區所占地域最大,位於關外,與華北的莜麥區相銜接,并構成莜麥區的最東部。大凡種莜麥之地,土壤必劣,地勢必高,以致不能種植他種作物,同時氣候嚴寒,亦不適宜於他種作物的生長。察莜麥區各縣

---

① 曲直生:《華北民衆食料的一個初步研究》,第三章。

地處關外，恰好具備這種條件。至於長城內則因氣候較關外爲佳，故屬于小米區。延慶縣之所以以高粱爲主的，是由於接近河北的高粱區，其自然條件很適宜於種植高粱的緣故。宣化縣又構成豆類區。但如上所云，豆類僅爲輔助作物，根據處置昌平縣同一的理由，我們把它劃爲小米區。

五 自耕農，佃農，自兼佃農

自耕農，佃農和自兼佃農是田權分配的一部分，但它不是田權分配的全體，因爲僅有此種分類是仍不足以表示農民之真正經濟地位的，一個耕種五畝地的自耕農比之一個租種五十畝地的佃農，實際上還要貧窮得多。我們由自耕農，佃農，自兼佃農的分析中，至多祇能看出該地以何種農戶占居多數，至于土地的分配狀態，則必須更有農戶所有田地面積的分析。一般的說，我國南部的租佃制度較北部爲發達，即南部以佃農的成分居多，北部以自耕農爲多。我們這次所得的材料，亦證實了這點，茲分述於下。

河北省二十四縣的農戶，自耕農占52%，佃農占18%，自兼佃農占30%。各縣中，自耕最普遍者爲三河縣，占全體農戶的92%，次如香河，占87%，安次縣79%，平谷縣75%。佃農最多的如臨楡縣，占全體農戶36%，寧河縣次之，占34%，該二縣的自耕農，前者占32%，後者占24%。自耕農與佃農的增減，恰好是互爲消長，所以由自耕農的多寡也可看出租佃制度的是否普及，讀者參看附表四。

如以這個調查與民二十二年中央農業實驗所所作河北農民分類調查①來比較，結果是很相接近的。據他們的調查，河北各縣，自耕農占全體農戶68%，佃農占13%，自兼佃農占19%，這也表明自耕農最多，自兼佃農次之，佃農最少。李景漢氏於民十七年所作定縣790農家之農民分類調查，② 自耕農占71%，半自耕農28%，佃農1%，亦表示同一的趨勢。

察哈爾九縣的情形，與河北省略有不同。根據歷來之調查，察哈爾

---

① 載《農情報告》第一年第八期。
② 李景漢：《定縣社會概況調查》，629頁。

的自耕農，不及河北之多，而佃農則較後者爲普遍。這次調查，亦證實了這層：察省九縣平均之結果自耕農占全體48%，佃農27%，自兼佃農25%。由此可知自兼佃農所占的百分比與河北省相近，而自耕農所占的百分比則較後者爲小，佃農則較後者爲大。在河北省的次序爲：（1）自耕農，（2）自兼佃農，（3）佃農；察哈爾則爲：（1）自耕農，（2）佃農，（3）自兼佃農。至各縣的詳細情形，請參看附表四。

民二十二年中央農業實驗所所作察省調查，① 與本調查大相徑庭。據他們的調查，自耕農占全體農户32%，佃農占42%，自兼佃農26%，除自兼佃農百分數與我們相若外，至自耕農與佃農的位次，則與我們完全相反。惟證諸張心一氏的估計，② 亦以自耕農占居首位，故中央農業實驗所調查的結果，不免令我們懷疑。但因察省實地調查資料之貧乏，究以何者爲可靠，姑留待將來之證明。

各級農民的消長，可以表示土地關係的變化。據年來政府或私人各種零碎的調查資料，都在證明自耕農之逐漸減少與佃農之逐漸增加。這種趨勢表示喪失土地的農民之增多與地權的日形集中，同時也表示農業生產的商業化。我們雖然只有一年的資料，但也不妨與他種資料相參證，以爲比較。兹將民十九年張心一氏所作各省農民種類之百分比的估計③與我們的調查數字比較如下表：

第十一表　冀察兩省各種農民之消長

（百分比）

	自耕農	佃種農	自兼佃農
河北省　民十九年	66%	13%	21%
民二十三年	52%	18%	30%

① 載《農情報告》第一年第八期。
② 載《統計月報》二卷六期。
③ 載《統計月報》二卷六期。

续表

		自耕農	佃種農	自兼佃農
察哈爾省	民十九年	55%	27%	18%
	民二十三年	48%	27%	25%

　　從上表知自耕農在兩省都是逐漸減少，佃農在察哈爾雖未增加，而河北省則增加率頗大。至於自兼佃農則兩省都表示極大的增加程度。自耕農的減少，與自兼佃農的增多，同樣地證示農民經濟的演變，最初是由自耕農淪落爲自兼佃農，繼後是由自兼佃農淪落爲純佃農。這種趨勢是與全國各地的情形相一致的。

六 雇農工資

雇農工資普通係依工作時期之長短，分爲長工與短工二種。長工通常以年計算，間雖有半年者，但爲例甚少。短工通常以日計算，以月計算者間或有之，但亦不普通。冀察兩省之長工及短工之工資情形，兹分述如下。

（一）長工每年工資

通常工資：[①] 河北省二十四縣總平均長工每年通常工資爲32.34元。各縣工資高低頗不一致，但一般都在二十元到五十元之間。高者如寶坻縣45.79元，豐潤縣44.97元；低者如平谷縣22.44元，相差幾達一倍以上。察省九縣的總平均長工每年通常工資爲24.05元，這較之河北省低下約達三分之一。察省工資最高如沽源縣33元，最低如涿鹿縣19元。讀者請參看附表五。

僅從平均數字來看雇農工資的高低，仍不能明瞭事實的真象。所以我們再予以進一步的分析。下表是兩省三十三縣長工每年工資的分組次數表。

從下表知道河北省二十四縣的長工每年工資多在30—40元這一組，計占全體45%；20—30元占30%，40—50元占16%，至20元以下的只占3%，50元以上的亦僅占8%。察哈爾省九縣則多在20—30元這一組，

[①] 通常工資乃指該地通行之工資，爲原調查項目所載；據計算結果，該項通常工資與最高最低工資之中數相差無幾，故沿用之。

第十二表　兩省三十三縣長工每年工資

組　別	河北省		察哈爾省	
（元）	村　數	百分率	村　數	百分率
10 以下	—	—	2	*
10—19.9	74	3	166	21
20—29.9	826	30	388	48
30—39.9	1 245	45	200	25
40—49.9	436	16	36	5
50 以上	210	8	11	1
總　計	2 791	100	803	100

＊不足百分之一。

計占全體48%；20元以下的占21%，30—40元占25%，40元以上的祇占6%。總括而言，河北省二十四縣的長工每年工資多在20元到50元之間，察哈爾省九縣則在10元到40元之間。20元以下的察哈爾省較河北省爲多，40元以上的河北省較察哈爾省爲多。因之我們可以說河北省二十四縣的長工每年工資高於察省九縣約爲十元。

據中國經濟年鑑所載，實業部二十二年所作河北省五十一縣的雇農工資的調查，長工工資總平均爲43.28元，高於我們的數字約20%。這大概可以兩種理由來解釋，第一是調查的時期不同，第二是調查的範圍不一致。但就一般趨勢觀察，則如寶坻，武清，豐潤三縣，據實業部調查，其中寶坻縣平均每年長工工資爲78.50元，乃各縣中之最高者；豐潤縣57.14元，屬於較高的一類；武清縣45元，略在總平均數之上。我們的調查亦以寶坻與豐潤二縣最高，武清與平均數極相近，則知二者調查的絕對數字雖不同，而各縣高低的趨勢，則大致相似。

最高與最低工資：上述爲兩省三十三縣的平均工資，至于最高與最低的工資，則河北省二十四縣之最高工資平均爲45.90元，最低工資平均爲20.46元。各縣中，又以豐潤，寶坻二縣最高，各爲67元與61元，平谷縣最低，爲 14 元；這當然不是說豐潤與平谷縣的一般工資相差有如此之巨，因爲前者乃指最高工資的平均數而言，後者乃指最低工資的平均數而言，但在一省之內，最高與最低長工工資差額竟達五倍以上，是不能不令我們注意的。至就察哈爾九縣言，最高工資爲 33.17 元，最低爲 16.57 元。各縣中，復以沽源縣最高，爲 44 元，涿鹿，懷來二縣最低，均爲 14 元。察冀兩省最低一縣的長工工資，雖然差不多相同，即均爲 14 元左右，但各縣之最高工資，則察省較河北要低得多，這是很爲顯然的。各縣詳細情形，參看附表五。

（二）短工每日工資

短工工資的計算，雖有以全月或半月作標準者，但通常則多以日計算。短工工資，常因農閒與農忙需要的緩急而大不相同。農忙時之工資，幾有高於平時一倍者。此次調查，對此二項，未予區別，實一缺憾；惟表內亦分最高，最低與通常三項，依常理測之，最高當爲農忙時節，最低當爲農閒時節，通常則爲平時之工價，茲分述之。

通常工資：河北省二十四縣短工每日工資平均爲 0.23 元；此與實業部二十二年所作河北省五十一縣雇農短工工資調查之總平均數 0.26 元極爲相近。各縣中，以豐潤縣最高，爲 0.35 元，次爲寧河縣 0.34 元；最低爲平谷縣 0.14 元。此種情形與上述長工工資高低趨勢相同；蓋長工工資高的縣份，其短工工資亦必高，同樣，前者低的縣份，後者亦必低。察哈爾省九縣平均每日工資 0.16 元，亦較河北省約低三分之一。各縣中，最高者如沽源縣 0.21 元；最低者則如涿鹿縣 0.13 元。這與該省長工工資高低的情勢也相一致。（參看附表六）

我們再來分析兩省短工每日工資的分配狀態。如第十三表所示，很顯然的河北省二十四縣短工每日工資多集中在 0.20—0.25 元及 0.25—0.35 元的二組，前者占 41%，後者占 35%，至于 0.20 元以下的僅占

16%，0.35 元以上的已甚少見，中雖有高到 0.80 元的，① 但合共不過 8%。察哈爾省九縣短工每日工資多集中在 0.15—0.20 元及 0.20—0.25 元的二組，前者計占 43%，後者占 26%；在 0.15 元以下的占 22%，至 0.25—0.40 元的僅占 9%，至於 0.40 元以上的則簡直沒有。從這裏也可以看出河北省的工資一般是比察省爲高的。

第十三表　兩省三十三縣短工每日工資

組　別 （元）	河北省		察哈爾省	
	村　數	百分率	村　數	百分率
0.10 以下	4	*	25	3
0.10—0.149	107	4	154	19
0.15—0.199	343	12	344	43
0.20—0.249	1 158	41	212	26
0.25—0.299	393	14	40	5
0.30—0.349	594	21	32	4
0.35—0.399	72	3	2	*
0.40 以上	181	5	—	—
總　計	2 852	100	809	100

＊ 不足百分之一。

最高與最低工資：河北省二十四縣最高短工每日工價，平均爲 0.35 元，最低平均爲 0.16 元。若就各縣個別觀察，最高如豐潤，寧河二縣爲 0.51 元與 0.50 元；最低縣份如平谷爲 0.08 元。各縣中最高與最低之差額竟達六倍以上。察哈爾省九縣每日工資最高平均爲 0.25 元，最低爲 0.10 元，亦較河北省遠爲低下。各縣中，最高者如沽源爲 0.37 元，最低者如涿鹿與延慶二縣，均爲 0.09 元，相差亦達四倍有奇。簡言之，察

---

① 據原調查表所載。

省短工工資在 0.09 元到 0.37 元之間，高低程度，尚不及河北省之甚。這看附表六兩省各縣最高最低數字，便可明瞭。但無論就短工或長工而論，冀察兩省的工資都過於低下，却是一無可諱言的事實。

（三）近年來雇農工資的增減趨勢

這次調查因爲沒有包括歷年來的工價，所以增減的趨勢是無法測知的。但由其他的資料中，我們也不妨來作一個比較。國府統計局在民二十一年曾作各省農工長工工資的調查。① 據該調查，河北省長工每年工資爲 43.89 元，以之與我們的調查 32.34 元相較，近年來長工工資跌落的趨勢是很明顯的。跌落的程度約爲 26%，這雖然因調查範圍之不同，不必一定準確，但證以最近李景漢氏所作定縣經濟的調查，② 該縣長工每年普通工資，民二十年爲 40 元，民二十二年爲 31 元，三年之間，降低約 26%，這與我們的結果，剛好很能接近，故知跌落的趨勢當是確實的。至於短工工資據國府統計局二十一年的調查，③ 河北省農忙時短工工資爲 0.41 元；我們的調查如以最高工資代表農忙時節，則得 0.35 元，二年之間，跌落約 15%，跌落程度雖不如長工工資之劇烈，要亦表示近年來工資下降的趨勢。據李景漢上述之同一調查，定縣短工工資民二十年爲 0.41 元，二十三年爲 0.13 元，共跌落 68%，降低的趨勢似較此爲尤劇。察省工資的變遷，我們因爲沒有前幾年可資比較的資料，故不贅。

近數年來，雇農工資之所以呈跌落趨勢的原因，約不外：1. 農產價格慘跌，致農業經營無利可圖；同時捐稅負擔甚重，地租與利率極高，致中小農民多放弃土地。此由前述地價跌落之趨勢可知。地價跌落不但

---

① 載《統計月報》，民二十二年，九、十月合刊。
② 定縣經濟調查一部份報告書，九六頁。（河北省縣政建設研究所出版）
③ 見注 1。

表示農業的衰落，同時表示對於雇農需要的減少，因而使雇農工資降低。
2. 農民失業人數增加。近年來農業經營既無利可圖，遂致中小農民不得不被迫而放弃土地；由於自耕農之減少及佃農貧農人數之增加，一方面表現爲農民失業人數之加增，另方面表現爲農民離村人數之日多。失業人數增加，自然會使工資更加跌落，這又是不待言喻的。總之，雇農工資與地價之關係至爲密切，中國農業的衰落，不僅使地價低跌，而且使農村工資降下，這已經成了有目共睹的事實。

七　借　貸　利　率

借貸利率的高低，指示金融供需兩方面的情形：一方面表示農民金融的枯竭程度，另方面亦可測知一地農村經濟的一般狀況。我們所得以利用的材料中，計有最高，最低，通常三項利率的調查。"通常"乃一般通行之利率，不必是"最高"與"最低"兩者相加總和之平均，但據我們的計算，兩者倒亦相差不遠。茲按原調查表所載，將利率分爲通常與最高最低兩項統計之如下：（參看附表七）

1. 通常利率　河北省二十四縣的通常借貸利率，總平均爲月利二分四厘。各縣中，平均數高者爲三河及興隆二縣，各爲二分八厘；低者爲昌黎，樂亭二縣，均爲一分九厘。察哈爾九縣通常借貸利率，總平均爲二分六厘，其中平均數高者爲沽源之三分一厘，低者爲宣化之二分二厘。一般而論，察哈爾省九縣較河北省二十四縣爲高；這不僅看通常利率之總平均可知，且由最高最低兩項利率中亦可證示出來。

2. 最高與最低利率　河北省二十四縣的最高利率平均爲月利三分，最低平均爲一分八厘。若就個別觀察，各縣中最高者爲三河縣之三分七厘；最低者爲樂亭縣之一分二厘。這與上述該省通常利率所得的結果是一致的。察哈爾九縣中最高利率平均爲月利三分五厘；最低平均爲二分。各縣中以沽源縣最高，四分九厘；延慶縣最低，爲一分六厘。這也證明了高利貸最通行的地方，通常利率也一定高的；反之，通常利率較低的縣份，高利貸亦難得存在。

由上述最高與最低利率的考察中，我們知道：第一，兩省的農村金融，甚爲枯竭。蓋二者的最低利率，均在二分左右，即就各縣個別而論，最低者亦達一分二厘。至於最高利率，則多在三分以上，二分八厘，已不多見，各縣中且有達四五分者（如沽源）。第二，察省利率之高，尤甚于河北，如察省九縣中，最高者爲四分九厘，這在河北二十四縣之平均數中是沒有的。察省的最低平均爲二分，而在河北，則僅爲一分八厘。由此可知察省九縣農村金融之枯竭，較河北二十四縣更爲緊迫。

現在我們再進一步來分析兩省究以何種利率最爲普遍。第十四表就是表示這種情形的。

第十四表　兩省三十三縣通常借貸利率

組　別	河北省		察哈爾省	
	村　數	百分率	村　數	百分率
1分以下	1	*	—	—
1分—1分4厘	16	1	1	*
1分5厘—1分9厘	187	6	37	5
2分—2分4厘	820	29	218	27
2分5厘—2分9厘	1 372	48	297	37
3分—3分4厘	406	14	192	24
3分5厘—3分9厘	16	1	15	2
4分—4分4厘	17	1	36	4
4分5厘—4分9厘	—	—	—	—
5分以上	—	—	7	1
總　計	2 835	100	803	100

* 不足百分之一

從上表知道河北省二十四縣的借貸利率，都集中於月利二分五厘到三分這一組，占48%，其次二分到二分五厘的也很普遍，占29%。最高的不過四分五厘，最低的則在一分以下，但所占百分率太小，顯然不足輕重。察哈爾省九縣的借貸利率，亦以月利二分五厘以上，三分以下的爲最多，次爲二分到二分五厘，與三分到三分五厘。最高的在五分以上者占1%；最低的爲一分到一分五厘，但因其所占百分率過小，僅占千分之一，故我們可以說最低的亦在一分五厘以上。由兩省的比較中，可以看出：

1. 河北省二十四縣的借貸利率，在三分以上的，合共祇占16%，而察省九縣在三分以上的則占31%，幾與其最多一組二分五厘到三分者相當，高出河北省一倍以上。

2. 三分以下的借貸利率，在河北省二十四縣中占84%，在察哈爾九縣則僅占69%。

3. 就最低利率而言，河北省在一分以下的雖屬罕見，但尚可以找出一個村莊來，至於察省，不但在一分以下的無有，即在一分到一分五厘的也只有一個村莊。

4. 就最高利率而言，四分到四分五厘的，河北省二十四縣祇占1%，而在察省九縣中則占4%。四分五厘以上的在河北二十四縣中找不出，而察省九縣中，五分以上的竟達百分之一，可見察省借貸利率的偏高了。

民二十三年十一月，中央農業實驗所公布的"各省農村金融調查"[①]，其中河北省和察哈爾省的借貸利率(年利)如下：

第十五表　兩省借貸利率百分比

組　別	河北省	察哈爾省
一分——二分	6.6	12.5
二分——三分	46.7	62.5
三分——四分	43.8	12.5
四分——五分	2.5	—
五分以上	0.4	12.5

據上表，河北的借貸利率分布于二分到四分之間，察省則分布于二分到三分間，似乎察省反較河北省為低。但是如果細加分析，則知上表

---

① 載《農情報告》第二年第十一期。

所表示的情形仍與本調查不相矛盾。因爲一方面雖然察省利率集中於二分到三分一組，河北省集中於二分到三分，三分到四分兩組，但如果把四分以下的各組合而觀之，則知一分到四分的借貸利率，河北省占97%，察省只占87%，另一方面，年利五分以上的，在河北省只占0.4%，在察哈爾則占12.5%。所以中央農業實驗所的調查是并不足以反證察省利率之較河北省爲低的。不過，這裏我們要注意的是：本調查僅限於察省九縣及冀省二十四縣，而農業實驗所包括的是兩省全體各縣；同時我們的調查是月利，他們是指年利而言的。但兩個調查表同樣地證示察冀兩省利率之高，却是完全相一致的。

八 兵 差

兵差是藉用軍事名義的一種臨時的派徵，乃農民於正賦之外的一種額外負担。我國農民正稅的負担，本已不輕，而兵差的負担，尤爲苛重，這是人所周知的。本次調查的範圍，原屬戰區，兵差負担之重，當在意中。

（一）兵差總額及其形式

總計河北省二十四縣2 740村的兵差總數爲12 238 027元，按2 740村來分担，每村在四千四百元以上。其中攤派兵差最多的要算撫寧，灤縣，豐潤三縣；不但總額各在百萬元以上（附表八），即就每戶，每人，每畝的負担額而言，亦較他縣爲重。兵差的徵取，就所調查的縣數與村數計算，竟在千萬元以上，約占民二十一年度河北省全省地丁（約六百萬元）一倍之多。但我們的調查還不能代表全省及已調查縣數的全縣，否則兵差數額之大，必更驚人。

察哈爾省九縣的兵差總額爲3 912 943元，以九縣811村來分担，每村在四千八百元以上，似乎比河北省還要重。但因村有大小不同，所以亦不能相提并論。各縣中，最重的要算赤城，沽源兩縣，總額與每戶，每人及每畝負担額（附表八）均較他縣爲高。至若將察省九縣的兵差總額，與全省地丁四十三萬元相較，則知前者超過後者九倍。這種徵課，所給予農民的痛苦，無待我人深論。

兵差的形式，原爲實物與力役，但隨着貨幣經濟的發達，貨幣形式的兵差，亦漸發生。然在經濟落後的中國，兵差似乎還是以實物爲主，貨幣爲輔，這由下面所述便知。

河北省二十四縣合計實物兵差與貨幣兵差之比例爲：277：100，察哈爾九縣合計實物兵差與貨幣兵差之比爲：347：100，可見實物仍居兵差形式的主要地位。實物兵差遠較貨幣兵差爲多的一事實，固然表示兩地經濟情形的落後，但因徵取的對象，既多爲實物，則知中小農民直接所受的痛苦尤深。

（二）每戶與每人負担

村有大小不同，以每村的負担額來表示兵差與農民生活的關係，自難得其要領。爲此我們不得不以每戶與每人的負担額來說明。雖然農戶的經濟狀況因戶而異，個人的經濟能力因人不同，但負担的重輕，則不難窺出。

1. 每戶負担　河北省二十四縣每戶負担額，平均爲 44.61 元，各縣中以撫寧縣最高，爲 135.06 元，次爲豐潤，臨榆，玉田，灤縣，寶坻諸縣，在 50 元與 80 元之間；最低者爲平谷縣，爲 7.70 元。察哈爾省九縣平均每戶負担爲 62.47 元，超過河北省約爲五分之一。各縣中以赤城，沽源二縣最高，各爲 148.73 元及 132.40 元；最低者爲懷來，涿鹿二縣，均爲 12 元有奇。（附表八）

若就兩省平均每戶負担兵差數額，作成次數表，則情形更爲明瞭。

第十六表　兩省三十三縣每戶負担兵差數

組別	河北省		察哈爾省	
（元）	縣　數	百分率	縣　數	百分率
10 以下	1	4	—	—
10—19.9	3	13	2	22
20—29.9	8	33	3	34

續表

組別(元)	河北省		察哈爾省	
	縣數	百分率	縣數	百分率
30—49.9	6	25	1	11
50—99.9	5	21	1	11
100以上	1	4	2	22
總計	24	100	9	100

由上表知河北省二十四縣各縣的每戶負擔額，多是11—50元之間；察省九縣則多爲11—30元。令我們注意的，是察省九縣中竟有二縣每戶負担額在百元以上，察省兵差較河北尤重，於此亦得一證明。

2. 每人負担　據第二節所述，河北省每戶的平均人口數爲5.9人，察哈爾爲5.5人，所以明瞭每戶負担情形之後，每人的負担情形，也就不難計算而得。據我們計算的結果，河北省二十四縣的平均每人負担額爲7.52元；各縣中仍以撫寧縣最高，爲23.17元，平谷縣最低，1.46元。這與前述每戶負担的情形完全一致。察哈爾省九縣平均每人負担額爲11.35元，各縣以赤城，沽源二縣爲高，計均在26元以上，涿鹿縣最低，爲1.74元。（附表八）一般言之，察省九縣每人平均負担超過河北省者三分之一，較之每戶平均負担所重於後者的程度尤過之。這是因爲察省九縣每戶平均人口數較河北省略低的緣故。（參閱附表一）茲將每人負担額，按組列表於下。

第十七表　兩省三十三縣每人負担兵差數

組別(元)	河北省		察哈爾省	
	縣數	百分率	縣數	百分率
5以下	12	50	4	45
5—9.9	7	29	2	22

續表

組　別	河北省		察哈爾省	
(元)	縣　數	百分率	縣　數	百分率
10—19.9	4	17	1	11
20 以上	1	4	2	22
總　計	24	100	9	10

依按組分配情形而言，各縣平均每人負擔額，多在五元左右。與上述平均每户負擔情形一樣，察省九縣中，有將近四分之一的縣數，其每人平均負擔在二十元以上。每人的兵差負擔額如此苛重，這是不能不令我們注意的了。

(三) 每 畝 負 担

每畝負担的輕重，可以表示兵差及於農業經營上的影響。因爲有了每畝的兵差負担，就可用之以與每畝的農耕收入比較，看看前者所占後者的比例如何。兹先述每畝兵差負担的實際情形。

河北省二十四縣總平均每畝負担爲 3.17 元；各縣中高者爲撫寧縣，11.95 元，低者爲平谷，興隆二縣，各爲 0.52 元及 0.64 元。察哈爾省九縣總平均每畝負担爲 1.84 元；各縣中高者爲赤城縣之 5.46 元，低者爲商都縣之 0.53 元。(附表八) 這裏我們可以看出，察省九縣每畝兵差負担較河北省二十四縣爲低。前述每户與每人負担，察省本較河北省爲高，今以每畝計算反遠低於後者。這是因爲察省九縣每户與每人所能分配的土地面積，遠較河北省爲大。(參看第三節農地的分配) 但因每畝的生產力，察省較河北爲低，所以這并不足以反證察省的農家負担較河北省爲輕。

其次由每畝負担的按縣分組情形，可以明瞭大多數的縣份，其每畝負担究爲多少。

第十八表　兩省三十三縣每畝負担兵差數

組　別（元）	河北省		察哈爾省	
	縣　數	百分率	縣　數	百分率
1以下	2	8	4	44
1—2.9	15	63	4	45
3—4.9	5	21	—	
5以上	2	8	1	11
總　計	24	100	9	100

　　據上表河北省二十四縣，大多數縣份兵差的每畝負担在 1—3 元之間，察省九縣的大多數縣份則在 1 元以下及 1—3 元之間。

　　現在進而研究兵差占每畝農地經營總收入的比例。這裏我們先得知道每畝經營總收入的數額。不幸這項材料，我們的調查表中付之闕如，現在我們祇能參證他種資料，以作一個約略的估計。這種估計，當然是不能正確的，但它却不失其爲參考上的價值。

　　據 J. L. Buck 氏所作河北鹽山縣一百五十農家調查的結果，① 每作物畝(rop hectare)每年之進款爲 4.81 元。由每農場耕種面積(普通畝)22.8 畝與作物畝 34.9 畝之比例折算，知每耕種面積每年之進款爲 7.36 元。以此數與上述河北省二十四縣平均每畝兵差負担相較，後者竟居前者之一半，察省則占四分之一，但因鹽山縣爲河北最貧瘠之縣，或不足以代表華北的一般情形，我們再看韓德章氏在河北深澤縣所做的農場經營調查。② 據韓氏的調查，深澤縣每作物畝每年收入，黎元村爲 11.657 元，南營村爲 10.411 元，以複種指數折成每畝(耕種面積)每年收入，黎元村

---

① 　J. L. Buck：《河北鹽山縣一百五十農家之經濟及社會的調查》，第二章。
② 　韓德章：《河北省深澤縣農場經營調查》，本志五卷二期。

爲 12.74 元，南營村爲 11.67 元。這比鹽山縣的經營收入是高多了，但以之與每畝所負担兵差額相較，仍覺後者所占比例甚大。我們要知道我國農家每畝總收入中還要納租，還要完粮，還要除去人工，種子，農具，種種開支；還要負担種種的苛捐雜稅，而兵差不過是額外的一種損失，乃所占百分比已如此之巨；農村生產之日就凋蔽，于此又不難察知了。

九　結　論

　　現在將前面分析各點，撮要復述於下：

　　1. 人口　每村的戶數，冀北二十四縣平均爲103戶，察東九縣平均爲78戶。每村人口數，冀北多爲300—500人，察東多爲100—300人。每戶人口數，冀北平均爲5.9人，察東爲5.5人。

　　2. 土地　耕地面積占全村面積之百分比，冀北察東同爲79%。平均每戶所有田畝，冀北爲14.12畝，察東爲34.04畝。平均每人所有田畝，冀北爲2.38畝，察東爲6.19畝，耕地與人口之比例察東較冀北爲大。土地價格，冀北總平均爲24元，上等地35元，中等地23.4元，下等地13.5元；察東總平均爲5.8元，上等地8.9元，中等地5.5元，下等地2.9元。最高地價，冀北爲200元，察東爲60元。最低地價，冀北爲1元，察東爲1角。

　　3. 農作物　冀北農作物主要的有：高粱，玉米，小米，豆類，小麥，棉花，花生，黑豆等等；其中高粱居第一位，玉米第二，小米第三。就分布言，冀北屬於高粱區的範圍最廣，計十八縣，屬於玉米，小米區者次之。察東農作物，主要的有：小米，莜麥，高粱，豆類，小麥，蕎麥，山藥，黍子，黑豆，胡麻等等；其中小米居第一位，莜麥第二，高粱第三。就分布言，察東屬於小米區及莜麥區的範圍最廣，屬於高粱區者次之。

　　4. 自耕農，佃農，自兼佃農　冀北自耕農占52%，佃農占18%，自兼佃農占30%。察東自耕農占48%，佃農占27%，自兼佃農占25%。各農所占成分多寡的次序，冀北爲：(1)自耕農，(2)自兼佃農，(3)佃農；察東爲：(1)自耕農，(2)佃農，(3)自兼佃農。

　　5. 雇農工資　a. 長工每年工資：冀北通常工資爲32元，最高工資

67元，最低工資14元；察東通常工資爲24元，最高工資44元，最低工資14元。b. 短工每日工資：冀北通常工資爲0.23元，最高工資0.51元，最低工資0.08元；察東通常工資爲0.16元，最高工資0.37元，最低工資0.09元。

6. 借貸利率　冀北通常利率爲月利二分四厘，最高利率爲三分七厘，最低利率爲一分二厘。察東通常利率爲月利二分六厘，最高利率爲四分九厘，最低利率爲一分六厘。

7. 兵差　冀北兵差總額爲12 238 027元；平均每村負擔爲4 400元，每户負担44.61元，每人負担7.52元，每畝負担3.17元。察東兵差總額爲3 912 943元；平均每村負擔爲4 800元，每户負担62.47元，每人負担11.35元，每畝負担1.84元。實物兵差與貨幣兵差之比例，冀北爲277：100，察東爲347：100；故知兵差形式均以實物爲主。

附表一　兩省三十三縣平均每村戶數及每戶人數

縣別	村數	戶數	人數	平均每村戶數	平均每戶人數
河北省					
遵化	288	23 041	139 029	80	6.0
遷安	331	29 618	171 082	89	5.8
密雲	233	22 566	138 934	97	6.2
薊縣	161	13 475	75 382	84	5.6
平谷	41	5 021	26 426	122	5.3
灤縣	216	24 950	152 028	116	6.1
昌黎	76	11 438	62 492	151	5.5
盧龍	145	14 945	91 797	103	6.1
撫寧	206	24 380	142 229	118	5.8
臨榆	100	11 188	63 646	112	5.7
武清	97	8 436	57 683	87	6.8
豐潤	169	16 948	98 697	100	5.8
懷柔	58	7 347	42 924	127	5.8
通縣	120	14 219	89 980	118	6.3
寧河	98	9 047	55 494	92	6.1
樂亭	47	6 112	32 816	130	5.4
玉田	56	4 721	27 588	84	5.8
三河	46	4 864	30 615	106	6.3
寶坻	79	9 086	44 585	115	4.9
順義	67	8 135	47 170	121	5.8
昌平	60	8 750	53 874	146	6.2
香河	34	2 744	21 860	81	8.0
興隆	6	549	3 035	92	5.5
安次	6	694	3 672	116	5.3
總計	2 740	282 274	1 673 038	103	5.9
察哈爾省					
宣化	141	14 194	85 285	101	6.0
懷來	53	4 375	23 935	83	5.5
延慶	124	8 770	49 254	71	5.6
沽源	108	6 517	32 208	60	4.9
赤城	152	11 167	61 691	73	5.5
龍關	58	4 939	25 400	85	5.1
商都	52	3 400	17 574	65	5.2
涿鹿	8	625	4 550	78	7.3
張北	115	8 916	46 214	78	5.2
總計	811	62 903	346 111	78	5.5

附表二 兩省三十三縣的耕地（單位：畝）

縣別	全村面積	耕地面積	耕地面積占全村面積之百分比	平均每戶所有耕地面積	平均每人所有耕地面積
河北省					
遵化	376 968	294 731	78	12.79	2.12
遷安	346 737	269 149	78	9.09	1.57
密雲	496 777	333 043	67	14.76	2.40
薊縣	189 818	148 432	78	11.02	1.97
平谷	81 605	73 735	90	14.69	2.79
灤縣	310 495	269 653	87	10.81	1.77
昌黎	143 205	113 548	79	9.93	1.82
盧龍	196 918	164 569	84	11.01	1.79
撫寧	347 501	275 989	79	11.32	1.94
臨榆	146 706	121 792	83	10.89	1.91
武清	267 993	244 479	91	28.98	4.24
豐潤	484 912	336 041	69	19.83	3.40
懷柔	199 150	149 455	75	20.34	3.48
通縣	199 890	162 486	81	11.43	1.81
寧河	240 555	196 090	82	21.67	3.53
樂亭	52 464	40 088	76	6.56	1.22
玉田	129 249	114 969	89	24.35	4.17
三河	75 468	64 784	86	13.32	2.12
寶坻	333 703	239 299	72	26.34	5.37
順義	212 572	183 750	86	22.59	3.90
昌平	146 331	123 869	85	14.16	2.30
香河	43 278	36 333	84	13.24	1.66
興隆	14 712	13 467	92	24.53	4.44
安次	17 400	15 080	87	21.73	4.11
總計	5 054 406	3 984 831	79	14.12	2.38
察哈爾省					
宣化	394 197	355 804	90	25.07	4.17
懷來	107 962	88 056	82	20.13	3.68
延慶	216 803	179 341	83	20.45	3.64
沽源	556 537	431 827	78	66.26	13.41
赤城	391 097	304 569	78	27.27	4.94
龍關	128 093	105 174	82	21.29	4.14
商都	298 320	178 530	60	52.51	10.16
涿鹿	13 940	12 770	92	20.43	2.81
張北	591 413	485 093	82	54.41	10.50
總計	2 698 362	2 141 163	79	34.04	6.19

附表三　兩省三十三縣平均每畝地價（單位：元）

縣別	總平均地價	各等平均地價			最高上等地價	最低下等地價
		上 等	中 等	下 等		
河 北 省						
遵 化	22.75	32.51	22.49	13.26	80.00	4.00
遷 安	25.09	38.06	24.97	12.24	85.00	2.00
密 雲	21.66	29.98	21.68	13.32	70.00	2.00
薊 縣	19.85	31.61	17.86	10.07	50.00	2.00
平 谷	20.97	30.59	21.12	11.20	50.00	4.00
灤 縣	22.58	33.70	21.92	12.11	100.00	3.00
昌 黎	24.94	39.96	24.04	10.83	70.00	2.00
盧 龍	27.85	41.54	28.12	13.88	80.00	5.00
撫 寧	30.75	44.33	30.33	17.60	120.00	5.00
臨 榆	32.36	47.57	30.50	19.00	100.00	3.00
武 清	26.42	39.00	25.85	14.40	80.00	1.00
豐 潤	20.74	37.60	17.86	6.77	200.00	1.00
懷 柔	21.81	30.98	21.95	12.49	100.00	3.00
通 縣	26.67	34.42	24.70	20.90	80.00	2.00
寧 河	18.40	27.72	18.33	9.16	70.00	1.00
樂 亭	30.39	44.29	30.29	16.59	60.00	6.00
玉 田	37.07	51.91	36.78	22.51	100.00	8.00
三 河	22.93	31.42	22.70	14.66	50.00	5.00
寶 坻	6.66	11.38	6.08	2.51	40.00	1.00
順 義	23.91	32.69	23.49	15.56	50.00	5.00
昌 平	26.88	37.18	27.37	16.10	70.00	5.00
香 河	28.94	40.59	28.97	17.26	65.00	5.00
興 隆	20.09	28.13	19.38	12.75	30.00	10.00
安 次	15.61	22.17	15.00	9.67	38.00	5.00
總 計	23.97	34.97	23.41	13.54	77.00	4.00
察 哈 爾 省						
宣 化	8.36	13.91	7.55	3.63	60.00	1.00
懷 來	8.81	13.77	8.74	3.91	50.00	1.00
延 慶	11.01	16.06	10.89	6.08	40.00	2.00
沽 源	1.10	1.66	1.08	0.57	5.00	0.20
赤 城	5.83	9.04	5.60	2.86	35.00	1.00
龍 關	7.28	11.33	7.05	3.45	30.00	0.40
商 都	0.67	1.02	0.62	0.36	3.00	0.10
涿 鹿	6.38	9.13	6.13	3.88	11.00	3.00
張 北	2.27	3.89	2.03	0.88	25.00	0.10
總 計	5.75	8.87	5.52	2.85	29.00	1.00

附表四 自耕農，佃農，自兼佃農的百分率

縣 別	自耕農	佃 農	自兼佃農
河 北 省			
遵 化	60	13	28
遷 安	52	14	33
密 雲	42	19	39
薊 縣	63	9	28
平 谷	75	7	17
灤 縣	55	17	28
昌 黎	64	15	21
盧 龍	54	9	37
撫 寧	46	24	31
臨 榆	32	36	33
武 清	70	8	22
豐 潤	46	32	21
懷 柔	35	18	47
通 縣	70	13	18
寧 河	24	34	42
樂 亭	45	20	36
玉 田	51	13	35
三 河	92	5	4
寶 坻	44	25	32
順 義	42	17	41
昌 平	46	24	30
香 河	87	4	9
興 隆	55	32	13
安 次	79	10	11
總 計	52	18	30
察 哈 爾 省			
宣 化	31	35	35
懷 來	55	21	24
延 慶	59	12	30
沽 源	32	65	4
赤 城	68	12	20
龍 關	42	21	37
商 都	49	21	30
涿 鹿	29	28	43
張 北	49	31	20
總 計	48	27	25

附表五　兩省三十三縣長工平均每年工資（單位：元）

縣別	最高	最低	通常
河北省			
遵化	35.25	16.08	25.84
遷安	39.44	16.08	26.88
密雲	38.43	19.32	28.31
薊縣	38.75	17.38	27.58
平谷	31.10	14.15	22.44
灤縣	52.35	20.86	33.24
昌黎	55.83	20.46	33.87
盧龍	44.92	18.99	31.09
撫寧	52.98	22.70	35.48
臨榆	58.21	25.45	39.82
武清	44.32	21.85	31.87
豐潤	66.96	28.28	44.97
懷柔	36.90	16.38	25.62
通縣	38.40	19.26	28.71
寧河	58.44	25.68	39.64
樂亭	57.18	24.55	40.10
玉田	55.00	24.78	40.45
三河	42.73	18.94	28.50
寶坻	60.61	27.50	45.79
順義	38.32	19.01	27.97
昌平	39.58	16.21	29.14
香河	40.41	19.29	30.06
興隆	42.25	19.88	32.00
安次	33.33	18.00	26.67
總計	45.90	20.46	32.34
察哈爾省			
宣化	29.15	15.01	21.01
懷來	31.50	14.02	21.80
延慶	31.71	15.59	22.71
沽源	44.46	22.91	32.99
赤城	30.72	16.76	23.07
龍關	27.56	14.71	20.81
商都	34.76	15.94	25.59
涿鹿	28.63	14.13	19.13
張北	40.08	20.02	29.37
總計	33.17	16.57	24.05

附表六　兩省三十三縣短工平均每日工資(單位：元)

縣　別	最　高	最　低	通　常
河　北　省			
遵　化	0.33	0.15	0.23
遷　安	0.29	0.14	0.20
密　雲	0.36	0.15	0.24
薊　縣	0.33	0.14	0.21
平　谷	0.21	0.08	0.14
灤　縣	0.35	0.16	0.23
昌　黎	0.32	0.13	0.21
盧　龍	0.35	0.14	0.21
撫　寧	0.46	0.19	0.29
臨　榆	0.43	0.19	0.26
武　清	0.40	0.17	0.24
豐　潤	0.51	0.24	0.35
懷　柔	0.34	0.14	0.22
通　縣	0.30	0.13	0.20
寧　河	0.50	0.24	0.34
樂　亭	0.28	0.14	0.21
玉　田	0.42	0.20	0.29
三　河	0.28	0.11	0.18
寶　坻	0.43	0.17	0.24
順　義	0.32	0.13	0.22
昌　平	0.31	0.13	0.22
香　河	0.33	0.15	0.21
興　隆	0.34	0.19	0.26
安　次	0.27	0.14	0.20
總　計	0.35	0.16	0.23
察　哈　爾　省			
宣　化	0.26	0.10	0.15
懷　來	0.21	0.09	0.14
延　慶	0.22	0.09	0.15
沽　源	0.37	0.13	0.21
赤　城	0.23	0.11	0.16
龍　關	0.24	0.11	0.16
商　都	0.23	0.10	0.16
涿　鹿	0.22	0.09	0.13
張　北	0.26	0.11	0.17
總　計	0.25	0.10	0.16

附表七　兩省三十三縣平均每月借貸利率

縣別	最高	最低	通常
河北省			
遵化	0.033	0.020	0.026
遷安	0.031	0.019	0.025
密雲	0.032	0.021	0.026
薊縣	0.033	0.022	0.026
平谷	0.033	0.019	0.025
灤縣	0.028	0.016	0.021
昌黎	0.025	0.014	0.019
盧龍	0.031	0.018	0.024
撫寧	0.030	0.017	0.022
臨榆	0.030	0.017	0.023
武清	0.028	0.019	0.022
豐潤	0.027	0.015	0.021
懷柔	0.031	0.022	0.023
通縣	0.029	0.017	0.022
寧河	0.031	0.018	0.024
樂亭	0.025	0.012	0.019
玉田	0.030	0.020	0.025
三河	0.037	0.022	0.028
寶坻	0.032	0.019	0.025
順義	0.030	0.019	0.025
昌平	0.028	0.017	0.023
香河	0.026	0.017	0.021
興隆	0.034	0.023	0.028
安次	0.030	0.017	0.022
總計	0.030	0.018	0.024
察哈爾省			
宣化	0.028	0.017	0.022
懷來	0.030	0.018	0.023
延慶	0.032	0.016	0.023
沽源	0.049	0.022	0.031
赤城	0.032	0.019	0.024
龍關	0.042	0.022	0.029
商都	0.040	0.023	0.030
涿鹿	0.030	0.018	0.024
張北	0.034	0.021	0.028
總計	0.035	0.020	0.026

附表八　兩省三十三縣的兵差（單位：元）

縣別	兵差總額	實物對貨幣百分比	每戶負担	每人負担	每畝負担
河 北 省					
遵　化	478 056	143	25.78	4.24	2.17
遷　安	822 534	303	30.08	5.21	3.46
密　雲	598 294	193	26.51	4.31	1.80
薊　縣	223 733	122	16.60	2.97	1.51
平　谷	38 670	172	7.70	1.46	0.52
灤　縣	1 327 999	130	53.23	8.74	4.92
昌　黎	356 101	196	31.13	5.70	3.14
盧　龍	249 502	324	17.22	2.81	1.58
撫　寧	3 272 798	590	135.06	23.17	11.95
臨　榆	741 427	548	66.27	11.65	6.09
武　清	246 022	191	29.16	4.27	1.01
豐　潤	1 236 065	539	74.89	12.89	3.75
懷　柔	220 539	98	30.02	5.14	1.48
通　縣	400 370	114	28.16	4.45	2.46
寧　河	293 439	297	32.43	5.29	1.50
樂　亭	137 407	49	22.48	4.19	3.43
玉　田	287 055	772	60.80	10.41	2.50
三　河	117 156	82	24.09	3.83	1.81
寶　坻	482 323	802	53.08	10.82	2.02
順　義	272 913	108	33.55	5.79	1.49
昌　平	313 394	255	26.27	5.89	2.57
香　河	98 245	86	35.80	4.49	2.70
興　隆	8 685	62	15.82	2.86	0.64
安　次	15 300	100	22.05	4.17	1.01
總　計	12 238 027	277	44.61	7.52	3.17
察 哈 爾 省					
宣　化	346 371	135	24.56	4.08	1.00
懷　來	53 712	51	12.28	2.24	0.61
延　慶	218 972	134	24.97	4.45	1.22
沽　源	862 840	239	132.40	26.79	2.00
赤　城	1 646 144	1 084	148.73	26.92	5.46
龍　關	205 332	503	41.57	8.08	1.95
商　都	94 010	184	28.26	5.46	0.53
涿　鹿	7 935	196	12.70	1.74	0.62
張　北	477 627	253	53.57	10.34	0.98
總　計	3 912 943	347	62.47	11.35	1.84

清苑的農家經濟

目　錄

緒言 …………………………………………………………… 429

第一部　一般的農業生產要素 ……………………………… 437
　Ⅰ．土地 ………………………………………………………… 437
　Ⅱ．農業勞工 …………………………………………………… 453
　Ⅲ．耕畜 ………………………………………………………… 466
　Ⅳ．農場設備 …………………………………………………… 475

第二部　農家的農業經營 …………………………………… 489
　Ⅰ．農作物經營 ………………………………………………… 489
　Ⅱ．畜養經營 …………………………………………………… 522
　Ⅲ．農家副業 …………………………………………………… 531
　Ⅳ．農產銷售 …………………………………………………… 544

第三部　農家的收支與借貸 ………………………………… 559
　Ⅰ．農家組成份子 ……………………………………………… 559
　Ⅱ．農家收入 …………………………………………………… 562
　Ⅲ．農家支出 …………………………………………………… 574
　Ⅳ．盈虧及其因子 ……………………………………………… 592
　Ⅴ．農家購進 …………………………………………………… 600
　Ⅵ．農家借貸 …………………………………………………… 605

結論 …………………………………………………………… 615

緒　　言

(一) 調查的經過

清苑①農村調查是民十九年夏季舉行的調查，時期計自七月初起至八月底止共兩閱月。其中有一小部分的時間用在調查員的訓練上面，大部分的時間則用於調查工作的實際進行。調查的主持人是陳翰笙，王寅生，韓德章，錢俊瑞，張稼夫，張錫昌諸位先生，此外負事務責任及擔任實際調查工作的共有六十餘人。選取樣子是用設計揀樣方法，即選定代表性較大的村莊，每村予以全體調查。調查分二種：一是農家分戶調查，係挨戶調查所選取的村莊的農家，專注重各個農家的特殊情形，居此次調查的主要地位，故內容極爲詳密；二是農村分村調查，係概括的調查所選取的各個村莊（此處所選取的村莊，僅有六個與上述分戶調查選取者相同），在注重農村一般的共同現象，居此次調查的輔助地位，故內容比較簡略。此外又進行了幾次補充調查，補充上述二種調查所遺漏的項目。調查的區域見圖一，調查的戶數與村數分見圖中附注。

(二) 整理的方法與經過

清苑農村的調查，雖在民十九年八月底便已告竣，可是因爲人事的遷易，除陳翰笙先生在《The Present Agrarian Problem in China》一文中，發表過一極小部分外，全體調查的結果直遲延到民二十三年十一月才開始整理與分析。中途又因特別原因致計算工作中輟數次，到現在才將報告編製完竣。這點是我們應向讀者表示歉意的。

當編者開始整理時，頗感覺到幾種很不容易克服的困難，卒經長久

---

① 清苑縣屬河北省，又稱保定。因保定通常指市區，即河北省都，爲避免混淆計，故用清苑縣名。

圖一 調查的區域

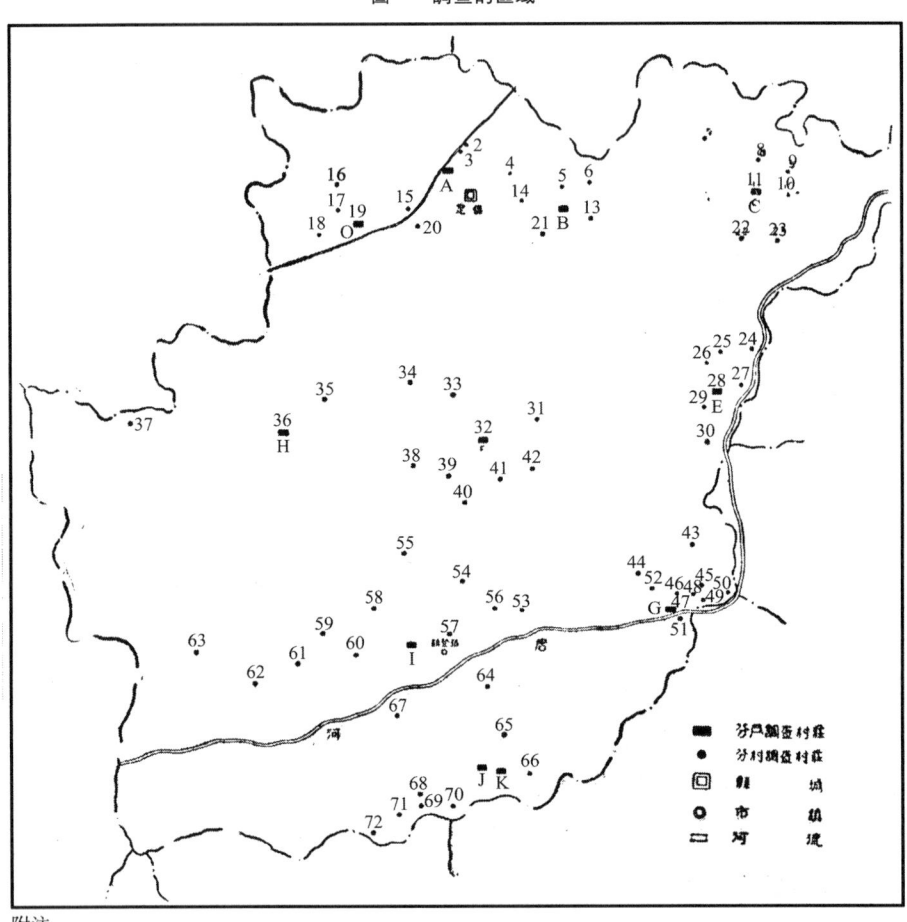

附注：

(1) 分戶調查的村莊與戶數：

A. 薛　莊……110 戶　　B. 大陽村……193 戶　　C. 固上村……255 戶　　D. 大祝澤……189 戶
E. 何家橋……186　　　F. 東顧莊……142　　　　G. 孟　莊……134　　　H. 李家羅候……133
I. 謝　莊……214　　　 J. 南鄧村……166　　　　K. 蔡家營……53　　　 總計 11 村……1,775

(2) 分村調查的村莊：

1. 四里營	2. 張家莊	3. 馬家莊	4. 康　莊	5. 後　營	6. 傅村	7. 沙提營	8. 中藏村
9. 東藏村	10. 米　陽	11. 固上村	12. 大候村	13. 下　閘	14. 東高莊	15. 五里鋪	16. 富昌屯
17. 小激店	18. 小汲村	19. 大祝澤	20. 南劉各莊	21. 焦　莊	22. 大望亭	23. 東安村	24. 李家橋
25. 苑家橋	26. 史家橋	27. 楊家橋	28. 何家橋	29. 石家橋	30. 楊　莊	31. 吳家辛	32. 東顧莊
33. 南大冉	34. 中　冉	35. 魏　村	36. 李家羅候	37. 齊賢莊	38. 東林水村	39. 田各莊	40. 李八莊
41. 黃信莊	42. 南高莊	43. 大　莊	44. 田蒿村	45. 南陽橋	46. 孫　莊	47. 孟　莊	48. 張家胡同
49. 梁家莊	50. 解小莊	51. 溫家莊	52. 徐家莊	53. 全　昆	54. 南辛店	55. 牛　莊	56. 北鄧村
57. 張登屯	58. 蔣　莊	59. 南馬莊	60. 陳吳莊	61. 大安村	62. 西李家莊	63. 段家莊	64. 北和莊
65. 南和莊	66. 大柳樹	67. 溫　仁	68. 半壁店	69. 傅家莊	70. 南李家莊	71. 楊家莊	72. 南段莊

的考慮與補救，始得以減輕其全部或一部。第一種困難便是材料的分析者與材料的設計調查者不屬於一人。按調查工作，有三個步驟，即一為事先的設計，二為實地的調查，三為事後的分析。這三個步驟要屬於同一個人主持，才能前後一致，首尾聯貫，否則不是理論上易陷於矛盾，便是進行時遇到困難。不幸這次編者非原來的設計者與主持調查者，致對於調查的著重點與內容頗多隔膜；二則原有的調查主持者大都遠離他地，遇到疑難之處，無從商討。所幸同事韓德章先生是原調查主持者之一，後又由韓先生之介紹得識張稼夫先生，經過了與他們長時間的討論，尤其是與韓先生商討之時更多，始得解除一部分的疑難。這裏編者是應向他們致謝的。

其次是材料利用的範圍難予決定。假使調查前後的工作都是屬於同一個人，則整理時決定材料利用範圍的問題便無從發生。可是，現在因材料之整理者非當時之原調查者，所以一方面因難以知道原設計者的着重點，致利用何項材料不易決定；他方面因調查材料中遇到許多疑難無從與原調查者商榷，致不敢輕予棄取。經過長時考量，始決定將調查的各個項目都整理出來，題目冠用今名，蓋中國的農業生產仍停留在家族經營(family farm)的階段，用"農家經濟"一題，當可以包括農家由生產過程到消費過程的各種活動。材料方面，農家分戶調查與農村分村調查亦經決定都予以利用，蓋用前者以分析各農家的經濟情形，① 用後者以敍述一般的農村狀況。惟分戶調查中我們祇選取了韓德章先生所主持調查的大陽村與南鄧村，及張稼夫先生所主持調查的謝莊，共計五百戶；分村調查中我們祇選取了韓德章先生所主持調查的半壁店、楊莊、傅家莊、南段莊、南李家莊、南和莊、大柳樹等七村，及張稼夫先生所主持調查的五里鋪、北鄧村、溫仁、西李家莊、全昆、小汲、小激店、富昌屯、南劉各莊、南辛莊、大安村、南馬莊、蔣莊、牛莊、北和莊、陳吳

---

① 整理農家分戶調查表時，曾創用類似帳簿式的整理表格，其功用等於試算表。雖在計算上多費一番轉記的手續，但結果倒是很經濟與便利的。

莊、張登屯等十七村，共計二十四村。這樣選擇的原因有三：

（1）參加實際調查工作的除韓張二先生外本還有錢俊瑞先生與張錫昌先生，但因整理時錢張二先生已經離所，且均不在北平，故關於他們主持調查的各村，因調查表上所發生的疑難，無從解決，祇得割愛。

（2）分戶調查中，韓德章與張稼夫二先生所參加調查的村數與戶數本不僅三村五百戶，我們之所以祇選取這個數目的，是緣於：a. 由圖一知道大陽村在保定城附近，南鄧村與謝莊則位居縣之南鄉，鄰近城市的農家和離城市遠的農家，經濟地位是有許多不同的，所以我們選樣時應雙方兼顧，同時城市附近村莊的數目遠較離城市遠者為少，故選樣時尤應顧到這種比例上的差異。因此我們便選取大陽村一村以代表城市附近村莊的農家經濟，選取南鄧村與謝莊二村以代表離城市較遠諸村莊的農家經濟，當是合理的。b. 因為計算時常用到百分率，為要得到一個整數起見，特嚴格的刪去不十分詳密或不正確的調查表，并捨棄不是務農為業的村戶，然後根據各種農家的比例（見下節所述）選出五百戶，俾獲得計算上的便利。

（3）有人將會懷疑：我們選用的村數與戶數未免太少，恐不能當作全體的代表。其實，我們在開始整理時，亦已顧慮到這一層。經過數次的試驗後，證明用三村五百戶計算所得的結果和用全體村戶計算所得的結果相差無幾。再者，理論方面，有些統計學者謂百分之一的樣子已足以代表全體，[①] 何況我們選用的樣子已超過此種比例，所以對於代表性這一點是沒有問題的。

第三個困難是調查舉行於民十九年，整理則在二十四年，隔了這麼多年，整理出來難免有不切現狀之譏；而重大經濟事件的變革，如貨幣制度的變更，新度量衡制的采用，在在使我們感覺到有再作一次補充調查的必要，故特於客冬十一月，同韓德章先生到保定城及清苑四鄉簡要的作一次補充調查。這次調查注重四點：1. 清苑農村一般經濟狀況的變

---

① Prof. A. L. Bowley 曾作是說。

遷；2. 各種制度的變革，主要的如度量衡之采用新制，銀元與銅元兌換率的騰落；3. 各種價格的漲跌，其中包括主要的農產品價格與農用品價格；4. 國內經濟與世界經濟的變動所及於農村的影響。此項材料，大部分是向各村的村長與頭腦比較清楚的農民，及保定各高級學校中對於農情比較熟習的學生直接調查者；小部分是從省縣政府搜集及請保定市商會轉托各行店填報者。文中凡屬於民十九年後的各種説明，都是這次補充調查的結果。①

雖然經過了上述數種的補救，本報告仍不能免除缺點。許多在原調查中遺漏了的項目，應該重新作一次同樣大規模的調查，纔可以充分的補充。這當然是不可能的。但是編者於整理此項材料之後，覺得在大的方面，此項調查，因舉行時相當的認真，材料可稱準確，而整理時復予以相當之補充，故仍可視爲清苑農村之實在的描寫。

此文之計算工作由王永立、劉新吾、陳善勛、鄧伊、趙恒厚諸君擔任，特此致謝。韓德章先生對於本報告不厭煩瑣的時賜予指示，尤應特別表示謝忱。

(三) 概説

在正文之先，有幾點應該首先説明。第一是農家分類的方法。農户的分類，依各人觀點之不同，本有許多分類法。最著者如根據耕種土地的所有權分爲自耕農，半自耕農與佃農；根據農場面積的大小分爲大農，中農與小農；根據租佃關係分爲地主，自耕農，自兼佃農與佃農；根據雇傭關係分爲雇主，自工農與雇農；以及根據農場資本額的巨細，所有土地的多少，或家庭範圍的大小而分成各組或各級。這些分類，有的比較完善，有的則不免界限不明，未能概括全體。本文所采用的村户分類法，是依據本所前社會組對於整理此項材料所定的標準，這是同時兼顧到租佃關係與雇傭關係的分類法。其標準如下：

---

① 編者曾檢出此次補充調查的一部分材料寫成《保定的土地與農業勞動》一文，發表於天津《益世報·農村周刊》九十一期。

1. 地主——純粹出租農田者(出租地主)，及完全雇人經營者(經營地主)。

2. 富農——雇長工一人以上者。

3. 中農——不雇工而亦不被雇者。(只雇短工者亦在內。)

4. 貧農——自種農田兼被雇爲短工者。(種田十畝以下，而無其他收入與較大之副業者。)

5. 雇農——被雇爲長工者。(如有一人爲長工，而家中尚有兩三人種自己的農田時，仍爲貧農。)

根據這種分類法，我們將全體農家歸成上述五級；然後根據此五級的百分比，選取上節所述三村五百農家。此五百農家的分類百分比，和全體農家的百分比，除有極微小的差異外，① 在大體可說相符。現將五百農家的分類列如下表。

表一　農家的分類

農家類別	戶　數	百分率
地　主	17	3
富　農	39	8
中　農	134	27
貧　農	244	49
雇　農	66	13
總　計	500	100

其次要說的是清苑農村通行的貨幣及國幣與銅元兌換率的變動。清苑農村所通行的貨幣，向爲銀元與銅元；紙幣之通用始自近數年，唯一般仍不爲農民所樂用，故通行貨幣仍以前二者爲主。這個現象一直保持

---

① 全體農家1 701戶(除掉其他農家74戶)的分類百分率爲：地主4%，富農8%，中農23%，貧農53%，雇農12%。其中除掉中農與貧農的百分率和500戶的分類相差較大外，餘者可說是相同的。

到去年十一月新貨幣法令的頒行。至於農民日常生活所用，到現在還是以銅元居多，近年以還，乃漸用居輔幣地位的角票。清苑國幣與銅元的兌換率，是和其他農村一樣，銅元價格與年俱降，亦即國幣對銅元之兌換率與年俱增。茲將最近六年來國幣每元對於銅元的兌換數作成各年平均兌換率，外將最近一年的兌換數作成各月平均兌換率示如下。

表二　近六年來國幣每元兌換銅元率

（單位：枚）

年　月　別	兌換銅元數
民十九年	403
民二十年	402
民二十一年	422
民二十二年	469
民二十三年	508
民二十四年	522
一　月	494
二　月	520
三　月	533
四　月	538
五　月	548
六　月	546
七　月	542
八　月	540
九　月	526
十　月	520
十一月	480
十二月	480

最後要説的是清苑度量衡制度的變革。這次調查是民十九年舉行的，當時清苑四鄉的度量衡制度極爲複雜。不説各村彼此不盡相同，即同一村莊亦常差异甚大。論度制則種類有木匠尺，裁尺，木徑尺，地畝尺諸項，長短合公尺由 0.312 cm 到 0.343 cm 不定。論量制則種類有麥斗，小米斗，粗橫斗諸項，每斗管數有 48 管，30.5 管，28.5 管，28 管，23.4 管不等。此外每袋斗數亦由 3 斗到 6 斗不定。論衡制則種類有糧秤，棉秤，肉秤，菜秤，草秤諸項，每斤兩數又有 14 兩，15 兩，16 兩，17 兩，20 兩之不同。所以要想劃成齊一的標準，實是一件極麻煩的工作。并且清苑自二十二年十月改行了新尺，自二十三年四月改行了新斗與新秤。爲要適應時宜并便於和以後調查材料相比較，縱在計算上極其費事，也不得不將度量衡的舊制統折合爲新制。故本文所簡稱的尺，斗，斤，均係指新市用制市尺，市斗（即 10 市升），市斤而言。

第一部 一般的農業生產要素

Ⅰ. 土　　地

(一) 田權的分配

我國向稱土地廣大，然若以人口的數目來分配，則每戶與每人所能分得的耕地顯然的是很微小的。這種微小的程度，據歷來的調查，南部諸省是較北部諸省爲尤甚。不過，就我們這次的調查看，位居北部的清苑縣，每戶與每人所有耕地微小的程度也是十分顯著。清苑縣平均每戶所有耕地爲 14.2 畝，每人所有耕地爲 2.4 畝。這和編者前對冀北二十四縣所做的考察平均每戶耕地 14.1 畝，每人耕地 2.4 畝，[1] 完全吻合。這兩個數字，實表示北部諸省每戶與每人所有的耕地是和南部諸省同樣的呈示着極微小的現象。

但上述每戶與每人所有耕地的大小，是假定田畝在農民中平均分配後所發生的；事實上耕地分配的本身便不平均。對於那種占有耕地甚多的農家，每戶與每人所有耕地太少的問題是毫無發生之可能，而對於那些占有耕地極少的農家，則每戶與每人所有耕地的微小，實不僅由於耕地之不敷，而更由於耕地分配之不均。

在清苑縣，占農家總戶數 60% 以上的貧農和雇農，所有的耕地不過占全畝數 27%；而占戶數 8% 的富農所有耕地竟爲畝數 21%，占戶數 3% 的地主所有耕地竟爲畝數 14%；比較上祇有中農所有的耕地較爲適中，

---

[1]　見《冀北察東三十三縣農村概況調查》，本志六卷二期。

計戶數占 27%，所有田畝占 38%，不過，若就二者對照起來，則他們所已分得的耕地，似乎還多一點。詳見表三。

表三　各農家所有田畝及平均每戶與每人所有田畝

農家	戶數	%	人數	%	所有田畝	%	每戶平均所有田畝	每人平均所有田畝
地主	17	3	115	4	991.20	14	58.31	8.62
富農	39	8	345	12	1 516.05	21	38.87	4.39
中農	134	27	878	29	2 704.58	38	20.18	8.08
貧農	244	49	1 360	45	1 760.12	25	7.21	1.29
雇農	66	13	299	10	132.50	2	2.01	0.44
總計	500	100	2 997	100	7 104.45	100	14.21	2.37

地主平均每戶有耕地 58.3 畝，每人有耕地 8.6 畝，富農平均每戶有耕地 38.9 畝，每人有耕地 4.4 畝；中農平均每戶有耕地 20.2 畝，每人有耕地 3.1 畝；貧農平均每戶有耕地 7.2 畝，每人有耕地 1.3 畝；雇農平均每戶有耕地 2.0 畝，每人有耕地 0.4 畝。耕地分配不均的這種事實，把耕地不足的情狀表現得更為顯著與嚴重了。

耕地分配的不均，如就表四來看，則更為明顯。每戶所有耕地在十畝以下的農家，占戶數達 54%，占畝數僅有 17%；在五十畝以上的農家，占戶數不到 4%，而占畝數幾達 20%，其中每戶所有耕地在百畝與二百畝以上的農家，占戶數雖不到 1%，而占畝數卻達 7%。就各農家個別而言，寸地毫無者計貧農 6 家，雇農 12 家；一畝以下者，貧農雇農各 6 家。雇農每戶所有耕地最多者不過十餘畝，而一般都是在一畝以上，五畝以下。貧農所有耕地最多者亦不過四十餘畝，① 而普通都是一畝以上，十畝以下。中農最多者不過五十餘畝，② 而大多數都十畝以上，五

---

① 據原調查表。
② 據原調查表。

十畝以下。至於富農所有耕地則以二十畝到一百畝爲多,甚且達百畝以上;地主亦以二十畝到一百畝爲多,但有在二百畝以上者。

總括言之,清苑仍表現着中小農的特徵。因爲就這一次調查,最大的地主所有土地亦不過 214 畝①,而這樣的地主也祇有一家。至於 94% 的農家,每戶所有田畝都是在一畝到五十畝這一組級。其中尤以二十畝到五十畝這一組,戶數因僅占五分之一,而所占耕地幾達全畝數的一半。所以下表除顯示土地分配的不均之外,更表示土地的所有是小額的與分散着的。

表四　各農家所有田畝次數表†

組別	地主	富農	中農	貧農	雇農	合計戶數	百分率	所有田畝	百分率
1 畝以下	—	—	—	6	6	12	3	5.40	*
1—4.9	—	—	1	80	35	116	24	321.06	5
5—9.9	—	—	23	100	5	128	27	885.35	12
10—19.9	1	8	53	40	2	104	22	1 448.34	20
20—49.9	11	22	56	12	—	101	21	3 188.50	45
50—99.9	3	8	1	—	—	12	3	770.30	11
100—199.9	1	1	—	—	—	2	*	271.50	4
200 畝以上	1	—	—	—	—	1	*	214.00	3
總　計	17	39	134	238	48	476	100	7 104.45	100

† 500 農戶中無土地者共 24 家:計貧農 6 家,雇農 18 家。
　本表總計爲 476 家,其無土地之 24 家,未列入在內。
*不足 0.5 者。

(二) 土地的移轉

(1) 移轉的方式　清苑田權的移轉有兩種方式:一爲買賣二爲典當,②

---

① 據原調查表。
② 嚴格言之,土地的典當祇能作爲農業金融的一種抵押形式。唯在我國農村典當多是出賣的先聲,故本文將其列爲田權移轉方式之一。

茲分述於下。

a. 買賣　清苑土地的買賣，與其他地方同，係憑中人説合，并立賣契。鄉人有專以説中爲業者，俗稱爲"經紀人"或"牙紀人"；普通者則稱爲"經中人"。賣田契約通稱曰"死契"，寓賣出不能收回之意。契約上載明買主賣主的姓名，所賣田地的位置，畝數，賣價，及年月日，然後由當事人雙方和中間人劃押。買賣時的費用，除買主須負擔酒席費外，尚須另出佣錢。此種佣錢，或稱爲中佣費，或稱爲牙錢。佣錢的攤出，有二種方法：（一）爲"成三破二"，① 即買方出地價 3%，賣方出地價 2%。（二）爲同等攤出，此則又有兩種出法：一爲共出六分，即買方賣方各出地價 3%；二爲共出五分，即買方賣方各出地價 2.5%。土地買賣的佣錢，不完全由經中人獨得，大都是由經中人與村中所設小學分得。其分得比例，或爲各半，或爲三與二之比（學校三分，經中人二分）。這種學校分得中佣費的事實，年來各村均見增多②。

b. 典當　這是土地移轉的一個次要的方式。典出的土地，雖可贖回，但一般都是賣田的先聲。典地也是憑中人説合，此種中人或爲普通的經中人，或爲專業的經紀人或牙行。典地有典契，通稱曰"活契"，蓋表示可以贖回之意。契約上載明典進與典出者雙方姓名，所典田地的位置，畝數，典價，典期及年月日，亦須由典當雙方與中間人劃押。其與賣契不同者，僅多典期一項。在典契上最重要者爲典期與典價兩項，特分述之。

典當期限，例不一定，而以立契時所載明者爲標準。大概言之，最少爲一年，最多不定；一般以三年最爲通行，也有四年，五年，九年，十年各種。典價的實際價格，待下節附述，現在所要叙述的是典價與地價的比例。這種比例，不但各村彼此情形不同，即同一村莊而各個典當土地的農家亦不一致。據調查結果，典價占地價之比例有 40%，50%，

---

① "成"指買方，"破"指賣方。
② 最近幾年來，清苑縣四鄉學校之所以增添甚多，發展甚速者，此種經費的來源實爲一主要原因。

60%，2/3，5/8，諸種。其中以50%最爲普遍，60%次之，餘者均甚少。這種典價與地價比例高低的原因，除當時的供需情形外，土壤與地位的優劣，當亦有很大的影響。凡土壤與地位良好的田地，比例必高；否則比例必低。至於最下等的土地，因需要者少，故很難作爲典當的對象。

典當土地亦有佣錢；其攤出與派得的方法，與買賣土地同，兹不贅。

典出的土地，須期滿時方可贖回。贖回手續甚簡，僅憑典契照原典價收回，別無他種費用。期滿時，如無力贖取，則可再轉當一次，由典出者負擔利息。此時如既不贖取，又不轉當，則曰"死當"。死當的效果，等於賣絕，即典出者喪失贖回的權利。典出者在滿期時，如自度無力贖回，可將所典出之地再行"典絕"，即將典契作廢，另立賣契。典進者則按所典田地的價格，補找地價減去典價後的差額。此時典絕的手續大抵與賣絕同，契約上除載明典絕的原因外，并載明賣契所應載明的項目，同時雙方均須攤給經中人以佣錢，其攤出與派得方法均與賣田同，所不同者僅佣錢數額不是以"原價"而是以"找價"爲標準而已。在典絕的場合，經中人亦有不納中佣費者，但這種情形甚少。

（2）土地移轉與地權集中　由土地移轉的事實，我們可以看出地權是趨於分散或集中。統計分村調查所得的結果，知在調查之年，二十四村買進土地的農家有278戶，占總户數4%，賣出土地的農家有375戶，占總户數6%①。這種賣田家數多於買田家數的事實，使我們知道地權是漸漸集中在少數富裕農家的手裏。由農家分户調查統計所得的結果，亦證明同樣的現象。從民十七到民十九年，五百户農家中，買進田地的農家計地主2，富農3，中農11，貧農9，（雇農無）共計25家，占總户數計5%。賣出田地的農家計地主3，富農10，中農19，貧農42，雇農3，共計77家，占總户數15%。兩種調查的數字，都表示賣田農家多於買田農家，土地集中的趨勢可以由此看出。從民十九年到現在，因無數字上

---

① 二十四村總户數爲6 379户。

的調查，不能測知其確切的情形；不過，由編者去冬詢問各村農人所得知的"賣田家數多，買田家數少"的這種現象，當可斷定集中趨勢仍是繼續着的。

但是，買進賣出的田地畝數，却表示一種值得注意的特殊現象。各級農家買進的土地共計110.0畝，平均每家買進計地主4.0畝，富農6.2畝，中農4.9畝，貧農3.3畝。各級農家賣出的土地共計746.5畝，平均每家賣出計地主24.3畝，富農16.6畝，中農13.2畝，貧農5.9畝，雇農3.0畝。從這裏可以看出兩種現象：一是賣出的畝數多過買進的畝數，就總數説多636.5畝。二是每家買進畝數，各級農家都相若，僅富農微多，貧農微少；而每家賣出畝數則地主，富農，中農遠較貧農，雇農爲多。關於第一種情形，我們的解釋是：（1）賣出多過買進的土地，是被三村以外的他村所收買；（2）被三村中的大地主所收買，而該種大地主未包括在五百户之列；（3）因典絶與賣絶的效力同，賣出畝數中必包括有典絶者在内，此在下段將予説明。關於第二種情形，我們的解釋是：（1）地主，富農，中農原來所有的土地就比貧農，雇農爲多，故前者賣出土地的數額，自較後者爲大；（2）平均每家買進的畝數，各級農家所以相若的或是由於大額買進的地主不在被調查之列。以上幾種解釋，雖不敢斷爲一定正確，但事實上也祇能容許我們作這樣的説明。

當我們考查土地典當的情形時，却使我們得到另一種相反的現象。根據分村調查，知典進土地農家有122户，占總户數2%；典出土地農家有101户，占總户數1.5%。根據農家分户調查，知典進土地農家有66户，占總户數13%；典出土地農家有16户，占總户數3%。這種典進農家多過典出農家的事實，表示一般農家對於耕地需要的迫切；在經濟能力上他們一時難以湊足購進土地的資本，故祇有先用典進的方法，以滿足他們當前使用土地的欲望。就各農家分别來説，典進農家中計地主無，富農6，中農27，貧農29，雇農4；典出農家計地主2，富農無，中農6，貧農6，雇農2。從這裏我們顯然的看得出典進土地的農家，多是對於耕地需要最爲迫切的農家。富農使用耕地的需要較切，同時經濟情形較中農，貧農及雇農爲好，故他們祇有典進者而無典出者。中農和貧農一方面對於使用耕地有極大的需要，他方面經濟狀況比較窘迫，故有典進的，亦有典出的。但是因爲他們使用耕地的需要過於迫切，故典進的農家多過典出的農家。雇農的經濟地位本來比較困難，同時他們所有耕地也非常少得可憐，故典進典出都比較的少。

　　典進與典出土地畝數的相異，適和買賣土地畝數相異表示一相反的現象。總計66農家，典進土地共239.1畝；平均每戶計富農8.4畝，中農3.7畝，貧農2.9畝，雇農1.4畝。16戶典出農家，總計典出土地80畝；平均每戶計地主34.0畝，中農4.1畝，貧農2.6畝，雇農3.0畝。這一方面表示典進的土地多過典出的土地計159.1畝，他方面表示富農典進的土地和地主典出的土地，均較中農，貧農及雇農典進和典出的土地爲多。關於第一種情形，我們正可和上述買賣土地的情形對照，典出土地畝數所以特少的，必是由於其中大部分是已經典絕了，因之農家將其列入賣絕一項中，所以有上述賣出土地多過買進土地的現象。關於第二種情形，可用各農家經濟地位之不同以解釋之；地主握有土地額最大，其每戶典出田畝自多；富農經濟地位較中農，貧農及雇農爲強，其每戶典進畝數自亦較後三者爲大。

　　典地在近幾年來已漸不通行，推原其故，約有下述諸端：1. 典進者須交驗契費，且有他種雜捐，而典進的土地不到一年兩載又將被原主贖去，經濟上頗不合算，故富裕農家寧願買進，不願典進。2. 欲放棄土地的農民，鑒於世態無常，既經決心放棄土地，絕不再想贖回，故與其典出，不如賣絕。3. 放棄土地的農民，多係經濟貧窘至極者，因之欲得高價，祇有賣地。4. 離村人數，年年加多，此種農民對於將要放棄的土地更不存收回之望，所以都寧可賣絕。

(三) 地價及其增減

　　土地的價格，一方面在同一期間內，因土壤之優劣和地位之便與不便而有高低；他方面同一塊土地，又因農業經營的利損和供給需要的變遷而有增減。現試分別敘述清苑的地價。

華北的土壤大部是屬於鈣層土(pedocals)的範域;① 而根據梭卜氏(James Thorp)所作"中國土壤概圖",② 清苑縣似乎大部分都是屬於栗土,尤其是淺色栗土(light chestnut soil)區域,此外則有一部分是棕壤(brown forest soils,屬於淋餘壤 pedalfers),和石灰性冲積土。據我們這次的調查,清苑縣的土壤可分爲黃土,黑土,紅土,黃沙土,沙土,二性土,鹹土,諸種。③ 縣城正南正北之地,多黃土,間有黑土。其中大冉村以南至李八莊以北則多帶鹼性。④ 城東則多黑土,沿河之地間有黃砂,構成黃砂土。城西則有黃土,黑土,砂土,數種。唐河流域各地,土色無定。⑤

各種土壤中,以紅土,沙土最好,黃土,二性土,黃沙土次之,黑土,鹼土最劣。地價也隨着土壤的優劣而有高低。(表五)其中紅土,沙

---

① 據 C. F. Marbut 的分類,土壤可分爲鈣層土(pedocals)和淋餘壤(pedalfers)兩大類。鈣層土含有炭酸鈣,其鹼度爲中性或鹼性。其主要的包括石灰性冲積土(calcareous alluvium),黃壤土(loessial soil),三角洲沉澱(delta deposit),及漠境區(desert region)。至其種類則有:黑土(chernozem),栗土或灰棕土(chestnut larths),灰色漠境土(grey desert),鹹土——包括鹽土(solonetz)和柱狀鹽土(solonchak),冲積土(alluvial soil),沙丘(sand dunes)等項。(見氏之《A Scheme for So 1 classification》,1928; Vol. IV, pp. 1-21.)
② 見 J. Thorp,《Notes on Soils and Human Geagraphy in China》,編者曾在天津《益世報·農村周刊》四十七期略爲介紹并撮述其要點。
③ 若把這數種土壤歸成上文所述的分類,則黃土或即淺色栗土;黑土爲前述黑土;黃沙土或即沙丘,乃漠境中黃色,灰黃色,紅黃色之砂粒;沙土即灰色漠境土;二性土即中性土,表土皆近中和,甚或微酸;鹹土即前述鹹土。此種歸類,當然臆斷的成分居多;不過,清苑縣的土壤是屬於石灰性,因而適宜於種植高粱,豆,麥,則可成定論。
④ 近十年來因河水泛濫,人民耕種勤奮,鹼性稍見減少。
⑤ 因唐河自望都縣(西南鄰縣)流入縣境後十里外,即無堤岸,河流湍急,挾帶泥砂。其河道由張登鎮,北和莊,北鄧村一帶,迤南二十里上下,遷移無定,約十餘年一變。在河水占據時,禾稼房屋均遭水患,平地淤成白沙,難於耕種。及年久淤高,河道漸次他徙,地質又變紅土,收穫轉豐。(見《清苑縣志》,民二三年,清苑縣政府印行。)

土最高價格達54元，最低亦爲30元，普通則爲42元左右；黃土，二性土，黃沙土則由25元到31元不等；黑土，碱土最高不過26元，最低僅10元，一般爲17元左右。各等土壤的地價，平均說起來，最高爲40元，最低爲21元，普通爲29元。

其次一個決定地價的因素，便是灌漑設備的有無。清苑用井（磚井或土井）爲主要的灌漑方法，此與華北其他地方的情形同。有灌漑設備者地價較高，無灌漑設備者地價較低。（參閱表五）黃沙土和碱土都是不灌漑地，因爲這二種地的土質較壞，不能種植主要作物，故此無灌漑設備的必要。各種土壤中，灌漑地與不灌漑地的價格，以沙土，紅土的差別爲最大，黃土則相若。表內黑土和二性土之不灌漑地價格反高於灌漑地，這是因爲有的村莊祇有黑土或二性土的灌漑地，有的村莊祇有黑土或二性土的不灌漑地，而因各村莊環境的不同，以致某一村該種土壤的不灌漑地價格反較他村同種土壤的灌漑地價格爲高。一般而論，灌漑地較不灌漑地之土壤爲佳，所以灌漑地的平均價格亦較不灌漑地者爲昂，觀表五前者平均爲38.3元，後者平均爲26.5元，即可知之。

表五　地價與其差异

		黃土	黑土	紅土	黃沙土	沙土	二性土	碱土	平均
地價與土壤	最高	42.3	26.3	54.7	39.4	53.2	38.3	25.0	39.9
	最低	23.3	13.0	29.6	19.9	29.9	18.4	10.0	20.6
	普通	31.1	16.3	42.2	25.5	40.5	27.5	17.5	28.6
地價與灌漑	灌漑地	31.7	10.0	61.0	—	63.9	25.0	—	38.3
	不灌漑地	30.0	22.5	32.9	25.5	28.8	28.3	17.5	26.5
地價與位置	離村近者	34.2	—	47.8	27.7	48.4	27.5	20.0	34.3
	離村遠者	25.0	16.3	31.3	23.2	24.6	27.5	15.0	23.3

還有一個影響地價高低的因子，便是土地的地位關係。凡離農家住

舍遠的土地，就耕種上說當然沒有離農舍近者便利。（不過，這個利便也是相對的，比如一塊土地離甲村甚遠，離乙村甚近，就甲村言固不利便，就乙村言則是很利便的。所以因此種地位關係所引起地價的高低，也是相對的。）大體說來，離村近的土地，其價格總比離村遠者高。而凡土壤愈好者，其差異的程度愈甚。如表五所示，總合各種土壤的地價言之，離村近者平均爲34.3元，離村遠者平均爲23.3元。

現在進而考查地價在近幾年的增減趨勢。爲比較的便利計，我們將沙土，紅土列爲上等地；黃土，二性土，黃沙土列爲中等地；黑土，碱土列爲下等地。據此標準，民十九年的地價計：上等地最高54.0元，最低29.8元，普通41.4元；中等地最高39.7元，最低20.0元，普通28.2元；下等地最高25.7元，最低11.5元，普通16.9元。如將各等土地的普通價格作代表，并以之爲基數，則近幾年地價的增減情形如表六。①

---

① 民二一年及民二四年的地價，係根據直接向農人詢問的數字平均而得者。此外尚有向保定城中各中學學生詢查的數字；作者曾將其整理發表過。（看《保定的土地與農業勞動》，載天津《益世報·農村周刊》九十一期。）該數字雖亦具相當的確實性，但估價似覺過高。不過無論如何，兩者所表示的增減趨勢却是一致的。現抄列於下，以資對照。

附表一　近年來地價的增減*

年　度		上等地	中等地	下等地	平　均
實數	民十九年	60	37	20	39
	民二一年	35	25	10	23
	民二三年	40	30	15	28
	民二四年	50	35	18	34
指數	民十九年	100	100	100	100
	民二一年	58	68	50	59
	民二三年	67	81	75	72
	民二四年	83	95	90	87

*實數以元爲單位，指數以民十九年爲基年。

表六　近年來每畝地價的增減*

年　度		上等地	中等地	下等地	平　均
實數	民十九年	41.4	28.2	16.9	28.8
	民二一年	26.0	18.4	12.3	18.9
	民二四年	28.3	20.7	13.3	20.8
指數	民十九年	100	100	100	100
	民二一年	63	65	73	66
	民二四年	68	73	79	72

*實數以元爲單位，指數以民十九年爲基年。

各等地價在民二一年均表示跌落，尤以上等地爲劇；到民二三年稍見回漲（見附表一），但仍不及民十九年遠甚。民二一年地價所以特跌，原因雖多，簡要言之，當是由於世界經濟恐慌的波動與全國農村破產的影響。近幾年來，清苑農村和其他農村遭遇着同樣的運命，內受天災的打擊與威脅，外受國際商品的競爭與壓迫，農業經營既多損失，銷售又遭虧本，遂致欲放弃土地的農人增多。同時富裕農家多遷居都市，留居農村者亦不願投資於無利可圖的土地上。這樣，賣土地的人增多，買土地的人減少，自使地價劇降。在常年，上等地多是買賣競爭的中心，所以一遇非常時期，當土地之需要減少時，上等地價格之降落亦表現得最甚。至於民二三年與二四年地價所以稍見增高，乃由於農民鑒於近年經營棉田，頗見獲利，故擴張棉田面積，因而對土地的需要增加之所致。

最後要附帶述及的是典價。據分村調查，當年典價最高是26.4元，最低是13.0元，普通是19.4元。據此以與上，中，下，三等土地價格相較，計典價占後三者的比例，各爲60%—70%之間。不過事實上在典當時，典價所占地價的成分，以十分之五與十分之六最爲普通。

典價的增減趨勢完全與地價一致，無待贅述。但是我們要注意的是近年來典當土地者，漸行減少，所以當民二一年地價跌落時，典價或當降低更劇，而當民二三年與民二四年地價上漲時，典價或未見有同樣程度的上漲。換言之，典價占地價的比例，在近年來實有減低的趨勢。

(四)土地的租佃

(1)按租佃關係的農家分類

北部諸省的租佃制度既沒有南部諸省普遍，而其租佃關係亦沒有南部諸省複雜。歷來的調查統計都證實了這點。從表七顯然的看得出清苑農村是極度表現着小農制(peasant proprietorship)的特性。根據租佃關係，我們把農家分作五類：一爲純出租地主，即自家不耕，將所有土地完全出租的農家；二爲自耕兼租主，即將所有土地自耕一部分并出租一部分的農家；三爲純自耕農，即完全自耕自有土地，既不租進又不租出的農家；四爲自耕兼佃農，即除自耕自有土地外，并租種他人土地的農家；五爲純佃農，即自無土地，完全租種他人土地的農家。清苑以純自耕農所占成分最多，計占全體農家85%；次爲自耕兼佃農，占12%；此外純出租地主，自耕兼租主，純佃農各均不過占1%。

從這裏我們知道在清苑農村，租佃關係還沒有普遍的成立於各農家間。同時我們亦可推知在清苑的農村，或者在北方的一般農村，租佃制度是比較單純的。

進而須要說明的是自耕兼租主之自耕自有畝數與出租畝數的比例及自耕兼佃農之自耕自有畝數與租種畝數的比例。自耕兼租主四家中，自耕自有畝數與出租畝數的比例，計5∶5者二家，3∶7者二家，總平均則爲4∶6。所以我們可以説這四家自耕兼租主，所含出租地主的成分較重。自耕兼佃農五十八家中，自耕自有畝數與租種他人畝數的比例計：1∶9者二家，2∶8者二家，3∶7者五家，4∶6者九家，5∶5者四家，6∶4者六家，7∶3者十家，8∶2者八家，9∶1者十家，近於10∶0，即幾完全爲自耕自有畝數者二家，總平均爲6∶4。① 大致説起來，自耕自有畝數居七成以上者共30家，占此種農家52%；居三成以下者共9家，占此種農家15%；居四成到六成者共19家，占此種農家33%。所以我們

---

① 確切言之，爲64.8%與35.2%之比。

表七　按租佃關係的農家分類①

類　別	户　數	百分率
純出租地主	6	1
自耕兼租主	4	1
純自耕農	409	85
自耕兼佃農	58†	12
純佃農	7	1
總　計	484	100

* 500農户中有15家未耕種田畝，又有1家自耕171畝，租進70畝，租出55畝，因無法分類，故總共16家均未列入。

† 自耕兼佃農58家中，有9家除自有及租進田畝外，尚典進田畝耕種，亦列入在内。

又可以說自兼佃農含純自耕農的成分較大。據此更可斷定清苑農村自耕自地的農家是占全體的絕對多數。這種北部農村與南部農村租佃關係的不同，是我們研究中國租佃制度時所須深切注意的。

（2）租佃制度

租佃方式，依分類標準之不同而有多種。以繳租對象爲標準則可分爲以貨幣繳租的"錢租"和以穀物繳租的"糧租"。以租額決定方法爲標

---

① 另據分村調查，所表現的情狀是一樣的，見下表。

附表二　每村按租佃關係的農家分類

類　別	平均每村所有户數	百分率
純出租地主	9.0	3
自耕兼租主	5.4	2
純自耕農	233.4	84
自耕兼佃農	17.3	6
純佃農	14.2	5
總　計	279.3	100

準，則可分爲預先訂定租額的"定租"和用收穫量作分配標準的"分租"。一般言之，可概括分爲錢租，糧租，分租三種。因爲錢租多是預先訂定，屆時按數繳付，不因收穫量而增減，在實質上與定租同，故兩者可以并合。糧租原可分爲定租的與分租兩種，但因一般多指前者而言，故本文也采用這種涵義。糧租在南部數省雖很通行，而在華北農村則已漸趨消滅。① 其原因，當由於：南方農村以穀物爲主要作物，故糧租支付對象極易決定，此觀一般農村均以稻穀付租可知；而北部農村，作物以雜糧爲主，究應以何種雜糧爲支付對象頗難決定，故農家爲免除麻煩，多采用錢租的方式。不過，在分租的場合則又不同，蓋因分租以租地所種作物爲準，即在同一年度内種植數種作物，亦可逐一按預先訂定的分派比例分得之，手續上既無困難，農家自願采行。此所以現在清苑的租佃方式，都以錢租爲主，以分租爲輔，而糧租則漸告絕迹。本文所論，亦當以前二種租佃方式爲限。

A. 錢租　即指以貨幣繳納租額者，計 500 農家中租種田地者共 64 家，其中取錢租方式者，計 45 家，占 70%，可見錢租在清苑的普遍。

錢租訂租，係憑介紹人説合，租約例采口頭方式，立契者甚少。無論是文字契約或口頭約定，所訂明的條款大抵爲地畝，租價和年限。訂租時期，據調查有秋後，白露，寒食，清明，一月，六月，十月，十二月數種，但一般都在十月一日（舊曆）。此因十月正乃農作物大秋晚秋收穫完畢之時，所謂農作年度起止之際，故退租起租均以此時爲便。訂租年限最少一年，最多三年五年②不等，但一般都以一年爲期，雙方同意得繼續延長之。繳租時期與訂租時期同，蓋錢租例均先付後種，故當訂定租約之後，租金立須繳付。此種繳租方法給予佃農的負擔甚大，頗值我人注意。租額由佃户本人或協同介紹人送交地主，通常係一次繳清，

---

① 五十年前，糧租在北部農村還是很通行的，見魏澤瀛《五十年前華北農業情狀的一個觀察》，載《益世報・農村周刊》第九十九期。

② 45 農家中，有一家的訂租年限爲十年，按年定期付租。

間有二次繳付者。如若遲繳，則除特別通融外，佃户即喪失種地之權。租約有效期間，到訂租年限滿訖爲止；在此期間内雙方多無退租權，即佃户不能藉故退田，地主不能任意收回租地。但如雙方同意，則可中途毀約。各村雖有任意退租者，但甚爲少見。

訂租有佣錢，通稱中佣或牙佣。至雙方攤出的比例，與賣田典地同，有"成三破二"，即佃户出租價3%，地主出租價2%，及雙方各出租價3%或2.5%數種，不攤出中佣費的情形亦有之。押租有無不定，但以無押租的情形較多。① 押租數額或與正租額同，或每畝一元，三元，四元不等。有規定訂租年限在若干年以上者則須繳押租，押租繳付時期與正租同。租額除正租外，附租與力役均無。

正租的額數，依土質的優劣與地畝的供需而有高低。據統計二十四村的結果，平均最高4.5元，最低2.2元，普通爲3.04元。最高租額中又有高到6元者，最低有僅到1元以下者。至根據500農家分户統計的結果，計每畝租額平均亦爲3.0元，可見每畝三元，② 當是清苑錢租中最具代表性的數字。租額遇荒年除地主特別通融外，例皆不能減免。此因租錢是先付後種，地主雖極慈悲，亦不願將已收進的租錢退出。

進一步我們再考查租額的增減趨勢。地租額的增減，隨着對於土地需要的大小而變動。近年來，因爲水旱天災交相爲害，農民被迫而放弃土地者日多。土地使用的需要既減，地租額自然降低。去冬編者曾在清苑調查當年租價和五年以前（民十九年）的租價。按租地分爲上地，中地，下地，園地四種，租額亦因此而有四等。大抵說來，此次所調查的中等地地租，相當於上面所説的平均地租。兹把最近調查的數字，列在下面，以測地租的增減趨勢。

---

① 45農家中，有押租者計3家，外有代納田税者1家。
② 如以此租額與平均地價相較，計前者占後者之比例爲10%；此即地主所獲土地投資的利息。

表八　近六年來地租的增減*

年　度		上等地	中等地	下等地	園　地
實數	民十九年	5.5	3.5	2.5	8.5
	民二四年	2.5	2.0	1.2	3.5
指數	民十九年	100	100	100	100
	民二四年	45	57	48	41

* 實數以元爲單位，指數以民十九年爲基年。

地租額降低的劇烈，頗堪注意。六年之中，幾降低五分之三，農業經營的衰落，實已充分表現。

B. 分租　清苑通稱爲"客租"，乃一出資本(土地及他種資本)，一出勞力的租佃關係。這種租佃方式實具特殊性質，蓋出租者并不一定全是富裕農家，其所以要出租，有時是因爲人口簡單，做田間工作的人手太少。承租者的經濟情形，有時反比出租者爲優裕。故有人將此種租佃方式作爲耕作方法之一，① 且有人稱其爲合夥經營。我們覺得供給土地者總比供給勞動者的經濟地位强，所以仍把它列爲一種租佃方式。據分户調查，64個租種田地的農家中采分租者19家。故知分租亦占相當重要位置。

分租的關係多是發生於親戚間與鄰友間，所以訂租手續比錢租大爲簡單。雖有時是憑介紹人説合，但通常多是雙方面議，故無佣錢。訂租例采口頭形式，立契者極少。訂租時期與錢租同，租種年限例不規定，②雙方可自由延長，亦可隨意退租。付租對象除主要糧食作物外，亦有規定柴草者。③ 派租比例有五五(各半)，四六(地主得十之六)，三七(地主得十之七)，及二八(地主得十之八)數種，其中以五五最爲通行。納

---

① 南滿洲鐵道株式會社農事試驗場編述的《到田間去》一書，即係將分租和自種，佃租，插具，牛具數種同等的列爲農業經營方法。(見湯爾和譯文，商務印書館出版。)
② 19農家中，有定期者共3家，計1年，3年及7年各一家。
③ 分租的佃户中，有一家是將作物折成現金交付地主。

租方法有在當時打穀場上平分者，有由中人轉交地主者，有由佃戶親送至地主家中者，一般多是雙方在穀場上按預定比例分得，地主采此辦法，所以免除佃戶的匿報。地主除供給土地外，尚有另供給農具，耕畜，種籽，或肥料者，俗稱此爲"實份"。在實份的情形下，地主分得的比例，常較佃戶者爲大，即在五成以上。

由此，我們知道錢租與分租主要不同之點，是：a. 錢租是純租佃的關係，分租則另含有感情的成分在內；b. 錢租的年限多是一定，分租則無定；c. 繳租的對象錢租是貨幣，分租是實物；d. 所付租額，在錢租爲一定，在分租則隨收穫的豐歉而不同，故遇荒年時，錢租佃戶所受痛苦較深，若遇農產價格跌落時，所入更不敷所出；e. 就租額占每畝產值的成數言之，計錢租爲 26%，分租爲 50%，似乎分租的負擔較錢租爲重；但因分租可由地主供給農場設備或資本，年歉時可以減免繳租，故實際上分租的負擔，實較錢租爲輕。總之，兩種租佃方式中，分租雖較利於佃戶，但因其成立多基於親戚鄉誼，中小農家常不容易獲得，所以錢租在清苑農村中仍占絕對的優勢。

II. 農業勞工

（一）農家的雇傭關係

（1）按雇傭關係的農家分類　從雇傭關係來劃分農家，我們一方面可以看出各農家彼此經濟地位的從屬關係，他方面由那一種占絕對多數的農家而可以推出農業經營是停留在何種方式。單按雇傭關係，我們將農家分爲五類：一爲純雇主，即自家不參加田間工作，完全雇長工經營者；二爲自工兼雇主，即除自家做田間工作外，並雇用長工者；三爲純自工農，即完全爲自家經營，間雖雇用短工，但爲臨時性質；四爲自工兼雇農，即除擔任自己的農田工作外，又出外被雇爲長工或短工者；五爲純雇農，即純被雇傭的農家。

清苑以純自工農與自工兼雇農所占的成分最多，計各占 44% 與 42%，合占 86%；自工兼雇主次之，占 8%；純雇主與純雇農最少，計各占 3%。見表九。

表九　按雇傭關係的農家分類

類　別	戶　數	百分率
純雇主†	17	3
自工兼雇主†	36	8
純自工農†	217	44
自工兼雇農†	204	42
純雇農†	17	3
總　計*	491	100

* 500 農戶中有 6 家不合上列標準，未列入；另有特別情形者 3 家，計 1 家因無工作者亦未雇工，又未被雇；其他 2 家戶主皆爲老婦，不能工作，田畝由親戚代耕，并無雇傭關係，亦未列入；故本表之總計爲 491 家。

† 純雇主 17 家中有 5 家未雇有長工，祇雇用短工；純自工 217 家中有 125 家未雇用短工，其餘 92 家皆雇用短工；自工兼被雇 204 家中有 13 家雇用短工；純雇農 17 家中有 2 家雇用短工。

清苑的農業經營，所具有自耕自給，自食其力的這種特性，由農家的租佃關係可以觀察得出，而從農家的雇傭關係更可表現出來。蓋純雇主與純雇農所占成分絕少；大部分的農家都是靠自有人工來經營；但因農場經營的收入，不足以維持一家的生計（詳本文第三部），所以又兼出賣勞力，即被雇於人。這樣，便構成了純自工農與自工兼雇農占絕對多數的現象。

(2) 自有人工　在分析各農家雇用與被雇用的關係之前，我們先考查各農家自有的人工數與離村的人數。

茲假定每一成年男子作爲一個人工單位，每一成年婦女爲 0.8，八歲到十六歲的男女童子爲 0.5，六歲以下的小孩不計。據此標準折算的結果，各農家所有的人工單位數，計：地主 2.4，① 富農 3.5，中農 3.5，貧農爲 2.8，雇農爲 2.1，總平均爲 2.9。富農與中農人工單位數所以較多者，乃是由於家庭人口較多的緣故；地主家庭人口雖多，但因男子多已出外，（見下述）在家者以婦女居多數，故人工單位數較富農，中農，貧農爲小。雇農的人工單位數所以特小者，乃因家庭人口極少所致，而下述離村人數之較多，當亦爲重要原因。（各農家平均每家所有人數，詳第三部所述。）

爲要明瞭各農家人工單位之所以有大小的差異，我們就要叙述各農家的離村人數。總計 500 農家出外的人數爲 200 人，占總人口數 7%；其中地主出外人數 13 人，占地主農家人口數 11%；富農出外人數 10 人，占富農人口數 3%；中農出外人口數 29 人，占中農人口數 3%；貧農出外人口數 99 人，占貧農人口數 7%；雇農出外人數 49 人，占雇農人口數 16%。從這裏我們知道雇農離村出外人數最多，地主次之，貧農又次之，富農與中農最少。各農家離村人數的多少，和他們所有的工作單位數頗有關係，即出外人數多者，其人工單位數少。其中，雇農離村人數之所以特多的是因爲耕地缺乏，在家不能謀生，不得不出外爲人作傭。貧農與雇農的經濟情形相似，但因家中尚薄有田畝，故出外人數略少。地主出外人數之所以多的，一部份是因爲家長或其他男子多在外經營他種事業，如經商是；一部份是鑒於都市生活的優裕而遷居。至於富農與中農，則因爲他們所有的耕地，尚足以維持家庭的生計，自有人工多做自己的農業經營，其中富農還要雇傭他人，所以他們出外人數特少。

其次我們再以有工作能力者爲標準，除去不能工作的老幼，則各農家有工作者占在家人口數的比例，以中農，貧農，雇農最高，各爲 62% 到 63%；地主，富農較低，各爲 51% 與 47%。但是儘管地主與富農有工

---

① 地主家雖將人口折算成工作單位，但因其參加田間工作極少，故實際上工作單位如以親身參與田間工作者爲限，則地主家的工作單位數將最少。唯此處則專指有工作能力者而言。

作能力者所占比例較大，而實際上參加勞動者極少；至於中農，貧農與雇農除少數婦人外，無不擔任田間工作。各農家做田間工作者占在家人數的比例，計：地主 2%，①富農 25%，中農 34%，貧農 36%，雇農 27%。雇農比例所以較中農與貧農爲低，是因爲他們大都自無田地，只有靠出賣勞力以謀生，故結果爲自家做田間工作的人數，反較中農與貧農爲少。各農家自有人工數見表十。據此我們知道地主，富農中許多有工作能力的人不參與田間工作，他們都是完全的或部份的靠利用他人的勞力以爲生；雇農雖多有工作能力，但因缺乏作爲生産要素的耕地，故結果衹有整個的或部份的被雇於他人。

表十　各家農自有人工數*

農家	人數				百分比			
	做田間工作者	不做田間工作者	無工作能力者	總計	做田間工作者	不做田間工作者	無工作能力者	總計
地主	2	50	50	102	2	49	49	100
富農	83	76	176	335	25	23	53	100
中農	286	251	312	849	34	30	37	100
貧農	455	328	478	1 261	36	26	38	100
雇農	68	90	92	250	27	36	37	100
總計	894	795	1 108	2 797	32	28	40	100

＊不做田間工作者係指有工作能力者而言。

(3) 雇用勞工的農家　各級農家中，雇用勞工（長工與短工）的農家共有四種，即地主，富農，中農，貧農是。地主 17 家中，有 5 家爲純出租地主，有 12 家爲經營地主，純出租地主因無雇用勞工必要，故不予論

---

① 此種農家有二，一家做田間工作者是一成年男子，另一家是一童子。前者自有田地 48.3 畝，租出 38 畝；後者自有田地 226 畝，租出 43 畝；故均不能列爲富農。

列，現僅就經營地主述之。12 家經營地主，每家都用勞工。① 富農 39 家亦然。中農 134 家中，雇用勞工的有 73 家，占 54%。貧農 244 家中，雇用勞工的有 32 家，占 13%。各農家的雇用勞工與否及雇用勞工的多少，各依其經濟地位爲轉移。由上所述的百分率，我們知道中農與貧農雇用勞工的家數都很少，尤其是貧農，大都無力雇用勞工。（表十一）

表十一　各種勞工的雇用家數及百分比

農家	家數				百分比				雇用家數占全體家數%
	雇用長工家數	雇用短工家數	兼雇用長短工家數	總計	雇用長工家數	雇用短工家數	兼雇用長短工家數	總計	
地　主	4	3	5	12	33	25	42	100	100†
富　農	18	3	18	39	46	8	46	100	100
中　農	1	71	1*	73	1	97	1	100	54
貧　農	—	32	—	32	—	100	—	100	13
總　計	23	109	24	157	15	70	15	100	37

* 此家所雇之長工，爲半年童工。

† 17 家地主中除去 5 家純出租地主，總數按 12 家經營地主計算，故雇用家數占全體家數之比例爲 100%。

兹再進而分析他們所雇用勞工的種類。勞工可分爲長工，短工兩種。其雇用長工的農家在經濟地位上較雇用短工者爲優越，而雇用短工多在農忙季節，乃一種臨時性質的幫忙。由表十一我們知道地主雇用勞工 12 家中，雇用長工者 4 家，雇用短工者 3 家，兼雇用長短工者 5 家。富農雇用勞工 39 家中，雇用長工者 18 家，雇用短工者 3 家，兼雇用長短工者 18 家。中農雇用勞工 73 家中，雇用長工及兼雇用長短工者各僅一家，

---

① 此外尚有出租地主一家雇用女月工一人因雇用目的不是在農業經營，而是在家庭使用，故不包括在內。

不過占雇用家數 1%；雇用短工者却有 71 家，占雇用家數 98%。貧農雇用勞工 32 家中，全是雇用短工，無雇用長工的。

由此可知衹有地主與富農纔算是雇主階級，因爲地主雇用長工及兼雇用長短工的農家數合計占 75%，富農合計占 92%；所以這兩種農家大部分都是雇用長期的勞工，擔任農田工作。單雇用短工而不雇用長工，在他們是例外。如地主單雇用短工的 3 家便是因爲大部份的田地都已出租，無須雇用長工。① 至於中農與貧農是不能看做雇主階級的。中農雇用勞工的家數雖占 54%，但由他們所雇用勞工的種類，知道單雇用短工的農家占雇用家數 98%，雇用長工及兼雇用長短工的農家不過占 2%；而雇用長工的兩家中有一家是雇一成年長工，有一家則僅雇一童工。② 所以中農的雇用長工，衹能看作例外。同時我們知道，真正的雇傭關係，要在長工的場合方可表現（此待下節論述），故知中農除掉一二家雇有長工的例外，其餘都是雇用短工，這和完全雇用長工的地主與富農，自不能等量齊觀。因雇用短工，乃在農忙時，是臨時之幫忙，而非經常存在的雇傭關係。至貧農雇用勞工特少，即有之亦爲短工，原因自明，無待贅述。

（4）被雇用的農家　各級農家中除雇農完全以出賣勞力爲生外，貧農則隨其經濟之困窘與否而隨時出賣或不出賣勞力。中農出賣勞力乃是例外。所以本節主要的衹就雇農與貧農論之。

雇農乃以出賣勞力爲活，自不待言。從表十二知道 66 家雇農中，單作長工的有 16 家，占 24%；單作短工的有 40 家，占 61%；兼作長短工的有 10 家，占 15%。長工是由於自無田畝，不得不傭於他人。上章論土地分配時曾指出雇農有 18 家全無土地，此處長工數適爲 16，可知作長工的多是貧無立錐之地的農家。作短工者，雖家中尚略有田畝，但因田畝過少，一方面不足以使人盡其力，他方面更不足以維持生計，故臨時

---

① 雇用短工 3 家中，除有一家雇用季工一人經營田畝較多爲 42 畝外，其餘二家經營田畝均甚少，計一爲 9 畝，一爲 15.3 畝。

② 雇用一成年長工的農家所有田畝爲 12 畝；雇用一童工的農家，所有田畝僅 7.5 畝，所以二者都不能依雇傭關係劃進富農一類。

出賣勞力，以資補助。凡兼作長短工者，或由於自無土地，或由於自有土地不足以養活。

表十二　雇農貧農的被雇家數與工作種類

類　別	雇　農		貧　農	
	家　數	百分率	家　數	百分率
不被雇	—	—	95	39
作長工	16	24	8	3
作短工	40	61	137	56
兼作長短工	10	15	4	2
總　計	66	100	244	100

貧農的經濟地位較雇農略強，所以他們不一定要出賣勞力。總計貧農244家中，不被雇的有95家，占39%；作長工的有8家，占3%；作短工的有137家，占56%；兼作長短工的有4家，占2%。貧農之被雇爲長工或短工，自由於土地之不足，如前所述，貧農無土地者有6家，即稍有土地者，所有面積亦極爲可憐。我們看貧農出賣勞力的占五分之三，可見大部份的貧農是有淪爲雇農的趨向。不過，與雇農相較，貧農階級之經濟地位則略勝。蓋其出賣爲長工的家數，即令合兼作長短工者計，亦不過十數家，僅占全體5%，而出賣爲短工的家數則有一百三十餘家，占全體一半以上。

最後附帶要說的，是中農的被雇情形。中農134家中，被雇的家數有5家。其中有4家被雇爲短工，其他1家被雇爲長工。短工4家中，除一家有二人被雇外，其餘三家均各被雇一人；長工1家亦一人被雇。由此足見中農之出賣勞力的家數與人數都是很少，而被雇爲長工者更是例外。被雇爲短工的4家，其各自所有的田畝，計一爲14.6畝，一爲15.8畝，一爲16.0畝，一爲17.7畝；被雇爲長工的1家，其所有田畝爲16.2畝。他們所有的田畝雖一般較貧農爲多，但因出賣勞力，故是中農中之經濟地位最差者，而有降爲貧農的趨向。

總合言之，清苑農家間的雇傭關係，在內容雖然簡單，但兩種階級——雇主與雇農，却可顯然劃分。地主與富農屬於雇主階級，貧農與雇農則爲被雇者階級。至於中農則亦有雇人者，亦有被雇者，但都是比較很少數的。

(二) 勞工及其待遇

(1) 勞工種類與供給來源

清苑農業勞工的種類，如就被雇時間的長短而言，可以分爲年工，半年工，季工，月工，日工數種。四鄉所通行的是年工，日工與半年工，至於季工與月工均甚少，故又可簡別爲長工與短工兩大類：長工指年工而言，短工則僅包括日工一種。若就經濟地位言：凡雇用年工，半年工，季工或月工之雇主，其經濟狀況必較雇用日工爲優；就被雇者言，凡被雇爲年工，半年工，季工或月工者，其經濟狀況必較出雇爲日工者爲劣。

長工與短工的差別，不但在雇傭關係上，即在勞動過程上亦可表現出來。凡雇用長工的農家，主人多不參加田間工作，一切農田工作却由長工負責履行，主人則處於指揮或監督的地位。所以這裏存在着一種比較深刻的主從關係。雇用短工的農家，主人固也有不參加田間工作的，但大多數的情形則是主人與雇工同樣的工作。在短工的場合，雇主與被雇者之間的主從關係祇是暫時而非永久的。所以真正的雇傭關係是要在長工的場合纔表現得特別明顯。

長工和短工還有一個工作上的差別，即長工對於農業經營上之任何工作均須擔任；而短工則往往祇要做某一種工作。短工工作可分爲布種，中耕與間苗，拔麥，割麥，秋收，灌溉諸種，其擔任何種工作須於雇傭時講定。

現在我們看看長工與短工的供給來源。茲先說長工。根據分村調查，計二十四村雇用的成年長工有551人，其中有266人是本村人，有285是外村人；雇用的童工有23人，其中有13人是本村人，有10人是外村人。所以長工的供給來源，本村與外村差不多各居其半。但此處所說的外村人大都是本鄉①人，至少是本縣人；由外鄉來者固少，由外縣來者更少。普通雇用外縣者多是與縣界臨近的區域，所以名雖爲异縣，而實際相距不過數里或十數里。至於短工則完全是本村人，間有雇用外村人者，而雇用外縣人或外鄉人者絕無之。農家之所以要雇用鄰近的農工，其原因不外數種：一以農家雇用長工，和工廠雇用工人不同，農家必須充分明瞭被雇者的來歷，然後敢放心的雇用，而工廠雇主衹要被雇者的技術優良便可收用。因爲農家雇工與雇主家屬多共同膳宿，同時農業經營上的一切收獲以及雇主家庭內的各種財物，多是公開的與放任的，爲防止盜竊計，自以雇用左鄰熟悉之雇工爲可靠。二則耕作技術及習慣，不説省與省不同，即縣與縣，鄉與鄉亦均有別。附近農民，耕作習慣相同，自較雇諸外縣者爲合適。三則鄉里之內，有雇人者，有被雇者，勢必在一鄉之內發生供需關係。因爲"近水樓臺"的緣故，所以雇工來源以本村與本鄉爲多。

(2)工資與其增減趨勢

在未分析工資之前，我們先須明瞭勞工的雇傭手續。短工的雇傭手續極爲簡單，一般係向本村或鄰村雇用相識的農人，言明工作的種類，時期，日數。因爲短工的工資多是一律的，僅因工作種類及工作時期而有別，所以多係雙方臨時議定。長工(成年工與童工)的雇傭手續則較繁雜，通例先須介紹人從中紹介，雇主如信任被雇者的工作能力，被雇者如接受雇主所提出的代價，則雇傭關係即可成立。除了工資須於訂約(均爲口頭方式)時言明外，工作年限亦須規定，通常爲一年。此外尚有許多附帶條件，如工資以外的他種待遇，例假日數等亦須於訂約時講妥。農村通行的雇傭時期爲每年十月一日(舊曆)，蓋被雇者的工作年度，依農作物經營上的必要，均是由每年十月初開始至翌年九月底爲止。自然的解雇期間是預定工作年限滿期之日；解雇須預先通知(通知原介紹人或直接通知當事人)，通知期間多在九月。在所訂工作年限內，如雙方

---

① 清苑各鄉村，依在縣城的東，南，西或北，而分爲東鄉，南鄉，西鄉或北鄉。

有一方不願意，亦可解雇，但須請介紹人轉知對方；此時被雇者的工資，按已工作的日數計算。

工資的報酬形式，除貨幣工資外，尚有雇主方供給的飯食費，可稱爲實物工資；一般以貨幣工資爲主。

長工的工資正額，係按被雇者的技術與熟練程度而定。前已説過，清苑的長工多是年工，而月工與季工極少，故本文所論，均祇就年工而言。據分村調查，長工每年工資平均爲35.5元據分户調查，長工每年工資最高爲100.0元，最低爲10.0元，平均爲37.8元。爲要知道各個被雇長工所得工資究以何種數額居多，特將長工工資製成次數表如下：

表十三　長工每年工資*（元）

組　別	工　數	百分率
20元以下†	4	4
20—29.9	8	7
30—39.9	44	40
40—49.9	40	36
50—59.9	6	5
60—69.9	8	7
70元以上†	1	1
總　計	111	100

＊本表所計係全年長工之工資。此外，尚有半年長工二人，其工資一爲30.0元及一爲16.0元；半年童工一人，工資爲10.0元；季工一人，工資爲15.0元；月工一人，工資爲2.0元。

†最低爲10元，最高爲100元。

由上表知長工工資以30元—50元最爲普遍，20—30元以下及50—60元以上都是很少見的。

附帶要説明的是童工的工資。據分村調查，童工每年工資平均爲

13.5元；而500農家中雇用童工的僅有一家，且爲半年工，工資爲10元。依照分村調查的數字，童工工資祗不過成年長工三分之一而已。

我們再看短工的工資。短工每日工資之高下，乃依工作之繁重與否及當時供需之情狀而定。各種工作中以收刈最稱重要與繁雜，其中又以拔麥最爲辛苦，割麥次之，秋收則比較輕易。除收刈外，中耕與間苗亦甚繁難，布種和灌漑均次之。據分村調查，清苑各種短工每日工資平均計：布種0.22元，中耕與間苗0.25元，秋收0.29元，拔麥0.53元，[1]割麥0.51元，灌漑0.21元。又據分户統計，短工每日工資最高爲0.75元，最低爲0.12元，平均爲0.25元。此處所謂最高工資當係指拔麥工資中之最高者而言，[2] 最低工資當係指灌漑工資或其他小工工資而言。[3]

同樣，爲要知道短工所得工資究以何種數額最爲通常，特將短工工資製成次數表。由表十四知短工每日工資以0.20—0.30元爲最普遍；次爲0.10—0.20元及0.30—0.40元；其餘在0.40元以上者均少見。這是因爲短工中多數的工作，如布種，中耕與間苗，秋收，灌漑等，其工資都是由0.20到0.30元，而工資在0.50元以上不過拔麥與割麥兩種工作的緣故。

論到勞工的實物報償，換言之，由雇主所供給的飯食費，因爲折價困難，很不容易計算。長工多與雇主家人同食，但雇主飲食質量較好，故即令知道雇主農家的總飯食費用，仍難計算長工之食用費，故祗得略而不論。兹試以短工論之。據分村調查，計各種短工的每日飯食費折價如下：布種0.27元，中耕與間苗0.25元，秋收0.25元，拔麥0.27元，割麥0.2元，灌漑0.22元，由此可知短工飯食較平常者爲優，故折價有

---

[1] 清苑農村的拔麥工資，亦有以畝爲計算單位者（計件工資）；但爲一律起見，我們將按畝計算工資都依每人每日拔麥三畝這個標準，折成每日工資（計時工資）。

[2] 拔麥工資依上注所述，除按日計算外，尚有按畝計算者。在按畝計算之場合，如工作者的工作效能大，則每日所得工資必較按日計算爲高。分户統計中，工資有高到0.75元者故在此。

[3] 小工乃正工以外的幫工，其工資較正工爲低。

表十四　短工每日工資(元)

組　別	工　數	百分比
0.20 以下†	37	11
0.20—0.29	235	69
0.30—0.39	39	11
0.40—0.49	17	5
0.50—0.59	11	3
0.60—0.69	3	1
0.70 以上†	1	*
總　計	343	100

* 不足 0.5 者。

† 最低爲 0.10 元,最高爲 0.75 元。

時反在正額工資之上。大致説來,以割麥的飯食最好,以灌溉較劣,其餘則相差無幾。他們伙食之所以較好,是因爲他們工作費力,有此需要。我們如將短工的貨幣工資與飯食費(實物工資)合并計算,則各種短工的實際工資將爲:布種 0.49 元,中耕與間苗 0.50 元,秋收 0.54 元,拔麥 0.80 元,割麥 0.83 元,灌溉 0.43 元。

現在我們祇就工資正額看看近六年來工資的增減趨勢。先就長工工資説。據去冬的補充調查,近六年來長工工資的增減情形如下表。

表十五　近六年來長工各等工資的變遷*

年　份		熟手長工	普通長工	生手長工	總平均
實數	民十九年	46.6	28.4	18.7	31.2
	民二二年	36.7	28.4	19.6	28.2
	民二四年	33.3	25.4	15.3	24.7
指數	民十九年	100	100	100	100
	民二二年	79	100	105	90
	民二四年	71	89	82	79

* 實數以元爲單位,指數以民十九年爲基年。

由上表我們知道熟手長工的工資是與年俱落的，普通長工與生手長工雖在民二二年有微漲之勢，但到了民二四年亦呈示劇落的現象。至就三種長工的平均來説，則年來工資跌落的趨勢，甚爲明顯，計六年中降低了四分之一。我們知道工資的騰落，一方面表示農業經營的興衰，他方面則直接影響到勞工收入的增減。清苑農業經營的衰落，由此又得一明證，而清苑貧農與雇農的生活之日趨惡化，更不在話下。一般工資所以跌落的原因，主要的當是地主與富農放棄農地的加多，及中農以下的農民因貧困而淪爲雇農，遂致勞動市場供過於求，其結果遂使工資低落。至於熟手長工工資歷年跌落最劇，而普通長工與生手長工在民二二年反有微增的現象，則因爲雇主階級的地主與富農，因經營上的虧損，不得不實行緊縮政策，即辭退熟手長工，改用工資低廉的普通或生手長工，所以結果是熟手長工的工資跌落得最快，普通長工得以維持不跌，而生手長工反呈激漲。不過，到了民二四年，就是普通長工與生手長工的工資，也一樣的下跌了。

短工每日工資下落之趨勢與長工同。我們去冬的補充調查，年度僅限於去歲一年，項目共四，即通常，秋收，拔麥，割麥是。此處所謂通常工資乃包括布種，中耕與間苗，及灌溉三種而言，所以如將民十九年該三種工資合并計算爲通常工資，則近六年來短工每日工資的跌落情狀如下：

表十六　短工每日工資的變遷*

年份		通常	秋收	拔麥	割麥
實數	民十九年	0.23	0.29	0.53	0.51
	民二四年	0.16	0.17	0.25	0.21
指數	民十九年	100	100	100	100
	民二四年	70	59	47	41

*實數以元爲單位，指數以民十九年爲基年。

短工每日工資跌落的程度比長工更劇。各種短工工資中，以拔麥與割麥兩項降低最烈，計一半有餘；秋收與通常兩項雖稍緩，但減低亦由30%到40%。短工工資之所以跌落較長工尤劇者，乃因爲許多農家如地主與富農對於長工的雇用是必要的，而對於短工的雇用，如上所述，多是農忙時臨時的雇用性質，且雇用短工的農家，除了地主與富農以外，還有中農與貧農，因之，一遇恐慌發生，各農家對於農業經營自然要采取緊縮政策，減少一切開支，所以地主與富農祇有使所雇長工盡量工作，以節省短工的費用，而中農與貧農則更因工資支出的困難，祇有自己更加緊的工作，而不雇用短工，在這種情形之下，一方面短工的需要極度減少，他方面又因弃地失業人數日增致短工的供給加多，結果自使短工每日工資呈示着驚人的跌落趨勢。

現在進而略述工資以外的待遇，此種待遇僅施於長工，而不及於短工。其種類約言之，有：例假，被褥與烟的供給，犒賞及醫藥費的供給等項。長工例假是在秋收或麥收後，或是在廟會或年節時。例假日數最少一日，最多半月，普通多是二日或三日。被褥多由雇主供給，有僅供給被者，有僅供給褥者；有另外供給錢者，其數額爲0.5元，1元或2元。不供給被褥的亦有，但較少。烟的供給與否，各雇主例不一致，一般都須在雇傭成立時講定，不過自己種有烟草的雇主農家，照例是供給的。此種費用，據估計每年由0.2元到4元不等。犒賞費隨雇主的富裕程度及慷慨與否多少不同，一般説來，每個雇工的犒賞額以0.5與1元最普遍，3元5元者甚少。醫藥費的供給與否，更不一致，據我們調查，以不供給者居多。

Ⅲ. 耕　　畜

(一) 耕畜的分配

(1) 耕畜種類與位次　北方農村的耕畜種類，和南方農村大不同，南方農村以黃牛或水牛為唯一的主要耕畜，而北方農村的耕畜，則有牛，騾，馬，驢四種。但北方農村所飼的牛，祇限於黃牛一種，水牛是完全沒有的。

清苑的耕畜有騾，馬，驢，牛四種。根據這些耕畜的數量，可看出它們的位次。據分村調查，二十四村所飼有的耕畜，計騾422頭，馬142頭，驢400頭，牛400頭，因之可以說騾居第一位，牛驢第二，馬第三。但據分戶調查，500農家所飼有的耕畜計騾41頭，馬16頭，驢44頭，牛61頭。因之我們又可以說牛居第一位，驢第二，騾第三，馬居末位。這兩個調查的不同是因為縣城附近村莊的各農家，需用騾車較大，故均畜騾而不畜牛，至於離縣城較遠的村莊，農家多飼牛而不飼騾；而分村調查的各村以縣城附近者居多，分戶調查的三村，城廂附近者僅居其一，離城遠者居其二，所以有這種差異。我們大致可以說，清苑農村的各種耕畜以騾與牛為主要，驢與馬次之。農村中一般稱騾為"大牲口"，稱驢為"小牲口"，便是這個緣故。此外我們要注意牛馬這兩種耕畜乃最近十幾年來纔漸行增多，因為據分村調查，民十年左右，二十四村所飼畜的耕畜計騾303頭，馬88頭，驢231頭，牛182頭；可見十數年以前，耕畜的位次是以騾居第一位，驢第二，牛第三，馬居末位。

（2）有耕畜的家數　農家有無耕畜，固隨他們有否農業經營及農業經營的大小為轉移，但亦可說是由農家經濟的充裕與否來決定。我們知道購買一頭耕牛，需要巨額的款項，更需要經年的飼料費用，非經濟貧窘的農家所能做到的。所以耕畜的缺乏，尤其是中小農，實在是清苑農村中一個嚴重的問題。500農家中沒有耕畜的共計341家，占68%，耕畜的缺乏由此可見。而有耕畜的農家中以飼牛者最多，飼驢者次之，飼騾或馬者均甚少。我們知道各種耕畜的工作能力以騾馬最大，價格亦最高，（見後述）則此二種耕畜的缺乏，實表示即令有耕畜的農家，其畜力仍是非常微小的。另一方面，農家耕畜不僅缺乏，而且還有分配不均的問題。地主沒有耕畜的僅有8家，而8家中有5家是出租地主，故真正缺乏耕畜的農家僅有3家，計占經營地主25%；富農沒有耕畜的共4家，不過占全體10%；中農沒有耕畜的則較多，共計48家，占36%；貧農沒有耕畜的更多，計共216家，占89%；至於雇農，除一家外，是完全沒有耕畜的。所以中農以下的農家，對於耕畜感着極度的缺乏。更有一個很值得我們注意的現象，便是在有耕畜的農家中，他們所有耕畜的種類是很不相同的。地主，富農所有的耕畜多是騾，馬，牛三種，其工作能力較大，價值亦較高；中農貧農及雇農所有的耕畜多是牛，驢兩種，工作能力較小，價值又較低。（見表十七）

表十七　有耕畜的家數及百分比

耕畜種類	家　　數						百　分　比					
	地主	富農	中農	貧農	雇農	總計	地主	富農	中農	貧農	雇農	總計
無耕畜	8	4	48	216	65	341	46	10	36	89	98	68
牛	3	7	44	13	1	68	18	18	33	5	2	14
騾	1	10	9	1	—	21	6	25	7	*	—	4
馬	—	1	5	2	—	8	—	3	4	1	—	2
驢	1	9	25	11	—	46	6	23	18	5	—	9
牛騾	1	1	1	1	—	4	6	3	1	*	—	1
騾馬	3	6	—	—	—	9	18	15	—	—	—	2
騾驢	—	—	2	—	—	2	—	—	1	—	—	*
騾驢牛	—	1	—	—	—	1	—	3	—	—	—	*
總　計	17	39	134	244	66	500	100	100	100	100	100	100

＊不足0.5者。

（3）平均每家所有耕畜　就有耕畜的家數來説，總計騾與馬平均每家有一頭，牛與驢則因爲多是幾家合飼一頭，平均每家不到一頭。就各農家分別言之，地主，富農飼有耕畜者，平均每家必飼養一頭，其中有些農家飼騾且達一頭以上，僅富農飼驢有數家共一頭者；在中農與貧農中，祇飼養馬或驢者平均每家差不多有一頭，至飼牛或騾者都是數家合養一頭；雇農中僅有一家飼養牛，而且是和其他三家合有者。就全體家數來說，耕畜的極端缺乏，表示得更爲顯著。總括的說，各農家計 8 家合有牛一頭，12 家合有騾一頭，33 家合有馬一頭，11 家合有驢一頭。如就各農家分別言之，當然地主與富農平均每家所有的耕畜較多；地主的騾與驢所以較富農所有的稍少者，是因爲前者中將五家未有農業經營的出租地主亦計算在內的緣故。中農平均每家所有的耕畜則遠較地主與富農爲少；貧農更少，雇農可說完全沒有耕畜。（表十八）

表十八　平均每家所有耕畜頭數

種　類		地　主	富　農	中　農	貧　農	雇　農	總　計
按有耕畜家數	牛	1.00	1.00	0.84	0.71	0.25	0.83
	騾	1.40	1.16	0.92	0.50	—	1.08
	馬	1.00	1.00	1.00	1.00		1.00
	驢	1.00	0.88	0.86	1.00		0.90
按全體家數	牛	0.24	0.23	0.28	0.04	＊	0.12
	騾	0.41	0.56	0.08	＊	—	0.08
	馬	0.18	0.15	0.04	0.01		0.03
	驢	0.06	0.23	0.17	0.05	—	0.09

＊不及 0.005 者。

（4）畜工單位　爲明瞭各農家所有的耕畜與農業經營上的關係，我們把各種耕畜折成"畜工單位"，俾便比較。據各耕畜的工作能力，我們將騾與馬作成畜工單位 1，牛爲 0.8，驢爲 0.7。① 依此標準，各農家所有的畜工單位數如下表。

---

① 畜工單位的折算，在歐美雖早有一致的標準，而在中國尚待依中國耕畜的工作能力與飼料費用考定之。本文所用的這個折算方法不過是一種嘗試。

表十九　各農家所有畜工單位

農家類別	畜工單位數	平均每家	
		按有耕畜家數	按全體家數
地　主	13.9	3.9	0.8
富　農	41.4	3.6	1.1
中　農	62.5	3.2	0.5
貧　農	18.6	2.8	0.1
雇　農	0.2	0.2	*
總　計	136.6	3.4	0.3

＊不及 0.05 者。

各農家所有畜工單位的多少，是和他們的經濟地位一致的。按有耕畜的家數來平均，計地主每家所有畜工單位爲 3.9；富農 3.6；中農 3.2，貧農 2.8，雇農 0.2。按全體家數平均，計地主每家所有的畜工單位爲 0.8，富農 1.1，中農 0.5，貧農 0.1，雇農不及 0.05。其中，地主之所以較富農爲小者，是由於地主總數中包括有五家出租地主，此在前面已經説過，如僅就 12 家經營地主言之，則平均每家所有耕畜單位爲 1.2，仍較富農爲多。所以即按全體家數而言，地主富農所有的畜工單位均在一個以上，而中農則半個不到，貧農僅十五分之一個。

（5）自有與賃用　中農以下的農家，雖然自己缺乏耕畜，但爲農業經營上的必要，不得不臨時向外借用或賃用。農家的借用耕畜多是基於感情的關係，以無報償爲原則；至於賃用耕畜則有時要付大額賃金，茲特述之。

地主，富農不但不要賃用耕畜，而且是耕畜的賃主。中農，貧農與雇農則多是賃用耕畜的，其中以貧農賃用耕畜者爲最多，計 21 家，賃用農家與自有耕畜農家的比例爲 43：57；中農賃用者爲 15 家，賃用農家與自有耕畜農家的比例爲 15：85；雇農因爲自己多無農田以經營農業，對於耕畜的需要不大，故賃用耕畜的僅有一家。

(二) 耕畜價格與資本值

(1) 耕畜價格　耕畜的價格一方面因種類的不同而有差異，他方面在同種耕畜中，又因口齒①的多少與壯力的大小而有高低。據分村調查，四種耕畜中，就普通價格來説，以騾最高，平均每頭爲 98 元；馬次之，爲 61 元；牛又次之，爲 51 元；驢最低，爲 38 元。每種耕畜中，價格又有高低，計騾最高價格爲 151 元，最低價格爲 50 元；馬最高 96 元，最低 35 元；牛最高 75 元，最低 31 元；驢最高 59 元，最低 19 元。據分户調查，各種耕畜的平均價格，計騾 71.3 元，馬 46.3 元，牛 42.5 元，驢 31.4 元。(見表二二)這和分村調查所表示的在各種耕畜中，騾價最高，驢價最低的情狀是一致的。唯每種耕畜的價格，則均較上述普通價格爲低，推原其故，蓋由於農家所飼養的耕畜以中等及中等以下者爲多，故其平均價格自在普通價格(中等耕畜平均價格)之下。

現在我們來討論近年來耕畜價格的騰落。我們知道各種農業生産要素在同一情狀之下，所表示價格的趨勢常是一致的。因之，據前述的土地價格與勞工價格，我們已知道耕畜價格亦必同樣的呈示跌落。

去冬的補充調查，我們以三種在農村中飼用最廣的耕畜爲代表即騾，牛與驢，同時又將每種耕畜分爲上，中，下三等。調查結果民十九年中等耕畜價格固與上述普通價格相同，而上等耕畜價格却較上述最高價格爲低，下等耕畜價格則較上述最低價格爲高，這是因爲在補充調查中，各等耕畜價格都是平均價格，所以如果將上等的最高價格與下等的最低價格和前述最高價格與最低價格來比較則大致相同。現將補充調查的數字列下，以見近年來各種耕畜價格跌落的一斑。

---

① 口齒是用以測量耕畜的年齡的。凡在壯年的耕畜，口齒多是"六口"(六個牙齒)，不及六口或超過六口者均較爲幼小或衰老，其價格較六口者爲低。

表二十　近六年來耕畜價格的變遷*

年　份		騾			牛			驢		
		上等	中等	下等	上等	中等	下等	上等	中等	下等
實數	民十九年	127.5	97.5	60.0	75.2	50.0	35.3	60.5	40.0	26.6
	民二二年	108.0	77.5	45.0	62.5	47.5	34.0	42.5	35.0	23.5
	民二四年	102.7	72.6	38.4	60.4	45.0	30.2	48.4	34.2	21.7
指數	民十九年	100	100	100	100	100	100	100	100	100
	民二二年	85	79	75	83	95	96	70	88	88
	民二四年	81	74	64	80	90	86	80	86	82

＊實數以元爲單位，指數以民十九年爲基年。

由上表可知各種耕畜價格以民十九年到民二二年三年間跌落最劇，民二二年到民二四年兩年間跌落稍緩，這是因爲民二一年是農業恐慌最嚴重的一年。各種耕畜以騾價跌落最劇，驢價最緩，這是因爲農業經營屢遭虧損後，農家爲要節省開支多改飼"小牲口"，所以"大牲口"的需要劇減，而"小牲口"的需要增加，此觀驢的價格在民二二年到民二四年間反有微漲可知。至於每種耕畜中，又以上等耕畜價格跌落最劇，中等與下等耕畜價格跌落稍緩，這和上述原因是同樣的，即農家爲減少農場支出起見，祇有改飼較劣等的耕畜，上等耕畜的需要減退，其價格自跌落最甚。

（2）耕畜資本值　清苑各級農家的耕畜平均資本額，計地主 70.4 元，富農 68.0 元，中農 22.4 元，貧農 3.1 元，雇農 0.14 元，總平均爲 15.3 元。據此我們知道耕畜資本，在各農家間的分配極不平均；貧農與雇農幾可以説沒有耕畜資本，中農的耕畜資本額還不到地主富農三分之一，所以中農以下的農家，耕畜資本的需要是很迫切的。至就 500 農家而言，平均每家耕畜資本額僅有 15.3 元，畜力的薄弱亦是可以推知的。

進而要明瞭各級農家實際上所有的資本額一般是多少。由表二一我們知道各農家每户所有的耕畜資本額以 10 元到 40 元者最多，0 元到 100

元者甚少，而 100 元以上者更少。就各農家分別言之，地主的耕畜資本，最低在 20 元以上，一般都是 50 到 70 元，在 100 元以上者竟占三分之一；富農的耕畜資本最低在 10 元以上，100 以上者超過十分之一，普通都是 40 元到 70 元；中農的耕畜資本最低在 10 元以下，最高不過 90 元，一般以 10 元到 50 元爲多；貧農的耕畜資本一般祇是 10 元到 40 元，最高亦不過 70 元，且所占成分極微（此種農家祇有一家）；雇農有耕畜資本的僅一家，數額在 10 元以下。

表二一　各農家耕畜資本的分配

組　別	地主	富農	中農	貧農	雇農	總計	百分率
10 元以下	—	—	2	—	1	3	2
10—19.9	—	2	18	10	—	30	17
20—29.9	1	4	23	6	—	34	19
30—39.9	2	6	13	11	—	32	18
40—49.9	—	9	12	1	—	22	12
50—59.9	3	4	10	—	—	17	9
60—69.9	2	9	7	1	—	19	10
70—79.9	—	3	2	—	—	5	3
80—89.9	1	5	2	—	—	8	4
90—99.9	1	—	—	—	—	1	1
100 元以上	5	5	—	—	—	10	5
總　計	15	47	89	29	1	181	100

根據前述各農家所有耕畜的平均價格較同年分村調查的普通價格爲低的事實，我們知道各農家所飼用的耕畜，以中下等居多，上等極少；已如上述。我們再來比較各級農家所飼耕畜每頭的價值，以便測知各農家每單位畜力的大小。由表二二知道無論那一種耕畜，其每頭的價格都是地主與富農所有者最大，中農，貧農與雇農所有者則依次較小。這種差別的程度尤以大牲口騾馬爲甚。此種現象當是由於各級農家經濟能力

的差异，凡經濟能力大者所飼耕畜必較壯，其價格必較高。因之我們可以推斷，地主所飼有的耕畜多是上等者，富農是上等或中等者，中農是中等或下等者，貧農與雇農則多是下等者。上等耕畜的工作能力既較中下等為大，所以單憑前述各農家所有的耕畜頭數與畜工單位數，仍不足以明瞭耕畜在各農家間分配的實際情狀，而必須分析各農家所飼耕畜的價格的不同，然後始能明悉各農家所有的耕畜，不但數目上有差異，即同一個耕畜其每單位畜力也有大小之不同。所以最後我們歸結：如就單位畜力來說，則知地主與富農所有者更遠較中農，貧農與雇農為大。

表二二　各農家所飼耕畜平均價格(元)

種類	地主	富農	中農	貧農	雇農	總計
牛	46.50	51.00	41.02	37.65	36.00*	42.46
騾	106.71	74.89	44.73	36.00	—	71.28
馬	75.00	42.50	41.80	25.50	—	46.25
驢	38.50	32.88	32.46	27.36	—	31.41

＊此頭牛係四家共有，雇農有牛的僅一家(見表十七)。

其次我們要考查近年來農家耕畜資本值的增減，這可分數量與價值兩方面來看。關於近年來各農家所有耕畜數量的增減，去冬補充調查時，因時間所限，未有詳細的調查，不過就我們在三村詢問的結果，都是表示耕畜的數量近年來遠較五年前減少。其中，有一村莊的情形是："耕畜的數量，一般言之，較五年前減少三分之一；分別言之，大牲口減少，小牲口增加，以農家經濟日窘無力飼養大牲口。五年前(民十九年)本村各種牲口合計約為68頭，其中騾約50頭，驢10頭，牛8頭，今年(民二四年)則騾減至15頭，驢增到25頭，牛亦增到15頭。故五年前以騾居第一位，今則以驢居第一位矣。"①由農家耕畜數量尤其是大牲口數量

---

① 抄錄去年補充調查的一段調查記錄。

的減少，可知農家耕畜資本值已較數年前減低，其中雖小牲口間有增加，但此種增加的資本值遠不及大牲口減少者的巨大。他方面再從價格上觀察。由前節所述，可知近年來耕畜價格與年俱落，價格的低落，自然招致資本值的減低。所以無論由數量或價格上看來，農家耕畜資本值的減低都顯示得很劇烈的。

Ⅳ. 農場設備

A. 農具

(一) 農具的分配

(1) 農具的種類及其分布　清苑農村所通用的農具有數十種之多；依其用途分類，則有初耕農具，下種農具，中耕農具，收刈農具諸類。語其名稱，則有大鎬，小鎬，大鐵掀，小鐵掀，釘鈀，鐵鈀，轆轤，柳礶，大鋤，小鋤，鐮刀，木掀，木扠，犁，甃子，種什，礤，鍘刀，糕，耙，轆軸，大車，小車，轎車，風車，水車，竹耙，木耙，織機，梢，大筐，小筐，扁擔，篩子，磨，碾等項。

各農家對於各種農具的設置與否，依其各自的經濟能力及對於農具的需要而定。大體說來，許多價值過昂的農具，中小農家即令有極迫切的需要亦無從舉辦，而地主與富農則多有設置，如水車，風車，大車，犁，耙，碾諸項是；他方面，亦有許多農具雖價值極低，但因地主與富農需要不切，故祇有中小農家設置者，如扁擔，小筐，木耙，小鐵掀等項是。至就全體農家言，則各種農具中以大鋤與鐮刀最為普遍，90%以上的農家有之，這是因為此種農具用途較廣，需要較切，而價值亦較廉的緣故。有些農具，如小鐵掀，鐵耙，水車，木耙，梢，碾，扁擔等項，設置的農家僅有1%；還有些農具，如轎車，竹耙，織機，小筐等項，設置的農家還不到0.5%；其故或由於價值過昂，中小農家無力購置，或對於農家的用途不廣，無設備之必要。至於價值不十分昂貴，而用途又極重要的農具，則各農家差不多均有預備。詳情見表二三。

表二三　有此種農具的家數占全體百分率

農具種類	地主	富農	中農	貧農	雇農	總計
大鎬	59	92	78	56	47	64
小鎬	65	87	79	69	61	72
大鐵掀	59	95	89	69	50	73
小鐵掀	—	—	1	1	2	1
釘鈀	47	79	65	44	17	49
鐵鈀	—	3	1	*	—	1
轆轤	53	82	63	44	27	50
柳礶	53	90	75	59	35	63
大鋤	71	97	97	89	85	91
小鋤	53	77	77	56	36	60
鐮刀	76	95	94	90	85	90
木掀	59	92	77	34	12	48
木扠	76	97	96	73	38	77
犁	41	46	5	1	—	7
耬子	41	64	67	18	2	33
種什	65	85	44	9	—	25
礛	53	79	38	9	3	23
鍘刀	53	74	40	12	3	25
䅟	59	85	51	10	—	27
耙	59	69	35	3	—	18
轆軸	59	79	59	27	5	38
大車	59	87	56	2	—	25
小車	12	3	3	2	2	3
轎車	—	—	1	*	—	*
風車	29	8	1	*	—	2
水車	18	8	1	—	—	1

續表

農具種類	地主	富農	中農	貧農	雇農	總計
竹耙	—	—	1	—	—	*
木耙	—	—	1	*	2	1
織機	—	—	—	*	—	*
梢	—	—	1	1	2	1
大筐	—	3	3	3	3	3
小筐	—	—	—	—	2	*
扁擔	—	—	—	1	2	1
篩子	71	90	82	35	23	51
磨	6	18	8	4	2	6
碾	—	3	2	—	2	1

＊不及 0.5 者。

(2)平均每家所有農具件數　由每家所有農具的件數，可以知道各級農家對於農具缺乏與否的實際情狀。按有農具的家數來説，無論那一種農具平均每家差不多都在一件以上，而有些設置較容易的農具，則平均每家均有二件或三件不等，且有達六件以上者。(表二四)但按全體家數來説，則各農家所有的農具一方面表示不足，他方面又表示分配不均。由表二三總計一欄，知道許多農具都是數家，十數家，或數十家始能合置一件，農具的缺乏可知。至就各級農家分別而言，地主與富農所有的農具大都是每家有一件，至少亦是三數家合有一件；而中小農家則一般都是數家或十數家合有一件，多者每家不過在一件以上，少則有數十家共用一件者。農具分配的不均，自不待言。

(3)農具的借用　由上面的分析，我們知道各農家對於農具都極感缺乏，但爲着經濟上的必要，沒有農具的農家祇有向鄰居或親友間借用。借用農具的習慣在清苑農村是很通行的。一般是無償的借用，如兩家所有的農具不同，則相互借用。由表二五我們看出兩種現象：1. 就農具來説，凡需用最切而設置較難者，借用的家數愈多，此觀各種農具中以種什，礎，壂子，糕，耙，大車的借用家數最多可知。2. 就農家來說，凡經濟情形較窘迫者，借用家數亦最多，此觀中農，貧農與雇農借用農具的家數較地主與富農爲多可知。前三者中，雇農所以借用較少，是因爲雇農乃爲人耕種，多供役於地主與富農之家，自家無借用之必要。

表二四　平均每家所有農具件數

農具種類	按有此農具家數平均						按全體家數平均					
	地主	富農	中農	貧農	雇農	總計	地主	富農	中農	貧農	雇農	總計
大　鎬	1.20	1.44	1.10	1.08	1.00	1.13	0.71	1.33	0.87	0.60	0.47	0.72
小　鎬	1.73	1.65	1.22	1.15	1.13	1.23	1.12	1.44	0.96	0.80	0.68	0.89
大鐵掀	1.00	1.70	1.12	1.07	1.03	1.16	0.94	1.62	0.99	0.74	0.52	0.85
小鐵掀	—	—	1.00	1.00	1.00	1.00	—	—	0.01	0.01	0.02	0.01
釘　鈀	1.25	1.26	1.05	1.04	1.00	1.07	0.59	1.00	0.68	0.45	0.17	0.52
鐵　鈀	—	1.00	1.00	1.00	—	1.00	—	0.03	0.01	*	—	0.01
轆　轤	1.33	1.60	1.16	1.03	1.01	1.16	0.71	1.32	0.73	0.45	0.28	0.58
柳　礶	1.33	1.71	1.19	1.07	0.96	1.18	0.71	1.54	0.90	0.64	0.33	0.74
大　鋤	2.00	2.24	1.55	1.35	1.29	1.49	1.41	2.18	1.51	1.20	1.08	1.35
小　鋤	1.56	1.70	1.10	1.10	1.17	1.18	0.82	1.31	0.84	0.61	0.42	0.71
鐮　刀	2.15	2.38	1.70	1.51	1.46	1.65	1.65	2.26	1.60	1.36	1.23	1.49
木　掀	1.50	1.17	1.06	0.99	1.00	1.07	0.88	1.08	0.81	0.33	0.12	0.51
木　扠	6.46	4.42	2.74	1.54	1.04	2.36	4.94	4.31	2.64	1.13	0.39	1.82
犁	1.29	1.02	0.90	1.00	—	1.05	0.53	0.47	0.05	0.01	—	0.07
壂　子	1.00	0.98	0.84	0.93	1.00	0.89	0.41	0.63	0.56	0.17	0.02	0.30
種　什	1.09	0.98	0.89	0.87	—	0.93	0.71	0.83	0.39	0.08	—	0.23
礎	1.11	0.96	0.93	0.89	1.00	0.95	0.59	0.76	0.62	0.08	0.03	0.22
鍘　刀	1.00	0.98	0.94	0.89	1.00	0.94	0.53	0.73	0.38	0.11	0.03	0.23
糕	1.00	0.96	0.93	1.00	—	0.96	0.59	0.82	0.47	0.10	—	0.26
耙	1.00	0.77	0.91	0.93	—	0.88	0.59	0.53	0.32	0.03	—	0.16

續表

農具種類	按有此農具家數平均						按全體家數平均					
	地主	富農	中農	貧農	雇農	總計	地主	富農	中農	貧農	雇農	總計
轆軸	1.10	1.05	0.88	0.93	0.83	0.93	0.65	0.83	0.52	0.25	0.04	0.35
大車	1.00	0.97	0.81	4.22	—	0.98	0.59	0.84	0.46	0.07	—	0.24
小車	0.50	1.00	1.00	0.72	1.00	0.81	0.06	0.03	0.03	0.02	0.02	0.02
轎車	—	—	1.00	1.00	—	1.00	—	—	0.01	*	—	*
風車	1.00	1.00	0.75	1.00	—	0.95	0.29	0.08	0.01	*	—	0.02
水車	1.00	0.61	1.00	—	—	0.83	0.18	0.05	0.01	—	—	0.01
竹耙	—	—	1.00	—	—	1.00	—	—	0.01	—	—	*
木耙	—	—	1.00	1.00	1.00	1.00	—	—	0.02	*	0.02	0.01
織機	—	—	—	1.00	—	1.00	—	—	—	*	—	*
梢	—	—	2.00	1.67	1.00	1.67	—	—	0.03	0.02	0.02	0.02
大筐	—	4.00	1.50	2.29	3.00	2.29	—	0.10	0.04	0.07	0.09	0.06
小筐	—	—	—	—	2.00	2.00	—	—	—	—	0.03	*
扁擔	—	—	—	1.00	2.00	1.33	—	—	—	0.01	0.03	0.01
篩子	2.00	1.94	1.33	1.06	1.00	1.33	1.41	1.74	1.09	0.37	0.23	0.69
磨	1.00	0.90	0.77	1.00	1.00	0.89	0.06	0.16	0.06	0.40	0.02	0.05
碾	—	1.00	0.75	—	1.00	0.85	—	0.03	0.02	—	0.02	0.01

＊不及 0.005 者。

表二五　借用農具的家數

農具種類	地主	富農	中農	貧農	雇農	總計
大鎬	1	1	21	55	11	89
小鎬	1	1	4	13	4	23
大鐵掀	—	—	5	33	11	49
釘耙	1	2	13	47	17	80
鐵耙	—	—	1	—	2	3

續表

農具種類	地主	富農	中農	貧農	雇農	總計
轆轤	2	—	20	45	11	78
柳礶	2	—	9	26	10	47
大鋤	—	1	2	14	4	21
小鋤	—	—	8	27	7	42
鎌刀	—	1	3	7	2	13
木掀	—	—	4	39	10	53
木抓	—	—	1	26	11	38
犁	1	3	14	56	11	85
銎子	1	2	26	100	24	153
種什	1	5	54	154	34	248
礅	1	3	42	123	25	194
鍘刀	2	1	32	71	17	123
糕	1	4	23	87	19	134
耙	1	3	29	88	17	138
轆軸	—	2	24	65	17	108
大車	1	4	25	88	18	136
小車	1	1	12	44	10	68
風車	1	7	25	46	11	90
水車	1	—	11	35	9	56
木耙	—	—	—	2	—	2
梢	—	—	1	—	1	2
大筐	—	1	1	1	—	3
扁擔	—	1	1	1	—	3
篩子	—	—	5	37	12	54
磨	—	—	2	6	4	12
碾	—	3	8	11	4	26

(二)農具的價格與資本值

(1)農具價格　各種農具價格的貴賤，決定它們設置的難易。由下表知農具中，以水車價格最昂，為120元，故其設置最難，此觀前節所述不但中小農家不能置辦，即地主富農購置者亦不多。其次如大車，轎車，織機等亦較昂貴，設置的農家因之也很少。他方面最賤者如木料或竹料所製成的耙，扠，掀，筐等項，價格最高不過五六角，低僅一角二角不等，故設置的農家頗多，而尤以中小農家為夥。至於價格不很高亦不很低的農具，如需用甚大，則農家亦多設置，如鋤及鐮刀等是。此外的各種農具亦均各依其價格的高低與需要的大小，而設置的農家多少不同。

表二六　各種農具的價格(元)

農具種類	價　格
大　鎬*	0.8
小　鎬*	0.3
大鐵掀	0.9
小鐵掀	0.6
釘　耙	0.8
鐵　耙	0.5
轆　轤	2.0
柳　礶	0.6
大　鋤	2.1
小　鋤	0.5
鐮　刀	1.7
木　掀	0.6
木　扠	0.5
犁*	2.4
鏒　子*	2.1

续表

農具種類	價　格
種　什	3.1
礅	0.9
鍘　刀	2.5
耩	1.4
耙	1.9
轆　軸	2.7
大　車	40.3
小　車	5.8
轎　車	40.0
風　車	7.0
水　車	120.0
竹　耙	0.1
木　耙	0.2
織　機	20.0
梢	0.2
大　筐	0.2
小　筐	0.1
扁　擔	0.5
篩　子	0.5
磨	8.0
碾	4.0

＊價格指鐵部而言。

　　農具價格的增減，大部分依其製造原料價格的漲跌為轉移，小部分則係受製造工資騰落的影響。所以考查農具價格的增減，最好是從農具原料及近年來的一般工資上去推測。惜乎我們沒有這種材料，因之祇有就去冬向農人直接詢查的民十九年與民二四年數項農具的價格，略示一般農具價格漲跌的趨勢。

表二七　農具價格的變遷*

項別		實數		指數	
		民十九年	民二四年	民十九年	民二四年
水車	老式(車斗)	140.0	115.0	100	82
	小水車	35.0	35.0	100	100
轆井(打井費)		35.0	35.0	100	100
犁(鐵尖3元,犁身2元)		5.0	5.0	100	100
耙		2.0	2.0	100	100
耢(包括木架0.5元)		1.5	1.5	100	100
種什		3.0	3.0	100	100
鎬(鐵部0.7元,木部0.3元)		1.0	1.0	100	100
大鋤		1.0	1.0	100	100
雙轆(連二斗)		5.0	4.0	100	80
鐮刀(小)		0.1	0.1	100	100
大車(包括皮套一套價5元)		80.0	55.0	100	69
風車		20.0	15.0	100	75
拖車(小車)		2.0	1.5	100	75

＊實數以元爲單位，指數以民十九年爲基年。

由上表知各項農具的價格，無增減者居多，少數是呈示降低。大致說來，凡購置費高的農具，其價格多降低，且降低的程度頗劇，至於小件農具的價格則無甚變動。

（2）農具資本值　各農家的農具資本額，依他們所有農具件數的多少及所有農具價值的高低而不同。平均每家農具資本額，計地主70.6元，富農50.0元，中農45.2元，貧農14.0元，雇農7.2元，總計爲26.2元。各級農家彼此的差异，和上述情形相同。

進一步我們再分析各農家農具資本值的實際狀況。由表二八知道農具資本額在 10 元以下的農家占 38%，在 10 元到 20 元者占 23%，簡言之，在 20 元以下者占 61%，一般農家所有農具資本額的微小，由此可見。農具資本在 20 元到 100 元的農家合占 35%；在 101 元到 150 元者僅有 4%；在 150 元以上者不到 1%。就各農家分別言之，貧農與雇農的農具資本額多在 20 元以下；中農則從 10 元到 100 元不等，地主與富農多在 70 元到 150 元之間。

表二八　農具資本額的分配表

組別	地主	富農	中農	貧農	雇農	總計	百分率
10 元以下	—	—	9	119	42	170	38
10—19.9	3	—	22	67	10	102	23
20—39.9	—	5	26	29	2	62	14
40—69.9	2	2	34	12	1	51	11
70—99.9	3	11	32	1	—	47	10
100—149.9	7	4	4	1	—	16	4
150 元以上	—	2	—	—	—	2	*
總計	15	24	127	229	55	450	100

* 不及 0.5 者。

農具除每年例須有一筆修理費外，農家又常有添置新農具者。設置新農具的多少，換言之，農具新投資的大小，視各農家經濟情形而異。從下表我們知道大多數的農家都沒有購置新農具，此種農家計占全體 76%；而購置的農具價值也是很小，計 1 元以下，及 1 元到 5 元的農家占 18%。此外購置費在 5 元到 20 元的農家占 4%；在 20 元到 50 元的農家占 2%；在 50 元以上者極少。就各農家而言，地主，富農與中農不但購置的家數較貧農與雇農爲多，而購置的費用前者尤遠較後者爲大。

表二九　本年購買農具費

組別	地主	富農	中農	貧農	雇農	總計	百分率
未購買	10	22	92	198	59	381	76
1元以下	1	2	10	23	6	42	8
1—4.9	2	6	20	22	1	51	10
5—9.9	1	3	5	—	—	9	2
10—19.9	1	3	3	1	—	8	2
20—29.9	—	1	2	—	—	3	1
30—49.9	1	2	1	—	—	4	1
50以上	1	—	1	—	—	2	*
總計	17	39	134	244	66	500	100

＊不及0.5者。

B. 農舍

(一) 農舍的種類及其分配

農舍屬於生產的要素，抑屬於消費的工具，向爲人所爭論。有幾種農舍是很容易分別的，如車棚，牲口棚當然是爲着生產的目的；但如農家住房究應歸爲生產要素，抑消費工具，便很難決定。爲此我們祇可采用一個不得已的辦法，即將農舍中的住房作爲消費工具，留待本文第三部分叙述，現僅就住房以外的幾種農舍，作爲生產要素述之。

清苑農家所有的農舍，除掉住房外，可分爲堆房，車棚，牲口棚，碾磨房，猪圈數種。各種農舍的普遍性，如就有該種農舍的家數來説，以堆房居第一位，計有該種農舍的農家共119，占全體農家30%；牲口棚次之，有之者共102家，占21%；猪圈又次之，有之者共84家，占17%；車棚再次之，有之者共71家，占14%；末爲碾磨棚，有之者共57家，占12%。就各農家分別言之，則無論何種農舍，有之者的家數均以地主與富農居多，中農次之，貧農與雇農均甚少。且如牲口棚，車棚，碾磨棚等項，雇農完全沒有，貧農有者亦極居少數。（表三十）

表三十　有此種農舍的家數占全體百分率

農舍類別	地主	富農	中農	貧農	雇農	總計
堆房	76	59	29	16	6	30
車棚	35	51	22	6	—	14
牲口棚	53	67	36	8	—	20
碾磨棚	53	44	19	2	—	12
豬圈	53	54	21	10	3	17

其次看看平均每家所有農舍的間數。就有農舍的家數言之，計平均每家有堆房 2.6 間，車棚 1.1 間，牲口棚 1.7 間，豬圈 1.0 間，碾磨棚 1.5 間，總計每家有各種農舍共 7.9 間。但就全體家數來說，則顯然的表示農舍不敷用，計平均每家有堆房 0.6 間，車棚 0.2 間，牲口棚 0.4 間，豬圈 0.2 間，碾磨棚 0.2 間，總計每家有各種農舍 1.5 間。（表三一）就各農家分別言之，則知地主與富農平均每家所有農舍間數，均較中農，貧農與雇農爲多；單按全體家數來說，前者平均每家所有農舍間數有達三間者，至少亦是二家或三家共一間；至於後者則無論那一種農舍都是數家或十數家或數十家共有一間。

農舍除自有者外，還有典進，租賃或借用者。各農家中，計典進者二戶，一係富農，典進堆房二間；一係雇農，典進堆房一間。又借用者兩戶，一係中農，借用牲口棚二間；一係貧農，借用車棚一間。租賃者除住房外，本節所說的農舍無之。地主均係自有，無典進或借用者。

(二) 農舍的建築材料

清苑農家所有農舍的建築材料，要言之有三種：一全磚，二磚表，三土坯。全磚即完全用窯燒青磚造成者，可稱實建磚房；磚表乃牆的兩表面用磚，當中用土者，又稱磚面房；土坯係完全用土築成者，又稱土房。農村中除住房外，其他農舍很少用全磚建築者，蓋此種建築材料最

表三一　平均每家所有農舍間數

農舍類別		地主	富農	中農	貧農	雇農	總計
按有此農舍家數	堆房	3.84	3.10	2.44	2.15	1.62	2.59
	車棚	1.00	1.12	1.11	1.16	—	1.11
	牲口棚	2.33	2.05	1.50	1.55	—	1.72
	碾磨棚	2.22	1.29	1.43	1.16	—	1.48
	豬圈	1.11	0.85	0.94	1.08	1.00	0.98
	總計*	10.50	8.41	7.42	7.10	2.62	7.88
按全體家數	堆房	2.94	1.83	0.71	0.35	0.10	0.62
	車棚	0.35	0.58	0.25	0.07	—	0.16
	牲口棚	1.23	1.37	0.54	0.12	—	0.35
	碾磨棚	1.18	0.56	0.27	0.03	—	0.17
	豬圈	0.59	0.46	0.20	0.11	0.03	0.17
	總計*	6.29	4.80	1.97	0.68	0.13	1.47

＊此數字非平均而得，係由本表中之細數相加而得。

昂，即住房亦僅富農能予購置，普通農家多係後二種，此待第三部分再為敘述。磚表房的費用較全磚廉但較土坯房貴，一般農家的農舍多係此種。土坯房價值最賤，故中小農家的農舍多屬之。各種農舍的建築材料類別見下表。

表三二　建築材料之比較（間數）＊

農舍種類	全磚	磚表	土坯	總計
堆房	3.5	205.5	106.0	315.0
車棚	—	36.0	44.5	80.5
牲口棚	—	112.8	65.0	177.8
碾磨棚	—	41.3	40.5	84.8

續表

農舍種類	全 磚	磚 表	土 坯	總 計
豬 圈	—	11.0	71.5	82.5
合 計	3.5	409.6	327.5	740.6
百分率	1	55	44	100

＊間數之所以有小數者，乃因調查數字上有數種農舍合為一間者，即一間作數種用途者，故除得後，有小數。

　　由上表知農舍的建築材料以磚表者最多，總計占55%；土坯者次之，占44%；全磚者極少，不過1%。雖然農舍相互間有大小之不同，但由此不難推知清苑農村的農舍，除堆房外，幾全為磚表房與土坯房。而由各種農舍中，更可以看出：凡比較乾淨的農舍如堆房，碾磨棚，則多為磚表；而如豬圈之類，則多為土坯。至於全磚者僅堆房有之，其他農舍均無用之者。

第二部 農家的農業經營

I. 農作物經營

(一) 使用田畝的性質

根據前論租佃制度時所述，知道清苑農家間的租佃關係極爲簡單，華北的農家經濟還停留在自耕自給階段。在這種情形下，清苑農家所有的田畝自然大部分是留爲自耕，租出者占極少成分；即農家所使用的田畝以自有者居多，租種者很少。

據分戶調查，總計清苑農家所有的田畝，自耕者占95%，租出者僅占4%，典出者僅占1%。但如進一步對各農家予以個別的分析，則情形稍有不同。其中地主所有的田畝，四分之一以上是租出的，計占27%；典出者占3%；留爲自家經營者較其他農家的比例爲小，計占70%。地主典出田畝3%，由於他們或鑒於近年來完全雇人經營的無利可圖，或因捐稅負擔過重，或因手頭一時之需。從地主經營的田畝占所有田畝三分之二以上這一點來看，知道清苑的地主，大部分還是經營地主，出租地主僅占極少數。富農所有的田畝，留爲自家經營者要占99%，較其他各農家比例都大，租出者僅占1%，典出者完全沒有。富農自耕自有田畝占極大比例，表示富農對於耕地的需要極爲迫切。據我們的推測，富農是比較在經營上盈利最大或虧損最小的農家，因爲富農自有耕地較中小農爲多，故在平時沒有苛重地租的負擔；同時因爲自有一部分人工，故在農業恐慌時可以自己加緊工作，減少工資支出，所受"得不償失"的影響較地主爲輕。富農因爲一方面經濟地位較强，他方面對於農地經營還有维持或扩大的必要，所以留土地给自家经营，都不典出土地（参阅前部土地的转移一节），租出土地极少。中农所有的田亩，自耕者占99%，（确切言之，为98.8%）租出者极少，仅占到0.2%，典出者亦仅占1%。贫农所有的田亩，自耕者占98%，租出者占1%，典出者占1%。雇农所有的田亩，自耕者占96%，租出者无，典出者占4%。这些农家所有的田亩，根本就很少，当然大部分都要留为自耕。他们对于耕地的需要，在事实上恐怕比富农还大，其所以自耕自有田亩的比例较富农略小者，乃因他们的经济情形远逊于富农，致不得不典出1%—4%的土地。至于中农与贫农租出田亩占0.2%—1%的这种情形，可说是例外，因为这些租出耕地的农家，多是因为自家人口简单，无力雇人耕种，祇有出租于邻近戚友，故其租佃方式多是采用基于情谊的分租。雇农一方面因为使用耕地的需要不及中农贫农迫切，同时经济情形最为困窘，所以典出的土地独多。

　　各农家所使用的田亩，大半是自有者，租种者极少，典种者更少。如表三三所示，总计本年（民十九年）各农家使用的田亩，自有者占90%，租进者仅占7%，典进者仅占3%。这和上述各农家所有田亩性质的比例稍有不同，即使用田亩中自有者所占比例较所有田亩中自耕者所占比例略小；这是因为中小农家自有田亩极少，使用田亩中租进者成分较大，而此种农家为数较多，故影响到二者比例的差异。不过，无论如何，清苑农家自耕自田的色彩，从使用田亩的性质上来看，是和上述同样的浓厚的。

　　就各农家分别来说，则很有可注意之处。由同表我们看出各农家使用的田亩，自有者所占比例以富农最大，地主中农与雇农次之，贫农最小；租进者所占比例以贫农最大，地主次之，中农与雇农又次之，富农最小；典进者所占比例以贫农最大，中农与雇农次之，地主完全没有。使用田亩中，自有者比例以富农最大，因为富农自己所有田亩本来就很多。地主自耕自有比例略小，因为基于特别原因的租进额所占比例较大。中农本来以自耕自田为特色，故其自有比例与地主等。雇农自耕自有田畝比例亦較大，這并不能表示雇農所有田畝特多（依上部土地分配一節所述，雇農所有田畝實微小可憐，如下文所述，雇農農場經營的面積亦極狹小），實在因為他們以出賣勞力為謀生的主要方法，他們自家的農業經營不過是附帶的耕種自有的一兩塊地罷了；典進土地及租種田畝皆須支付巨額現款，不是雇農所能辦的。貧農自耕自有者比例最小，因為貧農自己所有的田畝較地主，富農與中農為少。其次就租進田畝所占比例來說，貧農特大。因為他們不願出外作傭，故祇得盡可能的租進田地，以期獲得除去地租後的剩餘。地主租種比例頗高，并非表示地主所有耕地的缺乏，或在經濟上含有佃農的成分，據原調查表可以看出這種租種全是戚友間的分租，與純經濟關係的錢租不能相提并論。中農因自有田畝較多故租種比例較小。雇農租種比例亦較小的緣故，如上面所述，是因為經濟能力薄弱，不能繳付大額的租金。富農租種比例極小，則因為自有田畝較多，與中農雇農租種的情形不同。最後就典進田畝所占比例言之，貧農最大，因為貧農自有耕地太少，對於耕地的需要頗為迫切。中農典種耕地的比例亦相當的高，這自然表示中農的經濟情形較貧農與雇農為強，故愛好土地，想將土地變為自有財產的心理，使得他們盡可能的將其經營所得投資於土地的典進上。雇農雖對於使用耕地的需要不甚迫切，但其想升為貧農與中農的願心甚強，故亦盡可能的以工資所得典進土地，但究因經濟能力所限，故典進比例仍不及租種比例之高。富農自有耕地本已足用，故典種者極少；但因他們對於使用耕地的需要很大，所以仍設法典進。地主完全沒有典進的原因，大抵與富農同，且因他們對於耕地的需要不大，自有的土地，足應其需要而有餘，故他們毫無典進者。（上部論土地轉移時，對此曾予較詳細的分析，讀者可參閱。）

進一步我們要看看農家使用田畝的性質的變更，即自有者，租進者，典進者比例上的變化，同時看看究竟某種比例上的變化普及全體農家或祇限於一種特殊農家。我們因為祇有民十八，民十九兩年的數字，故祇能就這兩年的變遷情形來勉強的推測近幾年的趨勢。

表三三† 各農家使用田畝的性質百分比及其變遷

	民十八年				民十九年			
	自有	租進	典進	總計	自有	租進	典進	總計
地　主	92	8	—	100	92	8	—	100
富　農	94	5	1	100	95	4	1	100
中　農	94	4	2	100	92	5	3	100
貧　農	86	10	4	100	85	11	4	100
雇　農	94	4	2	100	92	5	3	100
總　計	92	6	2	100	90	7	3	100

† 表之次序續上期，《清苑的農家經濟(上)》。

據同表所示，總計民十八年各農家使用的田畝，自有者占92%，租進者占6%，典進者占2%。到了民十九年，自有者比例由92%降到90%；租進者由6%升到7%；典進者亦由2%升到3%，如就各農家分別言之，自有田畝所占比例計地主無變遷，富農由94%升到95%，中農由94%降到92%，貧農由86%降到85%，雇農由94%降到92%。租種田畝所占比例，計地主無遷動，富農由5%降到4%，中農由4%升到5%，貧農由10%升到11%，雇農由4%升到5%。典進田畝所占比例，計地主與富農均無變更，中農由2%升到3%，貧農無變更，雇農亦由2%升到3%。從這裏我們看得出兩個很值得注意的現象：一是土地的漸形集中，耕者更難有其田了。蓋在各農家中，地主雖無多大變動，富農則自有者比例增高，租種者比例減低，至於中農，貧農與雇農則一年間自有者比例降低頗劇，這表示中小農家自有的耕地漸漸移轉到富農的手裏，使富農有變為地主的可能。二是在一般農民對於耕地使用的需要如前，而他們自有的耕地日漸喪失的情形下，租佃關係在農家間遂漸行擴大起來。蓋各農家中除富農租種比例減少，地主未有變動之外，中農，貧農與雇農的租種比例均見增加。租佃關係的加深與普及所給予農家經濟的影響，此處不必討論，但是如這兩年間的現象代表固定的趨勢則大值得注意。清苑農家自耕自田的特色或者要漸漸改變了。

(二)農地的使用

(1)使用農地的家數及其變遷　500戶農家中，有些是純收租地主與純雇農，自己沒有農作物經營的。即在富農，中農或貧農中，也有些農家自己不耕種農田。本年度(民十九年度)無使用田畝的農家共21家，占全體農家4%；其中計地主5家(純收租地主)，貧農1家，雇農15家。本年度有農作物經營的農家計地主12戶，富農39戶，中農134戶，貧農243戶，雇農51戶，共479戶。

為要明瞭使用農田的家數的增減情形，換言之，農耕人口的變遷情形，我們用民十六年與民十八年的數字來比較，藉以推知近幾年來的趨勢。民十六年，未有農作物經營的農家，共28戶，占全體6%，其中計地主5戶，貧農5戶，雇農18戶；耕作農地的農家計地主12戶，富農39戶，中農134戶，貧農239戶，雇農48戶，共472戶。民十八年未有農作物經營的農家共25戶，占全體5%，其中計地主5戶，富農1戶，貧農2戶，雇農17戶；耕種農地的農家計地主12戶，富農39戶，中農134戶，貧農242戶，雇農49戶，共475戶。各年使用農地的家數見表三四。

表三四　使用農地家數的消長

年　別	地　主	富　農	中　農	貧　農	雇　農	總　計
民十六年	12	39	134	239	48	472
民十八年	12	38	134	242	49	475
民十九年	12	39	134	243	51	479

由上所述可見使用農地的農家是逐年加多，民十六年為472戶，到民十八年為475戶，到民十九年為479戶；按全體農家的百分率，民十六年為94%，民十八年為95%，民十九年為96%。這種現象表示農民對於土地需要的迫切，而人口增加和農村的分家習慣，當也是間接促成使用農地家數的增加。其結果，在耕地未能擴充，耕作技術沒有改良以前，

自使農場面積愈趨縮小，農家生活的維持愈感困難。這在下面將予詳述，現不深論。個別觀察各農家的情形，則尤足令我們注意。據上表經營農場的地主共 12 家，數目在各年均無變更。富農差不多家家經營農地，除民十八年有一家放弃，民十九年又恢復外，可說無甚變動。中農家家經營，各年均無變遷。貧農家數共計 244 戶，使用農地的家數在民十六年爲 239 戶，民十八年增到 242 戶，民十九年增到 243 戶，增加率頗劇。雇農家數共計 66 戶，使用農地的家數在民十六年爲 48，民十八年爲 49，民十九年爲 51，雖最後一年使用農地的家數仍僅占 77%，但增加之速亦很顯然。由此可見各農家使用農地的戶數變動，在地主，富農與中農毫無增減，全是貧農與雇農耕種家數之加多。這表示貧農與雇農是如何在和生活挣扎，因爲一方面農村分家的頻繁以中小農爲甚；他方面此種農家自有土地本極微小，他們的農場面積將必日就減縮；即令農場面積因生活的壓迫不能縮小，亦必使他們向外多租進土地，陷爲重租下的佃農，此觀上節所述民十八年到民十九年一年間貧農與雇農租種田畝所占比例增加甚大可知。

（2）農場面積及其擴縮　我國農場面積狹小，乃耕地少而農業人口多，所形成的結果。根據前部所述人口與土地的比例，清苑農場面積的狹小，固在意中。總計使用農地的農家 479 戶，平均每戶使用田畝爲 15.3 畝（確數是 15.27 畝），較之以往河北省的調查數字均低，農場面積狹小的程度幾與人口最稠密的南方諸省縣相等。在這種情形下，農耕不能進步當是必然的結果。就各農家分別來說，則彼此相差之甚，殊足驚人。平均每戶使用田畝計地主 12 家爲 66.4 畝，富農 39 家爲 39.6 畝，中農 134 家爲 21.1 畝，貧農 243 家爲 8.2 畝，雇農 51 家爲 2.8 畝。除了中農的農場面積比較適中之外，地主與富農均遠在一般農場面積之上，貧農與雇農則微小得可憐。但是貧農與雇農合計占全體農家戶數 62%，可見清苑的農作物經營深具着小農特性。同時由各農家分計與總計的平均每戶使用田畝與前述平均每戶所有田畝（計地主 58.3 畝，富農 38.9 畝，中農 20.2 畝，貧農 7.2 畝，雇農 2.0 畝，總平均 14.2 畝。）相差無幾這個事實看起來，又可證明清苑是極度的具備自耕自給的色彩。

現在我們看看各農家的農場面積，究竟以多少畝數最爲通常，因爲平均數常因受兩極端的影響很難表示實際的情形，由表三五我們知道農場面積在 5 畝以下的農家占 24%，5 畝到 10 畝的占 27%，10 畝到 30 畝的占 35%，30 畝到 100 畝的占 13%，100 畝以上和 200 畝以上的，合計占不到 1%。農場面積在 10 畝以下的農家合計竟占 51%，30 畝以上的合計不過占 13%；農家一般農場面積的狹小，誠值得深切的注意。就各農家分別言之，則其間頗有差異。地主的農場面積大都在 40 畝到 100 畝之間，富農大都在 30 畝到 100 畝之間，中農一般在 5 畝到 40 畝之間，貧農一般在 1 畝到 10 畝之間，雇農則多在 1 畝到 5 畝之間。因爲占農家户數三分之二的貧農與雇農，其農場面積均是 1 畝到 10 畝，所以清苑整個的農業經營規模，便表現着極度狹小的情狀。

表三五　農場面積的分配次數 *

組　別	地　主	富　農	中　農	貧　農	雇　農	總　計	百分率
1 畝以下	—	—	—	3	6	9	2
1—4.9	—	—	1	73	37	111	23
5—9.9	1	—	22	98	6	127	27
10—14.9	—	4	22	40	2	68	14
15—19.9	1	4	26	15	—	46	10
20—29.9	1	6	33	11	—	51	11
30—39.9	1	8	20	2	—	31	6
40—49.9	3	7	8	1	—	19	4
50—99.9	3	9	2	—	—	14	3
100—199.9	1	1	—	—	—	2	★
200 畝以上	1[†]	—	—	—	—	1	★
總　計	12	39	134	243	51	479	100

* 500 農户中有 21 家無使用田畝，計地主 5 家，貧農 1 家，及雇農 15 家；故本表總計之數字爲 479 家，其未有使用田畝之 21 家未列入在内。

† 實數 241 畝。

★ 不及 0.5 者。

其次我們看看農場面積的擴縮；這裏所能引用的數字是民十六年到民十九年。據下表，總計各農家平均每戶使用田畝在民十六年爲 16.61，民十八年減爲 15.34，民十九年又減爲 15.27 畝，四年之間減低達 8%，不可謂不劇。就各農家分別言之則地主，富農與雇農平均每戶使用田畝均是與年俱減，以地主縮小程度爲尤甚，中農與貧農在民十八年固也是減縮，但在民十九年則微見擴張。這原因當是地主與富農鑒於農地經營的無利，與其雇人耕種，不如佃出收租；雇農本以作傭爲主業，自家耕種農田本是附帶的性質，且如前所述，他們所使用的田畝多半是一兩塊自有的土地，則因分家或使用農地的家數加多之故，自使農場面積日就縮小；中農與貧農則因以自耕自有地或租進地爲主業，他們對於耕地的需要最爲迫切，故不得不多租進或典進土地（見上節所述），也許正因爲他們的需要迫切，纔使地租漲高，轉而使地主們願意放弃經營而出租其土地。

表三六　平均每戶使用田畝的增減（畝）

	民十六	民十八	民十九
地　主	72.71	68.88	66.43
富　農	44.12	41.26	39.57
中　農	22.42	20.70	21.10
貧　農	8.72	8.18	8.24
雇　農	3.20	2.84	2.82
總平均	16.61	15.34	15.27

進一步就表三七來觀察，則農場面積的縮減更屬顯然，且可明瞭各個農家實際上的縮減情形。就全體農家言之，在民十六到民十九年的四年間，農場面積在 1 畝到 5 畝的農家由 95 戶增到 111 戶，所占百分率由 20% 升到 23%；在 5 畝到 10 畝的農家亦由民十六年的 130 戶升到民十八年的 135 戶，到民十九年雖減爲 127 戶，但這可說是由於同期中 1 畝到 5

畝的增加過多所致，并不能表示農田面積的擴張；在 10 畝到 20 畝的農家所占百分率亦由 22% 升到 24%；在 20 畝到 30 畝的農家雖所占百分率無變動，但實際家數則由 53 戶，減到 51 戶；至於在 30 畝以上一直到 200 畝以上的農家則均呈現減少的情狀，其所占百分率合計由 17% 降到 13%，可謂極劇，其中最值得注意的是在 50 畝到 100 畝的農家由 21 戶減到 14 戶，減少三分之一，在 100 畝到 200 畝的農家由 3 戶減到 2 戶，減低亦達三分之一。從這裏我們可以總括的說：農場面積在 20 畝以下的農家日漸增多，在 20 畝以上的農家則日漸減少；前者以 1 畝到 5 畝者增加最甚，後者以 50 畝到 200 畝者減少最劇。就各農家個別來說，其所表示農場面積縮小的趨勢大都相同；其中比較特殊的是由民十八到民十九年間，中農的農場面積在 20 畝到 30 畝的農家增多 1 戶，在 50 畝到 100 畝的農家也增多了一戶，貧農農場面積在 10 畝到 15 畝的農家增多 6 戶，在 40 畝到 50 畝的農家也增多 1 戶，這正可解釋上面所述中農與貧農的農場面積在民十八年到民十九年微有擴張的現象。但是此種情形對於這兩種農家可以說是例外，因爲除此而外，中農的農場面積在 15 畝以上者都表示減少，在 15 畝以下者都表示增多；貧農在 5 畝以上者都表示減少，在 5 畝以下者都表示增多。可見按諸實際，無論那一種農家，其農場面積都有減縮的趨勢。其表示農業經營的愈難發達實不待言。

表三七　農場面積的擴縮

組別	地主			富農			中農			貧農			雇農			總計			百分率		
	民十六	民十八	民十九	民十六	民十八	民十九	民十六	民十八	民十九	民十六	民十八	民十九	民十六	民十八	民十九	民十六❶	民十八❷	民十九❸	民十六	民十八	民十九
1 畝以下	—	—	—	—	—	—	—	—	—	3	3	3	6	6	6	9	9	9	2	2	2
1—4.9	—	—	—	—	—	—	1	1	1	62	69	73	32	35	37	95	105	111	20	22	23
5—9.9	—	—	1	—	—	—	22	23	22	101	105	98	7	7	6	130	135	127	28	28	27

續表

組別	地主			富農			中農			貧農			雇農			總計			百分率		
	民十六	民十八	民十九	民十六	民十八	民十九	民十六	民十八	民十九	民十六	民十八	民十九	民十六	民十八	民十九	民十六❶	民十八❷	民十九❸	民十六	民十八	民十九
10—14.9	—	—	—	2	3	4	17	22	22	40	34	40	3	1	2	62	60	68	13	13	14
15—19.9	1	1	1	3	4	4	28	26	26	12	17	15	—	—	—	44	48	46	9	10	10
20—29.9	1	2	1	6	6	6	31	32	33	15	11	11	—	—	—	53	51	51	11	11	11
30—39.9	2	1	1	7	7	8	23	21	20	5	3	2	—	—	—	37	32	31	8	7	6
40—49.9	2	3	3	5	7	7	9	8	8	1	—	1	—	—	—	17	18	19	4	4	4
50—99.9	3	3	3	15	10	9	3	1	2	—	—	—	—	—	—	21	14	14	4	3	3
100—199.9	2	1	1	1	1	1	—	—	—	—	—	—	—	—	—	3	2	2	1	★	★
200 畝以上	1❹	1❺	1❻	—	—	—	—	—	—	—	—	—	—	—	—	1	1	1	★	★	★
總計	12	12	12	39	38	39	134	134	134	239	242	243	48	49	51	472	475	479	100	100	100

❶ 民十六年，500 農戶中有 28 家無使用田畝，計地主 5 家，貧農 5 家及雇農 18 家，皆未列入。

❷ 民十八年，500 農戶中有 25 家無使用田畝，計地主 5 家，富農 1 家，貧農 2 家，及雇農 17 家，皆未列入。

❸ 民十九年，500 農戶中有 21 家無使用田畝，計地主 5 家，貧農 1 家，及雇農 15 家，皆未列入。

❹ 實數爲 238 畝。

❺ 實數爲 253 畝。

❻ 實數爲 241 畝。

★ 不及 0.5 者。

（3）田塊大小及其增減　因爲田畝使用的分散和分割的零碎，遂使田塊面積極度狹小，阻礙農業的改良。在論述田塊大小之前，我們先看看每家所使用田畝的塊數。

民十八年，農家使用田畝的塊數，計地主 84，富農 227，中農 643，貧農682，雇農84，總計1,720；按此年各農家使用農地的戶數平均之，每戶使用塊數，計地主7.0，富農6.0，中農4.8，貧農2.8，雇農1.7，總平均3.6。到本年(民十九年)，農家使用田畝的塊數，計地主81，富農227，中農660，貧農692，雇農86，總計1,746；以此年各農家使用農地的戶數平均之，每戶使用田塊數，計地主6.8，富農5.8，中農4.9，貧農2.8，雇農1.7，總平均3.7。兩年相比較，各農家使用總塊數增加達2%，其中地主是減少了；富農無變更；中農，貧農與雇農則均見增多，尤以中農為劇。總平均每戶使用塊數增加達3%，其中地主與富農均減少，貧農與雇農無變動，中農則增多。由使用總塊數及平均每戶使用塊數的增多，我們當可推知耕地分割的加甚，此種趨勢在中小農家尤劇。

以農家使用田畝的塊數除其面積，便得每塊面積，即田塊大小。總平均各農家的田塊面積為4.19畝，田塊面積如此狹小，自難施用較新式的生產工具，而在下種，施肥，灌溉，收刈各方面又必感覺到動力與材料的浪費和不經濟。就各農家分別言之，平均每塊面積計地主為9.84畝，富農6.80畝，中農4.28畝，貧農2.89畝，雇農1.67畝。這表示地主與富農的田塊面積比一般大得多；中農比較適中，但仍嫌狹小；至於貧農與雇農則過為窄狹。田塊面積愈小，對於所投放的勞力與資本的浪費愈多，中小農家的農作物經營當然最不經濟了。

關於田塊面積的增減祇有民十八年的數字可以采用。民十八年的總平均每塊面積為4.24畝，與民十九年的數字比較，則後者較前者減縮達1%；程度雖極微，但已顯土地分割零碎的趨勢。民十八年各農家的田塊面積，計地主9.84畝，富農6.91畝，中農4.31畝，貧農2.90畝，雇農1.66畝。與民十九年相較則地主無變動；富農，中農與貧農都減小了；雇農微見增大。其中富農，中農與貧農田塊面積的縮小，充分的表示這些農家對於耕地需要的迫切，故耕地分割極劇，雇農的微形擴大，當是由於民十九年租進了一些面積較大的田塊，并不能表示零碎耕地的合并。總之，無論按農家全體或個別來觀察，耕地分割的零碎有繼續加劇的趨勢。

表三八　田塊面積的增減（塊數）

組別	民十八年							民十九年						
	地主	富農	中農	貧農	雇農	總計	百分率	地主	富農	中農	貧農	雇農	總計	百分率
1畝以下	1	2	24	59	17	103	6	1	2	25	57	17	102	6
1—4.9	17	78	391	505	65	1 056	61	18	79	402	518	67	1 084	62
5—14.9	52	133	220	116	2	523	31	47	133	225	115	2	522	30
15—29.9	12	12	6	2	—	32	2	13	11	6	2	—	32	2
30畝以上	2	2	2	—	—	6	★	2	2	2	—	—	6	★
總計	84	227	643	682	84	1 720	1.0	81	227	660	692	86	1 746	100

★ 不及0.5者。

農家使用田塊面積的狹小及其逐年縮減的情形，如就上面之次數表來說，則更瞭然。一般的說，農家田塊的面積以在1畝到5畝之間的爲最多，計占62%；在5畝到15畝之間的占30%；15畝以上的不過占2%強；而1畝以下的反占6%。就各農家分別言之，計地主與富農的田塊面積多是在5畝到15畝之間；中農多是在1畝到15畝之間；貧農多是1畝到5畝之間；雇農固也是在1畝到5畝之間，但1畝以下者亦占次多數，各農家彼此差異頗大，如以本年（民十九年）與民十八年相較，則田塊面積的縮小趨勢頗爲顯著。就全體農家來說，在這一年中，1畝以下的與15畝以上的田塊固然無甚變動；而1畝到5畝的則由1 056塊增到1 084塊，所占全體百分率由61%升到62%；5畝到15畝的則由523減到522，所占全體百分率由31%降到30%。就各農家分別言之，則無論那種農家，其田塊面積都有減小的趨勢，此觀一年間1畝到5畝的田塊數增加甚劇可知。田塊面積的縮小，對於經營上技術工作的阻害是很大的；但在現行土地制度之下，清苑農村和其他農村一樣，田塊分割與日俱劇的趨勢恐怕是不會中止的。

（4）農作制度與複種指數　清苑的農作，一般都是采華北所通行的兩年三熟的輪耕制度。此制即第一年春種"大秋"，如高粱，早穀（粟）之類，當年秋季收刈，此爲第一熟；秋收後種小麥，到第二年夏季割拔，此爲第二熟；小麥收穫後再種"晚秋"，如玉米，晚穀之類，當年秋冬之交收刈，此爲第三熟。第三年又重新開始。但是此種輪耕，係指田塊本身而言，就農家來說，則因其所耕各個田塊彼此開始輪耕第一熟的時期不同，致在同一年度内有"大秋"的種植，也有"晚秋"的種植，更有小麥的種植，換言之，農家在一年中，可以把他們所有的田塊分配到三熟作物的種植，頗易使人誤會爲一年三熟制，這是我們要認清的。此外城市附近的農村，因園藝作物較爲重要，故常采行大麥與白菜輪種的制度。

其次要説的是清苑的間種制度。間種有兩種方式：一爲混種，即將兩種作物的種籽混合播布；二爲套種，即先種一種作物，越後又種一種作物，二者時間稍有不同。清苑所行的間種多是混種，套種者很少。間種的作物配合，以玉米與綠豆間種，高粱與黄豆間種，高粱與黑豆間種，玉米與黑豆間種等爲最普遍；此外高粱與青豆間種，高粱與綠豆間種，芝麻與綠豆間種，玉米與稷子間種，黍子與稷子間種等亦不少。間種方式，在清苑農作上極重要。

複種指數是以使用畝數除作物畝數所得的百分數，用以表示耕地使用的頻繁程度。我們先看看各農家的作物畝數，就使用農田的479家來説，平均每家作物畝數爲30.89畝；各農家平均每家作物畝數計地主102.88畝，富農78.38畝，中農45.41畝，貧農17.45畝，雇農4.49畝。以此與各農家的使用田畝相較剛好等於後者二倍强，這已經表示農地利用程度是很高的。

清苑農村一般既是采行兩年三熟制，則複種指數，如平均的説起來，自然應該是近於150。但因爲本年(民十九年)的調查包括了上年春所種的大秋，上年收麥後所種的晚秋，上年秋收後所種的小麥這三熟，所以複種指數表現得很高。總計各農家的複種指數爲211，耕地利用的頻繁程度是極劇的。分别言之，地主爲219，富農爲198，中農爲215，貧農爲213，雇農爲206。其中富農與中農較爲特殊，餘則隨各農家的經濟地位依次升降，即地主最大，貧農與雇農均依次而下。富農較其他各農家為小，并不是表示富農的耕地利用不及其他農家的精深，而是表示富農耕地的比較裕餘，所以反映出其複種指數的較低。中農稍遜於地主，但較其他各農家均大，這表示中農對於耕地的利用也是比較上最頻繁的。

(三) 農作物的種類分布與位次

(1) 農作物的種類及其變遷　清苑農村種植的作物以食料作物爲主，特用作物附之。食料作物中復以穀實類最居重要，計有小麥，高粱，玉米，穀子(粟)，大麥，蕎麥，稷子，黍子，稗子諸種；豆菽類次之，計有黑豆，黃豆，青豆，綠豆，豌豆諸種；根用類再次之，計有紅白薯，蘿蔔，山藥，山芋諸種；蔬菜類在食料作物中亦頗居重要，計有白菜，韭菜，青菜，雪裏紅，蕪菁，芥菜，芹菜，蒜，葱，菜豆，豇豆，毛豆，瓜類(甜瓜，酥瓜，黃瓜，南瓜，北瓜，西瓜等)諸種，蔬菜類作物多屬於零星種植，除白菜等數項外，餘在農家的耕作上不居重要。特用作物中最重要者有兩大類：一爲纖維類，計有棉花，麻二項；二爲油類，計有花生，芝麻，菜籽三項。烟葉亦屬特用作物之一。各類作物，按作物畝數比較，則食用作物中的穀實類實占絕對優勢，計占72%；豆類次之，占25%；餘除蔬菜類外，均占不到1%。由此可見特用作物在清苑農村是極不關重要的。

表三九　農作物的類別比較

農作物類別	畝　　數	百分率*
A. 食用作物		
(1) 穀實類	11 162.94	72.08
小　麥	4 575.05	29.54
玉　米	3 008.78	19.43
高　粱	1 619.23	10.46
穀　子	1 228.12	7.93
大　麥	409.26	2.64

續表

農作物類別	畝　數	百分率*
稷　子	168.40	1.09
黍　子	103.60	0.67
蕎　麥	25.50	0.16
稗　子	25.00	0.16
(2) 豆　類	3 935.41	25.41
(3) 根用類	60.67	0.39
(4) 蔬菜類	269.43	1.74
B. 特用作物		
(1) 纖維類	26.30	0.17
(2) 油　類	31.00	0.20
(3) 烟	0.80	0.01
總　　計	15 436.55	100.00

*爲要詳細的比較，故百分率用兩位小數。

近兩年來，清苑各類農作物的重要性有一個特殊的變更，即種植棉花的加多，棉花這種特用作物漸行普遍，它所占作物畝數的百分率，日益增高。在民二二年清苑農村種棉花的可說完全沒有，即有亦極爲稀少。自民二三年起，種植棉花的漸行增多，計當年種植棉花的家數，一般言之，約爲十分之三。到民二四年幾乎家家種植，普及實稱迅速。而棉花的種植面積，則擴張得更快。據去冬補充調查，合計本文所述三村的棉田面積，在民二二年爲 40 畝，民二三年增到 160 畝，民二四年則增到 830 畝，比民十九年的 26 畝增加達三十餘倍。所以如假定農家的作物畝數總計仍爲15,486.55畝，則民二四年棉花作物面積占全體百分率必由民十九年的 0.17% 升到 5.36%。六年之間，變遷竟如此之大，實值得注意。

棉田面積所以擴張如此之速的，當由於農民鑒於棉價高，植棉有利可獲。不過，棉田的擴大是否於農民真正有利，此種利益是否長久可靠，還須進一步的探討。大體言之，由上述事實，可以看出三種現象：第一是民食問題更加嚴重。我國食糧每年賴進口供給，即清苑農村亦然；今農田面積既未擴張，而棉田面積增大，糧食作物面積必相對的減少，其結果必招致糧食產量的減低。苟棉產甚豐，則農民亦可以植棉之利換購食糧，唯民二四年，論收成僅及十足年之半，論價格亦跌落甚劇。① 所以整個的說起來，農業經營的損失，反更增大。因之清苑農村，或大而言之河北農村，是否宜於植棉，或棉田面積是否值得繼續擴大，實有深加注意的必要。第二是農產商品化的程度加劇。清苑農家所出棉產，并非為自織自穿，而完全在販賣於小商人，轉售於國內或國外。這一點表示農產商品化的色彩漸行濃厚，其所受世界經濟連繫的影響亦將漸增大。我國農民將因隨時要受世界市場的波動而獲得更深一層的痛苦。第三是農民的固執性減輕。我國農作制度一向是本着傳統的方法。現在居然在短短的幾年之內，使農作發生了重大變化。從這點我們知道農業的改良，以及其他的革興與設施，將因農民固執性的減退，而有易於成功的希望。

(2) 農作物的分布　這裏所要論述的，是在清苑農村中以那些作物分布最廣，換言之，一般農家通常種植的是那些作物，其次是比較各級農家所種植作物的實際情形，有何不同。

據表四十可見各農家以種植小麥者最多，計占全體家數86%；其次為種植玉米與高粱者，各占79%與69%；再次為種植小米與菉豆者，各占56%與53%。其餘大麥，白菜，黑豆，韭菜，黃豆，大葱，稷子，豇豆，黍子，北瓜，白蘿蔔等，均依次而下。由此可見最普遍的作物要算小麥，玉米，高粱，小米，菉豆五種了，種植的農家均占全體半數以上。前四項作物的普遍，乃因其重要性最大，原不足怪，至於菉豆所以分布於農

---

① 詳情可參看拙作《民國二十四年的中國農業經濟》，載《東方雜志》三十三卷八號。

家間如是之廣者，乃因農家爲着耕作上的方便，多將其與玉米間種，① 玉米的種植既極普遍，自連帶使菜豆的種植比較的廣多。此外白菜，韭菜，豇豆數種園藝作物分布亦廣，這一方面由於這幾項作物是農家最主要的咽菜，他方面由於城市附近村莊多以白菜等爲主要商品作物的緣故。

　　就各農家分別比較而言，則情形又稍有不同。地主以種植小麥與玉米者最多，均占100%；次爲種植小米與菜豆者均占83%；再次方爲種植高粱者占75%。一般的農家，種植高粱家數的百分率，都居第三或第二位，而地主却居第五位，反不如種植小米或菜豆者之多。這或者由於地主農家不以高粱爲最主要的食品之故。富農對於各種作物的種植家數與總計相若，僅種植高粱的微多於種植玉米的，計占90%；種植小米的與種植玉米的相等，計占87%。富農種植菜豆的農家所占百分率，均較地主與中農爲小，此點證明菜豆與玉米的分布實有"形影相隨"的關係，蓋富農種植玉米者既較地主與中農爲少，其種植菜豆的農家自亦不及後二者之多。中農，貧農和總計結果同，特貧農種植各種作物的家數所占百分率一般均不及中農多，尤其不及地主與富農多。雇農的作物經營，本屬副業，故種植作物農家所占百分率，一般更較其他各農家爲低。其所種植的作物，固仍以小麥與玉米爲多，計種植農家各占55%與53%；但種植大麥的農家亦復不少，占39%，居第三位；再其次種植高粱與菜豆的居第四第五位，種植白菜的居第六位，種植小米的僅占28%，居第七位。這和地主種植小米的較一般農家爲多，剛好是一個對比。這裏我們還要特別提出來說明的，便是種植白菜，韭菜與豇豆的農家所占百分率以富農與中農最高，地主僅高於雇農，而反低於貧農。推原其故，當是地主所種植的這三種作物，完全是爲着自家的消費，而富農，中農與貧農則除爲自家的咽菜外，還要出售以獲得現款。由售賣這種作物所得的款項，不但要用以維持家計，如換購生活必需品油鹽之類，而且大都要

---

① 據原調查表統計的結果，農家間種玉米與菜豆者占50%，間種高粱與黑豆者占21%，間種高粱與黃豆者占17%，間種玉米與黑豆或黃豆者占9%。

用作再生產資本的主要泉源。這些，現不詳加討論，我們祇要知道各農家種植某種作物的多少，除掉傳統的習慣，和一般的物質環境之外，還有那種比較上更爲重要的經濟的背景。各種農作物在農家間的分布情形見下表。

表四十　種此作物的家數占全體百分率

作物種類	地主	富農	中農	貧農	雇農	總計
小　麥	100	97	98	84	55	86
玉　米	100	87	88	77	53	79
高　粱	75	90	84	65	33	69
小　米	83	87	72	47	27	56
菉　豆	83	56	62	51	33	53
大　麥	67	59	49	48	39	49
白　菜	33	54	49	37	29	41
黑　豆	58	56	39	24	14	32
韭　菜	17	44	28	26	14	27
黃　豆	25	8	16	19	4	16
大　蔥	25	26	18	13	6	15
稷　子	17	13	28	9	8	13
豇　豆	8	28	10	12	4	12
黍　子	8	13	16	8	4	10
北　瓜	25	21	11	7	8	10
白蘿蔔	—	3	7	6	2	6

（3）農作物的位次　決定農作物位次的高下，有好幾種可供依據的標準，比較上最準確的是各農作物的"作物畝數"與"產值"。在《保定的土地與農業勞動》①一文中，編者曾概略的說過："一般言之，在離保定

---

① 原文載天津《益世報·農村周刊》九一期。

城較遠的村莊，農作物的位次爲：1 小麥，2 高粱，3 小米，4 玉米，5 豆類與棉花；在保定城周圍十數里的村莊，農作物的位次爲：1 小麥，2 小米，3 玉米，4 高粱，5 白菜與韭菜。"這雖然祇是綜合向各村農民詢查所得的結果，事實上容或不甚精密，但亦可明瞭農作物最重要的是那幾項了。

表四一　農作物位次

位次	根據作物畝數		根據產值	
	名　稱	作物畝數*	名　稱	產　值†
1	小　麥	4 575.1	小　麥	36 188.1
2	玉　米	3 008.8	高　粱	7 790.3
3	菉　豆	2 063.8	玉　米	7 098.0
4	高　粱	1 619.2	小　米	6 437.6
5	小　米	1 228.1	白　菜	4 716.0
6	黑　豆	1 141.1	大　麥	4 183.1
7	黃　豆	663.9	黑　豆	2 280.1
8	大　麥	419.3	韭　菜	2 246.4
9	稷　子	168.4	菉　豆	1 706.2
10	白　菜	155.4	黃　豆	732.8
11	黍　子	1□3.6	稷　子	565.3
12	青　豆	59.0	黍　子	470.0
13	韭　菜	51.2	山　藥	434.3
14	山　藥	36.2	豇　豆	418.6
15	棉　花	26.3	大　蔥	285.7
16	蕎　麥	25.5	棉　花	203.6
17	稗　子	25.0	北　瓜	190.4
18	芝　麻	24.0	紅　薯	153.3
19	甜　瓜	21.6	蕎　麥	108.5
20	紅　薯	13.3	芝　麻	84.1

* 單位"畝"。
† 單位"元"。

根據上述兩種較精確的標準，我們再看看農作物位次的高下。就作物畝數來說，農作物前五位計第一爲小麥，第二爲玉米，第三爲菽豆，第四爲高粱，第五爲小米（穀子）。就產值來說，農作物的前五位計第一爲小麥，第二爲高粱，第三爲玉米，第四小米，第五爲白菜。比較特殊的是菽豆的作物畝數極多，白菜的產值亦甚大。但菽豆因每畝產量不大，且價格不高，故其在作物畝數中雖居第二位，而在產值中退居第九位；白菜爲城市附近村莊的主要園藝作物，但其所占耕地面積較一般莊田作物爲小，故其在產值中雖居第五位，而在作物畝數中則退居第十位。所以如果把這兩種特例的作物除開，則合二種標準言之，清苑農作物的位次最主要的當是：第一小麥，第二高粱與玉米，第三小米。現在根據這兩種標準，各列示前二十名的農作物如表四一，并附及其作物畝數與產值。

附帶的我們再試以產量作劃分位次的標準。產量這種標準，雖因單位與内容不一，不如前二者之準確，但由此也可以看出農作物的位次情形。此處因各農作物產量的單位有斗與斤之別，故不能合并比較。分别觀之，先就單位爲斗的農作物來説，其前十名的位次爲：

1. 小麥　　41 595.4 斗
2. 玉米　　12 675.1
3. 高粱　　11 456.3
4. 小米　　10 729.4
5. 黑豆　　 2 896.9
6. 菽豆　　 2 500.5
7. 稷子　　 1 024.0
8. 黄豆　　　 809.0
9. 黍子　　　 749.0

10. 蕎麥　　　187.1

就單位爲斤的農作物來說，其前五名的位次爲：

1. 白菜　　367 195.4 斤
2. 韭菜　　172 034.1
3. 北瓜　　17 349.6
4. 山藥　　15 850.1
5. 紅薯　　15 330.2

合而觀之，最重要的前五位當是 1. 小麥, 2. 玉米, 3. 高粱, 4. 小米, 5. 白菜。這和前述兩種標準綜合所得的結果可說是完全一致的。

（四）生產費與利得

調查農作物經營的生產費和利得，是一個最困難的工作。除非農家自己對於他的農業經營在工作上，收入上，支出上，都有極詳細的記載，調查便不能精確。我國農家既沒有如歐美各國那樣的帳簿記述，調查僅憑農民腦力的記憶，故極感困難，所得數字的真確性自然也就不大，這次調查難免這個缺點，不必諱言，但我們却可用它看出農家的農業經營結果的大概，以及各類農家相異之點。

農業經營與他種經營不同，因爲它不僅是一種企業，更重要的它是農民的生活。因爲是農民的生活，所以農家的各種支出是爲着農業的經營還是爲着自家的消費，便没有一個顯然的界綫。如前部農場設備一節中所論的農舍，是爲着生產的目的還是爲着消費的目的，我們便很難說定。又如自耕自有土地的占值，自有人工費用的折算，都是頗難解決的問題：大凡農業經營愈停留在家族經營（family farming）的階段，這種困難便愈深。下文所述，係先就貨幣支出形式的及比較容易決定的項目，計算農家的平均每畝生產費；再加進那些非貨幣支出形式的及比較難以估計的項目，予以修正；最後根據修正結果與平均每畝產值比較，如後者大於前者便是盈利，前者大於後者便是虧損。爲計算上之方便計，生產費與利得之計算用每畝作單位，把各農家每畝盈虧乘以各農家的使用田畝便得各農家農作物經營的盈虧總數。計算生產費與利得，最好是就各種作物分別敍述。但前面已經說過，這種研究在今日我國之農村還是不可能的。故本文祇討論各農家的總生產費與利得。

(1) 每畝生產費　我們先分析各農家現款支出的生產費，其中有一部分雖非貨幣支出，如農具折舊費與耕畜資本息，但因有資本值的調查數字(見第一部)，易於估計，且都算進農場支出(見第三部)，故亦包括在內。至於難以估計的土地投資息，自有人工費，農舍資本息，以及性質難以決定的田稅均留待後述。

這裏所說的生產費包括人工費，耕畜費，種籽費，肥料費，農具費，農舍費，田租等項。人工費指雇用人工的工資犒賞，及衣服等雜費而言，自有人工費用，及雇用人工的膳宿費，① 不易估計，均不包括在內。耕畜費包括耕畜資本息(就農家耕畜資本總值②以年利8%折算)，飼養費與賃用費。種籽費包括自有的與購買的兩項費用。肥料費本亦包括自有的與購買的兩項，但因自有的多是土肥，灰肥，與糞肥，難以估值，故主要的祇就購買者而言。農具費包括折舊費(依資本總值按8%的折舊率計算)與修理費兩項。農舍費僅包括修理費，典價與租金；折舊費以原調查表未列農舍資本值一項，無從折算。田租包括錢租，分租，糧租三項，後二項均按繳租產物的時價折算。據此所計算的各農家平均每畝生產費

---

① 雖然我們可從家庭生活支出中找出雇工的膳宿費，但因雇主通常比雇工飲食好，所以用家庭用膳的人數(連雇工)除家庭飲食總費用所得的結果是不能代表實際情形的。

② 耕畜資本總值係指本周年所投於耕畜之純資本而言；中有賣出或買進者，則以其價值折合成周年純投資數。例如去夏三個月後賣牛一頭，洋60元，三個月合周年1/4，則60元之周年純投資爲15元。今夏前六個月買驢一頭，洋70元，六個月合周年1/2，則70元周年純投資爲35元。二者合計爲周年總投資，即耕畜資本總值50元。

及各费用所占百分率如下表。①

表四二　平均每畝生產費及百分率

項別	平均每畝生產費(元)						每畝生產費百分率					
	地主	富農	中農	貧農	雇農	總平均	地主	富農	中農	貧農	雇農	百分率
人工	1.50	1.55	0.37	0.06	—	0.65	50	46	20	4	—	29
耕畜	0.12	0.16	0.11	0.06	0.01	0.10	4	5	6	4	★	5
種籽	0.76	0.62	0.69	0.63	0.66	0.67	25	18	37	42	30	30
肥料	0.32	0.60	0.34	0.23	0.23	0.36	10	18	18	15	11	16
農具	0.20	0.25	0.22	0.16	0.25	0.21	7	7	12	11	12	9
農舍	0.06	0.07	0.02	0.02	—	0.03	2	2	1	1	—	2
田租	0.06	0.12	0.11	0.35	1.01	0.19	2	4	6	23	47	9
總計	3.02	3.37	1.86	1.51	2.16	2.21	100	100	100	100	100	100

★ 不及 0.5 者。

從上表我們可以看出幾樁事實。第一生產費數額極為微小，同時各農家彼此差異甚大。總平均各農家每畝生產費為 22 元，此中包括很多項目費用，當然是感覺不夠的。就各農家分別來說，每畝生產費以富農為最多，3.4 元；地主次之，為 3.0 元；再次為雇農 2.2 元；中農 1.9 元；貧農最少，為 1.5 元。富農生產費最高，因為富農的農作物經營較地主的為完善，他們以農作物經營為主業，投資較地主多，故其人工費、耕畜費、肥料費、農具費等均較地主的為高。雇農雖無人工費與農舍費，但因種籽、肥料、農具等費與一般農家相若，而田租則遠在一般農家之上，故其總生產費僅次於地主與富農，而大於中農與貧農。中農與貧農的人工費少於地主與富農，田租少於雇農，故他們的生產費都很低；其中貧農的人工費與耕畜費遠較中農為小，故其生產費更在中農之下。第

---

① 此即第三部論述的農場支出；所不同者第三部為每家平均，此為每畝平均。

二，從生產費的構成比例可見清苑農家的農業生產是很落後的。總計各農家實際支出的每畝生產費 2.21 元中，種籽費最大，占 30%；人工費次之，占 29%；再次爲肥料費，占 16%；農具費與田租費各占 9%；耕畜費占 5%；農舍費僅占 2%。考歐美各國農業經營的生產費，從未有種籽費居首位的；此次的折算雖然極粗略，但肥料費，農具費與耕畜費諸項，無論從絕對數額或所占比例來說，都是太少，却是事實。這表示清苑農作物經營十分落後。第三，從各農家生產費構成比例彼此的差異言之，又可看出許多地方是如何的不合理。觀上表百分率，地主與富農的生產費以人工費居第一位，種籽費居第二位；中農以種籽費第一，人工費第二；貧農亦以種籽費第一，田租第二；雇農則以田租第一，種籽費第二。我們可以由此看出貧農與雇農的生產費大部分是用在與農業技術改良無關的田租上，所以他們的農作物經營是處於很不利的條件。地主的生產費，以人工居首，由於他們的經營全係雇工擔任；但因種籽費所占成分極高，故經營亦不能稱完善。所以比較上較爲優越的，還衹是富農與中農的作物經營，這一方面是因爲此兩種農家有一部分（如富農）或大部分（如中農）是自有人工，故工資的現款支出較地主爲少；他方面此兩種農家投於肥料，耕畜，農具等費用的款項較貧農與雇農爲多。

以上大部分是就農家用貨幣形式支出的生產費而言。實際上農家的生產費決不止此數，還有多種費用應該折算在內。如土地一項中應加入土地投資利息和田稅；人工一項中應加入自有人工費用；資本一項中應加入農舍折舊費。所以現在除農舍資本值原表付闕，無法折算外，其餘各項我們都設法予以補充，俾能算出比較確切的生產費。其中土地投資息是先依據前述總平均地價折出各農家土地資本總值，再以年息 8% 利率折算投資息；田稅僅包括正常課於田地的稅款，臨時的雜捐雖亦有以田畝爲課稅標準者（如田畝捐），但因內容複雜，故不包括在內；自有人工費用僅根據前述總平均工資折算各農家自有人工的工資，膳宿費仍未計入。這種補充方法，雖很粗略。但比較的還可以代表實際的情狀。玆將修正的各農家平均每畝生產費及其構成比例示如下表。①

表四三　修正平均每畝生產費及百分率

項　別	修正平均每畝生產費(元)						修正每畝生產費百分率					
	地主	富農	中農	貧農	雇農	總平均	地主	富農	中農	貧農	雇農	總平均
土地：	2.35	2.48	2.35	2.44	3.31	2.42	44	32	30	20	25	27
投資息	2.10	2.19	2.11	1.94	2.10	2.08	39	28	27	16	16	23
田　租	0.06	0.12	0.11	0.35	1.01	0.19	1	2	1	3	8	2
田　稅	0.19	0.17	0.13	0.15	0.20	0.15	4	2	2	1	1	2
人工：	1.59	3.58	4.19	8.65	8.95	5.09	30	46	53	71	67	57
雇　用	1.50	1.55	0.37	0.06	—	0.65	28	20	5	★	—	7
自　有	0.09	2.03	3.82	8.59	8.95	4.44	2	26	48	70	67	50
資本：	1.46	1.70	1.38	1.10	1.15	1.37	27	22	17	9	9	15
耕　畜	0.12	0.16	0.11	0.06	0.01	0.10	2	2	1	★	★	1
種　籽	0.76	0.62	0.69	0.63	0.66	0.67	14	8	9	5	5	8
肥　料	0.32	0.60	0.34	0.23	0.23	0.36	6	8	4	2	2	4
農　具	0.20	0.25	0.22	0.16	0.25	0.21	4	3	3	1	2	2
農　舍	0.06	0.07	0.02	0.02	—	0.03	1	1	★	★	—	★
總　計	5.40	7.76	7.92	12.19	13.41	8.88	100†	100	100	100	100†	100

★ 不及 0.5 者。

† 此二項數字因四捨五入關係，總計應爲 101。

上表除更證實上述我國農業生產落後外，還表示了幾種非常值得注意的現象。第一，在三種主要生產費用中，人工占絕對優勢，土地居次位，資本降爲末位。人工費用之所以如此龐大，計平均每畝 5.1 元，占 57%，是因爲算進了自有人工費。這種自有人工工資就是自耕農最低限

---

① 修正生產費中所補充的數項，如土地投資息，地稅，自有人工費等，因爲衹是一種估計，故未算進第三部所論的農場支出中，雖然在理論上這些項目都是農場支出中最重要者。

度的勞動報酬(labor income)；如果自耕農家(即主要的以自有人工擔任經營的農家)在算進了自有人工工資後表示了虧損，這就是說如果他們經營的結果不能使自有人工獲得一般工資額，那麼他們與其自己經營反不如出賣勞力以獲得工資爲有利了。自有人工費占絕對多數(平均每畝4.4元，占50%)，更表示清苑的農業生產是停留在家族經營的階段，保存自耕自田的特色。土地費用因爲算進了資本息，所以也表示得很大，計2.4元，占27%。田租與田稅僅各占2%，顯然無足輕重，但因爲它是各農家實際的負擔，大都是貨幣之支出，與土地投資息之無形的支出不同，故直接給予農家的影響必然很重大的。資本費用由上表看起來，極端微小，計1.4元，占15%，這和上述種籽費占首位的情形迥然不同。考此種現象的構成，雖然由於農舍折舊費未曾計入，但也可表示我國農家對於經營資本的缺乏。如何充實農家的經營資本，尤其是肥料、農具、耕畜等與農事改良有密切關係的經營資本，以糾正自有人工費占絕對優勢的現象，實值我人作進一步的研究。第二，在各級農家中，平均每畝生產費以雇農與貧農最大(13.4元及12.2元)，中農次之(7.9元)，地主與富農最小(7.8元及5.4元)。這表示農家生產費的多寡和他們的經濟地位成反比例，符合"生產條件的優劣和經濟勢力的強弱成正比例"這個經濟原則。考雇農與貧農的每畝生產費之所以特高的，主要的由於自有人工費特大，計雇農9.0元，占67%；貧農8.6元，占71%。由此可見貧農與雇農的農業經營，完全是以過剩的勞力支持着的。本來他們也正因爲耕地過少，勞力太多，所以纔全部的或一部的被雇於人。雇農每畝生產費特高的又一個原因爲其土地費用較一般農家爲高，特以有上述之田租。人工費用與土地費用既然在雇農與貧農的生產中占絕大的部分；同時因爲經濟情形的貧窮，他們所能投到資本上如耕畜，種籽，肥料，農具，農舍等的費用自然極其微小，如上表所示，他們的資本費用，在比例上遠較其人工費用與土地費用爲低，在絕對數字上亦遠較其他各農家爲小。

這裏順便要論及的是種籽費與肥料費。因爲旁的生產要素在第一部已說明，現在對於此種作爲流動資本的種籽與肥料再概略的予以分析。

表四四　自有種籽所占百分率

類別	地主	富農	中農	貧農	雇農	總計
小麥	96	100	87	80	76	89
高粱	100	95	83	82	86	87
玉米	97	98	83	75	69	86
小米	100	98	95	75	70	81
大麥	95	95	95	75	74	85
稷子	100	100	91	94	93	94
黍子	100	100	85	93	25	88
稗子	—	100	100	100	—	100
蕎麥	—	100	100	★	—	98
黑豆	100	100	86	78	80	90
黃豆	100	100	97	80	100	92
青豆	—	100	100	88	—	92
菉豆	100	100	100	100	100	100
芝麻	—	100	89	★	—	93
山藥	★	★	10	25	★	8
山芋	—	★	★	4	—	1
紅薯	—	★	53	27	—	20
棉花	—	40	38	★	—	31
白菜	61	65	77	71	63	71
韭菜	—	100	96	76	50	87

★ 全係購買者。

— 未用此項種籽者。

清苑農村和其他農村一樣，對於各種作物每畝所支出的種籽數量大都是相同的。現在所要探求的是各農家購買的種籽與自有的種籽的比例。據表四四，大多數農作物的種籽，大部分都是自有的，如稗子與菉豆完全是自有的；小米，稷子，蕎麥，黑豆，黃豆，青豆，芝麻等，自有成分在90%以上；小麥，高粱，玉米，大麥，黍子，韭菜等，自有成分在80%到90%之間；比較少的爲白菜，自有占71%；特殊的爲：棉花占31%，紅薯占20%，山藥占8%，山芋占1%，以購買的成分爲大。其原因或由於此數種作物的種籽不易保藏，或由於係新的作物農家本無收存的種籽。大體言之，農作物的種籽仍以自有者成分占絕對多數。就各農家分別言之，無論那一種作物，自有種籽所占比例，愈是富裕的農家愈高，愈是貧困的農家愈低。貧困農家爲着生活的壓迫，多將種籽賣出或充作家庭的食用，無從保存作爲再生產的資本。各種作物中，只有白菜種籽自有者所占比例以中農最高，貧農與富農次之，雇農與地主最低。這原因說來很簡單，因爲地主與富農種植白菜大多爲着自食；中農種植白菜大多在變賣現款；貧農與雇農種植白菜者較少；所以白菜經營與中農的經濟狀況最有關係，這種關係到貧農與富農漸疏，到雇主與地主更少。中農爲要維持其白菜經營，自須多儲藏種籽，故自有種籽所占比例較高；其餘則依其對於白菜經營依賴性的大小而自有種籽所占比例高低之不同。

次述各農家所施用的肥料中，自有者與購買者所占的比例。清苑農家所施用的肥料，概言之，可分爲三大類：

  a. 土灰肥——豬圈或牲口棚內的土糞，灶房或其他各地的草灰，以及附近地方的河泥或塘泥等。

  b. 糞肥——人或畜類的排泄物。

  c. 人造肥——加工製造過或整理過的肥料，但非現在新式的人造化學肥料，其種類有：花生餅、棉子餅、麻餅、豆餅、麻醬、豆醬、麻渣、秕糠，及雞毛、豬毛、羊毛等。

三種肥料中，就數量來說，各農家所用者以土灰肥最多，計平均每畝1.058斤；糞肥次之，爲238斤；人造肥最少，爲31斤。人造肥的價格較糞肥及土灰肥均高，故就價值來說，凡施用肥料的農家以人造肥費用最大，計平均每畝1.7元；糞肥次之，爲1.4元；土灰肥最小，爲0.7

元。各農家中，僅少數富裕農家常用人造肥，尤其是餅醬之類，一般農家均以土灰肥和糞肥為主要的肥料。

表四五　自有肥料占百分率*

種類	地主	富農	中農	貧農	雇農	總計
土灰肥	100	76	81	92	100	84
糞肥	12	82	48	89	74	74
人造肥	36	6	60	26	2	40
總計	63	63	66	80	74	69

* 根據價值計算。

　　各農家所用各種肥料自有者占全數的比例，總計為69%，可見清苑農家購買肥料的還是很少，這表現農業經營還停留在落後的階段。就各種肥料比較來說，自有所占比例以土灰肥最高，為84%；糞肥次之，為74%；人造肥最低，為40%。人造肥之購買比例較自有比例為大，因為此種肥料，多非農家自造，均須購自集市或榨油坊。至就各農家分別言之，自有所占比例以貧農最高，為80%；雇農次之，為74%；中農再次之，為66%；地主與富農最低，各為63%。購買肥料須支出現款，在經濟能力上中小農家較富裕農家為弱，故其購買的肥料自較後者為少。現在有幾點值得特別注意的：第一，地主所用糞肥，自有者僅占12%，大部分都是購買的。第二，人造肥中，以中農自有者為多，一般農家，特別是雇農與富農都是購買的多。中農常以棉籽、芝麻或花生等原料自己或交付榨房榨油，而獲得副產品餅醬之類，故自有者居多；富農因資力較厚，故購買者居多；雇農用人造肥的根本就很少，用時多係臨時向外購買些須。詳見上表。

　　最後附帶述及人工的工作能力和耕畜的工作能力，以間接的推知各種作物的每畝人工費與耕畜費。人工的工作能力雖因各人的強壯與技能而不同，但在農村中大都是相差不多的。這裏僅就各種作物與各種工作以觀察每人每日的工作畝數。據表四六，各種工作中以灌溉最費時，每人每日工作都不到一畝；其次爲中耕與間苗，每人每日祇能耕作一畝到二畝，三畝就很少見；再次爲秋收，拔收與割收，每人每日耕作最高有達五畝者，但一般亦僅三畝左右；比較上最容易的要算布種，每人每日耕作能力一般都在十畝以上。就各種作物分別言之，則以山藥費時最多，尤以其布種工作爲甚；白菜次之，各種工作都是很費時的；再次爲棉花，在摘棉花時尤費人工；此外的數種作物則都相差無幾。

表四六　平均每人每日工作畝數

種類	布種	中耕及間苗	拔收	割收	秋收	灌溉(用轆轤)
小麥	13.22	3.00	2.91	3.42	—	0.88
穀子	14.55	2.01	5.00	3.20	—	0.64
高粱	14.55	1.93	—	—	2.37	0.66
玉米	14.77	2.01	—	—	2.73	0.66
棉花	7.92	1.90	—	—	0.35	0.70
山藥	0.94	1.43	0.50	—	0.65	0.70
大白菜	2.23	0.70	3.25	4.00	—	0.77

耕畜的工作能力亦隨其壯弱而有大小之不同。清苑農村的各種耕畜能力以騾與馬最大，計騾每頭每日耕地(犁或耙)畝數爲 3.02 畝，灌地畝數爲 3.33 畝，二者平均爲 3.18 畝；馬每頭每日耕地畝數亦爲 3.02 畝，灌地畝數爲 3.31 畝，二者平均爲 3.17 畝。牛次之，計每頭每日耕地畝數爲 2.45 畝，灌地畝數爲 2.50 畝，二者平均爲 2.48 畝。驢最小，計每頭每日耕地畝數爲 2.19 畝，灌地畝數爲 2.66 畝，二者平均爲 2.43 畝。(各種耕畜的工作能力是折合畜工單位的一個重要標準，見第一部論耕畜一節。)

(2) 每畝利得　爲求每畝利得，必須先知道每畝產量與產值。從表四七可以看出各種重要作物中，每畝產量與產值以白菜，韭菜最大，因爲此二種乃園藝作物，收穫次數極多，其時期亦極長。大麥每畝產量與產值較大，因爲它每畝產量通常較一般穀實作物爲多，而調查之本年實爲一特殊情形，因此不能就斷定大麥生產較爲有利。其他幾種作物，尤其是豆類，每畝產量與產值都很小，這完全由於本年度的歉收。幾項主要穀實類作物亦然。根用類作物如山藥，山芋與紅薯每畝產量與產值都很大，亦值得注意。由各種農作物每畝產量與產值的差異情形，我們便要問何以每畝產量與產值最大的作物不一定種植最普遍，而種植最普遍的作物每畝產量與產值不一定很大。這一方面固然是因爲本年度的收穫情形異乎尋常；另一方面則因爲作物種植的普遍與否不全決定於每畝產量與產值的多寡，更重要的須視用途的大小。用途有二：即自用與出售。（見本章農產運銷一節）在具有自耕自給特性的清苑農村，各農家選擇作物的種類，主要的常是以自己需要爲標準。所以有好幾種作物，如玉米，高粱與小米，即令每畝產量與產值因受土壤或氣候的影響，通常或間年都不大，但農家爲着食用上的必要，亦均廣遍的種植；有些作物如大麥、山藥、山芋與紅薯等，雖每畝產量與產值都很大，但因農家的需要，在食用上或出售上，都不十分迫切，所以種植者并不多。

表四七　平均每畝產量與產值

項　別	產　量	產　值
小　麥	9.1斗	7.9元
玉　米	4.2	2.4
高　粱	7.1	4.8
小　米	8.7	5.2
大　麥	17.4	10.2
稷　子	6.1	3.4
黍　子	7.2	4.5
稗　子	3.1	1.7
蕎　麥	7.3	4.3
黑　豆	2.9	2.3

續表

項 別	產 量	產 值
黃 豆	1.2	1.1
菉 豆	1.3	0.9
青 豆	0.7	0.8
芝 麻	1.5	3.5
花 生	234.6斤	9.4
山 藥	437.6	12.0
山 芋	929.5	9.7
紅 薯	152.7	11.5
棉 花	50.0	7.7
白 菜	2 363.4	30.4
韭 菜	2 363.3	43.9

上面所説的各種作物每畝產量與產值，如有各種作物每畝生產費數字，就能看出各種農作物經營利損的實際情形。可惜我們没有個别作物的生產費數字，故衹有就各級農家各種作物的平均每畝利得來與上述各農家的平均每畝生產費比較，以推測各農家的農作物經營利得之有無及多寡。

各農家平均每畝產值，據表四八，計地主10.4元，富農11.0元，中農10.2元，貧農10.7元，雇農12.2元，總平均10.6元。富農每畝產值較大，因爲富農的農業經營一方面投有自有人工，一方面經濟能力雄厚，具備最優良的生產條件。雇農每畝產值最高，固由於他們所種植的作物中，有幾項每畝產量與產值較大，如居第三位的大麥是(參閱上節)，但或者也由於他們利用過剩的勞力，在農場面積最爲狹小的條件下，實行耕作的勞動集約(intensity of labor in farming)。此外地主以資力雄厚勝，貧農以人工多餘勝，所以他們的每畝產值雖較富農與雇農小，却均較中農爲大。現將每畝產值和前述生產費及修正生產費相較，以示各農家作物經營的盈虧。

表四八　各農家平均每畝盈虧(元)

	產值	生產費	盈(+)虧(-)	修正生產費	修正盈(+)虧(-)
地　主	10.35	3.02	+7.33	5.40	+4.95
富　農	11.04	3.37	+7.67	7.76	+3.28
中　農	10.19	1.86	+8.33	7.92	+2.27
貧　農	10.73	1.51	+9.22	12.19	-1.46
雇　農	12.17	2.16	+10.01	13.41	-1.21
總　計	10.57	2.21	+8.36	8.88	+1.69

　　就有形生產費(即以貨幣支出為主要項目的生產費)而言，各農家都表示盈餘，且數目甚大，計地主7.3元，富農7.7元，中農8.3元，貧農9.2元，雇農10.0元，總平均為8.4元。這數字一方面表示各農家的作物經營所獲利得甚大，一方面又表示各農家利得的多寡和他們的經濟地位成反比例，即貧農與雇農的盈餘數反較地主與富農為多。這當然不合乎實際情形，因為此處中農、貧農與雇農的所謂盈餘，大部分包括他們的自有人工報酬，換言之，即農家的勞動所得(labor income)，與農業經營的利得(profit)自不能混為一談。因此之故，要明瞭各農家盈虧的實狀，祇有根據修正生產費來計算。如同表所示，依此標準計算的結果，各級農家平均每畝盈餘祇有1.7元，與上述相差甚大，足證明農家作物經營的利得是很微小的。但如我們考察各農家個別的情形，還有值得注意之點。即地主，富農與中農的作物經營結果，每畝分別得盈餘5.0元，3.3元，與2.3元；貧農與雇農却有虧損，計各為1.5元與1.2元。在有盈餘的三種農家中以地主盈餘最大，富農次之，中農最小；在遭虧損的兩種農家中貧農較雇農虧損尤大；前者證實作物經營利得的有無與多寡是和經濟地位有着極密切的關係，後者表示勞動集約的程度也可以影響到每畝盈虧的大小。

Ⅱ. 畜養經營

(一) 畜養的分布

(1) 有畜養的農家　清苑農家的畜養種類有豬、羊、雞、鴨、鴿、兔、蜂諸種，其中以雞豬最爲普遍，鴨鴿次之，養兔者極少，養羊與養蜂者更少。500農家中，有畜養的家數共337戶，占67%；三分之一的農家是無畜養的。各農家以富農有畜養的家數最多，爲37戶，占95%；中農次之，爲107戶，占80%；地主又次之，爲12戶，占71%；貧農再次之，爲154戶，占63%；雇農最少，爲27戶，占41%。畜養經營一方面要有資本，一方面要有人力；所以各農家有畜養者所占比例之大小和它的經濟地位作正比例。

其次就各種畜養在各農家的分布情形觀察之。據分戶調查，養雞者219戶，占全體農家44%；養豬者87戶，占17%；養鴨者14戶，占3%；養鴿者10戶，占2%；養兔者僅2戶，養蜂與畜羊者各僅1戶，均占不到全體農家百分之一。各種畜養分布的位次爲：1雞，2豬，3鴨，4鴿，5兔，6羊，7蜂。農家的有無畜養經營，要看他們資力的強弱與人力的大小而定，畜養種類的分布，則視其在食用上及銷售上的用途如何而普遍與否有所不同。雞豬在自家食用上及出售上的用途最大，故分布最廣；養蜂養兔與畜羊主要目的都在銷售，但在清苑尚無此種市場，故畜養者極少。此外因爲傳統習慣及畜養技術的關係，比較新式的或難以照料的畜養，如上述養蜂及養兔，其分布也就不能廣遍。就各農家分別言之，畜養分布的位次都是以雞居第一位，豬居第二位。除了中農以鴿居第三，鴨居第四之外，地主、富農與貧農都以鴨居第三，鴿居第四。第五位的畜養僅地主有養蜂，中農有養兔，富農與貧農無之；第六位的畜養僅中農有養兔，其餘各農家均無之。雇農僅有雞豬兩種畜養，在各農家中經營規模要算是最狹小的了。

如就各種畜養之大小分別觀察，更可明瞭各農家的實際情形。現祇就主要的雞與豬來說，總計 500 農家中，養有大雞者占 26%，養有小雞者占 29%，養有大豬者占 7%，養有小豬者占 10%。① 由此可見一般農家中以養小雞與小豬者較多。就各農家言，地主與富農均以養大雞與大豬者居多，計地主養大雞者占 35%，小雞占 29%；養大豬者占 24%，小豬占 18%；富農養大雞者占 84%，小雞者占 44%，養大豬者占 46%，小豬 13%。中農與貧農則均以養小雞與小豬者居多，計中農養小雞者占 36%，大雞占 28%，養小豬者占 22%，大豬占 5%；貧農養小雞者占 27%，大雞占 22%，養小豬者占 4%，大豬占 2%。雇農養有大雞與小雞的家數雖相等，計各占 14%；但其所畜養的豬全屬小豬，無一家養大豬的。

(2)畜養數量　要明瞭各農家的畜養規模，須分析各農家的畜養數量。據表四九，先就有畜養的農家說，除養兔二家平均每家畜大兔 60 隻，小兔 12 隻，堪稱爲大規模的專業經營之外，其餘則養鴿者隻數較多，計平均每家養大鴿 5 隻，小鴿 3 隻；養雞者次之，計平均每家養大雞 2 隻，小雞 4 隻；養鴨者又次之，計平均每家養大小鴨各 2 隻；畜豬者頭數極少，平均每家不過畜大小各一頭而已。總括的說，清苑農村的畜養經營極其微小。同時，除少數特殊例外，如地主一家養日本蜂 40 群，中農一家養美國山羊 4 隻(均見表中附注)，二家養兔數目較多外，一般農家的畜養均爲附帶的經營。就各農家分別觀察，可見畜養的規模，與各家的經濟地位具有密切的關係。農家畜養數量的微少，就全體家數言，更爲顯著。除小雞外，平均每家畜養都不到一頭或一隻。計大雞 2 家合有一隻，大豬 12 家共一頭，小豬 8 家共一頭，大鴨小鴨各 33 家共一隻，大鴿 12 家共一隻，小鴿 50 家共一隻，大兔 8 家共一隻，小兔 20 家共一隻。這種微小可憐的情形尤以貧農與雇農爲甚。詳見表四九。

---

① 因爲各農家有的僅養有小雞或小豬，有的僅養有大雞或大豬，有的兼養有兩種，故此處大小雞或大小豬的畜養家數合計所占百分率，不必與前述雞或豬的畜養家數所占百分率相一致。

表四九　平均每家畜養數量*

		雞		豬		鴨		鴿		兔	
		大	小	大	小	大	小	大	小	大	小
按有畜養家數	地主	2.3	8.0	1.3	1.3	2.0	—	2.0	—	—	—
	富農	2.9	7.6	1.3	1.0	3.3	2.0	3.5	—	—	—
	中農	2.4	4.4	1.0	1.2	—	2.0	7.8	2.7	60.0	11.5
	貧農	1.9	3.0	1.0	1.2	1.3	1.6	2.0	3.0	—	—
	雇農	1.8	3.4	—	1.0	—	—	—	—	—	—
	總平均	2.2	4.2	1.2	1.2	2.1	1.8	5.3	2.8	60.0	11.5
按全體家數	地主	0.82	2.35	0.29	0.24	0.12	—	0.12	—	—	—
	富農	1.54	3.31	0.59	0.13	0.26	0.05	0.18	—	—	—
	中農	0.67	1.57	0.05	0.26	—	0.03	0.23	0.06	0.45	0.17
	貧農	0.41	0.80	0.02	0.05	0.02	0.03	0.01	0.01	—	—
	雇農	0.24	0.47	—	0.06	—	—	—	—	—	—
	總平均	0.56	1.21	0.08	0.12	0.03	0.03	0.08	0.02	0.12	0.05

＊中農內有一家有美國山羊四隻未列入；地主有一家養日本蜂四十群，每羣平均框數八框，亦未列入。

(二) 畜養資本值

(1) 農家現存資本額　所謂現存資本額，乃指調查時農家所有的資本額而言。嚴格的説，一個年度的畜養資本應包括上年的資本結存額和周年買進額，但因買進時期不同，故折算投資極感困難。爲簡單起見，仍僅就調查時，即本年夏農家實存的畜養資本，予以分析。

平均每家畜養資本額，① 按有畜養家數來説，計地主6.8元，富農7.1元，中農2.6元，貧農1.2元，雇農1.1元，總平均2.6元。按全體

---

① 有畜養的農家中，地主有一戶養蜂40群，共值2 800元；富農有一戶畜養資本爲50.8元；中農有一戶養兔及畜美國山羊，共值150元。此三戶以畜養爲專業，屬於特殊情形。爲免除偏勢的侵入影響，在計算平均畜養資本額時，把這三家數字除外不計。

家數言之，計地主4.0元，富農5.8元，中農1.6元，貧農0.6元，雇農0.3元，總平均1.4元。無論按有畜養家或按全體家數言，平均每家的畜養資本值都是很小的。各農家以富農最大，地主次之，中小農家依次而下。中小農家較富農爲小，乃家庭經濟情形使然，不用多說。至於地主較富農爲小的，一是由於畜養這種經營不僅賴資本，且須自有人力，否則照顧不周常使畜養遭受損失，由第一部所述知富農在自有人力上遠較地主充裕；二是農家畜養常以製造豬圈的土糞爲附帶目的，凡種地愈多者，養豬的需要愈大，如上節所述，地主有五家未種地，富農則家家有作物經營，故前者畜豬的需要，在這一點上說，不及後者大。

由表五十來看，農家畜養資本的微小也是表現得很明顯的。畜養資本在5元以下的農家占78%；在5元與10元之間的僅占14%；在10元與20元之間的祗占7%。至於20元以上的占1%的這種情形，實屬例外，因爲據表中附注及上面適纔所述，這三家都以畜養爲專業，其畜養資本固有兩家一爲50元，一爲150元，但有一家則達2 800元，這種巨大畜養資本的農家不說在清苑全縣，從而在河北全省也是很少見的。在各農家中，地主與富農的畜養資本多是在5元與10元間；中農與貧農在5元以下者占絕對多數；至於雇農則完全在5元以下，其中有低至一元或數角者。

表五十　畜養資本的分配次數

組　別	地　主	富　農	中　農	貧　農	雇　農	總　計	百分率
5元以下	3	10	66	110	19	208	78
5—9.99	4	12	14	6	—	36	14
10—14.99	2	8	3	2	—	15	6
15—19.99	1	2	—	1	—	4	1
20元以上	1❶	1❷	1❸	—	—	3	1
總　計	11	33	84	110	19	266	100

❶ 此户之畜養資本總值爲2 800.0元。

❷ 此户之畜養資本總值爲50.8元。

❸ 此户之畜養資本總值爲150.0元。

(2)平均單位價值　爲要明瞭各農家的畜養質的差異，我們進而分析各農家畜養的單位價值，藉幫助認識各農家畜養經營的實際優劣情形。如表五一所示，① 猪平均每頭價值計大者 8.4 元，小者 4.0 元，平均 5.9 元，雞每隻價值計大者 0.3 元，小者 0.1 元，平均 0.2 元；鴨每隻價值計大者 0.6 元，小者 0.2 元，平均 0.4 元；鴿每隻價值計大者 0.23 元，小者 0.07 元，平均 0.19 元；此外山羊全屬大者，平均每頭價值 12.5 元；兔全屬小者，平均每隻價值 1.2 元。由以上的數字，知道農家各種畜養的單位價格都很低下，表現着畜養事業的貧乏。各級農家中，一般的說起來，仍以富農的畜養經營較爲優越，因爲各種畜養每單位價格，差不多都以富農最大，這和前面觀察所得的結果是一致的。其次算地主，又次爲中農與貧農，至於雇農仍是最劣下的。但亦有特殊情形須加注意者，爲貧農的大猪，中農與雇農的大雞，貧農的大鴨，地主的大鴿，其每頭或每隻價值除僅次於富農外，都比其他各農家爲大。

表五一　平均單位價值(元)

	猪			雞			鴨			鴿			山羊			兔		
	大	小	平均	大	小	平均	大	小	平均	大	小	平均	大	小	平均	大	小	平均
地　主	7.40	4.38	6.06	0.25	0.10	0.22	0.25	—	0.25	0.50	—	0.50	—	—	—	—	—	—
富　農	9.27	5.00	8.36	0.34	0.14	0.19	0.73	0.30	0.66	0.18	—	0.18	—	—	—	—	—	—
中　農	6.81	3.96	4.59	0.38	0.11	0.18	—	0.20	0.20	0.23	0.07	0.19	—	12.50	12.50	—	0.17	1.21
貧　農	8.17	3.52	5.07	0.25	0.10	0.16	0.58	0.16	0.33	0.07	0.07	0.07	—	—	—	—	—	—
雇　農	—	3.25	3.25	0.37	0.05	0.15	—	—	—	—	—	—	—	—	—	—	—	—
總平均	8.41	3.95	5.87	0.31	0.10	0.17	0.64	0.20	0.41	0.23	0.07	0.19	—	12.50	12.50	—	0.17	1.21

(三)農家畜養經營的動態

農家的畜養經營，在動的方面包括買進，飼養，出售，自用，意外

---

① 蜜蜂價值單位以群計，平均每羣 70 元，表中未予列入。

損失及經營利得等過程。關於飼養方面，因各項費用無從計算從略。茲就其他各項述之。

(1)畜養的買進　各種畜養中，農家以買進小雞戶數最多，計占38%；買進小猪的戶數次之，計占17%；買進大雞、大猪、小鴨者均甚少，各不過占1%—2%而已；至於其餘各種畜養，則買進的農家更少。就買進的數額來說，所表現的情形亦然。至就各農家分別言之，各種畜養都以地主與富農買進者居多，中農次之，貧農與雇農均甚少。參看表五二。

表五二　周年買進家數*

	雞		猪		鴨		鴿		兔		總計	
	大	小	大	小	大	小	大	小	大	小	大	小
地　主	—	6	—	7	—	2	—	—	—	—	—	15
富　農	2	20	3	21	1	2	—	—	—	—	6	43
中　農	1	60	2	40	—	1	—	2	1	1	4	104
貧　農	4	90	3	14	—	6	—	—	—	—	7	110
雇　農	—	15	—	4	—	—	—	—	—	—	—	19
總　計	7	191	8	86	1	11	—	2	1	1	17	291
占百分率	1	38	2	17	★	2	—	★	★	★	3	58
畜養數量	12	1 474	12	93	1	35	—	5	3	3	—	—

* 中農中有一家在本周年買進山羊四隻，未列入此表；地主中有一家在本周年買進日本花蜂400群，亦未列入此表。

★ 不及0.5者。

(2)畜養產品的處置及其意外損失　農家畜養產品的處置方法，一般言之，不外出售與宰食(自用)二種。大抵中小農家出售者居多，地主與富農則以宰食者居多。這裏我們就最重要的猪、雞、鴨予以分析；同時用調查年(民十九年)農家現有畜養數額爲100，看看出售與宰食者各占現有額百分比的大小，以推斷出售及宰食和農家經濟地位的關係。

先說出售。如表五三所示，總計有畜養的農家，出售各種畜養的比例，以豬最高，占調查年現存額24%；鴨次之，占7%；雞又次之，占5%。在各農家中，出售豬的比例以貧農最高，占調查年現存額44%；中農次之，占24%；富農略小，占23%；地主與雇農則未有出售者。貧農賣豬的比例所以特高者，是用畜養經營補助家用。貧農有幾家對於豬的畜養十分注意，都是從小豬飼養到長成大豬，經營結果比其他農家爲好，此觀上節所述貧農的大豬平均每頭價值較其他各農家爲大可知。養豬成了貧農的重要的生計之道，① 出售比例自亦較其他農家爲高。中農與富農出售豬的比例合乎通常的情形，不多述。雇農無豬出售的，是由於他們在人力與資力方面都不甚充足，因之養豬的農家很少（共不過四家），所畜養的全是小豬，無一大豬，（見表四九）地主不出售豬的，固或由於調查時報告的遺漏，但他們畜豬的目的，主要的在自己消費，當亦爲重要原因。（參看下述宰食的情形便可明瞭。）出售雞的比例以貧農最高爲9%；地主，中農與富農都很少，各不過2%與1%；雇農完全無出售者。因爲養雞與養豬不同，目的多在賣蛋，不在賣雞，所以各農家賣雞的比例都很低。出售鴨的比例以中農最高，占25%；貧農次之，占8%；餘均無出售者。但由前述中農與貧農養鴨家數極少，同時由總計各農家出售鴨的比例占7%，我們知道中農與貧農售鴨的情形實屬少數例外，而養鴨較多的地主與富農爲要留爲自用則都不出售。總上所言，我們可以歸結：凡經濟狀況比較窘迫的農家，其畜養產品的出售比例亦較大。

其次論宰食。就有畜養的全體農家言，宰食的畜養僅豬一項，雞與鴨均無宰食者。農家不宰食雞與鴨者三種解釋：其一，農家飼養雞或鴨的目的，主要的不在食用，而在獲得副產品——雞蛋或鴨蛋，售出以補農家收入之不足。其二，雞鴨的個數太多，不若豬這種大畜養物之易於

---

① 唯由前述有畜養家數觀之，貧農養豬者極少，故以養豬爲生計之道的貧農，實際上還是很少的。

記憶，且每隻價值不大，常為農家所忽視，所以我們不能説在周年中農家沒有宰食雞或鴨者，特在調查時農民記不清宰食的確實隻數，或以之不關重要，故爾付闕。其三，本年全縣遭畜瘟，雞鴨死亡者頗多，在畜養極度缺乏的情形下，農家無論貧富，自然不願宰食他們的生利工具了。豬的宰食多在過年過節時，普通農家款待客人或自食，都是臨時向集市購買。本年豬的宰食所占比例，總計占44%。各農家以地主最大，計89%，可以説他們飼豬的目的大都在自食；富農次之，為48%，即等於現存額一半的豬是用於宰食；中農與貧農的宰食比例各占28%與24%；雇農既未養大豬，自無宰食者。（見下表）

表五三　畜養產品的處置及其損失[*]

	出售			宰食			死亡		
	豬	雞	鴨	豬	雞	鴨	豬	雞	鴨
地　主	—	2	—	89	—	—	—	159	500
富　農	23	1	—	48	—	—	4	111	8
中　農	24	2	25	28	—	—	5	156	—
貧　農	44	9	8	24	—	—	4	127	31
雇　農	—	—	—	—	—	—	—	181	—
總　計	24	5	7	44	—	—	3	138	48

* 即占現存額之百分比。

現在討論農家的畜養經營所遭受的意外損失，即各種畜養的死亡。仍以調查年的現有畜養數額為100，再用死亡數與之相比較，所得數字，便可看出死亡比例的高低。據表五三，總計有畜數的農家，其各種畜養死亡數所占現存數比例，最大者為雞，計138%，超過現存額三分之一，死亡數之大誠足駭人。其次為鴨，為48%，亦居現存額之半。比較小者為豬，但亦占現存額3%。就各農家分別言之，雞的死亡比例以雇農最大，超過現存額幾達一倍；地主與中農次之，貧農與富農較小。鴨的死亡比例以地主最大，爲現存額的五倍；貧農次之爲31%；富農較小，中農的鴨無死亡者，是由於養鴨農家極少，且都未養大鴨；雇農無死亡者，則因爲根本上未有養鴨的農家，参閱本章一節所述便知。猪的死亡比例，各農家中，計富農、中農、貧農均相若，僅中農微大而已；地主無死亡者或係特殊情形；雇農無死亡者由於養猪極少，且均係小猪。農家畜養物死亡數如此之大，則鄉村獸醫人才與設備，實有即刻着手舉辦的必要。

(3) 畜養利得　農家畜養經營利得與農家作物經營的利得一樣的難以研究。計算畜養利得的正當方法，第一要先算出生產費，包括畜養資本息，人工費，飼料費，猪圈與雞籠的設備費等；第二加進上年的畜養結存價值和本周年購買費用；第三以之與本周年畜養經營收入（主產的或副產的，出售的或自食的）加上本年現存價值之和相比較，前者大於後者爲虧，小於後者爲盈。這裏因爲材料的缺乏，對於畜養利得采用了一個推測的方法，即先用"上年夏至時結存數＋周年買進數－（周年賣出數＋宰食數）"這個公式，求出周年畜養出進總數，或簡稱畜養經營額，再以之和本年（民十九年）夏至時現存數相比較，如前者大於後者便假定爲虧，小於後者便假定爲盈。① 此種方法當然是粗略的，勉强的，但事實上實無他法，好在畜養的數量都經按大小折合成爲標準單位，所以尚稱劃一。因爲雞猪兩種畜養在農家最爲重要，故僅就此二種述之。

據表五四，總計有畜養經營的農家，雞的經營表示虧損，就數量的標準單位來説，計1.70；猪的經營則表示盈餘，就數量的標準單位來説，計0.06。雞之經營虧損甚大者，前面所説的本年遭受雞瘟致死亡損失頗大，當爲重要原因。猪之經營，雖有盈餘，但數額實很微小。就各農家分別言之，雞的虧損數與飼養數一樣，以富農最大，地主次之，中小農家依次而下。至各農家飼猪的結果，則利得差別頗大，很值我人注意。蓋各級農家中，僅地主、富農與中農有盈餘，其數額地主與富農相

---

① 這種差額是周年畜養的自然增減數，不能看作盈虧的本身，祇能假以説明盈虧罷了。

若，中農遠較該二者為小；雇農固然無虧損亦無盈餘，而貧農則表示虧損數額幾與地主富農的盈餘相等。這表示農家資力的大小和他們經營的利損很有關係。詳見下表。

表五四　畜養利得的一個估計*

	畜養經營額		現存額		盈餘(+)或虧短(-)	
	雞	豬	雞	豬	雞	豬
地　　主	4.21	0.21	2.00	0.41	-2.21	+0.20
富　　農	5.97	0.46	3.19	0.65	-2.78	+0.19
中　　農	3.35	0.11	1.46	0.18	-1.89	+0.07
貧　　農	1.77	0.21	0.81	0.05	-0.96	-0.16
雇　　農	1.16	0.03	0.48	0.03	-0.68	—
總　　計	3.29	0.20	1.50	0.26	-1.70	+0.06

* 根據大小折合後的標準單位。

III. 農家副業

農家的農業經營除了主要的作物與畜養以外，還有各種副業。有數種副業，嚴格言之，實不能劃歸農業經營的範圍，但因其收入多為農家生活之主要的或次要的泉源，與農家經濟關係至為密切，故仍附此論述。本節將農家副業分為三大類—為單純的副業，即在雇主家工作，由雇主供給原料者（如木匠、鐵匠、泥水匠、編筐匠等），或雖在家內工作，原料自己供給，但經營規模過小或製造程序過為簡單者（如納鞋底），或完全被雇為店夥與長短工者，或具有專門技術的工匠（如裁縫、鞋匠、理髮匠等）與自由職業者（如醫生）。此外如在外經商，為政，或從軍者亦屬之。二為普通手工業，即自己負擔經營責任購買原料，加工製造與出售成品，其製成品出售所得減去成本後的差額是具著利潤的形式；簡言之，即"主匠制度"下的手工業，如各種作坊是。三爲家庭手工業，即原料由商人供給，自己在家內製造，製造出來的貨品，再交還發給原料的商人去發售；家庭手工業與普通手工業不同之點，即在農家僅擔負生產程序中之製造一項，農家所得的報酬，屬於工資形式。此頗近乎"商人雇主制度"或"血汗制度"（sweating system）。以下分別述之。

在分述各種副業之前，我們先看看各農家有無副業的家數。如表五五所示，500農家中全無副業者共212家，占42%；其餘288家即58%是有副業的，但大部分都祇限於一種副業，兼有兩種或三種者固少，兼有四種者更少，不過二家。就各農家分別言之，地主與富農無副業者各占76%與87%；中農無副業者，亦占79%；貧農無副業者則僅占24%；雇農情形更爲特殊，均有副業，似乎副業變成了他們的主業。由有副業的農家觀之，則地主頂多每家祇有一種副業；富農與中農則有兼具二種副業者，特爲數甚少；貧農與雇農不但兼具二種或三種副業，且有兼具四種者，其中雇農兼具數業的家數尤多。貧農與雇農，因迫於家計，既無充足的土地以經營作物，又無巨額資本以經營畜養，自不得不多謀副業，以爲生計。由此可見農家的有無副業及兼具副業的多少，是依他們的家庭經濟狀況而有不同。

表五五　有副業的農家

	家　數						百　分　率					
	地主	富農	中農	貧農	雇農	總計	地主	富農	中農	貧農	雇農	總計
全無副業	13	34	106	59	—	212	76	87	79	24	—	42
一種副業	4	4	26	140	44	218	24	10	19	57	67	44
二種副業	—	1	2	42	18	63	—	3	2	17	27	13
三種副業	—	—	—	3★	4★	7★	—	—	—	1	6	1
總　計	17	39	134	244	66	500	100	100	100	100†	100	100

★ 包括有四種副業者，計貧農一家，雇農一家，總共二家。

† 此百分率因爲進位關係，總計得99。

其次我們分析副業工作者與家主之關係。據表五六所示，副業工作者以家主本人最多，計185人；次爲家主之子，計128人；再次爲家主之弟，計41人；此外之各種關係者則由1人到10人不等。其中女子兼任副業工作者均很少，如母、妹、妻、女、子媳、孫媳合計僅15人。就各農家分別言，地主與富農因副業多係經商，爲政，或從軍，故均係男子，其中地主且多屬家主本人，至於妻女則都坐食家中；中農除家主本人與子最多外，亦有母與妻兼操副業；貧農與雇農除家主本人與子最多外，餘如母、女、妻、妹、媳等都有操副業者，中尤以雇農之妻爲多。由此可見凡屬能過活的農家，必都不願其妻小操作副業；地主及富農的情形之所以和中小農家不同的，當是經濟地位使然。

表五六　副業工作者與家主之關係(人數)

種類	地主	富農	中農	貧農	雇農	總計
家主	3	1	16	119	46	185
父	—	—	—	—	2	2
母	—	—	1	1	1	3
兄	1	—	—	8	1	10
弟	—	3	2	23	13	41
妹	—	—	—	—	1	1
妻	—	—	1	—	6	7
子	—	3	9	77	39	128
女	—	—	—	—	1	1
子媳	—	—	—	1	1	2
侄	—	—	—	7	1	8
孫	—	—	—	4	2	6
孫媳	—	—	—	1	—	1
外甥	—	—	—	1	—	1
其他	—	—	1	5	—	6
總計	4	7	30	247	114	402

A. 單純的副業

(1) 種類與分布　此種副業計有泥水匠、木匠、石匠、鐵匠、小爐匠、編筐匠、鞋匠、理髮匠、裁縫、洗衣、釘碗、打磨、納鞋底、小販（販賣白菜、小鹽、棉花、山藥、瓜果、豆腐、花生、涼粉、布匹、雜貨或大糞等）、脚夫（拉車、背負、搬運夫或挑夫）、長工（普通長工、磨房工人、鐵路工人、紡織工人、燒窰工人、學校夫役、廚子或奶媽）、半年工、月工、短工、店員（司帳、管事、鋪夥或學徒），經商（典當鋪、藥鋪、雜貨鋪、銀匠鋪、糧店、牙行、茶館或飯館）、爲政（地方政府、稅關或鹽務）、軍警（當兵、軍官、軍需、巡警、署長或電話隊）等項。其中最後三種不重要，故下面就主要的數種述之。

據分村調查，農村最普遍的副業爲木匠、泥水匠與小販三項。二十四村中，有木匠者共 14 村；操此業的戶數每村少則 1 戶，多則 4 戶，一般都是 2 戶；人數每村少則 1 人，多達 20 人，一般是二人到四人不等。有泥水匠者，共九村，操此業的每村戶數及人數與木匠略同。有小販者共 6 村，戶數最多 20 戶，人數多至 50 人，一般則是一兩戶或三數人。此外各種匠工或長工爲數亦不少。各種副業多係男子操作，其中僅納鞋底與洗衣爲女子擔任。

再就分戶調查，以觀副業在農家間的分布情形。由表五七可見農家所有的副業，以作短工最爲普遍，計戶數占 38%，次爲長工與小販，各占 8% 與 6%；此外則或爲 1%—3%，或不足百分之一。如就各農家分別言之，則分布情形頗饒趣味。地主所有的副業爲店員，經商與從政，別無兼他業者，所謂經商係開設典當鋪；由此可見地主，商人與高利貸者之三位一體。富農情形與地主相似，唯所經營的商店爲雜貨鋪與糧行。中農則以作工匠、小販、短工者爲多，經商兩家係開茶館。貧農以作短工者最多，占 57%；次爲小販與長工，各占 9% 與 5%；再次爲脚伕，占 4%；其餘則在百分之一上下；他們所經營的商業多爲小雜貨攤、牙行、飯鋪等。雇農以作傭爲主要生計，故作短工者占 73%，作長工者占

41%，此外除作小販的占9%外，餘則均在2%上下。其中有一家所開設的店鋪係牙行。由此可見各種副業在各農家間的分布，完全依他們經濟地位之差別而不同。一般言之，地主與富農的副業是經商、從政或從軍，此外不兼他業；中農貧農與雇農則以作工匠，小販或長短工者為多，其中中農以作工匠最多，貧農以作短工最多，雇農則全部為作長工或作短工者。

表五七　單純副業在農家間的分布

種類	家數						百分率					
	地主	富農	中農	貧農	雇農	總計	地主	富農	中農	貧農	雇農	總計
政　界	1	—	—	3	—	4	6	—	—	1	—	1
軍　警	—	1	3	3	—	7	—	3	2	1	—	1
經　商	2	2	2	7	1	14	12	5	1	3	2	3
店　員	1	1	1	5	—	8	6	3	1	2	—	2
裁　縫	—	—	—	1	1	2	—	—	—	★	2	★
洗　衣	—	—	—	1	—	1	—	—	—	★	—	★
小　販	—	—	3	21	6	30	—	—	2	9	9	6
泥水匠	—	—	1	4	1	6	—	—	1	2	2	1
木　匠	—	—	1	1	1	3	—	—	1	★	2	1
鞋　匠	—	—	1	1	—	2	—	—	1	★	—	★
脚　伕	—	—	—	2	9	11	—	—	—	1	4	2
長　工	—	—	1	11	27	39	—	—	1	5	41	8
半長工	—	—	—	1	—	1	—	—	—	★	—	★
月　工	—	—	—	1	1	2	—	—	—	★	2	★
短　工	—	—	3	139	48	190	—	—	2	57	73	38

★ 不及0.5者。

(2) 工作季節與收入　農家的作物經營既多在夏秋兩季，則副業自多在農暇的春季或冬季，在夏季或秋季者自然也有，不過甚爲少見。除作長工常爲經年外，作短工則多在農忙時的夏秋兩季。據分村調查作匠工的時期多是全年或在春冬兩季，作小販，修磨，燒窰，紡織多在春季或冬季。大車夫、手車夫、挑伕及他種脚伕亦在春季或冬季，間有在秋季者，在夏季者無。經商與店員，多屬全年，爲政從軍者則不定。總而言之，單純的副業除數種特殊情形外，一般都是在春季與冬季，間有在秋季者，其中除農忙時特別需用的短工之外，無在夏季者。

其次我們看看全年每人的收入。有幾種副業如經商，從軍與爲政的收入，因不易調查從略。據分村調查，匠工中木匠每人全年收入最低爲12元，最高達158元，普通在50—70元之間；石匠在100—150元之間，泥水匠20元或30元不等，小爐匠普通爲90元；釘碗匠在100—200元之間；理髮匠約100元上下；作田間工作的長工與短工的工資已於第一部詳述，此處不贅；他種長工計紡織工人普通爲40元，燒窰工人由60—100元不等。小販多寡無定，高在120元，低在30元。修磨爲140元。脚伕中，大車夫普通爲100元，手車夫同，人力車夫80元，挑伕20元。此外獸醫與普通醫生每年收入多寡則不一定。木匠、泥水匠、編筐匠與箍梢匠數種工人的工資，以日計算均爲0.5元，如供飯則爲0.3元，這在清苑農村差不多是一律的。

B. 普通手工業

(1) 種類與分布　清苑農村的普通手工業，種類繁多。據分村調查，重要者有：軋花、榨油、製硝鹽、製挂麵、造紙、打車、打燒餅、燒窰、打磨、作豆腐、織席、製掃帚、編筐、箍梢、木匠、鐵匠等項。其中後述四種與上述單純的副業重復，因爲此處是指他們所開設的作坊，其出售者爲商品，所得爲利潤，與上述同樣工作以獲得工資者不同，故并入本節論述。分户調查的各農家從事的普通手工業爲各種作坊，計有麵粉坊、糖坊、染坊、磨坊、製鹼、製掃帚、木匠鋪、毡鞋鋪、繩鋪等項。其中有些和分村調查者相同，有些則相異，同時因村數少，故不如後者種類之多。

據分村調查，二十四村中，分布最廣的手工業要算是製硝鹽，計有此業的村數 5，戶數 43，人數 110。其次為製掃帚、磨坊、製挂麵與燒窰，計製掃帚村數 5，戶數人數均為 18；磨坊村數 4，戶數 8，人數 13；製挂麵村數 3，戶數 10，人數 41；燒窰村數 3，戶數 5，人數 36。其餘各業則一二村不等。有一村有造紙業，營此業之戶數竟達 50，人數達 90，可見此村是以造紙為專業了。此外打燒餅，作豆腐，編筐與箍梢等，各僅 1 村 1 戶 1 人，故知此數業在鄉間是很少的。木匠作坊有 1 村 2 戶 7 人；鐵匠店有 1 村 1 戶 2 人。軋花與榨油二業在鄉村雖不普遍，但極關重要。詳見下表。

各種手工業中除製硝鹽、打磨坊、造紙與織席有女人參加工作外，其餘各業均專由男子擔任。

表五八　普通手工業的分布

種　類	村　數	戶　數	人　數
製硝鹽	5	43	110
製掃帚	5	18	13
打磨坊	4	8	13
製挂麵	3	10	41
燒　窰	3	5	36
織　席	2	2	3
造　紙	1	50	90
軋　花	1	3	12
木作坊	1	2	7

续表

種　類	村　數	户　數	人　數
榨　油	1	2	5
打　車	1	2	4
鐵匠店	1	1	2
編　筐	1	1	1
箍　梢	1	1	1
打燒餅	1	1	1
作豆腐	1	1	1

＊ 據分村調查。

　　據分户調查，500農家中，有普通手工業者共9户，計富農1户，中農5户，貧農3户，地主與雇農無業此者。富農一家爲粉房；中農計木匠鋪，糖房，染坊，磨坊及毡鞋鋪各一家；貧農計製掃帚，製碱及繩鋪各一家。由此可見普通手工業的有無，多寡及類別是和各農家的經濟地位有關係的。總括的説，地主與富農雖有經營手工業的資本，但因手工業是以雇主自己領導并參加實際工作爲特色，當爲他們所不願爲；中農，貧農與雇農雖大多想藉經營手工業以補收入的不足，但苦於資本的缺乏，因之500農家有手工業經營者不過九家而已。此外如附近市場的吸收力與需要量，周圍環境的利便，技術的傳授時間等等，也都是很重要的因素。如從這些要素合而觀之，則500農家中祇有2%從事手工業也是當然的了。

　　（2）工作時間與工作效率　農家副業在利用農暇，故其工作季節多在春季或冬季，但亦有不少例外。據分村調查，製硝鹽多在春季與冬季，在秋季者間亦有之。製掃帚有僅在春冬二季者，有周年工作者。打磨坊都是經年的。製挂麵與製掃帚同。燒窰在春冬二季。織席除在春冬外，有在秋季者。造紙在春、夏、秋三季。軋花與燒窰同。其餘除箍梢因需要關係在秋季，作豆腐在春冬二季外，他如木作坊、榨油、打車、鐵匠店、編筐、打燒餅等都是常年工作的。各種手工業每天工作的時數，最少爲6小時，最多達12小時，一般以10小時居多，其次8小時或9小時者亦不少。但大多數是依工作當時的情形而伸縮其工作時間，一般言之實無定時，不像新式工廠之有時計以爲開工散工的標準。

其次看看工作效率。此處僅指經營者每人或每戶在每天的出品單位而言，故祇能算是一個概略的估計。據分村調查，製硝鹽每戶出品最少爲3斤，多者達50斤，一般在20—30斤之間。軋花每戶約20斤，榨油約10斤。製挂麵每人約20斤。造紙業因紙的種類不同，其出品量亦不一致，大抵造白綿紙比較費工，三人每天合造2刀；造黑紙比較容易，三人每天可合造10刀。磨坊每天可出麵40斤，最多50斤，出麩6升，最多8升。織席每天每人可織3尺，最多4尺。製掃帚每天每人可製40個，最多100個。編筐每人每天可成1.5個，最多2個。打燒餅每天每人可成200個。作豆腐每天每人可成80塊。此外的各種手工業，則因成品種類不同，如木作坊、鐵匠店、燒窰等每天出品數量遂多少不定。

(3) 經營利得　此處所謂利得祇就每單位成品價格與原料價格的差額而言，其中主要的實包括工作者的報酬，故將其完全作爲手工業勞動者的計件工資看待亦無不可。現在先看看各種手工業所用的原料及其產地與購買地。製硝鹽所需的原料爲鹽土、碱土、油、水膠等，其中前二者無須購買，後二者於附近集市上買之。製掃帚的原料爲麻與稷子，多屬自有，購買亦在本地。磨坊所用原料爲麥，有自己購買者，有由雇主供給而自己僅得工資者。製挂麵的原料爲麥或麵粉，多屬本地出產自己購買者。燒窰所用原料爲黏土，不須購買。織席的原料爲葦，多屬自產。造紙業中，白綿紙所用原料爲繩頭與爛紙條，黑紙所用原料爲較壞的爛紙；前者多在保定城紙號購買，後者則由附近小販送來，故其供給地域比較廣大。軋花嚴格言之不能算作製造的手工業，因爲它祇是購進籽棉，軋去其中的籽粒，成爲棉穰而已，這和磨坊的性質同。木作坊所用原料有多種，最要者爲松木與柏木，均產自東三省，亦有產於本地的他種木料，都在附近集市購買。榨油的原料有黑豆、棉籽、花生諸種，其中黑豆多產於本地，棉籽產自定縣與安國縣，花生產自定縣，均在集市上購買。打車所用木料多屬產於本地者。鐵匠店所用原料爲毛鐵或鐵條，在保定城中購買。編筐的原料爲柳條，產於本地。箍梢所用原料爲木片與鐵箍，木片購自保定城，鐵箍輸自國外，亦在縣城購買。打燒餅所用原料爲麥與香油，作豆腐所用原料爲黃豆，其出產與購買多在本地。由此可知各手工業所用原料除少數外，大多是本地出產，同時在附近集市上購買的。

其次分述各業每單位成品價格減去每單位原料費用的差額，以期概略的明瞭各業的經營利得，換言之，各業工作者所得的勞動報酬。

製硝鹽的單位原料價格很不易估定，大抵製出來的鹽每斤賣價由 0.05 元到 0.1 元不定，故由前述每戶的工作效能，每天出品可值洋 2 元到 4 元不等；除去每日所需原料費 1 元到 2 元，計硝鹽每日可獲利 1 元到 3 元。

製掃帚原料的價格無從計算，單位產品價格 0.01 到 0.05 不等，故每人每日可獲 0.4 元到 2 元。

磨坊平均每單位（斤）原料價格爲 0.065 元，成品價格爲 0.080 元，獲利 0.015 元，每人每日可獲利 0.6 元。

製挂麵每單位（斤）原料價格爲 0.1 元，成品價格爲 0.12 元，獲利 0.02 元，每人每日獲利由 0.4 元到 0.8 元不等。

織席每單位（尺）原料價格爲 0.3 元，成品價格爲 0.5 元，盈餘 0.2 元，每人每日依其工作能力可獲 0.6 或 0.8 元。

造紙，計白綿紙每單位（刀）原料價格爲 0.6 元，成品價格爲 1.2 到 2.0 元，獲利 0.6 元到 1.4 元，依前所述，每三人每日可成一刀，合值由 1.2 元到 2.8 元，計每人每日可獲 0.4 元到 1.0 元。黑紙每單位（刀）原料價格爲 0.4 元，成品價格爲 0.6 元，獲利 0.2 元，依前所述，三人每日可成 10 刀，合值共 2 元，計每人每日可獲 0.66 元。

編筐的原料多是取自附近各村的柳條，無須購買，成品每隻筐約值 0.3 元，依前述工作效率，每人每日可獲 0.4 元到 0.6 元。

箍梢計鐵箍每個原料價格 0.6 元，成品價格 1 元，獲利 0.4 元，計每人每日可獲 1.2 元。

打燒餅每單位(個)原料價格爲 2 枚或 3 枚，成品價格爲 5 枚，獲利 2 枚或 3 枚，依前所述工作效率，每人每日可獲 400 枚到 600 枚，合洋 1 元到 1.5 元。

作豆腐每單位(塊)原料價格爲 2 枚，成品價格爲 4 枚，獲利 2 枚，依前述工作效率，每人每日可獲 160 枚，合洋 0.4 元；又每日所出豆腐漿可賣 200 枚，除去原料費 36 枚，獲利 164 枚，合洋 0.4 元；外加豆渣約值 0.1 元；三者共計 0.9 元。

此外軋花、榨油、打車、木作、燒窰等，或係加工製造，無所謂原料(如軋花)；或因每單位成品所需原料量付闕(如榨油)；或因出品種類繁多，無從估計(如木作與燒窰)；故均從略。

從上面的分析，我們知道各業工作者每人所獲的報酬一般都在 1 元以下，中以 0.5 元與 0.6 元爲多，1 元以上者不過幾種特殊的作業而已。其實在每人每日 0.5 元到 0.6 元的所得中，還要包括資本利息，設備費用等等，故真正的分析起來，每人每日工資所得斷沒有這樣高的。不過無論如何，較之做農田工作的長短工，總算略勝一籌。

C. 家庭手工業

(1)種類與分布　在工業制度演進的過程中，商人購買原料，利用農民的勞力製造成品，在市場上發售，遂構成"商人雇主制度"或"血汗制度"(sweating system)。在此種制度之下，農人僅依工作而獲得一點點工資。清苑縣鄉村的織布工業，便依據這個制度。今就此種工業略分析其現狀與實際活動情形并附及與織布工業有關的紡紗業。

高陽區(包括高陽、清苑、蠡、安新、任邱等縣)本爲河北有名織布工業之區域，自經過民國十五年第二次繁榮後，到民十九年春又呈着衰落的徵兆，到民二一年因長江水災與"九一八"事變，衰落便成了無可改變的事實。① 此後二年淞滬之戰，與熱河失陷，民二三年福建之叛變，及連年來剿匪軍事的騷擾，農村購買力的降低，皆使高陽織布工業一蹶不振。本調查舉行之年正是清苑織布工業步入衰落的時候。

　　清苑的織布工業有二種：一爲織洋布，從保定或高陽商人處領得洋紗（外國紗或外地紗），織成後交與商人，領取工資（計件工資）；二爲織土布，除向保定或高陽商人領取土紗，回家織成布以獲得工資外，亦常以自己的或購買的棉穰紡成紗，織成布，再交商人出賣。在後一種情形下，實和農家的紡紗副業相關聯，而所含商人雇主制度之色彩，則不如前者之濃厚。兩種織布工業中，以前者最爲通行，最爲重要。據分村調查，二十四村中，織洋布者共 14 村，計工作户數 461 户，工作人數 1 721 人；其中有一村（南和莊，見圖一），工作户數達 250 户，占全村户數 74%；工作人數 1 250 人，占全村人數 63%，實堪注意。織土布者共 4 村，中有 2 村兼織洋布，計工作户數 175 户，工作人數 325 人。二者合計 636 户，占二十四村總户數（6 379 户）10%；兩種織布工業的工作者之性別均男多女少。另據分户調查，500 農家中，有織布（洋土布合計）工業者計富農 1 户，中農 6 户，貧農 20 户，雇農 6 户，共計 33 户，占 7%。②

　　此是民十九年調查時的情形。民廿四年冬，編者調查的三村中，大陽村全無紡紗織布者；謝莊在五年前（民十九年）有十五六家，今則僅剩一家；鄧村在五年前有十三四家，今則不過五家而已。幾年之間，家庭手工業衰落之劇，由此可見。農家收入，又少一重要泉源。

---

① 參看方顯庭《華北鄉村織布工業與商人雇主制度》，《政治經濟學報》三卷四期。
② 據民二二年南開大學經濟研究所調查，清苑全縣有織布工業者 39 村，10 510 户。（見吳知《鄉村織布工業的一個研究》，頁四，民二五年，商務印書館）如以同年該縣縣志所載户數（全縣共 64 555 户）爲根據，計全縣有織布工業的户數占 16%，這較我們據分村分户調查估計的數字爲高。其原因或係我們調查中未包括主要的織布區域，或係自民十九年到民二二年，織布户數稍有增加。

(2)工作時間、效率與報酬　織布工業的時期，隨各農家以之爲主業或副業而定。凡以之爲主要的生計者，則工作時期爲全年；以之爲補足生計者，則工作時期僅在春季或冬季農暇時候。但織土布者則均是在春冬二季，蓋其獲利不如織洋布之巨，不能賴爲主要生計之故。每天工作時數，織洋布者多爲 10 小時，織土布者爲 12 小時。每日每人出品，計織洋布由 3 丈到 4 丈，有達 5 丈者；織土布者多由 2 丈到 3 丈不等。原料多由保定或高陽商人供給，如係自織，則多向附近集市購買。在前者的場合，農人織成布，交與供給原料的商人雇主，領取工資。工資報酬依織戶技能的高低，出口的優劣而有高低，大抵言之，每匹布(48 尺)由 0.2 元到 0.3 元，雖有高到 0.4 元或 0.5 元者，但很少見。如屬自織，則以原料價格與成品價格之差額定其工資所得的多寡。大抵織洋布每匹可獲 0.5 元，織土布每匹可獲 0.4 元。農家亦有因自有人工不夠應用，經年或臨時向外雇進人工專任織布者，此種長工每年工資爲 50—60 元，短工每日工資爲 0.15 元—0.20 元，均供膳宿。這裏可注意的便是許多織戶，在一方面因領原料，交成品或者須受商人的剝削，而在他方面因雇進勞工，少給報酬，又或者可以剝削自己的雇工。

最後略述及紡紗這種副業的情形。二十四村中有紡紗者計三村，370 戶，680 人。500 農家中計富農 1 戶，中農 3 戶，貧農 3 戶，共 9 戶。工作者均爲女子；工作時間在春季或冬季。原料爲自有或購進的棉穰，凡自織土布者必以紡織爲第一步工作。現時一方面因織布者很少，他方面就是織布者亦是向商人領取綿紗，故紡紗這種副業已漸有消滅的趨勢，就是說，紡紗已不構成織布工業的一個必要步驟了。同時紡紗之報酬過於輕微，計每人每日紡紗 10 兩，至多 12 兩，每兩棉紗，計原料費用約 0.072 元，售價約 0.085 元，獲利不過 0.013 元，每天以出紗 10 兩計，僅 0.13 元，即就出紗 12 兩計，亦不過 0.156 元。利已微薄，而又遇着外來的打擊，所以昔日爲鄉村婦女的一個重要副業，爲織布工業的一個不可分離的工作的紡紗業，到現在，尤其是近兩年來在清苑已不易見了。

IV. 農產銷售

這次調查，對於農產的銷售原未注重，故本節祇就清苑農村的集市與運輸情形先略爲叙述；然後比較詳細的分述各種農產品的銷售狀況，尤其是近幾年來各種農產品出售價格的漲落，以期間接的明瞭農家的農業經營之利損。

（一）集市與運輸方法

（1）集市　清苑以保定爲農產品主要的集散市場，內設有穀市、肉市、菜市、果市與騾馬市等。在保定城（因爲清苑縣政府設於此，故鄉民一般都簡稱其爲縣城）附近的村莊，差不多各種農產品，尤其是蔬菜，雞蛋之類，都是以保定爲直接的交易市場，在離城較遠的各村莊，農產品的出售與購買則都在各自附近的集市。這種鄉村集市的數目有六十三，① 其中有一個比較重要的集市叫張登鎮，爲縣南各村的重要交易市場。張登鎮及其他少數集市經年設有糧行或小店鋪，一般的集市均按各地的習慣，每月集市日數不同，所交易的農產品亦不一律。故除少數村鎭具有市場的形式外，其餘集市在閉市的時期完全和普通村莊一樣。

各村莊所出售之農產品，種類不一，故集市之種類亦不一，因之每村大抵不限於一個集市。據分村調查，每村銷售農產品的集市，最少爲兩個，最多達五個，一般都是三個到四個。因爲交通工具的限制，各集市與本村的距離都不能很遠；總計二十四村出售農產品的集市，其與本村的距離計1—4里者16集，5—9里者46集，10—14里者11集，15—20里者7集，21—25里者與26—30里者各一集，無有在30里以上者。可見各農村銷售農產品的集市與本村的距離以十里以下占絕對多數，十里到二十里的固少，而二十里以上者更少。此係就各村與其發生關係的

---

① 見《清苑縣志》，民二二年，清苑縣政府印行。

各個集市而言，但須知各個集市對於一個村莊的重要性，依其相互間關係的密切程度，而有大小不等，大抵每個村莊都有一個關係最密切的集市，這種集市對於本村的距離較上述者爲更近。就二十四村言，本村與其最有關係的集市的距離，計在 1—4 里者 10 個，5—9 里者 9 個，10—14 里者 2 個，15—20 里者 3 個，無在 20 里以上者。由此可見，爲運送方便起見，每村的主要集市與本村的距離多在五里左右，而有幾個村莊本身便是集市的所在地。最後因爲保定城是各農村的主要集散市場，故當附述各村與縣城距離的遠近。分村調查的二十四村中，在縣城附近者共五村，計與縣城距離 5—9 里者二村，10—14 里者一村，15—19 里者二村；距縣城較遠者共十三村，計與縣城距離 40—49 里者三村，50—59 里者七村，60—65 里者三村；距離城最遠者共六村，與縣城距離 70—75 里。因爲縣城的農產價格大抵一致，而運費依距離遠近而有高低，故農家出售農產品的盈利因此而有大小。結果各農村與主要市場的距離，便成了其農業經營利潤大小的一個決定要素。

（2）運輸方法　清苑農村的運輸方法，約言之有大車、挑負、人力車、自行車、小車、汽車、驢、馬、騾諸種。其中最通行者爲大車與肩挑，據調查二十四村全有用此兩種方法者。大車即駕用騾或他種牲口拖拉之雙輪車；河北地道平坦，南方通行之獨輪車，在河北極少見。大車所駕用的牲口如係一頭，則祇用皮套一副（每副價約 5 元），頭數加增，皮套亦加增，故大車依皮套副數之多寡而有單套、雙套、三套、四套車之名稱。設置大車，費用頗昂，貧小農家多無力購置。凡經濟比較充裕之農家所設置者亦多爲單套車，計二十四村中有之者共 20 村；設置雙套車者較少，共 7 村；設置三套車或四套車者更少各僅 1 村。肩挑與背負在我國農村，無論南北，仍是一種主要的運輸方法。此外用人力車（手拉雙輪車）者有 16 村，腳踏車 7 村，驢 4 村，馬 2 村，小車（又名拖車，即用牲畜拖拉之車，車身極小，載重有限），汽車與騾各一村。爲明瞭農村中各種運輸方法的通行狀況，特取其頭三位作成位次表如下：

表五九　運輸方法的位次（村數）

種　類	第一位	第二位	第三位	總　計
單套車	13	8	—	21
雙套車	6	6	2	14
肩　挑	6	3	5	14
小　車	2	3	—	5
人力車	1	2	5	8
脚踏車	—	3	3	6
驢　馱	—	1	3	4
背　負	—	1	1	2
三套車	—	—	1	1
四套車	—	—	1	1
馬　馱	—	—	1	1
騾　馱	—	—	1	1
總　計	28	27	23	78

由上表可見清苑農村最通行的運輸方法是大車中的單套車與雙套車，挑負中的肩挑等數項，這幾種方法不但占第一位的多，即占總計位數亦多。其他方法，或居第一位而村數極少，或村數較多而僅居次要地位。至於單用牲口馱負者祇是偶然的現象，因爲一頭牲口負重數量有限，爲經濟起見多配以大車；況且牲口價格很昂，買得起牲口的農家也就買得起大車了。

關於各種運輸工具所能載重的數量，因材料不多，祇能就各村數字平均算出如下之結果。計：單套車每次載小麥66斗，高粱96斗，黑豆43斗，黃豆43斗，蔬菜90斤；雙套車載小麥106斗，高粱176斗，玉米102斗，或黑豆98斗；人力車載高粱15斗，或山藥200斤；肩挑高粱 8 斗。雙套車的載重數量要大單套車一倍；同是一輛大車，加一頭牲畜，便多載一倍的數量，當然是較爲經濟的。

(二) 農作物的銷售

(1) 出售農作物的農家　我國農家，尤其是北部農家的農業生產多在自足自給，故對於農作物的出售自然還不重要。500 農家中，出售農作物的農家共 275 戶，占 55%；差不多有一半的農家不出售農作物，農業經營離商業化的路程尚遠。各級農家出售農作物的家數，計地主 11 戶，占 65%；富農 31 戶，占 79%；中農 103 戶，占 77%；貧農 120 戶，占 49%；雇農 10 戶，占 15%。由此可見出售農作物的農家所占比例以富農最高，中農次之，地主再次之，貧農很低，雇農更低。富農與中農出售農作物的家數幾達五分之四，因爲一則各級農家中有農業經營的戶數以此二種農家最多；二則他們一以資本勝，一以人力勝，故經營結果比較良善，三則他們的農場面積均較貧農與雇農爲大，產量較多，出售戶數所占比例自較大。地主出售農作物的戶數所占比例，如除去五戶無作物經營者不計，則將達 90%，可謂最高；即合全體家數計，亦占三分之二，亦不爲低。貧農出售農作物的戶數所占比例只有二分之一，因爲許多農家的農場面積太小，收穫物自食尚不足，焉有餘額出賣。雇農原以作傭爲主業，有作物經營的戶數既少，而其農場面積又微小可憐，所以有作物出售的不過占七分之一而已。

今再就各種農作物分別來觀察各農家的出售情形。據表六十，總計各農家，以出售小麥者最多，160 戶，占 32%；出售韭菜者次之，計 98 戶，占 20%；出售白菜，豇豆，大葱與玉米者再次之，計各有 39 戶，30 戶，29 戶，與 23 戶，各占 8%，6%，6%，與 5%。此外各種作物出售戶數所占比例最高不過 3%，最低不足 1%。各種作物出售戶數多寡之差異，下段將詳述此處再就各級農家的差別情形分析之。由同表，除小麥情形特殊，計出售戶數所占比例以中農爲最高，富農地主與貧農次之，雇農最小外，我們可以得出這樣一個結論：地主與富農出售的農作物，多爲主要的糧食作物，如玉米、高粱、小米之類；中農、貧農與雇農出售的農作物則多為園藝或零星種植的作物，如蔬菜、瓜與蘿蔔之類。其原因當由於地主與富農的農場面積大，他們的種植以主要糧食作物為主，園藝種植的目的只在供給自食；中小農家則因為農場面積過小，自產糧食，不但不足食，尚須繳付地租，為要維持生計，祇有在狹小經營的條件下，充分利用土地，實行勞力集約，種植園藝作物以變得現款。雖然也有例外的情形，如地主出售白菜的占12%，富農出售韭菜的占26%，但這都是地域的環境使然，即他們多為距城市近的農家，為圖大利起見，亦多兼營園藝經營，并不能反證上述的結論。

表六十　出售農作物的家數及占全體百分率*

種類	實數						百分率					
	地主	富農	中農	貧農	雇農	總計	地主	富農	中農	貧農	雇農	總計
小麥	6	18	71	61	4	160	35	46	53	25	6	32
韭菜	—	10	28	55	5	98	—	26	21	23	8	20
白菜	2	3	16	15	3	39	12	8	12	6	5	8
豇豆	—	4	8	18	—	30	—	10	6	7	—	6
葱	—	4	7	16	2	29	—	10	5	7	3	6
玉米	5	10	6	2	—	23	29	26	4	1	—	5
小米	5	7	3	1	—	16	29	18	2	★	—	3
高粱	4	3	6	—	—	13	24	8	4	—	—	3
紅白蘿蔔	—	—	6	5	—	11	—	—	4	2	—	2
茈荽	—	—	4	6	1	11	—	—	3	2	2	2
黃瓜	—	1	4	5	—	10	—	3	3	2	—	2
北瓜	—	—	4	4	—	8	—	—	3	2	—	2
紅白薯	—	1	2	3	—	6	—	3	1	1	—	1
黑豆	2	1	1	1	—	5	12	3	1	★	—	1

續表

種類	實數						百分率					
	地主	富農	中農	貧農	雇農	總計	地主	富農	中農	貧農	雇農	總計
雲豆	—	3	1	1	—	5	—	8	1	★	—	1
葫蘿蔔	—	—	4	1	—	5	—	—	3	★	—	1
大麥	2	—	1	—	—	3	12	—	1	—	—	1
菉豆	2	—	1	—	—	3	12	—	1	—	—	1
窩瓜	—	1	—	2	—	3	—	3	—	1	—	1
棉花	—	1	1	—	—	2	—	3	1	—	—	★
胡瓜	—	1	—	1	—	2	—	3	—	★	—	★
雪裏紅	—	—	1	1	—	2	—	—	1	★	—	★
蒜	—	—	—	2	—	2	—	—	—	1	—	★
烟	—	—	1	1	—	2	—	—	1	★	—	★
蕎麥	—	1	—	—	—	1	—	3	—	—	—	★
黃豆	1	—	—	—	—	1	6	—	—	—	—	★
青豆	—	1	—	—	—	1	—	3	—	—	—	★
花生	—	—	1	—	—	1	—	—	1	—	—	★
山藥	—	—	1	—	—	1	—	—	1	—	—	★
山芋	—	—	1	—	—	1	—	—	1	—	—	★
茄子	—	—	—	1	—	1	—	—	—	★	—	★
山藥旦	1	—	—	—	—	1	6	—	—	—	—	★

* 凡農家不出售的作物未列入。

★ 不及 0.5 者。

（2）農作物的出售比例　清苑農作物的銷售多在附近的集市上行之，亦有直接送達保定者。各種農作物出售比例的大小，一方面視作物本身商品化程度的深淺，他方面又須視農家生產數量的多寡與經濟能力的強弱。關於後一個因素，我們試分別觀察各級農家所有作物出售總比例便可明瞭。據分户調查，各級農家出售各種作物的總值占收獲總值的百分比，計地主20%，富農16%，中農15%，貧農10%，雇農9%，總計為14%。各級農家顯然可分為三等，即出售比例以地主最高；富農與中農次之，貧農與雇農最低。作物出售與其生產數量及農家經濟能力關係密切，同時也關乎自給的情形。由各農家總計出售作物的比例僅占14%一點觀之，清苑農家的農業生產實為自給的。現在試分別考查各種農作物的出售比例。據二十四村分村調查，小麥的出售比例：10%一村，20%，30%，與40%各二村，50%，60%，與70%各四村，80%二村，90%一村，完全出售者一村，完全不出售者一村。黑豆的出售比例：80%七村，此外10%到70%各一村，90%一村，不出售者一村。花生的種植村數共六村，生產量完全出售。芝麻與山藥的出售比例甚高，計芝麻的出售比例在80%—100%者四村，50%一村，不出售者一村；山藥的出售比例在40%—80%者五村，10%一村。至於小米則各村無出售者。高粱與玉米的出售比例都很低，計高粱10%二村，20%一村，30%二村，不出售者一村；玉米20%一村，40%一村；其餘各村則多無出售者。依上所述可見幾種主要的農作物中，小麥、黑豆、花生、芝麻、山藥等的出售比例是屬於較高的一類；小米、玉米、高粱等的出售比例是屬於較低的一類。因為前數者商品化的程度較深，後數者為農家的主要食糧，多留為自用而不出售。此外如白菜、韭菜、豇豆、大葱等園藝作物，因農家種植目的多在變賣現款，故出售比例都很高。近三年來，商品化程度極深的棉花之種植家數與作物面積日就擴充，其生產量殆皆全體出售，結果必然使農家自給的情形減少。

　　現在觀察各級農家所種植各種作物的出售比例。據下表，出售比例最高的作物為花生、韭菜、棉花、豇豆、大葱、小麥，餘則由1%到8%不等；凡表中未列入的作物，均屬自用，未出售者。花生與棉花出售比例雖高，但因本年種植農家不多，在整個的農業經營上不占重要位置。就各農家分別言之所表示的現象，與上段所述出售農作物的農家所占比例的情形相同。地主與富農出售比例最高的農作物，多是主要的糧食作物與豆類作物，中小農家則多是零星種植的園藝作物，比較特殊的是中農的小麥出售比例甚高，富農的菜蔬出售比例極大。

表六一　主要農作物的出售比例*

種類	地主	富農	中農	貧農	雇農	總計
小麥	19	23	24	15	10	21
玉米	21	13	4	1	—	7
高粱	8	2	2	—	—	2
小米	25	9	2	1	—	7
大麥	36	—	★	—	—	3
蕎麥		14	—			7
黑豆	22	4	★	★	—	5
黃豆	16	—	—	—	—	4
菉豆	32		1	—	—	4
花生			68			68
山藥			1	—	—	1
紅薯		—	22	17	—	7
棉花		60	6	—		41
白菜	39	5	9	3	17	8
韭菜	—	3	49	51	85	
豇豆	—	62	39	35	—	41
大蔥	—	45	29	37	55	34

* 按各農家出售總值占收穫總值計算。

★ 不及 0.5 者。

— 種有此種作物但無出售者。

（3）農作物價格及其變遷　現在分三方面來檢討，一是在同一年度與同一市場，考查收穫前後及零售躉售價格的不同；二是從同一時期內觀察鄉村價格(農人所得價格),中間市場價格(四鄉集市價格)及終點市場價格(保定市場價格)相互間的差異;① 三是就同一市場的價格②以探索近幾年來的增減趨勢。

據分村調查,如以附近集市的躉售價格為代表,小麥每斗平均價格在收穫前為0.87元,收穫後為0.44元,平時為0.77元;黑豆每斗平均價格在收穫前為0.76元,收穫後0.47元,平時為0.60元。這種季節上差异之大,殊足驚人,其中小麥收穫後價格僅及收穫前二分之一,黑豆收穫後價格亦僅及收穫前五分之三。我們知道收穫後正當農民出售農作物之時,此時的價格正是他們所收進的價格,收穫前則多是農民糧食垂罄之時,此時的價格正是他們所付出的價格;收支之間相差如此之大,農家經營的所得又多一層損失了。同樣由零售與躉售價格間的差異,也可看出農民實際所得價格的大小來,這因為農民出售時多依躉售價格,而買進時則多依零售價格。據同種材料來源,小麥在集市的每斗平均價格,收穫前零售為0.88元,躉售為0.87元;收穫後零售為0.65,躉售為0.44元;平時零售為0.78元,躉售為0.77元。黑豆在集市的每斗平均價格,收穫前零售為0.77元,躉售為0.76元;收穫後零售為0.57元,躉售為0.47元;平時零售為0.61元;躉售為0.60元。在本村平時價格,計小麥零售為0.77元,躉售為0.76元,黑豆零售為0.62元,躉售為0.58元。綜上所述,可見在收穫前與平時零售躉售之間相差固小,而在收穫後相差却極大。假如我們把收穫後的躉售價格代表農人的收進價格,把收穫前的零售價格代表農人的付出價格,則二者間的差額更大。

---

① 如擴大範圍言之,四鄉集市價格祗能算是原始市場價格,保定市場價格祗能算是中間市場價格。不過一個市場之為原始的,中間的或終點的,常依貨品的交易階段而不一定;故本文縮小範圍,把清苑看做一個經濟集團,將交易的程序劃為三個階段,因而得出三種價格。

② 在去冬的補充調查時,我們在保定選擇了數十家較大的商號,令他們從舊的帳簿裏抄錄由民十九年到二四年各年各月的批發價格,每月價格以十五日者(如該日付闕,則以最接近之日代之)為代表。然後據此求出全年平均價格與指數。以後所述近幾年的畜養產品與副業產品價格,其來源和計算方法,均同此。

這是深值注意的一點。

研究原始市場價格，中間市場價格及終點市場價格間的差異，是一個極困難的工作，如三者的時期稍有不同，即無從比較。現僅就分村調查的鄉村價格(在本村出賣價格)與集市價格及補充調查的保定價格三者比較之，時期以平時躉售價格為限。在本年(民十九年)，小麥平均每斗的鄉村價格為 0.76 元，集市價格為 0.77 元，保定城的價格為 0.91 元。黑豆平均每斗的鄉村價格為 0.58 元，集市價格為 0.60 元，保定價格為 0.77 元。其中可注意的是鄉村價格與集市價格相差比較小，而集市價格與保定價格相差則很大。考其原因當是鄉村到集市之間，因路程較近，交易手續簡單，故運銷費用較小；各集市與保定之間，則因路程較遠，交易手續繁重，故運銷費用較大。這三者間的差額，代表運輸與交易過程中，居間人的運銷費用和商人的營業利潤。

表六二　近六年來主要農作物每斗價格的變遷*

	年　別	小　麥	玉　米	高　粱	小　米	黑　豆	黃　豆
實數	民十九年	0.91	0.61	0.56	0.87	0.77	0.77
	民二十年	0.85	0.52	0.48	0.76	0.70	0.81
	民二一年	0.83	0.56	0.47	0.79	0.64	0.72
	民二二年	0.64	0.45	0.39	0.61	0.49	0.54
	民二三年	0.58	0.38	0.34	0.56	0.36	0.42
	民二四年	0.69	0.48	0.45	0.71	0.53	0.60
指數	民十九年	100	100	100	100	100	100
	民二十年	93	85	86	87	91	105
	民二一年	91	92	84	91	83	94
	民二二年	70	74	70	70	64	70
	民二三年	64	62	61	64	47	55
	民二四年	76	79	80	82	69	78

* 實數以元為單位，指數以民十九年為基年。

最後我們看看農作物價格在近幾年來的增減情形。據上表，幾種主要作物都是表現同一的趨勢。從民十九年到民二三年五年間，各種作物的價格都是與年俱落，民二三年的價格還不及民十九年的三分之二，即是說：五年間農作物的價格降低了三分之一以上，跌落之劇，殊足驚人。到民二四年，各種農作物都打破歷年的跌勢而轉變爲漲勢，其漲高的程度且在民二二年之上。這和全國農產價格所表示的增減趨勢是相同的。①考民十九年到民二三年間農作物價格跌落的原因，主要有二端：一爲國際傾銷的影響，蓋當此數年間，國外農產品，尤其是米穀與小麥，均大量傾入，故招致國內農產價格的跌落。二爲國內產量的增減，這幾年清苑農村的年成雖非十足，但比較尚屬豐收，產量一時增多，自使價格跌落。三爲我國貨幣的緊縮，即貨幣價值相對的增高，此觀年來國內一般物價均呈示跌落可知。民二四年價格轉趨於上漲的，主要原因爲國內連年荒歉，農作物產量大減，供給減少，自使價格增高，此觀清苑在當年的年成僅有三四成尤可明瞭。此外，人爲的原因，如徵收洋米麥雜糧進口稅，采用新幣政策，對於抵抗國外傾銷，保持國內市場，抬高農產品價格，亦均有莫大助力。

農作物價格的跌落，自使農業經營的利潤降低，使農家勞動的收入減少；因爲農業經營與工商企業不同，一旦投下了資本與勞力，便很難放弃，同時如前所述，我國的農業經營，實際便是農民的生活，所以農家爲維持其農業的再生產，祇有減低生活程度，此所以愈到近年，農民的生計愈趨於窘困。民二四年農作物價格的上漲，乍觀之，似覺於農家頗有利，其實則不然。蓋本年產量劇減，農家自食尚不足，價格雖然上漲，焉有餘糧出賣？且大多數農家要購買食糧，價格高漲反予他們生活上的大不利。所以調劑農產價格，以消除季節間的差異，及各年的驟漲

---

① 關於這點，可參閱拙作《民國二十三年的中國農業經濟》(載《東方雜志》三十二卷十三號)及《民國二十四年的中國農業經濟》(載《東方雜志》三十三卷八號)二文。

驟跌，是農政學者所應該研究的。

(三) 畜養產品的銷售

(1) 出售家數與銷售成數　如前所述，畜養經營在我國農村尚未普遍，所以出售畜養產品的農家很少。總計 500 農家中，出售畜養產品的農家僅 36 戶，占 7%，各級農家以富農出售戶數所占比例最高，計 7 戶，占 18%；中農次之，計 13 戶，占 10%；貧農與地主再次之，各計 15 戶與 1 戶，均各占 6%；雇農全無出售者。雇農貧農有畜養之家數極少，故全無出售者，地主大多留為自食，故出售戶數亦極少。此次調查，未采記帳方法，主要的畜養產品如雞蛋的出售次數與數量，常為農民所遺忘，所以真正的說起來，出售的農家大概不止此數。

現在述畜養產品出售的種類。農家的畜養，如前所述，以雞豬二者最為普遍，故出售亦自以此二者為多。關於雞的出售，以售蛋者為多，售肉者很少；豬則除肉以外，還有許多副產品如豬鬃豬腸之類出售。清苑農家一般所出售的畜養產品是雞蛋，豬肉與豬鬃三種。據分村調查，每村雞蛋產量，平均由四千個到五千個不等，其銷售成數最低為 20%，最高為 70%，普通為 40%—50%。出售的方式多是由小販來本村收買，農家亦有收聚至集市出售者，但此種情形較少。其中大部分是運銷於保定，以應城市居民的需要。豬的數量平均每村為 30 頭，出售成數由 40 到 80% 不等，除了富裕農家以外，中小農家很少留為自己食用的。豬有活賣者，有請屠夫殺賣者。在後者的場合，其與屠戶的條件臨時定之，大抵豬鬃須歸屠夫，亦有以腸或五臟歸屠夫者。同時豬肉多由屠夫代賣，按數得一定的報酬。不過清苑農村還是以活賣者居多，大都是保定屠夫下鄉來收買。豬鬃的產量，平均每村 50 斤，全數出售，多經由保定運銷於天津，轉售於外洋。

(2) 畜養產品價格及其變遷　此處祇就豬肉與雞蛋二項述之。由下表知民十九年到民二三年豬肉與雞蛋的價格，除豬肉在民二十年增高，雞蛋在民二一年微漲之例外，餘都表示跌落的趨勢，尤以豬肉為劇。到民二四年，豬肉價格轉趨上漲，程度較民二二年尤過之，這和一般農作物價格的趨勢相同。但同年雞蛋價格却仍繼續着跌落的傾向。我們知道畜豬者多是較富裕的農家；養雞者多是貧困的村戶。豬肉價格在民二三年以前的跌落固使富裕農家感覺痛苦，但到民二四年，因轉跌爲漲，故可補償他們一部分的損失。而養雞的農家則六年來均是受着雞蛋價格跌落的痛苦，且如下表所示，民二三年與民二四年的跌落程度反較前數年爲劇。其原因一部分是國內購買力薄弱，對雞蛋需要減退；一部分則是年來對海外輸出減少，影響到國內供給相對的增多。雞蛋價格的降低所給予中小農家的影響，實不容我人忽視；尤其是農家多以雞蛋與油鹽品直接交換，則前者價格與年俱降，後者價格反與年俱升（見第三部所述），必使農民生活受大打擊。

表六三　近六年來主要畜養產品價格的變遷*

	實　　數		指　　數	
	豬肉每斤	雞蛋每個	豬肉	雞蛋
民十九年	0.24	0.011 6	100	100
民二十年	0.26	0.011 3	108	97
民二一年	0.23	0.011 4	96	98
民二二年	0.21	0.011 3	88	97
民二三年	0.20	0.010 8	83	93
民二四年	0.22	0.010 4	92	90

* 實數以元爲單位，指數以民十九年爲基年。

(四) 副業產品的銷售

本節祇就普通手工業產品與家庭手工業產品述之，單純副業因多無產品，即有亦不屬於農業經營之範域，故從略。前二者中，又以家庭手工業的織布工業產品爲主，餘亦附及之。

(1) 銷售概況　清苑農家的副業，以織布工業爲最重要，故副業產品的交易以布匹爲最發達。農家所織之布，如前所述，有洋布，土布二種。洋布多產自"商人雇主制度"之下，故無銷售之程序可言。在主匠制度下所織成的洋布，則由織戶自負銷售責任，各集市均有一定的開市日期，織戶可如期前來行銷。集市裏亦常有行客按期前來收買，至常設客莊者甚少。買賣時常有牙客或經紀人居間介紹，雙方各酬以每匹平均 0.04 元之佣錢。土布的銷售情形與洋布同，特土布工業多屬主匠制度，故農家自任銷售者居多。清苑所出的洋布與土布，除供給本地外，多經由保定或高陽轉運於我國內地，外省客人前來直接收買者亦有之。農家所紡出的紗綫，有些留爲自用，織布匹出售；有些則由買賣雙方直接交易售出；如係小額交易，亦有不在集上，而由人介紹（實則買主多係鄰戶），在紡紗者家內行之者。

其次分別看看各種普通手工業產品的銷售情形。製硝鹽爲清苑農家的重要手工業，其產品硝與鹽在十年前可隨意買賣，後因設有官硝局與官鹽局，買賣大受限制，故近年來硝鹽衹能出售於官局，私人不得收買。掃帚多係挑荷向附近各村叫買亦有買主前來購買者。挂麵，窰器出售情形同。織席的成品則多由買主前來購取，衹在集市行銷，不另叫販。造紙業的成品有白綿紙與黑紙二種，均於年底時用車載到市集上銷售。此外各業產品的出售，有在集市者，有不在集市者，其中打燒餅與作豆腐二項，則以成品的持久性關係，多衹在本村出售。

(2) 副業產品價格及其變遷　據分村調查，當時各種副業產品的價格，零售與躉售間相差頗大。洋布每匹 (48 尺) 平均價格零售爲 4.5 元，躉售爲 4.0 元，相差達 0.5 元；每尺零售爲 0.08 元，躉售爲 0.075 元，相差達 0.005 元。土布價格，零售躉售間的差額與此相同。紗綫多爲零售，其價格平均每兩爲 0.085 元。硝每斤價格零售爲 0.2 元，躉售爲 0.18 元，相差達 0.02 元；鹽每斤價格零售爲 0.06 元，躉售爲 0.055 元，相差 0.005 元。挂麵全係零售，每斤價格約 0.11 元，席每床價格爲 0.5 元，亦僅限於零賣。白綿紙每刀價格零售爲 1.4 元，躉售爲 1.2 元，相差 0.2 元；黑紙每刀價格零售爲 0.06 元，躉售爲 0.07 元，相差 0.01 元。打車均是預約製造，全係零售，大車每具價格約 70 元。編筐亦多零售，每個價格 0.2 元。箍梢的鐵箍每個價格約 1.0 元，亦無批售者。豆腐每個 0.01 元；燒餅每個 0.012 元；均係零售。此外的各種手工業產品，則因樣式有大小，材料有好壞，不能一概而論。

關於副業產品價格在近幾年來的增減情形，在去冬的補充調查，祇選取了家庭手工業出口"三二布"與"二十布"兩種。① 這兩種布的價格在民十九年到民二三年的跌落情形和前述農作物價格及畜養品價格同期的變遷相一致，但其與後者不同的，便是民二四年繼續跌落。（見表六四）重要的副業產品價格的下落，使農家收入減少，影響到農家生活的貧窘。雖然織布工業多依"商人雇主制度"，織戶雖照常領取工資，然因商人可以扣減工資，或延長工作時間，否則放棄營業，辭退織戶，使農家的織布工人失業。無論商人采用那種方法，結果總是使農人之從事此種副業者，其經濟狀況更趨貧窘。

表六四　三二布與二十布每匹價格的變遷*

	實　數		指　數	
	三二布	二十布	三二布	二十布
民十九年	10.47	8.06	100	100
民二十年	10.71	8.64	102	107
民二一年	9.20	7.48	88	93
民二二年	7.74	6.23	74	77
民二三年	6.55	4.98	63	62
民二四年	6.36	4.25	61	53

* 實數以元為單位，指數以民十九年為基年。

---

① 清苑農家所出的布，以白布為主。白布是用原色紗織成的平紋布，有市布與標布之分。而市布與標布又因所用棉紗支數的不同，而可分為"三二布"，"二三布"，"四三布"，"二十布"諸種。本文所說的"三二布"，便是以三十二支紗作經緯綫的布；"二十布"便是經緯綫都用二十支紗的布。

第三部 農家的收支與借貸

Ⅰ. 農家組成份子

(一) 家庭人口

(1) 每戶人數　清苑農家平均每戶人數①爲6.0，這在我國農村的家庭人口中，屬於較大的一類。各農家彼此差異頗大，計地主平均每戶人數爲6.8，富農8.8，中農6.6，貧農5.6，雇農4.5。富農家庭特大，因爲它擁有巨額土地，常需用大量人工。地主在自有人工方面遠遜於富農，故家庭較小。中農，貧農與雇農依次而下，這或是分家習慣及家庭贍養力使然。

農家每戶人數由一人到二十餘人不等。概別言之，不及總平均數6人者合計263戶，占53%；在6人及其以上者合計237戶，占47%。最小者1人，計貧農6家及雇農4家；最大者29人，僅富農1家。

(2) 田權分配與家庭大小的關係　大抵農家所有田畝愈多，其家庭愈大，反之則家庭愈小；換言之，農家土地持有額和他們的家庭大小成正比例。如表六五所示，全無土地的及有地在五畝以下的農家，平均每戶人數均爲4.4；有地在百畝及二百畝以上的農家，平均每戶人數爲15.0；接近總平均數6.0的一組，即家庭人口在6.3的一組，其每戶所有田畝爲10—20畝，這和第一部所述平均每戶所有田畝爲14.2畝正相符合，這兩個平均數的如此密切相關，表示六口之家，持有土地十四畝，

---

① 以在家現住人口爲限。

或較能代表清苑的一般農家了。

表六五*　　田權分配與家庭大小

組別	戶數	人數	每戶平均人數
全無土地	24	105	4.4
1畝以下	12	53	4.4
1—4.9	116	506	4.4
5—9.9	128	669	5.2
10—19.9	104	651	6.3
20—29.9	47	379	8.1
30—49.9	54	440	8.1
50—99.9	12	149	12.4
100—200畝以上	3	45	15.0
總計	500	2 997	6.0

* 表之次序續《清苑的農家經濟(中)》。

(二) 等成年男子單位

(1) 本家人口等成年男子單位　等成年男子單位(equivalent adult-male unit)的折合標準有多種，普通多援用 Atwater 氏者。本調查關於各農家人口的年齡無詳細記載數字，在8歲以上，16歲以下的童子及7歲以下的小孩且無性別的記載。所以我們祇有變通 Atwater 氏的標準，采用如下之折合標準：

人口類別	折合等成年男子單位
男成年(17歲以上者)	1.0
女成年(17歲以上者)	0.8
童子(8—16歲者)	0.7
小孩(7歲以下者)	0.4

據此折算結果，各農家的本家人口等成年男子單位，計地主 4.4，富農 6.2，中農 4.9，貧農 4.0，雇農 3.0，總平均為 4.3。其中富農等成年男子單位最大，由於家庭最大所致。中農就家庭人口言本較地主為小，而其等成年男子單位却較後者為大，可見地主在家人口必是婦孺較多。貧農與雇農的等成年男子單位最小，其由於每戶人數較少，不待深述。

本家等成年占家庭人口的比例　由此種比例，可以看出各農家組成份子的差異。以每戶人數為 100，計每家等成年占其百分率①：地主 64.7%，富農 70.5%，中農 74.2%，貧農 71.4%，雇農 66.7%，總平均 71.7%。這種比例，以中農最高，貧農與富農次之，雇農又次之，地主最低。由第一部所述，地主與雇農離村人數所占比例較大，在家者以婦孺居多，壯丁較少；貧農與富農的情形比較適中；中農因自耕自田的色彩最為濃厚，壯丁大多在家工作，離村人數極少，故其比例較一般農家均高。

(2) 食糧消費等成年男子單位　適纔所述單位，係以農家自有人口折合而成者。但等成年男子單位的功用大部分在測量并比較食糧消費的數量；許多農家雇用勞工，并供給膳宿，所以等成年男子單位中，應當算進本家人口以外的雇工，則比較消費量，方能公允。

考 500 農家中，雇有長工的僅地主與富農兩種農家；中農，② 貧農與雇農均未雇用，所以後三者的食糧消費等成年和上述本家人口等成年完全相同。地主雇用長工者計 9 家，共雇長工 18 人；其中每家雇用的長工，最多者四人，僅 1 家；最少者兩家合雇一人，亦僅 1 家；③ 普通以一人到二人為多。富農雇用長工者 36 家，共雇長工 44 人；其中每家雇用的長工，最多者三人，僅 1 家；二人者 6 家；一人者最普通，計 29 家。總平均地主每家雇用長工人數 1.1，富農同此數。

---

① 為要作較精密的比較，故用一位小數。
② 中農有一家雇進一個成年長工，但屬例外。見本文(上)論農業勞工一節，載本志七卷一期。
③ 和這家合夥雇用長工的另一家，不在本文 500 農家之內。

按上述折合標準，將雇用長工加入在本家人口等成年中，折算結果，計食糧消費等成年男子單位：地主 5.5，富農 7.3，中農、貧農與雇農仍舊，總平均 4.4，較上述者略高。

Ⅱ. 農家收入

農家的收入包括農作物收入，畜養收入，農業資本收入，農業勞動收入，副業收入及特別收入等項，茲分述之。

(一) 農作物收入

農家賴耕種爲生，故農作物收入構成農家生活的主要泉源。但亦有例外：依第二部所述，500 農家中未有農作物經營者計地主 5 家，貧農 1 家，雇農 5 家，共 21 家；所以這 21 家的家庭收入，當不以農作物爲主。本節係就全體農家討論，其中地主無作物經營者達三分之一以上，以致每家平均作物收入偏低，讀者須注意。

(1) 每家農作物收入額　500 農家平均每戶農作物收入爲 154.6 元。地主雖算進了無作物經營者五家，但仍居最高地位，計平均每戶作物收入爲 485.2 元；次爲富農 436.8 元，中農 215.0 元，貧農 86.1 元；最小爲雇農，計 26.5 元。我們再就經營農田的 479 家分析之。據表六六，農作物收入在 50—70 元者占 10%，70—100 元者占 14%，100—140 元者占 13%，140—200 元者占 15%，四者合計占 52%。故知農家的作物收入一般均爲 50 元到 200 元。惟就包含平均數 154.6 元的一組，即 140—200 元這一組爲標準言之，計作物收入在 140 元以下者合占 59%；在 200 元以上者僅合占 25%，即加上爲標準的這一組，合計亦不過占 40%。可見上述的平均數，受收入較大組極端的影響很大。各農家作物收入分配的差異情形，見表中，不必贅述。但其中可注意者爲地主與富農高達千元以上（最高爲 1 998 元）及貧農與雇農低在十元以下（最低爲 1 元）的極端現象。

表六六　各農家農作物的總收入*

組別	地主	富農	中農	貧農	雇農	總計	百分率
10元以下	—	—	—	7❸	8❹	15	3
10—19.9	—	—	—	8	11	19	4
20—29.9	—	—	—	20	11	31	6
30—49.9	—	—	—	33	12	45	9
50—69.9	—	—	4	42	4	50	10
70—99.9	1	2	7	55	1	66	14
100—139.9	1	—	20	39	3	63	13
140—199.9	1	6	43	23	1	74	15
200—299.9	—	3	34	15	—	52	11
300—499.9	4	16	25	1	—	46	10
500—999.9	3	11	1	—	—	15	3
1,000元以上	2❶	1❷	—	—	—	3	1
總計	12	39	134	243	51	479	100†

* 未有農作物經營之21家不在內。

❶ 最高實數為1,998.38元。

❷ 最高實數為1,185.83元。

❸ 最低實數為2.63元。

❹ 最低實數為1.22元。

† 因四捨五入之進位，總計為99。

（2）各種農作物收入的比例　由每種農作物收入所占百分比的大小，可以看出它在全體中的重要性。在第二部農作物經營一章論農作物的種類，分布與位次時，曾將農作物劃歸數類（參看表三九及文中說明），現仍據此標準，作成各種農作物收入百分比如下表。

表六七　各種農作物收入之百分比*

農作物類別	地主	富農	中農	貧農	雇農	平均
A. 食用作物						
（1）穀實類	88.96	80.34	82.41	78.42	73.08	81.33
小麥	56.28	43.99	50.27	41.98	31.37	46.80
玉米	8.29	10.05	8.64	9.61	8.42	9.18
高粱	11.13	8.65	10.01	10.82	10.89	10.07
穀子	8.61	12.57	7.44	6.21	6.74	8.34
大麥	3.64	3.54	4.08	8.64	14.22	5.41
稷子	0.59	0.68	0.99	0.46	1.06	0.73
黍子	0.42	0.52	0.79	0.52	0.38	0.61
蕎麥	—	0.34	0.18	—		0.14
稗子	—	—	0.01	0.18		0.05
（2）豆類	7.35	7.25	6.13	5.20	6.27	6.25
（3）根用類	—	0.76	1.57	0.85	1.94	1.03
（4）蔬菜類	3.68	10.50	9.36	15.39	18.72	10.89
B. 特用作物						
（1）纖維類	—	0.78	0.28	0.03	—	0.26
（2）油類	—	0.35	0.31	—	—	0.19
（3）烟	—	0.02	0.01	0.11	—	0.04
總計	100.00	100.00	100.00	100.00	100.00	100.00

* 因欲作精密的比較，故用兩位小數。

這裏由收入額所表示各種農作物的重要性差別和表三九由作物畝數所表示各種農作物的重要性差別是一致的。在自足自給色彩極爲濃厚的清苑農村，農作物收入自以食用作物爲主，其中穀實類最爲重要，蔬菜類次之，豆類與根用類又次之，特用作物則顯然不足輕重。

如將上表和表三九相較，則有數點可注意：（1）穀實類就收入額言所占百分率（81%）比較就作物畝數言所占的百分率（72%）爲大，這可表示穀實類的價值較一般農作物，至少較有幾種農作物爲高；（2）豆類按作物畝為標準固占25%，但現按收入額為標準，僅占6%，這有兩個原因：其一或是本年豆類收成不佳，致產量減少，收入降低；其二或由於豆類作物價值不高；(3)蔬菜類按作物畝說僅占2%，現按收入額說則占11%，這一則表示園藝作物之集約程度及其因集約所獲的結果，另則表示園藝經營在銷售環境允可之下，實在是土地不充分的農家圖謀收入的一個較善方法。

關於各農家的各種農作物收入的比例亦有值得申述者。一個顯然的差別便是穀實類收入所占比例，地主，富農與中農較貧農與雇農為高，蔬菜類收入所占比例，前三者較後二者為低。各農家穀實類比例的差異，大半由於小麥的影響，因為地主，富農與中農的小麥收入所占比例遠較貧農與雇農為高。蔬菜的種植屬於土地集約經營的範疇，故除中農蔬菜類收入比例較富農稍低乃一特殊情形外，餘均隨各農家耕地的缺乏程度而增高。小麥與蔬菜同為清苑農村之重要商品作物，二者在各農家間收入比例的差異恰好是一個消長的對照，這情形頗值我人玩味。

(3)現款與非現款收入的比例　農作物現款收入係指因出售農作物所得的貨幣收入而言，非現款收入係指農家自食者而言；由二者的比例，可以推斷出農業經營的商業化程度。關於這點，在第二部農產銷售一節論之甚詳，茲不贅。現在僅將農作物現款收入與非現款收入的比例列下：

	現款收入	非現款收入
地　主	20%	80%
富　農	16%	84%
中　農	15%	85%
貧　農	10%	90%
雇　農	9%	91%
總平均	14%	86%

现款收入额，如就出售农家言，总平均每家40.2元，计地主147.2元，富农86.4元，中农42.9元，贫农18.2元，雇农16.2元；如就全体农家言，总平均每家22.1元，计地主95.3元，富农68.7元，中农32.9元，贫农9.0元，雇农2.5元。这些数目字可以代表各农家主要的货币收入额。

(二) 畜养收入

畜养收入构成的内容，第一为畜养主产品，即畜养资本的增值，如小鸡之养成大鸡，小猪之养成大猪，及其他各种禽畜之由小养大是。其次为畜养副产品，如家禽类之卵，① 家畜类之毛皮及由大禽畜孵生之小禽畜是。但如要计算纯收入，我们又得计算畜养支出，如设备费，人工费及饲料费等，再将这些支出由总收入中除去。可是这种计算，如第二部论畜养利得时所言，在今日中国实为不可能。现在姑就副产品收入的情形来说明农家的畜养收入。

这次调查的农家畜养副产收入包括鸡卵、鸭卵、鸽卵、猪鬃、猪毛、小鸽、小兔诸种。就有畜养的农家言，总平均每家畜养副产品收入为1.4元。其中第一为养鸭农家的鸭卵收入，1.6元；次为鸡卵，1.5元；再次为猪鬃，1.1元；更次为小兔，0.9元；此外猪毛，小鸽，鸽卵收入均甚微小。至就全体农家言之，总平均每家畜养副产收入仅为0.5元，中除鸡卵较大为0.4元外，余均不值轻重。如就各农家分别观察，无论按有畜养农家或按全体农家，每家畜养副产收入均以富农最大，雇农最小，贫农较中农微低，地主因平均家数之不同，致或较中农与贫农低，或较后二者高。见表六八。

---

① 其中鸡卵一项，因为农家养鸡的普遍及养鸡目的多在变卖鸡卵，本可看作农家畜养的主产品。现因调查时，农家不能记忆每年所获鸡卵确实数目，致报告数额远较实际者为小，故仍归并于副产品一类。

表六八　平均每家畜養副產收入(元)

	種類	地主	富農	中農	貧農	雇農	總平均
按有畜養家數	雞卵	1.38	2.79	1.59	1.23	0.93	1.50
	鴨卵	—	1.75	0.50	2.05	—	1.59
	鴿卵	—	—	—	0.07	—	0.07
	豬鬃	0.70	1.65	0.80	1.00	—	1.14
	豬毛	0.60	1.00	0.60	—	—	0.67
	小鴿	—	—	0.10	—	—	0.10
	小兔	—	—	0.90	—	—	0.90
	各項總平均	1.05	2.43	1.43	1.24	0.93	1.43
按全體家數	雞卵	0.40	1.15	0.55	0.32	0.17	0.43
	鴨卵	0.06	0.09	＊	0.03	—	0.02
	鴿卵	—	—	—	＊	—	＊
	豬鬃	0.08	0.17	0.02	＊	—	0.02
	豬毛	0.07	0.03	0.01	—	—	0.01
	小鴿	—	—	＊	—	—	＊
	小兔	—	—	0.01	—	—	＊
	各項總平均	0.61	1.44	0.59	0.35	0.17	0.48

＊ 不及0.005者。

這幾種畜養副產收入，除了豬鬃與豬毛係完全出售，全部爲現款收入外，餘各項因兼有出售與自用之情形，故一部分爲現款收入，一部分爲非現款收入。

(三)農業資本收入

農業資本收入包括因固定資本(如土地、房屋)之出租，耕畜與農具之出賃，及流動資本(如種籽、肥料)之出賣，而獲得的收入。本文所述者限於地租、房租、出賃耕畜及出賣肥料四項。

500農家中，有地租收入者共14家，計地主8家，富農1家，中農

1家，貧農4家，雇農無；有房租收入者僅雇農1家；有出賃耕畜收入者共5家，計富農1家，中農4家；有出賣肥料收入者計貧農3家。清苑農家除地主外，出租土地者極少，故多無地租收入。房租收入在我國農家極屬少見，本調查僅有一例。① 出賃耕畜在我國農村雖屬常有之事，但因每次收入微小，且在畜力與人力交換的情形下，根本無貨幣收入可言，故常爲農民遺忘。出賣肥料收入除兼營榨油坊之農家常出賣副產品餅醬之類而獲得收入外，一般農家甚少有之；此處貧農三家均係出賣人畜糞肥。總之，清苑農村中，有資本收入的農家極爲稀少。

每家資本收入，按有資本收入家數言之，平均爲67.8元。各項收入中以地租最大，平均每家90元；各農家以地主收入最多，平均134元。然就全體家數及各項資本收入合而言之，除地主平均每家有63元，富農將近1元外，餘均不過0.5元，可見農家的資本收入是極微小的。（表六九）

表六九　平均每家農業資本收入（元）

	種類	地主	富農	中農	貧農	雇農	總平均
按有收入家數	地租	134.37	32.50	22.28	32.71	—	90.04
	房租	—	—	—	—	20.00	20.00
	出賃耕畜	—	5.00	*	—	—	5.00
	出賣肥料	—	—	—	1.08	—	1.08
	總平均	134.37	18.75	22.28	19.15	20.00	67.84
按全體家數	地租	63.23	0.83	0.17	0.54	—	2.52
	房租	—	—	—	—	0.30	0.04
	出賃耕畜	—	0.13	*	—	—	0.01
	出賣肥料	—	—	—	0.01	—	0.01
	總平均	63.23	0.96	0.17	0.55	0.30	2.58

＊收入未詳，未能計算平均值。

① 調查表所記有雇農一家，因全家出外謀生，故將一小間房屋租出。

(四)農業勞動收入

農業勞動收入係指因出賣勞力，爲他人擔任農場工作所獲得的收入而言。這種收入隨工作之爲經常的或臨時的而可分爲長工收入與短工收入二類。

各級農家中有勞動收入者僅雇農與貧農兩種農家，中農有此種收入者極少。有長工收入的農家共 40 戶；計雇農 27 戶，占全體雇農家數 40%，貧農 12 戶，占 5%；中農僅一家。有短工收入的農家共 186 戶；計貧農 135 戶，占全體貧農家數 55%；雇農 48 戶，占 70%；中農僅三家。

兩種勞動收入以長工較大。就有勞動收入的家庭來説，平均每家長工收入爲 44.0 元；各農家計雇農 48.5 元，貧農 35.1 元，中農 28.0 元。平均每家短工收入爲 19.6 元；各農家計雇農 30.0 元，貧農 16.0 元，中農 7.0 元。兩項合計後，平均每家勞動收入：雇農 42.1 元，貧農 10.6 元，中農 0.4 元。就下表來看，知每家長工收入以 30—40 元居多，占 35%；最低爲 10 元，高達 120 元。短工收入以 10—20 元居多，占 34%；低在 5 元以下，高達 100 元。三種農家中，雇農的每家長工收入較貧農大，短工收入則相若；中農的長短工收入都很微小。

表七十　農家的農業勞動收入

組　別	長工					短工				
	中農	貧農	雇農	合計	百分率	中農	貧農	雇農	合計	百分率
5 元以下	—	—	—	—	—	1	22	1	24	13
5—9.9	—	—	—	—	—	1	25	2	28	15
10—19.9	—	1	2	3	8	1	49	13	63	34
20—29.9	1	4	—	5	13	—	18	8	26	14
30—39.9	—	3	11	14	35	—	11	12	23	12
40—49.9	—	2	4	6	15	—	4	3	7	4
50—64.9	—	1	4	5	13	—	3	3	6	3

續表

組　別	長　工					短　工				
	中農	貧農	雇農	合計	百分率	中農	貧農	雇農	合計	百分率
65—79.9	—	—	2	2	5	—	—	3	3	2
80—89.9	—	—	2	2	5	—	1	2	3	2
100元以上	—	1❶	2❷	3	8	—	2❸	1❹	3	2
總　計	1	12	27	40	100*	3	135	48	186	100*

❶ 實數爲 100.00 元。
❷ 實數爲 100.00 元，120.00 元。
❸ 實數爲 100.00 元，100.00 元。
❹ 實數爲 100.00 元。
* 因進位之關係，與實加之和微有出入。

(五) 副業收入

副業關係農家經濟頗巨，蓋各農家莫不以副業收入爲收支虧短的挹注，對於中小農家尤形重要。

(1) 每種副業收入額　據表七一，副業收入以從政一項最豐，每家年平均爲 126 元；經商次之，96 元；店員與軍警又次之，78 與 70 元；此外作坊、紡織、小販、工匠及脚夫等均依次而下。同一職業，各農家間之差异亦大，其著者如地主從政收入每年平均爲 350 元，貧農僅 51 元；富農經商收入每年平均爲 350 元，地主爲 125 元，中農與貧農僅 30 餘元，雇農僅 2 元。此外如店員，作坊等副業收入各農家亦很有差異。然如紡織一業，雇農每年平均收入較富農，中農與貧農爲高，此因清苑的紡織業主要的不是投資而是出賣勞力之故。

(2) 每家副業收入額　農家之有副業，不僅限於一種，如副業經營一節所述，一家有兼三種或四種副業者。合各種副業收入言之，有副業收入的 111 家，其副業收入在 10 元以下者占 12%，在 100 元以上者僅占 8%，一般以 10 元到 70 元者爲最多，合占 69%，70 元到 100 元者占 5%。

表七一　各種副業的平均收入*(元)

種類	地主	富農	中農	貧農	雇農	總平均
店員	100.00	—	40.00	83.33	—	78.00
經商	125.00	350.00	30.00	38.33	2.00	95.54
政界	350.00	—	—	51.00	—	125.75
軍警	—	—	60.00	75.00	—	70.00
紡織	—	25.00	28.07	24.90	42.75	28.59
作坊	—	100.00	35.90	36.67	—	44.20
小販	—	—	18.33	26.08	25.75	25.21
工匠	—	—	42.00	21.57	9.33	23.46
脚夫	—	—	20.00	13.33	—	15.00

*本表係依據有此種副業家數平均。

(表七二)其中地主與富農的副業收入較大，至低亦在50元以上，最高有達650元者。中農與貧農的副業收入均甚低微，最高不過100元(如貧農、雇農)或150元(如中農)，低在5元(中農)或5元以下(貧農、雇農)。

表七二　各農家副業的總收入

組別	地主	富農	中農	貧農	雇農	總計	百分率
5元以下	—	—	—	3	3	6	5
5—9.9	—	—	3	9	1	13	12
10—19.9	—	—	3	12	3	18	16
20—29.9	—	—	5	10	2	17	15
30—49.9	—	—	4	15	3	22	20
50—69.9	1	1	6	10	2	20	18
70—99.9	—	—	1	3	2	6	5
100—149.9	1	1	—	4	—	6	5

續表

組　別	地主	富農	中農	貧農	雇農	總　計	百分率
150 元以上	2❶	1❷	—	—	—	3	3
總　計	4	3	22	66	16	111*	100

❶ 實數爲 200.00 元，350.00 元。

❷ 實數爲 650.00 元。

＊ 500 農户中有副業者共 123 家，其中收入未詳者 12 家，計富農與中農各 2 家，貧農 8 家。

　　就全體農家及各項副業合而言之，平均每家副業收入爲 9.71 元；計地主 41.2 元，富農 21.2 元，中農 5.39 元，貧農 8.88 元，雇農 6.68 元。地主的副業收入最高，此因地主多離村謀業之故。富農的副業收入次之，或由於富農的資力較中小農家大，能經營較大規模的商業或手工業，因之每年營利收入較多。中農、貧農與雇農的副業收入都很微小，其中且以中農爲甚。這因爲中農在土地所有方面，在農場經營方面，在自有勞工方面都比較適中，且因專注於農作物的經營，無資力或時間兼營副業，故此副業收入特少。貧農與雇農雖綽有從事副業的時間，但爲資力所限，故副業收入亦不多。

　　(3) 副業收入的構成比例　分析各農家副業收入的構成比例，不僅可幫助明瞭各農家副業收入大小差異的原因，且可從副業的性質上推測各農家經濟地位的强弱。據表七三，地主的副業收入以從政爲主，經商次之；富農以經商爲主，作坊次之；中農以紡織爲主，作坊、工匠次之；貧農以紡織、小販爲主，店員、經商次之；雇農亦以紡織爲主，小販次之。經商需資本，從政需人情、勢力或學識，此僅地主與富農能優爲之，其所獲收入或利得亦最豐多。紡織雖亦需資本，但數額不大，雖要大量人工，但因在農閑，不妨礙主要的作物經營，故中小農家多兼營此種副業，特因利益微薄，且執業時期甚短，故每年收入仍極微少耳。如就500 農家合而言之，則副業收入仍以經商居首位，紡織次之，小販又次之，餘如從政、作坊、店員、工匠依次而下，而以腳夫爲最少。

表七三　各種副業收入之百分比

種類	地主	富農	中農	貧農	雇農	各農家平均收入百分率
店員	14	85	6	12	—	8
經商	36	—	8	11	*	26
政界	50	—	—	7	—	10
軍警	—	—	8	7	—	4
紡織	—	3	27	24	58	21
作坊	—	12	20	5	—	7
小販	—	—	8	24	35	15
工匠	—	—	17	7	6	6
腳夫	—	—	6	4	—	2
總計	100	100	100	100†	100†	100†

* 不及 0.5 者。

† 因"四捨五入"之關係，與實加之和微有出入。

(六) 特別收入

特別收入又稱非常收入，即農家在經常收入以外爲要應付家庭的非常支出，用一種非常方法所獲得的臨時特別收入。此種收入，大體言之，有典出田地，賣出田地，賣出房屋，賣出耕畜諸項。

(1) 有特別收入的農家　500 農家中，因典出田地而獲得收入者計地主 1 家，中農 1 家，貧農 5 家，雇農 1 家，共 8 家；因賣出田地而獲得收入者計貧農 3 家，雇農 1 家，共 4 家；因賣出房屋而獲得收入者僅雇農 1 家；因賣出耕畜而獲得收入者計富農 3 家，中農 11 家，貧農 1 家，共 15 家。土地與房屋同爲農家生產之必不可少者，除非萬不得已，農家實不願輕予典賣。其所以典賣的原因，多由於家庭經濟窘迫，此觀出賣田地與房屋的情形僅限於貧農與雇農可知；至於雇農之出賣房屋，尤有一特別原因，即離村。典出田地則在手頭寬裕時又可贖回，故有臨時金融調劑的意義。出賣耕畜的方法，農家多於農閒時候采用之；蓋耕畜資本數額較小，翌年春耕時易於籌措，所以農家采此種方法者亦多。

(2) 特別收入額　農家之各項特別收入額彼此相差甚大。詳言之，典出田地所獲收入計地主一家 700 元，中農一家 160 元，貧農平均每家 73 元，雇農一家 132 元；賣出田地所獲收入計貧農平均每家 196 元，雇農一家 116 元；賣出房屋所獲收入計雇農一家 170 元；賣出牲畜所獲收入計富農平均每家 52 元，中農平均每家 32 元，貧農一家 15 元。合以上諸農家言之，平均每家特別收入，計典出田地 170 元，賣出田地 176 元，賣出房屋 170 元，賣出牲畜 35 元中以賣出牲畜收入最少，其餘三項相若。如就 500 農家言之，平均每家特別收入爲 5.5 元，中以地主最多，爲 41 元，其餘各農家大抵相若，計由 4 元到 6 元。詳見下表。

表七四　平均每家特別收入*（元）

項 目	地 主	富 農	中 農	貧 農	雇 農	總平均
典出田地	41.18	—	1.19	1.49	2.00	2.71
賣出牲畜	—	4.03	2.58	0.06	—	1.04
賣出田地	—	—	—	2.41	1.76	1.41
賣出房屋	—	—	—	—	2.58	0.34
總　計	41.18	4.03	3.77	3.96	6.34	5.50

* 按全體家數平均。

Ⅲ. 農 家 支 出

農家的支出可分爲農場支出、家庭消費、各種負擔及特別支出四項；現依次述於後。

(一) 農場支出

照理論說，農場支出應包括對於農場經營的各種現款的與非現款的費用。此處所說的農場支出，大部分是現款費用，小部分是資本利息及折舊費等非現款費用；此外有許多非現款費用，因無從計算，不包括在內。故本文所述農場支出估計稍低。這和第二部表四二所述生產費的含義是完全相同的。

每家農場支出的多少，隨農場經營規模的大小而不同。清苑農家的農場面積都很狹小，所以農家的農場支出亦非常微少。據表七五所示，每家農場支出在十元以下者占43%，10—30元者占29%，二者合計占72%，農場支出的微小可以想見。在一百五十元以上的僅占3%；其中在三百元以上者計地主二家，富農一家；達七百元者僅地主一家。

表七五　各農家之農場總支出*

組別	地主	富農	中農	貧農	雇農	總計	百分率
1元以下	—	—	—	5	20	25	5
1—9.9元	2	—	10	140	37	189	38
10—19.9	—	—	27	52	4	83	17
20—29.9	1	—	32	26	—	59	12
30—49.9	3	1	30	15	—	49	10
50—99.9	2	13	29	3	—	47	10
100—149.9	1	14	6	2	1	24	5
150—199.9	1	5	—	—	—	6	1
200—299.9	2	5	—	—	—	7	1
300元以上	3❶	1❷	—	—	—	4	1
總計	15	39	134	243	62	493†	100

❶ 實數爲316.0元，356.3元，703.5元。

❷ 實數爲327.9元。

* 500農戶中無農場支出者共7家，計地主2家，貧農1家及雇農4家。

† 據第二部表三五，本年度有農場經營的農家共479戶，而有農場支出的共493戶，故有14戶（493戶－479戶＝14戶）雖有農場支出而無農場經營。考原調查表，此種農家計雇農11戶，農場支出僅有農具折舊費一項，他們都因臨時出作短工，故自備農具；又地主3戶，農場支出祇有農具折舊費與修理費及農舍修理費數項。嚴格言之，這11家雇農的農場支出祇能當作副業經營費用，這3家地主的農場支出祇能視爲家庭生活費用。

農家支出的種類，有人工、耕畜、種籽、肥料、農具、農舍及田租等七項。平均每家農場支出，計人工9.5元，耕畜1.5元，種籽9.7元，肥料5.3元，農具3.1元，農舍0.5元，田租2.8元，合計32.4元。各農家以地主平均每家農場支出最大，計141.6元；富農次之，133.2元；中農及貧農又次之，各爲39.3元及12.4元；雇農最小，僅4.7元。（表七六）農場支出如此低下，自難望有良好的農業經營。

表七六　平均每家各項農場支出[*]（元）

支出類別	地主	富農	中農	貧農	雇農	總平均
人　工	70.53	61.12	7.73	0.50	—	9.48
耕　畜	5.63	6.42	2.21	0.50	0.02	1.53
種　籽	35.45	24.37	14.65	5.17	1.43	9.74
肥　料	14.89	23.70	7.27	1.86	0.50	5.28
農　具	9.43	10.01	4.67	1.32	0.54	3.07
農　舍	2.78	2.73	0.48	0.15	—	0.51
田　租	2.89	4.89	2.25	2.88	2.21	2.78
總　計	141.60	133.24	39.26	12.38	4.70	32.39

＊ 根據全體家數計算。

各項農場支出，以種籽費與人工費所占成分最高；肥料、農具、田租、耕畜等費依次而下；農舍費最小。這種情狀和第二部表四二所表示者完全一致，雖然該表以每畝支出計算，此處以每家支出計算。各級農家相互差異的程度，也詳見該表，讀者可參閱。

（二）家庭生活費

農家的生活費包括飲食、衣服、住房、燃料及雜項費等。飲食費又可分爲食糧、肉類、菜蔬、調味品等數項。衣服費係指一年中自家織布做的或買布做的衣服費，及自有或購買的棉花所製的被服費。住房費包括修理費、租金、典價及傢具購置費等項。燃料費主要的爲柴草費，其次爲燈光費。雜項費乃上述各費用以外的種種支出，其內容詳後。

（1）家庭生活費支出額　清苑農家的生活費，如表七七所示，彼此差別頗大。計低有在十元以下者（實數4.4元），高有達千元以上者（實數1,108.5元）；各組間亦不十分集中，非常分散。大約言之，我們可以說：清苑農家的生活費以百元到二百元者較多。分別言之，地主低在百元，高達千元，一般爲三百元左右；富農低在五十元，高達五百元，一般爲二百元上下；中農低在三十元，高達五百元，但僅一家，一般約爲百五十元，貧農低僅十元，高達三百元，一般約爲百元；雇農低有達十元以下者，高達二百元，一般約爲七十元。這種分配情形的懸殊，俱詳見表中。

表七七　各農家家庭總生活費

組　別	地主	富農	中農	貧農	雇農	總計	百分率
10元以下	—	—	—	—	1❶	1	0.2
10—19.9	—	—	—	1	1	2	0.4
20—29.9	—	—	—	7	5	12	2.4
30—49.9	—	—	2	23	13	38	7.6
50—69.9	—	1	6	27	12	46	9.2
70—99.9	—	1	9	44	18	72	14.4
100—139.9	1	5	21	60	8	95	19.0
140—199.9	5	5	40	50	5	105	21.0
200—299.9	5	10	37	25	3	80	16.0
300—499.9	3	12	18	7	—	40	8.0
500—999.9	1	5	1	—	—	7	1.4
1 000元以上	2❷	—	—	—	—	2	0.4
總　計	17	39	134	244	66	500	100.0

❶ 實數爲4.36元。

❷ 實數爲1 058.06元，1 108.46元

總平均每家生活費支出爲160元。此數比較華北冀、豫、晋、皖（北

部)四省農家平均家庭生活費191元①要低三十餘元；比較冀省平鄉與鹽山二縣農家平均家庭生活費119元②約高四十元；和北平郊外挂甲屯農家生活費160.4元③則很相近。分項言之，計飲食費126.3元，衣服費16.0元，住房1.1元，燃料5.3元，雜項10.9元。各級農家的平均生活費，計地主352元，富農310元，中農195元，貧農124元，雇農82元，彼此差異很大。每家的平均數，因家庭範圍大小不同的關係，容或不能代表各個農民生活的實際情形，故再就每等成年男子單位的平均生活費言之。據此計算結果，總平均每等成年生活費爲37元。④ 分項言之，每等成年飲食29.4元，衣服3.7元，住房0.3元，燃料1.2元，雜項2.5元。各農家計地主每等成年79元，富農50元，中農40元，貧農31元，雇農28元；彼此懸殊程度較前述者略小，除地主特高外，貧農與雇農相若，中農高十元，富農又較中農高十元。詳見表七八。

表七八　農家各項生活費及其百分比(元)

項　目		地　主	富　農	中　農	貧　農	雇　農	總平均
平均每家	飲食	223.13	236.93	157.31	101.03	66.45	126.30
	衣服	37.31	35.06	18.72	11.92	8.71	15.99
	住房	2.35	2.59	1.38	0.68	0.57	1.06
	燃料	15.58	9.57	5.88	4.32	2.40	5.28
	雜項	73.71	25.32	11.46	5.92	3.54	10.91
	總計	352.08	309.47	194.75	123.87	81.67	159.54

---

① 見 J. L. Buck：《Chinese Farm Economy》，p. 385.
② 據同書同頁所載河北省平鄉縣(88.62元)及鹽山縣(1922年—113.13元，1923年—155.20元)的調查數字平均而得者。
③ 見李景漢：《北平郊外之鄉村家庭》，63頁。
④ 此係按本家人口等成年男子單位計算。因農家生活費中，除飲食費、燃料費外，雇工均不能享受，有的雖能享受但遠較主人爲差，如住房是，而對於雜項費尤多不能染指；所以不按食糧消費等成年男子單位計算。

續表

項 目		地主	富農	中農	貧農	雇農	總平均
平均每等成年*	飲食	50.31	38.17	32.41	25.07	22.37	29.41
	衣服	8.41	5.65	3.86	2.96	2.93	3.72
	住房	0.53	0.42	0.28	0.17	0.19	0.25
	燃料	3.51	1.54	1.21	1.07	0.78	1.23
	雜項	16.62	4.08	2.36	1.47	1.19	2.54
	總計	79.38	49.86	40.12	30.74	27.46	37.15
各項百分比	飲食	63.4	76.6	80.8	81.6	81.4	79.2
	衣服	10.6	11.3	9.6	9.6	10.7	10.0
	住房	0.7	0.8	0.7	0.5	0.7	0.7
	燃料	4.4	3.1	3.0	3.5	2.9	3.3
	雜項	20.9	8.2	5.9	4.8	4.3	6.8
	總計	100.0	100.0	100.0	100.0	100.0	100.00

* 按本家人口等成年男子單位計算。

（2）農家的生活程度　據同表，家庭生活費五大項目的百分比爲：飲食79%，衣服10%，住房1%，燃料3%，雜項7%。這和冀、豫、晉、皖（北部）四省農家各項生活費百分比（飲食62%，衣服6%，房租5%，燃料與燈光13%，雜項14%）①比較的結果，使我們發現清苑農家飲食費與衣服費所占比例較後者高，而住房（清苑農家的住房費有一部分算作農場支出，同時因農舍資本值付闕，應付未付房租無從估計，致住房費特形低下），燃料與燈光，及雜項等費所占比例則較後者低。就各農家分別觀察，很顯然的看得出：隨着農家經濟情形的良好，飲食費所占比例減低，雜項費比例增高，衣服、住房、燃料三項則無甚變易。這是與恩格耳（Engel）氏的消費律（law of consumption）相符合的。

---

① 見 J. L. Buck：《Chinese Farm Economy》，p. 386.

(3)飲食費與雜項費　家庭生活費中，以飲食費最爲重要，次爲雜項費，現就此二項略加分析。

A. 飲食費　農家的飲食，約言之，可分爲食糧、肉類、菜蔬、調味品四項。

a. 飲食費額及其比例　500農家平均每家的飲食費爲126.3元，其中用於食糧者114.0元，占90%；用於肉類者3.9元，占3%；用於菜蔬者1.8元，占2%；用於調味品者6.6元，占5%。(表七九)從此可見清苑農家的飲食費十九用於食糧，不但很少吃肉，亦很少講究調味。蔬菜費所占成分，據我們推測，決不致如此少，這或由於農家所食蔬菜，大都自產，無須以貨幣購買；且數目零星，不易記憶之故。

各級農家彼此懸殊的情形，在飲食費的數額上，在各項飲食費構成的比例上，均可表現出來。據表七九，平均每家飲食費，地主223元，富農237元，中農157元，貧農101元，雇農67元。其中貧農與雇農特別低，中農較爲適中，地主與富農則遠較中小農家爲高，其中一部分原因是地主與富農有雇工同食。按各項飲食費所占比例，除菜蔬一項無定外，計食糧一項與農家經濟情形作反比例，肉類及調味品二項則與其成正比例。貧農雖因自有農業經營，經濟地位略勝於雇農，但因年來經營虧損極大，(詳第二部生產費與利得一節，及本部盈虧及其因子一節)故其家庭生活情形并不較雇農強，試觀察二者飲食費的構成比例便知。

表七九　農家各項飲食費及其百分比(元)

項　別		地主	富農	中農	貧農	雇農	總平均
平均每家	食　糧	189.51	207.55	142.22	92.65	60.93	114.00
	肉　類	12.00	12.15	4.61	2.33	1.60	3.94
	菜　蔬	3.62	2.18	1.81	1.72	1.10	1.77
	調味品	18.00	15.05	8.67	4.33	2.82	6.59
	總　計	223.13	236.93	157.31	101.03	66.45	126.30

續表

項別		地主	富農	中農	貧農	雇農	總平均
百分比	食糧	84.9	87.6	90.4	91.7	91.7	90.3
	肉類	5.4	5.1	2.9	2.3	2.4	3.1
	菜蔬	1.6	0.9	1.2	1.7	1.7	1.4
	調味品	8.1	6.4	5.5	4.3	4.2	5.2
	總計	100.00	100.00	100.00	100.00	100.00	100.00

b. 食糧消費的分析　飲食費中既以食糧占絕對的重要位置，則對於食糧的消費作進一步的分析當是必需的。依第二部論農作物經營所述，清苑農家種植的作物，以糧食作物爲主，同時清苑農村所含自給色彩極爲濃厚，所以農家是"種什麼便吃什麼"，也可以說是"因爲吃什麼纔種什麼"了。據表八十，按消費家數的多寡，最重要的幾種食糧之位次爲：(1)玉米，(2)小米，(3)高粱，(4)小麥，(5)菉豆。這和第二部表四十按種植家數的多寡所述的前五位糧食作物種類完全相同，僅位次互异而已。各農家彼此有不盡相同之處，計食用較普遍的作物：

普遍性等級	地主	富農	中農	貧農	雇農
1.	玉米	小米	小米	玉米	高粱
2.	小麥	玉米	玉米，小麥	高粱	玉米，小米
3.	小米	小麥	高粱	小米	小麥
4.	高粱，菉豆	高粱	菉豆	小麥	大麥
5.	大麥	菉豆，大麥	大麥	菉豆	菉豆

在五位以下的各種作物的消費普遍性程度，見下表。

表八十　食用此種作物的農家占全體農家之百分率

食糧種類	地主	富農	中農	貧農	雇農	總平均
玉米	100	95	88	89	83	89
小米	88	97	90	83	83	86
高粱	59	72	86	85	89	84
小麥	94	87	88	74	55	77
菉豆	59	54	58	48	26	48
大麥	29	54	38	43	29	40
稷子	18	15	19	7	6	11
黃豆	24	18	12	8	8	10
黍子	12	15	12	7	6	9
紅薯	12	5	5	5	8	6
黑豆	—	8	7	3	—	4
蕎麥	12	3	1	—	2	1
其他*	6	5	9	17	6	8

＊"其他"一項包括：稗子，雜豆，雜糧，白麵，大米等。

現進而分析每等成年的食糧消費數量。① 總計每年每個等成年約消費玉米10斗，高粱8斗，小麥6斗，小米6斗，大麥2斗，菉豆1斗，紅薯9斤。(詳細項目見表八一)地主與富農每個等成年的消費量，除高粱、大麥、紅薯三項外，均較中農，貧農與雇農爲多，尤以玉米，小麥及小米三項爲甚。考此種差異的原因，或有兩個解釋：（一）中小農家滋養不足，尤其是貧農與雇農每項作物的消費量都特別顯得微少；（二）地主與富農因有雇工同食，爲要使雇工充分用其勞力，主人們對於食糧消費自然不能予以限制；且雇工因操作甚力，在食糧消費的數量上，不但超過他們的主人，恐怕較之中小農也要多。

---

① 此處係按食糧消費等成年男子單位計算，因爲祇有在食糧的消費上，雇工與主人才立於相等的地位，可以合并計算。

表八一　平均每等成年的食糧消費數量*（市斗）

食糧種類	地主	富農	中農	貧農	雇農	總平均
玉米	14.28	11.52	10.35	8.95	7.75	9.85
高粱	4.75	6.01	8.63	7.39	8.90	7.63
小麥	13.46	6.49	7.68	4.88	2.18	6.09
小米	8.89	8.96	5.52	4.77	4.62	5.73
大麥	1.54	2.83	2.22	2.33	1.45	2.25
菉豆	3.91	1.68	1.51	1.27	0.44	1.43
稷子	0.71	0.38	0.68	0.08	0.09	0.34
黃豆	0.55	0.69	0.26	0.10	0.21	0.26
黍子	0.67	0.45	0.33	0.10	0.10	0.24
黑豆	—	0.35	0.26	0.04	—	0.14
蕎麥	0.15	0.15	0.24	—	0.02	0.10
大米	0.75	—	0.39	0.12	0.09	0.21
紅薯*	5.12	10.11	3.36	13.96	5.61	8.97

★ 按食糧消費等成年男子單位計算。

* 紅薯單位為市斤。

最後就食糧所占的比例①，對於農家消費的各種食糧的位次，作進一步的探討。據表八二，農家食糧的位次：(1)玉米，(2)小米，(3)小麥，(4)高粱，(5)大麥，(6)菉豆。其中前四種的百分率僅略有高低，大體則均近於20%，四種合計占80%，故可說：玉米、小米、小麥、高粱四種作物是清苑農家最主要的食糧，這和它們的普遍性頗為一致。但各級農家彼此很不相同，茲為簡明起見，列示其前六位於下：

---

① 此種比例係按食糧價值計算。因為計算食糧數量必須有一個共同的標準單位，折算之後，方可比較，現以其手續過繁從略。

消費位次	地主	富農	中農	貧農	雇農
1.	小麥	小米	小麥	玉米	高粱
2.	玉米	玉米	小米	高粱	玉米
3.	小米	小麥	高粱	小麥	小米
4.	高粱	高粱	玉米	小米	小麥
5.	菉豆	大麥	大麥	大麥	大麥
6.	大麥	菉豆	菉豆	菉豆	菉豆

從這裏我們顯然的看得出幾點：第一，高粱在農家食糧中所占位次，愈是貧窶的農家愈高；第二，小麥所占位次，除中農特殊外，愈是貧窶的農家愈低；第三，玉米與小米的位次升降不定；第四，一般農家均以大麥及菉豆為輔助食糧，除地主外，一般均以大麥居第五位，菉豆居第六位。

其他各種食糧作物的位次，均詳下表。

表八二　各農家消費各種食糧價值百分比

種類	地主	富農	中農	貧農	雇農	總平均
玉米	22.6	21.2	19.7	23.0	23.5	21.5
小米	18.6	27.0	20.9	19.0	22.5	21.2
小麥	32.9	19.1	22.2	19.5	10.4	20.6
高粱	8.9	13.1	19.9	22.9	33.2	20.1
大麥	2.5	5.7	4.4	6.3	3.9	5.1
菉豆	7.5	3.4	4.1	3.9	3.6	4.1
黃豆	1.4	2.1	0.8	0.3	1.1	0.9
稷子	1.2	0.7	1.3	0.2	0.3	0.8
黍子	1.1	0.9	0.7	0.3	0.4	0.6
黑豆	—	0.9	0.9	0.1	—	0.5
紅薯	1.0	0.3	0.2	0.3	0.3	0.3
蕎麥	0.2	0.3	0.5	—	0.1	0.2
其他*	2.1	5.1	4.4	4.0	0.6	4.0
總計	100.0	100.0	100.0	100.0	100.0	100.0

＊"其他"一項包括：稗子，雜豆，雜糧，江豆，白麵，大米等。

B. 雜項費　此種費用,可分爲應酬費、供神費、烟酒費、教育費、醫藥費、公益費及其他雜費等項。

a. 有雜項費的農家　由雜項費的普及與否及其數額的多寡,可以推測農民生活程度的高低。據表八三,各項雜項費中,以應酬費爲最普及,計有這種費用的農家占72%;次爲供神費與烟酒費,計占一半以上的農家;再次爲教育費與醫藥費①,計占五分之一的農家;至於有公益費及其他雜費的農家不過十分之一而已。就各農家分別言之,各項雜項費用愈是在中小農家愈小,而以各級農家的教育費用相差特大。

表八三　有雜項費的農家占全體農家之百分率

項　別	地　主	富　農	中　農	貧　農	雇　農	總　計
應酬費	88	82	80	69	56	72
供神費	71	69	56	55	64	58
烟酒費	71	67	53	45	52	50
教育費	71	56	28	14	6	22
醫藥費	24	15	17	16	18	17
公益費	24	15	13	9	3	10
其他雜費	29	21	5	12	3	10

b. 每家雜項費數額及其比例　總平均每家雜項費爲11元,其中教育費3.2元,應酬費2.8元,烟酒費2.7元,供神費0.8元,醫藥費0.7元,其他雜費0.5元,公益費0.2元。各級農家平均每家雜項費,地主特別多,雇農特別少,其他各農家亦都依其經濟情形而有多少之等差。(表八四)地主教育費特大,乃其雜項費遠超過一般農家的主因。

各種雜項費的比例,由同表百分率所示,以教育費最大,占30%;應酬費次之,占26%;烟酒費再次之,占25%;餘如供神費,醫藥費,

---

① 此爲普通小額的醫藥費;凡數額在十元以上者,對於農家屬於非常的費用,劃歸特別支出項目中。

公益費等則依次而下。各級農家中，地主及富農的雜項費比例和上述情形大致相同，前三位且完全一樣，惟中小農家則與此頗有相异之處，計比例最大的前三位，中農：(1)應酬費，(2)烟酒費，(3)教育費；貧農同；雇農：(1)烟酒費，(2)應酬費，(3)供神費。① 其餘各項雜費的比例詳表中。

表八四　各種雜項費及其比例

	項　別	地　主	富　農	中　農	貧　農	雇　農	總平均
平均每家（元）	應酬費	9.62	7.16	3.63	1.70	0.86	2.80
	供神費	1.54	1.90	0.96	0.57	0.40	0.79
	烟酒費	8.61	6.01	3.39	1.64	1.66	2.69
	教育費	48.82	7.82	2.07	0.80	0.17	3.24
	醫藥費	1.82	0.69	0.80	0.66	0.39	0.70
	公益費	0.94	0.38	0.41	0.12	0.02	0.23
	其他雜費	2.35	1.36	0.21	0.43	0.03	0.46
	總　計	73.70	25.32	11.47	5.92	3.53	10.91
百分率	應酬費	13	28	32	29	24	26
	供神費	2	8	8	10	11	7
	烟酒費	12	24	30	28	47	25
	教育費	66	31	18	14	5	30
	醫藥費	3	3	7	11	11	6
	公益費	1	2	4	2	1	2
	其他雜費	3	5	2	7	1	4
	總　計	100	100	100	100	100	100

---

① 雇農的供神費所占比例(11.3%)略較教育費爲大(11.0%)，雖則四捨五入之後，二者的比例是一樣的。

(三)農家負擔

農家負擔乃指農家對於政府經常負擔的稅捐，及對當地行政機關或駐軍的臨時負擔而言。清苑農家的負擔有：田稅、地畝捐、驗契費、公債攤派費、軍事特捐及其他各種雜捐等等。其中有些是正稅，有些是附加稅，有些是臨時的徵收。

(1)農家負擔的分布　在這些稅捐與徵收當中，以田稅、地畝捐最為普遍，負擔農家各占全體之89%與88%；其次為軍事特捐，負擔農家占45%；至於公債攤派額、驗契費及其他雜捐三項，負擔農家均很少，都不到十分之一。如就各農家分別言之，負擔稅捐與攤派家數以地主較多，雇農較少，富農中農與貧農均相差不多。見表八五。

表八五　有此種稅捐的農家占全體農家之百分率

項別	地主	富農	中農	貧農	雇農	總計
田稅	100	95	95	91	68	89
地畝捐	100	92	91	92	62	88
驗契費	18	5	13	5	2	7
公債攤派額	12	8	10	10	2	9
軍事特捐	53	41	49	46	30	45
其他雜捐	6	5	4	1	—	2

(2)每家、每人及每畝的負擔額　據表八六，先就每家負擔來說，總計500農家平均每家為7元。各級農家平均每家負擔，計地主33.6元，富農22元，中農9.7元，貧農3.6元，雇農1.2元，負擔的輕重似很和各農家的負擔能力相合。其次就每人負擔而言，總平均為1.2元。各級農家平均每人負擔，計地主4.8元，富農2.5元，中農1.5元，貧農0.6元，雇農0.3元，這和各級農家平均每家負擔的輕重情勢是一致的。所不同者因為地主與富農平均每家人數較中農貧農與雇農為多，故前二者的負擔重於後三者的程度，就平均每人計算不及就平均每家計算

者大。最後就每畝負擔言之，總平均爲 0.52 元。各級農家平均每畝負擔，計地主 0.55 元，富農 0.56 元，中農 0.46 元，貧農 0.50 元，雇農 0.61 元。這裏值得注意的，便是雇農的每畝負擔最重，富農與地主次之，貧農與中農較輕。我們試一考查各項稅捐負擔的細目，便知其原因在於雇農的軍事特捐較一般農家爲重，雖無其他雜捐，而地畝捐等項亦不較地主與富農輕。所以就每畝負擔分析所得的結果和前述者大不同，前者各級農家負擔相差甚大，此處則各級農家大率相等，僅雇農每畝負擔特高而已。

表八六　平均每家每人及每畝負擔(元)

	項　別	地　主	富　農	中　農	貧　農	雇　農	總平均
每家	田　稅	8.68	6.17	2.42	0.98	0.33	1.95
	地畝捐	19.43	13.57	5.35	1.88	0.50	4.13
	驗契費	0.63	0.13	0.22	0.10	0.01	0.14
	公債攤派額	0.24	0.12	0.15	0.12	0.01	0.12
	軍事特捐	2.41	1.45	0.88	0.43	0.37	0.69
	其他雜捐	1.24	0.54	0.69	0.05	—	0.29
	總　計	32.63	21.98	9.71	3.56	1.22	7.32
每人(各項總計)		4.80	2.50	1.47	0.64	0.27	1.22
每畝	田　稅	0.15	0.16	0.12	0.14	0.16	0.14
	地畝捐	0.33	0.35	0.27	0.26	0.25	0.29
	驗契費	0.01	*	0.01	0.01	0.01	0.01
	公債攤派額	*	*	0.01	0.02	*	0.01
	軍事特捐	0.04	0.04	0.04	0.06	0.19	0.05
	其他雜捐	0.02	0.01	0.03	0.01	—	0.02
	總　計	0.55	0.56	0.48	0.50	0.61	0.52

* 不及 0.005 者。

(3)各項負擔的比重　農家的負擔額，無論就每家每人或每畝來觀察，均以地畝捐最重，占各項負擔總額56%；田稅次之，占27%；軍事特捐與其他雜捐又次之，各占9%與4%；驗契費與公債攤派額最少，各僅占2%。(表八七)各農家個別的情形亦都相似；其中僅雇農的軍事特捐居第二位，田稅退居第三，為一特例而與一般農家不同。

表八七　各項負擔的百分比

項　別	地主	富農	中農	貧農	雇農	平均
田　稅	27	28	25	28	27	27
地畝捐	60	62	55	53	41	56
驗契費	2	1	2	3	1	2
公債攤派額	1	1	2	3	1	2
軍事特捐	7	7	9	12	30	9
其他雜捐	4	2	7	1	—	4
總　計	100	100	100	100	100	100

(四)特別支出

特別支出又稱非常支出，乃農家在經常支出之外，對於個人或全家臨時支出的款項。其中有些是資本投資，如建築費房屋典價、田地典價等項，有些是家庭臨時消耗，如喜慶費、喪葬費、醫藥費、中佣費、意外損失等項；有些是個人特別消耗，如賭博費、出外旅費、鴉片費等項。

(1)有特別支出的農家　各項特別費用，自非各個農家皆有者；同時對於有此種花費的農家，也不是年年發生的。如表八八所示，最普遍的特別支出是賭博費，但亦不過占全體農家8%，其餘喜慶費、喪葬費、建築費、醫藥費、出外旅費、田地典價、房屋典價、中佣費、意外損失等，依次遞減，而以鴉片費一項不及全體農家1%；可見農家一般都很少有這些費用的。各項費用中，有些是中小農家有，而大農家沒有的，如中佣費與意外損失費是；有些是大農家有，而中小農家所沒有的，如鴉片費是。賭博費在農村中竟有相當的普遍，值得注意。

表八八 有此種支出的家數及其占全體農家之百分率

項　目	地　主	富　農	中　農	貧　農	雇　農	總　計	百分率[†]
喜慶費	2	3	16	12	3	36	7
喪葬費	—	2	12	19	1	34	7
賭博費	1	5	12	16	4	38	8
醫藥費	2	5	6	8	2	23	5
建築費	1	—	11	14	—	26	5
房屋典價	—	1	—	—	3	4	1
田地典價	—	1	8	6	2	17	3
中佣費	—	—	—	3	1	4	1
出外旅費	1	4	3	10	1	19	4
意外損失	—	—	3	3	—	6	1
鴉片費	1	—	—	—	—	1	*

[†] 有此種支出的家數占全體家數之百分率。

* 不足 0.5。

(2) 特別支出額　如就有特別費用的農家言之，則平均每家支出額以富農最大，爲 916 元；地主次之，752 元，貧農與中農相若，各爲 386 元及 370 元；雇農最小，僅 133 元；總平均 678 元。各項費用中，鴉片費雖僅一家有之，但數額最大，爲 180 元；次爲建築費、田地典價、喪葬費、賭博費、喜慶費等，平均每家由 50 元到 90 元不等；再次爲在 50 元以下，15 元以上者，如醫藥費、出外旅費、意外損失、房屋典價等是，最小爲中佣費，平均每家 7 元。其中使我們注意的，如地主的喜慶費(300 元)，出外旅費(200 元)，鴉片費(180 元)，富農的賭博費(476 元)，田地典價(207 元)，喪葬費(105 元)，中農的田地典價(101 元)，建築費(62元)，喪葬費(62元)，喜慶費(58元)，貧農的建築費(118元)，喪葬費(92元)，田地典價(58元)，雇農的田地典價(48元)，喜慶費(33元)等等。這些都是數額比較大的幾項。

就全體家數來分析，據下表每家特別支出額，總平均為26元。其中數額最大者為賭博費、喪葬費與建築費、喜慶費等項；次為田地典價、醫藥費、出外旅費等項；此外數項支出則極為微小。各農家平均每家特別支出，計地主65元，富農84元，中農27元，貧農20元，雇農5元；仍以富農最大，雇農最小。其中地主以喜慶費數額最大，富農以賭博費特大，中農以喜慶費與田地典價較大，貧農以喪葬費與建築費較大，雇農以喜慶費與田地典價較大。

表八九　平均每家特別支出*(元)

項　目	地主	富農	中農	貧農	雇農	總平均
喜慶費	35.29	0.26	6.96	0.59	1.52	3.57
喪葬費	—	5.38	5.51	7.15	0.01	5.39
建築費	1.18	—	5.07	6.74	—	4.69
賭博費	0.12	61.03	1.38	0.89	0.62	5.65
醫藥費	5.88	6.15	1.19	1.99	0.76	2.07
房屋典價	—	0.77	—	—	0.45	0.12
田地典價	—	5.31	6.02	1.43	1.44	2.91
中佣費	—	—	—	0.09	0.08	0.06
意外損失	—	—	0.76	0.16	—	0.28
出外旅費	11.76	4.74	0.26	0.48	0.02	1.08
鴉片費	10.59	—	—	—	—	0.36
總　計	64.82	83.64	27.15	19.52	4.90	26.18

* 按全體家數平均。

Ⅳ. 盈虧及其因子

(一) 收支結算及盈虧

(1) 總收入與總支出　這裏所說的總收入包括農作物收入、畜養收入、農業資本收入、農業勞動收入與副業收入五項，總支出包括農場支出、家庭生活費、農家負擔三項；至於收入中的特別收入，支出中的特別支出，因事出非常不計算在內。

500 農家平均每家總收入爲 178.8 元，計地主 500.2 元，富農 462.9 元，中農 222.3 元，貧農 108.8 元，雇農 75.7 元，平均每家總支出爲 199.3 元，計地主 526.3 元，富農 464.7 元，中農 243.7 元，貧農 139.8 元，雇農 87.6 元。就表九十觀察，農家的收入與支出均以 140—200 元這一組的家庭爲多，計收入占 17%，支出占 21%，不及 140 元者，收入合計占 56%，支出合計占 43%，在 200 元以上者，收入合計占 27%，支出合計占 35%。故知一般農家之收支實額要比上述平均數稍低，而支出額又較收入額略高。各級農家的收入和支出額，均以地主與富農較大，中小農家則依次而下。

表九十　農家總收入與總支出

組　別	總　收　入							總　支　出						
	地主	富農	中農	貧農	雇農	總計	百分率	地主	富農	中農	貧農	雇農	總計	百分率
5元—9.9	—	—	—	4	1	5	1	—	—	—	1	1	2	*
10—19.9	—	—	—	3	1	4	1	—	—	—	—	—	—	—
20—29.9	—	—	—	8	9	17	3	—	—	—	6	6	12	2
30—49.9	1	—	—	34	13	48	10	—	—	—	14	11	25	5
50—69.9	—	—	2	31	16	49	10	—	—	1	20	13	34	7

續表

組別	總收入							總支出						
	地主	富農	中農	貧農	雇農	總計	百分率	地主	富農	中農	貧農	雇農	總計	百分率
70—99.9	1	—	3	59	11	74	15	—	—	11	40	17	68	14
100—139.9	1	2	24	46	8	81	16	—	1	9	60	7	77	15
140—199.9	2	5	43	33	3	86	17	1	—	36	62	7	106	21
200—299.9	3	4	35	19	4	65	13	8	10	40	30	4	92	18
300—399.9	2	9	18	6	—	35	7	1	7	22	11	—	41	8
400—499.9	1	7	7	1	—	16	3	1	6	12	—	—	19	4
500—999.9	2	9	2	—	—	13	3	4	13	3	—	—	20	4
1,000—1,499.9	2	2	—	—	—	4	1	1	2	—	—	—	3	1
1,500—1,999.9	1	1	—	—	—	2	*	1	—	—	—	—	1	*
2,000元以上	1❶	—	—	—	—	1	*	—	—	—	—	—	—	—
總計	17	39	134	244	66	500	100	17	39	134	244	66	500	100

❶ 實數為2,179.78元。

* 不及0.5者。

(2)收入的構成比例　據表九一，農家的收入以農作物收入所占比例最大，計占87%；勞動收入與副業收入次之，各占6%與5%；資本收入與畜養收入均甚微小。農家的支出以家庭消費所占比例最大，計占80%；農場支出次之，占16%；農家負擔所占比例最小。如就各農家個別觀察，在收入中除雇農以勞動收入居第一位外，餘均以農作物收入居第一位；占第二位的收入除地主為資本收入，貧農為勞動收入，雇農為農作物收入外，餘均為副業收入；各農家的畜養收入，除地主、貧農與雇農外，餘均居第三位。據此當可斷定：農家收入的項目，除地主與雇農外，其餘各農家大體相同。各農家支出的構成比例，所表示的現象為：農家經濟較寬裕，農場支出所占比例便較高，家庭消費所占比例便較低。

表九一　收入與支出的構成比例(%)

項別		地主	富農	中農	貧農	雇農	總計
收入	農作物	82.2	94.4	96.7	80.9	35.0	86.5
	畜養	0.1	0.8	0.6	0.7	0.2	0.6
	農業資本	10.7	0.2	0.1	0.5	0.4	1.4
	農業勞動	—	—	0.2	9.7	55.6	6.1
	副業	7.0	4.6	2.4	8.2	8.8	5.4
	總計	100.00	100.00	100.00	100.00	100.00	100.00
支出	農場支出	26.9	28.7	16.1	8.9	5.4	16.3
	家庭消費	66.9	66.6	79.9	88.6	93.2	80.1
	農家負擔	6.2	4.7	4.0	2.5	1.4	3.7
	總計	100.0	100.0	100.0	100.0	100.0	100.00

（3）收支結算後的盈虧　本文所謂盈虧，非農業經營上的盈利或虧損，而爲農家經濟的有餘或不足，這是農家收支決算後的正負差額。我國的農業經營尚未達於商業化的階段，故與農家生活不能劃分。要單從企業的立場上計算經營的虧損，不但不可能，而且毫無意義。故本文就農家經濟作全部的結算與分析。

500農家中，盈餘的家數共190户，占38%，虧短的家數共310户，占62%；可見盈者少，而虧者多。各農家的經濟地位愈強，盈餘者所占比例愈高，虧短者所占比例愈低。（表九二）

盈餘的數額，就盈餘家庭言，平均每家58.4元，各農家以富農盈額最大，地主次之，中小農家依次而下。虧短的數額，就虧短家庭言，平均每家68.7元，中以富農虧額最大，地主與中農次之，貧農與雇農又次之。就全體農家的收支結算，總平均每家虧短20.4元。各農家除地主平均盈餘63.9元外，餘均虧短：貧農虧短最大，爲31.0元；中農次之，21.4元；雇農又次之，11.9元；富農最小，僅1.8元，可說收支近乎相抵。（表九二）

表九二　盈虧家數及平均每家盈虧額(元)

農家	盈			虧			總結		
	家數	占%	盈額	家數	占%	虧額	家數	占%	盈或虧*
地主	11	65	147.77	6	35	89.77	17	100	+63.91
富農	15	39	156.27	24	61	100.54	39	100	-1.78
中農	55	41	55.59	79	59	75.06	134	100	-21.43
貧農	83	34	39.25	161	66	67.21	244	100	-31.00
雇農	26	39	31.50	40	61	40.03	66	100	-11.85
總計	190	38	58.44	310	62	68.72	500	100	-20.41

＊ 盈(+)，虧(-)。

各農家盈虧大小的實際情形，表九三所示，更爲清晰。盈額最大者達600元(表中附注)，虧額最大者達400元；盈額虧額最小者在5元以下。各農家盈虧二者的分配情形彼此很不相同，詳見下表。

表九三　盈虧數額與農家數

組別	盈						虧					
	地主	富農	中農	貧農	雇農	總計	地主	富農	中農	貧農	雇農	總計
5元以下	1	1	3	15	2	22	—	1	2	7	7	17
5—9.9	—	—	2	7	3	12	—	1	9	9	4	23
10—19.9	—	—	11	9	5	25	—	1	6	11	5	23
20—29.9	—	—	5	7	4	16	—	2	7	14	4	27
30—39.9	1	—	8	14	3	26	1	—	6	16	2	25
40—49.9	1	1	4	8	3	17	—	2	8	13	5	28
50—59.9	1	1	4	5	4	15	1	2	3	11	5	22
60—69.9	—	1	4	6	—	11	1	2	3	9	2	17
70—79.9	—	3	4	3	1	11	—	2	6	8	—	16

續表

組　別	盈						虧					
	地主	富農	中農	貧農	雇農	總計	地主	富農	中農	貧農	雇農	總計
80—89.9	—	—	1	2	—	3	—	1	2	14	—	17
90—99.9	2	—	2	3	—	7	1	2	6	17	1	27
100—119.9	—	2	1	2	1	6	—	—	7	12	4	23
120—139.9	—	—	1	—	—	1	1	3	2	9	—	15
140—159.9	1	—	1	—	—	2	—	1	1	6	1	9
160—179.9	—	1	1	1	—	3	1	1	5	1	—	8
180—199.9	—	1	1	—	—	2	—	—	2	—	—	2
200—249.9	2	3	2	1	—	8	—	—	2	3	—	5
250—299.9	—	—	—	—	—	—	—	2	1	1	—	4
300—349.9	1	—	—	—	—	1	1	—	—	—	—	1
350—399.9	—	—	—	—	—	—	—	—	1	—	—	1
400—499.9	1	—	—	—	—	1	—	—	—	—	—	—
500 元以上	—	1❶	—	—	—	1	—	—	—	—	—	—
總　計	11	15	55	83	26	190	6	24	79	161	40	310

❶ 實數爲 638.70 元。

(二) 盈虧的因子

農家每年的盈虧由於種種原因，難以定律相繩。但就大多數農家的收支言之，尤其是在除去非常收入與支出之後，其盈虧當與下列各因子有密切之關係。

(1) 田權的大小　據表九四，就家數說，田權愈大，盈餘家數所占比例愈高，虧短家數所占比例愈低。就總結數額說，田權在四十畝以下者均虧短，其數額隨田權之較小而較低；在四十畝以上者均盈餘，其數額隨田權之較大而較高。據表中的情形看來，"四十畝的田權"是決定盈虧的分水綫，因爲自此以上，盈餘家數所占比例突轉增高，虧短家數所占比例突轉降低，而使收支的總結算由虧而轉爲盈。"一百畝的田權"是保證盈餘的最低限，因爲自此以上，農家便衹有盈餘的而沒有虧短的。

表九四　田權大小與盈虧

田權組別	盈			虧			總　計		
	家數	占%	平均每家盈額(元)	家數	占%	平均每家虧額(元)	家數*	占%	盈(+)或虧(-)(元)
1畝以下	5	42	18.24	7	58	36.19	12	100	-13.51
1—4.9	43	37	28.34	73	63	49.12	116	100	-20.41
5—9.9	51	40	37.92	77	60	71.18	128	100	-27.71
10—14.9	22	36	52.95	39	64	66.90	61	100	-23.67
15—19.9	16	37	57.22	27	63	71.36	43	100	-23.52
20—29.9	13	28	64.31	34	72	88.69	47	100	-46.37
30—39.9	12	37	77.33	20	63	105.07	32	100	-36.67
40—49.9	14	64	94.06	8	36	80.36	22	100	+30.63
50—69.9	4	50	195.05	4	50	152.72	8	100	+21.17
70—99.9	2	50	322.87	2	50	62.47	4	100	+130.20
100—149.9	1	100	638.70	—	—	—	1	100	+638.70
150—199.9	1	100	225.19	—	—	—	1	100	+225.19
200畝以上	1	100	316.62	—	—	—	1	100	+316.62

* 無田權之24家不在內。

(2) 農場的面積　據表九五，就家數說，農場面積愈大，盈餘家數所占比例愈高，虧短家數所占比例愈低。就總結數額說，農場面積在四十畝以下者均虧短，其數額隨農場面積之較狹而較低；在四十畝以上者均盈餘，其數額隨農場面積之較闊而較高。這和田權大小所表示的情形，不但趨勢一致，即高低程度亦相等；按表中所示，也是"四十畝的農場面積"爲盈虧決定的分水綫,"一百畝的農場面積"爲盈餘保證的最低限。

表九五　農場面積與盈虧

農場面積組別	盈			虧			總　計		
	家數	占%	平均每家盈額(元)	家數	占%	平均每家虧額(元)	家數*	占%	盈(+)或虧(-)(元)
1畝以下	4	44	16.66	5	56	45.65	9	100	-17.95
1—4.9	38	33	25.10	73	66	41.81	111	100	-18.90
5—9.9	53	42	35.84	74	58	67.74	127	100	-24.51
10—14.9	26	38	54.91	42	62	78.21	68	100	-27.31
15—19.9	16	35	58.40	30	65	70.98	46	100	-25.98
20—29.9	14	27	56.89	37	73	85.94	51	100	-46.73
30—39.9	11	35	73.72	20	65	106.22	31	100	-42.37
40—49.9	13	68	102.67	6	32	82.20	19	100	+44.29
50—69.9	5	50	167.35	5	50	132.10	10	100	+17.62
70—99.9	2	50	322.87	2	50	62.47	4	100	+130.20
100—149.9	1	100	638.70	—	—	—	1	100	+638.76
150—199.9	1	100	225.19	—	—	—	1	100	+225.19
200畝以上	1	100	316.62	—	—	—	1	100	+316.62

* 無農場經營之21家不在內。

(3)收支的比例　在收入或支出的構成比例上,我們也可以找出盈虧的因子來。先就收入的構成比例來說,總計盈餘農家的各項收入:農作物占85.7%,畜養占0.7%,資本占0.9%,勞動占5.9%,副業占6.7%;虧短農家的各項收入:農作物占87.3%,畜養占0.4%,資本占2%,勞動占6.2%,副業占4%。(表九六)由這裏似乎可以說:在各項

表九六 收支比例與盈虧*

盈或虧組別	收入百分比 盈餘農家					收入百分比 虧短農家					支出百分比 盈餘農家			支出百分比 虧短農家		
	農作物	畜養	資本	勞動	副業	農作物	畜養	資本	勞動	副業	農場	家庭消費	負擔	農場	家庭消費	負擔
5元以下	86.5	1.7	—	8.0	3.8	79.8	0.3	—	17.2	2.6	12.4	82.5	5.1	20.7	76.7	2.7
5—9.99	81.4	0.2	—	16.0	2.4	83.9	1.3	0.2	6.2	8.5	20.0	76.4	3.6	13.4	83.6	3.0
10—19.99	86.6	1.7	—	9.5	2.2	77.5	0.2	3.9	11.8	6.6	12.5	82.7	4.8	12.1	84.5	3.4
20—29.99	83.5	0.2	—	9.9	6.4	91.1	0.4	—	7.0	1.5	11.3	84.0	4.7	14.7	81.9	3.4
30—39.99	83.4	0.6	★	9.7	6.2	86.2	0.1	3.9	3.8	6.0	16.0	78.7	5.3	13.0	83.8	3.3
40—49.99	76.4	0.7	6.9	10.1	5.8	88.3	0.2	—	7.9	3.6	14.9	78.8	6.4	13.1	84.4	2.5
50—59.99	83.9	0.5	—	9.8	5.7	82.4	0.6	4.9	11.3	0.8	20.8	75.1	4.2	14.3	81.6	4.1
60—69.99	82.4	0.3	0.5	8.2	8.6	86.4	0.2	2.5	6.1	4.7	18.1	78.6	3.4	21.1	76.3	2.6
70—79.99	91.4	1.0	—	5.0	2.5	94.2	0.6	—	1.0	4.3	27.9	68.6	3.5	18.0	77.8	4.2
80—89.99	84.0	0.2	—	10.5	5.3	90.6	0.2	—	4.6	4.7	9.9	84.1	5.9	12.1	85.4	2.4
90—99.99	82.2	0.2	★	3.1	14.5	85.1	0.8	5.4	2.8	6.0	21.6	73.5	5.0	13.0	83.6	3.4
100—119.99	82.0	1.7	—	6.9	9.4	83.4	0.1	1.3	11.1	4.2	21.8	69.8	8.4	8.3	89.6	2.1
120—139.99	100.0	—	—	—	—	89.9	0.9	3.4	3.7	2.2	18.5	77.7	3.8	14.3	82.3	3.4
140—159.99	73.4	0.1	—	—	26.5	85.1	0.6	4.9	8.5	0.9	23.2	71.9	4.9	6.3	91.2	2.5
160—179.99	93.4	2.1	—	4.6	—	96.3	★	2.4	0.2	1.1	18.4	78.2	3.4	17.2	79.9	2.9
180—199.99	97.8	2.2	8.3	—	—	98.8	1.2	—	—	—	25.9	62.4	11.7	17.6	81.3	1.1
200—249.99	97.4	0.5	—	—	2.0	87.8	0.2	—	3.6	8.5	28.7	65.4	5.8	7.6	91.3	1.1
250—299.99	—	—	—	—	—	98.9	★	—	—	1.1	—	—	—	—	—	—
300—349.99	91.7	0.2	—	—	—	100.0	—	—	—	—	37.8	59.5	2.7	13.3	84.3	2.5
350—399.99	—	—	—	—	—	99.3	0.7	—	—	—	—	—	—	19.7	77.4	2.9
400—499.99	94.9	—	—	—	4.9	—	—	—	—	—	33.7	59.1	7.2	5.2	93.5	1.3
500元以上	64.6	—	—	—	35.4	—	—	—	—	—	23.0	74.7	2.3	—	—	—
總平均	85.7	0.7	0.9	5.9	6.7	87.3	0.4	2.0	6.2	4.0	20.5	74.6	4.9	13.8	83.2	3.0

* 本表係各項收入占總收入之百分率，及各項支出占總支出之百分率；為要詳細比較，故用一位小數。

★ 不及 0.05 者。

支出比例相等的場合，凡農作物收入所占比例較低，而畜養與副業收入所占比例較高的農家，盈餘的可能較大，虧短的可能較小。我們試看表中盈虧各組的情形：盈餘各農家，隨着他們盈餘數額的增多，畜養與副業收入所占比例有逐漸增高的趨勢，而農作物與勞動收入所占比例增高或減低則不一定；虧短各農家，隨着他們虧短數額的增多，農作物收入所占比例有顯然增高的趨勢，除畜養收入比例無定外，副業收入所占比例則逐漸降低。這裏因爲他們支出的比例並不相等，所以表示的現象不十分顯然。

再就支出的構成比例來說，據同表，總計盈餘農家的各項支出：農場占 20.5%，家庭消費占 74.6%，負擔占 4.9%；虧短農家的各項支出：農場占 13.8%，家庭消費占 83.2%，負擔占 3%。我們由此又可以歸結：在各項收入比例相等的場合，凡農場支出所占比例較高，而家庭消費所占比例較低的農家，盈餘的可能較大，虧短的可能較小。此觀表中盈虧各組，在盈餘的農家中，凡農場支出比例愈高，家庭消費比例愈低者，盈餘數額亦愈大；在虧短的農家中，凡農場支出比例愈高，家庭消費比例愈低者，虧短數額亦愈小。

V. 農家購進

(一) 農產品購進

(1) 購買家數　農家經營農業，目的固多在自給；但一方面因耕地過狹，或年成荒歉，致事實上不能自給，不得不向外買進；另方面雖所產尚足自食，又因種種需用，緩不濟急，不得不在秋收後賣出，次年春夏再從外買進。

500 農家中，買進農產者共 428 家，計地主 12 家，富農 21 家，中農 108 家，貧農 225 家，雇農 62 家。如就百分率來說，計買進家數占全體家數 86%，其中地主買進家數比例爲 71%，富農 54%，中農 81%，貧農

92%，雇農94%。這很明顯的表示着凡經濟情形較貧竆的農家，其買進家數所占比例也就較高。就各種食糧分別言之，一般農家購用最多者，第一爲玉米，購買家數占69%；次爲小米及高粱，購買家數各占60%；再次爲菉豆，購買家數占28%。此外的各種食糧，購買家數均不到十分之一。（表九七）在各級農家中，幾種比較重要的食糧購買家數所占比例，雇農、貧農與中農均較富農與地主高，且以高粱、玉米二項食糧爲甚。

表九七　購買農産家數占全體農家之百分率

種　類	地主	富農	中農	貧農	雇農	總平均
玉　米	29	38	64	79	73	69
小　米	41	33	50	71	62	60
高　粱	18	31	48	68	82	60
菉　豆	47	21	31	30	17	28
小　麥	18	3	6	10	15	9
大　麥	—	—	2	7	8	5
稷　子	18	—	2	4	8	4
黑　豆	6	13	7	★	—	3
紅　薯	6	—	—	3	9	3
黍　子	6	—	1	3	5	3
黃　豆	—	—	—	2	—	1
蕎　麥	12	—	—	—	2	1
其　他*	12	—	10	10	12	9

* "其他"一項，包括稗子、雜豆、雜糧、白麵、大米等。

★ 不及0.5者。

（2）購買價格及價值　農家購買的食糧，如上所述，以玉米、小米、高粱最爲普遍，茲特就此三項的買進價格論之。據分村調查，平時的每斗價格，玉米躉買爲0.65元，零買爲0.67元；小米躉買爲0.88元，零買爲 0.90 元；高粱躉買爲 0.57 元，零買爲 0.61 元。但因農家購進多係零星的而很少整批的，故零買價格較能代表農家的買進價格。此三項食糧的平時零買價格較第二部農產銷售一節表六二所載同年保定糧行價格（玉米每斗價格 0.61 元，小米 0.87 元，高粱 0.56 元）爲高，這差額當包括中間人徵收的運銷費用和商業利潤。

　　農家購買食糧，不僅限於平時，在收穫前後亦有購買者，尤以在收穫前爲多。據同種材料來源，收穫後的價格，玉米躉買爲 0.56 元，零買爲 0.57 元；小米躉買爲 0.80 元，零買爲 0.81 元；高粱躉買爲 0.57 元，零買爲 0.58 元。收穫前的價格，玉米躉買爲 0.63 元，零買爲 0.65 元；小米躉買爲 1.00 元，零買爲 1.03 元；高粱躉買爲 0.64 元，零買爲 0.66 元。由此可見零買較躉買爲高；收穫前買進價格遠較收穫後高，較平時價格亦高。但是能夠代表農家買進價格的還是收穫前的零買價格。如以這種價格和表六二同年價格相較，則二者相差更大。關於近幾年的買進價格雖無數字可稽，但表六二所示近六年來主要農作物批發價格的變遷，亦足以代表前者的趨勢；所須注意者，買進價格要較該表數字略高耳。

　　農家購進價格，就購買家數來說，平均每家爲 51.2 元；計地主 145.3 元，富農 78.5 元，中農 54.7 元，貧農 44.2 元，雇農 43.1 元。就全體家數來說，平均每家購買價值爲 43.8 元；計地主 102.6 元，富農 42.3 元，中農 44.1 元，貧農 40.7 元，雇農 40.5 元；除地主較高外，其餘各農家購進價值均相若。

(二) 農用品購進

(1) 機製品之侵入　　清苑的農家經濟雖停留在自足自給的階段，但已漸漸抵不住價廉物美的機製品的侵入。其中有些機製品是舶來品，所以便發生洋貨打倒土貨的現象。最顯著的有下述諸端：

　　第一，洋布代替土布　　在民國紀元以前，農家所着之衣，多用自紡自織的土布。自洋紗與洋布大量輸入，農家便漸購進洋紗織布，或徑自購進洋布製衣。歐戰時，洋布來源斷絕，農家多購機織布，不但滿足自家的需要，從而更推銷其產品於外縣外省，"高陽土布"由此而興。近二十年來，土紡織業時有興衰，但到近數年來，則因洋布傾銷，陷於一蹶不振。現在洋布已成了農家購用的主要物品，舊法紡織的土布漸告絕迹。

第二，煤油燈光代替土油燈光　在三十多年以前（遜清末年以前），農家都點用土製燈盞，使用農家自出或本地出產之油，如黑油（黑豆榨製者），菜油（菜籽榨製者），棉油（棉籽榨製者）等。自煤油輸入，農家多改點用煤油燈。在調查的當年（民十九年），各村使用煤油已很普遍，總計二十四村，每村每年使用煤油數量，少則50桶（每桶28斤），多則400—500桶不等。近幾年來，使用煤油燈者更見增多。因為煤油使用的推廣，洋燈在鄉村的銷路亦漸增加。此外在民十年以後，農家漸使用洋燭；因而土油燈的使用更見減少。

第三，紙烟代替土烟　在清末以前，農民多吸用"旱烟袋"；自紙烟輸入，農民乃改用之。惟因初輸入時價格較昂，銷行不廣，僅比較富裕的農家備之以待客而已。近年劣等紙烟出，價廉而性烈，農民趨之若鶩，當調查時，農村銷行"大嬰孩"牌紙烟已極為廣遍。又因吸烟用紙頭不如用火柴之便，故因紙烟之流行，火柴的銷用亦漸行推廣。

（2）農用品價格的變遷　茲就農家通常購用的幾種農用品，分為三大類，討論其價格：

A. 調味品　農家所用的飲食費中，調味品占第三位，且因多係現款買進，故關係於農家經濟頗為重要。在調味品中，首要者為食鹽，其次為豆油與香油，食用紅糖或白糖者較少，中小農家尤少購用。豆油與香油二項，因農家或兼營榨油業，或以自出豆類與芝麻向油坊換取，故購用者又不若食鹽及糖類之普遍。據表九八，近六年來食鹽價格與年俱增，民二四年較民十九年增高達三分之一，食鹽為農家生活必需品，其價格的高漲，給予農家經濟的影響甚大。紅白糖價格的趨勢同於食鹽，惟因食用者較少，故影響較輕。豆油價格則反是，與年俱落；香油價格自民十九年後亦繼續跌落，但從民二三年起轉趨上漲，漸有恢復民十九年價格的趨勢。油類價格的變遷，給予農家的影響各有不同。

價格的跌落，對於以榨油爲副業的農家，不但無利而且有害，對於購進農家，可予"吃便宜油"之利；對於以豆類或芝麻換取食油的農家，則無大影響。

表九八　近六年來農用品價格的變遷

		調味品†					燈光用品		個人消耗品		
		鹽	豆油	香油	紅糖	白糖	煤油[1]	火柴[2]	紙烟[3]	黃酒†	燒酒†
實數（元）	民十九年	0.078	0.13	0.20	0.11	0.13	7.62	0.028	2.20	0.061 9	0.22
	民二十年	0.085	0.12	0.17	0.11	0.13	10.52	0.030	2.20	0.062 1	0.21
	民二一年	0.089	0.12	0.16	0.15	0.17	9.80	0.032	2.20	0.053 2	0.20
	民二二年	0.092	0.11	0.15	0.17	0.18	7.26	0.038	2.20	0.053 3	0.17
	民二三年	0.100	0.10	0.16	0.14	0.17	7.94	0.035	2.44	0.053 4	0.19
	民二四年	0.102	0.11	0.18	0.14	0.18	8.46	0.037	2.20	0.057 1	0.19
指數*	民十九年	100	100	100	100	100	100	100	100	100	100
	民二十年	109	92	85	100	100	138	107	100	100	95
	民二一年	114	92	80	136	131	129	114	100	86	91
	民二二年	118	85	75	155	138	95	136	100	86	77
	民二三年	128	77	80	127	131	104	125	111	86	86
	民二四年	131	85	90	127	138	111	132	100	92	86

* 指數以民國十九年爲基年。

† 重量單位"斤"。

1. 牌號"亞細亞"，重量單位對（56斤）。
2. 牌號"魚缸"，數量單位盒。
3. 牌號"大嬰孩"，數量單位盒（500支）。

B. 燈光用品　現在農家的燈光用品，以煤油最爲通行，故其價格的漲落，影響農家頗大；火柴單位價格極賤，影響農家生活至微，惟因使用的普遍，特附述之。據同表，煤油的價格自民十九年後漲跌無定。惟除民二三年外，各年均較民十九年漲高，中以民二十年與民二一年最劇，民二三年與民二四年稍緩。火柴價格則與年俱漲，六年之間漲高三分之一。雖其單位價格輕微，但於農家經濟亦不無相當影響。

C. 個人消耗品　此種農用品最普通者爲烟酒二項。本來農家平時很少消費烟酒，祇用之於款待客人，但農民中亦不少有烟癮或酒癖者，故以個人消耗品名之。如上所述，清苑農家現多吸用劣等紙烟，酒以黃酒（小米釀造者，色黃，味較淡）與燒酒（高粱釀造者，製造程序較繁，性極烈）二種最通行。據同表，近六年來紙烟價格無甚變遷；黃酒與燒酒自民十九年後與年俱落，至民二十三年漸漸增高。酒價格的漲跌和原料品價格的騰落很有關係，讀者試一比較近年來的農產品價格便可明瞭。惟農家較富裕者多雇用酒師釀酒自用；一般中小農家則每年消費有限，除過年過節外，亦僅於請客時用之；所以酒料價格的漲跌及於農家經濟的影響遠不如調味品與燈光用品的巨大。

VI. 農家借貸

(一) 借貸制度

清苑農村的借貸方式可以分爲借錢、借糧、典當、錢會、賒帳五種。其中以借錢最爲通行，構成主要的借貸方式，典當與錢會次之，借糧又次之。賒帳一項，普通祇算作商店的付款方式之一，因爲大多是中等以上的農家，經濟情形較爲充裕而有償還能力的保證者，始能和商店共來往，記帳賒欠。但是中小農家亦常有小額賒進，且因償還價值高，實際等於利息，故仍附入借貸制度中。

(1) 借錢　此種借貸方式的手續甚簡，一般多係告貸者先找中人向放債者說合，事成寫"借約"一紙，或由中人作保，或另找保人畫押，然後交錢。借約上載明借款的數額、利率及期限等。普通都無手續費，如借額較大，僅由告貸者備待一餐酒飯而已。借錢除由中人或資力較厚，聲望較高的人擔保之外，亦有以田契作抵者。在這種情形下，告貸者因保證確實，常可獲得借額較大或利率較低的優待。

利息如係月利，則按月交付；如係年利，則按年交付。清苑通行月計利率，約在二分半左右。息款多由告貸者親交債主，亦有由中人代交者；現時因借債農家的日益窘迫，故債主親到告貸者家中坐索的情形甚多。本錢償還方法同此，而坐索更為常見之事。

過期如不還本或付息，則有各種處置辦法。在不還本的場合，其處置方法有：1. 續期，僅憑口頭說一聲，利率不加，但普通祇能續一次，至多續到五次；2. 改換借約，俗稱"改帖"，利率較原來的增高；3. 找保人代為償還，農家常因此涉訟；4. 沒收土地或他種抵押品。其中以采用1，2兩項辦法者較多，續期尤屬常見，特在展延的期限中，利息仍按時計算耳。在不付息的場合，其處置方法有：1. 由中人催交并負責代為墊還；2. 將所欠利息加入借本中，改換新借約；3. 改作複利計算；4. 如有抵押品，則沒收而自行處置。其中以采用2，3兩法者較多。

(2) 借糧　在農村中，借糧的都是最貧窘的農家，因為缺乏食糧乃臨時小額向外告貸。所借食糧種類，以玉米、小米、高粱、小麥數種為多。借糧時期，普通都在春夏交四月，即農家客歲所收食糧告罄之際。每次借額低在五斗，高達五石，普通以一石至二石為多。期限自一月至五月不等，其所以很短，係因借後不久便有新收穫物可以償還。

利息的繳納有兩種方法：一是"利息另付"，即先將糧類按市作價，講明一定利率，然後按價付息，普通此種利率由月息2分到2.5分不等。一是"抬高糧價"，即不另付息，惟借糧時作價較時價高，以後到期按抬高的價值償付；如小米市價為0.9元，借糧時作價為1.1元(清苑農村借糧每斗多抬高2角，作為利息)，到期須償還1.1元。後一種付息方法，多係錢行或糧店下鄉"放糧"所采行者。還本均係貨幣，因為這樣，放債者纔能免除償還時所借糧食價格跌落的損失，并可以獲得借糧時該種糧食價格已經漲高了的利益。

(3)典當　清苑農村的當鋪，除多在保定縣城外，亦有散於四鄉較大的村鎮者。農家認爲典當是極"不體面"的事，非至萬不得已決不走這條路；即典當之後，亦都"諱莫如深"。抵押品以衣服、被服、手飾等最多，間亦有家用的金屬器皿等。利率多爲月利3分。每次典當所得款額少在2元，多達10元，普通爲3元到5元。

農家典當物品，以在年前及春季最多。在年前係爲還年賬，或置辦過年物品；在春季係因家中存糧告罄，須購進糧食；且嚴冬已過，棉衣被正可充典當之用。取贖的時候多在夏季與冬季，因爲夏季在麥收後，冬季在秋收(大秋與晚秋)後，糶糧得錢可作贖當之用。同時又因隆冬將屆，農家不得不多方設法贖出禦寒衣物，此所以在冬季取贖者又較在夏季爲多。

近幾年來，典當業逐漸衰落，除縣城者外，四鄉幾告絕迹。雖然典當利息過高，條件又酷，但在新式金融機關尚未普遍時，農民將益感告貸無門的苦處了。

(4)錢會　這是一種基於情誼，本於合作精神的金融制度。在清苑農村，錢會的名稱有多種；我們可依其得會方法之不同而分爲"搖會"與"標會"兩大類。搖會除第一期會額由會首收得外，以後各期則由各幫會人用抽簽或拈鬮法決定搖骰次序，依此次序搖骰，以點數最多者得會。標會除第一期會額由會首收得外，以後各期則由幫會人投標，由標寫利息最高者得會，大抵幫會人需款較迫切者，標利亦較高。在前一種會，得會完全碰"手氣"，與會者無把握；在後一種會，得會與否依需款的緩急與否定之，與會者如願忍痛出高利，即可得會。

請會手續較爲煩瑣：第一，請會人須具備邀會的條件，即須有相當信用與擔保，此種擔保或由有聲望者二人任之，稱爲"保會人"，或以田契作爲抵押品；第二，由請會人發帖請客(保會人與幫會人)，帖上載明：請會人，保會人(或抵押品種類)，各幫會人，會期，每年舉行次數及會款數額等項，并設酒席款待；第三，因請會人(舉行首次會後便稱爲會首)所用會款不納利息，故須繼續負擔各次聚會時召集會員，并設宴款待的責任。

會期年限，計2年，3年，4年，5年，10年不等。每年舉行次數，自一次至三次不等，也有一月一次的。聚會時日，如每年一次，則多在十月；如二次，則多在一月與九月；如三次，則多在一、四、七三月，或三、六、九三月；如每月一次，則多在月之初一或十五。每村有此種會一個或兩個不等；每會會員人數少在8人，多至40或50人。每份會款計三元，四元，五元或十元不等，第一次由會員交與請會人，以後交與得會者。會首到期如不能繳出會款，則由保會人負責追繳，或變賣抵押品清償之。

請會人以經營小本生意者為多，純粹業農者較少，其邀會原因或在獲得小額營商資本，或在置辦喜喪事件，或為償還舊欠，或為糴進糧食。幫會人以專務農者居多，作小本經營者次之。近年來錢會制度漸趨消滅，這固由於農民經濟一般的困難，不易籌款入會，而請會人與得會人常無信用，不能按期攤出會款，亦為一大原因。

(5)賒帳　農家賒帳的原因有二：(一)因避免麻煩，賒進農家較為富裕，商店為拉攏顧客，乃以此法籠絡之，所以這種賒帳，祇不過是商業經營的一種方法，初與農家借貸無關；(二)因目前不能付現，賒進農家多為貧窘者，商店如熟知該農家，為圖利起見，亦小額賒與，這種賒帳可說是一種物品信用借款，其構成借貸關係自不待言，下之所述將以此為限。

賒帳手續極簡，記一筆帳便足。賒帳行為之發生，基於雙方彼此認識，但如相識而商店猶認為信用不足時，則須覓殷實保人。普通賒欠物品，以糧食居多，油鹽次之，洋貨(比較的奢侈品)較少。其中糧食一項僅能賒欠一個月或兩個月；其餘二項則可到年終結帳，但須另加貨價10%作為利息。賒帳時的買價較之時價或相等或略高。還帳均用貨幣，除賒欠貨值外，按預定信約酌收利息，其利率由年息2分到3分不等。商店為保證自己的利益，亦常采用特殊結帳方法，即結帳時如物價增高，則按賒欠物量計算，如物價降低，則按賒欠時的物值計算。

還帳時期多在年底，亦有采用三節（端午、中秋、新年）結帳制者。年來賒帳之事增多，或者因爲農家購買力減退，商店不得不采此法以推銷貨品。

（二）農家的借貸情形

在清苑農村，借貸方式雖有多種，要仍以單純的借錢爲最通行，農家一般所稱的借債即指此種而言。

(1)借貸家數及舉債原因　借債的户數，據分村調查，總計二十四村，占總户數73%。據分户調查，總計500農家，借債的共290户，占58%；押當的共20户，占4%；借會的（即利用錢會而借款的）共6户，占1%；賒帳的共169户，占34%。就各農家分別言之，計借債的：地主占47%，富農占38%，中農占58%，貧農占63%，雇農占55%；由此可見中小農家借債者較地主與富農爲多，况地主與富農的借債，并非由於家庭經濟的窮迫，實不能和中小農家的告貸相提并論，此點留待下述。押當的：地主與富農均無，中農占2%，貧農占6%，雇農占3%；由此可見典當僅和中小農有關。貧農借債的及典當的家數均較中農與雇農爲多。此與前節所述貧農的虧短數額較中農與雇農都大，互相印證。借會的：地主占6%，富農占3%，中農占1%，貧農占1%，雇農無；由此可見利用錢會的組織借款，非具有相當的財力與信用莫辦。賒帳的：地主占53%，富農占36%，中農占40%，貧農與雇農均各占30%；由此可見商店還是願意多賒給資力較厚的雇主，但中小農家賒帳者亦達三分之一，似乎物品信用借款方式漸趨發展。

放債的户數，據分村調查，占總户數1%。據分户調查，500農家中，放債的共5家，亦僅占1%；其中貧農與雇農没有放債的，地主放債的占6%，富農放債的占5%，中農放債的占1%。這兩種調查都表示農村中有放債能力的極少。

農家舉債的原因可以概括爲四大類：第一是投資，即購買土地，建造房屋，置辦家俱，購買耕畜，或經營商業；這種借款多是生產的，地主與富農的借款大都屬於此類，尤以經營商業者爲多，蓋如後所述，他們的借款多在數百至千元不等。第二是購買生活必需品，最主要的爲購買糧食，這種借款是純消費的，中小農家的借款多屬於此類。第三是開銷喜喪事用費，這是意外的臨時支出，愛面子的農家常因婚喪之事債臺高築。第四是借新債以償還舊債，中小農家尤多如此。

借債時期多在年底與春季，前者因農家喜事多在年底舉行，同時舊債多是此時到期；後者因春耕開始，各項須待置辦，且農家所存糧食漸行告罄，須待購買。

（2）借款次數　農家每年借款次數的多寡，不僅由於他們臨時的需要，也和他們的信用程度有關。大抵經濟能力薄，信用程度低者，常因一次不能借得較多款項，分作數次告貸；同時又因東扯西挪，借新還舊，所以一年中借款次數必多。就一般農家說，仍以借一次者居多數；如下表所示，借債的290家中，借一次者154家，占53%。借二次、三次者亦不少，計各占21%與15%。至借到四次、五次、六次、七次者則逐漸減少；最多者每年借款八次，此種情形甚少見。

表九九　借款次數與農家數

次數	地主	富農	中農	貧農	雇農	總計	百分率
1	4	4	44	78	24	154	53
2	3	6	13	33	5	60	21
3	—	3	14	24	2	43	15
4	—	1	4	7	4	16	6
5	1	1	—	4	—	6	2
6	—	—	2	2	1	5	2
7	—	—	1	4	—	5	2
8	—	—	—	1	—	1	*
總計	8	15	78	153	36	290	100

＊不及0.5者。

就各農家言，貧農借債有多到八次者，中農也有多到七次者，雇農有多到六次者；在三次、四次、五次者也都不少。地主與富農雖有多到五次者，但一般都以一二次居多；其中富農固然亦多達三次、四次，而地主則無之。詳見表九九。

（3）借款數額　農家借款數額的多少，視需要緩急及信用大小而定。據分村調查，借款數額最高有達千元或二千元者，最低有僅一元或五元者，一般的說起來，以五十元、百元、二百元者爲多。據分戶調查，每家借款數額：就借款家數平均，計地主312.5元，富農237.7元，中農118.3元，貧農79.6元，雇農40.1元，總平均99.7元；就全體家數平均，計地主147.1元，富農91.4元，中農68.9元，貧農49.9元，雇農21.9元，總平均57.8元。地主與富農的借款數額都要較中小農家高。

就下表的分析，可以看出農家借款數額的分配情形及各農家差異之處。一般言之，每次借款數額以30元到140元者居多，合占53%；在此數以下及以上兩端的家數大略相等。各農家的差別程度，表中非常明顯。地主的借款起碼100元，高有達800元者；富農起碼30元，高有達720元者；此外三種農家低有在5元以下者，最高中農達500元，貧農達200元，①雇農達140元。

（4）借款利率　農家借貸利率，以月利爲多，年利少見。據分村調查，二十四村通行的月利率，最高4分，最低1.5分，普通2分到3分。據分戶調查，平均月利爲2.5分；又就表一零一所示，月利在2分—2.5分的占30%，在2.5分—3.0分的占46%，合計占76%。綜上所述，月利2.5分當可代表清苑農村的通行利率。又據表中附注，月利最低者爲1.2分，最高達4分，和分村調查所得結果相同。

---

① 地主借債有高達2 500元者，富農借債有高達1 970元者，貧農借債有高達1 000元者。(表一百附注)但此種借貸似乎已由農業借貸的性質而變爲商業的了，故不計算在一般的農家負債內。

表一百　借款額數與農家數

組別	地主	富農	中農	貧農	雇農	總計	百分率
5元以下	—	—	1	2	2	5	2
5—9.9	—	—	1	6	4	11	4
10—19.9	—	—	1	14	4	19	7
20—29.9	—	—	2	19	6	27	9
30—49.9	—	1	12	35	8	56	19
50—69.9	—	1	11	19	4	35	12
70—99.9	—	—	13	14	5	32	11
100—139.9	1	2	12	15	2	32	11
140—199.9	1	4	9	12	1	27	9
200—299.9	4	3	11	10	—	28	10
300—499.9	—	2	3	7	—	12	4
500元以上	2❶	2❷	2❸	—	—	6	2
總計	8	15	78	153	36	290	100

❶ 實數爲 800.00 元，620.00 元。

❷ 實數爲 720.00 元，500.00 元。

❸ 實數爲 550.00 元，500.00 元。

附注：500 農戶中借進款額者共 294 家，其中借進款額最巨者有 4 家，計：地主 2 家，富農 1 家，貧農 1 家；以情形特殊，俱未算入表中。茲將 4 家情形略述於後：

(1) 地主 2 家：一家借進 1 100 元，月利 2 分，期限 10 月；另一家借進 2 500 元，月利有 1.8 分、1.5 分、1.6 分及 2.1 分數種，期限計 10 月、4 月及 7 月不等。前一戶之周年收支結算，尚盈餘 225.2 元，但有特別費——喜慶費 400 元；後一戶亦盈餘 316.6 元，無特別費，但另外貸出 500 元。

(2) 富農 1 家，借入 1 970 元，月利有 1.7 分、2 分、1.5 分、2.5 分及 2.3 分等數種，期限長短不等。該戶收支結算，虧短 87.6 元；收支特殊者，計有賭博費 2 000 元，特別收入——出賣牲畜 27.0 元。

(3) 貧農 1 家，借入 1 000 元，利率及期限均未詳，其收支結算，虧短 223.9 元；收支特殊者，計有中佣費 5.4 元，賭博費 5.5 元，特別收入——出賣田地 18.5 元。

但是，2.5 分僅是農村的平均利率，不能代表各農家的實際情形。就各農家分別言之，地主借款平均月利爲 2 分，富農同，中農 2.3 分，貧農 2.7 分，雇農同。就表一零一作個別觀察，其差异情形更屬顯然。計地主最高達 2.5 分，富農最高達 3 分，中農與貧農最高達 3.5 分，雇農最高達 4 分。由此可見地主與富農享受借款條件較優，中農次之，貧農與雇農遠遜。

表一零一　借款利率* 與借款次數

月利組別	地主	富農	中農	貧農	雇農	總計	百分率
1.0—1.49 分❶	—	3	1	3	—	7	1
1.5—1.99	1	3	6	8	—	18	4
2.0—2.49	5	16	67	56	7	151	30
2.5—2.99	7	7	48	137	34	233	46
3.0—3.49	—	3	7	67	16	93	18
3.5—3.99	—	—	1	1	1	3	1
4.0 分以上❷	—	—	—	—	1	1	★
總　計	13	32	130	272	59	506†	100

❶ 最低 1.2 分。

❷ 最高 4.0 分。

* 年利（共 12 次）未列入。

† 各農家借款次數共有 570 次，除表中已列出者外，尚有無利率者 34 次：計地主 2 次，富農 1 次，中農 11 次，貧農 18 次，雇農 2 次；未定利率者 3 次：計富農，中農及貧農各 1 次；利率未詳者 15 次：計中農 2 次，貧農 12 次，雇農 1 次。

★ 不及 0.5 者。

借款以年率計算者，僅中農及貧農共 8 家。其中年率最高 2.7 分，最低 2.0 分，平均 2.4 分。

（5）借款期限　借款期限以"十個月"最爲通常，幾占一半（表一零二)。各農家中，中農、貧農與雇農均有十個月以下之短期債，地主與富農則無之。無定期的借款占去一半，此類當包括兩種：一種是本未言明定期之借款，一種是本有定期而在調查時農民隨便以無定期答之的借款。

表一零二　借款期限與借款次數

組　別	地　主	富　農	中　農	貧　農	雇　農	總　計
無定期	2	11	53	150	17	233
三　月	—	—	1	3	—	4
五　月	—	—	1	1	1	3
六　月	—	—	3	—	2	5
七　月	—	—	3	—	—	3
八　月	—	—	1	2	—	3
九　月	—	—	2	—	—	2
十　月	10	17	55	91	28	201
一　年	—	1	4	6	—	11
二　年	—	—	—	1	—	1
三　年	—	—	—	1	—	1
總　計	12	29	123	255	48	467*

＊各農家借款次數共計570元，其中有103次（計地主3次，富農5次，中農24次，貧農57次，雇農14次），因期限不詳，未行列入。

（6）貸款情形　如前所述，500農家中，放債的農家僅5家。實際上，或不止此數，因為調查時，農家常故意誇大借債苦狀，而對於放債則隱諱不說。

這五家貸款農家，計地主一家，貸出款額500元，利率及期限未詳。富農二家，一家貸出400元，月利1.5分，另一家貸出200元，年利2.5分；期限均不詳。中農二家，一家貸出共250元，利率每月由1.5分到2.5分不等，另一家貸出20元，月利3分；期限均未詳。

結　　論

　　這個調查雖然祇是一縣的情形，但河北全省的農家經濟狀況亦許可以由此推知其大概；并且一個地方的經濟形態乃經歷史演變及環境影響而成，因之華北農家經濟在結構上的特性，也不難從本文窺出一二。現在將清苑農家經濟的特質，農業經營的機構及近年來各方面的變遷情形，略示梗概，以作本文之結束。

(一) 經濟形態上的特質

　　(1) 家族經營　　所謂家族經營係指"經營的各個部門，大部分是以家庭自有人工在自有土地上支持着的"這種形態而言。在清苑農村，租佃關係的樹立，尚未進入普遍的階段。純自耕農占85%，純出租地主及純佃農各不過占1%，半出租地主與半自耕農各占1%與12%。農家所有的田畝留為自耕的占95%，農家使用的田畝屬於自有的占90%。平均每家農場面積(15.3畝)和平均每戶所有田畝(14.2畝)極為相近。凡此均可證明清苑農家間租佃關係的不重要，及自耕自田色彩的濃厚。

　　從雇傭關係上，同樣的可以表現出家族經營的特性。純雇主與純雇農各僅占3%，半雇主(自有一部分勞工)占8%，此外86%的農家都是用自有勞工來支持他們的農業經營的。本來，不論那一種農業經營，祇要所用的勞工中，自有者占一半以上便構成家族經營的形態。清苑自有勞工比例達四分之三，其具備家族經營的色彩，固不待言。

　　(2) 自給經營　　清苑的農業經營除畜養及副業是小部分的或大部分的以出售為目的外，農作物經營幾完全是為着自家的食用。這可從兩方面來看：第一，農作物出售比例甚低，就家數說，完全不出售農作物的農家要占55%，就產值說，農作物的出售價值僅占14%。第二，種植的作物中，食用作物占絕對多數；特用作物極少，無足輕重。我們知道農家的農業經營乃以農作物經營爲主(農作物收入占總收入87%)，所以由農作物商業化的程度，便可測知整個農業經營自給特性的程度。

(二)農業經營的方式與變遷

(1)經營方式　清苑農家的農業經營，概別之有三種，即作物、畜養及副業等經營是。其中畜養經營既未普遍，亦未具備較適中的規模。總計有畜養的農家占67%，有三分之一的農家是無畜養的。每家畜養資本額，按有畜養家數平均爲2.6元，規模之狹小可知。副業經營之普遍雖不及畜養，而其重要則遠過之。總計有副業的農家占44%，其中以具一種副業者爲多，亦有兼二種、三種或四種副業者。副業的種類可以大別爲三：一單純的副業，二普通手工業，三家庭手工業。副業收入在農家收入中居第二位，僅次於作物收入，而較畜養與資本收入爲高。

農作物經營構成農業經營的主要方式。使用農田的家數與年俱增；500農家中使用農田戶數所占百分率：民十六年爲94%，民十八年爲95%，民十九年爲96%。其結果爲農場面積的日就狹小，土地分割的日趨零碎。清苑的農作制度，一般采兩年三熟的輪耕制，間種方式亦很通行。農家種植的作物以食用作物爲主，其中穀實類占72%，豆類占25%，蔬菜類占2%，根用類占0.4%。(百分率據作物畝數)特用作物中的纖維類、油類與烟類合計不及百分之一。各種作物所占的位次，就作物畝，產量與產值三個標準合而觀之，最重要的前五位爲：1小麥，2玉米，3高粱，4小米，5白菜。

(2)近年來的變遷　畜養經營無甚變動；副業經營有逐漸衰落之勢，尤以規模較大的家庭手工業爲甚。其原因一方面由於廉價洋布之傾銷；另方面由於國內經濟不景氣，人民一般購買力的降低。家庭手工業產品的價格，近年來跌落極劇，如以民十九年爲100，到民二四年，"三二布"爲61，"二十布"爲53，前者跌落三分之一有餘，後者幾及一半。因此從事家庭手工業的戶數大爲減少，500農家中在民十九年織布者33戶，占7%；民二四年減爲6戶，僅占1%而已。

因爲副業的衰落及畜養的未能擴張，遂使作物經營更形重要，成爲農民生計唯一的泉源。然而，儘管從事農田經營的户數年見增加，而因土地與資本的限制，規模反益趨縮小。不過有一事值得注意的，那便是年來棉田面積的擴張。在民二二年種植棉花的農家絕少，民二三年增至十之三，到民二四年則無家不種植矣。棉田面積占總作物面積的百分率，由民十九年的0.2%增到民二四年的5.4%。特用作物所占位次，亦由無足輕重變為不可忽視了。

雖然農產品的商品化程度尚不深刻，而農產價格的逐年降低，却使農業遭遇着大不景氣。如以民十九年之農產價格為100，到民二三年，計小麥降為64，玉米62，高粱61，小米64，黑豆47，黃豆55。到民二四年，略露轉機，計小麥漲為76，玉米79，高粱80，小米82，黑豆69，黃豆78。

(三)生產要素及其價格的變遷

(1)生產要素的構成　清苑農家的生產要素，最要者為土地與勞力，次為資本。資本中有固定資本(如農舍)，半固定資本(有生命的為耕畜，無生命的為農具)，和流動資本(種籽與肥料)三項。在這幾種生產要素中，土地與勞力大部分係農家自己所有或提供者，租用或雇用者很少；資本中除流動資本大部係自有外(幾種主要作物的種籽自有者達四分之三以上，肥料自有者占69%)，餘如農舍、耕畜與農具則以購置者居多。各項生產要素的費用在生產成本中所占的百分率，計土地27%，勞力57%，資本15%；可見農家投於農業經營的以勞力最多，資本最少了。

(2)價格的變遷　生產要素的價格是步隨農產價格的趨勢而漲跌的。如上所述，農產品、畜養產品及副業產品的價格，無不與年俱落，至民二三年或二四年達於極點。生產要素中較重要的土地、勞力與耕畜三項的價格亦呈同樣的趨勢。如以民十九年為100，土地平均價格在民二一年降為66，民二四年為72；平均工資在民二一年為90，民二四年為79。中等耕畜價格，如同樣以民十九年為100，到民二二年騾為79，牛為95，驢為88；到民二四年騾為74，牛為90，驢為86。其中以土地價格受農產品價格的影響最巨；二者形影相隨，關係至為密切。所表現的趨勢，都是民十九年後繼續跌落，到民二四年又轉跌爲漲。

(四)農家的家庭生活

(1)農家生活程度的低下　各農家平均每家生活費160元；其中飲食費占79%，衣服費占10%，住房費占1%，燃料費占3%，雜項費占7%。飲食費所占比例之高，及雜項費之低，均足證示生活程度的低下。飲食費中，食糧占90%，肉類占3%，菜蔬占1%，調味品占5%；可見農民大多祇在求"飽"，至於滋養成分之足否還根本說不上。

(2)農家的負債　農家借債的家數，據分村調查，占全體73%；據分户調查，占全體58%，另外押當的占4%，借會的(利用錢會借款者)占1%，賒帳的占34%。農家舉債的用途，或爲生產的——即營利的，或爲消費的——即消耗的；大抵較大農家多借款以營商或經營手工業，中小農家則多借債以維持生活。每年借款次數難以一次爲常，但亦有多到七次或八次者。借款利率平均月利2.5分，低在1.5分，高達4分。期限以十個月最多，亦有短僅一月，長達數年者。平均每家負債額58元，① 差不多每人要負債十元。

(3)農用品價格的變遷　農用品中以食鹽與煤油關係農家生活最切。食鹽價格在近年來增高極劇，如以民十九年爲100，民二四年爲131，漲高達三分之一；煤油價格亦見增高，如以民十九年爲100，民二四年爲111。

(五)經營利損與收支盈虧

(1)經營利損　畜養和副業的利損較難估計，故本文祇就作物經營的利損予以計算。總計500農家，就使用田畝說，平均每畝生產費爲8.88元，產值10.57元，盈利1.69元。每家的平均農場面積爲15.3畝，故平均每家作物經營的盈利當爲25.86元。但是平均每畝盈利1.69元并不能代表各個農家的情形。大抵農場面積在20畝以上的都盈利，農場面

---

① 農家負債中，有幾筆較大的含有商業性質的借款共6 570元，未計算在內。(見表九九附注)如合并此數平均，則每家負債額將增爲71元。

積愈大，盈利數額愈高，這種農家占38%；在20畝以下的都虧損，農場面積愈小，虧損數額愈低，這種農家占62%。這表示經營利損和農場面積有正比例的關係。

(2)收支盈虧　因爲清苑農家的農業經營仍停留於家族經濟與自給經濟的階段，故與其計算經營的利損，還不如計算家庭收支的盈虧較能表現農家經濟生活的實況。500農家中，收支結算後，盈餘的農家占38%，虧短的農家占62%；這和上述作物經營的利損家數所占比例完全一致，當非偶然。總計每家平均收入178.84元，支出199.25元，收支相抵後虧短20.4元。考影響收支盈虧的因子，最重要者有三：第一爲田權的大小，即田權愈大者，有盈餘的可能愈大，有虧短的可能愈小；第二爲農場面積的闊狹，即農場面積愈大者，有盈餘的可能愈大，有虧短的可能愈小。這兩者都以四十畝爲盈虧的分水綫，以一百畝爲盈餘的擔保限度。第三爲各項收支比例的差異，即收入中副業與畜養收入比例愈高，而作物收入比例愈低者，或支出中農場支出比例愈高，而家庭生活費支出比例愈低者，有盈餘的可能愈大，有虧短的可能愈小。

(六)各級農家經濟的差別

(1)差別的因子　本文的農家分類，乃綜合租佃關係與雇傭關係爲劃分的標準。地主與雇農立於上下兩極端；中農位於中；富農介乎地主與中農之間，有升爲地主的希望，亦有降爲中農的可能；貧農又介乎中農與雇農之間，有升爲中農的希望，亦有降爲雇農的可能。這種經濟地位差別的構成，可由持有田畝的多少，農場面積的闊狹，農業資本與經營規模的大小，勞動的自有與雇用，地租的收取與繳付，作物的出售與自用等等表現之。

(2)差別的結果　各級農家在經濟地位上的差異，遂使他們在農業經營上利損不同，在收支上盈虧不等。就作物經營利損言，盈利的有三種農家，計地主每畝盈利4.95元，富農3.28元，中農2.27元；虧損的有兩種農家，計貧農每畝虧損1.46元，雇農1.24元。如以各自的農場面積乘之，則平均每家作物經營的盈利，計地主328.7元，富農129.8

元，中農 47.9 元；每家作物經營的虧損，計貧農 12.0 元，雇農 3.5 元。因爲中小農家的農業經營完全靠自有人工支持，故上述利損情形表示中農的勞動所得超過現行工資率，貧農與雇農的勞動所得則不及現行工資率。就家庭收支盈虧言，僅地主盈餘，平均每家 63.9 元；其餘的農家都虧短，計富農 1.8 元，中農 21.4 元，貧農 31.0 元，雇農 11.9 元。由這點看來，富農或可維持現狀，而貧農則大有淪爲雇農的可能。

廣西糧食問題

注　意

(1)本書所用衡量單位，概爲市制。

(2)書中貨幣單位，除特殊聲明者外，均指廣西毫幣而言；其與中央法幣之兌換率經二十六年十二月一日規定爲桂毫幣一元合中央幣五角，在此以前則行情變動不定，可參考廣西省府統計室關於近年來各大城市桂毫幣對中央幣兌換率之統計。

目　　錄

緒言 ·· 627

黃序 ·· 629

千序 ·· 631

白序 ·· 633

第一章　糧食自給程度 ················ 635
(一) 生產量與消費量抵差法 ············ 635
(二) 運銷額推算法 ······················ 641

第二章　糧食之生產 ···················· 646
(一) 糧食生產狀況 ······················ 646
(二) 糧食生產效率 ······················ 651
(三) 糧食生產之增進問題 ·············· 656

第三章　糧食之消費 ···················· 661
(一) 糧食消費之比例 ···················· 661
(二) 平均每人糧食消費量 ·············· 663
(三) 糧食消費之地域上的分布 ········ 666
(四) 糧食之用途 ························· 669

第四章　糧食之供需關係 ·············· 673
(一) 運銷分區 ···························· 673
(二) 糧貨移動 ···························· 674

(三)糧食對外貿易 …………………………………… 681
　　(四)糧食價格之變動 ………………………………… 684

第五章　糧食運銷之機構 ……………………………… 693
　　(一)加工 ……………………………………………… 693
　　(二)運輸 ……………………………………………… 702
　　(三)交易 ……………………………………………… 709
　　(四)其他機能 ………………………………………… 718

第六章　運銷成本之分析 ……………………………… 722
　　(一)加工成本 ………………………………………… 723
　　(二)運輸與銷售成本 ………………………………… 728
　　(三)農民所得之比例 ………………………………… 733
　　(四)省外運銷成本 …………………………………… 737

第七章　糧食問題及其解決途徑 ……………………… 740
　　(一)生產方面 ………………………………………… 740
　　(二)消費方面 ………………………………………… 743
　　(三)省內運銷方面 …………………………………… 744
　　(四)自給政策與對外貿易 …………………………… 746

附：糧食管理之任務及工作應如何使之適合戰時之要求(草案) …… 748

緒　　言

　　糧食問題在平時及戰時之重要，人所共知，不待申論。歐戰時德國因糧食缺乏，致雖具優良武備，亦不得不割地求和，可爲明訓。是以大戰而後，各國鑒於前車，莫不力圖糧食之自給，或加強其統制機構，未雨綢繆，不遺餘力。我國號稱以農立國，而農業生產，日就式微，米糧入超，與年俱劇，在平時已深感民食問題之嚴重，處戰時更不足以應非常之變。蓋隨戰区之擴大，耕地面積益趨縮小，農業勞工漸感缺乏，且戰區人民遷徙內地者日衆，內地食糧消費額亦隨之而增加，凡此如不預爲籌謀，其影響於抗戰前途，必非淺鮮。

　　廣西處抗戰後方，其所負使命極爲重大，故自抗戰發生後，當局對於戰時各項經濟問題極爲注重，在糧食行政方面，先後有戰時糧食設計委員會及糧食管理局之設置。著者於去秋應吾友千家駒先生之約，來此任戰時農業經濟之研究工作，時以糧食問題最感迫切，乃決定先從事於廣西糧食問題之研究，遂有本書之作。關於材料方面，幸有廣西省府統計室會於去冬舉行全省糧食產銷調查，著者於事前得以參加調查計劃之討論，事後復能充分利用該項材料，致本書能得作較深一層之探討，此個人所引爲深慰者也。

　　額糧食問題之研究，本極繁難，而我國統計材料之缺乏，尤使研究工作之進行倍感棘手。本書共分七章，對本省糧食之自給程度、生產、消費、供需關係、運銷機構、運銷成本等項，均作較合理的分析與新的估計。其中自給程度一章之所以先予討論者，一以自給爲本省三自政策之一，糧食生產爲農業生產之根本，糧食之能否自給及自給程度何若，尤爲當政者所首宜注意；二以此章可予讀者以一般的概念，使對於本省之糧食問題得有初步之認識。供需關係一章中之價格變動一節，原擬獨成一章，詳予分析，後以材料缺乏，遂附於該章簡略述之；對省外貿易亦擬單設一章論述，乃因粵省方面之資料，尚付闕如，故未果；至運銷成本一章，至爲重要而分析亦特感困難，本書所述不過爲一種嘗試，拋磚引玉，實著者所屬望者。最後總述一章。在將全書分析各點擇要論述，并就管見所及，略陳糧食問題之解決捷徑，無暇閱讀全書者，可由此章得一概括之觀念也。

本書於搜集材料時，承民政廳雷廳長渭南，龍科長璆，建設廳陳廳長傑夫，孔秘書繁琨，予以種種便利，深爲感謝，統計室張主任俊民，劉專員炳燊，黃專員華庭，則不厭繁瑣，供給材料，尤爲心感。本室徐堅先生於主持統計表格之計算及繪圖工作，協助甚多。張佩珍及千如我二君於抄錄及計算工作亦多所臂助；書成後，復蒙千家駒先生詳細校讀一過，均在此一并致謝。唯以本書所涉範圍甚廣，挂一漏萬，在所不免，幸讀者進而教之！

黄 序

我國以農立國，自古即注重民食，故歷代明君良吏，皆以勸農耕充民食爲善政；及其分配不均，經濟崩潰，又皆輟耕隴畔之徒，起而爲亂。降及現代，德於歐戰亦因糧食不繼，遂致傾覆。善乎其名將魯登道夫著全民族戰爭論有曰："一國中戰前或戰後之經濟情形，往往爲引起不平之源，且即爲一致團結之障礙。"而其書中尤於經濟與全體性戰爭一章，反覆痛論當時其國人管理糧食之失宜以階之厲。是則糧食問題之繫於國家盛敗存亡，有如是者！

廣西經濟建設，采取自給政策。年來於糧食一端尤加注意。所以發展生產調劑民食者，舉辦不遺餘力。然社會錮習既深，推動匪易，經濟技術，俱感未逮。苟遇水旱凶年，青黃不接，猶貽饑饉之憂。而米穀之產地與銷場，則以阻於運輸，未由調劑；亦使一方有傷農之嗟，一方蒙踊貴之苦。有此二因，在平時則爲不合理之運銷；而在戰時，又將何以調節供需，接濟軍食？此其影響所及，豈細故也！

去年七月，抗戰軍興，深感糧食問題之嚴重，解決誠不容緩。於是約千家駒教授在西大組織經濟研究室，延張培剛先生爲戰時經濟之孳討。并命本府統計人員分赴省內各地，實地調查燃料糧食之產銷，以期學理與事實得資密切之聯繫。既於府內成立戰時糧食設計委員會董其事，復組織糧食管理局於梧州，以爲統制運銷機關；而糧食生產之增加農事技術之改善，又有待於農業本身機構之調整與充實。至於農村經濟之扶持，合作事業之促進，與夫農田水利款項之貸放，亦皆次第舉行。凡是分途并進，如恐弗及，無非冀於地方國家得少抒其貢獻微忱而已。

茲張先生以其研究所得，作成《廣西糧食問題》一書相示，其中關於生產消費及運銷等項，罔不條分縷析，扼要詳明，作較深一層之估計，以爲各個問題解決之準繩。余既佩其從事用心之精勤，且於抗戰前途有所裨益也，謹爲叙之。

民國二十七年七月黃旭初序

千　序

　　自抗日軍興，廣西以貧瘠之區，人口僅一千三百萬，而動員軍隊，達十數師之衆，其在抗戰中之貢獻，已爲國人所共見。惟長期抗戰之根本，在經濟，而決定前方軍事最後勝利之基礎，尤有賴於後方經濟之鞏固，家駒有鑒於此，爰於去秋建議設置經濟研究室，專以搜集正確之經濟資料，研究戰時經濟措施之方案，以供省當局施政之參考爲目的。黃前校長旭初先生韙其議，并約家駒主持其事。家駒奉命之餘，深懼勿勝，但感於環境之需要，義不庸辭。惟戰時經濟，經緯萬端，而目前桂省之所最感迫切者莫若糧食與交通兩問題。遂約張培剛、陳暉兩先生分別擔任食糧與交通之研究工作，張君原在中央研究院社會科學研究所研究食糧問題。陳君則在交通大學研究所北平分所工作有年，兩君對於各該問題均研究有素，成績卓著，任事以來，於既有資料之搜集，實地材料之調查，努力進行，不遺餘力。關於食糧方面，則除參考民建兩廳及省府統計室之現有資料外，適值二十六年冬，省府統計室計議調查全省糧食及燃料產銷概況，關於糧食部分之調查表格，張君曾爲設計，所得資料適足供本室研究之依據。交通方面，則除整理并參考建設廳公路管理局航務管理局之檔案及資料外，陳君并於今年三月赴梧、邕、柳一帶實地調查以爲補充。茲幸廣西糧食問題及廣西交通問題兩報告製成，前者對於桂省食糧之生產、消費及運銷，均有一新的估計，及較詳盡的分析；後者對於本省公路航運之運輸能力及鐵道建築復重新估定其價值，同時兩君對本省食糧及交通問題之改進上亦提供若干初步的意見。余於兩君工作之進行，既終始其事，而於搜集材料之艱難，尤備知苦辛，今讀兩書既竟，更不禁重有感焉！概自抗戰以還，全國目光方集中於前方之軍事，或致意於後方政治之改革，獨於爲持久抗戰基礎之經濟，則多未加置重，報章刊物偶及經濟，亦僅有一般原則之討論，對戰時經濟統制基本所必需之調查及研究工作反視為不急之務，良深可慨！桂省主席黃旭初先生獨能於抗戰發動之後，高瞻遠矚，設置經濟研究室，今日本室工作之得以略有成就者，蓋莫非黃主席之所賜，此令吾人不勝欣感者也。

嘗以研究工作，似易實難，材料之搜集須豐富而不能稍涉駁雜，觀察須多方面而注意力不可不專注於一。同一數字，毫厘之差，謬以千里，欲求精審，或須窮月之功。粗製濫造，固可蒙蔽於一時，終難免貽笑於方家。且理論與事實必須融會貫通，打成一片，戰時經濟若僅知抄襲西洋，取法歐美，則不免有不明國情之譏，但若於外國理論茫無所知，則吾人不能利用先進國家之經驗，殆近乎坐井而觀天，故必須根據本省事實，參照各國理論，而後有所建議始切合實用而無悖乎世界潮流，中山先生知難行易之說，殆即指此而言，以真正科學之研究，必合理論與應用而為一也。本書之成，雖賴張陳二君之努力，差敢自信，然蓽路藍縷，事屬草創，難期完備，尤在意中，海內之關心廣西建設者，如肯進而教之，則豈獨同人等之幸耶！

千家駒　民國二十七年六月，桂林。

自　　序

年來廣西建設，突飛猛進，漸爲海內外所注意。然夷考其實，則除軍事與交通而外，其他各部門，亦尚鮮成效，就中尤以經濟建設中之各種輕重工業爲甚。自十六七年直至現在，仍未見有通盤籌劃之整個計劃焉。東雲一鱗，西雲一爪，有頭無尾，不類龍形。晚近當局者似已感覺及此，頗有翻然改圖，廢然思返之意。往日所引以爲苦，而不易解決者，厥爲才財兩難。幸抗戰以還，外間之人力財力流入廣西者，日見增加，倘能利用時機，以爲改弦更張之計，亦未始非計之得者也。

過去十年，建設之所以鮮成效者，原因固不止一端，而"求速效"實爲大病。故往往先設工廠，後找技師；有了技師，再尋原料，與燃料；原料燃料不足，則惟有停工以待之；逮製出成品，然後再想銷路。以是故障百出，興味漸減，然仍歸咎於人財兩缺，致不能爲所欲爲，然幸好人財不足，否則此等建設的浪費，當不知更要驚人若許矣？

雖然，泰西有言："失敗者成功之母也。"吾人鑑於已往之失，勿再蹈覆轍可已，固不必遽爾心灰意懶，壯志銷沉，更應加倍努力，力求精進耳。

廣西大學，在黃旭初先生兼任校長時期中，曾創設經濟研究室於校本部。主其事者爲千君家駒，而以張培剛陳暉兩君任研究之職。歷時一載，張著之《廣西糧食問題》，陳著之《廣西交通問題》兩書，將先後問世。前者之內容，大要爲對於糧食之自給程度，生產，消費，運銷及糧食統制問題等，均有詳細的檢討。次爲對於糧食之如何增加生產，節制消費，及調整運輸機構等，復提出若干意見。書末，殿以糧食管理之方案及附錄。該方案乃張君爲廣西建設研究會所擬，經廣西省政府采擇施行者。其材料之來源，大致出於廣西建設廳之統計室，及廣西民政廳已有之資料。但主要資料，則得自直接調查。以民二十六年秋，省政府統計室，曾作全省糧食及燃料之產銷調查，其糧食方面之調查表格，張君曾參與設計，故張君得以利用該項資料也。

綜觀全書，雖不敢妄進諛辭，即謂廣西糧食問題之答案，已盡於此。然調查研究，實爲解決一切問題之初步的基本工作。與經濟建設，實有不可分離的關繫。黃兼校長，本其從政多年之體驗，不以爲迂遠之圖，而毅然創設此種經濟研究室，復賴諸君子積日月之力，而卒獲茲成果，使廣西今後知所先務，而不亟亟於求近功，則諸君子之功爲不小矣。

白鵬飛序　二十七，八，十一　桂林

第一章　糧食自給程度

"糧食自給程度"一語，普通有二種解釋：一爲合理的自給程度，即依據可能的生產數量與合理的消費習慣推算而得者；一爲實際的自給程度，即依據實際的生產數量與現行的消費習慣推算而得者。如據前一種涵義而推算，則因用以表示可能或合理的標準之不同，致所得結果互異甚遠；我們所研究的是抗戰期間廣西的食糧政策，故着重後一種涵義，即廣西食糧實際的自給程度。

推算一省實際的糧食自給程度，大別之有兩種方法：一爲生產量與消費量抵差法，此法最稱簡易，即將一省的生產量與消費量比較，如前者超過後者爲有餘，否則爲不足。二爲運銷額推算法，此法比較繁複，即將省內各市場或各運銷區域的運銷數字合計起來，計算從外省輸入者共多少，輸出外省者共多少，兩者比較，前者小於後者爲有餘，否則爲不足。此兩種方法各有利弊，應用時亦有多種限制；大致說來，第二法較能代表實際的情形。茲就此兩法，分別估計廣西的糧食自給程度。

（一）生產量與消費量抵差法

我國關於糧食作物之面積與產量，因未施行農業普查，很難獲得確實可靠之統計數字，此種情形廣西亦然。且廣西於估計產量尤爲困難，以廣西之耕地面積，因單位之不劃一，或用畝，或用種籽數量，或用收穫數量，或用苗稼行列數與株數，故不獨不能作爲估計產量之標準，且反須依據後者以推算之，其不準確可知。現在比較可供利用之數字，僅廣西省府統計局在民二三年所作之調查。茲將糧食作物分爲三大類，列

示其產量於下：(此係民二二年份之情形，數字根據第二回《廣西年鑑》)

(一) 稻穀類(擔)

水稻	61 501 000
秈稻	51 260 000
粳稻	4 407 000
糯稻	5 834 000
陸稻	838 000
合計	62 339 000

(二) 雜糧類(擔)

玉蜀黍	5 870 000
大小麥	398 000
蕎麥	637 000
粟	305 000
高粱	56 000
合計	7 266 000

(三) 薯芋類(擔)

甘薯	13 277 000
芋	5 337 000
木薯	1 163 000
合計	20 777 000

由此數字，我們知道本省稻穀產量共為62 339千擔，雜糧產量共為7 266千擔，薯芋產量共為20 777千擔，此數字係按縣分鄉訪查而得，自有相當的可靠性。民二六年，省府統計室曾作全省糧食作物產量之估計，結果與民二二年者大體相近，(見第二章第一節)唯代表性則較低，故仍以民二二年出產量調查數字為準。

其次考查廣西全省的糧食消費量。糧食消費量較之生產量尤難調查與估計。此因：第一各地消費習慣不同，如有些地方糧食消費以米為主，有些地方則以雜糧或薯芋為主。第二，糧食消費的種類常有變遷，如由於灾荒歉收，致原食米者全部的或部分的改食雜糧；又由於家庭經濟之改善，原食雜糧者或改食米穀。第三，糧食消費方法之不同，如米穀之碾製程度有精有粗，雜糧與薯芋有原樣食者，有晒乾食者，有製成粉餅食者，因而即令同種食糧，而所消費之數量亦有不同。第四，家庭消費與畜養消費之混同，比如較富裕之家庭，常用殘剩飯粥喂猪或飼養他種牲畜，因此常影響到一家消費量之過大，在此種情形下，如僅以家庭人數推算糧食消費量，自必失之過小。雖然，但我人仍可就一地之實際情形，擇用較合理的方法，以估計食糧之消費量。

此種估計方法，實有多種，（詳見拙作《論我國食糧盈虧的估計方法》一文，載《中山文化教育館季刊》四卷二期）最常用者一爲產銷總額估計法，即依"生產量加年初盤存額加輸入量"減"輸出量加年終盤存額"等於消費量一公式而求得者（Paul de Hevesy 曾根據此公式計算世界小麥生產國家的小麥消費量，見氏之：Le Problème Mondial du Blé，頁二三及二二九）；此法最稱簡便，歐美各國的估計多依據之，唯用此法，却有其前提條件，即須具備生產量，輸出入量，年初年終盤存額等基本數字，否則必難推算。二爲每人消費量推算法，即先求出平均每人消費量，然後乘以一省之總人口數，即將該省之總消費量；此法在我國用者最多。惟欲正確估計平均每人消費量，須先考慮招致人民消費差別的諸種因素，如人口之區域別（鄉村與城市），男女性別，年齡別，職業別等是。現在我們試依此二法，分別估計廣西的食糧消費量。

（1）全省食米消費量　關於輸出入數字方面，僅食米一項較爲完全，其他各項雜糧多付闕如，故從略。但食米一項，亦無年初與年終盤存額的統計，故祇能采用"生產量加輸入量減輸出量"一公式以推算之。據此我們有兩個估計數字：一爲依據民二二年之稻穀生產量調查數字及同年米穀輸出入量報告數字而得者；一爲民二六年之稻穀生產量估計數字（見第三章第一節）及同年米穀輸出入量調查數字（見第四章第三節）推算而得者。茲均以穀按七成折成米，得兩種估計數字如下：

全省食米消費量估計（市擔）

	民國二十二年	民國二十六年
食米生產量	43 937 983	42 086 181
食米輸入量	+ 52 207	+ 135 660
食米輸出量	- 394 584	- 630 890
食米消費量	43 595 606	41 590 951

就上表我們知道廣西每年消費食米總數，無論就民二二年抑就民二六年言之，均在四千萬擔以上。以兩個估計比較言之，民二二年的生產量數字因得自實際調查，故較民二六年之估計爲確實；而民二六年的輸出入數字，亦因得自實際調查，故較民二二年之餉捐局報告爲可靠。一般的說，兩個估計都頗近乎事實；因此我人可以推知；民二六年因年成不豐（特別是左右江各縣歉收），產量減少，全省食米消費量有減少之趨勢。

（2）平均每人消費量　在基本數字缺乏的現狀下，平均每人糧食消費量的調查，極難達到真確的地步。因爲如前所述，計算每人糧食消費量，有種種因素要考慮：第一，鄉村人口的消費量較城市人口爲大；第二，男子消費量較女子爲大；第三，因年齡之高低，每人消費量有大小；第四，因職業之不同，每人消費量亦有差別。至在我國調查糧食消費，尤有困難之處，蓋我國人民特別是農民，關於家庭消費，多不記帳，在回答調查者之詢問時往往將糧食的實際消費量及合理消費量（即爲維持合理的健康所應消費之數量）混淆不分，而其數字亦多憑記憶或推測；在這種情形下所獲得的調查結果，自難期有高度的確實性；所以我們對於此種調查數字，亦祇能視作代表大概的情形而已。

廣西省府統計室曾於二十四年舉行了一次全省農民生命及生活調查，附帶的有農家食糧消費的數字。茲獲得該室負責人的同意，特將該項材料，先予計算整理，得各項食糧之每人每年平均消費量如下表。（各區詳細數字，見第三章）

平均每人每年消費量（市斤）

米	324.87
芋　頭	43.98
玉蜀黍	31.00
木　薯	0.75
小　麥	4.46
黃　豆	5.94
蕎　麥	3.81
飯　豆	0.58
紅　薯	43.90
花　生	2.29

這次調查的鄉村，比較接近城區，所以平均每人米的消費量似略高，雜糧的消費量似稍低。現在我們以民二四年全省人口數13 769 000人，乘以每人消費量，便可得出全省各項食糧的總消費量。

各種食糧的總消費糧估計（市擔）[注]

米	44 731 350
玉蜀黍	4 268 390
小　麥	614 100
蕎　麥	524 600
紅　薯	6 055 610
木　薯	103 270
黃　豆	817 980
飯　豆	79 860
花　生	315 310

注：本表除食用外，尚包括其他用途。

最後我們就全省各項糧食作物的總產量和全省各項糧食的總消費量相比較，以求得全省各項食糧之有餘，或不足額。關於全省食米的消費量，本有兩種估計數字，但因前一個估計係根據產銷總額之比較而得，其中包括有輸出入之因素，據之以求盈虧，所得結果與運銷額推算法完全相同，故捨而不論，僅根據後一個估計數字予以推算。

全省主要食糧之盈虧估計（市擔）

種　類	總消費量	總生產量	有餘(+)或不足(-)
米	44 731 350	43 937 980	(-)　　793 370
玉蜀黍	4 268 390	5 874 390	(+)　1 606 000
小　麥	614 100	397 770	(-)　　216 330
蕎　麥	524 100	637 330	(+)　　112 730
紅　薯	6 044 590	13 277 430	(+)　7 232 840
芋　頭	6 055 610	5 336 510	(-)　　719 100
木　薯	103 270	1 163 000	(+)　1 059 730
大　豆	897 840	1 356 540	(+)　　458 700
花　生	315 310	1 318 120	(+)　1 002 810

注：米之總生產量係就民二十二年水陸稻產量合計數按七成折算者。

總生產量中將大麥包括在內，蓋消費調查時，小麥中包括有大麥在內。

大豆一項總消費量包括黃豆、飯豆兩種，總生產量則包括黃豆、青豆、黑豆、白豆四種。

從上表我們知道供給不足的，有食米、小麥、芋頭三項，供給有餘的有玉蜀黍、蕎麥、紅薯、木薯、大豆、花生六項。但按諸事實，食米每年例有數十萬至百萬擔以上之輸出數；此則因該項調查，原偏重城郊之鄉村，致每人食米消費量之推算過高，因而影響到食米之不足額甚大。至芋頭與小麥兩項亦未見有大量之輸入，特別是芋頭這種食糧，消費的伸縮性頗大，一般視產量之多少而定，不致從省外輸入以供消費。因此這三項食糧的不足，當係消費之估計過高所致。有餘的各種食糧，除供食用外，多用以飼養牲畜，製醬，榨油；然如前所述，該項調查對於雜糧的消費估計似稍低，故實際上表中所列之各項食糧的有餘額當不致有如此之巨大。

(二) 運銷額推算法

上述生產量與消費量抵差法，無論估計如何精密，亦多近於假定，蓋生產量之調查本已困難，而每人消費量之估定更難真確，遂不免有"差之毫厘，謬以千里"之譏。運銷額推算法，則因有下述兩原則作根據，故所得結果較能代表實際的情形。

第一，食糧的移動(運銷)即盈虧的表現。今日之經濟社會已由自足自給演進到地域上的分工，雖各地不必完全進入後者之階段，但其趨勢之日益明顯與深刻，則係事實。所謂地域上的分工，便是各地都依其天然條件及社會環境從事其有利之生產，所缺之物則由生產該物最有利之他地供給之，即調盈濟虛，有無相通，這是商品生產社會的最高原則。食糧的生產與消費亦然。雖然因為社會經濟發展不同，致有些地方商業化程度較深，有些地方自給色彩較濃，但就一般言之，有餘必輸出，不足須輸入，則係一定不移之理。故此運銷的本身便是供給與需要的交流，多餘或不足的記錄，用之以推算盈虧，以求得自給的程度，自然合理。

第二，市場為食糧進出的咽喉，盈虧的實數較易求得。在經濟最落後之區，雖尚有行直接交換者，但究屬例外，普通均以經過市場者為多。所以我人祇要抓住某一區域內一個或數個主要的糧食集散市場，無異抓住食糧移動的總樞紐，其結果不但運銷數字較易獲得，而據以推算所得的盈虧數字與自給程度之估計亦較近於事實。

但是運銷額推算法并不能應用到完全精密的程度，蓋由於有下述數種限制：

(1) 地方交通上的限制　凡交通愈發達的區域，食糧的移動亦愈自由，有剩餘的地方可以盡量輸出，不足的地方可以盡量輸入，在此種狀況下推算所得的自給程度愈能代表實際的情形。反之，如交通不便，有餘不能輸出，不足不能補充，遂喪失"調盈濟虛"之作用，則輸出入抵消後的差額自難代表實際的自給程度。

（2）政府法令的限制　縱交通發達，但省縣政府常因地方之特殊情形，禁糧出境或入口，致糧食移動仍不能自由；如廣西二十六年上季禁米出口，致該年米穀輸出減少甚劇，在此種情狀下所得的運銷數字，自亦難作爲估計實際的自給程度之根據。

（3）人民購買力的限制　用運銷額推算法所求得的盈虧，祇是指實際的自給程度而言；至於按理某區人口有多少，因而需要多少食糧方足食，則非所能表示。因爲普通影響於市場的供求關係及貨物的移動行爲者，祇限於有效的需要（effective demand），即有購買力的需要（the demand with purchasing power）；那種無購買力的需要和市場既不發生關係，則其所需之物自不能在運銷數字上表現出來。但因本書着重在實際的自給程度，因之此項限制尚可置之不顧。

運銷額抵算法之根據與限制已於上述；茲就廣西已有的統計與調查數字以推算全省實際的糧食自給程度。

首先我們就廣西餉捐局對於米穀出入口之統計數字推算之。廣西餉捐局本爲一稅收機關，自二十三年三月廣西統稅局幷入後，餉捐局對於出入口物品登記，除特殊情形外，均網括在內，故其數字較爲可靠。據該局統計，近六年來米穀之出口數量如下：

（市擔）

年　　別	米	穀
民國二十一年	301 002	161 040
民國二十二年	394 584	134 890
民國二十三年	664 133	125 175

續表

年　別	米	穀
民國二十四年	1 193 540	332 681
民國二十五年	1 499 217	188 641
民國二十六年	449 575	53 812

注：米除出口外，在民國二十一年到民國二十三年尚有進口（計民國二十一年8 204市擔，民国二十二年3 220市擔，民二三年780市擔），唯數量極微，不居重要，故未列入；至民國二十四年到民國二十六年之進口數，則不詳。

現在按穀一擔出米七成之比例，將穀折成米，然後與米合計，得近六年來食米輸出總數如下：

（市擔）

民國二十一年	399 730
民國二十二年	498 167
民國二十三年	751 756
民國二十四年	1 426 417
民國二十五年	1 631 266
民國二十六年	487 173

近六年來食米輸出數，由於種種原因，每年頗有增減。自民二一年起，輸出量與年俱增，至民二五年而最高，民二六年轉趨減低，此中原因，留待後面予以分析，現不詳述。各年數字相差如此之巨，自難以任何一年為依據；為求免去極端影響起見，祇有將六年數字予以平均，得865 752市擔。但我人尚須注意，餉捐局之數字，既係商人自報，難免不有以多報少情事，故該局數字必較實際數量為低；此低估（under rate）之比例如何，現尚無從知悉，但我人按諸上述情形，可以說：在通常情況下，廣西食米出口年可達百萬市擔，換言之，依現行的生產能力與消費習慣，廣西每年因節省而可餘米約百萬擔。

上述數字，係就官廳報告者而言，因非由各運銷市場之運銷數量綜合推算而得，故其結果僅足表明近年來米穀出口之大概情形而已。現在我們更就政府機關在各運銷市場實際調查所得之數字推算之。此種調查數字有二：

一爲廣西經濟委員會於民二四年冬派員在全省各重要糧食市場所作的調查，據整理結果：民二四年廣西輸出廣東者計米1 164 000擔，穀199 000擔，輸出湖南者計米71 500擔；合計輸出之米共1 235 000擔，穀199 000擔。同年廣西由廣東輸入者計穀40 000擔，由香港輸入者計米10 000擔，由貴州輸入者計米20 000擔，合計輸入之米共30 000擔，穀40 000擔。總計民二四年廣西淨輸出計米1 205 500擔，穀159 000擔。（見孔繁琨，《廣西穀米運銷》，頁49—50）若以穀按七成折合爲米，則民二四年廣西淨輸出食米共1 316 800擔。

惟作者根據該項調查報告所列各市場的運銷數字整理所得之結果，與上述者微有不同，特附述於此。據作者分析結果，民二四年廣西共輸出米1 333 000擔，穀128 000擔，如將穀按七成折米，得89 600擔，共計輸出食米1 422 600擔。此數字中除去自省外輸入之米58 000擔，得廣西民二四年之食米淨輸出額1 364 600擔，較上述者多47 400擔。

二爲省府統計室於民二六年底在全省各大、中、小諸級市場所調查的糧食運銷額。據此而分析之結果，可得民二六年廣西食米出入口之數字如下表。按此數字係就各地餉捐局之報告數字予以修正與補充者，故結果頗能代表當年的實際情形。

民二六年廣西之食糧輸出入額（市擔）

	由外省輸入	輸出外省	淨出口數
籼 米	157 877	332 299	174 422
糯 米	21 003	128 860	107 857
穀	5 000	59 946	54 946

同樣按七成之比例，我們將穀折成米，總計民二六年由外省輸入食米共182 380擔，輸出外省食米共503 121擔，净出口食米爲320 741擔。

此兩種實際調查數字，大體上和前述同年度之報告數字相近。至民二四年與民二六年相差甚巨之原因，在第四章將予分析，現不深論。綜上以觀，我人知廣西每年出口數常有變動，但其變動範圍，祇限於自數十萬擔到百餘萬擔而已。

合生產量與消費量抵差法及運銷額估計法推算所得之結果，大致的我們可以說，廣西是一個米穀差足自給食糧略有盈餘的省份。就食米而言，每年雖有數十萬擔之出口，但全省米產并不豐多，僅因：一方面農家因經濟貧窘，不得不自食小部分或大部分之雜糧，省下米穀以出售得款，維持家計；另一方面廣西米質頗佳，在省外極受歡迎，故有少量出口，但一旦人民食米率提高，則米產至多亦僅自足而已。就雜糧言，產量可謂豐多，特別是玉蜀黍、甘薯、芋頭數項，所居輔助食糧之地位極爲重要。惟現在除花生所榨之油外，出口均甚少，蓋雜糧大多仍供省內消費故也。

第二章 糧食之生産

研究農業生産問題，可從幾方面來分析。一般而言，包括有下列諸因素，即：耕地分配，耕地利用，生産方式，耕作技術，農業勞工，耕作資本等是。在歐美各國，農業多已采行大規模的經營，且多應用機械，故農業生産問題，成爲增加經營者利潤的問題；在中國則以農業祇是農民的一種生活，故農業生産問題，變成了農民生計的問題，因之而涉及耕地之分配及農業勞工待遇問題上。在平時，這些問題當然要同樣謀其解決途徑；但在抗戰期間，則不得不權其輕重緩急，分別予以解決，故本章特着重於糧食生産之增進兼及其增進之限度問題。

（一）糧食生産狀況

糧食生産在廣西農業生産中占極重要之地位。就栽培面積（crop area 或稱作物面積）言，總計全省主要農作物之栽培面積爲42 086 000畝，糧食作物（包括籼稻，粳稻，糯稻，陸稻，大麥，小麥，玉蜀黍，高粱，粟，蕎麥，甘薯，芋，木薯，大豆等項）爲39 467 000畝，占總栽培面積94%。又就價值言，總計全省主要農作物之產值爲180 388 000元，糧食作物爲167 953 000元，占總產值93%。（材料根據第二回《廣西年鑑》）據此，一方面我們可以說，廣西的糧食生産問題就是整個的農業生産問題；同時我們如將它和他省的調查數字相較，又可知廣西糧食生産所占整個農業生産之比例，乃屬於全國中極高之一類，故知廣西商品化作物甚不普遍，自足自給之色彩極爲濃厚。

現在我們先就廣西糧食作物之位次，以明瞭各項糧食作物之各自的重要性。用以比較糧食作物重要性之標準，原有多種，普通用者爲栽培面積，產量及產值。然產量一項，因各作物性質之不同，實不能視爲共同比較之標準；下面僅就栽培面積與產值二項，列示糧食作物之位次如下表。

糧食作物之位次表

位次	作物	栽培面積(千畝)	作物	產值(千元)
第一	水稻	25 616	水稻	137 098
第二	玉蜀黍	5 166	玉蜀黍	10 066
第三	甘薯	2 553	甘薯	6 447
第四	大豆	1 862	芋	4 363
第五	芋	1 067	大豆	3 921
第六	蕎麥	897	木薯	1 776
第七	木薯	730	陸稻	1 519
第八	陸稻	694	大小麥	954
第九	大小麥	441	蕎麥	881
第十	粟	396	粟	806
第十一	高粱	65	高粱	122

用栽培面積與用產值比較而得出的各項糧食作物之位次，大致相同；其中略相差异者，僅芋之栽培面積雖低於大豆，而產值則高過之，蕎麥按栽培面積位居第六，但按產值則降居第九，因此我們可以說廣西糧食作物中，最重要之作物爲：（1）水稻，（2）玉蜀黍，（3）甘薯，（4）大豆與芋。各糧食作物在種類上分布的情形，當然大部分是受自然環境的影響，由此點可以表現廣西的糧食生產兼具着南方的水稻生產與北方的雜糧生產的性質。如果我們以糧食作物的栽培面積爲標準，將廣西最主要的幾種糧食作物在種類上的分布情形以與鄰近數省相比較，則可看出很有趣味的幾種現象，見下表。

主要糧食作物面積對總作物面積之百分率

	水稻	玉米	甘薯	大豆	大小麥
廣西	61	12	6	4	1
貴州	47	13	1	9	18
雲南	41	12	1	8	19
湖南	57	4	5	6	10
廣東	86	★	3	3	3

注：（一）廣西以外數省的數字，根據張心一《中國農業概況估計》，第六表。

（二）★不足百分之一者。

從這個表，我們可以看出：第一廣西稻作面積所占成分極高，麥作面積所占成分極低，這種情形和廣東頗相似；第二，廣西玉米的栽培面積所占成分相當高，其比例和貴州，雲南二省完全相同；第三，甘薯與大豆的栽培面積所占成分和湖南頗相近。因此我們似乎可以說：廣西因爲在地理上位居雲、貴、湘、粵四省之間，所以在農作上兼具有該四省農作的特性，換言之，廣西糧食作物在種類上的分布情狀，似可看作其周圍數省之共同的象徵。

其次我們看看糧食生產在區域間的分布情形。依照各縣的生產環境與農作制度，我們大體上可將全省劃分爲數區：一爲東北區，即以桂林與鍾山之中點爲中心的附近各縣；二爲東南區，即以桂平、北流、鬱林三縣之交叉點爲中心的附近各縣；三爲中央區，即以柳州爲中心的附近各縣；五爲西南區，即以崇善、向都之中點爲中心的附近各縣；六爲西北區，即以百色與都安之中點爲中心的附近各縣。（此種生產分區與後述運銷分區大致相同，但界綫則不及後者之明顯；至二者之所以大致相同者，則因生產環境原爲形成運銷路綫之一重要因素。）大致說來，廣西東部因土地肥沃，氣候適宜，水利較便，故構成稻作區；至於西部，特別是西北部，則以山嶺重疊，土質磽薄，氣候水量，均不適於稻作，故形成雜糧區。現在我們就幾種主要的農作物，論述其區域間的分布情狀。

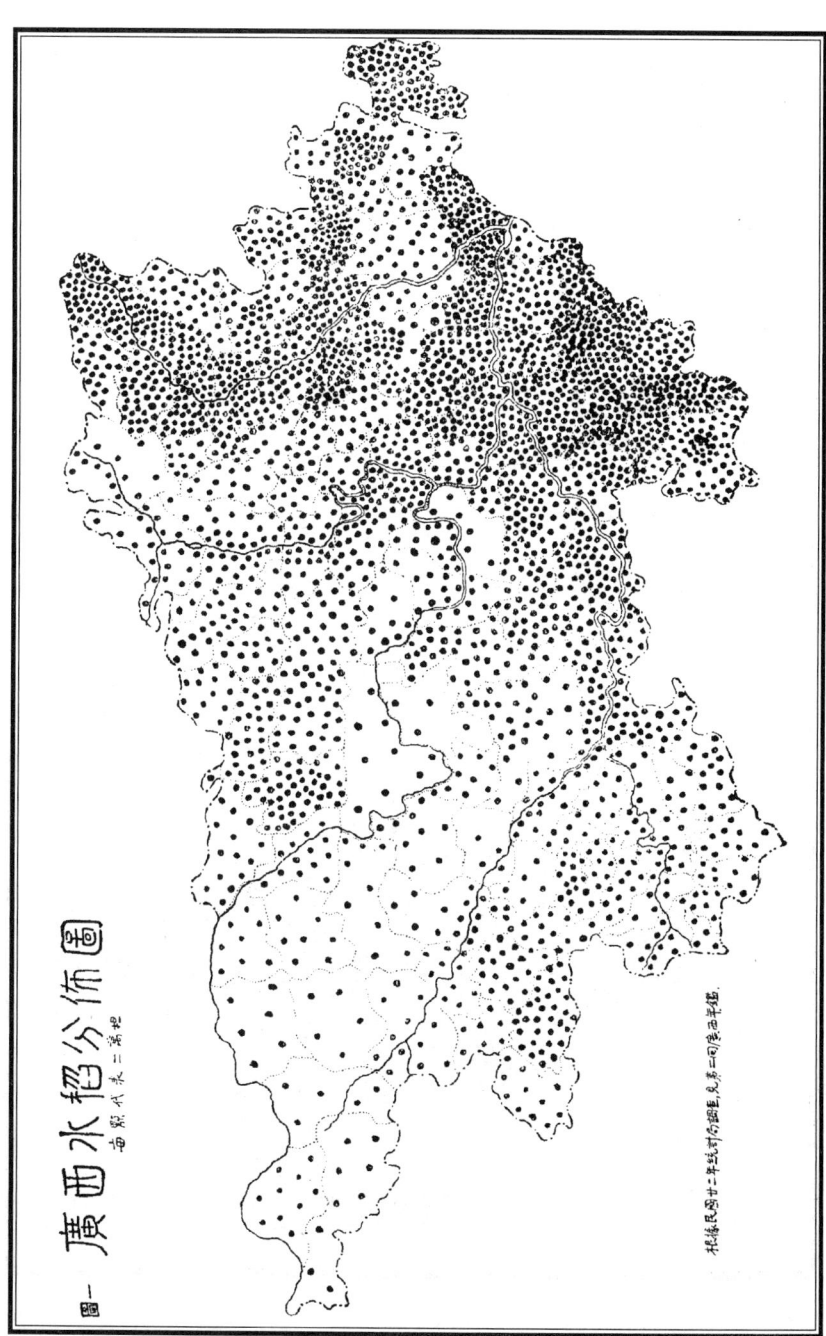

图 1 广西水稻分布图
亚热带水稻三熟地

根据民国廿二年统计划分绘制,凡每一回点表由亩地.

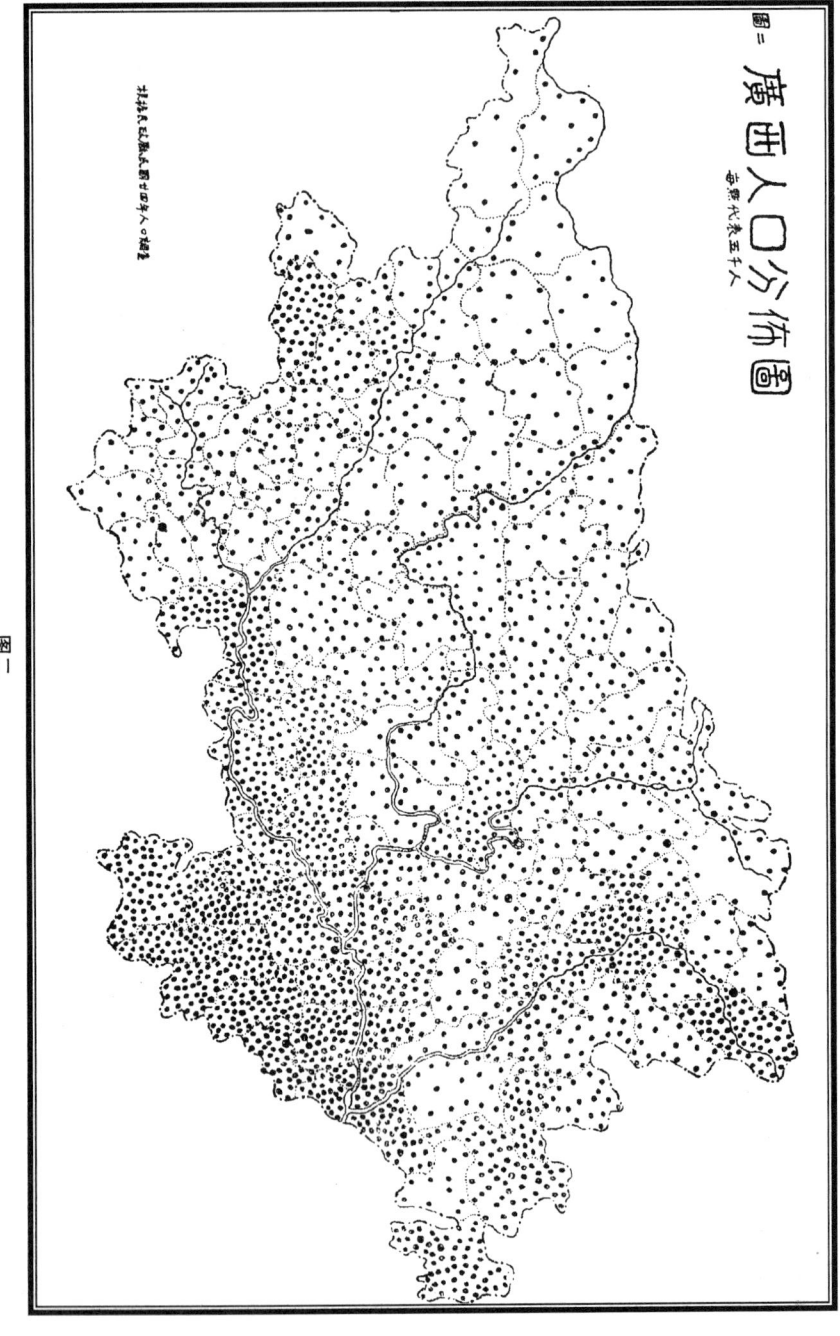

圖二

水稻　在廣西，水稻的種植相當廣遍，此就水稻栽培面積占總栽培面積61%便可知之。就產量言，以東南部最多，東北部次之，中部及西南部又次之，西北部最少。此中原因有二：一為天然環境之差別，即東南，東北部因得天之惠，較其他區域更宜於稻作；二為稻作制度之不同，蓋東南，東北部種植兩季稻者居多，其他區域多僅種植一季稻，故即令同等之栽培面積，兩季稻作區之產量自較一季稻作區者為多，何況東南，東北部之栽培面積本已較其他區域為廣？如將產量作成分布圖以與人口分布圖相較，便可看出稻作與人口密度的關係來。

此二圖所表現的分布情形差不多完全相同，凡人口密度高之區域，水稻產量亦多；反之，水稻產量較稀少之區域，人口分布亦較為稀疏。享廷頓氏(E. Huntington)曾論稻作與人口分布之關係謂：食稻之民族，因須灌溉，作梯田，築溝洫，故率能堅忍耐勞，富於合作性，而其在政治上亦甚有組織；簡言之，稻之生長，與當地文化最有關係，祇適於刻苦耐勞之民族。(見氏之 The Human Habit, Chap. VIII, The Civilisation of Rice Lands)蓋一個民族之所以特別刻苦耐勞，必由於當地文化發達較久，人口密度甚高，如不勤於耕作，則不能贍養大宗人口。同時水稻之栽培，所費人工特多，在人口稀少，或人民不勤於耕作之區域，難以推廣。故唯人口繁殖，勞工眾多之地，始能種植水稻，亦唯水稻始能贍養大宗人口，二者殆相互影響而互為條件者。

玉蜀黍　我國盛產玉蜀黍之區域有二：一為北方的雜糧區，一為西南的稻作區，即雲南、貴州、廣西三省。在廣西，玉蜀黍的分布集中於西南區，其次為中央區，再次為西北區；在東部，特別是東南區，栽種者極少。如以玉蜀黍的產量作成分布圖，則恰好與水稻之分布成一個對照。此一方面因為西部氣候土質均宜於玉蜀黍之種植，且以稻產不足自食，遂致玉蜀黍成為該區之主要食糧；另方面因東部盛行雙季稻，穀物收穫期間延遲，致不宜於玉蜀黍之栽種。

甘薯、芋　此兩種糧食作物之分布情形，完全與水稻之分布相同，就產量言，以東南區最多，東北區次之，中央區與西南區又次之，西北區最少。因此我們可以視甘薯與芋爲稻作區之主要的兩種輔助糧食作物。這一方固是由於甘薯與芋的栽植季節恰與水稻相連接，因而可以利用一部分的水田以種植之，另方面則因稻作區的人民，并不完全食米，而因甘薯與芋的出產率甚高，率多栽植以爲主要的輔助食糧。

大豆　此項包括黃豆、青豆、黑豆、白豆四種，以黃豆居最大多數，其他三種爲數均微，大豆之分布較爲平均，此因人民直接食用大豆者少，多以之製造爲特種食品之故。

最後我們觀察糧食作物生產在近年的變遷情形。省府統計室曾於二十六年冬調查該年六十縣之糧食作物產量，以此六十縣之產量數字和二十二年同等縣份之調查數字相比較，便可得出產量之增減比例來，再由該項比例便可推測全省糧食作物產量在近年的增減情形，詳如下表。

近五年來糧食作物產量之增減估計

	二十二年		二十六年		二十六年當二十二年之%
	總產量	相同縣產量	總產量	調查縣產量	（以二十二年爲100）
水　稻	61 501 375	49 286 885	59 041 320	47 206 598	96
陸　稻	838 601	421 974	1 081 795	543 698	126
玉蜀黍	5 874 394	3 059 399	5 713 723	2 502 728	82
小　麥	278 089	162 316	294 774	171 546	106
芋　頭	5 336 510	4 506 638	4 642 764	3 916 215	87
甘　薯	13 277 429	10 726 818	10 356 395	8 343 190	78
木　薯	1 162 995	967 327	1 011 806	840 674	87
蕎　麥	637 330	308 799	420 618	204 396	66
黃　粟	305 278	137 927	280 909	128 409	93

一般說來，除陸稻與小麥外，各項糧食作物的產量在二十六年都比二十二年減低。這因爲在二十六年，左右江各縣大荒，夏季作物產量減少極劇，特別是水稻，較往年歉收甚巨，結果且影響於運銷路綫之變更（見第四章）。至於陸稻與小麥產量之增加，主要的當是由於栽培面積之

擴張，就廣西的生產環境言，此兩種作物的推廣趨勢是極為合理的。

(二) 糧食生產效率

生產效率即投下之生產要素與生產數量之一種比較，生產要素，即指土地、勞力及所投資本而言。在我國關於每單位勞力與資本之收穫量，向無統計，廣西亦然，故僅能從每單位耕地之收穫量以窺測糧食生產效率。

考查耕地之生產能力，最簡易的方法為比較每畝產量。茲依第四章之分區標準，并選取主要糧食作物，列示其平均每畝產量如下表。(根據民二十四年省府統計室在各縣之調查數字)

糧食作物平均每畝產量(市擔)

	水稻	陸稻	玉蜀黍	大小麥	蕎麥	粟	高粱	甘薯	木薯	芋頭	大豆	花生	芝麻
百色區	2.12	1.17	1.21	1.00	0.91	0.90	0.83	2.79	1.21	2.56	0.76	0.96	0.39
邕龍區	2.82	1.23	1.50	1.21	1.03	0.83	1.42	4.04	1.90	3.90	0.87	1.06	0.42
梧柳區	2.57	0.97	1.24	1.01	0.71	0.82	0.67	3.67	1.02	3.21	0.75	1.08	0.49
梧桂區	2.95	1.37	1.04	1.07	0.86	0.88	0.75	4.76	1.35	3.79	0.84	1.18	0.48
梧潯區	2.30	1.23	1.14	1.08	0.98	0.72	0.83	6.20	1.49	3.60	0.92	1.19	0.43
全 省	2.38	1.12	1.28	1.07	0.88	0.81	0.77	4.80	1.41	3.45	0.83	1.12	0.45

由上表我們知道同種糧食作物之每畝產量，各區頗有不同。水稻以梧桂區每畝產量最大，邕龍區次之，百色區最小。陸稻亦以梧桂區最大，邕龍，梧潯兩區次之，梧柳區最小。玉蜀黍，大小麥，蕎麥，高粱之每畝產量均以邕龍區最大，至每畝產量最小之區則玉蜀黍為梧桂區，大小麥為百色區，蕎麥，高粱為梧柳區，粟以百色區每畝產量最大，梧潯區最小，甘薯以梧潯區每畝產量最大，梧桂區次之，百色區最小。木薯以

邕龍區每畝產量最大，梧柳區最小。芋頭之每畝產量，以邕龍，梧桂，梧潯三區最大，百色區最小。大豆，花生均以梧潯區之每畝產量最大，百色區最小。芝麻以梧柳，梧桂兩區之每畝產量最大，百色區最小。各區每畝產量相差之原因，約言之有二：一爲天然環境之厚薄，凡土壤，氣候，雨量最適宜者，其每畝產量必高，否則必低；二爲耕作制度之精粗，在耕作集約之區，每畝產量必高，反之疏放之區必低。我們就各區每畝產量高低相差之情形，以與前述各種糧食作物總產量在各區分布之狀況相比較，便可得出一簡單結語：凡產量分布最多之區，亦即每畝產量最高之區。例如以水稻、玉蜀黍、甘薯三種主要糧食作物而言，水稻與甘薯以梧桂，梧潯每畝產量最高，亦以此兩區之總產量最多，分布最廣，玉蜀黍恰與此情形相反，每畝產量以西部各區爲高，總產量亦以西部爲多，分布亦以西部爲廣。此種原因極爲簡單，無論何種生產事業，都係投於最有利之途徑，故生產環境較適宜，生產能力較高之部門，投資之生產者亦較衆，則該地此種生產之分布自較廣，產量亦較多。

就全省平均而論，則因各項糧食作物性質不同，不能相互比較。現在將各項糧食作物按每單位價值換算爲每畝產值，看看各種食糧生產之比較經濟性。（每擔價格根據第二四《廣西年鑑》，係二十二年調查。）

各項糧食作物之每畝產值

作物種類	每畝產量(擔)	每擔價格(元)	每畝產值(元)
(1)水　稻	2.38	2.23	5.30
(2)花　生	1.12	3.54	3.98
(3)芋　頭	3.45	0.82	2.76
(4)大小麥	1.07	2.40	2.57
(5)大　豆	0.83	2.89	2.56
(6)甘　薯	4.80	0.49	2.35
(7)玉蜀黍	1.28	1.71	2.19
(8)木　薯	1.41	1.53	2.16

续表

作物種類	每畝産量(擔)	每擔價格(元)	每畝産值(元)
(9)粟	0.81	2.64	2.13
(10)陸　稻	1.12	1.81	2.03
(11)芝　麻	0.45	4.04	1.82
(12)高　粱	0.77	2.19	1.68
(13)蕎　麥	0.88	1.38	1.23

以每畝産值爲標準，各項糧食作物大致可分爲三類：第一類爲每畝産值最高者，包括水稻、花生兩種作物；第二類爲每畝産值次高者，包括芋頭、大小麥、大豆、甘薯、玉蜀黍、木薯、粟、陸稻等項作物；第三類爲每畝産值最低者，包括芝麻、高粱、蕎麥三種作物。各項糧食作物之每畝産量因天時氣候關係，每年常有變動，至其每單位價值，則變動原因更爲複雜，其程度亦甚劇烈。爲此，從此兩種因素推算出的每畝産值，自亦僅能代表某一時期之情形，不能繩諸各年。不過，我們從上表可以看出大致的趨勢，凡每畝産值較高之食糧，其種植的分布亦較廣，如水稻、花生、芋頭、甘薯、大豆等項作物，栽培面積都屬於最高的一類(見本章第一節)，這因爲每畝産值較高者多是價值上生產效率較高之作物，其分布自亦較廣。至玉蜀黍一項，栽培面積本居第二位，而每畝産值則居第七，此因玉蜀黍爲山地各縣之重要食糧，縱每畝産值不甚高，而就食用上之意義言，則頗爲重要，故種植者甚多。又大小麥每畝産值相當高，而栽培面積則極爲狹小，此因大小麥，特別是小麥需要較優越的生產環境，否則產量不豐，廣西因受此種限制，致雜糧之生產中，大小麥反不如玉蜀黍之重要，特如前所述，近年以來，小麥生產已漸有擴張之趨勢，可見利之所在，生產者固無不趨之。唯就各項糧食作物合而言之，每畝産量除第一類較高，第三類較低外，大多數糧食作物之每畝産量均相近，自2.03元到2.76元不等，相差之數有限。雖然廣西農產商品化之程度甚低，但此點可表明農民之從事生產，選擇作物，亦根據

比較利益之原則。

兹將廣西的每畝產量與全國(不包括廣西)一爲比較,俾明瞭廣西耕地出產的能力較全國高低爲何如。根據中央農業實驗所由民二二年到民二五年四年間全國各省每畝產量之調查數字,予以平均之結果,得全國四年平均每畝產量,特與廣西比較如下:

平均每市畝產量(市擔)

	全 國	廣 西
籼粳稻	3.34	2.51
玉蜀黍	1.81	1.28
小 麥	1.44	1.14
粟	1.69	0.81
高 粱	1.87	0.77
甘 薯	10.33	4.80
大 豆	1.55	0.83
花 生	2.44	1.12
芝 麻	0.80	0.45

廣西糧食作物之每畝產量,遠較全國爲低,計除籼粳稻與玉黍蜀相差達三分之一,小麥相差達四分之一外,其餘各項相差均達一倍,且如高粱,甘薯兩項,相差達一倍有餘。此中原因,主要的當由於廣西是一個稻作兼雜糧作的省份,因爲天然生產環境之比較貧瘠,致無論水稻或雜糧出產能力均較其他稻產或雜糧省份爲低。其次,廣西的耕作制度較其他省份(除去極西北與極西南之省份)近於疏放,亦爲一重要原因,我們試一考查農場支出之數額與比例便可知道。

據前社會調查所二十二年秋在廣西所作的調查,計十二縣780農家平均每農家之農場支出爲:飼料22.33元,肥料21.35元,種籽9.33元,購買牲畜7.96元,雇工4.95元,地稅3.70元,農具2.49元,房屋1.57元,雜項2.14元,共計75.8元。(見千家駒,韓德章,吳半農合編

《廣西經濟概況》。）又據金陵大學民十九年調查皖、冀、豫、晉、蘇、浙、閩等七省十七處2 866農場之結果，計平均每農場之農場支出爲：家工64.22元，雇工24.87元，資本折舊7.44元，飼料6.63元，房屋5.44元，地稅4.65元，購買牲畜4.25元，農具3.72元，種籽3.24元，共計136.64元。（見J. L. Buck, Chinese Farm Economy。）此兩項數字中，廣西農場支出未包括家工與資本折舊之費用，而飼料、肥料與種籽則純爲農家自出，無購買者，七省之農場支出中，飼料、肥料與種籽三項，僅指購買者而言，未包括自產者在內。爲要便於比較，可將廣西農場支出依照七省數字，補入家工與資本折舊兩項費用；將七省農場支出依照廣西數字補入自產飼料、肥料及種籽三項費用，結果如下表。

廣西與全國七省平均每家之農場支出[注]

農場支出項別	數　　額（元）		百　分　率	
	全國七省	廣西十二縣	全國七省	廣西十二縣
家　　工	64.22	64.22†	34.0	43.5
雇　　工	24.87	4.95	13.4	3.4
資本折舊	7.44	7.44	3.9	5.0
飼　　料	28.96*	22.33	15.2	15.0
肥　　料	26.00*	21.35	13.6	14.6
種　　籽	12.57*	9.33	6.6	6.4
農　　具	3.72	2.49	1.9	1.7
購買牲畜	4.25	7.96	2.2	5.4
房　　屋	5.44	1.57	2.9	1.1
地　　稅	5.28	3.70	2.8	2.5
雜　　項	6.90	2.14	3.6	1.4
總　　計	189.65	147.48	100.0	100.0

* 據廣西數字修正者。

† 據七省數字修正者。

注：全國七省本以每農場爲單位，但在我國并無農場之形態發生，故仍以每農家視之。

全國七省平均每農場之農場支出合計爲 189.65 元，廣西十二縣平均每家之農場支出爲 147.48 元，相差達 20%。這表示廣西一般農家之農業投資較皖蘇等七省爲低，其耕作疏放的程度亦較後者爲大。至就各項之比例而言，廣西雇工費用特低，換言之，家工費用所占比例特高，而飼料、肥料、種籽等項，其自產者所占比例亦較七省爲大，凡此都表示廣西的農業經營，自耕自給的色彩較七省爲濃厚，在這種情形下，農業技術與農作制度自較落後，則占整個農作主要部分之糧食作物，其出產效率較低，當爲必然的結果。

爲要更進一步的比較各區之糧食效率，我們特應用比較精密的統計方法，作成廣西各區之糧產效率指數，予以分析。法即將各種糧食作物之全省平均每畝產量爲一百，以各區之平均每畝產量與之比較，得各區各種作物之百分數，然後將各區各種作物之栽培面積乘此百分數，將其積相加而以總栽培面積除之，即得各區之糧食生產效率指數，也可以說是農業生產效率指數。據此推算結果，如依第四章分區標準，則各區糧產效率指數爲：梧桂區 126，邕龍區 121，梧潯區 100，梧柳區 100，百色區 90。（以全省平均爲 100）廣西各區之糧產效率，概括可分爲三類：一爲最高者，即梧桂、邕龍兩區；二爲次高者，即梧潯、梧柳兩區；三爲最低者，即百色區。此種差異情形，窺之實際的生產環境頗相符合。各區糧產效率之高低，是我們了解全省糧食產銷情形先須明瞭者。

（三）糧食生產之增進問題

（1）耕地問題　研究糧食生產問題，首須注意耕地面積和墾殖指數，所謂墾殖指數即指耕地面積占土地總面積之比例而言。雖耕地不全栽培糧食作物，但一般而論，糧食作物之栽培面積，恒占耕地面積之大部分；故耕地面積及其占總面積之比例如何，關係糧食生產之前途頗大。

關於廣西的耕地面積，原來公私統計或估計，很少涉及之者。此因廣西耕地單位之名稱，過於混雜，調查至感困難所致，已如前述。比較可利用者殆前廣西統計局就產量與每畝產量推算所得之數字，計全省耕地面積爲29 892 000畝，占土地總面積9.1%。（見《廣西年鑑》）至劉大鈞先生就前北京農商部所刊行之耕地面積統計訂正之結果，廣西耕地面積爲78 400 000畝，墾殖指數爲21.9%，（見氏之《中國農田估計》）似覺過大，而去實際甚遠。據張心一先生之估計，中國之墾殖指數爲10.3%（廣西不在内），最高爲江蘇之52.4%，最低爲寧夏，新疆之0.5%。依據前廣西統計局之估計，知廣西之墾殖指數恰與全國之平均數相近；就下表觀之，更知廣西與廣東、貴州、湖南等鄰近省份之情形頗相若。

廣西耕地面積與各省比較

	耕地畝數（千畝）	墾殖指數（%）	每人畝數
廣　西	29 892	9.1	2.2
廣　東	39 124	11.5	1.4
福　建	21 464	11.4	2.3
浙　江	37 978	26.3	2.0
貴　州	21 197	8.1	2.5
雲　南	24 998	4.2	2.7
四　川	88 724	15.0	2.6
江　西	38 366	14.1	1.7
湖　南	42 036	12.9	1.7
湖　北	56 227	19.5	2.1
安　徽	49 316	22.7	2.5
江　蘇	84 482	52.4	2.6
河　南	104 126	37.6	3.6
山　東	101 986	46.5	3.0
河　北	95 323	46.0	3.4
山　西	55 812	21.7	5.1

续表

	耕地畝數(千畝)	墾殖指數(%)	每人畝數
陝　西	30 870	11.0	3.2
甘　肅	21 667	3.7	4.3
新　疆	12 619	0.5	5.6
寧　夏	1 847	0.5	5.2
綏　遠	17 178	3.7	9.3
察哈爾	15 519	4.1	8.5
熱　河	16 170	6.1	5.5
遼　寧	66 319	16.8	5.0
吉　林	61 014	14.4	7.9
黑龍江	46 518	5.2	12.1
合　計	1 180 769	10.3	3.0

廣西之墾殖指數，在我國雖屬於普通情形，但如除去邊疆省份而就本部省份言之，則廣西實屬於較低的一類。因此我們可以說，廣西耕地面積之擴張性還很大。

其次論平均每人攤得畝數。就最近之人口統計13 769 000人，除前述耕地面積，得廣西平均每人攤得畝數2.2畝。依上表所示，將其和全國其他省份相較，知廣西與福建、浙江、湖北等省情形最相近，屬於較低之一類，僅較廣東、江西、湖南略高而已。每人平均畝數既如此狹小，即令全部用於種植糧食作物，依廣西現在之生產效率，亦僅差足自給，是故擴張耕地面積顯有必要。據統計，廣西全省之荒地與旱地尚不下七千萬畝，如能利用水源，善為墾殖，則不僅糧產將為之增加，即整個農業生產亦將趨發展。

最後看看糧食作物面積之擴張問題。糧食作物面積之擴張有兩個途徑：一為另行開墾荒地，以種植糧食作物；二為就已有之耕地面積，將栽種非糧食作物者改種糧食作物。抗戰起後，增加糧食生產，愈益迫切，但增加糧產，如取第二途徑，恐收效甚微。因爲我國農業生產，本以糧食爲主要，就全國言，糧食作物面積占總作物面積之比例爲82%；根據本章第一節所述，廣西糧食作物面積占總作物面積之比例爲94%，在全國屬於最高之一類。爲便於比較計，列示於后。

糧食作物面積占總作物面積之百分率

廣 西	94	湖 北	86	新 疆	90
廣 東	95	安 徽	82	寧 夏	95
福 建	91	江 蘇	77	綏 遠	94
浙 江	87	河 南	81	察哈爾	91
貴 州	86	山 東	73	熱 河	88
雲 南	86	河 北	83	遼 寧	75
四 川	86	山 西	91	吉 林	66
江 西	82	陝 西	84	黑龍江	68
湖 南	84	甘 肅	93	總 計	82

注：廣西以外各省之數字，據張心一《中國農業概況》估計。

不僅此也，且從農業經營上言，如過於偏重穀物生產，實有許多缺點，在戰時固可以之爲權宜之計，至在平時，則此種偏勢，亦非農民之福利，故就廣西而言，欲增加糧產，墾荒較推廣糧食作物面積實遠爲重要也。

(2)農業勞工問題　在廣西，雇傭關係除東南部外尚不十分發達，換言之，農業經濟尚停留在家庭經營(family farming)之階段。據前述農場支出數字，雇工費用平均每家僅爲5元，占總農場支出3%；此項支出比例與全國七省之13%相較，遠爲低下。在家工占主要成分之農業經營方式下，農業勞工問題自較不重要。現在比較嚴重者，則爲因徵兵徵工所招致之農業勞動者缺乏問題，簡言之，即戰時勞工供給問題。其解決之途徑，不外婦女代工移殖難民於本省及采用新式農具或機械諸端，詳容後述。

（3）農業資本問題　農業資本之貧乏為廣西農業生產之一重要問題。據前述社會調查所於民二二年所作之調查，計廣西十二縣780農家平均每家之農業資本（土地除外），共計為324元；如以之和前述全國七省17處2 866農場之資本額及構成比例相較，便可看出廣西農業資本缺乏之嚴重性來。

廣西與全國農業生產資本之比較

	平均每家數額		百　分　率	
	廣西十二縣	全國七省	廣西十二縣	全國七省
農　舍	213元	250元	66%	63%
牲　畜	37	66	12	17
農　具	17	46	5	12
雜　項	57	33	17	8
總　計	324	395	100	100

自農業資本總數額觀之，廣西較七省約小五分之一。就各項農業資本分別來說，除雜項外，廣西亦均較七省為低，但廣西雜項中完全指自產之種籽、肥料與飼料而言，七省則未計入，故如在廣西數字中除去此三項，或在七省數字中加入此三項，廣西農業資本額之缺乏程度將尤為顯著，至就農業資本之構成比例而言，農具，牲畜二項，廣西均遠較七省為低；我人知道農具、牲畜為生產之主要的工具，其所占比例之低，正顯示廣西農耕技術之落後。此外雜項所占比例，情屬特殊，不加論述；農舍一項，廣西略較七省為高，乃廣西農業資本總額較七省為小所致，窺之農舍資本實額，廣西并不較七省為大。由上所述，知廣西農業經營之疏放，主要的實由於農業生產資本之過小，不足進行集約經營。至如何增加農業生產資本，留待第七章論之。

第三章　糧食之消費

　　生產與分配之最終目的，本在圖國民之均平的與合理的消費，因而糧食之消費亦成爲一重要問題。唯因資料之限制，研究難期精密；例如比較兩地之糧食消費，照理想之方法應求得兩地每等成年每日或每年所消費之加路里（calories）數及膳食內所含之蛋白質、脂肪及澱粉質等，然事實上此項材料實難獲得。現在我人就已有之調查統計，對糧食消費予以大略的分析。

（一）糧食消費之比例

　　廣西不是一個完全食用米糧的省份，且食用雜糧的比例相當高。據民二三年前廣西統計局之調查，總計被調查的78縣（全省共99縣）農民食糧種類的比例爲：飯41，粥29，雜糧11，粥加雜糧19。（見第二回《廣西年鑑》）此中飯粥兩項係指米製者而言，但有些縣份則包括有雜糧在內；至粥加雜糧一項中之粥亦係米製者。現在爲便於估計起見，我們將飯粥兩項中的雜糧成分和最後一項粥加雜糧中的米糧成分相互抵消，則可用飯粥兩項合計所占比例70%代表全省食用米糧成分，雜糧及粥加雜糧兩項合計所占比例30%代表食用雜糧成分。但我人如就該項材料，將情形特殊，調查不確之數縣（包括西隆、西林、田西、凌雲、樂業等縣；此數縣之飯粥兩項因有玉蜀黍在內，致比例特高，而雜糧及粥加雜糧兩項之比例反爲零）除去，則所得結果爲：飯粥兩項合占65%，雜糧及粥加雜糧合占35%；前者爲消費米糧之比例，後者爲食用雜糧之比例。

　　又據統計室於二十六年底調查五十七縣之結果，總計食用米糧之比例爲72%。但因此57縣多分布在食米區，至慣食雜糧縣份，特別是百色區各縣多未包括在內，據我人分區換算後修正之結果，全省食用米糧之比例應爲67%。就此項數字和前項合而言之，我們可以大致的說：全省米糧消費之比例爲三分之二，雜糧消費之比例爲三分之一。

　　上述之消費比例係就調查時直接詢查而得者；我們現在更就全省平均每人之消費數量（詳見後述）換算爲百分率以窺探之。但因各項糧食在數量上本難繩以共同之單位，故比較結果并不能完全代表實際情形，僅知其大概而已。據統計室二十四年之農民消費調查，總平均每年每人食用米糧324.9市斤，食用雜糧共計136.7市斤，換算爲百分率，則前者爲70%，後者爲30%，此數字與前述兩項頗接近。又據中央農業實驗所於民二十五年所舉行之鄉村人民消費調查，計廣西稻穀食用比例爲77.7%，各項雜糧合計占22.3%。（見《農情報告》第五卷第六期）此項調查數字與前述者相差均甚遠，其估計食米成分似覺過高。因爲據該項調查，廣西食米比例之高，在全國食米省份中居第三位，此點自與實際不符。現在就中央農業實驗所之數字，將全國食米區域各省之食米比例列示如下，試一比較，便可明瞭。

米糧消費量占總消費量之比例(%)

(1) 湖南	78.5	(2) 江西	78.3
(3) 廣西	77.7	(4) 浙江	75.8
(5) 福建	71.9	(6) 廣東	71.6
(7) 雲南	64.7	(8) 四川	61.1
(9) 貴州	58.9	(10) 湖北	58.7
(11) 安徽	51.7	(12) 江蘇	46.0

　　此中廣西之米糧消費比例似過高，而湖北、安徽、江蘇三省似過低。據生產環境與消費習慣以言，廣西應與福建、雲南兩省相近，故前述三分二之米糧消費比例當爲最接近事實者。

(二)平均每人糧食消費量

在第一章已說過,平均每人糧食消費量之調查,由於種種原因,甚難正確。且鄉村人民之消費食糧,極富於彈性,不能以一時一地之情形繩諸一般,故於引用此項數字時,應格外注意。據前述廣西統計室在民二四年之調查,計百色、天保、龍州、宜山、桂林、賀縣、桂平等七縣(即當年所劃定之七民團區區中心)平均每人糧食消費量如下表。

平均每人糧食消費量(市斤)

	米	玉蜀黍	小麥	蕎麥	紅薯	芋頭	木薯	花生	黃豆	飯豆	雜糧合計	米與雜糧總計
百 色	356.10	48.36	—	—	12.44	1.47	1.15	5.19	2.91	—	71.53	427.63
天 保	197.85	89.27	44.09	33.23	25.99	5.72	—	—	5.32	—	203.63	401.48
龍 州	229.73	25.98	—	0.33	21.12	15.96	1.51	71.41	7.28	47.82	67.51	297.24
宜 山	321.10	69.69	—	3.33	20.27	16.68	1.06	0.91	26.99	—	138.91	460.01
桂 林	381.83	—	—	—	—	163.06	—	0.34	3.02	—	166.42	548.25
賀 縣	345.81	2.22	—	—	145.16	9.28	0.11	0.10	0.11	—	156.97	502.78
桂 平	369.65	—	—	—	110.06	80.24	1.57	0.16	0.75	—	192.79	562.44
總平均	324.87	31.00	4.46	3.81	43.90	43.98	0.75	2.29	5.94	6.58	136.70	461.56

上表所列雖僅七縣,但因分布之廣,且爲七民團區之中心,故頗具代表性,而可大致的視爲全省之情形。據此計全省平均每人每年消費量,米爲324.9市斤,雜糧合計爲136.7市斤,兩共461.6市斤。就各項雜糧分別言之,計玉蜀黍平均每人消費量爲31.0市斤,小麥4.5市斤,蕎麥3.8市斤,紅薯43.9市斤,芋頭44.0市斤,木薯0.8市斤,黃豆5.9市斤,飯豆0.6市斤。因此知廣西的食糧,最主要者爲米、玉蜀黍、紅薯、芋頭、黃豆等五項。

另據中央農業實驗所二十五年之調查(共 51 縣)，計廣西平均每人每年食糧消費量如下：

(市斤)

稻　穀	480.2	黍　米	1.0
玉蜀黍	33.4	大　豆	8.5
小　麥	5.1	蠶　豆	1.9
大　麥	2.0	豌　豆	3.8
高　粱	4.4	黑　豆	1.8
粟	2.1	綠　豆	2.4
蕎　麥	3.2	紅　薯	56.5
燕　麥	0.4	木　薯	6.8
糜　米	0.1	芋　頭	4.4

(見《農情報告》第五卷第六期，頁一九三。)

以此與前述者相較，則相同點爲：第一，雜糧之消費量，合計起來，大致相等，計前述數字爲136.7市斤，此數字爲137.8市斤，此種吻合，自非偶然；第二，玉蜀黍之消費量兩者頗相近，計一爲31.0市斤，一爲33.4市斤；紅薯情形同此，一爲43.9市斤，一爲56.5市斤；小麥蕎麥亦然。兩者相異點，其最顯著者：第一，米糧消費量相差甚大，計一爲324.9市斤，一爲480.0市斤；第二，芋頭消費量相差尤大，爲十與一之比。兩種數字相較，當以省府統計室者較近於事實，蓋就事實觀察，中央農業實驗所對於稻米消費量之估計，失之過高，對於芋頭消費量之估計又失之過低也。

現在就米糧與雜糧之每人消費量，以與他省相比較，俾幫助觀察糧食消費之合理性。前已言之，糧食消費習慣，主要的因生產情形之差別而有異同，我國稻作區包括江蘇、浙江、安徽、江西、湖北、湖南、四川、雲南、貴州、福建、廣東、廣西等十二省，爲便於比較起見，特以此數省之數字爲標準。根據中央農業實驗所民二五年之調查數字(見《農情報告》五卷六期)，予以合算，得湖南等十二省之平均每人每年糧食消費量如下表：

食米區各省平均每人糧食消費量(市斤)

	米	雜糧	合計
(1) 湖南	553.4	151.5	704.9
(2) 江西	528.5	146.3	674.8
(3) 廣東	487.8	193.4	681.3
(4) 廣西	480.2	137.8	618.0
(5) 浙江	476.9	152.4	629.3
(6) 福建	472.4	184.4	656.8
(7) 四川	444.7	282.9	727.6
(8) 雲南	418.6	227.2	645.8
(9) 貴州	400.3	279.8	680.1
(10) 湖北	371.7	261.1	632.8
(11) 安徽	356.1	333.0	689.1
(12) 江蘇	267.7	369.1	636.8

就上表知每人糧食消費量以四川爲最大，米與雜糧合計爲728市斤；廣西最小，合計才618市斤。各省的調查數字，因多近乎"合理的消費"性質，換言之，消費數量多係指爲維持合理的健康所需要之數量而言，故較實際所消費者爲大；不過，大致的比例與趨勢則可看出，整個言之，廣西的每人糧食消費量在稻作區各省中是屬於較小的一類。至就米和雜糧分別言之，廣西每人食米量在十二省中居第四位，算是較高的省份；但雜糧的每人食用量則爲十二省中最低者。

根據生産情形我們認爲廣西每人每年實際的米糧消費量仍以325市斤爲最可信，雜糧消費量當近於140市斤。世界上米之消費國家除中國外，尚有日本；據統計，日本自一九二二年到一九三二年之平均每人食米量如下：(單位日石)

一九二二	1 000
一九二三	1 153
一九二四	1 122
一九二五	1 128
一九二六	1 131
一九二七	1 095
一九二八	1 129
一九二九	1 100
一九三〇	1 077
一九三一	1 128
一九三二	1 014

（W. L. Holland, Commodity Control in the Pacific Area, p. 158）

就此數字，將各年平均，得1 098日石，如按每日石等於中國1.76市石之比例折合，則得203市石。每市石之米約重145市斤，共合約300市斤。日本之每人食米量較廣西略低，但兩者頗相近。但日本以米爲唯一的主要食糧，廣西則食除米外，尚消費大量雜糧，故就米與雜糧合計，廣西之每人消費量或不及稻作區其他省份之高，但較諸日本則過之。

（三）糧食消費之地域上的分布

各地糧食消費習慣之差異，主要的固由於生產環境之不同，但經濟發展之程度，社會習慣之養成，均有影響在焉。現在試就已有之數字，述各區糧食消費之差別及其形成因素。

第一，從米糧與雜糧之消費比例來看。據民二二年及民二六年之調查數字，依第四章分區標準，得各區米糧與雜糧之消費比例如下表。

兩次調查，將各區糧食消費比例之差異，表現得很明顯。關於民二六年之調查，我們有一個修正估計。原邕龍區包括有二十四縣，百色區包括

各區米糧消費之比例(以米糧與雜糧合計爲100)

	民國二十二年調查		民國二十六年調查	
	包括縣數	食米比例	包括縣數	食米比例
桂林區	15	81%	12	81%
柳州區	17	83%	13	80%
梧潯區	12	74%	13	69%
邕龍區	18	55%	13	70%
百色區	11	34%	6	54%
總　計	73	65%	57	72%

有十九縣，(見第四章)此次在邕龍區僅調查了十三縣，在百色區僅調查了六縣，兩者都偏重於該區之食米比例較高之縣份，至於邕龍區之鎮邊、敬德等縣，百色區之西隆、西林等縣，均未予調查，而此種未調查之縣份，則爲食用雜糧比例最高者，因此，由於抽樣之結果，遂使邕龍，百色兩區之食米比例過高。我人參酌兩次調查情形，及以鄰近縣份推測未調查縣份之消費比例所得之結果，修正各區食米比例爲：桂林區80%，柳州區80%，梧潯區70%，邕龍區60%，百色區45%，總計全省平均爲67%。

　　從米糧消費比例來看，以桂林、柳州兩區最高，梧潯區次之，邕龍區又次之，百色區最低；就雜糧消費比例言，則情形恰與此相反，即百色區最高，邕龍區次之，梧潯區又次之，桂林、柳州兩區最低。百色、邕龍兩區，雜糧消費以玉蜀黍爲主，麥類(小麥與蕎麥)次之，紅薯、芋頭又次之；梧潯、桂林兩區雜糧消費以紅薯、芋頭爲主，其他雜糧間食用之；柳州區雜糧消費各項都比較均勻，玉蜀黍、麥類、紅薯、芋頭食用程度多相近，此因柳州區位於桂林、梧潯兩區及百色、邕龍區之間，兩端影響之結果，自使柳州之消費習慣趨於適中。

　　考各地糧食消費之所以差別的原因，要言之，其一爲生產環境之差异，大凡山嶺重疊，土質磽薄之區，農作上僅宜於雜糧之種植，則人民消費自亦以雜糧爲主；至地接平原或土壤肥沃，灌溉便利之區，農作上稻穀雜糧均甚適合，但因稻作比較能贍養大宗人口，故仍以植稻爲多，則人民消費自以稻爲主；此因廣西之農業生產，正如其他省份一樣，尚停留在自給經營之階段，離商品化之程度尚遠，故大致的可以説：農民種植之主要作物即食用之主要對象。其二，消費習慣之養成，受社會習俗之影響亦甚大，如苗猺民除雜糧外，多食糯米，鮮食粳米或秈米；而在粳稻生產之區，人民亦僅有慣食秈米者。嘗聞甲區移民於乙區，仍保持甲區之原來消費習慣，非經年屢月，不易變更，其結果爲遷就消費習慣，且常影響到農作制度之變遷。其三爲農家經濟之裕窘，在農家經濟較爲富裕之區域，人民多將高等食糧留爲自用，次等者作爲其他用途或出售；反之，如一區農家經濟情形較爲貧窘，則該區農家必將價值較高之食糧出售，自食價值較低者。梧潯區產米并不次於桂、柳兩區，但因人口過密，農家消費浩繁，故米穀出售比例甚高，雜糧食用量亦較大。至就廣西整個而言，米產本不豐多，其所以年有數十萬擔之輸出者，亦以此種原因所致也。

第二，從每人雜糧消費量之大小來看。這裏由於資料之限制，不能分區比較，祇就百色、天保、龍州、宜山、桂林、賀縣、桂平等七縣，各代表一區附近之大概情形以觀察之。據本章第二節平均每人糧食消費量一表（頁651），就米糧與雜糧合計而言，平均每人消費總量以桂平最高，賀縣次之，龍州最低；就米糧言，以桂林最高，桂平次之，天保最低；就雜糧言，以天保最高，桂平次之，龍州最低。就各項雜糧分別言之，天保誠爲食用雜糧之典型區域，玉蜀黍、小麥、蕎麥之每人消費量均爲最大者，此外宜山、百色之玉蜀黍消費量亦不小；其他區域則對此三項雜糧均少食用。紅薯以賀縣消費量最大，桂平次之，桂林區雖或不致如表上所示全不食用，但其食用雜糧必較他縣爲最小，似可斷定。芋頭以桂林消費量最大，桂平次之，百色最小。此外木薯、花生及豆類，用途比較特殊，各地之消費量大致相同；僅龍州對花生與飯豆之消費量特高，此或該區榨油業及製醬業之需要有以致之耳。

(四) 糧食之用途

糧食除供人類消費外，尚有數種用途。其最普通者：一爲飼養牲畜，二爲用作種籽，三爲用作製品原料。第三項用途大多仍爲人用食品之製造，如釀酒、製醬、打豆腐、磨麵粉是。各種食糧對於各項用途之分配隨其性質而定，大抵仍以供作人用食料者爲多，用作其他用途者較少。據中央農業實驗所之調查，廣西各種食糧之用途百分比如下。（見《農情報告》五卷六期，頁一九六。）

廣西食糧各項用途之百分比*

	人用食料	家畜飼料	種籽	其他用途
稻 穀	74	7	7	12
小 麥	60	15	10	15
大 麥	73	16	6	5
玉 米	57	33	8	2
高 粱	44	18	7	31
小 米	79	7	10	4
蕎 麥	55	34	8	3
黃 豆	54	7	9	30
蠶 豆	80	5	11	4
豌 豆	83	7	8	2
黑 豆	51	8	9	32
甘 薯	66	23	7	4
木 薯	67	20	9	4
芋 頭	94	2	4	—

* 以每項食糧之總數爲100。

很明顯的，各種食糧作物，以供人用者最多，其比例除高粱外，均在一半以上。中以芋頭最高，占94%，豌豆、蠶豆、小米次之，占80%左右，稻穀居第三，占74%。其次之用途爲供作牲畜之飼料。其比例以蕎麥爲最高，占34%；玉米次之，占33%；甘薯、木薯又次之，各占23%及20%；芋頭最低，僅2%。第三則爲用作種籽，此則各種食糧大致相近，最低爲芋頭之4%，最高爲蠶豆之11%，蓋種籽之需要量恒有一定，不但各種作物大抵相近，而同種作物在各年亦無多大變更。第四項用途包括上述三項以外之各種，有幾項食糧之比例特高，如黑豆占32%，高粱占31%，大豆占30%，均達三分之一；至芋頭除作前三項用途外，不作他用。綜上所述，知最主要食糧之稻穀，供人用之比例并不特高，不過占74%，至人食以外之用途，則占26%，其中用諸釀酒者（穀米之其他用途主要爲釀酒）占12%，當總量十分之一強，而用諸家畜飼料者亦達7%，凡此兩項用途均屬可以節省者，在戰時管理食糧消費，此點頗值得吾人之致意焉。

進一步我們試以此項用途估計比例爲依據，并本諸民二二年調查之總生產量，估計各種食糧分配於各項用途之數量如下表。

廣西食糧各項用途數量估計（千市擔）

	總產量	人用食料	家畜飼料	種　籽	其他用途
稻	62 340	46 131	4 364	4 364	7 481
小　麥	278	167	42	28	41
大　麥	120	88	19	7	6
玉　米	5 874	3 348	1 939	470	117
高　粱	56	25	10	4	17
粟	305	241	21	31	12
蕎　麥	637	350	217	51	19
大　豆*	1 357	909	95	109	244

續表

	總產量	人用食料	家畜飼料	種籽	其他用途
甘薯	13 277	8 763	3 054	929	531
木薯	1 163	779	233	105	46
芋頭	5 337	5 016	107	214	—

* 大豆一項係按照用途百分表中黃豆、蠶豆、豌豆、黑豆四項之平均比率（計人用食料67%，家畜飼料7%，種籽8%，其他用途18%）而計算者。

關於各種食糧分配於各項用途之關係，我們已於論食糧用途之比例時詳為分析，不再贅述；現在僅就人用食料一項略為論述之。在第一章裏我們曾就平均每人消費量之調查，以估計全省各種食糧的總消費量，據用該項數字與民二二年總生產量比較之結果，自給不足的食糧有米、大小麥、芋頭三項，自給有餘的有玉蜀黍、蕎麥、紅薯、木薯、大豆、花生六項。我們現在就該次估計的人民消費量與本次估計相比較，看看有那幾項估計是比較合理，那幾種估計是應加修正的。

全省糧食消費總量兩次估計之比較（千市擔）

	A 本次估計	B 上次估計	A-B
米	32 292	44 731	－ 12 439
玉蜀黍	3 348	4 268	－ 920
大小麥	255	614	－ 359
蕎麥	350	524	－ 174
紅薯	8 763	6 045	＋ 2 718
芋頭	5 016	6 056	－ 1 450
木薯	779	103	＋ 676
大豆	909	898	＋ 11

注：有數項食糧因兩次估計中常有一次付缺，故從略。

從這裏，我們看得出關於全省糧食消費總量之估計，以大豆一項最爲可靠，因爲兩次估計數字頗相接近。至此外各種食糧之消費估計，則多應予修正。此種修正分爲四類：一爲上次估計過高而本次估計過低者，如米糧一項，大抵言之，米之總消費量應在前次估計數與本次估計數之間，如取兩者之平均數，則爲38 512千市擔，此數字當比較近於事實。二爲上次估計過高者，如大小麥及芋頭兩項，應以本次估計較爲可靠。三爲上次估計過低者，如紅薯、木薯兩項，應以本次之估計較爲確實。四爲本次估計過低者，如玉蜀黍、蕎麥兩項，應以上次之估計較爲可信。至綜括而論，本次估計因以總產量爲其最高限度，故未有如上次估計過高致超過產量之弊。

根據上述各項修正，我們得廣西全省人民的食糧總消費量如後：

（市擔）

米	38 512 000
玉蜀黍	4 268 000
大小麥	255 000
蕎　麥	524 000
紅　薯	8 763 000
芋　頭	5 016 000
木　薯	779 000
大　豆	909 000

這個修正的全省糧食消費量估計，我們相信是比較最切於事實的。自然，我們可用此項數字和總生產量相比較，以求出糧食供需之盈虧額；但因此次修正的消費估計，參用生產量之處頗多，且大抵以生產量爲其最高限，簡言之，因中有數項食糧消費量之估計係從生產量之數字換算而得，兩相比較之結果，并無新的意義發生，故略之。

第四章 糧食之供需關係

糧食之移動表示區域間的供需關係；至價格則除影響區域間的供需外，更影響到時間的供需，而其本身又爲供需關係之表現。本章在先將全省按糧食運銷情狀劃爲若干區，分論各區糧貨之移動及其變遷情形，再從時間上與季節性上以分析糧食價格之變動。

(一) 運 銷 分 區

廣西就糧貨之移動情形而言，全省原可分爲兩大區域：一爲糧食輸出區域，包括桂江、柳江、潯江三大流域之沿河各縣，以梧州爲總匯市場，輸出剩餘米穀。二爲糧食自給區域，包括左右兩江流域及百色北區各縣，以南寧爲消費中心市場，各縣運送餘米以供其消費。但此種分區似嫌籠統，不能看出各區域間糧食移動之細微關係。茲依據運銷情形，并參照生產環境與消費習慣，將全省劃分爲五個運銷區(market areas)，其所屬縣份如下。

(1)梧桂區——包括桂林、義寧、龍勝、資源、全縣、興安、靈川、灌陽、恭城、陽翔、荔浦、平樂、富川、鍾山、昭平、蒙山、賀縣、信都、懷集等十九縣。

(2)梧柳區——包括柳州、雒容、榴江、修仁、象縣、武宣、來賓、遷江、忻城、宜山、河池、南丹、宜北、恩恩、天河、羅城、融縣、三江、百壽、永福、中渡、柳城等二十二縣。

(3)梧潯區——包括蒼梧、藤縣、平南、桂平、貴縣、賓陽、永淳、橫縣、興業、鬱林、博白、陸川、北流、容縣、岑溪等十五縣。

(4)邕龍區——包括邕寧、扶南、綏淥、上思、思樂、明江、寧明、憑祥、龍州、上金、崇善、左縣、同正、雷平、養利、龍茗、萬承、隆安、鎮結、向都、靖西、鎮邊、敬德、天保等二十四縣。

(5)百色區——包括百色、田陽、田東、果德、武鳴、上林、隆山、那馬、都安、平治、萬岡、東蘭、鳳山、天峨、樂業、凌雲、田西、西林、西隆等十九縣。

梧桂、梧柳、梧潯三區可概稱為糧食輸出區域，桂林及柳州等縣餘米，均以梧州為集中市場，轉運銷粵省，為表明此種關係起見，特以梧桂、梧柳字樣稱之。依生產一章所述，此三區稻產極豐，而餘米出口數額，尤以梧柳、梧潯兩區為大。邕龍、百色二區為糧食自給區域，在常況下，自產足以自給，與外省無往來，且除災荒外，該二區亦不依賴他區接濟。此二區以產雜糧著稱，緣二區生產環境并不優，特別是百色區，土質極為磽薄，其差足自給者，亦盛產雜糧之故耳。

此處我人須注意者，即運銷分區之界綫并不能十分嚴密，如兩區毗連之縣份較同區兩端之縣份，其關係尤為密切，故我人如此分區，一在示其大概，一在為研究之便利，非謂一經劃定後即永久不變者。同時糧食之運銷分區乃屬經濟的觀念，與政治分區大不相同，此處仍冠以行政區域名稱，并以縣為區域之構成單位者，亦僅在求劃分之便利，如欲求精確，實應以市場之供給範圍(supply area)與需要範圍(consuming area)作為決定的因素，但此點在目前實不易做到。又此處之分區，與前論生產與消費時之分區大致相近，蓋生產運銷與消費雖為糧食經濟之三階段，但其形成條件大多相同故也。

(二) 糧 貨 移 動

糧食在區域間的移動，因受生產與消費之變遷及價格漲落之影響，各年均不同，變動小者為移動數額之增減，變動大者則為移動方向之轉換。關於廣西的食糧移動，有兩個調查數字可資分析：一爲民二四年廣西經濟委員會者，一爲民二六年省府統計室者。茲就此兩項數字，按前述分區之標準，重予綜合整理，以明瞭各區之食糧移動情形，并就此兩年予以比較，藉表示近年供需關係之變遷。

(1)梧桂區　本區以桂江爲運銷主要路綫，以桂林、平樂爲中心市場，集中各地糧貨轉運銷於梧州。此外較重要之市場有全縣、界首、大溶江、大圩、荔浦、賀縣、八步、信都等處。但本區輸出外省之米，并不一定經由桂林、平樂轉運梧州，其餘外省毗連之市場，多直接與省外發生關係。如全縣、灌陽便直接與湖南發生輸出入關係，賀縣、信都多直接輸出廣東。雖然如此，而大部分的糧貨仍多先經由桂林、平樂轉運出口。就生產情形言，本區土質相當肥美，氣候亦甚相宜，且溪流交錯，灌漑尚便，故盛產水稻，其產量僅次於梧潯區。據民二四年調查，本區輸出於外區(梧州)者，計米80 000擔，穀20 000擔，輸出外省者計廣東米91 000擔，穀6 000擔，湖南僅米一項，81 000擔。自外區或外省輸入者無。總計本區淨輸出額爲米252 000擔，穀26 000擔。其中輸出梧州者均經由桂林、平樂轉運，僅大圩直接輸出食米5 000擔；至輸出外省者則湖南係全縣、灌陽直接運銷，廣東係賀縣、信都直接運銷。迨至民二十六年糧貨移動情形，變遷殊大，不但輸出減少，且須向外省與外區輸入。計全縣由湖南輸入食米36 660擔，荔浦由修仁輸入食米30 000擔，合計66 660擔。輸出方面，經由桂林、荔浦、平樂三市場輸於外區(梧州)者合計米108 580擔，由賀縣輸到廣東者減爲米1 790擔，由信都輸出廣東者減爲穀7 000擔。輸出入相抵，總計二十六年淨輸出計食米43 710擔，穀7 000擔；與二十四年相較，減少達四分之三以上；詳見下表。

此中原因主要的是由於最近本區對於食米的需要增加。因爲民二五年下季遷省後，桂林人口突行增加；二十六年對日戰事發生，中央機關遷桂及人民避難來者日多，致人口繼續有增加之趨勢，凡此都足以提

梧桂區米穀對外區與外省之輸出入數（擔）

		輸　入			輸　出	
		米	穀		米	穀
民國二十四年		無	無	外區（梧州）	80 000	20 000
		無	無	外省（廣東）	91 000	6 000
		無	無	（湖南）	81 000	—
	净輸出	252 000	26 000	合　計	172 000	6 000
	總　計	252 000	26 000	總　計	252 000	26 000
民國二十六年	外　區	30 000	無	外區（梧州）	108 580	
	外　省	36 000	無	外省（廣東）	1 790	7 000
	净輸出	43 710	7 000			
	總　計	110 370	7 000		110 370	7 000

高食米的需要。又修築湘桂鐵路，因雇用及徵用員工甚多，亦使鐵路沿綫區域對於食糧的需要增高。本區直接輸出廣東之食米，民二四年爲91 000擔，民二六年減到1 790擔。唯與外區之運銷關係，尚無重大變化，輸到梧州之米糧，兩年數字都相近，所不同者僅民二六年自外區（修仁縣屬各地）輸入食米30 000擔而已。

（2）梧柳區　本區爲廣西餘米最多的區域，雖然就穀米產量言，本區居梧潯、梧桂兩區之次，但因人口密度較低，食米量較小，故每年經由梧州轉運出口之穀米，反較後二區爲多。本區最大的運銷集中市場，第一爲柳州，第二爲運江（雒容縣屬）。此二市場均濱柳江，載重民船及汽船均可通航，凡柳江上游及附近各市場之穀米，均先集中於此二市場，然後運銷梧州轉出口，其轉運額柳州較運江尤多。至在此二市場以下之各市場，如鹿寨、象縣、石龍等，則均直接運銷梧州或大湟江口（桂平縣屬）。如以民二六年與民二四年相較，則自外省輸入與輸出外區兩方面都呈減少之趨勢。計民二四年自外省(貴州)輸入米20 000擔，輸出外區(梧州最多，大湟江口與荔浦次之)共578 000擔，净輸出額爲558 000擔；民二六年自外省(來源同二四年)輸入減爲12 000擔，輸出外區(銷路同二四年)減爲242 700擔，净輸出額減爲230 700擔，唯本區在民二六年之净輸出額雖較民二四年減少五分之二，與各區比較，仍保持着輸出量最高之地位。三年間除輸出入數額減少外，至來源與銷路則無多大變遷。兹列示其輸出入數如下。

梧柳區食米對外區與外省之輸出入數(擔)

		輸　　入		輸　　出
民國二十四年	外省(貴州)	20 000	外區	578 000
			梧州*	403 000
			大湟江口	155 000
	净輸出	558 000	荔浦	20 000
	總　計	578 000	總　計	578 000
民國二十六年	外省(貴州)	12 000	外區	242 700
			梧州	198 900
			大湟江口	13 800
	净輸出	230 700	荔浦	30 000
	總　計	242 700	總　計	242 700

＊ 另輸出梧州之穀10 000擔，未列入。

　　(3)梧潯區　本區爲廣西米市最發達之區，其原因約有數端：第一，本區位於西江上游，總匯桂江、柳江、紅水河、黔江、左右江、鬱江之水而達粤省，不但民船稱便，即汽船電船亦可長年通行，糧貨之運輸極爲便利。第二，就生產環境言，本區土質肥沃，灌溉便利，率多栽種兩季稻，因是稻穀產量極豐，居全省之冠，除自食外，每年有巨額米穀輸出廣東。第三，就運輸方面言，糧貨主要賴水運，廣西河流方向爲西北到東南；再就需要路綫言，粵省爲糧食不足省份，廣西餘米均供給此路；本區因地形之優越，既握各河流之下游，復爲糧貨輸粵必經之地，因而成爲本省最大的轉輸出市場。有此數因，遂構成梧潯區在糧運上之特殊地位。(見圖三與圖四)在各市場中，梧州之地位最居重要，爲糧貨出口之總匯市場，蓋梧州位於西江下游，握貨物進出口之咽喉，不僅爲第一大米市，且就其他各種商業言，亦爲全省最大之市場。梧州而外，重要米市有貴縣、東津、桂平、大湟江口等。此數市場之糧貨，除大部運銷梧州轉運出口外，亦有少數直接運銷廣東。至與粵省毗連之縣份，如博白、鬱林、陸川、北流、容縣、岑溪等縣，則多直接與粵省發生運銷關係。

　　據就民二四年的調查數字整理之結果，梧州自外區輸入米計梧柳區403 000擔，梧桂區95 000擔，合計498 000擔，輸入穀計梧柳區10 000擔，梧桂區20 000擔，合計30 000擔；輸出廣東者計食米1 100 000擔，穀100 000擔。同年梧州以外的各市場，其自外區輸入者計米123 000擔，穀10 500擔；輸出廣東者計米46 000擔，穀22 000擔。總全區而言，計自外區共輸入米621 000擔，穀40 500擔，輸出外省共米1 146 000擔，穀123 000擔；輸出入相抵，本年本區淨輸出計食米525 000擔，穀81 500擔。再就民二十六年的調查數字予以分析，計梧州自梧柳區輸入米198 900擔，自梧桂區輸入米108 580擔，合計306 480擔；輸出廣東計米506 710擔，穀69 000擔。同年其他各市場自外區輸入食米共77 620擔，其中梧柳區59 620擔，邕龍區18 000擔，輸入穀9 260擔(全爲梧柳區)，又自廣東輸入米87 000擔，輸出方面，計輸廣東米67 780擔，穀2 010擔，輸南寧米30 600擔。就全區合而言之，計由外區與外省共輸入米471 100擔，穀9 260擔，輸出外省與外區共食米605 090擔，穀71 010擔；出入相抵，計本年本區淨輸出爲米133 990擔，穀61 750穀。見下表。

梧潯區米穀對外區與外省之輸出入數（擔）

		輸入			輸出	
		米	穀		米	穀
民國二十四年	梧州（外區）	498 000	30 000	外省（廣東）	1 100 000	100 000
	梧柳區	403 000	10 000			
	梧桂區	95 000	20 000			
	其他市場外區（梧柳區）	123 000	10 500	外省（廣東）	46 000	22 000
	净輸出	525 000	81 500			
	總　計	1 146 000	122 000	總　計	1 146 000	122 000
民國二十六年	梧州（外區）	306 480	—	外省（廣東）	506 710	
	梧柳區	198 900				
	梧桂區	108 580				
	其他市場（外區）	77 620	9 260	外省（廣東）	67 780	2 010
	梧柳區	59 620	9 260		30 600	
	邕龍區	18 000	—			
	外省（廣東）	87 000				
	净輸出	133 990	61 750			
	總　計	605 090	71 010	總　計	605 090	71 000

注：由於市場之分散與數額之零星，故此其他市場從外區輸入之數額不一定和前述各該市場之輸出數額相符合。

　　從上表我們看出三年中梧潯區的米穀運銷有幾種變遷：一爲糧食貿易額，無論就輸入言抑就輸出言，在民二六年都較民二四年減少。二爲本區净輸出額在民二四年爲米525 000擔，穀815 000擔；民二六年減爲米133 990擔，穀61 750擔，減少率爲四分之三。三爲米穀運銷路綫有變更，最顯著者爲二十六年自廣東輸入達87 000擔，輸到南寧30 600擔，此中原因下節將述之。要言之，梧潯區糧貨移動之變遷，實代表全省糧食在省內外運銷之變遷。

　　（4）邕龍區　本區爲一糧食差足自給之區域，不但與外省無多大來往，即與外區亦鮮有運銷關係。緣左右江流域，特別是左江沿河各縣，糧產相當豐多，尤以雜糧爲著，致年可節省下若干餘米。衹因南寧需米過巨，故該數縣之餘米，亦僅足應南寧之需要，有時南寧尚須向他區輸入補充。本區最大米市有二：一爲南寧，完全屬於終點消費市場性質，其任務在集中本區各市場之糧貨及少數外區之餘米，以供應本市之消費；二爲龍州，屬於次級轉運市場性質，凡左江流域各縣之餘米，多先集中龍州，再順左江轉銷南寧。民二四年本區自百色區武鳴、田東、田陽等縣輸入食米共39 000擔。另方面與粵省鄰近之上思輸出粵省食米15 000擔；出入相抵，本區淨輸入額爲24 000擔。民二六年本區自百色區果德、田東、田陽等縣輸入食米共13 900擔，自梧潯區之橫縣輸入米18 000擔，合計31 900擔，又自果德輸入穀1 080擔；輸出方面僅邕寧縣東鄉輸往永淳7 200擔，出入相抵，本區淨輸入額計米24 700擔，穀1 080擔。就兩年數字比較，大致無甚增減，淨輸入額兩年均相若，二十六年增加極微。但運銷路綫上有一重要變遷，即二十六年本區自梧潯區橫縣輸入食米18 000擔是。唯據上段所述，二十六年本區輸往梧潯區之米有18 000擔，梧潯區輸來本區南寧之米有30 600擔，計自梧潯區淨輸入米12 600擔，與本區統計不甚符合，此則由於所調查鄉村市場之不同有以致之。至運銷路綫略有變遷之原因則由於二十六年本區左右江大旱，稻產減少，致不足應南寧市之需要，故不得不自鄰區輸入一部分，以爲補充。

(5)百色區　本區限於土質氣候，稻產不豐，居民多種雜糧。本區與邕龍毗連縣份，如果德、田東、田陽等，每年有少額米穀輸往南寧，計民二四年米32 000擔；民二六年米16 280擔，穀2 610擔。

綜上所述，我人已明瞭糧貨在省內各區移動之路綫與數額，以及三年來之變遷情形。茲爲明晰起見，更作成下二圖以表示之。據該二圖，雖各年情形不盡相同，但糧貨之移動方向則均係一致即自西北向東南；且以梧州與南寧爲中心，各成一系統。此種單一的移動方向與系統的運銷路綫，形成廣西糧運之最大特色，因而在統制上較爲便利，蓋握住最後中心市場，即等於握住總樞紐故也。

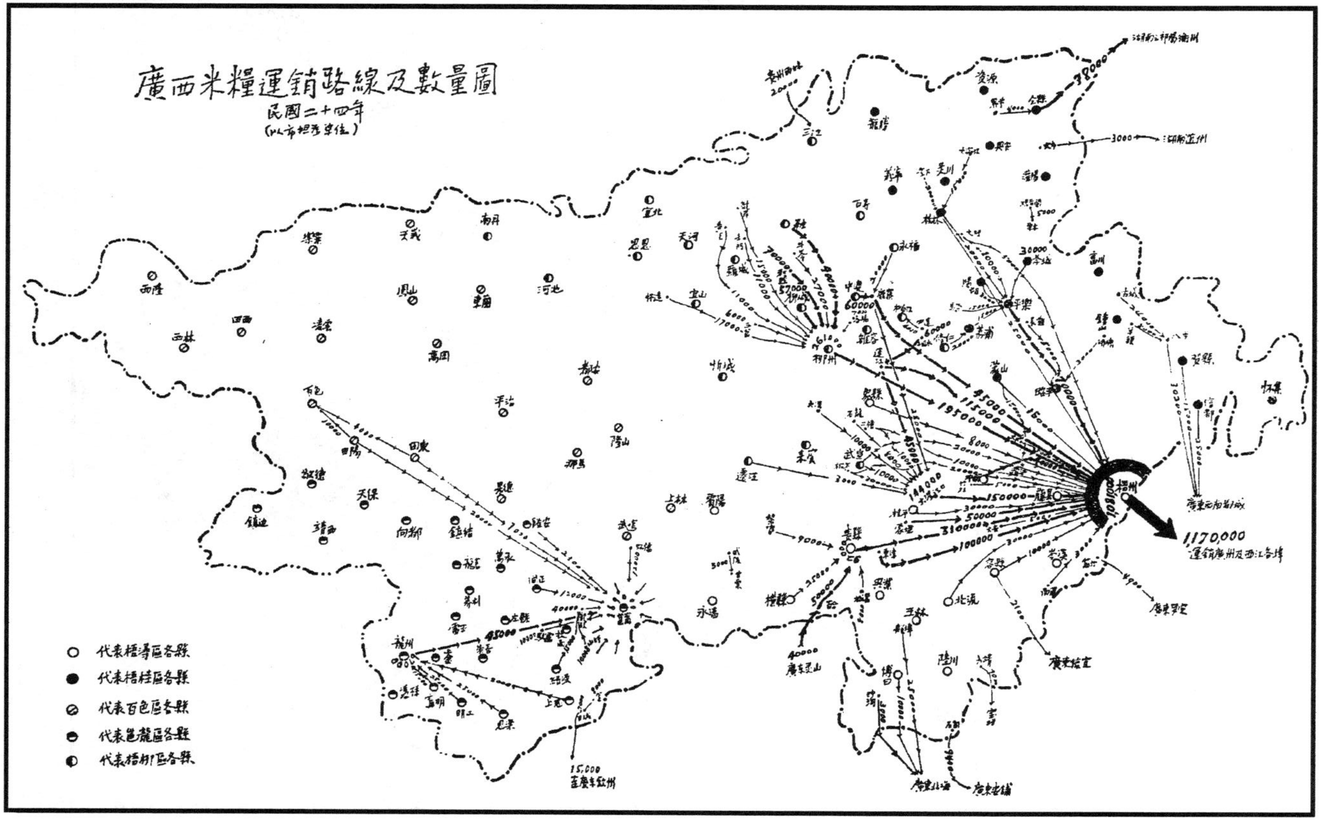

廣西米糧運銷路線及數量圖
民國二十四年
（以噸為單位）

圖三

廣西大學經濟研究室製

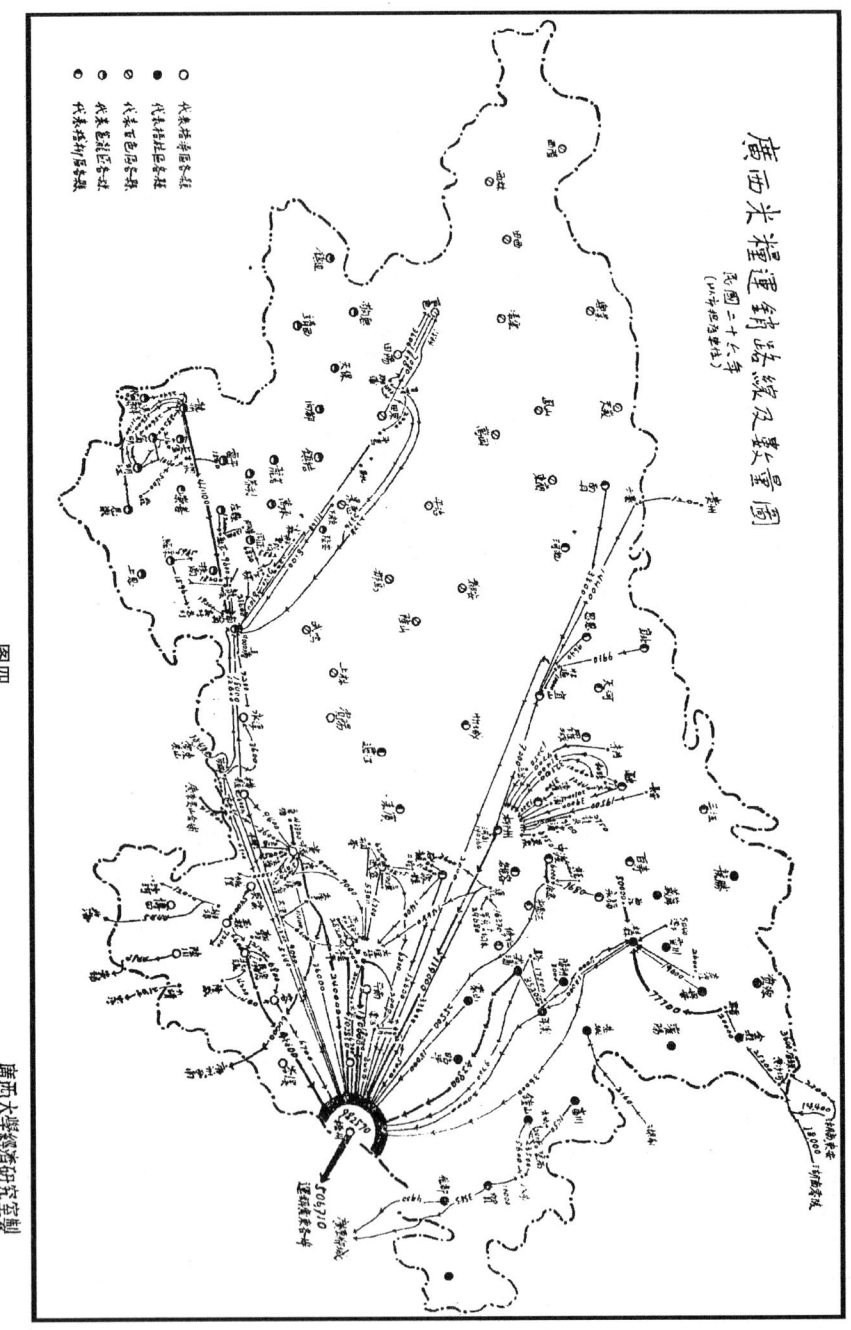

圖四

(三)糧食對外貿易

　　廣西之糧食對省外貿易向為出超，糧食在總出口中占極重要地位。就輸出值言，糧食在民二四年占第二位，民二五年進居第一位，民二六年亦居第四位。糧食輸出以粵省為大宗，有時少數輸往湖南；輸入方面湘、粵、黔三省均有，但額極微小。茲依前述材料來源，就民二四年及民二六年之數字，分述廣西對省外之輸入與輸出於後。

　　省外輸入　據民二四年之調查數字，本年自省外輸入米共58 000擔，計經由梧州輸入洋米10 000擔，經由橫縣輸入廣東靈山之穀40 000擔，按七成折米28 000擔，經梧柳區三江縣一帶輸入貴州米20 000擔。民二六年本省自省外輸入數共135 600擔；計經由梧潯區輸入廣東靈山、合浦、寨圩等地米共87 000擔，經由梧柳區輸入貴州米12 000擔，經由梧桂區輸入湖南米36 660擔。二十六年較之二十四年計省外輸入總額增加一倍有餘，各來路中廣東方面增加，貴州方面減少，湖南方面則前之由本省輸去者，今則反輸入本省。為明晰起見，列表於下。

近年廣西米糧自省外輸入數(擔)

民國二十四年			民國二十六年	
梧潯區	港　粵	38 000	廣　東	87 000
	香港洋米	10 000	靈　山	67 280
	廣東靈山	28 000	合　浦	13 800
			寨　圩	1 920
梧柳區	貴　州	20 000	貴　州	12 000
梧桂區		—	湖　南	36 660
			零凌	18 000
			東安	18 660
總　計		58 000		135 600

輸出外省　據民二四年之調查數字,本年本省輸出外省米共1 333 000擔,其中經由梧潯區輸往粵省者1 146 000擔,經由梧桂區輸粵者91 000擔,輸湘者81 000擔,經由邕龍區輸粵者15 000擔,輸出外省之穀共218 000擔,其中經由梧潯區輸粵者122 000擔,經由梧桂區輸粵者6 000擔。就民二六年言,輸出食米共576 280擔,其中經由梧潯區輸往粵省者574 490擔,經由梧桂區輸粵者1 790擔;輸出外省之穀共78 010擔,其中經由梧潯區輸粵者71 010擔,經由邕龍區輸粵者70 000擔,以二十六年與二十四年相較,計輸出總數減少一倍有餘,二十四年有小部分輸往湖南,二十六年則全部輸往廣東。各區輸出數額及省外銷場情形詳下表。

近年廣西米穀對省外輸出數(擔)

	民國二十四年	
	米	穀
梧潯區　廣東	1 146 000	122 000
西南　廣州　四邑　及沿河各岸	1 100 000	100 000
北海　合浦	46 000	—
寶圩　信宜　羅定	—	22 000
梧桂區	172 000	6 000
廣東東城　西南	91 000	6 000
湖南祁陽　衡州	81 000	—
邕龍區　廣東	15 000	—
總　　計	1 333 000	128 000
	民國二十六年	
	米	穀
廣　東	574 490	71 010
西　南	192 310	
廣　州	172 740	

续表

	民國二十六年	
	米	穀
四　邑	52 600	
九　江	33 100	
都　城	31 500	
羅定六步	21 200	
肇　慶	21 100	
江　門	21 100	
鶴　山	21 000	
其　他	7 780	
廣　東	1 790	7 000
總　計	576 280	78 010

　　合輸出入而言，民二四年之凈輸出爲米1 275 000擔，穀218 000擔，將穀按七成折米得89 600擔，合計凈出口食米1 364 600擔。民二六年之凈輸出爲米440 620擔，穀78 010擔，折成米得54 610擔，合計凈出口食米495 230擔。依第一章所述，二十五年較二十四年凈輸出額尤大，而二十六年則較該二年均減少甚劇，其原因前已略述及，即一爲二十六年左右江大荒，產量減少；二爲同年廣西省政府之禁糧出口令。但據商人云，民十年以前，每年輸粵之米達400萬擔左右，自後逐年減少，至近五六年來，輸出數額最多不過百餘萬擔，少僅數十萬擔而已。此中原因除上述二點外，尚有數端：一爲近年來之洋米傾銷，就廣東市場價格言，洋米遠較桂米賤，其采辦手續亦較桂米簡捷，因而桂米競争不過洋米；二爲本省人口之增加，此種增加包括人口之自然增加及省外人口移入兩種，在生產條件未有顯著改善之情狀下，人口增加自提高對於糧食之需要，致使餘米減少；三爲人民生活程度提高，食用米穀之比例增大，如第三章第三節所述，全省食米比例，在民二二年爲65％，到民二六年增爲67％，其結果自影響到米穀輸出之減退。

(四)糧食價格之變動

價格乃供需之表現,并爲糧貨移動之主要引力。按糧食價格之研究,原可分爲數方面:一爲長期趨勢(secular trends),二爲季節變動(seasonal fluctuations),三爲區域差异(regional differences),四爲市場差距(market spreads)。現在由於材料之限制,使我們對於廣西的糧食價格不能從各方面作精密的研究,祇能就前兩點作一大概之觀察而已。

(1)近年來各種糧食價格之變動　這裏祇有南寧的批發價格材料,可供分析,其期間僅有四年,即自民二三年到民二六年。所選取的糧食有上等精米(油黏米)、上等糙米、大白米、大糯米及黃豆五項。兹就此諸項糧食列示近四年來各月價格與指數(以二十三年平均價格爲100)如下二表。

據上二表,我人看得出各種糧食價格的增減趨勢大體上是一致的;即就黃豆與米糧比較而言,除因收穫期間不同致影響到季節性變動之先後外,其長期趨勢仍是相近的。就四年來說,各項糧食價格的變動可以分爲三個時期:(1)自民二三年至民二四年上季,價格逐趨下落;(2)自民二四年下季至民二五年七月,價格飛漲極速,就指數言,除黃豆之最高點在二五年八月爲270外,其餘各項米糧均在同年七月,計上等精米爲291,上等糙米爲242,大白米爲289,大糯米爲286;(3)自民二五年八月至民二六年底,價格一度低落後又逐趨漲高,至於二十六年上季價格較同年下季爲高者,則爲季節性使然,初非長期變動之影響所致。合而言之,如將季節變動性除去,則近四年來糧食價格實呈現漲高之趨勢,此觀各年平均價格除精米、糙米、大白米在二四年略降低外,餘則均係與年俱漲便可明瞭,在漲高的過程中,有二頂點,一在二十五年七八月,一在二十六年六七月(黃豆在同年三月)。

近四年來南寧各種糧食批發價格（單位桂幣毫元）

		一月	二月	三月	四月	五月	六月	七月	八月	九月	十月	十一月	十二月	全年平均
上等精米	民國二十三年	7.58	7.58	8.16	7.99	7.94	8.68	8.61	8.10	7.36	6.50	6.78	6.58	7.63
	民國二十四年	6.42	6.70	6.80	7.14	7.02	7.05	7.60	8.17	7.85	8.77	8.44	8.63	7.56
	民國二十五年	8.71	8.94	9.15	9.71	11.28	13.35	22.28	16.87	11.18	10.28	10.93	12.66	12.30
	民國二十六年	13.44	16.02	16.13	16.62	17.14	18.15	18.87	18.51	20.29	19.10	13.77	13.51	16.80
上等糙米	民國二十三年	6.81	5.03	5.32	5.46	5.56	5.98	5.51	4.75	4.16	3.85	4.41	4.56	5.12
	民國二十四年	4.44	4.82	4.77	5.28	5.09	4.78	4.23	4.47	4.68	5.26	5.36	5.81	4.92
	民國二十五年	6.08	6.25	6.82	6.87	7.60	8.74	12.37	9.80	7.33	7.31	8.43	8.96	8.04
	民國二十六年	10.56	12.34	12.34	12.39	12.47	14.22	12.64	11.00	11.85	11.87	10.18	10.21	11.75
大白米	民國二十三年	5.88	5.31	5.45	5.68	6.02	6.44	6.29	5.65	4.95	4.49	4.87	4.72	5.50
	民國二十四年	4.89	5.32	5.29	5.89	5.71	5.59	4.32	4.41	4.85	5.51	5.74	6.29	5.30
	民國二十五年	6.81	6.61	7.34	7.54	8.11	10.56	15.86	11.52	9.00	8.28	9.46	4.42	8.40
	民國二十六年	11.34	13.20	13.29	13.36	13.73	15.98	13.72	12.72	12.76	11.82	11.18	11.14	12.80

续表

		一月	二月	三月	四月	五月	六月	七月	八月	九月	十月	十一月	十二月	全年平均
大糯米	民國二十三年	8.30	6.03	6.07	6.31	6.30	7.37	6.75	5.83	5.49	5.03	6.06	5.88	6.10
	民國二十四年	5.47	5.69	5.78	6.44	6.45	6.58	6.72	5.95	6.19	6.84	6.60	6.97	6.30
	民國二十五年	7.06	7.05	7.83	8.22	8.47	10.47	17.98	15.12	11.88	8.96	10.21	10.68	11.60
	民國二十六年	11.66	13.00	13.92	14.94	15.16	16.17	16.08	18.72	16.18	14.98	12.08	12.57	14.60
黄豆	民國二十三年	5.57	5.26	5.94	5.86	5.40	4.90	3.96	3.65	3.85	4.18	4.64	5.21	4.87
	民國二十四年	5.16	5.59	5.66	4.81	5.00	4.32	4.94	5.33	7.11	6.34	6.14	6.50	5.57
	民國二十五年	5.76	6.11	6.64	8.71	9.24	10.78	16.24	13.17	9.80	9.01	9.58	10.80	9.65
	民國二十六年	12.27	13.44	13.49	12.78	12.61	12.01	11.7	12.21	12.02	11.56	11.52	11.76	12.12

近四年來南寧各種糧食批發價格指數（二十三年平均價格＝100）

		一月	二月	三月	四月	五月	六月	七月	八月	九月	十月	十一月	十二月	全年平均
上等精米	民國二十三年	99.0	99.0	106.6	104.4	103.7	123.4	112.5	105.8	96.1	84.9	88.6	86.0	100.0
	民國二十四年	83.9	97.5	88.8	93.3	91.7	92.1	99.3	106.8	102.6	114.6	110.3	112.8	99.0
	民國二十五年	113.8	116.7	119.5	116.8	147.3	174.4	291.0	220.3	146.0	134.3	142.7	165.3	160.5
	民國二十六年	175.5	209.2	212.0	217.3	224.0	237.2	246.9	241.9	265.2	249.6	180.0	175.6	220.0
上等糙米	民國二十三年	133.1	98.3	103.9	108.7	108.7	116.8	107.7	92.8	81.3	75.3	86.2	89.1	100.0
	民國二十四年	86.6	94.2	93.2	103.2	99.5	93.4	84.6	86.2	94.8	107.7	112.2	123.8	96.0
	民國二十五年	118.8	122.1	133.3	134.3	148.5	170.8	241.7	191.5	143.3	142.8	164.7	175.1	158.0
	民國二十六年	208.4	241.2	241.2	242.2	243.7	277.9	246.7	215.1	201.7	212.4	199.0	199.5	130.0
大白米	民國二十三年	107.3	96.9	99.5	103.6	109.8	117.5	114.7	103.1	90.0	81.9	88.9	86.1	100.0
	民國二十四年	89.2	97.1	96.5	107.4	104.2	102.0	78.8	80.5	88.5	100.5	104.7	114.8	96.5
	民國二十五年	124.2	120.6	133.9	137.5	148.0	192.7	189.4	210.2	164.2	151.1	172.6	181.0	153.5
	民國二十六年	206.9	240.8	242.5	243.8	250.6	291.6	245.9	230.0	232.9	215.7	204.0	203.3	234.0

續表

		一月	二月	三月	四月	五月	六月	七月	八月	九月	十月	十一月	十二月	全年平均
大糯米	民國二十三年	131.0	95.9	96.5	100.3	100.1	117.1	107.3	92.7	87.3	80.0	96.3	93.5	100.0
	民國二十四年	87.0	90.5	91.9	102.4	102.5	104.6	106.8	94.4	95.5	108.8	104.9	110.8	103.4
	民國二十五年	112.3	112.0	124.5	130.7	134.6	166.4	285.8	240.3	188.8	142.4	162.3	169.8	188.9
	民國二十六年	185.4	206.6	221.3	237.5	241.0	257.1	255.6	296.0	257.1	238.2	192.1	199.9	139.0
黃豆	民國二十三年	114.3	108.0	121.9	120.3	110.8	100.6	81.3	74.9	79.6	85.8	95.3	107.0	100.0
	民國二十四年	106.0	114.7	116.2	98.8	102.6	88.7	101.4	109.4	146.0	130.2	126.1	133.5	114.8
	民國二十五年	118.2	125.4	136.3	178.8	189.7	221.4	133.5	170.4	201.2	185.0	196.7	221.7	197.0
	民國二十六年	251.7	276.0	276.6	262.5	258.9	246.7	242.1	250.7	246.8	239.2	236.5	241.5	248.0

糧食價格長期變動之原因，約言之有三端：第一爲生產量增加與人口增加之相對的比率，一般言之，後者增加速率較前者大，故糧食價格恒有上漲之趨勢。第二爲消費習慣之變遷，此與國民生活程度最有關係，如人民本用雜糧，後改食穀米，則對於上等糧食産品之需要必增大，結果影響到此種糧食之逐漸漲高。第三爲貨幣之影響，按價格本爲貨幣對於貨物價值的表現，在一定期間内，如貨幣價值跌，即表示物價漲，否則表示物價落，貨幣本爲影響一般物價變動之重要因素，糧食價格自亦包括在内。

廣西糧價之高度的上漲，尤以貨幣價值之變動爲主要原因，上表係以廣西毫幣爲標準。近年以來，由於種種原因，毫幣價值時有劇變，尤以二十五年"六一運動"後爲尤甚。自二十五年七月起至二十六年止，桂幣價格迄在動搖不定中。迨去年十二月，毫幣與中央幣之比價，始確定爲二與一之比。故在此以前之各年價格，其用毫幣表現者與用中央幣表現者頗有不同。如就糧食價格及於本地人民生活之影響言，因本省習用毫幣，自以毫幣所表現者爲顯著；但如欲探究物價之眞正的變動原因，則非剔除此種貨幣價值本身變動隨而影響物價上漲之因素不可。兹按近年來各月毫幣對中央法幣的兌換比率，將上等精米與上等糙米换算爲中央幣價格與指數如下表；并爲更易於明瞭起見，將上等精米之毫幣價格，中央幣價格及上等糙米之中央幣價格作成三條曲綫如下圖，以見幣制及於糧食價格之影響，及精米價格與糙米價格變動之先後與依隨的關係。

從上表與上圖我們可以看出幾點：第一，桂毫幣所表現的糧食價格，其變動程度遠較中央幣所表現者爲劇烈，如二十五年米價之突漲，可説完全受幣值跌落所影響，折合爲中央幣則一般甚平穩。第二，桂幣的精米與糙米價格在二十四年較二十三年爲低落，但以中央幣表現之同種米糧價格，除每年之季節變動外，均係與年俱增，爲一正常的上漲趨勢。第三，就上圖中央幣之精米價格與糙米價格比較而言，則又有數端值得注意者：(1)兩者變動，形影相隨，趨勢完全一致；(2)就變動之敏感性言，糙米在先，精米在後，此因精米價格含有零售價格之成分，而糙米

近四年來南寧精米與糙米換算爲中央幣之價格及其指數

（實數以中央幣元爲單位，指數以二十三年之平均價格爲100。）

			一月	二月	三月	四月	五月	六月	七月	八月	九月	十月	十一月	十二月	全年平均
上等精米	實數	民國二十三年	4.99	5.18	5.71	5.69	5.49	5.99	6.05	5.74	5.24	4.51	4.76	4.85	5.45
		民國二十四年	5.11	5.31	5.45	6.11	6.39	6.19	6.11	6.48	6.20	6.65	5.91	5.58	5.95
		民國二十五年	5.74	5.85	5.90	6.39	7.20	6.87	7.04	5.29	5.02	5.35	5.80	6.18	6.05
		民國二十六年	6.30	7.50	7.61	7.65	7.20	7.65	8.85	8.80	9.30	9.00	6.69	6.61	7.74
	指數	民國二十三年	93	97	107	106	103	112	113	107	98	84	89	91	100.0
		民國二十四年	96	99	101	115	119	116	114	121	116	123	111	104	109.4
		民國二十五年	107	109	110	119	135	127	131	99	94	100	109	116	110.7
		民國二十六年	118	140	142	143	135	143	165	165	174	168	125	124	142.0
上等糙米	實數	民國二十三年	4.49	3.44	3.73	3.89	3.82	4.11	3.88	3.37	2.97	2.67	3.10	3.36	3.56
		民國二十四年	3.52	3.82	3.81	4.52	4.61	4.18	3.50	3.53	3.69	3.99	3.75	3.75	3.86
		民國二十五年	3.99	4.10	4.41	4.51	4.89	4.48	3.78	3.09	3.33	3.83	4.49	9.39	4.10
		民國二十六年	4.94	5.71	5.75	5.64	5.22	6.00	5.93	5.26	5.40	5.10	5.03	4.91	5.40
	指數	民國二十三年	126	97	105	109	107	115	109	95	83	75	87	94	100.0
		民國二十四年	99	107	106	127	129	117	98	99	103	111	105	105	108.0
		民國二十五年	111	115	124	127	137	125	106	87	94	107	126	123	114.5
		民國二十六年	139	161	162	160	147	170	167	148	151	143	142	138	152.0

注：根據南寧市桂毫幣與上海中央幣之兌換率折算。

價格完全爲批發價格之性質，據價格理論，批發價格變動在先，零售價格在後，故有上述之現象；（3）精米價格之上漲時期較糙米長，而其下降時期則較後者短，此中原因與前者略同，蓋精米價格既近於零售價格，且爲批發商人之賣出價格，一度抬高之後，自不易降低，糙米價格爲批發商人之買進價格，自設法延長價格低落之期間，由此兩種價格變動之差異，我人約略可看出中間商人對於糧食價格之操縱。

（2）米糧價格之季節變動　現選取上述南寧精米與糙米兩種米糧，

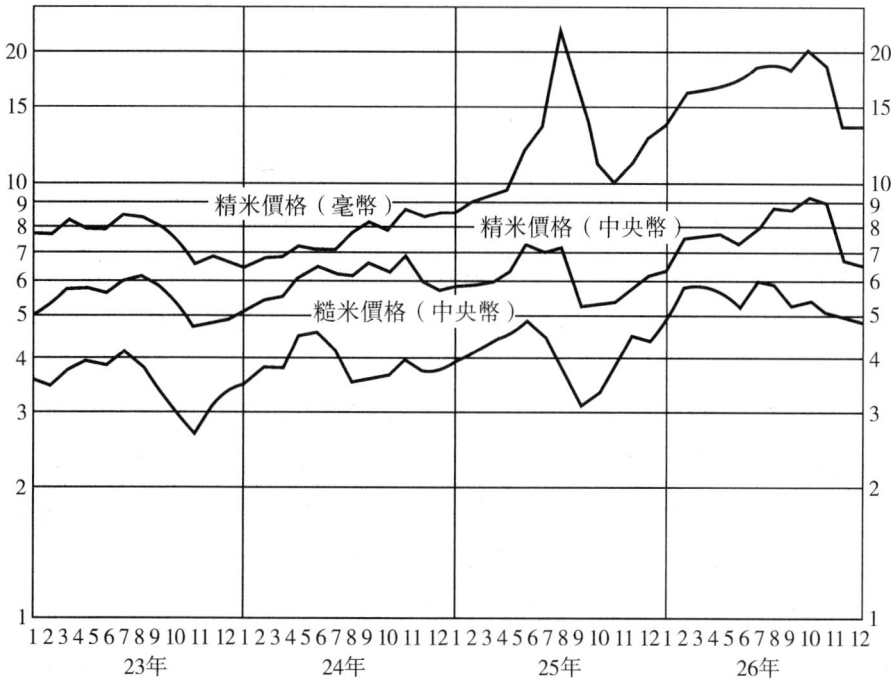

圖五　近四年來南寧精米與糙米價格

并以中央幣計算之價格作標準，根據環比方法（link relative method）作成季節指數如下。按季節指數至少須有五年之材料始能獲得較大之正確性，今者材料祇有四年，故所得結果祇視爲代表大致情形可耳。

南寧市糙米與精米之季節指數

	一月	二月	三月	四月	五月	六月	七月	八月	九月	十月	十一月	十二月
上等糙米	99	100	105	110	110	112	100	89	89	92	97	97
上等精米	89	96	99	104	106	108	113	103	99	98	92	92

上等糙米之季節指數從年中七月開始，逐月降低，直到年底爲止，最低點爲八九兩月；至開年一月以後則逐月增高，至六月而達於頂點。

上等精米之季節指數從年中八月開始，逐月降低。至開年一月止於最低點，自後逐月上升，至七月而達於頂點。從這裏顯然的看得出米糧價格的季節變動，第一與其收穫期間有密切關係，其次則受商人囤積之影響。每年七月以後，爲稻穀收刈時期，此時之季節指數代表農人之所得價格及商人之買進價格；開年一月以後，農人收穫物已售罄，商人乃開始出售囤存之米糧，此時價格代表商人之賣出價格及消費者（包括農人）之付出價格；故季節指數高低之差異正代表中間人自生產者與消費者取去之利潤。

至就糙米與精米比較而言，則精米季節指數之降低與增高，均較糙米拖後一個月；如指數最低點糙米在八、九、十三個月，精米在十一、十二及一月三個月，最高點糙米在六月，精米在七月。此種原因要有四端，第一，由於加工，自糙米製成精米，例須經過加工手續，此間自須擱置相當時日，致精米變動之反應較遲。第二，由於交易期間，農人於收穫後，急求出售，而所售多爲糙米，致影響糙米季節指數之降低較早。第三，由於囤積，商人於買進糙米後，固有即爲加工出售者，但大都原樣囤積之，待翌年再爲發售，此又使精米變動在後。第四，由於運輸，如前所述，廣西加工地點多在鄉村市場或次級轉運市場，因之該種市場之價格以糙米爲主；至中心市場或終點市場之價格則以精米爲主，由前種市場運輸到後種市場頗費時日，結果精米之變動自較糙米延緩。

第五章　糧食運銷之機構

運銷機構之健全與否與運銷條件之完善與否關係糧食在時間上與空間上之調節甚大，而構成糧食問題中之主要部門。例如我國就生產言，糧食本足以自給而略有餘裕，乃因運銷制度之不靈活，致各地供需不能調劑，沿海省市不得不取給於國外，每年食米入超額常達10萬石以上，據估計，我國食米之消費額，年爲485 163 386石，則一日應消費1 329 215石，如以此數除近年來洋米入超之平均數10 775 314石，（民元年到民二二年各年平均）得 8.1，即進口之洋米，可供我國八日之糧。（見許漩著《糧食問題》）因此我人知道我國即無洋米進口，所缺不過八日之糧，以我國人民消費食糧伸縮性之大，（如改食或多食粥或雜糧）此八日之糧絕不致釀成糧食不足之問題。故知我國之糧食問題，主要的爲運銷之遲滯，初非生產不足或消費過多所致。廣西糧食問題之關鍵所在，與他省原無二致；故本書於糧食運銷方面特予着重。本章在分別論述糧食運銷之各種機能，以明瞭整個的運銷機構。考運銷機能本可分爲：包裝、分級、加工、儲藏、運輸、金融、交易諸種；但就廣西糧食市場之發展程度言之，各種機能中，以加工、運輸與交易三項最爲主要，餘如儲藏、金融僅居其輔，包裝、分級至爲簡單，故後之所論，亦以前三項爲主，而於後數項則略及之。

（一）加工（processing）

加工指食糧之精製而言，蓋多數食糧如穀、小麥，非經精製，不能食用。各種食糧中與加工關係最密者爲穀米，而穀米又爲廣西之主要食糧，故下之所論以穀米加工爲主，略述及他種食糧。

(A) 加工方式及其分布

廣西的糧食加工方式，大別之可分爲兩類：一爲舊式工具，二爲新式機器，兹分述之。

(1) 舊式工具　按動力之不同，舊式工具可分爲人力工具、畜力工具及水力工具三種。如更依據工具形式之差異，則人力工具又可分爲手舂、手磨、脚碓，畜力工具可分爲牛碾、馬碾、牛磨、驢磨，水力工具可分爲水碓、水碾。手舂、脚碓均爲石製，每架設置費，手舂約爲桂幣 5 元，脚碓約爲 10 元；手磨則有竹泥磨與石磨兩種，每架設置費自 5 元到 10 元不等。畜力碾磨多爲石木配置，除牲畜外，每架約值 50 元到 250 元。水碓亦爲石木配置，每架約值 15 元到 20 元；水碾設備較爲複雜，除石木配置外，且須另建房屋以裝置之，故所費最昂，其主要之設備爲石研盤一，石研輪一，木水車一，每架設備費連同房屋須 500 元到一二千元。各種工具之作用，互有差別。普通磨多用於雜糧之加工，間有用於穀製爲米之加工階段者；至其餘各項如舂、碓、碾，則均用於穀米之加工。因爲穀米居糧食之主要地位，故手舂、脚碓、水碾之應用亦遠較磨爲廣遍，在舊式加工工具中居最要地位。下面論述各種工具在各地方之分布情形。

考舊式工具在應用上之演進，最先必爲人力工具，漸進而知利用畜力，更進而利用水力。就全省言，至今仍以人力工具最爲普遍，次爲水力工具，至應用畜力工具者最少。此因廣西之大牲口(牛、馬、驢等)極感缺乏，用於耕植已感不足，自無餘數再用於糧食之加工上。至水力一項，則廣西因河流縱橫交貫，且境內多山，水勢甚急，故水力加工極爲通行；其應用之普遍，在我國實居前列。人力工作原爲最原始的生產方式，在經濟落後區域，此種加工方式自仍居主要地位，此則全國皆然，不僅廣西如是也。

就各種工具細述之，以手舂、脚碓、手磨在各地應用最廣，農家十之七八均有該種設備。此數種人力工具，尤以本省西北部各縣應用爲廣，此因西北區經濟原較落後，因而一方面耕作簡單，人工有剩餘；另方面農家富力不足，較費之加工設備不能購置，故多用此種初步的加工方式。其次以水碾最爲通行，特別是東南部各縣，以水碾營利者甚多；蓋水碾設備雖甚昂貴，但一經設置之後，因利用天然動力，所費至廉，且加工速率甚大，故凡有水力可用之地，多有水碾之設備。至水碓一項，因構造簡單，所費不大，設置者亦不少，但其工作效率則不如水碾之大，故以加工爲利者，與其設水碓，不如設水碾，故水碓之應用終不及水碾之普遍。畜力加工之各項工具，在廣西比較最少，其原因前已述之；大抵應用畜力較廣者爲土磨坊，即磨製土產麥粉者，至碾製穀米，絕少利用畜力。總之，廣西利用畜力之稀少，與利用水力之廣遍爲其加工方式之特色，而與他省頗不同者。

（2）新式機器　新式機器因發動力之不同，可分爲三種；一爲木炭機，即以木炭爲燃料者；二爲柴油機，即以柴油之燃燒而發生動力者；三爲馬達機（motor），即應用電力者。除發動機外，另須設置抽水機、磨穀機（穀斗）、碾米機（米斗）、企磨、橫磨、糠磨、朴磨、風櫃、篩等項，至每件配置多少，視規模大小而異；唯馬達機較爲簡單，除發動機外，主要的僅須具置碾米機或磨穀機。新式機器之設備費用，自以發動機居大宗，發動機之價格通常按馬力之匹數計算，每匹馬力值桂幣130元到200元，如以每座30匹馬力計，則需4 000元到6 000元。此外研米機每架約值桂幣500元，磨穀機約值1 400元，抽水機約值800元，磨約值140元，風櫃約值200元。故開設一機米廠，機件設備約需桂幣萬元，加上房屋裝修，約需萬五千元到2萬元。

機米廠之設置。以南寧市爲最早，遠在二十餘年以前，其他各市，則設置與推廣多在民二十年以後。大凡設立機米廠之城市，春米店與水碾場漸趨減少，在較大糧市且已絕迹，此爲自然淘汰之趨勢。新式機器之應用以梧潯區與梧柳區最廣，邕龍區與梧桂區次之，百色區最少。此點與糧市之發達及運銷之數額最有關係。因爲機米廠規模較大，投資較巨,如運銷數額不大,則加工數額亦必不多,結果將不足以維持機米廠最低限度之營業數額,其終極非陷於倒閉不可。

各項舊式工具之演變及新式機器之代之而興,均係循經濟發展之自然趨勢,現此種趨勢仍在繼續推進中。如更進而觀察,則人力工具多自備,即自己加工以自食或出售者;水力工具則為半代人碾米,半為自碾;至新式機器則多代人碾製,以營利為目的者。但因廣西之機器加工,興起甚暫,如繼續演進,則隨着糧市之發達,必進入大米商附設機件以自營或機米廠購進糧貨自製以出售之階段,此時則販運與加工之職能合而為一,而為比較合理的運銷方式。

最後我人討論加工地點(location of processing)問題。加工地點有二:一為生產地或鄉村市場,一為城市或中心市場。在前者地點加工,其利有:(1)節省運費,即可減省穀米副產品殼糠之運費;(2)殼糠對於農家用途較大,因而可使此種副產品獲得更經濟之使用。反之,在後者地點加工,亦有其優點:(1)穀較米易於保藏,可減少沿途之損耗;(2)城市加工,因設備規模較大,比較經濟。唯按之實際,此種利益僅為相對的,要仍以加工之工具如何而定。大抵在舊式工具時代,規模狹小,便於分散,故加工多在農家或鄉村與鄉鎮等初級市場;迨新式機器興,始因能收比較經濟之效而轉移於中心市場,此因機器加工之特點在大規模經營之故。如梧州本為廣西最大的中心糧食市場,但其運銷之糧貨均為已經過初級市場或中級市場加工後之糙米,白米,於加工設備向付闕如,但近年以還,漸有機米廠之設立;其他市場類此情形者亦多。故知因機米廠之廣遍,加工(至少糙米到白米一階段之加工)有漸由鄉鎮市場移向中心市場之勢。此種趨勢極為合理,有時政府可以公營之手段促成之。

(B)加工精度與加工能力

加工精度指每一定量之食糧(原形者)經加工後出產精製品數量之比率而言。大抵加工愈精,其所出之精製品比率愈小,反之則愈高。

茲先述穀米。按穀米加工可分為兩階段:一為穀—糙米(廣西稱朴米），二爲糙米—白米。在舊式工具之場合，此兩種階段之劃分，僅爲加工時間之久暫，初無明顯之界綫；故兩階段常混合爲一過程；至新式機器，則兩階段所用機斗不同，前一過程所用爲磨穀機，後一過程所用爲碾米機，不可稍予混同者。糙米到白米之加工，又有一機、二機、三機之別，機數愈多，表示加工次數愈多，其加工精度亦愈大。穀米加工雖僅兩個階段，但應用時則有三種途徑：一爲穀—糙米，二爲糙米—白米，三爲穀—白米，據省府統計室調查，人力工具之手舂、脚碓由穀到糙米之出産比率均爲 70%，即百斤穀出糙米 70 斤，副產品計穀殼約 28 斤，消耗 2 斤；由糙米到白米之出産比率多爲 90%，間有 92%者，副產品計白糠 8 斤到 10 斤不等；由穀到白米之出産比率低在 60%，高達 66%，中以 64%與 65%爲最普通。水力工具中，水碾加工出米率較水碓略低，計自穀到白米之出産比率，水碾多爲 60%，水碓多爲 65%，此或由於水碾之碎米率較水碓略高所致。就新式機器而言，計由穀到糙米之出産比率爲 74%—78%，糙米到白米爲 85%—90%，穀到白米爲 63%—67%。從這裏我們知道：一方面舊式工具中水碓與水碾之出産比率稍有差異；另方面新式機器與舊式工具頗有不同，雖糙米到白米一階段，新式機器與舊式工具相若，但穀到糙米一階段則前者較後者爲高，故結果自穀到白米之全過程，前者亦較後者爲高。同種穀米，新式機器較舊式工具之出米率爲大，前者之能逐漸代替後者，此爲一原因。

其次論述雜糧的加工精度。雜糧加工均爲磨製，出産均爲粉。據在雜糧區調查結果，粟、小麥、蕎麥每百斤之出粉量如下表。

磨製雜糧每百斤出粉量（斤）

市　　場	粟	小麥	蕎麥
鎮結縣城	75	65	50
鎮　遠	80	60	50
向都縣城	80	65	50

續表

市場	粟	小麥	蕎麥
都康	80	65	45
寧圩	83	65	45
天保縣城	80	65	50
龍光	80	65	50
都安	80	65	50

據表知粟每百斤之出粉量多爲80斤，最低75斤，最高83斤；小麥每百斤之出粉量多爲65斤，最低60斤；蕎麥每百斤之出粉量多爲50斤，最低45斤。此外各項雜糧，則以食用時多不必經加工之手續，故從略。

加工能力指一種加工工具在一定時限內之加工量而言，其加工量多者表示加工能力大，否則表示加工能力小。據同種材料來源，人力工具中，如用手舂則每人每日可將朴米50斤製成白米；如用脚碓，則可得朴米百斤製成白米，故知脚碓之加工能力較手舂大一倍。就水力工具言，計水碓每家每日由穀碾成白米，可出白米1 200斤到2 000斤；水碾每架每小時可出白米100斤到260斤。就新式機器言，據調查各地十二家機米廠之結果，新式機器之加工能力如下表。

新式機器之加工能力

市場名	馬力(匹)	每小時加工糙米(市斤)	平均每匹馬力每小時加工糙米(市斤)
南寧市	65	2 640	40.6
北流縣城	60	2 400	60.0
桂林縣城	40	1 680	42.0
北流縣城	40	1 800	45.0
田東平馬	40	1 560	39.0
雒容運江	35	1 800	51.5

續表

市場名	馬力(匹)	每小時加工糙米(市斤)	平均每匹馬力每小時加工糙米(市斤)
貴縣縣城	35	2 360	67.4
容縣縣城	30	1 440	48.0
榴江鹿寨	24	1 890	78.7
宜山縣城	20	1 260	63.0
貴縣縣城	20	950	47.5
桂平大洋圩	5	670	134.0
總計	414	20 450	49.4

總計十二家共有馬力414匹,平均每廠有馬力34.5匹,最少者每廠馬力5匹,最大者65匹。總平均每匹馬力每小時加工糙米量為49.4市斤,最少者39市斤,最大者134市斤。惟應注意者:就平均每匹馬力每小時之加工能力言,雖可加工糙米約半市擔,但實際加工額(actual amount)則遠在加工總能力(full capacity)之下。茲將19個機米廠之實際加工額列示於下,并求平均每匹馬力之實際加工額,俾便與加工能力相比較,以求前者占後者之比例。

機米廠每年實際加工額

市場	馬力(匹)	每小時加工糙米(市擔)	平均每匹馬力每年加工糙米(市擔)
柳江縣城	70	54 000	771
南寧市	65	45 400	700
北流縣城	60	57 200	955
桂平縣城	45	54 600	1 211
桂平濛圩	45	50 400	1 120
桂林縣城	40	42 000	1 050
桂平濛圩	40	33 600	840

續表

市　　場	馬力(匹)	每小時加工糙米(市擔)	平均每匹馬力每年加工糙米(市擔)
田東平馬	40	23 000	575
北流縣城	40	30 400	761
雒容運江	35	54 600	1 560
貴縣縣城	35	18 000	515
南寧市	30	24 700	824
容縣縣城	30	26 000	876
桂林縣城	24	14 800	617
桂林縣城	24	8 400	350
榴江鹿寨	24	45 360	1 870
宜山縣城	20	45 200	2 260
貴縣縣城	20	1 600	80
桂平大洋圩	5	3 240	608
總　　計	692	632 300	914

注：根據廣西省府統計室二十六年糧食產銷調查原表。

就上表可知所調查的19家機米廠共有馬力692匹，每年實際加工糙米額共為632 300市擔，平均每匹馬力每年實際加工糙米額為914市擔。茲以前述之加工能力為標準，計每匹馬力每小時可加工糙米約0.5市擔，如假定每日機器工作12小時，則每匹馬力每日加工糙米額應為6市擔，更假定除去星期日及例假，每年工作三百日，則每匹馬力每年加工糙米額應為1 800市擔。以此數與實際加工額比較，約大一倍；換言之，廣西機米廠的實際加工額僅占加工總能力二分之一。我人又可說：如以現在的實際加工額為標準，則祇要現在一半的加工設備便足應付之。因此加工機關實應設法合并或集中經營，俾獲得經濟上的效果。

雜糧中就小麥言，可分為牛力磨與人力磨二種，由麥到粉之加工階段，計牛力磨每牛每天可磨麥100斤，人力磨每人每天可磨麥50斤，前者大於後者恰一倍。就玉蜀黍言，僅人力磨一種，計每人每天可磨玉蜀黍約 30 斤。

（C）加工費率及其差異

加工費率係指加工機關於接受加工時所徵收的費用比率而言。考廣西最通行的加工方式，依前所述原有四種，即手舂、脚碓、水碾、新式機器是。唯手舂與脚碓之加工，多爲自製，不受委託，無費率之徵收，故下面僅就水碾與新式機器二項述之。

（1）水碾坊　水碾坊之徵收碾製費，有兩種方式：一爲實物償付，即以加工之糧貨償付是；一爲貨幣償付。前一方式僅通行於梧柳區各市場，其他各區間亦有之；後者則通行於各區。隨着社會經濟之進步，後者已漸居主要方式而前者則漸趨絕迹。此外亦有兼用兩種方式者，即加工費中，一部分償付實物，一部分償付貨幣。

碾製費率主要的因加工過程之長短而有高低。依前所述，米糧碾白之加工過程有二：一爲糙米（朴米）—白米，一爲穀—白米。因穀—白米之過程較糙米—白米之過程爲長，故前一過程之碾製費較後者爲大。就全省言，總平均糙米到白米之碾製費，每擔糙米爲 0.162 元，最低爲 0.08 元，高達 0.25 元；穀到白米之碾製費，每擔穀爲 0.286 元，最低爲 0.2 元，高有達 0.5 元者。就各區則互有高低，計糙米到白米之加工階段，平均每擔糙米收費，梧桂區 0.12 元，梧柳區 0.15 元，梧潯區 0.17 元，邕龍區 0.23 元；穀到白米之加工階段，平均每擔穀收費，梧桂區 0.27 元，梧柳區 0.30 元，梧潯區 0.23 元，邕龍區 0.30 元，百色區 0.35 元。如以穀到白米之加工爲標準則碾製費率以百色區最高，梧柳、邕龍兩區次之，梧桂區又次之，梧潯區最低。

（2）機米廠　機米廠徵收加工費，全爲貨幣方式。費率僅因加工過程而异，各區則大抵相同。就穀—白米之階段言，碾製費最低爲每擔穀 0.4 元，最高 0.6 元，普通以 0.5 元爲多。就糙米—白米之階段言，碾製費最低爲 0.15 元，最高爲 0.35 元，普通以 0.2—0.3 元爲多。其次因加工精度而有不同,如桂林縣城由穀製成白米計一機爲0.5元,二機爲0.6元。至各地差異甚少之原因,當由於機米廠爲新式加工設備,僅較大市場有之,因此競爭性較大,易趨於統一。

(二) 運輸(transportation)

運輸爲運銷上之重要機能,特別是對於糧食這種價值小而體積大的貨品,關係更切。大凡運輸便利之區,糧食之市場範圍亦大,其供需之調節自易;否則便感有無不能相通之困難。自抗戰發生後,糧食問題中最嚴重而難予解決者殆惟運輸一項;故本節所述,特爲重要。茲先就糧貨的各項運輸方法予以敘述,然後就運費予以分析,比較各項方法之經濟性與運輸能力,以探求糧食運輸問題之癥結所在。

(A)運輸方法

運輸方法原有多種,大別之,可分爲陸路運輸與水路運輸二項;陸路運輸又可分爲肩挑、人力車、馬馱、牛車、汽車五種,水路運輸可分爲民船、電船與汽船拖渡三種。茲分述之:

(1)陸路運輸 廣西陸路運輸工具可分爲三種:一用人力,有肩挑與人力車(手推車)兩項;二用畜力,有馬馱與牛車兩項;三爲汽車。人力運輸爲最原始的運輸方法,由鄉村到鄉鎮市場,幾全爲此種運輸方法,即由鄉鎮市場到中級市場或中心市場,在水運缺乏之區,亦通行人力運輸。人力中,肩挑一項爲更普遍;至人力車則以購置車件,須資本數十元,且山路崎嶇,行車不便,故僅邕龍、梧潯兩區稍有用之者,梧桂、梧柳、百色各區均少用之。畜力運輸比較進步,但因購買牲畜,所費甚大,而設置牛車,需費尤多,均爲中小農家力所不及;至商家運輸多用船隻,其不通航之區,寧可多假人力,蓋人力反較畜力爲低廉故也。所以畜力運輸僅略見於邕龍區,其他各區均少用之。畜力中,馬馱又較牛車爲普遍，此或由於牛車之設備費較大所致。且牛車僅能行於大道，而公路則大都禁行牛車，此亦畜力車難望普遍之原因。汽車運輸自爲最進步的方法，但以運費過昂，不適於運輸量重値廉之農產品，故公路在本省雖號稱發達，而農民則鮮有利用之者。

（2）水路運輸　廣西之水路交通，相當便利。全省河流，可概分爲三個主要航綫：一爲桂江航綫，包括：桂江與湘江。二爲柳江航綫，包括：融江、柳江、紅水河、黔江。三爲鬱江航綫，包括：左江、右江、鬱江與潯江。此三航綫中，以鬱江最稱便利，柳江次之，桂江又次之。廣西水運之缺點在於：其一，除少數大河流外，分流與支流均不能全年行駛載重船隻，故運輸之季節性甚大；其二灘險甚多，水流湍急，水淺時航行困難，且時有危險。唯就水運方向言，均爲西北向東南，此點與食糧之輸出路綫極相適合決非偶然也。

考水路運輸工具有民船、電船（燒柴油）、汽船（燒煤炭）三種；而用諸糧食運輸者，則以民船與利用汽船拖曳之拖渡爲多。兩者中，仍以民船最爲普遍，在淺小河流，因不能航行汽船，故以民船爲水運唯一工具；即在能通行汽船之大河流，運輸食糧亦以民船爲多，其原因有三：第一，民船可散盛（俗稱散艙），下以竹墊或皮紙鋪底即是，如貨主有數人，則中以木板分艙，無須格外包裝；至汽船拖渡則非用麻袋包裝不可。蓋以汽船裝貨不僅糧食一種，如不包裝，易於混雜，且拖渡艙面甚大，不易滿裝，因而不能散盛；況汽船拖渡不易靠攏岸邊，爲取卸之便利計，自以包裝爲宜。第二，民船運費較汽船拖渡爲低。第三，民船載重量小，一雇主或二三雇主即可滿載，且貨物多限於食糧一種，因而沿途起卸自由，遠較汽船拖渡爲便。因此種種，故民船構成廣西糧運上最重要的方法。

爲要明瞭民船之運輸能力，我們先分析民船之最大載重量。據下表所示，各河流行駛民航之載重量一方面因大水小水而有不同，相差有時達一倍以上，如桂江平樂至梧州一段，大水時載重量爲40噸，小水時僅爲20噸；再方面因水位深淺而有差別，如同一紅水河，水大時上游載重力僅爲 2 噸，愈到下游愈增，到最下游增到 150 噸。至就各航綫比較而言，一般以柳江與鬱江各河流之民船載重量爲大，桂江則遠遜之。其次我們分析民船每日航行里數。據下表，每日航行里數，一方面因大水小水而不同，再方面因上航下航有差異；如融江大水時每日航行里數下航爲 120 里，上航爲 30 里；小水時下航爲 70 里，上航爲 25 里。在三主要河流中，航行速力亦以柳江與鬱江較大，桂江遠在二者之下。詳情見下表。（根據陳暉先生之《廣西交通問題》文中材料而綜合作成者。）

廣西主要河流民船航行概況表

河流分綫			航綫	里程	最大載重噸數		每日航行里數			
					大水時期	小水時期	大水時期		小水時期	
航綫名	河流名	分段					下航	上航	下航	上航
桂江航綫	桂江	一段	自興安縣城至桂林縣城	184	5.0	2.0	80	30	50	20
		二段	自桂林縣城至平樂縣城	213	30.0	12.0	120	30	70	25
		三段	自平樂縣城至梧州	520	45.0	20.0	120	30	70	30
	湘江	一段	自興安縣城至界首	46	5.5	2.0	70	20	25	15
		二段	自界首至清湘鎮	100	6.0	3.0	100	20	30	15
		三段	自清湘鎮至黃沙河	66	20.0	8.0	100	20	30	15
柳江航綫	融江	全程	自三江縣老堡至融縣長安	138	15.0	8.0	120	30	70	25
	柳江	一段	自融縣長安至柳州	242	18.0	10.0	120	30	75	30
		二段	自柳州至象縣石龍	381	48.0	18.0	130	30	80	35
	紅水河	一段	自天峨縣至那馬縣城	450	2.0	—	120	25	—	—
		二段	自那馬縣至都安縣城	250	4.0	2.0	160	25	60	25
		三段	自都安縣城至遷江縣城	500	25.0	10.0	160	30	60	25
		四段	自遷江縣城至來賓大灣	344	30.0	10.0	160	30	60	30
		五段	自大灣至石龍	23	150.0	100.0	160	30	100	30
	黔江	全程	自石龍至桂平縣城	369	150.0	100.0	160	30	100	30

續表

河流分綫			航　　綫	里程	最大載重噸數		每日航行里數			
航綫名	河流名	分段			大水時期	小水時期	大水時期		小水時期	
							下航	上航	下航	上航
鬱江航綫	左江	一段	自龍州至崇善縣城	143	24.0	12.0	85	40	30*	25
		二段	自崇善縣城至南寧	525	24.0	12.0	100	45	40*	35
	右江	一段	自百色縣城至平馬	204	25.0	15.0	80	35	80	35
		二段	自平馬至南寧	632	25.0	15.0	100	45	100	45
	鬱江	全程	自南寧至桂平縣城	853	120.0	80.0	110	35	70	30
	潯江	全程	自桂平縣城至梧州	392	150.0	100.0	135	35	80	35

注：＊左江在小水時因水淺灘多，不能拉牽，故航行特慢。

水運中，除民船外，則爲汽船之拖渡。至電船與汽船，以容量有限，殊不經濟，故多附以拖渡，以載運食糧，兩者中又以汽船拖渡較多，電船拖渡極少。各主要河流因水位關係，其通行拖渡與否，頗不一致，有完全不通航者，有全年通航者，有僅半年通航者。就上表所列計僅半年通航拖渡者爲桂江第三段，柳江一二段，紅水河第四段，左江第一段及右江第一段；全年通行者爲紅水河第五段，黔江全程，左江第二段，右江第二段，鬱江全程及潯江全程。另據調查，事實上五運銷區中亦僅梧潯、邕龍及梧柳三區沿大河各市場有利用拖渡者，三區中尤以梧潯區較多；至梧桂、百色兩區則無從利用拖渡。廣西經營拖渡者均爲商營公司，今年春大部分公司合而組織輪渡聯合營業社，航綫一定，運價劃一，合計共有汽船13艘，可拖總重量1 669公噸，拖渡15艘，載重總量1 662公噸。另外末加入該組織之公司，合計有汽船9艘，可拖總重量958公噸，無拖渡。但汽船不僅拖運本公司特置之拖渡，有時亦拖運民船，電船亦然。

(B)運輸費率

(1)民船運價　因民船爲最重要的糧運工具，故對民船運價特予較詳細的分析。兹以載重十擔航行十里爲計價標準（以後同此），計全省總平均民船運費率爲 0.315 元。（運費在 1 元以上者，因屬特殊情形，未曾計入平均。）然民船運費率，并未劃一，差异且甚大，如最低爲五分，最高可達 1 元 5 角。此因第一運費視航程長短而不同，大抵路程較遠者，其合算每里之費率較低。計百里以内者，平均每十里運價 0.39 元，最低 0.17 元，高達 1 元；百里到三百里者，平均每十里運價 0.33 元，最低 0.09 元，高達 0.93 元；三百里以上者，平均每十里運價 0.23 元，最低 0.05 元，高達 0.29 元。詳看下表：

民船運輸里程與運價之關係　運價（十擔十里，元）

里程(元)	0.10 以下	0.11—0.20	0.21—0.30	0.31—0.50	0.51—0.70	0.71—1.00	1.01—1.50	1.5 以上	總計
20 以下					1		2		3
21—40			3	5	4	2			14
41—60		7	5	5	2	3		1	23
61—80		4	5	3	3	4	1	1	21
81—100		2	3	6	2		1		14
101—150	1	1	8	7	3	1	1		12
151—200		5		3		3	1		12
201—300	3	10	5	3	1	2			24
301—500	2	8	2		1	1			14
501 以上	6	6	2						14
總計	12	43	33	32	17	16	6	2	161

二爲水位之深淺，凡水位深之河流其運價較水位淺者低；又同一河流，大水時之運價較小水時低。前者之例，如左江自龍州到南寧，長 600 里，運價爲 0.16 元，潯江自桂平到梧州長 350 里，運價爲 0.08 元，相差達一倍。後者之例可見下表：

航　程	里　數	每十擔十里之運價(元)		
		大　水	小　水	差　額
明江—龍州	123	0.23	0.25	0.03
思樂—龍州	300	0.25	0.30	0.05
桂林—全縣	270	0.65	0.93	0.27
溶江鎮—桂林	90	0.44	0.66	0.22
信都—都城	300	0.20	0.33	0.13
八步—賀街	50	1.00	1.80	0.80
古城—八步	150	0.40	0.67	0.27
荔浦—平樂	140	0.30	0.42	0.12
荔浦—梧州	612	0.14	0.24	0.10
長安—柳州	300	0.10	0.17	0.07
象縣—梧州	818	0.49	0.73	0.24
平　　均	—	0.38	0.59	0.21

第三，因食糧種類之不同，運價亦有高低。就米與穀言，穀運價較高，如由桂平到梧州，米運價爲0.08元，穀運價爲0.11元，桂平到江口，米運價爲0.17元，穀運價爲0.20元。此因同等重量，而穀所占艙位較米爲大之故。此外每次載運量之多少亦有關係，滿載運價一般較非滿載爲廉；至上下水則影響運價更大，相差常達數倍，唯因事實上糧運多保順河流而下，故此層尚不關重要。

（2）汽船拖渡運價　就全省言，平均十擔每十里之運價爲0.13元，較民船約低三分之二；實際上，在同一航綫，民船運價例較汽船爲低，其平均數之所以較高者，蓋上游水淺之地運價昂即有以致之耳。因競爭性較大，拖渡運費率之差異程度遠較民船爲小，最低固爲0.005元，最高不過0.40元。至拖渡運價差異之原因要者有二：其一爲水位深淺與水勢緩急，大抵水位深而水勢緩者運價較廉，如左江平均拖渡運價爲0.27元，鬱江與潯江平均運價爲0.15元。其二亦爲航程之長短，航程長者，費率較低，試觀下表：

拖渡之運價

航　　程	里　數	運　價(元)
貴縣—梧州	589	0.059
東津—梧州	532	0.096
蒙圩—梧州	442	0.045
大湟江—梧州	280	0.108
平南—梧州	260	0.096
東津—江口	210	0.143
濛江—梧州	162	0.099
東津—桂平	150	0.133
桂平—大湟江	60	0.166

（3）陸路運價　陸運共有五種方法，即肩挑、馬馱、人力車、牛車、汽車是。肩挑多適用於小額運輸，在本省極爲普遍，農家出售食糧多爲自行挑去，工價不易計算，如梧桂、梧柳兩區是；有些區域大都爲雇工挑售，工價可以調查，如梧潯、邕龍兩區是。就全省言，計肩挑十擔十里之運價，邕龍區爲3.82元，百色區爲3.67元，桂林區爲3.66元，梧柳區爲3.06元，梧潯區爲2.45元，總平均爲3.29元。（按肩挑運價實際均按每一擔計算，今爲便於比較，將其計價標準升爲十擔。）馬馱通行於邕龍、百色兩區，平均運價各爲3.73元與3.22元；次行於梧潯區，運價1.72元。人力車行於邕龍區，運價4.30元；次梧潯區，運價0.90元。牛車亦行於邕龍區，運價3.15元，次梧潯區，運價0.85元。就最通行的邕龍區言之，這四種方法的運價都相近，當由於相互競爭所致。至就邕龍區與梧潯區比較言之，則四種方法之運價，梧潯區均較邕龍區爲低，此當由梧潯區因水運競爭之故。汽車僅梧潯區用者較多，他如梧桂、梧柳兩區略有使用者。經營者有爲省府公路局，有爲商辦公司或路綫不定之個人商車，公路局之運價據規定每百市斤十公里收毫幣0.3元，如按十擔十華里計算，合1.5元；因廣西貨幣改制之關係，加三徵收，

折算結果，運價爲 1.95 元。（商辦汽車原按公路局運費規定徵收，但事實上亦有故意抬高或壓低者。）此數遠較民船與汽船爲高，惟較其他陸運方法則稍低。

　　就各種運輸之運價比較而言，陸路運價遠較水路高昂。如最通行的肩挑，平均十擔十里運價爲 3.29 元，較民船平均運價 0.315 元高 10 倍，較拖渡平均運價 0.13 元高 20 倍有餘，他如馬駄、人力車、牛車亦均與肩挑相若，是水運缺乏之地及水淺不通航之時，運輸困難可知。汽車運價雖稍低於其他陸運方法，但比之水運，仍遠過之，故在水運便利之區，汽車自不能與船渡競爭，唯在水運缺乏之區，如能發達公路，減低成本，則用汽車以運輸食糧，亦屬合於經濟原則者。

(三) 交　　易

　　交易爲運銷機構之中心機能；交易組織之合理與否與生産者及消費者之關係至切。隨着經濟之演進，交換之發展，市場類型（types of markets）亦有多種。在未述到交易機構之先，我們試一述廣西的糧食市場之類型。

　　一般言之，農産品市場可分爲下述兩類：一爲地方市場（local markets）——又可稱爲生産者當地市場（grower's local markets），或鄉村起運點市場（country shipping points），此種市場接近生産區域，生産者可直接出售其產品於消費者、零售店、加工機關或當地販運商。二爲批發市場（wholesale market），其中包括有：（1）中心批發市場（central wholesale markets），有時稱爲終點批發市場（terminal wholesale markets）或基層批發市場（primary wholesale markets），產品從鄉村市場或直接從生産者手裏大量的集中於此種市場，雖然一部分是用於當地消費，但大部分則是轉運於其他城市，售於附屬市場，或零售經紀市場，加工機關或零售店。（2）附屬市場（secondary markets）或稱原料市場（raw material markets)，從中心市場運來產品(主要的為原料)，轉分配於加工或製造機關。(3)零售經紀市場(jobbing markets)或稱消費批發市場(consumption wholesale markets)，其接受由中心市場或直接由鄉村運來之產品，轉分配於零售市場。(4)零售市場(retail markets)包括公共零售市場、各種形式的零售店、叫販及各種售於最後消費者的中間人。(看參 F. E. Clark and L. D. H. Weld, Marketing Agricultural Produets, Chap. IV, p. 49)

就廣西的糧食市場言，我們可據前述標準，概分為鄉村市場與批發市場(或通稱中心市場)兩大類，批發市場包括中心批發市場，加工市場與零售市場三種，至零售經紀市場，則廣西正和我國其他省份一樣，尚未產生此種類型。下面所述交易機構與交易方法，均係根據此種市場分類分別討論，唯因批發市場易與鄉村市場之批發交易混淆，故用中心市場一詞代之。

(A)交易機構

廣西的糧食市場，就其構成形態言，除幾個較大市場為每日交易外，大抵係逢圩交易，或米每日而穀逢圩。逢圩交易大都是三日一圩，有極少數為二日一圩或六日一圩。三日一圩因各市場之交易習慣有擇三六九日者，有擇一四七日或二五八日者，中以第一種最多。廣西市場之逢圩交易表示其交易組織尚停留在由圩(fair)到市場(market)之中間過程。至糧食交易最忙時期約自每年八月至十二月，各市場彼此不盡相同，各依附近區域糧食作物之收穫季節而定。

(一)鄉村市場

鄉村市場一方面在供給生產者以便利出售之地點；一方面在使農產品於出售後得以滿載起運(to ship in carload)，而獲得運輸上之經濟，此因滿載運價一般遠較非滿載(less-than-caroad)為低之故。這樣它可以免除農民與外區市場接觸之困難。因此在鄉村市場最重要的機能便是分級、加工、儲藏與起運。因為它們的收進大都是小額的，所以鄉村市場的組織很簡單，規模很狹小。據省府統計室二十六年冬之調查，總計全省百餘個鄉村市場，有批發商 261 家，代理商 45 家，批發兼代理商 37 家，零售商 1 372 家，小米販 1 384 人。這些商人所營貨品不僅限於食糧，大多兼營本省各種山貨及輸入之洋雜貨。茲分述其各自的職能如後。

（1）批發商　此種商人購進農民或米販運到本市場之糧貨，或直接下鄉收買糧貨，然後大部分滿載運送於中心市場，或等待其他市場，派人或託人來購買，小部分售於本市零售店，轉售於消費者。經營之盈虧責任，全由批發商自行負擔。雖然有時兼營囤積，但批發商之主要職能却在於零星收進，整批賣出，鄉村市場滿載運送之機能，主要的即由批發商完成之。至其內部組織較完善者為：經理兼內外櫃一人，買手兼秤手一人，行江一人（有者甚少），打雜、學徒、供役各一人。至組織簡單者，僅一人而兼做數種職務。

（2）代理商　此種商人在居中介紹，撮成交易，而以徵收佣金作為主要的營利收入。其賣方委託人大部分為附近各地之米販，少數為同市場之糧商或農人；買方委託人則為中心市場之糧商（包括批發商與零售店）及大米販。代理商之經紀交易，因買賣係同時舉行，而買方既多為中心市場之糧客，故每次交易數額均較大，不若批發商賣出時數額固大，而買進時則甚零星微小；代理商很少代表農人，即是此故。代理商徵收佣金均按交易價值計算，向賣方徵收，其比率有 1%，1.5%，2% 三種，而以第一種居多。至其內部組織較批發商稍形龐大，較完善者計經理、內櫃、外櫃、買手、秤手、行江（司交際）各一人，打雜、學徒、供役各一人或二人。

（3）小米販　此種米販之職能在從農人處零星的搜集糧貨，小批的（自己肩挑）或大批的（用牛車或民船）轉售於鄉村市場之批發商、代理商或消費者。業此者有為農人，有為小商人，農人有以此為秋收後之副業者。他們沒有一定的營業所，也沒有加工與儲藏設備，祇因其與市場之商號較為接近，農民為免運送及出售之勞，亦樂得直接售於此種米販。

（4）零售店　此種商人係從糧行（包括批發商與代理商，多在本市場)或農人及米販處購進糧貨,而直接售於消費者。在鄉村市場,零售店之規模均甚狹小,且專營糧食者甚少,大都兼營油、鹽、酒或他種雜貨。農人或小販賣食糧於零售店後,常從後者換購各種日用必需品。就廣西全省言之,零售店之糧貨固係購自糧行,農人及米販三種人,但分區言之,則因市場發達程度之差異,頗有不同,一般而論,梧潯、梧桂兩區,三種來源均有,而以糧行最多,農人次之,米販甚少;梧柳區以米販居多,糧行次之,農人又次之;邕龍、百色兩區,以農人最多,米販次之,糧行極少。據此點可推知梧潯、梧桂兩區之市場組織最稱發達,梧柳區次之,邕龍、百色兩區又次之。

綜合而言,最後一種商人僅在供本地消費,在糧市之地位不十分重要;至前三種商人則可概稱為鄉村販運商(local shippers),就整個市場機構言,其地位最關重要。此種鄉村販運商之主要機能為:(1)從各個農人零星收集糧貨,期能滿載起運,節省運費;(2)儲藏糧貨,能聚成滿載量或等待有利之行市,再行運出;(3)代中心市場作加工、分級等準備工作;(4)和大市場之可靠商人,樹立較密切之關係,使運銷機構得以圓滑的推動。其中批發商有兼代理商職務者,但仍以專營批發商之家數最多,專營代理商者次之,兼營二種者最少。

(二)中心市場

在糧貨集中過程中,鄉村販運商僅能為初步之小額收集,至大量收集,則有待於中心市場之中間人,復由於種種困難,鄉村販運商實不克和中心市場之零售業者及消費者接觸,故仍待中心市場之批發業者(包括批發商與代理商)為之再分配。再次鄉村市場之加工與分級均甚粗疏,因之中心市場須完成精製與再分級之工作。最後,中心市場批發業者之資本較為雄厚,故當自買時,貨在途中便可先付,當代理時,買方未付而可先墊,其便利鄉村販運商與生產者實多。這四種機能,我人可簡稱為:(1)大量集中(concentration),(2)分散(dispersion),(3)劃一品級(equalization),(4)融通資金(financing)。

中心市場之中間人,其種類遠較鄉村市場為複雜;據同種材料來源,計廣西二十餘個中心市場即梧州、戎圩、桂平、江口、貴縣、東津、橫縣、平南、永淳、北流、南寧、龍州、寧明、明江城、柳州市、雒容、運江、柳城、武宣、鹿寨、象縣、桂林、平樂、荔浦、昭平等，共有批發商203家，代理商78家，批發兼代理商71家，零售商911家。唯實則廣西中心市場之中間人并不止此三種，此而外尚有經紀人、販運商、出口商(輸出省外)等。按中心市場中間人之分類原可依二種標準：第一，依糧貨移動之爲集中抑爲分散，而分爲集中商與分散商，前者包括代理商、批發商、經紀人，後者包括大米販、出口商與零售商。第二，依經營糧貨之種類，而可分爲米商、雜糧商、豆商等。但廣西糧商并未進入按糧貨種類而分工之階段，且除糧貨外，多兼營大宗華洋貨，其範圍在中心市場較在鄉村市場尤廣，故依第一種標準分述之。

　　(1)批發商　中心市場之批發商原與鄉村市場者同，即直接收購糧貨(outright purchase)，精製并儲藏之(儲藏一項爲中心市場批發商的最大職能之一)，然後待價而沽，其經營利損完全由自己負擔。其與鄉村市場批發商不同者：第一，交易額特別是買進額較大；第二，多買自本城代理商及各地米商或大米販，此與鄉村市場之大部由生產者及小米販買進有別；第三，其大多自行儲藏囤積，以待利市，至鄉村市場之批發商，則以資力不足，行情隔膜，故買進後即須運送中心市場出售；第四，鄉村市場之批發商均具販運商性質，故多爲送貨出售，而中心市場之批發商則除送貨出售外，多係外地糧客來本市場購買，此點於論交易方法時將詳述之。其内部組織較爲擴大，通常設經理、内櫃、外櫃、秤手各一人，打雜、學徒、伕役各一人到二人。

　　(2)代理商　此種商人與批發商同爲中心市場最先收購由鄉村市場運來之糧貨者。此兩種職務亦常爲同一商家所兼營，致發生混同。實則代理商之機能易於劃分，凡基於徵收佣金或接受委托以收購批發市場以外的販運商之糧貨者，皆稱爲代理商。代理商僅代表委托方(賣方或買方或雙方)出售或購買糧貨，自己不成爲貨物之所有主，不負擔經營之利損責任；有時并代爲辦理包裝、過船、運送、入棧、抵押等手續，要视委托方如何指示而定。除梧州外，各大市场之代理商俗均称平码行，其委托人在卖方则为乡村贩运商（包括粮商与米贩），在买方则为本市场之批发商与零售店，或外地市场之批发商、代理商及出入口商。至梧州之代理商，又可分为两类：一为平码行，二为水面行。平码行就字义思之，最先之职能当为过秤，越后逐渐作介绍，进而为代理商，近且兼营批发及出入口。（梧州无独立之批发商与出口商。）其又称为九八行者，则因代表卖方出售粮货后，自己垫款或由买方交款代付于卖方时，按九八折给与，换言之，扣除2%之佣金，故名。水面行最先为流动的贩运商；用自己船，由广西运食粮销于广东，再由广东运洋杂货销于广西，故为粤桂出入口商；渐后有驻定地址，遂不必自运，多另雇船，并托人代买卖，其营业仍未变；更后则变为代人买卖，自己买卖极少。水面行又称代单行，此因营粤桂出入口贸易时，多係用两地钱庄之汇票兑付，故名。合而言之，两者均以代客买卖为主；所不同者：第一，平码行之买方委托人均为本市水面行（占80%）与零售店（占20%），而水面行之买方委托人则除本市零售店外，大部分为粤省米商；第二，平码行兼批发商之性质较浓，多自买粮货囤积待价，水面行则在代理贩运出口，简言之，前者代表同地异时之交易，后者代表同时异地之交易。俗谓平码行业务仅在代表卖方，而水面行仅在代表买方，实不尽然。在梧州此二者完全独立，各有公会，但在其他市场则两者混而不分。

佣金按价值计，向卖方委托人征取，比率为1%到2%。至对买方委托人则不但不征收佣金，且例有数种优待：一为代买方垫款付于卖方；二为给买方以千分之一到千分之五的店佣与行例，作为酬劳；三为对买方客人义务的供给膳宿，招待一切。代理商如此优待买方，自在拉拢生意，盖有买方委托人在，不愁无卖方委托人也。中心市场代理商之内部组织，规模颇大，通常设正副经理各一人，内柜、外柜、文书（司过单、札单、信件）、保管各一人，跑街、买卖手各一人到二人，秤手二人到三人，打杂、学徒、伕役各二人到三人。

（3）经纪人　此种商人为卖方和代理商或批发商间之介绍人。当货船到達時，經紀人即上船將貨樣（sample）帶至各代理商或批發商處兜銷，生意成交後由賣方給予經紀人以若干佣金，通常較代理商爲低，不到百分之一。經紀人大者稱爲經紀行，多與船户較熟悉，且辦事周到，故船户樂於委託代辦一切。經紀人與代理商不同點：一爲與買方糧客不生關係；二爲不墊款，以多爲小本經營故也。

（4）販運商　在廣西尚未有專門的定住的糧食販運商，蓋一般多由代理行或批發商兼營販運。唯獨立的大米販則有少數。其職能在從鄉村市場收購糧貨，運送中心市場發售；有時如行情有利，亦從甲中心市場轉販運於乙中心市場。此種大米販有係船户兼營，自備有船隻；有爲較大之行商，臨時雇船裝運。業此者均係從各地價格之差異上獲利，故非深稔行情者莫辦，其風險固遠過於鄉村小米販。

（5）出口商　此種商人即在省內收購糧貨運銷省外的販運商。按經營出口業固無須特別之設備與巨大之資本，但須對於省外行情特別熟悉，始能獲利。廣西餘米，十九銷往廣東，故出口商所在地爲梧州與貴縣。在梧州係由水面行兼營出口業務，大都先受廣東米商之委托再行收購運出。在貴縣則多由批發商兼營，於購進糧貨後，一部分銷於梧州平碼行轉售於水面行運送出口，一部分則直接運銷廣州與廣東之西南。

（6）零售商　中心市場零售商之職能在將糧貨分配於消費者，此與鄉村市場者初無差異；僅糧貨來源除極少數係從附近農人及本市場殷户購進外，大部分則係從代理商、批發商及大米販購進者。大抵中心市場規模愈大者，其從代理商購進比例愈高，而從農人購進比例愈低；反之市場規模愈小者，則情形與此適反。就廣西各區言之，中心市場零售商所購進糧貨之來源比例，計梧潯、梧桂兩區以代理商最高，占85％；批發商占10％，農人、殷户、大米販共占5％；梧柳區以米販最高，占80％，批發商占10％，農人占10％，邕龍區以代理商最高，占70％，批發商占20％，農人占10％，各中心市場之零售商亦大多兼營日用雜貨，僅南寧全數零售商（共140家）及梧州十之六零售商（全市共60家）係專營糧食者。

(B) 交易方法

廣西糧貨的交易方式約如下述：

(一) 鄉村市場

在鄉村市場，以農人與小米販爲主要的出售方，其所售糧貨，在數額上固甚零星微小，在品質上亦參雜不一，故交易多爲看貨議價（即看貨色論價）。但遇交易數額較大時亦行看樣交易（即看貨樣成交）。

交易的方式，最通行的爲當面現款交易（即一面交貨，一面交款）與到貨交易（即賣者將糧貨運到買者市場求售，通常批發商之購進多爲此種方式）二種。凡農人售於米販及農人或米販自運至附近市場，無□買方爲批發行，爲零售店或消費者均屬當面現款交易。有時農人或米販，爲求較高之價格，亦常自運（數額較大，多爲船運）至距離較遠之市場，或投售於批發商，或投售於代理商。此兩者均屬到貨交易，而後者就買方言，則爲委託交易。到貨交易價格大多由批發商或代理商（有時須參照買方委託人所指示之最高限，或買方委託人所指示之最低限）決定，農人與小米販僅有出售與否之選擇，初無決定價格之權力，故買賣雖名義爲自由交易，實則價格操縱之於買方之手，此爲農人最吃虧之一點。且在鄉村市場，糧商買進多係依一個價格（a flat rate），不因品質優劣而有等差，故凡糧貨品質較優者應得代價必較品級劣者爲低，其不利於賣方不言可知。合而言之，在鄉村市場以當面現款交易爲多，到貨交易次之，委託交易又次之。有時亦采用采購方法，但居極少數。此外，尚有預賣作物，即所謂"青苗放款"及"放穀花"，此乃高利貸之一種，通常多在收穫之前一二月行之，預賣之價格有種種不同之規定，大多數係預先估定本年秋收後市價應得若干，或就近年"平年"收成之市價，酌減數成或數元，亦有在預賣時特定價格者，普通均較市價爲低百分之三十至四十，或每擔減一元至三四元，農民以迫於急需，不得不忍痛爲之，但此屬一種高利貸形態，不得以通常交易方式視之也。茲爲明晰起見，特以圖示交易程序於下。

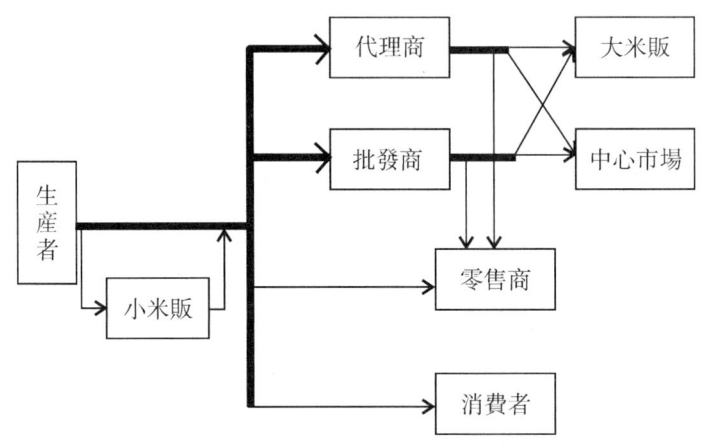

圖六　鄉村市場之交易程序圖

(二) 中心市場

糧貨經由鄉村市場爲初步集中後，運到中心市場時，運輸過程既加繁，交易規模亦增大。在這種情形下，看貨交易自感不便；且因經過加工與初步分級後，糧貨品質較爲純一，而鄉村市場之糧商與大米販，信用較農民與小米販爲著，故以看樣交易爲最多，指樣交易（即不看貨色僅根據文字述明的各等級糧貨以行交易者）居次，而看貨者反居極少數。

中心市場的交易方式遠較鄉村市場爲複雜。最通行者一爲到貨交易，一爲委托交易，一爲采購交易。凡鄉村市場之糧商及大米販運貨到中心市場，如投售於批發商，則爲到貨交易，價格以到達日之市價爲準，運費及價格風險全由販運者自己負擔。如投售於代理商，則爲委托交易，價格標準，不能預定；大抵由賣方委托人於書面或口頭委托時，言定最低限之價格，在此價格以上始可發售，否則便依委托者之指定，入棧或抵押。無論爲到貨交易抑爲委托交易，其過程大抵爲：當貨船到達時，如有相熟并共來往之糧行，則直接攜貨樣前往投售，否則先覓經紀人交與貨樣，托爲兜銷。在售於批發商之場合，手續較簡，經過看樣、議價、起卸、過稱、付款數過程，交易便告終結；貨款多爲現付，間有延期匯付者，然期限極短，有時以一部分貨價換購他種貨品。當售於代理商時，則手續較繁，如已有買客先在，則看樣議價，合意即可成交，然後起卸過稱，如買方為外地糧客，則"船過船"後，即起運，貨款以期匯（普通10天或15天期）為多，現付少數。如一時無適當買主，則由代理商先墊匯貨價六七成（此時貨價僅憑估計），餘數待賣出後補足，普通多係以貨折交。采購交易有兩種，一為外地（多為粵省）糧客到市場來收購，一為中心市場糧商到鄉村市場收購；後者較少；至前者則中心市場之糧商變為賣方或代賣方。糧客來到時均膳宿於其所來往之糧行中，等待糧貨，合意者即成交起運。交易手續及付款方法與前述者同。如外地糧商不派人來，則用書信，言明貨色、品級、價格，托代采購運送；價格以交易時及起運地點為準，價格風險及運費均由買方負擔。茲以圖示中心市場之交易程序如下：

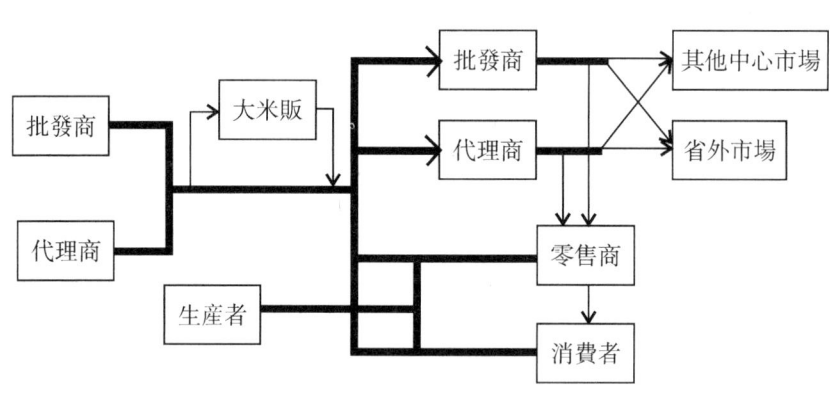

圖七　中心市場之交易程序圖

（四）其他機能

糧食運銷之機能除上述三項主要者外，尚有分級、包裝、儲藏、資金通融等項，雖居於輔助地位，但對於整個運銷機構之運用上仍極重要，兹分述之：

(1) 分級(grading) 所謂分級乃按貨物品質而歸類之謂；分級到最高程度，則成爲標準化(standardization)，此時品質完全劃一，某種貨色僅以某號數代之，如美國之小麥等糧貨便已做到此地步。分級之功用，一在便於遠地交易，蓋買賣方相隔過遠，不僅不能行看貨交易，即看樣亦感不便，最簡捷之法，唯有指樣交易，此則須先有較完善之分級，然後指樣始得準確，貨色始得齊一。其次在便於期貨交易(future trading)，所謂期貨交易乃指先按時價定約，到期依約按時價交貨而言，但實則到期并不交貨，祇須授受兩時債之差額即足；此種交易多在交易所行之，多爲投機性質，但亦有平穩價格之功用。唯如無精密之分級，則無標準貨樣，自不能行期貨交易。我國糧貨市場既不盛行指樣交易，期貨交易更不通行，雖緣經濟發展之落後，實亦分級不良有以致之。就食米言，現時廣西分級極爲簡單，大抵粗略的分爲上中下三等，此因廣西穀米加工多爲腳碓水碾，品質至不齊一，自不能爲細密的分級。至機器加工之食米，則分級較細，有一機、二機、三機之分。一般言之，糧貨大多僅按產地或種類而分，尚未達到按品質行細密分級之地步。

(2) 包裝(packing) 包裝關係糧貨質色之保持甚大；如包裝完善，則沿途損耗小，否則損耗大。就廣西言，糧貨大多爲散盛，即不包裝，如農人小販之出售糧貨幾全用竹籮(或稱籮筐)挑運，糧商大販之出售糧貨則多用民船散盛，俗稱散艙是。僅中心市場之交易，用汽船拖渡運輸時，始用麻布袋包裝。就交易量約略估計，散裝占之九，麻袋包裝不過十之一，散裝既易損糧貨之質色，故廣西之糧貨包裝方法亦有改善之必要。至各市場包裝方法之所以有异同者，其決定因子有三：一爲交易數額之大小，大凡鄉農小販出售糧貨，數額零星，多用竹籮自挑，而中心市場則買進賣出，數額甚大，故或用民船散盛，或麻袋包裝用汽船載運。二爲運輸方法之不同，民船載重量小，雇用者易於滿載，且爲沿途出售，起卸便利計，散盛而不包裝；汽船拖渡因載重量大，所載貨物，種類繁多，非包裝便易於混同，且汽船不易靠岸，爲易於起卸必用包裝，此在前編運輸時已述之。三爲米質之高低，包裝較能保持糧貨之質色，故上等白米多用麻袋包裝，糙米與次等白米多用民船散裝。

（3）儲藏（storage）　儲藏之功能有二：一爲在時間上調劑供需，平準價格；二爲在空間上便利起卸運輸。普通僅認識前者之功用，殊不知後者之效益亦大。蓋在運輸過程中，如沿途儲藏設備良好，則可自由起卸，遇運輸有意外困難時即可停運，免遭風險。就廣西糧貨儲藏設備言之，可概分爲三類：一爲農家儲藏（farm storage）；二爲市場儲藏（market storage）；三爲政府倉儲（govenmental storage）。農家多設有穀倉，但因資力貧乏，儲藏設備極爲簡陋，難免鼠嚙蟲蝕與潮濕。至市場上則除糧商自備自用者外，間有專營儲藏機關，代寄存糧貨，所謂米棧是（有時兼寄存他種貨物），唯設備均不完善。政府倉儲自實施以來，推進頗爲積極，其主要目的在備荒，抗戰起後，更在應非常之用。截止二十六年底，全省有倉數23 953所，存糧計穀1 529 043擔，粟5 664擔，存款計毫幣282 546元，近年之擴張情形，詳如下表。

近年來廣西縣倉鄉鎮倉村街倉之倉數及積穀與存款數

	倉　　數	存　　糧（市擔）					存款（毫幣元）
		穀	粟	麥	米	豆	
二十二年度	156	60 392	—				31 886
二十三年度	1 112	111 994	125	42			93 673
二十四年度	9 965	341 144	—	—	196	—	70 855
二十五年度	20 919	586 499	2 855	3	—		258 108
二十六年度	23 953	1 529 043	5 664	3	—	540	282 546

注：根據民政廳調查。

總而言之，廣西糧食之儲藏設備，實太簡陋，農家固無論矣，即市場糧商者亦不完善，而專營代客寄存之糧棧尤感缺乏，凡此均足使運銷機能減低其作用。至政府倉儲設備，雖較良好，但仍多屬舊式祠堂公所改造，不合專用。故爲調劑供需，便利運輸，且進而爲通融資金之基礎計，對於糧食儲藏設備實應設法改進。

（4）資金通融（financing） 農人在收穫後，因經濟窘迫，大多急於求售以得現款，而糧貨自農人到最後消費者，中經過程甚多，故例有許多糧商米販出而擔任販運之職能。但彼輩所有資本，一般均不充實，而買進時多須付現款，賣出時則常爲期匯或賒欠，故須向金融機關通挪。在廣西此種金融機關大都爲舊式錢莊，新式者尚少肩負此種調劑糧市金融之任務。故就糧商立場言，新式金融機關已有擴張業務之必要。至就農人言之，則新式倉庫制度更應急予建立，蓋農人因資金困難，收穫後求售心切，常被商人所操縱，致價格低落，應得報酬被中間人所剝削。爲要免除農人之此種損失，唯有設立新式倉庫，一方面爲糧貨之儲藏，一方面以儲藏額爲基礎而作抵押，既可調劑農村金融，復可平穩市場價格，功效實大。按糧食作物占全農作物十之九，便利糧食金融，即所以便利整個農業金融，此誠值得我人三復籌思者。

第六章　運銷成本之分析

同一貨品，生產者所得價格和消費者所付價格間的差距（spread or differences），大略可代表運銷該貨品之成本與利潤。但純利潤在此種差距中所占比例極小，且若干額之純利潤爲招致中間人參與運銷所必需，故我人可簡稱此種差距爲運銷成本（cost of marketing）。按連銷（marketing）一語，涵義甚廣，除狹義之運輸與銷售外，更包括分級、包裝、加工、儲藏與金融等項；故運銷成本除前兩項費用外，亦包括後數項費用在內，唯其中加工費用（processing cost）一項，應否包括在運銷成本中，學者聚談紛紜，迄無定論。有者認爲加工與製造（manufacturing）有別，而爲運銷之一機能，故其費用應視爲運銷成本之一項；有者認爲加工即是製造，故其費用應從運銷成本中除開。就我國糧食中之穀米言，去殼碾白等過程，乃附屬於運銷機構之一機能，與獨立的貨品製造有別，尤以糙米到白米一過程爲然；且一般而言，穀米之加工，費用有限，故可算進運銷成本內，唯爲表示其性質異於其他費用起見，特另作一項述之。

研究運銷成本之目的，約言之，第一在先求出運銷成本總額，然後以之與生產者所得價格或消費者所付價格相比較，如運銷成本占生產者所得價格或消費者所付價格之比例極大，則表示運銷機構之不健全。第二，看運銷成本中以何項所占之比例最大，則表示何者應予改善。第三，研究各個中間人擔任的各項業務及其爲進行此種業務所支出的費用，從其構成比例上看他是否合理。但實際上我人能否達到此項目的，則視資料是否完備而定。此次雖幸有省府統計室於二六年所作糧食產銷調查材料，唯以原調查不在研究運銷成本，重要項目多付闕如，故我人祇能據以作初步的探討而已。下面先述加工成本，次述運輸與銷售成本，再述農人之所得比例，最後略述對省外之運銷成本；因資料之限制，所述以米糧爲限。

（一）加工成本

依前章第一節所述，廣西之穀米加工方式，最通行者爲手春、腳碓、水碾與新式機器。但四者中，前二項多屬農家自製自用，後二項則一因加工目的多爲運銷，二因水碾坊與機米廠多屬商營性質，故與市場關係較密。茲就統計室調查原表，選取較具代表性之機米廠與水碾坊各五家，分述其加工成本如下。

(1)機米廠　機米廠之加工成本可概分爲人工費用、燃料費用、投資費用、鋪房租金、雜項支出五項。人工費用包括長年店員與雇工之薪資，膳食費及散工之雇用費。燃料費用指燃燒柴油或木炭之費用；按碾米機之動力，除燒柴油或燒木炭外，尚有電力，惟此處所述五家，計三家燒用木炭，兩家燒用柴油，用電力者未包括在內。投資費用包括機器等固定資本之折舊費與流動資本之利息（均就資本值按 8% 的比率計算）及機器修理之平均費用。鋪房租金不待解釋。雜項支出包括各項營業支出。茲就此次調查的五家機米廠（分布在柳州、榴江、貴縣、桂平、蒙圩等市場，特以 A、B 等字代表之）在民二六年度之營業情形，列示加工成本額及各項費用構成比例如下表。

就五家機米廠合而言之，總平均每家加工成本爲13 268元，最高一家爲20 820元，最低爲8 460元。各項成本中，有幾項各廠彼此相差甚巨，如人工、燃料費用是；有幾項相差較微，如投資費用、房租、雜項支出是。如以前二者代表直接成本（prinary cost），後三者代表間接成本（overhead cost），則我人可以說：各機米廠之間接成本大致相同，至直接成本則相差甚大。惟直接成本原隨營業額之多少而有大小，我人試看各項費用所占之百分比，計人工費用與燃料費用各占33.5%，投資費用占20.6%，

機米廠每家成本及各項費用百分比

（民國二十六年）

	實　　數(元)					
	A	B	C	D	E	總平均
人工費用	6 360	6 000	3 600	3 960	2 200	4 424
員工薪資	4 560	4 200	2 000	2 300	1 000	2 812
散工費	—	—	400	100	200	180
膳食費	1 800	1 800	1 200	1 560	1 000	1 472
燃料費用	9 600	5 400	2 970	2 250	2 000	4 444
投資費用	3 360	2 500	3 000	2 560	2 260	2 736
資本息與折舊	960	500	500	1 260	560	756
機器增修分攤	2 400	2 000	2 500	1 300	1 700	1 980
鋪房租金	300	300	360	360	300	324
雜項支出	1 200	1 200	1 200	1 400	1 700	1 340
總　　計	20 820	15 400	11 130	10 530	8 460	13 268
	百　分　比					
	A	B	C	D	E	總平均
人工費用	30.3	39.0	32.2	37.6	26.0	33.5
員工薪資	21.7	27.3	17.8	21.8	11.8	21.1
散工費	—	—	3.6	1.0	2.4	1.4
膳食費	8.6	11.7	10.8	14.8	11.8	11.0
燃料費用	46.0	35.0	26.4	21.4	23.6	33.5
投資費用	16.5	16.3	26.6	24.3	26.8	20.6
資本息與折舊	4.9	3.3	4.4	12.0	6.6	5.7
機器增修分攤	11.6	13.0	22.2	12.3	20.2	14.9
鋪房租金	1.4	1.9	3.2	3.4	3.6	2.4
雜項支出	5.8	7.8	10.6	13.3	20.0	10.0
總　　計	100.0	100.0	100.0	100.0	100.0	100.0

鋪房租金占 2.4%，雜項支出占 10%，前二者合計占 70%，後三者合計占 30%，直接費用遠較間接費用爲大。可見機米廠雖應用機器，但所賴於人力者仍多；至燃料費用亦與人工居同等重要地位，投資費用則居第三位，凡此又表示機米廠之經營尚稱合理，蓋燃料費用與人工費用既與營業額成正比例，則在營業清淡時，機米廠可酌量減省此項開支，特別是燃料費用可完全或大部的省免，按穀米加工之季節性極大，機米廠率能繼續維持者當由於此種成本構成上之特性有以致之。

進一步我們就機米廠每家每年營業收入以與成本相較，求每家每年之淨利，再根據每家每年之白米機製額（機米廠收進者有穀、有糙米，但出產者多爲白米，間有僅由穀礱製爲糙米者，然絕少；本處所謂白米機製額，乃依前述出米率將穀與糙米折成白米之總數），求機製每擔白米之收益成本與淨利。見下表。

機米廠平均每家及每市擔收益成本與淨利(元)

	每 家					
	A	B	C	D	E	總平均
收 益	24 250	27 000	26 000	18 000	16 000	22 250
成 本	20 820	15 400	11 130	10 530	8 460	13 268
淨 利	3 430	11 600	14 870	7 470	7 540	8 982
	每 擔					
	A	B	C	D	E	總平均
收 益	0.584	0.641	0.513	0.387	0.512	0.524
成 本	0.502	0.366	0.220	0.225	0.271	0.312
淨 利	0.083	0.275	0.293	0.160	0.242	0.212
白米機製額(擔)	41 500	42 120	50 700	46 800	31 200	42 456

據上表五家機米廠總平均每家淨利約九千元，各家互有差異。就每家收益、成本與淨利，除以每年機製白米總額，得每擔收益平均 0.524

元，低者 0.387 元，高者 0.641 元；每擔成本平均 0.312 元，低者 0.271 元，高者 0.502 元；每擔淨利平均 0.212 元，低者 0.083 元，高者 0.293 元。各機米廠每擔淨利之互有不同者，一以成本互有高低，二以收益互有多少。至每擔收益之多少；固直接由於所徵取的碾製費率有高低，但又因米糧之加工階段有長短。

（2）水碾坊　水碾坊之加工設備遠較機米廠簡單，且一經設置之後，每年維持費不多；故其加工成本僅包括人工費用（工資與膳食費）、設備折舊費（按利率 8% 折算）及雜項支出三項。茲同樣選取水碾坊五家（分配於象縣、融縣、南丹、雒容、鬱林等市場）列示平均每家成本及各項費用之構成比例如下表。

水碾坊每家成本及各項費用百分比

	實　數（元）					
	A	B	C	D	E	總平均
人工費用	850	440	110	240	360	400
工　資	570	300	60	120	220	254
膳　食	280	140	50	120	140	146
設備折舊費	160	30	80	50	100	84
雜項支出	50	30	50	50	40	44
總　計	1 060	500	240	340	500	528
	百　分　比					
	A	B	C	D	E	總平均
人工費用	80.2	88.0	46.0	70.6	72.0	76.0
工　資	53.8	60.0	25.0	35.3	44.0	48.0
膳　食	26.4	28.0	20.8	35.3	28.0	28.0
設備費折舊	15.1	6.0	3.3	14.7	20.0	15.8
雜項支出	4.7	6.0	20.8	14.7	8.0	8.2
總　計	100.0	100.0	100.0	100.0	100.0	100.0

就五家水碾坊平均的結果，計每家人工費用400元（內工資254元，膳食費146元），設備折舊費用84元，雜項支出44元，合計528元，各家之成本，高達1 060元，低有僅240元者。水碾坊不但平均每家成本遠較機米廠為小，即項目亦遠較後者為簡單。就各項費用構成比例言，水碾坊更有其特異之處，總計人工費用占76%，設備折舊費占16%，雜項支出占8%，因此我們可以說：水碾坊之經營大部分賴人工以支持，其他費用均甚微小。因水碾之發動專賴水力，故無燃料費用，此點是水碾坊在經濟上最占便宜的地方。

根據與機米廠同樣之計算方法，求出水碾坊每家每年之淨利及碾製白米每擔之收益、成本與淨利如下表。

水碾坊平均每家及每市擔收益成本與淨利（元）

	每 家					
	A	B	C	D	E	總平均
收 益	1 500	660	350	660	750	772
成 本	1 060	500	240	340	500	528
淨 利	440	160	110	260	250	244
	每 擔					
	A	B	C	D	E	總平均
收 益	0.417	0.500	0.416	0.666	0.416	0.455
成 本	0.294	0.379	0.286	0.378	0.278	0.312
淨 利	0.122	0.121	0.131	0.289	0.139	0.144
白米碾製額（擔）	3 600	1 320	840	900	1 800	1 692

總平均每家每年淨利244元，各家最低110元，最高440元。平均碾製白米每擔收益為0.455元，每擔成本為0.312元，每擔淨利為0.144元；各家之每擔收益、成本與淨利均互有高低。這裏有兩點可注意：第一，以水碾坊與機米廠相比較，兩者每擔成本完全相同，這一方面表示

機米廠之優於水碾坊主要的并不在於成本之較低，據作者觀察機米廠加工迅速，出米率較高，質色較佳，自爲其勝於水碾坊之主要原因；另方面就水碾坊言，其所以能與機米廠競爭者因無動力費用，而燃料費用在機米廠之加工成本中却占三分之一以上，機米廠中如除去燃料費，成本則遠較水碾坊爲低。至每擔净利機米廠較水碾坊爲大，此因前者收益較後者爲多所致。第二，就水碾坊各家而言，每家收益成本與净利之多少，均和每年營業額成正比例，凡每年白米碾製額較大者，其成本固較高，而收益與净利亦較多，否則成本雖較低，而收益與净利亦較少。這點表示水碾坊是一種落後的經營方式，因爲它的設備等投資費用不居重要，而加工成本之高低全由人工費用之大小決定之，故遇營業額大時，所費人工亦多，而獲利亦大。

(二) 運輸與銷售成本

運輸與銷售成本構成運銷成本之主要項目，通常不經加工的農產品之運銷成本，多僅指此兩項而言。在我國對於運輸費用固難調查正確，而各商家關於銷售費用更無系統數字以供分析，因而研究運銷成本至感困難。現在僅就廣西已有的調查數字試作分析。按運輸及銷售兩項成本，本應分別論述，此處所以綜合叙述者，一來固以項目簡略，無分開之必要，再亦以包裝費用(包括封工及麻包折舊費)及起卸伕力等費固可劃歸運輸費用內，亦可列入銷售費用內。就廣西一般情形言，運輸與銷售成本可分爲運費、起卸伕力、駁艇費、包裝費、縮秤、公秤、佣金、店例及堂例等項。運費爲運輸費之主要項目，前已分析各地運費比率甚詳。起卸伕力爲貨物裝船及卸船之費用，如糧貨購自米販，則此項費用可省。駁艇費係汽船或電船運輸時因不能直接攏岸經由駁艇轉運起卸之費用，民船運輸則無之。包裝費有二種：一爲封工，即裝貨後針縫麻布袋口之費；一爲麻包折舊費，約計每條麻布袋值洋 0.5 元，可用七八次。縮秤為貨主僱船運輸時，為免船主負擔沿途糧貨損耗之損失，所給予船主的一種貨量寬限(weight of grace)，通常為一種比率，如縮秤率為1%，則裝船時百斤之貨，卸船時交九十九斤即足；但亦有將一切損耗包給船主者，此時雖無縮秤費而運費必較高。公秤為給予商店秤手衡量糧貨之報酬，如買船米(即米販之米)，此項費用亦可省。佣金為投售於代理商時所給予的報酬，通常亦為一種比率，如不投代理行，則無此項費用。店例及堂例之情形與佣金同，特佣金為代理商之正常營業收入，而店例及堂例則為賣方給予代理行職工的格外報酬。

廣西最大的糧食市場為南寧與梧州，唯兩者中南寧僅具消費中心市場之性質，糧貨來路少，梧州則主要的為輸出集中市場，來源與銷路均廣，地位遠較南寧重要。茲以梧州為中心，分述各路糧貨運銷梧州之費用，同時因材料之限制，糧貨僅以食米為限。

(1)梧柳區—梧州

梧柳區為梧州米糧大來源之一，每年運銷梧州之數額達四五十萬擔。其運輸方法有民船、汽船拖渡、電船拖渡三種，因而運銷成本亦有不同。下面就各種運輸方法，述每擔食米之運輸與銷售成本。

民船　裝運民船之食米，多為散艙，僅於船底墊鋪竹墊二張或皮紙若干張，無須格外包裝，故包裝費極小(據調查竹墊二張需洋0.6元，可用四次；皮紙每擔米銅元二枚，約合0.02元)。為便於計算，概不列入。又民船無駁艇費，前已言之；公秤費亦不普遍。茲將每擔食米由梧柳區各市場運銷梧州之費用列如下表。

由此表我人知道決定運銷費用之大小者，主要的還是運費，此一方面由宜山、懷遠及象縣兩市場在小水大水時運銷費用之差異可以看出，另方面從途程遠近直接給予運費間接給於運銷費用總額之影響可以明瞭。不過有一點值得我人特予注意者，即大市場運銷梧州之費用較小市場為低下，如柳州以路程言，較運江、象縣、武宣均遠，而其運銷費用反較後數市場為低。

民船運銷梧州之費用（每擔食米，元）

市　　場	途程(里)	運費	起卸伕力	縮秤※	佣金※	店例及堂例※	合計
宜山　懷遠	1 285	1.70*	0.10	0.13	0.26	0.13	2.32
		2.20†	0.10	0.13	0.26	0.13	2.82
柳州市	1 090	0.50	0.10	—	0.13	0.13	0.86
雒容運江	888	0.60	0.05	0.10	0.13	0.13	1.01
象縣城	818	0.40*	0.05	—	0.13	0.13	0.71
		0.60†	0.05	—	0.13	0.13	0.91
武宣城	542	0.55	0.05	0.10	0.13	0.26	1.09

注：＊大水時運費。

†小水時運費。

※原係按貨值徵收一定之比率，今均按梧州市場柳江粘米二十六年之平均價格折算之。——包給民船運輸，一切損耗由民船船主負擔。

汽船拖渡　與民船相較，汽船拖渡多兩種費用，一爲駁艇費，一爲包裝費。就下表所示，汽船運銷費用大多較民船爲高，如柳州至梧州之每擔米運費，民船爲0.86元，汽船爲1.18元，高於前者0.32元；象縣至梧州大水小水汽船均高於民船0.12元。汽船拖渡之競爭不過民船，此當爲一重要原因。詳如下表。

汽船拖渡運銷梧州之費用（每擔食米，元）

市　　場	途程(里)	運費	起卸伕力	駁艇	縮秤※	包裝	佣金※	店例及堂例	合計
柳州市	1 090	0.60	0.10	0.0□	0.05	0.13	0.13	0.13	0.18
雒容運江	888	0.60	0.05	—	0.04	0.06	0.13	0.13	0.01
榴江鹿寨	888	0.80	0.05	0.02	0.03	0.01	0.13	0.13	0.17
象縣城	818	0.40*	—	—	0.03	0.13	0.13	0.13	0.82
		0.60†	—	—	0.03	0.13	0.13	0.13	1.02

注：＊大水時運費。

†小水時運費。

※原係按貨值徵收一定之比率，今均按梧州市場柳江粘米二十六年之平均價格折算之。——包給民船運輸，一切損耗由民船船主負擔。

電船拖渡　另據廣西省經濟委員會之調查，柳州、運江、鹿寨三市場用電船拖渡運銷梧州之費用如下表（見孔繁琨《廣西穀米運銷》）。

電船拖渡運銷梧州之費用（每擔食米，元）

市　場	到達日數	運費	伕力*	公秤*	駁艇	縮秤	封工	包折舊	佣金	合計
柳州市	5	0.60	0.04	0.05	0.01	0.05	0.01	0.05	0.20	1.01
雒容運江	4	0.40	0.03	0.04	0.03	0.05	0.02	0.05	0.20	0.82
榴江鹿寨	6	0.60	0.06	0.03	0.03	0.05	0.02	0.05	0.20	1.04

注：* 如係船米（米販之米），則此項費用可免。

據此電船較汽船為低廉，除鹿寨一市場無甚差異外，計柳州至梧州電船較汽船低 0.13 元，運江至梧州電船較汽船低 0.19 元。至與民船相較，電船則稍高，唯以材料過少，且年份不同，未能作精密的比較。

(2)梧潯區各市場—梧州

前述梧柳區各市場運銷糧貨於梧州時，大都投售經紀行或代理行，故有佣金、店例及堂例等費用，至梧潯本區各市場運銷梧州之米糧，大多直接售於梧州或廣東米商，投售代理商者極少，此因梧潯區各市場，不但對梧州市場情形熟悉，且對廣東銷場之消息亦甚靈通，故多行直接交易（outright sale）。

民船　各市場米商及沿途米販，運貨多為自船，不另雇用，故無縮秤費用。如下表所示，各市場運銷梧州之費用，至為簡單，可謂全係運輸費用。其投售於代理商者，按米價每擔加佣金 0.13 元，店例及堂例 0.13—0.26 元即足。

汽船拖渡　經由汽船拖渡運銷梧州之費用，項目較民船多，除運費與伕力外，尚有駁艇、包裝、縮秤、佣金等費用，因而運銷費用之總額亦較民船為大。唯一般言，由汽船拖渡運輸者，投售代理商者仍極少，故多無佣金費用，至店例及堂例亦均不徵收。就下表與上表相較，知汽船之運銷費用較民船為高。另據廣西經濟委員會之調查，計每擔米由

民船運銷梧州之費用（每擔食米，元）

市　　場		途程（里）	運費	起卸伕力	合計
桂平	縣城	350	0.30	0.04	0.34
	蒙圩	440	0.40	0.08	0.48
平南	縣城	160	0.25	0.03	0.28
藤縣	大平	60	0.15	0.04	0.19
	濛江	162	0.20	0.04	0.24
蒼梧	戎圩	20	0.10	0.03	0.13
橫縣	縣城	700	0.40	0.05	0.45
	百合	660	0.67	0.13	0.80
	南鄉	760	0.58	0.04	0.62
貴縣	東津	532	0.50	0.05	0.55
北流	縣城	354	0.65	0.05	0.70
容縣	縣城	270	0.45	0.05	0.50

貴縣運銷梧州之費用，民船爲0.64元，汽船爲0.82元；由桂平江口運銷梧州之費用，民船爲0.54元，汽船爲0.72元，所表示的情形亦同。

汽船拖渡運銷梧州之費用（每擔食米，元）

市　　場		途程（里）	運費	起卸伕力	駁艇	縮秤	包裝	佣金	屯船費	合計
桂平	縣城	350	0.20	0.04	0.04	0.13	0.06	—	0.08	0.55
	蒙圩	442	0.17	0.08	—	0.07	0.04	—	—	0.36
	大湟江口	280	0.30	0.04	—	—	0.04	—	—	0.38
平南	縣城	260	0.25	0.04	—	—	0.05	—	—	0.34
藤縣	濛江	162	0.16	0.04	0.02	0.04	0.04	0.13	—	0.43
貴縣	縣城	589	0.50	0.05	—	—	0.05	—	—	0.60
	東津	532	0.35	0.04	—	—	0.05	0.13	—	0.57

(3) 梧桂區——梧州

梧桂區之較大市場有桂林、平樂、荔浦、蒙山等地，因桂江不通行汽船，故各市場運銷梧州限於民船一種。就下表所示，知運銷費用之項目極少，主要的亦為運輸費用。梧桂路銷梧州之米，亦多無佣金，此或因賣方多直接售於批發商，或梧州代理商，有時直接買進所致。

民船運銷梧州之費用(每擔食米，元)

市　　場	途程(里)	運　費	起卸伕力	縮　秤	合　　計
桂林縣城	773	0.30*	0.05	—	0.35
		0.50†	0.05	—	0.55
荔浦縣城	612	0.83*	0.08	—	0.91
		1.50†	0.08	—	1.58
平樂縣城	520	0.70	0.08	0.07	0.85
蒙山縣城	362	0.75	0.08	0.13	0.96

注：＊大水時運費。

　　†小水時運費。

總合各市場運銷米糧於梧州之費用而言，有數點值得注意：第一，運輸費用占運輸成本之大部分，有時且代表全部費用，此點固表示糧食運銷機構之單純，但亦足表示量大值小產品在運銷上之特性。第二，各市場到梧州之運銷費用，其差異之主要因子還是運費之高低，因而各地糧貨銷場之廣狹，完全為運費所決定。第三，就水路各種運輸方法比較而言，民船不獨運費較汽船與電船為低廉，即運銷費用之項目亦遠較後二者簡單，此民船之所以成為糧食運輸的主要方式之要因。

(三) 農民所得之比例

研究運銷成本之終極目的在減除運銷過程中之不必要的階段，節省運銷成本中之浪費部分，以提高生產者之收益，所以在明瞭運銷成本（包括加工成本）之總額及其構成比例（關於運輸及銷售成本，未論其構成比例者，一方面由於材料之不完備，一方面則因爲運費所占比例極大，其他部分所占比例過小，無須分析）以後，就要分析在消費者所付價格（零售價格）中農民所得之比例。此種比例之求得法最簡捷者爲：先求出消費者所付的最後價格，以之作爲 100，然後求出農人所得價格，以之與前者相比較，求出其占前者之比例即得。通常多以中心市場的零售價格代表前者，以鄉村市場的買進價格扣除農民運銷糧貨之費用後代表後者。在我國，如前所述，此種數字極難獲得，且糧貨品級與種類至爲複雜，同時參入了加工這種因素後，使糧貨之踪跡難予捉摸，如原爲某種糙米，後變爲另種白米，致兩地價格所代表的糧貨不能符合。故我國研究糧食運銷者，詳細的分析運銷成本固少，而對於農人所得之比例更無人嘗試求算。此次廣西省府統計室的調查材料，幸予我人以分析運銷成本之機會，唯關於求算農人所得比例之材料仍付闕如，且因時間所限不及補充，故祇有變通辦法試爲求算之。

因爲廣西現有關於糧食零售價格之材料，對於米糧僅概列爲白米一項，未予詳細分類，故祇有用梧州的批發價格代替之。其次鄉村市場價格又多零碎不全，無從據爲標準以與梧州價格相較。在不得已的情狀下，我人祇有就梧州的批發價格減去各地到梧州的運銷成本，得出各該地農人之所得額，然後以梧州價格爲 100，以各地農人所得額與之相較，便可求出農人之所得比例來。但在這裏有一個假定的前提，并應補入兩項數字，以修正運銷成本。所謂假定的前提，即農人在售出糧貨時，不受商人或其他中間人的非法剝削，換言之，即假定沒有商人故意壓低買價或囤積居奇的情事，這自然是不可能的，但我人爲求明瞭運銷成本在價格構成上的比例計，不得不作此種假定。所要補充的數字，一爲加工費用，按廣西之糧食加工地點有三，即農家、鄉村市場、中心市場是；加工階段分爲穀—糙米，穀—白米，糙米—白米三種。大體言之，穀到糙米之加工，多由農家自己完成之，至糙米到白米之加工，則多由位於市場或鄉村的專營加工機關完成之。就前述加工收益,計機米廠平均每擔0.524元,水碾坊0.455元,但此中包括有穀到白米之加工,如將穀到糙米之加工假定完全由農家自任,則加工機關由糙米到白米之加工所獲之每擔收益,參照前述加工費率計算,約爲0.3元,此即代表整個運銷成本中,爲加工機關所取去的部分。(此數與前述機米廠及水碾坊平均加工食米之每擔成本0.132元有別,蓋前者代表米穀運銷過程所付於加工機關的配份,後者僅爲五個加工機關之實際成本。)二爲運輸與銷售成本之低估數,按前所計算各地運銷梧州之費用,因未列入各地糧商之經營費用,且前述銷售費用主要的爲佣金,實則批發商買進與賣出價格之差額或較佣金尤大,此種差額即代表批發商之經營費用與利潤,而應算進運銷成本內,其他中間人之經營費用與利潤亦然;因而總計起來,前述運銷成本必低估甚大。爲使所得結果更能代表實際情形起見,特假定運輸與銷售成本之低估數爲每擔1元。(就運輸與交易過程言,此數實爲"低估數"最低之估計。)將這兩項數字加入各地運銷梧州之費用中合并計算,再依前法和梧州價格比較,便能得出較近事實的農人之所得比例。此種求算方法誠不免粗略,但要亦不過表示大致情形,欲求精確,自非待於詳密的調查不爲功。現在以梧州爲中心,就柳州、桂林、貴縣三處來源,以計算各地農人之所得比例。

先述柳州一路。據梧州糧食批發物價,柳江黏米二十六年平均價格爲1.344元。又以民船爲主,計柳州到梧州之運銷費用爲0.86元,自價格中減去運銷費用得12.58元,代表柳州出售者之所得價格。但柳州出售者多爲商人,其米糧均來自附近之鄉村市場,故應除去鄉村市場到柳州這一階段之運銷費用。據省府統計室之調查數字予以平均,各鄉村市場到柳州之運銷費用爲0.73元,自12.58元中減去此數,得11.85元,代表各鄉村市場出售之平均所得價格。但欲求農人之實際所得額,則如前所述,應除去加工費用0.3元及運銷費用之低估數1元,據此計算得10.55元,代表農人之所得價格。如以梧州之柳江黏米價格爲100,依前述計算方法,得農人之所得比例78.7%。其次述桂林一路。據梧州糧食批發物價，計桂林黏米二十六年之平均價格爲 12.81 元；又據廣西經濟委員會之調查，桂林用民船到梧州之運銷費用爲 1.33 元；據省府統計室調查，各鄉村市場到桂林之平均運銷費爲 1.15 元，合計爲 1.48 元，加上同額之加工費用與低估數 1.3 元，共爲 3.78 元，自梧州價格中減去此數，得 9.03 元；如以梧州價格爲 100，以此數與之相較，得農人之所得比例 70.2%。最後述貴縣來米。據同種材料來源，計梧州貴縣黏米二十六年之平均價格爲 13.30 元，貴縣到梧州之運銷費用爲 0.64 元，各鄉村市場到貴縣之平均運銷費用爲 0.49 元，加上同額之加工費用與低估數，用同樣計算方法，得農人之所得比例 82%。爲明晰起見，合而列示如下表。

米糧運銷過程中農人之所得價格與比例

	柳州	桂林	貴縣
梧州二十六年平均價格(元)	13.44	12.81	13.30
修正運銷成本(元)	2.89	3.78	2.43
第一階段運銷費用	0.73	1.15	0.49
第二階段運銷費用	0.86	1.33	0.64
運銷費用低估補正數	1.00	1.00	1.00
加工費用之修正數	0.30	0.30	0.30
農人之所得價格(元)	10.55	9.03	10.87
農人之所得比例	78.7%	70.2%	82.0%

三來源地之農人所得比例彼此不同，計貴縣最高，柳州次之，桂林最低。此種差异，當由於路程之遠近及運銷便利條件之優劣有以致之。在糧食售價中，農人所得部分僅占百分之七十到八十，其餘百分之二十到三十悉爲中間人所得。但此乃就梧州之批發價格而言，如就梧州之零售價格或更精確的就廣東消費者購食廣西米糧所付的零售價格予以計算，則農人之所得比例將更低。據美國統計，居糧市重要地位的明尼蘇達

（Minnesota），農人對於糧產之所得比例爲百分之七十（見 L. D. H. Weld,《The Marketing of Farm Products》，p. 177），此數似與廣西農人對於主要糧產之所得比例相近。但在事實上，我們且不說廣西食糧運銷機構效率之遠不如美國之高，更因廣西農民對市場情形之無知，商人居中剝削之普遍，與夫收賤賣貴及囤積居奇之流行，廣西農人之所得比例顯然是估計過高的，本節所述，亦不過供初步之參考而已。

（四）省外運銷成本

依前所述，廣西餘米以銷粵爲大宗；集中輸出之市場，最大者爲梧州，其次則爲貴縣；此外與粵省毗連之梧潯、梧桂兩區市場亦有直接運銷粵省者。運銷方法除與粵省鄰近之鄉村市場有用肩挑者外，一般概用民船。茲按民船運輸分述梧州及其他次要集中市場輸粵之運銷成本。

梧州米糧銷粵之交易方法有二：一爲到貨交易，即由梧州商人（水面行或水客）販運於粵省者，通常多投售於運銷地之代理行；二爲采購交易，即由粵省商人（米糠行）函托梧商代爲采辦或直接派人赴梧州采購裝運。其運輸費用及價格風險之負擔屬於何方，可參考上章論交易方法時所述。由於交易方法之不同，運銷費用亦有差异，見下表。

梧州每擔食米民船輸粵之運銷成本（元）

	運銷地	運費	伕力	佣金	店例及行例	捐稅	合計
到貨交易	西南	0.30	0.10	0.26	0.02	1.15	1.83
	廣州	0.30	0.10	0.20	0.07	1.15	1.82
	都城	0.15	0.10	0.13	0.01	1.15	1.54
	江門	0.30	0.10	0.13	0.02	1.15	1.70

续表

运销地		运费	伕力	佣金	店例及行例	捐税	合计
采购交易	西南	0.30	0.28	0.18	0.04	1.15	1.95
	广州	0.30	0.22	0.18	0.04	1.15	1.89
	都城	0.15	0.22	0.18	0.04	1.15	1.74
	江门	0.30	0.22	0.18	0.04	1.15	1.89
	九江	0.30	0.22	0.18	0.04	1.15	1.89
	肇庆	0.20	0.22	0.18	0.04	1.15	1.79
	德庆	0.18	0.22	0.18	0.04	1.15	1.77

从上表知梧州米粮销粤费用，其差异的主要原因实为交易方法之不同。如同一运销地之西南到货交易之运销成本为1.83元，采购交易则为1.95元，较前者高0.12元；又如运销广州之费用，到货交易为1.82元，采购交易为1.89元，较前者高0.07元。采购交易较到货交易为高之原因大半由于起卸伕力所费较大，盖在到货交易之场合，多由自雇工人搬运上船，不另收费，故伕力远较采购交易为低。其次招致运销成本差异的原因则为运费，但就广东各运销地言，除都城、肇庆、德庆，因途程较短运费较低外，其他西南、广州、江门、九江等地则运费均相等。佣金、店例及行例在到货交易之场合差异较大，在采购交易则完全一致。至捐税一项，因有一定之比率，故如米粮价格相同，税额自亦相等。

除梧州而外，其他各次要市场运销粤省多为到货交易。此因次要市场范围较狭粮货种类较少，粤商采购时不及梧州便利；且次要市场之粮商经营规模较小，对外信用较低，不能吸引粤商之委托。下列贵阳、贺县、信都三市场用民船输粤米粮之运销成本。

贵县、贺县、信都三市场之销粤成本均较梧州为高，此完全由于前数市场距广州西南等地之路程较远、运费较高所致，其他费用与梧州并无若何差别。

其他市場每擔食米民船輸粵之運銷成本（元）

起運地	運銷地	運費	伕力	佣金	店例及行例	捐稅	合計
貴縣	廣州	0.85	0.05	0.20	0.07	1.15	2.32
貴縣	西南	0.80	0.05	0.26	0.02	1.15	2.28
賀縣	都城	0.85	0.10	0.13	0.01	1.15	2.24
信都	都城	0.80	0.05	0.13	0.01	1.15	2.14

總上所言，知桂米銷粵成本甚高，約等於平均米價15%到20%。其原因，一部分固由於運銷機構之欠靈活，但主要的實為捐稅之徵課所致。如梧州米糧銷粵，捐稅約占總成本三分之二；貴縣、賀縣、信都等市場，捐稅約占總成本二分之一。考廣西政府之對於出口米糧課稅，原在保全本省民食，用意誠善，但於稅率之輕重及減免之通融等等，實應同時兼籌并顧，關此待下章再詳論之。

第七章 糧食問題及其解決途徑

廣西糧食之生產，消費與運銷，詳如前述；其中待解決之問題實多。本章在就各項問題撮要論述，并就管見所及，略陳其解決途徑。按糧食問題之解決方策，本應依平時與戰時而予以區分，唯我國各省平時多未注及糧食問題，待戰事發生後，始漸矚目於此，則所謂戰時平時實無由區別；且此次之抗戰即所以建國，此時如能將糧食問題妥謀解決，則戰事平定後，糧食問題亦較簡單；蓋以糧食產銷方面之根本問題，如增加生產，便利運銷，平時戰時實無二致。故後之所述，固有屬於戰時之特殊情形者，但大抵則爲平時與戰時均應注意之重要問題，特在戰時，爲增加抗戰力量起見，更應亟求解決之。

（一）生產方面

糧食作物在廣西農業生產中占極重要之地位，其栽培面積占總栽培面積94%，其產值占總產值93%，故我人可以說廣西的糧食生產問題就是整個的農業生產問題。論及各項糧食作物之重要性，按栽培面積與產值言，第一爲水稻，二爲玉蜀黍，三爲甘薯，四爲芋頭。大致説來，廣西東部爲稻作區，西部（特別是西北部）爲雜糧區。按前述分區標準，各區糧食生產效率指數爲：梧桂區126，邕龍區121，梧潯區100，梧柳區100，百色區90。（以全省平均爲100）前四位糧食作物之產量，如以民二十二年之調查數字爲依據，計水稻爲6 150萬擔，玉蜀黍爲587萬擔，甘薯爲1 328萬擔，芋頭爲534萬擔。民二三、二四、二五諸年之產量，如就輸出情形觀察，大致與民二二年相若，其或略有增加；迨民二六年則以左右江略受旱荒，產量微見減少。

廣西的糧食生產，也可說是整個的農業生產，所發生的問題有：

(1)生產效率過低　以廣西與全國相較，計籼粳稻每畝產量：廣西爲2.5市擔，全國平均爲3.3市擔，玉蜀黍每畝產量：廣西爲1.3市擔，全國平均爲1.8市擔；甘薯每畝產量：廣西爲4.8市擔，全國平均爲10.3；其他各種作物廣西亦較全國平均低四分之一到二分之一以上。此中原因，第一由於廣西是一個稻作兼雜糧作的省份，因爲天然生產環境之比較貧瘠，致無論水稻或雜糧生產能力均較其他稻產或雜糧省份爲低。其次由於廣西的耕作制度較其他省份(除去極西北與極西南之省份)近於疏放，同爲就農場支出之數額言，廣西較皖、冀、豫、晋、蘇、浙、閩七省平均爲低；又就各項農場支出之比例言，廣西家工費用所占比例遠較七省爲高，而飼料、肥料、種籽等項，其自產者所占比例亦較七省爲大，凡此都表示廣西的農業經營自耕自給之色彩較爲濃厚，在這種情形之下，農業技術與農作制度自較落後，則占整個農業生產主要部分之糧食作物，其生產效率較低，當爲必然的結果。

(2)土地利用程度不高　表示土地利用程度者通常用墾殖指數，所謂墾殖指數乃指耕地面積占土地總面積之比例而言。據前廣西統計局之估計，全省耕地面積爲29 892 000畝，占土地總面積9.1%，此數與全國平均墾殖指數10.3%(張心一先生估計，廣西不包括在内)已較低下。況全国墾殖指數乃包括邊疆省區在内，如將邊疆省區除去，則廣西土地利用程度之低，尤屬明顯。因此我們可以説，廣西耕地面積之擴張性還很大。

(3)糧食作物面積之擴張問題　抗戰起後，論者多主張就已有之耕地面積，將栽種非糧食作物者改種糧食作物。殊不知我國農業生產本以糧食爲主要，就全國言，糧食作物面積占總作物面積八成以上，就廣西言，糧食作物所占比例更高。且廣西平均每人耕地爲2.2畝，以之全部種植糧食作物，亦僅差足自給而已，況過於偏重穀物生產，自農業經營上言，亦不無缺點，及消耗地力，過受天時影響是。故就廣西言，墾荒等擴張耕地面積之工作實遠較推廣糧食作物面積爲重要。

（4）農業勞工之保持　廣西的農業經營以自工爲主，雇工極少，在此種經營方式下，農業勞工問題尚不十分嚴重。但戰事起後，因徵兵徵工致農業勞工感覺缺乏，因而引起戰時勞工之保持問題。按此問題之解決途徑本有多端，但就廣西言，則如婦女代工一項，在他省應亟於從事提倡者，在廣西已習爲故常，無須再爲獎勵，此其優點。故廣西在戰時關於保持農業勞工所應采行之辦法，最要者有二：其一爲移殖難民於本省，關於移殖難民於內地開墾，中央已擬有辦法。廣西可與中央共商進行，俾在本省從事大規模之墾荒工作。其二爲采用新式農具與機械，關此廣西省府曾令廣西大學農學院試驗改良舊式農具并製造新式農具，在試驗成功之後，自應設廠製造，并貸款農民購置，然後可收推廣之效，此則待於農業主管機關統籌辦理。（按：省府農業管理處農務組織關於改良農具一項，已擬有較詳細之辦法，可供參考，農業管理處編《廣西農業生產計劃草案》。）

（5）農業資本之缺乏　如第二章所述，廣西農業資本極爲貧乏，因而增加農業資本，成爲廣西農業生產之主要問題，蓋購買牲畜，利用新式農具，應用化學肥料，購用改良種籽，在在均非資本莫辦，故唯有增加農業生產資本，始可提高生產效率。關於增加農業資本之方法，最要者自爲利用省內外銀行資金，以擴大農業生產貸款。且戰事起後，外地銀行游資增多，本省實可充分予以吸收與利用，關於省外金融機關對本省之農村貸款，在今年二月間已由本省與中國銀行訂立放款合同，劃定柳城、雒容、榴江、中渡、融縣、羅城、荔浦、修仁、象縣、武宣等十縣爲該行放款區域，第一年放款數額定爲桂幣200萬元（即中央幣100萬元），本年五月本省又與農本局簽訂合同，規定由農本局放款中央幣300萬元，其中農田水利貸款200萬元（另由本省加入50萬元，合組農田水利貸款委員會管理之），糧種貸款50萬元，肥料貸款50萬元；并劃定全縣等十四縣及後增昭平等六縣爲該局放款區域。此外廣西農民銀行亦擬擴大放款區域與數額。這裏我人要注意者爲如何使此項放款得以公平的分配於各農家，貸款後如何指導農民將資金投於生產之途，此則有待於完善的農村合作組織始能收到實效也。

(二) 消費方面

廣西不是一個完全食用米糧的省份，且消費雜糧的比例相當高。大致言之，全省米糧消費之比例爲三分之二，雜糧消費之比例爲三分之一。各區消費米糧之比例，彼此頗有差异，計梧桂區爲80%，梧柳區亦爲80%，梧潯區爲70%，邕龍區爲60%，百色區爲45%，總平均每人消費量計米325市斤，玉蜀黍31市斤，小麥5市斤，蕎麥4市斤，紅薯44市斤，飯豆7市斤，合計共爲462市斤，從這裏知道消費最重要的前四項食糧——米、玉蜀黍、紅薯、芋頭也就是生產最重要的前四項糧食作物，故知廣西的農業生產，主要在自食而不在求售，因而去商品化之程度甚遠。但廣西所產食糧，不僅在供人民食用，且亦作其他用途，如作爲家畜飼料、種籽及釀酒製醬等是。幾項主要食糧分配於各項用途之百分比，計稻穀：人用食料74，家畜飼料7，種籽7，釀酒等12；玉蜀黍：人用57，飼家畜33，種籽8，其他2；甘薯：人用66，飼家畜23，種籽7，其他4；芋頭：人用94，其他6。據綜合各方調查數字修正之結果，總計全省人民的糧食總消費量爲：米3 851萬市擔，玉蜀黍427萬市擔，大小麥25萬市擔，蕎麥52萬市擔，甘薯876萬市擔，芋頭502萬市擔，木薯78萬市擔，大豆91萬市擔。

關於糧食消費方面，我人認爲最值得注意之點有二：一爲穀米的不正當用途應予限制，如前所述，除種籽外，穀米用於家畜飼料及釀酒者約共占20%，若就此兩項用途予以限制，則可節省稻穀1 200萬市擔，合米800餘萬市擔，姑以一半計亦可省下食米400萬擔。二爲應限制食用白米，按前論加工時所述，由糙米製成精米之損耗率，平均爲10%，故如提倡食用糙米，則不獨可增進人民健康，且可節省米糧，如以現在之食米消費量3 850萬爲標準，假令退一步言，損耗率作爲5%，則年可節省食米約200萬市擔。合而言之，共可省米600萬擔，其有利於本省之農村經濟自不待言。

(三) 省內運銷方面

廣西糧食運銷機構以零星散漫爲其特色。各項機能中以加工、運輸與交易三項最爲主要；至包裝、分級則非常簡單，甚且完全不用包裝，不加分級；儲藏、金融之機能亦未充分發達，致運銷機構之運用頗欠靈活，加工方式可分爲舊式工具與新式機器二種：前者又可分爲人力工具(手舂、手磨、脚碓)、畜力工具(牛碾、馬碾、牛磨、驢磨)及水力工具(水碓、水碾)三項，後者可分爲木炭機、柴油機、馬達機三項。就通行程度言，舊式工具中以手舂、脚碓、手磨在各地應用最廣，農家十之七八均設置之，尤以西北部各縣爲多；其次爲水碾，東南部各縣應用最廣；其他如水碓及各項畜力工具則不甚通行。新式機器以木炭機、柴油機較爲通行，各區以梧潯區與梧柳區應用最廣，邕龍、梧桂兩區次之，百色區最少。合舊式工具與新式機器而言，則後者漸有替代前者之勢。加工精度因工具不同而有異，一般而言，由穀到糙米之出産比率爲70%，由糙米到白米爲90%，由穀到白米爲65%。碾製費僅水碾坊與機米廠徵收之，如就穀到白米之全階段言，平均每擔穀之徵收費率，水碾坊爲0.3元，機米廠爲0.5元，後者較前者爲高。運輸方法，水路以民船最爲通行，次爲汽船拖渡；陸路以人挑最多，次爲畜馱或牛車，間有用汽車者。運費以水路爲廉，陸路爲貴；水路運費又視航行困難程度而有高低，大抵大水時較小水時低，下行較上行低。就可通行汽船之航綫言之，民船運輸均較汽船低。糧食交易之組織極爲單純，此由兩點可以證明：一爲代理商、批發商與零售商均未專業化，除糧食外，多兼營其他貨品；二爲生産者多小額挑送市場，直接售於消費者。唯一般而言，由生産者到消費者，仍須經過批發商、代理商、米販、經紀人、零售商等過程。交易方法因市場性質而有不同，鄉村市場多行現款交易與到貨交易，其次爲委托交易；交易基準以看貨爲多，看樣次之。中心市場多行到貨交易，委托交易與采購交易；交易基準以看樣、指樣爲多，絕少看貨者。

就運銷成本言，各項費用中以運費所占比例最大，此原爲量重值小貨品之通性。但因此却發生兩種結果：第一，糧貨之銷路完全爲運費所決定，如運輸過於不便，則糧食銷場範圍亦必狹小，第二，生產者之所得價格及中間人之獲利，以距離中心市場之遠近而定其高低。例如以梧州爲中心市場，則梧潯區農人及中間人所得必較梧柳區爲大。就價格言，近年來米糧價格與年俱漲，民二六年對日抗戰發生後，米價上漲更劇，迄今漲勢未已。至米糧之季節變動，低點與頂點之差異率在20%以上。如就糙米價格與精米價格比較言之，則糙米變動在先，精米在後，相差達一個月；同時糙米之上漲時期較精米短，而其下降時期則較後者長，此點依前所述，表示中間商人對於糧食價格之操縱。

綜上所言，我人知道省內運銷方面應予解決之問題有下列諸端：

(1) 應籌建倉庫以發揮儲藏與金融之機能　儲藏與金融雖爲糧食運銷之輔助機能，但於圓滑運銷機構之應用，功能頗大。現時廣西因倉庫不發達，致糧貨儲藏與資金通融均感不便，其結果不僅中間人營業感受困難，轉影響到運銷之遲滯，而生產者更因在收穫後急於求得現款，不得不低價脫售，致爲中間人乘機盤剝。因此中心市場之大型的運銷倉庫及鄉村市場之小型的農民合作倉庫應從速設立。

(2) 米穀運銷合作社應急於組織并推廣　運銷合作在使農民以集體組織之力量免除中間人之操縱盤剝，以增加農家收入。如前所述，廣西糧食運銷機構極爲單純散漫，其中各商人職務之重疊浪費當不在少，如能推廣運銷合作組織，則不僅農民獲利，且因運銷成本之減輕，消費者亦將受價格減低之益。且廣西農民於秋收後多兼業小販，則使彼等聯合運銷，自亦樂爲。但於組織并推廣運銷合作時，應同時注意便利運輸，設置倉庫。否則不能生效。

（3）新式加工機關可合并經營　據第五章論加工時所述，以機米廠之可能加工額與實際加工額相較前者約大於後者一倍，即加工設備之機能僅發揮二分之一，餘則爲浪費。因此爲圖經濟起見，機米廠實可合并集中經營。同時政府對於加工機關，特別是機米廠，應予以統制，如政府能經營機米廠亦善。蓋一來如欲限制碾製白米，則非統制加工不爲功；二來機米廠之經營規模較大者較爲經濟；三來政府集中經營，因成本減輕，徵取之加工費率亦可減低。

（4）運輸應予改善　按糧食運銷成本中，運費一項所占比例最高，故欲減輕運銷成本，實應自減低運費始，而減低運費，自須改善運輸。且抗戰發生後，我國的糧食問題，主要的可說是運輸問題，其重要可知。廣西糧運，在河北貫通之地，尚不嚴重；而在水航缺乏之區，則非亟於改善陸路運輸不可。其要者如利用公路行駛木炭汽車及橡皮輪之畜力車等是。

（5）糧食價格應予平定　近年以來，糧食價格雖與年俱漲，但趨勢屬於正常；迨戰事發生後，糧食價格扶搖直上，騰漲甚劇，越出正常趨勢甚遠。此中原因雖多，但商人乘機囤積，故意抬高價格，實爲主要。故平定糧食價格，實屬刻不容緩之舉。其方法可在較大之中心市場，由當地主管行政機關組織米價評議會，根據供需情形（即市場上糧貨之到數與銷數），每日或三日集會一次，規定糧食價格；爲便利計，先從平定零售價格入手。其次令各地糧商從速組織糧食同業公會，約束會員遵守政府法令，不得有法外行動。

（四）自給政策與對外貿易

廣西合米糧與雜糧言，固足自食，且略有盈餘，但單就米糧論，所產并不豐多，如人民食米率提高，則能否自給殊成問題。據第一章就生產量與消費量估計所得之數字，則各項雜糧固大多自給有餘，而米糧反缺欠80萬擔。此項估計因係根據平均每人每年消費食米3.25擔計算，故似較現行消費量為高，因為證以實際近年米糧均有出口，但要可表示廣西之有米糧出口，并非稻產有餘，實人民自用雜糧節省而得者。至穀米出口額，各年不同，近六年來少在三四十萬擔，多在百四十餘萬擔，平均八十萬擔；銷路幾完全為廣東。

　　本省的糧食政策，自以先求自給為主旨；但如有餘米，實應聽其自由輸出，接濟他省。據此原則，則廣西省府可就歷年糧食對外貿易情形，定一大概之可能輸出額，過此則可施以課稅等限制方法，如超過限度甚大，則可禁糧出口。至現行之穀米出口課稅，自可因情勢而變通，如今年五月粵省代表來桂時，本省已予以免稅之待遇，其有助於調劑鄰省糧食之供需自不待言。至可能輸出額，自當參酌現行之生產條件及消費習慣予以規定，據本書分析結果，如無特殊情形，常年輸粵之米可達百二十萬擔，即每月平均十萬擔，苟能節制不正當用途，并禁止碾製過白之米，則餘米額更可望增加。按廣東年缺米在千萬擔以上，依本省現在之能力，僅能接濟其十分之一。唯如前所述，本省耕地面積擴張之可能性甚大，如能在生產上力圖發展，在運銷上多求改善，則恢復民十年以前年輸往粵省米糧三四百萬擔，亦非難事，其結果不僅大裨益於粵省民食，而於抵制洋米傾銷尤有功效。

　　論及糧食之統制，自非專設機關總其事不可，尤其在戰時，此種統制機關更屬必要。廣西省府在抗戰開始後，即設置糧食管理局，規定任務有：A. 關於戰時調劑省內供需事項；B. 關於儲備糧食接濟軍糧食項；C. 關於統制糧食運銷事項。廣西建設研究會并曾於去年十二月討論糧食管理之任務及工作應如何使之適合戰時之要求一案，當由作者提出一草案，後經修正通過呈送省府采擇施行，該草案所擬各端。因着重於一時能行之政策，故條目至為單簡，茲將附錄於後，聊供參考。

附：糧食管理之任務及工作應如何使之適合戰時之要求(草案)

(A)糧食管理應采取之原則

(1)以供應戰時軍糧及調劑平時與戰時民食爲主旨。

(2)以平衡省內糧食價格及調劑省內糧食盈虛爲主策；以逐步實行獎勵生產與節制消費爲補策。

(3)本省食糧確有餘裕時則計劃輸出。

(4)糧食管理應不以營利爲目的。

(5)不與商人爭利，但其不法行爲應予取締。

(B)糧食管理應采行之辦法

(1)將正在進行舉辦之省倉及已舉辦之縣倉，按其地位之重要性，即一方面與軍事有密切關係者，另方面水陸交通便利且運銷數額較大者，選取之而改爲大型倉庫，一在積存米穀，以供應軍糧，一在兼作儲押放款，以平抑價格與調劑供需。就上述標準，所選取之地點應爲：梧州、鬱林、桂平、江口、貴縣、橫縣、永淳、南寧、龍州、田陽、宜山、柳州、運江、桂林、全縣、平樂、賀縣等地。至各縣積存數量另定之。

(2)將鄉鎮村街倉改爲農民合作倉庫，除按每耕户每年耕種田地實收穀之數抽收儲存外，應兼作儲押放款，以活動農村金融，增加農民之收入。此種倉庫之經營，應本合作之原則，而由縣府督令各地農民自動進行。

(3)在重要糧食市場，增設并加強糧食同業公會之組織。此項同業公會之意義，一在以商人合作的力量，對於糧食運銷實行自動的管理；一在以團體的力量，協助糧食管理局推行各項政策。其任務爲：(a)推行政府關於糧食管理之法令，戒飭會員不得有違法或妨害公共利益之行爲。(b)督令會員按期報告其營業情形,如糧食來源、銷路、存儲數量、價格等項,然後由該會彙集後作成總表分期報告於管理局。

(4)根據歷年來米價,規定重要市場之米糧最高價格,嚴格取締商人之囤積居奇等行爲。

(5)調查各重要市場之食糧盈虧,以推算全省之食糧盈虧,一方面爲省內各地之調劑,另方面如本省供需量抵銷後確有盈餘,則計劃輸出。

(6)改良糧食運輸并酌減糧食運銷上之各種捐稅。(與航務管理局及財政廳協商進行。)

(C)關於糧食管理局本身問題(此項因修正案與本草案大相徑庭,故從略。)

(D)關於資金來源方面

(1)在抗戰期內:倉庫不必另建新址,祇就舊有公所或其他公房加以修葺即足,此項費用所需不多,較易籌集。至倉庫爲作儲押放款所需之資金則爲數較大,可與農本局及農產調整委員會會商轉向中、中、交、農四行借款。

(2)關於農村放款一項,可由廣西農民銀行商同中、中、交、農四行辦理,現聞中國銀行已派員前來接洽農村放款事宜,故此項資金當不致有何問題。

(E)按戰時糧食管理不僅在調劑盈虛,平衡價格,而增加生產及節制消費兩項關係尤稱重要;糧食設計委員會生產組及消費組於此前已有詳細之擬議,茲不另贅。但尚有可加以補充者,如利用戰區難民來內地開闢荒地或幫同耕作,獎勵婦女助耕,及暑期學生助耕,皆可減輕抗戰期間因徵發壯丁而發生勞動力之缺乏問題。消費方面,則除宣傳節約,減少糧食之其他用途外,如獎勵食用雜糧,研究各種食糧之配合食用法,遇必要時,限制每人之食用量,皆與戰時節省消費有關,而應由管理局未雨綢繆者也。

浙江省食糧之運銷

目　錄

序言 ··· 757

第一章　運銷之社會經濟基礎 ································· 759
 Ⅰ．自然環境 ··· 759
 Ⅱ．農作制度 ··· 760
 Ⅲ．人口 ··· 761
 Ⅳ．消費習慣 ··· 762
 Ⅴ．人民收入 ··· 764
 Ⅵ．交通 ··· 766

第二章　食糧的移動 ·· 769
 第一節　米糧 ··· 769
  Ⅰ．嘉興區 ··· 769
  Ⅱ．杭湖區 ··· 772
  Ⅲ．寧波區 ··· 777
  Ⅳ．紹興區 ··· 781
  Ⅴ．金蘭區 ··· 783
  Ⅵ．台州區 ··· 786
  Ⅶ．溫處區 ··· 787
  Ⅷ．全省移動概述 ·· 789
 第二節　其他食糧 ··· 790
  Ⅰ．麵粉 ··· 790
  Ⅱ．雜糧 ··· 794

第三章　運銷機能總述與運銷準備 …………………………… 798
　第一節　運銷機能總述 ………………………………………… 798
　第二節　食糧之分級 …………………………………………… 803
　第三節　食糧之包裝 …………………………………………… 806

第四章　食糧之加工 …………………………………………… 809
　第一節　加工方式及其形成條件 ……………………………… 810
　第二節　加工機關的組織與業務 ……………………………… 814
　第三節　加工成本與利得 ……………………………………… 817
　第四節　加工設備的利用程度 ………………………………… 826
　第五節　加工的位置及其決定因素 …………………………… 830

第五章　食糧之運輸 …………………………………………… 832
　第一節　運輸方法 ……………………………………………… 833
　第二節　運輸業者及其活動 …………………………………… 838
　第三節　轉運與搬運之組織 …………………………………… 844
　第四節　運輸費用 ……………………………………………… 848

第六章　食糧之儲藏與資金通融 ……………………………… 858
　第一節　儲藏 …………………………………………………… 858
　　Ⅰ. 農家儲藏 …………………………………………………… 859
　　Ⅱ. 囤積 ………………………………………………………… 860
　　Ⅲ. 存棧 ………………………………………………………… 861
　第二節　資金通融 ……………………………………………… 865
　　Ⅰ. 農民的資金通融 …………………………………………… 865
　　Ⅱ. 商家的運銷金融 …………………………………………… 872

第七章　食糧之交易 … 876
第一節　市場概述 … 876
第二節　產地市場的交易 … 879
第三節　批發市場的交易 … 887
第四節　零售市場的交易 … 901
第五節　麵粉及雜糧交易 … 905
　Ⅰ．麵粉交易 … 905
　Ⅱ．雜糧交易 … 908

第八章　運銷成本之分析 … 909
第一節　農人之所得比例 … 910
第二節　本省食糧運銷成本 … 913
第三節　外省食糧輸入成本 … 921
第四節　洋米輸入成本 … 929
第五節　運銷成本差异之決定因素 … 930

序　言

民二五年夏，本所因受資源委員會之委托，在浙江舉行全省食糧運銷調查。當時着重之點凡三：（一）搜集全省各區之食糧移動數字；（二）在重要市場設立糧情報告制度；（三）詳查食糧的運銷機構。前二點乃應資源委員會之要求，後一點則循本所學術研究之需要。此外，并搜集各市場歷年的食糧價格（包括鄉村價格、批發價格及零售價格）；又選取重要糧食區域，舉行主要農作物生產費用調查，以求種植糧食作物與非糧食作物之比較利得。調查範圍因是頗爲廣泛。

調查工作除著者二人親身參與外，復有同事張鐵錚先生及浙江大學農業經濟系同學許超、葉德盛兩先生共同擔任。同事巫寶三先生於赴杭與浙省府接洽之後，原亦擬參加主持，旋因赴美，未果。調查區域遍及三十二縣五十六市場，而於杭市之湖墅，浙西之硤石、湖州、泗安，浙東之寧波、紹興、溫州，浙中之蘭谿、金華等市場，尤爲注重。調查時間計自六月下旬至九月中旬止，共約三閱月。

返京後，因資源委員會對於浙省食糧移動數字亟待參考，故將該部分提前整理。中因計算核正，極爲浩繁，而函件補充詢查，遷延時日尤多，費時兩月，始將該項工作告竣。迨本書之開始編述，已屆二十六年歲首矣。當時排定編述工作，著者二人各任其半。同年暑期，培剛所任部分，幸如期完成；之毅則因編寫"福建省食糧之運銷"一稿，分去時間甚多，所任部分僅成五分之一。會"八一三"全面抗戰發生，京中時遭空襲，本所亦計議遷長沙，工作陷於停頓。不盈月，之毅因任教陝西國立西北農專，培剛因桂省約往研究并設計該省戰時糧食方策，先後請假離所，本書之編寫，至是不得不暫行擱置。至二十七年，本所由湘遷桂省陽朔；九月，培剛銷假回所，認爲此次調查所費心力甚多，且材料至爲豐富，不忍將全部工作，遽爾中輟，遂着手繼續編述。稿未成而本所因華南局勢吃緊，復開始由桂遷昆明，培剛爲免一再延展起見，特於起程前，倉卒間將全部脱稿。憶本書之編述，原在提供政府當局，作爲施政參考；并公諸社會，以引起共同討論與進一步研究之興趣，不意因戰事而遷延至再，抱愧良深。惟以食糧盈虚之調劑及運銷機構之改善，關係抗戰前途，至爲重大，因之本書不但未因材料隔年而失其時效，且已因抗戰發生而愈增其重要性焉。

　　本書共分八章，主要目的在分析食糧的供需關係與運銷機構。其中有些章節，可稱爲試行的創作，至價格及生產費兩部分，擬各單成一文，故本書未包括在内。又全書除第二、第三兩章係之毅、培剛共同撰述外，其餘各章均由培剛執筆，并此聲明。

　　最後作者對於賜助諸先生，應申述謝意。同事張鐵錚先生在調查時一同溽暑工作，在編述報告時助力甚多，最爲心感；浙大許超葉德盛兩同學，忠於工作，不辭勞苦，欽感不已。當調查之進行，承浙省建設廳廳長伍廷颺先生、農業管理處處長李德毅先生，給予種種便利；浙大農業經濟系主任梁慶椿先生，時予討論賜教；均在此謹表謝忱。此外浙省府各有關機關之主管人，各縣縣長及科長，各地商會及糧食同業公會之主持人，各地銀行與倉庫之負責人，各縣農民合作社之指導員，各地糧食行店之主人，或則給予調查便利，或則供給相關資料，或則直接解答問題，著者同深感謝！書成後復蒙陶所長孟和及吳半農、劉心銓、巫寶三諸先生予以評閲，謹此銘感。又本文之計算抄錄工作，均由鄧伊、許鈞、王永立諸先生勞神担任，并此致謝。

張之毅 張培剛　廿八年一月

第一章　運銷之社會經濟基礎

食糧運銷之發生及其機構的形成，係由於供求的交雜錯綜關係。影響食糧供求關係的因子，至爲複雜，要而言之，有自然環境之不同，農作制度之差別，人口之多寡，人民消費習慣之各异，國民收入之大小，及交通之便利程度諸端。茲分別論述之。

Ｉ．自然環境

大致言之，浙江的氣候，土壤與水利，均比較宜於稻作，故爲我國產米最豐省分之一。省內各地因自然環境之差別，米產亦各有豐啬。如嘉湖舊屬各縣，屬於我國著名的平原區，土質肥沃，極宜於耕植，河道橫縱，尤便於灌溉，故米產最豐，構成浙省米糧之最大供給來源。溫，台兩屬各縣，高溫多濕，土壤甚佳，稻產因亦甚豐，常年均有餘米出境。蕭山，紹興，上虞，餘姚，慈谿等縣之沙地帶，則因土質不宜植稻，民食須仰賴外區，成爲他區餘米的一大銷場。金，衢二屬，就土壤、氣候言，固甚宜於稻作，但因境內多山，稻田有限，故米產并不豐多。至嚴處兩屬，則因山嶺橫穿，土質貧薄，灌溉不便，米產最感缺乏。因此各地有盈有虛，爲求相互調劑，遂發生食米的交易與移動，其路綫可按各地之生產環境得之。但此種補充作用，不僅發生於省內各區，亦常發生於本省與外省之間，因之食糧的交易，亦有區際運銷與省際運銷之別。

各地不但因米產之盈虛，致有食糧之移動，亦因所產稻米品種之不同，而發生交易。如湖州附近所產多爲粳稻，而湖州食用則多爲"蒸穀米"（秈稻加工製造者），故該區一方面須將所產粳米運銷本縣東部及東南鄰縣食用"冬雙米"（粳米加工製造者）區域，另方面須向長興，泗安等地運入蒸穀米，以供鎮上大宗人口之需。至就全省言之，嘉善，嘉興，平湖，崇德，海鹽諸縣及吳興縣東部，水道貫橫最密，灌溉極便，耕作以粳稻爲主。其他各縣，則因水利較差，多植秈稻。在粳稻生產區域，交易爲加工後之冬雙米，其最大轉運市場爲硤石，故有"黃米市場"之稱。在秈稻生產區域，交易爲生米（普通秈米）或熟米（蒸穀米），故有"生米市場"（如蘭谿，金華，海門，溫州）與"熟米市場"（湖州，長興）之別。杭州交易兼有生米與熟米，通稱爲"白米市場"，以別於硤石。各市場上，不僅交易食米之種類須受該區所產稻米品種之影響，從而銷路亦將受其限制。再者，冬雙米非用精白粳米，則製造結果不良；故在粳稻生產區域，碾米廠特別發達，農家利用此種加工機關之成分亦多。至中部諸縣，因地勢影響，水流甚急，便於裝設水碓，且農家所種爲秈稻，略爲加工亦可食用，因此水碓遍設，碾米廠則不發達。

在生產環境不利於稻作之地，多種植小麥、豆類及甘薯等雜糧以爲食米之代替或輔助。產雜糧最多之區，首爲嚴、處二屬，次爲金、衢二屬，此外各地亦種植之。雜糧產額之多寡，不僅直接影響雜糧之交易，且因雜糧爲米糧的代用品，亦可間接影響米糧之供需。蓋在雜糧豐產區域，農家常自食雜糧，節省穀米以運銷外地，如金、衢屬各縣之穀米輸出，即多屬此種情形。

II. 農作制度

即令各地生產環境均利於食糧作物之種植，但農作制度之差異，亦可招致食糧在异區間之運銷。據 Theordor Brinkmann 之意見①，農作制度 (betriebssystem) 主要的可依土地利用方式與種植作物種類兩項標準劃分爲各種類型。如依前項標準：可分爲農田作物經營與園藝作物經營；再依後項標準：農田作物經營又可分爲穀物生產，根作物生產，飼料作物生產，商品作物生產；園藝作物經營又可分爲蔬菜類生產，果類生產。

---

① Theodor Brinkmann: Die Oekonomik des landwirtschaftlichen Eetriebes, in "Grundriss der Sozialökonomik", VII, Abteilung, pp. 30-32.

浙江農作制度，如就土地利用的方式言，可分爲農田作物經營，桑地經營，茶地經營等。其中農田作物經營，又可依種植作物的種類，分爲：穀物生産（稻、小麥等），根作物生産（甘薯），豆莢類生産（豆類）及商品作物生産（棉花）。在三種土地利用的方式中，自以農田作物經營最廣遍，并且，除棉花爲餘姚特産，甘薯多在山地各縣種植外，穀物與豆類實爲最普遍的農田作物經營。桑地經營以嘉、湖二屬爲最發達，乃我國著名的蠶桑區，茶地經營則遍於各縣，而以杭之龍井與紹興之平水爲最出名。

各地農作制度之差异，直接影響到食糧作物之生産，間接影響糧貨之運銷。如嘉、湖兩屬，就土質、水利言，本極宜於稻作，但因育蠶織綢之利大，農家多兼植桑，因此桑田占去土地面積甚多，其結果使稻田面積減縮，影響到食米産量的減低。若將桑田統改爲稻田，浙省食糧不足之程度將必大爲減退，誠可斷言①；唯此又爲"比較利益之經濟原則"所不許。近年植桑育蠶事業，虧累甚大，農家漸有還桑田爲稻田者，當可增加食糧的供給額。至棉作區域，稻産缺乏，食米例須仰賴外區，餘姚成爲食米之一大輸入縣分，即以此故。

除土地利用的方式與種植作物的種類外，食糧作物的栽培方法亦可間接影響食糧的運銷。浙東溫台屬沿海區域，多種植雙季稻，經試驗之結果，雙季稻栽培之早稻與晚稻，其總收量較之單季稻栽培之早稻或晚稻均增加甚多②，故若能就此區域予以推廣，米産必可望增加。如紹、寧二屬，今之須取給於嘉、湖、金、衢等屬及外省與外洋者，必可大部改由溫、台諸屬供給之。此種情勢，近年似漸在開展中。

Ⅲ. 人口

如每人消費數量不變，人口愈增加，對於食糧的需要額亦愈大。自

---

① 見浙江農業改良總場稻麥場試驗成績《報告》第五節，民國二十三年六月。
② 見浙江農業改良總場稻麥場試驗成績《報告》第五節，民國二十三年六月。

生産方面言之，因人口增多之壓迫，大量收穫之食糧生産（heavy-yielding food projects）必漸代替小量收穫者（light-yielding ones），此所謂"人口密度影響食糧生産的法則"①。因此，雖生産環境相同，但因人口密度有高低，致影響到食糧的有餘或不足，換言之，影響到食糧的供需。故可謂食糧之移動乃人口數量與生産環境相互影響的結果。

浙江人口密度，總平均爲每平方公里 210 人②，在我國屬於較高的一類，故浙省之農作極爲集約，食糧之交易與分配亦甚頻繁。除杭州因人口密集，每年須輸入巨額食糧外，他如寧波，紹興，硤石，湖州亦因人口衆多，本區不足供給，須賴他區接濟。在浙江，人口密度在每方公里 300 人以上者有杭縣（杭市除外）海寧，嘉興，嘉善，海鹽，平湖，崇德，桐鄉，吳興，德清，鄞縣，慈谿，鎮海，定海，紹興，蕭山，餘姚，上虞，黃巖，溫嶺，平陽，樂清，玉環等縣。其中除生産環境特優之嘉興，嘉善，吳興，黃巖，溫嶺，平陽，樂清諸縣能供養大宗人口，甚且有餘米出境外，餘則均感不足，須取給他區，此人口衆多加重食糧需要，因而誘致食糧之輸入者。另方面，安吉，孝豐，衢縣，武義等縣，就生産環境言，并非良好的稻作區域，但因人口密度低，一般在每方公里 100 人左右，故能節下餘米出境，故知人口稀少可增加食糧之相對的供給量。至嚴，處兩屬各縣，稻作生産環境極差，但其對於食米的需要并不迫切，所輸入的食米數量亦不多，考其原因雖有多端，人口密度之低（多在每方公里 100 人以下），則爲其一。

IV. 消費習慣

如一區所消費的食糧爲該區最適於生産者，則必能供養較多的人口，若所供養的人口未增多，則該區必可省下餘資以購買他種物品，結果可提高生活程度。此種消費適應生産的利益有二：一爲節省運費；二爲地

---

① W. O. Hedrick: The Economics of A Food Supply, p. 28.
② 根據王土達先生估計原稿。

盡其利①。在浙江,一般言之,食糧的消費尚比較的適應當地的生產。如在浙西嘉屬及湖屬東部多食用粳米加工的冬舂米,在湖屬西部(吳興縣西鄉及長興、德清等縣)多食用秈稻加工的蒸穀米,在浙東、浙中諸屬則多食用普通秈米。證以各地稻產之品種,便知二者之互應。在此種情狀下,食糧的交易與流通祇限於區內各地,及本區餘米之輸出或不足之補充,初不致因消費習慣之异同而招致糧貨之移動。

但事實上,消費習慣并不能完全的適應生產環境,蓋消費習慣之養成除當地生產環境外,尚有多種因子。最要者爲口味(taste),而口味又是年齡、氣候、生育保養、時尚、宗教、康健與疾病等因子綜合影響的結果②。此外,人民的職業,工作的種類,家庭的經濟狀況,均與消費習慣之養成有關。在浙江,消費習慣與生產環境不相適應之例甚多,因此發生食糧在各區間的來往移動。如前所述,湖州附近雖宜於種植粳稻,而鎮上居民却并不慣食冬舂米,僅夏季用以作點心(即煮稀飯),平常均食用向外區輸入的蒸穀米,此因鎮上居民不慣冬舂米之糠味所致。至崇德、桐鄉、海鹽諸縣,雖粳稻生產有限,但均取給外區之冬舂米,且以色愈黃者愈香,此因該數縣人民多以育蠶織綢爲業,工作輕鬆,除冬舂米外,對於他種食米感覺難以消化。尤可注意者:如嘉興王店,鎮上居民十之七食用冬舂米,鄉民十之七食用秈米(俗稱尖米),考其原因有二端:一爲口味不同,蓋王店附近鄉民,多係洪楊亂後自浙東移入者,他們都不慣冬舂米之味道,至鎮上則多爲本地人,承受着本地之消費習慣;二爲工作有輕重,鄉民以種田爲業,工作繁重,食用秈米比較耐餓,鎮上多爲絲繭商人或從業者,工作輕易,食用冬舂米容易消化。杭州兼食用普通秈米與蒸穀米,食用後一種者多爲工廠工人,做重活的苦力及學校的學生。蓋蒸穀米出飯程度高,可少費米;容易煮熟,可少費柴,因此較普通白米合算。中下階級取其價廉,樂於食用。在浙東沙地帶,居民以

---

① J. D. Black: Production Economics, pp. 906-910.
② W. O. Hedrick: The Economics of A Food Supply, p. 10.

種植棉花爲業，棉花既爲商品作物，農家收入遂較多，且以現款爲主要形式，結果可增進家庭的經濟狀況，故當地居民多食用浙西出產的，價格較高的冬雙米。由上所言，當知消費習慣之差別，亦足影響食糧之運銷。

V. 人民收入

隨着社會經濟之進步，人民之收入與時俱增，對於食糧的支出亦漸增多。在我國尚無表示此種變遷的統計，茲以英國爲例。百年以前，英國每人每年平均收入爲 16—17 鎊，支出於食糧者 8 鎊；今則每人收入爲 78 鎊，食糧支出爲 23 鎊 8 先令①。雖然因收入之增加，食糧支出所占比例一般都減低，但其絕對數字則增高三倍。Zimmerman 氏曾論收入與食物消費之關係，而分其爲三種情形②：(1)在消費不足的階級，收入增加不僅使食物消費之數額增多，且使該種支出之比例亦增大；(2)在消費比較充足與舒適的階級，收入增加僅使食物消費數額增多，至該種支出之比例則減低；(3)在高等勞心與富足階級，收入增加不但使食物支出之比例減低；甚且招致其絕對數額的減少。唯社會中究以前二種階級之人民居多，故家庭收入增加，必使食糧消費之量與值均增多，其將影響食糧貿易量值之增大實不待言。且收入增加，對於品質優良的食糧發生新需要，比如由雜糧改食大米或小麥，結果必使食糧移動路綫發生再度的調整。

我國人民生活一般都很貧困，大多屬於 Zimmerman 氏所說的消費不足階級與消費比較充足的階級，故此收入的增加必將招致食糧消費數額的增大。浙江的人民生活，雖有些地方較爲富裕，但一般言之，仍與全國無大差异；所以在浙江，收入對於食糧消費的影響，亦多屬於 Zimmerman 氏所說的第一、第二兩種情形。由於材料的限制，茲僅以嘉興縣情形爲

---

① J. B. Orr: Food Health and Income (Report on A Survey of Adequacy of Diet in Relation to Income), 1936, p. 17.

② C. C. Zimmerman: Consumption and Standards of Living, 1936, pp. 117-118.

例說明之。據浙江大學與嘉興縣政府合作在嘉興舉行的調查，該縣農家收入與食糧消費的關係有如下表①：

嘉興縣平均每家收入額與每等成年男子消費食糧值(元)

(民國二十五年)

	每家收入額	每等成年男子消費食糧值		
		米	雜　糧	合　計
自耕農	153.21	27.59	1.32	28.91
半自耕農②	187.80	27.77	1.27	29.04
佃　農②	192.85	28.63	0.97	29.60

由此知道：隨着家庭收入之增大，每等成年男子之食糧消費總值增多；同時因爲米之消費值隨收入之增加而增加，雜糧之消費值隨收入之增加而減少，故知收入之增加，可以使食糧品質更爲提高。

人民收入及食糧消費又隨各地經濟發展之程度與人民從業之不同而有异。如浙東沙地帶因種植商品作物，現款收入較高，故能消費品質較良，價格較貴的冬雙米。浙西人民多以植桑育蠶、織綢爲業，收入較豐，故亦非品質高超的粳米所製出的冬雙米不食。浙南人民，因經濟環境不良，農工均不發達，故食用甘薯及其他雜糧者較多，且食米亦多爲糙米，白米甚少。又如吳興菱湖鎮附近居民，多以打魚爲業，每年收入可觀，故年有大宗之蒸穀米、冬雙米與白粳米進口。是以人民收入之大小，直接可影響食糧消費量之多少及食糧品質之高低，間接可招致食糧交易額

---

① 根據馮紫崗編《嘉興農村調查》(二十五年六月)的數字計算而得，見該書144-146頁，206頁及208頁諸表。

② 此處所謂佃農，及半自耕農均含有農業企業家的性質，他們一方面租進土地，另方面却又雇用勞工，擔任主要的或輔助的農業經營工作，所以這兩種農家從每家收入額上所表示的經濟地位要較自耕農爲强。此種分類與命名，自均有可商榷之處，但因與本節所要說明的無大關係，故不予深論。

之增減及食糧運銷路綫之變更。

VI. 交通

交通之發展程度，關係運銷制度之形成至爲密切①。如運輸方法進步，可經由運銷的作用，促進區域的分工，擴大生產規模，減低人民生活費②。浙江的交通，一般言之，尚稱發達。在食糧的運輸方面，交通方式概可分爲三種：

A. 水路　食糧爲笨重物品，水運較爲經濟，因而在浙江的食糧運輸上，亦以水運最居重要。全省中，杭嘉湖三屬及紹興一帶，河流貫穿，灌漑運輸兩稱便利。浙南則山嶺重疊，河道較疏，且遇天旱，尚有乾涸之虞。各地之河流，重要者有：

1. 運河，自杭縣東經紹興，接曹娥江，北穿嘉屬入江蘇，西由平望至吳興，全流可通小汽船，糧運額甚大。

2. 苕溪，有東西苕溪之分，西苕溪出孝豐、於潛間之龍王山，經安吉及長興南部，至吳興縣城與東苕溪會合；東苕溪又可分爲南中北三源，主要路綫在臨安、杭縣、餘杭、德清等縣，北匯流至吳興與西苕溪合流，至大錢口入於太湖，附近細流極多，唯匯灌之區不定。總觀全流，穿梭區域極廣，便於食糧之運輸者甚大。

3. 錢塘江(古稱浙江，又名之江)，源凡三：西曰徽港，出皖南，經淳安入建德，糧運之路綫隨之；東曰婺港，永康、武義之餘米出境賴之；南曰衢港，爲衢屬各縣餘米輸出之要道。東南二源，會於蘭谿，曰蘭江，北流入建德與西源會，道經桐廬、富陽、杭縣、蕭山流入杭州灣。錢塘江爲浙江最大河流，蘭谿集中浙中各縣之餘米，以濟杭州及蕭紹諸縣之需，便以此流爲主要路綫，每年運輸額極大。

4. 曹娥江，出嵊縣經上虞及紹興邊境入杭州灣，方向由南至北，與

---

① H. H. Maynard and others: Principles of Marketing, p. 455.

② J. D. Black: Production Economics, p. 756.

食糧運輸之東西方向相异，糧運至此須過壩，故反成爲一障礙。

5. 甬江（又名鄞江），會奉化江與餘姚江於鄞縣，下游由鎮海入海，寧波之洋米進口全賴之。

6. 靈江（又名椒江或澄江），會天台、仙居之水，穿臨海縣全境，經海門鎮注台州灣，台屬餘米出口，及洋米或外地米進口均須經過此江。

7. 甌江（又稱永嘉江或溫江），上游有大溪小溪二源，會於青田，橫穿永嘉入海。支流所及，遍溫、處屬各縣，浙省河流，除錢塘江外，此爲最巨，溫屬食糧進出口深賴之。

水路給予食糧運銷之影響，可分作兩方面言：第一，關於運銷路綫，途程較長的水運常可克服途程較短的陸運，此因前者運費低廉，勝過後者途程迅速之利而有餘①，故水路成爲決定食糧運銷路綫之主要因素。第二，關於市場分布，凡水道發達之區，市場密布，交易極分化，如嘉、湖屬各縣及紹興是；凡河流稀少之區，市場疏落，交易較集中，如金、衢、溫、台諸屬是。

B. 鐵路　浙江鐵道，就其與運銷的關係，可分爲三條路綫：一爲滬杭路，由江蘇南境經嘉善、嘉興、桐鄉、海寧而達杭州，嘉屬諸地餘米去滬，及杭州采購滬米（國米或洋米），多經由此道；雜糧與麵粉大半藉此道由滬或無錫運入。二爲杭甬路，由杭州經蕭山、紹興、上虞、餘姚、慈谿而達鄞縣，現除寧波至曹娥一段外，全綫猶未通車，但米運已甚重要，溫、台餘米多先集中寧波，再由此道分布於附近之缺米縣分。三爲浙贛路，由杭州經蕭山、諸暨、義烏、金華、湯溪、龍游、衢縣、江山，而通江西（并有一支綫由金華至蘭谿），不但浙中諸縣之食糧移動，即贛米來浙，也靠此路運輸。

鐵路對於食糧運銷之影響，可以浙贛路爲例。當全綫未通車時，蘭谿爲浙中之唯一的轉運市場，每年交易額極大；自二十三年全綫通車後，蘭谿生意一部爲金華所奪，蘭谿交易額減少約四分之一，金華增加達一

---

① J. D. Black: Production Economics, p. 763.

倍有餘。又因通車之結果，各站裝卸極便，故沿綫米市化整爲零，遠較以前分散。

C. 公路　浙省公路因近年來官商之積極修築，進展甚速。

截至二十五年六月底止，全省公路共計3 651公里。大幹綫有四：一爲滬杭綫，此綫與滬杭鐵路平行，自杭州經海寧、海鹽、乍浦而達上海。二爲京杭綫，自杭州經武康、吳興、長興而達南京。三爲杭廣綫，自杭州經富陽、新登、桐廬、建德、壽昌、龍游、衢縣、江山而達江西之廣豐。四爲杭福綫，自杭州經蕭山、紹興、嵊縣、新昌、天台、臨海、黃巖、溫嶺、樂清、永嘉、瑞安、平陽而達福建之福鼎。

各幹綫另有支綫聯絡，尚稱便利。唯浙省公路，主要任務在客運，貨運甚鮮；至在食糧的運輸上，則因種種限制，更不居重要地位。但如就廣泗路(自安徽廣德至泗安)之現況言之①，則公路對於食糧之運輸，亦大有發展之希望。

---

① 此路糧運極發達，其運輸額占廣德到泗安之米糧總額約十之七；詳見第五章。

第二章 食糧的移動

第一節 米 糧

浙江食糧的生產與消費均以米糧爲主。浙省較爲富庶，絲綢副業之利甚厚，故一般言之，米糧消費所占成分較他省爲高。茲將浙江分爲嘉興、杭湖、寧波、紹興、金蘭、台州、溫處等七個運銷區域（market areas）①，依次述其米糧移動情形。

I. 嘉興區

本區包括嘉屬嘉興、嘉善、平湖、崇德、桐鄉諸縣及杭屬海寧縣；因地接平原，土質良好，益以河道縱橫貫通，灌溉與交通兩稱便利，遂構成浙江一產米豐多、米市發達之區域。本區主要米市，首推海寧縣的硤石鎮，爲本區的轉運中心；次爲嘉興縣城及其所屬新塍鎮，嘉善縣城及其所屬西塘鎮，以及平湖縣城；除收集鄉貨外，亦兼具轉運市場性質。此外如嘉興的王店、王江涇、新豐、新篁、油車港諸鎮，嘉善的陶莊鎮，平湖的新倉、新埭鎮，崇德的石門鎮，則爲次等市場，其組成性質多相類似，除石門外，各市場均以收集鄉貨，輸出外地爲主要任務。要之，本區米市機構以市場分散爲其特色，糧貨移動雖極感自由，但複雜錯綜，頗不易獲得一定的綫索。

---

① 此種分區方法向爲美國研究運銷學者 J. D. Black，O. B. Jesness 等所采用，本書亦依據之。

硤石鎮不僅爲本區餘米的集散中心，且毗連浙江的江蘇與安徽邊區之餘米亦以此爲轉運出口地；至浙東缺米縣份，特別是紹興、蕭山、餘姚諸縣的沙地帶，莫不以此爲最大的供給來源。硤石來米，向有"內河"與"外江"之分，內河包括江蘇及本省各地，外江包括安徽各地。因此運米之船戶及居中介紹之經售行亦有內河與外江之別。據由各方所搜得之統計，近年來硤石的轉運數量有如下表：

近年來硤石轉運米糧數量（市石）

年　別	內河來米	外江來米	合　計
民一九年	620 000	200 000	820 000
民二二年	550 000	140 000	690 000
民二三年	450 000	200 000	650 000
民二四年	450 000	85 000	535 000

由此表可見硤石的轉運數量，有與年俱減之勢。內河來米減少，係由於江蘇及本省各產地市場，近年因交通發達，多直接運銷於缺米區域，同樣缺米區域亦多直接往產地采購之故。安徽來米，驟增驟減無定，民十九年與民二十三年來米額極巨，因浙江在此兩年大荒，對外米需要自甚殷切；民二十四年安徽大旱，故來米量劇減；中以民二十二年之情形較爲平常。

硤石食米在民二十四年輸入爲535 000石，其中來自外省者爲323 000石，占五分之三；來自本省者計212 000石，占五分之二。外省來米以江蘇（包括蘆墟、同里、青浦、松江、楓涇、鎮江、無錫等地）爲多，占四分之三，安徽（包括皖北三河、巢縣、無爲、合肥及皖南宣城、寧國、水陽、太平等地）僅占四分之一。本省來米中，除鰲江（平陽縣）運來秈米12 800石，長興運來蒸穀米25 000石外，餘均來自本區（包括嘉興、王店、新塍、嘉善、西塘、平湖等地）共174 200石。轉運米糧種類以粳米最多，幾占一半；秈米次之，冬雙米與蒸穀米又次之，糯米最少。詳見下表：

民二十四年硤石米糧來源之分析(市石)

品　種	外省來米	本省來米	合　計
籼　米	85 000[1]	69 800[3]	154 800
粳　米	238 000[2]	19 440	257 440
冬雙米	—	70 760	70 760
蒸穀米	—	32 500[4]	32 500
糯　米	—	19 500	19 500
合　計	323 000	212 000	535 000

附注：1. 全屬安徽來米。

2. 全係江蘇來米。

3. 其中平陽縣鰲江來米12 800石。

4. 其中長興來米25 000石。

　　硤石米糧的銷路，主要的爲浙東紹興、蕭山、餘姚等縣的沙地區(見下表)。因年成之豐歉，交通路綫之變遷，致各年銷數不同；如在民二十三年因浙東大荒，銷於浙東者特多；在民二十四年因浙東年成較好，且交通發達，浙東沙地或直接往本區鄉鎮市場收買，或往杭江路沿綫市場采購，浙東銷路即減少甚劇。次於浙東的銷路者爲鄰近縣鎮，包括杭市、杭屬與湖屬縣鎮，及本地市鎮與四鄉農人。銷數亦因需要關係，各年不同。銷於本鎮者，爲數甚微，且甚固定。

近年來硤石米糧銷售之分析(市石)

	浙東沙地[1]	鄰近鎮鄉[2]	本　鎮	合　計
民二二年	376 000	241 000	73 000	690 000
民二三年	400 000	175 000	75 000	650 000
民二四年	340 000	121 000	74 000	535 000

附注：1. 浙東沙地區包括紹興、蕭山、餘姚諸縣沙地區域(即產棉區域)之各縣鎮。其中銷出數以蕭山最多，紹興次之，餘姚較少。

　　　2. 鄰近鎮鄉銷數中：杭市、杭屬及湖屬市鎮約占一半，本地附近市鎮及四鄉農人約占一半。

就米糧類別言，各種米之銷路如下：

秈　米——銷各地。

粳　米——浙東沙地區最多，本地鎮鄉次之。

冬雙米——本地鄉鎮及本鎮。

蒸穀米——浙東沙地區及鄰近縣鎮。

糯　米——銷各地。

綜上所言，如以民二十四年爲準，計本鎮自外省（江蘇與安徽）輸入米糧共323 000石，自外區（長興與鰲江）輸入共37 800石，兩者合計360 800石。同年本鎮輸出外區者，計浙東沙地340 000石，外區縣鎮（包括杭市、杭縣、德清縣等地）60 000石①，合計400 000石。進出相抵，計本區經由本鎮之净輸出額爲39 200石。

除硤石外，其餘均是本區的鄉村輸出市場，一方面收集附近四鄉的米穀，一方面直接或間接輸出外區或外省。惟與江蘇毗連的幾個市場，亦常自江蘇鄉鎮輸入若干食米，約計15 000石。各市場不經由硤石而直接輸出外區的數額，計杭州202 700石，杭屬各縣22 500石，湖屬各縣28 020石，紹屬各縣24 400石，共277 620石；輸出外省者計上海84 760石，天津2 000石，共86 760石；合計輸出外區與外省共364 380石。除去自外省輸入額15 000石，計本區各鄉村市場之净輸出額爲349 380石。

合硤石及上述各鄉村市場言之，計净輸出額爲388 580石，加上未列名各市場之直接輸出或經由硤石轉運出口數100 000石，總計本區净輸出額爲488 580石。

II．杭湖區

本區包括杭州市及杭屬杭縣、餘杭、臨安、於潛、新登、昌化與湖屬

---

① 民二十四年銷於鄰近鎮鄉者共121 000石，據上表附注 2. 鄰近縣鎮及本地鎮鄉各占一半，故估計爲60 000石。

民二十四年嘉興區米糧之輸出入及盈虧(市石)

		外 區	外 省	合 計
硤 石:	輸出	400 000	—	400 000
	輸入	37 800	323 000	360 800
	盈(+)或虧(-)	+362 200	-323 000	+39 200
鄉村市場:	輸出	277 620	86 760	364 380
	輸入	—	15 000	15 000
	盈(+)或虧(-)	+277 620	+71 760	+349 380
	合計	+639 820	-251 240	+388 580
	加上未列名地輸出	+100 000	—	+100 000
	總　計	+739 820	-251 240	+488 580

吳興、長興、德清、武康、安吉、孝豐等縣。湖屬各縣，土質較沃，宜於稻作；至杭屬各縣，除杭縣、餘杭、臨安外，類多山地，土性較宜於雜糧。惟湖屬人民多以植桑養蠶爲主業，桑田所占面積甚大，故稻產不豐。且杭州、湖州二城，人口繁多，食糧消費額極大。本區食米不足之數甚巨，均須仰給外區與外省。

杭州爲浙江首市，擁有人口五十八萬，每年輸入供本市消費之米糧約百萬石，而租米或自出之米尚不在內。杭州米市在北城武林門外之湖墅。此地仍屬市區，因水道交通便利，故米糧貿易特稱發達。米糧來自江蘇、安徽及本省餘米區域，銷售於浙東紹興、蕭山等縣，及本市城中米店。惟城中米店除取給於湖墅外，亦直接向各產地市場采購，通稱爲"長路米店"。據杭市食糧調劑委員會及杭市米業公會之調查數字，歷年杭市湖墅米行與城內米店之米糧運入總數如下表：

運入米糧數量，在民二十四年，總計爲1 038 305石。其中就米之品級言，計糙米占85%，白米占15%；就米之種類言，計秈米占70%，蒸穀米占25%，糯米占5%。

近年來杭州市米糧運入總數量(市石)

年　別	湖墅米行[1]	城內米店[2]	合　計
民一九年	808 200	131 110	939 310
民二〇年	603 106	337 140	940 246
民二一年	612 214	327 775	939 989
民二二年	760 535	177 935	938 470
民二三年	712 286	320 000	1 032 286
民二四年	618 305	420 000	1 038 305

附注：1. 據杭市食糧調劑委員會調查。

2. 據杭市米業公會調查；此數似偏低。

上述數字，似乎過低，以城內米店輸入之數爲尤甚。據吾人綜合各產地市場運往杭市之米糧總數及其他統計數字估計結果，民二十四年杭市米行與米店輸入米糧總額爲1 285 940石①。各種米糧的來源地及數量列如下表：

民二四年杭市米行米店米糧來源之分析(市石)

	外　省			本　省			總　計
	江蘇[1]	安徽[2]	合計	外區[3]	本區[4]	合計	
秈　米	180 000	100 000	280 000	475 900	160 000	635 900	915 900
蒸穀米	—	—	—	—	320 000	320 000	320 000
粳　米	20 000	—	20 000	12 000	—	12 000	32 000
糯　米	—	—	—	12 000	5 000	17 000	17 000
總　計	200 000	100 000	300 000	499 900	485 000	984 900	1 284 900

附注：1. 包括上海、無錫、宜興、溧陽、蘆江等地。

2. 包括梅渚、東壩、巢縣等地。

3. 包括嘉興區、溫州區及金蘭區各地。

4. 包括湖州、長興、泗安、荻浦等地。

① 杭州市政府社會科估計二十三年杭市到米數額約近一百三十萬石，計經由米行者九十萬石，經由米店者三十萬餘石。

在進米總額1 284 900石中，計來自外省者共300 000石，其中江蘇占三分之二，安徽占三分之一；來自本省者共984 900石，其中外區與本區約各占一半(詳細來源地可參看表中附注)。米糧種類以秈米居多，蒸穀米次之，粳米與糯米①均居少數。至就各種米糧之來源地言之，計外省與外區來米均以秈米為多，粳米、糯米甚少，蒸穀米無；本區來米則以蒸穀米為多，秈米次之，糯米甚少，粳米無。此因本區長興、湖州為蒸穀米之最大出產市場，除供給區內各地外，尚有多餘運銷外區。

杭州市場，以由外地輸入，供本市人口需要為主要任務，故其轉運任務，遠不如硤石之重要。城內米店完全銷售於本市用戶，計二十四年共銷962 500石。湖墅米行運入米糧數量中，大部分銷售於本市及附近鄉鎮之米店，至轉運於浙東紹興、蕭山之沙地區者僅占小部分，且其所占比例有與年俱減之勢。見下表：

近年來杭市墅湖米行米糧銷售之分析(市石)

年　別	本市及鄉鎮[1]	浙東沙地區[2]	合　計
民一九年	565 646	226 633	792 279
民二〇年	419 552	145 438	564 990
民二一年	450 457	160 839	611 296
民二二年	572 903	178 661	751 564
民二三年	591 135	113 662	704 797
民二四年	513 645	104 660	618 305

附注：1. 大部分銷於本市，小部分銷於附近縣鎮。
　　　2. 包括紹興、蕭山之沙地帶，即產棉區域，沙地以外之城鄉亦有少數之輸入。

綜上所言，如就吾人估計的數字，以民二十四年的情形為準，計杭

---

① 糯米之運入數，因多為各來源地所忽略，且數目零星，不便統計，故上表所估計之17 000石，必較實數為低。另據杭市斛業公會主持人估計，糯米每年過斛數量約在3—5萬石之間，而米店單獨向外采辦者尚不在內。

市自區內外總輸入數爲1 284 900石，其中除104 660石轉運浙東紹興、蕭山等縣外，餘均係供本區消費。輸入數中，計自外區（包括嘉興、金蘭、溫處等區）來者共499 900石；自外省（江蘇、安徽）來者，共300 000石；兩共799 900石。自此數中減去輸出外區數104 660石，得杭州由外區與外省净輸入額爲695 240石。

杭州以外，本區較大市場有湖州、泗安與長興。湖州爲輸入兼轉運市場，民二十四年運入米糧數額達400 000石，計來自長興與泗安（均包括附近鄉村）各占25%，安徽（廣德）與江蘇（宜興，溧陽，無錫，吳江）各占20%，本地四鄉與鄰鎮各占5%。運入數額中，供本城消費者占30%，銷於鄰近縣鎮者亦占30%，運銷杭州者占25%，轉運紹屬者僅占15%。交易米糧以蒸穀米爲主，占70%；秈米次之，占15%；冬雙米、粳米與糯米合計占15%。泗安爲浙江大轉運市場之一，民二十四年轉運數量，計米200 000石（秈米125 000石，蒸穀米75 000石），秈稻250 000擔；如以秈稻按七成折米，則民二十四年轉運食米數量共375 000石。米穀主要來源地爲安徽廣德①，占80%；餘則爲本地及安吉西鄉。就銷路言之，計食米以運銷杭州（60%）與吳興（30%）爲主；秈稻以運銷長興（70%）爲主；餘額均係銷於本地及鄰近鄉鎮。長興爲一加工輸出市場，輸入全屬秈稻，計民二十四年爲360 000擔；輸出全屬蒸穀米，計同年爲250 500石。秈稻來源地主要爲泗安，占50%；其次爲江蘇（宜興，溧陽）與本地四鄉，各占25%，蒸穀米以運銷杭州爲主，占70%；運銷湖州、硤石及鄰鎮者，各占10%。此三市場民二十四年由外省輸入米糧數量，計安徽401 000石，江蘇145 000石，共546 000石；輸出外區者，計紹屬40 000石，硤石25 000石，共65 000石。

此外的市場，我們曾調查的，尚有吳興縣的南潯、菱湖二鎮，安吉的荻浦鎮及富陽縣城，均以調劑區內各地的盈虧爲主要功能。由外省來米僅12 000石，由外區來米僅7 800石，共計19 800石；對區外無輸出。

---

① 安徽郎溪占一小部分，均爲秈稻。

总计湖州、泗安、长兴及各乡镇市场,自外省输入558 000石,自外区输入7 800石,共565 800石;输出外区共65 000石。出入相抵,计本区净输入额为500 800石。

就杭州及其他市场合而言之,总计本区净输入额为1 196 040石。详如下表:

民二十四年杭湖区米粮之输出入及盈亏(市石)

		外 区	外 省	合 计
杭 州:	输入	499 900	300 000	799 900
	输出	104 660	—	104 660
	盈(+)或亏(-)	-395 240	-300 000	-695 240
其他市场:	输入	7 800	558 000	565 800
	输出	65 000	—	65 000
	盈(+)或亏(-)	+57 200	-558 000	-500 800
总 计		-338 040	-858 000	-1 196 040

III. 宁波区

本区包括鄞县、镇海、慈谿、定海、象山、奉化、余姚、上虞、嵊县、新昌等县,与后述绍兴区构成浙江两大缺米地域。区内缺米最多的地方为:沙盐地带、渔区及商业区。余姚、慈谿、上虞三县北部有广约二百万亩之沙盐地带,大部分为棉地,小部分为盐田,地方富庶,食米全部仰给外来,年约500 000市石①,定海县系合舟山群岛而成,为中国著名渔区,居民多业渔,食米亦恃外来,为数在十万市石以上。鄞县、镇海人民,习于懋迁,向不重视农业,加以人口繁庶②,经济充裕,故

---

① 以民二十四年情形为准,余类推。
② 鄞县每方公里人口密度为472,镇海为546。

输入外米已历有年所，宁波年需四十万市石，鄞县乡区年需三十万市石，镇海年需二三十万市石。这几个地方的缺米数量总计一百五十万市石，连同区内他地零星缺米数量，全区缺米数量当在一百七十余万市石。

宁波是本区的运销中心，全区缺米大部分由此输入接济。兹将最近四年宁波米谷输入数量列如下表：

近年来宁波市米谷输入数量（市石）

年　别	白　米[1]	糙　米[2]	稻　谷[3]	共　计[4]
民二一年	642 094	10 000	600 000	951 094
民二二年	391 876	10 000	800 000	800 876
民二三年	1 095 692	30 000	400 000	1 322 692
民二四年	1 837 624	88 000	536 000	2 184 824

附注：1. 根据海关贸易册及宁波米业同业公会估计折算。

2. 根据宁波米业公会估计。

3. 民二十一至二十三年根据各方综合的估计，民二十四年度根据宁波米业同业公会及米店业同业公会估计。

4. 糙米稻谷均折成白米。

最近四年宁波米谷输入数量变动甚剧，其原因乃由于区内和区外赖以转运地方稻产的丰歉。一般言之，宁波米谷输入数量，平常年约为一百万市石，丰年约为八十万市石，歉年则为二百万市石。

关于宁波米谷的来源，稻谷来自鄞县、镇海、慈谿及奉化乡区，糙米来自台州各地，至于白米来源则较为复杂。可大别为外洋、外埠及本省①三种，兹将最近四年白米来源分析于下：

---

① 来自外埠之白米中，有温州米，理应归入本省米，但因国内通商口岸贸易统计不分关别，无从查悉其数量，故未变更。

近年來寧波市白米來源之分析(市石)

年　別	自外洋[1]	自外埠[2]	自本省[3]	共　計
民二一年	634 607	7 487	30 000	672 094
民二二年	—	341 876	50 000	391 876
民二三年	677 302	298 390	120 000	1 095 692
民二四年	1 396 264	191 360	250 000	1 837 624

附注：1. 根據海關貿易冊折算。

2. 根據海關貿易冊折算。

3. 根據寧波米業同業公會估計。

寧波輸入白米，以來自外洋爲最多，變動最劇，民二十二年無顆粒進口，而民二十四年則達一百四十萬市石之巨額。來自外埠及本省者數量較少，但每年變動亦甚可觀，其原因，除寧波區之豐歉及洋米之傾銷可作一部分解釋外，實由於各省及本省各地禁米出境之影響。自民二十四年行政院通令各省勿得禁米出境以來，外埠及本省來米頓呈活躍。

來自外埠之米有來自上海、鎮江、南京、長沙、蕪湖及溫州等種，來自本省之米有台州、象山、寧海等種，至於來自外洋之米，種類及數量列如下表：

近年來寧波市洋米來源之分析(市石)

年　別	香港	安南	暹羅	緬甸	共　計
民二一年	—	5 530	824	628 253	634 607
民二二年	—	—	—	—	—
民二三年	108 542	393 707	175 053	—	677 302
民二四年	—	344 827	895 528	155 909	1 396 264

前已述及，民二十四年寧波輸入白米計1 837 624石，糙米計88 000石，稻穀計536 000石。輸入後，稻穀全部碾成白米，糙米則不經任何加

工程序，故寧波銷售之米糧，白米計2 105 624石，糙米計88 000石。茲根據寧波米業公會估計，列示寧波食糧之銷路如下表：

民二十四年寧波食米銷售之分析（市石）

銷售地	白　米	糙　米
本地	430 000	—
鄞縣鄉區	300 000	—
鎮海（包括鄉區）	30 000	—
上虞、餘姚、慈谿、北部沙鹽地帶	140 000	—
定海（定海縣城、岱山、沈家門）	100 000	—
奉化（包括鄉區）	100 000	—
餘姚縣城	53 000	—
上虞（包括鄉區，但北部沙地除外）	16 400	5 000
嵊縣（包括鄉區）	11 000	7 000
新昌（包括鄉區）	8 000	5 000
紹興（包括鄉區）	104 000	71 000
共　　計	1 292 400	88 000

關於寧波白米之銷數，米業公會估計較吾人前述之數約低800 000石。茲略作詮釋於下：

1. 據海關統計，民二十四年寧波輸出至中國各通商口岸（大部分至上海）之白米數量約爲182 848市石，此爲寧波設關以來罕見之現象，米業公會估計則未計入。

2. 寧波海關另在鎮海設有分卡，鎮海需米可直接輸入，不必經過寧波，此項直接輸入數約計二三十萬石，但在海關統計上，寧波與鎮海并不分開，故吾人前列之寧波經由海關輸入白米數量未免偏高。

3. 米業公會估計，寧波銷售定海、沙鹽地帶、鄞縣鄉區數量，經與各方商討，咸認過低。

寧波米穀移動已如上述。茲剔除寧波與區内各地之米穀移動數量，求得寧波對外區，外省及外洋之米穀移動之數量如下（以民二十四年情形爲準）：輸入方面，洋米計1 396 000石，外省米計164 000石，外區米計300 000石，共計1 860 000石；輸出方面，至外省計183 000石，至外區計168 000石，合計351 000石；出入相抵，净輸入爲1 508 000石。

區内有少數地方與外區直接發生米穀移動關係，不必經過寧波，此等數量究有若干，因調查地方有限，多係概數。定海、新昌、嵊縣、餘姚（沙鹽地除外），由外區輸入合計45 000石，輸出至外區合計25 000石，净輸入爲20 000石。餘姚、上虞、慈谿北部沙鹽地帶由外區（杭嘉湖三屬，尤以來自硤石者爲多），輸入者約計200 000石，并無輸出。

爲清晰起見，兹將民二十四年寧波區米糧對區外移動及虧欠情形列表説明如下：

民二四年寧波區米糧之輸出入及盈虧（市石）

	外 區	外 省	外 洋	合 計
輸 出	193 000	183 000	—	376 000
輸 入	545 000	164 000	1 396 000	2 105 000
盈(+)或虧(−)	−352 000	+19 000	−1 396 000	−1 729 000

IV. 紹興區

本區包括紹興、蕭山、諸暨三縣，人口稠密①，食米消費甚巨，爲浙江兩大缺米地域之一。具體言之，本區北部是一片沙地，饒有棉産之利，食米完全仰給外來。本區中部，即運河流域，土質水利均稱良好，但因市鎮發達，人口繁庶，所産仍不敷所需。蕭紹兩縣南部及諸暨全縣係多山地帶，物産以竹、木、茶等爲大宗②，經濟富裕，亦須輸入大量

---

① 紹興縣每方公里人口密度爲617人，蕭山爲536人，諸暨爲272人。
② 紹興平水係著名茶區。

食米。各地缺米數量，以沙地爲最多，運河流域次之，山地最少，共計一百三十萬石左右①。

本區交通發達，市鎮林立，因之市場分化，難以確定一個運銷中心，幸本區米糧移動幾全部經過江壩②，得有綫索可尋。茲舉其主要移動路綫如下：

一、紹興、蕭山兩縣經聞家堰、團頭、新壩、義橋及臨浦（所謂錢塘五壩）。過塘之輸入，以民二十四年爲準，食米（籼米、粳米及其製成品）計960 000石，其中來自外區者爲蘭谿400 000石，金華225 000石，湖墅105 000石，硤石100 000石，合計830 000石，來自外省者（上海）計130 000石；糯米計75 000石，其中來自外區者（金華、蘭谿、嵊縣）計15 000石，來自外省者（丹陽、溧陽、無錫、上海、南京等地）計60 000石。

二、紹興、蕭山兩縣北部沙地經海寧過塘之輸入——食米約計100 000石，來自硤石及海寧鄉區。

三、紹興東部經曹娥江過塘之輸入——食米約計25 000石，來自外區。

四、諸暨縣城經閘口過塘之輸入——食米約計100 000石，來自外省（上海）。

五、臨浦經閘口過塘之輸入——食米約計40 000石，來自外省（上海）。

綜上所述，紹興區過塘輸入之米糧數量，食米共計1 225 000石，其中來自外區者計955 000石，來自外省者計270 000石，糯米共計75 000石，來自外區者計15 000石，來自外省者計60 000石。如將過塘輸入之食米與糯米合計，連同臨浦不經過塘由外區輸入60 000石之數，則總計紹興全區米糧輸入爲1 360 000石。

---

① 以民二十四年爲準；另據紹興中國銀行估計，民二十四年紹興一縣缺米912 000石。

② 關於江壩之性質與功用，見本書第五章第三節。

本區米糧輸出有限，運往外區者總計不過30 000石。

茲將民二十四年紹興區米糧移動及虧欠情形列表於下：

民二四年紹興區米糧之輸出入及盈虧（市石）

	外 區	外 省	合 計
輸 出	30 000	—	30 000
輸 入	1 030 000	330 000	1 360 000
盈(+)或虧(-)	-1 000 000	-330 000	-1 330 000

上述本區米糧移動，均係指民二十四年情形而言。至民二十四年以前之移動情形，在移動方向上，常年及豐年均恃金華、蘭谿、湖墅、硤石來米，歉年則更須仰給外省米（包括外省產米及由外省轉運之洋米）；在數量上，歉年須輸入一百三十萬石左右，常年及豐年亦須輸入一百萬石之譜。紹蕭市鎮發達，北部為沙地帶，不宜稻作，故其稻產之豐歉影響輸入不大。

V. 金蘭區

本區以金華、蘭谿為食糧轉運中心，包括金、嚴、衢舊屬各縣①。嚴屬各縣及衢屬西北部，山脈縱橫，土地磽瘠，不宜稻作，盛產雜糧；金屬各縣及衢屬東南部，土質與水利較優，米產較為豐富。本區人民的消費，多以雜糧代替米糧，海年能節省大宗食米運銷區外，故本區得成為浙省餘米最多之區域。

金華、蘭谿為本區食米出口必經之地，除少數市場直接與外區或外省有輸出入關係外，悉皆先集中該二市場，再行轉運出口。二十二年杭

---

① 金屬縣份為：金華，蘭谿，東陽，義烏，永康，武義，浦江，湯溪；衢屬縣份為：衢縣，龍游，江山，常山，開化；嚴屬縣份為：建德，淳安，桐廬，遂安，壽昌，分水。

江路①通車以後，蘭谿轉運數量大減，金華轉運數量大增；二市場雖一消一長，而其轉運總數仍與通車前無多大差異。茲就金華、蘭谿二市場分別敘述如下：

金華爲浙江新興的市場。在杭江路通車以前，本區食米出境專賴水運，金華水路交通遠不如蘭谿之便，故食糧交易亦遠遜之。迨通車以後，金華爲一要站，米糧營業突盛，蘭谿一部分生意爲其所奪。"旱碼頭"的金華大有將與"水碼頭"的蘭谿相頡頏之勢。年來金華米糧生意之發展，可由下表見之：

近年來金華米糧[1] 運出入數量的變遷（市石）

年　　別	運　入[2]	運　　出
民二一年	115 000	125 000
民二二年	110 000	130 000
民二三年	132 000	150 000
民二四年	270 000	283 000

附注：1. 本表所謂米糧指白秈米而言。

2. 運出多爲白秈米，運入中白秈米占五分之四，秈稻占五分之一，本表未將秈稻列入，故運入數較運出數爲小。

民二十四年，金華運入白秈米共270 000石，其中來自武義者占20%，來自永康者占10%，來自義烏者占5%，來自本縣四鄉者占20%。此外同年運秈稻共100 000擔，完全來自本縣四鄉。如將秈稻按七成折成米，計70 000石，合計民二十四年金華運入米糧共340 000石。其中除15%係供本城消費外，餘均運銷外區，計紹屬（包括紹興、蕭山、臨浦、義橋、聞家堰、柯橋等地）占70%，沿江各縣（包括建德、新登、桐廬、乍溪、富陽、杭縣、杭市等地）占15%。運出中，除極少

---

① 自杭州至江山，今爲浙贛全路之一段。

数为籼稻外（民二十四年运销绍属数量中有籼稻50 000担），均为白籼米。

兰谿上接衢港，下凭兰港，至建德后复与徽港合流而为钱塘江，经由桐庐、富阳诸县而达杭州，水利之便，商业之盛，为浙中诸市冠。因此金、衢属余米之输出，绍属米商之采运，皆因交通之便，麇集于此，而蔚成浙中之一大食粮转运中心。唯杭江路通车后，沿綫诸镇凭车运之便，粮食交易渐兴，本镇米市遭受打击颇重。如民二十一年与民二十二年，本镇米粮转运额均为700 000石，至民二十三年减为540 000石，至民二十四年又减为500 000石，较通车前减低约30%。虽然如此但就目前情形论，兰谿固仍居本区米市之首要地位。

民二十四年兰谿运入米粮，计白籼米440 000石，籼稻175 000担，如将稻按七成折米，合122 500石，两共562 500石，白籼米主要来源为金华、武义、龙游、衢州、永康及本县四乡，次为义乌、汤溪、江山、常山诸地；籼稻主要来源为本县乡镇，次为金华，他处则因路程遥远，运谷甚费，故无来货。运入米粮总额中，供本镇消费者约六万余石，余500 000石运销外地，计绍属（包括绍兴、萧山、临浦、义桥、柯桥等地）400 000石，沿江各县（包括建德、桐庐、乍溪、富阳等地）60 000石，杭州（包括杭市及乡镇）40 000石。运出米粮均为加工后的白籼米。

除金华、兰谿外，本区较大市场尚有：衢州、严州（建德）、淳安、武义、永康等，唯其中除衢州与外区间有小额交易外，其他诸地，有余多运销金华、兰谿，不足亦多向该二市场采购，与区外关系甚鲜；故不加叙述。

如将区内的移动额删除，总计民二十四年本区输出外区米粮共742 000石，输出外省者无；自区外输入甚少，本年仅衢州自上海输进白米8 000石，但可视为例外。自输出中减除此小额输入，计本区净输出额为734 000石。兹列表于下：

民二四年金蘭區米糧之輸出入及虧盈（市石）

	外 區	外 省	合 計
輸　　出	742 000	—	742 000
輸　　入	—	8 000	8 000
盈(+)或虧(-)	+742 000	-8 000	+734 000
總　　計	+742 000	-8 000	+734 000

VI. 台州區

台州區包括舊台屬臨海、黃巖、溫嶺、寧海、天台、仙居六縣，其中溫嶺、黃巖兩縣，土質水利均稱良好，故人口雖密①，每年食米仍多剩餘，天台、仙居兩縣多山，生產環境惡劣，賴人口之稀少及雜糧之調劑，只須由溫、黃二縣運入少量食米，至於臨海、寧海兩縣情形則介乎兩者之間，生產環境及人口密度均屬平常，食米差足自給，豐年且有輸出。就全區言，本區實爲食米有餘區域，對於外區外省之米糧移動，只有輸出，而無輸入。

本區餘米輸出口岸有四：一、海門，二、寧海，三、松門，四、金青港。茲將各口岸對外區外省米糧輸出數量列示於下。

觀下表，可見海門爲台州區最主要之輸出口岸，亦爲本區之運銷中心，故特提出敘述之。

民二四年台州區米糧之輸出

	由海門輸出	由寧海輸出	由松門金青港輸出	合 計
至外省	160 000	25 000	50 000	235 000
至外區	260 000	25 000	50 000	335 000
總　計	420 000	50 000	100 000	570 000

---

① 溫嶺人口密度每方公里爲453人，黃巖爲373人。

海門扼椒江之口，交通便利，沿靈江、始豐溪及永安溪可通臨海、天台及仙居等縣，沿永寧江可通黃巖，沿東官河可通溫嶺，更有輪船多艘往來於上海、寧波、溫州等埠。海門貿易以米爲大宗。民二十四年海門米糧輸入，白米計爲45 000石，糙米計爲94 000石，稻穀計爲234 000石。白米多來自附近鄉區，糙米、稻穀則大部來自澤國及其附近鄉區，小部來自黃巖鄉區。輸入糙米稻穀均經加工。民二十四年海門對外區外省白米輸出約計210 000石（其中運往上海者約計130 000石，運往寧波者約計70 000石）。黃巖溫嶺各地餘米另有一部分在海門過壩（但不經過海門市場）徑運上海寧波等地，其數量約與海門市場外銷者相埒；故經海門輸出白米總數在420 000石左右。

過去黃巖、溫嶺米禁嚴厲，客商采米，須先向省府或地方軍事長官請照，延稽時日，弊端叢生，故除松門、金青港稍有偷漏外，餘米輸出極屬有限。自民二十五年初浙省府制定食糧進出口登記辦法以來，凡持有縣市政府核發之輸運證者，在核准數額內可自由采辦，米糧交易頓呈活躍。預計民二十五年台屬各縣之輸出至少能增加一半。

VII. 溫處區

本區包括溫屬六縣及處屬十縣。溫屬六縣爲永嘉①、樂清、瑞安、平陽、玉環、泰順。處屬十縣爲麗水②、雲和、景寧、青田、宣平、遂昌、龍泉、松陽、縉江、慶元。甌江橫貫區內，構成這廣袤區域的交通綫。

以地形言，永嘉、瑞安、平陽、樂清較多平原，玉環爲一小島，餘縣則盡屬山地。各縣物產分布之勢於是形成。永嘉、瑞安、平樂、樂清盛產稻米、紅茶，玉環坎門爲浙江兩大漁區之一，其他各縣物產則以山貨（如木材、香菇等）爲大宗。以人口密度言，玉環、平陽、樂清每方公

---

① 即溫州府治所在地，舊稱溫州。
② 即處州府治所在地，舊稱處州。

里在三百人以上，瑞安、永嘉在二百人以上，麗水、縉雲在一百人以上，其他各縣均在一百人以下，如慶元一縣，密度不過四十七人而已。以消費習慣言，溫屬各縣均食米，處屬各縣則兼食雜糧番薯之類。在此等情況下，各縣米糧盈虧乃有不同。溫屬六縣樂清、永嘉、平陽、瑞安有餘，玉環、泰順則感不足。玉環恃樂清接濟，泰順則恃瑞安。處屬十縣松陽餘米最多，龍泉、遂昌、景寧等縣仰給之。麗水、宣平、縉雲差足自給，有時尚稍有餘。青田因毗連永嘉，缺米全賴溫州供給。慶元、龍泉因與福建交界，龍泉由浦城輸入，慶元則由浦城、松溪、政和輸入。

前面說過，甌江是本區的交通綫，所以位居甌江之口的溫州便成了本區米糧的運銷中心。溫州一方面由本縣（即永嘉）四鄉及樂清、平陽、瑞安等縣鄉區輸入米穀，供本市消費與轉運福建及處屬各縣之用，一方面又在樂清采辦米糧（多屬糙米）經磐石過塘徑運外省外區。以民二十四年爲準，輸入數量，白米計37 000石，稻穀計624 000石，輸出數量，折成白米計120 000石，茲剔除區內移動，求得溫州對外省外區輸出數量爲253 000石，其中輸出至外省（大部分運往福建）165 000石，輸出外區（大部分運往寧波、定海）88 000石。

民二十四年，溫州未從外洋外省及外區輸入米糧。民二十四年以前的情形有如下表所示：

歷年甌海關洋米國米之輸入數量（市石）

	洋 米	國 米	總 計
民一四年	—	250	250
民一五年	—	258	258
民一六年	27 218	15 516	42 734
民一七年	257	22 810	23 067
民一八年	43 279	132 443	175 722
民一九年	259 845	346	260 191
民二〇年	—	—	—

續表

	洋米	國米	總計
民二一年	262	35	297
民二二年	—	133 055	133 055
民二三年	—	36 979	36 979

甌海關輸入可視作溫州輸入，因海門及古鰲頭兩分卡幾無顆粒輸入故。觀上表，溫州歷年洋米國米輸入數量極不規則，尤以洋米為甚。大體言之，除歉年外，溫州無須輸入洋米，國米輸入亦不致超過四萬石。

除溫州外，鰲江對外省外區亦有相當數量之輸出，為數126 000石，其中輸出至外省41 000石，輸出外省85 000石。

以上所述，乃溫處區對外米糧輸出之情形。至於由外輸入方面，僅有由外省（福建浦城、松溪、政和等縣）輸入20 000石之數。茲列示溫處區對外米糧移動數量於下：

民二四年溫處區米糧之輸出入及盈虧（市石）

	外區	外省	合計
輸 出	173 000	206 000	379 000
輸 入	—	20 000	20 000
盈(+)或虧(-)	(+)173 000	(+)186 000	(+)359 000

在米糧的流通上，過去本區與台州區受同樣之限制。自食糧進出口登記辦法實施以來，米糧流通漸入正軌，本區對外輸出數量當有超過400 000石之可能。

Ⅷ. 全省移動概述

各區米糧移動情形已分析如上。綜觀全省之米糧移動，可分為對外省與對外洋兩方面。民二十四年，對外省方面：輸入1 718 000石，其中以來自江蘇、安徽者最多,來自湖南經由上海轉運者次之,來自江西經由浙贛路甚少。輸出810 760石,其中以運往上海、福建者居多,間有運往天津與江西者。出入相抵,計本省由外省的淨輸入額爲907 240石,對外洋方面,僅有輸入而無輸出;民二十四年經由寧波(浙海關)輸入洋米共1 396 000石。兩者合計浙江淨輸入額爲2 303 240石。茲將各區與省外輸出入關係列表於下,以見全省之米糧移動情形。

民二十四年浙江米糧對外省輸出入數(石)[1]

區 名	輸 入	輸 出	淨輸入(−)出(+)
嘉興區	338 000	86 760	−251 240
杭湖區	858 000	—	−858 000
寧波區	1 560 000	183 000	−1 377 000
紹興區	330 000	—	−330 000
金蘭區	8 000	—	−8 000
台州區	—	335 000	+335 000
溫處區	20 000	206 000	+186 000
總 計	3 114 000	810 760	−2 303 240

附注:1. 除寧波區輸入數中有1 396 000石,係從外洋輸入外,餘均係外省輸入;輸出均爲對外省。

第二節 其他食糧

Ⅰ. 麵粉

浙江小麥產量不多,每年所出麵粉有限;且除寧波、紹興二地設有大規模的麵粉廠外,其餘各地均係舊式的土磨坊,因之本省消費的麵粉,大都仰給外省,主要來源爲上海、無錫兩處。綜合各方估計,民二十四年浙江自外省輸入麵粉共1 335 000包，其中減去轉運外省之少數，計本省麵粉淨輸入額爲1 293 000包。

浙江的麵粉轉運市場，較大者爲杭州、寧波、湖州、蘭谿、溫州五處，其中寧波且兼具麵粉製造市場之性質。此外如硤石、南潯、菱湖、泗安、金華、紹興、鎮海、海門、鰲江等則爲次級的麵粉市場，除向上述五市場販運外，與外省亦有來往，紹興且兼營麵粉製造，唯產額不大。茲就此諸市場的麵粉輸出入情形略加分析，最後并綜合而論全省的盈虧。

（1）杭州　本市每年對於麵粉的需要極巨。就交通言，麵粉自無錫或上海運入時，無論用輪船帆船或火車，例須先抵達本市之拱宸橋，然後換車或換船轉運於內地。因之本市遂成爲麵粉之一大輸入兼轉運市場，而拱宸橋又成本市的粉市中心。民二十四年本市麵粉運入額爲565 000包，就各年比較，知運入額有與年俱增之趨勢。來源地主要爲上海與無錫，至民二十四年始有小額自鎮江輸入。詳如下表：

近年來杭州麵粉運入來源地之分析（包）

年　別	上　海	無　錫	鎮　江	合　計
民二〇年	215 000	175 000	—	390 000
民二一年	205 000	260 000	—	465 000
民二二年	205 000	260 000	—	465 000
民二三年	260 000	285 000	—	545 000
民二四年	260 000	240 000	65 000	565 000

材料來源：根據麵粉業綜合的估計。

杭州麵粉的銷路，就民二十四年情形而言，主要的爲本城，占五分之一強；其次爲蘭谿、紹興、衢州、湖州，各占十分之一左右，此外市場銷額均較小。轉銷外省者，僅江西之12 000包，無足輕重。

民二十四年杭州麵粉運銷地之分析

運銷地點	數量(包)
本市：城　　內	206 200
本省：蘭　　谿	69 750
紹　　興	57 100
衢　　州	51 800
湖　　州	48 000
金　　華	32 400
諸　　暨	19 150
桐　　廬	19 150
塘　　棲	16 400
嚴　　州	13 900
雙　　林	12 000
蕭　　山	7 150
外省：江　　西	12 000
總　　計	565 000

（2）寧波　本市為一加工兼轉運市場。民二十四年本市自出麵粉計600 000包，自上海運入者345 000包[①]，自鎮江運入者40 000包，共計985 000包。自產及運入麵粉除供本市消費外，并運銷慈谿、奉化、象山、定海、鎮海、台州、海門、紹興、蕭山諸地。據估計，麵粉用途：製麵占40%，製燒餅、包子占30%，製醬、糕點占30%。

（3）湖州　本城為輸入市場，而附有轉運的功能。本城人口密集，而城鄉居民多兼織綢副業，食用點心、糕餅者較多，故對於麵粉之需要亦較大。民二十四年，本城運入麵粉數量共計400 000包，其中80%以上係直接來自上海，計330 000包；此外直接來自鎮江者計20 000包；托杭州代辦者計50 000包。銷路主要為本城，占80%；其次為鄰近各縣鎮；

---

① 包括鎮海自上海運入數。

轉運於外省者爲數甚少，僅廣德有20 000包。見下表：

民二十四年湖州麵粉運銷地之分析

運銷地點	數　量（包）
本城：	320 000
本省[1]：長　興	20 000
泗　安	15 000
安　吉	13 000
孝　豐	12 000
外省：廣　德（皖）	20 000

附注：1. 包括各縣鄉鎮。

（4）溫州　本城完全爲一轉運市場，一方面憑藉海運之便，自外輸入麵粉，一方面應內地之需要，分銷各縣鎮。民二十四年，本城運入麵粉共100 000包，來源全爲上海。其中除十分之一供本城消費外，餘均運銷內地：計麗水最多，32 000包；龍泉次之，15 000包；其餘縣分均較少，計景寧10 000包，松陽、縉雲各8 000包，青田7 000包。

（5）蘭谿　本城爲浙江中部的麵粉轉運市場。民二十四年運入數額達150 000包，其中直接來自上海者爲80 000包，托杭州代辦者爲70 000包。運銷地爲本城及鄰近縣鎮。

（6）其他市場　除上述主要市場外，其他均爲次級市場，前已略舉其名。合此諸市場言之，計輸入麵粉數額：自上海來者158 000包，自無錫來者26 000包，共184 000包。除經由泗安輸出廣德（皖）10 000包外，餘均係供本省各地消費。

綜上所述，民二十四年，浙江自外省輸入麵粉共1 664 000包，輸出外省者共42 000包，輸出入相抵，計本省淨輸入爲1 662 000包。詳見下表。

民二十四年浙江麵粉對外省之輸出入數(包)

	外省輸入	輸出外省	淨輸入(-) 輸出(+)
杭州	565 000	12 000	-553 000
寧波	385 000	—	-385 000
湖州	350 000	20 000	-330 000
溫州	100 000	—	-100 000
蘭豀	80 000	—	-80 000
其他市場	184 000	10 000	-174 000
總計	1 664 000	42 000	-1 622 000

II. 雜糧

雜糧種類繁多，數目零星，難以統計，故其移動，較之米糧與麵粉，尤難追索。浙省所產雜糧，有小麥、大麥、黃豆、蠶豆、綠豆、青豆、黑豆、白豆、玉蜀黍等類；但交易數額較大，且與外省發生移動關係者僅小麥、黃豆、蠶豆三種，故本文之分析亦以此三者為主；其他雜糧略附及之。

(一) 省內各地的移動

浙江雜糧市場，大者有七，即杭州、寧波、溫州、東關、平湖、湖州、蘭豀。隨各該市場及其周圍環境之供需情形，可分為輸入市場，輸出市場及集散市場三種。茲就此數市場，分述雜糧之移動情形。

(1) 杭州　本市為雜糧輸入市場。民二十四年，小麥輸入額為28 000石，其中來自上海者20 000石，來自富陽及杭縣四鄉者8 000石。黃豆輸入額為25 000石，計來自上海者15 000石，來自四鄉者10 000石。蠶豆運入額為20 000石，均來自杭縣及鄰縣各鎮鄉。

(2) 寧波　本市亦為雜糧輸入市場。三種雜糧中，以小麥輸入額最大，民二十四年為570 000石；其中來源主要為江蘇省(包括高郵、鎮江、無錫、徐州等地)，計500 000，次為餘姚、紹興及鄞縣四鄉，共70 000石。本市有大規模的麵粉廠，對小麥之需要甚大，故小麥輸入額之巨，爲全省各市場冠。除小麥而外，黃豆在民二十四年運入額爲67 000石，來自外省（包括高郵、鎭江、崇明、牛莊、漢口等地）者計65 000石，餘2 000石來自紹興與上虞。蠶豆在同年運入額爲62 000石，均來自上虞、餘姚、慈谿等鄰近縣分。

（3）溫州 本城輸入雜糧供本市場消費。民二十四年小麥運入額爲75 000石，來源主要爲本縣南溪鎭，次爲樂淸、瑞安兩縣。黃豆運入額爲94 000石，來自上海者50 000石，來自本縣西溪、南溪及鄰近縣分共44 000石。蠶豆運入額極微，僅8 000石，全來自瑞安。

（4）東關 本鎭爲紹興大市場之一，爲雜糧輸出市場，凡四鄉所餘雜糧，多先集中本鎭再運銷外地。民二十四年，各種雜糧的交易額，計小麥24 000石，運銷地爲寧波、蕭山及紹興城鄉。大麥12 000石，一部供本鎭消費，一部運銷紹興城區。靑豆48 000石，運銷寧波、餘姚、蕭山、紹興等地。玉蜀黍36 000石，運銷寧波、餘姚及紹興城鄉。

（5）平湖 本城收集四鄉雜糧，輸往外地，故爲一雜糧輸出市場。民二十四年，輸出雜糧，計黃豆20 000石，蠶豆15 000石，均運往上海。

（6）湖州 本城爲浙西最大的雜糧轉運市場，一方面自江蘇及鄰近縣鎭運入大量雜糧，一方面除供應本城消費外，復轉運附近市場。民二十四年轉運數額，計蠶豆50 000石，其中來自蘇屬崑山、太倉者44 000石，來自本地四鄉者6 000石；黃豆26 000石，其中來自蘇屬奔牛、呂城者22 000石，來自本地四鄉者4 000石；小麥6 000石，均來自鄰近縣鎭安吉、孝豐與荻浦。輸入之雜糧除供本城需要外，均銷售於泗安、長興、南潯、菱湖、梅溪等市場。

（7）蘭谿 本城爲浙江中部的集散市場，附近各縣如武義、龍游、衢縣、湯溪均盛產雜糧，每年餘額，均先集中蘭谿，然後轉運外地。民二十四年轉運數額，小麥爲20 000石，來源爲衢縣、常州、龍游及本地四鄉，銷路爲金華、紹興、杭州等地。大麥爲10 000石，來源同小麥，全供本地鎭鄉消費。黃豆5 000石，來源爲武義、龍游、衢州及本地四鄉，運往地爲紹興、杭州。靑豆爲20 000石，來源同黃豆，銷路爲紹興及本地鎮鄉。黑豆亦爲20 000石,來源爲本地四鄉,運往地爲紹興。

此外各市場,無論規模大小,均有雜糧之交易,特以數目零星,踪迹無定,不易統計。其與省外發生交易關係的市場,主要者有硤石、嘉興、南潯、菱湖、新塍、諸暨等市場,運銷數額容後述之。

(二) 省際移動與盈虧

浙江雜糧對省外貿易亦爲入超。其中小麥數量居首,黃豆次之,蠶豆最小。

小麥　就省際貿易言,浙江小麥祇有輸入,而無輸出。前已述及,浙江向省外輸入小麥數額,以寧波最巨,民二十四年計500 000石。此外僅杭州同年向省外輸入20 000石。兩者合計,民二十四年浙江小麥向外省淨輸入額爲520 000石。

黃豆　浙江向省外輸入之黃豆,多來自江蘇產地市場,民二十四年輸入額達170 000石。輸出方面。僅平湖、硤石於同年運往上海共25 000石。輸出入相抵,計民二十四年浙江向省外淨輸入黃豆數額爲145 000石。各市場與外省之交易關係可詳下表。

民二十四年浙江黃豆對省外之輸出入數(市石)

市　場	輸　入	輸　出	淨輸入(-) 　輸出(+)
寧　波	65 000	—	-65 000
溫　州	50 000	—	-50 000
湖　州	22 000	—	-22 000
平　湖	—	20 000	+20 000
杭　州	15 000	—	-15 000
南　潯	10 000	—	-10 000
硤　石	—	5 000	+5 000
諸　暨	5 000	—	-5 000
長　興	3 000	—	-3 000
總　計	170 000	25 000	-145 000

蠶豆　浙江與外省的蠶豆交易額甚微，不過數萬石。輸出數雖不足以抵消輸入數，但二者相差有限。蠶豆省外來源亦為江蘇產地市場，均運往上海。各市場之移動數字見下表。

民二十四年浙江蠶豆對外省之輸出入數（市石）

市　　場	輸　　入	輸　　出	淨輸入(－)出(＋)
湖　州	44 000	—	－44 000
平　湖	—	15 000	＋15 000
王　店	—	10 000	＋10 000
硤　石	—	5 000	＋5 000
新　塍	—	3 000	＋3 000
嘉　興	—	1 000	＋1 000
南　潯	1 000	—	－1 000
菱　湖	1 000	—	－1 000
總　計	46 000	34 000	－12 000

第三章 運銷機能總述與運銷準備

第一節 運銷機能總述

運銷機能(marketing functions)是研究運銷機構的中心。我國研究食糧運銷，向以媒介商或其他從業者爲叙述中心。以運銷職能爲研究中心者，實以本所《福建省之食糧運銷》①一書開其端。以媒介商爲研究運銷機構的中心，缺點有四：第一，忽視農民、地主、囤戶及其他非商業組織而參與運銷過程的份子；第二，我國市場規模狹小，每個媒介商須兼盡數種職能，如以媒介商爲研究中心，則各種職能勢必錯綜交雜，不能得到一整個的清晰概念；第三，從公經濟的觀點言，研究運銷，應以檢討運銷機構所盡的役務及其所發揮的功用爲着重點，此種役務與功用，存在於任何經濟組織之中，至於媒介商之任務，則隨經濟制度之更易而有變遷，若以之爲研究中心，實爲捨本逐末；第四，一般以媒介商及其他從業者爲叙述中心者，多僅注意其組織與活動，甚且列舉并臚述經營者之姓名家世，而於其經營效率，則略而不論，此固由於材料之困難，但研究觀點未弄清楚，亦爲主因。本書特以運銷職能爲主要研究對象，其中固不免涉及各媒介商之組織與活動，但其着重點仍爲運銷機能。

按傳統的分類法，運銷機能可分爲：購集(assembling)，加工(processing)，分級(grading)，包裝(packing)，運輸(transportation)，儲

---

① 巫寶三，張之毅：《福建省之食糧運銷》，本所叢刊第十一種，二十七年五月商務印書館出版。

藏（storage）、出售（selling）、資金通融（financing）、風險負擔（risk-undertaking）等項。其中，購集原爲出售之另一方面，故本書將購集與出售二者并稱爲交易。分級與包裝，學者或視爲運銷輔助機能（auxiliary marketing function）①，或合稱爲"運銷的準備"（preparation for marketing）②；唯在我國，則因分級籠統，包裝簡陋，故本書仍宗第二説，視其爲運銷的準備工作，并先予論述。風險負擔，一般言之，可分爲兩類：一爲價格變動風險，二爲運輸途中風險，本書爲便於叙述計，將其分別歸於交易與運輸兩項討論。儲藏與資金通融，原應單獨叙述，但因浙江儲藏機關，多兼理資金通融業務，而金融機關之儲押放款，亦附帶的盡了儲藏職能，爲表示二者關係之密切起見，特并於一章述之。綜合而言，本書係按浙江的實際情形，將食糧運銷機能分爲運銷準備、加工、運輸、儲藏與資金通融、交易等項。運銷準備在本章叙述，其他各項則依次設專章分論之。

在叙述各項機能之先，爲給讀者一概略的觀念，特先就浙江的食糧運銷機構作一總括的討論。

一般的説，浙江的食糧運銷機構，在我國各省中算是較進步的，這由水運之利便，鐵道公路之興起，儲押倉庫之推廣，機器加工之盛行，以及分級之略具端倪，市場消息之相當靈活等等可以表現。但細加分析，浙江的食糧運銷機構實仍未脱去"常規運銷"（regular marketing）的型式，一方面分工不細，同一商人須擔任各種職能，另一方面重疊混淆，同一職能須由各類商人與農人分擔，結果造成零星散漫，規模狹小的運銷系統，且因商人數目衆多，經營效率低微，遂加重運銷成本，并增高消費者的付出，減低生産者的收入。這與理想的所謂"計劃運銷"或"整化運銷"（planned or integrated marketing），相去實遠。

浙江食糧運銷機構的不健全，可從農人及商人兩方面來觀察。從農

---

① J. E. Boyle: Marketing of Agricultural Products, p. 187.
② J. T. Horner: Agricultural Marketing, p. 30.

民立場言，其缺點爲：

1. 農人對於所出售的糧貨，向未劃分等級，包裝亦甚粗疏，因而既不能混合裝運，復不能采用混合儲藏或抵押。

2. 農家加工設備多爲舊式的人力或畜力工具，出米比率甚低，且易成碎米。

3. 農家儲藏設備極爲簡略，鼠嚙蟲蝕，使食糧損耗甚大。

4. 一般農民多於收穫後，按其臨時的迫切需要，倉促的零星出售食糧。在此種場合，自難等待時機，且因數額零星，亦不能獲得善價。

5. 因爲農民出售數額微小，不能滿車或滿船裝運，故難運到距離較遠、規模較大或市價較高的終點市場出售，祇有出售於附近小型市場，聽憑當地糧商操縱。

6. 農民在市場上的講價力（bargaining power）極小，對於售價，幾全憑糧行決定。且糧行對於農民來貨的給價，慣行"定額價格制度"（flat price system），致使貨品較善者不能獲得較高價格。

7. 農民在春季向糧商賒米及借款還糧之事，近年來雖因市場金融之枯澀，糧商流動資金之困難，較前減少，但仍盛行於鄉鎮市場。農民因商場知識的缺乏及經濟地位的薄弱，除在價格上受春糧貴、秋糧賤的損失外，尚須負擔月利一分到二分的利息。

從商人方面言，浙江食糧運銷機構的缺點爲：

1. 中間人過多，糧貨總交易額不大，致每家交易額微小，結果擴大中間人費用（margin），轉而損及生產者與消費者的利益。例如浙西市場米行林立，杭市、寧波米店麇集，金華、蘭谿市架日增，浙東、餘姚穀牙龐衆，此種複雜情形，影響於運銷機構效能之降低者實大。

2. 包裝分級之職能，本以在產地市場完成最爲合理，但就浙江言，產地市場實未能完成此種職能，直到終點市場，始有按地區命名的粗略分級，至包裝則在整個運銷過程中都未被重視。

3. 就加工設備言，專營機關雖較農家爲完善與進步，但因每年使用時期有限，如第四章第四節所述，加工設備的利用程度，按加工額言，僅爲25%，換言之，四分之三爲浪費，其不合經濟原則，自不待言。

4. 糧商的儲藏設備雖較農家略勝一籌，但仍甚簡陋，蓋糧商兼營儲藏，常感力不勝任。專營的儲藏機關，近年來已漸增多，唯除一二個終點市場外，其他市場仍不多見。

5. 浙江的食糧運輸，在全國各省中雖屬較便利者，尤其是浙西區域及浙東沿海市場，水運之便可爲全國冠，但浙江内地各市場，則運輸之阻隔仍多，鐵道公路猶未能充分利用，各種運輸方式彼此亦未密切啣接與相互補救，此外，爲浙江獨有的過塘行制度，加重運銷成本甚巨（見第八章），應設法改進；至運輸上一切陋規，如攙水、偷竊等，更應嚴格防止。

6. 一般言之，糧商多優待買方，而虐待賣方。糧商對於出售者，特别是對於農民，莫不竭力壓低價格，且在浙西市場，即非委托交易，糧商亦常在價格以外，向農民徵收佣金。對於買方，招待無微不至，有時且給以回佣，每次所費頗爲可觀；"羊毛出自羊身"，結果都轉嫁於賣方。

7. 關於價格構成，除濱海及鐵路沿綫市場較爲靈通并合理外，内地各市場則因交通工具之缺乏，極爲遲鈍，且多在收買商獨占狀態下。再者，在批發市場上，買進多爲到貨交易（delivered sale），賣出多爲起運地交貨交易（F. O. B. sale）因之批發市場糧商卸却了運輸途中價格變動的風險，將其分别轉嫁於賣方的產地糧商及買方的零售商，終則由後二者復轉嫁於生產者與消費者。

8. 交易上的信任及資金通融，不是建築在堅固的商業基礎上，而完全基於鄉土及相識的情誼上，因此一遇商業及金融恐慌，糧商便相率虧累倒閉，糧業金融益爲枯竭。如近年來，因錢莊倒閉風潮的蔓延，糧商均感周轉不靈，賒欠交易極少，代理商的墊款期限亦大爲縮短，便是顯著的例子。

浙江食糧運銷機構之不健全已如上述。但政府如能對症下藥，銳意改革，亦不難導入較合理的途徑。如印度之經濟組織，較我尤爲落後，但近數十年來，北印關於農產品運銷方面，由於政府有計劃的設施，鐵道運輸代替了水運，官設倉棧代替了舊式儲藏，新式銀行參與了農產運銷金融工作，合作組織在運銷上已有了相當重要地位①，可為借鑑。浙江省府在最近數年來關於推廣糧食倉庫，擴大農民貸款，平定零售米價，加強同業組織，進行頗力，合作運銷方面，亦已見端倪②；惟一切在試辦期中，尚無顯著成效可言。

目前運銷機構之改革尚未整個推動，機構本身又太脆弱，自難應付非常事變與國外商品勢力的侵占。近年浙江糧業一般呈衰落狀態，細分其原因，不外：（一）絲業不景氣。浙西市場，米業與絲業，就經營主及所投資本言，均有極密切關係，故民十九年後絲繭價格慘跌影響米業甚大；且許多米行因大量賒米給織戶，無法收回貨款，虧累頗巨。（二）錢莊倒閉風潮。浙江錢莊多與絲繭業有密切關係，而絲繭業又與米業密切聯繫；故民二十年後錢莊發生倒閉風潮，糧商營業亦因周轉不靈，日趨衰微。（三）直接交易比例提高。年來因鐵道、公路之興築，直接出售與直接采購增加，有些轉運市場之糧業遂感衰落，如第一章所述蘭谿情形，即其顯例。（四）糧商囤積失敗。民十八年大荒，米價步漲，糧商認為有利可圖，競事囤積，孰料翌年洋米大量傾入，米價突跌，糧商虧累不堪，倒閉甚多。（五）洋米傾銷。洋米侵入，雖為荒年之特殊情形，但即在常年，洋米傾銷之結果，土米市場為其所奪，為害亦不淺。如溫、台米糧不能大量運銷寧波，主要原因即在競爭不過洋米。此數原因中，除第三項係循經濟發展之途徑，未可抑制外，餘均可賴政府力量予以有計劃的管理與改進，而於抵抗洋米傾銷一點尤應三致意焉。

---

① 參考 S. A. Husian：Agricultural Marketing in Northern India，chapt. V-Ⅶ，pp. 107-176，and chapt. Ⅺ，pp. 290-308.
② 在平湖有"米穀運銷合作社"18 社，共有社員 300 人，股金 1 538 元，二十四年運銷米糧額共 4 000 石；自二十五年起，合作社聯合會尚擬舉辦加工設備，自行碾製。在上虞有"豆棉運銷兼營合作社"2 社，一成立於二十四年十月，有社員 58 人，股金 315 元（繳足 126 元），一成立於二十五年七月底，股金尚未募足。

第二節　食糧之分級

(一) 分級的意義與需要

分級乃依各項特質，類別物產爲固定等級，再賦以法律或習慣之形式。分級爲物產商品化促成因素之一，其主要功能爲：一，樹立公平運銷的基礎；二，減低運銷費用；三，便利農業貸款；四，促進品質改良，但浙江米穀的運銷，因無分級或分級簡陋，上述功能大都缺乏。茲略述之。運銷(交易，儲藏，運輸)當事人(parties concerned in marketing)間對於米穀品質常起爭執，且吃虧總歸經濟勢力薄弱的一方，公平交易無從樹立，此其一。看樣交易(trade by samples)極爲普遍，每一米船到市，各行家在各艙均須打樣米一次，且各種寄生運銷組織(如湖墅、寧波等地之賣手)亦因以興起，其加增運銷費用，自不待言，此其二。浙江各縣農民銀行多辦理儲押放款，去年更有轟動一時之農業倉庫計劃，但成績尚屬渺茫，蓋農產儲押之主要目標在於利用倉庫券以活動金融，在分級未臻完備以前，此種倉庫券之發行殆不可能，此其三。在產地市場，行販收買農家米穀，不問品質之優劣，概付以同一價格(flat price)，此爲品質改良運動之莫大障礙。凡此種種，皆分級之缺乏與簡陋所致，且浙江農民收穫售出部分較高，消費者對於米穀品質之挑剔亦較多①，故名符其實的分級，實有迫切之需要。

(二) 各型市場的分級

在浙江，產地市場根本無分級的存在；批發市場中米穀分類甚多，或以早晚季爲標準，或以加工之程度與方式爲標準，或以來源地爲標準，且其分類法含有任意性，不足以語分級；至於零售市場，則通常有類似

---

① 此種情形與福建省內地消費者只求低廉的價格，而不講求品質者不同，見《福建省之食糧運銷》，第二章第三節。

分級之上、中、下米分等。整個言之,浙江各型市場均無嚴格分級之存在,所不同者,批發及零售市場尚有類似分級之分類與分等,而產地市場則并此亦無之。考外國成例,大都對於產地市場的分級也同樣的重視,蓋如此,則送貨看樣與退貨爭議可以免除,同時剔除不良成分可以減低運費,鑑別優劣則品質優良與品質惡劣之生産者可得不同之售價。

(三) 分級的規模

分級的價值,是與其規模之大小,成正比例的,所以高度商品化的物産大都有國際共同遵守的分級,至少也夠得上國內通行的程度。米穀的商品化程度較低,但也需要全國或全省一致的分級。事實上,浙江米穀的分級,在省内尚不能一致,各市場有各市場的分級法,彼此各不相謀。這種實例甚多。例如同一小絞,寧波列爲上等米,餘姚則列爲中等米;同一三河米,杭州列爲下等米,蕭山則列爲中等米。這樣説來,浙江分級的規模只是市場的,不是全省的,更不是全國的,故毫無價值可言。

(四) 分級的程度

分級的最終目的是滿足消費者的品質需要(demand for quality)。浙江零售市場大都只分爲上、中、下三等,開價零售,自難滿足消費者之需要。至於批發市場之米糧分類,則與零售市場恰成對照,極盡繁雜之能事。根據來源地及早晚季之差別,湖墅分白米爲二十三種,糙米爲十九種,紹興分白米爲十五種,寧波分白米爲十一種;各米市復根據加工的程度分白米爲一機、二機、三機。似此繁雜之分類實足以敗壞運銷機構之整一性。有些米市復就上述米類分別等級,如湖墅列蘿尖、機嘉興、機遞浦、羊尖等爲上等白米,列機泗安、麻尖、河灘、花尖等爲中等白米,列壩白、埠白、機白等爲下等米。然此不過爲米市上共同之認識,并非開價之標準,仍不足稱爲真實之分級。

(五) 零售米糧的"搗套"

"搗套"(mixing)乃按一定比例,將數種或數等級之食米,予以摻合,并分成新等級之謂。據 Price 之分析①,搗套之功用有三:一,便利混合

---

① H. B. Price: Some Problems of the Minneapolis Grain Marketing Organization, in "Marketing of Farm Products", edited by the H. B. Price, pp. 75-76.

保管；二，滿足現有等級所不能滿足的需要；三，利用每等級品質上之差異，經摻合後，提高其平均等級。在零售市場，無混合保管之需要，故"掭套"之合理性建築在後列兩種功用。關於浙江零售市場的掭套可舉杭州為例。杭州掭套之開始，據謂至少已有四十年，蓋米穀來源不固定，人民又講究食米，為滿足需要，非掭套不可；至於米經混合後，平均等級是否提高，則因材料缺乏，殊難臆斷。不過大體言之，杭州之掭套實具有其存在之條件。杭州米市之掭套，常以次等米充作高等米，識者多以此為詬病，實則米糧掭套係一種費用，不得不有所取償，癥結所在為此種代價是否過高而已①。吾人所引為缺憾者，為米糧掭套成分之漫無標準。掭套成分幾每星期變更一次，由杭市米價評議會決定，零售同業均得遵守。茲列示民二十三，二十四，二十五年一月第一周之掭套成分如下：

民二十三年(一月四日)			民二十四年(一月四日)			民二十五年(一月八日)		
一號米	機高羅尖	100%	一號米	機高暹羅	40%	一號米	特機壬尖	50%
				機高蘿尖	40%			
				機高壬尖	20%		高機蘿尖	50%
二號米	機中壬尖	40%	二號米	機中壬尖	40%	二號米	機高遞浦	40%
	機高羊尖	30%		機高羊尖	30%		機高蘿尖	30%
	機高遞浦	30%		機中暹羅	30%		機高壬尖	30%
三號米	機中嘉興	40%	三號米	機中羊尖	30%	三號米	機高羊尖	40%
	機中羊尖	30%		機中嘉興	40%		機中遞浦	30%
	機中遞浦	30%		機中西貢	30%		機高嘉興	30%
四號米	白羊尖	40%	四號米	中西貢	40%	四號米	中泗安	40%
	白泗安	30%		白嘉興	40%		中羊尖	30%
	白嘉興	30%		中河灘	20%		中嘉興	30%
五號米	中壩尖	40%	五號米	中壩尖	20%	五號米	中江尖	40%
	中埠尖	30%		中三河	40%		中埠尖	30%
	中河灘	30%		中埠尖	40%		白泗安	30%

---

① 參閱 L. P. H. Weld：The Marketing of Farm Products，pp. 378-382.

觀上表，摻套成分之複雜與變動昭然若揭，此固爲米糧來源衆多之結果，要亦主管官署放任之所致，故厘訂一富有伸縮性的摻套標準實爲必要①。

(六)分級的準備與政策

由以上各節之分析，浙省分級制度之建立，實爲要圖，茲約略述其具體辦法。辦理分級以前，須假以年月，推進品種統一運動。浙江稻種繁多，浙江大學農學院學生利用暑期搜集者已有二百種之多，如不設法調整，則分級將無從着手。現幸浙省府銳意推廣純系稻及雙季稻，對於劃一品種一層已漸予注意。關於統一品種，美國加利佛尼亞州科因 (Kern) 辦法很可參考：依一九二四年制定之規章，凡經劃定爲統一品種地帶 (one variety seed district) 者，一律禁止占有，輸入并種植外來之品種，違者處以罰金，試行結果，頗著成效②。品種逐漸劃一後，便可辦理分級。分級政策，通常注重檢驗，不過浙省情形特殊，檢驗之外尚須管理加工及執行烘乾，蓋夏季米糧易霉，生霉前後品質迥不相同，等級亦將隨之改變，爲避免煩難起見，惟有烘乾及改善加工之法。又省外來米等級規定問題，亦應與相關省分(如蘇、皖、贛等省)③妥商辦法，如能訂立省際間之分級標準，尤爲重要。至於分級方法，現行看成色、秤重量的粗陋辦法頗不適用，須在可能範圍内，采用比較的物理的及化學分析的精密方法。

第三節　食糧之包裝

(一)裝袋與散艙

浙江米穀之運銷，除裝袋外，尚有散艙辦法④。所謂散艙即米穀散

---

① 浙江省農業改良廠稻麥場過去曾作杭州米穀分級之研究(見其試驗成績報告)，只須擴大研究範圍，不難厘訂摻套之標準。
② J. B. Boyle: Marketing of Agricultural Products, p. 71.
③ 湘米等級相當的標準化，可利用其分級法。
④ 農民出售米穀常用竹籮。

置於船艙之謂。蘇、皖兩省(如東壩、梅渚、蕪湖、巢湖、宜興、溧陽等地)運往杭州、硤石等地之米糧多係散艙，本省米，外洋米及一部分江蘇米則係裝袋。散艙制度之發生乃由於各省量制之不同，而商人積習亦有關係。散艙制度缺點甚多：一，易於被竊；二，易於攙水；三，易受雨水；四，不便搬運。裝袋可以免除上述缺點，實有提倡之必要。

(二)米袋的種類

浙江米袋有羊毛袋、麻袋、單絲袋等種。單絲袋甚少使用，故僅就羊毛袋與麻袋述之。寧、紹、溫、台、金、蘭等屬多用羊毛袋(洋米亦然)，浙西則多用麻袋；有些地方羊毛袋與麻袋間用，冬季用羊毛袋，夏季用麻袋。羊毛袋價格通常較麻袋爲高，如湖墅羊毛袋每隻三角，麻袋每隻二角；寧波羊毛袋每隻三角六分，麻袋每隻三角二分，此係指二十四年到二十五年間的情形而言。至於二十四年前之價格變動可舉寧波采辦湘米所用之麻袋爲例：二十一年爲四角五分，二十二年爲三角三分，二十三年爲三角五分。關於兩種麻袋之優劣，米商認爲羊毛袋品質雖佳，但編織過密，易於腐霉；麻袋透風，但又不牢固；此種陳述當屬事實，不過洋米亦以羊毛袋包裝，但腐霉生蟲情事甚少發生，蓋洋米袋裝前均經過充分烘乾，可見腐霉與否，關鍵不在包裝，而在加工與烘乾程序之有無優劣。

(三)米袋的供應

依浙江慣例，凡商人往他地買賣米穀，成交後即返回原地者大都自備米袋。如杭州長路米店往湖墅、長興、嘉興等地采買，奉化、定海、慈谿米店往寧波采買，紹蕭各地米行店往湖墅、硤石等地采買是，溫州、海門之米行，米廠往寧波販賣米穀亦然。不過在采辦地有袋店組織者，則買客可利用賃袋(即租袋)辦法，如金華、蘭谿等地是，租費每袋每日一分八厘，回袋運費每袋一分。賃袋之外，尚有無償的借袋辦法，唯不甚通行，只南潯、臨浦等地有之，此種辦法限於有信用及有來往之顧客，否則須繳押金。米穀成交後，即換裝買方米袋，原袋由賣方帶回，只有洋米是運袋賣；每換袋一次須付打包費(包括麻綫及縫工)二分左右，且換袋時難免米穀之損耗。從這一方面觀察，換袋辦法似應改革。不過此種辦法亦有其存在的合理性，蓋無此辦法，則米袋勢將集中數地，發生供求失調的不良現象。

(四) 米袋的標準化

浙江米穀之包裝，除散艙外，仍應規定米袋之大小。浙江米袋之大小極不一致，如湖墅米市之紹蕭幫買客，有大袋、小袋之別，大袋買客用袋爲一石五斗，小袋買客用袋爲一石一斗；在同一市場中米袋大小如此不同，各市場間所用之米袋，差异必更多。故米袋之標準化實有必要。莫斯科農產加工廠(mosseliprom)因包裝之標準化每年可節省 1 068 000 盧布①。浙江米商及主管官署對此應加注意，且浙江米糧多以容量作價，米袋之標準化更多裨益。

---

① O. A. Ermansky：Tyeoriya i Praktika Rachiona lizachii, p. 417.

第四章 食糧之加工

加工(processing)應否置諸運銷範圍內,自來學者意見頗不一致。F. E. Clark 與 L. D. H. Weld 主張將加工劃諸運銷範圍以外,其理由爲:"加工實際爲製造(manufacture),根本上非運銷"①。同此説者尚有 J. E. Boyle, H. H. Maynard, W. C. Weidler 及 T. N. Beckman 諸人。另方面,A. H. Benton 及 T. Macklin 二氏,主張加工應屬於運銷之範圍。Benton 氏謂:"爲要使消費者便於享用,大多數農產品均須變其形式,顯著者如小麥之變爲麵粉與麩皮是,此種變形需要製造或加工活動(manufacturing or processing activities);這些活動遂構成運銷機能之一"②。Macklin 氏謂"加工乃運銷的一種必需的役務(service)";氏且設專章分析加工成本甚詳③。

若就我國情形言,特別就浙江米糧的運銷言,則加工實爲運銷之重要機能,而應在運銷範圍內詳加探究。吾人作此主張,有下列幾個理由:

第一,按美國學者之研究,凡商業化④程度愈高之國家或區域,加工將集中於大城市,成爲獨立的工業經營,而非運銷中之所謂加工,因之加工職務之重要性愈減;反之則加工職務仍居重要。一般言之,我國商業化程度不高;且浙江的米穀加工機關多散置於鄉鎮市場,離集中之程度尚遠,故不能視爲獨立的工業製造機關。

第二,浙江糧貨交易以米爲多,穀甚少,蓋米質較爲齊一,品級高下易於鑑定,穀則有飽圓、空扁、乾、潮之別,其出米率各不相同,交易時至感困難。因此,爲供給顧客便利起見,自穀到米之加工遂成爲運

---

① 見二氏合著之 Marketing Agricultural Products, p. 23.
② 見氏之 Marketing of Farm Products, pp. 25-26.
③ 見氏之 Efficient Marketing for Agriculture, Chapter Ⅵ, pp. 96-115.
④ 此處所謂"商業化"指社會經濟各方面而言,與單純的"商品化"有別。

銷之重要機能。且即同爲米，而消費者所需要之糙白程度亦有不同，故糙米到白米之加工亦同等重要。在此種情形下，加工自不能摒於運銷範圍之外。

第三，浙江米行或米店，爲圖運銷之便利，多置辦加工設備，兼營加工業務。如杭州之米店，爲便於"掭套"起見，大多設置碾製機。且專營機米廠之委托方，以米行、米店、農人爲多，住戶（消費者）甚少。考米行、米店或農人之所以先須利用加工過程者，亦在獲得出售之便利。據上述理由，本書遂亦將加工視作運銷機能。

第一節　加工方式及其形成條件

(一) 加工方式

加工在使産品適宜於最終的消費者①。加工方式可概分爲變形的，如穀之礱碾成米，與變質的，如將普通米改造爲特種米兩大類。

變形的加工發生物理的作用，結果改變産品形狀，使其便於消費。最重要的兩種食糧作物，穀與小麥，都須經過礱與磨，製成米與麥粉，方能食用；且依一般習慣，糙米尚須經過數次加工，製爲白米，始更適口。故變形的加工，可謂爲加工之最基本的方式。變形加工因所用發動力之差異，又可分爲五種：

1. 人力——人力加工工具有"手礱""脚碓"兩種。手礱之作用在將稻變成糙米，爲加工之最初步。製造手礱所用的材料有木、竹、泥三種。木礱最普通，盛行於長興、泗安諸地；竹礱盛行於武義及附近各地；泥礱較少，衢州用之。此種加工之經營者稱礱坊②，多爲農民兼營。脚碓

---

① A. H. Benton：Marketing of Farm Products, p. 25.
② 泗安礱坊計百餘家，武義計四十家；此種礱坊不僅爲加工機關，且兼營自買（小額）自賣（大額），在各該市場之食糧交易上占有相當地位。

之功用在變糙米爲精米，建德及附近山地之米店多附設之。

2. 畜力——使用畜力者爲磨坊，其職能在將小麥磨製成麥粉。加工工具第一種爲"石磨"，多用牛繞拖之，故又稱"牛磨"。磨坊以衢州、紹屬及温屬各地較多。其次爲石碾，亦以牛拖滾之，乃變穀爲糙米之工具，嚴州等山地鄉村多用之。

3. 水力——利用水力之加工工具，俗稱"水碓"，功用亦在將糙米製爲精米。水碓構造大體與脚碓同，所不同者，脚碓僅用一石椿，水碓則係將數個石椿連在一木軸上，外設置一大齒板輪於流水中，水流轉動齒板，帶動木軸，上下石椿，發生加工作用，故遠較前者複雜。經營水碓者爲鄉村殷户，通稱"水碓主人"，世代相傳。金、處、衢諸屬盛行此種加工方法。

4. 内燃發動力——此種動力發生於柴油之燃燒作用。普通係置引擎一座，附設數個"米斗"，"穀礱"或"粉機"，以皮帶聯絡之。柴油燃燒後，汽力推動引擎，帶動米斗、穀礱或粉機，發生碾製作用。此爲浙江最通行的加工方式，較大市鎮之碾米廠以採用此種發動力者爲多。

5. 電力——電力發動之裝置，主要部分爲馬達，至其附帶設備如斗、礱、粉機，則與前者相同。各地碾米廠固以用内燃發動力者爲多，但近年來電力發動所占比例漸有增大之勢，其在嘉、湖二屬市場漸趨廣遍。

變質的加工發生化學的作用，使米穀的品質，更能適合消費者之口味，變質加工通行於浙西嘉，湖兩屬；浙東各屬雖有消費此種食糧者，但多運自浙西，并不自己製造。經過變質加工的米穀，不但品質色味俱變，而名稱亦異。兹分述如下。

1. "冬舂米"製造——此種米所用的原料爲碾製程度極高的白粳米。普通的製造方法爲：第一步用竹席在室内地坪圍一大圓囤形，内約可容米一百石；第二步在圓囤底下用稻草，或四面用磚瓦，當中用礱糠（由穀礱成糙米時之粗糠）墊底，以免地下潮氣侵入；第三步將白粳米與白糠（由糙米碾成白米時之細糠）攪合之，倒入囤中，普通每百石白粳米加糠五擔到十擔，如欲黄色深則多加糠，否則少加，如欲求速，則用紅糠（白糠用過一次，即成紅糠），另須加水；第四步在圓囤上面覆以礱糠十數擔，使囤中米不致透氣。如此，囤中起發酵作用，兩月或三月（用紅糠約爲十天）之後，揭開圓囤，白米統變成黄色米（有時略帶紅色）。此種米，糧市上通稱"冬雙米"；至其正稱則爲"冬舂米"，因農米或米商做米均在冬季十一、十二或一月；俗又稱"黄米"，象其色。除上述最普通方法外，尚有數種特殊製造方法，其製造過程之名稱亦各有不同。爲簡明起見列示於下：

用　　糠[1]	經過時間	備　　注
一 冷囤——不用糠，俗稱"净糠"	五月餘	米色最佳，囤中黄，邊底白
二 白糠——連碾米時之糠，不另加（約糠10石）	二月—三月	每石米普通出糠一斗
三 毛糠——除碾糠外，另加白糠1—2石	二月—三月	
四 黄糠——除碾糠外，另加白糠7—8石	半月	另須加水
五 熱囤——除碾糠外，另加黄糠（即紅糠）5石	七—八天	每囤用蒸熟之米兩石，倒入囤中作引頭

附注：1. 用糠數量以每囤（白粳米100石）計算。

冬雙米因與糠攪合燜酵之結果，糠味甚重。初食者格格難入口，但浙西土民均慣食之。冬雙米之長處，據當地人稱：第一味香，即外地人不慣聞的糠味；第二鬆散，煮飯容易；第三粳米黏性完全失去，易於消化。其壞處，據吾人觀察：第一損耗白米，即製出來的黄米不及原來白米多，損耗率約爲10%—20%；第二不易儲藏，白米普通可儲藏一年到兩年，冬雙米僅半年到一年，過此便有腐蝕之危險；第三不耐餓，因此浙西人民用餐次數特多，每天由四餐到五餐不等，如係農民，則因往返費時，必致妨礙農田工作。此外，冬雙米因爲經過一次燜閉，潤澤完全失去，食時極覺乾澀，故其養分或許要減去一部分。冬雙米之製造區域遍及嘉屬各縣及吳興東部。市鎮中，嘉興之油車港（即澄溪鎮）爲冬雙米之最大製造市場；至製造方法之精良則推吳興之南潯。

2. 蒸穀製造——蒸穀係就秈稻煮製者。其製作方法爲：第一步用土磚或青磚堆砌成一竈，以能放置二鍋或三鍋爲最宜，竈邊設一風箱，便於抽風吹火；第二步鍋中置木蒸，將穀倒入蒸內，下面燒柴生火，將穀蒸熟；第三步聚蒸熟之穀數擔或數十擔爲一堆，周圍覆以稻草，使內中發熱；第四步隔一天在陽光下露曬，便成"蒸穀"。將蒸穀礱碾成米，便爲"蒸穀米"；其色略較白米黯淡，表形亦較粗糙。在製造過程中，曬穀最需技巧，如曬得不均勻，有些太乾，有些帶潮，一經礱碾，便易成碎米。蒸穀米因係先將穀煮熟，再行礱碾，故又稱"熟米"，普通秈米則稱"生米"。

蒸穀米的優點：第一是鬆散，易於下咽；第二由糙米出精米的程度較之粳米與普通秈米均高，計糙米出精米之百分率；粳米與秈米普通由85%—95%，蒸穀米則由95%—97%；第三出飯程度亦較粳米與秈米高，約高七分之一；第四煮飯易熟，可省柴火。其短處則：第一，米之香味完全失去，若冬雙米尚有獨到的糠皮味，蒸穀米則"味同嚼蠟"；第二，因已煮熟，故不易保藏；第三，就皮相觀之，蒸穀米的滋養力或較冬雙米略強，但恐怕仍不及普通秈米。蒸穀之製造盛行於吳興縣西部及長興、德清諸縣；市鎮中以長興爲最大製造市場。

(二) 形成條件

加工方式之形成，概言之，與社會經濟之演進程度，最有關係。就變形的加工言，隨著社會經濟之進步，利用內燃發動力或電力之加工必漸代替利用人力、畜力或自然力之加工。就變質的加工言，在浙江亦祇發生於經濟情形較富裕的區域，如細加分析，則影響加工方式之構成，尚有下述諸種因素：

1. 動力供給　凡人工價廉而新式動力缺乏之區域，多用手礱、脚碓或石碾。浙江長興、安吉及嚴屬各縣，多在山地，農民除耕作外，很少兼營副業，勞力因而過剩；兼以水力缺乏，經濟落後，電業未興，故祇有采用人力或人畜力并用之加工。金、處、衢諸屬，人工雖賤，但因河流順地勢自上而下，水力之利用稱便，故除礱穀用手礱外，碾米多用水碓。杭州、寧波及浙西嘉、湖兩屬各市場，因當地電氣事業發達，有電力可資利用，多用電力加工。至缺乏此種便利而經濟比較進步之區，則加工多用內燃發動力。一般言之，浙江各地具有此種條件者居多，故內燃發動力之利用最爲廣遍。

2. 消費習慣　在人民慣食糙米的地方，碾米廠不發達，加工多用人力或自然力，如浙江之山地區域是。在人民慣食白米的地方，碾米廠甚多，電力或內燃力之應用亦廣，如浙西之平原區，浙東之寧、紹二屬及各大市鎮是。消費習慣給予變質加工的影響，尤爲顯著。如浙西土民（本地居民）慣食冬雙米或蒸穀米，因而多用變質加工；至客民（外地移民）則慣食普通秈米，無須格外加工製造。

3. 糧貨銷路　運入地對於糧貨之需要，有爲穀，有爲糙米，有爲精米（白米），因而影響供給地或需要地加工方式之不同。如泗安鎮，輸出糧貨均爲稻與糙米，故該市場以礱坊最爲發達，碾米廠極少。嘉興、嘉善所屬各市場，輸出以冬雙米、白粳米爲多，故碾米廠林立，內燃力與電力加工極爲發達。至於杭州、寧波、紹興等輸入市場，爲供應鎮上大宗人口食用之需，交易多爲白米，故碾米廠數目特多。

第二節　加工機關的組織與業務

浙江食糧的加工機關可分爲機米廠、水碓房、礱坊、磨坊四種。前三者爲米穀之加工機關，最後一種爲小麥之加工機關。其中機米廠最居重要，餘次之。

(一) 機米廠

浙江之機米廠有專營者，有米行或米店兼營者①。大抵交易數額龐大，輸入多糙米，銷售多白米之市場，專營機米廠必多，湖州即其一例。若輸出多糙米，或輸入多白米，則交易額縱大，機米廠亦必不發達，前者如硤石，後者如寧波。杭州食糧交易數額極大，且輸入多糙米，對於加工需要甚切，專營機米廠應極發達，唯因零售食米除蒸穀米外，均須經過"搯套"手續，米店爲便利計，多自置加工設備，故機米廠以米店兼營者爲多。機米廠之內部組織大都相同，人數自五人到二十人不等，普通經理一人（或另設協理一人），帳房一人，出門交接一人（或二人），看白（內部管理與監督）二、三人，機司一人（或二人），工役二、三人（或三人以上不等），學徒數人。

一般言之，專營機米廠係代客碾製，米行或米店兼營的機米廠係自買自碾自賣。但兼營機米廠亦有代客碾製者，特在營業總額中所占比例遠較自碾爲小。在代客碾製之場合，委托方爲米行、米店、農人、住户（收租地主）等；至以何種委托者爲多，則視機米廠之地址，經營者之社會關係而定，此點後將詳述之。委托手續極簡單，通常祇須將米穀搬運至機米廠，點交清楚，言明加工精度；收貨時，加工機關例須過斛，如碾製時委托方有人監督，則碾畢即可運貨，不必再有過斛手續。上下力多由機米廠擔任，有另取費者，有包括在碾製費中者。機米廠如設有較大倉房，亦多代貨主盡儲藏職務，不收棧租；惟期限有定，通常自數日到一月。碾製費多預爲規定，其方式或由各廠自定，或由同業協議，或由公會頒行。費率按照米穀之種類及加工精度之高下而有高低。但機米廠亦常因委托方之不同，雖同種米穀與精度，而取費有輕重；普通農人托碾收費多較商人托碾爲高，因商人每次托碾數額多較農人爲大。碾製費之繳付，例在穀米加工完畢後，如係大主顧而與機米廠共往來者，則

---

① 在泗安及附近市場，常有無錫碾米船來往，船上裝置簡單的加工設備，代客碾製，農民及米商圖其便利，多樂用之。

用"取摺辦法"，按期（每月底或三節）結付。副產品礱糠或白糠，均歸屬委託方，亦有將糠抵作加工費或費給廠方者。碾米時期以國曆十一、十二、一月最忙，四、五、六月較閒；每次接受委託數額，以五斗起碼。

機米廠多兼營副業。如王店機米廠在夏季多將引擎租與農民斛水；嘉善機米廠有兼營麵粉製造者；湖州機米廠均代委託方出售糧貨於米行（不收佣金）；溫、台屬機米廠多兼營米穀販賣，且幾取批發商之地位而代之。

（二）水碓房

水碓多屬殷戶所有，俗稱"水碓主人"。此種加工設備，雖爲世代相傳，但亦有因家道衰落而出賣者。通常水碓主多住於他處，另派"管水碓人"負經營責任。凡欲碓米者，可與管水碓人接洽，自己派工人抬扶碓米，例須二人。碓畢按糧貨數量繳付碓米費。故水碓房爲純出租的加工機關。

（三）礱坊

浙江礱坊全係自買自礱自賣，不代客礱製。經營礱坊者多係農民，工作時間一般在二月到五月及七月到十一月。原料爲穀，以向城鄉殷戶（地主）購買者居大半，其餘一部分或從農人收買，或係自己田出產。礱有木礱、竹礱、泥礱三種，每家有三副四副不等。礱工或係自有勞工，或係雇用勞工，一般則係兩種兼有。礱坊將穀礱製成糙米後，尚須租用水碓或委託機米廠加工爲白米，再批發或零售於外地或本地市場。

（四）磨坊

依所用動力之不同，磨坊可分爲兩種：一爲利用內燃發動力或電力之機器磨坊；一爲利用畜力之土磨坊。機器磨坊多係代客加工，除所用原料爲小麥、成品爲麵粉與機米廠相異外，至其組織與經營方法則大體與機米廠同。但因交通較便之市鎮，多向上海、無錫購買麵粉，故此種磨坊在浙江難以發達。土磨坊多爲自買自磨自賣，其組織及經營方法大體與礱坊相似，原料購自農人，米行或外地販客，成品零售於麵店、燒餅鋪或雜貨店。工作時期多在新麥收穫後六、七月，亦有全年經營者。

此種磨坊在溫、台、金、嚴、衢、處諸屬甚多，蓋機製麵粉輸入內地不便，土麥粉遂居優勢。

第三節 加工成本與利得

在我國，除大規模的麵粉廠外，小規模的食糧加工機關，均未采行新式會計制度，分析加工成本及探索利潤之高低，極感困難。此次在浙江調查所得，亦僅是綜合各地加工機關經營者估計的結果，而非出自系統的記錄。且利潤有毛利(gross profit)與净利(net profit)之分，浙江加工機關對於開銷，既無詳細記載，計算净利自不可能；故本文所謂利潤，實指毛利而言。

浙江的加工有變形的與變質的兩種方式，因此在成本與利潤的分析上亦分爲兩項：即穀米礱碾成本與利潤及米穀製造成本與利潤[1]。在分析成本與利潤之前，因出米比率直接關係加工之深度，間接影響成本之大小；碾製費爲加工機關之主要營業收入，如以碾製費率與成本相較，則可求得單位利潤率之高低；爲行文便利，先就出米比率與碾製費率述之。

（一）出米比率及其差异

出米比率之計算，因加工階級之不同，可分爲三種標準：(1)穀—糙米，礱坊及鄉村農民之出米率多依據之；(2)糙米—白米(亦稱精米)，大市場如杭州、硤石、寧波、湖州等地及水碓房之出米率多依據之；(3)穀—白米，凡加工機關進貨爲穀，出貨爲白米之市場，如浙東各縣，多依據之。第三個階段僅爲前二者之合并計算。故實際言之，穀到米之

---

[1] 新式的小麥加工機關(即麵粉廠)，逐漸大規模化，成爲專門的工業生產機關，因此不在本文論列之範圍內；舊式者(即土磨坊)，則因經營主毫無成本的概念，無材料可資引用；故小麥加工成本與利潤之分析，祇有從略。

加工階段僅有二，其出米率亦可概依前兩種標準計算。約而言之，浙江各市場穀出糙米之百分率爲55%—80%不等①，糙米出白米之百分率爲70%—95%不等。

出米率相異之原因，有數端：（一）爲穀米種類之不同，在同一地方，大抵穀之出糙米，粳穀較秈穀爲高，而糯穀又較粳穀爲高；至糙米之出白米，則蒸穀米較一般米均高。如衢州穀出糙米率：秈穀爲66%，糯穀爲75%；溫州穀出糙米率：秈穀爲75%，粳穀爲77%，糯穀爲78%；杭州湖墅糙米出白米率：蒸穀米爲90%，秈米、粳米與糯米均爲80%；南潯糙米出白米：蒸穀米爲95%—97%，粳米秈米與糯米均爲85%—95%。湖州糙米之出米率亦因種類不同而互有差異，見下表。

湖州糙米每石之出米率

	碾後白米數	糠　數	碎米數
蒸穀米	潮米：9.1—9.2(斗)	2斗餘	1升餘
	乾米：9.7—9.8(斗)	1斗	4合
粳　米	9斗	2斗餘	1升餘
壬　尖	9.5—9.6(斗)	1斗5升	半升
泗安尖	9斗	2斗餘	1升
糯　米	9斗	2斗餘	1升餘

(二)爲各地生產環境之不同，大抵生產環境較優者，其所產稻穀之出米率亦較高。如粳稻出米率：浙西所產者較浙東爲高；秈稻出米率：溫州所產者較嚴州爲高。(三)爲保藏方法之不同，凡保藏較善者，穀米品質較良，出米率亦較高。如長興糙米之出白米率：乾蒸穀米爲92%，潮蒸穀米爲88%。(四)爲加工方法之不同，大抵加工方法愈進步，碎米之損耗愈少，出米率亦愈高。如礱機出米率較手礱爲高，碾米機出米較水碓及石碾爲高。(五)爲加工精度之深淺，即加工精度愈深者，出米率愈

---

① 按穀與米之斤數折算。

低。如蘭谿碾米廠，秈穀出白米率：一機爲70%，二機爲67%—68%，三機爲65%—66%。

(二)碾製費率及其差异

碾製費爲加工機關向委托方徵收的代價，一般按穀米之容量或重量單位計算費率(rate)。在浙江，碾製費率之計算，與出米率一樣，亦可依加工階段分爲三種：(1)穀—糙米，(2)糙米—白米，(3)穀—白米。擔任穀米之加工職務者，本有農家、礱坊、水碓房與機米廠等，但因農家與礱坊例皆自營，不受委托，故無碾製費之徵取；水碓房之性質僅在出租加工工具，并不代辦加工職役，其所收代價可視作單純的租賃費，而與營業收入的碾製費有別。因此，下面所述，將以機米廠爲主①。

浙江機米廠之加工階段，除紹、温、台三屬市場有爲穀—白米之全部過程，有兼及於穀—糙米之初步過程外，一般則僅爲糙米—白米之次步過程。糙米—白米之碾製費率，高者每石0.25元，低者0.04元，普通0.12元到0.18元。穀—糙米之碾製費率，每石約在0.15元左右。穀—白米之加工，因過程較長，故碾製費率較上二者均高。在盛行此種加工過程之市場，如柯橋、海門、臨海、黃巖、樂清等地，則多采用以副產品白糠代償方法，不另給費。因之加工機關實收費率之高低，乃隨糠價之高低爲定。依現行糠價折算結果，每石米碾製費率合0.15元—0.20元②，較前二過程之合計費率爲低。

碾製費率差別之決定因素有四：其一爲米糧種類。同一市場，粳米碾製費率較秈米爲高，糯米與蒸穀米又較前二者爲高。如杭市湖墅機米廠同業規定每石碾製費率：糙秈米0.15元，糙粳米0.17元，糙糯米0.19元，糙蒸穀米0.19元。此因米性不同，碾製有難易。其二爲市場環境。凡機米廠林立，碾製額龐大之市場，碾製費率較低，反之則較高；如泗安因機米廠缺乏，秈米每石碾製費率爲0.22元，較其他市場均高。

---

① 水碓房之租賃費率爲每石(糙米)0.05元。
② 白糠每斗價格0.07元—0.14元，每石米出糠1斗—1.5斗。

又機米廠競爭性大者，碾製費率較低；有公會之規定以圖壟斷者，碾製費率較高。前者如金華，計每石爲秈米 0.04 元，粳米 0.09 元，糯米 0.07 元；後者如湖州，計每石爲蒸穀 0.23 元，粳米 0.23 元，糯米 0.25 元。其三爲機碾次數。凡加工精度愈高，機碾次數愈多者，碾製費率愈高，反之則愈低。普通機碾次數分單機（或稱一機）、雙機（或稱二機）、三機三種。如寧波秈米每石碾製費率爲：單機 0.08 元，雙機 0.12 元，三機 0.17 元；蘭谿秈米每石碾製費率爲：一機 0.08 元，二機 0.10 元，三機 0.12 元。其四爲加料費與力役費之代付與否。通常機米廠均代付加料費（白石膏粉）與力役費（上下力）；其不代付者碾製費率必較低，如上述金華碾製費率特低者，即因白粉與上下搬運均係委託方自理之故。

（三）穀米礱碾成本與利得

由前所述，知浙江穀到糙米之加工多爲礱坊擔任，糙米到白米之加工多由機米廠擔任；故下面就此兩種加工機關分析加工成本與利得。

1. 礱坊　浙江之礱坊，除經營穀到糙米之加工外，且多兼業白米之販運，是以計算加工成本固以穀到糙米之過程爲限，但計算利潤則須加入糙米到白米（租用水碓加工）一過程。關於礱製成本，茲以武義與長興爲例。

穀每擔礱製成本	武　義	長　興
設備費	0.022 元[1]	0.016 元[2]
人工費	0.080 元[3]	0.120 元[4]
合　計	0.102 元	0.136 元

附注：1. 武義所用爲竹礱，每個價 2.2 元，可礱穀 100 擔，每擔穀攤 0.022 元。
　　　2. 長興所用爲木礱，每個價 9.5 元，可礱穀 600 擔，每擔穀攤 0.010 元。
　　　3. 竹礱每人每日可礱穀 6 擔，以每工 0.5 元計，每擔穀合 0.08 元。
　　　4. 木礱每人每日可礱穀 4 擔，以每工 0.5 元計，每擔穀合 0.12 元。

長興礱製成本較武義爲高者，因長興所礱爲蒸穀，較武義之秈穀費工。如以用木礱之建德爲例，因其所礱爲籼穀，每人工作效能較高，若假定其人工成本同於武義，設備費同於長興，則穀每擔礱製成本爲：設備費 0.016 元+人工費 0.08 元=0.096 元，較長興、武義均低。

關於礱坊礱製并販賣白米之利得（毛利），以武義爲例，見下表。

武義礱坊礱製及販賣穀米之利得

（以白米一石計算）

售價：		
主產：（白米一石）		4.93 元[1]
副產：		
礱糠	0.04 元	
白糠	0.70	
合計		0.74
總計		5.67 元
成本：		
原料費（穀）[2]		4.14 元
加工費：		
礱費	0.20 元	
水碓費[3]	0.10	
合計		0.30 元
總計		4.44 元
毛利（售價減去成本）		1.23 元

附注：1. 根據武義米行二十四年十月份買進價格。

　　　2. 以每石白米需穀 1.8 擔計算；穀價之材料來源及時期同注一。

　　　3. 水碓費包括租用費 0.05 元及人工費 0.05 元。

據此，白米每石毛利爲 1.23 元，又以穀與白米之折算率計算，得穀之每擔毛利爲 0.60 元。武義礱坊平均每家每年營業額計穀 200 擔，則每礱坊每年獲利平均 120 元。惟應注意者，毛利中尚包括大宗運銷費與營業開支，故其純利必遠較此數爲小。

　　2. 機米廠　由糙米到白米之碾製成本，普通可分爲柴油、紅車油（如動力爲馬達，則無此二項，而爲電費）、人工、石膏粉，及修理費等項。兹以嘉善、長興及諸曁爲例，列表於下。

每石糙米碾製白米成本	嘉 善	長 興	諸 曁
柴油費	0.035 元	0.040 元	0.020 元
車油費	0.010	0.015	0.010
人工費	0.010	0.005	0.005
修理費	0.010	0.010	0.010
石膏粉	0.030	0.030	0.015
合 計	0.095 元	0.100 元	0.060 元

　　各地成本之差別，主要原因在於加工機關之地方環境及其經營效率之不同①。前者可解釋異區加工成本之差異，後者可解釋同區各廠加工成本之高低。如人工費一項，便與各區地方環境關係極密，在經濟較發達之區，一般工資較高，人工費亦較大。白粉（石膏粉）亦然，蓋加用白粉之分量隨米之機碾次數而不同，而米之機碾次數又與當地消費習慣有關，嘉善與長興受消費習慣之影響，米之機碾程度一般較諸曁爲高，故其白粉費亦較後者爲多。至經營效率一因子，在我國目前尚不能獲得此種材料，無從探究。在浙江，除上述二者外，米糧品種之不同，亦爲招致加工成本差異的一原因。按碾製之米糧，諸曁爲籼米，嘉善爲粳米，長興爲蒸榖米。前已言之，糙米到白米之加工過程，粳米較籼米難，蒸榖米較前二者俱難。此點表現於柴油費與車油費之大小上，即長興此二種費用最高，嘉善次之，諸曁最低。凡此所言，均就同種動力設備（柴油引擎）爲準。

　　浙江機米廠之碾製成本，更因所用動力之不同而有差別。如前所述，機米廠之動力設備有柴油引擎與電力馬達兩種。在浙江，利用電力馬達程度較高者只有湖州。爲要比較引擎碾製成本與馬達碾製成本之高低，特以湖州爲例。

---

① T. Macklin：Efficient Marketing for Agriculture，pp. 100-114.

湖州每石糙米碾製白米成本

引　　擎			馬　　達	
1. 動力費 {a. 柴油	0.03 元	1. 電　費	0.07 元
｛b. 車油	0.01		
2. 人　工[1]	0.01	2. 人　工[2]	—
3. 修　理	0.01	3. 修　理	—
4. 白　粉	0.03	4. 白　粉	0.03
5. 上下力	0.03	5. 上下力	0.03
合　計	0.12 元	合　計	0.13 元

附注：1. 引擎用機工一人，按每月工資30元折算。

2. 馬達不用機工，故無人工費。

馬達既不用機工，又無須修理，但因其動力費較多，故其成本較引擎爲高。但上述電費0.07元，係就用電在1 500度以下而言，如用電在1 500度以上，則每石米碾製電費可減爲0.06元，馬達總成本亦減爲0.12元，與引擎成本相等。由此可見，如加工數量龐大，用馬達與用引擎之成本實相等，且因馬達加工手續較簡，速率較高，故若有電力供給之便利，則用馬達當更爲合算。

自買自碾自賣之機米廠，對於米之進價售價及糙白程度，均無記錄，無從計算其利得。至接受委托之機米廠，對於營業情形，亦無詳細記載，惟可用所收之碾製費與碾製成本比較之，其差額即可視爲每單位之毛利。此種計算，祗在示其大略情形，粗簡在所不免。爲着材料上的方便，仍以嘉善、長興、諸暨、湖州四地爲例，計算每石米之碾製成本與毛利如下：

除湖州之單位毛利特高，屬於特殊情形外，其他三地相若，單位毛利爲0.03元。如以機米廠平均每年碾製額二萬石米計算，則每廠每年毛利約爲600元(湖州約爲1 000元)。

	嘉 善	長 興	諸 暨	湖 州
收進碾製費[1]（元）	0.120	0.13	0.09	0.230
成本（元）	0.095	0.10	0.06	0.125[2]
毛利（元）	0.025	0.03	0.03	0.105

附註：1. 普通機米廠代碾行貨（米行或米店委托者）較鄉貨（農人委托者）爲多，故碾製費率以行貨者爲準。唯因行貨碾費較鄉貨稍賤，故本表收進碾製費均偏低。

2. 湖州用引擎與用馬達之機米廠幾各居半數，故成本就兩種動力設備者平均計算。

（四）米穀製造成本與利得

關於米穀變質的加工，茲就冬舂米與蒸穀分別述之。

1. 冬舂米　就冬舂米出產之數量言，固以油車港爲最多，而就製造之技術言，則以南潯爲最精巧；故以南潯爲例。冬舂米之製造方法有多種，其成本各自不同。下面係就最通行的製造方法而言。

冬舂米製造成本

加料與人工（按每囤粳米 100 石計算）			
1. 白糠費[1]：數量減縮（1 石）	1.0 元		
價值減低（九折）	0.9	1.9 元	
2. 礱糠費[2]：覆頂（15 石）	0.3 元		
墊底（20 石）	0.4	0.7 元	
3. 人工費[3]：入囤（2 工）	1.0 元		
開囤（3 工）	1.5	2.5 元	
合　計		5.1 元	
每石分攤[4]			0.056 元
米之損耗[5]（按每石計算）		1.200 元	
加上每石加料與人工成本		0.056	
每石製造總成本			1.256 元

附註：1. 每囤用白糠 10 石，糠價平均每石 1 元。

2. 礱糠平均每石價格：原來 0.05 元，做後 0.03 元；計損失 0.02 元。

3. 工價按每工 0.5 元計算。

4. 每囤白粳米 100 石，出冬舂米 90 石；5.1 元÷90＝0.056 元。

5. 由糙粳米製成冬舂米之損耗率爲 15%，依南潯二十四年糙粳米之進價年平均每石 8 元計算，則 8 元×15%＝1.2 元，即每石冬舂米所用原料之損耗費。

由上表知冬雙米之每石製造成本為 1.256 元。如以南潯市場二十四年冬雙米零售平均價格減去同年糙粳米買進平均價格的差額 1.3 元，與單位成本相較，則 1.3 元 - 1.256 元 = 0.044 元，或可表示冬雙米之每石製造利得。

2. 蒸穀　製造蒸穀以長興最通行，故以長興爲例。惟因市場交易多爲蒸穀米，商人對於蒸穀①與秈穀之價格均無記錄，故無從計算利得，現僅就成本分析之。

蒸穀製造成本

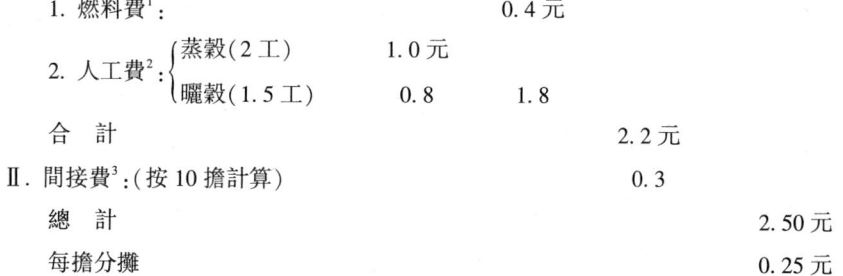

附注：1. 此係就燒礱糠之費用而言，如燒木柴，則費用為 10 元；唯普通燒礱糠者多，故按礱糠計算。

2. 工價按 0.5 元計算。

3. 間接費不易計算，此係調查時綜合各方之估計而得者。

蒸穀之每石製造成本爲 0.25 元。據當地情形，蒸穀之出米率較普通秈穀高 9%，如根據調查時秈穀平均價格 3 元計算，則 3 元 × 9% = 0.27 元，即每石蒸穀較普通秈穀多出米之盈利。從盈利中減去成本，計 0.27 元 - 0.25 元 = 0.02 元。此雖不能確切代表蒸穀之每石製造利得，要可略示

---

① 事實上蒸穀均不當作交易貨品，蓋凡製造蒸穀者，多礱碾成蒸穀米後，始行出售。

其大概。

第四節　加工設備的利用程度

(一) 加工設備及其可能的生產能力

機米廠最重要的設備有二：一爲動力機，或爲電力馬達，或爲柴油引擎，通常每廠設置一座，至多二座；一爲工作機，或爲機米斗，或爲機穀斗，浙江以前者爲多，間有附設後一種者；通常每廠設置二斗或三斗，少在一斗，多有達四斗者。機米廠如兼營麵粉製造，則工作機中，除米穀機斗外，尚須設置麵粉機，惟在浙江甚少。礱坊、水碓房及磨坊，設備均簡單，前已略爲述及，兹不贅。

機米廠動力設備之馬力，隨所須發動機斗數目之多少，而有大小，一般言之，每機斗須馬力八匹，過此類推。機斗之工作能力，隨發動力之大小，運用之快慢及食糧之種類而有不同。約而言之，機米斗每座每小時之生產能力爲米 6—10 石，機穀斗每座每小時之生產能力爲穀 4—6 擔，如以每日工作十小時計算，則每日之生產能力：機米斗爲米 60—100 石，機穀斗爲穀 40—60 擔。關於發動力大小及運用快慢所給予生產能力之影響，因機米廠無記錄，無從探述；關於食糧種類所給予生產能力之影響，則可用菱湖與樂清二市場爲例說明之。

	米糧種類	每機斗每小時加工數量
菱　湖	蒸穀米	6 石
	粳　米	8 石
	糯　米	6 石
樂　清	籼　米	9 石

由此知蒸穀米與糯米之加工最難，機斗出產能力亦最低；粳米次之，籼

米又次之。如以此種差异與上節所述各種米糧碾製費率之差异（如杭市湖墅每石碾製費率：糙蒸穀米0.19元，糙糯米0.19元，糙粳米0.17元，糙籼米0.15元）相較，尤可明瞭個中關係。

手礱之生産能力，亦依稻穀種類而有高低。如武義、建德礱製者爲籼穀，計每人每日可礱6擔；長興礱製者爲蒸穀，計每人每日僅礱4擔，較前者低三分之一。脚碓之生産能力，據建德之標準，每人每日可出毛白（次白米）5石，白米（上白米）3石。水碓之生産能力因裝置石樁之多少而有高低，如就七樁之水碓言，每日可製米40石。牛磨二盤每日可磨小麥4—5擔；麵粉機每日可製小麥20擔。

（二）加工設備及其利用程度

在各種加工設備中，手礱、脚碓、水碓及牛磨之實際加工數額，均無統計可資分析；且手礱無論其製造材料爲木、竹或泥，而其經用程度均有一定，如每座木礱僅能礱穀500擔，每座竹礱僅能礱穀100擔，過此即不能繼續使用，故此類加工設備，實無研究利用程度之必要。因此，下面乃專就機米廠論之。

機米廠之工作機以米機爲主，設置穀機與粉機者甚少，故對於後二者從略。據此次抽查63個機米廠之結果①，計平均每廠動力機一座，工作機2.5座，馬力24匹，每年加工額爲19 373石。如下表所示，機米廠每年加工額以10 000—30 000石者爲多，計39廠，占全體62%。

浙江機米廠每年碾製米糧數額

組　別（石）	廠　數	百分比
5 000以下¹	2	3
5 000—9 900	10	16

① 此63個機米廠均係專業者，分布在此次調查的各市場。每市場抽查廠數因調查利便及市場重要性而有不同；如杭州市原有機米廠105家，但專營者衹三家，本表選取二家，其餘因都屬米行或米店兼營，故本表不予選用。

續表

組　別(石)	廠　數	百分比
10 000—19 900	18	29
20 000—29 900	21	33
30 000—49 900	10	16
50 000 以上[2]	2	3
總　計	63	100

附注：1. 最低爲1 500石。

　　　2. 最高爲5 500石。

關於加工設備的利用程度，主要的可從機米斗每座的實際産量與可能産量的差率上予以探討，附帶可從機米斗與馬力的關係上予以觀察。據63個機米廠的統計，總平均每座機米斗每年的加工額爲7 824石。各廠每座機米斗的加工額，彼此大小不同，要以5 000—10 000石爲多，占44%；10 000—20 000石次之，占30%；1 000—5 000石又次之，占19%；1 000石以下及20 000石以上者均甚少。詳見下表：

浙江機米廠每座機米斗每年碾製米糧數額

組　別(石)	機米廠數	百分比
1 000 以下[1]	1	2
1 000—4 900	12	19
5 000—9 900	28	44
10 000—19 900	19	30
20 000 以上[2]	3	5
總　計	63	100

附注：1. 最低爲750石。

　　　2. 最高爲27 500石。

根據前述每座機米斗的生產能力，以平均每小時加工額 8 石米①及每天工作 10 小時計，則每日可能的加工額爲 80 石，每年可能的加工額爲 80 石×365 日＝29 200 石。若以此數和每座機米斗的每年實際加工額 7 824 石相較，兩者比率爲 4∶1；換言之，浙江機米廠機斗的利用程度僅及其生產能力四分之一，其不經濟，自不待言。機米斗與發動機及其他設備均有連帶關係，故前者之利用程度亦可間接的表現後者。爲要使加工設備達於充分利用的程度，照通常的說法，自然在增加機米廠的加工額。但是，一地食糧的加工數額，由於生產環境及消費習慣之影響，例有一定，所以欲使加工設備得以充分利用，祇有減少機米廠的數目，促成加工設備的集中，推廣多餘的加工設備到尚未普遍的區域。比如這 63 個機米廠共有機米斗 156 座，全年加工總額爲 1 200 500 石，如依上述可能的生產能力，則有 41 座機米斗即可完成同等工作，餘下的 115 座，便可應用到其他地方。

　　不但機米斗未能充分利用，即動力機的配置亦至不經濟。按通例每座機米斗有馬力八匹即可發動；據 63 個機米廠之統計，動力機共有馬力 1 499 匹，平均每座機米斗用馬力 9.6 匹，除去必需的 8 匹外，計每座機米斗浪費馬力 1.6 匹，又據杭州市 105 個機米廠之統計，動力機共有馬力 1 323 匹，除以機米斗數 125 座，計平均每座機米斗用馬力 10.6 匹，除去必需的馬力匹數外，計每座機米斗浪費馬力 2.6 匹，其不經濟較前者更甚②。馬力之浪費與不經濟有兩方面：一爲動力機設備費，蓋動力機之價格通常以馬力計算，多用馬力自多費錢；一爲動力機使用費，蓋馬力多，所用柴油或電力亦多，結果多餘的馬力之發動費用自屬虛耗。

---

① 浙江加工食米以粳米與秈米居多，蒸穀米及糯米較少。就各種食米之比率，及前述各種食米加工效率之差異言，則平均每座機米斗每小時的加工額 8 石之數字實覺偏低。唯在全省加工米糧種類之統計缺乏的情狀下，祇得采用之。另據杭州 105 個機米廠之統計，每座機米斗每小時之加工數量計各種米糧平均爲 7.7 石，但此中包括蒸穀米及糯米之成分過多，故較上述之平均數尤低，自不足代表全省之情形。

② 此因杭州機米廠多係米行或米店兼營，其加工設備的調節更不如專營機米廠。

第五節　加工的位置及其決定因素

　　加工的位置(the location of processing)是指加工在運銷過程中的分布與着落而言，具體言之，是指糧貨自農場移到消費者的過程中，何方(生產者，中間人或消費者)擔當加工任務或在何種性質的市場上(產地市場，轉運市場或消費市場)，完成加工機能而言。因之加工的位置，可以分爲兩方面論述：一爲農人與商人的加工；二爲各級市場的加工。

　　農人加工與商人加工，二者孰善，向爲爭執之點。農人加工之利：一在能利用農民的剩餘勞力；二在使農家更經濟的利用加工副產物(如糠、麩)；三在節省運費。商人加工之利：一在促進分工，使農人得以專事農業生產；二在商人熟習各地消費習慣，加工出品較能適應消費者的需要；三在商人設備完善，足以增進加工效率。實際上，隨着社會經濟之進步，加工有由農人移轉到商人之趨勢，此爲學者所公認[1]。浙江的加工情形，與此種趨勢頗相合。惟歷年變動，無統計可循；可得而述者，即在社會經濟較發達之區域，商人加工比例較大，如浙西及溫、寧、紹三屬是，反之則商人加工比例較小，如處、嚴二屬及金、衢二屬一部分是。證以福建省的食糧加工情形亦然[2]。

　　其次加工地點有產地市場與消費市場之別；究以何處爲最善，亦爲爭論之問題。J. D. Black 氏謂產地市場與轉運市場加工較消費市場加工爲有利。其理由爲：一，貨品在加工後之運費較未加工時低廉；二，產地市場對於副產品之需要較消費市場大；三，易於腐蝕之產物，非先經過加工便不能起運(此點對於食糧似不居重要)；四，由於當地消費上的

---

[1] T. Macklin: Efficient Marketing for Agriculture, pp. 96-97. A. H. Benton: Marketing of Farm Products, p. 26.
[2] 巫寶三，張之毅：《福建省食糧之運銷》，第二章，第一節及第二節。

需要，非先加工不可①。就浙江食糧的加工情形言，則三種市場似不可偏廢。蓋浙江食糧以米爲主，而米之加工階段有二，因而完成加工機能的市場亦有不同。大致言之，穀到糙米之加工階段多在產地市場完成；糙米到白米之加工階段多在轉運市場與消費市場完成。但亦有例外：一爲產地市場完成糙米到白米之加工階段，如杭西之油車港，杭中之武義；一爲轉運市場與消費市場完成穀到糙米之加工階段，如泗安與紹興。此蓋因浙江決定加工在各級市場間的分布，有下列諸因子：

1. 消費習慣　糙米到白米的加工之所以多在轉運市場或消費市場完成者，一則因爲本市場的消費多爲白米；二則由於本市場與消費者及販運者較爲接近，對於顧客需要較爲熟習，便於按着需要的類別，調節加工的精度。如杭州市民的消費習慣極爲複雜，食米例須經過"掮套"手續，米店爲便於掮套，率皆兼任加工職務。至取給於產地市場者大抵爲附近農民，消費以糙米爲多，故產地市場之加工多止於穀到糙米。但如浙西嘉屬，農民所食爲白米加工後的冬雙米，故該區產地市場亦大都兼營糙米到白米的加工。

2. 動力供給　浙江穀到糙米之加工工具均爲利用人力的手礱，故在勞力過剩的區域多完成此種加工過程；如產地市場之武義、衢州，轉運市場之泗安、長興是。糙米到白米之加工工具，一爲碾米機，凡足以供給內燃發動力或電力之市場始能擔任此種加工階段，故在杭州、湖州、寧波、溫州等大型轉運市場與消費市場，此種加工機關特別發達；二爲水碓，在浙江中部諸屬，因有水力可用，水碓頗爲普遍，故中部產地市場多兼營糙米到白米之加工。

---

① J. D. Black: The Geography of the Twin Cities Market Areas for Farm Products, in "Marketing of Farm Products", edited by H. B. Price, pp. 411-412.

第五章　食糧之運輸

運輸乃運銷主要機能之一，對於量大值微的糧貨，運銷機能更爲重要。運輸一方面可決定貨物的市場範圍，一方面可影響消費者的付出價格，而且中心市場之形成更有待於運輸便利條件之具備。一般人以爲運輸僅在創造易地效用(place utilty)，實則其所創造的效用并不祇此一種。第一，貨物在運輸途中，例須耽擱若干時日，此間便包含有儲藏的職能；至於棧貨物儲藏時期之久暫，更須視運輸速率如何而定，由此可知運輸與儲藏的關係頗爲密切。第二，在運輸期間，貨主須擔負資本利息，附帶的盡資金通融的職務，在歐美國家，提單(bills of lading)早成爲借款之重要抵押物①，故知運輸關聯於市場金融者亦大。第三，運輸機關運送貨物，多係接受委托，爲要保證貨物在路途之安全，遂發生風險分擔(distribution of risks)的問題，通常此種職能亦多由運輸機關完成之。

　　浙江水陸交通，在全國各省中屬於較發達者，其給予食糧運銷路綫及糧市分布之影響已於第一章詳言之。本章着重在考查運輸效率并比較各種運輸方法的經濟性。這要從兩方面探討：一爲運輸所完成的役務(service performed)；二爲完成該種役務所支出的費用(cost of performing that service)；下面所論，以此兩點爲中心。

---

① Fred E. Clark & L. D. H. Weld: Marketing Agricultural Products, Ch. XII, pp. 240-242.

第一節　運輸方法

(一) 運輸方法之類別

浙江食糧運輸概可分爲水運與陸運兩種，茲分別述之。

A. 水運　此爲浙江食糧運輸之主要方法，蓋一因浙江境內，河流縱橫貫通，且大多終年通航，極少結冰乾涸；如浙西杭、嘉、湖三屬各地，河道交錯如網，貨運極便；二因浙江濱海縣分甚多，如寧、溫、台諸屬食糧出入口，均可利用大型輪船；三因食糧爲量大值小之貨物，宜於水運。概括言之，水運工具可分爲四種：一爲民船，利用人力或風力；二爲輪船，燃燒煤炭，可大量載貨；三爲汽船，燃燒汽油或柴油，容量極小，普通僅用以拖拉民船；四爲竹筏，行於淺水，惟因水易浸入，載米易遭腐蝕，故多用於載穀，極少用於載米。四者中，以民船最爲普遍，浙西杭、嘉、湖三屬，河道深淺寬狹，適於民船行駛，故除少數情形用火車、汽車外，糧運幾全賴民船。其他各地雖有因沿海而利用輪船，因水淺而利用竹筏者，但民船運輸仍居重要地位。用汽船者極少，大抵在趕行市求迅速時，始雇用以拖運民船。

據浙江省建設廳之統計，截至二十四年止，全省民船已登記者共37 676艘，主要的可分爲內河航船、內河營業船、沿海航船、沿海營業船、汽輪拖船五種；航船有一定航綫，營業船則航綫無定，隨各地需要而移動。全省已登記之輪船共316艘，亦分輪航(有一定航綫)與輪營(無一定航綫)兩種。關於汽輪與竹筏，則無統計可稽。民船載重力，據下表所示，在40擔以下者爲多，計占48%，40擔至100擔者占26%，100擔至200擔者占16%，200擔以上者共不過占10%，可見民船一般的載重力都不甚大。

浙江民船之載重力

載重力組別（擔）	民船艘數	占全體百分率
40 以下	18 024	47.8
40—59	5 561	14.8
60—79	2 498	6.6
80—99	1 699	4.5
100—139	3 664	9.7
140—199	2 472	6.7
200—299	2 355	6.3
300—399	657	1.7
400—499	430	1.1
500 以上	316	0.8
總　　計	37 676	100.0

B. 陸運　在浙江食糧運輸上陸運所占地位遠不如水運之重要。此種情形，一方面和歐美國家糧運大部依賴鐵道者不同；一方面又和我國內地與北方省份，因水道缺乏，不得不假藉落後的陸運方法如人力或畜力者有异。浙江陸運方式可分火車、汽車、人力車、肩挑、畜馱諸種。就食糧運輸方法的經濟性言之，除水運外，以火車運輸最相宜。貫通浙江境內之鐵路有滬杭路、杭甬路與浙贛路。上海來米及蕪湖、長沙、江西經上海轉來之米，走滬杭路①；江西直接來米走浙贛路；至杭甬路則以全綫猶未通車，僅能幫助附近糧貨之流通，作用不大。就汽車言，近年來浙省公路雖漸趨發達，但對於糧運影響殊少，蓋用汽車運輸食糧，除杭市及長興所屬泗安鎮外，他地殊不易見。杭市糧運汽車路綫有二：一爲湖墅至杭市本城，一爲南星橋至杭市本城；前者所運米糧係自杭、嘉、湖三屬及蘇、皖一帶經船運或滬杭鐵路而來者，稱"下路米"，後者則係

---

① 温台二州之米客多往上海，通例多先將米糧運存上海棧房中，待杭市需要時，再裝載火車運送。

衢縣、金華、蘭谿、諸暨等縣經船運或浙贛鐵路而來者，稱"上江米"，可知杭市汽車之作用，完全在聯絡船運或車運終點與米市間之運輸。即在美國，公路固極爲發達，但用之於運輸農產品者，其作用亦不過在聯絡運輸終點與市場間之過程①。至泗安鎮運往安徽廣德之麵粉多用汽車，此因：第一，麵粉價值較高；第二，汽車運價較他種運輸方法（人推獨輪車及騾駄）運價爲低；第三，汽車較迅速，計泗安至廣德，一小時可達。然此種運輸，亦屬於短程的，且泗安運麵粉於廣德，俱爲過站轉運，性質與湖墅及南星橋運至杭市本城同，故其作用亦與後者無異。由此可見汽車僅能用於短程運輸（short hauls），其以公路未能盡流通農產品之任務而詬病現行公路制度者，固有一部分理由，但實未能認清農產品運輸與公路運輸各自的特殊性。在現行交通制度下，欲利用汽車於食糧之長途運輸，殆不可能②。此外在鐵路公路未經過之地，或偏僻的鄉村，糧運以人挑最爲普通，其次爲人推獨輪車與人拉雙輪車；至以騾或他種牲畜駄負者，極屬少見。

上述，浙江糧運的各種方式。一個良好的運輸制度，據 Boyle 氏的意見，應是一個系統的制度，而不是各種不關聯、不合作的個體的混合。(a "systemic" system, not a variety of disjointed, non-cooperating units.)③ Boyle 氏又謂："此種運輸制度應包括鐵道、水路、公路三種；鐵道用於大量運輸——長途與笨重貨品之運輸，汽車用於零星運輸。且欲圖運輸效能之增進，須使鐵道與汽車運輸間有迅速的聯運"④。但是像 Boyle 氏所說的這種以鐵道爲主、以汽車爲輔的運輸制度，祇能行於商業化較深的，像美國這樣的國家，至就浙江言，雖年來利用鐵道運輸者日增，但糧運仍以水道爲主，而以人力輔之。且就水運與鐵道之優劣言，在載重

---

① Fred E. Clark & L. D. H. Weld：Marketing Agricultural Products, pp. 267-276.
② 在德國，汽車用於農產品運輸，亦限於短程，普通在 75 公里以內。見 Seedorf-Hesse：Grundriss der Landwirtschaftlichen Marktlehre, S. 230.
③ J. E. Boyle：Marketing of Agricultural Products, p. 131.
④ J. E. Boyle：Marketing of Agricultural Products, pp. 127-131.

量與迅速方面，水運固遜於鐵道，而其優於後者之處亦多：第一，水運競爭者多，營業者衆，雇用便利；第二，運費較低；第三，雇用手續簡單，且隨處可以停泊，便於上岸求售。故浙江以水運爲主的食糧運輸制度，一時恐仍不會因鐵道公路之興築而有所變遷。

(二) 運輸方法之分布及其決定因子

浙江各地通行之食糧運輸方法，不盡相同。按照運輸方式，全省可概分爲三個區域：一爲北區，以杭州、硤石爲中心，嘉湖兩屬市場輔之。區內河道縱橫，結成網狀，且水勢緩和，深度適宜，其深者可行駛輪船與汽船，最淺者亦可航行民船，且多終年通航，無阻隔間斷。因此不僅鄉鎮市場運往杭市之食糧，俱假水運，即農家運往鄉鎮市場之穀米，亦多用船舶，或由農民自備，或向船廠長期租用，或向船戶臨時雇用。均極方便。其次，區內有滬杭鐵路貫通，上海運入食米、麵粉，多藉車運，故本區交通最稱便利。二爲東區，包括寧、紹、台、溫四屬濱海各縣，以寧波、紹興、溫州、海門(黃巖屬)盤石(樂清屬)爲主要市場，附近鄉鎮市場輔之。本區交通最大特色，在於濱海，可航大型輪船，不僅區內溫、台屬運銷寧波之米糧賴之；且因輪船之便，溫、台屬餘米可直去上海，寧波亦可直由上海采辦皖、贛、湘等省米糧及上海麵粉與黃豆，以濟本市場及附近區域之不足。其次本區復有杭甬鐵路貫通東西，惜未全綫通車，於糧運功用極小。至區內各鄉鎮市場運往主要市場之食糧，多藉民船，水淺之地則以竹筏輔之；農家至鄉鎮市場之穀米則多用肩挑，間有用竹筏或民船者。三爲西南區，包括湖屬西部及金、衢、嚴、處所屬各縣，區內多山，各市場散漫隔絶，大體上以蘭谿、金華、衢州、泗安(長興屬)爲其主要市場，集中轉運各地來米。本區水運遠不及上二區便利，雖有錢塘江貫通南北，但沿途灘險甚多，不及北區各河平穩；錢江沿岸以外各地則河流稀少，遇旱且易乾涸。因此發生數種結果：其一，火車糧運業務較他區發達，蓋自浙贛鐵路通車後，金華、蘭谿通往杭州、紹興、蕭山之米糧，兼用火車，其中金華至紹興一路用火車尤多，與民船各占運輸額一半；故浙贛路全綫通車雖暫，而金華市面已極爲發達，該鐵路運載食糧數額，亦遠較滬杭、杭甬二路爲大。其二，他種陸運方法盛行，如泗安由廣德來穀，多用人推獨輪車，運往廣德之麵粉，兼用人推獨輪車、騾馱及汽車；諸暨在水小時由各鄉來米間用人拉雙輪車，遞浦（安吉屬）運往餘杭、武康之米糧多用騾馱；普通農民運往鄉鎮市場之穀米，則大都用肩挑。其三，竹筏成爲民船附屬的及不可分的運輸工具，蓋本區河道，因雨水大小，各季有深有淺，水淺時，民船不能通行，自賴竹筏爲輔助；大抵河流之上游多用竹筏，下流則隨季節或駛民船，或行竹筏。

　　決定運輸方法之因子有多端。要言之，一爲自然環境之厚薄，在水路便利之區，自賴船運；反之，在崎嶇山地，如無鐵道公路，則唯賴人挑或畜馱。二爲運費之高低，浙江鐵路公路興築有年，而糧運仍未能充分利用者，即完全爲運費所限制之故，蓋火車、特別是汽車運價遠較民船、輪船爲昂，捨貴就賤，自使鐵道公路難與水運競爭。但在水運不發達之區，公路運輸有因運費低廉而勝過舊式陸運方法者，如泗安去廣德麵粉，每袋運費人推獨輪車與騾馱爲0.08元，汽車爲0.07元，致運輸額十之七爲汽車所奪。三爲食糧之種類，大抵糧貨價值高者，多用較新式運輸工具，反之則采舊式運輸方法，如上述泗安去廣德麵粉多用汽車，而廣德來泗安稻穀，則完全假人力；又如金華、蘭谿去紹興、蕭山之上等白米多用火車，穀仍藉船運。四爲農村勞動之剩餘程度，凡社會經濟較落後之區，農村剩餘勞動較多，人力運輸亦較爲普遍，反之人工既貴，他種運輸工具必代之以興，前者如浙江西南區，後者如東北區是。此外每一種運輸方法之被利用與否，尚有種種因素，例如據硤石商人言，有時所以用火車運輸食糧者，蓋因：第一，火車迅速，可趕行市；第二，提貨單可作押款；第三，轉運公司減低報酬以兜銷，同時委托該種公司代運，可省却許多麻煩手續。

第二節　運輸業者及其活動

此處運輸業者指從事於長途運輸者而言，至於市內搬運組織及自己無運輸設備而僅承受客商委托，負責接洽運輸的大規模轉運公司則留待下節討論。依照前述運輸方法，直接從事運輸業者可分為民船船户、輪船公司、鐵路局與汽車行數類。其中最與糧運有關者殆為船户，後三者則因或不僅在載貨而更在載客，或雖僅在載貨而食糧所占比例極小，故以下所述，以船户為主，至輪船公司則約略及之，而於鐵路機關及汽車行①則略而不論。又介乎船户與雇主間之船經紀，為便利起見，亦在本節一并論述。最後并分論船運之損失賠償及其保險方法。

(一) 船户及其活動

民船之經營者，通稱船户；商家對於經營主呼"船老板"，每一船老板因資力之大小，所有船隻數目不等，一般以一船或兩船者居多，亦有兩船主合有一船者。船户按其籍貫，分為各幫，多各有一定航綫與碼頭，彼此不得混亂。杭州市自江蘇及本省嘉、湖屬來船，分為常州、江北、溧陽、宜興、無錫、湖州、長興等幫，此各幫船隻來往杭州者甚多，如宜興幫來往宜興、杭州間者便達一百數十隻之多。至皖省來船概稱巢湖幫，來船數目雖較少而載重力則甚大。硤石為浙省食糧進口門户，每年自蘇、皖來船極夥。本鎮糧市上，按米糧來源，將船户分為內河、外江兩大類，前者指江蘇鄰境及本省嘉、湖屬各縣來船，後者指安徽巢湖一帶來船，內河船之幫別與杭市同，載重量大者裝米 200 石，普通 100 石左右。外江船復有桐城幫、三河幫、宣城幫、桃鎮幫之分，但在浙江市場統稱巢湖幫，中以桐城幫勢力最大，浙西較大米市，莫不有其踪迹。外江來船遠較內河為大，其載重最大者可達米 600 石，普通由 200 到 400

---

① 短程運輸之汽車行，則并入下節論搬運組織時述之。

石。每年外江與內河來船就硤石一市計可達八百艘之多，金華、蘭谿之船户分爲義烏、永康、金華三幫，其船隻載重力水大時可裝米 200 石，水小時 50 石。嘉興新塍鎮之船户亦分爲三幫：一爲江北幫，載重 50 到 80 石，二爲紹興幫，載重 200 到 400 石，三爲本地幫，載重 20 到 40 石。嘉善西塘鎮之船户分爲常熟幫與浦東幫；船隻載重力最大 200 石，最小 100 石，普通 130—140 石。除船户外，各市場尚有船廠，每廠有若干船隻，不自營運輸，專備出租於農民，每隻每月租金五元左右。

　　船户之活動，可自其與農人的關係及與商人的關係中窺得之。就農人言，在浙西各地，農民固一部分備有船隻，但大部糧運仍賴專業船户；據硤石及嘉興王店鎮商人估計，農民來鎮上賣米，所用船隻，自有者占十之二，船户者占十之八。大抵農民在出售額小時，多帶貨搭船，付一定運費，遇數額大時，則臨時向船户雇用；如覺出入市場過於頻繁，且經濟情形允許時，則按月、按季或按年向船廠租用，至在浙東各地，農民出售食糧，率用肩挑或竹筏，遇出售額較大而水深可通船時，始向船户雇用。就商人方面言，因商人與船户關係之密切，及運輸額之龐大，格外顯得船户的活躍。浙江糧運既以水運爲主，而商人運輸食糧，又概係委託船户代運，則知船户直接關係糧運效率甚大。商人通常有常共來往之船户數家，商人對之極爲信任，大多祇修書一封，託其運往某地之熟行家投售，間有派人押船者；至店主或糧客親自隨船運銷之情形極爲少見；如硤石來米，計米客親自隨貨者僅占十之一，十之九均係當地行家委託船户投售者（間有押船人）。因而船户除盡運輸之任務外，更擔任投售、收款等工作①。至外地米行寫信來購者，則由本地米行代雇船隻，并開清單一紙，俗稱"大牌"，載明糧貨數量，已付未付運費等項，俾委託者據單查收。運費何方給付，視雙方預先之約定；貨款或由船户帶歸，

---

① 惟在滬杭鐵路沿綫市場，米行除一方面將貨下船起運外，復另派夥友乘火車至運往地，擔任推銷及收款事宜，據商人云：其原因在於携款經水道危險，故派夥友走鐵路，然此實爲特殊情形。

或由銀行或錢莊匯來。由此可見船戶對於雇主商家所盡任務，實不僅限於運輸。船戶自己亦間有經營食糧販賣者，據硤石商人估計，此種來貨約占十之一。小船戶回程時，常便帶他種貨物，作經濟上之補助；大米船回程時，則十九均為空船，間或載運潔淨柔軟之貨物，此因大米船極為精緻，裝載污硬貨物，易破壞船身，故寧願空船，而不願船身遭受損害。

在新塍鎮附近區域，關於農家運輸有一特殊制度，值得一述，即航船獨占農家運輸是。該區每村或數村有一"航船"，經營者以當地人居多，為專門職業，間兼種田。船隻甚小，載重20—40石不等，船自附近市鎮濮陽、王店、烏鎮等處租來(該數地有船廠)，平均每年租金40元。農民賣米，均須經航船裝運，即自有船隻者亦然。不獨米糧出售如是，即絲繭及其他農產品出售亦同。因此農家運輸，全為此種航船所獨占。航船所得運費，不取於托運之農人，而由米行於米價外，另行支付，曰"回船"，每石米徵收一角。惟"羊毛出自羊身"，米行必壓低買進價格，故真正負擔者仍為農人；然農人習而不察，樂用航船如故。另方面航船主對於農人極為優待。通常農人乘用及代農家上鎮買物，不收船費。農人來鎮，向例喜坐茶館，航船主均代付茶資。如遇一主顧托售額大時，航船主且款待酒飯。

輪船最通行於寧波、香港間及寧波、上海間，其次通行於寧波與溫台屬市鎮間。寧港綫來往輪船五隻，分屬太古、怡和、三北等公司。其中太古公司運輸額最大，占十之七，怡和、三北合占十之三。寧滬綫來往輪船六隻，分屬太古、新北京、三北、招商、寧紹、達興公司。溫州與寧波間行駛輪船三隻，每星期對開一次；海門與寧波間行駛輪船五隻，每星期對開兩次。此兩路亦有用民船運輸者，但所占運輸額之成數僅為十之一到十之三，遠不及輪船多。在浙江，輪船業均屬獨占：一方面營業獨占，船公司除已有者外，不許新公司開設；二為碼頭獨占，即碼頭不租用於其他輪船，使航綫不定之輪船(tramps)無從靠岸招攬生意。

(二) 船經紀及其活動

船經紀以代商人向船戶接洽雇船為其職務。在浙江，此種制度不甚通行；據此次調查，僅蘭谿、金華、泗安三地有之。蘭谿、金華通稱船經紀爲"船拼頭"，泗安則稱爲"叫船的"。在蘭谿船拼頭有八人，業務範圍均限於食糧運輸。船拼頭每日在大米行等候，當外地采買糧客與米行成交後，即由米行托船拼頭代爲雇船。船拼頭與米行間來往以摺爲憑，不另書承攬，每次由米行在摺上記明貨量與船户名，交由船拼頭保存；以後結算佣金即憑此摺。船拼頭所得佣金爲每石一分五厘，由船户負擔，由米行代爲扣給。關於糧貨在途中損失之賠償，固完全由蘭谿糧食維持會出名負擔，船拼頭對糧客例不出面，實則賠償費用有一部分仍係船拼頭所出。蓋蘭谿每一船拼頭須先向糧食維持會交保證金 100 元，如有風險損失，即由此數中扣除，不足先由維持會代付，以後由船拼頭補繳。如船拼頭無力繳付，則停止其營業。由此可見船拼頭所負責任之大，惟事實上船拼頭多將此種責任全部或一部轉嫁於船户，因爲不如此，船拼頭亦將不敢營業。關於船拼頭所負的賠償責任下面還要詳述，現不深論。金華僅有船拼頭二人，除保險一項相異外，均同於蘭谿。在浙贛路全綫通車以前，轉運公司尚未發達，金、蘭一帶船拼頭頗爲活動，通車以後，船拼頭營業大受影響。泗安"叫船的"有四人；所得佣金亦向船户徵收，爲運費十分之一。運輸途中之一切責任，悉由"叫船的"擔保。

(三)糧運之損失賠償

糧貨在運輸途中的損失，可分爲三類：一爲糧貨本身之損耗，其損耗率因糧貨之種類與品質而有不同，大抵穀較米之損耗率小，加工過的冬雙米與蒸穀米較普通白米小。二爲人力不可抗的損害，如因大風雨、發火、觸礁等致船身及貨載遭受損失①。三爲運輸業者之偷竊、攙水，其破壞食糧之包裝，減低食糧之品質，爲害甚大。在三類損失中，第一種爲不可避免者，惟有改善包裝與途中貯藏，可以減輕；第二種爲不可抗力者，惟有利用保險方法，可以救濟之；第三種爲運輸之習見陋規，

---

① 皖省來浙米船，尚有遭土匪搶劫之危險，故船户多携帶槍械。

惟有改善運輸制度，方可制止。下面先就第三種及第一種損失略爲論述（第二種留待保險一段敘述），然後再論其賠償。

浙江糧運，因多係民船散艙，故攙水之事幾成慣例①。攙水之後，每石米可漲發三升，此三升米便是船户攙水所得之利益。米因攙水，大多發潮，結果減低品質。在袋封及車運之場合，偷竊攙水，亦在所不免。食糧經袋封蓋印後，本不易偷竊，但運輸者却有妙法，以竹管削尖插入米袋内，米即順管流出，每石米取出 2—4 升後，再由竹管灌水進去，重量仍同前。偷竊攙水不但影響米糧之品質，且影響其銷路。如富陽與蘭谿相距至近，復有錢塘江爲之聯貫，運輸極爲便利，在二十年前，富陽缺米，概由蘭谿運入接濟；但近年以來，因蘭谿來米，偷竊攙水極爲普遍，損失不貲，故改向硤石、杭州采辦。又如泗安本爲轉運安徽廣德米糧以銷杭州之市場，但在杭市上，"泗安尖"品位甚低，不受歡迎，其故即因用獨輪車由廣德運米來泗安時，車夫十九均攙水盜賣，致米發潮過甚，影響其色澤滋味甚大。偷盜攙水之行爲，不僅限於船户與車夫，即脚夫、駁船、以及其他搬運者亦多爲之。近年紹興、蕭山、臨浦等地米行，對於金華、蘭谿來米，檢驗極嚴，而船户復因火車競爭，生意清淡，爲討好米行起見，多不作軌外行爲，因而偷竊攙水之風大爲減少。

米糧雖爲有相當耐久性的産品，但在運輸途中，自然的損耗難免，托運之米行爲使運輸者免除責任計，大都給以一定比例之"讓量"（weight of grace），在浙江通稱爲"讓合"，平湖又稱爲"卸虧"。讓量因米之品種及運輸途程之遠近而有高低，如嘉善之讓量爲：白粳米、白尖米、糯米每石二升，冬雙米每石一升（捨米率較小）；西塘鎮運往上海之粳米讓量爲每石二升，運往硤石、嘉興等地者每石一升，平湖之讓量運往杭州者爲白米每石三升，糙米二升，運往上海者爲白米每石四升，糙米

---

① 船户攙水，原因有二：一爲偷竊後攙水以填補差額；一則因沿途向米市求售時，打樣（sampling）耗米甚多，故攙水以資彌補，可見打樣是一種浪費。攙水工作多於晚間行之，防人窺見。

三升。

在運到交貨時，如貨量損失不超過讓量之限制，運輸者不負賠償責任，否則，超過額例由船戶或車夫負責賠償；其委託轉運公司或過塘行運輸者，則由該承運者負責賠償；故偷竊在超過讓量以上時，自當賠償。但遇有不可抗力之場合，即損失之原因，不在運輸者之故意的作爲，亦有規定不賠償或僅賠償貨值一半者。如杭市運往蕭山、紹興、諸暨、富陽、桐廬一帶之米，多由轉運公司承運，關於賠償條件，通例爲：如因民船遇大風雨而沉没，轉運公司僅賠償貨值之一半；如因船隻本身不堅固而沉没，則轉運公司負全部賠償責任。又海門運到上海之米，規定因船身完全覆没致糧貨遭損失者，不賠；如因船身漏濕致糧貨受損失者，完全賠償。又紹興、蕭山、臨浦等地近年來對於金華、蘭谿、杭市船運來米，在船到時，多先驗貨，後過斛，如發現有減低貨色或短少數量情事，則予扣留，賠償後方準放行。聞口過塘行所接受之"大牌"①上，及所開之船票上多注明："倘有上漏下濕竊少等情，扣留原船賠償，容情釋放，與敝（店）無涉。"等字樣，此即表示米行或過塘行將運輸途中之偷竊、攪水、漏濕等責任完全委諸船戶。賠償金額均就損失程度按貨價折算。

（四）糧運保險

洋米及外省米之輸入均有保險。如寧波自香港、上海、蕪湖、長沙等地來米，均經由各該地保險公司保險，費用由買方負擔。保險費大約爲：香港每包八厘，上海每包六厘，蕪湖每包八厘，長沙每包一分二厘。至本省米糧之運輸保險，僅樂清運往寧波食米，由保險公司保水險，蘭谿、金華有合作保險制度，其他各地幾不之見。前者與一般保險公司同，不必深述，兹僅就蘭谿、金華的糧運保險制度記述之。

從蘭谿、金華沿錢塘江至杭州、蕭山，途中灘險甚多，尤以建德（嚴州）桐廬間之七里壠附近最稱危險，舟子至此，多小心翼翼，以防萬一，但風險仍難盡免，故水運保險應運而生。此種制度之成立，約在民

---

① 米行（自己或代糧客）給過塘行之托運單，亦稱"大牌"。

初，首見於蘭谿，因當時浙中糧貨交易大部集中蘭谿之故，金華則爲後進，保險制度亦完全仿自蘭谿。就蘭谿言，水運保險係由本鎮糧食維持會、船拼頭、買方糧客三方合組而成，而由糧食維持會主管其事。保險費每石米徵一分八厘，由買客負擔，交維持會保管；現在常年收額達五千元。在運輸途中，如遇風險及其他損失，由維持會出名封買客負完全賠償責任。至對內方面，則由維持會與船拼頭共同分擔賠償，其各自所擔比例隨損失性質而不同：在遭風失水之場合，維持會負擔賠償額十之八，船拼頭負擔十之二，在中途盜賣之場合，維持會負擔賠償額十之六，船拼頭負擔十之四。前已言之，船拼頭營業時須向維持會繳足保證金百元，賠償費即先由該款內扣除，然後由船拼頭分期補足。此種保險制度非強迫的，投保與否悉聽買客自便，但保險者約占十之六七。金華之制度同此，惟所收保險費較重，計米每石二分五厘。

第三節　轉運與搬運之組織

轉運可稱爲代理運輸，以接受貨主委托代向陸路運輸機關（鐵路局、汽車公司）接洽運輸爲業務，經營者稱轉運公司，多開設於鐵路沿綫之火車站。搬運組織在浙江有兩種[①]：一爲市內搬運，擔任者爲裝卸貨物之搬運伕；一爲途中搬運，即搬卸貨物渡江、過壩、轉船，經理其事者稱"過塘行"，乃浙江之特殊組織。轉運公司與過塘行，一爲陸運，一爲水運，經營規模均甚大；除單營者外，近年爲獲得水陸聯運便利計，亦有同一公司兼營轉運與過塘兩種業務者，稱"轉運過塘行"。據此次調查，在浙江各市場與車站上，完全經運食糧及以經運食糧爲主的轉運公司、過塘行及轉運過塘行家數如下表：

---

① 駁船亦爲搬運方式之一種，係輪船不能靠岸時作爲駁貨之用，普通多附屬於輪船公司。

浙江食糧轉運與搬運組織之家數

市場名	轉運公司	過塘行	轉運過塘行	合計
拱宸橋	3	—	—	3
閘　口	—	—	4	4
南星橋	—	—	2	2
聞家堰	—	4	—	4
潭　頭	—	4	—	4
新　壩	—	2	—	2
義　橋	—	2	—	2
臨　浦	—	5	4	9
曹娥江	—	4	—	4
蒿　壩	—	3	—	3
百　官	4	2	—	6
寧　波	4	—	—	4
蕭　山	—	—	1	1
硤　石	2	—	—	2
嘉　興	2	—	—	2
泗　安	3	—	—	3
金　華	1	—	—	1
蘭　谿	1	—	—	1
盤　石	—	4	—	4
總　計	20	30	11	61

擔任市內搬運的脚伕，雖爲個人營業，但對外亦有組織，其人數各市場不等。茲就轉運公司、過塘行、脚伕三者分別述之。

(一) 轉運公司及其活動

轉運公司發生在鐵路及公路開築通車以後。如浙贛路通車以後，金華、蘭谿去紹興一帶之米糧改用火車運輸者漸多，該地轉運公司之營業隨之發達；泗安廣德間公路修築以後，該地汽車轉運事業應時興起，均爲其例。但若米市衰落，轉運公司亦有因營業冷淡而歇業者；如硤石年來因直接交易（direct sale or buying）增加（見下章所述），糧貨交易額減少，在調查年度，即有轉運公司一家停歇。惟一般而論，轉運業之前途，仍有發展希望。

轉運業專司代客運輸，自身既不參與輸送，復不經營販運。委托方爲本地或外地的買方或賣方之糧客與米行，一般以外地買方糧客與米行爲多。如外地米行不派人到本鎮采購，僅函托該地駐本鎮之代理人（agent）辦貨時，則托運事宜概由該代理人與公司接洽。當本鎮米行接受外地委托采購時，則由米行代交轉運公司。轉運公司對承運糧貨負完全責任，如有損失或缺少，照實賠償，而另向運輸者索賠。所受報酬稱"佣金"或"手續費"，其費率各市場稍有差異，一般爲米每石徵二分。大抵整車較零額所徵費率爲低，如硤石轉運公司收佣，整車者每噸一角，遠較零額者爲低。又有按糧貨種類而分別費率者，如泗安轉運公司所徵手續費爲：米每石一角，稻每擔五分，麵粉每袋一分五厘。轉運公司除代托運者辦理運輸手續外，還盡兩種職能：一爲代付運費及上下脚力；二爲代辦儲藏，如閘口之轉運公司，每家均向鐵路局租賃棧房一間，每間每月租費二十元，專備運輸忙碌時儲藏糧貨之用，其一切費用，概由佣金中開銷，不另支取。

浙江轉運公司，多數已完成縱式的聯合，同一轉運公司在各地所設分公司或辦事處；即不屬於同一轉運公司者，亦多與另一地之轉運公司或過塘行保持密切聯絡，實行聯運，使糧貨運輸不致中途阻滯，其於增進糧運效率，裨益極大。至橫式的聯合，亦漸普遍，其中有組織較新式者，如寧波四家轉運公司便有聯合組織，劃一徵佣并約定分配糧運數額，此與歐美運輸業者的聯合組織所謂"費率協定"（rate agreement）及"貨運分配約定"（traffic pool）頗相近似，雖其規模較小，但不失爲進步的類型。惟此種聯合，形成獨占，對於托運者并不一定有利。

(二) 過塘行及其活動

浙江過塘行之歷史，據經營該業者云，約有七十餘年；今已成爲浙江糧運上不可少的特殊過程。過塘行發生的原因有二：第一，在錢塘江與曹娥江下游沿岸小河與大江接流之處，闢有海塘，築有堤壩①，因之糧船來往，均須搬卸過壩換船，主持此事者遂稱過塘行；第二，在江河接流之處，雖無堤壩，而因內河水淺，江船不達，須卸貨換船，過塘行遂應時發生，代客照應此種事務。現在浙江有過塘行之地可參閱本節開首所列一表，其中聞堰、潭頭、新壩、義橋、臨浦五地，號稱"錢塘江五壩"。過塘行以代客搬運爲業務，爲代理商之一種，故須向政府繳納牙帖稅。

過塘行之托運方以米行、米店居多，占80%；農户占20%。通常米行、米店托運，均附以一定格式之"大牌"，載明貨量、運往地、或特予指定之船户，農户托運則祇開一便條，不拘格式。所運糧貨，計米占70%—80%，豆類占15%—20%，小麥占5%—10%。佣金各地因搬運過堤換船等手續之繁簡而有高低，如錢塘江五壩徵佣均在每石一分以下，有低僅五厘者；閘口至五壩徵佣均爲每石三分；曹娥壩、蒿壩徵佣均爲每石二分。過塘行除代辦搬運手續外，還須代客墊付各項力錢及因過塘所必要的費用（如過稱費），亦有代客盡儲藏職能者，此與轉運公司所盡職能相同。對於承運的糧貨，因爲例由過塘行代雇船隻，故遇途中發生損失時，過塘行須負責出名賠償。一般多將損失額分作三股，由過塘行、船户，托運方分別負擔，但因船户資力薄弱，其所擔一股，例由過塘行先爲墊付，再由船户分期攤還。

（三）搬運伕及其活動

市内搬運由搬運伕②擔任，各市場搬運伕人數，因營業數額及需要程度之關係，自20人（如湖州之菱湖鎮）至500人（如温州）不等，一般以50人到150人爲多。每一市場多按市場之位置或城門將搬運伕分爲數班，每班有一頭目，雇用時通知頭目指派，各班營業限於所屬區域內，彼此不得侵犯。搬運物不限於糧貨，凡市場上之貨物均在內。搬運伕除

---

① 闢塘築壩原因，據云有二：（1）錢塘江潮汐極大，無海塘則江水泛濫，有淹没田禾之虞；（2）下游江水鹹味甚濃，若任之與内河相通，則因鹹水傷害農作物，致河水不能用作灌溉。

② 俗又稱脚伕、碼頭伕、扛工或挑伕，在浙西嘉興所屬各縣，通稱"脚班"。

擔任貨物在碼頭或貨棧之起卸搬運事項外，尚有兼任過斛者（如嘉善、菱湖）。搬運伕一般爲專業，但武義縣城之搬運夫則大都由農民兼任，生意清淡時即回鄉耕種。爲要主要的對付米行之壓低報酬，搬運伕有工會組織，如寧波之搬運業職業公會（54 人）及碼頭業職業工會（433 人），海門之扛工公會及挑伕公會，富陽之挑運業公會，建德之肩夫工會等是。即在未組織新式工會之場合，搬運伕亦有舊式脚班或脚行等組織，内部團結頗堅强。搬運伕每日所得力錢，均交由所屬頭目分派。

此處附述搬運獨占。此種獨占可分爲三種：一爲對外獨占，如嘉興雇用搬運伕係强制的，米行、米店在某時期縱不雇用，但亦須按該時期進出貨額折付力錢。二爲身份獨占，如富陽、海門，搬運伕身份均爲世襲；如子不襲父職，可將身份權出賣，價二百元，亦可出租，租金每月三元。近年來失業者增多，無身份權者常欲加入營業，糾紛因而發生。三爲公會獨占，如海門之搬運伕，有爲公會會員，有爲臨時工役，前者不過百餘人，後者則達五百人以上，但後者須受前者支配，即前者將後者分爲數組，由前者任組長，擔任管理監視職務，所得力錢，組長取三分之二，組員得三分之一；此實爲同業者間的不正當的剝削。

第四節　運　輸　費　用

運輸效率決定於運輸所發揮的職能及其爲完成該種職能所支出的費用，此在本章開首已經述及。在浙江的糧運上，運費恒占運銷成本之大部（見第八章所論），是以糧貨運費之高低，實爲決定銷路廣狹的主要因素。本節在分析運輸費率（freight rate）的差异程度及其因子，幷從費率觀點比較各種運輸方法的經濟性，以幫助明瞭浙江的糧運效能。

（一）運輸費率的差异及其因子

如前所述，浙江糧運方法，水路有民船、輪船、竹筏數種；陸路有火車、汽車、獨輪車、騾駄、人挑數種。其中除火車、汽車運費有定率外，其餘各項則聽由雙方臨時議定，無成文規章，不過在習慣上亦形成一定的比率。茲就調查材料選取數種最重要的運輸方法分析如下。

A. 民船　浙江除西北、西南部外，糧運概以民船爲主。惟民船運輸費率，各地極不一致。費率計算單位固多以航行里程爲標準，但亦有以航行時間爲標準者，如平湖至硤石之民船運費，便按天計算，每天每石運費0.012元。即普通以里程計費，亦僅示其大概，蓋實際上運費多係就某一市場至另一市場而計算者（自然，主要的還是參考里程的遠近，及其他航行困難情形決定），故計算標準遠不如火車、汽車之嚴格。若以市場爲起迄點而計費，則浙江各地民船運費以浙西區域爲最低；不過浙西市場彼此毗連，糧運路程極短，故按里程折算，其費率並不較他區爲低。他方面，因民船運費遠低於火車、汽車，不受後者競爭影響，故即在鐵道、公路發達區域，民船運費亦未必較他區爲廉。由此兩點，可知影響民船運費之高低，實有其他因子在。據吾人分析結果，其重要者爲：

1. 航程之遠近　據決定運輸費率的一般原則，航程愈遠，費率應愈低；浙江民船運輸，即依此原則。如下表所示，費率因航程之縮短而逐漸增高，雖中間有一二例外，但有趨勢則甚明顯。

民船航程遠近與運費

硤石來源地[1]	距硤石里數	每石運費(元)	每十石十里運費(元)
合　肥	1 250	0.60	0.048
三　河	1 250	0.60	0.048
無　爲	1 250	0.60	0.048
桃　鎭	1 200	0.75	0.063
巢　縣	1 150	0.50	0.044
水　陽	1 000	0.50	0.050
同　里	100	0.10	0.100
青　浦	100	0.12	0.120

續表

硤石來源地[1]	距硤石里數	每石運費(元)	每十石十里運費(元)
朱家角	100	0.12	0.120
蘆谿	90	0.10	0.111
松江	80	0.10	0.125
楓涇	70	0.10	0.143
嘉善	60	0.075	0.125
嘉興	45	0.06	0.133

臨浦運往地	距臨浦里數	每石運費(元)	每十石十里運費(元)
靈橋	70	0.05	0.071
周家浦	60	0.05	0.083
蕭山	30	0.04	0.133
聞家堰	25	0.03	0.120
所前	18	0.035	0.194
天樂鄉	18	0.04	0.222
河上店	15	0.04	0.267

附注：1. 來源地合肥—水陽各地皆屬安徽省。
同里—楓涇各地皆屬江蘇省。

2. 水之大小　水大時，民船易於航行，水小時行駛困難，有時須以人力拉縴，且因水淺灘多，風險增大，故同一河道，水小時之運費常較水大時為高。據下表，如衢州至蘭谿，水大時一日可達，運費每石米0.2元，但水小時則需時二天至三天，運費每石米0.3元至0.4元。又如江山到衢縣，大水小水之運費相差達一倍以上。詳見下表。

3. 糧貨之種類　民船運費復因糧貨種類而有不同，此種關係所表現的形態有二：一為貨物價值與貨物重量之關係，如價值相等，則重量愈大者，運費愈高；二為貨物體積與貨物重量之比例，如重量相等則體積愈大者，運費愈高。據此麵粉運費較穀米為低，穀米運費較各種雜糧為低，而米之運費又較穀為低。如湖州自無錫運進糧貨，計麵粉運費每百

民船運費在大水小水時之差異

市　場		到達日數		糧貨種類	計費單位	運　費(元)	
起	迄	大水	小水			大水	小水
衢縣	蘭谿	1	2—3	米	每石	0.20	0.30—0.40
龍游	富陽	1.5	5	玉米	每袋[1]	0.35	0.50
衢縣	蘭谿	2	6—7	米	每袋	0.24	0.30
金華	富陽	1.5	3—4	米	每袋	0.20	0.30
蘭谿	富陽	1	3—4	米	每袋	0.16	0.25
江山	衢縣	2	6—7	米	每石	0.25	0.80
澤國	海門	不詳		米	每船	3.00	6.00
路橋	海門	不詳		米	每船	2.30	3.80

附注：1. 每袋＝2市石。

斤0.09元，芝麻每百斤0.16元，大麥每百斤0.18元；又如菱湖與湖州間之運費，計糙粳米每百斤0.04元，穀每百斤0.05元，黃豆每百斤0.05元。凡此均足表示麵粉與米穀之運價較雜糧爲低。下表更可證明穀之運價較米爲高。

各市場輸送米穀至臨浦之運費比較

市　場	航程(里)(距臨浦)	每擔運費(元)	
		米	穀
桐　廬	180	0.06	0.07
分　水	270	0.20	0.21
於　潛	360	0.26	0.28
淳　安	360	0.12	0.14
壽　昌	360	0.12	0.14
蘭　谿	360	0.12	0.14
金　華	400	0.12	0.14

续表

市　场	航程(里)(距临浦)	每担运费(元)	
		米	谷
佛　堂	400	0.25	0.26
龙　游	400	0.16	0.18
衢　州	500	0.20	0.21
常　山	590	0.17	0.25
江　山	590	0.17	0.25

B. 火车　火车运输费率有一定之规章，但运价亦有差异。厘定运费之标准有三：(1)里程之远近，即里程长者费率较低。如浙赣铁路①五等货运价每百斤100里为0.14元，200里为0.27元，300里0.38元。(2)粮货之等级，火车系将运价分为若干等(普通分为六等)，另将粮货各归列为某等收费，一般将面粉列为三等，米谷杂粮列为五等或六等。浙赣路运价面粉每百斤百里为0.22元，米谷杂粮每百斤百里为0.14元或0.12元。(3)整车或非整车(trainload or less than trainload)，凡整车费率较非整车为低，如浙赣路规定；金华至临浦六等货物之运价，非整车每百斤为0.18元，整车每吨2.84元，合每百斤0.142元。

C. 其他运输方法　轮船征收运价，异于民船与火车，既无大水、小水之分，又不按货分等，且伸缩自如，不十分严格。汽车运价，依浙省公路管理局之规定②，分为三等，粮食按第三等收费，计每百斤每百里为0.75元(每批起码运价为0.5元)，过此依里程之长度递加。惟公路局粮运额极少，通常经运粮货者多属商营汽车，其运价与公路局规定者相差甚大，颇有伸缩；如泗安至广德，长50里，每百斤运价为0.15元，

---

① 此处所引运价，系依据二十二年十月厘定者(斯时称浙江铁路)；新规定之运价表，因战事发生后，迁移遗失，俟补查后，再行更正。

② 此项费率系苏、浙、皖、京、沪五省市交通委员会厘定者，自二十五年一月一日起各省市同时施行；见该会印行的"公路汽车货运通则"。

合百斤百里0.30元，遠較公路局之運價爲低，且實際上尚可增減，故顧客稱便，每年營業頗爲發達。竹筏多用以載運粗硬糧貨，其費率差异與路程遠近及灘險多少最有關係。騾駄、人力車、肩挑，主要的以行程所需時間決定費率，人畜之負載力，均有一定限度，且路程難易無大變化，故時間遂成爲決定費率的主要因素。

(二)各種運輸方法運費的比較

在同一地區，通常可使用數種糧運方法，而各種方法之通行程度則不相同，此種情形主要的可用運輸費之差異，其次可用運輸職能之大小解釋之。爲便利計，除水運缺乏的區域外，概以民船與其他方法相比較。

各種運輸方法及運費

起迄市場	貨名	單位	運輸工具	運費(元)	到達時間
武義→金華	米	每石	民船	0.25	1天
	米	每石	竹筏	0.30	2天
曹娥→嵊縣	米	每袋[1]	民船	0.10	半天
	米	每袋	竹筏	0.20	1天
寧波→鎮海	米	每石	民船	0.07	1天
	米	每石	輪船	0.10	2小時
寧波→定海	米	每石	民船	0.14	1.5天
	米	每石	輪船	0.18	2小時
寧波→曹娥	米	每石	民船	0.16	2天
	米	每石	火車	0.275	半天
寧波→百官	米	每石	民船	0.155	2天
	米	每石	火車	0.266	半天
寧波→餘姚	米	每石	民船	0.10	1天
	米	每石	火車	0.16	4小時

續表

起迄市場	貨名	單位	運輸工具	運費(元)	到達時間
寧波→慈谿	米	每石	民船	0.06	1天
	米	每石	火車	0.10	1.5小時
金華→臨浦	米	每石	民船	0.20	4—5天
	米	每石	火車	0.285	1天
天樂鄉→臨浦	米	每石	民船	0.04	1小時
	米	每石	肩挑	0.30	2小時
泗安→廣德	麵粉	每袋[2]	汽車	0.07	1小時
	麵粉	每袋	獨輪車	0.08	8小時
	麵粉	每袋	騾馱	0.08	10小時

附注：1. 每袋＝1.8石。

2. 每袋＝49磅（約合市制44斤）。

據上表先就竹筏與民船比較。由武義到金華或由曹娥到嵊縣，竹筏運費均較民船爲高，如曹娥到嵊縣最高達一倍；就到達時間言，竹筏速率亦僅及民船之半。此因竹筏多行於小水時候，行程艱險，且完全恃人力撐篙，不能假藉風力，故運費高而速率小。是以遇河道能行民船之場合，竹筏即難與民船競爭，終至絕迹。次就輪船與民船比較。自寧波到鎮海及定海，輪船運費較民船約高五分之二；故僅就運費觀察，輪船實難與民船競爭。但因輪船對貨運所盡職能遠較民船爲大：第一，輪船較迅速，如寧波至定海，民船需時一天半，輪船僅需二小時，因而利於趕行市；第二，輪船設備較民船完善，沿途損耗較小；第三，輪船載重力遠較民船爲大，宜於大批糧運；故在浙東沿海市場，糧運用輪船較民船爲多，如前所述，輪船占糧運額十之七，民船不過十之三。由此可見在輪船通航之區，輪船與民船實可并行，如該區每批交易額極大，則輪船運輸必占優勢，否則必以民船運輸爲主。再就火車與民船比較。火車運費遠較民船高昂，超過民船自三分之一到三分之二不等，有時高出一倍以上。不僅此也，火車每批起碼運價爲五角，小額運輸殊爲不便。惟以車行迅速，運價一定，且整車裝運，可獲優待，故遇大批貨物欲趕市價之場合，多用火車，就常況言，火車萬難與民船競爭。更就肩挑與民船比較。如天樂鄉至臨浦，長 18 里，民船一時可達，運費 0.04 元；肩挑需二小時，運費 0.3 元，兩相比較，前者運費僅及後者七分之一，是以在民船通航之區，肩挑必爲民船所擯斥。但普通肩挑多用於兩種場合：一爲數額過小時，如僅一二石，則雇船不便，不得不雇人肩挑；二爲農民運送自有貨物時，率多自己肩挑，以節省運費。最後就水運缺乏之區，比較各種運輸方法。如泗安至廣德，陸運方法有汽車、獨輪車，與騾馱三種。就運價言，獨輪車與騾馱相同，汽車則較二者略低；據云汽車略低之原因，即在壓倒其他運輸方法。據前所述，汽車在糧運上尚未普及者，即以運價過昂之故，今即較他種方法爲廉，則其憑藉高度的輸送速率，必然的要獨占運輸。惟泗安至廣德一綫汽車獨占亦僅限於麵粉，此因麵粉在糧貨中，屬於值高量小一類，運費稍高無關；且麵粉多爲整批運輸，宜於滿車載送①；更因麵粉常須趕市價，汽車運送較速。至於穀米之運輸，則迄今汽車猶極少涉足。

(三) 搬運費用

糧貨在起運地點與終點市場之裝卸、運送，費時費錢均極多。在浙江尚有過塘、換船、換車等手續，更增加運輸之時間與費用。但此種情形不僅限於浙江糧運，即在運輸組織非常進步之美國，在起迄市場及在鐵道或水路終點之裝卸運送費用，差不多與長途運輸費用相等，有時甚且超過之②。蓋搬運亦爲運輸的一種重要職能，爲謀顧客之便利，搬運費用所占比例且有隨市場組織的發達而逐漸提高之趨勢。

搬運費用按搬運方式可分爲市內搬運費用及途中搬運費用二種。市

---

① 汽車每次可載 120 袋，獨輪車僅 8 袋，騾馱僅 4 袋。
② Fred E. Clark and L. D. H. Weld: Marketing Agricultural Products, pp. 267-268, p. 280.

內搬運費用俗稱脚力，分上力（裝貨 loading）及下力（卸貨 unloading）兩項。有些市場上力較下力略高，但大多數則二者相同。浙江各市場之脚力，高低不一致，有低僅每石四厘者（如嘉善），有高達每石七分者（如衢州），一般以每石一分至三分爲多。就浙江各區市場比較言之，以浙西嘉屬及湖屬東部最低，每石一分左右；浙東鄞、台、温諸屬次之，自每石一分到二分；金、衢屬最高，自每石三分到五分不等。此種差异，由於各地糧貨碼頭距食糧營業機關有遠近不同所致。浙西糧市皆濱河而設，貨之上下極便；浙東糧市離河稍遠；至中部諸市場，則或因離河較遠，或因河流深度時有增減，起卸比較不便。此外復因來船貨主之不同而脚力有高低，如南潯每石上力：自運卸船一分，客貨卸船一分五厘，本埠卸船九厘，鄉貨卸船一分五厘。又糧市至火車站之距離一般較至水碼頭爲遠，故裝運火車之脚力較裝船爲高。在輪船不能靠岸或水陸接運之場合，尚須利用駁船；前者如寧波自上海運進食米，上海駁費爲每包 0.052 元，寧波爲每包 0.034 元①；後者如硤石，每石下力（自米行搬入駁船）0.015 元，駁力（用駁船送至車站附近）0.012 元，上力（自駁船上火車）0.02 元。

這裏還要特別述及杭市汽車的運送費用。杭市糧貨起運地點有二，即湖墅與南星橋是。汽車運價由汽車業同業公會②決定，按照路程遠近而有高低，在水路可通之地，以船費爲標準，在無水路之地，則聽其自由取價，因係獨占，故運價極高。至民十五年上半年，杭州市政府開放人拉小塌車多輛，汽車爲應付此種勁敵，復將全部運價減低。其原係按章（依規定：自起點到杭市城內各處，每石運費自 0.1 元到 0.2 元不等）八折計費者，現減爲按六折徵收。汽車同業復暗中競爭，減低運價，致汽車業漸呈搖晃不定狀態。

---

① 每包合 1.1 市石；自二十五年六月一日起，上海駁費減爲每包 0.04 元，寧波減爲每包 0.016 元。
② 杭州市汽車業同業公會在 25 年 6 月成立。

運途中搬運費用亦可分爲脚力與駁力兩項。茲以閘口至錢塘江五壩之情形爲例,列表如下:

閘口至錢塘江五壩每石米之搬運費用

到達地	距離	駁力(元)	脚力(元)	合計(元)
臨浦	80里	0.055	0.03	0.085
新壩	73里	0.045	0.03	0.075
義橋	70里	0.045	0.03	0.075
聞堰	60里	0.035	0.03	0.065
潭頭	58里	0.035	0.03	0.065

自南星橋至錢塘江五壩,則因沙灘甚遠,即駁船亦不能直達岸邊,故除用人扛與船駁外,尚須用牛車拖載,因而除上述兩項費用外,另須加牛車駁費每石0.018元。

第六章　食糧之儲藏與資金通融

第一節　儲　藏

儲藏的主要意義，是在創造"時間效用"(time utility)。Macklin 闡述儲藏之利最詳，約有五點：(1)使增減無定的供給得以適應消費者的經常需要；(2)使市場交易得以繼續進行，免致時興時衰；(3)使工廠的原料來源不致中斷；(4)使市場價格得以穩定；(5)使運銷機構得以順利的發揮作用①。綜合言之，儲藏之利即在調劑供需與穩定價格。

儲藏機關之位置有在農場(farms)或產地市場(local market or local shipping points)者，有在中心市場(trade centers)者。農場或產地市場儲藏之利，一在儲藏費用低廉，二在遇有時機，可直接運往有利市場，免致輾轉運輸，耗損運費②。中心市場儲藏之利，一在市場消息靈通，待價較便；二在運輸便利，不致坐失良機；三在金融機關較多，資金通融較易。故兩方面儲藏各有其利，實未可偏興偏廢。然就穀、米、小麥等而言，則以在中心市場儲藏較為適宜，此因該數種農產品易遭受潮氣及蟲菌之侵蝕，需要特別的儲藏設備，而農場與產地市場之儲藏設備一般

---

① Theodore Macklin: Efficient Marketing for Agriculture, pp. 138-156.
② G. Livingston 及 K. B. Sends 二氏謂決定農家儲藏食糧是否有利，應考慮以下諸因子：1. 投資利息，2. 貨存利息，3. 自然損耗，4. 運銷利便，5. 輸送路途情形，6. 收穫時期的價格，7. 將來可能的價格。見二氏所著：Marketing Grain at Country Points, p. 43.

均較中心市場簡陋，故不能作爲妥善的儲藏場所①。事實上浙江食糧儲藏以在中心市場爲多，如杭州、硤石、湖州、寧波等市場，儲藏額均極龐大。推其原因，除各該市場之儲藏設備較爲完善外，更重要者當爲各該市場的資金通融較爲便利。按前述理論，此種儲藏集中情勢自屬合理，但吾人不能因此就忽視了浙江農家儲藏設備之過於簡陋及產地市場儲藏機關之太不普遍的這兩種缺憾。

浙江儲藏的糧貨以米居多，次爲穀與黃豆、蠶豆、小麥等項雜糧。各種糧貨的儲藏制度與方法，大體相同，故下之分析以米穀爲限，雜糧從略。茲依儲藏性質分爲農家儲藏、囤積及存棧三項論述如下。

Ⅰ. 農家儲藏

浙江農家儲藏極不發達。富裕農家多將米穀寄存附近城鎮行店②，無須另置設備；貧小農家每年收穫有限，大多收穫後即行出售，無須儲藏。比較有自行儲藏之需要者僅有中等農家。但中等農家爲要支付農場費用及家庭開銷常須賣出一部分米穀，或以之作抵押品向當地金融機關借款，故所餘待儲之數額，亦極有限。在此種情形下，農家忽視儲藏實爲必然結果。且前已述過，米穀易受潮濕，易遭蟲蝕鼠嚙，如無良好儲藏設備，必將招致重大損害，因此農家亦不願自行儲藏。就浙省各地比較言之，則浙東與浙中農家自行儲藏之比數較浙西爲大。蓋一則浙西商家及銀行儲藏機關較多，農家可以利用；二則浙西農家所產米穀出售比例較高；蓋以該區春夏賒米，秋冬還米之習俗較爲普遍；故農家多不自行儲存。在浙東及浙中，商家與銀行倉庫不發達，農家自給成分較高，換言之，即商品化程度較淺，故農家自爲儲藏者較多。

農家儲藏設備，極爲簡單。儲藏室多設於樓上，儲藏工具爲木櫃或篾囤。儲藏時間約自秋收後到當年底或翌年春止。所存糧貨秋季以穀爲

---

① F. E. Clark and L. D. H. Weld: Marketing Agricultural Products, p. 208.
② 此種行店大多爲富裕農家開設者，故存儲極便。

多，冬季則因農家利用農閒加工，故多爲加工後的糙米或白米。農家儲藏設備簡陋，對於穀米又無分級，以是整碎乾濕混雜，影響於米穀之品質與售價甚大。

浙江產米縣份之合作社，在其主要任務即通融資金之外，漸有兼設農業倉庫辦理米穀儲押者。其儲藏設備較爲完善。倉庫地址多爲祠堂或借用社員較寬敞之房舍。儲藏室寬大，通風透氣，穀米保存自較良好。惟因未能采用混合保管，致房間地位之利用甚不經濟，尚有改進餘地。

Ⅱ. 囤積

嚴格言之，囤積祇是一種營業方法，但因其儲存時間頗久，且賤時買，貴時賣，與普通儲藏同樣有調劑供需之功能，故附於本節述之。惟須注意者，當囤積者操縱勢力過大時，其結果必致擾害糧食市場，壓低農民所得價格，抬高消費者所付價格。浙江在常年囤積者尚少，一遇歉年，囤積之風甚熾，有巨額資金者，均競相收買，操縱市場，從中牟利。受害者不僅消費者與農民，有時因預測錯誤，投機失敗，致囤積者本身破產倒閉，終致影響市場各業。如民十八年，浙江大荒，米價趨漲，嘉善米行競作囤積，不料十九年上期，洋米大量進口，米價突然暴跌，米行因而大遭虧損，倒閉甚多，至今市場元氣未復。由此可知囤積雖有儲藏之功效，但僅能視爲特殊的方式，與普通儲藏實大有差別。

囤積米穀者可分三種，即米行、地主與米棧。前二者係兼營囤積，待機而動；後者則爲專營。兹分別述之。

浙江米行雖多爲代客買賣，但有時因預測市價將漲，亦多自行收買，囤積待價。囤積需要收買資本，故非有大量之活動資金莫辦。同時須有較完善的儲藏設備，方可使米穀在長時期內不致損耗。凡此均非小米行所能爲力，故營囤積者例皆大米行。囤積時期約自九、十月至翌年五、六月共九個月，囤積額自數百石到數千石不等。收買及出售方法與普通交易方法同，故不贅。

地主經營囤積雖甚普遍，但長期囤積，即待至翌年五、六月始出售者，則僅限於大地主，俗稱殷户。彼等多住於城鎮，或且開設米行。囤積的糧貨多爲租穀或租米，無須另行收買。囤積數額自數百石到千餘石不等。

米棧有兩種：一爲專門代客儲存，收取棧租者；一爲專作囤積，收買待價者，前者留待下面敘述，現就後者分析之。浙江專營囤積之米棧，今僅見於浙西市場；以前寧波亦有此種米棧，後因經營失敗，相繼倒閉。此種米棧在秋收後買進，囤積至翌年五、六月發賣。經營米棧者有時爲大地主，故囤積之糧貨亦有租穀與租米參合其中。米棧儲藏設備較爲完善，囤積數額較前二者均大，自數千石到萬餘石不等。

此外尚有米廠與商家堆棧，亦乘機囤積，其方法與米行無大差異。

III. 存棧

在浙江食糧的儲藏形態中，存棧（warehousing）是最重要的一種。農家儲藏之惠益僅及於農民一階級，其影響市場比較輕微，囤積則有時不獨不能收儲藏之效，影響所及，且常遺害於市場；故真能惠益於生產者、消費者與商人的儲藏方式，惟有存棧。存棧機關，大別言之有銀行的倉庫與堆棧，商家米棧，公家倉庫三種。茲分述如下。

A. 銀行的倉庫與堆棧

近年銀行界在浙江經營的倉庫與堆棧日見增多；不獨在中心市場如杭市湖墅、寧波、湖州等已樹立較穩固的基礎，即在各鄉鎮亦漸有設立。在中心市場如杭市開設者，主要業務爲寄存，通稱爲堆棧；在鄉鎮市場開設者，主要業務爲抵押，故多稱爲倉庫。就全省言，浙西各市場之銀行倉庫較浙東與浙中尤爲發達，此因浙西除產米外，更產絲繭，就儲存抵押的便利言，絲繭遠勝於穀米，就儲押時期言，兩者更可相互調劑補充，故銀行均樂於在浙西推廣倉庫業務。在浙江經營倉庫與堆棧的銀行，截至二十五年八月止，計有中國、交通、浙江興業、浙江建業、浙江實業、上海商業儲蓄、大陸、浙江地方、浙江商業等十家。其在各縣開設倉庫較多者推浙江地方及中國兩銀行。

储存制度　關於入棧手續，棧租（一稱倉租），保險費用及賠償責任等項，各銀行均有章程予以明白規定，皆大同小異。入棧手續極簡單，看貨過斛後，即核定數量，發給棧單。棧租按月徵取，通例不滿一月者仍按一月計算。僅有少數倉庫，如金華交通銀行倉庫規定：第一月按月計（不滿一月者作一月計算），以後則按半月計（即存棧一月以上，未滿十五日者按一月半計算），此點較利於存棧者[1]。棧租率最高每月每石（米、穀、雜糧同）0.02 元，最低 0.01 元，普通 0.014 元到 0.018 元。除極少數倉庫外，一般不采用"租率隨存棧時期之加長而減低"之辦法，實爲現制之病[2]。上下力錢不包括於棧租內，例由存主自付。保險（火險）例由貨主自理，倉庫亦可代辦；有時銀行對其倉庫已早爲保險，則存棧米穀不必再用保險手續，僅須在棧租外，付一定額之保險費，或合并算入棧租內一并繳納。各倉庫棧租之有高低，主要在於包括保險費與否一點。銀行倉庫與堆棧對於存貨所負賠償責任甚輕，蓋大多規定對於下列損害不負賠償之責，即：1. 因天災、事變、水災、火災、潮濕、霉爛、鼠咬、蟲蝕、自然之減量變質、氣候之變化、官廳防疫之處置及其他一切不可抗之損害；2. 露天保管時因陽光、雨露、風沙、霜雪及其他露天保管所不能免之損害；3. 寄托人違背本規則之損害。由此可知貨主實無法防止倉庫與堆棧之有意或無意的損失，其不能藉賠償而保證貨物之完整，至爲明顯。

倉房容量與儲藏額　倉房容量可表示倉庫與堆棧的儲藏能力。就此

---

[1] 美國農業倉庫徵取穀類棧租均以十五天爲標準，即不滿十五天者，按十五天計租。見 George Livingston and K. B. Seeds：Marketing Grain at Country Points，p. 26.
[2] 硤石中國銀行倉庫規定：第一月——棧租 1 分，保險費 1 分，共 2 分；第二月——棧租七厘，保險費 7 厘，共 1 分 4 厘；即第一月以後各月按第一月租率減低三分之一。此點與美國農業倉庫徵取穀類棧租所采用的方法相同，唯減低比例微有差异。美國各州規定爲：第一半月——棧租 1 到 2 cent，以後各半月則爲 1/4 到 1/2 cent，減低程度爲四分之三，較之硤石更大。見上注所引書，同頁。

次調查的倉庫16所及堆棧5所合而言之①，總計容量為543 000石，平均每所容量25 860石。細分之，容量在10 000石以下者6所，10 000—20 000石者6所，20 000—30 000石者4所，30 000—50 000石者1所，50 000石以上者4所，其中有一所容量最大，為70 000石。若就總容量五十餘萬石言之，銀行倉庫與堆棧之儲藏能力實甚微小，雖然此次調查未包括全體，但即假定未調查者亦同此數，合之亦不過百餘萬石，無論將此數與全省食糧貿易額比較或與全省食糧生產量比較，均覺渺乎其小。故知在現狀下，銀行倉庫與堆棧對於食糧供需之調劑實難發生多大作用。

再就儲藏額言，此16所倉庫及5所堆棧，在民二十四年合計為401 580石，平均每所儲藏額25 100石。就表面觀之，此數似與倉房容量相等，實則因儲藏期限大抵祇三數月，故倉房容量實未達於充分利用之程度。就儲藏額細分之，計在10 000石以下者8所，10 000—20 000石者4所，20 000—30 000石者3所，30 000—50 000石者5所，50 000石以上（實數76 730石）者1所。儲藏額中，有三分之一為單純的寄存，其手續及棧租如上所述，兹不贅；其餘三分之二則為抵押。押存所收棧租較寄存為低，每石月租普通自3厘至5厘不等，但除棧租外，尚須另取利息。關於此點將於金融一節中詳論之。現在所須注意者有二點：第一，儲藏額中，寄存與押存所占比例隨市場性質而有不同，即在大市場，寄存比例較押存為高，如杭市湖墅各堆棧，寄存占三分之二，押存僅占三分之一；在中小市場，押存比例則較寄存為高，如各縣鎮鄉市場，押存常占十分之九，甚且完全無寄存。考其原因，則大市場之存主多為大商人，彼等頗有資力，無須向外押借，其所以送入堆棧寄存者僅在利用他人之儲藏設備以待價而已；中小市場之存主，多為小商人、小販與農人，彼等對於資金之需要，甚為迫切，但又不願在低價時急於脫售，故多向倉庫押存。第二，民二十四年儲藏額較之民二十三年減低一半有餘。其原

---

① 浙江的銀行倉庫與堆棧當不止此數，不過主要者均包括在內。

因當於民二十三年大荒，有貨者均願待價，故儲藏額甚大；民二十四年則漸恢復常態，儲藏額因而減少。

B. 商家米棧

近年因銀行倉庫與堆棧興起，商家米棧有漸趨衰落之勢。至今全浙商家米棧不過十餘家，分布在寧波、杭市、湖墅、硤石及長興等地。在先米棧資力頗大，多與錢莊有往來，且有爲錢莊開設者，其業務除代存米外，更作押款，彼時政府與銀行倉庫尚未興起，米棧稱雄一時。今則錢莊漸爲新式金融機關所代替，此種聯繫於錢莊之米棧亦不得不讓位於新式的倉儲機關。其倖存者，亦不過與錢莊同其命運，苟延殘喘而已。且大多爲資力所限，除代保管外，已不復能兼作押款業務。

此次調查之商家米棧共12所，計寧波6所，湖墅、硤石與長興各2所。其儲存手續及計算棧租與銀行倉庫同；惟例無保險，且關於賠償責任無明文規定。每月棧租計每石0.01—0.012元，較銀行倉庫爲低；其原因：一由於米棧無保險，棧租內不包括保險費；二由於米棧開支較小，同時儲藏設備較簡陋，在新式倉儲機關之競爭下，非減低棧租不能招攬生意。米棧倉房容量，小者5 000石，大者20 000石，普通均爲一萬石左右。每年寄存數量與倉房容量略同。除長興兩家米棧兼作小額押款外，其餘寧波、湖墅與硤石者則僅作寄存；此亦因市場性質有異及主顧不同所致，如長興米棧之存主多爲農民，占70%，寧波等三市場之存主則多爲大販或行家，農民極少。

C. 政府倉庫

政府倉庫可依其經營主體之不同，分爲兩種：一爲縣政府創辦者；一爲郵政機關開設者。縣立倉庫，目的在調劑農民金融，祇作抵押放款，不代寄存，故留待下節論述。郵政機關開設者在浙江僅有一所，設於湖州，稱"郵政匯業儲金局倉庫"。此倉庫規模宏大，兼作寄存與押款。倉房容量爲25 000石；二十四年度儲存額達26 000石，其中以米行最多，占總額二分之一，其餘農人與米販各占四分之一。分別言之，抵押者以農人居多，次爲米行及米販；寄存者以米行居多，米販次之，每次數額爲

100—400石，農人無寄存者。但單寄存者仍居少數，計同年度寄存額爲2 500石，僅占儲藏額十分之一。

第二節　資金通融

金融業務對於運銷機構的圓滑運用，至關重要。第一，在產品收刈到商人出而收買之期間，農民需要資金通融；第二，在商人收買產品到銷售於最後消費者之期間，商人需要資金通融①。因此，以受益者爲標準，運銷金融可分爲二：一爲農民的，一爲商家的。在我國食糧運銷上，農民的運銷金融更見重要，此因我國爲農業國，而農業生產又以食糧爲主之故。往昔浙江絲米二市，極稱發達，錢莊設立，頗爲廣遍，米行之通融資金，向感便利，惟農民金融機構仍未見端倪。近年來，絲業衰敗，錢莊連帶倒閉者甚多，米行多感無處通融之苦。而農民則因農民銀行及農業倉庫之日漸增設，抵押穀米較前反漸覺便利。祇因商家金融吃緊，農民已不能再由米行獲得巨額的資金通融而已。此諸種趨勢之演變如何，及其救濟辦法如何，須視政府之糧食政策及農業金融政策如何而定。現在就浙江食糧運銷金融之制度及其運用方面，分爲農民與商家兩方面述之。

Ⅰ. 農民的資金通融

農業產品的運銷金融較工業產品爲難。其原因有三：第一，農業生產爲季節性的，因之資金通融亦有季節性。第二，農業產品各年的量與質均不相同，因之農民收入不定，其出售產品的方法與數量，以及資金需要程度亦有變遷。第三，農業生產規模狹小而分散，因之農民常不爲城市金融機關所熟識，故借款較難②。但在長期，中期及短期三種農業

---

① Theodere Marcklin：Efficient Marketing for Agriculture，p. 158.
② 參閱 F. E. Clark and L. D. H. Weld：Marketing Agricultural Products，pp. 285-286.

金融中，運銷金融屬於短期一類型，在舉辦上尚較爲便利。

浙江農民的食糧運銷金融可分爲兩大類：

(一)個人信用與保證放款　此種放款基於農人的信用或第三者的保證，這是一種舊式的金融制度，在今日之浙江已漸呈衰落之徵象。放款者爲地主(或其他殷戶)與商人(多爲米行，間有米店)。彼等放款資金雖有時爲同一來源，但放款方法則頗有差別。特分述之。

(1)地主貸款　在新式金融機關未興之前，地主與商人同居農村金融之主要地位；即時至今日，雖農民貧困加甚，信用減低，而地主仍爲農民之一大貸主。地主對於農民的通融，有賒米及放款兩種方式。賒米多在上半年五、六月，青黃不接，農民米穀用罄之時，地主乃向農民賒放米穀，按時價折成貨幣額，下半年秋收後按數償還。在償還時，農民無論直接還米，或出賣米穀後還錢，因折算價格不同，必遭受重大的損失。例如上半年農民向地主賒米一石，價格8元，即以8元作爲欠款額，下半年米之時價爲6元，因之農民爲要償還8元之債，須用米一石三斗三升。此三斗三升不啻農民付給地主之利息。賒米與還米之期間，相距雖暫，而利息則甚重。放款係以米穀預期的收穫爲保證，但大多須另覓殷實保人。借期在春夏，還期在秋收，所還亦多爲米穀。利率依口約或契約規定，普通爲月利2分。就兩種方式通行程度言之，放款遠不如賒米之普遍。地主多在城中開設米行，故與下述商人之賒米或放款，有時不能嚴格劃分；同時因米行利用其營業地位，對於農民賒米或放款較便，故即令爲地主之賒米與放款，亦多經由米行出面擔任。

(2)商人貸款　近年錢莊相率倒閉，米行金融極感枯竭，大多無餘力貸款給農民；但一種制度之成立，有其悠久之歷史，非一時所能驟行消滅；且貸款農民有巨額利益可圖，故米行雖金融困難萬分，仍可貸款農民。換言之，農民的食糧運銷金融至今仍以米行爲其最大的供給來源。

由於地位上接近之便利，米行(或米店)和農民發生金融關係僅限於鄉鎮市場，至中心市場極少。就全省各區言，浙西米行在農村金融上的勢力遠較浙東與浙中爲大。米行在米穀運銷上所給予農民的資金通融，可分爲下述三種方式。

a. 賒米　在浙江，米行賒米給農民之制度，通行甚廣，其規模之大，與條件之繁，遠在地主賒米之上。米行賒米於農民之方法大體與地主同。不過在浙西，米行賒米又通行一種"代帳"制度。農民與米行彼此多不相識，由熟習雙方之中間人，爲雙方介紹撮合，普通一次賒米，米行方面僅爲一行，而農民方面則爲數人，故居中人又可視爲包攬放帳之人。因米行將此種居中人視爲農民帳戶之代表，故俗稱爲"代帳"。代帳人除抽收佣金外，有時尚從中牟利。其所負責任，僅爲口頭擔保，負追帳之義務，而無代爲償還之責任。賒借時，均係將米折成貨幣額，農民償債時除少數還錢外，大多將米折還。賒米在夏季，還米在秋收，兩時期價格相差之利益完全爲米行所獲得。目前浙江，因農業倉庫尚未普遍，此種價格的季節性差別極大，米行囤積居奇，更促成此種差勢之加劇。且除此種價格差額之利益外，米行還徵取利息，計月利 1 分到 2 分不等，一般以 1 分 8 厘爲多。賒米既有雙重的巨大利益，米行祇要稍有資本，無不樂爲之；農民爲生計所迫，亦祇有墮入此種圈套。米行每次賒米額依農民信用程度而定多寡，少者 5 斗，多達 20 石，普通爲 3—5 石，在五年以前，大米行每家每年可賒出五千元到一萬元，近年減爲數百元到一千元。又據新塍諸米行之統計，五年前，全鎮賒米在十五萬元以上，今則不過二萬元而已。

b. 放款　每年二、三月間，米行如資金裕如，大多貸款給農民，作爲穀米生產資本即春耕資本之用。惟此種放款僅限於中等以上，信用較優之農家，貧小農民不與焉。借款數額以 20—50 元爲多，但亦有高達 400—500 元者。利率較賒米略高，由 1 分 5 厘到 2 分 5 厘不等，以 2 分爲最普通。償還均爲米，有時且用借約規定。蓋米行欲在利息之外，更獲得價格差額的利益。近年金融枯竭，米業經營虧損甚多，米行已無餘資從事放款；加之農村衰敗之結果，農民日就貧困，信用日趨低落，米行即有資本，亦不敢輕予貸放，因此借款之事大爲減少。綜合各地觀察，減少比例，如就放款額言，約爲十之八。如新塍一鎮，在五年前放款額有二十萬元，今則減爲三萬餘元。

　　c. 農民預賣　農民在每年稻穀將屆成熟時，因急需款項，多將田中將熟稻穀，預賣給當地米行。米行取其價格之賤，樂予預買。且鄉鎮米行，向農民預買稻穀時，多同時向中心市場如杭州之米行或米店預賣，一經轉手，即獲厚利，而價格方面更可獲得穩妥之保障。此在形式上不啻期貨交易中所采用的"海琴"（hedging）辦法。預賣時期多在稻已出齊，收割前 20—30 天。預賣手續詳交易一章第二節。俟預賣手續辦妥後，米行即將款額全部或部分的交與農民。每次預賣稻穀數額，普通 20—30 擔，最多 100 擔。除米行外，鄉鎮米店亦多有預買稻穀者，但因資金薄弱，故次數較少，數額亦較小。

　　(二)倉儲抵押放款　此種放款以米穀或他種食糧作抵押，屬於新式的金融制度；其推廣於浙江乃最近數年之事。經營食糧抵押者多爲商家典棧；近年來銀行與政府倉庫相繼興起，交通便利之地，農民均可獲得資金通融。在少數區域，更有合作社所經營的倉庫，前途的發展更值得注意。現在就經營主體之不同，分爲商家典棧，銀行倉庫，政府倉庫及合作倉庫四者述如下。

　　(1)商家典棧　此種典棧有二種：一爲典當鋪，一爲堆棧。典當鋪完全爲貧小農民的金融調劑機關，大抵除當米外，更承受其他農產品與飾物。押款成數爲總值之 6—7 成。月息 2 分，不到一月以一月計。典押單位多以袋（五斗）計，作爲一個號頭，其法與銀行之小額抵押同。近年此種兼押米糧之典當鋪，日趨衰落，僅浙西平湖、南潯、菱湖等市場尚能見其陳迹。

　　堆棧在論儲藏一章中已略爲道及，綜計浙江各地之堆棧，除寧波外，均兼營抵押，并且大多以抵押爲主要業務，以寄存附之。前已述過，堆棧抵押之主顧，隨所在地之市場性質而不同；中心市場（如杭州）之堆棧，抵押者均爲商人或米販；中級或初級市場（如湖州、長興、平湖）之堆棧，抵押者則大部爲農民，小部爲商家。農民至商家堆棧抵押，均在"冬至"時。抵押期限計糙米至翌年清明爲止，白米至翌年"夏至"爲止，其他食糧聽便。抵押糧貨以米居多，蠶豆、黃豆次之。押款成數普通六成，低者五成，高達七成。每次抵押數額均在十石以內，而以五斗爲最通常。利率有兩種徵取方法：一爲不包括保險費與手續費，計月息一分；一爲包括此諸種費用，計月息一分五厘。押款計息起碼一月，以後則按天計算。因爲堆棧均以錢莊爲其最後之資金通融機關，且有些係錢莊開設者，所以近年隨着錢莊業之衰落，堆棧關閉者亦多，其存在者亦均感資金缺乏，每年經營額甚爲微小。

(2) 銀行倉庫　在浙江經營倉庫之銀行可以大別爲三種：一爲國家銀行，如中國、交通、中國農民；二爲縣立銀行，如嘉興、嘉善、蘭谿等縣立農民銀行及金武永地方農民銀行；三爲商家銀行，如浙江地方、浙江興業、浙江實業、浙江建業、上海商業儲蓄及大陸等銀行。這些銀行中，與農民關係最切者爲縣立農民銀行，因爲此種銀行所辦倉庫，原以調劑農村金融爲其主要使命。至於其他兩種銀行，除中國農民外，均以農民抵押農產，數額零星，手續繁重，不予承受。近年各銀行轉移視綫於農村，在銀行倉庫抵押總值中，農民抵押所占比例乃見增大。

銀行倉庫所辦米穀及豆類抵押放款，除農民銀行外，可分爲"大額"與"小額"兩種。前者每次抵押額在 50 石以上，抵押者均爲商人，後者一律爲 5 斗；抵押者均爲農民。小額儲押原在便利中小農；近年銀行倉庫兼辦小額放款者日多，惟其在倉儲抵押總值中所占比例仍不及大額放款。小額抵押之方法，與大額不同①。(1) 每次數額小——小額以 5 斗爲抵押單位，編一號碼，農民每次抵押以一號碼與兩號碼爲多，至多不出十號碼。(2) 抵押成數較少——抵押率以原值五成到六成爲多，有些倉庫且規定凡米糧每石抵押價格均爲 5 元②，以便計算。(3) 利率較重——通常月息 1 分，另加棧租、保險費、手續費 5 厘，共 1 分 5 厘，較大額爲重(見後述)。至計算方法，則二者相同，即起碼一月，以後按半月計

---

① 農民銀行倉庫儲押之方法，除利率較低，抵押成數較高外，餘與小額儲押同。
② 但如抵押米糧品質過劣，倉庫即不承受。

算。(4) 儲存方法不同——農民每次數額小，包裝均用袋，堆存亦然，此與大額之爲散艙儲存者不同。推原其故，實因我國尚未采行嚴格的食糧分級，致不能施行混合保管有以致之，小額袋存，最不經濟，多占倉房面積，取時又不方便，例如有一袋排置於最低一層，則取時非將上數層（有時數十層）之袋悉數掀開不可，於是農民取贖一次，倉庫即須將堆存米袋重排一次，不便殊甚！倉庫對於小額儲押，不甚歡迎，并徵取利率較高，亦由於此種手續繁重。(5) 抵押期限較短——銀行倉庫一般規定食糧抵押期限：糙米止於清明，白米止於"夏至"，豆類不定，實際上小額常較大額短，普通爲三個月。此因農民抵押食糧，不在囤積待價，而在濟一時之急需。關於大額與小額季節性之比較，可觀下表。

民二十四年嘉興中國銀行倉庫各月押進米糧數值*

月 別	數量（石）		價值（元）	
	大 額	小 額	大 額	小 額
一 月	1 408	2 116	6 400	11 690
二 月	220	225	1 320	1 100
三 月	1 746	67	10 476	381
四 月	1 143	95	6 858	543
五 月	718	4	4 308	24
六 月	588	—	3 528	—
七 月	725	—	4 350	—
八 月	—	—	—	—
九 月	—	—	—	—
十 月	1 194	426	5 970	1 716
十一月	2 577	206	12 800	939
十二月	4 050	810	20 250	4 158
總 計	14 369	3 949	76 260	20 551

*此表係向該行直接抄錄者。

(3) 政府倉庫　近年浙江少數縣政府鑒於農村金融機關之缺乏，特創辦農業倉庫，辦理農產品抵押。如長興、紹興、偏門、嵊縣等處之縣立農業倉庫，即以食糧抵押爲主。關於抵押方法大抵與前述者相同，兹不贅。惟有兩點須申述者：第一，此數倉庫，創辦本意固在便利農民，實則利用者有時反以城內商人居多，如何使農業倉庫發揮其應有的作用，值得當局考慮。第二，長興縣倉所辦儲押有"大票"與"小票"之分，前者與大額同，後者與小額同；其徵取利息，計大票月利 1 分 4 厘半，小票 1 分半，兩者相差半厘。政府辦理倉庫，既以扶助農民爲主旨，則對於此種不當之歧異待遇，自應力爲糾正。

除縣立倉庫內，尚有其他政府機關舉辦者，如設於湖州之郵政匯業儲金局所辦倉庫是。此倉庫之經營規模與儲存情形，前已述及，惟其主要任務仍在辦理抵押，故再爲論之。據該倉庫二十四年度之經營情形，抵押中農人占四之一（按抵押總値言），押米約 5 000 石。抵押率規定每石米 5 元，目的在減輕手續之繁瑣。其徵取利息及其他費用，農民與商人間無甚差別，計農民抵押每月徵費：利息 9 厘，保險費 3 厘，棧租 3 厘，共 1 分 5 厘。抵押的農產品以絲、米爲主，蠶豆附之，穀麥均不收受。因爲經營之較爲合理與資金之充足，其前途頗有發展希望；故浙省其他各地，郵儲局儘可效法推廣。

(4) 合作倉庫　浙江的合作社兼辦米穀倉庫，爲時僅一年餘。惟在運銷合作制度漸見推廣之現狀下，此種倉庫實有極大的發展可能。現浙江的合作倉庫，比較粗具規模者祇有金華、蘭谿二縣。其設備極簡單，多係賃借社員之倉房，前已述及。抵押品多爲穀，押米甚少。抵押手續極簡，農民送穀到倉庫過秤後給以倉單，憑倉單即可抵押借款。款額按押品七折計算；月息 1 分 2 厘。抵押時期在 8—10 月；期限六個月，必要時可延長之。因爲鄉人裝穀用籮筐不用袋，故儲存亦多用原主之籮筐或合作社之木倉。就倉房容量言，此種儲存方法更不經濟，因爲籮筐與木倉所占空間過於龐大。

Ⅱ. 商家的運銷金融

參加食糧運銷之中間人；有些根本資力不足，有些間感周轉不靈，均需要同業或金融機關予以通融。并且產品經由生產者達於最後的消費者，中須經過數個階段，故商家運銷金融之便利與否，關係整個運銷機構之靈活的運用，較之農民運銷金融爲尤大。考商家之資金來源，概可分爲三種：一爲投下之資本，即自有資金；二爲短期借款，即由金融機關所獲得之信用借款或抵押借款；三爲貨款支付延期（postponement of payment for goods purchased），即同業間之帳簿、期票、兌條等信用①。其中除第一點外，餘二者均爲資金通融。浙江之金融機關有錢莊與銀行兩種，而通融資金之方式各有不同。茲特分爲同業通融、錢莊通融、銀行通融三者論述之。

（一）同業通融　在食糧交易上，生產者之出售與消費者之購買，大都爲現款。至商人彼此間之交易，則依金融活動情勢及雙方信賴程度，或爲現款，或爲賒欠（記帳）不定。因爲這幾種關係，糧市上乃發生"等待最後支付"之商人，彼等預付現款，擔負風險，其在資金通融上所盡之職務，與專業之金融機關同，惟形式不同而已。在浙江糧市上，供給同業以金融便利者爲代理商與批發商，即通稱之米行、稻行或雜糧行（統稱糧行）。代理商當每次交易完畢後，無論賣方爲農民或糧販，均代其墊付現款，買方雖有付現者，但大半或用帳簿信用，或用期票，或用匯票，賒欠期限自五天到一月。在此時期，代理商乃以其優越資力，出而盡資金通融之職能，故代理商所抽收的佣金實含有墊款利息之成分在內；且代理商正因墊款之故，在糧市上遂占最重要之地位。杭市湖墅大米行，每年墊款達數十萬元，資力之大，可以想見。但近年來，各大糧行多無力墊付巨款，且爲獎勵付現起見，多給買方以付現之折扣。各鄉鎮米行更縮短賒欠期限，多以七天爲限度。食糧運銷金融，因代理商之

---

① Fred E. Olark & L. D. H. Weld：Marketing Agricultural Products, p. 307.

緊縮政策，近年頗形緊促。批發商買進時均係現款，賣出時無論買方爲外地糧客或本地米店，多給以十天、二十天或半月、一月之通融，其影響市場金融，雖不如代理商之大，但亦供給便利不少。近年批發商亦有減少賒欠數額或縮短賒欠期限之趨向。除代理商與批發商外，米店有時亦供給顧客以延期付款之便利。但實際上，米店本身本無通融他人之資力，不過假糧行之金融便利轉貸於一部分之消費者而已。

（二）錢莊通融　浙江全省商業以絲、米二業最稱發達，錢莊亦以調劑此二業爲其主要任務。浙江錢莊業本極發達，民十九年，絲價慘跌，絲業一蹶不振，錢莊因放款不能收回，相率倒閉者十居六七。後又因商業不景氣與年俱劇，錢莊結束者年有所聞。如嘉興在民十九年前，有錢莊17家，至今倒閉殆盡；其他較大市場，所剩者亦不過二、三家而已。錢莊本以放款於商家，調劑市面金融爲主要任務，今則倖存之各錢莊，大多祇經營匯兌業務一項，對於放款已不敢聞問。米市金融之緊縮，於此可知。

錢莊業雖已漸趨衰落，但因其過去與米市有極密切的關係，故至今兩者仍有往來，因而關於錢莊通融米業之方法，仍值得一述。普通米行或米店與錢莊來往，均采"憑摺支存"制度；信用優越之米行，錢莊爲兜攬生意，多先將摺子送去，信用差次者，則須覓妥實保證，始能取摺。每次通挪款額，隨信用大小而不同，普通爲2—3千元，多有達4—5萬元者。共摺之米行或米店，如有餘款，亦多存於錢莊。支取時間不定，但因米市之季節性，上半年存款者多，下半年借款者多。利率多按月計①，依錢莊"折息"爲準，因市面金融之鬆緊，各月不同；同時因米業在市場上之優越性，故錢莊之存息（存款利息）與欠息（借款利息）均與米市季節性發生密切關係。茲以平湖爲例，將錢莊各月折息列表於下，以見一斑。

---

① 以"周息"計算者僅爲定期存款或借款，其利率計存息7—8厘，欠息1分2—8厘。

民二十四年平湖錢莊往來存欠息

月　別	存　息	欠　息
一　月	九厘	一分六厘半
二　月	一厘半	四厘半
三　月	一厘半	六厘
四　月	三厘	七厘半
五　月	五厘	一分零半
六　月	五厘	一分零半
七　月	四厘半	九厘
八　月	四厘半	九厘
九　月	五厘	一分零半
十　月	六厘	一分二厘
十一月	七厘半	一分三厘半
十二月	七厘半	一分三厘半

(三)銀行通融　銀行對於米業的放款，可分爲信用放款即往來存款透支；與抵押放款，即銀行倉庫放款兩種。信用放款在浙江尚未通行，祇見於少數較大市場。試以中國銀行，在硤石米市的信用放款爲例。硤石爲浙江大米市之一，米行資力雄厚，故中國銀行樂與往來。放款手續係先由米行填具申請書，銀行收到後，即調查該米行之資金、股東、營業額及盈餘等，然後一并送呈上海總行管理處，由其批准(最高透支額)或酌予核減。各米行每次最高透支額，高者達萬餘元，普通1—3千元不等。硤石米行與中國銀行共來往者共8家，每年透支額達七萬元，約占銀行放於各業透支總額(十三萬元)之一半。利率分兩種：一爲周息，平均1分1厘；一爲月息，各月高低不同，按錢莊每月所開折息計算①。借款(透支)以九、十兩月爲最多。每年結算期在陰歷年底。除硤石外，湖

---

① 銀行按錢莊折息計算，據云係循顧客之要求，由此可見銀行遷就顧客，實爲無微不至。

州中國銀行亦貸給米行以信用放款，但享有此種便利者僅有一家米行，據云完全爲私人交情的關係。由此可知銀行對於糧商的信用放款難以推廣的原因。

因爲信用放款不發達，抵押放款遂占銀行通融之主要地位。前已言之，銀行倉庫辦理的食糧抵押放款大都分爲大額與小額；大額抵押全屬商人，中以米行與米販兩種爲多，間有米店與機米廠。抵押食糧幾完全爲米，而穀與雜糧絕少。商人抵押之目的，完全在囤積待價，大多以押借之款再添購米糧，如此循環的押借收買，常可利用銀行資金而獲巨利。每次抵押數額至少在 50 石以上，一般以 100—200 石居多。抵押成數爲原價七成；期限三個月到六個月不等，時間均在秋收後九月到十二月。利率多爲月息九厘①，外加棧租、保險費二厘到五厘不等。儲存方法多爲竹囤散存，因每次抵押數額多，可以用一竹囤或數竹囤供給一個主顧（關於大額儲押之特點及其與小額儲押不同之處，參閱前述。關於大額抵押之季節性，參看前表）。

除錢莊與銀行外，對於米業通融之機關，尚有商家堆棧與政府倉庫。其通融方式均係抵押放款，亦間有大額與小額之區分。此數種機關之押款方法大體上與銀行倉庫相同，不另贅述。

---

① 利率有按錢莊各月折息計算者，但此種情形甚少。

第七章 食糧之交易

第一節 市場概述

（一）市場位置　浙江糧市，多濱河而設，間有位於火車站附近者。大多數市鎮，圍有城垣，河道多繞城外而過，故各市鎮之糧貨零售市場固多在城內，而批發市場則多在城外，且有離城數里者。爲要接近河道，便於裝卸，各市鎮之糧市，或集中於一地，或分散於各處，不一而足。集中者如湖州之糧市集中於北門外，蘭谿集中於南門外，溫州集中於西門外，杭州集中於武林門（北門）外五六里之湖墅鎮，硤石集中於沿河之米市街；分散者如嘉善及新塍之糧市分散於東西南北四門城外，嘉興分散於南市與北市，王店分散於東市與西市，紹興分散於縣城周圍之東關、西郭、偏門、五雲門，寧波分散於沿河城區之靈橋路、江東岸與江北岸，泗安分散於上、中、下三區。考糧市位置之決定因子，批發市場主要的爲水路交通及供給來源，零售市場主要的爲居民分布。杭州糧貨批發市場之所以在湖墅者，即因該地有運河、苕溪之便，既可北通江蘇及嘉屬各地，復可西達湖屬各市場，且因錢塘江之隔，西北所來米船，概以湖墅爲終點，如須運往浙東，則由湖墅運送閘口，過江而分散浙東各地。至於零售市場，爲圖消費者之便利，大多麇集於居民稠密之區，其理至明，無待多述。此外，經售糧貨的種類與糧市位置亦有關係，如王店糧市分東西二市，東市位於鐵道（滬杭路）之東，經售糧貨以米爲主，雜糧極少；西市位於鐵道之西，兼售雜糧甚夥；又如嘉善東門外盛產粳米，交易遂以粳米爲主，西門外多種秈穀，買賣遂以秈米爲大宗。

（二）交易場所　浙江的糧食交易場所，無論是批發市場，產地市場或零售市場，均以私家的室內交易場所爲主要方式。此因浙江的糧行與糧店特別發達，交易即行於行店之內。此點不獨與北方省份不同，即與南方山地如福建或邊陲省份如廣西亦有異。北方糧市，以室外公共交易場所爲主要類型，如北平舉行食糧交易的地方，以前曾由官廳指定七處，均在各城門外，俗有"九門七市"之稱，各路來貨，即在各城門外公共交易空場，舉行交易。後因鐵路通過，糧市縮減爲西南二市，交易舉行於空場的院落內，爲經紀人所掌管①。又如河北清苑縣，共有集市六十三，以糧貨爲大宗，在閉市時期集市完全和普通村莊一樣，逢圩日開市時，各地糧客齊集，交易舉行於由習慣形成的空場的交易場所②。至山地的福建省，產地市場大都屬於公共交易場所之類型，俗稱官牙市場，由官方（領帖的經紀人）執掌過秤③。又廣西省之零售市場亦多爲公共場所，場所由官廳指定，每日上午，消費者與生產者（或小販）至該地直接舉行交易④。但在浙江的多山區域，仍有公共交易場所的方式，惟僅限於產地市場的稻穀交易，且極爲少見。如泗安稻之交易在上泗安稻場上舉行，稻場係一塊約二三畝大小之露天地方；場之一邊有房屋數間，爲交易時付款之處；場臨小河，停有小駁船（水淺時用竹排），備駁稻於航船之用。每日清晨七時，賣客將稻穀用獨輪車載至稻場，稻行之帳房、招待員及掌秤者偕同買客同至稻場看貨，論價成交，日中而退。新昌在縣城西門外，有稻行一家（稱糧食行家）農民與買方均至該地交易，由該行代爲過秤或過斗，交易舉行於該行之院落內，亦爲空場的形式。

（三）交易季節與時間　浙江食糧交易，大多集中於下半年，特別是

---

① 見張鐵錚：《北平糧市概況》，載《社會科學雜誌》八卷一期。
② 見張培剛：《清苑的農家經濟》，第二部，第四節，農產銷售，載《社會科學雜誌》七卷二期。
③ 見巫寶三，張之毅：《福建省食糧之運銷》，頁三七。
④ 見張培剛：《廣西糧食問題》，第五章，《糧食運銷的機構》；及廣西省府統計室《廣西糧食調查》。

秋收後。但由於下述因素，交易季節，不盡相同。一爲糧貨種類之差別，食糧作物的收穫期間，有早有晚，因而其交易忙季亦有先有後。兹將最重要的幾種糧貨之交易忙季列示於下①：

粳 米	9—12月	晚籼米	9—11月	玉 米	10—11月
籼 米	8—11月	春小麥	4—5月	黄 豆	10—11月
早籼米	5—7月	冬 麥	10—11月	蠶 豆	5—6月

二爲交易性質之差別，蓋各地糧商，多兼囤積，有時殷户地主亦囤積待價，因而就米糧言，進貨多在下半年秋收後，出貨多在上半年一、二、三月，或四、五、六月青黄不接之時。三爲市場型式之差別，零售市場的任務在滿足消費者之經常的需要，故其交易季節性最小，照理想的説法，糧貨之零售市場應是無季節性的；產地市場之交易季節與食糧作物之收穫季節關係最密，此因我國農家類多貧困，收穫後即出售於附近市場之故；至批發市場則因用儲藏囤積等手段，致一方面買進季節與產地市場相近，他方面賣出季節與零售市場相近，此點也就是批發市場直接調劑產地市場與零售市場的供求，間接調劑生產者與消費者的供需之主要功能。

　　交易時間有爲整日者，有上午交易、下午休息者，有上午較忙、下午較閑者，有上午買進、下午賣出者。一般言之，以上午八時至十二時交易最忙，在產地市場，因出售者多爲農民，開市特早，約在清晨六時或七時。雖然浙江大多數地方是每日交易，但在東南及西北區域，亦行逢日制度，有逢單日交易，有逢雙日交易，有逢三、六、九交易，有逢二、七，三、八，四、九或五、十交易者。這些地方的糧市，多少還保持着墟集的狀態。

---

　　① 此處所稱月份，均指陰歷而言，以陰歷合乎農時之故。

(四)市場消息 供需是否能迅速的調節，價格是否具有廣遍的一致性，皆須視市場消息之傳播是否敏捷而定。一般言之，農家對於市場消息多甚隔膜，因而不能利用有利的時機，僅憑自家對於款項的需要，以決出售與否及出售額多少，結果自不免爲商人所操持。商人對於市場消息的獲得，比較迅速，但亦因各市場性質及交通情形而有靈活與遲緩。在杭州與硤石，因市場地位重要，其行情消息(包括糧貨到數，銷數，存數及價格)最爲產地市場及輸入市場所關切，因而發生一種專業的報告人，每日將本市糧情油印分寄各地糧商，各地糧商每年給以酬勞金。業此者，在杭州、硤石①各有一人，每月收入據云可達一二百元。就各市鎮比較而言，市場消息之靈通，莫如平湖。平湖米業公會組織頗爲完善，會中置收音機一座，每日下午二時各會員糧行派代表一人至公會共同聽取上海糧市行情報告，然後開會討論，并參考硤石行情，決定翌日本市之食糧價格。按市場消息貴乎迅速確實，價格之決定貴乎參照各地供需情況公允一致，此二點，平湖糧商已善爲之，他地實可仿效。

第二節　產地市場的交易

產地市場(local market or local shipping points)的任務在收集以運出。爲完成收集職能，地方糧商和農户(農民與地主)間便發生了密切的來往，本節所述，以此爲主。至收集以後的運出，乃批發市場或零售市場的輸入，留待下二節分述。此外，地方糧商相互間亦有來往，但就整個交易機構言，此種方式不關重要，本節僅略及之。

(一)交易程序　浙江產地市場的交易程序有多種方式，茲以圖示如下。

---

① 上海米穀交易市場，按日有硤石行情，其來源即此種專業報告人。

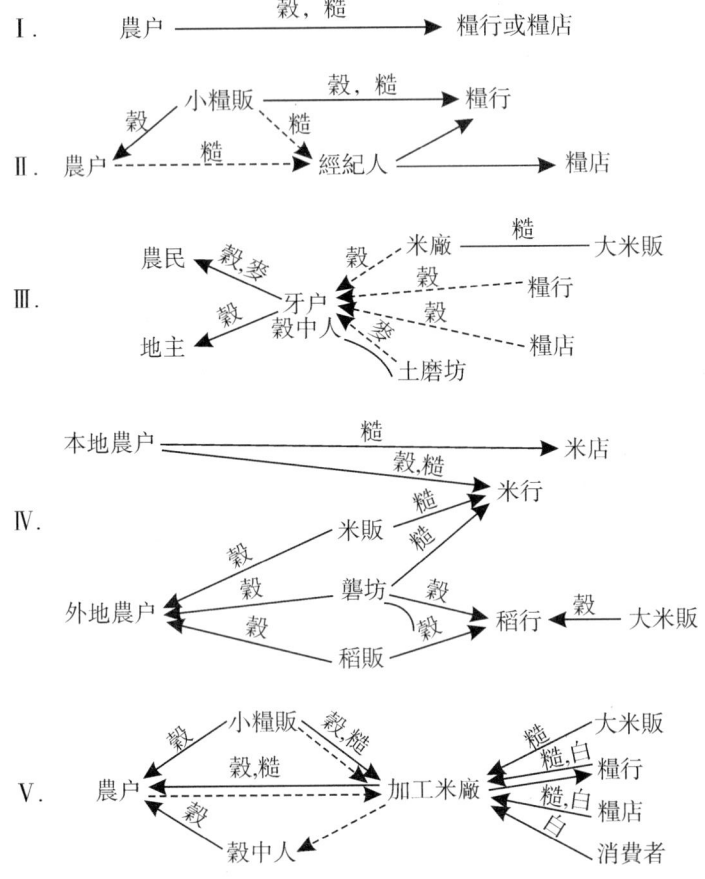

附注：(a)——表示直接交易(outright buying or selling)箭頭向左(←)表示買，箭頭向右(→)表示賣；

----表示委托交易(purchase or sale on consignment)，箭頭向何方，即係向何方委托。

(b)糙係糙米簡稱，白係白米簡稱。

以上數種方式，簡繁各有不同；其中以第一種最爲通行，次爲第二種，至第三種亦屬常見的方式。第四、五兩種則屬罕見，第四種極爲複雜，見於西北山地市場；第五種以加工機關爲收集與分散中心，實屬特殊，行於東南部各市場。一地通行何種方式，依交通條件及市場規模而有不同；隨著交通之日趨便利，市場規模之漸行擴大，交易程序亦由複雜紓緩而進爲簡單直接的趨勢①。

(二)交易組織　浙江產地市場的組成份子，有農户(包括農民與地主)、小糧販、經紀人、收買商、代理商、糧店及米廠、礱坊等。兹分述之。

1. 農户　農民與地主雖同爲產地市場主要的出售方，但其在糧市上之地位則大有不同。農民因每次出售額極其微小，同時大多昧於市場情形，故成爲商人取巧剝削的對象，在糧市上地位最爲薄弱。地主因出售額比較龐大，且多兼營商業，熟習市場消息，故不但能待價而沽，且每當秋收後，更向農民收買囤積，壟斷以圖利。是以地主與糧商，在糧市上，同處於強者的地位。

2. 小糧販　在收買商中，糧販爲行商(travelling buyers)，與普通收買商之爲坐賈(resident buyers)者有別。在浙江，僅西北與東南部有小糧販活動的踪迹，至在水運便利，米市發達之區，農人直接出售於糧行者多，無須小糧販過手。產地市場之小糧販多係農人兼任，在糧市上殆與農人受同樣看待，唯因出售額較大，且因到處行走，比較熟知市場情形，故地位較農人略強。其經營資本，多係由先出售自有穀米得來，然後以之輾轉經營，向農人或殷户買進，轉售於本地或他地糧商。在浙江山地產地市場小糧販有稻販、米販、雜糧販之分，但事實上多是同一糧販兼營數種糧貨。

3. 經紀人　此種人爲農户與糧商間或糧販與糧商間之居中介紹者。其功能：在拉攏交易，評定價格，過量(過斗或過秤)三事；但不代買客墊款。業此者大部分爲糧行、糧店之失業者，小部分爲農民兼任。經紀權之取得，有的須向官廳登記，領取牙帖，每季或每年換帖一次，按季

---

① 見 O. B. Jesness and J. M. Cassels: Geographie Structure of A Producer's Market Area, in "Research in Marketing of Farm Products", edited by J. D. Black, pp. 33-36.

每帖繳稅五元，按年每帖繳稅十元至二十元不等；有的則無須此種法律手續。此種經紀人復可分爲二類：一爲賣方經紀，俗稱牙紀或牙行，代表出售方之農户或糧販，在市場上有固定場所，買賣行於該處；故此類經紀人格外多盡一種職能，即供給交易場所；捐費（brokerage）係向賣方徵取。二爲買方經紀，俗稱"穀中人"，代表買方之糧商，向四鄉農民或地主收買稻穀（極少買米），捐費由買方負擔。在餘姚縣，此類穀中人合計有110人，組成"縣穀業同行"，在糧市上之地位頗爲重要。近年來經紀已漸趨減少，蓋農民多直接運出銷售，糧商不必下鄉收買，且農民出售時，多直接投售於糧商，不由牙紀或牙行代爲居中撮合。

  4. 收買商　此種商人俗稱糧行，居產地市場最主要的地位；其經營或係合夥，或爲獨資，規模相當龐大。收買商之行址所在地，即結成糧市，農户、糧販運貨來此投售，外地糧商及本地零售店到此采購。收買商多附置加工設備，并兼營零售（五斗米起碼），除穀米外，復兼營小麥、黃豆、蠶豆、玉米等項雜糧。其内部組織，較完善者爲經理（兼看貨議價）一人，帳房一人，出門（司外埠推銷及收帳）一人，斛手①（兼雜務）一人到二人，學徒一人到二人。有些市場的收買商，爲便於收買計，多在市區十數里外設置"糧莊"。如武義縣共有糧莊16所，通常每家糧行置有一莊，多者二莊。莊用青磚或土磚建造，費用需二百元到千餘元不等；其容量大者500石，小者100石，普通300石。莊内設帳房一人，秤手一人，交易當地舉行，貨款當時清付。此種糧莊設置之目的，蓋在便利農民，減短其運送過程，因此，糧莊僅見於交通不便之山地市場。

  此處有兩點應特別提出説明。一爲收買商之徵收佣金。收買商本係以自己名義營業，并非代客買賣，在理不應徵取佣金，乃因收買商或欺農人無知，或挾其在市場上之優勢，遂有於貨價外，徵收佣金情事。如在嘉善、平湖等輸出市場，收買商當農民投售時，多於貨款中扣取佣金；

---

  ① 有些地方稱爲"棧司"。

在菱湖、蕭山等輸入市場，收買商當外地或本地米店采購時，多於貨價外加徵佣金；至西塘（嘉善屬）南潯（湖州屬）等市場，則向買賣雙方徵取。據"報酬來自役務"之原則，此種佣金實屬不當。二爲產地收買商多爲農民的貸主，在春耕時貸農民以資金，在青黃不接時，賒農民以食米；其對於農民金融不能説無相當助力；惟因條件苛刻，折算繁複，使農民陷入圈套而不自知，亟應設法制止。關於此點可參考第六章第二節。

5. 代理商　在產地市場，代理商極不發達，蓋由於農人以當場出售（outright sale）爲多，委托出售（sale on consignment）極少之故。代理商异於收買商者在不以自己名義買賣；异於經紀人者在於代委托者墊款（pay in advance），此或係成交後代買方付貨款於賣方，或係交易未成時，先給賣方（委托者）以一定比例之貨款；除此而外，其餘之功能大都與經紀人同。佣金或單向賣方徵收，或分別向雙方徵取。在浙江產地市場，代理商職務多由收買商兼任；間有專業代理商，但遇僅有賣客而無買客時，亦自行買進。規模較大之專業代理商，組織頗完備，有經理、副經理、賬房、副賬房各一人，看貨、收賬各一人到二人，斛手兼雜務二人到三人，學徒數人。

除上述者外，參與產地市場活動的份子尚有糧店、米廠、礱坊等。糧店之組織與活動，留待零售市場一節叙述，米廠與礱坊之組織已於加工一章言之甚詳，至其活動則因米廠大體與糧行相同，礱坊大多與糧販相近，且下面論交易方法時將附帶述及，故不贅。但可注意者，即以加工機關爲集散中心的組織僅見於浙江東南部①，愈到與福建接壤邊境，斯種方式亦愈通行，證以福建產地市場大都以米廠爲中心組織②，可知運銷方式之形成，實有其自然的及社會經濟的諸因子在，關此可參看第一章。

（三）交易方法　浙江農人的出售方法，可分爲五種，兹依其重要性

---

① 在浙西，除湖州機米廠接受農民委托，向米行投售外，餘者均爲專業的加工機關，極少兼營販運。
② 見巫寶三，張之毅：《福建省食糧之運銷》，頁三六。

述之。第一爲直接現售於當地糧販與糧商,第二爲預賣於當地糧商,第三爲自己運送售於中心市場之糧商,第四爲先抵押於附近市場之倉庫或米棧,然後待機售於糧商,第五爲直接或經由經紀人售於市鎮上之消費者。此與食糧運銷最稱便利的美國農人出售所采方法,大致相同①;但有兩點相异:第一,先儲藏而後出售之方法,在美國是與直接現售方法同其重要,而在浙江則僅通行於少數有儲藏機關可資利用的區域;第二,生産者直接售於消費者之方式,在美國糧市上極少,而在浙江山地市場則相當盛行(見零售市場一節)。就農民立場言,先儲藏而後出售獲利最大,由此可見在産地市場舉辦農業倉庫實甚重要。

上面單就農人方面述其出售方法。如就交易雙方言,産地市場之交易方式可以分爲到貨交易(delivered sale)、産地采購②、委托交易(sale on consignment)及預賣(sale on contract before actual delivery)等四種。玆分述之。

1. 到貨交易 此爲浙江産地市場最通行的交易方式,即農民自己將糧貨運送到附近市場,當面投售於糧行、糧店或米廠。有時農民委托船户代爲運送出售,有時農民不直接售於糧商,而由經紀人居中介紹,但此兩種情形均較少,前者僅見於新塍、王店,後者則合各市場而言,僅占到貨交易額中之 20%—30%,且如前所述,近年來更有減低之趨勢。交易手續極簡,先看貨議價,雙方同意即過斛或交秤,然後付款。交易基準(basis of sale)隨交易額大小而有不同,交易額在一石到十石時,多爲看貨交易(sale by inspection);在十石到五十石時,則大部份係看貨,間有行看樣交易(sale by sample)者;至五十石以上則完全爲看樣交易。

---

① 美國農人的出售方法爲:(1) by outright sale either to the country house or other local buyer;(2) by sale after storage in the local elevator or warehouse either to the house or others;(3) by sale on contract before actual delivery;(4) by sale on his own account in the terminal markets.(據 Federal Trade Commission: The Grain Trade, Vol. I, Country Grain Marketing, 1920, p. 94)
② 浙江的産地采購方法,就價格根據的地點與時期,運費與價格風險的負擔方等方面言之,與美國的"on track sale"方法頗相似;惟在性質與作用上,不盡相同。

價格在時間上以到達日爲準，在地域上以到達市場爲準；價格之議定，無論爲當面談論，或由經紀人代爲撮合，事實上多廳憑行家決定，農人如不滿意，可另投一糧商，但事實上因當日市價早經商家共同議定，各行一致，農家但有接受與否之自由，而無討價之餘地。貨款均係現付，間有賒欠三數日者。

2. 產地采購　市場上糧行、糧店或米廠有時派人或托穀中人下鄉至農戶家中采購；普通成交與割交地點均爲賣主所在地，成交後價格風險即由買方負擔，割交後運費亦由買方負擔①。此種方法在浙江亦甚通行，尤其是在山地市場。收買的糧貨以穀爲多。交易手續，如係糧商自己派人下鄉，則一切當面與農民或地主相商，看貨論價，同意後即"成交"。此時或由糧商將貨款全部付清，貨由糧商自己負責運走；或由糧商先付定錢，餘款俟農戶當天或隔日將貨送到時付清。在浙東各縣，尚通行"委托穀中人代買"制度，其手續較繁，兹以餘姚爲例。糧商當進貨時，通知穀中人，并告以最高收買價格，穀中人即下鄉與地主或農民商談，評定價格，議妥即訂立"成交單"，單上載明成交數量、價格，及割交時期；單爲三聯式，買方、賣方、中人各執一紙。此時并由中人先行墊付或替糧商代付以一定額之定洋，迨至約定若干日後，農戶送貨於糧商，由中人過斛，是曰"割交"（delivery），驗貨無訛，糧商即付清餘款，交易由是完畢。此種方式所采交易基準，以看貨爲多，看樣者少；通常由中人代盡此種役務。

3. 委托交易　所謂委托交易，係由貨主將糧貨運送於代理商處，如有買客在，且市價好，貨主即可經代理商撮合售於買客，成交後例由代理商先代買客墊付款項；如無買客，或市價不利，則可將糧貨存於委托商處，先由代理商付以若干成之貨款，俟有利機會到後，再行出售，并

---

① 在此種情形下，當場交易殆與後述"起運地交貨交易"相同。惟當場交易之割交亦有在買方所在地舉行，送貨責任由賣方負擔者，在此種場合，當場交易又與後述"送貨交易"相似。

清償貨款。在浙江產地市場，委托交易極不普遍①，其原因在農人方面，當由於：第一，農人大都需款孔亟，不能餘留一部分貨款緩期收取；第二，直接現售，程序簡單，而委托交易，手續繁複，農人不願爲之；第三，農人與商人間多不熟識，無從委托代售。就商人方面言，則因爲農人出售額過於微小，用委托交易殊不合算；且農民信用未立，糧商多不願予以資金通融。實行委托交易時，一切均由代理商代辦，故此種方法僅行於雙方熟識之場合。但因產地市場之代理商職務多由收買商兼任，故事實上終結是由收買商以自己名義買下，不過對於賣方委托人仍稱爲代客買賣，藉收佣金而已。且價格上尚可以多報少，常有每石壓低一二角情事（如上虞），是以除非真誠信任，農人多不願委托代售。代理商向委托方（賣方）所收佣金各市場不盡一致：嘉興、嘉善等地每石三分，長興、富陽等地每石五分；上虞、臨海等地每元徵四分三厘，按每石米至少值五元以上，據此折算，知浙東佣金遠較浙西爲高。

4. 預賣　此在第六章第二節論農民的資金通融時已約略述及。農民因需款殷切，多將田中將熟稻穀，預賣給當地糧商；而當地糧商則乘勢壓低收買價格，以圖巨利。不獨此也，產地市場糧商在預買時，還可用近似海琴（hedging）之辦法，同時向中心市場如杭州、寧波等地糧商預賣，結果既可賺利，復可轉移價格上之風險。浙江產地市場之通行預賣方法，不爲無因。預賣手續各地不盡一致，但大體則爲：第一步，農人自己或托中人到糧行或糧店請求預賣；第二步，糧商派人到田莊看貨；第三步，看妥稻穀後，認爲可以如期收穫，則由雙方講定價格（事實上價格完全由糧商決定），填具"成票"，言明糧貨種類、數量、貨價及交貨時期；第四步，由農民覓定妥實保人（同村殷實人家），負擔到期交貨之完全責任。將此諸種手續辦妥後，糧商即付以全部或一部的貨款。此種未交貨而先付款，乃預賣方式的最大特色，亦即糧商爲要負擔未交貨

---

①　在美國，農人委托出售者亦少。見 J. H. Predrich：Agricultural Markets, Chap. V, The Country Grain Markets, pp. 70-78.

物風險及墊款利息，不得不要求巨利的理由。如第六章所述，預賣時期一般在稻穀收穫前二十天到三十天；每次成交數額較其他方式略大，普通爲 20—30 擔，多有達 100 擔者。

綜上所言，吾人知產地市場的交易有數特點：一爲交易額小，因此農人不能直接運銷於中心市場，祇有投售於當地糧商，聽其操持；而當地糧商復因交易額微小，手續繁重，取利不得不厚，兩者結果都是農民在運銷上大受損失。二爲農人因地位薄弱，且不熟習市場消息，致在價格論定上，缺乏講價力（bargaining power），但憑糧商獨占，所得價格甚爲低下。三爲糧商收買給價，多用定額法（flat rate），即不按糧貨成色細分價格等級，遂致一方面成色好者得價遠較應得者少，另方面成色好者既不能獲高價，亦祇有摻揉雜碎，結果使糧貨品級日就降低。四爲地方收買商假代理之名扣取佣金，其比率且遠較代理商徵取者爲高，殊爲不當，如嘉善向賣方收每石米一角，平湖收二角；菱湖向買方收每石米一角；西塘向賣方收每石米一角，買方每石米一角二分；南潯向賣方收每石米一角六分，買方每石米三角。五爲交易基準僅用看貨或看樣，而無用指樣（by description）者。

產地市場糧商相互間亦有來往，俗稱"同行交易"。此種交易大半發生於下述場合。如甲行有糧客來采購食糧，適值甲行缺貨，甲行乃向同市鎮之乙行接洽購買，轉售於糧客。乙行向甲行徵取佣金每石三分（如平湖、嘉興）到七分（如長興）不等；甲行則向買客賺取價格上之利益。在嘉善、嘉興諸市場，同行交易通行一種特殊的"看帳加佣制度"，如甲行向乙行購買，祇須根據乙行帳簿，查貨給價，再付以若干佣金即足，手續極爲簡便。

第三節 批發市場的交易

批發市場（wholesale market）的功能在巨額轉運以調劑供需，因而批發市場的交易有兩個階段：一爲大量輸入；一爲大量輸出。本節所論，僅限於輸入階段，輸出階段從略，蓋批發市場的輸出不外兩條路綫：一爲輸出於另一批發市場，此即批發市場輸入的另一説法；二爲輸出於零售市場，此點留待下節叙述。此外，批發市場内部的交易，所謂"同行買賣"，因與產地市場同，不贅。至本省與外省之食糧交易，其方法大體與省内者相近，故一并叙述。

（一）交易程序　浙江批發市場的交易程序，方式有多種，但較產地市場爲單純。這因爲如前節所述，交通愈進步，市場愈發達，則交易組織之規模愈大，交易程序亦愈臻統一①。茲以圖示浙江批發市場的幾種交易程序如下。

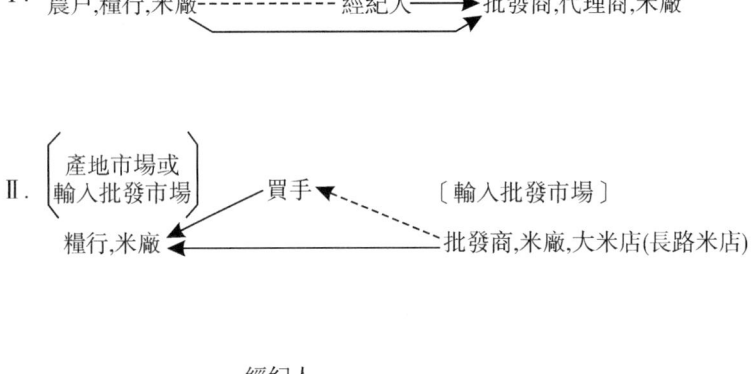

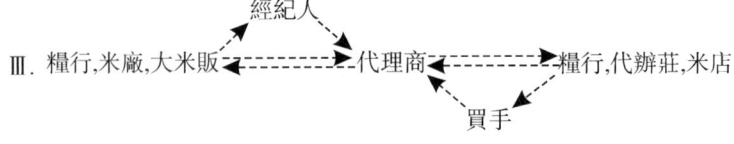

---

① 不過，因糧貨性質不同，交易程序之繁簡極不一致。比如德國之工商業組織不可謂不發達，但其麥類食糧之交易程序，因爲加入了麵粉廠，麵粉批發商，兼營出售麵粉廠，麵包烤製商等中間人，竟複雜到有十三種方式之多（合產地、批發、零售三市場而言）。見 W. Seedorf und P. Hesse：Grundriss der Landwirtschaftlichen Marktlehre，S. S. 177-178.

Ⅳ. 外洋米及外省米輸入程序——以寧波爲例：

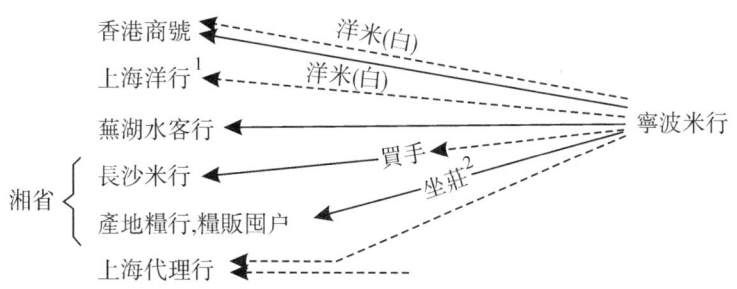

附注：

(a) 綫號及箭頭表示，同 868 頁圖附注 (a)；

(b) 批發市場交易以米 (糙、白均有) 爲多，穀極少。

1. 須另覓錢莊二家作保 (此種作保錢莊多爲寧波籍，代作保由於面子關係)。

2. 平常年係委託該地買手 (寧波籍) 代辦貨；如遇歉年，則派五六人在長沙設莊，曰"坐莊"，赴產地收購。

在這四種交易程序中，前三種爲省內運銷的類型；各地依中心市場的性質、生產環境與消費習慣而通行的程序有不同。如第一種方式比較通行於浙西各市場，第二種方式比較通行於浙東各市場，至第三種方式則通行於各大型的批發市場，如硤石、湖墅等是。同時批發市場之交易程序最異於產地市場者，即在於第三種方式的普遍性與優越性，關於這點，我們論交易方法時再詳爲討論。第四種是洋米及外省米輸入的交易程序，特以寧波爲例說明之。浙江外省來米，原不祇蕪湖、長沙、上海幾個來源；如第二章所述，與浙西毗連的江蘇各縣及安徽的巢湖區域與廣德一帶，每年運銷硤石、杭州、泗安者爲數頗巨，此外浙贛路通車以後，江西來米亦漸增多。但因這些區域運來米糧的交易程序，與浙江本省者無大差異，故包括於前三個方式內，不另叙述。寧波向外采辦洋米與國米，程序較爲特殊，另構成輸入批發市場的方式。

(二) 交易組織　批發市場的規模，較產地、零售二市場均大，其組成份子，就數目與任務言，亦較後二者衆多而複雜。批發市場商人的任務有六：一爲研究并應付買方需要，二爲自各產地市場收聚糧貨，三爲加工分級，以統一糧貨品級，四爲儲藏以調劑供需，五爲穩定各市場間糧貨之出入，以平定價格，六爲給予產地販運者（country shippers）及零售店以資金通融①。浙江批發市場的活動份子可分爲經紀人、代理商、批發商、大米店、大米販、農戶、米廠、糧客及斛手等。其中農戶、米廠前已述及，不贅；大米店留待下節叙述；糧客爲當地糧商對外來糧業活動者之總稱（商場上通稱賣方糧客爲"山客"，買方者爲"水客"），關於他們的組織與活動，亦不必重復叙述。下面僅就其餘數種分述之。

1. 經紀人　此種經紀人復可分爲三種：一爲代表賣方者，如硤石之經售行與掮客，寧波之領賣人是；二爲代表買方者，如湖墅之"班綫"，各大市場駐各產地市場之買手（或稱買頭）是；三爲代表買賣雙方者，如湖墅之買賣手是。此外尚有一種特殊的經紀人，即硤石的接船者②。就中按組織規模言，以硤石之經售行最大。他們依糧貨來路劃定營業範圍，分爲内河經售行（十三家）與外江經售行（四家）兩種。内河經售之糧貨限於與浙江毗連之江蘇邊區及浙西來米，外江經售之糧貨限於遠距離的江蘇市場及安徽來米，前者是河道來米，後者爲江路來米。内河經售行之下，復有掮客十餘人，受其命令，居中介紹；但關於鄉貨，則由掮客自主經售。除硤石有行家之組織外，其他各市場之經紀人均爲個人性質。不論經紀人或經售行之行主，大多爲糧行失業職員或糧業經營失敗者，買賣雙方利其熟習市場情形并熟識各地主顧，樂於委托之。同一市場之經紀人，其籍貫各有不同，一般都各自接受同籍貫農戶、船販或商人的委托；如湖墅經紀有爲皖省巢湖人，多祇經售該地來米；金華、蘭谿買手有爲紹興人，亦多祇代表該地糧商采購米糧。經紀權之取得，除硤石

---

① 參考 Fred E. Clark and L. D. H. Weld：Marketing Agricultural Products，pp. 93-94.
② 此種人係附屬於硤石外江經售行，共十餘人。當外江米船到達硤石將靠岸時，接船者即上船接洽經售之事，遇經售行忙時，并代爲招待船戶。接船者之酬金爲每石一分七厘，由經售行付給。

之經售行須向政府領取牙帖①外，餘均屬自由營業，但寧波通例限於米行職員。

經紀人之功能，約言之有四，即介紹撮合，評定價格，過量（過斛或過秤）及報告行情（硤石經售行公會每日油印行情，分發各主顧）②。經紀人之捐費③，各地不盡相同，茲列示如下。

各大市場經紀人徵取的捐費

市　　場	經紀人名稱	委託方	向委託方徵捐費（每石,元）	回　佣（每石,元）*
硤　石	內河經售行	賣方	0.03	無
硤　石	外江經售行	賣方	0.039	無
寧　波	領賣人	賣方	0.02	無
湖　州	買手	買方	0.03	無
嘉　興	買頭	買方	0.03	無
新　塍	買頭	買方	0.02	無
長　興	買頭	買方	0.02	0.01
泗　安	買頭	買方	0.02	0.02
金　華	買頭	買方	0.04	每元0.01
蘭　谿	買頭**	買方	0.04	無
蘭　谿	賣頭**	賣方	0.03	無
湖　墅	買賣手	買方或賣方	0.03	無

附注：　* "回佣"係交易雙方中之非委託方所給予者，其目的蓋在聯絡經紀人，以拉攏生意。

　　　** 據米業中人云：買頭每人每年收入最高千元，最低二百元，普通五百元；賣頭每人每年收入最高六百元，最低百元，普通三百元。

---

① 每年換領一次，每帖20—36元，兩家共一張。
② 硤石經售行有時接收賣方信件及長途電話委託代爲出售，并代解款，在此種情形下，經售行具有代理商之性質。
③ 湖墅之"班綫"，住於米行，由米行供膳宿，并按月給薪金20—30元，此外，"班綫"對於糧客之招待費亦由米行供給，且可向米行借錢少許，例不償還，班綫不另支捐費。

近年來經紀人日趨減少，如湖墅"班綫"早年曾多至四十餘人，今不過五人而已①。其原因據糧商云，一爲買方常親自或派人來湖墅買米不需"班綫"，二爲買方多直接向各産地市場采購，湖墅漸失去米市中心地位，三爲年來郵電日趨普遍，前之買方須假手班綫而探聽行情者，今可直接獲得，且電信買賣均便，因而"班綫"之重要性更爲減少。此雖爲湖墅之情形，但可説明一個共同的趨勢，即直接交易(direct sale)之比例已漸行增高。

2. 代理商　在浙江批發市場，代理商居首要地位，稱爲糧業機構運用的中心，亦無不可。代理商權利之取得，係向政府領取牙帖，繳納牙稅②，每年換領一次。在大型批發市場，代理商復有大行、小行之分，如湖墅分爲大同行、小同行，硤石分爲大袋行、小袋行，蘭谿分爲大行、中行、小行等是；甚且如湖墅，大小行各自成立同業公會。營業額(代

---

① 但亦有與此相反情形者，如泗安近年來因米業衰落，米行倒閉及縮小規模者日多，因而失業職員亦衆。此輩人無以爲生，祇有從事於小型掮客的活動，每次經售額不過三、五石，每石取掮費五分到一角不等，當地稱此種人爲"白拉"，現泗安及附近市場合計有500人。

② 關於代理商繳納牙稅事，在杭州、硤石兩大米市，至今猶爲懸案，先是民□□年上期，政府頒定牙行營業稅率如下：

等　級	營業額(代客買賣)	稅　額
甲　等	十萬元以上	280元
乙　等	五萬元—十萬元	140元
丙　等	四萬元—五萬元	105元
丁　等	三萬元—四萬元	70元
戊　等	二萬元—三萬元	50元
己　等	一萬元—二萬元	35元
庚　等	一萬元以下	20元

各米行均按上列七等領取牙帖，按年換領，繳納牙稅。同年下季，杭市米行因營業困難，呈請減輕稅額，政府以施行不易，遂准各代理行減一等徵稅。迨民二四年下季，政府頒行新營業稅法，米行牙稅亦應按代客買賣之牙稅而徵收，稅率爲6%，但米行因稅率太重(據調查，如照新稅法，米行牙稅要增加三倍或四倍之多)，不願遵辦，此問題遂懸而未決。其他區域之市場，均照舊法繳稅。

客買賣)大者每年達十餘萬石,普通以一萬石到五萬石爲多。代理商遇有利場合,亦自營買賣;愈接近產地市場者,自營比例愈高,因而愈近於批發商的性質。代理商多爲合夥營業;其内部組織各家有繁簡,較完善者爲:經理、副經理各一人,帳房、寫信、樣臺(司打樣事項)各一人到二人,門莊(外場先生)二人到四人,棧司(兼過斛),雜務各二人到六人,學徒數人。代理商徵收佣金,各地制度頗不一致。其徵收方法或按量,或按值;或單徵賣方,或單徵買方,或幷徵雙方;或給買方以回佣,或不給回佣。其所徵比率各市場亦互有差异,詳見下表。

各大市場代理商徵取的佣金及其占貨值比率＊

市 場	賣 方	買 方	回 佣△	實 得	占貨值%
湖 墅	每石一角	無	每石三分	每石七分	0.88
硤 石	每石九分	每石七分	每石三分	每石一角三分	1.63
湖 州	每石一角七分	無	每石七分	每石一角	1.25
泗 安(米)	每石一角▽	每石五分	每石二分	每石一角三分	1.63
泗 安(稻)	每元二分	每擔一角二分	無	每擔一角八分	2.25
金 華	每元一分	每石四分	無	每石一角二分	1.50
蘭 谿	每元二分	無	無	每石一角六分	2.00
衢 縣	每元二分五厘	無	無	每石一角九分	2.38
紹興西郭	每元三分	每石二分	每石二分#	每石二角四分ᶞ	3.00
紹興東關	每元四分	每石一分	每石一分#	每石三角二分ᶞ	4.00
臨 浦	每元二分	每元三分	無	每石四角	5.00
温 州	每元三分	每元一分	無	每石三角二分	4.00

附注: ＊ 表中米、穀按量徵收之換算爲按值及按值徵收之換算爲按量,均按米每石價格八元,穀每擔價格三元計算。

△ 回佣係代理商給予買方糧客或夥計之車馬費,以示聯絡。

▽ 此係指向米行來米徵收之佣金,至對農人來米則徵佣較重,計每元三分合每石二角四分。

\# 給予回佣限十天以内付貨款之場合。

ᶞ 此處假定貨款在十天以内償付;如在十天以外,則實得佣金加高。

从上表可见代理商徵收的佣金自每石七分到每石四角不等，其占委托货值的百分率自1%到5%不齐。就各市场比较而言，嘉兴、杭湖区最低，金兰区次之，宁波、绍兴、温台区最高；换言之，浙西最低，浙中次之，浙东最高。由此可推知，凡米产丰多，或交通利便，市场发达之区，佣金必低，否则必高。如美国代理商（commission merchants）对粮货徵收的佣金为货值1%①，德国代理商（kommissionär）对农产品（粮货占主要部分）徵收的佣金为货值1%—2%②，均远较浙江为低，可知交通便利，市场机构等因子给予佣金高低的影响。

3. 批发商　如前所述，批发商在产地市场占主要地位，但在批发市场，则地位殊不重要；且其职务大多由代理商兼任。他们兼营批发业（自己买卖）不外下述数种场合：第一，有卖客而无买客时，代理粮行如觉价格合意，自行买下。第二，如卖方委托人指定的价格较市价犹低，或买方委托人所示价格极高，纵同时有交易对手方，但代理粮行认为有利可图，亦常由自己买下，再行出售从中牟利。第三，代理粮行认为行情有利，便大量收买囤积。第四，遇年岁荒歉，产地市场粮商无货委托代售时，代理粮商为维持业务，不得不派人到产地市场或省外批发市场采购③。此外，兼营批发业务的还有米厂，通行于浙东。米厂兼作买卖之方式与普通批发商同，所异者：（一）米厂营业以米粮为限，不做杂粮；（二）米厂买进米粮完全为谷或糙米，卖出完全为糙米或白米，盖米厂兼作贩运，不仅在获得商业利益，更在利用其加工设备以赚取碾制利得。至就各中心市场比较而言，凡市场规模愈大者，批发商之重要性愈低；换言之，凡批发商在市场上之地位愈见重要者，则该市场必愈近于

---

① John H. Fredrick: Agricultural Markets, p. 101.
② W. Seedorf und P. Hesse: Grundriss der Landwirtschaftlichen Marktlehre, s. 180.
③ 如湖墅各米行在二十四年，因上一年大荒，各地来米锐减，因而不得不自行贩运，派人到各产地市场及省外市场（如上海、芜湖、南京等地）采购，计平常年各行代客买卖额约占总营业额十之八九，自己买卖额不过十居一二，本年则自己买卖额增高达十之七八。

產地市場的類型。關於批發商之內部組織，見代理商及米廠，不贅，其業務活動與產地市場收買商同，亦從略。

4. 大米販　在產地市場一節，已述及糧販之活動。批發市場之大米販，與產地小糧販，在功能上原無差異，但其活動亦有不同之處：第一，小糧販從業者多爲農人，大米販則多爲米業中之失業者（有時船戶亦兼任米販職務），因而在活動上遠較小糧販靈巧；第二，小糧販均從農戶買米，販賣於產地市場，大米販則除自農戶購進外，更從產地市場糧商、米廠購進，販賣於各大批發市場，活動區域較廣；第三，就販運糧貨之種類言，小糧販除米外，穀與雜糧亦占相當比例，大米販則主要的爲米，販運穀與雜糧者極少；第四，大米販之資力較厚，販運額較大。近年來此種大米販之人數日少，其營業範圍亦日縮。

5. 斛手　在浙江糧市上，交量（過斛或過秤）之職務由下述數種人任之：一爲專業斛手，二爲糧行、糧店之棧司，三爲經紀人，四爲脚班。關於後三種人前已述及，茲就第一種人論之。專業斛手僅見於湖墅、硤石，各有63人及45人，均有共同組織，湖墅稱斛業公所，硤石稱斛班，各有一頭目，稱斛頭或班頭。斛手活動區域及工作酬金均由頭目指派分配。斛手均爲世襲，且爲獨占，不向官廳領取牙帖，故與脚班性質相似。斛手有一小部分兼務農，唱戲或擺攤。他們的酬金通稱"斛力"。湖墅徵取斛力，按兩種標準：一爲散艙來米，每石向糧船徵三分，買方一分，共四分；二爲袋裝來米，每石向糧船徵二分，買方一分，共三分；硤石斛力每石米概收七厘，歸買方負擔。無論在湖墅或硤石，斛力均由代理米行先行墊付。

（三）交易方法　浙江批發市場的交易方式可大別爲三類：即委托交易（sale on consignment）、直接交易（direct sale），及期貨交易（sale by contract）。委托交易復可分爲委托出售與委托購買；直接交易復可分爲到貨交易（delivered sale），送貨交易（"to arrive" sale），起運地交貨交易（F. O. B. sale）。在數種方法中，委托交易占主要成分，直接交易次之，期貨交易最少。在湖墅、硤石、湖州、泗安等市場，委託交易占十之七八。蘭谿、金華更有詳細估計數字如下二表。

蘭谿自各產地市場輸入之交易方法分類
（百分率按米糧輸入數額計算）

各路產地市場	產地市場委託出售			產地市場直接出售	總計
	直接委託	經賣頭轉托	合計		
第一路：衢州、江山、常山、龍游	70%	20%	90%	10%	100%
第二路：武義、永康、義烏	10%	70%	80%	20%	100%
第三路：金華、湯溪、蘭谿所屬市鎮	10%	—	10%	90%	100%

蘭谿及金華輸出其他市場之交易方法分類
（百分率按米糧輸出數額計算）

		輸入市場委託購買			輸入市場直接購買	總計
		直接委託	經買頭轉托	合計		
蘭谿輸出至各路市場	第一路：建德、桐廬、富陽	70%	—	70%	30%	100%
	第二路：杭市及附近市鎮	50%	25%	75%	25%	100%
	第三路：紹興、蕭山一帶	50%	30%	80%	20%	100%
金華輸出至各路市場	第一路：富陽、桐廬、乍溪、建德	75%	—	75%	25%	100%
	第二路：紹興、蕭山、臨浦	35%	25%	60%	40%	100%

蘭谿、金華輸出均以委託交易占主要成分，其比例自60%到80%不等；蘭谿輸入亦以委託交易爲主，如第一路占90%，第二路占80%，至第三路則以其交易性質屬於產地市場的類型，故委託交易僅占10%。由此可知委託交易之占主要地位，實爲浙江糧食批發市場之特色；且運輸途程愈長，委託所占比例愈高。美國糧貨批發市場之交易方式，亦以委託爲

主，約占交易總額 75%①，可知此點實爲糧食批發市場之通性。推原其故，大約不外：(一)糧貨在批發市場上價格較一定，消息較靈通，委托者可以指定最低或最高價格；(二)食糧爲大宗必需品，在批發市場上極易獲得對手方；(三)食糧屬於較有持久性(not highly perishable)的貨品，委托出售時如不能即時找得對手方，可以存棧；(四)批發市場的糧商同業組織較善，信用較佳，使委托者易於信任。至采購(委托或直接)與推銷(委托或直接)之消長，則依供需情形而定，大抵供過於求時，推銷居多，求過於供時，采購居多。下面更就上述數種交易方式分別論述交易手續，交易基準(basis of sale)，價格論定及付款方法。

1. 交易手續　無論係委托出售或直接出售，一般手續爲：當糧船到埠時，由押運者或船主(如起運地糧商不派人押運而委托船戶代辦時)攜樣米投於經售行或經紀人家，請轉通知米行，或直接連同樣米及委托信件投於米行；米行即派人"打樣"(亦稱"扞樣"，扞爲打樣之工具)，并根據市面行情及買方委托者之授意，暫定其價格，若賣客合意(如係委托出售，則以委托者所示最低價格爲憑)，即算"成交"(蘭谿一帶稱"成盤")，如賣客不同意，則重新議價。成交後給賣客以"成票"(載明賣方姓名，糧貨價格及賣客所報數量)；稍停即由米行派人至船上過斛②，數量貨色無誤③，當給賣客以"斛票"(所載項目與成票同，但數量則爲確定者)，糧貨則裝入買客所備麻袋(如買客不親至市場而托米行代購時或米行自己買進時，則裝入米行所備麻袋)，或即日轉船起運，或暫存貨棧，貨款則在當天或翌日由賣客本人或托經紀人憑斛票向米行領取，交易由是完成。在委托出售場合多由委托方修書一封，交由船戶帶給被委托米行；如貨到時無適當買主，則暫存米行，待機出售。委托購買④及直接

---

① John H. Fredrick：Agricultural Markets, Chap. Ⅵ, The Terminal Grain Market, p. 103.
② 長興一帶運出之米多爲裝袋，例不過斛。
③ 如貨色與原樣不符，則成交可以取消。
④ 按各地交通情形，用信件、電報或長途電話委托。

采購之手續均與上述相同，所異者，委托購買由代理商代爲成交并代付貨款、運費等項，直接采購由買方親自辦理一切手續而已。送貨交易則與上述者有异，通例由輸出市場先派人到輸入市場兜銷接洽，成交後即將糧貨送到，運費等項概由賣方負擔。批發市場之期貨交易與產地市場大體相同，所異者，賣方大多爲產地市場糧商而非鄉村農户。

浙江各大中心市場通行一種"公賣制"①，應特別提出説明。所謂公賣制有兩種情形：第一，凡米行中某一買客，與某糧船成交時，同行之其他買客均可要求分購，惟原成交之買客可多購買數份，此種方式通行於湖墅；第二，某一米行與某糧船成交時，其他米行可要求分購，特原成交米行可多得一股，如甲行成交白米 400 石，乙行、丙行欲分購，則將白米 400 石分作四股，乙行、丙行各得一股，甲行得二股，此種方式通行於硤石。公賣制之缺點在使買客或代理米行不能一次大批購足，致販運遲緩，一方面買客常坐失良機，另方面不能應輸入市場之迫切需要；且各地來米，品質不齊，同一買客或同一米行須代買客采辦數種糧貨，致質色參差，影響米糧分級甚大。其長處在使買者相互間引起競争，結果可發生保護賣客之效。

2. 交易基準　浙江批發市場之交易基準有看貨（by inspection）、看樣（by sample）、指樣（by description）三種方法。在到貨交易及起運地交貨交易之場合，數額小時多行看貨交易；數額大時多用看樣交易。委托購買及送貨交易則或係看樣，或係指樣。在看樣與指樣之場合，如收貨時發現貨色與原樣或指示者不符，則買方可取消成交：減低價格或退貨。浙江批發市場之交易，大抵以看樣最多，指樣次之，看貨最少。關於看樣，尚有"打樣制度"（sampling system），各市場繁簡不同，但弊端叢生則一。打樣時米行或買客多漫不經意的用"樣扦"向船艙或米袋内亂戳，致包裝經過一次打樣，即遭一次損壞，此其一。每次打樣數額太多，通例裝

---

① 據上海社會經濟所調查，硤石爲"獨賣制"似與事實不符，見該所《浙江糧食調查》頁二九。

百石之船打樣一升，裝四百石之船打樣二、三升不等，樣米皆歸屬米行或買方，對於賣方實係一種不當的損失，此其二。有些地方，打樣手續太繁，如蘭谿每次交易須打樣三次，樣米用木盤盛裝，打樣次數以盤計①，每盤樣米約二升。其歸屬何方及各方所得比例各盤不同，通例爲：

第一盤（初樣）——米行、買客各得其半；

第二盤（複樣）——完全歸屬買客；

第三盤（斛樣）——米行、買客各得其半。

這種打樣方法，幾近於故意盤剝賣客，實屬不當，此其三。故浙江糧市之打樣制度，殊有改進之必要。

3. 價格論定　在到貨交易之場合，打樣後即論價，地點在米行，如同時有買客，則由賣客（起運地糧商所派押運者或船戶）、買客、米行、經紀人共同集議；如賣客或買客不經由經紀人時，則由賣方、買方、米行三方共議，或買賣方各與米行商議。論價時，米行頗有影響力，但已不若產地市場米行之能操縱自如。在送貨交易之場合，由出賣糧商所派代表（外場先生）與買進市場糧商當面接洽，看樣或根據糧貨品級論價；價格在時間上以成交日爲準，在地域上以買方市場爲憑，價格風險由買方負擔，運費等項由賣方負擔。如爲起運地交貨交易，則由買賣雙方直接商議，有時由經紀人參與；價格以起運市場爲憑，價格風險及運費等項，概由買方負擔。委托出售②或委托購買時，價格係先由委托方指定最低或最高價格，由米行代爲辦理一切。期貨交易由雙方直接論定。

4. 付款方法　代理商之最大功能在代買客墊付貨款，蓋賣方例須付現，而買客多爲賒欠。墊款期限之長短，須視代理商之資力，及代理商

---

① 蘭谿稱"成交"爲"成盤"者亦此故。

② 在泗安通行一種特別的論價方法。凡產地糧商或米販運米到達泗安時，即將米糧分發於數米行，告以最低價格，如市價好，即出售，否則將貨物留存米行，賣客歸去。迨市價漸起時，由泗安米行通知賣客再來本市場了結出售手續，通稱此一步驟爲"結帳"，此時賣客多先與其最熟識之一米行結算，因爲結帳價格可稍予提高（每石至多高一角），而該米客與其他各米行結算時亦均依此價格。

對買客之熟識情形、信任程度而定。湖墅、硤石大米行對買客墊款自十天到二十天不等，小米行至多不過十天。其他各次級轉運市場如湖州、泗安、蘭谿等至多四、五天，普通僅二、三天。數年以前，各地墊款期限較長，大市場在一月以上，次級轉運市場亦在一周左右；後因錢莊倒閉風潮，蔓延全省，米業金融至感枯竭（參考第六章第二節），墊款期限逐漸縮短。各米行爲應付對賣方付現起見，定出種種方法，或獎勵買方付現，如規定買客在若干日內付現。給以回佣；或抑制墊款期限之延長，如規定墊款超過若干日，則按日加息。惟交易機構至此漸呈不靈活狀態。至就各種交易方式分別言，委托出售多係先付一部，餘俟售出後續付；到貨交易多爲現付；送貨交易係貨到付款，多係匯付或兌付；委托購買或預付一小部分，或貨到付款，亦爲匯付或兌付；直接購買或完全現付，或完全賒欠，或半現半欠；期貨交易預付小部分，作爲定洋。如買方過期不付，售方或代表售方之米行多須派人前往索取，俗稱"收帳"。

　　近年來在交易方式上有一個顯著的變遷，即直接運銷之比例漸增高，委托運銷之比例漸降低。在賣方漸不經由代理行轉售，而直接運銷於終點市場；在買方漸不委托代理商購辦，而親自或派人至產地市場采購。此種變遷原合於運銷方式之演進趨勢①。就浙江而論，其原因約有數端：一爲交通之發達，買客多直接到產地市場采購，如金華爲一新興米市，自浙贛鐵路通車以後，該市場銷往紹興、蕭山之米糧，直接買賣之比例增到40%，遠較蘭谿爲高；又如蘭谿米市日趨衰落，其一部分原因即由於近年來各產地市場因交通改進，多直接運銷於終點市場，不再由蘭谿轉運。二爲市場消息之靈通，買賣雙方各有把握自行銷售或采購。三爲昔時因運銷利便之未具備，代理商多不願自己負擔販運上之風險，乃將

---

① 近年在歐美國家均有此種變遷；Clark 及 Weld 二氏曾論美國農產運銷方式由委托進爲直接之趨勢與發展甚詳，并舉其原因多端。見二氏合著 Marketing Agricultural Products, pp. 106-110.

其轉嫁於委托方，今因社會經濟各方面的進步，運銷漸趨便利，代理商遂敢自己營業。四爲年來因市場金融枯竭，代理商無處獲得活動資金，墊款能力大減，使代理交易之比例減低。前三種情形所引起的直接交易比例之提高，乃循社會經濟發展的自然趨勢；後一種則爲非常現象，乃交易機構之病態。

第四節 零售市場的交易

零售市場之特性在交易之一方爲消費者；此與產地市場交易之一方爲生產者恰成對照，而與批發市場交易雙方均爲商人亦自不同。零售市場之交易，有兩個階段：一爲自產地市場或批發市場購入；一爲分售於消費者。前一階段大體與批發市場同，但亦有其特殊性；後一階段則爲零售市場所獨有。一般言之，零售市場的交易機構比較簡單。

（一）交易程序 浙江零售市場的交易程序因市場性質而有不同；兹以圖表示如下。

在下圖所示各方式中，前三種是常見的類型；第一種可以杭市、紹興、寧波爲代表，第二種可以浙西市場爲代表，第三種可以安吉、孝豐、富陽、建德等市場爲代表。最後一項爲罕見的特殊類型，其中復可分爲三個方式：A式以市架爲零售業務中心，僅見於金華、蘭谿；B式以米廠爲零售業務的主要供職者，見於黃巖、海門；C式爲生產者與消費者的直接交易，見於溫州、嵊縣。

（二）交易組織 在浙江零售市場上，參與業務活動的，有糧食零售店①、市架、糧行②、米廠、糧販、農戶等，其中大都已於前面論過，故

---

① 此種零售店在浙江各地之名稱不一，計有米店、米號、米鋪、糧店、雜貨鋪等。
② 糧行兼營零售以五斗起碼。

Ⅰ. 輸入消費市場：

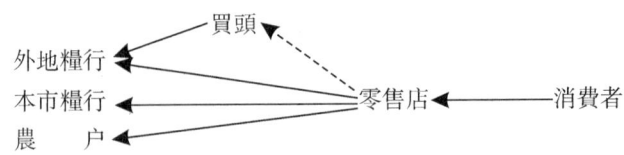

Ⅱ. 產地輸出市場：

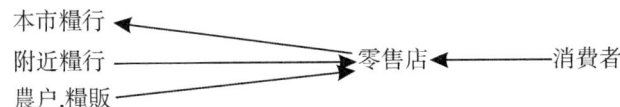

Ⅲ. 自給市場：

Ⅳ. 特殊類型：

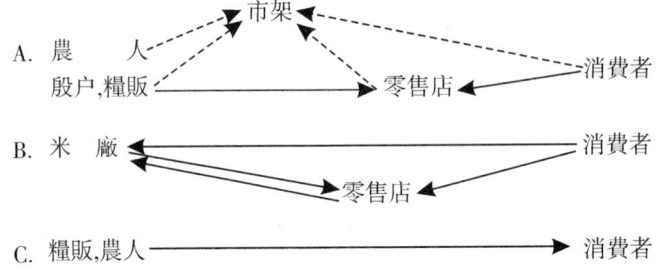

附注：綫號及箭頭表示同 868 頁圖附注（a）。

僅擇零售店與市架二者述之。

    1. 零售店　零售市場以零售店爲活動中心①。一般言之，零售店組織規模狹小而數目衆多。如民二十五年，杭州一市有米店 198 家，寧波一市有 184 家。其中有些是專業米店，以零售食米爲主業，兼及雜糧；有些爲兼業零售店，除食糧外，兼營油、鹽、醬、酒等雜貨；大抵市場

---

① 有些市場以市架或米廠爲零售業務的活動中心，但如上段所述，此種方式殊少見。

愈大，專業之情勢愈顯。在專業米店中，其組織規模大者多附有加工設備，自買穀或糙米碾製，如杭州米店有加工設備者 70 家。寧波有加工設備者近 30 家。米店附置加工設備主要的在便於"掟套"(mixing)，此在論分級及加工時已詳述，茲不贅。專業米店中有稱"長路米店"者，見於杭州、紹興二市。長路米店係自遠路產地或批發市場購入轉售於消費者；在杭州米店中冠以長路字樣者有十之六七，至紹興則全部為長路米店。零售店的組織，一般極簡單，其較完善者有：經理(通常老板兼)、協理、帳房各一人，外場先生一到二人，夥友(門市)二到四人，雜務、學徒各數人。

2. 市架① 此是一種零售經紀人，其主要任務在居間撮合生產者(或糧販)與消費者(或零售店)間的交易。市架僅見於金華、蘭谿二市場，實屬一種特殊糧商。其與美國介於批發市場和零售市場間的經紀人所謂"jobber"者頗有類似之處，但不同者：市架代表的賣方均為生產者(間為小型販子)，而非批發商；買方大多為最後的消費者，而零售店則居少數。市架組織極簡單，除本人兼經理外，不過另加二、三夥友而已。市架的功能：一在供給交易場所，二在居中撮合，三在評定價格，四在過秤。每次交易額極小，普通僅一擔到數擔，最高時可達數百擔。糧貨均為白米，不分等級。就金華與蘭谿比較言之，則蘭谿市架之組織規模，營業數額及活動範圍均較金華廣大，且兼具生產者與批發商間的經紀人，或初級收買商的性質。所收捐費計金華每擔米賣方三分，買方一分；蘭谿在名義上每元收二分，實則係壓低米價，從中扣取。市架經紀權之取得亦係向政府領取牙帖，繳納牙稅。此種人大都是糧行失業職員；近年來由於糧行倒閉及縮小範圍者日多，市架數目亦有增加的趨勢。

(三)交易方法 如前所述，零售店的購買來源有外地(產地市場或

---

① "市架"一名詞之來源不可考；唯其歷史據云有百餘年。

批發市場)糧行①，本市糧行(間或米廠)及附近農户與糧販。賣出方面完全爲消費者。關於自外地糧行及自附近農户與糧販購入的方法，同於批發市場及產地市場，已詳見上二節。兹僅就自本市糧行、米廠購入的方法及銷售於消費者的方法述之。此外，以市架爲中心的零售交易，及生產者與消費者的交直交易，亦附帶論述。

1. 向本市糧行買進方法　可分爲三種：一爲當天交易，看貨後即議價成交；此式行於小型市場或小額交易。二爲隔天交易，先看樣米，再論價格然後訂立"成單"(通稱此一步驟爲"批定")，載明糧貨品級、數量、價格等，翌日或數日後交貨；此式行於大型市場或大額交易的場合。三爲"看帳加佣"，凡零售店向同市糧行購進時，無須議價，祇憑帳簿所載價格每石加收一定額之佣金即足；此式見於嘉善附近的市場。就付款方法言，無論那一種方式，均以賒欠者多，現付者少；賒欠與否及其期限之長短因糧行(或米廠)之墊款能力而不同，如杭市湖墅糧行給米店信用方式爲：大同行賒欠5—20天，小同行1—5天，原袋行須現付或至多緩付一天；嘉興大米行賒欠一月，中等行半月，小米行現付。

2. 消費者自零售店買進方法　消費者買進大多爲小額現款交易；小部分爲賒欠交易，但僅限於老主顧及交易額較大時。賒欠普通月底結帳，亦有逢三節(端午、中秋、舊歷年)結付者。

3. 市架居中的交易方法　此種交易之手續，亦極簡單，每日(多在上午)買賣雙方集於市架處，賣方將米糧挑到後，由市架居中介紹，看貨論價，成交後過秤交貨付款。蘭谿市架資力較大，有時自行買下，轉售於糧行。交易基準均爲看貨，亦有看樣者，即由市架持樣至各糧店、住户處兜銷，論價成交。貨款均係現付。

---

① 長路買進之比例近年來日趨減低。如杭市米店營長路者往昔占十之七八，現不過十之二三；長路買進數額往昔占買進額30%—40%，現減爲20%—30%。其原因有三：一爲年來市場金融緊縮，米店無資力長途采購；二爲各批發市場直接往產地采購者增多，致長路買進無巨額利益可圖；三爲按分工之原則，米店自當捨弃該種任務，而由批發市場糧商完全負擔之。

4. 生產者與消費者直接交易　此爲最原始的交易方法，或舉行於一定的公共場所，或由賣方挑荷，沿門求售。交易步驟極簡，當面看貨論價，交貨付款。

第五節　麵粉及雜糧交易

I．麵粉交易

麵粉爲工業成品，故其運銷機構與穀米雜糧不同。第一，麵粉無收集(assembling)階段，至少收集階段不如米糧等之重要，因而其運銷機能主要爲分散(dispersion)；第二，在運銷程序上，麵粉無產地輸出市場之機構，而祇有批發及零售兩過程；第三，麵粉的運銷路綫，和其他工業品一樣，係從都市流入鄉村，恰與米糧相反。茲仍就程序、組織、方法三方面分析浙江的麵粉交易。

(一)交易程序　一般言之，浙江除寧波、紹興有較大規模的麵粉廠，每年出品可供附近區域的一部分消費外，概賴無錫、上海供給(見第二章第二節)。故浙江的麵粉交易程序以自省外輸入轉銷內地爲主要形式，而以自產麵粉轉銷內地居次，試圖示如下。

(二)交易組織　在浙江，參與麵粉販運業活動的有外省市場駐浙批發處，外省麵粉牙及本省的粉坊、米行、米店、煤油號、醬園、南貨舖等。其中除外省駐浙批發處、外省麵粉牙，本省粉坊爲專業麵粉商外，餘均爲兼業；茲僅就三種專業分述於下。

1. 外省駐浙批發處　外省麵粉廠駐浙批發處共有四家，即茂新、九豐(代表無錫各總廠)、正豐(代表無錫泰隆麵粉廠及上海福新與中華麵粉廠)、貽成(代表鎭江總廠)，均設於杭州。其中茂新、九豐、貽成三家爲支店性質，營業概聽總廠支配，帳項由總廠經管，開銷由總廠支付，出售價格亦憑總廠所在地之標準價格決定。正豐則爲代理店(agent)性

Ⅰ. 外省輸入:

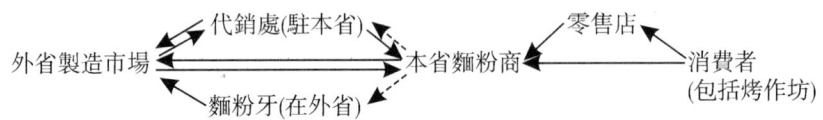

Ⅱ. 本省自產(以寧波爲例):

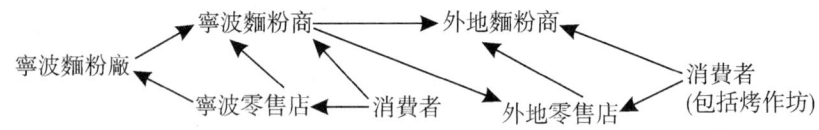

附注: 綫號及箭頭表示, 同 868 頁圖附注(a)。

質, 營業獨立, 帳目自理, 出售價格亦不受總廠的約束, 雖事實上由於價格法則之作用, 殆與其他三支店受同種限制。

2. 外省麵粉牙 此爲上海的麵粉經紀人, 活動於麵粉交易所。其任務在代外地委托者采購麵粉。捐費爲每袋(49 磅)五厘, 加於貨價内一并計算。

3. 本省粉坊 此爲本省專業麵粉的批發兼零售商, 見於浙西市場。組織規模甚小; 除經營麵粉之買賣外, 復兼營綠豆粉之磨製。每家每年麵粉交易額自一萬袋至二萬袋不等。

(三)交易方法 浙江麵粉的批發交易方法, 如自批發商的立場言, 可分爲買進及售出兩個階段。兹先述買進方面。

1. 直接向製造市場購買 此種方式行於浙西、湖州及浙東、寧波、溫州; 蓋前者與無錫接近, 後者與上海有直達航輪之故。湖州係直接用函件或電話向廠方接洽購買, 價格多由廠方按市價決定; 寧波、溫州係用電報或電話托上海麵粉牙代爲購辦, 價格依上海麵粉交易所之標準價格①。普通約定爲"到達價格"(C. I. F. & C.), 即運送途中一切費用(包

---

① 按上海麵粉交易所每日開市兩次, 粉牙作價例以接獲委托方通知後最近一市之收盤價格爲標準。

括運費、保險費、佣費等）概由賣方負擔，買方在收貨前概不負責。貨款多爲現付，至遲貨到付款；例由買方在製造市場的來往商舖或錢莊劃交。

2. 向杭州批發處接洽購買　此方式在浙西、浙中最爲通行，而浙中之浙贛鐵路沿綫各市場幾完全用此種方法。交易手續係先由買方用電話或信件向杭州的外省駐浙批發處接洽；價格多由批發處按上海市價（由收音機聽取上海行情），酌加運費決定。貨物之運送，隨買方所在地而有不同，如在浙西市場，則由批發處通知廠方，徑由廠方直接送到買者市場，此時價格爲"到達價格"；如在浙中市場，則例由買者於托購時指定一杭州轉運公司，由批發處將貨交該公司運送，此時價格爲起運價格（F.O.B.），即賣方送到起運車站後不再負責任，以後運費等項概由買方負擔，而由轉運公司先行支墊。貨款多用貨到付款法，但若買方信用小時，須先付款而後交貨；此外更通行"一賬押一賬法"①。

3. 賣方之兜銷　批發處在營業清淡時多派人至各地市場推銷，接洽妥當，即成交送貨付款。

以上三種購買方法之通行程度，各市場因運輸利便之差異而不盡相同。如浙東幾完全行第一法；浙中完全用第二法；浙西則三法兼施，若以湖州爲例，計第一法占總購買額30%，第二法占60%，第三法占10%。

銷售方面，有外地直接派人來購、寫信來購、本號派人出外兜銷等數種方法，以前二者較爲通行。在寧波，麵粉商買賣本市所製麵粉時，通行一種"包銷制"，即粉商與廠方約定：廠方出貨完全交由粉商承銷，價格按上海市價，每袋加六分運費，貨款當場付清；寧波以外各地之銷場完全由粉商獨占，廠方不得直接批售。

麵粉的零售交易，極爲簡單。零售店多從本市麵粉批發商購進，門

---

① "一賬押一賬法"爲：最先一批貨係賒買，付清貨款後即可賒買第二批，付清第二批貨款時可賒買第三批，如此類推；簡言之，實際上以賒買一批貨爲限。

市於消費者(包括烤作坊)。有時消費者亦直接向批發商購進，但限於數額較大之場合。零售價格較批發略高，且多有一定比率。貨款例係現付。

Ⅱ. 雜糧交易

在浙江糧市上，主要的雜糧爲黃豆、蠶豆及小麥，浙江米商多兼營雜糧，故雜糧交易大致與米糧相同，但亦有不同之點，兹分述於下。

1. 交易額微小零星　雜糧交易總額遠較米糧微小，且每次成交額亦遠較米糧零星。就批發交易言，雜糧至多數百石，普通僅數石，至米糧則以數百石爲常事，且有多至數千石者。由此可見雜糧的經售不能成爲專業，祇可成爲米業的附業。

2. 交易程序短縮　雜糧的交易程序較米糧爲短縮。省內交易，多由生產者直接售於附近糧行，轉售於消費者與作坊(包括豆腐坊、醬坊、磨坊等)；糧販、經紀人的活動極少。即省外貿易，亦祇是浙江較大消費市場之糧行直接派人到雜糧中心市場(上海、漢口)或函托該地雜糧行采購，轉售於本市消費者與作坊。

3. 交易組織狹小　雜糧多爲米行兼營，且兼營雜糧之米行，其組織規模不如專業米行者大。在少數市場，間有以經營雜糧爲主業的糧行，如硤石的鄉貨行是，但組織規模遠較米行(在硤石稱大袋行、小袋行)狹小，每年營業額至微。

4. 交易方法簡單　雜糧的交易方法遠不如米糧複雜，除省外交易有用委託方法者外，省內交易幾概以當面現款交易爲主要方式。雜糧品質混雜，故交易基準以看貨爲多，看樣次之，指樣絕少。付款方法大都係現付；間有賒欠，而其期限亦遠較米糧爲短。

第八章　運銷成本之分析

一貨品的生產者所得價格，和消費者所付價格間的差距(difference or spread)，大略可代表運銷該貨品之成本與利潤。惟純利潤在此種差距中所占比例極小，且若干額之純利潤爲招致中間人參與運銷所必需，故吾人可簡稱此種差距爲運銷成本(cost of marketing)①。研究運銷成本之目的有三：(一)探求運銷成本占生產者所得價格或消費者所付價格之比例如何，若比例極大，而所盡役務并不完善，則表示運銷機構之不健全并缺乏效率；(二)考查運銷總成本中，何者所占比例最大，以求改善；(三)研究各個中間人所擔任之種種業務及其爲進行此種業務所支出的費用，從構成比例上觀察其是否合理。運銷成本之測度與計算，極爲繁瑣複雜。據 Maynard 氏之意見，測算運銷成本之方法有二：一爲消費者所付價格減生產者所得價格，其差額即代表運銷成本；二爲將各運銷業之所得部分——包括營業費用與純利潤——彙加之，其總額即代表運銷成本②。兩方法以後者所得結果較爲精確；但爲要達到上述數項研究目的，此兩方法實未可偏廢，蓋第一種研究須用第一法，而第二、第三兩種研究則須用第二法。

此次雖企圖對於浙江食糧運銷費用作較精密的調查，但終因商家帳簿之雜亂，僅能在較大城市獲得若干資料，致去原來目的甚遠。所幸價格調查相當詳密，故尚可利用價格差距，求出農人之所得比例。下面先論農人之所得比例；然後就直接調查的費用材料分析各路食糧之運銷成本，惟所述并非從生產者到消費者的全部運銷過程，故爲簡便計，除特

---

① Fred E. Clark & L. D. H. Weld：Marketing Agricultural Products，p. 443.

② H. H. Maynard & others：Principles of Marketing，pp. 702-708.

別聲明者外，加工費用概不包括在內。

第一節　農人之所得比例

計算農人之所得比例，最簡捷的方法爲：先求出最後消費者所付價格，作爲100，然後求出農民所得價格，占前者之比例即得。通常多以中心市場的零售價格代表消費者所付價格，以產地市場的買進價格扣除農民運銷糧貨費用後之餘額代表農民所得價格。在我國，此種數字極難獲得，而糧貨品級與種類又至爲複雜，且參入了加工、"掯套"等因素後，使糧貨之踪迹更難捉摸，如原爲某種糙米，後變爲另種白米，兩地價格所代表的糧貨遂不能完全符合，故歷來研究糧食運銷者，詳細分析運銷成本固不多，而注意并求算農人之所得比例者更少。本文所論，由於種種困難，自難詳密精確，但抛磚引玉，要不失爲一個開端的嘗試。

按前所述，浙江最大的終點市場爲杭州、寧波，較大的轉運市場在浙西有硤石，在浙東有臨浦。因之本節以此四市場爲終點，分述各產地農人之所得比例。這裏先有幾點説明：第一，以下所論，僅以米糧爲限，雜糧、麵粉不論；蓋雜糧交易，零星散漫，無一定路綫可循，麵粉則大部來自省外大城市，小部亦出自本省較大市場，性質與工業產品之運銷同，無從求算農人之所得比例。第二，大多數米糧之零售價格，由於"掯套"及摻合碾製關係，頗難捉摸原來品種，故下面所述消費者所付價格，除杭市之蒸穀米及寧波之晚籼米係用零售價格外，其餘均用修正後的批發價格，即按批發價格，每擔加上糙米到白米之加工成本及批發到零售之營業費用與利潤共0.5元①。第三，農人所得價格，係按各產地市場價格減去當地糧商所徵收的佣金及其他種種雜費而計算，除長興蒸穀米

---

① 此數字係綜合各市場之情形平均而得者。

由於蒸穀加工過程每擔須額外減去製造成本 0.2 元①，共減去 0.4 元外，餘均按每擔減去 0.2 元計算。實際上，農人運到產地市場之運費及此一過程中之他種費用尚未計算在內，故本文所述農人所得比例，稍形偏高。第四，價格的年份，除新塍糯米係民二十二——二十五年四年按月平均，溫州晚米係民二十三——二十五年，三年按月平均外，餘均係民二十一——二十五年五年按月平均價格；惟民二十四年，浙西泗安及荻浦，因上年大荒，米價暴漲，杭市則因大量輸入洋米，米價比較平穩，故該年泗安及荻浦價格反較杭市批發價格為高②，為免除平均數受特例影響起見，特將該年除掉，而用四年按月平均價格。

茲以杭州、硤石、寧波、臨浦四市場為終點，列示各產地農人之所得比例如下表。

各產地農人所得比例估計

終點市場	貨　品	產　　地	消費者所付價格*	農人所得價格*	農人所得比例
Ⅰ. 杭州	蒸穀米	長　　興	6.88	5.12	74%
	泗安尖	泗　　安	5.89	4.49	76%
	荻浦尖	荻　　浦	6.07	4.22	70%
	壬尖米	王　　店	6.36	4.53	71%
Ⅱ. 硤石	壬尖米	王　　店	6.29	4.53	72%
	粳　米	嘉　　善	5.90	4.29	73%
	冬雙米	嘉　　善	5.91	4.29	73%
	冬雙米	南　　潯	5.91	4.25	72%
Ⅲ. 寧波	晚秈米	溫　　州	5.70	4.24	74%
	白秈米	武　　義	5.42	3.71	69%
Ⅳ. 臨浦	白秈米	武　　義	5.30	3.71	70%

附注：＊價格按每擔以元計。

① 據第四章第三節所述蒸穀製造成本而折算者。
② 此表示該年泗安及荻浦米在杭市之銷售力極低，證以該年該二地銷杭數額極小可知。

從上表可以看出浙江農人在米糧運銷上之所得比例爲69%—76%。這表示在消費者所付價格中，農人所得部分僅占四分之三弱，其餘四分之一強則爲中間人所得。浙江農人所得比例，在我國各省中，究屬於較高抑屬於較低一類，以數字缺乏，無從比較。據作者研究廣西食糧運銷成本之結果，該省各產地農人之所得比例爲70%—82%①，但該數字係按梧州批發價格計算，有偏高之誤差，若像浙江一樣，按零售價格或就修正後的批發價格計算，則該省農人之所得比例，或較浙江爲低。

就浙江各產地或各終點市場分別言之，農人之所得比例各有高低。考其原因，約有數端：（一）爲路程之遠近，凡產地距終點市場較遠者，因運銷過程較繁，農人之所得比例必較低，如王店距杭州較距硤石爲遠，故農人運銷壬尖米之所得比例，銷杭州較銷硤石爲低；武義距寧波較距臨浦爲遠，故農人運銷白秈米之所得比例，銷寧波較銷臨浦爲低。（二）爲交通之便利程度，凡交通較便之區，農人所得比例較高，否則較低；如荻浦距杭州雖較泗安爲近，但其交通便利則遠遜於泗安，故荻浦農人運銷杭州之所得比例爲70%，遠較泗安之76%爲低；又如武義距寧波之路程雖與溫州距寧波相若，但因溫州至寧波有一水之便，且可航行大型輪船，而武義至寧波，輾轉運輸，阻隔甚多，故農人運銷秈米於寧波之所得比例，武義爲69%，遠較溫州之74%爲低。（三）爲米糧之需要性，凡米糧需要性較大者，換言之，無代替品或比較有獨占性者，農人之所得比例必較高，如長興蒸穀米，以性質特殊，在杭市之銷場甚穩定，較他種米糧富於獨占性，故其農人所得比例較荻浦、王店爲高；泗安尖米，在杭市上爲零售店搊套所必需，歷年來均居重要地位，故除交通較便利外，其米糧之較富於需要性，亦爲提高該區農人所得比例之一重要原因。此外如交易制度之繁簡，農人運銷知識之高低，中間人操縱機會之多寡，合作組織之有無，均足影響農人所

---

① 見張培剛《廣西糧食問題》，第六章，運銷成本之分析，頁一二九。

得比例之大小。

第二節 本省食糧運銷成本

省內各區食糧之運銷，以米穀爲主①，故本節所述亦以米穀爲限。茲分爲短途運銷、長途運銷及輸出省外三種方式述之。

（一）短途運銷 此又可分爲兩種形式：第一種爲產地市場運送於當地批發市場，可以寧波自四鄉產地市場運入費用爲例，見下表。

寧波自四鄉來米每擔之運銷費用

（民二十五年）

		東鄉		南鄉		西鄉		北鄉	
		實數(元)	%	實數(元)	%	實數(元)	%	實數(元)	%
運輸費		0.549	68	0.678	70	0.548	71	0.555	61
運費		0.065	8.1	0.065	6.7	0.032	4.1	0.071	7.8
搬運費	出倉	0.129	16.0	0.129	13.3	0.129	16.7	0.129	14.2
	下力	0.258	32.0	0.387	40.0	0.290	37.5	0.258	28.4
	過塘費	0.097	12.0	0.097	10.0	0.097	12.5	0.097	10.7
交易費——佣金		0.258	32	0.290	30	0.226	29	0.355	39
總計		0.807	100	0.968	100	0.774	100	0.910	100

寧屬四鄉產地市場運銷寧波之費用，不但數額相近，即構成比例亦相若。整個運銷費用之構成項目均極簡單，僅有運輸費與交易費兩項，其比例前者約爲十之七，後者約爲十之三；其他如包裝費、儲藏費、

---

① 省內雜糧交易，爲數極爲零星，且多屬地方自給性質，故從略。惟雜糧的運銷成本亦可從本節窺知一二，所不同者，其運銷路程較短，費用項目較簡而已。

捐稅等則一概無有。此乃短距離的由產地市場到批發市場運銷過程之通性。

第二種為批發市場運送於當地零售市場，可以杭市城外湖墅運銷於城內米店為例。茲按杭市米價評議會自民二十一年到民二十五年的數字，平均折算如下表：

杭市由批發到零售每擔米之運銷費用

	實數(元)	%
加工費(包括損耗)	0.220	56
運輸費	0.093	24
交易費	0.068	17
佣　金	0.040	10.1
斜　力	0.028	7.1
捐　稅	0.009	2
公會費	0.004	1
總　計	0.394	100

此中以加工損耗費最大，占一半以上，其餘各項費用，均甚微小。嚴格言之，加工費用如太大或另成系統，則自應除外，惟杭市此一段加工，包括搗套及摻合碾製等過程，乃批發到零售必經之階段，且多由糧商兼營，故仍并入計算。總計每擔米糧運銷成本為0.4元，如以米糧零售價格平均每擔七元計，則前者約占後者6%，此比例乍看似甚低，但吾人須注意此一運銷過程僅為同一市場之批發到零售，故其高低，實尚有討論之處。

(二)長途運銷　此亦可分為兩種形式：其一為產地市場運銷於遠地批發市場，茲以荻浦運銷杭市湖墅為例，列示如下表：

荻浦到湖墅每擔米之運銷費用

(民二十五年)

	實數(元)	%
運輸費	0.290	63
交易費	0.084	18
佣金	0.065	14.1
斛力	0.019	4.1
雜項費	0.087	19
總　計	0.461	100

其他如嘉興、嘉善一帶運銷於杭市或硤石，及武義、金華一帶運銷於蘭谿，費用項目大率同此，僅在數額及構成比例上各有高低，故不另爲叙述。產地市場到遠地批發市場之運銷費用，由上表所示，極爲簡單，其中主要的爲運輸費，次爲交易費及其他雜項費（包括損耗、肩力等），至包裝儲藏等費均無，此因浙江產地市場輸出多爲散艙，且貨到後多即現款出售之故。但實際上亦有運銷費用較繁的情形，如長興蒸穀米運銷杭市湖墅均爲袋裝，在杭市有"原袋米"之稱，經營該路來米之糧行亦通稱爲"原袋行"，此路米糧銷湖墅大半係委託交易，如不能即刻脫售，多由原袋行代爲存棧，故此路來米多須另加包裝、儲藏兩種費用。

其二爲批發市場運銷於遠地消費市場。按浙江最大的純粹輸入消費市場，爲浙東之紹興，兹以紹興爲終點，分論各轉運批發市場來米之運銷費用。爲便於叙述，特按其運銷情形分爲兩路：一路爲硤石、湖墅與甬江來貨，其相同點爲運輸上均須經鐵道與水路，交易上多爲現款采購，各該轉運市場之代理商不徵佣金；另一路爲蘭谿來貨，不僅徵收佣金，且有捐稅，在運輸上水陸分開，或單航民船，或單走鐵道，而非兩種並用，在事實上則仍以走水路爲多①。現分列爲下二表：

---

① 浙贛路通車後，蘭谿運銷外地食糧，漸有走火車者，但爲數甚少，其占總運銷額之比例遠不及金華高。

硤石湖墅甬江三地至紹興每擔米之運銷費用

(民二十五年)

			硤石		湖墅		甬江	
			實數(元)	%	實數(元)	%	實數(元)	%
包裝費			0.032	12	0.027	12	0.024	7
	貰車(租用米袋)		0.027	10.2	0.027	12.2	0.024	6.6
	繞包		0.005	1.9	—	—	—	—
運輸費			0.218	82	0.186	81	0.313	86
	運費	火車費	0.097*	36.6	0.065#	28.3	0.210△	57.9
		大船川	0.029	10.9	0.029	12.6	0.032	8.8
搬運費	過塘費	閘口壩費	0.048	18.1	0.048	20.9	—	—
		內河壩費	0.017	6.4	0.017	7.4	—	—
		曹娥壩費	—	—	—	—	0.024	6.6
	駁力(至火車站)		0.013	4.9	0.013	5.7	0.032	8.8
	駁船川		0.008	3.0	0.008	3.5	0.008	2.2
	肩力		0.006	2.3	0.006	2.6	0.007	1.9
交易費——交量費(斛力)			0.015	6	0.017	7	0.026	7
總計			0.265	100	0.230	100	0.363	100

附注：*硤石至閘口。

\# 拱辰橋至閘口。

△ 寧波至百宮。

蘭谿至紹興每擔米穀之運銷費用

(民二十五年)

		米		穀	
		實數(元)	%	實數(元)	%
包裝費——貰車(租用米袋)		0.024	8	0.020	6
運輸費		0.227	78	0.270	87
運費	大船川(散班者打九折)	0.029	10.0	0.037	11.9
	外江川	0.153	52.2	0.190	60.9

续表

		米		穀	
		實數(元)	%	實數(元)	%
搬運費	過塘費(養橋壩費)	0.015	5.1	0.013	4.2
	駁船川(只城區需要)	0.010	3.4	0.010	3.2
	肩力	0.008	2.7	0.008	2.6
運輸雜費——船拼頭費		0.012	4.1	0.012	3.8
交易費		0.039	13	0.020	6
佣金		0.026	8.9	0.010	3.2
捐費——買手費		0.013	4.4	0.010	3.2
捐稅		0.003	1	0.002	1
育學捐		0.002	0.7	0.001	0.3
會館捐		0.001	0.3	0.001	0.3
總計		0.293	100	0.312	100

　　硤石、湖墅、甬江三市場每擔米運銷紹興之費用，以甬江最高，硤石次之，湖墅最低。考其原因，主要由於運輸費之大小；此在絕對數字及構成比例皆表現清楚，如運輸費所佔百分率：甬江為86%，硤石為82%，湖墅為81%。至其餘各項費用之高低似與總運銷成本無顯著關係。由此可見運輸費對於總成本之決定作用甚大。

　　蘭谿運銷紹興之總費用及其構成比例，米與穀頗有差別。就總費用言，米每擔為0.293元，較穀每擔0.312元為低，若按米穀價值計算，則兩者相差之程度當更劇。由此可見凡積較大、值較小者，其運銷費用亦較高，故價值愈高之米糧，其運銷愈經濟，其銷路亦愈廣。其相差之原因，亦以運輸費為主，此由絕對數字與構成比例均可看出。至以蘭谿米與上述三地相較，運銷總費用極為相近，幾等於三地的平均數，此點正表示蘭谿米在紹興市場上足與三地之米糧競爭。惟就構成比例言，則有極顯著之差异三點：一為蘭谿運輸費所佔比例較低；二為蘭谿因徵收佣金，致交易費所占比例爲17%，遠較三地爲高；三爲三地無捐稅，而蘭谿則有兩項雜捐。故蘭谿如能酌減交易費與雜捐，其運銷紹興之費用必將減低，其對外銷路亦將擴大。

近數年來，米糧運銷費用頗有變動。以上所述，均係調查年（民二十五年）情形，茲更據紹興商會的記載，將民十九年紹興自硤石、湖墅、甬江、蘭谿四地運入米糧之費用列如下表，以供比較。

硤石湖墅甬江蘭谿四地至紹興每擔米之運銷費用（民十九年）

			硤石		湖墅		甬江		蘭谿	
			實數(元)	%	實數(元)	%	實數(元)	%	實數(元)	%
包裝費			0.035	9	0.032	9	0.026	5	0.039	9
	繞包		0.005	1.3	—		—		—	
	簀車		0.030	7.6	0.032	9.4	0.026	5.4	0.039	8.9
運輸費			0.273	69	0.228	67	0.382	80	0.299	68
	運費	火車費	0.116	29.3	0.077	22.3	0.240	50.1	—	
		大船川	0.039	9.8	0.039	11.5	0.039	8.1	0.064	14.6
		滬水	0.006	1.5	—		—		—	
		外江川	—		—		—		0.155	35.3
	過塘費	閘口壩費	0.058	14.6	0.058	17.1	—		—	
		內河壩費	0.026	6.7	0.026	7.6	—		—	
		義壩費	—		—		—		0.039	8.9
搬運費		曹娥壩費	—		—		0.026	5.4	—	
	駁船川		0.015	3.8	0.015	4.4	0.013	2.7	0.015	3.4
	上塘肩力		0.013	3.3	0.013	3.8	0.013	2.7	0.013	3.0
	鄉駁力		—		—		0.051*	10.6	—	
保險費——保險越捐			—		—		—		0.013	3.0
交易費			0.060	15	0.080	24	0.071	15	0.077	18

續表

	硤石		湖墅		甬江		蘭谿	
	實數(元)	%	實數(元)	%	實數(元)	%	實數(元)	%
佣金	0.030	7.5	0.050	14.7	0.026	5.4	0.045	10.3
捐費——買手費	—	—	—	—	—	—	0.032	7.3
交量費——斛力	0.030	7.5	0.030	8.8	0.045	9.4	—	—
捐稅	0.028	7	—	—	—	—	0.023	5
力捐	0.028	7	—	—	—	—	—	—
育學捐	—	—	—	—	—	—	0.004	0.9
會館捐	—	—	—	—	—	—	0.019	4.3
總計	0.396	100	0.340	100	0.479	100	0.438	100

附注：＊現下無此種費用。

六年以來，硤石等四地運銷紹興的費用均漸減低，硤石每擔米運銷費用由 0.396 元減爲 0.265 元，湖墅由 0.340 元減爲 0.230 元，甬江由 0.479 元減爲 0.363 元，蘭谿由 0.438 元減爲 0.293 元；其減低比例爲：硤石 33%，湖墅 32%，甬江 24%，蘭谿 33%。從構成項目與比例上看，亦有相當變遷，最顯著的一爲硤石、湖墅、甬江三地佣金之免除，致近年交易費所占比例遠較往年爲低；二爲捐稅之免除或減輕，如硤石在民十九年，捐稅尚占 7%，近年則完全取消，蘭谿捐稅所占比例亦由 5% 減爲 1%。推各地運銷費用高低之位次，則未稍變，仍以甬江一路最高，蘭谿次之，硤石又次之，湖墅最低。由此可見運銷費用之形成，實有其比較固定的環境爲背景。

（三）輸出省外　浙江輸出省外之區域，較大者有二[①]：即浙西嘉屬嘉善、平湖等市場；及浙東溫台屬磐石、鰲江等市場。這些市場，出口

---

① 浙江邊境各區與其接壤的鄰省，如浙江西北部與皖省，西南部與閩省，西部江山、常山一帶與贛省，自亦發生運銷關係，特以數額零星，且性質與同一鄉區內之交易無異，故不另述。

較便；其運往地均以上海爲主。茲以磐石及鰲江運銷上海之費用爲例，說明本省米糧之輸出成本，至於平湖、嘉善則從略。

磐石及鰲江至上海每擔米之運銷費用

(民二十五年)

		磐 石		鰲 江	
		實數(元)	%	實數(元)	%
運輸費		0.286	75	0.261	73
運費		0.225	59.1	0.200	56.2
搬運費	貼扛力	0.023	6.0	0.023	6.5
	駁船	0.023	6.0	0.023	6.5
運輸雜費——船牙佣		0.015	4.0	0.015	4.2
儲藏費——棧租		0.020	5	0.020	6
交易費		0.075	20	0.075	21
佣金		0.050	13.1	0.050	14.0
交量費——司秤		0.025	6.6	0.025	7.0
共 計		0.381	100	0.356	100

由上表可見輸出省外成本與省内運銷成本，在構成項目上頗相近似，如以上表與適纔所述硤石等四地運銷紹興之費用相較，便可明瞭①。惟在構成比例上，如將上表與硤石、湖墅、甬江三地銷紹興相較，則兩者相異之點有二：一爲輸出成本中，運輸費所占比例，磐石爲75%，鰲江爲73%，遠較硤石等三地爲低；二爲交易費所占比例，磐石爲20%，鰲江爲12%，又遠較硤石等三地爲高。其原因當由於輸出上海時，該地代理行徵收佣金所

---

① 磐石及鰲江運銷上海之費用，本與運銷寧波相若；祗是運費一項，因運上海一水可達，運寧須輾轉換船，故運寧波反較上海爲昂貴，歷年溫、台屬餘米，銷上海較銷寧波爲多者亦以此故。直到近年，寧波米價高漲，足以抵銷此種差異，銷寧波始漸增多。

致。如將上表與蘭谿銷紹興相較，則因兩者都徵收佣金，構成比例大致相若。就磐石與鰲江兩地之運銷費用及構成比例相較，因兩地至上海之運銷條件相等，故除磐石因路程稍遠，致運費略高外，餘均相同。

第三節　外省食糧輸入成本

浙江輸入外省食糧的市場，最大者爲寧波、湖墅、硤石、泗安、紹興、溫州等處，但其中湖墅、硤石、泗安三地糧貨多來自皖、蘇二省鄉鎮，此種運銷形態屬於產地市場類型，與自本省嘉、湖兩屬來米相似，故不再叙述。至寧波、紹興、溫州三地糧貨，多來自上海、南京、蕪湖、長沙等批發市場，運銷費用之構成較爲繁複，故本節特以此三地爲中心，分論各路米糧及黃豆之運銷費，最後并略述其變遷。

（一）寧波自外省輸入米糧費用　寧波輸入外省米糧，以上海、南京、蕪湖、長沙四市場爲主要來源，惟南京近年人口驟增，變爲輸入消費市場，來甬之米已減少，故僅述自上海、蕪湖、長沙三地輸入之費用，現列示如下表：

長沙蕪湖上海三地至寧波每擔米之運銷費用

（民二十五年）

		長沙		蕪湖		上海	
		實數(元)	%	實數(元)	%	實數(元)	%
包裝費		0.169	15	0.136*	17	0.003	1
運輸費		0.558	51	0.468	57	0.238	87
運費	長沙至漢口	0.131	11.9	—	—	—	—
	漢口至上海	0.137	12.5	—	—	—	—
	上海至寧波	0.153	13.9	—	—	0.144	52.6
	蕪湖至寧波	—	—	0.396	48.5	—	—

續表

			長沙		蕪湖♀		上海	
			實數(元)	%	實數(元)	%	實數(元)	%
搬運費	駁船費		—	—	0.022	2.7	0.008	2.9
	黃浦駁費		—	—	—	—	0.021	7.7
	小工費		—	—	0.011	1.3	—	—
	上力及絞包等川		0.074	6.7	—	—	—	—
	上下力		0.032	2.9	0.036	4.4	0.053#	19.3
保險費——平安			0.010	0.9	—	—	0.004	1.5
報關費	申處報關		0.016	1.5	—	—	0.005	1.8
	甬處報關		0.005	0.5	0.003	0.4	0.003	1.1
儲藏費——棧租			—	—	0.038	5	0.007▲	3
交易費			0.219	20	0.135	16	0.026	9
	佣金		0.116**	10.6	0.028△	3.4	0.026	9.0
	交量費——扣擋		0.090	8.2	0.095	11.6	—	—
	交易雜費——莊川		0.013	1.2	0.012	1.4	—	—
貨款息——利息			0.056	5	0.038△	5	—	—
捐稅			0.096	9	0.001	*	—	—
	堤工捐、碼頭捐		0.040	3.6	—	—	—	—
	驗費		0.003	0.3	—	—	—	—
	護照費		0.053	4.8	—	—	—	—
	四明捐		—	—	0.001	0.1	—	—
總計			1.098	100	0.816	100	0.274	100

附注：♀ 有時蕪湖運米轉由上海至寧波，在該種場合，除運費爲每擔 0.409 元外，餘均同。

* 不及 1% 者。

\# 落貨(肩力或下力) 0.037 元，13.5%；上河(上力) 0.016 元，5.8%。

** 客薪，使川。

△ 無行佣。

❖ 麻皮絞包㞢力念川 0.008 元，麻袋 0.128 元。

▲ 按每月計算。

此三地至寧波之運銷費用相差甚大，此蓋由於路程之遠近及運銷程序之繁簡所致。從構成比例上觀之，蕪湖、長沙頗相若，上海則迥然不同。最顯著者蕪湖與長沙之包裝費比例各為 17% 與 15%，運輸費比例各為 57% 與 51%，交易費比例各為 17% 與 20%，而上海則包裝費占 1%，運輸費占 87%，交易費占 10%。由此可見：凡路程愈遠，運銷程序愈繁者，運輸費與包裝費所占比例愈低，其他費用特別是交易費所占比例愈高。此種情形，即單就蕪湖與長沙相較，亦是如此。這表示阻礙遠距離的省際運銷的，不僅是運輸費一項，即交易費用等項亦為重要因素。

（二）紹興自外省輸入米糧費用　據第二章所述，紹興缺米主要的賴省內各產地市場接濟，間亦直接向外省采購，其來源地主要為上海，次為南京。茲將紹興由該二地來米之運銷費用列如下表。

上海及南京至紹興每擔米之運銷費用

（民二十五年）

			上　海		南　京	
			實數(元)	%	實數(元)	%
包裝費			—	—	0.041	7
	租袋		—	—	0.041	73
運輸費			0.379	85	0.375	67
運　費		大船川	0.030	6.7	0.031	5.5
		火車費(到閘口)	0.222	49.8	0.258	45.7
搬運費		閘口壩費	0.050	11.2	0.052	9.2
		內河壩費	0.018	4.0	0.019	3.4
		駁船川	0.008	1.8	0.008	1.4
		肩力	0.007	1.6	0.007	1.3
		駁力(船板駁至車站)	0.022	4.9	—	—
保險費——浦險(黃浦江渡船保險)			0.022	4.9	—	—
交易費			0.067	15	0.097	17

续表

	上 海		南 京	
	實數(元)	%	實數(元)	%
佣金	0.067	15.0	0.054	9.6
交量費——斛力	—	—	0.017	3.0
交易雜費——客川(到閘口)	—	—	0.026	4.6
捐稅——蘭社	—	—	0.033	6
其他雜費——押匯費	—	—	0.018	3
總　　計	0.446	100	0.564	100

附注：有時租不到米袋，則在南京購買，每隻須三角，在紹興賣出可得一角六分。在此場合下租袋費可作一角四分。

上海至紹興之運銷費用，共計爲 0.44 元，較至寧波爲高，但項目之簡單，及各項費用所占比例之大小，則兩者相若。南京至紹興就運銷費用總數上言，每擔較上海高 0.12 元，自構成比例上觀察，亦遠較上海爲繁複，且彼此差異甚大。如運輸費所占比例，上海爲 85%，南京爲 67%；交易費所占比例，上海爲 15%，南京爲 17%。此兩項費用比例，因路程之遠近及運銷程序之繁簡所表現的相互消長，與上述各外省來源地運銷寧波之情形相同。

(三)溫州自外省輸入黃豆費用　溫州米産相當豐富，故自外省輸入米糧極少，而以輸入黃豆較多。黃豆來源，以上海居首，茲列示其輸入費用於下：

上海至溫州每擔黃豆之運銷費用

(民二十五年)

	實數(元)	%
運輸費	0.322	79
運費——水脚	0.200	48.9

續表

		實數(元)	%
搬運費	申下力	0.032	7.8
	溫上力	0.028	6.8
	申駁力	0.032	7.8
	溫駁力	0.018	4.4
保險費	保險	0.004	1.0
	浦險	0.002	0.5
報關費——溫報關		0.006	1.5
交易費——佣金		0.070	17
捐稅		0.017	4
申公會捐		0.008	2.2
溫公會捐		0.009	2.0
總　計		0.409	100

黄豆運銷費用之構成，大致與米糧相近，祇是運輸費所占比例較低，交易費所占比例略高而已。自運銷費用總數言，黃豆較米糧爲大，蓋上海至寧波與上海至溫州之運銷便利條件原均相若，但前一路之米糧運銷費用，如上所述，每擔僅爲0.274元遠較溫州之黃豆運銷費用每擔0.409元爲低，由此可推知黃豆之運銷成本要比米糧爲大①。此中因素與前述穀之運銷成本高於米者相同。

（四）近數年來的變動　上節已經指出省內米糧運銷成本，近年有漸趨減少的傾向；關於外省食糧的輸入成本，我們從下面的分析中，亦可看出同樣的變遷。茲仍就米糧與黃豆來觀察。

---

① 據下段所示，民十九年上海至寧波每擔米之運銷費用爲0.424元，民二十二年上海至寧波每擔黃豆之運銷費用爲0.571元，此已表示黃豆運銷成本較米糧爲大；按費用漸減之趨勢，民十九年黃豆運銷費用當較民二十二年高，另方面民二十二年米之運銷費用當較民十九年低，據此，如就同年相比較，將知黃豆之運銷成本更較米糧爲大。

米糧　由本節第一段所述，知民二十五年（調查年）寧波自上海輸入米糧之費用，每擔爲 0.274 元，但回溯到民十九年，每擔運銷費用爲 0.424 元，六年來減低三分之一有餘。不僅如此，其構成比例上的變遷更有值得注意之處，詳見下表：

上海至寧波每擔米之運銷費用

（民十九年）

		實數(元)	%
運輸費		0.238	56
運費——水脚		0.133	31.4
搬運費	申下力	0.033	7.8
	甬上力	0.029	6.8
	上河下船	0.036	8.5
報關費——申甬報川		0.007	1.7
儲藏費——棧租		0.008	2
交易費		0.143	34
佣金		0.039	9.2
交量費——扣擋		0.095	22.4
交易雜費	莊川	0.007	1.7
	厘金	0.002	0.5
貨款息　利息(三十天)		0.035	8
總　　計		0.424	100

由上表可見構成比例上最顯著的變遷，爲六年來運輸費所占比例，由 56% 升爲 87%，交易費所占比例由 34% 降爲 10%。但試考其絶對數字，則知運輸費并無增減，由此可以斷定運銷費用的變動，其主要因子爲交易費之減低，如民十九年交易費爲 0.143 元，到民二十五年減爲 0.026 元。交易費之減輕，自可視爲交易機構上之進步。

其次，觀察長沙至寧波一路米糧運銷費用的變遷。茲將民二十一、二十二兩年的數字列示如下表：

長沙至寧波每擔米之運銷費用

		民二十一年		民二十二年	
		實數(元)	%	實數(元)	%
包裝費——麻袋		0.171	9	0.257	13
運輸費		1.077	58	0.889	43
運費	長沙至上海	0.607*	32.7	0.336#	16.4
	上海至寧波	0.167	9.0	0.170**	8.3
搬運費	上力△	0.073	3.9	0.040	2.0
	下力	0.036	1.9	0.031	1.5
讓量——加斗		0.171	9.2	0.286	14.0
保險費——平安		0.007	0.4	0.009	0.4
報關費——報川		0.016	0.9	0.017	0.8
交易費		0.285	15	0.266	13
佣金	客薪	0.063	3.4	0.069	3.4
	使川	0.052	2.8	0.057	2.8
交量費——甬地佣擋		0.070	3.8	0.050	2.4
交易雜費——甬地莊川棧租等		0.100	5.4	0.090	4.4
貨款息——利息		0.069	4	0.057	3
捐稅		0.257	14	0.577	28
堤工捐碼頭捐		0.043	2.3	0.040	2.0
驗費		0.003	0.2	0.003	0.1
會館捐		0.002	0.1	0.002	0.1
護照		0.209	11.2	0.532	26.0
總計		1.859	100	2.046	100

附注： * 長沙至漢口 0.459 元，漢口至上海 0.147 元。

　　　 # 0.354 元，95%。

　　　** 0.188 元，95%。

　　　△ 包括：上力、絞包及廠棧卸 0.008 元。

若以上表與前述民二十五年情形相較，便知在短短的三四年間，長沙至寧波米糧運銷費用之變動甚大。最顯著者：第一爲運銷總費用約由每擔二元減爲一元，減低達一半；第二，運輸費約由每擔一元減爲 0.5 元，減低程度相等；第三，捐稅中之米糧出口護照費，民二十一年約合每擔 0.2 元，翌年增爲每擔 0.53 元，到民二十五年減爲每擔 0.05 元，僅及民二十二年十分之一，其影響捐稅所占比例之劇減，實值得注意。一般言之，這些變動都是比較合理的。

黃豆　民二十五年上海至溫州每擔黃豆之運銷費用，前已述及，但此年以前同路程之運銷費用資料則付闕如；茲借用民二十二年上海至寧波每擔黃豆之運銷費用數字，以資比較。按此兩路程之運銷條件原頗相近，則用此種變通辦法自亦合理。民二十二年寧波自上海輸入黃豆之費用如下：

上海至寧波每擔黃豆之運銷費用

(民二十二年)

		實數(元)	%
運輸費		0.286	50
運費——水脚*		0.128	22.4
搬運費	上河	0.025	4.4
	下船	0.028	4.9
	申下力	0.050	8.8
	甬上力	0.043	7.5
報關費	甬報川	0.004	0.7
	申報川	0.008	1.4
儲藏費——棧租		0.008	1
交易費		0.221	39
佣金——又佣		0.050	8.8
交量費——扣擋		0.138	24.2
交易雜費——莊川		0.033	5.8
貨款息——利息(三十天)		0.052	9

	實數(元)	%
捐稅	0.004	1
又公會捐	0.002	0.4
驗節	0.002	0.4
總　　計	0.571	100

附注：＊水脚每擔爲0.160元，打八扣爲0.128元。

以此表數字與溫州自上海輸入黃豆之費用相較，在運銷總費用上由民二十二年之每擔0.571元減爲民二十五年之每擔0.409元，此趨向正與上述者同。自構成比例上觀察，運輸費比例由50%升爲79%；交易費比例由39%降爲17%，此種一長一消的現象，主要的亦由於交易費之減輕，這情形實與前述寧波自上海輸入米糧成本的變動相合。

第四節　洋米輸入成本

浙江輸入洋米的市場，最大者爲寧波，如第二章所述，民二十四年該市場輸入洋米達一百四十萬擔，爲數實可觀。洋米訂購市場以上海及香港爲主。其自上海輸入洋米的運銷費用大致與國米同（見第三節909、910頁表），故不贅述。茲僅就香港至寧波的運銷費用加以分析。

香港至寧波每擔洋米之運銷費用

（民二十五年）

	實數(元)	%
包裝費	0.009	2
繞口	0.001	0.2
包綫	0.006	1.4
換包(回換新袋)	0.002	0.5

续表

		实数(元)	%
运输费		0.433	98
运费		0.333	75.3
搬运费	行店力(背肩力)	0.042	9.5
	出店(发肩力)	0.001	0.2
	艇驳力(路上到小船)	0.028	6.3
	过海力(小船到大船)	0.007	1.6
保险费——保安(保水险)		0.010	2.3
运输杂费	装佣(船上料理费)	0.007	1.6
	火船(押船)	0.005	1.1
总　　计		0.442	100

附注：会正(领事证) $8.37；提单 $0.80；电费 $7.00。

由此可知洋米运销费用，至为低廉，由香港至宁波，每担仅为 0.442 元。其构成项目亦甚单纯，完全以运输费为主，所占比例为 98%，超过任何来源地之国米。前已言之，凡运销程序较简，运销机构较合理者，运输费所占比例亦较高。据此，我人当可推知洋米的运销条件实较国米为优；换言之，即洋米运输较国米为便利，其销售机构亦较国米为简捷。

第五节　运销成本差异之决定因素

浙江各路米粮与杂粮之运销成本前已加以分析。吾人从地域上、时间上及粮货种类上，均可看出运销成本有高低。细考运销成本差异的决定因素，约有数端①：

---

① Fred E. Clark & L. D. H. Weld 曾分析农产品运销成本之决定因素甚详，读者可参考二氏合著之 Marketing Agricultural Products, pp. 453-459.

1. 量與值之比例關係 運輸費率之高低，主要的由於量值比例之差別。直言之，如價值相等，則重量愈大者，運費愈高，反之運費愈低。如本章第二節所述，蘭谿至紹興米每擔運費爲 0.227 元，穀每擔運費爲 0.270 元，穀遠較米爲高，若就米穀價值爲比較標準，則兩者運費相差更甚。由此可知量值比例給予運輸費率之決定影響甚大。又如紅薯不能運銷於距離較遠的市場，麵粉則可銷售於廣大的區域，亦大半由於紅薯比較的量大值微，麵粉比較的量小值巨。據本章以上各節之分析，運費恒爲運銷成本中之主要項目；量值比例影響於運費既如此巨大，結果自成爲決定運銷成本之主要因素。

2. 運輸便利之程度 凡運輸條件較優良者，運費較低，運銷成本亦較小，反之，則運銷成本較大。在水運便利之區，如浙西產地及浙東沿海各市場，其進出糧貨之運銷成本均較低下，而在河道缺乏之區，如建德、淳安、永康、武義諸縣及浙南毗連閩省一帶，糧貨之運銷成本均較高昂。本章第一節分析各地農人所得比例差異之原因時，所舉第一、第二兩點，便係闡述運輸利便程度給予運銷成本大小之影響，讀者可參閱。

3. 交易機構之健全性 凡交易機構較完善者，運銷成本較低，否則較高。故就浙江糧貨種類言，麵粉之運銷成本較米糧爲低，而米糧又較雜糧爲低。就區域言，浙西因米市發達，交易機構比較靈活，食糧運銷成本遂遠較浙東、浙中爲低。就時間言，如本章第二節所述，在近六年以來，硤石、湖墅、甬江三地米糧運銷紹興之成本均漸減低，其主要原因，爲佣金之免除，與捐稅之減輕，皆可視爲交易機構之改善。又如上海米糧運銷寧波之費用，在民二十五年遠較民十九年爲低，其主要原因亦由於交易費之減輕，就實數言，民十九年爲 0.143 元，民二十五年減爲 0.026 元；就所占比例言，民十九年爲 34%，民二十五年降爲 10%。此亦爲交易機構改善影響於運銷成本減低之實例。

4. 運銷總量與每次交易額 在運銷總量龐大之場合，商人取償必較低廉（如爲批發商則表現爲售價之較低，如爲代理商則表現爲佣金或其他手續費之較小）；商人注重純利，巨大之交易量，表示所投下資本之周轉迅速，及每單位商品所攤派間接費用之微小。此種現象對於批發交易尤相符合。① 所以就浙江情形言，各市場之交易糧貨皆以米爲主，運銷總額最爲龐大；因之運銷條件與設備以米爲最優，運銷成本除麵粉爲特殊情形外，亦以米爲最低。其次，每次交易額大者可使運銷成本減低，小者可使運銷成本增高。因此零售業之發達常提高運銷成本，而批發業之發達則反是。在消費者中，貧民因每次購買額小，故其所付於糧商者恒較富裕的消費者爲大。

5. 糧貨供給之規律性及其變遷　糧貨供給之規律性，主要的係決定於生產及銷售的季節性。凡季節性大者，運銷成本較高，否則較低。此所以雜糧之運銷成本一般較米糧爲高，而米糧一般又較麵粉爲高。季節性給予運銷成本之影響可以米糧爲例。在浙江，米行與機米廠之設備均爲長年的，而在應用上，則米行忙季僅在八月到十一月三個月間②；機米廠之利用程度，僅爲加工設備四分之一③；此種供給季節性自無影響交易費及加工費之增高。又如船舶之雇用，亦因米糧之季節性而使運費加大。凡此均足以提高運銷成本。再就供給變遷言，亦常使運銷成本有增減。例如紹興屬各縣所缺食米，在浙贛鐵路通車以前，向來仰給浙西，蓋蘭谿、建德、桐廬沿江一帶，灘險甚多，行船不便，因而運銷費用較高，不能與浙西競爭；迨浙贛鐵路通車，沿鐵路綫之各市場，如金華、諸暨，得以大量運銷紹屬各縣，紹屬來米之運銷成本於是減輕不少。但在另方面，亦有因供給變遷而使運銷趨於成本較高之途者。如江西米運銷浙江杭、紹諸屬者原極少，其一方面固由於贛米不合浙江居民口味，但運銷成本較重，不能與蘇皖等省來米競爭，當亦爲一重要原因。迨對日抗戰發生後，浙西產米區域淪陷，蘇、皖米糧來路斷絕，浙東、浙中深感食糧不足，米價騰漲極劇，江西米糧向因運銷成本較高，不能行銷

---

① Fred E. Clark & L. D. H. Weld: Marketing Agricultural Products, pp. 454-455.
② 見本書第六章第一節。
③ 見本書第四章第四節。

浙江者，今則因需要殷切，巨量輸送浙江各缺米市場。據交通部發表之統計，二十七年，商米經浙贛鐵路臨浦、尖山、湄池各站轉運浙東各縣者，計1 769 780市擔①，此中大部分包括江西來米。又據江西省建設廳估計，二十七年江西稻米運銷浙、粵、閩三省者共計一百二十萬包②，合二百四十萬市擔，其中以銷浙江爲大宗。贛米銷浙之增加，表示浙江輸入米糧之運銷成本一般的較前提高。此兩例均足說明供給區域之變遷可以招致運銷成本之增減。

6. 適合於分級之程度　凡較適合於分級之糧貨，運銷成本必較低，否則必較高。糧貨經分級後，可行看樣交易及指樣交易，而此兩種交易基準，遠較看貨交易爲經濟③。在浙江各種糧貨中，僅麵粉與食米常行看樣與指樣交易，至穀與雜糧則多爲看貨交易，其原因主要的由於前二者分級之程度較後二者爲高，結果前二者之運銷成本較後二者爲小。在各項雜糧中，除小麥、黃豆，有粗疏分級外，大麥、蕎麥、玉蜀黍、紅薯及其他豆類等項，向不分級，交易時須全體檢看，既不方便，又不經濟，其加重運銷成本，轉而限制其銷路，理所必然。推原其故，當亦由於此數項雜糧適合於標準分級之程度遜於小麥、黃豆所致。

---

① 見張嘉璈《抗戰以來之交通設施》，載《新經濟》第一卷第八期。
② 見貴陽《中央日報》，二十八年三月二十一日。
③ Fred E. Clark & L. D. H. Weld: Marketing Agricultural Products, pp. 33-37.

荆楚文庫編纂出版委員會
華中科技大學出版社

新潮文庫

農業與工業化

謹以此書獻給
我的父親和母親

Agriculture and Industrialization

The Adjuswtments That Take Place as an Agricultural Country Is Industrialized

Pei-kang Chang

PROFESSOR OF ECONOMICS · WUHAN UNIVERSITY. RESEARCH FELLOW · INSTITUTE OF SOCIAL SCIENCE · ACADEMIA SINICA

HARVARD UNIVERSITY PRESS

Cambridge · Massachusetts

1949

HARVARD ECONOMIC STUDIES
VOLUME LXXXV

AWARDED THE DAVID A. WELLS PRIZE FOR THE YEAR 1946—1947 AND PUBLISHED FROM THE INCOME OF THE DAVID A. WELLS FUND. THIS PRIZE IS OFFERED ANNUALLY, IN A COMPETITION OPEN TO SENIORS OF HARVARD COLLEGE AND GRADUATES OF ANY DEPARTMENT OF HARVARD UNIVERSITY OF NOT MORE THAN THREE YEARS STANDING, FOR THE BEST ESSAY IN CERTAIN SPECIFIED FIELDS OF ECONOMICS.

目 錄

經濟發展的真諦——再爲大哥序 …………………………………… 947
爲大哥序 ……………………………………………………………… 953
英文版序言(中譯稿) ………………………………………………… 955
自序 …………………………………………………………………… 957
《農業與工業化》的來龍去脉 ………………………………………… 961
農業國工業化理論概述 ……………………………………………… 991

導論 …………………………………………………………………… 1007

第一章 基本概念和分析方法述評 …………………………… 1009
 第一節 一般均衡分析方法 ……………………………………… 1011
 第二節 局部均衡分析方法 ……………………………………… 1013
 第三節 區位理論分析方法 ……………………………………… 1019
 第四節 分析方法評論 …………………………………………… 1022

第二章 農業與工業的相互依存關係 ………………………… 1028
 第一節 聯繫因素之一：食糧 …………………………………… 1029
  一、人口與食糧 ………………………………………………… 1029
  二、食糧與經濟活動的區位化 ………………………………… 1033
  三、收入與對糧食的需要 ……………………………………… 1035
 第二節 聯繫因素之二：原料 …………………………………… 1041
  一、加速原理與周期變動 ……………………………………… 1041
  二、原料成本與工業區位 ……………………………………… 1047

第三節　聯繫因素之三：勞動力 …………………………… 1050
　　　一、人口與勞動力供給 ………………………………………… 1051
　　　二、人口的職業轉移——勞動力自農村轉入工商業以及
　　　　　自工商業轉入農業 ………………………………………… 1055
　　第四節　農民作爲買者與賣者 ……………………………………… 1060
　　　一、農民作爲買者 ……………………………………………… 1061
　　　二、農民作爲賣者 ……………………………………………… 1064

第三章　工業化的理論 ……………………………………………… 1069
　　第一節　工業化與產業革命 ………………………………………… 1069
　　第二節　工業演進中的發動因素與限制因素 ……………………… 1080
　　　一、發動因素：企業創新管理才能及生產技術 …………………… 1082
　　　二、限制因素：資源及人口 …………………………………… 1087
　　第三節　工業化的類型 ……………………………………………… 1092
　　　一、工業化的開始 ……………………………………………… 1093
　　　二、工業化的程序和階段 ……………………………………… 1096
　　　三、工業化的速度 ……………………………………………… 1106

第四章　工業化對於農業生產的影響 …………………………… 1114
　　第一節　工業發展與農業改良 ……………………………………… 1115
　　第二節　當作生產單位的農場 ……………………………………… 1119
　　第三節　農業機械化 ………………………………………………… 1126
　　　一、機械化的方式 ……………………………………………… 1127
　　　二、機械化的條件 ……………………………………………… 1130
　　　三、機械化對於生產的影響 …………………………………… 1133
　　第四節　農作方式的重新定向 ……………………………………… 1141
　　第五節　農業在整個經濟中的地位 ………………………………… 1148

第五章　工業化對於農場勞動的影響 ………………………… 1159
第一節　關於"補償作用"的諸種學說 ………………………… 1159
第二節　勞動在農業收入中所得的份額 ……………………… 1167
第三節　勞動力從農場到工廠的轉移 ………………………… 1173
　一、關於行業間及區域間勞動力轉移的學說 ……………… 1173
　二、機器代替農場勞動力 …………………………………… 1179
　三、工業對於農場勞動力的吸引和吸收 …………………… 1183

第六章　農業國的工業化 ………………………………………… 1189
第一節　農業與中國的工業化 ………………………………… 1191
　一、簡釋 ……………………………………………………… 1191
　二、農業在工業化中的作用 ………………………………… 1193
　三、農業上的調整 …………………………………………… 1195
第二節　從工業國到農業國的資本移動 ……………………… 1199
第三節　農業國與工業國之間的貿易 ………………………… 1209
　一、農業與工業之間貿易的特徵和轉變 …………………… 1209
　二、農業國與工業國的貿易條件 …………………………… 1213
　三、農業國工業化對於老工業國的影響 …………………… 1215

結語 …………………………………………………………………… 1220

附錄（一）　對"工業"概念的探討 …………………………………… 1226

附錄（二）　農業作為一種"工業"與農業對等於工業 …………… 1231

參考書目 ……………………………………………………………… 1236

英漢人名對照 ………………………………………………………… 1253

經濟發展的真諦——再爲大哥序

經濟發展學（economic development，内地稱發展經濟學）是二戰後的一門新學問，上世紀五六十年代在美國很熱門，但無數論著皆廢物，到60年代後期就不再風行了。取而代之的是經濟增長理論（growth theory），以數學模型處理，倡導者主要是麻省理工的一些大師，但因爲資本累積（capital accumulation）的處理失當，對經濟發展的解釋也令人失望。

二戰後，相對上美國是天下大富，舉世對美元的需求甚殷，那所謂"美元短缺"（dollar shortage）的話題持續了近二十年。斯時也，不少國家赤貧，尤其是亞洲及非洲的。美國既富且強，其對外資助（foreign aid）成爲某些大學的課題，受惠的窮國恍若求乞討飯吃，其實惹來的是貪污。昔日的窮國，不少一直窮到今天。

當年美國遊客或大兵所到之處有如太子出巡，眼睛長在額頭上，美國本土的人也看不過眼，因而有"醜陋的美國人"（the ugly American）這個稱呼。歧視的行爲不論，美國人一般是值得我們欣賞的。我贊賞那裏的朋友多過贊賞中國人。經濟發展學是在二戰後亞洲、非洲等國家窮得要命的日子中冒升起來的。長貧難顧，持久地賑濟不是辦法，怎樣纔可以使一個窮國發展起來呢？

1959年，24歲，我進入加州大學洛杉磯分校讀本科。當時經濟發展學是大熱門，1960年我開始選修，1961年進入研究院後繼續，以這專題作爲博士選修的四個題材之一。教這專題的主要是 R.E. 鮑德溫（R. E. Baldwin），哈佛出身，也在哈佛教過。哈佛當時出版的《經濟學季刊》（Quarterly Journal of Economics）是刊登最多關於經濟發展的學報。

鮑德溫教價格理論，也教經濟發展，教得詳細清楚，而他自己是經濟發展學的一個中堅人物。他提供的讀物表詳盡，而他對讀物的理論技術闡釋得非常清晰，同學們皆說難得一見。但鮑德溫比阿爾欽客氣，沒有痛下批評，衹是說那些理論沒有驗證過，不知是否可靠。當年加州大學洛杉磯分校經濟系的過人之處，是老師們重視驗證假說。他們自己驗證不多，但鼓勵學生做。這鼓勵影響了我頻頻驗證的學術生涯，今天回顧匆匆半個世紀了。

當年經濟發展學的課程讀物表很一致。觸發整個課題的是哥倫比亞大學的拉格納‧納克斯（Ragnar Nurkse）1953年的一本小書，提出惡性循環。他人跟着的主要題材包括隱匿性失業（disguised unemployment）、雙層經濟（dual economy）、投資準則（investment criteria）、平衡與不平衡增長（balanced vs unbalanced growth）、內性外部性（externality）等，皆謬論也！這裏要特別一提的，是源自庇古的內生外部性在經濟發展學走紅，主要是起於英國的米德爵士（J. E. Meade）1952年發表的一篇關於蜜蜂采蜜與傳播花粉的文章。內在外部性的胡鬧1960年被科斯斬了一刀，跟着1970年我補踩一脚。至於蜜蜂的故事，則被我1973年寫進神話去。

我要到2002年纔有機會讀到張培剛大哥1949年出版的《農業與工業化》這本重要的書。這本書早於納克斯的四年，而大哥論文的完工時日是早出八年了。大哥的論文算是經濟發展學的開山鼻祖嗎？以時日算應該是，因爲這是最早的牽涉到一個貧窮的農業國家應該怎樣發展纔對的論著。但論到傳統的經濟發展學，大哥的書可不是鼻祖：如果當年研究經濟發展的有三幾個人注意大哥之作，這門學問不會搞得一團糟！跟納克斯相比，大哥之作高出太多了。跟當年我背得出來的經濟發展論著相比，大哥之作高出更多。

大哥勝出有三個原因。其一是他寫好論文時是三十二歲，超齡！（我寫好《佃農理論》時是三十一歲，也超齡。）美國博士平均約二十七歲。我說過經濟是老人的學問。除非走純理論的路，以什麼方程式推理的，有關真實世界的經濟學多長幾年有大着數。其二是大哥寫論文時，我在上文提到的經濟發展學還沒有出現，因而沒有受到胡說八道的污染。

其三最重要。大哥幼小時在中國的農村長大，做過放牛、砍柴、栽秧等粗活，而後來在武漢大學畢業後參與過中國農業的實地調查研究。這是說，在1941年獲庚款進入哈佛研究院之前，大哥不僅是個中國的農業專家，而且深知中國窮人的生活及意識是怎麼樣的。相比起來，西方從事經濟發展研究的學者對落後之邦的農民生活一無所知，祇是胡亂地猜測下筆。我知道納克斯是個正人君子的學者，但他祇到亞洲的窮國遊覽了一個月，其他的倡導經濟發展學的根本沒有到過。我的老師鮑德溫當年無從肯定西方的經濟發展理論有多少斤兩，直認不知落後國家的真實情況。今天的同學如果能找時間細讀大哥的《農業與工業化》，會察覺到雖然這本書徵引西方的論著既廣且博，也處理得非常用心，但字裏行間大哥的思維是環繞着他早年在中國農村的觀察與體會。

大哥比我年長二十二歲。當他像天之驕子那樣在哈佛拼搏時，我正在廣西跟着母親逃難，在連稀粥也沒有得吃的日子中也像大哥幼時那樣，在農村做放牛、砍柴等粗活。我對中國貧苦農民的認識與體會當然遠不及大哥，但有一整年差不多餓死的日子，對中國農作有深刻的體會。這親歷其境的經驗讓我二十多年後寫《佃農理論》的第八章時，面對亞洲的農業數據，腦子裏看到一幅一幅滿是血淚的圖畫，於是按着這些畫面推理發揮。後來赫舒拉發告訴我，阿爾欽讀這章後跑到他的辦公室去，說終於讀到一篇好論文。再後來芝加哥大學的基爾·約翰遜讀了這第八章後，邀請我在那裏教了一個學期農業經濟。這裏要說的重點，是大哥和我的經驗顯示着實地觀察很重要。沒有農村放牛的經歷我寫不出《佃農理論》，而大哥也不會寫出《農業與工業化》。

回頭說經濟發展學，大哥之幸是沒有受到廢物的污染，我之幸是晚了大哥二十年，什麼是廢物多了人知道，而到了60年代中期，經濟發展要講制度的運作是加州大學洛杉磯分校經濟系的明顯想法。1960年科斯發表他的大文，1961年施蒂格勒發表他的訊息費用，1962年阿羅發表他的收錢困難。這些都重要，但當年對我影響最大的還是阿爾欽在課堂上對產權的口述傳統。更重要是1964年起，阿師讓我隨時跑進他的辦公室去研討。我當時的意識，是制度對經濟發展有決定性作用，而制度的問題是權利界定與交易費用的問題。阿師當時反對我在產權與交易費用這些方面寫博士論文——他認爲太困難，成功機會甚微，應先找較易的，拿了博士再作打算。我不接受這勸導，認爲除了產權及交易費用經濟學老生常談的很沉悶。再兩年的尋尋覓覓，我一腳踏中佃農問題，推敲出來的重要收穫是合約理論的發展了。

　　提到這些，因爲要問當年的經濟發展學得到的是些什麼呢？地球上從來沒有一個窮國因爲西方這門學問的提點而發展起來。日本在60年代經濟起飛時，西方的經濟發展專家感到奇哉怪也，急忙創立那些不知所謂的日本模式。印度的經濟發展學專家多得很，而盡管這些年該國頻頻報喜，到過那裏的朋友皆搖頭嘆息。中國的崛起是另一回事，這些年把老外嚇得要命。西方的經濟發展學說可以解釋中國的奇迹嗎？要看你怎樣算。

　　大哥1945年的博士論文詳盡地解釋了農業與工業化的關係，同時指出了這關係的體現是農業國家要發展起來不能避免的過程。我1967年的博士論文指出清楚界定權利與減低交易費用對經濟發展很重要，41年後發表的《中國的經濟制度》是《佃農理論》的延伸，不僅解釋了大哥早就希望的經濟發展，也解釋了中國。不是事後孔明：我在1981年就準確地推斷了中國會走的路，連一些細節也預先寫了出來。可以這樣說吧，能成功地解釋一個大國從赤貧到小康的經濟發展例子，以農業與工業化的關係爲大前提及以交易費用與合約選擇的理論作解釋，走在前頭的經濟學者祇有大哥和我這兩個人，無疑也是經濟發展的學問，但跟傳統的是兩回事。

　　哈佛當年給大哥一個博士論文獎沒有判錯，但大哥之作的影響力甚微是悲劇。爲什麼後者會是這樣呢？一個解釋是經濟學者對真實世界的觀察不重視。另一個解釋，不好說也要說，是因爲大哥是中國人。在美國的大學之內種族歧視較少，但不能說不存在，尤其是大哥親歷其境的六十多年前。就是到了二十年後我出版《佃農理論》這本書，算是有點影響主要是因爲有兩章先刊登在大名的學報上：第二章1968年發表於《政治經濟學報》之首；第四章1969年發表於《法律經濟學報》之次。書中其他較爲重要的地方——關於中國的農業經驗——從那時到今天基本上沒有人讀。讀理論本身的不少，但批評多得我一律懶得回應。算是我歧視他們吧。今天我的佃農理論還在，昔日批評的人不知躲到哪裏去了。

炎黃子孫在西方受到歧視有些屬咎由自取，有些怎樣也説不過去。我的取向是一笑置之。但我認爲那所謂崇洋媚外，或炎黃子孫喜歡把西方的名校大師之見看做高深學問或不敢貶低，可能是在西方飽受冷眼的效果——多半是在大學之外的。我説過，中國三十多年來出現的經濟增長奇迹，可取的政策一律是中國人自己想出來的，而劣策則全部是進口貨。我對西方經濟學不以爲然的言論説得多了，這裏不再説，但希望大哥的書這次重印，可讓同學們知道從中國輸出求學的經濟學者的思想，因爲經歷不同，際遇有別，在經濟發展學而言，比起西方是遠有過之的。

張五常
二〇一一年十二月十日月蝕之夜

爲大哥序

經濟發展學說在20世紀五六十年代大行其道。誰是始創者有兩種說法。一說起自拉格納·納克斯(Ragnar Nurkse)1953年出版的 Problems of Capital Formation in Underdeveloped Countries；另一說起自我們的張培剛在哈佛大學獲獎的博士論文，1949年以 Agriculture and Industrialization 之名成書出版。今天回顧，從影響力的角度衡量，納克斯之作遠爲優勝。這是不幸的，因爲這影響帶來數之不盡的怪誕不經的理論。如果當年經濟學界以張培剛的論文作爲經濟發展學說的基礎，我們的眼界與思維早就有了長進。

於今塵埃落定，我認爲張大哥還是勝了。二十年來中國的驚人發展，是成功的農業工業化。大哥的思想早發晚至。

張五常
二〇〇〇年八月

英文版序言
（中譯稿）

　　這項研究開始於十年前，當初是作爲中央研究院社會科學研究所關於中國農業經濟的一個系列研究項目之一。但是中日戰爭結束以後的事態發展，帶來了關於中國實現工業化的整個問題，特別是像中國這樣一個農業國家實現工業化，應該采取怎樣的方式和具有哪些主要內容，更是問題的核心。後來我考取庚款留美，到了哈佛大學繼續學習和研究，使我認識到一個農業國家的工業化進程，應該作爲世界性的問題來加以考察。但一直到現在，就我所知道的書刊文獻資料，尚未有一種對此問題作過系統的考察和研究。本書是我以嚴肅認真的態度探討這一問題的初步嘗試，但不可能包括這一問題的所有問題。

　　這裏要特別提到，對於在工業化過程中的手工業和所謂"鄉村工業"，在本書中祇作了有限的論述。但工業化對它們的影響，以及它們在工業化過程中的地位是非常重要的。本書限於篇幅，祇好留在今後再作詳細討論。

　　藉此機會，我對在哈佛大學學習和研究期間的各位老師表示衷心的感謝。特別是布萊克（John D. Black）教授，他是李亨義（Henry Lee）基金講座教授，在他的指導下，我進行《農業國工業化》博士論文的撰寫。再有厄謝爾（A. P. Usher）教授，他關於工業化問題和區位理論的許多思想，對我有很大的教益。同時我還要感謝哈佛大學社會科學研究委員會秘書麥當勞（Althea MacDonald）女士，以及哈佛大學出版社主要編輯人員，在本書付印中所給予的幫助。

張培剛
1947 年 9 月

自　　序

　　本書寫成於20世紀40年代中期，但思想上的醞釀，却早在30年代初當我在武漢大學經濟系學習時，以及畢業後參加前中央研究院社會科學研究所從事農業經濟的調查研究工作時，便已開始。當時我經常考慮到的一個問題，就是經濟落後的以農業爲主的中國將如何走上工業化的道路。20世紀40年代初，我考取清華公費留美，進哈佛大學研究生院，先學習工商管理，後又學習經濟理論、經濟史和農業經濟。通過這幾年的學習，我除了具體瞭解到美國的一些現實情況外，更從歷史文獻和統計資料中較多地閱讀了有關英、法、德、美、日、蘇聯諸國從"產業革命"以來各自實行工業化的書刊，從而使我更進一步認識到農業國家的工業化是一個帶世界性的問題。當時正值第二次世界大戰即將結束的前兩三年，我想到大戰後的中國遲早必將面臨如何實現工業化這一複雜而迫切的歷史任務。因此，以中國的工業化爲中心目標，從世界範圍來探討農業國家或發展中國家在工業化過程中所將要遇到的種種問題，特別是農業與工業的相互依存關係及其調整和變動的問題，將是具有十分重要的現實意義的。但在我當時所閱讀的書刊中，還没有看到一種專著對農業國工業化問題進行過全面系統的研究。本書英文原稿以《農業與工業化》（Agriculture and Industrialization）爲題，作爲博士論文完稿於1945年冬，就是我以嚴肅認真的態度，試圖從歷史上和理論上比較系統地探討農業國工業化問題的初步嘗試。

　　1947年春，哈佛大學決定將本論文列爲《哈佛經濟叢書》，於1949年出版。1951年譯成西班牙文，在墨西哥出版。1969年，英文本又在美國再版。1947年到1948年間，當時跟隨我在武漢大學經濟系學習的兩位研究生，現任武大經濟系教授的曾啓賢同志和現任商業部商業經濟研究所負責人的萬典武同志，曾經根據論文原稿將全書譯成中文，但我未予出版。

三十餘年過去了。在這個期間，曾有歐、美、亞、拉美等地區的一些經濟學者來信詢問或專程來訪，想同我討論本書提出的問題。但由於各種原因，我却未能再繼續從事這一問題的研究。

自從1976年10月粉碎了"四人幫"以來，特別是自從黨的十一屆三中全會以來，經過撥亂反正，實現了我國歷史性的偉大轉變，把工作重點轉到社會主義現代化的建設上，四個現代化纔真正提到了議事日程。像我國這樣一個經濟比較落後的正處於發展中的社會主義國家，如何盡快地實現工業化和現代化，就成爲我國經濟學界所要從事的重大而迫切的研究課題。

要研究我國或任何其他發展中國家如何實現工業化的問題，無疑地主要是根據本國國情，從實際出發，制定方針政策；但同時也要瞭解外國實行工業化的經驗和教訓，以便從中有所取捨和借鑒。我原來撰寫的《農業與工業化》，就其所提出的問題、所搜集的歷史文獻和統計資料以及所作的某些分析，容或在一定程度上可供參考，并可作爲我自己繼續研究這一問題的起點。但原稿寫成於三十多年以前，自後世界形勢發生了巨大的變化，第三世界的一些農業國家或發展中國家，在實行工業化的過程中又產生了許多新的特點，提出了許多新的問題。這一切特點和問題，需要運用馬克思主義的觀點，結合本書原來的分析，重新加以考察和探討。更者，我國現在所實行的工業化，是具有中國特色的社會主義工業化，從而又需要結合我國具體國情，進行專題研究。爲此，我特於去年秋冬間制定出新的寫作計劃，擬將全書擴大爲上、中、下三卷，仍冠以《農業與工業化》的總標題，而將早已以英文本問世的本書作爲上卷，加上分標題《農業國工業化問題初探》，第一次以中文與我國讀者見面。接着我計擬在數年内，寫成中卷《大戰後農業國工業化問題再論》和下卷《社會主義中國農業與工業化問題研究》，陸續出版。回想我撰寫本書上卷時還祇是三十歲左右的青年；而現在我已年屆古稀，看來要完成本書後續部分的寫作任務，還十分艱巨。但當此祖國四化建設宏圖大展的歷史時刻，我一定以"老牛奮蹄"的精神，盡力實現這一寫作計劃。

　　本書上卷中文版，仍以曾啓賢、萬典武兩同志的中譯稿爲基礎，特在此向譯者致謝。從去冬到今秋，我自己又花費了近十個月的時間（大部分是我重病後住在醫院治療和療養的時期），前後三次，把中譯稿從頭到尾，逐段、逐句、逐字地進行了審閱和修訂。在內容方面，爲了歷史存真，除了個別詞句外，我未加以任何改動，全部保持着原來的面貌。在譯文方面，則在準確性、文風以及用語、用字習慣上，我做了比較多的修改和核正。當年在撰寫本書時，往往假定"社會制度是給定的"，或者指出"對社會制度不予考慮"。在分析上，采用了經濟學中常用的抽象法，因而本書的結論，對於一切發展中的國家可能均有參考價值。但是，采用這種分析方法，也造成了對不同社會制度的農業國工業化的比較研究難以深入的缺陷，從而反映了本書存在的歷史局限性。

張培剛
1983 年 10 月，於武漢市
華中工學院經濟研究所

《農業與工業化》的來龍去脉

張培剛　口述　譚　慧　整理

前些年，董輔礽教授曾經説過這樣一段話："1946年秋，當我考進武漢大學經濟系後，結識了我人生中第一位重要導師張培剛教授。"接着他又不無感慨地説："張培剛老師的學術思想，像一顆流星，在20世紀中葉的天空劃出一道炫目的亮光之後，便旋即泯滅了……"①

董輔礽教授所説的那顆在天空中閃過一道亮光的流星，我想指的就是張培剛先生於1945年在美國哈佛大學用英文寫成、1949年在哈佛大學出版、而現在又重印發行的這本博士論文 *Agriculture and Industrialization*（《農業與工業化》）。鑒於它是第一部從歷史上和理論上比較系統地探討了貧窮落後的農業國家如何走上工業化道路的初步嘗試之作，該文由此而獲得1946—1947年度哈佛大學經濟學專業最佳論文獎和威爾士獎金（David A. Wells Prize），被列爲《哈佛經濟叢書》第85卷，1949年在哈佛大學出版社出版，1969年在美國再版。1951年被譯成西班牙文，在墨西哥出版。此書後來被國際學術界譽爲"發展經濟學"的奠基之作，從而先生本人亦被譽爲"發展經濟學創始人"之一。②

---

① 薛永應：《董輔礽評傳》，武漢大學出版社2000年版，第20頁。
② 美國加州大學伯克利分校艾瑪·阿德曼教授（Irma Adelman）説："*Agriculture and Industrialization* 這本書應看做是發展經濟學的最早作品。"——見譚慧編：《學海扁舟》，湖南科學技術出版社1995年版，第259頁。
　　美國哈佛大學國際發展中心主任帕金斯教授（Dwight H. Perkins）説："在熊彼特（Joseph A. Schumpeter）的《經濟發展理論》之後，*Agriculture and Industrialization* 一書就算是最早最有系統的著作了。"見上引書，第422頁。
　　1982年，世界銀行專家霍利斯·錢納里教授（Hollis Chenery）在上海講學時説："發展經濟學的創始人，是你們中國人——培剛·張。"

《農業與工業化》寫成的歷史緣由和經過

這部著作之得以寫成，來由甚早甚遠。正如培剛先生所説，"誠然，讀書使我獲得知識。但是，如果没有我青少年時期在農村的親身經歷和生活感受，没有我大學畢業後走遍國内數省，先後六年的實地調查，特别是如果没有一顆始終熾熱的愛國之心，我是寫不出這篇博士論文的。"

一、青少年時期和大學求學時期，打下基礎

培剛先生於1913年7月10日，出生於湖北省紅安縣（原黄安縣）一個普通農民家庭，從小時候起就隨家人從事過放牛、砍柴、栽秧、割穀等勞動，親身感受到農民生活的困苦和農業勞動的艱辛；在他幼小的心靈裏，就立下志願要爲改善農民生活、改進農業耕作尋覓一條出路。20世紀初葉和中葉，國内軍閥連年混戰，外侮日亟，特别是日本帝國主義亡我之心益熾，"五七"、"五九"、"五卅"國恥接連不斷。先生常常自問：有悠久歷史的中華民族，近百餘年來，爲何屢受欺凌，任人宰割？這種民不聊生、民族危亡的情景，日益促使他發奮讀書，從無懈怠地探索富國强兵、振興中華的途徑。可以説，這是先生日後形成的人生觀和學術觀點的最早根源。

1929年春，15歲半，他插班考進武漢大學文預科一年級下學期；一年半後，預科畢業。

1930年秋，17歲，他順利進入武漢大學本科經濟學系一年級，1934年6月畢業。

據先生在1993年所撰寫的一篇懷念大學基礎課老師的文章中所言，他在預科學習的，幾乎全部是基礎課；在本科學習的，則大部分是專業課，小部分是基礎課。他還在這篇文章中深情地説："我的大學老師都已作古，有的已離開人世四五十年。但不論是基礎課老師還是專業課老

師,他們的音容笑貌、舉止風度,却永遠留在我的腦海裏;他們言傳身教、誨人不倦的精神,却永遠活在我的心中。"①

先生常説,"百丈高樓從基礎起,做學問也是同樣的道理,必須先打好基礎。"

先生在武漢大學讀文預科和本科一年級時的主要基礎課,是數學、國文、英文,還有論理學(亦稱邏輯學或名學);此外,還要選修一門第二外語和一門理科課程。

數學從文預科到本科一年級,都是由副教授程綸老師講授,他講課樸實清楚。由於培剛先生對數學有天分和特大興趣,在中學時通常做練習總是趕在老師講課進度的前頭,根底較好,所以這次他報考武大插班雖然跳越了一年半,但他利用課餘時間,自己加班加點,很快就補上了數學課的跳越部分。大概經過半年到一年,他就基本上趕上了進度。他還記得當年大學一年級的數學課主要是講授解析幾何和微積分;後來解析幾何提前列爲高中課程。

關於英文課,據培剛先生回憶,他在讀文預科一年級時,是張恕生老師講授;張老師體形魁梧特胖(可能是高血壓,後來不幸早逝),發音清正,教課得法,對作文要求嚴格,是一位好老師;祇因要求過嚴,且批評學生時語中常帶諷刺,有些學生不喜歡他。在文預科二年級時,英文課老師是文華大學(後來改名爲華中大學)駱思賢先生。駱老師長年在教會大學裏工作,英語講得流利,教課簡明清楚。到大學本科時,經濟系的基礎英語課老師是哲學系胡稼胎教授。胡老師講英語是一口"倫敦標準音",引起培剛先生的濃厚興趣,也大開其眼界(先生在此處加注曰:實際是"耳界")。當時班上青年學生很頑皮,理所當然,先生也是其中之一。比如"Which"一詞,按"韋氏音標"讀法,他們故意譯爲"晦

---

① 參閲張培剛:《懷念母校講授基礎課的諸位老師》,載武漢大學百年校慶紀盛專册《百年樹人,百年輝煌》,武漢大學出版社1994年版;轉載於《張培剛選集》,山西經濟出版社1997年版。以下凡有關在武漢大學學習基礎課事例,皆出自此文。

氣"，而現在按倫敦口音（或"國際音標"）讀法，又故意譯爲"圍棋"，這裏"h"是不發音的。胡老師講課嚴肅認真，不但注重作文，而且非常注重英文的修辭學。

英文課的張、駱、胡三位老師，教課認真負責，講授得法，對學生要求嚴格，一絲不苟。培剛先生説，他當時受益匪淺，終身難忘。又據先生回憶，上面幾位老師講授英語，有以下三個特點：第一，大量閲讀著名作家的短篇小説、短篇文章或傳記文學選讀，如莫泊桑的《項鏈》、莎士比亞的《威尼斯商人》、弗蘭克林的《自傳》選讀等。第二，反復講清"語法"中的疑難部分，特別是時態和前置詞的各種用法。第三，强調作文和修辭。先生記得從大學預科到本科一年級的三年内，所上的英文課，幾乎都是每兩周（至多三周）要寫一篇作文。當時同學們被逼得真有點兒"敢怒不敢言"。但後來同學們都認識到這些做法是正確的。大約10年後，1940年暑期，培剛先生在昆明參加清華庚款留美公費考試，英文這門重頭課，一個上午就祇考一篇作文。這時，他内心更加欽佩他的幾位大學英語老師高瞻遠矚，教學得法了。在大學本科上"基礎英語"課時，他讀到英國大哲學家弗朗西斯·培根的一篇有名文章，其中有兩句他特意譯成押韻的中文："多讀使人廣博，多寫使人準確。"自後他一直把這兩句話作爲他的"求學座右銘"。

文預科的國文課，據培剛先生記述，主要是魯濟恒老師講授的。魯老師當時是湖北省有名的國文老師，他在讀省一中時就已聞其名。魯老師爲人和藹慈祥，兩眼雖高度近視，但講課聲音洪亮，神情激昂，誨人不倦。教材以古文爲主，亦有白話文章。作文每月一次到兩次不等。培剛先生記得1929年春季入學後不久，第一次作文題是："論文學之創作與模仿。"他認爲這是一個很大又很重要的題目，他寫了三四千字。文中他談到胡適之先生的"八不主義"，其中的幾條他表示贊成，但有一條"不模仿古人"，他則表示不完全贊成。他寫道："今人有好的，我們固然應該學習和模仿；但古人有好的，我們也應該學習和模仿。""不能因古而弃善，亦不能因今而揚惡。"不久，發還作文本，魯老師在班上對他大加夸獎，并公開宣布給95分，是班上最高分。待他打開作文本，祇見魯老師對上面幾句文字，用紅筆濃圈密點；文章末尾還有一段評語，最後兩句是："文筆如銳利之刀，鋒不可犯。"可見培剛先生不贊成"不模仿古人"，是完全符合魯老師的心意的。

　　談到大學時期的國文課，培剛先生認爲還要特別提到中文系劉賾（博平）教授。博平老師早年就是我國著名的文字學家。當年武漢大學已經開始形成一個良好的校風和教學慣例，那就是"凡屬本科一年級的基礎課，不論是爲本系學生開的，或是爲外系學生開的，都必須派最強或較高水平的老師去講授"。所以當先生到了經濟系本科一年級這個大系的班次時，學校特委派劉博平老師講授國文，仍派程綸副教授講授數學，又專派生物系臺柱之一的何定杰（春橋）教授講授生物學（當時按學校規定：文法科學生要選讀一門理科課程）。博平老師雖然剛來武大不久，學生們却早已經知悉他是國學大師黃侃（季剛）先生的真傳弟子，對説文解字、聲韵訓詁之學，造詣極深。他和後來的黃焯教授一道被學術界公認是章（太炎）黃（季剛）訓詁學派的主要繼承人。據培剛先生記述，博平師爲人謙和，講課認真細緻，當時爲班上講《文心雕龍》及其他古籍書刊，旁徵博引，字字推敲，引人入勝。先生特別記得有一次博平師在課堂上講過：他們家鄉（湖北廣濟縣，屬黃州府即後來的黃岡專區）把"去"讀成"qie"（相當於"切"），"你到哪裏去"，在他們家鄉讀成"你到哪裏'切'"。其實這個讀法并不"土"，而是"古"音。先生聽後心中接連高興了好幾天。因爲他的家鄉是湖北黃安縣，亦屬於黃州府。他來武漢求學，平常説話，鄉音極重，常被人笑爲土裹土氣。現在可好了，他們家鄉的這個土音原來是古音，再不怕人譏笑了。先生更記得，博平師常曰："吾推尋文字根源，每於一二字用意窮日夜，仍難得其聲、義所由之故；泛覽文史，輒日盡數卷，寧用力多而畜德少耶？然吾終不以彼易此。"博平師的這種孜孜不倦，鍥而不捨的求知精神，使他終生引爲典範，受益良深。

　　當年培剛先生在武大本科學習的基礎課，除了國文、英文、數學外，還有必修課第二外語（他選的法文），以及他自選的第三外語（德文）。

法文從本科一年級學起，共學兩年。一年級的法文課是陳登恪教授講授，從字母、拼音學起，着重語法和造句。據先生記述，陳老師真是一位忠厚長者，穿一身長袍，却口授外國語，在一般人看來，與其説他老是一位洋文教師，還不如説他是一位八股中文先生。陳老師對學生和藹慈祥，教課認真細緻，很受學生的敬重。

　　二年級的法文課是當時知名女文學家、外文系教授袁昌英老師講授。袁老師是當時武大經濟系著名經濟學家楊端六教授的夫人，她和當時武大中文系的蘇雪林老師（後遷居臺灣，近年以逾百歲高齡逝世，著名文學家）、凌叔華女士（當時武大文學院院長、著名學者陳源教授——字通伯、別號西瀅——的夫人）一起，被稱爲"珞珈三女杰"。袁老師講課，精神奕奕，聲音洪亮，強調作文，選讀法文名篇短文和小説，要求嚴格，從不含糊；有時袁師還挑學生朗讀課文，回答問題。學生喜歡她，但也懷有三分畏懼之意。先生記得當時是1931年秋到1932年夏，正值學校由武昌東廠口舊校址遷往珞珈山新校址，袁師就給他們班上出了一個法文作文題："珞珈山遊記"，真是非常應景。培剛先生覺得這個題目很有趣味，祇是要使用的單詞很多，難以拿準。他不斷地查閱字典，對照法語書刊，幾乎花費了一個星期的課餘時間，纔寫完這篇短文。這時，他更體會到大哲學家培根所説的"多寫使人準確"的深刻含義。

　　大學法文老師們的認真講授和嚴格要求，使培剛先生終生獲益甚多。他畢業後在前中央研究院社會科學研究所從事研究工作時，不僅能閱讀有關的專業法文書刊，而且還撰寫了幾篇關於法文書刊的書評，先後都發表在該所編輯出版的《社會科學雜志》上。1941年秋，他赴美國哈佛大學讀研究生時，不到一年的時間，他就以筆試通過了第二外語法文的考試。飲水思源，使他更加懷念和感謝在大學時的法文老師們。

　　這裏要特別提到教過高年級法文課的袁昌英老師。袁師并不是專職的法文教師，她出生於1894年11月，是早年就以《孔雀東南飛》劇作而馳名文壇的作家，也是以長期研究西洋文學而著稱的知名學者和大學教授，更是青年時就能冲破封建傳統束縛，遠涉重洋，留學英、法，專攻西學的女中豪杰。可是，這樣一位著名的作家和學者，却在"文化大革命"開始前後，就蒙受着不白之冤，遭受着摧殘心靈和精神的嚴重迫害。培剛先生說，當他輾轉聽到袁師的艱難處境時，他自己也正在受審查、挨批判，從事艱苦的體力勞動，真是"泥象過河，自身難保"；除了師生同病相憐外，亦祇有暗中禱告上蒼，降福斯人了。1969年12月，袁師以75歲的高齡，又由珞珈山被戴"罪"遣返湖南醴陵縣轉步口故鄉；到1973年4月，在寂寞中悄然辭世。所幸黨的十一届三中全會以後，袁老師生前受到的"右派"和"歷史反革命分子"等的錯誤處理，得到昭雪；母校武大也爲她老舉行了平反大會，袁老師九泉之下有知，也可稍微得到慰藉。但願蒼天睜眼，大地顯靈，保佑我國再不發生"文化大革命"中那種是非顛倒、黑白不分，使民族蒙羞、令國人喪氣的厄難。

再談談德文課。在大學三年級和四年級，培剛先生自願額外選讀了第三外語德文。教德文的是一位德國老師格拉塞先生。據說他是第一次世界大戰時來到東方的，自後他不願回德國，就在中國留住下來。他娶了一位日本夫人，添了兩個女兒，女兒當時祇有十幾歲，都在讀中學。格拉塞先生教書認真負責，講課用簡單德文，很有條理。一般來說，他比較嚴肅，但有時也很幽默。培剛先生總記得他把一堂德語課文編成了一個簡單的笑話故事：有一天，老師給學生上課，說是要記住一條規律，凡物逢熱就脹大，遇冷就縮小。一個學生連忙站起來，說道："是的，我懂得了，所以夏天天熱，白天長一些；冬天天冷，白天就短一些。"全班同學聽後大笑起來；格拉塞先生當時已年逾半百，也和大家一樣天真地笑着。

那時上海的同濟大學，可說是全國高等學校中學習德文、運用德文的典型代表。爲了便利教學，推廣德文，該校編輯出版了《德文月刊》雜誌，對教育界和學術界做出了很大貢獻。培剛先生在大學四年級就開始訂閱這份雜誌，大學畢業後他仍然繼續訂閱，大大有助於他的德文自修，直到1937年抗日戰爭烽火蔓延上海，該校西遷後"雜誌"停刊爲止。由於大學時打下的根底，加上畢業後的連年自修，使他後來在工作中，就已經能够用德文閱讀專業書刊了。

在大學本科一年級，培剛先生還學習了一門基礎課，那就是邏輯學（亦稱"論理學"或"名學"），是研究思維的形式和規律的科學。當時教這門課的是屠孝寔老師，那時屠老師剛剛撰寫出版了一本《名學綱要》，頗有名氣。屠老師身材修長，舉止文雅，講課條理清晰，常以例子説明原理，步步深入，使人豁然開朗。這門課程，對於先生後來説理寫作，分析和解答問題，佐助良多，終生受益匪淺。

最後，培剛先生在大學本科一年級讀的一門課程，是生物學；就經濟學而言，這可以説是一門基礎課，但也可以説是一門專業知識課。當時按學校規定，凡讀經濟的學生，除數學必修外，還必須選讀一門理科課程：物理學，化學，或生物學，任選一門。先生選了生物學。前面提到過，當年武漢大學有一個好傳統，有關的系都是派最好的或較高水平的老師給外系的學生講授基礎課，生物系派出了知名教授何定杰（春橋）老師爲一年級外系學生講授生物學。據先生記述，何老師當時不過40歲左右，却已蓄起有名的"長髯"，自後在武大學生和同事中，就傳開了頗有名氣的"何胡子老師"。何老師講課，不但條理清楚，而且生動活潑，引人入勝。先生當時對生物學這門課所講的內容，特別是對遺傳與變異，非常感興趣。比如奧地利神父孟德爾通過對豌豆的著名實驗，研究出基因（Gene）的分離規律；又如法國學者拉馬克以"用進廢退"學説，闡述長頸鹿的進化過程；至於英國大學者達爾文的"物競天擇，適者生存"的學説，更是令人推崇，啓發深思的。

與生物課相聯繫，培剛先生在這裏特別談到兩件事。

一是10年後，即1941年他留學美國，開始在哈佛大學研究生院學習。他在選讀了張伯倫（Edward H. Chamberlin）教授的"經濟學原理"之後，又選讀了熊彼特（Joseph A. Schumpeter）的"高級經濟學"和"經濟思想史"（即熊氏後來撰寫并在逝世後出版的《經濟分析史》的雛形和概括）兩課程。他記得熊彼特教授在課堂上就講到了經濟學的"達爾文學派"，其特點在於把達爾文的"進化論"運用到經濟演進過程的分析上。不僅如此，熊彼特本人也早就多次引用過生物學上的術語和概念。比如他在早期成名之作《經濟發展理論》一書中，以其獨成一家的"創新理論"解釋"資本主義"的形成和特徵時，就曾借用過生物學上的"突變"（mutation）一詞。熊彼特認爲，"資本主義在本質上是經濟變動的一種形式或方法"，它從來不是"靜止的"。他借用生物學上的術語，把那種所謂"不斷地從内部革新經濟結構，即不斷地破壞舊的，不斷地創造新的結構"的這種過程，稱爲"産業突變"（industrial mutation），并把這種"創造性的破壞過程"看做是關於資本主義的本質性的事實，所以他認爲"創新"、"新組合"、"經濟發展"，是資本主義的本質特徵，離開了這些，就没有資本主義。從這裏培剛先生體會到，社會科學與自然科學之間，不僅在方法論上，而且在有些理論上，兩者確實有相通之處；他更體會到，當年母校規定經濟系學生必須選讀一門理科課程，是有重要意義的。

另一件事是再過 10 年，即 1950 年到 1951 年間，當時正值我國奉行"全面學習蘇聯"的時期。與之相聯繫，在生物學界也大力介紹和宣傳"米丘林學説"及其代表人物"全蘇農業科學院院長"李森科的事迹。本來，在當今世界上，爲了走向現代化，介紹和宣傳現代科學上任何一種新學派都是完全必要的，也是無可厚非的。可是，李森科除了一方面把自己的論點和看法所形成的概念稱作是"米丘林遺傳學"外，另一方面却把當時國際上廣爲流傳的摩爾根學派"基因理論"説成是"反動的"、"唯心的"，并且利用權勢，排斥各個持不同觀點的學派。影響所及，特別在當時社會主義陣營的國家裏，造成了科學研究上的嚴重不良後果。我們知道，托馬斯·亨特·摩爾根是美國及國際上著名的遺傳學家，早年曾在"孟德爾定律"的基礎上創立了"基因學説"，著有《基因論》、《實驗胚胎學》等著作，1933 年獲諾貝爾生理或醫學獎。而李森科面對這種現實情况，却完全拋弃了實事求是的科學態度，反而把"基因理論"和摩爾根學派一概加以否定、排斥和打擊。我國當時的生物學界，在極"左"路綫的指引下，亦隨聲附和，以致當時生物學界不少對摩爾根遺傳學説素有造詣的老專家如談家楨教授等，横遭指責和批判，長期蒙受着不白之冤。直到"文化大革命"結束，特別是 1978 年黨的十一屆三中全會以後，事實真相纔逐漸大白於天下，是非曲直也纔逐漸得到端正。可見，學海如戰場，爲了應付隨時飛來的襲擊，做學問的人也必須具有承受各類事故的極大勇氣和犧牲精神。

以上培剛先生之所以不厭其煩地花費了較大篇幅，追述他在武漢大學文預科和經濟系本科一年級學習基礎課的情景，主要是依據先生本人的看法和要求。一方面，這一段打下基礎的經歷，是他日後考上出國留學并用外文寫成博士論文《農業與工業化》的直接和重要的淵源。首先，如前面所談 1940 年暑期在昆明和重慶同時舉行的清華庚款公費留美生考試，英語一個上午祇考一篇作文，如果沒有大學時期打下的較深基礎，那是得不到優秀成績、從而難以考上的。其次，如果沒有英、法、德三種外語的基礎，不能充分利用哈佛圖書館通過大量閱讀和引用有關外文書刊，那也難以寫出獲得哈佛經濟專業最佳論文獎并列爲《哈佛經濟叢書》的博士論文。再次，在其他基礎課程方面，如中、英文語法，邏輯體系，達爾文學説進化思維，等等，不僅與《農業與工業化》撰稿，而且與終生的學術寫作，都具有深切的關聯。當前學術界在學風和文風上，由於"左"的路綫和"文化大革命"及其他方面的原因造成的不良影響，急功近利、浮躁浮夸之風頗爲流行。此風如不刹住，必將影響子孫後代，貽害無窮。

在大學時期，據培剛先生記述，除了打好做學問所必須具備的一般基礎外，同樣重要的是打好經濟學專業基礎。1930 年秋，先生進入武漢大學經濟系本科學習，那時法學院(包含法律、政治、經濟三系)教師陣容極强，在國内可稱名列前茅。就經濟系而言，著名教授及其開設的課程有：周鯁生(憲法、國際法，法學院共同課程)，楊端六(會計學——含成本會計、貨幣銀行、工商管理)，皮宗石(財政學)，劉秉麟(經濟學、貨幣銀行、經濟學説史)，陶因(經濟學)，任凱南(外國經濟史、外國經濟思想史)，李劍農(中國經濟史、中國近代政治思想史)，朱祖誨(統計學)，張竣(國際貿易——含海運保險)等，可謂極一時之盛。

當年武漢大學經濟系的教學,據培剛先生言,有三大特點。

第一,教與學極其認真。那時經濟系的教師,大多數留學英國,祇有陶因師留學德國,而周鯁生師除留英外,還留學法國巴黎大學,取得法學博士學位。他們的學風和作風踏實認真,注重基礎,人人國學功底深厚,撰寫講稿和發表文章水平極高。這對青年時期的培剛先生影響極大,終生奉行不渝。

第二,理論與實務并重。比如設置的課程,既重視理論課程,如經濟學、經濟思想史、貨幣銀行學、國際貿易學等,又重視實用課程,如會計學、成本會計學、統計學、工商管理等。因此武大經濟系畢業的學生,一方面,不少是在大學裏講授經濟學或經濟思想史課程;另一方面,又有很多在國家機關或實際部門擔任會計或統計工作,不少還擔任大型國營工廠如鋼鐵公司、機械廠、造船廠等的會計主任或會計處長。

第三,那時武大法學院的經濟系,在課程設置上,還有一重大特點,那就是非常重視法學課程,除前面已經提到的憲法、國際法外,又有必讀的民法概要、商法、保險法、勞工法等。

據培剛先生記述,他在武大經濟系本科四年的勤奮學習(年年得系獎學金,全系成績最優;畢業時得法學院獎學金,全院成績最優),確實爲他後來考取清華庚款公費留美、從事農業國工業化問題研究并取得較優成績,打下了扎實的基礎。

其中還要着重提到關於任凱南師講授的外國經濟史和外國經濟思想史兩門課程。培剛先生回憶,任師講課,湖南鄉音極重,但條理分明,十分詳盡。講到激昂處,喜用口頭禪"滿山跑",即遍地開花結果或遍地發展之意。任師講英國產業革命起源,特別是講述紡織工業的興起過程,極爲詳細,比如講"飛梭"的發明及其廣泛傳播應用,就在好幾處用了"滿山跑"口頭語。當時培剛先生在教室裏聽課做筆記,爲了求快以免遺漏,同時也來不及另行措辭,就直接寫下很多處的"滿山跑",成爲他的這門課筆記的一大特色。任師不但在課堂上講課認真,還要求學生在課堂外閱讀英文參考書,主要是關於歐洲經濟史和產業革命史的。培剛先生説，任師見他讀書用功，特在自己的書庫中，拿出英國瑙爾斯（L. C. A. Knowles）女教授撰寫的一本英文名著《19世紀（英國）產業革命史》（倫敦，1927年版），送給了他，讓他細讀。據先生回憶，在大學畢業前的一兩年内，他確實擠出時間將該書讀完。他感到任先生講授的這兩門課，加上閲讀有關的英文參考書籍，他已開始認識到兩點：第一，像中國這樣貧窮落後的農業國家，除了實現國家的工業化、興辦現代大工業之外，別無振興經濟之道。第二，但他從老師的講課和自己閲讀歐洲經濟史的書刊中，又得知在城市大工業興起過程中，却引起鄉村工業紛紛破產，加上土地兼并之風接踵而來，又使得廣大農民不得不背井離鄉，流落城市街頭，景象十分悲慘。因此，他不斷思考，終於又得出一條嶄新的思想：在實行城市工業化的同時，也必須實行農村工業化。這一思想表現在兩年後他發表的《第三條路走得通嗎？》一文中。與此同時，也使他初步認識到，要走"實業救國"、"教育救國"實現工業化的道路，還必須借鑒於西方。

培剛先生更補充強調説，上述武大法學院的幾位老師，不僅是學識精純的著名經濟學家或法學家，而且也是道德文章品格高尚的教育家。就時間順序言：李劍農師曾任湖南省教育廳廳長，皮宗石師、任凱南師先後擔任過湖南大學校長，陶因師曾任安徽大學校長，周鯁生師從1945年到1949年曾任武漢大學校長。還有楊端六師，20世紀30年代初期，曾被禮聘兼任軍事委員會審計廳上將銜廳長，以他老那樣性格耿直、辦事認真的態度和作風，實在很難見容於官場，所以，僅僅一次或兩次暑期到任之後，他老就借故辭職，回校專門從事教書了。

二、在前中央研究院社會科學研究所時期，從事調查研究工作

1934年6月底，培剛先生在武漢大學畢業，旋即按預約選送進入前中央研究院社會科學研究所，從事農業經濟的調查研究工作。著名社會學家陶孟和所長，十分重視社會調查，反對泛泛空論。先生在該所工作6年中，足迹遍及河北、浙江、廣西和湖北的一些鄉村、城鎮，瞭解民

情，掌握第一手資料，先後寫成《清苑的農家經濟》、《廣西糧食問題》、《浙江省食糧之運銷》等書，相繼由商務印書館出版。此外，他還就農村經濟、貨幣金融、糧食經濟和農村調查方法等方面的問題，在《東方雜誌》、《獨立評論》、《經濟評論》等刊物上發表了多篇論文。

20世紀20年代末、30年代初，在探討中國經濟的發展道路問題上，學術界曾經展開過一場"以農立國"，抑或"以工立國"的辯論。最先有一些人提出兩條可供選擇的道路：一條是主張復興農村，另一條是主張開發工業。後來有一些學者撰文提出第三條道路，主張在農村興辦鄉村工業，作爲中國經濟的出路。主張走第三條道路的學者們，不贊成興辦整個國家現代工業的工業化，因爲他們認爲中國在帝國主義壓迫下，都市現代工業難以發展起來，所以祇能采取在鄉村集鎮開辦小手工業或鄉村企業，慢慢發展後就可以促進整個國家的經濟發展。1934年秋冬間，培剛先生當時21歲，剛從大學畢業進研究所，血氣方剛，寫了一篇《第三條路走得通嗎?》(載於《獨立評論》雜誌1935年2月第138號)，與撰文主張走第三條道路的教授學者們展開辯論。文中先生明確表示了第三條道路行不通。他寫道："誠然，農村工業是分散的，但經濟的壓力如水銀瀉地，無孔不入；說農村工業易免去飛機的轟炸則可，說能免去帝國主義經濟的束縛與壓迫，就未免太不認清事實了。所以我們覺得，在帝國主義經濟的壓力不能免除之時，發展都市工業固然不容易，建立農村工業也是一樣的困難。"如前所述，培剛先生在大學學習時，已經從西方發達國家的近代史文獻中瞭解到，它們的經濟起飛和經濟發展，乃得力於進行了"產業革命"和實現了"工業化"。因而他在文中強調，中國要振興經濟，變落後國爲先進國，也必須實現"工業化"。他特別提出，"工業化一語，含義甚廣，我們要做到工業化，不但要建設工業化的城市，同時也要建設工業化的農村。"他在文中又指出，"對於提倡農村工業，我們并不反對，盡管它成功的可能性很小。我們祇是覺得：中國經濟建設前途，是走不通農村工業這條路的，換言之，農村工業這條路，不能達到都市工業的發展，因而不能達到工業經濟的建立。"由此可見，《農業與工業化》這篇論文，雖然完稿於20世紀40年代中期，但其思想醞釀却應追溯到20世紀30年代初期和中期。

關於培剛先生進入研究所後的具體調查研究工作，據他叙述，當時陶所長分配給他的第一個任務，就是整理該研究所在1930年由陳翰笙、王寅生、韓德章、錢俊瑞、張稼夫、張錫昌諸位先生主持所進行的規模比較龐大的"清苑（河北保定）農村經濟調查"資料，并寫出研究報告。該項調查資料涉及一千五百餘户農家，一户一册資料，堆聚了半個小房間；調查内容豐富細緻，在國内確屬不可多見。祇是一來他生長在南方，剛出大學門，對北方農村情況和農民生活，尚不熟悉；二來此項調查是五年前進行的，對可能的變化情況，亦不清楚。幸好有老同事韓德章（後爲北京農業大學教授），曾參加過當年此項調查，而且他是大學農藝系畢業的，在北方和南方進行過農作物和農村經濟調查。爲此，經所長同意，在德章先生的指教和協助下，他兩人一起，於1934年冬專程到保定城區和清苑四鄰鄉村進行了一個月的補充調查。緊接着回北平後經過幾位青年同事的協助計算和他本人的撰寫工作，乃於1935年底完成了《清苑的農家經濟》研究報告，於1936年在上海商務印書館出版。

第二個較大的工作任務，就是1936年夏，因日軍入侵華北局勢日益緊迫，研究所早已於年前遷至南京，這時，受資源委員會之委托，特命張之毅、培剛先生兩人帶領數人赴浙江進行全省食糧運銷調查。着重之點有三：① 搜集全省各區之食糧移動數字；② 在重要市場設立糧運情況報告制度；③ 詳查食糧的運銷機構。前兩點乃應資源委員會之要求，後一點則循本所學術研究之需要。此外，并搜集各市場歷年的食糧價格（包括鄉村價格、批發價格及零售價格）；又選取重要糧食區域，舉行主要糧食作物生産費用調查，以求種植糧食作物與非糧食作物之比較利得。調查範圍頗爲廣泛。

浙江全省糧食調查工作，除他們兩人擔任外，還有研究所張鐵錚先生協助。與此同時，他們還得到浙江大學農業經濟系主任梁慶椿教授的大力支持，特派畢業班兩位本省籍同學許超、葉德盛兩君參加；由於江、浙地方口音難懂，因而兩君兼管調查和口譯，對工作的順利進行，幫助良多。6月，他們這一行人在杭州會合，然後兵分浙西和浙東兩路，分赴各市鎮商店進行訪問和調查。此次總計調查區域遍及32個縣、市，56個市場，而於杭州市之湖墅，浙西之硤石、湖州、泗安，浙東之寧波、紹興、溫州，浙中之蘭谿、金華等市場，尤為注重。調查時間自6月下旬至9月中旬止，共計約3月。

回南京後，因資源委員會亟待參考浙江省食糧移動數字，故先將這一部分資料提前整理應命，費時兩月。直至1937年初，他們開始擬定浙江食糧運銷的研究報告。稿未竟而"七七"盧溝橋事變爆發，日軍大舉侵略華北；緊接着上海"八一三"全面抗戰發生，南京時遭空襲，研究所計議遷往湖南長沙，撰寫工作陷於停頓。不到一月，之毅先生因任教陝西國立西北農專，培剛本人則因桂省約往研究和設計該省戰時糧食方策，先後請假離所，本書之編寫，乃不得不暫行擱置。至1938年，研究所由湘遷桂省陽朔；9月，他銷假回所，認為此次調查所費心力甚多，且材料至為豐富，不忍將全部工作，遽而中輟，遂着手繼續撰寫。是年底，稿將完成時，研究所因華南戰事再度吃緊，又擬從桂省遷至雲南昆明，他為了免於一再延展起見，特在起程前，抓緊時間全部脫稿，成為《浙江省食糧之運銷》一書，1940年由商務印書館出版。

第三個也是較大的一個工作任務，就是從事廣西糧食問題的調查和研究。正如上面提到的，1937年上海"八一三"全面抗日戰事爆發，南京時遭空襲，前中央研究院社會科學研究所乃又計議西遷。趁此時機，培剛先生遂向研究所請假一年，應允千家駒先生（原係研究所老同事，當時任廣西大學經濟學教授，并兼任新成立的該校經濟研究室主任）之邀約，赴桂林擔任該室研究員，從事廣西糧食問題的調查和研究工作，并設計戰時廣西糧食問題之管制方案。當時一同任職的，還有主管廣西交通問題研究的陳暉先生（惜英年早逝），及主管統計、繪圖和資料整理的徐堅先生（20世紀50年代，他曾從德文原文再譯馬克思的《政治經濟學批判》）。廣西省府各廳及統計室，甚為重視經濟調查和統計數字，除已出版的《廣西年鑒》外，還作了一些專題調查研究報告。他們還和省統計室密切合作，在張俊民主任、劉炳燊專員、黃華庭專員的熱誠協助下，又進行了一些必要的補充調查。至1938年暑期，經過了大半年的忙碌時間，他寫成《廣西糧食問題》一書，當即交由商務印書館出版。

最後，與中國糧食經濟的調查研究有關而特別值得一提的，是當時設在南京的實業部中央農業實驗所按期刊行的全國《農情報告》及其主持人員。新中國成立以前，我國對於有關全國人口、耕地面積和農業生產的數字，因未作全國普查，故向付闕如。一般祇有零星調查或全國性的數字估計，因而從事研究工作，深感困難。該實驗所農業經濟科負責人湯惠蓀教授和具體主持人杜修昌先生，有鑒於此，特在全國各縣城或鄉鎮，選取一些有代表性的點，委托一位統計員，每年按季節向實驗所報告該地區農作物種植面積和產量，後來又擴展包括家畜、家禽，稱爲《農情報告》。從此，經濟學界的研究工作，較爲方便，頗感助益。1936年春，社科所遷南京後，培剛先生便特地到中山陵附近的中央農業實驗所拜訪湯惠蓀和杜修昌兩位先生，大家談起做調查研究工作之甘苦，頗有一見如故之感。以後因工作需要他又與修昌先生往來數次，"八一三"全面抗日戰事起，兩單位乃各自西遷，青年時之相交自後亦勞燕分飛，惜無再見之緣。

培剛先生從大學畢業參加工作幾年來，從以上數次對中國農家經濟和糧食問題的系統調查研究中，作爲一個青年學子，已經獲得了有助於爾後學術研究的幾個重要認識。

第一，所謂"南人食米，北人食麥"的說法，嫌過於籠統。實則南人中小貧困家庭，除少量米穀外，食用麥、薯（紅苕）、雜糧、豆類、瓜類所占比重亦大；而北人貧苦家庭除少量小麥外，食用雜糧，特別是玉蜀黍（苞穀）、粟米、高粱、豆類、瓜菜等，所占比重亦甚大。

第二，不能由於有些年份米糧進口甚多，就認爲我國糧食不能自給。從20年代至30年代，我國洋米進口，特別是沿海上海、寧波兩市，大量輸入安南的西貢米，緬甸的仰光米，爲數甚巨，有些年竟占據海關進口首位。爲此，國人常嘆：" 我國以農立國，而糧食竟不能自給，不亦悲乎!? " 這樣的人士，充滿了愛國之心，所發肺腑之言，實堪欽佩。但當年培剛先生等人經過了幾番糧食調查（特別是浙江省食糧運銷之調查）便認識到：洋米之大宗進口，并非由於我國國內糧食生產不能自給，而是由於：其一，當時海關主管權掌握在洋人手裏，洋米進口收税甚微，且手續極爲簡便；其二，由於國內交通不便，沿途關卡重重，運費及關卡費用層層加碼，致使内地湖南、四川多餘米糧，運至上海、寧波，所費昂貴，競爭不過洋米。當年，國人眼睁睁望着上海、寧波米糧市場爲洋米所獨占，亦祇有徒唤奈何！

第三，在發展中國家的農村市場，無論是農民的買方市場，還是他們的賣方市場，都不存在 " 完全競爭 "。培剛先生從上述在農村和鄉鎮所進行的幾種調查中發現并認識到，當農民向城鎮糧行出售中小額稻穀、小麥、雜糧或花生、芝蔴、油菜籽等糧食作物或油料作物時，這種市場主要由糧商壟斷，農民祇有出售與否之微小選擇權（在大多數場合，由於情勢所逼，亦不得不賤價出售），而無討價還價之力。另一方面，農民所需用的農業生産資料，如農藥、化肥、農具等，這種市場，同樣亦主要爲城鎮另一批商人所壟斷。這種對農民雙重不利的情況，使他印象深刻，經常爲農民叫屈。迨後40年代初，他考取清華庚款留美公費生，至哈佛大學研究生院學習，在讀了一兩年基礎理論課程之後，又特地選讀了 " 壟斷競爭理論 " 創始人張伯倫（Edward H. Chamberlin）教授的 " 壟斷競爭理論 " 研討課和被譽爲 " 美國農業經濟學之父 " 的約翰·D. 布萊克（John D. Black）教授的 " 農業經濟政策 " 研討課。在課堂討論時，不少洋人同學發言，而且大都從新近出版的書刊上引經據典地説：完全競爭的情況，現在大城市裏和大工業裏已經很少看到；倒是在農產品和鄉村市場上，由於農民人數多，且又分散，因而他們對出售的價格和產量難以控制，所以完全競爭還是存在。培剛先生當時幾次三番，用他在國內調查研究所得到的資料情況加以説明和辯解，并指出：農民參入市場人數多，祇説明農民這一方難以形成壟斷力量，而另一方糧商或農業生産資料商，在小城鎮祇有三兩家，甚至一家，易於形成壟斷，正好用張伯倫教授講授的獨家壟斷理論或寡頭壟斷理論來解說。同學們聽後，先是愕然，繼而覺得很新鮮，最後感到很有説服力。當場張伯倫教授和布萊克教授也都各自分別在自己的討論課堂上，頻頻點頭稱是。自後約一年，培剛先生開始撰寫博士論文《農業與工業化》，在第二章第四節"農民作爲買者與賣者"，便把他的這一不同於當時一般外國學者的重要而又新穎的觀點，寫進了文稿裏。

第四，通過上述幾種有關經濟問題的調查研究，特別是廣西糧食問題的調查研究，培剛先生初步認識到并提出了食糧與經濟活動的區位化理論。首先一個方面是糧食生産的地域分布與人口定居的方式之間的區位化關係。在農業國家或經濟比較落後而工業化尚未開始進行的國家，人口的分布主要是由糧食的生産所決定的。在研究上述關於廣西糧食經濟結構的特點時，他曾和當時的同事徐堅先生一起討論，并由徐精細的手筆繪製成兩圖，以表明稻穀種植的分布情形和人口定居的分布情況，從而發現了兩圖完全符合，進而悟出了糧食生産分布決定人口定居分布的區位化關係。其次一個方面，是糧食生産的地域分布與糧食加工工業及有關手藝如碾米、磨麥(麵粉廠)、釀酒、榨油、打豆腐等手工業和作坊的區位化關係。前者不僅可以決定後者的區位，而且還可以決定後者的形態和活動。

1943年，培剛先生在哈佛研究生院學習的第三年，師從經濟史學大師厄謝爾(A. P. Usher)教授讀完了"歐洲經濟史"課程之後，又讀到大師剛剛出刊的《經濟活動區位理論的動態分析》打印本，使他對上述問題有更深入一層的體會。他認識到，這種區位理論的動態分析方法，能指出各個歷史階段基本區位因素的變遷，而這種基本區位因素正是其他各種經濟活動的中心。例如新的區位動態分析方法就曾發現，從18世紀到20世紀，以食糧(food)爲主的區位形態，演變爲以煤(coal)爲主的區位形態。至於變遷的原因，則是普遍應用現代動力於工業上的緣故。這樣，他更加理解到，以食糧作爲主要區位因素，乃是經濟欠發達國家在工業化開始以前的一個普遍特徵。

第五，通過以上數年的農村經濟調查，培剛先生還認識到一個根本情況，那就是我國農民家庭每年的辛勤勞動所得，一般抵不上繳納地租和繳納政府捐稅的負擔數額。早在20世紀30年代中期，他曾用調查研究所得的資料，寫成《我國農民生活程度的低落》一文(載於《東方雜志》1936年新年特大號)，大聲疾呼社會人士和政府當局，重視農民生活日益困苦的問題。20世紀50年代初期，我國經過土地改革，農民生活一般均有改善；特別是近二十年實行鄧小平倡導的改革開放政策以後，又特別是在東南沿海地區，不少的農民家庭開始富裕起來。但就全國而言，農業生產進步遲緩，農民生活進一步提高亦相當困難。農民的捐、稅、費負擔，名目繁多，大有不堪重荷之苦。最近政府有鑒於此，已開始着手大力整頓，銳意改革，但望早日取得初步成效。

在研究所五六年間，除了深入實地調查之外，培剛先生認爲，該所還有一個值得提倡的好制度，那就是堅持每兩周舉行一次"讀書會"，會上由事先指定的一位研究人員，就自己的專題研究成果或進行中的問題向大家做出報告，然後開展詢問和討論。這樣，既有利於相互交流研究經驗，又可以擴大學術上的知識境界。

1940年春，1—2月間，這時研究所已由廣西陽朔遷至雲南昆明一年有餘，從昆明最高學府西南聯大(北大、清華、南開臨時聯合大學)裏傳出了一個激動青年學子的消息：停頓了數年之久的清華庚款公費留美考試，第五屆將於本年8月分別在昆明和重慶兩地同時舉行，共招收16名(外加林森獎學金一名)，每一個科目一名，其中絕大多數爲理工科門類，而文科祇有兩名，計經濟史一名，工商管理一名。培剛先生當時認爲這是難得的一次出國深造的大好機會，值得努力爭取，遂決定報考"工商管理"門。據招考簡章，除英語外，該科須考五門專業課程：經濟學、貨幣與銀行、勞動經濟、成本會計、工商組織與管理。當時他已離開大學課堂五六年，在研究所裏主要是從事農業和農村問題特別是糧食和其他農產品運銷問題的調查和研究工作。現在如要參加考試，對這幾門重頭課就必須重新下一番扎實苦功進行準備。於是他向研究所請了長假，除本所圖書館外，并托友人向西南聯大和雲南大學圖書館，借閱國內知名教授有關上述各專業課程的專著、教材或雜志論文，共計近二百册；一方面有選擇性地通讀；另一方面擇其重要者精讀，摘錄做筆記。8月在昆明雲南大學一教室內筆試。英語和五門專業課，連考三天，總監考教師是西南聯大教務長，有名的獨脚教授社會學家潘光旦先生。培剛先生記得英語是一個上午祇考一篇作文；五門專業課考試題祇記得"勞動經濟"考了"斯達漢諾夫運動"，此題答得較好，這要歸功於陳達教授的《勞工問題》一書。

考試完畢，他將何往？這時研究所已再度遷至四川內地鄉鎮李莊，他不願前往，而想留在昆明附近，等候發榜；同時打算就手邊積累的資料，撰寫《中國糧食經濟》一書。恰好當時華中大學駐昆明辦事處主任、摯友青年教師萬先法先生對他言道：學校已遷至大理喜洲鎮，遷校任務完畢，辦事處即將撤消，他本人將去喜洲，回母校任教，勸培剛先生一同前往。10月間，兩人雇舟同行。果然，喜洲毗鄰蒼山洱海，依山傍水，風景壯觀，民風樸實，環境宜人，實爲讀書、寫書之勝地。

1941年4月，他忽然接昆明友人一信，附剪報一紙，上面載有"清華留美公費考試發榜"之消息，共取17名（內有林森獎學金一名），每種門類一名，其中文科門類僅二名：張培剛（工商管理），吴保安（經濟史，按：吴保安即吴于廑）；理工科十五名：屠守鍔（航空工程）、葉玄（汽車工程）、孟慶基（汽車製造）、吕保維（無綫電工程）、梁治明（要塞工程）、陳新民（冶金學、林森獎學金）、黄培云（冶金學）、胡寧（金屬學）、勵潤生（采礦工程）、陳梁生（土壤力學）、汪德熙（化學工程）、朱寶復（灌溉工程）、黄家駟（醫學）、蔣明謙（製藥學）、陳耕陶（農業化學）。越數日，接清華正式通知：告知他已被錄取"工商管理"門；"清華留美考委會"爲他指定和聘請武漢大學楊端六教授、清華大學陳總（岱孫）教授爲留學導師，以備他留美選校及其他有關事宜請教和咨詢。培剛先生於5月初如期至昆明西南聯大內"清華留美考委會"報到；并於6

月間赴重慶辦理出國留學護照等手續，7月飛抵香港。在港簽證、訂船手續甚爲繁瑣，直到8月中旬，始得以搭乘美國大型郵船"哈立遜總統"號啓程，三周後，抵達美國舊金山。盤桓三數日，改乘火車自西至東三整天，橫跨全國，抵達波士頓，旋即進入康橋哈佛大學。

三、在哈佛大學留學期間，學習和研究升華

1941年9月中旬，培剛先生進入哈佛大學研究生院工商管理學院，學習製圖學、時間研究、動作研究、產業組織、運銷學、采購學、統計管理、會計管理等實用課程。他印象最深刻的是"案例教學"這種獨特的教學法，使他較快地和較深入地瞭解到以美國爲首的現代工業社會的一些具體情況和特點，并結合參觀工廠、農場、林場等，加深了感性認識。

在工商管理學院結束了包括暑天在內的三個學期之後，爲了研究經濟落後的農業國家如何纔能實現工業化的問題，1942年秋他轉到文理學院研究生院經濟系學習經濟理論、經濟史、經濟思想史、農業經濟、貨幣金融、國際貿易等課程。當時哈佛經濟系的教師陣容空前整齊，名家匯聚，可謂極一時之盛。有以"創新理論"而蜚聲國際經濟學界的大師熊彼特（Joseph A. Sohumpeter），以"壟斷競爭理論"而聞名的張伯倫（Edward H. Chamberlin），有被譽爲"美國農業經濟學之父"的布萊克（John D. Black），有被稱爲"美國凱恩斯"的漢森（A. H. Hansen），有以研究技術革命爲中心綫索的經濟史學家厄謝爾（A. P. Usher），有以《繁榮與蕭條》一書而享名的國際貿易專家哈伯勒（Gottfried Haberler），還有當時比較年輕，以倡導"投入—產出法"而嶄露頭角、後來獲得諾貝爾經濟學獎的里昂惕夫（Wassily W. Leontief），等等。在這批大師們的指導下，先生視野開闊，受益深厚。

1943年11月至12月間學期將結束時，培剛先生進行碩士學位考試，以便取得撰寫博士論文資格的答辯。他還清晰記得，對他來說，這是一次難度很大的答辯。參加的教師共4人，主席布萊克教授，成員有厄謝

爾和主講經濟周期的弗里克(Edwin Frickey)兩教授。本來，講授經濟學理論的張伯倫教授應該出席(張伯倫的經濟學理論課，被稱爲"Eco. 101"，是經濟系排在首位第一門必修的重要課程，他已修過，成績較好。他還修了張伯倫的專題討論課，學期終了，作了一篇考核論文，題爲《關於"廠商均衡理論"的一個評注》，甚得張伯倫教授的贊許，給本文的評分爲"A"，評語爲"A very good paper, indeed. It seems to me, on the whole, quite sound."——"真正是一篇很好的論文，在我看來，總體上十分正確")。他原以爲張伯倫教授會參加這次答辯，加上布萊克教授等，通過就有相當把握了。誰知事出意外，臨時由於張伯倫被派往歐洲處理第二次世界大戰中美國與歐洲有關經濟外交事宜，而由剛到哈佛不久講授經濟理論課的副教授里昂惕夫代理參加。教授們上面坐鎮，他本人坐在下面，猶如"三堂會審"，及時回答老師們就經濟理論、經濟周期、經濟史、農業經濟等方面所提出的問題。其中提問題最多者是里昂惕夫。里氏是美籍俄羅斯人，十月革命後遷居中國東北地區，曾在東北南滿鐵路工作過一段時間，俄語口音極濃，講話中彈音特多，一個問題接一個問題發問。坐在下面的張培剛全神貫注、屏息靜聽，却常常聽不清楚，弄得面紅耳赤，十分緊張，祇好一再懇請重復一遍，"Beg your pardon"，"Beg your pardon"。兩個半小時宣告結束，張培剛情緒沮喪，等待"判決"。後來布萊克教授將他叫到一旁，輕聲地告訴他"你通過了"，纔使他忐忑不安的心情穩定下來。據他猜想，教師們是經過一番爭論後通過的，成績也祇能是勉强及格。這使他聯想到，他的中國同學中有的平時學習非常努力，期考成績也不錯，却沒有取得碩士學位、繼續攻讀哈佛的博士學位，估計就是卡在這個關口上。

　　取得撰寫博士論文資格後，面臨博士論文的選題。如前面所述，培剛先生出國前曾經發表過三本著作和多篇論文，出國時也携帶了一些他親自所作的調查資料，如果以中國農業經濟、中國糧食經濟或聯繫有關問題撰寫論文，可以駕輕就熟，比較輕鬆地完成任務。但是他始終堅定了要實現青少年時代立下的志向，那時又正值第二次世界大戰即將結束的前兩三年，他想到大戰後中國必將面臨如何實現工業化這一複雜而迫切的歷史任務，應該以中國工業化爲中心目標，從世界範圍來探討經濟落後的農業國家，在工業化過程中必將遇到的種種問題，特別是農業與工業的相互依存關係，及其調整和變動的問題。當時在他所閱讀的書刊中，尚未見到一本對農業國工業化問題進行過全面系統研究的專著。於是，他決心付出更多的時間和精力，走一條前人未涉及的路徑，啃"農業國實現工業化"這塊硬骨頭。遂商得指導教師布萊克和厄謝爾兩教授的同意，將《農業與工業化》作爲論文題目，立足中國，面向世界，從歷史上和理論上比較系統地探討農業國怎樣實現工業化的問題。

博士論文題目確定後，他申請到哈佛圖書館6米見方的空間，可以放置一張小書桌和一個小書架，花費了將近一年半的時間，用英文、法文、德文和少量的中文，翻閱了大量的歷史文獻和統計資料，仔細閱讀了有關英、法、德、美、日、蘇聯諸國從"產業革命"以來各自實行工業化的書刊，摘錄了幾個小鐵盒卡片，記述了這些先進國家實現工業化的主要情況和經驗教訓，以及少數農業國家的現實情況和重要問題。接着他以嚴肅認真的態度，又花費了大約9個月的時間，每天坐在英文打字機旁，全神貫注、極其辛勞地根據草擬的提綱，邊思考、邊打字，終於在1945年10月完成了這本《農業與工業化》英文論文稿。

博士論文答辯於1945年冬季12月上旬舉行，參加的教師與上次博士資格答辯一樣，成員不變。有論文指導教師布萊克和厄謝爾，還有弗里克；此時里昂惕夫的英文口語已大有長進，不僅一改上次咄咄逼人的發問，而且顯得平和而客氣。教授們都一致肯定論文寫得很好，答辯氣氛融洽，順利地通過，并一一與他握手表示慶賀。幾天後，布萊克和厄謝爾先後面告張培剛，要他將論文送系辦公室，參加威爾士獎的評獎競爭。辦公室的工作人員都是女士，她們要他將真名隱去改用假名，他臨時將名字改爲"Peter Chandler"填在論文封面，上交送審。

培剛先生通過哈佛大學哲學博士學位考試後，曾於1946年春夏間相繼在紐約和南京工作了數月，於1946年秋季按聘約到母校武漢大學經濟系任教。1947年4月接獲哈佛大學通知，得悉這篇送審的博士論文獲1946—1947年度哈佛大學經濟學專業最佳論文獎和威爾士獎金；并知悉此論文已被列爲《哈佛經濟叢書》第85卷，將由哈佛大學出版社出版。當時國內報刊適時登載了這一訊息，有一報紙以"哈佛論經濟，東方第一人"爲標題，作了報導。

關於《農業與工業化》一書的簡要説明

《農業與工業化》英文本一書，乃1945年寫成、1949年出版。這是一個中國學者以他的智慧、勤奮和執着求真的精神，努力多年的學術成果。此書可説是第一部試圖從歷史上和理論上比較系統地探討農業國工業化，即農業國家或經濟落後的國家，實現經濟起飛和經濟發展的學術專著。其中有些理論直到20世紀60年代、70年代，甚至80年代，纔爲西方經濟學界逐漸認識。

全書共分六章，并有附錄兩則，這兩則附錄是作者對"工業"和"農業"所作的深層次討論的基本概念。

借此，僅簡要説明兩個問題。

一、"基本概念"兩點，變爲"附錄"兩則

1945年冬，培剛先生在哈佛大學通過博士學位考試。1946年2月，他接受了我國資源委員會駐紐約辦事處聘請爲專門委員，答應臨時工作6個月：紐約3個月，南京3個月，研究我國農業機械化問題。與此同時，美國賓西法尼亞大學庫兹涅茨教授(Simon Kuznets，後爲哈佛大學教授)也被聘爲該會的顧問，爲我國設計關於改進國民收入統計制度的建設方案。在紐約任職期間，庫兹涅茨教授曾仔細閱讀了培剛先生《農業與工業化》的英文博士論文底稿。閲後他提了一個建議説："你的論文寫得很好，祇是開頭的關於工業和農業的'基本概念'寫得理論性太強了

(too theoretical),一般讀者一開頭閱讀起來就會感到困難而不易理解,最好移到後面。"先生接受了他的建議,將"'工業'的概念"以及"農業作爲一種'工業'與農業對等於工業"兩個論述移至全書後面,作爲兩則附錄出版。1981年初夏,培剛先生赴美國新澤西州開會,會後到了波士頓和康橋,重訪母校哈佛大學,見到闊別35年之久的老友哈佛大學教授楊聯陞,古稀之年重逢,兩人非常高興。在一家中餐館就餐時,楊聯陞從書包裹,取出他收藏幾十年的《農業與工業化》英文本,要培剛補行親筆簽名留念,并翻到此書尾部的附錄A和附錄B(中譯本附錄一、二)的全書最後一頁的附注(英文本第244頁,中譯本第251頁)說:"我對你的這個注解很感興趣,你的這個見解很重要,很新穎,很有現實意義;對人文科學和社會科學的研究方法可算是一個創見,我非常贊同。祇是你却將這個重要問題作爲附錄,放在書的最後部分,未免不易引起人們的注意和重視。"庫兹涅茨和楊聯陞兩位教授截然不同的意見,勾起先生的思潮起伏。此書按庫兹涅茨建議,不致一開頭就難住讀者,是其優點,但缺點是,這樣重要而新穎又具現實意義的理論,放在書尾作爲附錄,確實難以引起讀者重視;特別是最後一頁的這個注解所表明的方法上的創新之處,原本是與本書的開頭"分析方法述評"緊密聯結在一起的,非常緊湊,後來却被生硬地分割成兩處,首尾各不相連,這確是一個歷史遺憾。

二、"農業五大貢獻"理論

書中比較系統地論證了農業與工業分別在農業國工業化過程中的地位、作用,以及在發展過程中互爲條件和互相制約的動態關係。

本書的第二章,作者引用了當時最新的"壟斷競争理論",較爲全面而系統地論述了關於農業與工業的相互依存關係,以及農業對工業乃至對整個國民經濟的"貢獻"和"基礎作用",特別從食糧、原料、勞動力、市場、資金(包括外匯)等五個方面,提出并闡明了農業對工業化,以及對整個國民經濟發展的"重要作用"和"巨大貢獻",從而把農業看做是工業化和國民經濟發展的"基礎"和"必要條件"。自後庫茨涅茨教授於 1961 年發表了《經濟增長與農業的貢獻》一書，提出了農業部門對經濟增長和發展所具有的幾種"貢獻"，即產品貢獻(包括糧食和原料)、市場貢獻、要素貢獻(包括剩餘資本和剩餘勞動力)，以及國內農業通過出口農產品而獲取收入的貢獻。迨至 1984 年，印度經濟學家蘇布拉塔·加塔克(Subrata Chatak)和肯·英格森(Ken Ingersent)，在他們合作撰寫的《農業與經濟發展》一書的第三章"農業在經濟發展中的作用"裏，完全承襲了庫氏的上述觀點，并把它譽爲"經典分析"。他們還把庫氏沒有明説的最後一條，定名爲"外匯貢獻"。這樣，便形成了西方經濟學中近年來常常引用的"農業四大貢獻"。我們如果將庫茨涅茨、加塔克和英格森三位學者的"四大貢獻"中的"產品貢獻"劃分爲"糧食貢獻"和"原料貢獻"，那麽，就可以改稱爲"五大貢獻"。有學者提出，這與 20 世紀 40 年代培剛先生所寫的，也是庫茨涅茨當年詳細看過的這本《農業與工業化》英文底稿中所提出的"農業在五個方面的貢獻"，內容幾乎是完全一樣的，祇不過他們在有些部分運用了一些數量分析公式。庫茨涅茨教授後來是諾貝爾經濟學獎的獲得者。

結　語

培剛先生是屬於中華民族飽受欺凌、歷經磨難、力求生存和發展時代產生的一代知識分子。他從青少年時起，就始終以一顆愛國的赤子之心，深深地扎根於中國這塊古老而肥沃的土壤之中，并以務實求真的態度，鍥而不捨地尋求興國濟民之道。

當先生得知他的博士論文在哈佛獲獎和出版的消息後，心情是欣慰的，并爲之而產生一種自豪感。他覺得借此可以表明：中華民族不僅有輝煌燦爛的歷史，而且時至今日，在文化上仍然與那些有優越感的任何民族，在其強項上，能并駕齊驅，一决高低。

我國老一輩經濟學家陳岱孫教授，曾在我校爲培剛先生八秩壽辰和從事科研教學六十周年志慶時，親筆來函，其內容摘要如下：

我與張培剛同志論交已逾半世紀。培剛同志畢業於武漢大學經濟系，於1940年考取了清華大學留美公費生。其時我任清華大學經濟系教授，由於抗戰隨校遷昆明，在西南聯合大學任教。清華舊例，對考取公費生者俱由學校指定導師，以備其關於選校及其他留學事宜咨詢之用。我被指定為培剛同志的導師。我們的交誼就是這樣開始的。

　　我想在此穿插進去一個故事。我是在1926年春在哈佛大學獲得經濟學博士學位的。我的博士論文的題目是《馬薩諸塞州地方政府開支和人口密度的關係》。也許當時對以繁瑣的數學資料用統計分析的方法，對某一經濟問題作實證探索的研究不甚多，我這篇論文頗得我的導師卜洛克(Charles J. Bullock)教授的稱許。在我於1927年來清華任教的第三年忽然得到卜洛克教授一封信，略稱他曾將我的論文推薦給"威爾士獎金委員會"參加評選，但可惜在最終決定時，獎金為我的同班愛德華·張伯倫(Edward H. Chamberlin)的《壟斷競爭理論》(Theory of Monopolistic Competition)博士論文所得，表示遺憾云云。張伯倫是1927年獲得哈佛大學經濟學博士學位的，但他論文的初稿已於1925年寫成，并在一次哈佛大學經濟系研究生的"西敏納爾"會上向我們作過全面匯報。我聽了之後，當時就認為他的論文中的觀點，是對於傳統的市場經濟自由競爭完善性假定一理論的突破，是篇不可多得的論文。因此，我對於他這篇論文的獲獎是心悅誠服的。

　　但當我後來得悉培剛同志的論文於1947年獲得此獎時，我覺得十分高興。高興的是終於看到了有一個中國留學生躋身於哈佛大學經濟系論文最高榮譽獎得者的行列。培剛同志這本書於1949年由哈佛大學出版社出版後，復於1969年得到再版；1951年，在墨西哥出版西班牙譯文版；1984年由國內華中工學院出版中文譯版。其受到重視的原因是，它是為第二次世界大戰後成為一新興經濟學科的"發展經濟學"開先河的著作。

回想培剛先生回國以來的學術道路，可謂十分崎嶇和坎坷。1946年8月，他應周鯁生校長的聘請，從美國回到母校武漢大學擔任經濟系教授兼系主任。1948年元月受聘赴聯合國工作；1949年2月，他毅然辭去聯合國亞洲及遠東經濟委員會顧問及研究員職務，又婉言謝絕了兩位導師布萊克和厄謝爾希望他回哈佛大學任教的邀約，再次回到珞珈山，繼續在武漢大學任教。他懷着一顆赤誠愛國之心，滿腔報國之情，兩度回到祖國，可是在極"左"路綫的指導下，又囿於一所多科性工學院，他却没有機會結合經濟學專業從事教學和研究工作。這當中，包括近10年蓋房子、搞基建等總務行政工作；逾10年的政治課教學工作（實際上在這段時間政治運動連綿未斷，經常上山下鄉從事體力勞動，改造"世界觀"）；緊接着10年的"文化大革命"，受審查、挨批判，從事繁重的體力勞動。

他懷着報國富民的理想回到祖國，然而殘酷的現實却使他報國無門。令人感慰的是，即使在那不堪回首的歲月裏，國際經濟學界却一直在尋找這位"哈佛名人"。從50年代、60年代以來，培剛先生不斷接到來自英國、南美、印度和錫蘭（後易名爲斯里蘭卡）等地的學者來函，要與他討論農業國工業化的問題，更多的是詢問他繼續研究的新成果。1956年盛夏季節，兩位智利大學教授，一下飛機就嚷着要見一位叫"Pei-Kang Chang"的學者。這可難住了幾位外事工作人員，他們聽成了"背鋼槍"的學者，就四處打聽。後經北京大學嚴云賡教授提示，纔知道是武漢市華中工學院的張培剛。當兩位教授與培剛先生見面後，首先就告知《農業與工業化》一書，已於1951年譯成西班牙文，在墨西哥出版，并立即引起了南美學者的普遍關注。後又説明他們這次來訪的目的，是想就該書所闡述的"工業化含義"和"國際貿易"等問題，與他進行討論和交流。由此，培剛先生纔知道自己多少年來已束之高閣的博士論文又在南美洲出版的消息。出於當時的歷史背景，他正惶惶於階級鬥爭的風浪裏，又忙碌於磚瓦砂石、鋼筋水泥的基建事務中，他祇好含着深深的歉意，匆匆接待，兩位外賓也帶着不解的迷惑和失望而離去。更具諷刺意味的是，

1969年，正值我國"文化大革命"進入鬥批改高潮，培剛先生作爲"反動學術權威"兩次被抄家，這篇博士論文又作爲他的"反動思想罪證"，正在挨鬥爭、受批判、寫檢查、作交代，可是這本書却又在美國再版。(Agriculture and Industrialization 一書 p. 74、p. 75、p. 94、p. 207、p. 214、p. 217 等頁，畫有黑綫痕迹，乃"文化大革命"中作爲"反動思想"被批判的重要部分。此次重印，未將這些黑綫抹去，特留下作爲歷史見證。)

國際學術界一直在尋找"培剛·張"，而他的理論思想却在國內被淹没，他的名字已在中國學術界銷聲匿迹。《北京晚報》1989 年 2 月 23 日第 1 版刊發黄一丁《珍視知識、科學、教育》一文。文中寫道："我們反反復復提及那個曾經'被淹没的聲音'，也就是一次次和祖國一起經受苦難的科學之聲音。請回顧建國初期，馬寅初的'新人口論'被批判，彭德懷反對'大躍進'的主張被壓制；'文革'初期，少數有識之士的苦口良言、冒死之諫被淹没的例子。40 年代張培剛就寫出的《農業與工業化》一書，被國際學術界認爲是發展經濟學開山之作。如果解放後中國領導人認真看看這類書，也會少犯錯誤，結果怎樣？此人國際名望甚高，國内無人知曉。……我們願在此向歷史上一切被淹没的科學的聲音表示衷心的敬仰。"流光易逝，年華似水。從他大學畢業後，近 70 個春秋，滄海桑田、風雲變幻，給他造成了從 35 歲至 65 歲整整 30 年的空白時光，這是一段比金子還寶貴的時光！

改革開放後，整個國家形勢已大有好轉，但他畢竟在一所以工科爲主的學校裏，各項條件較之綜合大學相差甚遠，學術工作的開展可謂舉步維艱、困難重重。他在漫長、寂寞而曲折的學術生涯中蹣跚前進，踽踽而行。20 世紀 80 年代末、90 年代初，他爲使發展經濟學擺脱困境，倡議建立具有中國特色和其他發展中國家特色的新型發展經濟學；他提出當今世界上尚有大多數農業國家或經濟落後的國家和地區，還遠未實現工業化和現代化，就發展經濟學任務言，仍然是極具生命力，可以說方興未艾，大有作爲。但關鍵是要擴大研究範圍，包括實行計劃經濟的發展中社會主義國家；同時還要改進研究方法，加深分析程度，不能單純以經濟論經濟，而應結合各國或各地區的歷史、政治、文化、教育等諸多方面進行綜合考察，探根溯源。他更爲介紹和引進西方發達國家有關市場經濟學原理，盡其綿薄之力。1998 年得悉他被國家批準了博士點，也就是説，他纔開始獲得設立博士點，纔開始獲得招收博士生的資格，纔開始成爲博士生導師；斯年，張培剛先生已是 85 歲的高齡！

當培剛先生即將邁入九十高齡，我們特重印這本論文 *Agriculture and Industrialization* 英文本，權當作爲紀念，并撰寫此文，如實追述水之源、本之末的來龍和去脉，真實反映這位中國學者的學術生涯。這本著作也就是董輔礽所説的 "在 20 世紀中葉的天空中劃過的那一道炫目的亮光"。如今，它已是離我們將近六十個春秋的往事了。歷史已翻開嶄新的一頁，世界的格局已發生深刻的變化。先進國家遇着新問題，中國正邁向工業化，還有一些發展中國家的人民仍在貧困和飢餓中挣扎。人文社會科學者的任務十分艱巨，任重而道遠。民族要有國家，科學却無國界。耄耋之年的張培剛先生翹首以望，在繁星點點的夜空中，閃爍着炫目亮光的中國之"新星"！

2002 年初夏

農業國工業化理論概述*

40多年前，我在本書 *Agriculture and Industrialization*（《農業與工業化》）中所提出的"農業國工業化理論"，亦即後來新興學科"發展經濟學"的主題理論，可說是我的經濟觀的起點和核心，它同時也體現了我的市場經濟觀，因爲全書的分析是以競爭和市場機制作爲基礎的。

我在書中提出了一個帶根本性的觀點，那就是：農業國家或經濟落後國家，要想做到經濟起飛和經濟發展，就必須全面（包括城市和農村）實行"工業化"。這和當時我國國內有些人主張的單純"以農立國"論或"鄉村建設"學派，是大不相同的。

關於農業國家或經濟落後國家如何實現"工業化"這個嶄新而又重大的問題，我在書中提出了自成一個系統的一系列理論觀點，其中許多方面大都是我自己經過長期在國內外親身從事調查研究和反復思考之後，首次提出來的。現在概括起來，重要的有下列諸端。

一、關於農業與工業的相互依存關係以及農業對工業乃至對整個國民經濟的貢獻和基礎作用

我在本書中，曾設專章（第二章）詳細討論了這一問題。在該章前面三節中，我以農業與工業的"聯繫因素"爲標題，分別提出食糧、原料、勞動力三者進行分析。在緊接着的第四節裏，我以"農民作爲買者與賣

---

* 本文摘自《我的市場經濟觀》下卷，張培剛：《新發展經濟學與社會主義市場經濟》，江蘇人民出版社1994年版，第300～316頁。現轉載於此，僅在個別詞句上作了更改。

者"爲標題進行分析，實際上是分析農民作爲買者的農業生產要素市場，以及農民作爲賣者的農產品市場。這裏，我引用了當時新出現的"壟斷競爭理論"和"寡頭壟斷理論"，以說明農民在與城市工商業者進行交換時所處的不平等和不利地位。無疑，市場是城鄉之間、工農業之間的非常重要的"聯繫因素"。這種聯繫因素的功能，在四個方面體現了農業對於工業化和整個國民經濟的重要貢獻和不可替代的基礎作用。

更有進者，就農產品的出售而言，如果把農產品進行初步加工而後輸出國外，則農業又將呈現出爲農業國的工業化而積累資金的重大作用。我在本書第六章第一節"農業與中國的工業化"中，談到農業在工業化中的作用，曾經指出："農業還可以通過輸出農產品，幫助發動工業化。幾十年來，桐油和茶葉等農產品曾在中國對外貿易中占據輸出項目的第一位。這項輸出顯然是用於償付一部分進口機器及其它製成品的債務。但全部輸出額比起要有效地發動工業化所需要的巨額進口來，實嫌太小。"但不論怎樣，作爲支付工業化所需進口的機器設備，農業通過向國家納稅和輸出農產品而形成的資金積累和外匯儲存，當然是一條非常重要的途徑。爲了補充說明第二次世界大戰後有關資本形成的新論點以及我國在社會主義體制下的新情況，我特地在本書中譯本擴大版（即《發展經濟學通論第一卷——農業國工業化問題》，湖南出版社1991年版）第二章裏加上了一節，題爲"農業對工業化提供資金積累的作用"。

由上可知早在20世紀40年代，我在本書裏，就已經比較全面而系統地從食糧、原料、勞動力、市場、資金（包括外匯）等5個方面，提出并闡明了農業對工業化以及對整個國民經濟發展的重要作用和巨大貢獻。基於這種認識，我當時已經把農業看做是工業化和國民經濟發展的基礎和必要條件。

自後美國經濟學家、諾貝爾經濟學獎獲得者西蒙·庫茲涅茨（Simon Kuznets）曾在1961年發表的《經濟增長與農業的貢獻》一書中，提出了農業部門對經濟增長和發展所具有的幾種"貢獻"，即產品貢獻（包括糧食和原料)、市場貢獻、要素貢獻(包括剩餘資本和剩餘勞動力),以及國內農業通過出口農產品而獲取收入的貢獻。迨至1984年,印度經濟學家蘇布拉塔·加塔克(Subrata Ghatak)和肯·英格森(Ken Ingersent),在他們合寫的《農業與經濟發展》一書的第三章"農業在經濟發展中的作用"裏,完全承襲了庫茲涅茨的上述說法,并把它譽為"經典分析"。他們還把庫茲涅茨沒有明確說出的最後一條,定名為"外匯貢獻"(見兩人合寫的《農業與經濟發展》,英文本1984年版,中譯本,華夏出版社1987年版,第三章,第26~76頁)。這樣,便形成了西方發展經濟學中近年來常常引用的所謂"農業四大貢獻"。

如果將庫茲涅茨以及加塔克、英格森等三位學者所說的"農業四大貢獻"中的"產品貢獻"劃分為"糧食貢獻"和"原料貢獻",那麼"四大貢獻"就可以改稱為"五大貢獻"。我們祇要稍加考察,就會發現他們所說的"農業四大貢獻",同我早在20世紀40年代寫成出版的這本書中所提出的"農業在五個方面的貢獻"內容,幾乎是完全一樣的,祇是他們在有些部分運用了些數量分析公式。

二、關於我的"工業化"定義和含義
——包括農業的現代化和農村的工業化

我在本書裏,曾專設第三章探討自己初步形成的"工業化理論",特別提出自己關於"工業化"的定義或含義。我在上引20世紀40年代出版的英文書裏,把"工業化"定義為"一系列基要的生產函數連續發生變化的過程"。近年我在該書中譯本的擴大版(即《發展經濟學通論》第一卷:《農業國工業化問題》,湖南出版社1991年版)裏,為了更為完善和比較通俗易懂,我把"工業化"的定義重新增改為:"國民經濟中一系列基要生產函數,或生產要素組合方式,連續發生由低級到高級的突破性變化的過程。"

早在40多年前我就說過，我關於"工業化"的這個定義是試用性的，但它比其他學者所用的定義或解釋要廣泛得多。因爲它"不僅包括工業本身的機械化和現代化，而且也包括農業的機械化和現代化"。這裏我還要連帶指出，正如前面已經提到過的，遠在將近50年前，即20世紀30年代初，我就在《第三條路走得通嗎？》一文中說過，"工業化一語含義甚廣，我們要做到工業化，不但要建設工業化的城市，同時也要建設工業化的農村"。正由於此，我認爲我關於"工業化"的這個定義，能夠防止和克服那些慣常把"工業化"理解爲祇是單純地發展製造工業，而不顧及甚至犧牲農業的觀點和做法的片面性。這種對"工業化"的片面理解，至今仍然存在於實行市場經濟的許多發展中國家，即使在過去實行計劃經濟體制的前蘇聯也曾長期存在，以致大大約束了農業和整個國民經濟的發展。我國過去在采行集中計劃經濟體制時，曾一度全面仿效前蘇聯模式，雖然後來提出了"農業爲基礎"，但是長期以來，從思想到具體的政策措施上仍然是強調發展製造工業，而忽視和不夠重視發展農業；這種情況直到最近纔開始有了好轉，我國有關決策者纔開始真正認識到突出發展農業的重要性，并着手制定出相應的政策措施。

在西方發展經濟學界，第二次世界大戰後二三十年來一直對於"工業化"采用了傳統的比較狹隘的概念，往往以爲實行"工業化"就是單純地發展製造工業，而不顧及或不重視發展農業，把實行工業化與發展農業看做是相互對立的，兩者不能同時進行。這個問題長期未得到解決。值得注意的是：美國經濟學家杰拉爾德·M. 邁耶(Gerald M. Meier)在其主編的《經濟發展的主要問題》一書的第4版(1984年)以及第5版(1989年)中，特地在"工業化戰略"這一章的開頭，加上了非常重要的一段話，指出近年來許多發展中國家正在對"工業化"的作用，以及對"工業化"與農業發展的關係，重新進行認識和評價。他寫道："這一章(指'工業化戰略')應當和下一章'農業戰略'結合起來閱讀。因爲一個發展規劃不能祇着重工業而犧牲農業的發展。雖然許多欠發達國家在它們起初的發展計劃中，都集中於深思熟慮的工業化，但現在却正在對工業化的作用重新進行認識和評價。這不是把資源集中於發展工業或發展農業——好像是'二者必居其一'的問題，倒是人們開始認識到，農業與工業的相互扶持的行動應該受到首要的注重。"①可見近些年來，國際經濟學界一些研究發展經濟學的作者，對"工業化"的含義以及對實行工業化與發展農業的關係，已經開始有了新的認識；而這種認識和看法，與上述我早在40多年前就已經多次提出的觀點，是漸趨接近了。

三、關於基礎設施和基礎工業的"先行官"作用

在我的上述"工業化"的定義裏，不僅包括有農業的現代化和農村的工業化，而且還強調了基礎設施和基礎工業的重要性和它們的"先行官"作用。我在40多年前出版的本書裏解釋"工業化"的含義時，曾經着重指出："從已經工業化的各國經驗看來，我說的這種基要生產函數的變化，最好是用交通運輸、動力工業、機械工業、鋼鐵工業諸部門來說明。"我還特別強調交通運輸和能源動力這樣一類基礎設施和基礎工業的重要性，并把它們稱爲工業化的"先行官"。我的這一觀點，在長達將近半個世紀的期間，已經多次得到了實例的印證。就第二次世界大戰後實施工業化成效比較顯著的亞洲"四小龍"來說，從20世紀60年代以來，它們都耗費了巨額投資，大力改善海、陸、空交通運輸和解決水、電、氣、通訊等基礎設施，以保證生產發展和人民生活改善的需要。在具體做法上，我國臺灣地區和韓國大體采取平衡發展的模式，基礎設施和生產發展同步前進；而新加坡和我國香港地區則采取基礎設施先行的不平衡發展的做法。②

---

① 見杰拉爾德·M. 邁耶主編：《經濟發展的主要問題》，牛津大學出版社，英文版，1984年第4版，第357頁；1989年第5版，第277頁。
② 參閱巫寧耕：《亞洲"四小龍"的致富之路》，機械工業出版社1988年，第98~104頁。

我國自 1949 年新體制建立以來，對基礎設施建設的重要性雖然有所認識，但在實際上仍然重視不夠，一度還忽視了能源、交通對啓動和促進工業化的重要作用，以致在工業化過程中產生了許多"瓶頸"問題和難關。據考察，中國運輸業的產值在社會總產值中的比重，1952 年爲 3.5%，到了 1988 年却下降爲 2.8%。而同一時期，工業的產值在社會總產值中的比重則由 34.4% 上升爲 59.0%。這說明我國交通運輸供需失衡由來已久，情況相當緊迫。反觀世界各國，經濟發達國家如美國、原西德、日本等國，其運輸通訊業在國民總產值中的比重，近 20 年來大體上在 6%~8% 之間；即使發展中國家如印度、巴西亦大約爲 5%。這一比較，更說明我國交通運輸業的突出落後。其影響所及，自然是宏觀經濟上的巨大浪費，嚴重限制了國民經濟的持續發展。① 至於交通運輸、通訊設施之發達與否，直接關聯着市場經濟之興衰，則更不待言。

近年我國經濟決策者已經逐漸積累起經驗，提高了認識，開始制定和采取有關措施，以期扭轉這個緊迫局面。我國制定的"十年規劃"和"八五規劃"，已經確定把農業、基礎工業和基礎設施的建設作爲今後經濟發展的重點。1992 年 10 月召開的黨的十四大和 1993 年 3 月召開的八届全國人大第一次會議，也都先後提出并決定要高度重視農業，加快發展基礎工業和基礎設施。我們認爲，盡管這些基礎建設耗資巨大，但祇要中央和地方政府采取有力措施，就仍然可以期望不久將會取得相當成效。

四、關於工業化的發動因素與限制因素

40 多年前，我在本書第三章第二節中，曾經進行過長期的思考和

---

① 有關資料和分析，參閱桑恒康：《中國的交通運輸問題》，北京航空航天大學出版社，1991 年版，第 45~48 頁。

研究，然後提出下列五種因素作爲發動和定型工業化進程最重要的因素：

①人口——數量、組成及地理分布；

②資源或物力——種類、數量及地理分布；

③社會制度——人的和物的要素所有權的分配；

④生產技術(technology)——着重於發明的應用，至於科學、教育及社會組織的各種情況，則未包括在當時的討論範圍內；

⑤企業家的創新管理才能(entrepreneurship)——改變已有的生產函數或應用新的生產函數，也就是改變已有的生產要素的組合或應用新的生產要素的組合。

當時我就認爲，這五種因素是發動并制約工業化進程最重要的因素。但是鑒於它們的性質和影響各自不同，所以我又把它們歸納而劃分爲兩大類：

一類是工業化的發動因素，包括 a. 企業家創新精神和管理才能；b. 生產技術。

另一類是工業化的限制因素，包括 a. 資源；b. 人口。

當然，這種劃分也祇能是相對的。

至於社會制度，我當時就認爲：它既是發動因素，又是限制因素。同一種社會制度，在一定時期，對於某些國家或地區的工業化，可能主要起發動因素的作用，而對於另一些國家或地區，則可能主要起限制作用。即使對於同一個國家或地區，一種社會制度在一個時期可能主要起發動作用，而在另一個時期則可能主要起限制作用。究竟如何判斷，我當時就認爲，要看時間、地點等主客觀條件而定。爲此，我在上述書的分析中，特地把社會制度這一因素看做是"給定的"，未作具體論述，從而就大大拓寬了我當時的分析和論點的應用範圍，也才能保持它的持久力。

五、關於工業化對農業生產和對農村剩餘勞動力的影響

在 20 世紀 40 年代以英文出版的本書中，我曾以兩章(全書共六章)的篇幅，分別探討了工業化對於農業生產的影響，以及工業化對於農業勞動，特別是農村剩餘勞動力的影響。這就是後來發展經濟學中慣常論及的產業結構的轉換和調整問題，以及農村剩餘勞動力的流動和吸收問題。這兩方面的問題能否妥善解決，在很大程度上牽涉到工業化的成功與失敗，因而至關重要。

關於工業化對於農業生產的影響，我在本書第四章中提出下述幾個論點。

第一，我認爲，工業的發展與農業的改革或改進是相互影響的，但兩者相互影響的程度絕不相同。比如就西方發達國家來說，在"產業革命"以前的一段時期裏，最先是由於海內外市場的興起和擴展，農業改革曾經比較顯著地促進了工商業的發展。近代史上的"圈地運動"和農場兼并的最終結果，是將勞動力和動力資源置於工業支配之下，這就使現代工廠制度的發展成爲可能。但產業革命以後，情況則大不相同，工業發展對農業的影響顯然大於農業對工業的影響。如果沒有製造農用機器的工業來供給必要的工具，則農業機械化是無從發生的；如果沒有鐵路化、摩托化(motorization)和使用鋼製船舶所形成的現代運輸系統，以及消毒和冷藏方法所形成的現代儲藏設備，則大規模的農業生產與大量的農產品加工和輸出海外是不可能實現的。

第二次世界大戰後興起的亞洲"四小龍"的工業化經驗，也證實了我的上述觀點。一般來說，在經濟"起飛"以前，我國臺灣地區和韓國的農業生產和農產品出口，對它們各自的工業化起步，所作的貢獻是相當大的；迨至工業化進展到一定階段，現代工業的各方面對農業的改良

和農村的現代化，所起的促進作用就更加顯著。我國的工業化進程，雖然經過了曲折，但也顯示了這種"先以農支工，然後以工促農"的總趨勢。

第二，我又認為，當工業化進入到相當成熟的階段，如果讓市場規律繼續起作用，就必然會引起農業生產結構上的變動，也就是我在本書中所說的"農作方式的重新定向"。這是因為，在工業化進程中，人們的收入將隨着生產的發展而逐漸增加，這時，由於"需求的收入彈性"的作用，必然使人們和社會的有效需求發生顯著變化。這首先將會表現在衣、食、住、行方面，特別是衣、食方面吃飽穿暖以及進一步吃好穿好。就食物來說，隨着家庭收入的增加，吃粗糧的將改吃細糧，或者少吃一點米、面、雜糧，多吃一點魚、肉、蛋和水果。這必然會引起畜養業和水果種植業的發展。人們對衣着的改進，除了促進人造纖維製造業的發展外，必然會引起植棉、養蠶、牧羊諸業的興旺。此外，農產品出口所需的種植業和加工業，當然就會乘機興起。

第三，我還認為，隨着工業化過程的進展，由於農產品市場的擴張和農業生產技術的改進，農業生產的總產量和畝產量必然會增加，農業生產規模亦必然會有所擴大。但由於下述原因，農業生產的增長速度必然較製造工業的增長速度為低。

原因之一，農業生產不同於其他產業，它是與自然界緊緊相連的。作為農業耕作的重要生產要素之一的土地，是一種自然稟賦。雖然可以通過精耕細作，不斷投下資本，提高土地肥性，但畢竟土地的總供給量是固定的；且由於其他用途的占有，農耕土地還有逐漸減少的傾向。這當然會制約農業生產在規模上和產量上的擴張。

原因之二，農業生產無論是種植業還是畜養業，都是一種"增長"(growing)產業，這與"加工"(processing)或"製造"(manufacturing)大不相同，而受自然規律或生物學規律之制約，甚為顯著。這樣，就會在很大程度上影響農業生產的增長速度。

原因之三,如前所述,農產品的"需求收入彈性"遠較工業品爲低,換言之,隨着工業化的進展,人們的收入將會增加;但從長遠來看,人們將會把較多的收入用於購買和享用城市工業的產品和勞務,而把較少的收入用於食糧以及其他以農產品作爲原料的工業產品。

正由於此,盡管隨着工業化的進展,農業生產在絕對數量上和在規模上是史無前例地不斷擴張了,但農業生產總值在國民生產總值中所占的比例或比重則是下降了。但我們必須注意,這并不是説農業在國民經濟中的重要性有所減少,而祇是表明在工業化的進程中,農業的擴張率,比起別的生產部門,特別是製造工業的部門,要相對地較低而已。

關於工業對農村勞動力的影響,我在本書第五章中,曾作過詳細的探討。這裏,我祇想概述三點。

第一,當工業化進展到一定階段,農業或農村的剩餘勞動力就將受城市的吸引而轉移到城市工業或其他行業。當然,這樣的勞動力轉移是以市場機制的作用爲基礎或前提的。我還提到,農村剩餘勞動力向城市的轉移,有兩方面的力量作用:一爲城市工業或其他行業"拉"(pull)的作用;另一爲農業或農村"推"(push)的作用。據書中所引一些發達國家的工業化經驗,"拉"和"推"這兩種力量,總是在一起發生作用的,要區分哪些農村勞動者是被"拉"到城市,哪些是被"推"到城市,頗爲困難。據考察,這種轉移發生於旺年者較之淡年或蕭條時爲多。

第二,根據我在本書中所述發達國家的經驗,我認爲,隨着工業化的進展,最先能被城市現代工業所吸收的勞動力,將是城市的手工業者或工場勞動者。這是因爲一來"近水樓臺先得月";二來這些勞動者多少有點新技術。然後能被城市吸收的將是鄉村手工業者,最後能被城市吸收的纔是農業勞動者。就大多數發達國家來説,農村剩餘勞動力向城市的這種轉移,是相當緩慢而艱辛的。當時我特別提到在中國遲早要實行工業化而也必然會發生農村"剩餘"勞動力(我當時稱之爲"隱蔽失業"——disguised unemployment）向城市轉移的問題。我認爲，中國由於農村人口特別龐大和産業生産技術十分落後，這種勞動力轉移必然會更加緩慢和艱難。

第三，我在書中指出，根據西方發達國家的經驗，當工業化進行到比較高的階段，農業的改進與農業的機械化過程就會相應發生，像以大規模農場經營爲特點的美國尤其是這樣。但當時我就認爲，像在中國這樣的農業國家，農村剩餘勞動力爲數龐大，農村勞動力的價格遠比機器爲低，農耕操作歷來以人力、畜力爲主，因而即使工業化達到一定程度，此種情況恐怕也將難以改變。這是因爲，當勞動力價格低於機器時，引用機器是極其困難的，所以當時我就認爲，就中國而言，盡管我非常向往在農田耕作上引用機器，以減輕中國農民的繁重而又艱苦的農活操作，但由於上述原因，加上農田地勢和農場規模的限制，在中國實行農業機械化的前景，在短期內是不容樂觀的。具體而言，祇是抽水機和脫粒機等小型機器，尚有一定的應用範圍，至於拖拉機等大型機器耕作的引用，則當前仍甚爲困難。

綜上所述，我當時還指出：就一個農業國家或欠發達國家來説，隨着工業化進展到較高階段，農業生産的絕對數量雖然將繼續增加，其經營規模亦將有所擴大，但其農業生産總值在整個國民生産總值中所占的比重則必然將逐漸降低；同樣，其農業勞動者人數，亦可能由於農村剩餘勞動力逐漸向城市或其他方面的轉移，而在絕對數量上有所減少，在占全國就業總人數的比重上也有所降低。一個農業國家或欠發達國家，祇有當工業化進展到相當高的階段，農業生産總值占全國的比重，由原來的 2/3 甚至 3/4 以上，降低到 1/3 甚至 1/4 以下，同時農業勞動者總人數占全國的比重，也由原來的 2/3 甚至 3/4 以上，降低到 1/3 甚至 1/4 以下，這個國家纔算實現了工業化，成爲"工業化了的國家"。當時我還特別提請注意，祇有當這兩方面的比重或比例數字都降低到此種程度，纔算達到了工業化的標準，二者不可缺一。

六、關於工業化過程中利用外資和開展對外貿易的問題

早在40多年前，我就在本書第六章"農業國的工業化"裏，專門探討了農業國家或欠發達國家，在工業化過程中利用外資的問題，以及它們與工業國家或發達國家的貿易條件和各自的相對優勢地位的問題。

關於在工業化過程中應否和如何利用外資，我在本書中分析了有關發達國家在工業化過程中的情況和經驗之後，着重研究了中國的問題。我當時指出：根據估計，1942年中國戰前的現代工業資本總數不過是38億華元(按戰前價值，約等於12億美元)，如果以中國現在(指當時)4.5億人口作基礎來加以計算，則每人分得的資本額尚不足9華元，或2.7美元。這個數額即使作爲中國戰後中等程度工業化的基礎，顯然也是不夠的。中國人民的小額儲蓄，使它在最近的將來沒有積累起大量本國資本的希望；而中國人民的生活水準已經太低，亦無法再加以減削。鑒於這兩方面的情形，爲了加速工業化，在維護政治獨立的情況下，外國資本的利用是值得極力推崇的。這對於借貸兩國雙方也將是有利的。

關於農業國在工業化過程中與工業國的貿易條件及各自的相對優勢地位，我在本書第六章第三節中寫道："農業國和工業國貿易條件的相對利益，首先須看所交換的是何種產品。總的來說，農業國是處於相對不利的地位，因爲國外對它們的產品的需要，一般是較少彈性的。"

當時我還看出古典學派和新古典學派傳統經濟學在這方面的理論存在着一些欠缺或不足之處，需要加以修改和補充。所以我接着在上引章節中指出：第一，他們忽略了收入的影響。在工業化繼續進行中，人民的收入將要升到較高的水平。凡是需要彈性較大的產品，在擴張經濟中(亦即在工業化過程中)必將有較大的利益。據此，工業製造品較之農產品，一般均有較大的利益。第二，他們對於供給彈性和生產調整的彈性

没有加以考慮。我們要認清,國內的生產彈性愈大,則輸出國外的收益愈大。就這點而言,工業製造品一般也是處於比較有利的地位。因此,我們可以說,在變動經濟(工業化過程)裏,農產品比起工業品來說總是在對外貿易中處於相對不利的地位。

上述我早在20世紀40年代關於農業國與工業國的貿易分析所應用的"需求的收入彈性理論",自後在國際經濟學界得到了進一步的運用和發揮,并以不同的方式演進而成爲諸如"不平等交換"、"中心-外圍說"、"依附論"等學說的一種理論依據。

以上是我的"農業國工業化理論"的大致輪廓和主要論點,也是我早期形成而現在仍然奉行的經濟觀,還可以說,是我爲了使我國走向繁榮富强而終生奮鬥追求的宏偉目標。

這裏我還要特別指出,我的上述理論是以市場機制爲基礎的,所以它也體現了我早期形成的市場經濟觀。這可以概括地從下述幾個方面看出來:

第一,我在40多年前寫成的本書《農業與工業化》,雖然有意撇開了社會制度的屬性,但全書的分析則是以競爭和市場機制爲基礎的。具體而言,書中是以供求關係和市場價格作爲導向,來決定整個社會資源配置,也就是決定整個社會物的和人的生產要素的組合及其變動。我在書中把"工業化"定義爲一系列基要的生產函數,或通俗言之,一系列基要的生產要素的組合,由低級到高級的變化,就包含有競爭和市場機制在這方面所引起的重大作用(詳見本書第三章)。

第二,在本書中,關於農業市場,即農民作爲賣者的市場(農產品市場),我曾在分析中比較系統地運用了當時新問世的"壟斷競爭理論"和"不完全競爭理論"。這當然是一種帶開創性的嘗試,但同時也說明我當時是很重視市場機制在不同領域中的功能的,不僅注意到市場機制在工業品和城市市場上的作用,而且特別注意到往往被忽視了的市場機制在農產品和鄉村市場上的作用。這裏要指出的是,我們早已知道,古典學派及其以後的新古典學派的經濟學者,幾乎毫無例外地,都是根據自由競爭和完全競爭(perfect competition)的假定來進行分析的。直到20世紀30年代,尤其是自從1933年英國的羅賓遜夫人(Joan Robinson)和美國張伯倫教授(Edward H. Chamberlin)的著作幾乎是同時發表以來,不完全競爭(imperfect competition)和壟斷競爭(monopolistic competition)的理論纔逐漸爲人重視。但是必須注意,當時經濟學界一般仍然假定,不完全競爭和壟斷競爭祇存在於工業市場(工業品市場),而在農業市場(農產品市場),則很久以來就存在有完全競爭或近於完全競爭的形態。但是針對這種看法,我在40多年前寫成出版的英文版本書《農業與工業化》中就指出:祇要"我們進一步探究實事,就會認清,說完全競爭流行於農業市場(農產品市場)的假定,是怎樣的不合乎實際情形。這種假定不僅在現代資本主義社會不合乎現實情形,即令在工業化尚未開始的社會,也不合乎實際情形。"(詳見本書第二章第四節)經過一番分析說理之後,接着我又指出:"因此,我們可以得到一個結論,就是在農業市場上也是流行着不完全競爭或'買方壟斷性'競爭(monopsonistic competition),這後者是包括買方雙頭壟斷(duopsony)和買方寡頭壟斷(oligopsony)并且更適宜於表明買方壟斷因素的一個名詞。"

第三,我早在"農業國工業化理論"的分析中,就非常強調"企業家創新精神和管理才能",把它和"生產技術"并列,作爲農業國家或經濟落後國家實現工業化,或實現經濟起飛和經濟發展,所必須具備的最重要的發動因素。正如當時我在本書第三章中所說的,企業家的職能,包括企業家創新精神和管理才能,就體現於能夠實現新的生產要素組合,使其進入優化的境地。而要達到這樣的目標,就要求整個經濟社會具有自由競爭和市場機制能夠充分起作用的環境,在那裏人的生產要素和物的生產要素都有移動和流動的自由,從而企業家能在國家宏觀管理下,以市場需求和價格變動爲導向,不斷引進新的生產技術和新的生產組織,實現新的生產要素組合,使各類生產要素都能充分發揮各自的作用,人盡其才,物盡其用,地盡其利,達到資源配置的優化境界。顯然,這祇有在市場經濟體制下,纔有可能實現。

但是同時我們必須注意，在計劃經濟體制下，企業家的這種職能，企業家的創新精神和管理才能，則不可能得到發揮，更談不到充分發揮。因爲在中央集權的計劃經濟體制下，由於國家的直接干預和控制，所謂"企業家"也衹能按政府指令行事，其創新精神和管理才能經常受到抑制、阻礙、扼殺，難以發揮。從半個世紀的中外歷史經驗來看，我們甚至可以説，在計劃經濟體制下，沒有也不可能有真正的企業家產生和成長，更談不上發揮其創新精神和才能了。這種條件下的企業主管者，在性質上更多地衹是政府官員，而不是企業家。

第四，在本書第六章裏，我還分析了農業國家在工業化過程中的對外關係，即國際資本移動和國際貿易(商品移動)方面的問題。當時我強調了農業國家在維護政治獨立的條件下利用外資的好處，以及在農業國與工業國的貿易中農業國和農産品所處的相對不利的地位。不言而喻，這些分析都是以國際的競爭和市場關係作爲基礎的。

導　　論

　　本書是理論的探討，同時也是經驗的和歷史的研究。它的目的是分析工業化過程中農業與工業之間的調整問題。它着重於研討農業的調整，以及農業對於這個特殊的經濟轉變階段的種種變化的適應過程。

　　有幾個問題是本書要特別加以探討的，并且將成爲本書分析的主題。這些問題是：

　　（一）工業發展對於農業改革是必要條件還是充分條件？或者相反，農業改革對於工業發展是必要條件還是充分條件？爲了要回答這個問題，我們對於一般工業化的過程以及影響這種過程的基本因素，必須加以研究；對於農業與工業的相互依存關係，必須加以分析；并且對於工業與農業發展時的相互影響，亦須予以討論。

　　（二）在一個國家內，農業與工業之間能否維持一種平衡（balance）？如果可能，其情形究竟如何？如果不可能，其原因又安在？除此而外，是否尚有其他途徑可循？這些都是學經濟的人常常提出的問題。不過我們首先應該指出，"平衡"一詞的含義，一般人對之每每模糊不清。如果我們認爲平衡祇是一種靜態的均衡（static equilibrium），那麼顯而易見的，在工業化這樣的演進過程中，農業與工業之間必無這種平衡可言；在另一方面，如果我們認爲平衡是指農業與工業之間的某種變動關係，那又使這個名詞失去了原意。在研究了工業發展對於農業的影響之後，我們纔較易解答這些問題，纔好判斷這些問題根本上是否能成立。

　　（三）在農業國與工業國之間能否維持和諧及互利的關係？如果一個農業國家開始了工業化，這對於已經高度工業化了的國家又可能有何種影響？要回答這些問題，必須研究農業國與工業國之間的貿易及資本移動的情況。

(四)將以上所提出的錯綜複雜情形弄清楚了以後，對於中國這樣一個農業國家，在它的工業化過程中，最可能遇到的特別迫切的問題，尤其是關於農業與工業相互關係的這種問題，究竟是哪一些？研究這些問題必將引起急切而深長的興趣。本書對於這些問題自然祇能作一初步的分析。

中國現在是處於歷史上的一個重要階段，在未來幾十年內工業化過程很可能要加速進行。從事這個研究，本意原在適用於中國，不過全書討論的原則和方法，仍可應用於任何處在工業化過程中的農業國家。

第一章 基本概念和分析方法述評

在討論主題以前，我們必須在這開始的一章中，說明本文將如何應用某些名詞，并闡述本書主題所根據的基本概念；還將評述和探討有關的分析方法。

首先，當我們談到工業時，我們是指製造業，以有別於農業以及商業與運輸。不過，讀者自然明白，這個名詞有時也可以應用於一切經濟活動。例如，在布萊克(John D. Black)的分類中①，所有工業是分爲三組的：①開掘工業(extractive industries)，包括采礦、伐木、捕魚、獵獸及水力利用；②生長工業(genetic industries)，包括農業、造林及養魚②；③製造與機械工業(manufacturing and mechanical industries)，包括建築業及手工業。這些工業都稱爲初級生產，以有別於運輸、貯藏、販賣、銀行及自由職業等等。科林·克拉克(Colin Clark)所用工業一詞，意義更廣，甚至將僅僅供應勞務的生產部門都包括在內。他也將工業分爲三類②：①初級工業(Primary Industries)，包括農業、造林及養魚②；②次級工業(secondary industries)，包括製造、采礦及建築；③第三級工業(tertiary industries)，包括商業、運輸、勞務及其他經濟活動。布萊克的初級生產，顯然包括了科林·克拉克分類中的初級工業及次級工業。最後，里昂惕夫(wassily w. leontief)將一般均衡分析方法，作實際的應用，來研究美國的經濟結構，所用工業一詞，含義更爲廣泛。除上述的一切工業以外，他還將1919年及1929年的"家庭消費單位"(households)也當

---

① John D. Black, *Introduction to Production Economics*, New York, 1926, pp. 66-86。
② Colin Clark, *Conditions of Economic Progress*, London, 1940, p. 182。

作一種工業。①

讀者必須記住工業一詞的這些廣泛的用法,因爲這些用法可以在本書所引用的若干文獻中找到;但在本書中,工業一詞仍然是依據我們最初提出的狹義的用法。

我們有時也談到"一個工業"——例如一個紡織工業或一個麵粉加工工業。這完全是符合實際情形的,通常不致引起混淆。有時候由於不易決定這種工業的界限,使從事研究"不完全競爭"或"壟斷競爭"的人感到困惑——例如在什麼地方紡紗工業停止而織布工業開始;但是這些困難與本書倒沒有什麼重要關聯。我們祇要記住,在我們談到一個特殊的工業時,祇是指生產一群同樣的產品,而這些產品相互間的競爭,比之這些產品同其他產品之間的競爭,更要直接些而已。②

其次,"農業"(agriculture)一詞將用以包括一切形態的農場經營。農場經營具有一個共同的特性,即與土地有密切的技術關係。在這方面,造林及采礦都很像農業。但是農業是生長性的事業,采礦則是開采性的事業,其間自有軒輊。至於造林,除非在新開發的國家和地區,也是一種生長性的經營,因之很難區別於農業。我們祇有依據常識及習慣上的標準,來決定這種區分。③

在本書中,因爲我們所研究的對象主要是上文所解釋的農業與工業的關係,所以在我們分析中不免要涉及一般均衡與局部均衡的基本概念。關於這些概念和區位理論的概念,以及基於這些概念的有關分析方法,本章將依次討論之。

---

① Leontief 將一切工業(實際上即一切經濟活動)分爲十組,即:農業及糧食、礦業、金屬及其產品、燃料及動力、紡織及製革、蒸汽鐵路、國際貿易、未歸類的工業、不分配者(主要爲商業勞務及自由職業)、家庭消費單位。見 Wassily W. Leontief, *The Structure of the American Economy, 1919—1929*, Harvard University Press, 1941, pp. 69-72。

② 關於"工業"概念的詳細討論,見附錄(一)。

③ 關於"農業"一詞,以及農業與工業的相對地位,更進一步的解釋,見附錄(二)。

第一節　一般均衡分析方法
(General Equilibrium Approach)

在一般均衡分析的理論體系中，個別"工業"是沒有地位的。這種方法是基於生產單位（廠商，即工廠、農場或商店）的均衡（equilibrium of firms）及消費單位（家庭、個人或其他單位）的均衡（equilibrium of households），再由此直接引到經濟社會的一般均衡。① 所謂一般均衡的情況，係指一個經濟社會內每一個消費單位和每一個生產單位的本身都是在均衡中而言。就消費單位說，在這種均衡情況下，祇要現有環境不變，包括趣味及經濟展望不變，就沒有一個消費單位會感到，將其已用於某項商品的貨幣收入，移用於任何其他商品，而能夠改善其境況。就生產單位言，這種均衡情況是指當現有環境不變，包括技術、商業知識及經濟展望不變，沒有一個生產單位會感到，將其已用於某項生產要素的貨幣資源（資本），移用於任何其他生產要素，而能夠增加其收益。如果要使"瓦爾拉均衡"（Walrasian Equilibrium）成立，價格和數量也必須滿足下列各種條件。每一個消費單位的預算和每一個生產單位的預算，都必須相互絕對平衡。生產單位所生產的各項商品的全部數量，都必定為消費單位或其他生產單位所購盡。一切現存生產要素的使用，都必須達到一種程度，使生產要素所有者得到他們希望得到的價格，而且在此種

---

① 要研究一般均衡理論，除 Walras 的 *Eléments d'économie politique pure*（Lausanne, 1926）以外，還須介紹下列諸著作：J. R. Hicks, "Leon Walras", *Econometrica*, Volume II (October 1934), pp. 338-348; Joseph A. Schumpeter, *Business Cycles: A Theoretical, Historical and Statistical Analysis of the Capitalist Process*, 1939, Volume I, pp. 38-45; Robert Triffin, *Monopolistic Competition and General Equilibrium Theory*, 1940; George J. Stigler, *Production and Distribution Theories*, 1941, Chapter 9, Leon Walras, pp. 228-260。

價格下，所有的有效需求必須都能滿足。① 一般均衡分析假定存在着"完全競爭"（perfect competition）；在生產理論中，這種方法還假定存在着"固定不變的"生產技術系數（fixed technological coefficients of production）。這種分析是完全"靜態的"（static）。

用一般均衡方法，分析任何兩個工業或兩組工業的相互依存關係，不僅是不可能的，而且也是不必要的。其所以是不可能的，乃在於不能獲得一個合乎邏輯的工業概念，以符合理論的完整性與現實的真確性。其所以是不必要的，乃在於這種一般均衡方法，祇着重一般的相互依賴關係，而不着重局部的相互依賴關係。因此，我們最多祇能説，運用這種方法時，農業與工業的相互依存關係，祇是"并入"（merged）在一般經濟的相互依存關係中。但是我們必須認清，如果我們要遵守這種方法的嚴格的理論標準，無論如何我們就無法將這種特殊的（農業與工業的）相互依存關係從一般的相互依存關係中分開來。

爲大家所公認的，着重經濟現象的一般的相互依存關係，是一般均衡方法對於經濟分析的巨大貢獻。但是"固定"生產系數的假定，却使這種分析方法不能應用於任何歷史的研究上。這種假定，再加上完全競爭的假定以及工業概念的捨棄，使其理論更不符合現實，因而使其理論系統甚至不能適用於短期的經驗研究上。

在這方面我們應該提到里昂惕夫的獨到的然而大膽的企圖，即將一般經濟分析方法應用於實際經濟結構的研究上。在上面所簡略提到的《美國的經濟結構》這一本著作中②，他采用了一種富於現實性而且合乎普通常識的工業概念，基於這種概念再將工業（及消費單位）分爲十組，以減輕理論上工業概念的剛性。他的根據在於：大工業組相互之間的"生產要素替代性"是有限制的。這種理由尚可接受。不過他仍然保持

---

① J. A. Schumpeter, *Business Cycles: A Theoretical, Historical and Statistical Analysis of the Capitalist Process*, 1939, Volume Ⅰ, pp. 42-43。
② Wassily W. Leontief, *The Structure of American Economy: 1919—1929*, Harvard University Press, 1941。

"固定"生產係數的假定。他假定生產力的變化，對於一種工業所雇用和使用的各個生產要素的影響，是"成同一比例的"(in equal proportion)；在消費領域內，他也假定支出的調整變動，是按同一比例跟隨實際收入的上升而上升的。雖然我們承認里昂惕夫的嘗試很富於啓發性，他的工作也有了很大的影響，但是我們仍然要指出，他所采用的這些假定，實在大大地限制了其所獲結果的實用性。

如果我們衹需要研究"静止"(stationary)情態下的農業與工業的相互依存關係，里昂惕夫的方法倒是很有參考價值的。當然，應用一般均衡方法時，要想將這種特殊的相互依存關係從一般的相互依存關係中分離出來，可說是不可能的。依照他的研究，我們能夠做到的，衹是更進一步將理論上的工業概念的剛性加以減輕。這樣，我們就可以用一種粗略的方法，將一切生產單位分爲三組：農業、"工業"及勞務（包括運輸、貿易、銀行及自由職業等）。再加上消費單位，我們一共有四組。由是我們可以參照里昂惕夫的理論系統并應用其三組方程式。我們可以研究某一組的任何變化(要素或生產要素的變化)，對於其他各組或整個經濟制度的影響。因爲我們將"工業"的數目從十組減到四組，我們就可以更清楚地觀察出農業與"工業"之間的關係。像這樣的企圖是很有可取之處的。

第二節　局部均衡分析方法
(Partial Equilibrium Approach)

局部均衡分析方法是和一般均衡分析方法不同的。局部均衡分析方法，在一定的時間(或時期)內，衹限於研究一種現象或兩種現象之間的關係，同時利用"其他事物不變"(other things being equal)的著名成語，以假定其餘的現象保持不變。這種研究方法的功過，很久以來便構成爭辯的題目。本書限於篇幅，不擬詳加討論。現在我們主要所須考慮的，就是局部均衡分析方法祇研究一種工業的均衡，而對於一個生產單位或一般經濟制度的均衡，則不予注意，至少不予以系統的討論。這種見解所根據的基本概念據説是這樣的："如果一般均衡成立了，則每一生產單位和每一工業都是個別的在均衡狀態中；但是在一般均衡未成立時，一個生產單位或一個工業也可能是在均衡狀態中。而且爲了某種目的，我們還可以説，即使構成一個工業的各個生產單位并非均衡的，但這一工業仍然可能是處於均衡狀態。"①這種概念在邏輯上倒是很有根據的，盡管在現實的經濟社會裏，却不一定能找到根據。假如情況的確如此，那并非由於這種概念本身難於成立，而是由於整個均衡概念本身不符合現實。這種限制是無論哪種均衡分析方法都會遇到的。

　　局部均衡分析方法，和一般均衡分析方法一樣，都是假定社會制度和生產技術不變，這就使得它們的實用性大受限制。不過局部分析方法，較之一般均衡方法，在一定程度上還可用於本書某些問題的研究方面。首先，本書是研究兩種廣泛的工業之間的（即農業與狹義的工業之間的）相互依存關係及變動關係。局部均衡方法主要的也是集中於一種工業的研究，在這方面比較適合我們的目的，雖然我們還須加上許多修正。其次，經濟活動種類，實在繁多，我們無法將一切經濟活動同時加以研究，爲簡便計②，我們不得不采用一種方法，祇取各種經濟活動中的一種或兩種，而同時假定其餘的經濟活動不變或以同等的程度變化。再次，本書不僅打算作爲一種動態的分析，同時也打算作爲一種演進性的（evolutionary）分析。但是，"不管無數的'模型建立者'（model builders）的呼聲如何，經濟理論至今尚未完成一種同時是一般的又是動態的分析。

---

① J. A. Schumpeter, *Business Cycles: A Theoretical, Historical and Statistical Analysis of the Capitalist Process*, 1939, Volume I, p. 43。

② 此種簡便（simplicity）與理論"分析上的"簡便有區别，理論"分析上的"簡便所需假定較少，因此其應用更具有普遍性。見 George J. Stigler, *The Theory of Competitive Prices*, New York and London, 1942, p. 8; Morris R. Cohen and Ernest Nagel, *An Introduction to Logic and Scientific Method*, New York, 1934, pp. 213-215。

由於著名的'生猪—玉米循環'(hog cycle)理論的成功,局部的同時又是動態的分析似乎已經支配了應用經濟學的領域"①。因爲在方法論的既得成果下,唯有局部分析方法纔容許我們勉强地同時應用動態分析及演進性的分析,所以我們不得不放弃一般均衡方法。

我們不能籠統地說,所有關於農業的或關於一個單獨工業的歷史的研究以及若干統計的或叙述性的研究,都是局部分析的。但甚爲不幸,就作者所知,至今尚無一本著作,甚至一篇論文,用一種系統的方法,不管是理論的、歷史的或統計的方法,來討論農業和工業之間動態的及演進性的關係,并討論農業改進和工業發展之間動態的及演進性的關係。除開很少的幾本名著認清了這個問題的重要性并曾作很簡略的討論外②,大多數關於一般經濟史的研究則完全未注意到這個問題。

假如采用局部分析,那麽研究農業和工業的相互依存關係,就可依下述步驟進行。第一步,我們可以假定一定的人口、趣味及生產技術。在這種假定下,再假定其他部門的經濟活動不變,我們就能分析農業和工業的"静態的"相互依存關係。在同樣的假定下,我們還可遵循"生猪—玉米循環"或"蛛網理論"(cobweb theorem)的理論模式,分析農業和工業的"動態的"相互依存關係。第二步,我們便可引進人口、趣味及生產技術的變化。我們依次引入這三者之一的變化而同時假定其他二者不變,并且在某些場合,還可假定三者以一致的增進程度而變化。對於農

---

① Wassily W. Leontief, *The Structure of American Economy*, *1919—1929*, 1941, p. 33。
② 舉例來說,孟都(Paul Mantoux)在其名著 *The Industrial Revolution in the Eighteenth Century*(New York and London, 1927)裏,以極有啓發性的一章,討論產業革命時期中,土地方面所發生的變化。特別在該章之末,他曾用數段雖很簡短的篇幅,對於農業轉變和工業轉變的關係,作了專門的討論。見該書第三章,土地之重分配,pp. 140-190。A. P. Usher 在其 *The Industrial History of England*(New York, 1920, p. 365)一書裏,第一次着重此問題的社會方面的影響,其後又在一本與他人合著的書中,也以簡短的一節,專門分析工業和農業相互依存關係的歷史變化。見 W. Bowden, M. Karpovich and A. P. Usher, *An Economic History of Europe Since 1700*, New York, 1937, pp. 4-5。

業和工業以外的經濟活動部門，也可用同一方法處理。這樣一來，我們將能認明并能分析，在所謂"產業革命"（industrial revolution）的時期中，農業改進和工業發展之間，何種關係是理論上的，何種關係是歷史上的。

要做到這一點，傳統的馬歇爾式的局部分析是不够的。我們還要提出若干修正，如果有助於我們的研究工作，還應當考慮采用這些修正。在這些修正中，最重要的是不完整競争理論及總體分析方法（aggregative approach）。此外還有若干觀念，如區位理論（location theory），也當予以討論，并在適當的範圍内考慮加以應用。

不完整競争或壟斷競争理論①，以兩種方法修正了新古典理論。第一，馬歇爾式的分析的主要的骨架是"小組"（group）理論或工業理論，這種新的理論則在這種"小組"理論之外，引入了"廠商"理論（theory of the firm）。關於這一點，此種理論又和瓦爾拉式的分析完全舍弃了"小組"概念，大有區別。第二，這種新的理論以不完整競争或壟斷競争的假定，代替過去完整競争或純粹競争的假定。此中意義如何，我們由不完整競争或壟斷競争的字面含義即可明白。② 完整競争可以當作一種特別適於均衡分析的理想情况，不完整競争理論則比較富於現實性，而且在這種理論的分析下，完整競争祇是被當作一種特殊情况。但是我們必須指出，在不完整的或壟斷的競争下，均衡分析的應用却大受限制。由於成長和發展時的特殊情形，一個生產單位（廠商）或一個小組（工業）就

---

① 關於此種理論的標準著作是：E. H. Chamberlin, *Theory of Monopolistic Competition*, 1933, 以及 Joan Robinson, *Economics of Imperfect Competition*, 1933。另一重要著作也應提及的是：F. Zeuthen, *Problem of Monopoly and Economic Warfare*, London, 1930。

② 但是這兩個名詞并不如表面所看到的清楚。張伯倫曾一再强調"不完整的"一詞與"壟斷的"一詞的區別，見其論文 "Monopolistic or Imperfect Competition?", *Quarterly Journal of Economics*, August 1937。至於本書作者則交替無區別地使用這兩個名詞，因爲我們可以暫時假定其間的區別是可忽略的。

不可能得到一種穩定的均衡。① 不過，雖然有這些限制，不完全競爭理論仍可對本文研究的問題，提供一些應用上的價值。

大多數經濟學者，甚至在今日，都普遍假定完整競爭存在於農業，而不完整競爭或壟斷競爭則祇存在於工業。但是這種論斷，并非基於事實。我們承認，"農場"（farm）作爲一個經濟單位，若和市場相較，的確是顯得太小，因之對於其所買所賣的商品的價格，沒有什麽明顯的影響。這種情形可以看做是滿足完整競爭的條件之一。但是農業，較之工業，并不能更圓滿地符合完整競爭的其他條件。所有農業的或鄉村的市場，都無法免除特殊的制度上的限制，也無法免除地理的及天然的阻礙。換言之，價格及資源的流動性并非毫無限制。而且，當作經濟單位的農場或鄉村家庭，往往不能得到完備的市場知識；在大多數場合，其獲得市場消息，遠遠不及城市經濟單位那樣便利。鄉村社會的真實市場形態，大概都是一種"買方壟斷"（monopsony）或一種"買方寡頭"（oligopsony）。② 至於生產結構方面，農民或農場對價格變化的反應極爲遲緩，在若干場合甚至全無反應，則爲盡人皆知之事。

對於農業和工業之間的功能關係（functional relationship）的任何分析，不論是純粹理論的或歷史的，如要使其結果更符合經濟社會所已發生的事實，以及更符合現代經濟制度所最可能將要發生的事情，就要在有些方面應用不完整競爭的理論。舉例來説，當農民將農產品賣給一工業家作爲原料時，單用完整競爭，就不能很圓滿地解釋個中情況。同樣，當農民從一工業家購買農業機械或肥料時，或者，當農民以純粹消費者的

---

① 特別參閱 N. Kaldor, "Equilibrium of the Firm", *Enconomic Journal*, March 1934, pp. 73-74; W. F. Stolper, "The Possibility of Equilibrium under Monopolistic Competition", *Quarterly Journal of Economics*, May 1940。

② William H. Nicholls 曾循此途徑，對於此種問題作過意味深遠的分析，雖其分析祇限於農產品工業。見其 *A Theoretical Analysis of Imperfect Competition with Special Application to the Agricultural Industries*, Iowa State College Press, 1942。

地位，爲家用計而購買衣服及其他物件時，也不能單以完整競爭來做解釋。在一個不和外界接觸的鄉村社會中，交易祇發生於本村村民之間，我們可以說其中或許存在有某種形態的完整競爭。祇要農民一旦和久享壟斷特權的專業商人及工業家發生交易關係，將農產品售出，又將工業品購入，我們就可以應用不完整競爭或壟斷競爭的理論。證之任何歷史事實，甚至參考資本主義初期的事實，都可說明這一點。

無論何人在以局部均衡進行分析工作時，很快就會感到，必須有一種工具，使他能夠處理那種超出他的"局部分析"工具以外而在整個體系中進行的過程。於是，特別是他若受過馬歇爾的傳統訓練，他就很可能利用一套表明各個社會總數(如總生產、總收入、總純利潤)的相互關係的體系來補充他的分析工具；并且更將這些關係和整個體系中突出重要的種種因素(如貨幣數量、利率及價格水準)合而加以考慮。如果這些因素經一度調整後，相互之間的關係不呈現變動的趨向，人們就可以談到"總體均衡"(aggregative equilibrium)，并可組成關於這種均衡的若干命題。例如凱恩斯(J. M. Keynes)的《貨幣論》(Treatise on Money)①便是使用這種均衡概念。不能否認，爲了某些目的，這種均衡概念可能是有用的。但是很明顯，"這種均衡却和大多數其他意義的激烈失衡相吻合。而這些失衡的發生，必然會改變給定的情況，也包括改變總數本身。不過，若以爲總體均衡能表明變動發生的因素，或者以爲整個經濟制度的混亂祇能從這些總數中發生，從而根據這些概念來進行推理，那就陷入錯誤了"②。

關於總體均衡分析方法的限制，上段中已引述了熊彼特(Joseph A. Schumpeter)研究經濟周期時的說明；這種均衡方法若應用於本書的研究，所遇到的限制將會更大。這是因爲任何關於一個工業的特性或兩個

---

① 見 J. M. Keynes, *A Treatise on Money*, London, 1930, Volume Ⅰ。

② J. A. Schumpeter, *Business Cycles: A Theoretical, Historical and Statistical Analysis of the Capitalist Process*, 1939, Volume Ⅰ, p. 43。

工業之間的關係的研究，若僅僅注意總生產和總收入，以及他們與貨幣數量、利率、價格水準的關係，就將失去其重要意義。總體均衡的研究，一般言之，實在不能提供我們以關於特殊部門研究的具體知識。然而，即使就本書而言，也不能完全否認總體分析的用處。第一，就經濟產品言，農業和工業占有經濟社會的較大部分。因此，總生產雖不能作爲農業和工業生產的代表，却可以作爲農業和工業生產的指示器。舉例來説，將國民收入中農業和工業所占的比例確定以後，我們就可以研究利率或價格水準對於農業生產或工業生產的影響。在這方面，總體分析方法有間接的助力。第二，在研究工業化的速度時，無論如何我們必須有賴於對總生產及總收入的分析。就這點而言，我們可以利用上述方法將總數(totals)分開，各自劃歸農業和工業兩個生產部門。最後，當我們對於兩個經濟社會，例如兩個國家，作比較的研究時，總體分析方法尤有用處，因爲它能替任何局部分析打開初步的場面。

第三節　　區位理論分析方法
(Approach from the Location Theory)

屠能(J. H. Von Thünen)論農業的區位[①]，韋伯(Alfred Weber)論製造工業的區位[②]，可説是區位理論的先驅著作。此後，尚有若干學者對這

---

① J. H. Von Thünen, *Der isolierte Staat in Beziehung auf Landwirtschaft und Nationalokönomie*, lst edition, Berlin, 1826。

② Alfred Weber, *Über den Standort der Industrien*, I. Teill, *Reine Theorie des Standorts*, 1st edition, 1909, and *Industrielle Standortslehre*, in *Grundriss der Sozialokönomik*, 1st edition, 1914, Volume Ⅵ. 前書曾由 C. J. Friedrich 英譯出版，稱 *Theory of Location of the Industries*, Chicago, 1928。

一理論陸續添加許多貢獻，或詳予解釋①，或將其苦心經營而應用於現實社會裏②，或從事一種純粹理論的分析③。然而，直到狄恩(W. H. Dean, Jr.)及厄謝爾(A. P. Usher)從事這方面的研究之後，纔促成這種理論的進一步擴展及深化。④ 這可以看做一種新的開始。這種新方法在幾個方面都和老方法不同。第一，這種新方法涉及所有的經濟活動，而不是僅限於農業或工業。第二，這種新方法不純粹是"静態的"，而且更特別的是"動態的"。其所以是動態的，是因爲它包括了歷史的變化。第三，這種新方法并不借助於數理的研究。這是因爲數理研究往往要根據一種假定，認爲經濟活動是在一種毫無差異的平面上發生，而這樣的假定顯然是不合現實的。新方法的主要論點可簡述如下⑤：①我們最先必須注意到人口密度的各種發展類型的廣泛情景。②我們對於這各種人口發展類型和區位資源的關係，以及這各種人口發展類型和區域資源在每一特定歷史階段的技術條件下所具有的重要性的關係，必須加以研究。③我們還必須認清資源接近的難易對於遠距離貿易的重要意義。④要研究接近難易的差別，我們還必須對於世界上基要區域的地勢，作精密的分析。

區位理論之有助於本書的研究，不僅是因爲這種理論能爲本書闡明區位方面所發生的問題，而且也因爲這種理論的動態方法，能指出各個歷史階段基本區位因素的變遷，這種基本區位因素，正是其他各種經濟

---

① 例如 A. Predohl, "The Theory of Location in Its Relation to General Economics", *Journal of Political Economy*, Volume 36, 1928, pp. 371-390。
② 例如 E. M. Hoover, *Location Theory and the Shoe and Leather Industries*, Harvard University Press, 1937。
③ 例如 H. Hotelling, "Stability in Competition", *Economic Journal*, March 1929。
④ W. H. Dean, Jr., *The Theory of the Geographic Location of Economic Activities* (選自該書作者在哈佛大學的博士論文), 1938 年以小册印行, A. P. Usher, *A Dynamic Analysis of the Location of Economic Activity* (Mimeographed), 1943。
⑤ A. P. Usher, *A Dynamic Analysis of the Location of Economic Activity* (Mimeographed), 1943, p. 4。

活動的中心。舉例來說，新的動態方法就曾發現，從18世紀到20世紀，以食糧（food）爲主的區位形態變爲以煤（coal）爲主的區位形態，至於變遷的原因，則是由於普遍應用動力於工業上的緣故①。像這樣的分析，能够扼要地指出，從產業革命開始以來，若干高度工業化的國家所發生的一種基本變遷，所以對於我們的研究極有助益。甚至老式的區位理論，也不是毫無用處。屠能的"生產地帶"（zones of production）及其關於運輸對於農業生產區位的影響的研究，仍是有價值的；如果再加以適當的修正，就可應用於現代社會。正如布萊克所說："現代城市的市場區域，不過是以一種夸張的形式，將屠能圖解中河流所發生的同種效果表現了出來。"②韋伯最重要的貢獻，是在系統地分析了主要定向於運輸成本的加工活動的分布情況。韋伯理論的優點，就是使人注意到區位中的"真實成本"。成本不變的假定，自然大大地限制了他的理論的實用性。不過，如果單個工業的分析是必要的話，他的理論仍可當做研究工業區位的初步。

使用區位理論的新方法——或可稱之爲"一般的和動態的區位理論"，根本就無須分別農業的和工業的區位。新方法一般着重人口定居、資源的利用和限制，以及人口定居與資源利用之間的變動關係。因此，用這種新方法來解釋工業化的過程中農業和工業的關係，祇能作一般的解釋，而不能分別詳論。在另一方面，老式的區位理論則可應用於特殊工業——例如屠能之用於農業及韋伯之用於一般製造業。但屠能及韋伯的分析都是靜態的，不能用以解釋在產業革命的時期中農業對於工業的動態關係。所有這些限制必然會使我們明白，本書的研究，若單獨使用區位理論的方法，一定會感到不完善。

---

① W. Bowden, M. Karpovich and A. P. Usher, *An Economic History of Europe Since* 1750, New York, 1937, pp. 4-13。

② John D. Black, *Production Economics*, 1926, p. 193。

第四節　分析方法評論

　　從上面的討論，我們明瞭現時流行的各種方法，都不足以完滿地作爲本書所需要的研究工具。首先，對於"均衡"概念是否能應用到工業化這樣的演進過程上，我們早就發生過疑問。即使我們假定，"移動均衡"（moving equilibrium）的概念或"均衡的集中趨勢"（central tendency toward equilibrium）的概念可以成立，然而任何均衡方法，對於影響經濟演進過程本質的技術變化和制度變遷，仍無法作充分的研究。

　　一般均衡分析方法的優點，是承認并強調一切經濟活動（包括農業和工業，也包括其他種種經濟活動）的一般相互依存關係。一般均衡分析方法能防止人們從一組特殊的事情或活動中求出輕率的概括。但是這種方法對於我們當前的分析仍嫌不夠，其理由：第一，因爲我們祇須着重農業和工業兩項經濟活動；第二，這種方法的靜態假定，使其對於我們演進性過程上的應用受到嚴重限制。

　　我們已經說過，局部均衡分析方法，若加以適當的修正并和其他方法聯合使用，將較適於我們文中有些問題的研究。但是我們還應指出，運用這種方法時必須特別謹慎小心。在經濟研究中，正有一種常犯的毛病，就是過分的"局部主義"（sectionalism）。近年來經濟領域裏的局部研究大爲增加。誠如羅賓斯（Lionel Robbins）所說："在實用經濟學的領域內，若干分工是必要的，而且理論的背景時常變更，若不根據特殊工業的事實陸續加以增補修改，就不能有效地用以解釋具體的情況。但是，如經驗所指示的，孤立進行的局部研究，易於發生很嚴重的危險。若非時時小心防範，這種局部的研究勢將使技術上的興趣代替經濟上的利害關係。於是注意的中心轉移，而一些祇具有技術意義的概括，將僞裝作經濟學的姿態而出現。這是致命的弱點。因爲，手段的稀少性是相對於'一切'目的而言的，由是，要對支配經濟方面的社會關係的影響獲得一種完全的見解,就必須觀察整個經濟制度。在經濟制度中,'工業'不是為其本身而存在的。其存在的理由(raison d'être)的確是由於其他工業的存在,其命運也唯有和整個經濟關係的經緯相連時始能瞭解。因此,關於一種工業或一種職業的單獨研究,總易陷於不得要領的危險。這些研究原意本是要研究價格及成本,但是總易流於呆板的會計計算或膚淺的技術推理。我們不能因為有這種危險存在就要廢除這一類的研究。不過最基本的是我們應該知道這種危險的存在。在經濟學的探討上,如同在其他任何科學的探討上一樣,在各類研究之間保持適當的平衡是最重要的。"①

鑒於這種過度的局部主義的危險及其他各種限制,我們對於局部均衡分析方法將作如下的修正和增補。第一,當我們分析農業和工業之間的調整以及農業改革和工業發展之間的關係時,我們一定不可忽視其他經濟活動,而且必須記住一般相互依存的概念和事實,以便能觀察整個經濟制度。第二,兩個劍橋(Cambridge)的學者,在不完整競爭及壟斷競爭下所修正的價格理論和生產理論以及其引入的"小組"概念,在適當的時候,可以應用。第三,總體分析方法所提倡的"總數"概念,例如總收入、總生產、總人口和總資源,以及與此有關的其他總數概念,在若干場合也可以使用。第四,區位理論,尤其是現代的動態區位理論,也可用以分析一切經濟活動的變化形態受基要因素所激發和定形的過程。

即使加上這些修正和添補,我們認為,以局部均衡分析方法為主的研究方法,仍然不會使我們完滿地達到研究的目的。在經濟理論所提供的分析方法的應用性和本書的性質之間,存有一段寬廣的距離。我們曾經指出,本書是理論的,同時也是經驗的和歷史的。因此,這種距離正可以比喻為經濟理論和經濟史之間的距離。近數十年來,歷史和理論的差距,以及理論和現實的差距,都是愈來愈遠。許多經濟學者和經濟史

---

① Lionel Robbins, *An Essay on the Nature and Significance of Economic Science*, London, 1935, p. 42, footnote 1。

家都一再申言經濟史中須有理論，并申言要認清這兩部門的密切關係，而且還要促使這兩方面的密切合作①。我們也熱誠地贊同這種主張。但是我們必須認清，人文科學本身具有內在的及技術性的困難，使理論與歷史不能密切結合。經濟學者要將經濟學建立爲一種科學，所以祇求小心努力以達到理論的純一性，而不惜犧牲其假定的現實性。另一方面，經濟史家花費大部分時間收集、考證并叙述事實，而無多少時間來解釋這些事實或基於某種理論來説明這些事實。盡管理論與歷史應該結合的呼聲很高，但是事實上距離尚遠，而且并無縮小的徵象。

在這方面，動態區位理論家的努力是特別值得注意的。也是在這方面，我們應該提到有些經濟學者，他們特別着重經濟史的發展和歷史知識。比如陶西格（F. W. Taussig），不僅根據經濟史進行推論，以充實國際

---

① William Cunningham 很久以前就强調經濟史家對於理論的需要，他説："經濟史并非研究特殊類型的事實，而係從特殊的觀點研究一般事實。"見其 *Growth of English Industry and Commerce*, Cambridge University Press, Volume Ⅰ, 1905, p. 8。其後, Eli F. Heckscher 也强烈要求經濟史中須有理論，他説："我們必須抛弃那種錯誤的觀念，以爲經濟理論和經濟史是屬於人類發展的不同階段。經濟理論和經濟史對於瞭解一切歷史階段都是重要的，對於瞭解現階段也是一樣。"還説："無疑的，當史學家的工作日益進步而不僅是叙述外在的事實時，經濟理論的價值也會大大增加；因爲最大用處是關於事實的'選擇'及事實的'解釋'。"見其論文"A Plea for Theory in Economic History", *Economic History*, January 1929, p. 526, and p. 529。

John H. Clapham 在一次就任演講中，極力解釋理論和歷史的關係以及經濟史家的地位和經濟學者的地位的關係。見其 *The Study of Economic History*, Cambridge University Press, 1929, pp. 32-40。

Werner Sombart 較其他經濟史家更爲着重經濟理論對於研究經濟史的重要。他認爲："唯有理論訓練才能養成真正的史學家。無理論即無歷史，理論是任何科學的歷史著作之先決條件。"見其論文"Economic Theory and Economic History", *Economic History Review*, January 1929, p. 3。

Lionel Robbins 也在他的傳布甚廣的著作中，以一節討論經濟理論和經濟史的關係。他認爲："經濟理論在於描述形式（form），經濟史則在於叙述本體（substance）。"見其 *An Essay on the Nature and Significance of Economic Science*, London, 1935, p. 39，其詳細討論見 pp. 38-42。

貿易理論的內容，而且還從國際貿易理論的概念中形成一種工具，以適合經濟史家的需要。賴特(C. W. Wright)就曾應用這種工具，研究美國的經濟發展。① 賴特在分析影響美國製造業轉變的主要因素時，着重三組基本因素：①主要生產要素的比較成本；②運輸以及與運輸有關的成本，可用以限制基於比較成本差異的交易所發生的地域範圍；③主要的基於立法的"人爲的"(artificial)因素，可以限制或促進製造業的發展。前兩組因素是動態區位理論家也着重的。但是比較成本理論，顯然是從古典的國際貿易理論那裏所形成并借來的一種工具。這種方法可供運用的程度和效果如何，尚待觀察。不過，這種企圖則應該加以鼓勵，因爲如能成功，勢將縮短理論與歷史之間的距離。

關於本書，我們將依照下面的程序從事探討，進行研究。在第一階段，我們在靜態的假設下，分析農業和工業之間的相互依存關係。② 我們所用的靜態假設，是指人口、趣味及生產技術俱爲一定。不過，我們對於趣味和嗜好將不加以分析。在這些假設之上，我們還將添加另一個靜態假設——就是其他部門的經濟活動不變。這是局部均衡分析方法所慣用的著名成語。但應用這種方法，任何結論都必須小心推出，以免忽略農業和工業以外的其他經濟活動的情形，這是我們曾經鄭重聲明過的。以後，我們將引入人口的變化，但是仍假定生產技術不變。這是假定基本數據(data)祇有些微變化的情況。這種分析有時稱爲"比較靜態的理論"(theory of comparative statics)。③ 我們可稱之爲"局部動態"(partial

---

① Chester W. Wright, *The Fundamental Factors in the Development of American Manufacturing*, in *Exploration of Economics*, New York and London, 1936, pp. 516-525。
② 我們應該着重指出，我們采用這種靜態的考察，不僅有其本身的原因，也因爲要將它應用於解釋變化。
③ 依據 Lionel Robbins，這個成語是 Ewald Schams 開始采用的。見 Schams, "Komparative Statik", *Zeitschrift für Nationalökonomie*, Bd. 11, pp. 27-61。但是 Robbins 相信這種分析可以溯源於古典經濟學者之時。見其 *An Essay on the Nature and Significance of Economic Science*, p. 101, Footnote 1。

dynamics),或"相對動態"(relative dynamics),或簡稱之爲動態,因爲這種理論多少是援引"生猪—玉米循環"或"蛛網理論"的理論模式。① 但是我們的研究還要更進一步。我們不僅要比較假設一定的變化下的均衡的兩種最後情態,我們還要更進一步探索在一定的失衡情況下,一個制度中各個部分實際上所遵循的途徑。這就是通常所謂"時期"分析("period" analysis)的意義。不過必須指出,我們從事所有這些分析時,并不假定"最後均衡"(final equilibrium)是必要的。

在次一階段,我們將引入生產技術的變化,首先配以人口一定的情形,然後再配以人口變化的情形。這種分析不僅是動態的,而且是"演進性的"。演進過程的分析是本書主要目標。顯而易見的,任何熟悉經濟分析程序的人都會明白,在這方面所遇到的困難,要比其他方面更多,有些困難簡直是無法克服的。盡管如此,我們仍將以手中不完善的各種分析工具,來冒險嘗試一番。首先,從第三章開始,我們將對工業化的過程作一系統的分析,凡是影響這一過程的基本因素以及這一過程的特性都要加以分析。對於工業發展的這種系統研究,我大膽地稱爲"工業化理論"(theory of industrialization)。然後在以後兩章中,我們將考察生產技術的變化,通過此一特殊經濟轉變階段的過程,如何對於農業生產和對於農村勞動產生影響。此處,我們提出關於農場這一生產單位的調整理論,以及關於一種生產要素(這裏所研究的是勞動力)的報酬的理論。這種分析的主要部分當然是那些與演進過程直接有關的方面,例如農業機械化、農作制度的重新定向(reorientation),以及勞動力從農場轉移到工廠,等等。

最後,我們將分析一個農業國家工業化時所包含的以及所引起的問題。這種問題有內在的及外在的兩方面。內在方面,我們將以中國的情形作例證,其中着重農業和工業的關係以及兩者之間可能的調整。外在

---

① 關於這種理論的詳細分析,見 Mordecai Ezekiel, "The Cobweb Theorem", *Journal of Farm Economics*, February 1938, pp. 255-280。

方面，我們將論到國與國之間貿易和資本流動的問題。大體而言，這是應用國際貿易理論及國際資本流動理論，以解釋一個農業國家在工業化時所引起的種種可能的複雜情形，雖然這種應用是很不完全的。這種分析將會同樣遇到嚴重的困難。因為其中也包含了方法論的調整改革問題，祇要我們企圖運用在靜態假定下推演而得的理論來解釋經濟轉變中的演進過程，我們就必須作出這種調整變動。

第二章　農業與工業的相互依存關係

在任何經濟社會中，農業和工業之間總保持一種密切的相互依存關係，雖然在經濟演進的過程中，其方式屢經變易。那種認爲經濟史中某一時期是農業的，某一時期是工業的說法，的確是太簡單而籠統了。即使在所謂"農業階段"，工匠(artisans)及手藝人(craftsmen)的活動，我們也不可過於輕視。有些工匠集中在小城鎮裏，有些工匠則散布在鄉間的村莊中。農村家庭還可供給大量的零工勞動(part-time labour)，這種零工勞動却每每被人們誤稱爲單純的農業勞動。另一方面，在所謂現代的"工業階段"，農業是供給糧食及原料的泉源，說它重要，亦非夸張。一個國家，不論已經高度工業化到何種程度，若不能同時在國內的農業和工業之間，維持一種適當的及變動的平衡，或者經由輸出和輸入，與其他國家的農業企業保持密切的聯繫，則一定不能持續并發展其經濟活動。以大不列顛(英國)爲例，若它不能從友國和屬邦，如丹麥、加拿大、澳大利亞、印度及南非等地，獲得糧食及原料的供應，它一定難以發展到今天從人口的職業分配及國民收入的構成上所表現的高度工業化。農業除作爲供應糧食及原料的泉源外，還可以作爲工業添補勞動力的泉源。這方面的情形更爲複雜，因爲它可以引起鄉村勞動力和城市勞動力的競爭，即使勞動力從這一部門轉移到另一部門存在有各種限制甚至有摩擦時也一樣。最後，農村家庭對於城市製造工業，不僅是消費用工業品的買者，也是化學肥料及農場機器的買者。我們更要特別注意整個經濟制度的相互依存關係，在這種制度下，運輸機構所貢獻的勞務，動力場站所供應的動力，銀行組織所提供的便利，等等，對於農業的重要性，正不下於任何製造工業所給予農業的現代機器設備和其他生產資料。

第一節　聯繫因素之一：食糧

　　農業曾經是，現在仍然是糧食供給的主要泉源。糧食加工及包裝工業的發展祇是最近的事情。這些工業，作爲一個獨立的生產部門來看待，若是冷藏的方法未曾發達，若是現代的鐵路系統未曾建立，則一定不能誕生，更不能發展到今天像在若干高度工業化的國家中那樣成熟的程度。但是不管糧食加工及包裝工業將更發展到何種程度，祇要人類的食糧仍是以動植物爲主，農業將依然是供應糧食的主要泉源。[①] 至於就農業本身來說，種植糧食作物的面積，一般在全部耕種面積中占有壓倒的優勢。在農場生長的作物中，祇有棉花、亞麻、苜蓿及少數其他作物不是用作人類的食糧。此外所有在農村中栽培的作物若不是直接用作食糧，就是間接用作飼料。大多數農場中飼養的牲畜及家禽，同所有的乳製品一樣，都是用作食物的，祇有少數牲畜是飼養來生產毛革或用作運輸的。因此，農業最重要的功能，是作爲整個人類經濟社會供應糧食的主要泉源。

　　在本節中我們將以糧食作爲一種聯繫因素，并把糧食作爲由農場所供給而由工業人口所消費的產品，來討論農業和工業之間的關係問題。我們假定農民和農業經營者本身所消費的糧食產品這一部分爲常數，因此，除了特別指明者外，我們在目前的討論中可將其省略。

一、人口與食糧

　　假定口味及收入分配不發生變化，對糧食的需要將是人口的函數，換言之，對糧食的需要如何，將依人口的變動情況而定。此一函數可更進一步分成兩部分：人口的自然增長，以及人口的職業轉移——從農業轉入工業或轉入其他生產部門。這兩部分我們將依次討論之。

　　假設沒有職業的轉移，對糧食的需要將是人口自然增長的函數。若

---

① 在少數的例外中，魚和鹽是來自農業以外的兩項最重要的項目。

我們更進一步假定耕種技術無變化，則人口的增長的確將成為糧食供給的壓力。這種理論上的情形，可以用下列的簡單方法來解釋（見表2-1）。

表2-1　人口增長與糧食需求

時　期	糧　　食		人　　口		
	所需要的	所生產的	農業的	工業的	總數
第一期	100單位	100單位	50	50	100
第二期	200單位	?	100	100	200

　　假定在第一期，某一孤立社會的總人口為100，半屬農業人口，半屬工業人口。到第二期，總人口增為200，仍維持同樣的職業分配比例。所需要的糧食從100單位相應增為200單位。而糧食生產將增加到何種程度，則尚有賴於幾種因素。第一，能利用的新土地有多少。第二，在同一面積的土地上，勞動能集約到何種程度。這兩種情形，我們遵循李嘉圖的傳統（Ricardian tradition），稱之為"粗放的"及"集約的"邊際（"extensive" and "intensive" margins）。第三，則有賴於耕種技術的變化。此一因素，古典學者未加考慮，或默認它是不變的。

　　現在，讓我們假定耕種技術無變化，以觀察在前二條件下——粗放耕作及集約耕作下，糧食生產的增加如何運行。假設在第一期，50個農業人口是勞動者，耕作於200英畝土地上。生產品是100單位的食糧。到第二期，農業人口或勞動者增為100。若尚有200英畝土地可資利用，則100勞動者及400英畝土地將生產200單位的食糧。因此，糧食供給及人口壓力不會發生問題。但若可資利用的新土地不到200英畝，則糧食的總生產也將不到200單位，於是，糧食的供給將感不足。若可資利用的新土地少於200英畝甚遠，則人口壓力將立刻發生作用。另一方面，若200英畝土地是這一社會的最大限度，於是，增加糧食生產的唯一方法祇能是在原來的土地上增加勞動，在農業人口已經加倍時，則尤須實行此種方法。在一固定的土地範圍內增加勞動，實和改變耕種技術不同。現在，以100個勞動者耕作於200英畝的土地上，糧食生產自然會增加到 100 單位以上，但是無疑的，對所需要的 200 單位依然相差甚遠。同樣，人口的壓力將仍甚明顯。

有人認爲，這可以當做馬爾薩斯"人口法則"（malthus' law of population）的一個基礎，或者至少可以當做它的一個重要的步驟。這是一種完全靜態的分析。曾經有人批評馬爾薩斯的理論太不注意，或毫不涉及"報酬漸減"（diminishing returns）的觀念。① 在古典經濟學者中，有些馬爾薩斯的信徒極力企圖將他的"人口法則"建立在"報酬漸減法則"之上。但是正如羅爾（Eric Roll）所指出的，這祇是表現這些馬爾薩斯的信徒們誤解了"報酬漸減法則"，而且就其現代的解釋而言，"報酬漸減法則"實不能用作像馬爾薩斯那樣的預言的基礎。②

現在，假設從第一期到第二期，并無人口的自然增長，而祇有從農業到工業的職業轉移——例如有 10 個農民轉爲工業的工人。社會所需要的糧食總量仍如前。這種轉移對於糧食供給的影響，與人口增長所帶來的影響完全相同，那就是將造成對於糧食供給的一種壓力。但是壓力的範圍則不完全相同，很可能的，農業工人減少五分之一，所引起的糧食生産的減少并不一定到五分之一。第一，50 個農民可能未盡全力工作，因此，在 10 人轉移到另一部門之後，所餘 40 人能工作得更緊張而使其本身能等於 45 個人。第二，假定轉移前無"變相失業"（disguised unemployment）存在，則轉移後由於"報酬漸減法則"的作用，糧食生産的減少仍然可能在比例上小

---

① 見 Lionel Robbins, *The Optimum Theory of Population*, in *London Essays in Economics*, London, 1927, pp. 103-134。

② Eric Roll, *Element of Economic Theory*, Oxford University Press, 1937, p. 214。在解釋這種誤解時，羅爾申言："我們在本書第二部分討論報酬漸減情形時，明白了這種誤解的端倪。第一，和馬爾薩斯同時代的人認爲這種法則祇能適用於農業，同時他們又相信報酬漸增是運行在製造業中。這種見解之錯誤以及報酬漸減法則可以適用於一切複雜的生産，已經爲人指出來了；第二，報酬漸減法則主要是討論靜態均衡的情況。關於人口方面，這種法則祇是說明無論在什麼時候，總有一定適量的人口，若超過此量，則會以漸減率增加報酬。但這種説法并不是説，若生産的擴張尚不足以利用其他現存生産要素的充分能力時，人口的任何增加都不能使生産作超出比例以上的增加。"同書 pp. 214-215。

一些。若我們假定上述兩個條件均不存在，則社會上必會遭遇到糧食缺乏的情形。在那種情況下，唯有兩種方法可以解決糧食供給的缺乏。一種方法是改進耕種技術。另一種方法是從其他國家或地區輸入所需要的糧食產品，而將工作人口轉移後所增產的工業品輸出，與之交換。

假如人口的自然增長和人口的職業轉移同時發生，那麼，在這種情況下，糧食供給的問題基本上仍將是一樣的。若我們假定口味及耕種技術無變化，解決糧食供給缺乏的方法總不外下列三種之一：粗放耕作（更多的土地），集約耕作（在同一土地上，投下更多的勞動）及自外輸入（區域間貿易）。有時聯用三種方法中的二種，有時將三種方法全部聯用。我們從歷史上可以知道這種情形曾經發生於一些國家中。甚至在今天，不少國家仍然遭遇着這種情形所引起的問題，祇是形式上更爲複雜而已。① 這類問題要能得到圓滿的解決，唯有推動農業的改良和技術的進步。②

---

① 中國可以作爲例證。好幾個世紀以來，中國的耕種技術基本上就是停滯不前的。但是另一方面，人口的自然增長及職業轉移却以和緩的程度進行。在某些特殊的區域中，每年都要解決糧食供應缺乏的問題。人口對糧食供給的壓力已經達到嚴重的程度，唯有改進耕種技術及與他國貿易纔能將其緩和，但後者却又以改革土地關係及經濟制度爲前提條件。

② 在本節寫成以後，作者發現舒爾茨（Theodore W. Schultz）的《擴展經濟中的食糧和農業》(Food and Agriculture in A Developing Economy) 一文。在此文中，他將食糧及其他產品的供需增長率分爲三種形態。第一種發展形態是農業品的供需增長率相等。第二種發展形態是供需增長率不等，需要有超過供給的趨勢。這種形態可以中國、印度及世界上其他耕種技術不足以供應人口增長需要的情形爲代表。這也就是我們在上面討論中所包括的形態。第三種發展形態是供需增長率也不相等，食糧的供給超過需要。於是食糧更爲充足，而其價格更爲低廉，地租因而下落；農地不感缺乏；而且人口過剩的恐懼也消失了。但農業問題也會發生，在嚴重的時期還可能轉變爲農業恐慌（agricultural crisis）。舒爾茨認爲現時的事實是以此種形態爲特色。自然，當他作這種論調時，他心目中祇有高度工業化的國家，特別是美國。唯有當耕種技術作長足的進步而其他方面尚未作適當的調整及改進時，這種形態纔能出現。以後各章將討論與此相關的問題。關於舒爾茨的論文，讀者可參考他所編輯的 Food for the World, University of Chicago Press, Chicago, 1945, pp. 308-309。關於第三種形態的詳細闡釋，讀者可參閱他的論文："Two Conditions Necessary for Economic Progress in Agriculture", Canadian Journal of Economics and Political Science, August 1944, pp. 298-311.

二、食糧與經濟活動的區位化

我們所要探求和討論的首要的一個方面，是糧食生產的地域分布與人口定居的方式之間的關係。在一個農業國家，或是在一個農業生產占主導地位以及大部分人民是農民的國家，人口的分布主要是由糧食的生產所決定的。在研究廣西省——中國產米區的一省——的糧食經濟結構時，作者曾製成兩圖表明稻穀種植的分布情形及人口定居的分布情形①，而發現了兩圖完全相符。這兩組因素的關係的確是極爲密切的，從其中一組的分布情形，我們能夠很容易地說出另一組的分布情形。②

另一方面是糧食生產的地域分布與糧食加工工業及有關手藝的關係。前者在相當大的程度上，不僅可以決定後者的區位，還可以決定後者的形態及活動。例如，"在中國，碾米及磨麥已經成爲極重要的事業，遍布於全國，并且與各地的地方經濟機構有機地聯繫了起來。這種碾米、磨麥的事業，在不同地區的相對重要性及組織運行的形態，是與各地的糧食生產方式密切關聯着的，并且大部分是由糧食生產方式所決定的。釀酒場、豆腐店及榨油坊是另一種糧食加工工業，一方面構成農場收入的主要泉源，另一方面構成鄉村工業的主要形態。"③

就目前的討論而言，最後的而更重要的一方面，是糧食生產的地域分布與不用食料做原料的工業區位的關係。在產業革命的過程遠未開始以前，正如剛纔所說的，人口的分布爲糧食的生產所決定。在這一階段內，工業與農業是密切相聯的。在糧食富足的地域，許多專業的工業工人是密切相連地由農業工人來維持的。"這種農業與工業的密切關係，

---

① 張培剛：《廣西糧食問題》，商務印書館，1938年，第20~21頁。
② 對於高度工業化國家在開始工業革命過程以前的階段，作這種歷史的探討是很有益的，而且還能幫助支持我們的論點。但是很不幸的，就作者所知，至今尚無此種有系統的研究。
③ 引自本書作者尚未正式刊行的著作《中國糧食經濟》（英文打字油印本），1944。

是由於純粹的手工勞動在一切較重要的工業部門中，占有支配的地位，所用動力極小，因之勞動生產力很低。在這些情況下，被消費的食糧之重要性，遠高於使用手工工人所需原料之重要性。在紡織工業中，所消費的食糧與所耗用的原料的比重間的差異尤為巨大。在這樣的情況下，以手工為主的工業，最好是依維持工人所需的糧食供給情況來確定區位。"①因此，"在十八世紀以前，輸出工業的位置大都設在糧食生產豐饒而價格低廉的地區，或設在運輸方便而糧食價格低廉的地區"②。"由是，認為十八世紀的歐洲因為食料少有移動，而大概是屬於自給自足的經濟，祇是一種變相的說法。如果要有效地利用各地區的糧食供給，就必須使基本原料及製成品作重要的移動。遠在 1700 年，各區域間的相互依存關係，也必須主要地從原料、輔助食糧及高級製成品三者來考察。"③

由此我們可以清楚地看出來，任何國家，在產業革命發生以前，食糧是工業、商業及其他各種經濟活動確定區位的主要因素。④ 一旦一個國家已經明顯地開始工業化了，糧食資源就不再是主要的定位因素，而須讓位於他種資源。對於這種過程，下章將有進一步的討論。此外，我們必須認清，即使在那種轉讓過程將要完成之時，糧食資源也仍然是很重要的。祇是由於技術變化及其所引起的經濟重新定向（economic re-orientation），使得其他資源占據支配地位而掩蓋了糧食資源在定位方面的重要作用而已。

---

① W. Bowden, M. Karpovich and A. P. Usher, *An Economic History of Europe Since 1750*, 1937, pp. 4-5。
② W. H. Dean, Jr, *The Theory of the Geographic Location of Economic Activities*, 1938, p. 24。
③ W. Bowden, M. Karpovich and A. P. Usher, *ibid.*, p. 5。
④ 不言而喻，唯有在糧食供給無論在數量上或在時間上均屬充足的地方，纔能建立大的貿易中心。

三、收入與對糧食的需要

需要彈性是"對於價格變動的消費反應"(responsiveness of consumption to a change in price)的一種衡量方式。馬歇爾最先設想到并以一種標準公式表示之①,即:

$$\frac{\frac{dx}{x}}{\frac{dy}{y}}$$

至於我們今天所謂的需要彈性系數(the coefficient of demand elasticity),即:

$$\frac{需要量預期變動的百分比}{價格預期變動的百分比}$$

基本上與馬歇爾所用的公式是相同的。對於任何商品,若此系數等於一,則稱爲"彈性爲一"(unit elasticity);若小於一,則稱爲"缺乏彈性的"(inelastic)需要;若大於一,則稱爲"富於彈性的"(elastic)需要。需要的收入彈性是對於"收入"變動的消費反應的一種衡量方式。② 需要的收入彈性系數可以用下列公式表示:

$$\frac{需要量預期變動的百分比}{收入預期變動的百分比}$$

商品的需要量變動與收入變動之間的關係,因商品不同而有差异。若收入增加反而引起某商品的消費量減少,則此商品可稱爲低級的。著名的

---

① Alfred Marshall, *Principles of Economics*, p. 102, Footnote; and Mathematical Appendix, note Ⅲ, p. 839。
② R. G. D. Allen 和 A. L. Bowley 另用一種不同的名詞,即"迫切性等級"(scale or order of urgency),來説明這種關係,見其 *Family Expenditures*, London, 1935, pp. 9-15。

吉芬(Giffen)例證(麵包)，就是典型的説明。① 在這種情形下，收入彈性爲負。若在收入增加時，商品的消費量并不變動，則其收入彈性爲零。若收入增加時，商品的消費量也增加，則其收入彈性爲正。若消費量與收入成同一比率增加，則其收入彈性爲一；若消費量的增加大於收入的增加，則收入彈性大於一；反之，若消費量的增加小於收入的增加，則收入彈性小於一。② 我們必須記住，價格彈性與收入彈性是交互影響的。例如一種價格變動，不論微小到何種程度，總不免對實際收入(real income)發生影響。

糧食需要的收入彈性有一通性，就是彈性相當低。這就是説，當收入增加時，對糧食的需要也增加，但是其增加比例遠較爲小。我們知道，當收入增加時，一般而言，消費也跟着增加，但并不以相同的比例增加。這原是社會上常見的一種經濟現象。據此，凱恩斯(J. M. Keynes)曾提出并闡述他的一條原理，就是所謂"基本心理法則"："通常及平均説來，當收入增加時，人們每每增加其消費，但不如收入增加那樣多。"③盡管如此，但在這裏我們祇考慮糧食消費受收入變動的影響要比大多數其他商品受收入變動的影響爲小的這種情況。

同樣值得注意的是，糧食包括有多種品類，其各自的收入彈性彼此相差很大。表2-2是表明美國幾種重要食品的家庭支出的收入彈性，或足以説明這一點。④ 這裏我們要注意"支出"(expenditure)的收入彈性與"需要"的收入彈性并不是完全相同的，而後者是以貨物數量表現出來的。不過，在相當限度內，前者可用以解釋後者。在表上祇有最後兩項，

---

① Alfred Marshall, *Principles of Economics*, p. 132。
② Margaret G. Reid 對此問題曾作過一完善而有趣的分析。見她的 *Food for People*, New York and London, 1943, Chapter 15, Food Consumption by Income Level。
③ J. M. Keynes, *The General Theory of Employment, Interest and Money*, New York and London, 1936, p. 96。
④ 録自 G. S. Shepherd, *Agricultural Price Analysis*, Iowa State College Press, 1941, p. 210, Table 17。又見U. S. National Resources Committee, *Consumer Expenditure in the United States*, 1939, pp. 38-39。

其消費的增加超過了收入增加的比例。

表 2-2　家庭支出的收入彈性 (美國)

商　品	彈　　性
糖	0.15
馬鈴薯	0.20
麵粉	0.24
麵包	0.25
牛奶、乳酪冰淇淋	0.29
牛油	0.36
鷄蛋	0.66
肉、家禽、魚	0.66
新鮮蔬菜	1.16
水果	1.20

　　概括而言，當收入增加時，有些食品的消費將減少；有些則消費數量將增加，而其增加比例則較收入增加比例為小；有些則比例亦增加。因而我們可以説，糧食的消費是收入的函數。但這種説法顯得太簡單，還需要作進一步的解釋。第一，我們必須指出，這種函數的形態是直綫的還是曲綫的，是依討論對象中某一特殊產品或一組產品的收入彈性而決定的。著名的"恩格爾法則"(engel's law) 就是將購買的商品分為幾類，以説明收入變動對於家庭支出變動的各種不同的影響。① 第二，當我們研究一種商品的整個社會需要的收入彈性，而非研究這種商品的個人或

---

① Allen 及 Bowley 從 1904 年聯合王國的工人階級支出的實際資料中，找出支出與收入的直綫關係，以此為根據，更精確地將這種法則重新做成公式。見 *Family Expenditure*, 1935, pp. 5-7。

單位需要的收入彈性時，我們應該着重於收入分配的方式。① 最後，我們應該時常記住，需要的價格彈性及替代性，必須與需要的收入彈性同時研究。一般說來，需要的價格彈性，在其他因素中，是依據於收入水準或總支出而決定的。② 這三種因素(需要的價格彈性、需要的收入彈性及替代彈性)之間的關係，最好用希克斯(J. R. Hicks)和艾倫(R. G. D. Allen)的簡單而且標準的公式來說明，即認為需要的價格彈性，是需要

---

① 凱恩斯從基本心理法則得出所謂"消費傾向"(propensity to consume)，認為"通常及平均說來，當收入增加時，人們每每增加其消費，但是不如收入增加那樣多。"(General Theory, p. 96)此處的"人們"自然是指各個人，而消費傾向的概念是要用於整個社會的。這種"複合的"(Compounded)市場曲綫，却不能單單將個別函數相加而得。如同凱恩斯在同一段中為全社會的消費傾向下定義時所指出來的，這種全社會的概念，一部分是基於總收入如何分配於構成此社會的各個分子的原則而定。(General Theory, pp. 90-91。)

施德來(Staehle)將此點解釋得更清楚，認為個人所得的"分配頻數"(frequency of distribution)是依據國民收入的"大小"(size)及國民收入在各"生產職能部分"(functional shares)之間的劃分，即收入來自勞動、企業管理或財產，應該予以區別，予以重視。見 Hans Staehle, "Short-period Variations in the Distribution of Incomes", *Review of Economic Statistics*, Volume XIX, 1937。又"Reply" by J. M. Keynes, 和"Rejoinder" by Hans Staehle, 見同一雜志，Volume XXI, 1939。

② 有些學者以為當收入水準上升時，需要每每變為更有彈性。這是由於當收入上升時大多數貨物更易替代之故。(R. G. D. Allen and A. L. Bowley, *Family Expenditure*, p. 125)其他的學者則不同，而采取了一種完全相反的見解。他們認為當收入水準上升時，需要往往變為無彈性。所持理由是，當收入上升到較高水準時，以前若干奢侈品可能變成必需品。本書作者也持這種見解。

祇要我們將 Allen 及 Bowley 心中的替代的"客觀"可能性與每個人最可能采取的替代的"主觀"實情分別出來，這一爭點是可以解釋清楚的。當收入上升到較高水準時，的確較以前有更多的替代品可用。但是我們不一定就可由此推斷，祇要價格變動，此種收入的所有主就會比以前更勤於實行替代。事實上，當收入上升到較高水準時，個人對於價格變動反而不甚注意，或者全無反應。對於一個百萬富豪或任何很富足的人，糧食需要的價格彈性幾乎近於零。對於這種個人行為，亦即最有可能的行為，是我們應該特別注意的。(作者達到這種結論，曾得益於和同學施德來(Hans Staehle)的討論。)

的收入彈性與替代彈性的加權平均數（weighted average）。① 因此，需要的價格彈性不是一個獨立的指標，而是可化爲兩個基本數的指標，即需要的收入彈性及替代彈性。

我們已經相當詳細地討論了收入變動與糧食需要變動之間的關係。對於我們的研究，國民收入及其變動也是很關重要的，因爲它是工業進步的指標，因而也是工業化程度和速度的良好標志。② 當工業化開始進行時，工業工人的收入（實際收入）與工業家及商人的收入一樣，都會繼續上升到較高的水平。在這種情況下，對於糧食的需要將隨着增加，但是增加比例較小，有時是以一種劇烈的漸減率而增加的。這是由於恩格爾法則和凱恩斯關於消費的所謂"基本心理法則"同時作用的結果。後一法則在上面曾經提到并討論過。至於恩格爾法則，有一部分是認爲當家庭支出（其本身是收入的函數）增加時，用於食物支出的絕對量將增加，但是用於食物支出的相對量却減少了。③ 不過，不論用於食物的支出在比例上是怎樣小，當收入上升到一較高水準時，整個社會對糧食的需要一般總是增加的。這樣的糧食需要增加，加上由於人口的自然增長及人口的職業轉移所引起的糧食需要增加，除非耕種技術改良而使糧食生產更爲增多，否則就一定會對糧食的供給帶來壓力。

我們已經注意到，需要的收入彈性，因食品不同而有差異。因此，當整個社會的總收入上升到較高的水準時，或者當某一集團的收入增加而其他集團的收入不變時，自然會引起各種食品需要的轉移——轉移到

---

① 這一公式的原來形式是：

X 的需要價格彈性 $= Kx \times (X$ 的需要收入彈性$) + (1-Kx) \times (X$ 與 Y 間的替代彈性$)$

其中 Kx 是收入用於商品 X 的部分。見 J. R. Hicks and R. G. D. Allen, *A Reconsideration of the Theory of Value*, Part I, *Economica*, February 1934。

② 國民收入增加，也可以由於工業進步以外的原因，如國外貿易的擴張等。但是在最後的分析中，即使是國外貿易的擴張也必定與工業進步有密切的關係，尤其是當我們把工業進步看做主要的起於技術進步的變動時，此種關係更爲密切。

③ 關於恩格爾法則的詳細討論，見 C. C. Zimmerman, *Consumption and Standard of Living*, New York, 1936, especially pp. 117-118。

高價的食品。這種轉移，反過來，對於糧食生産的轉移又會有重大的影響。不過我們應該認清，由於收入增加而引起的轉移，與由於人口自然增長而引起的轉移，大有不同。在人口壓迫的情形下，這種轉移大多是由"精細"（light-yielding）食糧轉移到"粗重"（heavy-yielding）食糧。其意義就是含熱量（calories）較多（每畝的熱量生産力較高）的食品，代替了含熱量較少的食品。有些學者將這種情形稱爲"糧食生産受人口密度影響的法則"①。我們必須指出，這種法則，祇能在假定技術不變或是技術變化可忽略不計的情況下，纔能發生效力。這就是中國數千年來的情形。另一方面，收入水準上升時所引起的轉移，其性質是完全不同的。"保護性的"（protective）食品如肉、鷄蛋、乳製品、蔬菜及水果，將代替"産生熱能的"（energy-producing）食品如米、麥及其他穀物、馬鈴薯、紅薯等。② 要首先在消費上然後在生産上完成這樣的轉移，祇有改進耕種技術，纔有可能。這是因爲要支持定量的人口，就熱量生産能力而論，攝護性的食品所需土地，較發熱能的食品所需土地爲多。③ 如果一個國家或一個地區耕種技術不能改進，或者不能改進到足以供應全部攝護性食品所需要的程度（可以生産量來衡量），那麼，糧食供應的缺乏，將成爲不可避免的結果。在那種情形下，祇有與其他國家或地區互通貿易，纔是一種最可能的及最有功效的補救辦法。但是歷史的經驗告訴我們，耕種技術的進步總是和工業發展并行不悖的。於是，這個問題就將轉變爲耕種技術進步與工業發展之間的速度差异問題。關於這個問題，以後各

---

① Wilbur O. Hedrick, *The Economics of A Food Supply*, New York and London, 1924, p. 28。
② "保護性的"食物富於高級的營養素如蛋白質、礦物質及維生素等，而"發熱能的"食物則含碳水化合物較多，因此能産生較多的熱能。見 League of Nations, Mixed Committee, *Final Report on the Relation of Nutrition to Health*, *Agriculture and Economic Policy*, Geneva, 1937。
③ 關於各種食品的每畝生産力（以營養素來表現），見 Raymond P. Christensen, *Using Resources to Meet Food Needs*, 1943, Published by Bureau of Agricultural Economics, U. S. Department of Agriculture；又 J. D. Black, *Food Enough*, Lancaster, Pennsylvania, 1943, Chapter 12, pp. 131-143。

章將作進一步的討論。

第二節 聯繫因素之二：原料

原料可以將作爲一個生產部門的農業和作爲另一個生產部門的工業聯繫起來。就原料來說，農業的作用是供給的來源，而工業的作用則是需求的力量。我們對於目前這種關係的分析必然祇能是局部的，這點應該認識清楚。一方面，并非所有的工業都需要農業原料。而且事實上，整個工業有一種趨勢，就是所用原料來自農業以外者日益增多。這種趨勢有兩種含義：一是所用原料來自農業以外的新工業逐漸增加；二是原來祇用農場所生長的原料的老工業現在也轉用其他來源的原料。關於後一種情形，最顯著的例子就是紡織工業。紡織工業所用原料原來祇有棉花、生絲及羊毛，現在則以一種漸增的比例，轉而使用混合的原料，即舊有原料與人造原料（如人造絲、尼龍等產品）的混合物。另一方面，農業不僅供給原料，而且事實顯示着：農業供應食糧的作用，過去超過而現在仍然超過供給原料的作用①，盡管自從交換經濟通行以來，這種作用已經有了變動——從供應糧食轉移到供給原料。

一、加速原理與周期變動

加速原理（the acceleration principle）已經廣泛地應用到闡述和解釋經濟周期中。據哈伯勒（G. Haberler）的精心解釋②，這個原理是說明"製成品和勞務的需求和生產變動，每每引起生產這些製成品的生產資料產品，在需求和生產上，發生更劇烈的變動"。我們須注意，這裏製成品不是

---

① 簡略說來，食料也可以當作糧食加工及包裝工業的原料。但是我們必須注意，加工及包裝之當做一種生產部門，是與製造大不相同的。在目前的討論中，我們的重心是放在製造工業上，視其爲就嚴格的意義而言使用原料的唯一工業。

② Gottfried Haberler, *Prosperity and Depression*, Geneva, 3rd Edition, 1941, p. 88, also p. 304 and p. 473, with following pages respectively。

狹義地祇解釋爲消費品，而是廣義地指相對於前一生產階段而言，在任何階段"已經製成"的產品。加速原理不僅適用於消費品對於它以前各生產階段的影響作用，也適用於任何中間過程產品對於它以前各生產階段的影響作用。因此對消費品的需求一有輕微變動，就可以引起對初級貨物（goods of a more primary order）需求的劇烈變動；而且因爲這種加強作用常常傳播到所有的生產階段，所以距離消費領域最遠的生產階段常常波動最烈。由是甚至還可以發生某一階段的需求增加率稍有遲滯，就引起前一階段產品的需求真正下落的情形。

農業是一種初級生產事業，就發達的經濟社會而言，是離消費領域最遠的生產階段。農產品價格變動與工業品價格變動之間的關係，最好是用加速原理來解釋。① 由若干長期的統計資料②，我們對於這種關係可以得出幾點結論。第一點，農產品的價格與工業品的價格有相同的傾向。第二點，農產品價格變動的振幅（amplitude）總較工業品價格變動的振幅爲大。這正是加速原理的中心意義。第三點，農產品的價格變動總在工業品的價格變動之後，帶有一年、兩年或三年的"滯後"（lag）。對於任何兩個連續的生產階段相互距離甚遠而足以分開者，就具有這三種主要形態，即相同的傾向、加速的影響及變動的滯後。這種關係，我們可以稱之爲需求（工業）與"派生的需求"（農業）之間的關係。

研究農產品與工業品價格的加速影響及滯後影響，自然會促使我們

---

① John H. Kirk 在其著作的開端，曾含蓄地論到加速原理。他説："我們可以看到，在蕭條時，農業所遭受的經歷及所遇到的問題總是比工業通常所遭受的，要困難和嚴重一些。反之，當貿易興盛時，農業往往還超過正常的繁榮，而且農業國家也就興旺發達。總之，農業是以加強的程度分受貿易的周期波動的。" 見其 *Agriculture and Trade Cycle*, London, 1933, p. 3。

② 見 V. P. Timoshenko, *The Role of Agricultural Fluctuations in the Business Cycle*, Michigan Business Studies, June 1930, p. 17, Chart 8, Agricultural (Crop) Prices and Industrial Prices, Deviations from Trend, covering a period of 1866—1920。Also U.S. Department of Agriculture, *Agricultural Outlook Charts*, 1944, p. 8, Prices Received by and Paid by Farmers, Index Numbers, covering a period of 1910—1943。

探求農業在經濟周期中的作用以及在周期變動中農業與工業的關係。老牌的"收穫周期"學說，以杰文斯父子（W. S. Jevons，H. S. Jevons）及莫爾（H. L. Moore）①爲代表，是用農業出産存在有相同的時間性這一事實，來説明經濟周期的時間性。其間的因果聯繫是由太陽的影響引起氣候的變化，由氣候的變化引起收穫的變動，再由收穫的變動引起一般商業的波動。但是這一派的學者們本身對於收穫周期的期間長短，意見也各有不同，小杰文斯（H. S. Jevons）認爲期間是三年半，莫爾認爲期間是八年，而老杰文斯（W. S. Jevons）則認爲期間是十年半。這種意見的不一致，構成了反對者集中攻擊的一個主要目標。

另一種見解認爲農業波動是引起經濟周期的一種重要因素，但并不是唯一的因素或最重要的因素。采取這種見解的是庇古（A. C. Pigou）、羅伯遜（D. H. Robertson）及狄莫辛科（V. P. Timoshenko）諸人。庇古②及羅伯遜③却認爲收穫變化是加速累積的起伏波動的重要而潜在的原因，雖然他們將這種累積過程歸於其本身的性質，其期間長短也是部分地由心理的及其他種種的因素所決定，而與收穫波動的期間則毫無關係。他們還認爲，農作物收穫或畜産品出産的波動，與科技發明或戰爭相類似，其發生的時間是無規律的，能夠促使工業體系擴張或收縮的累積過程發生作用，或者另一方面，能夠加强或阻抑同時發生的擴張或收縮活動。④狄莫辛科根據對美國經濟情況的統計資料的分析，得出結論，認爲農業波動的作用，作爲經濟周期的直接或間接的原因，在美國是很重要的，

---

① H. L. Moore, *Economic Cycles*: *Their Law and Cause*, New York, 1914。
② *Industrial Fluctuations*, London, 1927。
③ *A Study of Industrial Fluctuations*, London, 1915; and *Banking Policy and Price Level*, London, 1926。
④ 關於這種見解的進一步討論，見 J. H. Kirk, *Agriculture and the Trade Cycle*, Part Ⅱ; and Haberler, *Prosperity and Depression*, Chapter 7, Harvest Theories: Agriculture and Business Cycle, especially p. 153, and pp. 155-158。

尤其在第一次世界大戰前的四十年間最爲重要。① 他認爲農業波動可作爲周期的發動者，可作爲產業復蘇的外在動力，而且由是可將美國導入繁榮期，其重要性似乎是無可置疑的。他的論證可以簡述如下。收穫物產量的周期，引起收穫物價格的周期。這種收穫物價格的周期，雖然在相當程度內與工業品價格是相關聯的，但是并非和後者完全一致。結果，農產品價格對工業品價格的比例也是顯出周期波動的。如果農產品價格對工業品價格的比例低，則一般必預示產業復蘇，或與產業復蘇同時發生；如果比例高，此則每每發生於極度繁榮或金融緊迫的時期，其結果必預示產業衰落，或與產業衰落同時發生。這些事實指出了經濟周期可以部分地爲農產品價格對工業品價格的比例所引起。我們對於他的這種論證和結論，還可稍加評論。我們認爲，固然農產品價格對工業品價格的比例可以顯出周期波動，但是如果認爲這種比例可以成爲經濟周期的原因，那却是很值得懷疑的。這是因爲最後分析起來，經濟周期各個不同階段中的這種比例的變動，仍是由於農業和工業生產結構本來具有的基本性質所引起的，這一點最好是以加速原理來解釋。這種比例變動，實爲經濟周期的結果，而非經濟周期的原因。

第三種見解，主要是以美國經濟學者如漢森（Alvin H. Hansen）及小克拉克（J. M. Clark）爲代表，否認農業生產的波動是經濟周期變動的原因。他們認爲農業不是一種主動因素，而祇是一種被動因素。漢森曾作巧妙的比喻，認爲農業一天天變爲"工商業的足球"②。漢森的論證，見於剛纔在注解中所引的論文，我們可將其概述如下。第一，從弗里希（Ragnar Frisch）、康德拉捷夫（N. D. Kondratieff）及其他諸人的著作中，我們已經知道，通常所謂經濟周期，實際是許多周期合成的，農業周期也可能是其中之一。可是，却不能由此推斷出，經濟周期僅僅是農業周

---

① V. P. Timoshenko, *The Role of Agricultural Fluctuations in the Business Cycle*, Michigan Business Studies, June 1930。

② Alvin H. Hansen, "The Business Cycle and Its Relation to Agriculture", *Journal of Farm Eeconomics*, January 1932, pp. 59-67。

期的結果。第二，祇要能表明農業中偶爾發生的波動（sporadic oscillations）引起了經濟周期而它本身并不卷入周期，那麼，農業對於經濟周期的關係就非常簡單了。於是，解決的方法似乎在於按照庇古和羅伯遜所建議的途徑。但如果農業生產和農產品價格本身真的卷入了周期，那問題就變得複雜多了。即使承認這類周期存在，我們對於它們彼此的偶然關係的性質，仍然無法明白。第三，農產品價格的周期變動不能用產量的波動來解釋，因爲產量在事實上是相當固定的，① 也不能用對農產品的需要缺乏彈性來解釋，而祇能用產業波動所引起的整個農產品的需求曲線轉動，以及由此所引起的工業作爲農產品購買者的吸收能力的變動來解釋。基於這幾點及其他有關各點，漢森提出一道命題（開頭他就承認，這祇是一個假設），說農產品價格的周期波動，甚至在某種限度内，農業生產的周期，主要實爲經濟周期所決定。他懷疑是否可能就農業對經濟周期的關係的明確性質，得出一個確定的結論。

　　哈伯勒所采取的見解，似乎是折中以上三種論説，尤其是折中後二種論説。他以爲這三種見解并不一定是互相排斥的。我們可能將農業生產方面的一般對需求變動缺乏反應的特性，與它對工商業可能有影響的偶現的自發變動或定期的自發變動，調和起來。② 在討論了農業波動可能影響一般工商業的各種途徑，以及工業波動可能影響農業的各種途徑以後，哈伯勒得出下面的結論：想要用周期變動的"農業學説"取代周期變動的貨幣學説或投資過度學説，其不能成立，正如同想要用周期變動的"發明學説"（invention theory）或"地震學説"（earthquake theory）來取代它們，其不能成立，完全一樣。總之，在這方面所能嘗試的，是將農業波動的重要性找出來，以之作爲經濟制度中的一種潛在激發力量。③ 這種論調與庇古的見解更爲接近。至於豐收是否有利於貿易及歉收是否有

---

① 在這一點上漢森的見解和狄莫辛科不同。狄莫辛科認爲農產品價格的變動，主要的是依靠農業生產而定，而與商業幾乎毫無關係。
② Gottfried Haberlor, *Prosperity and Depression*, 1941, p. 154。
③ Haberler, 同前書, pp. 163-164。

害於貿易的問題，我認爲哈伯勒提出的見解比較合理，可以考慮接受。他說，首先，這個問題應根據經濟周期發生擾亂的階段而定。很明白的，一次豐收可能產生激發的作用，也可能產生緊縮的影響，要依循環的階段及受影響的地區和人口而定。其次，我們不要太草率地假定麥子豐收與棉花豐收有相同的影響。收穫物不同對於工業及貿易的影響也不相同的事實，應該加以考慮。最後，我們還要考慮收穫變動的周期性達到什麼程度；如果這種變動是周期性的，我們就要考慮對於一般經濟周期而言，這種收穫變動的自發性及獨立性達到什麼程度。①

關於農業在經濟周期中的作用及其在周期變動中與工業的關係，我們已作了簡單的討論。我們從那種認爲農業在經濟波動中具有唯一的或支配的作用的極端見解，討論到那種認爲農業祇是"工商業的足球"的另一極端見解。至於本書的作者，則認爲祇要我們能認清并注意到歷史發展的意義及其複雜情況，這種見解的分歧就可以大部消除，至少也可以將爭端本身解釋明白。如果我們認爲經濟周期祇是現代資本主義經濟發展到較高階段以後纔產生的現象，那麽農業就祇能在經濟周期中處於被動的地位，而且日益成爲"工商業的足球"。但是另一方面，如果我們廣義地解釋經濟周期，甚至將產業革命時期以前或產業革命早期經濟現象的周期變動也包括在內，則農業在一定時期和一定地區內，在引起和形成經濟周期方面可以發生重要的甚至支配的作用。從歷史上看，在工業化的過程中，食糧和農業原料已經被削弱了決定經濟活動區位的作用，而將這種作用讓位於礦產資源如煤炭了。談到經濟活動的周期變動，在其發動和形成上，也似乎發生了同樣的情形。更進一步，如果我們在解釋現代資本主義制度下的經濟進步和周期變動時，認爲祇有企業創建精神及生產技術是發動的因素②，而制度上的形態如生產結構及貿易組織等充其量祇是修整和定形的因素，則上述爭論幾乎都是無關緊

---

① Haberler，同前書，p. 164。
② 關於這一命題，讀者可參考本書第三章第二節的討論。

要的。

將這種複雜的情形放在心目中，我們就可以得到下面的結論：農業在經濟周期中是否起作用以及起何種作用，乃依人們所用經濟周期的概念以及對經濟進化所采取的根本觀點如何而定，而且這種作用在經濟發展中也并不是一成不變的。由於農業生產的供給缺乏彈性及其他特性，農業就價格現象言，在周期變動中每每較工業受到更大的波動。在景氣時，農產品價格每每較工業品價格上漲更烈，而在蕭條時，則下落更甚。然而這種情形并非表明收入變動也必定采取同一方式。相反，農業收入對城市勞動收入及資本收入的關係，往往表現出一種很不相同的圖景。①

二、原料成本與工業區位

有些工業以農產品爲原料，如紡織工業、製革工業、製鞋工業、糧食加工及包裝工業。在這些工業的成本結構中，原料成本每每占居重要的地位，在若干場合還占據支配的地位。讓我們以棉紡織工業爲例。在中國，根據 1933 年中央研究院社會科學研究所的調查，就十四磅粗布而言，原料占總成本百分之三十點五，直接勞動占總成本百分之三十四點三；就十二磅細布而言，原料占總成本百分之二十七點四，直接勞動占總成本百分之三十點七。② 在美國，根據 1935 年所作的一個調查，在各種不同的紡織品中，原料成本在不計銷售費用的總成本中所占成分是從百分之三十三點一到百分之六十點七不等。③ 至於任何單個工業，工業進步或技術改良是否會使原料成本在成本結構中的百分比加高或減低，研究資料尚感缺乏。不過我們可以假定，兩種情形都是可能發生的。此

---

① 參閱 J. D. Black, *Parity, Parity, Parity*, Cambridge, Massachusetts, 1942, Chapter 8, The Three Shares of National Income, and Chapter 9, Farm vs. City Incomes。
② 王子建、王鎮中：《七省華商紗廠調查報告》，商務印書館，1935，第 122 頁。
③ H. E. Michl, *The Textile Industries: An Economic Analysis*, New York, 1938, p. 111。

處我們祇須強調，原料成本在一個工業的成本結構中占有的重要性有兩種效果。第一，在景氣時，在蕭條時，以及在正常的時期，使用原料的工業與供給原料的農業會互相發生影響。農業收入和使用農業原料的工業的利潤兩者之間的變動關係，是這種互相影響的良好指標，雖然它祇是一種局部的指標。關於這種關係，本章最後一節將有詳細的討論。第二，原料成本對於一個工業的區位有重大的影響。這方面的問題是我們現在就要探討的。

原料的來源的確是決定工業區位的一個主要因素，雖然其重要性因工業不同而異，并且要依這些工業的生產結構的特性而定。胡佛(Edgar M. Hoover, Jr.)在研究製造業的區位時，認為"要得到一個生產過程的各個連續階段的利益，促使任何生產階段的區位，要不就定於原料的來源地，要不就定於消費點(市場)，而不會定於任何中間的地點"。這是因為"當使用兩種原料而生產地是在兩種原料的來源地之一或在市場時，整個過程祇須載運兩次。當生產地是在另外的第四地點時，整個過程就須載運三次。於是我們可以說，當最低運輸成本點很靠近一個沒有裝卸成本(loading cost)的區位點時，爲要節省裝卸成本，會使這一最低運輸成本點移向該區位點。這種情形更限制了生產區位離開市場和原料供給地而移到另外一個地點的可能性"。① 胡佛由此得到一個結論，認為許多就個別分離的生產地點作出的運輸定向(transport orientation)的幾何派的分析是沒有什麼用處的。② 在原料來源及市場以外，胡佛介紹了另外一種區位地點，即運輸的自然交叉點(natural breaks)——例如港口、貨運中心或鐵道中心。"就減少拖運次數及裝運費用言，此種區位可以發生與原料區位或市場區位相同的利益"③。因此，我們根據胡佛的見解可以

---

① Edgar M. Hoover, Jr., *Location Theory and the Shoe and Leather Industries*, Harvard University Press, 1937, p. 57。
② A. P. Usher 在其 *A Dynamic Analysis of the Location of Economic Activity* 一書中(Mimeographed, 1943)，采取同一見解。
③ Edgar M. Hoover, Jr., *ibid.*, p. 58。

作一小結，即運輸成本的影響事實上每每使生產區位確定於市場，確定於原料來源地以及確定於運輸網的交叉或終點。

在以生產技術爲主的"技藝情況"一定時，經濟活動的區位是由人口定居的方式和自然資源的分布來決定的。這意思是説，當生產技術一定時，工業區位是由市場和原料來源兩方面所產生的力量來決定的。不過市場與原料來源并不是互相排斥的。從歷史上可以看到，在經濟發展的初期，市場與原料來源是和諧一致的，在若干場合，甚至還合而爲一。家庭農業與家庭工業的經濟就是這種情形的一個典型例證，甚至在今天，有些國家仍有這種情形。人口的"農業基層"（basic agricultural stratum）——這是韋伯（Alfred Weber）及里希爾（Hans Ritschl）所用的名詞①——是十分簡單地依據自然資源的分布來決定區位的，一般在較肥沃的地區，人口較密，耕作亦較集約。由於運輸的改良，貿易和地區專業化又有發展。於是，第二個人口層出現了，爲農民帶來了簡單的鄉村工業。因爲原料、市場及勞動力最初都是由農業人口來供應的，所以新的"工業上層結構"（industrial superstructure）是依據那種"基層"人口來確定區位的。顯而易見，在經濟發展的這個階段中，市場和原料來源實際上是合而爲一個地點的。

市場與原料來源之分離，是伴隨着"都市化"（urbanization）過程的開始而發端的，并伴隨着這一過程的繼續進行而益甚。在這種都市化過程中，工業化不過是其中最有聲色的一個階段。在這一階段，市場和原料來源是作爲決定工業區位的兩個單獨的力量而存在着的。一個工業是否應定位於原料來源地或定位於市場，大都須視生產結構的特性如何而定。簡言之，這種區位是依據原料成本對總生產成本的相對重要性而確定的。關於這點，我們可以穩妥地説，凡使用同種原料而經過連續不同的生產

---

① 見 Alfred Weber, *Industrialle Standortslehre*, in *Grundriss der Sozialökonomik*, Volume Ⅵ, 1914; Hans Ritschl, *Reine und Historische Dynamik des Standortes der Erzeugungszweige*, in *Schmollers Jahrbuch*, 1927, pp. 813-870; and Edgar M. Hoover, Jr., *ibid.*, p. 284。

階段之工業，早期的生產階段，較之後期的生產階段，應定位於接近原料來源的所在地。從胡佛對製革工業與製鞋工業的關係的分析，我們可以引用一個好的例證。他認爲製革工業及製鞋工業可以當做一個過程的連續階段。基於相同的理由，大多數加工和磨碾工業的區位也是靠近原料來源的。他說："製革工業，從其大部歷史及其大多數分支機構來看，主要的是依據各種原料的運輸成本來確定區位的，而且還可以解釋我們所要論到的很多同類工業的行爲。另一方面，製鞋工業同樣是另一類工業的代表，一般說來，這一類工業的運輸成本，與熟練勞動等所提供的利益比較起來，則是不很重要的。"[1]

技術變化能使工業重定區位，即使是主要以農產品爲原料的工業也一樣。這是因爲，一方面技術變化本質上能改造一個工業的成本結構；另一方面技術變化能創造新的外部經濟（external economies）或是創造利用原有的外部經濟的新機會。

第三節　聯繫因素之三：勞動力

在第一節中，我們已經分析了人口與糧食需要的問題。在本節中，我們將進而觀察作爲農業和工業勞動力供給來源的人口。以人口作爲勞動力供給的來源，我們要探討的第一個問題，就是在自然資源一定及技術發展階段一定時的"適當的"人口量（the "optimum" population）。第二個問題是人口的職業分配，尤其是在農業與工業之間的分配問題。由於許多原因，其中尤以技藝適應的困難最爲重要，在短期中，農業與工業之間勞動力的移動性可以視爲零；但是在長期中，勞動力應視爲可以在農業和工業之間互相移動的，雖然勞動力從城市回到農村是較爲困難而

---

[1] Edgar M. Hoover, Jr., *Location Theory and the Shoe and Leather Industries*, Harvard University Press, 1937, p. viii。

很少有可能的。在工業化的過程中,當技術變化最顯著時,勞動力從農村移到城市的狀況也最爲明顯,雖然技術變化并不是引起這種移動的唯一因素。在技術的發展情况一定時,勞動力的轉移依然會發生於不同的各生產部門之間。這方面的情形也是本節所要討論的。

一、人口與勞動力供給

正統派的經濟學者每每認爲"勞動力供給"和總人口的意義相同。當他們討論報酬率的變動引起勞動供給的變動時,他們所考慮的祇是長期變動而非短期變動。在他們看來,任何一個時期,當總人口一定時,勞動力的供給也是固定的。這種見解之不適當,很久以前就已經爲朗格(F. D. Longe)在駁斥工資基金學說時指出來了。他認爲:"勞動力的供給祇是一種潛在工作(potential work)的供給,而且每一個有實際經驗的人都會明白,從勞動者所得到的工作量并不是由勞動者的數目來決定的,正如從一個果園所得到的蘋果數量,不是由園中樹木的數目所決定的一樣。"① 近年來,有些學者時常指出傳統見解的缺點和不當,其中道格拉斯(Paul H. Douglas)在他對工資學說所作的有價值的分析中,曾對於上述見解提出了強烈的反對論點②,其內容如下:勞動力的供給,即使在兩個人口相等及年齡分配相同的國家之間,也可以有很明顯的差異。第一,在同一個年齡組合中,有報酬的被雇者比例,由於社會傳統及工資不同,而可能有差異。第二,每天的工作時數可能有差異。第三,工人曠工的日數可能有差異。因此,勞動力的供給,并不如大多數古典學者所抱的見解那樣,與可雇用的勞動者'存在數量'(stock)完全一致,而却可能如同在兩個不相等的人口之間一樣,發生着很大的差異。由是,我們可以推知,報酬率的變動可以改變任何一個時候所提供的勞動者數量,因爲上

---

① F. D. Longe, *A Refutation of the Wage-fund Theory* (Reprinted under the Editorship of G. H. Hollander), Baltimore, Maryland, John Hopkins press, 1904, pp. 55-56。(Original printing, London, 1866)。

② Paul H. Douglas, *The Theory of Wages*, New York, 1934, pp. 269-270。

面所列舉的三個變數中的每一個變數，都可能因工資率的變動而波動。

在古典傳統以外"注重實際的經濟學者"①，已經認清了這種短期供給與工資率有某種函數關係的趨勢，例如 17 世紀及 18 世紀大多數的英國重商主義者，就相信勞動力的供給曲綫是"向下"傾斜的，還相信工資增加會引起工作量減少，而工資減少會引起工人工作更多的時間。就被雇比例而論，勞動力供給曲綫向下傾斜的見解，道格拉斯已經在統計上加以證實而且更有力量了。②

關於在短期勞動力供給方面當做主要變量的每小時工資與工作時數的關係，奈特（Frank H. Knight）曾經指出，一個工人合理的工作量度祇能達到一定點，在該點，從被雇的最後時間單位所獲貨幣而得到的效用或滿足，應和這同一個最後的時間單位的工作所招致的反效用相等。③工資增加可以使得所提供的勞動數量減少，而工資減少則大概會有相反的效果。因此他相信，就工作時間來說，短期的供給曲綫是向下傾斜的。然而對這種推理體系的正確性，羅賓斯（Lionel Robbins）曾提出質疑。他指出，如果這種推理完全正確，則將無人工作較長的時間以求得較高的收入報酬。他根據邏輯而作推論說，一個人是否在報酬多時工作較少或者在報酬少時工作較多，須視以"努力"（effort）計算的對收入的需要彈性而定。④ 不過，他未曾為他所謂的"努力"下定義，因之這種曖昧不清的概念，使他的論點反而顯得更難以理解。

本書不擬進入這種爭論。此處我們祇須表述兩點。第一，一個勞動者是否在工資減少時增加工作時間而在工資增加時減少工作時間的問題，祇有依據勞動者的所得屬於何種"收入水準"纔能解答。我們可以說，對

---

① Douglas 所用之名詞，見上注所引之著作，p. 270。
② Paul H. Douglas, *Theory of Wages*, Chapter 11, The Short-run Supply Curve of Labor, especially pp. 272-294。
③ Frank H. Knight, *Risk*, *Uncertainty and Profit*, pp. 117-118。
④ Lionel Robbins, "On the Elasticity of Demand for Income in Terms of Effort", *Economics*, Volume X, 1930, pp. 123-129。

於收入水準較低的勞動者，上述的效應是極可能發生作用的，而對於收入水準較高的勞動者，則往往不發生作用。但是何種收入水準應視為低水準，何種收入水準應視為高水準，又是由許多因素決定的，而且這種概念的本身也因時間、因國家而有不同。第二，工作時間的供給曲綫依所獲收入而向下傾斜的情況，最好是以農業來闡明。在蕭條或歉收的時候，農民傾向於，而且在若干場合還不得不工作較長的時間，大多是加長所營副業的工作時間，以彌補其最低生活的要求。這種情形同樣見於商業化農場（commercialized farms）和自耕農農場（peasant farms）。美國農民早在1929年開始的嚴重蕭條中所遭受的經驗，就是最好的例證。農民每單位產品及每單位工作時間的實際收入，都大大下落。農民為要填補這種收入的損失，至少填補其中一部分，就要工作較長的時間。在1929年左右，中國東部的農村也發生過同樣的情形，當時，絲的輸出狂落，大大地減少了那一地區的農場收入。

　　長期的勞動力供給，不僅由影響短期勞動力供給的一切因素來決定，而且也由人口增長量及人口增長率來決定。① 人口的增長，在兩方面發生作用。一方面是對需要發生作用，產生對於食糧及其他必需消費品的新需要。另一方面是對供給發生作用，使這一經濟社會增加新的勞動力，這種新勞動力可以用於開發新土地，可以用於從事新工業，或用於加強老的生產部門，或則乾脆閒置不用。假如這兩種相反的力量，如同在卡塞爾的"匀速進步情況"（cassel's "uniformly progressive state"）②中一樣，保持與原來相等的增進率，就不會發生什麼新的失調。如果一方的力量超過另一方的力量，例如糧食的需要超過新的勞動力供給所增加的生產，

---

① 參考 Douglas, *Theory of Wages*, *Chapter* 13, The Long-run Supply of Labor as Conceived by Economists and Students of the Population Problem。他在此處用從馬爾薩斯的人口理論直到 Raymond Pearl 的人口增長法則，來討論現在這個問題。

② Gustav Cassel, *Theory of Social Economy*, London (English edition), 1932, Volume Ⅰ, p. 34。我們必須注意，Cassel 的"匀速進步情況"，與靜態情況比較起來，并無任何本質上的不同，因為在這兩種情況下，平均每人資本均未增加。

即使考慮到這些新產品能用以與其他經濟社會相交換，但這一經濟社會的生活水平一定會降低。從馬爾薩斯以來的正統人口理論，都祇考慮這一方面的情形。我們必須指出，正統派學者不曾考慮生產力增高的這個因素。在靜態經濟中，生產力不增加，或是生產力的增加率不能補足需要超過供給的差額，報酬漸減法則就可能發生作用，尤以農業爲然。時日漸久，這種情形自然會使糧食短缺，構成更嚴重的問題。但是生產力及其增加率是一種如此重要的因素，凡研究經濟問題者都絕不能輕易忽視之。正是基於這種理由，正統的人口理論纔被人摒弃了。

就考慮生產力的變化一點而言，現代對"適當人口量"（Optimum Population）的研究，與正統派經濟學者的研究，頗爲不同。像現在這種生產技術發生變化的改革觀念，有時可以使所要求的人口數量較大，有時又使其較小，對於正統理論可說是完全陌生的。約翰・穆勒（J. S. Mill）原被有些學者視作"適當人口理論之父"，可是他的"適當量"祇需固定一次就永遠不變了，無論怎樣的改革也不會將其改變。另一方面，現代理論的"適當量"是不斷移動的；它在本質上就是"改革的進步"的一種函數。① "當生育節制的方法日增時，決定其方向及速度者，主要的是經濟因素，或生活標準，以及工業技術的不斷進步，因而'適當人口量'將是給予每人最高收入的一個變動數字。"②因此，若一地區內每人總所得，較之人口略少時的每人總所得爲小時，則此地區爲"人口過剩"

---

① Lionel Robbins, *The Optimum Theory of Population*, in *London Essays in Economics*, London, 1927, p. 111。Edwin Cannan 很久以前就提出，適當人口量必須是一種"變動的"形態，而且這種概念應該與"生產力"相關聯。早在 1888 年當 Robbins 的 Elementary Political Economy 初次發行時，Cannan 在該書的序言中（p. iii）就説過，"認爲人口增加必定總會減低工業的生產力，或人口減少必定總會增高工業的生產力的見解，并不正確。同樣，認爲人口增加必定總會增高工業的生產力，而人口減少則總會減低工業的生產力的見解，也并不正確。事實却是工業生產力的增進有時是由於人口增加，有時則是由於人口減少。"

② J. A. Hobson, *Economics and Ethics*, New York and London, 1929, Part Ⅳ, Chapter 6, An Optimum Population, p. 345。

(over-populated),這種人口過剩點,可能在"生活資料的壓力"問題發生以前,早就已經達到了。① 總而言之,現代經濟學者的研究,是着重"人口量大小"(size of population)與"生產效率"(productive efficiency)之間的關係,換言之,是着重人口量大小與在生產中一切和勞動力合作的其他因素的數量及生產的技術系數之間的關係。由於考慮這種關係,就產生一種與馬爾薩斯的"最大人口量"(maximum population)相反的概念,那就是和一定生活品數量相適應的"適當人口量"的概念。所謂"適當人口量"就是當其他因素(包括土地、生產技術、資本及組織)的數量一定時,能生產"最多產品"(maximum product)的人口量。高於或低於這種人口量的任何增減,都會減少出產數量。② 這種適當量,與約翰·穆勒所提出的適當量相反,并不是任何時候都固定不變的,而是祇有依據經濟制度中所有的其他資料纔能決定的。

二、人口的職業轉移——勞動力自農村轉入工商業以及自工商業轉入農業

一般的見解都認爲貿易與勞動移民可以當作兩種相互替用的方法。這就是說,任何兩個地區可以互相交換它們各自的生產成品,也可以互相交換它們各自的以勞動爲主的生產要素。羅森斯坦-羅丹(Rosenstein-Rodan)以一種不同的說法來闡明這同一事實,認爲"應用國際分工的原則,若不是勞動必須運去以就資本(移民),就是資本必須運去以就勞動(工業化)"。③ 這對於一國以内各區域之間的移動也是同樣適用的。但是我們必須分清勞動力從一個地區移至另一個地區與勞動力從農業轉入其他生產部門的區別。勞動的移民,在大多數場合,祇是由於饑饉或當地

---

① Lionel Robbins, *The Optimum Theory of Population*, in *London Essays in Economics*, London, 1927, p. 120。
② Eric Roll, *Elements of Economic Theory*, Oxford University Press, 1937, p. 215。
③ P. N. Rosenstein-Rodan, "Industrialization of Eastern and South-Eastern Europe", *Economic Journal*, June-September, 1943, p. 202。

勞動力供給過多而產生的壓力所引起的。亞洲諸國的移民，例如從印度及中國移民到南太平洋各地，就是一個典型的例證。這裏不需要有任何技術變化。這種轉移仍祇能認爲是生產的"粗放化"（extensification），而不是生產的"集約化"（intensification）。另一方面，勞動力自農業轉入其他生產部門則不同，因爲這種轉移主要的是由於某一經濟社會所發生的技術變化，或是由於其他生產部門，如工商業的擴張，引起了對勞動力需要的增加。這種意義的勞動轉移，是一種職業或就業的變動，因此，可以引起也可以不引起區域之間的勞動移民。這種情形在實行工業化的很久以前就可以發生，但是工業化則已經使這種情形，并且將繼續使這種情形在經濟進化史上發生最顯著的作用。

　　勞動力從農業轉入其他生產部門所表現的這種職業轉移，可以從每人貨幣報酬的差異中得到解釋。因爲我們對於由農業得到的收入難以進行精確的計算，我們祇能穩健地說，除了新興國家的大農業經營者，殖民地國家的種植園主，以及少數歐洲的大農業經營者以外——這些人祇構成全部農業經營者中的很小部分——從農業經營所得到的實際報酬，總是小於從工業、商業及自由職業等所得到的實際報酬。[①] 當工商業在擴張時，這種差異或間隔變得更大，在工業化初期尤爲明顯。然而貨幣報酬的差異并非造成勞動力在各生產部門之間轉移的唯一理由。關於這個問題，我們將在第五章中作進一步討論。我們也要認清，即使是農業的貨幣報酬低得多，但仍然有許多因素補償這種低收入，并使農業勞動力不致轉移到其他生產部門。在這些因素中，我們可以舉出：占有土地所具有的安全感，不像工業勞動者那樣易於受人支配的農民獨立性，以及目睹勞動用於種植農作物、植樹及畜養所得到的活生生的成果而產生的滿足，等等。

---

① 例如在美國，由統計可以知道，在 1924 年從事農業者每人收入（每年平均數爲 281 美元）大約是各種職業者總平均每人收入（每年平均數爲 712 美元）的五分之二。見 Royal Institute of International Affairs, *World Agriculture: An International Survey*, London, 1932, p. 59。

在勞動力的移動和就業的選擇中，我們必須注意的另一因素是家庭的組成情況。如果我們假定家庭的區位是由家庭中主要的謀生者所決定的，則家庭中其他成員所尋求的有酬就業也必須在該區位以內，而不能隨意選擇其他地方的別種就業。這種勞動力量，最好稱之爲"受外在條件限制的"(externally conditioned)勞動力。因爲這些勞動者的區位是受他們所得到的職業以外的條件來決定的。① 任何經濟活動，如果由積極因素吸引了一定數目的主要謀生者，則結果一定會產生一群可雇用於其他職業的勞動後備軍。這在潛在失業經常存在的農業地區，尤其值得注意。

美國的統計表明，從 1870 年到 1940 年，農業勞動在絕對量上及相對量上都減少了。就絕對量而言，1940 年的農業勞動者祇是 1870 年農業勞動者的百分之五十六點六，雖然在這段期間，各種工人的總數已經增加了三倍。就比率而言，農業勞動者也從 1870 年占全體工人的百分之四十七點三減到 1940 年的百分之十七點五。在這段時期內，製造及機械工業的工人保持了一貫的相對重要性(大約總在總數的百分之二十八左右)，然而其絕對數量則已經增加了三倍。此時期中運輸工人及貿易工人都增加了十倍，其相對比例也各自從百分之三點二增到百分之九點二以及從百分之四點六增到百分之十三點八。同期內從事自由職業、公共職務及抄錄工作的人，在絕對數目及比例上都大量增加了。② 這種方式的職業轉移——持續的或長期的從農業轉入其他生產部門——是標誌工業化過程的主要特性。

職業轉移的歷史方面可以與經濟活動的區位方面聯繫起來。當農業與工業密切連結的時候，農業與工業的區位幾乎是一致的。這就是説，工業活動與農業活動都是集中在食糧及其他生活必需資源富足的地方。

---

① A. P. Usher, *Dynamic Analysis of the Location of Economic Activity* (Mimeographed), 1943, p. 43。

② 統計的來源，見 H. D. Anderson and P. E. Davidson, *Occupational Trends in the United States*, Stanford University Press, 1940, Table 4, pp. 16-17。

在那個時候，工業勞動與農業勞動幾乎是一致的，至少也是密切相關的。不僅大量的專業的工業工人要在社會上及經濟上與農業工人保持密切的相互聯繫，而且農家還可替附近的工業直接供給大量的零工勞動。當商業擴展時，港口或河流交匯處成為商人的貿易中心及輕工業的集中地。勞動移民及職業轉移都從而開始發生，進而貿易以及與貿易相連的活動也開始同農業分離。但是衹有到了所謂產業革命時期，這種分離，尤其是工業與農業的分離，纔開始發生最有力的和給人印象深刻的作用，顯而易見，不同的工業有不同的區位；在一定的生產技術發展的情況下，這些區位主要是由表現為成本結構的所使用的資源和勞動來決定的。在若干場合，資源——原料——是決定區位的主要因素，如製革工業；在若干場合，勞動是決定區位的主要因素，如製鞋工業。① 但是，在最後的分析中，在一個已經開始工業化的社會裏，動力資源，其中煤最可為代表，被認為是確定經濟活動的區位的主要因素。這是因為在現代社會中，必須以煤為動力的若干工業已經如此顯要，以致其餘的經濟活動必須根據這些工業來相應地進行調整及重新定向。在這種場合，作為社會生產要素的勞動，必須轉而從屬於那種受地理區限的動力資源。②

在"長期的"職業轉移以外，各種生產部門之間還有"季節性的"（seasonal）及"周期性的"（cyclical）勞動轉換。季節性的轉換最常見於穀物收割後及播種前這一段時間。在這一段期間，即使假定收割時節所有農民都全部就業了，農業勞動也仍有暫時的過剩。在工業幾乎全是小規模的而且其區位接近農民住處的小農國家裏，這種情形尤為顯著。這種工業也是列入所謂"鄉村工業"（rural industries）的範圍，很久以來就是農村家庭所從事的"副業"（side-line）。甚至在不同的國家之間，也有季節

---

① Edgar M. Hoover, Jr., *Location Theory and the Shoe and Leather Industries*, 1937, p. viii。
② 我們必須注意，電力輸送對於工業的區位方面也是有革命性的影響的。

性的移民。在歐洲大陸和大不列顛,運輸的便利使這種移民成爲可能。例如在第二次世界大戰開始以前,愛爾蘭的勞動者每年都到英格蘭及蘇格蘭幫助收割及采摘馬鈴薯,而波蘭的大量農業工人,則年年到德國幫助栽培甜菜。德國的雇主認爲,由於這種工作有季節性,德國工人所需的工資較高,以及德國農業工人離鄉入城,所以若無波蘭工人的幫助,就不可能興辦製糖工業。在第一次世界大戰的前夕,其他國家每年季節性移民到德國者(其中主要的是俄國領土上的波蘭人),數目已增達四萬人。① 這種區域之間的勞動移動,自然與需要改變生産行業的職業轉移不同。但是這種區域轉移對於職業轉移也有深遠的影響,因爲它能爲工人已經移入的區域或國家,節省一部分可以轉入其他生産部門的本地勞動者。

  生産部門之間勞動力的周期性的轉換有各種不同的方式,依所分析的周期階段而定。我們可以説,在高漲時(upswing),農業工人有移入工業部門的趨勢,因爲在那個時候,工業與商業正進行大規模的擴張,同時農業生産是多少保持穩定的,目前的戰時景氣就是一種典型的情況。許多來自鄉村的工人,包括婦女及小孩,連同那些本來已經在城市區的工人,都轉入了戰時工廠。如果景氣能够維持,這種周期性轉移就可能變成長期性轉移。但是最可能的,正如同以往時常發生的,就是當景氣過去時,那些"最後轉入者"就成爲"最先排出者"。這些工人不得不回到原來的職業,大多數是回到農業,有些留在家中,有些則轉入報酬甚至更少的生産部門。這就會引起"變相失業"(disguised unemployment)情況的發生。② 然而我們必須注意,工會運動所引起的"工資剛性"(wage

---

① Royal Institute of International Affairs, *World Agriculture: An International Survey*, 1932, p. 68。
② Joan Robinson 解釋"變相"失業,認爲"對於工業所産生的普通性的産品的需要減少,常引起勞動脱離生産力高的職業而轉入生産力低的職業,這種脱離的原因——有效需求下降——正是普通所謂失業的原因,於是我們很自然地可以稱被辭退的工人改而另謀低下職業爲'變相'失業"。見其 *Essay in the Theory of Employment*, London, 1937, p. 84。

rigidity）以及政府所提倡的社會保險（social insurance），對於蕭條時的勞動力轉移，也有一些影響。例如在美國，我們就可看到工資剛性的情形，在1930年的蕭條中，農業的純收入大量消失，資本的收入也是一樣，但是工資率則繼續保持了相當高的水準。① 還有一種極端的見解，認爲價格——工資的剛性或缺乏靈活性是促使失業存在的必需條件。依照這種見解，工資剛性會加速蕭條中以"變相"失業形態出現的勞動力轉回原業或轉入他業的趨勢。

第四節 農民作爲買者與賣者

古典學派及其以後的經濟學者，幾乎毫無例外的，是根據自由競爭和完整競爭的假定來進行分析的。直到最近二十年來，尤其是自從1933年羅賓遜夫人（Joan Robinson）和張伯倫（E. H. Chamberlin）的著作發行以來，不完整競爭和壟斷競爭的理論纔更爲人注意，尤以研究經濟政策時爲然。但是現在一般仍然假定，不完整競爭與壟斷競爭②祇存在於工業市場（工業品市場），而在農業市場（農產品市場），則在很久以前就有完整競爭或近於完整競爭的形態，此種情形，猶見於今日。可是我們進一步探究事實，就會認清，說完整競爭流行於農業市場的假定，是怎樣的

---

① John D. Black, *Parity, Parity, Parity*, 1942, pp. 100-101。
② 此處所用的"不完整"競爭（imperfect competition）與"壟斷"競爭（monopolistic competition）兩個名詞是交替使用的，因爲我們假定這兩個名詞的差別并不極大或極關重要，以致使我們現在分析的一般論證無效。但是二名詞的區別我們必須記在心中。關於這種區別，張伯倫曾特別精心地寫過一篇文章，即"Monopolistic or Imperfect Competition?" *Quarterly Journal of Economics*, August, 1937, pp. 557-580。J. A. Schumpeter 曾區別這兩種情形，將"壟斷"競爭連同雙邊壟斷（bilateral monopoly）和寡頭壟斷（oligopoly）作爲"不完整"競爭的三個最標準的例證。見 *Business Cycles*, Volume I, p. 57。

不合乎實際情形。① 這種假定不僅在現代資本主義社會不合乎現實情形，即令在工業化尚未開始的社會，也是不合乎現實情形的。但是我們應該指出，從經濟學開始成為科學以來，完整競爭本身的概念就時時變更。依據現代經濟學者對於完整競爭或純粹競爭所定的嚴格標準，完整競爭必須排除任何方式的區位限制、服務差異（Service Differentiation）、制度障礙及人們的無知。因此，我們可以說，在我們的歷史上，從來就沒有這種完整競爭或純粹競爭存在過；而且還可以說，祇要是涉及了人類的行為，這種競爭也將永遠不會有實現的一日。

本節意在研究農民以買者姿態出現的市場以及農民以賣者姿態出現的市場。我們將論及已經工業化的國家和尚未進行工業化的社會的情形。

一、農民作為買者

純理論的分析已經指明，在壟斷競爭下較之在純粹競爭下，價格較高，生產規模較小。② 若干統計調查及實際研究也已經證實，壟斷、寡頭壟斷（oligopoly）及壟斷競爭（monopolistic competition），從工業力量開始集中以來，久已流行於大多數工業市場。在19世紀及20世紀，由於生產技術的長足進步及金融機構的龐大擴張，這種集中趨勢，在高度工業化的國家中，更是在加速地進行着。在這方面，農民一如其他消費者，較之純粹競爭真正存在時，要受所付價格較高之苦。但是一個農民究竟受損到何種程度，則須視其購買預算的內容構成而定。這是因為壟斷的性質和程度，依各種工業的不同而有差異。我們可以有理由認定，現代

---

① 有些學者已經認清這一點，例如 W. H. Nicholls 在其 *A Theoretical Analysis of Imperfect Competition with Special Application to the Agricultural Industries* (1941) 一書中即是如此。截至目前，這本書幾乎是對這個題目唯一的系統研究。但是大多數學者却都未曾回溯到資本主義以前的時期。

② Edward Chamberlin, *The Theory of Monopolistic Competition*, Chapter 5, Product Differentiation and the Theory of Value, 特別是最後一節, pp. 113-116。

社會裏的一個典型的農民，其購買預算總要包括下列各項貨物和勞務：爲生產用的——農業器具、化學肥料及鐵道運輸；爲消費用的——衣着、靴鞋及家庭用具；爲兩方面都要用的——汽車及收音機。所有這些項目，除開衣着、靴鞋及家庭用具幾項外，在一個對於美國工業所作的實際研究裏①，都是劃屬於"壟斷的"市場（"monopolized" markets）這一類別。在此種市場，或者是少數廠家控制着全部供給，或者是一個廠家或少數廠家控制着大部分供給。即使是衣着、靴鞋及家庭用具等市場，其"競爭"性質也是值得懷疑的。因爲由於區位、制度及人的認識或無知方面所引起的壟斷性因素，在任何貨物或勞務的市場上，都是永遠也不會完全絕迹的。

因此我們可以得一結論：在現實社會中，農民在工業品市場上對於同量貨物所付的價格，較在能實現純粹競爭或完整競爭的社會裏所付者爲高，或者對於同量付款所得到的貨物，較後者爲少。然而我們必須認清，這祇是就短期的市場關係而言的。此處并未考慮到那種有降低成本和價格的效果，因而使作爲消費者的農民沾利的長期的技術進步，因爲此處的討論是假定技術爲一定的。

表現在寡頭壟斷形態和壟斷競爭形態中的壟斷因素，確實存在於現代資本主義社會以前。這種因素早在現代工業化開始以前就已經存在，雖然它的性質自後有了變化，并且它的程度也在工業集中的過程中加強了。時至今日，在有些國家，雖然工業化尚未有明顯的發軔，但是由於它和高度工業化的國家已互有來往，且其相互經濟關係較前日益密切，其中有這種壟斷因素存在，也是顯而易見的事。

歷史的研究使我們明白，將現代資本主義經濟以前任何時期的市場認爲是"競爭的"，毫無"壟斷的"因素，尤其將幾乎完全具有壟斷性的行

---

① United States Temporary National Economic Committee, *Competition and Monopoly in American Industry*, Monograph No. 21, written by Glair Wilcox, United States Government Printing Office, Washington, 1940。

會制度(guild system)下的市場認爲是"競爭的",毫無"壟斷的"因素,實在是完全錯誤的見解。"行會商人總是監督對外貿易的。行會商人也監督手藝人,直到這些手藝人漸漸有力量形成本身的特許機構(chartered organization)爲止。即使在這個時候,輸出的手工藝品仍須依照具有輸出壟斷權的商人的需要,而且很多這種特殊的手藝人,在金融上并未能脫離輸出者的操持而獨立。"① "爲使糧食價格低,并使那種和糧食交換的商品價格高,商人的聯合組織(商人行會)不得不阻抑獨立的中間人出現。"②手藝人中也有壟斷因素存在,在生產中及在產品市場上都可表現出來。裴朗(Pirenne)曾以一種簡單的說法來描寫中世紀的手藝人。他以爲"在本質上,中世紀的手藝人可以定義爲一種工業團體,祇要與公共當局所訂的規則相合,就享有從事一種特殊行業的壟斷權。"③我們還可以認爲,這種工業團體的目的是要達到"公平價格"(fair price)或"公正價格"(just price)以及保證機會均等,因此,這種壟斷和那種主要目標在於追求最大利潤的現代壟斷不同。但是祇要稍加考慮,我們又會明白,中世紀的公平價格,與現代工業家所標榜的那種包括"生產成本加上合理利潤"的價格,并無若何差別。然而生產成本以及利潤界限的"合理性",都是爭執甚多而意義含混的概念,并且即使將其意義弄清楚,也不能保證純粹競爭或完整競爭的存在,或保證壟斷因素的絕迹。更有甚者,就制度上的障礙而論,在中世紀的行會制度下加入工商業,較之在現代資本主義社會,所受限制更多。

在現時,中國可以作爲工業化正在開始而尚待積極推進的國家的另一例證,雖然中國和其他已經工業化的國家接觸,幾乎開始於 19 世紀以

---

① Melvin M. Knight, H. E. Barnes and F. Flügel, *Economic History of Europe*, Boston and New York, 1928, p. 215。
② *Ibid.*, p. 216。
③ Henri Pirenne, *Economic and Social History of Medieval Europe*, New York, 1927, p. 184。

前。在中國,構成農民家庭支出,尤其是構成現金支出的主要項目的幾種商品,很久以來就是在壟斷市場下出售的。其中最顯著的一個例子就是鹽。作爲必需品之一的鹽,千百年來就是在少數"有特權的"商人壟斷下生產和分配,這些商人向政府交納一定量的現金,每每是預先付款,取得運銷鹽的壟斷權。這種享有特權的商人再依照政府頒給的特許證(franchise)所規定的區域,將鹽分配於批發商。批發商的倉庫通常是在城市中;小村鎮的雜貨商則從這些批發商手中購得鹽,然後再將鹽售與本地的人民,其中大多數是農民。鹽的批發價格完全由有特權的商人決定,再由批發商加以若干修正。地方雜貨商無權決定其購入價格,但是決定其售出價格時則具有重大的甚至唯一的影響。假如偶然有一個地方祇有兩個或幾個雜貨商,那麼出售價格就是一種最好以雙頭壟斷(duopoly)或寡頭壟斷(oligopoly)或壟斷競爭的理論來解釋的價格。不論此種價格采取何種形式,農民不得不對鹽付以較在非壟斷情況下爲高的價格。中國農民現金支出中另一重要項目是農具,這種農具大都是本地鐵匠所製造的。這種產品的價格,通常是由本地鐵匠相互間決定的,主要是參照那種常爲城市鑄鐵工廠所壟斷的生鐵價格。近幾十年來,煤油成了中國城鄉家庭支出中的一個普遍項目。中國家庭所用的煤油大都是美國美孚煤油公司(Standard Oil Company of the United States)的產物,這個公司在中國有幾個代理商。我們從一些調查中可以看出,煤油的價格,幾乎完全是由賣方在寡頭壟斷的或獨家壟斷的情形下,以"價格主宰"(price leadership)的形式來決定的。[1]

二、農民作爲賣者

許多經濟學者認爲,在農業中,由於競爭的力量能夠自由發揮作用,

---

[1] United States Temporary National Economic Committee, *Competition and Monopoly in American Industry*, Monograph No. 21, Washington, 1940, pp. 127-129。

所以存在有完整的市場或近乎完整市場的情況。① 他們采取這種見解，主要是因爲他們以爲，在農業中，賣者的數目極大而經營的單位又極小，因而對於出售物的價格，不能施加顯著的影響。我們承認這是完整競争的一個條件，但是也要知道，還有和這個條件同樣重要的其他幾個條件，却并不存在於農業市場上。第一，就一定的區域來説，買者的人數常常很少，或者至少是較賣者的數目少得多。② 第二，如果認爲制度上的限制及區位上的阻礙不發生於農業市場，因而其價格及資源流動性不受限制，那簡直是荒謬的。最後，如果我們認爲農民對他們進行買賣的市場具有完全的知識，那也是同樣荒謬的。因此，我們可以得到一個結論，就是在農業市場上也是流行着不完整競争或"買方壟斷"性競争（"monoposonistic" competition），後者是包括買方雙頭壟斷（duopsony）和買方寡頭壟斷（oligopsony），并且更適宜於説明買方壟斷因素的一個名詞。

在"買方壟斷"競争下，價格對於農民較之在完整競争時爲低，正如在壟斷（賣方壟斷）競争下，價格對於消費者較之在完整競争時爲高一樣。在美國這樣高度工業化的國家，我們可以清楚地看到，不完整競争

---

① 例如 Mason 的見解就是認爲"在農業以外，以及在有組織的物品和證券交易以外，對於一個單獨生産單位的産品需求具有完全彈性的市場，或許從來就没有存在過。"他又以爲"由於農業的相對重要性減低，純粹競争市場的重要性也減低，但是可以提出一種與這種意見相反的事實，就是由於運輸的迅速進步，那種具有完整競争性的市場的區域反有增加。"指出運輸進步對於減低區域壟斷的地位有密切關係，這是很有意義的；但是認爲農業市場是一種純粹競争的市場，則大有問題。不過 Mason 説，"純粹或完整競争是一個從未正確描述過經濟社會的大部分情形的概念"，却是對的。見 Edward Mason, *Industrial Concentration and the Decline of Competition*, in *Explorations in Economics*, New York and London, 1936, pp. 434-443, especially p. 436。

② 此處需要少許解釋。在中國這樣的國家，與美國那樣的國家相較，買者（商人）的數目在農業市場上一定大得多。但是如果我們祇考慮一定的地區或一定的市場範圍，在這個地區或市場範圍内，運輸便利使貨物易於從賣者讓渡給買者，則就"人數"（number）言，壟斷的情形當是一樣的。

流行於農產品加工和分配工業中。① 除了最易腐壞的農產品外，最典型的運銷渠道(marketing channel) 是："農民——地方收購商——總批發商——零售商——消費者"。在中間人之中，總批發商正是占據在運銷過程的"瓶頸"或關口(bottleneck) 上，極可能在不完整競爭的條件下買入及賣出。用專門名詞來說，少數占支配地位的批發商可以同時是賣方寡頭壟斷者(oligopolists) 及買方寡頭壟斷者(oligopsonists)。另一方面，鄉村的收購代理商，若未能和運銷過程的較後階段連結成一體的話，就可能要在純粹競爭下售出(給總批發商)，而在不完整競爭的條件下(從農民) 購入，這是由於區位因素或生產者偏好的緣故。存在於農業市場的壟斷因素是：市場分享(market sharing)，協商的價格行為，價格主宰(price leadership)，雙邊壟斷(bilateral monopoly)，價格的差別待遇(price discrimination)，產品及勞務的差異區分等。②

上面所說的在美國關於農產品流入市場的最典型的路綫，同樣也是在中國關於農產品流入市場的最普遍的方式，尤其東南部的米、麥及大豆是這樣。③ 總批發商及地方收購者在穀物和棉花的運銷上占有極重要的地位，而穀物和棉花正是中國農產品市場上最重要的商品。在中國，正和在美國一樣，少數占支配地位的批發商同時就是賣方寡頭壟斷及買方寡頭壟斷者。唯一的差別祇是，在美國，整個鄉村都包括在內，都有這種情形；而在中國，由於缺乏全國性的運輸系統，這種情形祇見於一定的市場範圍。鄉村的收購代理商，一方面，在較大的市場範圍內，祇是競售給總批發商的眾多出售者的一員；但是另一方面，在規模較小且

---

① William H. Nicholls, *A Theoretical Analysis of Imperfect Competition with Speical Application to the Agricultural Industries*, Iowa State College Press, 1941。較簡明的討論，見同一作者之"Imperfect Competition in Agricultural Processing and Distributing Industries", *Canadian Journal of Economics and Political Science*, May, 1944。
② W. H. Nicholls, *Imperfect Competition*, pp. 150-151。
③ 關於中國糧食產品運銷渠道的詳細討論，見下列二書：張培剛及張之毅，《浙江省食糧之運銷》，中央研究院社會科學研究所叢刊第十四種，商務印務館，1940年；張培剛，《廣西糧食問題》，商務印務館，1938年。

富有地方色彩的市場上,又和少數其他收購代理商形成了一群對農民的買方寡頭壟斷者。正是在這個市場渠道的接合點上,農民纔不得不接受這種較低的價格。

我們已經知道在壟斷競爭下,生產規模要比在完整競爭下爲小。這就是說,在有壟斷競爭存在的工業中,所用原料較少,因而對原料的需要較少,在這些原料中,農產品自然要占其中的一部分。另一方面,我們也知道農業生產較爲固定,較難於調整以適應工業的波動。這兩種力量——需要和供給——的交互作用,又有降低農產品價格的效果。

我們還須注意,在不完整競爭下,農民作爲勞動力的出售者所接受的工資報酬,要比在完整競爭下爲低。現在一般都承認,"下斜的需求曲綫(在壟斷競爭下),使生產要素的報酬減低到其邊際產品的價值以下。"① 在衆多生產要素中,這種生產要素可能是勞動。在勞動這種情形下,羅賓遜夫人(Joan Robinson)沿用庇古(A. C. Pigou)的說法,稱之爲"剝削"(exploitation)。② 依照羅賓遜夫人的意見,剝削的基本原因是勞動的供給或商品的需要缺乏完全的彈性。③ 然而不論是由於什麼原因,勞動在作爲一種生產要素被雇於流行不完整競爭的工業時,所得到的工資總比不存在不完整競爭的情形下爲低。由於工業中低工資的間接競爭,這會有降低農場工資的效果。這種效果將作用到何種程度,依所涉及的生產部門之間勞動力的流動性而定。另一種降低農場工資的因素我們也須注意。在上面我們曾提到壟斷工業的生產規模要比在純粹競爭下爲小,因此,這些工業所雇用的勞動力必較少。這就是說:"勞動力將從工業轉開而與農場勞動者競爭,使農場工資降低;更由於這種間接的競爭,

---

① Edward Chamberlin, *Theory of Monopolistic Competition*, p. 187。

② 張伯倫曾批評羅賓遜夫人使用庇古對於"剝削"所下的定義,而認爲這種定義祇適用於純粹競爭的情形,而不適用於壟斷競爭的情形。至於張伯倫自己的意見,則認爲在壟斷競爭下,所有的生產要素都必然地要被剝削。同上注書, pp. 182-183。

③ Joan Robinson, *Economics of Imperfect Competition*, p. 281。

將使更多的農場勞動者轉變爲佃農(由是抬高地租減低佃農的收入)。"①至於這種效果將作用到何種程度，也是依於勞動者從工廠轉回農場的難易而定。

---

① G. S. Shepherd, *Agricultural Price Analysis*, 1941, p. 394。

第三章 工業化的理論

在着手研究主要問題以前，詳細討論一下"工業化"的概念和類型是迫切需要的，因爲工業化一詞含有許多不同的意義，時常引起不必要的混淆。我們并不能要求每個人對於這一名詞都同意一個定義或一個概念，但是我們在確定任何定義以前，有些基本要點必須予以考慮并予以澄清。此後，我們將進而嘗試解釋工業化這種經濟轉變過程"爲什麽"會發生，并叙述其"如何"發生。"爲什麽"的問題必然會包含一些個人的意見及判斷，而且將引起進一步的爭論。本文將盡可能客觀地來研究這個問題。"如何"的問題主要是一個叙述性的及歷史的問題。我們將引入若干理論或解釋，因爲對於時間過程的任何叙述，若無某種理論作依據，就不能有充分的説服力。

第一節 工業化與產業革命

"工業化"（industrialization）可以被定義爲一系列基要的"生產函數"（production function）①連續發生變化的過程。這種變化可能最先發生於某一個生產單位的生產函數，然後再以一種支配的形態形成一種社會的

---

① 生產函數通常總是寫爲 $P=f(a, b, c, \cdots)$，其中 P 是產品，而 $a, b, c, \cdots$ 則是生產性的勞務或生產要素。我們還可以用柯布-道格拉斯（Cobb-Douglas）的公式寫出來；對於平面的情形是 $P=bL^k C^j$，對於立體的情形是 $P=b+kL+jC$。關於後者，有 M. Bronfenbrenner 所作的討論，見其論文 *Production Function: Cobb-Douglas, Interfirm, Intrafirm*, in *Econometrica*, January, 1944。

生產函數①而遍及於整個社會。"基要的"(strategical)生產函數的變化能引起并決定其他生產函數的變化，對於後者我們可以稱爲"被誘導的"(induced)生產函數。從已經工業化的各國的經驗來看，這種基要生產函數的變化，最好是用交通運輸、動力工業、機械工業、鋼鐵工業諸部門來說明。

上述工業化的定義，祇是作者所倡議而尚具試用性的一個定義。它比大多數其他學者所用的定義或解釋，要廣泛得多。② 我們的定義可以表明以往兩個世紀中經濟社會的主要變化，而且可以將工業發展及農業改革都包括在內。如果我們將所有的生產部門——製造業、采礦業及農業——分爲資本品(capital-goods)工業及消費品(consumption-goods)工業，顯而易見的，這些基要的生產函數大都與資本品工業相關聯。同樣顯而易見的，差不多所有的農業經營，以及一部分製造工業如紡織工業、製鞋工業，都是屬於消費品工業的範圍。依照這種分類，農業經營如同任何其他消費品工業一樣，必定要同樣受基要的生產函數的影響和控制。祇有依照這種解釋，在我們的定義下的工業化纔可以將製造業的工業化及農場經營的工業化都包括在內。參照以往兩個世紀的歷史，我們就能够清楚地看到，"基要的"創新("strategical" innovation)③怎樣帶來，又

---

① 祇有在自由競爭流行時，"社會生產函數"纔能成立；在自由競爭下，與我們的論點最有關聯的是生產要素的自由流動性。然而現實存在的是不完整競爭，所以社會生產函數的概念，祇適用於理論上的分析。
② 最爲一般人所瞭解的定義或解釋是，"工業化"所着重的不是農業及其他"初級"生產的增加，而是製造業及"次級"生產的增加。見 Eugene Staley, *World Economic Development*, Montreal, 1944, p. 5。這種解釋或見解，却未能將"工業化了的農業"仍在整個經濟社會中占優越地位的情況包括在內；最類似這種情況的例證是丹麥的情形。
③ 熊彼特定義"創新"爲創立一種新的生產函數。在這種概念之下，基要的創新可以看做和我們所說的基要生產函數的變化相符合。關於創新的更詳盡的解釋，讀者可參閱 J. A. Schumpeter, *Business Cycles*, 1939, Volume I, pp. 87-102。布萊克近來對於農業的創新也作了一個有價值的分析，按照我們的分類，其中有些可視爲基要的(至少對於農業)，有些則可視爲誘導的。見 John D. Black, "Factors Conditioning Innovations in Agriculture", *Mechanical Engineering*, March, 1945。

怎樣加強我們所謂"工業化"的過程。其中最顯著的是：鐵道的建立、鋼製船舶的使用及運輸的摩托化(motorization)，蒸汽引擎的廣泛應用及動力工業的電氣化(electrification)，在製造業及農業上機器的發明和應用，以及機器工具的製造和精細化。這些基要的創新或基要的生產函數的變化，更進一步加強了伴隨現代工廠制度、市場結構及銀行制度之興起而來的"組織上的"變化("organizational" changes)。這一切變化，都曾經對農業及製造工業的生產結構發生巨大的作用，因之曾經構成，而且將繼續構成，工業化過程的主要特徵。

有一些學者對於工業化也采取了與我們相同的概念。這些學者中值得特別注意的是斯威齊(Paul M. Sweezy)。他將工業化定義為新工業的建立，或新生產方法的創用。斯威齊認為"如果我們從一個全無工業(除開手工業)的經濟社會開始，那麼，這種經濟社會可能要經歷一種通常稱為'工業化'的轉變，在這一轉變中，全社會的大部分力量都是投於創用新的生產方法。新工業的建立，有時就總生產而言規模極為龐大，以致還需要在某一時期減少消費品的生產。在工業化的過程中，所有我們通常稱為'基本'工業的，都以新工業的姿態出現，而且這些新工業的建立吸收了新積累的資本，但却未相應地增加消費品的生產。"①斯威齊的定義或解釋，與我們的正相符合，所謂新工業的建立或新生產方法的創用，根本上是與生產函數的變化相同的。雖然他未曾用"基要的"這樣的形容詞來規限這種過程，但是就他所認為的"工業"祇存在於工廠制度下(意即祇存在於手工業時期之後)而論，以及就他所着重的資本品工業(或如他所稱的"基本"工業)而論，他對於工業化過程的概念及解釋，實際上與我們在這裏用的是一致的。

我們已經定義"工業化"為基要生產函數連續發生變化的過程。這種過程包括各種隨着企業機械化、建立新工業、開發新市場及開拓新領域而來的基本變化。這多少也可說是"擴大利用"(widening)資本和"加深利

---

① Paul M. Sweezy, *Theory of Capitalist Development*, New York, 1942, pp. 218-219。

用"(deepening)資本的過程。① 這種過程可以提高每個工人及每單位土地的生產力。就是在這種意義上，有些學者如康德利夫(J. B. Condliffe)和羅森斯坦-羅丹(Rosenstein-Rodan)，認爲工業化是代替移民的一種方法，以解決經濟發展落後區域中的人口過剩及提高國民收入的問題。② 也就是在這種意義上，工業化與農業改造，尤其是在發展遲緩的區域，根本可以認爲是一個問題的互相連接的兩部分，雖然我們應將農業國家的工業化與工業國家的"農業化"(agrarianization)明白地加以區別。③

工業化也是一種過程，在這種過程中，工業進步的經濟利得，主要

---

① "加深利用"的過程是指每單位產量所用資本的增多，"擴大利用"的過程是指那種和製成品產量同比例增加的資本構成(capital formation)的擴張。見 Alvin H. Hansen, *Fiscal Policy and Business Cycles*, New York, 1941, p. 355。H. Frankel 則認爲"工業化是每個被雇者及每種貨物的資本設備與生產力的增加"。見其 "Industrialization of Agricultural Countries", *Economic Journal*, June—September, 1943, p. 191。

② Condliffe 説："鑒於以生育節制作爲遠東國家人口過剩的補救方法祇有待諸將來，而移民所提供的解救價值又很小，因此，所餘的唯一解決方策祇有迅速工業化。"見 J. B. Condliffe, "The Industrial Revolution in the Far East", *Economic Record*, Melbourne, November, 1936, p. 191。

Rosenstein-Rodan 認爲，"如果應用國際分工原則，不是勞動必須移動以就資本(移民)，就是資本必須移動以就勞動(工業化)。"他又認爲"工業化是以比富裕區域爲高的速率，來提高貧窮區域的收入，以達到世界各個區域之間更加平等的收入分配。此種論點的假定是過剩農業人口的存在。"見 P. N. Rosenstein-Rodan, "Industrialization of Eastern and South-Eastern Europe", *Economic Journal*, June—September, 1944, p. 202。

③ Wilhelm Röpke 對於這方面曾作過有價值的討論。在討論農業國家工業化的文章中，他對兩種情形加以區別，認爲"工業化"是一種與世界經濟發展相符合的現象 (Un phénomène qui ne s'écarte pas de la ligne jusgu'à présent suivie par le dévelopment de l'économic mondiale)，而工業國家的"農業化"則是一種違反經濟進化趨勢的政策，而且不消説得，是反動的。(Il s'agit ici d'une véritable rupture de la ligne d'évolution, d'une réaction incontestable)。見其文"L'Industrialization des Pays Agricoles: Problème Scientifique", *Revue Économique Internationale*, July 1938, pp. 117-118。

是以報酬漸增的形式，不斷地創造出來，而且全部地或局部地得到實現。① 如馬歇爾所解釋的，報酬漸增是一種數量的關係，也就是："一方面是努力及犧牲的數量，另一方面是產品的數量，這兩種數量之間的關係。"②換言之，這是一種投入（input）與產出（output）之間的關係。由於效率也是定義為產出與投入的比率，所以報酬漸增可以視為效率漸增。為此，馬歇爾對於報酬漸增法則曾定義如下："勞動及資本的增加總是引起組織的改善，而組織的改善又增加勞動及資本的工作效率。"③報酬漸增之獲得，或是由於實現內部經濟（internal economies），或是由於實現外部經濟（external economies），或是由於兼行二者。我們應該注意，在一定的技術情況下，對於一廠家或一工業，總有一種適當的報酬漸增的規模或範圍。一種新技術將延長這種規模，或擴大這種範圍，或創造一種新規模或範圍。因此工業化也可說是一種過程，在此過程中報酬漸增的規模和範圍得到不斷的創造，并且在適當的時候得到不斷的延長和擴大。

但是工業化并不僅僅是報酬漸增的創造和實現，因為除此而外，工業化還可以使報酬漸減的邊際（margin of diminishing returns）提高。一般都認為，在製造工業中經濟進步的條件是報酬漸增的存在。至於農業進步的形式則不相同，因為在農業中，報酬漸減法則發生作用。這種區別本是由來已久而且極為重要的。但是它并不如大多數經濟學者所想象的那樣明確，那樣簡單。第一，就整個社會而言，土地無疑的是一種固定的生產要素。然而對於個別的農場，土地卻是一種可以擴展的生產要素。由於應用現代的農業機器所引起的內部經濟仍然是存在的，并且還能通

---

① 此處祇限於工業進步的經濟方面。至於在社會方面，工業進步是否會使工人及全體人民有利，以及如果有利，其利益究竟達到何種程度，則主要是依據產品與收入的分配制度而定。關於那方面的討論不在本書的範圍以內。

② Alfred Marshall, *Principles of Economics*, p. 319。

③ *Ibid.*, p. 318。

過增加農場面積的途徑而獲得之。① 第二，在高度商業化的農業中，利用擴大銷售和購買的機構，可以產生各式各樣的外部經濟，這是那些多少是自給自足的農業社會所沒有的。這些外部經濟之獲得，因農業經營之不同而程度有大小。此處我們祇須認清這個實際存在的事實。最後，我們還須認識到，并非所有的製造工業都屬於報酬漸增的範圍，其中有些也同樣受報酬漸減作用的影響。

誠如阿林·楊(Allyn Young)在理論上所預料的，平均每人的高額生產是"工業"漸增規模的函數，而不是"工廠"漸增規模的函數。② 瓊斯(G. T. Jones)及柯林·克拉克(Colin Clark)又曾作過一番精細的統計研究，企圖表明在廠家或生產單位的規模與每個工人的純出產之間，是否存在相關(correlation)。結果表明答復是否定的。③ 不過瓊斯對於英美的生產統計，却作過一段長時期的考察，結果則表明，在任何工業中，平均每人生產量的增加，大多是依整個工業的相對增長率(relative rate of growth)而定。④ 這一切都與阿林·楊的說法相符合，盡管這些實際材料的研究，并不是完善的。

---

① Peck 曾經說得好，"農業經濟學的研究告訴了我們現代乳品工業的一種情形，即增加土地及資本設備的數量到一定程度時可以增加農場實物出產的相對報酬或貨幣的相對報酬。因是，紐約州或新英格蘭在五六十年前的一人農場(one-man farm)以八十英畝到一百英畝最合理想。但是利用新的機器工具，電氣榨乳機、肥料播散機、載草機、拖拉機、貨車、汽車等，一個農民可以照顧到二百到三百英畝的作物和收成"。Harvey W. Peck, *Economic Thought and Its Institutional Background*, New York, 1935, p. 160。關於更詳細的討論及事實的證明，讀者可參考其論文，"The Influence of Agricultural Machinery and the Automobile on Farming Operations"，*Quarterly Journal of Economics*，May, 1927。
② 見 Allyn Young, "Increasing Returns and Economic Progress", *Economic Journal*, December, 1928。
③ 詳細的討論見 Colin Clark, *Conditions of Economic Progress*, London, 1940, pp. 291-312。
④ G. T. Jones, *Increasing Returns*, Cambridge University Press, 1938。

另一方面,"產業革命"一詞已經成了一般所公認的專指英國經濟史上某一時期的稱號。因之,這個名詞帶歷史的含義反而多於帶理論的概念。這個名詞得有今日的流行,是由於托因比(Arnold Toynbee)將它作爲自己的講稿合訂本的標題,在托因比過早逝世後的一年即1884年出版;而這個名詞在經濟著作中的地位的確定,則是由於二十二年後,法國學者孟都(Paul Mantoux)用它作爲一部苦心孤詣地鑽研多年的著作的標題。① 但是這個名詞并不絕對是托因比開始創用的。厄謝爾認爲這個名詞是法國學者布朗基(J. A. Blanqui)在1837年初次使用的,企圖將產業革命的重要性與法國革命相提并論。② 但是祇有托因比對這個名詞的使用纔使我們把握了它的真義,并且相信這個時期所發生的事實,的確包括了一個如此這般完整的和迅速的變化,因而應該恰當地標明爲"革命"。③ 按照托因比及孟都的意見,產業革命一詞在英國經濟史上所標明的時期是從1760年至1820年。④ 不過我們應該明白,經濟史家對於這段

---

① Arnold Toynbee, *Lectures on the Industrial Revolution of the Eighteenth Century in England*, London, 1st Edition, 1884, New Edition, 1908; Paul Mantoux, *The Industrial Revolution in the Eighteenth Century: An Outline of the Beginning of the Modern Factory System in England*, New York, 1928, English translation from the French revised edition of 1927。
② A. P. Usher, *The Industrial History of England*, New York, 1920, p. 247。
  但是據Bezanson所言,"產業革命"一詞的使用,可以回溯到1827年時,也是由一個法國學者所創用,但不詳其姓名。見Anna Bezanson, "The Early Use of the Term Industrial Revolution", *Quarterly Journal of Economics*, February, 1922, pp. 343-349。我們似乎還可以追溯到更早。但是現在,從我們所發現的調查結果來看,我們可以滿意於下面的結論,那就是這個名詞最可能的是先由法國學者開始使用,而且其使用不能早於1789年的法國革命時期。
③ Sir William Ashley, *The Economic Organization of England*, London and New York, New Edition, 1935, p. 140。
④ Toynbee, *ibid.*, pp. 64-73。Mantoux, *ibid.*, p. 43。

時期所應包括的精確年限并無一致的意見。① 這種意見的不一致是有道理的，因爲經濟進化不論表現得怎樣劇烈，總不是突然而來的，而每每是逐漸發生的。這個名詞也并不是祇限於標明英國經濟史上的一段時期。它常常被用以泛指任何國家與英國該段時期相似的時期，例如德國自 1870 年以來的産業革命，美國自 1880 年以來的産業革命，帝俄自 1890 年以來的産業革命，日本自 1894 年中日戰争以來的産業革命。近幾十年來，此種泛用的趨勢更甚。

將産業革命當作一段時期（period）與當作一段過程（process）一樣，對於經濟轉變的理論都很重要，所以我們應當以較多的篇幅來探求其性質及特色。關於這個問題的思想體系，大致可以劃分爲下列四類或四組，當然這種劃分或分類并不是非常確切或毫無遺漏的。

第一組是較早的學者，如法國的布朗基及英國的加斯克爾（P. Gaskell），他們親自看到産業革命開始時所發生的種種變化。他們對於紡織工業的發明及蒸汽引擎的發展印象極深，所以每每將這些巨大變化的主要原因歸之於發明。大發明差不多被認爲就是産業革命了。

第二組是托因比及其若干信奉者，他們對於經濟思想及商業政策的變化，較之對於工業組織的變化，更爲重視。托因比認爲"産業革命的真諦是以競爭代替從前控制財富的生産和分配的中世紀的規章"②。因此，他認爲發明及工廠制度的成長雖然無疑地也形成了革命的特色，但這些對於經濟理論和商業政策的新看法的形成，却祇不過是偶然發生的

---

① 例如 Cunningham 將産業革命的時期定爲 1770 年至 1840 年。見 Archdeacon Cunningham, *Growth of English Industry and Commerce*, Cambridge University Press, Volume III, 1907, p. 613。另一方面，厄謝爾并未定出産業革命的開始時期。我們可以有理由推測，他和他的合著人多少是以七年戰争（1756—1763）結束後的十年作爲産業革命時期的開始。這是因爲他們曾經多次着重并提到在那十年中，工業的擴張變得日益顯著。見 A. P. Usher and Others, *An Economic History of Europe Since 1750*, New York, 1937, p. 105 and p. 109。

② Arnold Toynbee, *Lectures on the Industrial Revolution of the 18th Century in England*, p. 64。

事情。對於這種見解,厄謝爾曾作過評論,值得我們引證:"托因比的努力一定博得深切同情,因爲他的努力無疑地給這種運動以更廣泛的重大意義,但是令人遺憾的是他太着重於自由放任理論的興起。最近四分之一世紀的事實使我們都脫離了無限制的個人主義的老觀念,因此也很少有人會再將'個人自由制度'當作產業革命的主要特徵了。"①

第三組包括馬克思以及信仰馬克思主義的學者。馬克思在其名著《資本論》中,將"現代工業"(modern industry)的革命與"工場手工業"(manufacture)的革命分開,認爲"在工場手工業中,生產方式的革命始於勞動力,而在現代工業中,則始於勞動工具"②。顯然,在解釋產業革命時,他很强調工廠制度及組織上的變化,正如他所說的,"現代工業的起點是勞動工具的革命,而這種革命則以工廠內有組織的機器制度而爲其發展的最高形態。"③但是不論就任何意義來解釋,他也絕未忽略這種過程的技術方面。我們再引證幾段他的著作,對這點便非常明白。他說,"這裏,我們從工場手工業看到了現代工業的直接的技術基礎。工場手工業出產了機器,而現代工業由於利用這種機器,在其首先占領的那些生產領域中,排除了手工業生產和工場手工業生產。"④這是因爲,"達到其發展的一定階段以後,現代工業在技術上就同它那由手工業和工場手工業所提供的基礎發生衝突。"⑤總括而言,我們可以說馬克思既着重生產力的變化(包括技術變化),也着重生產關係的變化(制度變化),而且認爲這兩種變化在經濟進化史上一直發生交互的作用——一方面破壞(destroying),一方面產生(gene-rating)。這是辯證法(method of dialectics)的一種運用。因此,馬克思和他的學生們認爲,使現代工業產

---

① A. P. Usher, *The Industrial History of England*, New York, 1920, p. 250。
② Karl Marx, *Capital*, English translation from the 3rd German edition, Chicago, 1909, Volume Ⅰ, p. 405。
③ Karl Marx, *ibid.*, p. 430。
④ Karl Marx, *ibid.*, p. 417。
⑤ Karl Marx, *ibid.*, p. 418。

生和成長的產業革命，最好是以這兩種變化的作用來解釋，而更重要的，是以其交互作用來解釋。①

第四組是由一些現代學者所構成，他們認爲產業革命祇是現在仍在進行的龐大而複雜的過程的一個階段；其中的各種轉變是逐漸形成的，但要充分瞭解這一階段的性質和特徵，惟有研究潛存於漫長的經濟進化過程中的基本原因或基本因素。這一組的思想並未輕視產業革命的意義，祇不過是他們認爲，自從產業革命的意義一直爲較早期的學者所誇大以後，現在再將其回復到經濟進化史上的適當地位而已。要列舉出主張這種見解的主要人物是很困難的，因爲從來不會有兩個學者的見解完全相同。但是下面兩個經濟史學家的見解，如果合起來看，倒可以用來說明這一組的意見，儘管我們不能認爲前一學者的任何見解，會與後一學者的見解完全一致。

沙德韋爾（Arthur Shadwell）在很久以前就認爲"產業革命"一詞，選擇得並不高明。依照他的意見，這個名詞本來是基於對事實的誤解，而且還每每繼續維持一種狹隘而錯誤的見解。由於注意力過分集中於紡織工業，尤其是織布業，同時觀察問題又太表面化，結果是得到一種既有缺陷又嫌誇大的概念。革命是突然的事變，但是以往所發生的並不是突發的事變，而是一種龐大而逐漸推移的進化過程，它包括一些家庭工業的改變，但是所涉及的範圍卻廣泛得多。② 爲此，他將產業革命的時期包括在漫長的工業進化過程之內；其理由，一部分已如上述，一部分將在下面的討論中加以說明。我們所討論的時期，祇是代表現在仍然在繼

---

① 我們再引一段他的著作，就可使這一點更爲明白。"采取機器形式的勞動工具一定會使自然力代替人力，並使自覺地應用科學代替單憑個人經驗的臆斷方法。在工場手工業中，社會勞動過程的組織是純粹主觀的，這是各種零星勞動者的組合；現代工業在其機器制度下有一種純粹客觀的生產機構，在這種機構中，勞動者僅僅是一種已經存在的物質生產條件下的附屬物。" Karl Marx, ibid., p. 421。

② Arthur Shadwell, *History of Industrialism*, in *An Encyclopaedia of Industrialism*, Nelson's Encyclopaedia Library, pp. 292-293。

續進行的一個龐大而複雜的過程的一個階段；而且從這一階段的特殊色彩所推得的一些結論，在應用的範圍上也是有限的。工業進化的真諦并不是大工業代替小工業，甚至也不是機器居於支配地位，而是意義遠爲廣泛的事情。簡言之，工業進化的真義是"駕馭自然來爲人類服務"，而要探索其發端，我們必須回溯到科學的起源——回溯到文藝復興後的追求知識。① 也正是由於這些原因，沙德韋爾采用了"工業主義"(industrialism)一詞，來指那種由於工場手工業的現代發展以及相隨而生的"采掘"工業和運輸工業的發展所産生的社會和經濟情況。②

對於澄清在所謂產業革命時期表現出來的經濟轉變的性質，厄謝爾作過深入的研究。很久以前，他就認爲没有簡單的法則，能夠對於那種使産業革命具有深遠意義的力量和反響的複雜性，予以足夠的描述。在這種複雜的情況中，有工業與農業的關係的變動，有由於棉紡織業的興起所引起的紡織行業的重新調整，有使所有金屬行業在工業社會中居於更重要地位的冶金工業的技術進步。這些轉變都不是突然而來的：它們具有連帶交互的影響，所以特殊的發明同時既是原因又是結果。③ 爲此，厄謝爾見解的要點，可以歸納爲：對考察中的轉變，我們不能以任何單個的因素或理論來描述或解釋；而且這種轉變的過程是漸進的，并不是突然的。

本書已經用一種理論概念來定義工業化，又將產業革命看做是歷史發展的一個階段。這兩個名詞不能互相視爲一致，也不能看做是互相排斥的；這兩個名詞有一部分重疊。在我們的定義下，就整個世界經濟而論，我們可以認爲產業革命時期是工業化的最初階段。④ 然而我們必須

---

① Arthur Shadwell, *ibid.*, pp. 295-296。
② Arthur Shadwell, *ibid.*, preface, p. vii。
③ A. P. Usher, *The Industrial History of England*, New York, 1920, p. 251。
④ 熊彼特認爲第一次"康德拉捷夫(Kondratieff)周期"或第一次長周期(1787—1842年)正是產業革命的時期，此時期的最後階段包括"鐵路化"(railroadization)。見 J. A. Schumpeter, *Business Cycles*, New York and London, 1939, pp. 252-255。我們可以説産業革命、鐵路化、電氣化及摩托化，是工業化的漫長過程中的不同階段。

注意，在那個時期，祇有英國和法國是先進的工業國家。今天，也祇有用那種概念，產業革命一詞纔能適當地用來表示經濟發展比較後進的國家工業化的開始階段。①

第二節　工業演進中的發動因素與限制因素

關於現代資本主義的興起以及產業革命時期的降臨，長期以來在解釋方面就一直存在着未能解決的爭論。對這些爭論作進一步的探究，會促使我們研究經濟發展的理論；此種研究或有助於經濟進化理論的建立。在純經濟理論中，歷來的傳統都是集中研究"因變數"（dependent variables），例如貨物和生產要素的價格，而假定決定這些變數的"資料"（data）是給定的。至於經濟發展的理論，則着重於研究經濟理論的"資料變動"，這種資料，我們稱之爲"自變數"（independent variables）。奈特（Frank H. Knight）曾提出一個著名的表單，列出"我們必須研究其變化或其變化可能性的因素"。這些因素一方面是經濟理論的資料，一方面又是經濟發展理論的對象。表單上包括有下列因素或自變數②：

1. 人口的數量和組成；
2. 人口的口味（taste）和癖好；
3. 現存生產能力的數量和種類，包括 a. 人力，b. 物力；
4. 這些生產能力所有權的分配，包括人控制人或控制物的一切權利；
5. 人和物的地理分布；
6. 技藝的狀況，關於科學、教育、生產技術、社會組織等等的全部

---

① Condliffe 曾借用"產業革命"一詞來表示遠東的工業化。見其論文，*The Industrial Revolution in the Far East*, in *Economic Record*, Melbourne, November, 1936。
② Frank H. Knight, *Risk, Uncertainty and Profit*, New York, 1921, p. 147。更詳細的討論見 E. Ronald Walker, From *Economic Theory to Policy*, Chicago, 1943, pp. 149-163。

情況。

我們并無理由假定,這些因素或變數,對於其他因素或變數的變動,是完全獨立而不受影響的。在長期中,這些自變數可能也變爲因變數。試以口味爲例。依據羅爾(Eric Roll)的意見,口味或消費者的偏好有三種變化。第一種是"自動的"變化("autonomous" changes),其原因不易確定;第二種是"反響的"變化("repercussive" changes),其本身就是人口、資本、生產力等變化的結果;第三種是"誘發的"變化("induced" changes),乃有意引起的口味變化。① 其中祇有第一種變化可說是獨立的。我們很難用統計來確定在口味變化中,屬於第一類的比例如何。但是我們有理由可以說,將第二類和第三類的變化合并起來,在次數及程度上,極可能超過第一類變化。爲此,熊彼特(J. A. Schumpeter)認爲,我們很有理由"在進行分析之先,假定消費者所主動引發的口味變化是可以忽略的,同時假定消費者口味的一切變化都是從屬於生產者的行動的,或者是由生產者的行動所引起的"②。

如果我們將這種論證推演過遠,那就必將使我們覺得,在經濟社會中沒有一種因素可以看做是獨立的,因爲一切因素多少總是相互依存,相互發生作用的。爲此,我們必須找到一個止步點和立足點。因爲要建立一種理論或一種系統的論證以解釋極爲複雜的經濟現象,特別是因爲進化的時期或過程愈長而這種複雜性愈增,我們必須使用"局部"相依性("partial" interdependent)及"相對"連續性("relative" continuity)的概念③,

---

① Eric Roll, *Elements of Economic Theory*, London, 1937, pp. 217-218。
② J. A. Schumpeter, *Business Cycles*, New York, 1939, Volume Ⅰ, p. 73。
③ Usher 一直采取"相對連續性"的觀點,以解釋歷史的發展。見 A. P. Usher, *History of Mechanical Inventions*, New York, 1929, p. 6。Black 也是很久以來就采取一種"局部的或相對的動態"觀點,以解釋經濟社會的性質;他曾經説:"一個純粹静態社會必定是任何事物的數量和形態都是固定的一個社會;一個純粹動態社會必定是任何事物都是恒常處於一種流動的或變化的情況下的一個社會。至於我們所生存的社會,則處於這兩種極端之間。"見 John D. Black, *Production Economics*, New York, 1926, p. 591。

以代替一般相依性及絕對連續性的概念。關於這一點，我們已經在第一章中予以說明。正是為了這種理由，我們仍能依據幾種基本因素，加上若干限制條件之後，來解釋工業進化的過程。

工業進化的過程在性質上有異於經濟發展理論所使用的過程，在時期上亦較後者為長，因之，上面所引奈特列舉的若干因素，必須重新加以考慮，重新予以分類。第二種因素人民的口味及性癖，應該當作因變數。第五種因素人和物的地理分布，必須重新劃入第一種及第三種因素中。經過這樣重新劃分後，我們解釋工業進化的過程，可以用下列四種基本因素：

1. 人口——數量、組成及地理分布；
2. 資源或物力——種類、數量及地理分布；
3. 社會制度——人的和物的生產要素所有權的分配；
4. 生產技術（technology）——着重於發明的應用，至於科學、教育及社會組織的種種情況，則未包括在目前的討論範圍內。

在這四種因素之外，我們還必須提到另一種基本因素，那就是：

5. 企業創新管理才能（entrepreneurship）——改變生產函數或應用新的生產函數，也就是改變生產要素的組合或應用新的生產要素組合。

作者認為這五種因素是發動并定型工業進化過程最重要的因素。但是它們的性質和影響各有不同，可以再歸納而劃分為兩大類：一類是發動因素，包括企業創新管理才能及生產技術；一類是限制因素，包括資源及人口。當然，這種劃分也祇能是相對的。至於社會制度，則既是發動因素，又是限制因素。本書中，除把社會制度這一因素看做"給定的"以外，對其餘各種因素，則將依次加以討論。

一、發動因素：企業創新管理才能及生產技術

企業創新管理才能（entrepreneurship）

"企業創新管理才能"的概念，長期以來就是一個爭論的題目。有一

位學者把它定義爲"實行創新"的功能。① 另有一位學者則將其職能分爲：1. 擔負風險（risk-taking）；2. 管理（management），包括監督及調整能力。② 本書作者曾經在一篇未發表的文章中，將管理的功能加以解釋，并擬在一定限度內，將有關疑點予以澄清，認爲管理功能就是"外部的"及"內部的"調整功能。③ 外部的調整（external co-ordination）是指決定何種買賣契約應該締結以及對於一定的"資料"匯集（the given constellation of "data"）實行調整的那一部分管理功能。換言之，這種功能是關於資源在各種投資途徑之間的分配，以及關於生產單位對經濟情形不斷變化的適應。內部的調整（internal co-ordination）是指關於依據預先決定的計劃而適當地及有較高效率地進行生產——不論是"定貨生產"（make to order）或"現貨生產"（make for stock）——的那一部分管理功能。

但是我們此處所強調的，是存在於企業行動幕後并領導企業前進的"企業創建精神"（enterprising spirit）。桑巴特（W. Sombart）曾經將這種精神解釋爲一種由取得、競爭及經濟合理性（economic rationality）諸原則所支配的精神狀態。④ 他認爲"企業創建精神"⑤，連同"方式"（form，指"規章"和"組織"）及"技術方法"（technical methods）是構成現代資本主義本質的三種基本特徵。三者之中他最強調的是企業創建精神。據他所說，"在不同的時候，人類對於經濟生活所抱的態度也就不同，企業創建精

---

① J. A. Schumpeter, *Business Cycles*, New York, 1939, p. 102。
② N. Kaldor, "The Equilibrium of the Firm", *Economic Journal*, March 1934, pp. 60-76。
③ 見拙作："A Note on the Equilibrium of the Firm",（Unpublished），1943。
④ 見 Werner Sombart, "Economic Theory and Economic History", *Economic History Review*, January 1929, pp. 1-19）；又見 T. Parsons, "Capitalism in Recent German Literature: Sombart and Weber", *Journal of Political Economy*, December 1928, pp. 646-648。
⑤ Sombart 所用的兩個德國字爲"wirtschaftsgeist"及"wirtschaftsgesinnung"，而在若干場合他祇簡單地稱之爲"der geist"。我們很難將其用一個英文詞表示清楚。作者以爲"enterprising-spirit"倒是比較恰當的。

神爲它本身創造了適當的方式,并從而形成經濟組織。"①這種精神不僅是"追求最大利潤的動機"。很明顯,追求最大利潤的動機與追求最大滿足的動機相連結,就形成合理的"經濟人"(economic man),并且構成經濟理論中一條最基本的假設。但是企業創建精神則更爲廣泛,因爲在"爲利潤而經營企業"以外,它還包括最重要的"爲企業本身的發展而經營企業"的精神或志願。

企業創建精神對於中世紀晚期所謂"商業資本主義"(commercial capitalism)的興起和蓬勃發展,是一種基本的發動因素;諸如冒險開發新領域,航海的改良以及商業組織的進展,都是這種商業資本主義興起和發展的特色。這些商業變化,將工業的市場擴大到史所未見的程度,再與18世紀終結時最爲顯著的機器發明和應用(技術進步)相連結,在使產業革命過程成爲事實這一方面,貢獻極大。② 自然,我們從不應忽視,在實際上各種因素的相互作用,較任何因素的單獨作用,更爲重要。但是無論如何,這種情形并不是輕視企業創建精神這一因素,在發動導向現代資本主義的這種過程上,所具有的基本重要性。作者常常認爲,中國在傳統上因社會制度的限制而缺乏這種精神,可以幫助解釋

---

① Werner Sombart, *Der Moderne Kapitalismus*, Munchen und Leipzig, 1928, Volume Ⅰ, p. 25。
② Usher 將機器的發明和應用、商業的變遷及地理環境的因素(Physiographic factors)作爲産業革命的三個主要原因,并且特別着重這些因素的交互作用。見 A. P. Usher, *The Industrial History of England*, New York, 1920, p. 252。亨利·賽(Henri Sée)在其著作的最初一章論述中世紀後期的資本積累情形時,力陳國際商業和金融是最重要的因素,同時批評 Sombart 過分着重地産的地租。他遵循 Pirenne 而特別注意新興富人所發生的重要作用,甚至認爲在較早時期就已經發生作用,同時還駁斥 Sombart 和 Bücher 把中世紀的都市經濟看做是"閉關制度"(Closed system)。在他看來,今日(現代)資本主義社會的主要特徵,不僅是大規模國際商業的擴張,而且是大規模工業的發展,機器過程的成功,以及大金融權威的優勢日益顯著。關於較詳細的討論,可參閱 Henri sée, *Les Origines au Capitalisme Moderne*, Paris, 1926;關於批評的討論,則可參閱 M. M. Knight, "Recent Literature on the Origins of Modern Capitalism", *Quarterly Journal of Economics*, May, 1927, pp. 520-533。

產業革命何以未能早日在中國經濟社會內自動發生。在研究這個問題時，我們自然還必須考慮其他因素的作用，如地理交通形勢、對科學研究的態度以及政府的政策等。而且我們必須注意到，企業創建精神本身又須受文化傳統的制約，至少也須受其影響。我們還要認識到，惟有當技術進步達到一定的階段以後，企業創建精神才能充分地得到表現和發揚。

生産技術(technology)

生産技術包括發明(invention)及創新(innovation)，創新的意義是指發明的應用。① 這裏所用生産技術一概念較"技術"("technique")爲廣泛，因爲它是和變動的過程聯成一體的。生産技術又指產業科學和技術，以及這種科學和技術的應用。生産技術是科學的，這是區分現代時期或工廠制度時期不同於手工業時期的基本特點。正如桑巴特所說的，"現代技術的特色就在於它是科學的。科學與技術的關係是如此的密切，而足以代表這同一運動的理論和實際兩個方面。中世紀的技藝一方面是傳統的，從師傅學來又再傳授下去；另一方面又是經驗的，基於經驗的教導而不是基於客觀的科學推理。……可見，現代技術既是合理的又是科學的"。② 在理論上，每一個生産單位的生産技術資料都可用一種連結生産要素數量的函數表現出來，這種函數我們稱之爲"生産函數"(production function)。③ 所以生産技術資料的變化，最好是以生産函數的變化來表示。

許多經濟學者和經濟史家解釋工業進化和現代資本主義的興起時，

---

① "發明一種新機器或發展一種新方法，然後再將其應用，是人類進步的兩個不同步驟，其間常有一段長期的時延，這并非農業所特有的經驗。社會科學家每每用兩個名詞來表示這種步驟，稱第一步驟爲'發明'，稱第二者爲'創新'。" 見 John D. Black, "Factors Conditioning Innovations in Agriculture", *Mechanical Engineering*, March, 1945。

② T. Parsons, "Capitalism in Recent German Literature: Sombart and Weber", *Journal of Political Economy*, December 1928, p. 655。

③ J. A. Schumpeter, *Business Cycles*, New York, 1939, Volume I, p. 38。

很着重生產技術這一因素，有些學者或史學家甚至認爲它是支配的因素。我們都知道，馬克思學說的根本觀點是辯證唯物論和歷史唯物論，根據這種學說，政治的、社會的及文化的形式，都是由社會的經濟結構所產生，而社會經濟結構的形式，則又爲包括生產技術的生產力的變化所決定。① 這可以代表以唯物主義(materialism)來解釋歷史的最徹底的見解。桑巴特曾經以技術方法，連同企業創建精神和組織，作爲解釋現代資本主義實質的三大特色。熊彼特的經濟發展理論則是以"創新"爲基礎，而創新在本質上就是企業家所實現的生產技術資料的變動。② 至於厄謝爾，則更把生產技術看得比其他因素爲重。他說："經濟史所研究的生產技術問題，對於這些地理因素呈現一種尖銳的對照。技術變化包括一連串的，最後體現於實際成就上的各個創新。這些具有相對獨立性的創新的序列或程序，是歷史的動態過程的最顯著的標誌。……程序中的每一步驟，都是這種過程的不可缺少的部分；每一步驟必須安置在一定的秩序內；結果，這些生產技術發展的過程無論在形式上或在内容上都正是歷史的本體。"③可見，"經濟史上的真正英雄是科學家、發明家及探險家。正由於這些人，社會生活纔真正發生轉變"。④

兹懷格(Ferdynand Zweig)在研究生產技術進步時，曾將其分爲三類：生產力的進步(progress in productivity)，質量的進步(progress in quality)及翻新的進步(progress in novelty)。生產力進步的形式表現在機械化、合

---

① Marx 寫道，"生產技術顯示出人類對付自然的方式，顯示出人類維持生活的生產過程，從而還揭露出社會關係的構成方式，以及由這種社會關係所產生的精神觀念的構成方式。" Karl Marx, *Capital*, English translation from the 3rd German Edition(《資本論》英文版)，Chicago, 1909, Volume Ⅰ, p. 406, note 2。

② J. A. Schumpeter, *The Theory of Economic Development*, translated from the 2nd German Edition, Harvard University Press, 1934 (The first German edition, 1911)。但是我們必須認清，Schumpeter 的創新，比單單的生產技術變動，要廣泛一些。

③ A. P. Usher, *History of Mechanical Inventions*, New York, 1929, p. 4。

④ A. P. Usher, *ibid.*, p. 6。

理化、工業心理及工業組織上。① 生產力的進步是我們的主要研究對象，其中，機械化較其他形式更值得我們注意。② 論及生產技術與生產力的關係，則以發明及創新按不相等的比例，提高生產要素的邊際產品所引起的問題，最使人感興趣。因爲實際上，最重要的發明，是使機器的應用增加或減少的發明，這也就是使所用資本比例增加或減少的發明，所以最重要的變化，是使資本代替勞動及使勞動代替資本的發明所引起的變化。前一種是"節省勞動"（labour-saving）的發明，後一種是"節省資本"（capital-saving）的發明。希克斯（J. R. Hicks）把前者定義爲增加勞動的邊際產品多於資本的邊際產品的發明，把後者定義爲增加資本的邊際產品多於勞動的邊際產品的發明。③ 毋庸置疑，節省勞動的發明在歷史上最爲常見；而且在產業革命的初期，節省勞動的機器的應用，曾引起工人及其同情者的反對。節省資本的發明也可能發生，但是直到現在，仍不常見。在本書中，關於生產技術的變化及其對工業和農業的影響的討論，將集中於節省勞動的發明。

二、限制因素：資源及人口

資源（resources）

關於資源的構成如何，尚無共同的見解。這主要是因爲資源這一概念本身是一個動態的及演變的概念，所以它的內容也隨着生產技術的發展而時時不同。在日常生活中，資源往往祇是用以指具體形式的物資，諸如農地、森林及礦藏等等。這種概念當然是過於狹隘一些。許多重要的因素，如氣候、雨量及水力等等，也是必須包括在內的。古典區位理

---

① Ferdynand Zweig, *Economics and Technology*, London, 1936, p. 38 and p. 52。
② 關於這方面，兼具理論的和實際的討論，見下面兩種專著：Lewis L. Lorwin and John M. Blair, *Technology in Our Economy*, TNEC, Monograph No. 22, Washington, 1941; and John A. Hopkins, *Changing Technology and Employment in Agriculture*, USDA, Bureau of Agricultural Economics, Washington, 1941。
③ J. R. Hicks, *Theory of Wages*, London, 1935, p. 121。

論學者中的韋伯（Alfred Weber），將物資分爲"普遍的"（ubiquitous）及"區限的"（localized）兩類，前一類可以用空氣及水爲代表，後一類則包括一切其他的實體物資①。但是水并不能列爲普遍的；相反，水在大多數場合是受限制的。同樣，很少物資能夠説是絕對區限的，或永遠區限的。這是因爲許多物資多少總能用其他物資來代替；而有些物資，雖然在某一時候無代替品，但是到另一時候則可能用功能完全相同的物資來代替。比如從焦煤中煉出靛青，人造絲（rayon）在某種限度内代替蠶絲，都是很好的例證。因此，正如厄謝爾所説的，"將我們的注意力集中於區位化的程度，而不集中於劃分物質爲普遍的與區限的範疇，實在是更有意義的和更現實的。有效的地理分析工作，需要苦心孤詣地對世界各個地區的資源差異做一完善的調查。"②而且"最顯著的資源差異問題是集中在礦藏、雨量及潛在水力的分布方面。"③因此，我們對於資源問題必須作動態的研究。這就是説，我們必須顧及到生産技術的變化并將其引入討論。

不過動態的方法，并不排斥那種"假定"生産技術情況"一定"（assumed given）的分析場合。必須明瞭，假定生産技術情況一定，與完全忽視生産技術的情形大不相同。古典區位理論中那種修飾過度了的一套機構，便是奠基在這種忽視了生産技術的脆弱基礎上。在我們的分析裏，生産技術一定，祇是用以"開場"（setting-the-stage），這對於生産技術變化被引入以後的主要表演，實在是必要的步驟。在假定生産技術一定的這一時期或過程中，有些地區的一些資源是應該看做有限制的，從而這種資源就成爲工業進化的限制因素。在前一章中，我們曾經説過，在産業革命發生以前，甚至即使在今天，對於工業化尚未開始的國家，糧食資源（包括土地肥性，氣候以及其他的農作便利）是決定人口定居方式及經濟活動區位的主要限制因素。産業革命以後，糧食的地位漸漸爲

---

① 見 Alfred weber, *Theory of the Location of the Industries*, translated from German (1st edition, 1909), Chicago, 1929。

② A. P. Usher, *A Dynamic Analysis of the Location of Economic Activity*, (Mimeographed), 1943, p. 23.

③ A. P. Usher, *ibid.*, p. 25。

煤所取代，在現代經濟社會中，煤被認作是主要的限制因素。這可以部分地解釋為什麼法國在 18 世紀末期及 19 世紀初期一度成為僅次於英國的工業國家以後，不能再成為第一等的工業強國。法國缺乏必需的煤量以進行高度的工業化過程。利用水力發電固然可以補救一部分的煤量缺乏，但是水力本身也是受高度區限的；在既無水力又無煤藏可資利用的地方，大規模的工業就無法建立。另一方面，美國在應用節省勞動的機械（節省勞動的發明）方面，取得了驚人的進步，這不僅因為美國的勞動力稀少而引起較為迫切的需要，也因為世界上其他國家，都不如美國得天獨厚、物藏豐富（就目前的技術情況而言），惟有依靠這些豐富的物資，節省勞動的機械纔能製造出來，并且也纔能發揮作用。所以，美國經濟進步之迅速，一部分可由其需要的迫切程度和性質來解釋，一部分可由其所控制的有利的資源組合來解釋。①

在引入了生產技術變化後，由資源所產生的限制可能部分地解除，也可能轉移或變為範疇不同的限制。事實上生產技術的目標每每是針對着克服某種物質的短少或缺乏所引起的困難。我們知道，人口稠密的歐洲深感原料不足。因此，歐洲不得不集中努力於盡可能地充分利用它所擁有的資源，不得不集中努力於為它所缺乏的資源，以及不能迅速從外地獲得的資源，尋找代替品。換言之，歐洲不得不一般地集中努力於發明節省原料的方法，這種情形正可與美國集中努力於發明節省勞動的方法相對照。在歐洲，尤其是在德國，化學的進步可以作為這種情形的良好說明。②

---

① Erich W. Zimmermann, *World Resources and Industries*, New York and London, 1933, pp. 29-30。

② "德國最先從煤中提煉靛青；因為戰爭時缺乏智利硝石，德國的化學工業家乃借助於煤及褐炭從空氣中製造氮氣。煉鐵高爐（blast furnace）、酸性轉爐（bessemer converter）及煉鋼平爐（open-hearth）都可以看做是節省燃料的方法。法國的馬丁（Martin）兄弟們更將煉鋼平爐發展到不僅節省燃料，更可利用廢鐵。德國及其他國家的化學家都在辛勤地工作，以求生產人造橡皮。" Erich W. Zimmermann, *ibid.*, p. 29。

人口（population）

人口問題可以從數量、增長、構成及構成的變化等各種觀點來進行研究。這裏我們所說的構成是指職業的構成。我們要徹底瞭解以上各個方面的情形，唯有從人口與資源的關係來着眼討論，換言之，唯有從平均每人的生產力及平均每人的收入來着眼討論。根據我們在上面所解釋的概念，由於不斷地引入生產技術的變化，資源本身是繼續變化着的。馬爾薩斯傳統以來的古典人口理論有一個最嚴重的缺陷，就是忽略了生產技術的變化這一方面。這就使這種理論不正確，第一是將資源限於糧食一種，第二是斷言糧食生產的增加率日益小於人口的增加率。

就人口數量的觀點而言，我們最感興趣的是資源數量對於人口數量的比例。有些學者認爲資源就是土地，因而他們以爲這種比例就是"人與土地的比例"（the man-land ratio）。[1] 這在農業社會或許是正確的，而在現代的經濟社會則不是這樣。單單是土地的面積，實在無法充分表示資源的數量。因爲按照現代所用的含義并利用現代的生產技術，資源不僅包括農用土地，也包括煤藏、鐵礦、油藏及水力。所有這些資源都必須加入計算，然後以之直接與人口數量相比較。我們還得注意，要衡量一個地區人民的實際的物質福利，我們主要考慮的是國民產品的數量與人口數量的比例。這種比例或比率，與平均每人產品，是一個東西。如以一個共同單位來計算產品，這種比率就變爲平均每人收入。從這些度量，我們就可以看出人口總是分母。因此，有了預期的生產技術變化及潛存的資源數量之後，人口的數量自然成爲決定這些比率的限制因素，而這些比率便是經濟進步的良好指標。這可以解釋，盡管產業革命開始於歐洲，而因人口稠密，其人民生活水平反而低於美國、澳洲及新西蘭。印度不能使其人民達到高級生活水平，除了殖民地制度外，也是基於同一理

---

[1] "人與土地是對於人類社會的進化和生活從事科學研究所提供的終極因素。當這些因素已經有了，則立刻會引起人和土地之間的調整的必要。多少人需要多少土地，是任何社會中人類生活上最根本的考慮。" W. G. Surmer and A. G. Keller, *The Science of Society*, New Haven, Yale University Press, 1927, Volume I, p. 4。

由——資源對人口的比例過低。中國的重要資源數量僅次於美國，但是中國的龐大人口使這種比例降到很低的水平。就現在社會情況和生產技術情況而論，要將中國廣大人民的生活程度提到高水平，并不可樂觀。

人口的增長率，尤其是在工業化的過程中，是我們最須注意的一個方面，因爲它適合於我們的動態分析。根據各個已經工業化了的國家的經驗，我們或可推導出人口變動趨向的模式。在工業化的初期，死亡率劇減，使人口能大量增加；繼之在工業化後期，生育率又加速地下落，在較先進的國家，這種生育率的下落大大壓抑了人口的增加，使人們預感到人口有即將停止增加的前景。東歐各國，現在仍處於人口進化的擴張階段，爲要對於劇增的人口供應最低的生活，已遭遇到古代社會式的和根本性的種種困難。① 日本也正在度過人口劇增的階段，這種人口劇增的情形是在任何國家倡興工業化初期都會發生的。② 另一方面，西歐國家人口漸趨靜止或減少的情形，消除了早期世人所發生的恐懼。現在大家明瞭，對於工業國家，人口減少的威脅較之人口過剩的威脅更爲嚴重。因之，在西歐，人口增加率的降低正在使生活必需品製造工業的生產相對下落；至於日本和東歐國家，則所發生的趨向正好相反。這些國家必須盡更大的努力來生產必需品，以供養漸增的人口。這種經驗對於工業化即將開始的中國，實具有重大的參考價值。

工業化過程一旦開始，就會發生從農業轉入工業的職業轉移。但是關於這個問題，還有幾種因素我們必須認清，并且可用以防止任何過分的樂觀。第一，這種轉移在工業化的初期不會很大。在這一時期，手工業的勞動力將得到首批轉入現代工廠的優先機會，這有兩個原因：一則他們的手藝較之農業勞動者更爲熟練，再則就勞動的轉業費用而言，他們享有區位上的利益。第二，當農業機械化進行時，農業勞動者本身的

---

① Frank W. Notestein, *The Future Population of Europe and the Soviet Union*, League of Nations, Geneva, 1944, p. 165。
② G. E. Hubbard and T. E. Gregory, *Eastern Industrialization and Its Effects on the West*, Oxford University Press, London, 1935, p. 153。

剩餘將會增加。這時，這個問題要依工業吸收此種剩餘的速度和農業機械化進行的速率如何而定。第三，我們在上面已經說過，在工業化的初期，人口的增加一定較平常迅速。工業或不能吸收原存剩餘以外的這種新增加的剩餘。這就是在東歐國家所發生的情況。人口對土地的壓力漸行加強，遂成爲不可避免的結果。①

第三節　工業化的類型

完成工業化，有不同的方式或類型，主要依我們所用以分類的原則如何而定。我們可以依據工業化是由政府或由個人先行發動，將工業化分爲三種類型：① 個人或私人發動的；② 政府發動的；③ 政府與私人共同發動的。在歷史上，我們很難將任何國家明確地劃歸第一類型或第二類型，因爲在這種過程開始時，每每包括政府和個人兩方面的努力。但是如果像進行任何分類一樣，允許有一定的誤差或含糊範圍存在，我們仍然可以將英國、法國及美國歸入第一類型，蘇聯歸入第二類型，德國及日本歸入第三類型。蘇聯所發生的工業化過程可以稱之爲"革命的"（revolutionary）類型，以與當前在其他國家所發生的"演進的"（evolutionary）類型相區別。工業化的方式，還可以依據機器的應用及組織的變化是開始於消費品（consumption-goods）工業或開始於資本品（capital-goods，指以生產工具爲主的生產資料）工業來分類；若是開始於消費品工業，還可以依據究竟是開始於紡織工業或開始於糧食工業來分類；若是開始於資本品工業，又可以依據究竟是開始於鋼鐵工業或開始於化學工業來分類。而且，工業化的分類，也可以依據籌措資本的方法是基於自給抑或由於國際投資和借貸來確定。

---

① Frank W. Notestein, *The Future Population of Europe and the Soviet Union*, League of Nations, Geneva, 1944, pp. 165-168。

本節我們將在下列三個主題下，進而從歷史發展上分析工業化的方式，即工業化如何開始，以何種程序和階段表現出來，以及完成的速度如何。

一、工業化的開始

工業化的開始，可能由於個人發動，也可能由於政府發動，更可能由於個人和政府共同發動。其由個人發動而開始者，實符合工業進化的自然趨勢，是一種首先發生於英國和法國的類型。這種過程有一個階段，雖然曾被稱爲"產業革命"，可是實際上它反而是工業化歷史上最具演進性的類型。另一方面，我們若將那種由政府發動而開始的工業化過程稱爲革命性的，似乎更爲適當，因爲它是比較突然而聲勢浩大的。最典型的例子是蘇聯的工業化；其次，就是德國自1870年以來的和日本自1868年以來的工業化。這裏我們將更多地考慮演進性的類型，因爲在演進性的情形下，生產技術是一個發動因素而其本身也是變化着的；至於在革命性的情形下，生產技術可以當作是幾乎完全給定的，因爲在這種場合，生產技術大都是從外國輸入或模仿外國的。

在演進性的過程中，使工業化開始的主要發動力量，如前節所述，是企業創建精神及生產技術。關於這一點，我們不再做更深入的討論。但是我們對於諾爾斯（L. C. A. Knowles）夫人所持的論調，即認爲個人的自由和英國的發明是推動19世紀經濟發展的兩大力量，則似乎必須略加評論。[①] 我們同意她認爲個人自由——包括遷徙自由、買賣自由及擇業自由[②]，是以資本主義的興起和擴張爲特徵的現代經濟發展的一個重要

[①] L. C. A. Knowles, *Economic Development in the Nineteenth Century*, London, 1932, p. 5。

[②] "個人自由的獲得是指法國在1789年，德國及奧匈帝國在1806年至1848年之間，以及俄國在1861年至1865年之間的最後廢除農奴制度。大英帝國在1833年，法屬統治地在1848年，以及美國在1862年至1863年的廢除奴隸制度，則勢屬當然之事。" L. C. A. Knowles, *ibid.*, p. 8。

條件。正如她所指出的，這種個人自由（大都采取經濟自由的形式），主要是歸根於法國大革命，至少就歐洲來說是如此，而且在一定程度上可用以解釋英國和法國何以在工業化的初期能取得領先地位。① 但是我們必須強調一點，那就是個人自由祇是現代工業發展的一個必要(necessary)條件，却不是一個充分(sufficient)條件。缺乏個人自由，表示經濟活動還有限制；可是達到個人自由後，并不就表明個人自由能發動并產生工業化過程。現在有很多國家，包括中國在內，雖然早已部分地廢除了封建制度，它們的人民也得到了或部分地得到了經營經濟事業的某些個人自由，但是產業革命或工業化運動并未在這些國家真正發生。在另一處，諾爾斯夫人說：“個人自由不僅意味着農奴制度的廢除；而且也意味着廢止并解除行會制度的束縛。”②在這種意義下，像中國這樣的國家，的確更沒有得到完全的經濟自由。但是我們難道不可以說，廢止并解除行會制度的束縛，其本身就是現代工業進化的結果。而且即使在現代經濟社會中，中小廠商和普通民衆也沒有能夠享受經濟活動的完全自由，因爲買賣雙方，都存在有壟斷的束縛。

從歷史的記載看來，有人認爲，戰爭除了曾經對於許多國家起過破壞和阻礙經濟發展的作用外，也曾經對於有些國家起過引進並加速工業化過程的刺激作用。例如德國在 1870 年的普法戰爭後開始工業化；俄國在 1877 年的俄土戰爭後開始工業化；日本早先在 1894 年的中日戰爭後，接着又在 1904 年的日俄戰爭後開始工業化。按照這種看法，拿破侖戰爭(Napoleonic Wars)及克里米亞戰爭(Crimean War)對 19 世紀初期及中期經濟活動的上升趨向，都分別有極大的影響。美國直到 1865 年南北戰爭結束後，纔更加顯著地開始推行工業化過程，這從采用保護關稅政策、

---

① “法國革命關於個人自由的觀念，對於中歐及東歐在 1806 年及 1865 年之間所實行的廢除農奴制度的改革，給以強烈的刺激。由於法國發端，歐洲的赫赫的自由貿易制度纔在 1860 年至 1870 年之間完成，這意味着商業上及殖民方面種種束縛的廢除。” L. C. A Knowles, *ibid.*, p. 5。

② L. C. A. Knowles, *ibid.*, p. 8。

擴展棉紡織工業、迅速發展鐵路、推廣利用煤斤、建立鋼鐵工業，以及將機器應用於農業等情形，都可以看得出來。還有一個例子，就是第一次世界大戰後 1920 年到 1929 年的經濟恢復和短暫繁榮，也可以説明。

以戰爭解釋經濟擴張，最初是由萬特魯普(Ciriacy Wantrup) 別出心裁地首創其論，後來康德拉捷夫 (N. D. Kondratieff)、威克塞爾 (Knut Wicksell)，以及最近的漢森 (Alvin H. Hansen)，也都予以注意。根據這種分析，長期的繁榮根本上是由於準備戰爭及戰爭本身的龐大政府支出所引起的；而另一方面，長期的蕭條則又源於戰爭支出猛然削減所招致的重新調整的困難。① 因此，這些學者都將戰爭看做是形成長期周期變動的一個刺激因素。其中，康德拉捷夫在估計戰爭的作用時，采取了較爲穩妥的觀點。他認爲戰爭和革命固然能够合拍於長期波動的節奏，但并不能證明就是産生這些變動的原動力，而毋寧是這些變動的象徵。不過戰爭和革命一旦發生，對於經濟動態的速度和方向自然會施加潛在的影響。② 至於漢森所采取的見解，則較爲肯定，更趨極端，他説："總之，我們或者可以說，在第一次所謂長期波動的'上升'階段，戰爭所占的地位極爲重要，甚至可以與產業革命所引入的創新的地位相等。"③

---

① "關於這個課題最好的實例是所謂第一次長期波動。長期的拿破侖戰爭，這些戰爭所引起的龐大的政府開支，以及這些開支對於產業革命帶來的經濟制度的變化所給予的刺激，都表現這些戰爭引起的作用極大。同樣開支的劇減，再加上整個西歐在過了二十五年的戰爭生活後，回到平時情況所遭遇的重新調整的困難，可以解釋 1815 年到 1845 年左右長期衰落時期的艱難情況。" Alvin H. Hansen, *Fiscal Policy and Business Cycles*, New York, 1941, p. 34。

② N. D. Kondratieff, "The Long Waves in Economic Life", *Review of Economic Statistics*, November, 1935, pp. 105-115。(Translated from German under the title *Die Langen Wellen der Konjunktur*, appeared in the *Archiv für Sozialwissenschaft und Sozialpolitik* in 1926, Volume 56, No. 3, pp. 573-609。)

③ Alvin H. Hansen, *Fiscal Policy and Business Cycles*, New York, 1941, p. 35。

綜上所述，戰爭對於經濟擴張的影響可以從三方面來考察。首先，戰爭創造需要，因而刺激新産品的出現，并刺激那種在國內生産較爲有利的代替品的應用。其次，戰爭刺激就業，而且不論在節省勞動方面或在節省原料方面，都表現出必須進行生産技術的革新。最後，戰爭有助於滌除若干制度上的阻礙，以免其妨礙有關收入分配及財産所有權的社會改革。這樣，我們可以歸結說，從近代的歷史看來，戰爭曾經是一種刺激經濟擴張的因素，而它本身却又是列强對外經濟擴張的結果。它對於戰勝國雖然可以提供有利的機會，以發動或加速工業化過程；但對於戰敗國則會造成政治上和經濟上的嚴重損害，除非後者把非正義戰爭轉變爲正義戰爭，進而改變舊的社會制度。因此，我們祇有在首先認清了戰爭的性質之後，纔能正確判斷戰爭對一國經濟發展的作用是有利的，還是有害的。

二、工業化的程序和階段

當地理環境一定時，生産技術將會帶來經濟的和社會的變化。① 考諸最近兩個世紀的歷史，我們就會明瞭并且必須記住，生産技術變化的本身必然是互相誘導的。生産技術的變化構成一種"規律性的程序"（orderly sequence），這是歷史的動態過程中最富於興味和最具有意義的課題。我們還須認清，"整個程序中的每一步驟都是整個過程中必要的

---

① 爲說明起見，我們似乎要從 A. P. Usher 的 *A History of Mechanical Inventions*（New York，1929）一書中引證幾段。"經濟史深切地注意到各種有關聯的科目的發展，尤其是注意到地理學及技術科學。……廣義地說來，地理學是對於各種環境的因素給以說明，這種種因素不可避免地要從許多方面來影響社會生活。關於生産技術的科學，則是對於那種由人類活動所引起環境轉變的最重要的單單一個因素給以說明。"（p. 1）"我們必須將社會進步的所有因素都把握在心中；地理資料主要是涉及被動地適應環境；生産技術資料則涉及人類行爲主動地轉變環境的過程。"（p. 2）至於社會變化的各個階段，Usher 認爲"最初是生産技術變化，其次是其成果的發展，最後是法律或習慣的改變。"（p. 6）。

和不可分割的組成部分，而且每一步驟都必須依據一定的秩序進行。"①所謂工業化的過程祇是表述現代經濟社會裏生產技術變化的程序的另一種説法。因此，就"演進性"的方式而言，各種不同的工業以及工業以外的其他生產部門的建立和發展，也構成一種"規律性的程序"，這種程序在本質上也正是經濟史的主題。其以"革命性"的方法所完成的程序，如蘇聯所完成的，則屬於另一種不同的範疇。我們的研究，主要的將限於前一種範疇，祇有在必要時纔涉及後一種範疇。

晚近兩世紀以來，帶有戰略重要性的生產技術變化，首先是在動力和運輸方面。我們認識到18世紀後期紡織工業的發明和創新的歷史意義，這段時期被人們稱爲"產業革命"的開端。但是直到1769—1782年這一時期，瓦特(James Watt)蒸汽引擎的發明，以及首先將它應用於製造工業，後來又以高壓引擎(high-pressure engine)的形式應用於鐵路火車，纔產生了經濟史上從來未見過的聲勢赫赫的變化。開始於19世紀中葉的"鐵路化"("railroadization")過程，是最能表現這些變化的事件。1832年透平水輪機(turbine water wheel)的完成，使水力得以推廣應用，水力透平和蒸汽力透平最顯著的利用是在大型的發電站。但是當動力的傳輸還依賴於動力主軸(the driving shaft of the prime mover)的機械連結時，世界的大型水力尚不能大規模地利用。直到19世紀末葉，長距離傳輸電力的技術首先發展到令人滿意的階段，然後水力纔開始分布到廣大的區域而且成爲最低廉的動力來源。② 水力的發展，對於工業的區域分布，發生了重要的

---

① A. P. Usher, *ibid.*, p.4。
② "長距離輸送直流電的重要開創工作，是由 Marcel Deprez 早在1880年至1890年這十年間完成的。1885年後，在交流電的技術問題方面也完成了重要的工作，如交流電的產生、輸送、轉爲低壓直流電等。至1891年，新技術的各種要素都已經建立在 Niagara 大瀑布。第一個動力場建於1891年；這個單位包括十個旋轉馬達，每個馬達有五千馬力，發動一個兩面的交流發電機(two-phase alternating-current generator)。這個工廠的這一部分，在1897—1898年開始利用，爲美國動力生產史上標明一個新階段，大約在同時，歐洲也有同樣的發展。" A. P. Usher, *ibid.*, p.369。

影響，并且使缺乏煤和石油的區域也可能大規模地發展那些可以利用動力的工業。電氣工業在起到媒介作用以傳輸和分配動力之外，對於通訊的發展，如電話、電報及無綫電通訊體系等，也有重要而直接的影響。①通訊發展對於經濟結構的敏感性（sensitiveness）的影響，尤其是對於市場和貿易敏感性的影響，不管怎樣說它巨大，也不算夸張。至於電氣冰箱的發明及其推廣應用於儲藏，也要予以注意。它對於市場和貿易影響之大，并不亞於任何其他發明。19 世紀最後數十年內燃機（internal combustion engine）的發明，使石油日益重要；在本世紀初，這種機器又廣泛地應用於汽車工業及農業機械工業。這些情形標志着生產技術進步和經濟發展的另一階段。最近二十年來，內燃機使飛機工業也有可能發展。毫無疑問，在這次戰爭結束後，飛機工業一定會突飛猛進，大事擴張。

在動力及運輸之外，要算工具母機工業及鋼鐵工業在工業進化的過程中占據着最重要的戰略地位。關於工具母機，最顯著的事情是生產無窮無盡的標準劃一的各種零件，使所謂"互換零件的製造"（interchangeable manufacture），或在歐洲所慣稱的"美國制度"（the American system）成爲可能。② 互換零件的製造，又轉而使大規模生產或大量生產（mass or quantity production）成爲可能。另一方面，金屬業的技術發展，也爲大量生產及互換零件機器的製造，增加了新的可能性。一直到 18 世紀末，大部分工業機械還是用木料製成的。但是 18 世紀的最後二十五年

---

① 在美國，1921 年以來，通用電氣公司（General Electric Company）、美國電話電報公司（American Telephone and Telegram Company）及美國無綫電公司（American Radio Corporation）之間的密切合作，就可以表明電氣工業的發展對於通訊工業發展的影響。"依照擴大的協議，電話公司及通用電氣公司在 1920 年 7 月 1 日締結了'交叉執照'協定（Cross-License Arrangements），通用電氣公司所獲得的無綫電權利讓渡給美國無綫電公司，而電話公司則在無綫電方面仍保留有某些權利。" J. G. Glover and W. B. Cornell （editors）, *The Development of American Industries*, New York, Revised Edition, 1941, p. 841。

② J. G. Glover and W. B. Cornell (Editors), *ibid.*, p. 564。

中，煉鐵的方法開始有迅速的發展，這種發展使鋼鐵具有新的用途，而且立刻就導致建立鐵製機械工業體系。19世紀下半世紀，冶金及化學有長足的進步，例如1856年發表的酸性轉爐煉鋼法(bessemer process for steel-making)，1864年發明的煉鋼平爐(the open-hearth steel furnace)以及1878年湯姆士(Thomas)所提出的碱性煉鋼法(the basic process of steel-making)。這些發明使鋼鐵工業發展到前所未有的最高階段。1900年懷特(White)及泰勒(Taylor)應用合金鋼於高速機床，又標志着機床工業(the machine-tool industry)進展的另一階段。機床工業的發展有賴於鋼鐵工業的發展，其理由是很容易瞭解的。互換零件必須以一種恒久而穩定的關係裝配起來。顯然，互換零件的生產要求在製造時達到更高的精確性。因而嚴格說來，相對劃一或標準化的部件的大量生產，實開始於傳送帶式鑄造的發展之後，而這種發展直到上世紀終了時纔達到較高的階段。① 最後我們還必須注意：在1870年以後，鋼鐵就開始普遍應用於造船，從而又使海洋和深水運輸發生了空前的革命。

　　從一個社會的整個生產結構來看，工業化的主要特徵是資本品(capital-goods，指以生產工具爲主的生產資料)的相對增加以及消費品(consumption-goods)的相對減少。在這種意義下，工業化可以定義爲生產的"資本化"(在一定的生產過程中，擴大利用資本并加深利用資本)；換言之，就是生產采用更加迂迴的方法。關於美國及英國消費品工業和資本品工業相對地位的變動，我們引用統計數字於表3-1和表3-2，以作說明。②

---

① 我們介紹讀者參考 A. P. Usher, *A History of Mechanical Inventions*, Chapter 7, Machine Tools and Quantity production, pp. 319-344。

② 引自 Walther Hoffmann, *Stadien und Typen der Industrialsierung：Ein Beitrag zur quantitativen Analyse historischer, Wirtschaftsprozesse*, Jena, 1931。美國的統計引自 p. 124之表，英國的統計引自 pp. 100-120 中的數字。

表 3-1　美國的消費品工業和資本品工業
占總生產的百分比（1850—1927 年）

年　份	消費品工業	資本品工業
1850	43.5%	18.2%
1870	38.6%	23.3%
1880	43.8%	24.7%
1890	35.6%	23.6%
1900	33.9%	28.0%
1914	31.1%	34.3%
1925	31.1%	41.4%
1927	32.4%	39.9%

表 3-2　英國消費品工業對資本品工業的比例（1812—1924 年）

年　份	比　例
1812	6.5/1
1851	4.7/1
1871	3.9/1
1901	1.7/1
1924	1.5/1

　　在工業化過程中，資本品生產相對於消費品生產的增加，可以從上面兩表中清楚地看出來。就英國的情形言，在稍許超過一世紀的時期中，消費品生產對資本品生產的比率就從 1812 年的 6.5/1 降到 1924 年的 1.5/1。美國的情形甚至表現了更加明顯的趨勢。從 1914 年以後，消費品工業的支配地位就讓給了資本品工業。在 1925 年，這兩者的比例是 4/5 或 0.8/1，與英國在 1924 年的比例 1.5/1 相較，表現出美國整個生產結構的資本化程度實遠較英國爲高。

　　我們還可進一步將資本品工業與消費品工業分爲個別的工業，以觀察每種特殊工業的變化。試以戰前的日本爲例。在消費品工業中我們選出紡織工業和食品工業。在資本品工業中，我們選出金屬工業、機床工業及化學工業。時期包括 1923 年至 1936 年，代表日本工業化歷史上最重要而最顯著的一個階段，見表 3-3。①

表 3-3　日本工業生產的按年百分比 (%) (1923—1936 年)

年份	紡織	食品	金屬	機床	化學	其他	總計
1923	45.5	16.8	6.5	6.9	11.8	12.5	100
1929	39.8	14.9	10.7	9.1	14.3	11.2	100
1931	35.7	16.5	10.0	8.8	16.3	12.7	100
1934	32.4	11.5	16.2	12.0	16.8	11.0	100
1936	28.6	10.6	18.0	13.6	18.7	10.6	100

我們可以清楚地看到，祇在十餘年期間，日本總生產中紡織的百分比從百分之四十五點五降到百分之二十八點六，而食品生產則從百分之十六點八降到百分之十點六。這兩種生產，在整個期間減少的數量，都超過三分之一。與此對照的是金屬、機床及化學等生產的百分比，從 1923 年到 1936 年都上升甚劇。金屬生產增加三倍，機床增加兩倍，化學生產則增加三分之一。1929 年到 1931 年的輕微停頓以及有些生產甚至減少的情形，主要是由於世界大蕭條 (world depression)，從而使日本工業化過程的發展，受到一時的阻礙。

根據資本品生產對消費品生產的關係，我們可以將工業化過程劃分爲三個階段。② 這三個階段是：

1. 消費品工業占優勢；

2. 資本品工業的相對增加；

3. 消費品工業與資本品工業平衡，而有資本品工業漸占優越地位的趨勢。

霍夫曼 (Hoffmann) 從各個工業化國家的統計調查中得出結論，認爲

---

① 根據日本通產省所刊發的工廠統計。
② Walther Hoffmann, *Stadien und Typen der Industrialisierung*, Jena, 1931, p. 95。

以生產的價值所表示的消費品工業與資本品工業的比例,可以依照這三個階段加以表述:①

1. 在第一階段,比例是 5±1/1;
2. 在第二階段,比例是 2+1/1;
3. 在第三階段,比例是 1+1/1。

自然,這種工業發展的方式祇限於演進性的類型。至於比較激進的或革命性的類型,其發展的次序并不一定與此相同,而且可以依政府的計劃完全倒過來。蘇聯在第二次世界大戰以前三次五年計劃所表現的工業化過程,就可以作爲良好的例證。②

在純粹演進性的工業化過程中,我們最感興趣的是:工業化過程開始於何種工業,以及引起從消費品工業占優勢轉向以資本品工業占優勢的原因爲何。許多學者都曾經指出,大多數國家的工業化開始於紡織工業,祇有少數國家開始於食品工業。③

---

① Walther Hoffmann, *ibid.*, p.124, 表的標題爲:"Grösssenverhältnisse der Industrieabteilungen in den drei stadien der Industrialisierung"。

② 蘇聯第一次五年計劃期間是自 1929 年至 1932 年,第二次五年計劃自 1933 年至 1937 年,第三次五年計劃自 1938 年至 1942 年。全部工業生產從 1928 年至 1940 年約增加 7.5 倍,其中生產品工業生產增加 14 倍,消費品工業生產增加 4.3 倍。第一次五年計劃期內是完全致力於建立并擴張資本品工業,同時消費品生產不僅被禁止增加,在有些場合,甚至還減少生產,以便給予資本品工業以獲得生產要素的優先。例如 1932 年棉織及毛織工業的生產即少於 1928 年。在第二次五年計劃期中,消費品生產纔獲得了增加生產的鼓勵,但是其增加率仍不如生產品工業那樣大。

刊在下頁的附表可作爲目前問題的說明。表中數字係根據 A. Yugow, *Russia's Economic Front for War and Peace*:An Appraisal of the Three Five-Year Plans, New York and London, 1942, table Ⅰ, p.14。其中有些數字是我們重新計算過的。

③ 事實的叙述見 Walther Hoffmann, *Stadien und Typen der Industrialisierung*, Jena, 1931, pp.82-94。從食品工業開始工業化的國家是荷蘭、丹麥、新西蘭及南美若干國家。

關於工業化大都開始於紡織業的事實，可以用下列理由來説明。①

第一，衣服的需要彈性大於食品，雖然在現代的概念上衣服和食品都是缺乏彈性的（彈性小於 1）。在工業化的初期，除了衣服和食物以外的其他產品，或由於技術上的不可能，或由於對它們的需要尚未產生出來，所以不大爲人們所熟悉。因此，紡織業，不論是棉織、毛織或絲織，因其早已成爲家庭工業或"商人雇主制度"（the merchant-employer system）②下的工業的主幹，就享有特殊地位和較爲有利的機會而首先經歷工業轉變的過程。第二，從區位的觀點來看，糧食作物大都是普遍性的，而棉、絲及羊毛則大都是區位性的。具有區位性的產品之間的貿易每每較爲頻

---

①   附表　蘇聯工業總生產

（依 1926—1927 年的價格水準，以十億盧布爲單位）

	1913	1928	1932	1937	1940	1941	1942
一切工業	16.2	18.3	43.3	95.5	137.5	162.0	180.0
生產品的出產量	5.4	6.0	23.1	55.2	83.9	103.6	112.0
消費品的出產量	10.8	12.3	20.2	40.3	53.6	58.4	68.0
總生產中生產品的百分比	33.3%	32.8%	53.3%	57.8%	61.0%	63.9%	62.0%
總生產中消費品的百分比	66.7%	67.2%	46.7%	42.2%	39.0%	36.1%	37.8%
消費品對生產品的比例	2.0/1	2.3/1	0.88/1	0.72/1	0.64/1	0.56/1	0.61/1

    這裏作者應該感謝我的朋友吳保安（于廑），在我和他互相討論後纔得到現在的看法。

② 這是方顯廷教授提出的并且第一次使用的名詞。關於這種制度的詳細分析以及紡織業在製造業中的相對重要性，讀者可參考 H. D. Fong, *Triumph of Factory System in England*, Tientsin, China, 1930, 開頭四章。關於家庭工業制度的另一種重要分析，見 George Unwin, *Industrial Organization in the Sixteenth and Seventeenth Centuries*, Oxford, 1904. 讀者必須留意，Unwin 受 Bücher 經濟發展階段學説的影響甚深。典型的例子由下句可見："正如手工業的興起是和鄉村從屬於以城市爲代表的較大經濟單位連帶發生的，家庭工業制度的出現是和那種使城市從屬於更大的經濟單位，即整個國家的晚近發展連帶發生的。" *ibid.*, p. 4. 手工業制度和家庭工業制度是否可以作爲工業歷史發展上的兩個彼此不同的和互相連續的階段，是很成問題的。更成問題的就是那種主張經濟發展是沿着鄉村經濟、城市經濟、國家經濟、世界經濟的順序的論調。

繁，而且數量也較大。這種貿易會刺激生產是毋庸贅述的。還有，紡織品的流動性遠較食用產品爲高，因其運輸較方便、易腐性較低。在現代的儲存和冷藏體系發明以前，食用產品的流動性是大受限制的。第三，從技術的觀點着眼，紡織工業在生產上需要更多的技巧，因之，所需的熟練勞動較其他許多工業爲多。就内部生產結構而論，紡織工業所需的勞動者，不僅技巧要較爲熟練，而且數量也要大一些。這種技術上的要求，使紡織工業在工業化初期，在吸收鄉村各個區域的剩餘勞動力上，既有利可得，又有其必要性。更有進者，紡織工業至少比起食品工業來，更能專門化，因而更能集中，這就意味着在每一個生產過程中能進行大量生產。這更可以表現紡織工業是更適於現代組織的。紡織業方面機械的發明，其本身雖也受當時的社會需要和經濟情況的制約，但卻使紡織工業得以擴張和發展。

從消費品工業占優勢轉變爲資本品工業占優勢，并不是突然的。我們尤須認清，并非每個國家都能有這樣的轉變，或者能達到這種資本品工業占優勢的階段。在 20 世紀 20 年代，有些國家已經達到這種階段，而其餘的國家則仍然主要是消費品的生產者。表 3-4 指出第一次世界大戰戰後期間消費品工業對資本品工業在生產上的比例，這段時期可以看做工業化的第三階段或較高階段。①

表 3-4　消費品工業對資本品工業在生產上的比例（A）

國　　家	年　　份	比例（A）
法　　國	1921	1.5/1
英　　國	1924	1.5/1
瑞　　士	1923	1.3/1
	1929	1.0/1

---

① 引自 Walther Hoffmann, *Stadien und Typen der Industrialisierung*, Jena, 1931, pp. 118-119。

續表

國　家	年　份	比例(A)
德　國	1925	1.1/1
比利時	1926	1.1/1
瑞　典	1926	1.1/1
美　國	1925	0.8/1
	1927	0.8/1

　　在我們所考慮的這一期間，祇有美國一國達到了資本品占優勢的階段。瑞士、德國、比利時及瑞典祇達到了資本品與消費品生產大致平衡的情況。法國和英國雖然曾經是產業革命的先導者，但在我們所考慮的時期內，却仍未達到資本品占優勢的階段。資源之外，國外市場也可以看做一種決定因素。在1926年，這些國家消費品輸出對資本品輸出的比例見表3-5。①

表3-5　1926年消費品輸出對資本品輸出的比例(B)

國　家	占總輸出的百分比	比例(B)	比例(A)*
法　國	61%	2.6/1	1.5/1
英　國	70%	1.9/1	1.5/1
瑞　士	66%	2.7/1	1.2/1
德　國	61%	0.7/1	1.1/1
比利時	62%	1.1/1	1.1/1
瑞　典	33%	0.4/1	1.1/1
美　國	34%	0.8/1	0.8/1

　　注：＊本欄比例(A)引自表3-4。

　　顯而易見，在消費品生產對資本品生產的比例(A)與消費品輸出對

---

① 引自 Walther Hoffmann, *ibid.*, p.172。農產品的輸出未包括在內。

資本品輸出的比例(B)之間，有密切的關係存在。前一比例較高，後一比例也較高。但是我們不能確定，輸出的比例就是原因而生產的比例就是結果；因爲眞實情形也可能是與此相反的。由於缺乏精確的統計上的證據，我們祇能假定兩種比例是互相影響的。同樣顯而易見的，工業製造品占總輸出的百分比與消費品輸出對資本品輸出的比例之間，也有一定關係存在。前一百分比較高，後一比例也較高。但是這種關係也不能正面肯定，因爲從歷史上看來，消費品輸出對資本品輸出的比例雖然每個國家都已降低而毫無例外，但是工業製造品占總輸出的百分比則各國情形不同，英國從 1871 年的百分之八十三降到 1926 年的百分之七十；比利時從 1850 年的百分之四十四升到 1926 年的百分之六十二，美國從 1881 年的百分之十七升到 1926 年的百分之三十四，德國從 1895 年的百分之四十三升到 1926 年的百分之六十一；而法國從 1865 年到 1926 年，以及瑞士從 1895 年到 1926 年，都幾乎是保持原狀不變。①

三、工業化的速度

工業化的速度是一個極難研究的問題，因爲關於速度的概念并不明確，同時對於速度的衡量尚無共同的而且令人滿意的標準。生產指數雖然常常被用作這種測度，但是基年及加權的選擇表現出在應用上幾乎有不可克服的困難。更因爲生產指數的構成是基於兩個基本的假定②，因之，使用生產指數的有效性完全有賴於這兩個假定符合現實情況的程度而定。首先是假定每一工業對全社會所生產的商品總效用的貢獻，是和這個工業以貨幣單位測度的"純價值產品"(net value product)成正比例

---

① Walther Hoffmann, *ibid.*, p.172。
② 更詳細的討論，見 Arthur F. Burns, "The Measurement of the Physical Volume of Production", *Quarterly Journal of Economics*, February, 1930; and Edwin Frickey, *Some Aspects of the Problem of Measuring Historical Changes in the Physical Volume of Production*, in *Exploration in Economics*, New York and London, 1936, pp. 477-479。

的，這種價值就是這個工業對於它所運用的原料及其他供應用品所增加的價值。其次是假定在每單位"實物"產品（"physical" product）的效用意義上的純產品，如每噸、每石、每碼，對於每種商品都是歷時不變的。第一個假定將使我們進而探求以貨幣單位測度效用是否適當，以及對不同產品的效用是否有可能進行比較這樣一些帶根本性的問題，限於我們目前研究工作的性質，我們祇能在此止步，并假定其情形一如上述。至於第二個假定，一般都認爲，在理論上實物數量的統計應該依產品性質的變化而作調整。但是在實際上，直到現在，尚未發展到有令人滿意的爲進行這種調整而需要的技術。在進化過程中生產技術變化的質的方面不能表現出來，這對於數量研究方法（method of quantitative approach），實在是一種先天的缺陷，從而也是一個嚴重的限制。

不論生產指數原來具有多少缺點，但在實際上尚無其他更好的方法，以測度生產的變化，因此我們實無選擇之餘地。在利用生產指數時，即使承認上面的假定，我們還要提出一種限制。正如伯恩斯（Arthur F. Burns）所說的，即使是一個對基本商品的歷史祇具有粗淺知識的人，也不能懷疑這些商品的質量，一般說來，有着長期不斷的進步。因此，許多生產指數，對於表示生產增長這一點，便有"偏低"（downward bias）之嫌。①

表 3-6 是表示各國在工業化過程中工業生產按年平均的增加率。這種比率是根據一些統計學家和歷史學家所用的工業生產指數而求得的。②

由於時期的長短及所取的基年不同，各國間的比較似乎不甚確實。

---

① 見 Arthur F. Burns, *Production Trends in the United States Since* 1870, New York, 1934, p. 26。
② 關於蘇聯的生產指數，係根據 A. Yugow 在 *Russia's Economic Front for War and Peace*, New York and London, 1942, p. 14 中所用的資料；至於其他國家的生產指數，係根據 Walther Hoffmann 在 *Stadien und Typen der Industrialisierung*, Jena, 1931, p. 173 中所用的資料。

但是我們可以從表上得到若干啓示。很明顯，就工業生產按年平均增加率來看，工業化的速度以蘇聯爲最大，加拿大及美國次之，新西蘭及澳大利亞又次之，英國及法國最小。這種情形使我們得到一個結論，那就是除開社會制度的原因外，工業化開始最遲的國家，一般說來，也是工業化速度最大的國家。其所以如此是因爲進入工業化過程較遲的國家，每每具有應用最新式技術的較大利益。

表 3-6　工業生產按年平均增加率

國　家	時　期	年　數	生產指數	增加率(%)
英　國	1812—1907	95	100—1010	2.5
	1907—1924	27	100—160	1.0
	1812—1924	112	100—1610	2.5
法　國	1812—1911	99	100—580	1.8
美　國	1849—1869	20	100—242	4.5
	1869—1909	40	100—688	4.9
	1909—1929	20	100—264	5.0
	1849—1929	80	100—4360	4.8
加拿大	1871—1911	40	100—940	5.8
	1911—1927	16	100—179	3.7
	1871—1927	56	100—1683	5.2
新西蘭	1906—1927	21	100—220	3.8
澳大利亞	1907—1924	17	100—184	3.7
蘇　聯	1913—1940	27	100—850	8.3
	1928—1940	12	100—750	18.3

工業化的特點，祇能以製造工業的擴張表現一部分。其他生產部門的擴張，尤其是被視爲具有戰略重要性的生產部門，如采礦及運輸，雖不說應該予以更多的注意，至少也應該予以等量齊觀。在表 3-7 中，我

們列出美國各種具有戰略重要性的生產部門的按年平均增加率①以表示在工業化過程中這些部門擴張的速度。至於美國的人口及總生產的每年增加率，我們也在表上頭幾行列示了出來，以資參考。

表 3-7　美國各種重要生產部門按年平均增長率

指　　數	包括的期間	按年增加率(％)
人口	1970—1930	1.9
總生產		
Frickey	1866—1914	5.3
Day-Persons	1870—1930	3.7
Wearsen-Person	1870—1930	3.8
製造業		
我們的指數	1849—1929	4.8
Frickey	1866—1914	4.8
Day-Persons	1870—1930	4.3
采礦業*	1870—1930	5.7
建築業(包括房屋)	1874—1929	4.2
運輸及交通		
Frickey	1866—1914	5.8
商業(除去票據交換)	1870—1929	5.2

　*　關於采礦的每年增加率是分別依據 Day-Persons、Snyder 及 Warren-Persons 在 1870 年至 1930 年的采礦業生產指數而得的，這三個指數正好是完全一樣的。

由表 3-7 我們可以清楚地看到，在美國工業化聲勢最大的時期，采

---

① Frickey 指數是引自 Edwin Frickey, *Economic Fluctuations in the United States*, Harvard University Press, Cambridge, Mass., 1942, p. 198, Table 9。至於作為 Day-Persons 指數而引用的幾種指數是 E. E. Day, W. M. Persons 及他人所作成的；見 W. M. Persons, *Forcasting Business Cycles*, New York, 1931, Chapter 11, 及該處所引的參考資料。其他所有的指數係引自 Arthur F. Burns, *Production Trends in the United States Since 1870*, New York, 1934, p. 236, Table 41；又關於參考資料，見該書 Footnote on pp. 262-264。很有興趣而值得我們注意的是，關於製造業的這三種數字相互都是吻合的。

礦、運輸及貿易諸部門的每年增加率大於製造部門的增加率。這種事實與我們在本書中所用的工業化概念相符合。這種概念及這種事實都可以表示基要(即具有戰略地位的)生產部門變化的重要意義,而製造工業中,祇有一部分是屬於這些基要生產部門的。

工業化速度的另一種測度是工業生產力的增加率。由於統計情報的限制,我們的研究不得不限於美國的情況及其與英國情況的比較。我們把伊齊基爾(Mordecai Ezekiel)、道格拉斯(Paul H. Douglas)、溫特勞布(Sidney Weintraub)以及《當前產業調查》(Survey of Current Business)所作的指數綜合起來①,美國製造工業每單位工時的真實出產變化情況如表3-8所示。

表3-8 美國製造工業每工時的真實出產(1920=100)

年份	指數	年份	指數	年份	指數	年份	指數
1870	49.0	1906	90.0	1917	94.0	1928	144.0
1880	57.0	1907	88.0	1918	92.0	1929	146.2
1890	71.0	1908	83.5	1919	94.0	1930	143.8
		1909	89.5	1920	100.0	1931	152.0
1899	75.0	1910	89.0	1921	102.5	1932	153.7
1900	72.0	1911	85.0	1922	118.1	1933	169.3
1901	77.5	1912	94.0	1923	120.8	1934	164.1
1902	79.5	1913	97.0	1924	125.8	1935	172.8
1903	78.0	1914	91.5	1925	133.2	1936	178.8
1904	82.0	1915	99.5	1926	135.1	1937*	176.3
1905	89.5	1916	100.0	1927	136.8		

注:*1937年是以該年十一月爲代表。

---

① 此處所引的指數是:Ezekiel 所作 1870—1890 年的指數,Douglas 所作 1899—1920 年的指數,Weintraub 所作 1920—1927 年的指數,*Survey of Current Business*(Linked to Douglas on 1925 Base)所作 1927—1937 年的指數。關於 *Survey of Current Business* 所發表的指數的來源及其計算方法,見 Colin Clark, *The Conditions of Economic Progress*, London, 1940, pp. 282-284。

由表 3-8 我們知道從 1870 年到 1880 年的增加率是百分之十七；從 1880 年到 1890 年的增加率是百分之二十四。自此以後，我們就可看出每十年間的平均增加率逐漸降低。從 1900 年到 1920 年的二十年間，所增加的祇稍微超過百分之三十。但是從 1920 年到 1930 年，每單位工時的平均生產增加到接近百分之五十；而在 1930 年到 1937 年的七年間，則增加百分之十六。增加的不規律性是很明顯的。從這裏我們可以看出生產技術進步的緩急以及由於調整生產所引起的周期波動。

因為要以美國與英國相較，我們選取棉紡織工業及銑鐵生產作為例證。表 3-9 和表 3-10 表示兩國生產規模及每單位真實成本的變化的差異。①

表 3-9　棉紡織工業的產量及每單位真實成本的指數

年　份	英國 Lancashire		美國 Massachusetts*	
	產　量	真實成本	產　量	真實成本
1855	37.3	111.6	14.4	181
1865	—	—	18.1	206
1875	58.5	100.0	36.5	148
1885	71.9	96.9	48.6	120
1895	81.2	96.8	64.4	110
1905	82.9	95.6	79.6	102
1914	—	—	100.0	100
1910—1913	100.0	100.0	—	—

注：* 在 Massachusetts 欄內，除了 1895 年的數字是 1889 年及 1899 年的平均數之外，1855 年的數字是采用 1854 年的數字，以後如此類推。爲方便計，我們假定一年的差異是可以忽略不計的。

① 引自 Colin Clark, *ibid.*, tables on pp. 307-308。

表 3-10　銑鐵生產及其真實成本的指數

年　份	英　國			美　國		
	銑鐵生產	每一高爐產量*	真實成本	銑鐵生產	每一高爐產量*	真實成本
1886—1893	72.1	28.1	101.2	26.7	25.4	125.1
1894—1903	86.5	34.6	98.4	41.1	51.0	125.0
1904—1910	98.6	42.8	102.0	81.2	86.0	117.4
1911—1913	100.0	45.4	100.0	100.0	112.4	100.0

注：＊每天一千噸。

關於棉紡織工業的情形，我們可以看出，早在 1885 年，英國就似乎已經差不多竭盡減低成本的可能性，而且的確自從那時以後，雖然生產逐漸增加，真實成本却總是微微提高。另一方面，在美國麻省的棉紡織工業，似乎直到 1892 年纔耗盡減低真實成本的可能性。這是由於在紡織業的進展上，英國的工業化開始較早。但是麻省棉紡織工業在 1874 年到 1898 年的相對擴張，却大致與英國蘭開夏郡在 1855 年到 1885 年的相對擴張相等。至於說到真實成本的減低，則美國實遠勝於英國。關於銑鐵工業，也產生了同樣的情形。在 1880 年到 1913 年之間，英國的銑鐵工業對於勞動力的報酬幾乎是固定不變的。而另一方面，雖然美國在銑鐵工業早期，真實成本的減低率極爲遲緩，但在後期則極爲劇烈。所有這些都表示，在產量上及生產力上，美國工業化的速度較英國爲高。

一般說來，一國工業化的速度，依下列各種因素而定。第一，要看這個國家進入顯著的工業化過程時，正值生產技術的發展屬於何時期或何階段。在較後階段進入工業化過程的國家，工業化的速度一定高於較早階段進入工業化過程的國家，這是因爲就社會結構及經濟結構而論，前一種國家比後一種國家更易於采用最近的生產技術發明以及最新的組織形式，而不像後一種國家有更多的制度上的障礙。第二，政府的政策對於工業化的速度也有直接的影響。我們曾經說過，工業發展有兩種類型：一種是演進型的，一種是革命型的。在革命型的情形下，政府居於發動地位；而在演進型的情形中，政府祇略盡助力，個人居於發動地位。顯而易見，在政府居於發動地位的情形中，工業化的速度一定較高。第三，工業化的速度又要看工業化的過程是開始於消費品生產抑或開始於資本品生產，或者要看在工業化的過程中是着重消費品生產抑或着重資本品生產。由於技術上的理由，開始於資本品生產或着重於資本品生產的國家，在工業化初期經濟轉變的速度往往較高。第四，籌措資本的方法也影響工業化的速度甚大。資本的籌措，可能基於本國的自給自足，也可能向國外借貸。如果外資能得到有效的投放和運用，而無損於本國的政治獨立和國內經濟的前途，則其利用實屬得策，將能大大地增高工業化的速度。

第四章　工業化對於農業生產的影響

　　根據我們對工業化的概念，研究工業化對於農業的影響，就是研究在工業中所發生的基要性的即具有戰略重要性的生產技術變遷，對於農業生產部門的影響如何。前章曾指出，大多數的基要生產函數是和資本品生產工業相聯繫的，比如動力、運輸、機器製造及機床製造等。當然，我們這樣説，決不是忽視產業革命初期在紡織業方面所發生的技術改良和技術革新的重要性。不過，毫無疑問，紡織工業的技術改良和革新對於農業及其他工業的影響，無論如何都不如基要工業部門的生產技術變遷對農業等的影響，來得深遠。

　　我們在第二章中，曾在生產技術不變的假定下，考察過農業與工業的彼此依存和互相影響的關係；這是本章及以下各章討論的出發點。前章我們把生產技術變遷這一因素，連同其他因素，引入了經濟轉變的過程。但是那主要是對經濟過程的整個分析，并不特別注意某一特殊的生產部門。本章則再專門把農業當作一組企業，來討論工業化對於農業的影響。

　　第一節擬從技術和組織兩方面，闡明工業發展是農業改良的必要條件。第二節分析在工業化過程中，當作生產單位的農場在內部結構上所發生的變動。第三節探討農場的外部變動，這種變動可以看做是"農作方式"（types of farming）的重新定向。① 最後一節，討論農業在國民經濟

---

① "農作方式"（types of farming）、"生產行業"（lines of production）及"農作制度"（farming system）等名詞，幾乎可以彼此交替使用；不過英語國家常用"types of farming"一詞，而"farming system"乃德語 betriebsystem 一詞的直譯，"lines of production"一語則不甚普遍。關於 betriebsystem 或"types of farming"的討論，可參看：Theodore Brinkmann, *Die Oekonomik des landwistschaftlishen Betriebes*, in *Grundries der Sozialökonomik*, Abteilung Ⅷ, pp. 30-32, Tübingen, 1922。此書曾由 E. T. Benedict 等譯成英文，書名爲 *Economics of Farm Business*, California, 1935。

中相對重要性的變動，以及這種變動所牽連的一些問題；國際方面的關係也將在必要時予以探討。

第一節　工業發展與農業改良

工業發展是否為農業改良的原因，是一個爭論已久的老問題。我們試以英國的情形為例來加以說明。很久以前，阿瑟·楊(Arthur Young)及其同事認為農業改良是工業變動的結果；他們目睹工廠制度的成長，并瞭解這和他們所力圖促進的農業發展密切相聯。此後，很多經濟史學家論及英國的經濟發展時，大都贊成他們的觀點。這一派人的論點可以概括如下：一方面，消費者的需要給予農業生產以決定性的刺激，製造業中心的產生和城市人口的增長，為生產者開闢了需要與日俱增的新的市場，那種一個地區的收穫物不能運到鄰村鄰邑的時日，已成過去。在鬧市裏，在礦山、工廠和船塢的周圍，大批工人都要向鄉村取給食物。另一方面，農場也不得不變成了工廠，用改進了的方法來大量製造食物。農業的這種進步，或農業對工業化社會的需要的適應和調整，實在是從一種有機的必然性，從相互依存功能之間的必然相關，所產生出來的。①

反對派方面，可以用孟都(Paul Mantoux)的觀點和論證作為代表。他認為阿瑟·楊的上述論證，乍看來似乎很對，但實際上并不能正確地解釋英國農業變遷的歷史根源。孟都說："這種變遷，和自由農(yeomanry)的消滅一樣，早在現代工廠制度所引起的人口增加以前就已經很明顯。18世紀前半葉，大約在引起三十年後發明紡織機的初度試驗

---

① Rowland Edmund Prothero(Lord Ernle), *Pioneers and Progress of English Farming*, London, 1888, p.65; W. Lecky, *History of England in the Eighteenth Century*, London, 1870—1890, Volume VI, pp. 189-190。

時，英國農業就已經進入一個變遷的時期。"①在另一處，他認爲工業城市的迅速發展，對於英國農業所起的毀滅作用，比它起過的助長作用，還要迅猛一些。他還宣稱畜牧的改良，雖然明顯地由於受製造業中心的需要所刺激，但最初却是由於工業發展以外的原因。②

本書作者認爲工業發展乃是農業改革的必要條件，特別是我們將"改革"（reform）一詞當作機械化和大規模組織來解釋，更爲如此。阿瑟·楊（Arthur Young）、厄恩利爵士即普羅瑟羅（Lord Ernle or Rowland Edmund Prothero）等所倡導的論證，在現代仍和在當時一樣，是正確的；但是我們必須認清，孟都也并非完全錯誤。他們之所以發生爭論，大部分是由於各人對某些基本名詞的概念認識不同，以及對估計工業發展的影響的觀點亦各有出入。這些差異可以從以下三方面加以分析并予以澄清。

第一，我們必須承認，工業的發展和農業的改革是相互影響的，而這兩部門的活動總是相互依存的。但是我們也要承認，兩者相互影響的程度絕不相同。在產業革命以前的一段時期裏，農業改革曾經促進了工商業的發展。孟都說過，"圈地運動和農場兼并的最終結果是將勞動力和動力資源置於工業的支配之下，這就使工廠制度的發展成爲可能。"③但產業革命以後，工業發展對農業的影響顯然大於農業對工業的影響。假若沒有製造農用機器的工業來供給必要的工具，農業的機械化是無從發生的。假若沒有鐵路化、摩托化和使用鋼製船舶所形成的現代運輸系統，以及消毒和冷藏方法所形成的現代儲藏設備，大規模的農場是不可能實現的。孟都的缺點在於没有認清，至少没有注重這一點。

---

① Paul Mantoux, *The Industrial Revolution in the Eighteenth Century*, New York, 1927, p. 161。

② "難於餵養牲畜過冬實爲阻礙畜牧改良的主要原因，一旦這個原因去掉了以後，照料牛羊所需要的勞動力就會少於種植大多數農作物所需要的勞動力。" Paul Mantoux, *ibid.*, p. 168。

③ Paul Mantoux, *ibid.*, p. 188。

第二，爭論還由於有的着重工業發展的長期影響，有的則着重其短期影響。普羅瑟羅(Prothero)和阿瑟・楊的論證主要是從長期觀點出發的。就長期言，農業的進步必然是工業發展的結果。另一方面，孟都對工業城市的發達抱悲觀態度，例如他說工業城市的發達，對英國農業的毀滅作用，快於它曾經起過的助長作用，這大都是基於短期的觀點。而進一步來說，工業發展對農業的某些不利影響，也必須看做是對整個經濟進步所支付的必要代價。此點在前節中已詳為說明。

第三，對農業技術的性質和內容認識不清，也是引起爭論的一個原因。根據希克斯(J. R. Hicks)的標準①，我們可以將技術分為三類：節省勞動的，節省資本的及中間性的。在這裏我們是假定祇有勞動和資本兩種生產要素。在農業這種生產部門裏，不用說，這種假定是與事實遠不相合的。農業方面，土地這種生產要素，必須與勞動及資本同樣重視。考慮到土地在構成農業的特徵，以及使農業異於工業等方面所發揮的作用，我們就應該更加重視土地這種生產要素。利用希克斯的標準，我們可將所有的農業技術分為節省土地的，節省勞動的，節省資本的，以及三者的任何組合。但是這種分類法并不足以完全顯露出農業技術的各種特徵。我們必須將土地提出來當作一個基本的生產要素，因為在現時的經濟社會裏它是固定的。今天農業技術的任何進步，必然表示為更大的土地生產力，不論這種農業技術進步的取得，是由於投入更多的資本，還是由於雇用更多的勞動力，或是由於引進一種新的作物、一種新的種畜，或一種新的輪耕制度(rotation system)。所有這些，可以通稱為"集約耕作"(intensive cultivation)；以與"疏放耕作"(extensive cultivation)相區別，後者主要是指土地面積的擴張。在所有的集約耕作方式中，機械化的過程應該予以特別着重。這種進步在本質上是節省勞動的，除使每畝的生產力提高外，還提高每"人工小時"(man-hour)的生產力；而提高

---

① 標準是某要素的邊際生產力所受影響的方式和程度，與另外一個要素所受影響的方式和程度相比較。參看前章第二節中的討論。

每"人工小時"的生產力正是構成工業化的重要特徵之一。因此，我們可將全部農業技術分爲三類：1. 僅增加每畝的生產力者，例如采用輪耕制度，或采用一種新畜種或新作物；2. 僅增加每"人工小時"的生產力者，例如利用動力機械或其他農場設備；3. 既增加每畝生產力又增加每人工小時的生產力者，例如施用化學肥料，控制植物病蟲害及牲畜病疫，采用新方法防止水土流失并保持土地肥力等。①

孟都從歷史證明，有些農業改革是發生在產業革命很久以前，有些甚至是引起商業和工業發展或者使這種發展成爲可能的原因。他所引用的例子是16、17、18世紀的圈地運動及農場合并運動，18世紀自耕農的消滅，以及緊接產業革命以後的時期從鄉村到城市的勞動力移動。② 但是我們必須認清，這種農業改革根本上衹是"組織上的"（organizational），這同從狹義理解的農業技術，要加以區別。本書作者認爲，"組織上的"改革，一般說來都是生產技術變動的結果。雖然圈地運動和農場合并是實行大規模農場的前提條件，但僅僅具有這個條件并不就足以保證大規模農場的實現。除此而外，還必須依靠一種更加重要而富於引發性的（generating）東西，纔能完成大規模的農場，這就是生產技術。我們曾說過，在所有的農業生產技術中，動力機和化學肥料的運用最爲重要。這種技術上的改進主要都是屬於投入資本和節省勞動力這一類型的。它們增加了每畝的生產力，并且增加了每個人工小時的生產力，從而在一個生產部門顯示出了現代工業化的諸種特徵。這種範疇的農業改革，顯然必須以工業有相當程度的發展爲前提條件。因爲要使現代的農業得以繼續運行，歸根到底就必須依賴工業的各個部門提供機器、肥料、動力、儲藏設備及運輸工具。

---

① 關於另一種農業技術分類法及較詳盡的陳述，可參看 John A. Hopkins, *Changing Technology and Employment in Agriculture*, U. S. Department of Agriculture, Washington, 1941, pp. 6-7。

② 關於較詳細的討論和說明，可參看 Paul Mantoux, *The Industrial Revolution in the Eighteenth Century*, Chapter 3, The Re-distribution of the Land, pp. 140-190。

第二節　當作生産單位的農場

第二章我們在靜態假定下討論了當作生産者的農民，以及他與工業及其他生產部門的生產者的關係。這裏將引入技術因素，以考察生產技術對於"農場"（farm）的影響。"農場"在這裏是當作一個生產單位或經營單位，用理論上的名詞來說就是當作一個獨立的"廠商"（firm）。

論到農場，我們首先假設對農場生產品的需要既定不變，以土地面積所計算的農場面積也既定不變。由利用動力機、化學肥料，或新的耕種方法所形成的技術改進，對農場將發生下列兩種結果中的一種：增加總收益，或減少總成本。這也就等於每單位產品平均成本的下降；并表示 U 形曲綫的向下一等級移動。無論在完整競爭或在壟斷競爭下，都是這樣。① 下列圖 4-1 和圖 4-2，分別表明完整競爭和壟斷競爭兩種情形。

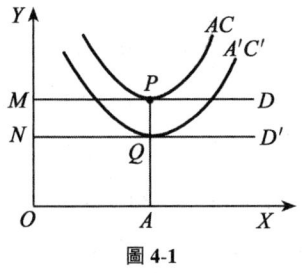
圖 4-1

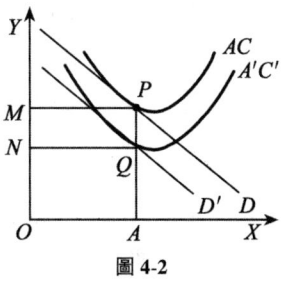
圖 4-2

以 D 代表技術改進以前的需要曲綫，AC 代表技術改進以前的平均成本曲綫；D' 和 $A'C'$ 則分別代表技術改進以後的需要曲綫和平均成本曲

---

① 關於完整競爭與壟斷競爭下均衡情形的討論和說明，可參看 Edward Chamberlin, *The Theory of Monopolistic Competition*, pp. 20-25, pp. 74-81 和 Joan Robinson, *Economics of Imperfect Competition*, pp. 54-56, pp. 94-97。

綫。因爲我們假定了需要不變,所以我們暫時可以不管需要曲綫 D'。在技術改進以前,均衡點爲 P,平均成本與包括了正常利潤的價格相等,MP 爲價格綫(price line)。在技術改進以後,成本曲綫自 AC 降至 $A'C'$。這時,祗要需要不變,價格和以前一樣,農場就將獲得等於 $MPQN$ 長方形的額外利潤。

但是我們要注意,這種由於引入技術改進而得到的額外利潤,祗能短期存在;而在長期裏,這種額外利潤將逐漸消失。因爲在完整競爭下,其他農場亦將應用技術改進,并由此而引起競爭;這將使價格自 AP 降至 AQ,額外利潤因而消失。在壟斷競爭下,即使農場爲數不多,但已經采用新技術的農場也無法阻止其他農場采用同樣的技術改進;所以,額外利潤遲早也是會消失的。

其次,我們仍假定需要不變,但農場面積則可以隨意變動。農場引用技術改良的利益,祗有擴大農場面積纔可以充分獲得;這裏我們姑且用產量的擴大來代表農場面積的擴大。① 在完整競爭下,如圖 4-3 所示,新成本曲綫 $A'C'$ 代表技術改進後的成本,它不僅較原來的成本曲綫 AC 要低一等級,而且其最低點 R 還遠在原均衡點 P 之右。在壟斷競爭下,如圖 4-4 所示,雖然均衡點 P 和 R 不在成本曲綫的最低處,但顯然 R 仍在 P 之右。在這兩種情形裏,農場的面積都擴大了,其程度相當於產量由 OA 到 OB 的增加。假若市場價格保持 MP 不變(在生產技術變動的初期,大都如此),而由於需要不變,我們仍可假定農場能賣掉 OA 量的產品。於是,則該農場的收入爲 $OAPM$,成本爲 $OBRN$。長方形 $MPQN$ 代表額外利潤,$ABRQ$ 代表由於應用技術改進所增加的成本。據此,農場的净收入等於 $MPQN$ 減去 $ABRQ$。

---

① 我們假定產量祗能用擴大農場面積的方法來增加;實際上,當然也很有可能不用擴大農場面積而增加產量。

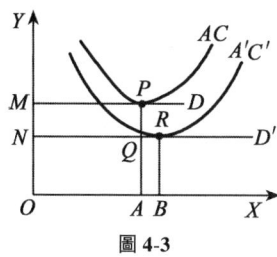
圖 4-3

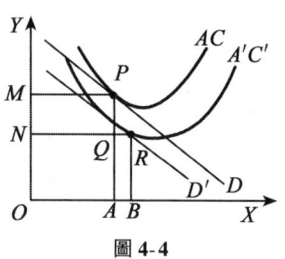
圖 4-4

但是這也不過是一種短期現象。長期來看，價格將從 M 降到 N，額外利潤將隨之消失。在完整競爭下比在壟斷競爭下更會是這樣，因為在壟斷競爭下生產者對產品的供給還具有較大的控制力。但不論怎樣，祇要需要并不是絕對沒有彈性，則在兩種情形下，都有達到新均衡點 R 的趨勢。在新均衡點上，產量增加，價格下降。生產者獲得正常的利潤，消費者得到降低價格的惠益。

以上我們把農場當作生產經營單位、把農民當作生產者來考察，同時也考察到它們的相應的内部調整。如果我們考慮到農場或農民在不完整競爭的市場上以賣者的身份出現時，則買方壟斷（monoposony）和買方壟斷競爭理論的分析，將更為適當。但對此我們不擬在這裏詳論，而俟他日專文加以研究。

最後我們還要討論一種情形，即價格保持不變但"產品"調整（"product" adjustment）發生。農業和工業一樣，有時由於生產技術的進步而產生一種新的產品。產品改變的第一個特點是，它和價格的變動不同，可能而且常常是包含着生產成本曲綫的變動。產品性質的改變，使生產它的成本也改變；當然也使對這種產品的需要改變。問題就在於當價格一定時，如何選擇一種產品，它的成本和銷路可以使生產者獲得最大的總利潤。另外一個特點是，產品的改變主要是"質的"（qualitative），而不是"量的"（quantitative），因而不能延着軸綫來測量，也不能用圖來表示。但是我們可以試用一個粗陋的辦法，即假想一組圖，用一個圖代

表一種產品。

如圖 4-5，OE 代表已知的價格。① 爲簡便計，在這個圖上，祇假定 A 和 B 兩種產品來做例解。產品 A 的成本曲綫爲 AA'，其在固定價格 OE 的需要量爲 OG；總利潤爲 $CRME$，總成本爲 $OGRC$。產品 B 的成本曲綫爲 BB'，需要量爲 OH；總利潤爲 $DQNE$，總成本爲 $OHQD$。我們要指明，EN 綫并不是需要綫，而是表示價格爲 OE 時無限大的需要量。而且它不能沿成本曲綫（例如沿 AA'）來回移動，以找到提供於市場的最適當的供給量；它的移動祇是當產品改變時，從一條曲綫移到另一條曲綫，至於每種產品的銷售量則是嚴格固定而不變的。若將上述兩種可能的情形加以比較，顯然產品 B 就是優於產品 A。如果生產者用同樣的比較方法將所有不同種類的產品就成本和需要加以比較，就可以選擇對他最有利的一種產品。但是我們要注意，由於壟斷情形的存在，因而所選的產品，并不一定就是生產成本最低的產品（例如圖中 AA' 的成本就低於 BB'，但 BB' 却提供較大的利潤）；也并不一定就是需要量最大的產品，因爲還必須考慮生產成本。而且，基於同樣的理由，出產量也不一定就是按最有效的生產規模，即表現在生產成本曲綫上的最低點，來進行的。

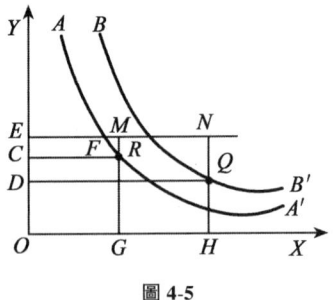

圖 4-5

---

① 圖表和解釋，見 Edward Chamberlin *Theory of Monopolistic Competition*，1938，Figure 11，pp. 78-80。

我們已依次討論了農場在導入某種技術變動後，在價格方面、農場面積方面以及產品方面所作的調整。事實上，生產者常常同時兼用這三種調整方式中的兩種或三種。這種情形太複雜，不能單用一個圖解來表明。但上述的理論分析，雖極簡單，却可權作稍後將要進行的實際情況分析的一般背景。

現在我們擬從歷史的及統計的記載中，來瞭解在工業化過程中，農場内部組織方面曾經發生過怎樣的變化。這裏我們所遇到的困難，是不易找到一個保存着記錄同時可以供作分析對象的典型農場。這一方面是因爲農業包括多種類型的業務，在現實社會裏不能找到一個可以代表各種類型的農場；即使就一種類型説，也難於找到一個典型的例子。另一方面，因爲工業化是一個演進的過程，一度被認爲典型的農場，到後來的發展階段可能不再具有代表性。爲了克服這種困難，試行借用馬歇爾的"代表性經營單位"（representative firm）的觀念似乎是必要的而且相當適宜的。

據馬歇爾説："代表性經營單位必須有相當長的壽命，相當的成就，用正常的能力進行經營管理，可以正常地得到屬於該生產總量的内部及外部經濟；還要考慮到它所產物品的等級，銷售貨物的條件和一般的經濟環境。"① "因此，代表性經營單位，從一種意義來説，是一個平均的經營單位（an average firm）。但是聯繫到工商業方面，'平均'一詞可能有多種解釋。代表性經營單位是一種特殊的平均經營單位，我們必須認清這點，以便瞭解大規模生產的内部經濟和外部經濟，在所討論的工業及國家裏，一般擴展到了什麼程度。"②

采用了"代表性經營單位"的概念後，我們再回頭討論農場的内部組織。首先，我們必須強調一件對現代農場極關根本的事情，即"企業創建精神"（enterprising spirit）的崛起和實現。在這種精神滲入農業社會以

---

① Alfred Marshall, *Principles of Economics*, London, 8th edition, 1920, p. 317。

② Alfred Marshall, *ibid.*, p. 318。

前，多數的農業經營主要是為了謀取家庭生計。抱這種目的所經營的農場，曾被稱為"家庭農場"(family farm)或"自給經營"(self-sufficing)。這種農場很少注意市場，其產品賣到市場去的也極少。這樣說絕不是表示，在現代商業擴張和產業革命發生以前，就未曾有過以營利為主的農場。中世紀晚期以後，商業性的農場(commercial farm)與商業的擴張曾經同時存在。但是，企業創建精神的普遍化，以及那種以利用機器、訓練勞工、計劃管理為特色的農場的形成，則是工業化過程開始之後纔有的事情。在我們剛纔的理論討論裏，我們曾假定謀求利潤是唯一而基本的動機。實際上，即使在像美國這樣高度工業化的經濟社會裏，"家庭農場"仍然具有重要地位。① 但我們關心的主要問題是，不論在資本主義制度下或在社會主義制度下，家庭農場如何轉變為現代農場。我們進一步研究的對象是，這對於一個理論上的"代表性農場"的內部組織方面，影響為何，以及所引起的調整為何。

當工業化過程進行時，對農業最主要的而表現得最明顯的影響，是對農產品的需要發生變動。這種影響，通過價格體制而作用於農場。第二章已說明農產品有食糧與原料兩類，每類都受工業化總過程的影響。就對糧食產品的需要而言，工業人口的"收入影響"(income effect)可以分為兩種方式，或就歷史的發展來說，也就是分為兩個階段。第一，當收入增加時，對於食物的需要一般將增加。第二，當收入進一步增加時，對於較好食物的需要將增加。就各個收入分組而論，這兩種影響會同時發生；但就經濟社會全體來說，即就經濟社會的平均情況來說，這兩種

---

① 美國各種農業生產者自用的農產品占總農產品的平均百分率為12.7%。除自給農場的百分率達66.1%外，普通百分率從畜牧場的3.4%到一般農業的20.3%。穀物農場和畜養專業農場的百分率為8%；專門作物農場、奶牛農場和養豬農場為11%；棉花農場為15%。見 15th Census of the United States, 1930, Agriculture, Volume IV, pp. 891, 913, 930。1935年的普查表明，六百八十萬個被調查的農場中，有略少於一百萬的農場雇用勞工，而雇用兩人以上的農場僅為107,000個。見 United States Census of Agriculture, 1935, Volume III, Chapter 4, Table9, p. 164。

影響乃是相繼發生作用的。當工業化過程發展到相當可觀的程度，對原料的需要，將隨着工業的擴張，在數量上逐漸增加，在種類上也逐漸變換。這種對於原料方面的影響，究竟屬於何種類別并達到何種程度，要看利用這些原料所生產的那些貨物的需要彈性如何以及生產成本的構成如何而定。

現在，再回到我們的"代表性農場"（representative farm）。假定"粗耕限界"（extensive margin of cultivation）已經達到最大限度，農場要適應需要變動（不論是需要量增加或種類改變），就祇有盡可能地擴張"深耕限界"（intensive margin of cultivation）。這就必須采用一種新的生產技術。生產技術的變動，在理論上是生產函數的變動，是不同生產要素的一種新的組合。因此任何生產技術的變動，都要引起廠商（firm）或農場在成本構成（cost structure）方面的變動。但是單單成本構成發生變動，并不一定就表示發生了生產技術的變動。生產技術的變動因爲是"技術上的"（technical）和"質量上的"（qualitative），不能用經濟名詞（economic terms）來表示，例如不能用生產要素的價格來表示。但是，任何時候一旦引入了新技術，生產單位的成本構成就會發生變動和調整。

農場所使用的生產要素，一般有三種：土地、勞動和資本。農場與工業經營單位的區別，不僅在於農場必須將生產結構扎根於土地之上，而且還要將生產組織圍遶着家庭勞動的供應情況來進行。中國和中歐的自耕農農場（peasant farm）以及在美國盛行的商業農場都是這種情形。[1]第三章曾說過，工業化就一種意思來說，乃是一種"資本化的"過程（process of capitalization）——是一種擴大資本運用和加強資本運用，或資本"寬化"和"深化"的過程（a process of extensively and intensively using capital or widening and deepening the capital）。這種說法也可應用於農業

---

[1] 關於美國的情形，可參閱 John A. Hopkins, *Changing Technology and Employment in Agriculture*, Chapter 3, Some Characteristics of Agriculture that Affect Trends in Employment, pp. 22-34。

上，祇不過程度稍欠明顯。農業方面"資本化"的主要特徵，舉例來說，就表現在農場操作的機械化和化學肥料的利用上；換言之，農業資本化就是變更生產三要素的組合，提高資本相對於土地和勞動的比例。

現在考查一下統計數字，看看前述原則是否正確。統計數字表明，美國1929年平均農場單位使用的勞動力，較1909年減少百分之八。勞動力的供給隨家庭的人口而略有下降，1909年每個農場的家庭勞動力平均爲1.52人，1929年降爲1.35人，到1935年則僅爲1.33人。每個農場的雇工從1909年到1929年保持在0.47到0.48人而未發生什麼變動，但在大蕭條期間則下降，到1935年就降到每個農場0.38人。① 霍普金斯曾經指出，農業機械化的影響，一方面是減少收割和準備下種諸種活路所需要的雇工數目；另一方面是爲其他勞動力，通常就是爲農民自己，減少忙季的全工作日的數目。② 即令是蘇維埃社會主義制度下的集體農莊(Kolkhoz)，也是這樣。操作的機械化和新耕種方法的採用，幾乎在農業耕作的各個階段都使人力的需要大爲減少。據估計，蘇聯在集體農莊採用拖拉機、收割機及其他農具的結果，使整個生產過程縮短到每公頃(Hectare)僅需10.5勞動日，而個體農場則由於沒有採用這些農具，同樣的操作却需20.8勞動日。③

第三節　農業機械化

機械化是構成工業化特徵的一種過程，對於工業曾有過強烈的影響，對於農業也是一樣。機械化對於農業生產和農場勞動兩個方面都有深遠

---

① 見 WPA N. R. P. Report No. A—8, *Trends in Employment in Agriculture*, 1909—1936年, prepared by Eldon E. Shaw and John A. Hopkins, Table 1 and Appendix B。

② John A. Hopkins, *Changing Technology and Employment in Agriculture*, p. 23。

③ A. Yugow, *Russia's Economic Front for War and Peace*, New York and London, 1942, p. 64。

的影響。本節擬討論機械化對於生產方面的影響，下章再分析其對於勞動方面的影響。在討論主題以前，必須先討論機械化的方式和采用機械化的諸種條件。

一、機械化的方式

對於農業普遍采用現代機械的準確時間，各家意見不一。關於這點，要取得意見一致是不可能的，因爲各家對"機械"（Machinery）的概念的理解互有差异，而歷史上對於采用機械的時間也少有記載。盡管有這些困難，但就美國言，1850 年可以當作開始大量使用農業機器的時期。① 自後農業機器的使用就迅速擴展，這由下列數字可以表明。這些數字來自美國普查局（Census Office of the United States）搜集而發表的報告②，表示農具及農業機器的出產價值增加的情形，見表 4-1。

表 4-1　農具及農業機器的出產價值增加

年　份	價值（美元）
1850	6 842 611
1860	20 831 904
1870	42 653 500
1880	68 640 486
1890	81 271 651
1900	101 207 428

我們要注意，這些數字還低估了真正的發展。因爲：一方面，農業

---

① "1850 年實際上結束了一個時期，在這個時期裏，除了四輪貨車、兩輪貨車和軋棉機外，僅有的農用工具和機器都無以名之，不妨稱爲手工生產工具（implements of hand production）。"見 U. S. *Twelfth Census*, *Agriculture*, Volume Ⅰ, p. xxix。
② 見 U. S. *Twelfth Census*, *Manufactures*, Volume Ⅳ, p. 344。

機器的價格已大大下降；另一方面，愈是後來的機器，就愈有效率，愈耐久，愈容易運用，愈輕便而堅固，這種事實是不能以任何數量尺度來表現的。

農業機械化的方式可分爲：1. 動力機的采用，例如用於田間動力的拖拉機；2. 現代交通工具被應用於鄉村區域，例如將汽車及貨車用於購買和銷售目的；3. 改良的和較大的農具的采用和推廣，例如在各種不同的耕作上采用各種不同的耙，以及在收穫方面采用收割機。這三種機械化的方式，不用説乃是密切相互關聯的。

關於動力機的采用，我們可以美國爲例。在 1915 年到 1921 年之間，農場拖拉機增加的數目，據估計是25 000到350 000。① 這種擴張主要是由於戰時勞動力的缺乏和農産品的漲價。當 1921 年經濟蕭條時，農場拖拉機數目曾猛烈下降，但是隨後情況好轉，這是由於 1920 年代後期數年的情況有利於采用拖拉機的緣故，因爲這一時期農業收入一般都上升，馬料和勞動力價格增高，而拖拉機本身也在繼續不斷地改進。本時期内，最重要的變化是"全能拖拉機"（all-purpose tractor）的發展，這種拖拉機既可以用來耕種成行的作物，也可以用來打整種籽田。早先也曾在這方面作過努力，但直到 1924 年，這種試驗成功的拖拉機纔得到普遍使用。大約在同時，特别設計的由拖拉機牽引的一些工具，也開始被應用。在 20 世紀 30 年代頭幾年，拖拉機的銷售量再度下降，而且馬料的價格比拖拉機燃料的價格要低，以致很多拖拉機停用了好幾年。後來農業又復興了，接着便是從 1935 年開始的拖拉機銷售量打破紀録。自後銷售量繼

---

① 見 John A. Hopkins, *Changing Technology and Employment in Agriculture*, p. 57。下列數字表明過去四十年拖拉機使用數量的急劇上升，見美國農業部所印行的 *Agriculture Statistics*：

附表

年　份	1910	1920	1930	1940
拖拉機(臺)	1 000	246 000	920 000	1 545 000

續增加，衹在1937年有過短期的減縮。假若不是由於在第二次世界大戰期間對農業機器生產的限制，拖拉機的采用必定會更加廣泛。

農場利用現代交通工具以進行購買和銷售，在鐵路的發展和機動貨車的廣泛使用上表現得最爲清楚。再以美國的情形爲例來說明。美國自19世紀30年代開始建築鐵路，但直到19世紀中葉纔充分發展。鐵路里數在1916年達到最高峰，總數爲254 000英里。自此以後，里數日漸下降，1930年爲249 000英里，1936年更降到240 000英里。① 然而，美國鐵路網仍爲各工業國家中最稠密者之一。鐵路對農產品運輸的推進和影響，幾乎非筆墨所能形容，尤其是考慮到穀物、水果和動物產品的笨重，確實衹有鐵路運輸纔能承擔。但從第一次世界大戰結束到經濟大蕭條這一段時期，農場增加利用機動貨車尤爲顯著。1910年美國全國注册的機動貨車爲10 000輛，1920年增到1 006 082輛，1930年更增到3 647 474輛。② 其中爲農場所有的，在1920年爲140 000輛，約爲總數的百分之十四；1930年增到900 000輛，超過總數的百分之二十五。③ 在這繁榮的十年中，農場所用機動貨車的數額特別爲人所注目，是因爲它以漸增率增加的緣故。經濟蕭條以後，絕對數雖繼續增加，但增加率則在不斷下降。1936年，注册的機動貨車總數爲4 023 606輛；但甚至到1939年，農場所有的數額亦僅1 000 000輛。④ 要注意的是，機動貨車的采用并不是在各個區域内平衡發展的。1936年，在所調查的蔬菜農場和蘋果農場中，百分之八十到百分之九十的農戶都有機動貨車；而另一方面，棉花區農場則僅百分之十二，玉米區農場僅百分之十八。

農具的變化和發展，各種各樣，難以作簡單而概括的說明。其主要的趨勢可以概括爲四項：1. 爲了較大尺寸或較高速度的機器能力的增

---

① Philip Locklin, *Economics of Transportation*, Chicago, Revised Edition, 1938, pp. 42-43。
② Philip Locklin, *ibid.*, pp. 750-751。
③ John A. Hopkins, *Changing Technology and Employment in Agriculture*, p. 64。
④ 見上引 Locklin 及 Hopkins 二書。

加；2. 原有機器的更廣泛的采用；3. 農具效能的改進；4. 新農具的發展。① 至於農作方式的差异和農場面積的差异，亦須予以注意。

二、機械化的條件

很明顯，與勞動力比較起來，機器的改進大大加强了農具，主要是拖拉機和機動貨車，所享有的競爭地位。但是僅僅用技術的改進并不能充分説明變化的程度，也不能充分説明機械化過程中連續起伏波動的確切時間。經濟力量的作用也必須予以考慮。從經濟的觀點説，如何組合各種生産要素，實大有選擇餘地。農場經營者在一定物質條件下和一定技術進步的情形下所趨向於采用的正確的組合方法，依據所使用的各種要素的每一單位的價格而定。② 在各種生産要素中，每個等級的可用農地是相當固定的。任何時候所用農業勞動的數量可以分爲兩部分：一部分是家庭成員所提供的，即家庭勞動，這是相當固定的；另一部分是由外面提供的，即雇傭勞動，這是隨着時間的推移而不同的。因而農業勞動的總量是變動而不固定的，它部分地决定於農産品價格，部分地則决定於其他産業對同樣勞動的競爭程度以及可以代替勞動的機器的成本。所以，機器采用的數量，既要看機器的物質效能，同時也要看它與農産品以及與勞動力在價格上高低的比較。農産品、勞動力和機器的價格若發生變化，機器應用的程度也要起相應的變化。一般説來，機器應用程度的變化，與農産品價格及勞動力價格的變化，是同一方向的；而與機器本身價格的變化，則是相反方向的。

我們已經知道機器的采用，部分地是由機器與勞動力的競爭價格來决定。但是我們要指明的是，機器并不衹是勞動力的代替者，而有時候它也代替役畜，比如馬、牛及騾等。役畜的價格及畜養成本也是與機器的價格

---

① 詳細的討論，參看 John A. Hopkins 上引書，pp. 70-75。
② 詳細的分析，參看 John D. Black, *Production Economics*, Chapter 13, Individual Differences and Their Combination, pp. 347-380, and Chapter 14, Capital Goods in Production, pp. 383-414。

相競争的，因此在估計采用機器的程度時也必須把這些因素計算在內。

就這點説，我們必須提到一種分析工具，用它可以説明兩個或兩組生產要素，當其中之一或兩者的價格發生變動時，它們之間的替代關係如何。這種工具就是"替代彈性"（elasticity of substitution）。羅賓遜夫人（Joan Robinson）對"替代彈性"的定義是："所用生產要素數量比的比例變動，除以所用生產要素價格比的比例變動。"①替代彈性是由生產的技術條件決定的。當各種生產要素的比例是剛性般地固定了的時候，工資縱然大爲下降，勞動與資本（例如機器）之間的比例也不會發生變動。這時替代彈性就等於零。假定工資稍微下降一點（資本的成本保持不變），就使得整個產量都由勞動這一種要素來生產，則替代彈性爲無窮大。實際的情形總是在這兩種極端情形之間。雖然上面對於替代彈性的解釋祇能適用於完整競爭②和靜態的情形，但如果加以適當的修正，也可以應用於我們演進性的經濟（evolutionary economy）裏，至少有一定的參考價值。以生產技術變遷爲特性的工業化過程有三種明顯的影響：第一，改變生產要素的組合比例；第二，趨向於降低資本的價格；第三，提供越來越有利的條件使資本可以替代勞動。總之，這些影響將提高資本的替代彈性。我們知道資本的替代彈性愈大，則對資本的需要彈性也愈大。③ 在我們演進性的經濟裏，祇要資本的需要彈性和替代彈性都有增大的趨勢，那麼以機器代替勞動力和役畜爲特性的農業機械化，就將會繼續進行。

---

① Joan Robinson, *Economics of Imperfect Competition*, p. 256。

② 祇有在完整競爭下，各個生產要素的組合比例，纔總是使它們的邊際物質生產力的比例等於它們的價格的比例。這就是説，"假若資本的價格保持不變而勞動的價格下降時，則每人使用的資本量的下降將提高資本對勞動的邊際物質生產力，其提高的比例與勞動價格下降的比例相同。"（Joan Robinson, *ibid.*, p. 256）。也祇有在完整競爭下，我們纔可以采用羅賓遜夫人關於替代彈性的相同但更加重要的定義，即：各生產要素數量之比的比例變動，除以各生產要素邊際物質生產力之比的比例變動。（Joan Robinson, *ibid.*, Appendix, p. 330, note 2。）

③ 根據 Robinson 所得到的結論，謂："勞動的替代彈性愈大，其需要彈性亦愈大。"參看 Joan Robinson, *ibid.*, p. 257。

在美國，以農產品的價格、農業勞動者的工資及農業機器的價格等為一方，與以拖拉機的國內銷售數量為另一方，兩者之間的密切關係，可以從 1910 年到 1940 年的周期變動上清楚地表現出來。① 在這一期間，農產品的價格與農業雇傭勞動者的工資是以同一方向在變動着的。兩者在第一次世界大戰期間都迅速上升，1920 年達到最高峰；從 1920 年到 1922 年兩者都劇烈下降；自後到 1929 年兩者再度上升；從 1929 年到 1932 年兩者又再度劇烈下降；此後除 1937 年及 1938 年曾一度間歇外，都一直上升。這裏，唯一要特別注意的區別是，工資的起伏波動比農產品價格的起伏波動要小，而後者在變動中還總是居於領先地位。這一期間農業機器的價格變動更小，尤其在 1930 年以後，年復一年地幾乎沒有什麼變動。農業機器的價格變動和農產品的價格變動之間的差異，可以從"加速原理"的要義中得到一定解釋；該項原理已在第二章中給以討論。在這一時期，拖拉機的國內銷售量，與農產品的價格及農業勞動者的工資，表現出高度的正相關，而與農業機器的價格，則表現出負相關。由於加速原理的作用，農業機器的價格比農產品及農業勞動力的價格變動為小，所以拖拉機的國內銷售量就顯示出更大的起伏波動。這表示在繁榮時期，采用農業機器的數量比單單用農產品價格的變動所反映者更大；而在蕭條時期則更小。我們已經知道 1930 年以後，農產品的價格劇烈下降，而農業機器的價格則各年都沒有什麼變動。此外，在農場上尚有大量可供利用的勞動後備軍。在這種情況下，農民無意采用任何新式機器乃是當然的事。這就說明了何以在蕭條時期美國國內拖拉機的銷售數量猛烈下降。

由此我們可以歸結說，要具備兩個最重要的必要條件，纔可以將機器引入農業，那就是：農產品的價格要保持較高，勞動力要稀少而昂貴。像中國這樣古老的國家，祇有待到工業部門的工業化達到充分程度以後，這些條件纔能產生。祇有那時，由於"收入影響"（income effect），對農

---

① 統計資料采自美國農業部的出版物，尤其是 *Agriculture Statistics*。

產品的需要纔能增加，其價格也纔能升高；而由於勞動力轉入工業并爲工業所吸收，農業方面的勞動力纔能相對地變得昂貴一些。美國在開始殖民時勞動力就缺乏，這種情形是與其他國家不同的。但是即使在美國，近年來情況也有了變動，農場上已經存在着相當數量的過剩人口。布萊克把農場上的人口過剩，連同農產品的需要不足和價格低廉，當成解釋農業技術革新的進度何以緩慢的重要因素。① 除經濟的因素以外，還必須具備某些技術的和社會的條件。其中最重要的一個條件是農場面積的大小。農場面積必須大到足以使機器的采用有經濟上的利益。因此，無論就理論或就歷史而言，農場的合并調整實爲農業機械化的一個前提條件。

三、機械化對於生產的影響

我們現在討論機械化對於農業生產的影響。很顯然，勞動力是農業生產的一種重要的要素，也是農村人口中深受機械化影響的一個階層。但爲考察的便利，這方面留待下章再作詳細討論。現在，我們將集中注意力在下述幾方面：第一，我們將討論機械化對於役畜的影響，特別是應用動力機械和機動貨車對於役畜的影響。第二，我們要看機械化如何提高了每畝的生產力和每個"人工小時"的生產力。但是我們要注意，這并不是表示土地和勞動的邊際生產品，比起資本的邊際生產品來，增加更多了。事實則正相反，因爲機械化的特點常常是應用節省勞動的機器和設計，而這些就使資本的邊際生產品的增加大於勞動的邊際生產品的增加。第三，我們要分析機械化對於農場面積大小的影響。我們已經知道，有些生產技術祇能在大農場纔能得到有利地采用。我們更要注意，這種新技術一經采用，就有促使原來的農場更加擴大的力量。假若沒有多餘的土地可以利用，則農場平均面積的增大，就祇有用減少個別農場

---

① John D. Black, "Factors Conditioning Innovation in Agriculture", *Mechanical Engineering*, March, 1945。

的數目，換言之，就是用合并調整的方法。最後，機械化對於運銷機構也有重大的影響，運銷機構包括運輸和儲藏等項的綜合機能。

關於農業機器及現代交通工具代替役畜的問題，我們仍以美國的情形為例，因為這裏材料比較容易得到。在美國，馬是農場上最重要的役畜，其次要算騾類。用拖拉機、貨車和汽車來代替馬匹，在1915年以後纔開始，直到1919年纔成為明顯的趨勢。1916年美國在農場上的馬共約2 700萬匹，其中約2 100萬匹是三歲或以上，這正是役用的年齡。1925年，馬匹總數降至2 230萬，可以役用的馬匹則為1 990萬。其後，由於"全能拖拉機"或"行列耕作拖拉機"（row-crop tractor）的出現，拖拉機的采用數量更急劇上升。1938年馬和騾子總數降到1 540萬，役用的馬匹則降到1 310萬。①普通慣於用農場役畜的絕對數額的下降，當作役畜被機器所代替的程度。但是比較合理的辦法，應該是用役畜與作物畝數之比的變動，來測量代替的程度。1938年在美國農場上役用馬匹的實際數額，與按一匹馬耕種16.5畝所計算出來的馬匹需要額，兩者之間的差額約為760萬匹。② 這個數目可以代表本時期內機器替代了馬匹的凈數額。

就美國所能得到的各種資料，可以看出，1935年以前馬匹被代替的半數左右，約280萬，是由機動貨車及汽車所代替；其他半數則由拖拉

---

① 資料來自美國農業部 *Agricultural Statistics*。過去四十年間所有各種役畜的數額也可由這個來源得到，這些數字表明農場所用役畜猛烈下降，尤其是1920年以後（見附表）。

附表

年　份	1910	1920	1930	1940
役畜頭數	24 211 000	25 742 000	19 142 000	14 481 000

② 關於1935年以前的估計數額可參看 WPA, N. R. P. Report No. A—9, *Changes in Farm Power and Equipment*, *Tractors*, *Trucks and Automobiles*, Washington, 1936, pp. 62-63。1938年的估計數額，可參看 John A. Hopkins, *Changing Technology and Employment in Agriculture*, p. 67。

機所代替。① 按這個比例計算，1938年由拖拉機替代的役用馬匹達480萬，換言之，每臺拖拉機代替了三匹馬強；至於由現代運輸所代替的情形，約爲每輛貨車或每輛汽車代替了馬匹0.6弱。這兩種數字都估計得很保守，從而具有高度的可靠性。

在工業化過程中，每人的生產力和每單位土地的生產力，都曾經逐漸地和不斷地增加，將來也一定會繼續增加。關於農業方面每人的生產力，我們可以采取伊喬基爾（Mordecai Ezekiel）和托利（Tolley）對美國的估計數字爲例，來表明其增加情形，并以之與製造業及礦業的增加情形相比較，見表4-2。②

表 4-2　美國從業工人每人的生產量（1900年＝100）

年 份	農 業	製造業	礦 業
1870	55	64	36
1880	77	75	56
1890	82	93	84
1900	100	100	100
1910	100	117	104
1920	119	131	139
1930	141	163	147

上列數字表明了在農業中每個勞動者的生產量（它反映每人的生產

---

① WPA, N. R. P. Report No. A—9, ibid., pp. 62-65。
② Mordecai Ezekiel, "Population and Unemployment", The Annals of the American Academy of Political and Social Science, Volume 188, November 1936, p. 256。
　　Quaintance，根據美國普查的數字，很早以前就說："最近二十年（1880—1900），由於機器的幫助和馬力的代替人力，人類勞動在農場上的效果大約增加了百分之三十三。"這與伊齊基爾對於同期的估計數字完全一致。參看 H. W. Quaintance, The Influence of Farm Machinery on Production and Labour, New York, 1904, p. 16。

力），在過去半世紀內所增長的速度，幾乎與製造業及礦業一樣的快。在美國工業化過程中，這一時期的增長情形是最聲勢赫赫的。但我們要注意，自從 20 世紀開始以來，製造業中每人生產力的增高，比農業及礦業都快。這表示農業的改進，比起工業的革新來，要遲緩一些。

各主要工業化國家每單位土地的生產力，在工業化期間也有所增加，不過增加率很不明顯。表 4-3 表明英國每英畝土地平均產小麥量和日本每公頃平均產稻穀量。①

表 4-3 小麥和稻穀的平均產量

年　份	英國每英畝產小麥量（蒲式耳）	年　份	日本每公頃產稻穀量（公擔）
1771	24.0	1878—1887	13.4
1812	22.0	1888—1897	15.1
1885—1894	29.4	1898—1907	16.8
1899—1908	31.4	1908—1914	18.8
1916—1922	30.7	1925—1929	21.6
1924—1932	31.4	1930—1934	21.9
1933—1936	34.3	1936—1938	24.0

平均產量并不能充分表明每單位土地的生產力，因爲本時期內的畝數曾有過變動，而這種變動可能歪曲了生產量的一般趨勢。例如，英國每英畝平均小麥產量 1812 年爲 22 蒲式耳（bushels），反而低於 1771 年的 24 蒲式耳，但是實際上，1812 年的畝數（3 160 000 英畝）却大於 1771 年（2 795 000 英畝）。② 從這裏很容易看出，1812 年平均生產量之所以較低，主要是由於耕種了一些較差的土地。不過，上列數字仍然明白無誤地表明了土地生產力逐期增進的總趨勢。

---

① 引自 Colin Clark, *The Conditions of Economic Progress*, London, 1940, pp. 256-258。
② Colin Clark, *ibid.*, p. 256。

丹麥值得特別注意。這個國家最典型的農場面積類型是37英畝到75英畝的農場以及家庭型的農場，它的農業生產是舉世最有效者之一。丹麥有些作物的單位面積產量遠高於英國，有些甚至是全世界最高的。六十年以前，丹麥的單位面積產量并不優於英國；但是自後，前者的改進就快於後者。現在，丹麥每英畝小麥、大麥、燕麥的產量都較英國高百分之二十五到百分之五十不等；製糖甜菜高百分之五十，蕪菁高百分之六十。丹麥農民每英畝收乾草籽4 928磅，牧草3 584磅；而英國前者祇收3 136磅，後者祇收2 240磅。① 當我們記起英國的氣候遠遠利於種草時，則這種草產量的對比就顯得更為引人注目。丹麥人何以能夠得到這樣高的平均產量，是一個頗饒興趣的問題，這可以由丹麥人采用了較好的種子和較多的肥料當中找到答案。但是更重要的一個原因是耕種成本的相對低廉。比起歐洲大陸別處的農民來，丹麥的農民把田地集中在農舍的周圍，他不用每天把一兩小時的時間花費在分散的田地的來回路途上，這樣就節省了大量的勞動。比起英國的農民來，丹麥的農民可能在機器的使用上也比較先進。②

關於畜牧業，丹麥人比較出色的地方是他們很迅速地并且比較徹底地就適應了生產上的新變化。丹麥畜養事業的擴張是一個很大的成就，而這主要是由於英、德工業化的結果。一旦當銷路有了把握，丹麥人在養牛業和牛乳生產業方面就飛速進步。他們是第一個瞭解要有成績就得注重飼養和育種的國家。他們是記錄牛奶產量的首創者，世界上第一個牛奶產量登記社就是1894年在丹麥的Vejan成立的。由於十分注意科學的育種繁殖方法，丹麥人使得他們的奶牛產品由平庸變得盡可能地完全

---

① P. Lamartine Yates, *Food Production in Western Europe*, London and New York, 1940, Part Ⅱ, Denmark, p. 33。
② 在典型大小的農場中，53.5%有一座電力馬達，78%有一架播種機，90%有一架割草機，70%有一架自動捆禾機。大農場上番薯和製糖甜菜拔割機日漸普遍；小農場上用一種新而極有效的工具可以瞬息完成蕪菁的砍尖工作和拔割工作。參看P. Lamartine Yates, *ibid.*, p. 36。

適合於黃油生產。丹麥奶牛改良的進步是驚人的。每頭牛的產奶量從1871年的213加侖增加到1930年的700加侖；同期內每頭牛的奶油產量從65磅增加到270磅。① 我們要知道，丹麥牛奶生產工業完全是掌握在小規模的家庭農場手中；其中擁有20頭乳牛以上的農場祇占百分之六點六。奶場合作制度對於生產的改進大有裨益。丹麥是世界上在黃油製造方面采用滅菌消毒法的第一個國家，這大部分就得益於此種合作制度。

農場面積或農場大小常用畝數來表示，但是畝數并不是唯一的尺度。勞動、資本和管理也都是一個農場的主要要素。因此，農場的大小可以用這三種要素之一，或任何幾個要素的組合，作爲單位來衡量，甚至還可以用農產品的價值或物質產量來測量。不過，在當前的討論中，我們祇用畝數作爲單位。在農業中，節省勞動的設備和方法究竟能應用到什麼程度，農場面積的大小顯然是很重要的決定因素。對於像收割機和脫粒機一類的機器設備以及像擠奶器一類的畜牧機器，農場面積尤其重要。但是有很多節省勞動的方法，其應用并不受農場面積大小的影響。采用產量較高的作物或牲畜，改用較有效力的噴灑滅蟲劑或較濃縮的肥料，在小農場采用這些方法，都和在大農場一樣，可以達到節省勞動的目的。不過，19世紀末和20世紀初節省勞力最多的還是由於機械化，而機械化祇有在工業化的總過程中纔能完成。所以，我們必須強調，機械化與農場面積是密切相關的。

根據最近的普查，美國農場面積的平均數約爲170英畝。② 農場的一般面積，因農作活動類型的差異以及區域的不同，當然大有出入。不過我們暫時祇涉及總的平均面積。由下列數字，可以看出從1850年到1940年，美國農場的平均面積曾經沿着兩個相反的方向變動（見表4-4）③。

---

① Danish Statistical Department: *Denmark*, 1931。
② 依據 U. S. *Census of Agriculture*: 1940, published by U. S. Department of Commerce, Bureau of Census, 1944, Volume Ⅲ, Chapter Ⅰ, Table 4。
③ 摘錄自美國各個年代的普查資料。

表 4-4　農場平均面積的變化

年份	1850	1860	1870	1880	1890	1900	1910	1920	1930	1940
農場平均面積(英畝)	203	199	153	134	137	146	138	148	156	174

　　考察上表，可知從 1850 年到 1880 年美國農場面積有一直下降的趨勢，1880 年達到最小額。自後則有明顯的向大農場發展的趨勢。

　　一個歷史學家曾說，就農業機器的應用言，美國的農業革命是發生在 1860 年以後的半個世紀內。① 但是在 1870 年以前，工業化的進度并不是最大，程度也不是最高，因為直到 1870 年以後，鋼鐵工業纔開始發展。1890 年美國產生鐵 900 萬噸，第一次超過了英國的產量。② 鋼鐵工業的發展甚為重要，因為農用機器工業的誕生和成長須以鋼鐵工業的發展為先決條件。因此祇有 1880 年(19 世紀 80 年代)，纔可作為全面地有效地開始採用農業機器的時期。農業的機械化，對於擴大農場面積以獲得內部經濟方面，顯然發生過很大的影響。1910 年以後，農場平均面積變動很小，這可能是由於農場面積已經大得足夠從事機械化，若再行擴張，勢將引起管理上的困難。再者，一個農場單位一經建立和裝配了起來，就難於改變其面積了。有些單位的經營者，雖然覺得自己能夠耕種更多的土地，但也許不可能在他原有農場的附近買到或租到土地。

　　在英國，1760 年到 1880 年的情形表示了經濟因素有利於大規模農場。③ 統計數字也證實了從 1885 年到 1931 年，最小的兩組(1～5 英畝，5～20 英畝)和最大的一些組(300 英畝以上)，面積繼續降低；次大的一

---

① H. U. Faulkner, *American Economic History*, New York and London, 5th Edition, 1943, p. 379。

② L. C. A. Knowles, *Economic Development in the Nineteenth Century*, London, 1932, p. 201。

③ Hermann Levy, *Large and Small Holdings*, Cambridge, 1911, *Passim*。

組（100~300 英畝）幾乎保持不變，而中等農場（20~50 英畝和 50~100 英畝）則在整個時期內面積都有增加。①

在蘇聯，集體化運動顯然使農場面積大為擴張。1929 年已耕土地中僅百分之四點九是集體化了的。1931 年，集體化的土地面積增到百分之六十七點八，1935 年增到百分之九十四點一。到 1940 年，集體農莊（kolkhozes）擁有已耕土地的百分之九十九點九，幾乎是全部了。當着手推行全面集體化政策時，蘇維埃政府決定推進農業勞動組合（artel），作為最適合於本國經濟和文化水平及蘇維埃政策的集體方式。公社（communes）和共耕社（tozes）向農業勞動組合轉變的過程，頗為迅速。1929 年，共耕社包括集體農場的百分之六十點二，公社包括百分之六點二，農業勞動組合包括百分之三十三點六；到 1934 年，在所有現耕的集體農場中，公社僅占百分之一點八，共耕社僅占百分之一點九，農業勞動組合則占百分之九十六點三。② 集體化運動（collectivization）有些像農場兼并運動（consolidation），盡管集體化運動背後的根本精神是不同的。

采用現代交通工具，對於農產品市場結構及農業生產方式，影響之深遠，并不下於引用動力機器和大型農具。現代儲藏法，尤其是冷藏法的普遍化，也有同樣的重要性。運輸和儲藏的改良，使各種商品，特別是農產品的市場，獲得驚人的擴充，這是不難理解的事；特別是考慮到農產品的笨重和易腐性時，這種情形就更為明顯了。要是沒有一個擴大了的而且有把握的市場，農業上機器的采用和農場組織的擴張，都將成為不可能的事。現代歷史表明了運輸和儲藏的改良是現代農場產生和農業機械化實現的前提條件。

我們要注意，不同的運輸工具，對於農業市場制度有不同的影響。

---

① J. A. Venn, *The Foundations of Agricultural Economics: Together with an Economic History of English Agriculture during and after the Great War*, Cambridge University Press, 1933, table on p. 110。

② C. Bienstock, S. N. Schwarz and A. Yugow, *Management in Russian Industry and Agriculture*, Oxford University Press, 1944, pp. 134-135。

鐵路化使得市場集中。在英國，倫敦的 Smithfield 肉類批發市場上升到一種居於支配中樞的重要地位，在其鼎盛時期，它是市場進化中令人最注目的"中央市場"（central market）的例子，在美國，由於幅員廣大，"中央市場"變成一種中央和終點相混合的市場制度，例如 Chicago、Kansas City、Minneapolis 等城市，以一個市場控制着其餘的市場。牲畜市場機構由芝加哥終點市場控制，穀類市場由芝加哥貿易局控制，棉花市場由 New Orleans 控制。① 第一次世界大戰後，無綫電、機動貨車和混凝土公路，使市場制度有非集中化（decentralization）的趨勢。此等運輸便利使買賣雙方不必經過中央市場，而可以直接進行買賣。其中原由，也很顯然。市場組織改進後，貨色等級已經建立，市場信息在準確和及時方面也達到較高的水平。把貨物集中到中央市場以便看貨檢查的必要性減少，市場的非集中化乃開始發生。對於牲畜、穀類、蔬菜和水果來說，這樣的情形極爲明顯。不過我們要注意，這種類型的市場非集中化，與流行於原始鄉村公社之間互不相聯繫而且幾乎各自孤立的市場，自然大不相同。

第四節　農作方式的重新定向②

當工業化進入相當成熟的階段，由於對收入增加的影響，就會產生對較好食物的需求。用農產品做原料的某些工業將要擴展，因而將會提

---

① G. S. Shepherd, *Agricultural Price Analysis*, Iowa, 1941, Chapter 2, the Evolution of Market and Market Price Making, p. 14。
② "農作方式"（types of farming）、"生産行業"（lines of production）和"農作制度"（farming system）諸詞，差不多都是互相通用的。可以說，"農作方式"一詞在說英語的國家用得較多，而"農作制度"一詞則僅僅是德語"betriebssystem"的字面翻譯。至於"生産行業"一詞，則用者甚少。關於"農作制度"或"農作方式"的討論，可參閱 Theodore Brinkmann, *Die Oekonomik des landwirtschaftlichen Betriebs*, in *Grundriss der Sozialökonomik*, Abteilung Ⅶ, pp. 30-32, Tübingen, 1922。此書曾由 E. T. Benedict 等人譯成英文，標題爲 *Economics of the Farm Business*, 1935。

高對這些初級產品的需要。這一切都將引起農作方式的轉換或重新定向。上節，我們討論了市場變動對農場的影響，以及由此而引起的農場內部組織的調整。現在，我們將討論當新產品代替舊產品時，農作方式的轉換或重新定向，作爲農場的集體現象，如何發生。當一個農場從一種農作方式轉換到另一種農作方式，例如從產稻穀轉到產小麥，或者從產小麥轉到產玉蜀黍或轉到產棉花，這種改變可能不會引起生產函數或生產要素組合的變動。這在第二章靜態假定條件下已經作了扼要的討論。當前我們將要考察的，主要是那種祇有在采用了新的生產函數或導入了生產技術變動之後纔可能完成的農作方式的轉換。不過，我們要明瞭，這兩類轉換都是要通過價格制度的作用而達到的。

因收入的影響而需要較好的食物，并不是引起農作方式轉換的惟一因素。在工業化過程中，還有很多其他因素也同時對這種轉換發生作用，其中較重要的是飼料作物的改變，以及由糧食作物轉換到工業原料。我們在下面的討論，將限於這三種情形的重新定向。

首先，我們看看對較好食物的需要如何影響了農作方式的轉換。這可以用過去兩個世紀期間英國的情形爲例來加以說明。這一時期是英國經濟結構遭受了巨大的變動，并且給予英國以首次機會變成一個工業國家的時期。本時期又可分爲五個小時期，即 1700—1760 年，1760—1815 年，1815—1846 年，1846—1880 年，1880—1910 年。① 在第一時期，即從 1700 年到 1760 年，幾乎所有社會的和經濟的環境都有利於保持小所有者和小農場，它們的產品主要包括蔬菜、黃油、牛奶、生豬、鷄蛋、家禽、水果等類。在這種有利因素中最明顯的是：收成好，穀物（小麥）價格低，地租低，工資高，對肉類和奶品需要的增加，運輸方法的改進，例如道路的改良和運河網的擴張。其中有些顯然是前兩世紀商業擴張的晚期效果。但是最重要的是開始種植塊根植物（如蕪菁）、苜蓿植物

---

① 這種分期是作者利用 Dr. Hermann Levy 的 *Large and Small Holdings*（Cambridge, 1911）一書中的資料和分析而作的。

(clover)和人工牧草,這些歸總說來,構成了農業進步的樞紐。這使農民能够飼養較多的較大而重的牲畜,較多的牲畜産生了較多的糞料,較多的糞料産生了較大量的作物,較大量的作物供養了更加大量的牲畜羊群和牛群。若没有蕪菁的幫助,僅僅維持牲畜過冬、春兩季就是一個困難的問題;而在許多區域,如果想即刻催肥牛、羊出售於市場,也是不能辦到的事情。① 本時期内有些名家的作品,將永志不忘。湯新(Townshend)提倡把蕪菁作爲農業改良的樞紐,以致贏得一個"蕪菁湯新"的綽號。但是這種耕作的改良要收到最充分的利益,還要等到本國的牲畜也改良了之後。牲畜的繁殖和飼養上的必然革命,主要是貝克韋爾(Robert Bakewell)的工作。這種技術的進步,加上有利的經濟條件,使得"保護性的"(protective)食物的生産漸居優勢。

接着的兩個時期,從1760年到1815年以及從1815年到1846年,正當産業革命開始并充分發生力量之時。在這兩個時期内發生了劇烈的變化。原來一度有利於小農的環境,現在變得對他們不利,而利於生産小麥的大農場的增長。1765年以前的五十年,是一個收成异常好的時期;到1765年,這個豐收時期告一段落。這時,雖然國内的小麥生産下降,但由於工業化的初期影響,人口却迅速地增加。結果,英國在1750年以後立即從穀物輸出國家變成穀物輸入國家。但是由於需要的增加和國内供給的减少,即使增加輸入也仍然不能使糧價降到第一個時期的低廉水平。相反地,穀物(小麥)的價格却日益高漲。糧價的上漲對於廣大民衆的影響是可怕的,使他們大多數陷入了悲慘、困苦和灾難的境地。糧價的飛速上漲使實際工資猛烈下降。1814—1836年的農業大蕭條摧毁了小所有者,且使農業勞動者的悲慘境遇更加嚴重。農業生産又不得不從保護性食物轉换到"發熱能的"(energy-producing)作物了。

第四個時期,從1846年到1880年,總的説來,是工業及農業的復

---

① 詳細的討論見 Lord Ernle, *English Farming: Past and Present*, London, 3rd edition, 1922, Chapter 7 and 8, pp. 148-189。

興時期。1846年"穀物條例"(Corn-Laws)的廢止,標明了自由貿易的勝利,這是本時期之所以繁榮的幾個原因之一。此外,由於幾項技術的進步,使農業生產費用降低,糧食價格因而下降。但最重要的是排水的改良,化學肥料的引用,機器使用的推廣,運輸的日益便宜,尤其是鐵路網的巨大擴張。對土地需要的增加使地租上漲,這又使大農場得以繼續擴展。另一方面,隨着工業的復興,較高的工資和較高的購買力①使對肉類的需要大大增加,從而引起了畜牧業的復興。由此我們知道,當時農業中發熱能食物的生產(主要是小麥生產)和保護性食物的生產(主要是畜養和園藝),都是處於繁榮的情況。有些作者曾稱本時期的農業制度爲"混合農業"(Mixed husbandry)②,我們則稱爲"平衡農業"(balanced husbandry)。但是無論稱爲什麼,我們却要注意,這不過是一個過渡性的制度,是從以作物種植爲主的農業轉變到以畜牧爲主的農業的轉折點。

我們所舉的說明例子的最後一個時期(從1880年到1910年)出現了競爭,尤其是小麥從國外(大部分是從美國、加拿大和俄國)輸入的競爭,使小麥價格猛烈下降。小麥價格的下降使英國小麥生產無利可獲,結果很多農場都被廢弃了。從1760年以來有利於擴張小麥種植的條件,

---

① 本時期内英國産業工人貨幣工資的增加和實際工資更大的增加,可由鮑利(Bowley)的統計數字見之:

附表　　　　聯合王國的貨幣工資和實際工資

年份	貨幣工資	物價指數	實際工資	年份	貨幣工資	物價指數	實際工資
1860	58	113	51	1874	80	115	70
1866	66	114	58	1879	77	110	70
1870	66	110	60	1880	72	105	69

見 A. L. Bowley, *Wages and Income in the United Kingdom Since* 1860, Cambridge, 1937, Table 8, p. 34。

② Dr. Levy 曾如此稱之。見 *Large and Small Holdings*, Chapter 3, especially pp. 61-70。

到這時乃告終止。潮流轉到了相反的方向。事實表明本時期內種植小麥畝數急劇減少。從 1869 年的 390 萬英畝減到 1895 年的 140 萬英畝。① 很多土地都完全不種植五穀而轉用於種植牧草。不過，主要由於自由貿易而輸入了廉價糧食，城市工資勞動者的購買力反而從 1880 年起有所增加。② 因此對於肉類、家禽產品及水果的需要，大大增加。這時，整個情形變得對於生產保護性食物有利。同時，很多改良技術都被采用并推廣了，結果使專門化的農場得以發展，例如牛奶、種畜、家禽、園藝等專門農場。1910 年以後，這種趨勢一直持續着，僅在兩次世界大戰時期有過中斷。

其次，農作方式轉換的另一種類型是在飼料作物方面。我們可用美國的情形對這點加以說明。用燕麥作馬的飼料已有一個很長的時期。但

---

① W. Bowden, M. Karpovich and A. P. Usher, *An Economic History of Europe Since 1750*, New York, 1937, p. 589。

② 本期內每個工人的實際工資指數如次：1880 年，70；1881—1885，77；1886—1890，89；1891—1895，98；1896—1900，104；1904—1905，103；1906—1910，103；及 1911，100。見 A. L. Bowley, *Wages and Income in the United Kingdom Since 1860*, Cambridge, 1937, Table XIV, p. 94。從 1866 年起，農業工資的購買力，用以夸特(Quarter)計算的小麥，和以磅計算的牛肉來表示，都是繼續在穩定地增加：

附表　　　　　英國工資的購買力

年　份	以夸特小麥所表示者	以磅數牛肉所表示者
1867—1871	0.22	20.8
1892	0.44	33.6
1907	0.49	34.4
1919	0.52	33.6
1925	0.60	37.6
1930	0.88	41.6

這種解釋是 C. S. Orwin 和 B. I. Felton 最先開始使用的，見 *Journal of the Royal Agricultural Society of England*, 1931, p. 255。

近幾十年來，由於拖拉機、機動貨車和汽車的采用，馬匹被代替了一部分，因而對燕麥的需要下降。在輪耕中找一種獲利更大的作物，是農民不得不面臨的問題。有些農民企圖用大麥代替燕麥，以解決這一問題。大麥在催肥畜牲的目的上要強於其他飼料。在 1925 年與 1928 年之間，依阿華(Iowa)州種植大麥的畝數增加了百分之四百五十三①。但大麥在該州仍是一種次要的作物，種植大麥的畝數不過是燕麥畝數的百分之十四。1928 年的數字表明：大麥 794 000 英畝，燕麥 5 761 000 英畝。不過大麥畝數的增加，意義很大，而且還表示在大多數地區燕麥畝數下降。解決燕麥問題的一個較滿意的辦法，是用收穫豐富的豆科作物(legume crops)代替絕大部分的燕麥現耕畝數，其中尤其是苜蓿屬植物(sweet clover)，既可用來輪替牧草，復可深耕埋掉以利於土壤。苜蓿屬植物的增加，其意義可能更大於大麥的增加。這種代替使作物輪耕擴張，而不再用依阿華州特有的從燕麥到玉米以及又從玉米到燕麥的兩年一輪制了。現在該州漸采標準的依阿華四年輪耕法，其法是兩年種玉米，接著種燕麥并和甜車軸草屬同時下種子，再下一年繼續把苜蓿屬植物留在田中作為牧草和肥料作物。②

最後，農作方式的重新定向，也可以采取從糧食作物轉換到工業原料作物的形式。這種轉換以單位土地生產力的提高為先決條件。因為祇有這樣，纔能省下種糧食的畝數的一部分，用來生產作為工業原料的作物。不用說，要決定這種變動在自然條件方面是否可能，在經濟上能否獲利，溫度、雨量和土壤對於這種轉換形式比對於前兩種形式具有更加重要的作用。這是因為在糧食作物與工業原料作物之間所需自然條件的差異，更大於各種糧食作物之間所需自然條件的差異。假定我們已知此種自然條件的不同要求，那麼從糧食作物到工業原料作物的轉換就可充

---

① 此處及以下所引數字，見 C. L. Holmes, *Types of Farming in Iowa*, Bulletin No. 256, January 1929, Ames, Iowa, p. 162。

② C. L. Holmes, *ibid.*, p. 163。

分表明工業化的影響。我們試以美國棉花生產來作例子。1870年以後，歐洲，尤其是大陸，以及美國本身，特別是棉花加工工廠已開始迅速增加的南方，對棉花的需要均日漸增加。為了應付這種需要，美國棉花的生產乃大為擴張，尤其驚人的是棉花生產的西漸運動。從1879年到1931年，美國棉花總產量由5 755 000包增加到17 095 000包，五十年內增加了將近三倍。在得克薩斯（Texas）州，同期內棉花生產從805 000包增至5 322 000包，增加六倍有餘。在俄克拉何馬（Oklahoma）州，1879年棉花生產為零，1899年增到227 000包，1931年增到1 261 000包。① 這種畝數的增加，當然有一部分是由於新土地的開墾，但必定有一部分是由於減植別種作物而得到的。種棉畝數的增加，究竟有多少是由於重新定向而引起的，尚待確定。不過工業化對棉花生產擴張的作用則是很顯然的。在中國這樣古老的國家，大部分可耕地在一定生產技術條件下都已經耕種殆盡，由種植糧食作物轉換到種植棉花是更加說明問題的。從1926年到1936年，中國種棉畝數增加百分之七十強；這些增加了的畝數的大部分，無疑是從糧食作物轉換而來的。

　　對於工業化後期農作方式的重新定向，我們已作了扼要的討論。上述各種轉換的形式，由於種種阻礙的存在，並不一定都發生。首先是自然條件，包括溫度、雨量和土壤，對於決定轉換是否發生，並以何種方式發生，具有最重要的作用。例如，就中國來說，近年來在華北，由於華南人口的遷入或由於城鎮人民收入的增加而需要消費較多的稻米，但不論對於稻米的需要如何增加，這並未能使本地原來種植小麥、玉蜀黍和粟米等糧食作物的土地改種稻穀。這種轉換之所以未能發生，主要是由於華北的自然條件不利於種植稻穀。另外可以用棉花的生產為例。棉花需要溫暖的氣候和適度的雨量，因此棉花的生產就限於北溫帶的南部和南溫帶的北部。雖然棉花加工工廠的擴張需要更多的棉花，但在目前的生產技術條件下，要在這兩個區域之外種植棉花，還不大可能。第二

---

① Emory Q. Hawk, *Economic History of the South*, New York, 1934, pp. 453-454。

個限制農作方式改變的因素是運輸。運輸的發展已使某一地區能利用其他地區的農產品和原料，這使某一地區用不着再改變它的農作方式。再者，國際分工的趨勢的加強，多少也減輕了個別國家要改變農作方式的必要性。英國在紡織工業擴張過程中所需要的原料，如生絲、棉花和羊毛，幾乎全部是從中國、日本、印度和澳大利亞取得的。英國并不感覺得有變更農作方式的必要性。

第五節　農業在整個經濟中的地位

我們已經明瞭工業化的特徵是戰略重要性技術的變動，以及因之而起的經濟組織和社會制度方面的調整。在工業化過程中，農業作爲與其他經濟活動部門密切相聯的一個生產部門，也必定引起變化。農業本身所發生的變化，我們在上面各節中已經加以分析。現在我們要確定，在經濟轉變的過程中，農業在整個經濟裏所占的地位如何。這裏所謂農業的地位，是指與其他經濟活動諸部門的相對重要性。農業的地位和其他諸部門一樣，顯然是隨時變動的。因此我們必須將整個過程的某一段落提出來，使開始階段和較後階段的情形可以相與比較。可是要選擇一個恰當的段落，却是一個困難的問題。再者，要選擇一個尺度，用來適當地表示農業的相對重要性，這也是一個問題，甚至比上一問題更難解決。普通是用人口的職業分配比例作爲尺度。另外一個尺度是國民收入(national income)或國民產品(national product)在各個不同生產部門所占的比例。後者是比較合理的辦法，但是由於統計資料的缺乏，却不常見采用。當前的討論將兼用兩種尺度。雖然在第二章中，我們根據不同的假定，已經論及人口的職業分配變動[①]；并且，人口的職業分配比例作爲一種尺度也不及國民收入比例準確(因爲勞動生產率的差异更大得

[①] 見第二章，第三節，聯繫因素之三：勞動力。

多),但因為事實上有關人口職業比例的統計資料比較容易得到,為此,我們就更加注重這種方法。

在理論上,我們可以説,由於對糧食及衣着原料的需要的收入彈性較低,工業化一經達到使人民獲得一"合理的"生活水準時,農業就免不了地位要相對地下降。在達到"合理的"生活水準以前,對糧食的需要將隨收入的增加而增加;但是在達到這點以後,收入如再增加,對糧食的需要就要下降,最先是相對地下降,隨後是絕對地下降。如何達到這種情形,如同第二章所分析的①,是"恩格爾法則"(engel's law)和曾爲凱恩斯(J. M. Keynes)所廣泛使用的所謂"基本心理法則"(the fundamental psychological law)的雙重作用。重復一下,"恩格爾法則"是説:當家庭支出增加時,其中用於糧食的比例將減低。"基本心理法則"是説:"通常和平均而言,人們當收入增加時,有增加其消費的趨向,不過消費增加不如收入增加之甚。"所以,當收入增加時,支出將增加,不過以較低的比率增加,而其中用以購買糧食的比例就更小。這項原則大致也適用於衣服和做衣服的原料。但是這并不意味着農業的活動將趨於衰微,而是説明以國民產品或國民收入所計算的農業的相對份額有下降的趨勢,至於農業活動的絕對數額可以而且極可能地還將繼續擴張,而不致有任何嚴重的減縮。許多工業化了的國家的經驗,已經證實了這樣的説法。

在研究以職業人口和國民收入所表示的農業的相對地位以前,我們覺得對於農業增長率作一番扼要的説明,并將它與工業增長率及其他生產部門的增長率作一比較,將是很有益處的。在第三章,我們曾用生產的按年增長率(annual rate of growth)作爲計量工業化速度的尺度。同時我們對於所考察的工業化過程中具有戰略重要性的幾個生產部門,也曾經找出了按年增長率。這裏我們先把農業的按年增長率,與人口的自然增加率加以比較,然後與其他生產部門的按年增長率加以比較,以瞭解我

---

① 見第二章,第一節,聯繫因素之一:食糧。

們的進化過程中諸種變化的特徵。表 4-5 乃根據美國的經驗所作成者。①

表 4-5　美國農業平均按年增長率與其他生產部門的比較

指　　數	包括的時期	按年增長率(%)
人　　口	1870—1930	1.9
農　　業	1870—1930	2.5
製　造　業	1849—1929	4.8
礦　　業	1870—1930	5.7
運輸和交通	1866—1914	5.8
貿　　易	1870—1929	5.2

由表 4-5 可以看出，在美國工業化鼎盛階段，農業的按年增長率爲百分之二點五，這表示農業生產按年有顯著的增加。以之與人口的按年增加率(1.9%)相比，顯然可以看出在一定的收入分配方式下，每人所分得的農產品是增加了。但以農業按年增長率與其他生產活動相比，則前者就處於相對不利的地位。農業按年增長率比製造工業按年增長率(4.8%)幾乎小一半，而比礦業、運輸及貿易則小達一半以上。上述各部門增長率之所以有差異，主要是由於各部門的產品和勞務的"需求的收入彈性"各有不同，也由於各部門的由生產技術所制約的生產結構的擴張程度互有差別。

一種生產事業的增長是由擴張過程中獲得的報酬率所限定的。克魯姆(W. L. Crum)曾對公司的規模和獲利的能力作過基於實際材料的研究，

---

① 農業的按年增長率係根據 Warran—Pearson 的指數。另外，根據 Day—Pearson, Snyder 和 Timoshenko 做成的農業按年增長率，分別爲 2.3、2.2 和 2.4，與我們所引用的無大出入。關於他們的統計材料，見 Arthur F. Burns, *Production Trends in the United States Since* 1870, New York, 1934, pp. 262-264 脚注。關於農業以外諸部門增長率的資料，見本書第三章第三節表 3-7，題爲"美國各種重要生產部門按年平均增長率"。

認為"大小不同的各種企業的報酬率(實際報酬率或預期報酬率)的差異，無疑地給予工業組織以很有力的影響"。① 他又歸結說，他的研究結果表示着："平均而言，大企業(在工業中的各個部門或幾乎各個部門，以及在經濟周期的各個階段)比小企業獲利較多，尤其比很小的企業獲利更多。"②雖然他的研究限於 1931—1936 年的時期，而這又是一個蕭條或經濟趨勢下向的時期，不大合乎我們的目的要求；但是他得到的關於各生產部門報酬率方面的數據，仍可用來說明和解釋各部門增長率的差異。因此，我們將這六年(1931—1936)美國農業以及其他生產部門各自的報酬率平均數，列舉表 4-6③。

表 4-6　美國農業及其他生產部門報酬率(%)平均數

農　　業	-2.30
礦　　業	-0.75
製 造 業	2.15
公用事業	1.52
貿　　易	0.54
總　　計	0.97

在這一時期內農業及礦業的報酬率是負數；報酬率最大的是製造業和公用事業。各業之間報酬的正負之差以及報酬率的差別，主要是由於在商業周期的下向階段"加速原理"所起的作用。但是無論怎樣，這都表明農業生產的條件相對不利，而在蕭條時期則情形更壞。

搜求關於人口分配的統計資料，比搜求關於國民收入比例的統計資料，要容易些。城市人口的百分率，是"都市化"(urbanization)的一種指數，也可以用來作為工業化程度的一個粗略指標。第一次世界大戰後各

---

① W. L. Crum, *Coporate Size and Earning Power*, Harvard University Press, 1939, p. 6.
② Crum, *ibid.*, p. 7。
③ Crum, *ibid.*, p. 251。

國城市人口的百分率,有如表 4-7。①

表 4-7 城市人口的百分率

國　　名	百分率(%)	國　　名	百分率(%)
英格蘭及威爾士	78	日　本	40
德　國	65	意大利	40
奧　國	63	瑞　典	26
美　國	51	瑞　士	25
法　國	46	中　國	25
比利時	44	南　非	25
丹　麥	41	印　度	11

各國城市人口的百分率差別很大。英國與印度的對比最爲觸目驚心,這一事實可以充分説明宗主國與其殖民地的關係。我們還要注意,上面的百分率并不就表示每個國家的其餘人口完全是從事農業。例如,英格蘭及威爾士,從事農業而得到收入的人口百分率實際上祇有百分之七而不是百分之二十二;美國方面這個百分率是百分之二十六,而不是百分之四十九。② 這是因爲很多人雖然住在鄉村,但是却在附近的城市或礦山工作。因此鄉村人口常常是估計偏高了,很多住在鄉村的人實際上應劃歸爲工業人口。不過,上列百分率,縱然是粗枝大葉,仍可當作工業化程度的適當指標。

現在我們擬在上述諸國中選擇幾個高度工業化了的國家,來看看農業人口的比率如何變動。選取的國家是美、英、法、德、日。討論的時期包括 1830 年到 1930 年的一百年,這是經濟結構轉變最爲壯觀的一個時期。這裏所謂的農業人口僅限於工作人口,其數字係從多種來源的資

---

① 見 John D. Black, *Agricultural Reform in the United States*, New York and London, 1929, pp. 40-43。

② John D. Black, *ibid.*, Table 6, p. 43。

料編製而成的，見表 4-8。①

表 4-8　農業工作人口的百分率(%)*

年份**	美	英	法	德	日
1830	70.8	—	63.0	—	—
1840	68.8	22.7	—	—	—
1850	64.8	21.9	—	—	—
1860	60.8	18.7	—	—	—
1870	53.8	14.8	42.2	—	84.8
1880	49.4	12.0	—	39.1	—
1890	42.6	10.2	—	—	77.8
1900	37.4	8.4	34.1	33.3	71.8
1910	31.9	8.0	—	27.0	61.5
1920	26.7	7.1	28.6	—	55.1
1930	22.5	—	24.5	22.2	50.3

注：＊　包括林業；除德、法兩國外，還包括漁業。

＊＊　此等年份僅準確地適用於美國。對於其他國家，每一年則代表十年時間的間隔，例如 1840 年乃代表 1836—1845 年間的十年。

從表 4-8 我們清楚地看出，過去一百年來，農業工作人口的百分率迅速下降。在這一時期內，美國從一個以農業人口爲主的國家變成一個以工商業人口爲主的國家。法、德兩國也是這樣。英國的這種轉變還遠遠居先於別的國家，它的農業工作人口的百分率在所有各國中是最低的。日本 1868 年纔開始工業化，但直到 20 世紀開始以前，工業化還未大踏步進行。即使晚近到 1930 年，日本的農業工作人口仍爲全國人口之半數。整個說來，19 世紀及 20 世紀，舉世各國農業工作人口百分率的下降已成了一般的共同的趨勢。祇不過下降的比率以及開始下降的時間，各國互有不同，這要看資源、生產技術和制度背景如何而定。

① 多數資料見於 Colin Clark, *Conditions of Economic Progress*, London, 1940。

有些國家,直到現在生產還是以農爲主,其百分率的變化值得特別注意。茲以丹麥和澳大利亞爲例,加以説明。① 兩國農業工作人口的百分率,均逐漸下降,而澳大利亞在這種轉變中顯然先於丹麥。從兩國看,最大的特點是工業工作人口相當穩定。五十多年來,澳大利亞工業人口的百分率僅從百分之二十七增到百分之三十二;二十五年來,丹麥的工業人口百分率僅從百分之二十五增到百分之二十七點五,不過增加全人口的百分之二點五而已。由表4-9還可看出,大多數離開農業的工人,并沒有轉到工業,而是轉到運輸業和商業了。運輸業和商業的功用,對農業經營的重要性,并不下於對工業經營。不過我們要注意澳大利亞和丹麥的特殊情形,那就是:工業人口百分率的相當穩定以及勞動力直接從農業轉向運輸業和商業,祇有在與工業高度發達諸國保持密切的經濟關係時,纔能實現并繼續存在下去。

表4-9　1871—1931年澳、丹工作人口的百分率(%)*

年　份	澳大利亞				丹　麥			
	農業	工業	運輸	商業	農業	工業	運輸	商業
1871	44.2	26.7	3.8	8.2	—	—	—	—
1881	38.5	29.7	4.5	9.3	—	—	—	—
1891	31.1	31.1	6.9	12.3	—	—	—	—
1901	32.8	26.9	7.2	13.1	48.0	24.9	—	—
1911	30.1	28.8	8.2	14.5	43.1	25.0	4.4	10.8
1921	25.7	31.3	9.1	14.4	35.1	27.4	6.0	10.9
1931**	24.4	32.1	8.3	16.7	36.4	27.5	5.9	12.5

注:　*　澳大利亞農業包括礦業;兩國運輸均包括交通。
　　　**　澳大利亞的確切年份是1933,丹麥則爲1930。

---

① 澳大利亞的統計資料,見各年的 *Commonwealth Year book*。丹麥的統計資料,見 Colin Clark, *Conditions of Economic Progress*, p. 196。

農業工作人口百分率的下降，祇有在采用改良了的農業技術時，纔有可能。其所以如此，因爲：第一，在工業化開始的階段，人口的增大不僅表現在絕對數量上，而且也表現在增加比率上。就整個世界言，或就一個與外界無貿易關係的閉關經濟言，我們都知道這時對糧食的需要將要增加，從而對於糧食供給方面所加的壓力也將要開始發生作用。即使假定尚有可耕土地，同時也假定農業人口比例保持不變，但仍要提供加倍的努力纔能增加糧食生產以滿足新的需要，因爲新土地通常較已耕土地爲瘦瘠。第二，若我們保持第一個假定，而取消第二個假定，則所需要的努力將更大。若我們放棄第一個假定，而保留第二個假定，則結果也將是一樣，因爲報酬漸減法則將要發生作用。第三，若我們把兩個假定全取消，就是說，既無新土地可以利用，而農業人口百分率又下降，則所需要的努力，將更加急劇增加。在這種情形下，祇有采用新的農業技術，纔能增加糧食生產，使之足以應付新增的需要。假若將衣着及其他必需品的原料，也包括在內和糧食一并計算，則情形更將如此，尤爲顯然。

不過我們要指明，按照上面的分析，我們從一開頭就假定了一個充分就業的經濟。這樣，農業工作人口的比例，祇有在采用了新的農業技術之後，纔能減低。但是實際上并不總是這樣。在古老的國家裏，當工業化開頭進行時，農業勞動力總有大量剩餘。這種農業勞動力剩餘，可以用來生產糧食和原料以應付新增的需要；而且，也可以直接或間接轉入到工商業的用途上去。因此，在工業化的開始階段，即使不采用新的農業技術，農業工作人口的總數，甚至農業工作人口的比例，仍然可以降低。但是到了工業化的較後階段，剩餘的人口將漸被吸收。這時，就必須采用新的農業技術，而且祇有在這個時候，由於勞動力開始變得稀缺而昂貴，纔能有力地采用新的農業技術。這裏，承認不充分就業存在着的這種修正是非常重要的，我們必須牢記在心。這裏表明有一種"滯後"或"時延"（time-lag），它對於一個尚待工業化的國家制定一種經濟政策，有着決定性的作用。

现在我們來討論以國民收入比例爲尺度來衡量農業地位的問題。我們仍以美國的情形爲例。表 4-10 表示美國自 1799—1937 年農業和製造業在實際收入中所占的百分率。① 顯然,在過去將近一百四十年中,別的活動的百分率保持着相當穩定的狀態,但農業的相對重要性,由它在實際收入中所占的比例看來,已從百分之四十降到百分之十二,降低了三分之二有餘;而製造業的比例却由百分之五增到百分之三十,增加了六倍。其中 1819—1829 的十年和 1879—1889 的十年尤其值得注意。在這兩個十年中,製造業的擴張率比任何時期都大。這也不難理解,因爲第一個十年是"鐵路化"(Railroadization)過程開始的時期,第二個十年則是鋼鐵工業開始擴張的時期。1869 年是美國内戰停止之年,也是美國歷史上最引人注目的經濟轉變過程開始之年,在這一年以後,農業在實際收入中所占的百分率,纔迅速下降。第一次世界大戰曾使這種下降暫時中斷,但自後下降的趨勢又繼續綿延。

表 4-10　美國 1799—1937 年農業及製造業
在實際收入中所占的百分率(%)

年　份	農　業	製造業	其他生產行業
1799	39.5	4.8	55.7
1809	34.0	6.1	59.9
1819	34.4	7.5	58.1

---

① 見 R. F. Martin, *National Income in the United States*, *1799—1938*, Natinal Industrial Conference Board, Washington, D. C., 1939, Table 17。Harold Barger, and H. H. Landsberg, *American Agriculture*, *1899—1939*: *A Study of Output*, *Employment and Productivity*, Chapter 8, Agriculture in the Nation's Economy, 特別是 C. R. Noyes 在 pp. 316-321 所加的附注,有精闢的討論。我們還應該提到,Martin 用以計算百分率的總收入是不包括公司儲蓄和政府生產的收入的,因此表 4-10 農業及製造業的百分率較 Simon Kuznets 所得出者略高,見 Kuznets, *National Income and Its Composition*, *1919—1938*, National Bureau of Economic Research, New York, 1941, Table 2。

續表

年份	農業	製造業	其他生產行業
1829	34.7	10.3	55.0
1839	34.6	10.3	55.1
1849	31.7	12.5	55.8
1859	30.8	12.1	57.1
1869	24.1	15.9	60.0
1879	20.7	14.5	64.8
1889	15.8	21.1	63.1
1899	21.2	19.6	59.2
1909	22.1	20.1	57.8
1919	22.9	25.8	51.3
1929	12.7	26.2	61.1
1937	12.3	30.3	57.4

從比較1830—1930年農業收入在國民收入中所占比例的變動和農業工作人口在全國人口中所占百分率的變動的結果，我們可以清楚地看出，這兩種情形的下降率幾乎相同。就美國言，農業收入所占比例從1829年的百分之三十五降到1929年的百分之十三；農業工作人口所占比例從1830年的百分之七十一降到1930年的百分之二十三；兩者都表示在一百年中降低約三分之二。我們還須注意，在整個這一百年中，農業收入所占百分率與鄉村人口所占百分率之間的比例，幾乎總是保持着同樣。例如，1830年兩者之比是百分之三十五比百分之七十一，1930年兩者之比爲百分之十三比百分之二十三。這種一致，不能純粹看做是偶合。因爲任何一個部門的收入百分率與其工作人數百分率的公正比例應該是一比一，上述情形毫不含糊地顯示出農業勞動者是在一種很不利的情況下生活着的。

由上面的分析，我們可以得到如下的結論：工業化開始以後，農業原來在世界整個經濟中所占的優越地位，就開始讓給了製造業、運輸業和商業。農業不僅失掉了優越地位，而且以工作人口和國民收入所表示的相對重要性也日漸下降。布萊克在比較 1910—1940 年美國净農業收入、勞動收入和資本收入的指數後，得到如下的結論："從這種比較所獲得的一般印象是，就收入而言，農業是在相對地下降。用實物產量來説，農業也是在下降的。這不僅在美國是這樣，而舉世各國當其人民的生活水準上升時也都是如此。當任何國家的人民平均每人生產力增大，從而實際收入也增大時，則該國人民就將把較多的收入用於城市的產品和勞務，而把較少的收入用於食糧和衣着原料。"① 不過，這也并不是説農業的絶對生產量在工業化過程中是減少了。相反，由於現代運輸及有效的銷售機構，由於工業發展所帶來的效益，農業的生產却還在以史無前例的規模不斷擴張。農業在整個經濟中的所謂低落，祇不過是由於它的擴張率，比別的生產部門，尤其是工業部門，較小而已。

---

① John D. Black, *Parity, Parity, Parity*, Cambridge, Mass., 1942, p. 101. Black 在另一處説："在像美國這樣正在增長的經濟裏，農業很少有希望與工業及貿易同速度地擴張。"(p. 108)

第五章　工業化對於農場勞動的影響

本章擬討論工業化對於農場勞動有利還是有害的問題。農場勞動包括直接參加農場工作的勞動者，即所謂狹義的農場勞動，和間接幫助農場業務的勞動者，例如家庭農場中的"外界決定的勞動"（externally conditioned labour）。首先，我們將對有關補償作用的諸學說作一個扼要的考察，以求瞭解采用機器對於勞動是有利還是有害；如果有利，又是怎樣有利，同時有利到什麼程度。其次，我們將決定勞動在全部農業收入中所占的絕對份額（absolute share）和相對份額（relative share）各如何。論及相對份額時，我們將把全部農業收入中的勞動收入，與土地、資本及管理各部分的收入，作一比較。再者，我們對於勞動力從農場轉移到工廠，亦將加以分析。此處所謂勞動力轉移是以發生了技術變動爲前提條件，這與第二章在靜態假定下的討論不同。我們還要指出的是，家庭農場或自耕農場的農民，不僅是勞動者，同時也擔負管理的職責，而且在某種程度內他還擔當企業家的功能。在討論時，我們對於這些不同的功能，將試圖在理論上予以區分。

第一節　關於"補償作用"的諸種學說

技術變動的最重要的形式之一是機器的采用。機器在總的方面對於一般社會的影響和在特殊方面對於勞動者狀況的影響如何，久爲一個爭論的問題。主張影響是有利的，稱爲"補償學說"（theory of compensation），其中多數作家屬於古典學派。本文中"補償作用"一語作廣義的解釋，機器的有利影響或不利影響都包括在內。我們對於"補償作用"，還將從土地、勞動和資本等不同生產要素的角度，加以研究。我們對於勞動這個因素將特別注重，因爲勞動力從鄉村移入城市，或從農業移到工業，乃是工業化過程中最引人注目的一種變動。

早在18世紀下半葉，時值產業革命初期，關於新機器對勞動者的影響已有所思考。19世紀初，討論本問題的兩種趨向已見端倪：一方面是薩伊(J. B. Say)，他第一次提出有系統的樂觀説法；另一方面是勞德代爾爵士(Lord Lauderdale)，他第一次着重提出機器的無限使用是否常有利於勞動人口的問題。① 薩伊認爲機器有利於整個社會和勞動者個人，其立論係根據他的"市場法則"(law of markets)，即生產創造對它自身的需要。機器的采用意味着節省成本和減低價格，價格下降促使對同種工業或新工業的貨物的需要擴大，最終就引起就業的增加。他承認機器排斥了勞動力，但他以爲這種排斥祇是一種暫時的過渡性的害處，即將爲價格下降和生產力提高所帶來的財富增殖和就業增多所糾正和補償。勞德代爾爵士的主要論點是：資本是生產性的，祇有在它可以輔助勞動或做勞動所不能做的工作時，它纔能增添國民財富。因此，一個國家，祇有在資本能代替勞動去生產那些已經有人需要的東西，纔能從更大的資本積累得到好處；超過這個限度，資本積累就無利益可言。他反對通過"節省"(parsimony)而形成資本，因爲節省表示對消費性商品的需要的減少，從而相應地減少了對勞動力的需求。這種論點，部分地構成了現代凱恩斯學説的先導。

這兩種關於機器作用的論點，後來各自更進一步地被加強和發揮。西斯蒙第(Simonde de Sismondi)和李嘉圖(David Ricardo)持批評的觀點，

---

① J. B. Say, *Traite d'économic politique*, 2nd edition (first edition 1803), Paris, 1814; Lord Lauderdale, *An Inquiry into the Nature and Origin of Public Wealth*, 2nd edition (first edition, 1804), Edinburgh, 1819。關於這方面的討論，還可參考 Work Projects Administration, National Research Projects, *Survey of Economic Theory on Technological Change and Employment*, Washington, 1940; and TNEC, *Technology in Our Economy*, Washington, 1941。

麥卡洛克(J. R. McCulloch)則站在樂觀派一邊。西斯蒙第對下列觀點加以攻擊：機器有毫不含糊的利益，被機器代替了的工人可以自動地重新被雇傭。他認爲機器的發明和引用，衹有在先對貨物和勞動力的需要有所增加的前提條件下，纔明確無誤地是有益的；因爲衹有對貨物和勞動力的需要增加了，纔可以使被機器所代替了的勞動力在别的地方獲得雇傭。① 李嘉圖在其《原理》②第三版新加"論機器"一章，其論證與後來他的門人所持無條件的樂觀看法大不相同。他相信"機器對人類勞動的代替常常極有損於勞動階級的利益"；③ 而"勞動階級認爲采用機器常常有損於他們的利益，并非出於偏見和錯誤，而是合乎經濟學的正確原理的"④。然而，李嘉圖的後繼者們并不相信他們的導師對這個問題的説理，而一般都采取樂觀的看法。他們發揮"補償原理"（compensatory principle），認爲一行一業被代替出來的工人會立刻被同一行業或新興行業所吸收。當時對這一學説最有系統的陳述者是麥卡洛克。他放弃了李嘉圖的主要論點，説那完全是假設的。他説："世界的實際情形是，機器的采用絶不是减少而總是增加總生産物。"⑤由於機器的采用，商品價格下降，對於商品的需要增加，於是不得不增加雇用人員以供給這種增加了的需要。如果人們對於這一特定商品的需要是缺乏彈性的，那麽它的價格的下降將减少用在這一商品上面的收入，從而這部分節餘收入，就可用於購買别的商品，或可用於儲蓄以增加資本。總而言之，機器的采用并不减少對勞動力的需要，也不降低工資率。

約翰・穆勒(John Stuart Mill)繼李嘉圖之後，更加充分地重申了古典派的立場，盡管加上了"一些修正"。穆勒强調，工人的生活情况是由一

---

① J. C. L. Simonde de Sismondi, *Nouveaux Principles d'économie Politique*, 2nd edition (first edition, 1819), Paris, 1827。
② David Ricardo, *Principles of Political Economy and Taxation*, 3rd edition (first edition, 1817), London, 1821。
③ David Ricardo, *ibid.*, pp. 468-469。
④ David Ricardo, *ibid.*, p. 474。
⑤ J. R. McCulloch, *Principle of Political Economy*, Edinbury, 1830, p. 199。

國的"總生產物"（gross product）決定的，而流通資本和固定資本對於"總生產物"則有不同的影響。機器和諸種改良是否有損於勞工的利益，須看固定資本的增加是否引起流通資本的減少而定。按照穆勒的看法，這是因爲，最終是消費者，通過對某些產品的需要，決定勞動的投入方向。但是勞動者的就業量又決定於流通資本額，而流通資本是直接用來維持勞動和支付勞動報酬的。①

馬克思在《資本論》中用一大章來討論"機器與現代工業"，尤其着重機器對於工人階級的影響。② 他對於機器的影響的分析，是與他的一般經濟學說密切交織的，即一方面與他的價值理論和剩餘價值形成理論密切相聯，另一方面又與他的一般資本積累法則密切相聯。總之，在他看來，在資本主義制度下，機器對工人的影響并非淵源於機器本身的性質，而是淵源於機器被"資本"利用的方式，即淵源於機器被雇主用來賺取交換價值和剩餘價值。馬克思猛烈地批評補償學說，認爲這是發生於他所謂的"一整群資產階級經濟學家"之手，包括詹姆斯·穆勒（James Mill）、麥卡洛克（J. R. McCulloch）、托倫斯（Robert Torrens）、西尼耳（Nassau W. Senior）和約翰·穆勒（John Stuart Mill）。③ 像前面已經提到的，補償學說是指所有代替了工人的機器，必然同時空出一批資本足以使這些工人再度就業。馬克思認爲這將永遠不會發生，因爲任何時候采用了一種機器，不但不能空出一部分資本，反而凝固了一部分資本使其不能再與勞動力相交換：可變資本（勞動）變成了不變資本（機器）。④ 因此，機器的這種影響不是一種補償，而是"一種最可怕的鞭笞"（a most frightful scourge）。馬克思承認"工業的任何部門所解雇的工人，無疑能在別的部

---

① John Stuart Mill, *Principles of Political Economy*, 1st edition, 1848; new edition as edited by W. J. Ashley, London and New York, 1909。
② Karl Marx, *Das Kapital*, 1st edition of Volume Ⅰ, 1867, English Translation, Chicago, 1909, Chapter 15, Machinery and Modern Industry, pp. 405-556。
③ Karl Marx, *ibid.*, Section 6 in the same Chapter, pp. 478-488。
④ 關於例解，見 Karl Marx, *ibid.*, pp. 478-479。

門找到職業"。但是他強調説:"假若要使他們(工人)找到職業,從而重新建立他們與生活資料之間的約束關係,就必須有新追加的資本從中作爲媒介,而不能由以前雇傭過他們而以後又變成了機器的資本作爲媒介。"①

從19世紀轉到20世紀的時候,經濟學説的新假設、新方法和新概念,結合着杰文斯(W. S. Jevons)、馬歇爾、克拉克(J. B. Clark)、奧地利學派,以及洛桑學派諸家的著述,加上了許多後繼者的發揮,便組成了一個"新古典經濟學"的體系。就技術對於就業的關係而論,新古典學派的代表們在本時期内并没有發現什麽重大的問題。整個説來,他們復歸於薩伊(J. B. Say)和英國古典派的樂觀看法,并且用"經濟均衡"(economic equilibrium)的概念來增强他們的這種觀點。例如,在馬歇爾的《經濟學原理》一書中,就没有失業這個詞,而他對於"不連續的"(discontinuous)就業的論述也很少而且不重要。② 他們一般的認識是,一切生産要素固然彼此有一定程度的競争性,但主要是相互補充的(Complementary),并且相互構成就業的場所。因此,新古典派的學説乃是建立在一種静態均衡的概念上,技術的變動在一個静態假設的經濟體系裏顯然是没有地位的。

與均衡概念和静態分析的精心描繪相對照的,是動態分析在發展過程中,以及討論經濟周期變動和危機的諸種學説在發展過程中,所采取的決定性的前進步伐。歐洲的亞佛達理翁(Albert Aftalion)、杜岡·巴拉諾夫斯基(Mikhail I. Tugan-Baranovsky)、列居爾(Jean Lescure)、施比脱夫(Arthur Spiethoff)和美國的米切爾(Wesley C. Mitchell),都是開路先驅。與此同時,另外一派思想也在形成,它對新古典學派有嚴厲的批評,

---

① Karl Marx, *ibid.*, p. 481。

中譯本加注:這裏所引用的馬克思關於在資本主義制度下應用機器對無産階級命運的影響的論述,祗是針對"補償學説"的一部分,而對於更加重要的産業後備軍和無産階級貧困化的理論則未涉及,希讀者注意。

② 馬歇爾在一個地方談到現代工業中"就業的中斷"(inconstancy of employ-ment),并且説:"有幾個原因匯合起來使它所顯示出來的程度,要比實際上大一些。"見 Alfred Marshall, *Principles of Economics*, 8th edition, London, 1936, p. 687。

对经济学说和政策发生了很大的影响。英国的霍布森（John A. Hobson）和美国的凡勃仑（Thorstein Veblen）或许是其中最重要的代表人物。霍布森特别着重因机器而引起的劳动力配置的转换，以及机器因刺激过度储蓄或加剧消费不足而给予工业萧条的影响。凡勃仑曾以精练的表述提出下列见解：技术的进步必然加剧"机器生产过程"（machine process）与"工商企业"（business enterprises）之间的矛盾，并且使后者与资本的储备、经济资源的充分利用，以及社会和经济价值的发展等要求，发生更加激烈的冲突。① 这两个作者可说是重新解释了西斯蒙第（Simonde de Sismondi）等人在这方面的学说。

我们已经简要地阐述了各种有关补偿作用的学说的发展。我们不难看出，在采用机器的问题上，拥护与批评两派都是各自坚持己见。批评论者，从劳德代尔爵士（Lord Lauderdale）和李嘉图，直到霍布森和凡勃仑，都比较着重短期作用，并且更多地注意采用机器和以机器代替工人的个别生产单位或个别行业。另一方面，以萨伊为首的并包括大多数英国学者的拥护派，则比较着重长期作用，并且假定没有"摩擦"失业（"frictional" unemployment）存在。

我们若采取比较客观而更加广泛的考察，就会相信，要对机器的影响作任何简单的说明乃是不可能的。机器的影响是有利还是有害，首先要看社会制度以及引用机器的目的如何。对于这一点，我们暂且不深予讨论。如果是在私人企业制度下，那就要看我们所考虑的是长期影响还是短期影响。从短期来观察，本质上是节省劳动的新机器或新生产过程的采用，无疑地要从该生产单位或该工业逐出一些工人。这些被逐出的工人要重新就业，须旷日持久的等待，并饱经辛酸。从长期来观察，因为技术的改良将提高生产效能，增加国民收入，不久也就会创造出新的就业机会，理论上被逐出的工人将会被再次雇用。就这点来说，短期观点系从个别生产单位或行业来研究这个问题，而长期观点则系从整个经

---

① TNEC, *Technology in Our Economy*, Washington, 1941, p. 36。

濟社會來考察這個問題。其次，機器的影響如何，要看不同行業的不同商品的需要彈性如何而定。被逐出的工人數額與需要彈性作相反方向的變動。換言之，一種商品的需要彈性是等於、大於或小於一，將決定該商品價格下降的程度，該行業的市場需要及生產擴張的範圍，以及由此而發生的可以由該行業重新雇用或可以在他處找到職業的工人的數目。這裏我們要指出的是，道格拉斯（Paul H. Douglas）是少數作家中最先對於這方面作過有系統的分析的一人，關於他的分析，後面還要談到。第三，我們必須承認，任何時候采用了新機器或新方法，某種方式的調整就必定發生。在調整的過程中，除非是良好的計劃經濟，否則必然伴隨着某種程度的"滯後"（lag）和"失序"（disorder）。這就是說，有些因素將要暫時閑置，或者永遠抛弃於生產組織之外。如果這個生產要素碰上的是勞動力，正像我們現在的討論所設想的情形，則所謂"摩擦"失業就必然發生。在一個所謂自由和競爭的社會裏，這種"滯後"、"失調"或"摩擦失業"被認爲是社會經濟進步所必須付出的代價。按照這種哲學，這種有害的影響倒是很合理的。但是在今天，鑒於近來的研究所揭露的一系列事實，經濟學家大都承認，技術變動所必然引起的勞動力和資本的轉移，可能對工人帶來嚴重的損害；如果讓各個工人遭受絕非由於他們自己的過錯而發生的困苦，實在是不公正的。所以，政府必須采取行動來防止、緩和或解救此種苦難。

　　第一次世界大戰結束後，注意力先是集中於20年代後期的繁榮和"技術上的失業"（technological unemployment），後來又集中於30年代初期的蕭條和大量失業。在對於這一問題曾作過系統分析的一些作家中，道格拉斯特別值得一提。① 根據他的研究，工人從原來的行業轉到其他

---

① Paul H. Douglas, "Technological Unemployment", *American Federationalist*, Volume 37, No. 8, August 1930, pp. 923-950。其他有關本問題的著作有：W. I. King, "The Relative Volume of Technological Unemployment", *Proceedings of American Statistical Association*, 1933; Harry Jerome, *Mechanization in Industry*, National Bureau of Economic Research, New York, 1934。另外一重要著作是 Sir William H. Beveridge, *Unemployment: A Problem of Industry*, New edition, London, 1930。

行業的數目,與下列諸因素成相反方向的變動:需要彈性,勞動在最終生產中的重要性,競爭的程度,以及主要由技術變動所影響的操作的相對重要性,等等。換言之,由技術變動所引起的工人從原業轉到他業的數目,因下列情形而增大:

① 當一商品的單位價格下降,對該商品的需要量增加較少時(即需要彈性較小);

② 總支出中勞動成本所占的比例較小時;

③ 成本減低使價格下降的程度較小時;

④ 在整個行業中這種操作的重要性較小時。

就長期言,同時也根據此種分析,改良的機器以及較高效率的管理并不一定永遠使工人失業,也不一定產生永遠的"技術失業"。相反,它們將可能提高國民收入,并使一般所得水準和個人收入上升。但在短期內,這種技術的改良必然引起再調整(readjust-ment),而這却要花費相當時間,甚且要引起臨時的失業。

近年來,常常問到這個問題:經濟進步使勞動在國民收入中所獲得的比例一般是增高了還是降低了?希克斯建立了一種答復這個問題的學說。① 根據他的研究,技術的變動影響某一個給定的生產要素和其他生產要素所獲得的收入,有下列幾種方式:

① 任何一種生產要素,如果對它的需要彈性大於一,則該要素的供給增加時,將增加其所獲得的絕對份額(即實際收入)。

② 任何一種生產要素的供給增加,經常會增加所有其他要素合計起來的絕對份額。

③ 任何一種生產要素的"替代彈性"若大於一,則該要素的供給增加,將增加其相對份額(即在國民收入中所占的比例)。

最後的結果如何,須看這種要素的邊際生產力受到怎樣的影響而定。

---

① J. R. Hicks, *Theory of Wages*, London, 1935, Chapter 6, Distribution and Economic Progress, especially pp. 113-125。

爲簡便計，希克斯假定祇用勞動和資本兩種要素來生產某種商品。爲此，影響總生產物歸於這兩種要素的絕對份額及相對份額的技術改良，可以劃分爲節省勞動的，節省資本的，或中性的。節省勞動的發明對資本的邊際生產物的增加，大於對勞動的邊際生產物的增加。反之，節省資本的發明對資本的邊際生產物的增加，則小於對勞動的邊際生產物的增加。中性的發明則表示兩種要素的邊際生產力以同一比例增加。

不過，我們要注意，希克斯的分析係基於兩個假定：一個是在任何情形下，經濟制度皆處於均衡狀態；另一個是他完全忽略了收益漸增的可能性。這兩個假定大大限制了他的學說對工業化這一類進化過程的適用性。但是他的一般原理仍是有效的；而且，假若能爲實際經驗所證實，這些原理還可用來指示由於技術變動的結果，勞動或其他生產要素的相對重要性發生變化的方向。

上面的討論，可以同樣應用於工業生產部門和農業生產部門。祇是在農業方面，作爲生產要素的土地必須考慮進去，并且要予以特別重視。

第二節　勞動在農業收入中所得的份額

第四章曾說明，當工業化發生顯著的作用後，農業在世界整個經濟中的相對重要性就有日漸下降的趨勢。在這種相對地位日趨下降的農業中，勞動的絕對份額和相對份額，受到技術變動的影響如何，將是本節擬加討論的問題。根據希克斯等人的理論分析（這些我們曾在上書中扼要批評過），在閉關經濟裏，一種生產要素的量的增加，總會增加屬於該要素所得的絕對份額，祇要對於該要素的需要彈性大於一；并且也總會增加所有其他生產要素合計起來的絕對份額。至於該要素的相對份額是否增加，則須看它的替代彈性是否大於一，換言之，須看別的要素的供給的性質如何。在農業中，生產要素可以分爲土地、勞動、資本和管理。在理論上，管理是一個獨立的生產要素，應該與其他生產要素分開讨论。但实际上，管理往往与劳动或资本融会贯通，因而无法予以清楚划分。所以，我们的讨论将仅限於劳动、资本和土地三种要素。

要准确地测量农业的工资收入，不用说是很困难的。农业的全部劳动工资由两部分组成：一部分是付给雇佣劳动的工资；一部分是家庭成员和经营者的劳动的估计价值。要估计家庭成员劳动和经营者劳动的工资价值，哪怕只要求相当的准确性，也是几乎不可能的。即使对农场雇佣劳动工资的衡量，也不是一件像工业工资那样简单的工作。这是因为农业工资通常包括膳宿在内，而它们的价值是不容易估计准确的。估量资本的价值和土地的价值也要遭遇到一些困难。

农业劳动所得的绝对份额，可以用全部工资收入来代表。我们再以美国作例子来加以说明。这里我们采取一种权宜的办法：在一段时期内，若农场劳动者的绝对数目保持不变，则每月农业工资率的趋势可以作为农业劳动绝对份额的趋势的指标。自1880年到1940年，美国总人口增加百分之二百八十，以指数计，即自100增至280。同期内农场劳动者在总人口中的百分率从百分之五十降至百分之二十。略加计算，就可推知农场劳动者的实际数目，从1880年到1940年几乎相同。把这些记在心里，我们就可以知道表5-1①所表示的过去几十年中农业工资率的变动如何。

表 5-1 美国农场工资率指数（1910—1914 年 = 100）

年　份	比　率	年　份	比　率
1910	97	1926	179
1911	98	1930	167
1915	103	1931	130
1916	113	1935	103
1920	242	1936	111
1921	155	1940	126
1925	176	1941	154

① 根据美国农业部，*Agricultural Outlook Charts*, 1944, p. 7。

農場工資率的趨勢，無疑是在逐漸地、輕微地增加。但是這種趨勢不太明顯，因爲就過去三十年說來，周期變動過於猛烈，以致將這種趨勢掩蓋了。其所包括的時期也太短促，不能配合成一種長期趨勢。不過我們至少可以說，在 20 世紀前半葉，農業勞動的絕對份額并沒有顯出下降的情形，很可能還略有增高。這與希克斯的第二命題大致相符合，該命題謂：一個生產要素（資本）量的增加常常會增加所有其他要素（勞動和土地）合計的絕對份額。但是這一命題祇適用於靜態情形。在技術變動的情形下，勞動及土地的絕對份額是否增加，仍然是一個有爭論的問題。有一位作家認爲，技術變動的全部結果表現在土地和勞動所得的份額低於資本。① 其理由有如下述：增加土地物質生產力的諸種改良所引起的效果，大部分要看需求彈性而定，而且隨著商品之不同而各異其趣。過去測量需求彈性的一些嘗試，指明了在農業中由缺乏彈性或彈性小的需要占據優勢；這一事實暗示著每畝產量增大後的全部效果，是降低絕對貨幣地租，從而降低土地所得的相對份額。② 鑒於土地和勞動的需求彈性很低，它們的絕對份額很有可能未曾增加，或者增加極爲微小。

在工業化過程中，勞動在農業收入中的相對份額是否增加了，這一問題更饒興趣。這將說明，作爲主要生產要素的勞動，是否得到了其他主要生產要素所得到的同樣收入。根據農業統計和美國普查（Agricultural Statistics and the United States Census）的資料，赫迪（Earl O. Heady）對農業總收入中土地、勞動、資本和管理的相對份額，作了一個估計（見表 5-2），這可說是第一次嘗試。雖然存在很多統計上的缺點，但是他的估計數字仍然值得引用，因爲它們提供了一些概括性的和明白無誤的啓示。③

---

① Earl O. Heady, "Changes in Income Distribution in Agriculture with Special Reference to Technological Progress", *Journal of Farm Economics*, August 1944, pp. 435-447。
② Earl O. Heady, *ibid.*, p. 445。
③ Earl O. Heady, *ibid.*, p. 440, Table 2。關於計算的方法，可參看 pp. 440-441 的解釋。

表 5-2　美國農業總收入劃歸勞動、土地、資本
及管理的相對份額估計

時　　期	勞　動	土　地	資本及管理	總　　額
1910—1914	53.4	30.3	16.4	100.0
1924—1928	47.4	30.2	22.4	100.0
1936—1940	41.8	26.9	31.3	100.0

在上面的估計裏，第一次世界大戰和大戰後緊接的期間，以及經濟大蕭條期間，情形特殊，都未列入。所以，這些數字很能代表工業化過程中的正常情形。在過去三十年中，勞動的相對份額從百分之五十三下降到百分之四十二。鑒於土地份額的相對固定不變，顯然這種下降差不多完全是由於資本及管理的相對份額的相應增高，從百分之十六增到百分之三十一，所造成的。資本和管理的增加率又遠遠大於勞動的下降率。

勞動與資本相對重要性的這種變動，完全與工業化的一般趨勢相符合，因爲就我們在第三章中所討論的，工業化可以解釋爲一種"資本化"的過程。工業化是生產中資本使用的"寬化"和"深化"的過程。這如同用於工業一樣，也可以適用於農業。在農業中，土地顯然占據一個異常重要的地位，這是值得特別注意的。我們曾一再指出，農業的改良可以分爲提高土地物質生產力的改良，提高勞動物質生產力的改良，以及提高兩者的改良三類。第一類改良可以用化學肥料的使用及現代耕犁的應用作爲代表，這些都會增加土地的肥性。在這種情形下，諸種投資改良是在土地中被融化了。就長期說，這類改良和土地融合爲一體，無法分開來單獨當作資本處理。正是在這個意義上，由於采用了改良，纔使土地在農業總收入中保持着固定的份額；否則土地的份額是會大大地下降的。

理論上，增加每畝土地生產量的這種技術進步，究竟是增加抑或減少絕對地租，須看對該土地的產品的需要有無彈性或彈性的大小如

何而定。若需要沒有彈性或彈性很小,結果將是貨幣地租下降,從而土地所得的相對份額也將較小。若需要有彈性或彈性較大,這種改良的結果通常是絕對地租將增大,但歸於土地的相對份額則可大可小。相對份額的最後結果,須看土地邊際生產品的增加,是否大於和土地合并使用的其他要素。但實際上,各種生產要素的邊際生產品是無法分開的。

勞動的相對份額的繼續下降,是工業化過程中各種基本特徵之一。雖然根據我們的概念,"工業化"一詞包含着較廣的含義和範圍,但一般都認為,所謂工業化就正是用資本(機器)來代替勞動。這種代替的發生,主要是通過希克斯所提到的節省勞動的各種發明。有時因為新發明或利率降低,使資本的邊際生產力、邊際成本比例變得更加有利,亦可使資本代替勞動。① 由於勞動的供給有不連續的性質,上表的數字可能還低估了農業中勞動重要性下降的情形。有些家庭勞動就常常包括在這個範圍內。家庭勞動不僅供給彈性較低,而且邊際生產品的價值也很小。這就主要說明了勞動在農業收入中的絕對份額和相對份額何以都在下降。甚至在勞動力缺乏的情形下(例如18、19世紀的美國),或無剩餘勞動力存在的農村社會中(例如在產業革命前後農業改革的幾個時期中的英國),勞動的絕對份額雖然在上升,但其相對份額仍是趨於下降。在各類生產要素的組合中,資本相對重要性的不斷增大,係形成現代經濟特色的普遍現象;同樣,勞動相對重要性的日益降低亦然。這在任何現代生產部門都是如此。

但無論是勞動絕對份額的下降或相對份額的下降,都并不是表示農業勞動者沒有從工業化和農業的機械化中得到一些益處。雖然農業勞動者,尤其是自耕農民,在這種過程中必然遭受很多困難和痛苦,但總的說來,他們還是得到益處的。他們的獲益,首先可以用貨幣收入作為單位來加以說明。統計數字告訴我們,英國農業工資從 1880 年到 1914 年

---

① Earl O. Heady, *ibid.*, p. 442。

增加了百分之二十二，雖然這種增加，比起同期內總平均工資增加百分之三十八，要小一些。① 在美國，每個農場工人的淨收入從 1910—1914 年的 375 美元增加到 1935—1939 年的 500 美元②，儘管事實上，其受周期變動的影響，較之城市勞動收入所受的影響，還要嚴重。農場工人也因機器的採用而得到一些好處，因爲機器減輕了農業工作的負擔。這種好處是來自農場工作的性質發生了變化，但因爲它不能用貨幣單位來計算，就往往被經濟學家所忽略了。在這方面，我們還常常遇到這樣一個問題：動力機的使用對於農場工作日的長短究竟影響如何？考察的結果告訴我們，動力機的使用，在忙季并未能縮短工作時間，有時甚至還要增加每天的工作時間。③

一般我們可以這樣說，在資本主義社會，爲了使農業機械化能夠有效地完成，勞動所得的絕對份額和相對份額的降低，不僅在技術上是必要的，而且在經濟上也是必要的。因爲祇有在資本的邊際生產物比別的生產要素增加得較多時，纔能夠有利而又有效地引進資本。也祇有在這種情況下，農業生產的結構纔能得到重新組織。資本（尤其是機器形式的資本）一經投放或設置，就有一種推動力量使之不斷作進一步的擴張。這種自動引發的力量，一部分是潛伏在現代生產的技術結構中，一部分是潛伏在資本主義經濟制度內。即使在社會主義或集體主義的社會裏，由於技術上的原因，這種趨勢仍然存在。同時由於生產結構上的差別，工業上的這種趨勢，要遠遠強於農業。資本的較大份額，并不一定有必要總是歸屬於資本家。誠如許多社會主義者所常常論證了的，因爲最後分析起來，資本是過去應歸屬於勞動的份額的累積，所以從資本得到的

---

① A. L. Bowley, *Wages and Income in the United Kingdom Since* 1860, Cambridge University Press, 1937, Tables 1 and 2, p. 6 and p. 8。
② John D. Black, *Parity, Parity, Parity*, Cambridge, Massachusetts, 1942, p. 93。
③ 在美國大多數區域，農民和他們的雇工用拖拉機時比祇用馬匹時在農場上每個耕作日要多做 0.2 到 0.3 小時的工作。見 WPA－N. R. P. Report No. A—11, *Changes in Farm Power and Equipment: Field Implements*, by Eugene G. McKibben and Others, Washington 1939, Table A—12。

報酬也應該歸屬於勞動者。這個問題將使我們進入到有關所有權和分配制度的爭論，那就超出了本文的範圍。現在我們祇要強調一點：從生產的觀點來說，勞動的份額必定下降。如何使這種下降對一個自由企業社會裏的勞動者爲害較少，或者如何使資本的報酬在一種集體主義制度下爲全體勞動者所分享，乃是經濟政策的大問題，我們無法在這裏進行討論。

第三節　勞動力從農場到工廠的轉移

在上兩節，我們從理論以及歷史的發展兩方面，討論了工業化對一般勞動及農業勞動的影響。但是農業勞動力并不老是停留在農場上，有一部分是要轉移到工廠從事工業生產的。這種移動是工業化的諸種特徵之一。在上章"農業在整個經濟中的地位"一節裏，我們已經說明了自從引進工業化以後，農業工作人口占整個工作人口的比率，就一直在往下降。本節擬先對勞動力從農業這一行業轉到工業這一行業以及從甲區轉到乙區的移動，作一理論上的探討；然後再從歷史的發展和統計的資料方面，來看看這種轉移在實際上是如何進行的。

一、關於行業間及區域間勞動力轉移的學說

從生產某種商品的一個"行業"（an "industry"）看來，對於一種生產要素所須支付的最低費用，不是使該種要素能夠存在的費用，而是使該種要素被用於該"行業"而不用於其他行業的費用。① 所以，就任何一個"行業"看來，一種要素的任何一單位的成本，是決定於該單位在別的行業所能獲得的報酬。一個工人，一個企業家或者一畝土地，若在某種用

---

① 見 H. D. Henderson, *Supply and Demand*, New York, 1922, pp. 94-97; and G. F. Shove, "Varying Costs and Marginal Net Products", *Economic Journal*, June 1928, p. 259。

途上獲得的報酬較別處爲高，那麽它就會從別處轉移到這一用途來，當然要計算幷除掉因這種轉移而發生的各種困難和阻礙。因此，我們研究某一生産要素對任何一個行業的供給時，我們幷不要考慮該要素的全部供給，而是要考慮到爲了吸引該要素從別的用途轉移到這種行業所必需的報酬水準。①

在某種行業內保持一定單位的某種生産要素所必需的價格，可以稱爲它的"轉移報酬"（transfer earnings）或"轉移價格"（transfer price）；② 因爲對它的支付額若低於這個價格，就會使它轉移到別處去（除去一定數量的阻礙）。一種生産要素的任何一個單位，若在它被雇傭的行業裏所得到的報酬或收益，恰够使它不致轉移他處，則此一單位可以稱爲"處於轉移邊際"（at the margin of transference）或稱爲"邊際單位"（marginal unit）。③ 留在這個行業但得到比它實際所得到的還要小的報酬額的單位，可以稱爲"邊際內的單位"（intra-marginal unit）。在農業中，生産要素的很多單位都是屬於這一類的，最顯著的例子便是流行於農村社會的由外界條件決定的勞動力。

現在我們把工業與農業當成兩個"行業"——實際上是兩組"行業"。從理論上說，一定會有兩個"轉移價格"分別存在於農業及工業之中。在工業化剛開始的社會裏，勞動力的轉移通常都是采取從農場到工廠的方向。但現在我們衹討論農業方面的"轉移價格"。在工業化的初期，農業勞動力有大量剩餘，使得農業勞動力的"轉移價格"低到保留勞動力在農場上已無多大意義。所以，從農場吸引勞動力到工廠的有效力量，幾乎完全是在工業對勞動力的需要方面。在自由競爭的社會裏以及在一定的技術情况下，獲得正常利潤的工業的勞動需要曲綫，是由平均净生産力

---

① Joan Robinson, *Economics of Imperfect Competition*, p. 104。
② Joan Robinson, *Economics of Imperfect Competition*, p. 104。
③ H. D. Handerson, *Supply and Demand*, p. 96。

曲綫給定的。① 在我們實際生活中的流行不完整競爭的社會裏，從各個雇主看起來，工資絕不等於邊際物質生產品的價值。② 祇要不能自由進入行業的情形仍然存在，對於各個雇主來說，勞動力的邊際净生產力就絕不等於平均净生產力；但在自由競爭的情況下，則它對於個別雇主和對於整個行業都是一樣的。無論在何種情況下，我們可以無疑地得到下面的結論：在以工業化爲特徵的擴張經濟中，工業對勞動力的需求將要增加。由於技術變動而產生的新興工業更將提高對勞動力的需求。

勞動力從農場被吸收到工廠去的多少，須看農業與工業相對的勞動力需求彈性如何而定。在擴張經濟中，假定已知對某一行業生產品的需要及其生產的技術系數，則對此一行業的勞動力需求彈性愈大，那麼由其他行業吸收的勞動者數量也就愈大。根據馬歇爾對"聯合需求"（joint demand）的分析，對於一種生產要素的需求有四條命題，并曾用對泥水匠勞動力的需求作例子加以說明。③ 第一條命題是，對商品的需求彈性愈小，對勞動力的需求彈性也就愈小。工資以一定比例的下降將使總成本作較小比例的下降，所以工資的一定比例的下降引起就業量的增加，要比商品價格同比例的下降所引起的就業量的增加爲小。同樣，對磚的

---

① 見 Joan Robinson, *Economics of Imperfect Competition*, Chapter 22, The Demand Curve for Labour of an Industry, pp. 253-264。

② 按照羅賓遜夫人（Joan Robinson）的見解，"買方壟斷組織所給予的就業量，將祇限於當全體的勞動力邊際成本等於各個組織的勞動力需要價格時的就業量。工資雖等於勞動力的供給價格，但在每種情形下，却都小於勞動力邊際生產物的價值。因而剝削就此發生。" 見 Joan Robinson, ibid., pp. 294-295。

但是按照張伯倫（Edward Chamberlin）的見解，在壟斷競爭下，不僅工資小於勞動力邊際生產物的價值，其他生產要素的報酬也小於它們本身的邊際生產物的價值。若根據羅賓遜夫人所采用的庇古的定義說勞動被剝削了，那麼所有的生產要素都必然地也被剝削了。見 Edward Chamberlin, *Theory of Monopolistic Competition*, pp. 181-184。

③ 見 Alfred Marshall, *Principles of Economics*, 8th edition, 1920, pp. 382-387。關於這四條命題的較詳細的討論，可參看 Joan Robinson, *Economics of Imperfect Competition*, pp. 257-262。

需求比對房子的需求更少彈性。第二條命題是，很清楚，對勞動力的需求，在它有代替可能時比無代替可能時，較有彈性。第三條命題是，總成本中勞動力所占的比例愈小，對勞動力的需求愈少彈性。在這裏我們又可以說，在這種場合，比起各種生產要素的比例不能變動時，對勞動力的需求就趨向於大些。① 第四條命題是，資本等其他生產要素的供給彈性愈小，對勞動力的需求彈性也就愈小。也可以說，勞動的替代彈性愈大，對勞動力的需求彈性也就愈大。②

由上面四條命題，我們可以清楚地知道，在擴張經濟中，工業中對勞動力的需求彈性，總的來說要大於農業，即使給定了將來的技術情況時也是這樣。其所以如此，有下述原因：第一，對工業品的需求彈性，一般都遠遠大於對以糧食為主的農產品的需求彈性。第二，工業中取得代替品要比農業便當一些。第三，鑒於事實上在工業中勞動成本占總成本的比例通常小於農業，為此我們可以說，從這方面看，對工業的勞動力需求是較少彈性的。但是我們也知道，生產要素的組合比例在工業中比在農業中要容易變動一些，因為在農業中土地扮演着主要的，并且具有剛性的生產要素角色。這將在不同的程度上，抵消上面所提到的那種因素的影響。第四，其他生產要素的供給，在工業中一般比在農業中具有較大的彈性；尤其是如同我們剛纔所指出的，因為土地是農業生產中的一種極為重要而具有剛性的生產要素。

以上的討論，均假定沒有"大規模經濟"（economies of large scale）存在。為着使分析工具合乎我們的進化體系，大規模的經濟是必須和生產技術的變動一并引入的。我們在這裏就面臨着幾乎無法克服的困難。有些作家主張，任何方式的經濟，無論簡繁，都可能用下降的資本供給曲綫來代表。因此每種方式的經濟都能簡化成最簡單的方式來處理，如同

---

① Joan Robinson, *ibid.*, p. 256, p. 257, pp. 262-263。
② Joan Robinson, *ibid.*, p. 257。

羅賓遜夫人所例舉說明的①，在工業擴張時，有些機器的價格就變得較為低廉。因此，大規模的經濟將使對勞動力的需求曲綫較具彈性的命題是完全可以普遍應用的。我們在上面已經說過，當各個生產要素不能相互代替時，對勞動力的需求彈性必定小於對商品的需求彈性，除非除勞動力以外，沒有雇用其他生產要素。於是我們可以明瞭，工業中若有大規模的經濟存在，則對勞動力的需求彈性就可能和對商品的需求彈性同樣大，甚至還要大些，即使沒有代替可能性存在也是這樣。如果引入了技術變動，新的產品就會產生出來，同時新的行業也會相應建立，因此對工業中的勞動力需求彈性更加可能地要趨向大於農業。在像工業化這樣的擴張過程中，將會有使勞動力從農場轉移到工廠的深遠影響。但是我們必須認識到，對工業的勞動力需求彈性大於農業，并不就表示在工業內部，勞動對資本的替代彈性大於資本對勞動的替代彈性。後者是一個不同的問題。我們還要注意，實際上工業中的勞動組織，例如工會，使得工資率和就業都較具剛性。這自然抵消了對工業中勞動力的需求彈性永遠大於農業的這種趨勢。

從農場到工廠的勞動力轉移，可以看作是兩個區域間生產要素的移動。理論上，一種生產要素在國際的移動，可以認為與該要素在一國內部區域之間的移動，基本上并無不同。但是實際上，國與國之間在制度上的障礙，比同一國內部區域之間的障礙，遠為巨大而複雜，因此需要清楚劃分和分別討論。不過這并不是說分析它們的方法是完全不同的。而且相反，正如布萊克所說的，通常國際貿易理論所表示出來的那套分析方法的大部分，對於一國區域間的貿易問題，往往可以同樣應用。②

直到近幾十年來，作家們纔開始把生產要素的移動，當作那種祇包

---

① Joan Robinson, *ibid.*, pp. 262-263。
② John D. Black, *Interregional Analysis with Particular Reference to Agriculture*, in *Explorations in Economics*, New York and London, 1936, p. 200。

括商品移動的貿易的另一方法。傳統的貿易理論幾乎完全忽略了勞動力和資本的國際移動,但又假定這些要素在國內有完全的移動性。這兩種假定都是與事實不符合的。① 盡管生產要素移動和商品移動是可以互相代用的,但它們之間的區別依然存在,而且必須清楚地予以認識。使工人克服移動障礙的刺激,主要是獲得較高工資的願望。但是足以引起勞動力轉移的價格差別,并不足以造成更加大量的轉移。因此,假若障礙的高低是用克服它們所必需的刺激來衡量,顯然不同的工人就會遇着高度不同的障礙。就這方面説,這種障礙與商品移動所遭遇到的障礙則不相同,因爲商品移動的障礙主要是運輸的困難和關稅,從經濟的觀點來看,這些祇是表現爲轉移成本。② 區域之間或國家之間的商品交換,不論是否伴隨生產要素的移動,均可存在。理論上,區域之間即使沒有商品交換存在,仍可以有生產要素的移動發生。但在實際上,這多半是不大可能的。爲着各種實際的目的,我們完全可以假定,僅僅是商品也好,或商品和生產要素兩者一起也好,均可在各個區域之間移動。而且我們還要記住,商品與生產要素之間的區分實際上并不是一刀兩斷的。以言資本,更是如此。討論勞動時,倒還不會遇到這種困難。

但從農場到工廠的勞動力轉移,不能與生產要素在區域之間的移動等同視之,從而不能用靜態的區域分析方法簡單加以處理。從農場到工廠的勞動力轉移包含着生產技術變動,這是正統的國際貿易理論和區間貿易理論所假定不存在的。正因爲它包含着生產技術變化,所以勞動邊際生產品的價值總在變動,從而在農場與工廠之間實在無法比較。但爲了本題的研究,我們祇能采取下述辦法:要麼假定已知生產技術的未來情形,然後應用區域分析方法進行研究;要麼使用靜態的區域分析方法,

---

① 見 John H. Williams, "The Theory of International Trade Reconsidered", *Economic Journal*, June, 1929。
② Bertril Ohlin, *Interregional and International Trade*, Harvard University Press, Cambridge, 1935, p. 168。詳細而有趣的評論,可參看 Chapter 9, Interregional Factor Movements and Their Relation to Commodity Movements, pp. 167-182。

僅僅爲了布置討論場面。

二、機器代替農場勞動力

農業的機械化，如一些國家的經驗所表現出來的，減輕了農場工作的負擔；在有些情況下還縮短了每天的工作時間。但更重要的是它以不同的程度，利用各種農作方式（types of farming），代替了農場勞動力。這種代替是與農場工人關係極大的。代替可能是"絕對的"，即任何工作部門的勞動力都減少了；也可能僅僅是"相對的"，即農業所雇工人數目的增加率降到低於工業及其他生產部門所雇工人數目的增加率。①

農場勞動力的絕對代替，最好用農業從業絕對人數的下降來表示。美國的新英格蘭（New England）區提供了關於這方面的一個好例子。1880年，十歲以上從事農業的人口爲304 679；1890年爲304 448；1900年僅爲287 829。② 這種下降并不是由於這些區域的農業衰落，因爲1900年農產品的數量遠遠大於1880年。無疑的這主要是由於機器的采用，如同農具及農業機器價值估量的報告所指明的：1880年，每英畝改良土地的農具及農業機器的價值爲1.68美元，1900年增到4.49美元。③ 但在美國的其他區域，却沒有顯出絕對代替，相反，從1880年到1900年的十年内，農場工人的絕對數反而有所增加，這個時期代表着農場機械化的一個最高階段。例如在美國生產穀物的主要七州，即所謂中西部（middle west），農業工人數目1880年爲352 565；1890年有輕微增加，爲359 894；但1900年則大大增加到612 418。④ 美國的農業勞動者總數，從1870年到1910年每年都有增加，自後則逐年下降。我們可以説，祇

---

① 關於農場勞動力爲機器所代替的詳細討論，見 H. W. Quaintance, *The Influence of Farm Machinery on Production and Labour*, Part Ⅲ, pp. 30-42, New York, 1904。事實上，這本書是對本問題第一個有系統的分析。
② 見美國 *Census*, Eleventh and Twelfth, on *Agriculture*。
③ 見美國 *Twelfth Census*: *Agriculture* Ⅰ, p. 698。
④ 見美國第十一次及第十二次普查，農業部分。

有在 1910 年以後，美國就全國而言，農業勞動者的絕對代替纔開始發生。這在表 5-3 中表現得很清楚。① 因此在一個經濟社會中，絕對代替是否發生，要由很多因素來決定。其中如果已經知道技術狀況，那麼剩餘的農業勞動力累積到了何種程度，就是最重要的一個因素了。絕對代替，不用多說，尤其是隨技術的變動而不斷變動。城市裏的工業及其他行業的吸引力，在決定農場中絕對代替的產生及其程度上，通常比農場技術的引入這個因素，還要有更大的力量。因為，如果沒有其他部門的吸引力，農場工人即使在采用了機器以後，仍必須以"半就業"（underemployment）狀態停留在農場上。對於家庭勞動來說，尤其是這樣；至於雇傭勞動則可以部分地解雇，因而比較容易地被他業所吸收。

表 5-3　美國農場勞動力的變動

年　份	人　數*	指　數	變動百分率(%)**
1870	6 849 772	100	—
1880	8 584 810	125	25
1890	9 938 373	145	16
1900	10 911 998	159	10
1910	11 591 767	169	6
1920	11 448 770	167	−1
1930	10 471 998	153	−9
1940	9 162 574	134	−13

注：　* 　包括十歲及十歲以上的人。

　　　** 係與前十年的人數相比較而算出的。

勞動力的絕對代替，也因農作方式的不同而有區別。雖然在長期裏，農業各部門的剩餘勞動量，會趨於相等，但是新技術的采用，則因農作方

---

① 取自美國第十六次普查，見 U. S. Bureau of the Census, *Population*, Series p. 9, No. 11, December 1944。

式的不同，不論在種類或程度上，都有很大的差別。因之被代替的勞動數量，亦有不同。這裏我們再以美國的情形爲例。根據估計，過去三十年來三種主要農作方式每年平均所需勞動量的變動，有如表5-4所示①。

表5-4　美國各種農作方式每年平均所需勞動量（單位：百萬小時）

年　份	主要作物*	蔬菜**	畜牧***	總　數
1909—1913	7 470	200	3 816	11 486
1917—1921	7 184	250	4 387	11 821
1927—1931	6 724	340	4 883	11 947
1932—1936	5 575	394	5 159	11 128

注：　*　主要作物包括小麥、玉蜀黍、燕麥、蕃薯、棉花。
　　　**　包括十五種蔬菜作物。
　　***　包括飼養乳牛、小雞、猪三種畜養業。

顯然，在這一時期內，除了周期變動所引起的變化外，各種農作方式每年所需要的全體平均時數，保持得相當穩定。但這種情形，因農作方式之不同而各有差異。"主要作物"一組的勞動力需要表現着繼續下降，這必定是由於勞動力的絕對代替所起的作用。另一方面，蔬菜組和畜牧組表現着勞動力需要的增加，即使在經濟大蕭條時亦未中斷。

鑒於在所討論的時期內，三種農作方式的生產都有了增加，我們可以用下列理由來解釋它們所需勞動量的差異。第一，"主要作物"組的機械化程度遠較其他兩組爲大。如表5-5所示，每單位生產品及每單位主要生產要素所需要的人工時數，在穀類和棉花生產方面都呈現出逐漸在下降的情形，而種菜及畜養業方面則無多大變化。②

---

①　見 *Reports on Changes in Technology and Labour Requirements in Crop Production* as follows：WPA-N. R. P. Reports Nos. A—4, *Potatoes*；A—5, *Corn*；A—10, *Wheat and Oats*；A—7, *Cotton*；A—12, *Vegetable Crops*；and *Report on Changes in Technology and Labour Requirements in Dairying*, 1939。
②　見上引關於小麥、棉花、蔬菜及牛奶產品的各種報告。

表 5-5　美國各種農作方式所需的人工時間

年份	每單位生產品				每單位主要生產要素			
	小麥 (每蒲式耳)	棉花 (每包)	蔬菜	牛奶 (每千磅)	小麥 (每畝)	棉花 (每畝)	蔬菜 (每畝)	牛奶 (每頭牛)
1909—1913	0.89	271	—	35.5	12.7	105	—	135
1917—1921	0.77	275	—	36.5	10.3	95	145	138
1927—1931	0.46	238	—	30.7	6.7	85	141	139
1932—1936	0.41	218	—	33.0	6.1	88	135	140

小麥和棉花每單位產品及所用生產要素所需要的人工時數的下降，首先，主要是由於機器的采用。第二個理由是蔬菜及畜養的生產增加率大於主要作物。這主要是因爲對保護性食物(如蔬菜及動物產品)及羊毛衣着的需要，比對穀類及棉織衣着的需要，增加得更快些。在蔬菜種植及畜養企業大爲擴張之時，這兩組不僅保持住了它們可能爲機器及其他新方法所代替的原有勞動力，而且還吸收了一部分其他農作企業被新技術所代替了的勞動力。這就說明了勞動力需要的整體面貌何以呈現出相當穩定的現象，從而也就說明了勞動力的絕對代替的相當穩定性。

勞動力的相對代替，却又情形不同。就幾個主要的工業國家來說，過去一百年中發生了顯著的相對代替。相對代替可以從比較農業工作人口百分率的變動與其他生產部門工作人口百分率的變動中表現出來。對於這一問題，我們已在第二章論及人口的職業性轉移時和第四章討論農業的相對重要性時分析過了，這裏不擬復述。現在我們祇須指出，英、德、美的農業工作人口在各自的產業革命時期曾有過最激劇的下降。就美國說，農業工作人口從1830年的百分之七十點八降到了1930年的百分之二十二點五。同期內的總人口，却增加了三倍有餘。農場上剩餘下來的大量工作人口的去處，是下面要考察的課題。

三、工業對於農場勞動力的吸引和吸收

在討論這個問題的開頭，我們就必須注意，在工業化過程中，被吸引到城市的農場勞動者并不是全部都因爲他們在農場上被機器所代替了。誠如布萊克所舉例説明的，農場的剩餘勞動力供給被城市吸引去的過程有兩種類型，他利用兩個簡單的字"拉"（pull）和"推"（push）來表示。①在工業發展的正常時期，農場上大部分青年人每年由於預期有較高收入和較好生活而被"拉"入城市。當然，旺年比淡年被拉入城市者更多。通常到城市裏找工作的人，比能夠找到工作的人，要多得多。當"推"的力量發生作用時，農場勞動者之所以離開農場，是因爲他們不能再在那裏謀生。在用機器代替勞動力時就會發生這種情形。"拉"和"推"這兩種力量，總是在一起發生作用的。要區分哪些勞動者是被"拉"到城市，哪些勞動者是被"推"到城市，那是很困難的。據估計，美國在1920年到1930年之間，有500萬農場勞動者轉移到城市；在蕭條時，他們中間又有一部分回到農場上來。

我們在本章第一節已經扼要分析過，勞動者從農場到工廠的移動，可以說是勞動力這種生産要素從甲區到乙區的一種移動。移動是否可能，須看這個要素在兩個區域之間的價格差別是否大到足以克服移動時所遭遇到的阻礙。這個原則，對於同一國家之内，以及國與國之間，都是適用的。19世紀下半葉，從歐洲諸國到美國以及從東歐到西歐的勞動者轉移，可説是關於國與國之間的移動的最顯著的例子，詳見表5-6。②

---

① John D. Black, "Factors Conditioning Innovations in Agriculture", *Mechanical Engineering*, March 1945。

② 見 Isaac A. Hourwich, *Immigration and Labour—The Economic Aspects of European Immigration to the United States*, New York and London, 1912, p. 88, Table 7 and p. 181, Table 44。

表 5-6　國與國之間勞動力的移動

年　　代	從歐洲移到美國	年　份	從俄屬波蘭移到德國
1850—1860	2 488 000	1890	17 000
1860—1870	2 124 000	1900	119 000
1870—1880	2 272 000	1901	140 000
1880—1890	4 737 000	1902	136 000
1890—1900	3 539 000	1903	142 000
1900—1910	8 213 000	1904	138 000

就美國而言，霍爾維希（Isaac A. Hourwich）在詳細分析後得出結論說，在短期內勞動者移入運動迅速與美國工商業情況相適應，在長期內則與美國的人口保持一種差不多固定的關係。① 祇要消除了人口向外移出和對內移入的人爲限制，這個説法是可以接受的。

上述國與國之間勞動者的移動，當然不可與勞動者從農場到工廠的轉移等同看待。因爲在前者的情況下，顯然并不是全部移入的人口都能得到工業上的職業。事實上，他們大多數都是粗工，祇能到農場從事工作。這也可以從美國的移民統計中看出來，見表 5-7。②

表 5-7　美國移入人口的職業分配百分率（%）

職　　業	1861—1870	1871—1880	1881—1890	1891—1900	1901—1910
自由職業	0.8	1.4	1.1	0.9	1.5
專門技術	24.0	23.1	20.4	20.1	20.2
農　　業	17.6	18.2	14.0	11.4	24.3
粗　　工	42.4	41.9	50.2	47.0	34.8
雇　　僕	7.2	7.7	9.4	15.1	14.1
其　　他	8.0	7.7	9.4	5.5	6.1
合　　計	100.0	100.0	100.0	100.0	100.0

---

① I. A. Hourwich, *ibid.*, p. 93 and p. 101。美國每二十年移入人口占總人口百分率爲：1850 年，21.2%；1870 年，20.9%；1890 年，19.9%（p. 101）。

② 資料來源見 I. A. Hourwich, *ibid.*, Appendix, p. 503。

在移入的人口中，大多數技工進入了工廠，但這類的總數祇占五分之一到四分之一。農業工人及粗工占大多數，計達總移入人口的百分之六十左右，根據美、德的經驗，移入的人口通常都代替了本地農場工人，而後者則已經轉移到工業及其他職業中去了。在德國，從俄屬波蘭臨時移入的人口，大約百分之九十五是找到農業工人這種職業的。其所以需要他們，是由於波蘭農民從普魯士所屬波蘭的鄉間轉移到了德國的大工業城市（尤其是采礦區）。① 因此我們可以説，盡管國與國之間勞動者的移動，就總體言，不是從農場到工廠的轉移，但這至少在被移入的國家內，幫助加強并加速了勞動者從農場到工廠的移動趨勢。

　　勞動者從農場到工廠的轉移，基本上是由於城市的貨幣工資高於農村所使然。城鄉之間實際工資的差異可能不如貨幣工資的差異大，這主要是由於城市的生活費用要比鄉村高一些。但勞動者一般比較關心貨幣工資，因爲它有直接的和眼前的利害關係。除了貨幣工資的差異外，還有其他一些因素，多半是非經濟的，將勞動者從鄉村"拉"到城鎮和都市。這些因素自然不在我們研究範圍之內。就貨幣工資而論，工廠每小時工資收入的增加速度要大於農場工資的增加率。下列指數（表5-8）表示美國過去三十年的情形，這一時期代表着工業化的晚近階段。②

　　由表5-8顯然看得出，工廠每小時工資收入，如果與農場工資率比較起來，不僅增長率較大，而且特別呈現出一種高度穩定的情形。這種穩定就是普通所謂的工業工資率的"剛性"（rigidity），而這又主要是由於工會談判力量的日漸加強。不過農場貨幣工資的不利情形，却由於雇傭的較爲穩定而部分地得到了補償。農場工人一般祇會是"半就業的"或"就業不充分的"（underemployed），而不會是"失業的"（unemployed）。因此要使就業多少保持穩定狀況，農場工資率必須隨周期變動而變動。至於工業工資率則遠具剛性，因此當蕭條來臨時，較大量的真正（genuine）

---

① I. A. Hourwich, *ibid.*, p. 182。
② 指數係根據美國農業部農業經濟局，及美國勞工部勞動統計局，所供給的資料。

表 5-8　美國農場工資率與工廠每小時工資收入的指數

（1910—1914 年 = 100）

年　份	農場工資率	工廠每小時工資收入
1910	97	94
1915	103	108
1920	242	273
1925	176	257
1930	167	261
1935	103	264
1940	126	318

失業就必然發生。甚至在平時，某種的"摩擦失業"（frictional unemployment）也經常是存在的。除去這些周期變動外，長期趨勢在工業化過程中必定有利於工廠的工資收入。而且必須這樣，纔能使從農場到工廠的勞動力移動成為可能。去阻擋這種趨勢，如美國的"等價政策"（parity policy）所表現的①，在理論上是不正確的。現實的問題是如何調整這種勞動力轉移，使農場勞動者不可避免的痛苦得以減到最小限度。

勞動力從農場移向工廠，絕不是直接的、立即的、暢通無阻的。首先，我們要承認，鄉村工業的勞動者常常有先行轉移的機會。我們在第三章最後一節中已經指出，在工業化達到一個較高階段以前，鄉村工業在結構上是與農業分不開的，雖然在功用上它們可以分開。鄉村工業的工人一般是由農場家庭補充，而且多數都是"外在條件決定就業的"（externally conditioned）家庭成員，因此他們更容易轉移。此外，就工業技術而言，他們也比僅在農場做工的勞動者要高明些。其次，鄉村家庭的青年人通常是移入城市的勞動者的主要部分，而年老的人則多半留在農場上。這批青年人在城市裏受教育和訓練，結業以後，他們大都可

---

① 關於美國等價政策的詳細討論，可參看 John D. Black, *Parity, Parity, Parity*, 1942，特別是 Chapters 5—9 和 Chapter 14。

能不回到農場去。這方面的情形已經被一些作家認識清楚了。① 最後，我們可以說，這種勞動力轉移并不是一個"一勞永逸"（once-for-all）的步驟。很多農場勞動者祇是暫時移到城市裏去，而且經常僅在一定的季節。其他的人想方設法，盡可能地長期留在城市裏；但當蕭條來到時，他們就必須回到他們原來的農場上工作。一個農場勞動者要在城市裏定居下來，并且牢固地保持着他的新職業，需要經歷一個長期而艱難的階段。

我們在前面好幾處已經表明，在過去一百年內，幾個高度工業化的國家的農業工作人口的百分率，曾經迅速下降。而同期內，其總人口却增加了幾倍。無疑的，這些增加的人口，以及從農場工作解脫出來的人口，是被工業、商業、運輸業及其他行業所吸收了。但每個部門吸收了多少，特別是工業這個部門所得到的部分有多少，就是我們現在要討論的課題。表 5-9 仍以美國爲例來說明這方面的情形。②

我們從表 5-9 可以清楚地看出，近百年來美國從事"礦業"及"家務的、個人的、專門的職業"的工作人口的百分率，祇略微上升，而"製造、建築"和"貿易、運輸及交通"的百分率，則大大增高了，後面這些部門大多包含在本文所謂工業的範圍之內。另外，如 1935 年的數字所指示出的，經濟大蕭條以後，這種一般趨勢曾有一個微小的挫折。但是不久這種招致挫折的力量就爲戰時的繁榮所暫時驅散，從而這種趨勢又重新獲得了它的動力。在戰後期間，這種趨勢是否繼續，很難臆斷。目前我們祇可以說，在將近成熟的經濟社會裏，如英、美等國，除非收入分配制度有大的變革，這種趨勢多半是難以繼續的，至少不會像工業化初

---

① 例如，一個作家說，"農場人口移到非農職業的全部趨勢，不能在農場經營者的職業變動中反映出來。1940 年農場經營者的平均年齡爲 48 歲。在這個年紀，一個人的習慣往往已經固定，家庭責任也很重大，從而使他不能因任何吸引而轉移到一種新的工作裏去。對於年紀較輕的人就不是這樣了。"見 John M. Brewster, "Farm Technological Advance and Total Population Growth", *Journal of Farm Economics*, August 1945, p. 523。

② 見 Colin Clark, *Conditions of Economic Progress*, London, 1940, table on p. 185。

期以那樣大的速率發生作用。國際貿易無疑地會維持這種趨勢,但是其作用多大,亦難以預測。

表 5-9 美國各種工作人口的百分率(%)*

年 份	農、林、漁	礦	製造業和建築業	貿易、運輸、交通	家務的、個人的、專門的職業
1830	70.8	0.3	13.3	3.1	12.5
1840	68.8	0.3	13.3	3.8	12.3
1850	64.8	1.2	14.6	5.4	12.2
1860	60.2	1.6	16.4	7.4	12.4
1870	53.8	1.4	18.3	10.4	13.1
1880	49.4	1.5	21.2	12.2	12.8
1890	42.6	1.7	24.0	15.7	14.4
1900	37.4	2.0	25.6	18.7	15.8
1910	31.9	2.6	27.0	21.3	15.0
1920	26.7	2.6	28.4	25.0	21.2
1930	22.5	2.4	30.6	24.6	21.6
1935	25.4	1.8	27.0	22.1	23.7

注:* 除 1935 年的數字是包括實際在工作的人口外,其他的數字都沒有減去失業的人口。

在勞動力從農場到工廠的轉移上,女工所占的地位亦須提到。值得注意的事實是,自從工業化開始以後,女工所占的比例在農業和其他部門都有所增加。從 1880 年到 1900 年,美國從事農業的男工的絕對人數增加了百分之三十二,而女工則增加了百分之六十四。① 很大一部分女工離開了家務勞動及個人服務行業而參加了直接的生產工作。當男工離開農場時,許多女工代替了他們的工作;在家庭農場裏,尤其是這樣。

---

① 見 H. W. Quaintance, *The Influence of Farm Machinery on Production and Labour*, New York, 1904, table on p. 36。

第六章 農業國的工業化

　　如果有了政治的獨立和安定，有了必需的資源和開發資本，並且有了得到現代技術的機會，則一個農業國家，甚至一個政權內的農業區域，要使自己實現工業化，乃是一種普遍的趨勢。第三章曾仔細說明，我們所謂的工業化，是基要的或戰略性的生產函數發生變化，從而產生並實現工業進步的經濟效益的過程。一個國家，照我們的定義實現了工業化以後，可以變成一個按工作人口及國民收入計算都以製造工業爲主的國家，也可以仍然是以農業爲主的國家，也可以成爲一種製造工業與農業保持適當平衡的國家。第一種例子有英國、美國及德國；第二種例子有丹麥、日本及意大利；第三種例子有法國、加拿大及澳大利亞。就在這種意義上，也祇有在這種意義上，每個農業國家纔要去使自己工業化，以享受經濟進步的利益。然而我們應該指出，在長期裏，第二類的國家可能變到第三類，而第二類及第三類的國家又可能變到第一類。在給定了政治獨立和社會制度之後，這種變動的決定因素是人才和生產技術，其限制因素是資源和人口。

　　我們已經一再指出，我們所謂的工業化的主要特徵，是基要部門生產函數的變化。這些部門包括動力、交通運輸、工具母機、鋼鐵及其他基本工業。它們代表所謂第二級生產(secondary production)的一部分，和所謂第三級生產(tertiary production)的一部分。它們影響製造工業，也一樣影響農業，雖然對這兩種生產行業的影響各有不同的範圍和大小。一個在實行工業化的國家，可以經過，也可以不經過，以製造工業爲主要的發展階段。跟隨着經濟的進步，工作人口最初從農業移到製造業，然後再由製造業移到商業及服務行業；這祇說明了一部分的真理。① 除了這種移動之外，還有別種移動也一樣存在：工作人口可以從農業直接移到商業、運輸業及其他服務行業；或者同時移到這些部門和製造業。就整個世界經濟而論，說它已經從初級生產階段（primary producing stage）過渡到製造業的或工業的或第二級的生產階段，并由此達到我們現在正停留在的第三級階段，也未免過於簡單。② 這三個部門的生產函數總是互相交織和彼此依存而從來不能截然分開的。主張世界經濟必須依次經過這三種階段，是同樣無根據的論調。證諸歷史，15世紀到17世紀的商業擴張，是在工業擴張之前發生，并且在相當程度上還刺激了工業的擴張。

因此任何一個農業國家的工業化，并不一定就表示該國的製造工業將要變得獨占優勢。一個國家，即使它的農業生產仍居優勢或與製造工業并駕齊驅，祇要它的運輸業和動力業已經現代化，農業已經根據科學路綫"企業化"（enter-prised）了，我們仍可認為它是工業化了的國家。本章是討論一個農業國家的工業化所包含的諸種問題。第一節將討論一個典型的例子，即中國的情形，這裏我們將專門討論農業的地位和作用以及它在工業化過程中可能要經受的各種調整變動。在以後各節，我們將着重探討本問題的國際方面。關於農業國和工業國之間的貿易及資本移動的各種學說，我們將予以扼要的評述，并把它們歸納成各自的體系。同時我們也是在考慮到中國將來工業化的前提下，來討論有關的國際經濟關係的。

---

① 柯林·克拉克（Colin Clark）認為工作人口從農業到製造業以及從製造業到商業和服務行業（Services）的移動，是與經濟進步連帶發生的最重要的現象。我們認為，這祇是勞動移動諸方式中的一種。見 Colin Clark, *Conditions of Economic Progress*, Chapter 5, pp. 176-219。

② 關於這點，費雪爾（A. G. B. Fisher）似乎追隨了畢謝爾（Karl Bücher）階段學說的傳統，把世界經濟的發展分成初級的、第二級的、第三級的三個階段。見 A. G. B. Fisher, *The Clash of Progress and Security*, London, 1935, pp. 25-29。

第一節　農業與中國的工業化①

一、簡釋

中國的工業化已開始於三十年前②，但就人民的生活水準提高而言，其效果實甚微小。其中原因甚多，我們這裏祇論及經濟的方面。中國最初對於西方列強，稍後對於日本，都不過是作爲工業產品的一個銷售市場和原料的一個供給來源而已。這些乃是殖民地經濟的基本特徵，它們曾以不同的程度流行於美洲的殖民地時期，晚近流行於南非、印度及南太平洋區域。中國與這些殖民地不同的地方祇在於，從首先與西方列強接觸，後來與日本接觸，直到目前中日戰爭爆發這整個時期內，中國尚保持着政治上的"獨立"形式，使它多少能自由制定自己的經濟政策。但是自由港埠的開放，大城市租界的設立，對列強在我國內河航行權的承認，使外國工業產品，在它們原來由於大規模生產和現代銷售組織就已

---

① 本節討論的一部分，作者曾以"農業在中國工業化中的作用"爲題，發表於 *National Reconstruction Journal*, China Institute in America, New York, October 1945, pp. 50-59。

② 除了官辦兵工廠外，1890年以前中國幾乎無大工業存在。1890年設立了第一個棉織工廠。1880—1894年建築了一條鐵路，但鐵路的大量建造，直到1894年中日戰爭以後纔開始。我們應該注意，1890年以前已經存在一些現代工業經營單位。1862年，一個中國公司造出了第一艘汽船。1872年"中國招商局"(China Merchants Steam Navigation Company)組織成立。第一家碾米工廠在1863年設立於上海，1873年成立第一家繅絲工廠，1878年成立第一個現代煤礦，1890年成立第一家鋼鐵工廠。關於進一步的實際情況，讀者可參閱方顯廷(H. D. Fong)，*China's Industrialization: A Statistical Survey*, Shanghai, 1931。

　　不過本文作者認爲，直到第一次世界大戰開始時，中國纔真正開始發生比較大規模的工業化。因爲中國自從與列強接觸以來，這是它第一次獲得機會(雖然很短)，趁着列強忙於戰事，來建立和發展自己的工業。

經有了較低成本利益的基礎上，更有了超越中國產品的諸種利益。① 有些國家運用傾銷政策，結果使中國的情況更形惡化。而且，大多數外國貨物享有祇納一次低額關稅就可以自由地運到有運輸設備的内地的各種便利，而國內貨物從甲地運到乙地反而須繳納多種關卡租稅。在這種情況下，任何幼稚工業要想健康地成長起來是極其困難的。即使爲了實現自由競爭和自由貿易，我們也樂於見到國內幼稚工業與外國工業處於同等地位的情形出現。何況從理論和歷史兩方面看起來，假若我們要使國內幼稚工業有一個成功的開始，還應該對它們給以特別的優越條件，并實行必要的保護政策。

中國國內區域之間的關卡壁壘和運輸工具的落後，是使商品和生產要素很難自由流動的另一種障礙。它們已經長期阻止了中國的現代工業化。這種障礙還抵消了本來可能進行農業改良的任何有利時機。例如，第一次大戰結束到第二次大戰爆發的一段時期，由香港輸入的緬甸和安南的大米及其他穀類，大部分是供上海、廣州、福州等大城市消費，其每年輸入額很大，有幾年甚至占中國進口額的第一位。但是就在這個時期，湖南、江西、安徽、四川等内地諸省却總有米糧剩餘，由於缺少足夠的運輸系統和存在區域間的壁壘障礙(多半是地方稅)，不能有利地運到沿海的消費中心。② 原來本可給予農民以現金收入，促使他們增加并改進農業生產，而更明顯的是提高他們的生活水準的，但是這種激勵力量却被這類阻礙所消除了。而且另一方面，輸入米糧所花費的外匯

---

① 湯訥(Tawney)曾說："中國鐵路里數四分之一以上，鐵礦四分之三以上，礦山採煤量半數以上，棉紡織廠投資額半數以上，以及投於榨油廠、麵粉廠、烟廠、汽車廠和銀行等業的數量雖較小但也同樣重要的投資額，仍然是掌握在外國人手中。"孫逸仙博士說："中國是一個殖民地，這從經濟的觀點看來，并不是不合適的。"見 R. H. Tawney, *Land and Labour in China*, New York, 1932, p. 129。

② 關於本問題的統計資料，可求之於中央研究院社會科學研究所出版的有關中國糧食市場的調查和論文叢刊。本文作者亦曾參與其事，并撰寫專刊。在作者的《中國糧食問題》裏(1945年英文本，油印於華盛頓美國國會圖書館 Library of Congress, Washington)，亦可找到關於本問題的討論和文獻。

本來也可以節省下來，用以輸入對現代農業極關重要的機器及化學肥料。

論到戰後的中國，我們有理由可以設想，所有那種制度上的障礙，將要消滅。我們也可以設想，在目前仍然渺茫的政治安定，將會到來。至於因運輸落後所發生的障礙，則大致還要存在一個相當長的時期，或者是十年、二十年，或者更長。其他關於農場的合并，租佃制度的改革，以及工業化等方面將會遇到的在社會結構中根深蒂固的諸般障礙，① 也須考慮及之，但本文不能一一詳加討論。

二、農業在工業化中的作用

要估計農業在工業化過程中單獨所發生的作用是很困難的，因爲按照我們的概念，農業本身就包含在工業化過程之內，并且是這個過程的內在的不可分割的一部分。在一個通行着一般相互依存關係的經濟社會裏，正如同估計任何製造工業的地位和作用一樣，要遇到這種困難。不過，根據功能的區分而進行的分析討論，并不是完全不可能的，盡管從數量上比較各種功能很難總有正確結果。在這種考慮并認清了這些限制的情況下，我們對於這個問題的有些方面，當可進行考察，并且爲之作一扼要的討論。

第一，我們可以說，因爲對糧食需求的收入彈性較低，所以在工業化達到使人民獲得一個合理的生活水準時，農業的地位將不免要略形下降。在達到這點以前，對糧食的需求將隨收入的增加而增加；但達到這點以後，對糧食的需求則將隨收入的進一步上升而相對減少。這對於中國，和對於很多已經工業化了的國家，同樣正確。其所以成爲這樣的一種情形，如同第二章已經指出的，是由於著名的"恩格爾法則"（Engel's

---

① 讀者可參考 John E. Orchard, *The Social Background of Oriental Industrialization—Its Significance in International Trade*, in *Exploration in Economics*, New York and London, 1936, pp. 120-130。

law)以及被凱恩斯所慣常利用的"基本心理法則"的雙重作用。當收入增加時，支出也增加，但增加率較慢，其中用於食物的部分更要小些。然而，這并不是說農業活動實際上在減弱，而祇不過表示用國民產品或國民收入所計算的農業相對份額將趨於下降，至於農業活動的絕對數量則多半將繼續擴張。① 在工業化初期，收入較低的人民對糧食的需要很高，使農民須盡極大努力來增加農業生產。當工業化再增進，而對糧食的需要又發生從穀類到動物產品的變動時，農作制度將因之被迫而要同時增加每畝土地和每人的生產力。那時，假若能采行良好而公平的收入分配制度，就不會害怕糧食生產過剩，即使把農場技術的迅速進步考慮在内，也是不用擔憂的。

第二，我們要指出，在中國的工業化過程中，農業將祇扮演一個重要而又有些被動的角色。在理論上和歷史上，我們知道任何重要的并遵循科學耕作途徑的農業改良，都必須以基本機要部門的工業發展爲前提。其所以如此，一方面是因爲祇有工業的發展和運輸的改良纔能夠創造并擴大農產品的市場；另一方面是因爲祇有現代工業纔能供給科學種田所必需的設備和生產資料。丹麥的農業，假若沒有高度工業化了的英國作爲鄰邦并與它保持密切的經濟關係，是不會發展到目前的水平的。美國的情形也是這樣，祇是美國的農業發展比較倚重於本國的工業，因爲美國農業資源和工業資源比較平衡。一個更顯著的例子是蘇聯，在那裏，關於科學化的農業改良，直到基本工業的發展達到一個可觀的程度時，纔真正開始。② 所有這些例子都證明着我們的說法。當我們討論目前的問題時，必須把這點牢記於心；在討論到如何使農業和工業調整配合時，也要這樣。關於後一問題，當中國工業化全部展開時，將更顯得迫切。

---

① 見第四章第五節"農業在整個經濟中的地位"的討論。
② 蘇聯利用役畜的動力已從 1932 年的 77.8%降到 1937 年的 34.4%，其餘的百分率則代表以拖拉機、收割機及機動貨車爲主的動力。見 A. Yugow, *Russia's Economic Front for War and Peace*, New York and London, 1942, p. 49。

最後，前面曾經說過，農業可以通過輸出農產品，幫助發動工業化。幾十年來，桐油和茶等農產品曾在中國對外貿易中占據輸出項目的第一位。這項輸出顯然是用於償付一部分進口機器及其他製成品的債務。但是全部輸出額，比起要有效地發動工業化所需的巨額進口來，實嫌太小。農產品輸出究竟能擴張到什麼程度，須看對農產品需求的收入彈性和其他國家的競爭情況如何而定，例如茶；也要看別的國家正在發展人造代用品的情況如何而定，例如桐油。由於多數農產品需求的收入彈性較低，以及輸入國家用移植或人造方法來增加代用農產品的事實①，中國農產品輸出的擴張性很可能是不大的。所以發動工業化的資金，看來在很大程度上，有賴於其他渠道。

三、農業上的調整

工業化過程中農業上可能發生的調整，係由於很多因素決定的，其中有些因素是不在經濟範圍之內的。例如政府對於資源分配和收入分配的政策，是最重要的因素，對調整的方式有直接的影響。根據本節開頭所提出的一套假設，我們擬從農業與工業相互依存的各個方面來研究這個問題。關於農業與工業的相互依存關係，我們在第二章中已作較詳盡的討論，所不同的是這裏將要引入生產技術這一因素。

第一，我們可以肯定地說，農業將繼續是中國糧食供給的主要來源。但是中國的農業將要面臨一些迫切的問題，從而在它的經濟轉變期中必須相應地實行調整。一部分的鄉村人口將要移向工商業中心，因而就祇有較少量的農業勞動者來生產和以前同樣多或甚至更大量的食糧。而且各個工業化了的國家的經驗告訴我們，在工業化初期的人口增殖，很可能比普通時期快一些。所以在這個階段對糧食的需要必然要增大。再者，當工業化繼續進行時，會出現人民的收入增高這樣一個階段，這對於糧食的需要將發生相當大的影響。這時對較好的食物將有更大的需求，例

---

① 移植最好的例子，是美國近年來種植桐樹。

如肉類將成爲穀物的補充食物或代替品。這種對食物需要的轉變，將對於農作方式的換向(re-orientation)產生很大的影響。我們所最注意的就是這種農作方式的換向問題。

我們在第二章已經提出討論過，對食物需要的增加有兩個方面，其原因與影響是不同的，但却常被混淆。對食物需要的增加，可能僅僅是由於人口的自然增殖，在土地生產力不能提高或提高得很慢的情形下，這將引起"高產"(heavy-yielding)作物的種植。對食物需要的增加，也可能是由於人民收入的增加。這時人民將需要較好的食物，因而種植農作物的農場可能將要改種餵養牲畜的牧草和飼料。在工業化過程中，一般的趨勢將是從第一類對食物的需要轉變到第二類需要。歐洲很多高度工業化了的國家，都曾經有過這樣的情形。然而對於中國，情況可能不同，把種植農作物的農場變成牧場或草地，或把種稻的農場改種作爲飼料的玉蜀黍，并不是必要的，甚至在將來很長的時期内都不是必要的。中國東北、西北、西南和東南還有很多未開墾的土地，祇要有交通工具伸展到這些區域，同時它們的產品又有了銷路，則將來都可用來作爲牧場或種草之地。同樣重要的是必須有餵養和繁殖牲畜的資本。像長江流域、珠江三角洲、黃河周圍以及北迄東北諸省，這些區域的人口密度高於前述各地區，假若農作物種植的生產力能够增加，則一部分土地用來餵養生豬和家禽將比現在可能獲利更大。祇有當農業生產力和人民的生活水準都達到一個很高的水平時，部分的從種植農作物到經營畜牧業的轉變，以及從種稻到種玉蜀黍的轉變，纔可能是必要的。不過鑒於中國人口之衆多，以及中國國民經濟將來很可能產生的農業和工業的適當平衡，像在英國所曾經發生過的那種情形，也許從不會發生於中國。

第二，農業以及林業和礦業，將是給製造工業提供原料的主要來源。大多數輕工業必須從農業取給原料，比較普通的是棉織、絲織、毛織、製鞋、製襪及地毯等工業；同樣，罐頭工業、釀酒業及其他食物製造工業，如碾米及肉類裝製等，顯然也大半依賴農業的原料。這些輕工業，尤其是紡織類的輕工業，正如各個工業化了的國家的歷史所表明的，在工業化初期都曾經占據主要地位。中國工業化剛一開始，棉紡織業也曾經占據主要地位，無疑將來也一定會繼續是這樣。很可能，絲織業、毛織業和食品製造諸業，短期內將趕上棉織業。當然，工業化的輝煌階段，必須等到重工業，比如鋼鐵、機器及化學工業，充分發展後纔能達到。而這些重工業的發展，顯然主要的又將依靠中國自己煤礦和鐵礦的開采。但是這絕不會阻礙農業資源的利用。相反，重工業的發展將刺激輕工業的擴張，後者轉而會創造農業原料的更大市場。而且中國在工業化開始階段，無疑要大量從美、英、蘇聯輸入機器設備、化學產品，以及汽車、卡車等耐久貨物；但中國爲了支付這些輸入，很可能就要輸出"特產"（specialty goods），其中大部分又是輕工業的產品。

第三，農場通常給工業提供大量的勞動力，而從農場到工廠的勞動力轉移則形成了工業化過程中最具有重要意義的一個方面。這個方面對於中國這樣的國家特別重要，因爲中國農村家庭以"隱蔽失業"（disguised unemployment）的方式存在着大量的剩餘勞動力。這種剩餘勞動力究竟將被工、商、礦、運輸等業吸收多少，實無法準確推斷。但我們可以肯定的是，當工業化進行到充分發展的階段時，勞動力從農業到其他行業的轉移將極爲引人注目。但是關於這一問題，有幾個因素必須認識清楚，以防過分樂觀。首先，這種移動在工業化初期不會太大。在這一時期內，目前停留在手工業的勞動者將最先獲得轉移到現代工廠的機會。這是因爲他們比農場勞動者更有技術；同時就轉移費用說，他們又享有區位上的便利。但這也并不是說，在早期階段沒有一些農業勞動者將被吸收。在這種開始的階段，采礦以及鐵路和公路的修築，將迫切需要大量勞工，這無疑的多半將取自於農業來源方面。再者，當農業進行機械化時，農業勞動本身也會出現剩餘勞動力。其情形如何，將看工業吸收這種剩餘勞動力的速度與農業機械化進行的速率而定。鑒於中國農村人口爲數之大和所占比例之高，估計約占中國全部人口的百分之七十五，因此，工業化初期存在的農業剩餘勞動力是否能爲工業所全部吸收，實屬疑問，更不必提到因引用農業機器所產生的新的剩餘勞動力了。然而我們又要注意，要使農業機器的引用成爲現實，却又必須以没有大量剩餘農業勞動力存在爲前提。

第四，在工業化過程中，農業可能發生的諸種調整的一個方面，就是農業可以爲工業產品提供購買者。這方面的討論促使我們考慮兩點：農民作爲消費者，僅爲消費目的而購買工業品；農民作爲生產者，爲生產目的而購買肥料及農業機器等工業品。作爲消費者的農民能吸收多少工業品，將取決於農場收入的大小及其增長率。作爲生產者的農民能吸收多少工業品，則將取決於農業生產改進和增加的方式及其速率。這自然引導我們討論到第二點，即農業的現代化和機械化的問題。

中國在工業化過程中無疑地將把農業機器和化學肥料引用到農業中去。問題是：農業機械化發生的可能性究竟有多大，其速度又將是如何？由於中國農村人口之衆多，使機器的引用在經濟上無利可獲；又由於農場面積過小，使機器的利用在技術上極爲困難①，因之可以預料，目前

---

① 根據 1935 年中國土地委員會所作的中國二十二省的抽查，平均每個農場的面積爲 15.76 畝[中國測量土地的單位，一英畝(acre)等於 6.6 畝]或 2.4 英畝。我們要注意，區域間的差別是很大的，東南平均每個農場面積爲十二畝，而內蒙達一百四十五畝。中國農場面積的分布情況有如下表所示：

附表

農場面積	華 北	華 南	全 國
10 畝以下	27.1%	49.5%	35.8%
10—20 畝	21.5%	31.0%	25.2%
20—30 畝	16.8%	10.0%	14.3%
30—50 畝	23.1%	6.1%	16.5%
50 畝以上	11.5%	3.4%	8.3%
合　計	100.0%	100.0%	100.0%

中國農業機械化實現的可能性是不大的。① 但有一件事情我們也必須認識清楚，那就是在目前情況下，農民每逢農忙季節，大都夜以繼日，工作過度。若能引用一些機器來做基本的農場勞動，則將會大大增加農民的工作效率和福利。一個具體而重要的步驟是引用抽水機到有良好灌溉系統的片片稻田。農場面積過小所發生的困難，可以通過采用進步方案比如合并農場來克服一部分。這或者由政府從地主手中買進他們無意開墾的農場，然後以合作管理的方式重新分配給自耕農及農業工人；或者由土地所有者自願將農場置於與無地農民合作的基礎上。無論用哪種辦法，政府都可以在全國建立農業站，爲合作農場提供機器及其他基本農耕工作所必需的設備。目前的中日戰爭，多少使將來土地的合并較爲容易，因爲華東南淪陷區的農場面積通常都是全國最小的區域，田界多半在戰時被破壞，而地主和不少有地農民已經死亡或離開了農場。戰後，中國淪陷區在戰時被荒廢或混淆了田界的農場，一定要有某種方式的重新組織。現在是開始進行農場合并的最好時機；在適當的時候，這種合并還可推廣到未淪陷的地區。

第二節　從工業國到農業國的資本移動

第三章曾經指出，工業化可以簡稱爲"資本化"（capitalization）的過程，即發生資本的"擴大利用"和"加深利用"（寬化和深化）的過程。這

---

① 在論及中國引用機器的問題時，湯訥（Tawney）也持一種悲觀然而現實的看法。他說："中國具有勤勞而智慧的人民，有生產質量良好物品的非凡天才；中國最嚴重的經濟缺點（一個很大的缺點）是由於人口衆多，人力低廉；結果，那種祇有勞動昂貴纔可發生的引用機器，就被阻止了。"見 R. H. Tawney, *Land and Labour in China*, New York, 1932, p. 135。這種説法用於農業生產，比之用於工業生產，更爲適合，因爲勞動力剩餘的程度，在農場上比在任何其他部門，都要大些。

種過程自然包括生產技術的變動。就全世界言，在不同的國家，經濟發展的程度是不同的。若預期收益大到足以補償投資的風險和所蒙受的轉移費用，則資本就有從單位投資收益較低的區域或國家流到較高的地方的一種自然趨勢。

我們都知道，古典派國際貿易理論的基礎，是假定生產要素在國內完全有移動性，而在國家之間則完全無移動性。現代學者則漸行接受以下的觀點：生產要素在國內不是完全能移動的，在國家之間也不是完全不能移動的，實際的情形是在這兩種極端之間。① 顯然，政治上及制度上的阻礙，在國家之間一定比在國內大些；假若已知這些阻礙的範圍，則國內和國家之間生產要素移動的理論是大同小異的。因此生產要素的國際移動不過是"區域間"移動（"interregional" movement）的一個方面而已。正因為這樣，所以現代學者一方面想將國際貿易理論和一般相互依存的價值理論（general interdependence theory of value）聯繫起來，另一方面還想將國際貿易理論和一般經濟活動的區位理論（general theory of the localization of economic activities）聯繫起來。②

但是我們不可忽視，不同的生產要素具有不同的性質，因此各種要素的移動性不僅各不相同，而且有些要素在國內與在國際的移動性也互有差異。我們姑且來研究土地、勞動及資本三個主要的生產要素。奈特（Frank Knight）曾說："國際貿易的特徵，如果同國內貿易比較起來，在

---

① 關於理論的討論，可參看 John H. Williams, "Theory of International Trade Reconsidered", *Economic Journal*, 1929; Bertril Ohlin, *Interregional and International Trade*, Part Ⅲ, Commodity and Factor Movements and Their Relations, and Part Ⅳ, International Trade and Factor Movement, Harvard University Press, 1935; and Carl Iverson, *International Capital Movements*, Oxford University Press, 1935, Introduction and Chapter Ⅰ, The Nature of International Capital Movements, pp. 1-92。

② 適纔所舉俄林（Ohlin）及艾弗森（Iversen）的著作，以及 Jacob L. Mosak 的著作 *General-Equilibrium Theory in International Trade*（Cowless Commission Monographs, The University of Chicago, 1944），可以認為是沿此方向所作的最成功的嘗試。

於作爲勞動力的人口缺乏移動性。至於資源，則甚至在同一國內亦不能移動；而資本產品則和消費產品一樣，進入了國際商業的範圍。"①當作生產要素的土地，在國內及在國家之間，均不能移動，這是沒有爭議的。勞動力通常可以認爲在國內能完全移動，而在國家之間幾乎不能移動，這也是很明顯的。至於資本，是否能認爲在國內及在國家之間具有同樣的流動性，就發生問題了。國際資本產品在各國的售價，祇要除去運費、關稅及傾銷費用，實際是差不多的。但我們所謂的"資本"，是與資本產品大不相同的；我們所謂的"資本"是一種"資本支配權"（capital disposal）。資本的移動性幷不是指具體的資本產品，而是指以利息爲其服務代價的生產要素，這正是"資本支配權"。因此，雖然資本的國際移動性可能大於勞動力的國際移動性，但資本支配權在各國之間的相對稀少性則是絕不相等的。各國利率不同，從而在各國，資本亦以極不相同的比例，與勞動及土地相配合。②

土地根本不能移動；勞動力因移動限制甚多，實際上在國家之間也是難以移動的；在國際上能夠移動的唯一主要的生產要素是資本，盡管資本的移動也有各種限制和阻礙。若已知運費及人爲限制的一定範圍，則資本總趨於從經濟高度發展的國家移至較不發展的國家，因爲資本的邊際生產力在後一類國家較在前一類國家爲高。這種資本移動大致與資本從工業國到農業國的移動相同，因爲除了少數例外，農業國家一般在經濟上總是比較不發達的或不夠發達的。資本顯然也在工業國家之間或經濟高度發展的國家之間移動。不過這裏祇討論資本從工業國到農業國的移動。

假若借款國家政治安定而又有發展工業的前途，則資本的移動將取決於供求的一般法則，這可用貸款國和借款國的通行利率及其他轉移費

---

① Frank Knight, "Some Fallacies in the Interpretation of Social Cost", *Quarterly Journal of Economics*, 1924, p. 583。
② 關於這方面詳盡的討論，見 Carl Iverson, *International Capital Movement*, pp. 27-30。

用來充分表明。① 這使得我們不得不來研究資本移動的原因及其影響。有些作家曾着重於資本移動和商品移動之間的因果關係。另外一些作家，其中可以特別提到懷特(Harry D. White)，認爲資本輸出和商品移動可能是同一原因的兩種連帶效果，其共同原因就是工商業活動的起伏變動。懷特舉出法、英、美諸國關於這種情形的有趣數字來支持他的假説。② 法國在1883年到1886年是經濟蕭條時期，同時也是資本輸出比較低微的時期。反之，1887年至1889年，尤其是1903年至1906年，是復蘇和繁榮時期，資本的輸出也隨之迅速增加。但是在其他時期，兩者之間則没有顯著的一致性。就英國説，1886年到1890年，1896年到1900年，1904年到1907年，以及1909年到1913年，是工商業比較活躍或擴張的時期，同時也是資本輸出比較巨大的時期；而1891年到1895年，1901年到1903年，以及1908年到1909年，由於經濟蕭條，就使資本輸出遭受到挫折。但也有許多年份，兩者是不相關的。就美國説，在1923年、1926年及1929年等繁榮年份，資本輸出反而隨之較低，而在1924年、1927年及1930年等衰退年份，却伴隨以資本輸出的增高，這兩組數字系列，顯然是負相關。

這種周期性的假説，被安吉爾(James W. Angell)根據邏輯推理予以反駁。他的反駁有兩個理由。③ 第一，周期變動的趨向，一般在不同的國家，多少是互相一致的。第二，即使有互不符合的周期變動，其結果亦須視國外投資的方式而定。若周期變動在各國互相符合，且大小近乎一樣，則它們對於資本的國際流動不致影響太大。若不符合，且大小不

---

① 我們要注意，Mill等古典派理論衹掩蓋了利率的作用；而"收入"理論或"現代"理論("income" or "modern" theory)則對利率完全不給予發揮作用之餘地。詳細的討論見John Knapp, "The Theory of International Capital Movements and Its Verifications", *Review of Economic Studies*, Summer 1943, pp. 115-121。

② Harry D. White, *The French International Accounts 1880—1913*, Harvard University Press, Cambridge, Mass., 1933, passim。

③ James W. Angell, *The Theory of International Prices*, Harvard University Press, Cambridge, Mass., 1926, pp. 527-528。

一致，則可能發生各種差异而引起資本移動，但這種資本移動的方向還須視投資是否爲一種固定收益的類型而定。

懷特和安吉爾的論證都祇能說是部分對的。即使根據邏輯推理，我們也不能否認資本移動與工商業活動之間的相互關聯和相互影響。值得懷疑的是，工商業的起伏變動是否祇能作爲資本移動的一個原因，而不能作爲它的一個結果。而且在經濟相互依存的社會中，統計方法測驗的相關即使不存在，也并不必然表示其中因果關係就不存在。這可能祇是由於其他因素對資本移動的影響力量，在某些年份大於另外一些年份。艾弗森（Carl Iverson）說得對，資本輸出與商業周期變動之間的關係，顯然須看借款國和貸款國當時經濟生活的實際情況如何。在丹麥，我們可以清楚地看出來，資本輸入在經濟繁榮時期增加，而償還却行之於蕭條時期。這是以農業居優勢的自然結果：農產品輸出的價格及數量，相對地不受經濟周期變動的影響；而生鐵、木料、煤炭等的輸入，則在數量上及價格上，對於經濟周期變動，均甚敏感。①

就長期看，各國之間資本的移動可以反映出世界各個地方工業化的特性、程度以及所處的階段。19世紀，英國不僅在國內工業發展方面居於領先地位，而且在對他國貸出及輸出資本方面亦首屈一指。法國共享這種領先地位，但稍遜一籌。那時美國和德國尚居於大量輸入資本的國家之林。② 1850年以後，美國開始從國外輸入大量資本以興建鐵路。直到1896年，它纔開始從外人手中購買相當數額的證券，但是資本輸入淨差仍然巨大。就法國而言，從1870年到1912年，在法國的外國投資自二十三億法郎增到七十億法郎，但法國在外國的投資則自一百億法郎增到四百二十億法郎，因而資本淨輸出額由七十七億法郎增到了三百五十億法郎。③ 第一次世界大戰前夕，英國仍執世界金融的牛耳，而法國的

---

① Carl Iverson, *International Capital Movements*, p. 73。
② 資本在各國間移動的詳細統計分析，尤其是英、法、美、德諸國，可參看 Jean Malpas, *Les Movements Internationaux de Capital*, Paris, 1934, pp. 19-323。
③ Jean Malpas, *ibid.*, p. 182。

國外投資增加率則頗小。最驚人的是德國在本世紀初，開始有了大量的國外投資。根據估計①，1914年德國持有外國證券五十六億美元，與之相比較，當年英國持有一百八十億美元，法國持有八十七億美元。同一年，美國的同類對外投資估計爲二十億美元。顯然在本世紀之初，美、德兩國纔開始大量輸出資本。但是美國的國外投資，相對於國內投資來說，所占的地位遠不如英國之高，這是因爲美國的國內市場遠較英國爲大，從而可以吸收新生的資本。

適纔所說的長期資本移動，在歷史上是最普通的一種。在此種方式的資本移動中，無論貸款或貿易，同是相應於一組影響着它們的共同基本因素而變動的，同時資本的移動也是伴隨着世界收入和就業的起伏變動而一起發生的。在這裏，上面所述有關資本移動的諸種學說，如相對價格變動說或收入變動說，就不大適用。19世紀，在尚未發達的國家裏，鋪設鐵路及進行其他建設工程表現出有利可圖，於是資金多從國外輸入；但這種開發所引起的支出，同時就吞沒了大量輸入的投資產品及消費產品。在這種情形下，顯然的，借款和輸入增加不過是一個複雜而基本的局勢所引起的不同的兩個方面。這種局勢是：使鋪設鐵路獲利的條件，尚未工業化的國家從國外輸入投資產品和其他製造品的需要，以及這些地方尚缺乏用作長期開發的資本市場。我們要着重的一點是，這些基本的條件已經比較完滿而充分地解釋了在上述種種情形下資本輸入的整套進行方法(modus operandi)，所以如要另去尋求從甲國匯一筆錢到乙國所必需的特殊轉移機構(所有其他情形均假定不變)，就是多餘的了。②

我們現在是處在第二次世界大戰剛剛結束的戰後時期。現在的局勢，與第一次世界大戰戰後時期的局勢，很不相同。英國在國際投資上雖仍占重要地位，但已不再是各國的領袖。法國已經變成債務國，自己正在

---

① Jean Malpas, *ibid.*, p. 243。
② 見John Knapp, "The Theory of International Capital Movements and Its Verifications", *Review of Economic Studies*, Summer 1943, p. 119。

向國外尋求資本。蘇聯仍將專力從事國內理財和國內投資。現在能够大量輸出資本的國家暫時祇有美國，無疑的它將取得國際投資的領導地位。爲了引發并保持戰後世界貿易的復興，漢森(Alvin H. Hansen)及其追隨者曾一再主張美國在國內施行"擴張方案"(expantionist program)，并以廣泛的國外投資相配合。他們還認爲，若要達到戰後的經濟繁榮，則恢復并重建被蹂躪及未發達諸國的任何經濟建設計劃，均將包括美國及其他發達國家的大量資本輸出。①

各國中迫切需要資本來恢復戰時創傷和建設經濟的是中國及歐洲諸國，單爲建設而需要資本的是拉丁美洲諸國。資本從美國移至中國、歐洲諸國以及拉丁美洲，其數量的大小，取決於多種因素，其中最重要而基本的因素是借款國家的政治安定的情形和工業發展的遠景。滿足了這兩個條件之後，有關各國所采行的經濟政策對這個問題也有直接而重大的關係。我們可以説，國際資本的轉移，大部分要看戰後各國是承襲保護特別生産者利益的傳統路綫來管理國際貿易與金融，還是以大多數普通生産者和消費者的利益(就業及提高生活水準)作爲國際統制之鵠的。在國際貿易與金融中，根據生産者的利潤界限而決定政策，就會演成保護和限制；不顧消費者的選擇而決定價格水平，就會演成互惠主義(bilateralism)、匯總統制和差別待遇(discrimination)。一個國家要擴展國外投資并獲得成功，必須消除這些對於國際貿易與金融的障礙。②

如要估計某些重要的農業國家在它們將來工業化時期的資本容納能力，那是很困難的。學者們常用每個工人的資本需要額作爲計算單位來估計這種能力。但是每個工人的資本需要額是難以估計的，因爲就其總量及組成部分來説，各個生産行業都互不相同，而且因機械化的程度高

---

① 見 Alvin H. Hansen and C. P. Kindleberger, "The Economic Tasks of the Post-War World", *Foreign Affairs*, April 1942。

② 見 Howard S. Ellis, "Removal of Restrictions on Trade and Capital", *Postwar Economic Problems*, edited by Seymour Harris, New York and London, 1943, pp. 346 and 359。

低而各有差异。罗丹（Rosenstein-Rodan）在讨论东欧及东南欧工业化所包含的诸种问题时，曾经估计每人所需资本设备额平均为300—350英镑（约1 200—1 400美元）。他所根据的数字是轻工业每人需100—400英镑，中级工业需400—800英镑，重工业需800—1 500英镑，此外还加上房屋建筑、交通及公用事业所需要的资本设备。① 他还估计了本国的资本将占全部需要的百分之五十，其投资率，即某一时期总投资额与该期内总收入额之比，将为百分之十八，这与苏联的数字相同。另外一个研究团体，对东南欧所作的例子更为详尽，曾经估计出轻工业、中级工业及重工业各在中等程度机械化时，每个劳动者所需的资本额大略如表6-1所示②。

表 6-1　每人所需的投资额（美元）（依战前价格）和动力

	土地和建筑	厂房设备	固定资本总额	动力设置（马力）
棉　　织	300	600	900	1.5 匹
五金制造	400	750	1 150	2.5 匹
化学肥料	800	3 500	4 300	5.0 匹

所有这些估计，自然受到很多的限制。未知因素太多，使这些估计除了当做理论上的例解外，实无更大的价值。但这表现了一组农业国家在其工业化过程中需要资本的一种情景。

工业化对外国资本的需要程度，以及外国投资将以何种方式在亚洲农业国家（特别是在中国）实现，这对于借款国家，以及可能对于贷款国家，都是最饶兴趣的问题。我们现在就中国的情形，来做进一步的考察

---

① P. N. Rosenstein-Rodan, "Industrialization of Eastern and South-Eastern Europe", *Economic Journal*, July—September 1943, p. 210。
② P. E. P. (Political and Economic Planning), *Economic Development in South-Eastern Europe*, Oxford University Press, London, 1945, p. 57。

和研究。① 根據一個估計，中國戰前的現代工業資本總數不過三十八億華元（按戰前價值，約等於十二億美元），以現在四萬萬五千萬人口作基礎來加以估計，則每人分得的資本額尚不足九華元，或 2.70 美元。② 這個數額即使作爲中國戰後中等工業化的基礎顯然也是不夠的。中國人民的小額儲蓄，使它在最近的將來沒有獲得大量本國資本的希望；中國人民的生活水準已經太低，亦無法再加減削。鑒於這兩方面的情形，爲了加速工業化，在維護政治獨立的情況下，外國資本的利用是值得大加推薦的。這對於借貸兩國雙方也將是有利的。③

中國究竟需要外國資本多少，實無法準確地估計出來。我們可以斷言的是，工業化的進度和程度將大部分決定於可用資本的多少。因此在一定的經濟情況下，若已知可以得到的資本額，則一國工業化的進度和程度，或經濟發展速率（rate of economic development），就可以大致確定。

---

① 關於事實的背景和詳細的討論，讀者請參考 C. F. Remer, *Foreign Investment in China*, New York and London, 1933; W. Y. Lin, *The Future of Foreign Investment in China*, in *Problems of the Pacific*, New York, 1939; and H. D. Fong（方顯廷）, *The Postwar Industrialization of China*, National Planning Association, Washington, 1942, Chapter 6, Capital and Management in China's Postwar Industrialization, pp. 54-76。

② 此乃中國經濟學者谷春帆（Tso-fan Koh）所估計。見其文, *Capital Stock in China*, in *Problems of Economic Reconstruction in China*（油印本）, China Council Paper, No. 2, Institute of Pacific Relations, 8th conference at Mont Tremblant, December 1942。經濟學家方顯廷曾引用并加以評論，説"這一估計沒有包括 1931 年以後日本資本對滿洲的投入，而所指的是狹義的工業資本，僅包括現代工業中的資本。"見 H. D. Fong, *ibid.*, p. 55。

③ 資本借貸對於資本輸入國和資本輸出國的相對利益是一個爭論已久的問題。古典派學者，從 J. S. Mill 以後，都認爲資本的輸入必然引起净貿易條件轉變得對借入國有利，這種變動對於借款以貨物形式從貸款國移到借款國是必要的。這種學説的最完整的分析，可見於 Taussig 及 Viner 的著作中。現代學者，尤其是"一般經濟相互依存學派"（school of the general economic interdependence）的諸學者，則不贊成他們的意見。甚至"貿易條件"（terms of trade）是否可以用數量來測量都成爲問題。見前引 Ohlin 及 Carl Iverson 的著作，以及 Roland Wilson, *Capital Imports and the Terms of Trade*, Melbourne, 1931, pp. 47-81。

斯特利(Eugene Staley)利用比較法，以中、日人口之比及土地面積之比，乘日本某一年代的投資額①，估計出中國戰後四十年的投資額。據他解釋，日本投資額可以分爲兩部分。② 一部分代表工業、商業及地方公用事業的投資，與人口有密切的關係。另外一部分代表與農業、運輸相關諸事業的投資，與土地的面積關係比較密切。在一定的年代中，以第一種投資的數額乘以中國現在人口與日本1900年人口之比，以第二種投資數額乘以兩國土地面積之比，然後將計算結果相加，得到根據人口和土地面積兩方面數字的一個加權平均數。斯特利應用這個方法得到中國戰後所需要的投資數額如次：第一個十年，136億美元(以1936年的物價爲準)；第二個十年，231億美元；第三個十年，449億美元；第四個十年，516億美元。③ 斯特利爲中國所作的估計無疑地將有參考價值，但是，也很顯然的，它們的適用性是非常有限的。第一，中國的經濟條件與日本遠不相同，兩國投資率實無理由根據人口及土地面積而假定相同。第二，僅有人口及土地面積還不能充分表示投資的潛在力量；資源及國

---

① 自1900年到1936年，日本的投資計算如下(以百萬美元爲單位，物價及匯率以日本1936年的數字爲準)：

附表　　　　　　　　　　　　　　　　　　(單位：百萬美元)

年　份	總　數	每年平均數	投資占國民收入中的百分率
1900—1909	783	78	12%
1910—1919	1 658	166	17%
1920—1929	3 128	313	12%
1930—1939	2 476	354	10%

見 Eugene Staley, *World Economic Development*, Montreal, 1944, published by the International Labour Office, p. 71。

② 詳細的分析，見 Robert W. Tufts 爲 *World Economic Development* 一書第四章所加的附錄。

③ Eugene Staley, *ibid.*, p. 71, Table 2。

民收入的大小與分配也須計算在內。最後，生產技術這一因素亦須予以考慮，日本在 1900—1936 年的幾十年中經濟發展的方式及進度，顯然的決不能和中國最近及將來幾十年的情形相吻合。總之，我們可以說，不管我們關於中國的資本需要額將作出怎樣的估計數字，假若已知本國資本的數額及其積累率，則得到的外國資本在決定中國工業化的程度及進度上將起着重要的作用。我們還要着重指出一點，根據美國、一部分歐洲國家以及中國在過去幾十年的經驗，運輸業在諸種最重要的部門中將最先得到外資和利用外資。在一些煤炭資源不足的國家，水力發電的發展也非常重要。

第三節　農業國與工業國之間的貿易

一、農業與工業之間貿易的特徵和轉變

古典派的理論，假定了生產要素在國內能完全移動，而在國家與國家之間則完全不能移動。如果我們放棄了這個假定，則國際貿易的性質，基本上實與國內交易一樣。兩者都可以運用基於區間分析法（interregional analysis）的那種較爲廣泛和較富於一般性的理論予以說明。① 事實上，即令在大戰前的中國，上海與昆明之間貿易的困難和障礙都遠遠大於上海與舊金山之間，更不必說大於上海與香港之間了。此種情形尤以運輸方面爲甚。這大部分說明了何以在兩次大戰之間的時期裏，上海每年取

---

① 關於這方面的嘗試，一個是俄林（Bertril Ohlin）所作的。見他的 *Interregional and International Trade*, 1935。另一個嘗試是布萊克（John D. Black）的。他寫了一篇關於區間分析的文章，認爲"通常關於國際貿易理論的大部分的分析，實可應用於一國內區間分析的大部分問題上。"見其文 *Interregional Analysis with Particular Reference to Agriculture*, 載於 *Exploration in Economics*, 1936, New York and London, pp. 200-210。

道香港從緬甸和越南輸入了大量的米糧，而却沒有從内部諸省輸入。但我們這樣的說法，并不是忽略或小視國内貿易與國際貿易之間的差別，雖然這種差別主要是社會性和政治性的，而不是經濟性的。當我們談到農業與工業之間的貿易時，國内貿易與國際貿易之間的差別就變得更大而明顯了。這是由於農業國經濟結構和工業國經濟結構之間的差別，比同一國内兩個區域之間的差別要大得多的緣故。

當我們作理論的探討時，我們可以假定農業國祇輸入工業製造品和祇輸出農產品，而工業國則恰好相反。實際的情形大致也是這樣。但是我們必須認清，這并不排斥農業國也輸入農產品而工業國也輸入工業製造品的可能性和事實；因爲無論農業國或工業國，沒有一個國家能夠完全自給自足。更進一步，這也不排斥農業國輸出一些工業品而高度發達的工業國輸出一些農產品的可能性和事實；因爲實際上沒有一個國家是純農業性的或純工業性的。

同一個國家内農業和工業的區間貿易，與世界上農業國和工業國的國際貿易，這兩者之間的差別，不在於貿易貨物的本身，而在於決定貿易場面的社會經濟諸條件。根據社會經濟諸條件的標準，農業國與工業國之間的貿易有幾種類型：一種是殖民地的類型，貿易發生於高度工業國和它的殖民地之間，後者通常被稱爲"農業殖民地"（agricultural colonies）。① 宗主國把它的農業殖民地祇當做原料的供給來源和製造品的銷售市場。爲了達到此種目的，高度工業國須從殖民地得到"特許權"（concessions）以獨攬或獨占貿易的權利。② 由於這種方式，使殖民地的經濟不僅成爲宗主國的輔助物，而且實際上也成爲它的依賴者，供給宗主國以獵取巨

---

① 關於此種殖民地及他種殖民地的分析，見 G. U. Papi, *The Colonial Problem: An Economic Analysis*, London, 1938, pp. 2-5。

② 對於這種貿易，壟斷及壟斷性競争的理論要比較適用一些。從壟斷性競争理論的推論，我們知道在這種情形下的貿易額要小於不在這種情形下的貿易額。見 W. E. Beach, *Some Aspects of International Trade under Monopolistic Competition*, in *Exploration in Economics*, pp. 102-108。剝削理論如何適用於這種殖民地的貿易，尚待進一步闡明。

額利潤的機會并吸收宗主國的大量資本。另一種可以稱爲"雙邊對稱類型"（bilaterally symmetrical type），農業國與工業國彼此以對等的條件相互貿易。這裏的農業國可能是已經工業化了的國家，它的人民可能已經獲得高度的收入水準和生活程度。例如丹麥和澳大利亞就是例子。在這種類型下的貿易特徵，可以用對農產品的供給和需求的特徵與對製造品的供給和需求的特徵相比較來解釋。

當農業國進行工業化時，它與別國進行的貿易的性質和內容就開始發生變化。一般說來，過去的經驗是當一國發展生產并使生產現代化的時候，它便輸入較多的主要類別的商品。它輸入較多的食物，較多的原料，較多的半製成品及製成品；但是，可以料想得到，原料及半製成品的輸入更要增加其相對重要性。在輸出一方面，經驗告訴我們，當一個國家從經濟較不發達的階段轉變到比較先進的階段時，它就開始輸出較多的製成品及半製成品。不過它也可能增加粗原料和食品的輸出，雖然這些東西在輸出總額中的相對重要性可能減少。① 可見，有人認爲增加一國進行現代生產過程的能力的工業化，通常必將減少製造品的輸入額，這是不太有根據的。總的說來，過去的情形恰巧與此相反。

我們試以日本的情形作例來說明。日本在工業化時期，常有入超，其中大部分是原料，如原棉、五金以及機器等。從 1912 年到 1923 年，日本的進口增加了三倍，從 1912 年的 618 992 000 日元增加到 1923 年的 1 987 063 000 日元，輸入內容的變化，由表 6-2 的百分率分配中可以見到。② 顯然，除了戰爭期間從 1915 年到 1918 年外，日本輸入百分率的分配幾乎是固定不變的。其中主要部分包括原料和未成品，這表明了一國在工業化早期階段所通有的情形。

---

① Eugene Staley, *World Economic Development*, Montreal, 1944, p. 135。
② 見 S. Uyehara, *Industry and Trade of Japan*, London, 1926, p. 65。

表 6-2　日本輸入品的百分率*

年　份	食物和飲料(%)	原料和未成品(%)	製成品(%)
1912—1914	13.7	68.5	17.1
1915—1918	6.3	82.5	10.3
1919—1922	13.6	69.5	16.2
1923	12.6	67.7	17.7

注：*輸入總價值的百分率。

另一方面，同期內日本輸出額也幾乎增加了三倍，從 1912 年的 526 982 000 日元增加到 1923 年的 1 447 749 000 日元。根據同一資料來源，輸出內容的變動也可以用百分率的分配來表示(見表 6-3)。①

表 6-3　日本輸出品的百分率*

年　份	食物和飲料(%)	原料和未成品(%)	生絲(%)	製成品(%)
1912—1914	10.3	30.8	28.6	29.1
1915—1918	10.5	28.2	21.6	37.1
1919—1922	6.8	18.4	30.9	42.4
1923	6.3	14.8	39.2	37.4

注：*輸出總價值的百分率。

從表 6-3 我們注意到，日本輸出貿易的性質，在它的工業化的重要階段，發生了顯著的變化。食物和飲料輸出的減低是大多數正在進行工業化的國家所共有的現象，它表示着人口的增加和人民收入的提高產生了對本國食物的大量需要，從而使其出口受到抑制。原料和未成品輸出百分率的逐漸減少，是由於在擴張過程中，國內工業對它們有更大的需要。在輸出品中，唯一增加的項目祇有生絲，這因為生絲的供給是處於

---

① 見 S. Uyehara, *Industry and Trade of Japan*, London, 1926, p.59。

東方的壟斷；而在此時期內，外國對生絲的需要也正好在增高。最令人注目的是製成品輸出的增加。這對於其他高度工業化了的國家的輸出，自然會有些影響。

不過，英國的經驗却略有不同。粗原料和食物輸出的減少，不僅是相對的，而且還是絕對的。這是因爲英國是首先發動產業革命的國家，而它的產業資源從來就不足以應付它本身的需要。在它的貿易的最早時期，羊毛和錫是主要的輸出品；之後製成品的羊毛衣料輸出就最爲顯著。同樣，在更接近現代的時期，由於"產業革命"以及機器和蒸汽動力的引用，英國的最大輸出品是紡織品和金屬製品。① 在輸入品中，食物和原料，特別是棉花、羊毛及金屬製品是最重要的項目。至於製造品的輸入，則從未占有重要地位。

二、農業國與工業國的貿易條件

"貿易條件"（terms of trade）的概念及其決定，久爲古典派及新古典派經濟學者討論中的重要課題。② 陶西格（F. W. Taussig）首先談到"物物貿易條件"（the barter terms of trade），後來又用輸出物價與輸入物價之比作爲測量的尺度。③ 按照馬歇爾（Alfred Marshall）的意思，在他給予特殊定義的 G-包（G-bales）和 E-包（E-bales）之間的交換比率，是用勞動作單位來衡量的。④ 因此農業國與工業國的真實貿易條件，可以用下列三種

---

① 關於產業革命後期英國商業的討論，可參看 H. de B. Gibbins, *British Commerce and Colonies*, London, 1897, pp. 113-116。
② 關於貿易條件諸學說的評論，見 Gottfried von Haberler, *The Theory of International Trade*, New York, 1937, pp. 159—166。關於貿易條件之統計的分析，見 Colin Clark, *Conditions of Economic Progress*, London, 1940, Chapter 14, The Terms of Exchange。關於這種分析的一般限制，見 Simon Kuznets, "Economic Progress—a review on Clark's book", *Manchester School*, April 1941, pp. 28-34。
③ 見 F. W. Taussig, *International Trade*, New York, 1928, p. 8。在附錄中，陶西格算出了英國、加拿大和美國的物價及貿易條件，見 pp. 411-419。
④ 詳細的討論，見 Alfred Marshall, *Money, Credit and Commerce*, London, 1929, Book 3, Chapters 7 and 8, and especially Appendix J。

尺度之一來度量：1. 所交換的小麥(農產品)數量與麻布(製造品)數量的比例——物物貿易條件；2. 兩種貨物的單位貨幣價格的比例——商品貿易條件；3. 生產兩種貨物所費貨幣工資的比例——勞動貿易條件。但是就在這裏我們可以提出一個根本性的問題：上述各種貿易條件的測量尺度，是否真正能夠指出相互貿易的兩組消費者所得到的滿足，并因而指出這兩組消費者所隸屬的兩個國家的相對利益呢？這個問題將引起關於效用在各個人之間如何比較(interpersonal comparison of utility)的爭論，這在經濟研究的現階段，還不能有滿意的答案。① 記住這一點，我們就可以明瞭目前所考察的諸種測量尺度所要受到的一些限制。

根據新古典派的學說，我們可以說農業國和工業國貿易條件的相對利益，首先須看所交換的是何種產品。農業國一般要處於相對不利的情況，因爲國外對它的產品的需要，一般是較少彈性的。正如陶西格所說的，"物物貿易條件(净額的及總額的)變得對美國不利(或者說對德國有利)的程度，須看需要的情況而定。適纔選來解釋賦稅支付後果的特殊數字，是由那種不利於美國的需要所必然引起的。這種情況就是德國對於小麥的需要缺少彈性，而美國對於麻布的需要則比較富於彈性。更確切地說，就是德國的需要彈性小於一，而美國的需要彈性則大於一"。② 陶西格然後假定了一種他顯然相信是與事實相反的情形："假若德國的需要情形與此相反——即對小麥的需要具有彈性，則美國在物物貿易條件上的損失必然減少。美國雖仍然覺得以小麥交換麻布較爲不利，但其不利的程度却不如上述情形之甚。"③

假若貿易條件的有利與不利，在理論上可以比較，在實際上可以測定，則貿易中各項商品的需要彈性無疑是決定貿易條件有利與不利的一

---

① 關於比較個人之間效用所引起的問題，可參看 N. Kaldor, *Welfare Propositions of Economics and Interpersonal Comparison of Utility* 一文中的短簡的討論，*Economic Journal*, September 1939。
② F. W. Taussig, *International Trade*, New York, 1928, p. 114。
③ F. W. Taussig, *International Trade*, New York, 1928, p. 115。

個重要因素。但是我們對於以需要情形爲中心的古典派或傳統經濟學的學說,却有幾點意見。第一,他們忽略了收入的影響。在工業化繼續進行中,人民的收入將要升到較高的水準。凡是需要彈性較大的產品,在擴張經濟中必將有較大的利益。據此,工業製造品較之農產品,一般均有較大的利益。第二,他們對於供給彈性和生產調整的彈性沒有加以考慮。我們要認清,國內生產的彈性愈大,則輸出國外的收益亦愈大。① 就這點而言,工業製造品一般也是處於比較有利的地位。此種相對有利的情況,不僅發生於擴張經濟中,而且即使在蕭條時期也是一樣。因此在變動的經濟裏,農產品比起工業品來總是處於比較不利的地位,這一點幾乎完全爲古典派的著作所忽視。② 最後,大多數古典派的學說都假定着充分就業,并假定沒有技術改良。但是我們必須指出,技術改良成果的採用,相對地減少了一國對他國輸出品的成本,貿易條件可能因此而發生變動。古典派的學說忽略了這一方面,因而不能適用於發生周期變動和長期變動的經濟社會。

三、農業國工業化對於老工業國的影響

農業國工業化的結果,究竟是裨益於或爲害於已經高度工業化了的國家,是一個久有爭論的問題。早期經濟學者每每強調影響的有害的一方面,他們的論證是單單根據下列可能性,即一個農業國一旦實現工業化之後,可能要減少它對國外工業製造品的輸入,并且很快會變成老工業國的競爭者,輸出工業製造品到那些仍以農業爲主的國家。在一個忽略了收入效應(income effects)及技術變動,同時又假定了充分就業的經

---

① 舒勒(Richard Schüller)特別着重生產彈性,并用之作爲準則來決定貿易和關稅政策。他早期的論證,見於 *Effect of Imports upon Domestic Production*, in *Selected Readings in International Trade and Tariff Problems*, edited by F. W. Taussig, New York and London, 1921, pp. 371-391。

② 俄林(Bertril Ohlin)根據別的作家的實際調查而歸結說:"整個歐洲,輸出以製造品爲主,輸入以糧食及原料爲主,由於後者的價格較低而獲得利益。"見其 *Interregional and International Trade*, p. 538。

濟社會裏，上述的影響或許是最可能的和唯一的結果。但是現代學者大都趨向於承認這種説法是過於簡單了，而且在實際經濟社會裏也并不總是這樣。他們逐漸認爲農業國的工業化，雖然不利於老工業國的某幾種工業，迫使它們進行痛楚的調整，但是却會產生對於整個經濟社會有利的補償作用。①

如果從長期或歷史的觀點來看，同時考慮到經濟的一般相互依存性這一事實，我們就知道，農業國的工業化也不過是發生在一個區域內的經濟發展的一個階段。任何經濟變動都會引起一些痛楚的調整，并且會產生一些有害的結果。這後者可以認爲是對於經濟進步所必須支付的代價。各種方式的調整，對於一個正在工業化的國家，可能是内在的（internal），也可能是外來的（external）。當它是外來的場合，也和内在的一樣，我們不能草率地就説某種影響是有害的或是有利的。它們之有害抑或有利，須視個別工業而定，同時要看所采取的觀點是短期的還是長期的而定。格雷戈里（T. E. Gregory）在評論東方工業化及其對西方的影響時，説道："關於東方與西方的關係這一問題，雖然我們對於我們自己的未來所存的主見，使我們認爲這是東方工業化過程的最重要的方面，但實際上却是表面的。所謂表面的，倒不僅是出於他們在性質上不一定是永久的，而引起他們發生的現象却倒是永久的這種含義。"因此，"用價值的觀念來闡述整個問題時，我們不要祇用對西方既得利益集團及西方工業可能發生的牽累，來判斷東方的產業革命"。②

經驗表明了農業國的工業化對於老工業國并不有利，如果它們的生產行業是相似的話；此種情形，在短期內尤然。這可舉下列事實爲例。在大戰前時期，日本曾以棉紡織品輸至英國（或稱大不列顛、聯合王國）

---

① 關於本問題的文獻，尤其是德文的，見 Wilhelm Röpke, *International Economic Disintegration*, New York, 1942, p. 182。

② 見 T. E. Gregory 所作的結論，載於 G. E. Hubbard, *Eastern Industrialization and Its Effect on the West*, Oxford University Press, 1935, pp. 363-364。

的殖民地,從而取代了英國在這方面的地位,詳見表6-4所示。① 但是我們必須記住,大不列顛(或稱英國、聯合王國)在棉紡織業方面所受的這種損失,已經從別的行業所獲取的收益中得到補償。經驗又表明了新近工業化的國家,不但未減少工業製造品的輸入,反而增加了它們的輸入,尤其是機器和半製成品。② 并且,統計的研究也證明了,工業品的最大輸入者還是工業國,雖然在表面上看起來,這好像是一種自相矛盾的現象。③

表6-4　大不列顛及日本棉紡織品對大不列顛殖民帝國的輸入

(單位:百萬碼)

年份	對東非洲的輸入		對馬來西亞的輸入		對錫蘭的輸入	
	聯合王國	日本	聯合王國	日本	聯合王國	日本
1929	23.6	32.6	86.0	34.7	27.5	8.2
1931	13.0	50.5	21.6	49.8	16.0	23.7
1933	11.7	78.2	25.9	99.5	9.6	41.4

若要清楚地理解農業國的工業化對於其他國家的關係,必須考慮到幾個最重要的因素。第一個因素是正在進行工業化的國家的經濟結構。布朗(A. J. Brown)在討論國際貿易的前景時,把要實行工業化的國家分為兩種類型。④ 一種包括比較貧窮的小農國家,如印度、中國、東歐及五十年前的日本。這些國家在一段很長的時期裏,必須輸入大部分的機器設備。所以這些國家的工業化,可能使他們的輸入總需要量大為增加。

---

① Gregory and Hubbard,同書,p. 31。數字原以月為準,後均變換到以年為準。
② 關於事實的分析,參閱 Eugene Staley, *World Economic Development*, Montreal, 1944, pp. 135-145。
③ M. Mancolescu, *L'Equilibre économique européen*, Bucharest, 1931, p. 15。
④ 關於詳細的討論,參閱 A. J. Brown, *Industrialization and Trade*, London, 1943, pp. 54-58。

另一種類型可以用英國的海外自治領作爲代表，這些自治領國家的平均每人收入，已和大多數高度工業化了的國家一樣高。這些國家的工業化，將不會使它們的國際貿易引起大量的擴張，並且還可能引起減縮的趨勢。但是這並不一定就表示它們國際貿易的絕對量，將要降低。

第二個因素是工業化進行的方式或方法。在第三章裏，我們曾把工業化分爲兩種："演進性的"(evolutionary)和"革命性的"(revolutionary)。"演進性的"工業化，已經收到了增加對外貿易額的效果。"革命性的"工業化，例如蘇聯，在工業化的初期固然大量增加了資本設備的輸入，但到後來却以減少對外貿易的重要性爲結局。這種迅速達到中央集權的方式對於一個新近工業化的國家是否可能，自然終須看該國的特殊經濟結構如何而定；就蘇聯的情形而言，其經濟結構使上述這種發展格外容易。① 但是我們又必須指出，革命型的工業化，並不一定就發生減少對外貿易的結果。這要看這個國家所採取的財政和貿易政策如何而定。

更有進者，工業化所處的階段不同，其產生影響的性質亦將不同。一個正在經過工業化程序的國家，可能在發軔階段增加輸入，而在較後的階段則減少輸入。但在更後的階段，可能又隨着輸出的增加而增加其輸入。經驗告訴我們，在高度工業化了的國家之間，甚至對於性質不相同的同樣商品，也可以發生貿易。例如，在大戰前時期，"德國輸出劣質鐘錶，輸入優等鐘錶；而英國則輸出優等鐘錶，輸入低等鐘錶。在電氣機器方面，德國輸出的是超等貨，輸入的是次等貨；而英國則輸出的是次等貨，輸入的是超等貨。"②

第三，老工業國方面調整的能力也必須加以考慮。有些作者曾經特別強調這個因素。③ 一個老工業國能否從農業國的工業化中獲得利益，

---

① Wilhelm Röpke, *International Economic Disintegration*, p. 186。

② H. Frankel, "Industrialization of Agricultural Countries and the Possibilities of a New International Division of Labour", *Eonomic Journal*, June—September 1943, p. 195。

③ 見 H. Frankel, *ibid.*; and A. G. B. Fisher, "Some Essential Factors in the Evolution of International Trade", *Manchester School*, October 1943。

大部分取決於它調整它的生產結構以適應新情況的能力和難度。赫伯德（G. E. Hubbard）附和埃林格爾（Barnard Ellinger）的意見，而下一結論，說：過去日本集中力量於利用廉價原料製造低質棉織品，是它足以贏得英國市場的一個重大原因。① 換言之，英國丟失了遠東棉織品市場，一部分實歸咎於它難以而且無法調整紡織品生產，以適應市場需要的變動。當然，這也可能是由於英國覺得它調整其他生產部門，比調整紡織工業，更有發展前途和獲利更大一些。

總之，我們可以得到一個結論：農業國的工業化，將使國際分工引發到一個新的路綫和水平。此種分工的性質和程度，則在一定的社會制度下，又決定於生產技術的變動，可供利用的資源，以及兩者相互引導的關係。

---

① G. E. Hubbard, *Eastern Industrialization and Its Effect on the West*, pp. 79-80。

結　語

　　工業化是經濟轉變的一種最顯著的現象。根據不同的原則和標準，工業化的特徵可以用各種方式來說明。如果着重技術因素，工業化可以定義爲一系列基要生產函數發生變動的過程。若着重資本這個因素，則工業化也可定義爲生產結構中資本廣化和深化的過程。若着重勞動這個因素，工業化更可定義爲每人勞動生產率迅猛提高的過程。所有這些特徵合起來指明一件事——經濟飛躍進步，其意思就是以較小的人類勞動，獲得更大得多的物質利益這一目的的實現。

　　本書所采用的工業化的概念是很廣泛的，包括農業及工業兩方面生產的現代化和機械化。但如本書在開始時所指出的，"工業"一詞乃取其較狹的意義，祇包括製造工業。基要生產函數大部分是運輸、動力發動和傳導，以及一小部分製造工業（如鋼鐵生產和工具母機製造）相聯結的。雖然工業化被解釋成爲表示一系列基要生產函數的變動，這種變動對於農業生產及工業生產兩方面又都有普遍的影響，但製造工業方面的反應和變動却比農業方面更具有代表性。這主要的是因爲製造工業，比之農業，更容易產生并擴充新的產品，從而產生并擴充新的生產行業。而且，當國民收入升到較高水平時，對工業品的需要趨於迅速增加而對農產品的需要却祇能以漸減率增加。更有甚者，在達到了合理的生活水準以後，對農產品的需要甚至將逐漸減少。由於這些差异，農業在工業化過程中的變動曾被工業的變動所掩蓋。由於同樣理由，作者們在解釋和分析工業化過程時，通常都忽略了或過分輕視了農業的變動和作用。這種錯誤觀念和誤解，本書在開始幾章裏已經一再着重指出，并相繼給以澄清。

　　全書分析的主要命題和問題，在導論裏已經提出。我們希望通過以上各章的討論，現在可以比較不太困難地回答這些問題，或者比較深入地理解這些問題。

一、工業的發展與農業的改革及改良

關於導論中提出的第一個命題，即在一個人口稠密的農業地區或國家，工業發展對於農業改革究竟是必要條件，還是充分條件，我們可以得到如下的結論：如果農業的改革及改良是表示農業的機械化和農場經營的大規模組織，則工業的發展祇能說是農業的改革及改良的必要條件，但不是充分條件。工業的發展之所以是必要條件，乃因為農場機器、化學肥料，以及其他為現代耕種所必需的設備和工具，都必須由現代工業來提供。而且，祇有當人民的收入由於工商業的發展而獲得相當大的增加之後，纔可以提高（雖然是以漸減率提高）對農產品的需要并刺激農業的改良。但是僅僅有工業的發展也不足以引起農業的改革。若要農業的改革及改良能有效地實現，還必須同時甚至事先就具備其他的條件。在其他條件中，最重要的是運輸的改良和農場的合并，還有土地重新分配的法律規章，這後一點更是使大規模農場組織得以實現的先決條件。

歷史表明了，在高度工業化的國家中，凡是實現了高度農業機械化的國家也同時就是具有大農場面積的國家。其中我們可以舉出美國、澳大利亞、英國和蘇聯為例。在這些國家中，工業的發展對於農業的現代化貢獻甚大。但是在工業的發展之外，我們對於其他的有關大規模耕種和科學耕種的必要條件，也應該認識清楚。澳大利亞和美國是新興國家，實行大規模耕種所遇到的在制度上的阻礙，比老牌資本主義國家要小得多。在英國，長子繼承制是使農場所有權不再分割的主要因素之一。英國歷史上發生的兩次圈地運動，造成大批農民破產，流落街頭，被拋進了雇傭勞動大軍；但它對於刺激和促進農業的改革及改良，可說與工商業的擴張，起到同樣重要的作用。蘇聯用革命的手段，將所有關於重組農場的制度上的障礙完全掃除了，從而為國營農場和集體農莊的建立鋪平了道路。另一方面，有幾個工業化了的國家，它們的農業并未高度機械化，這部分地是由於存在着阻礙農場合并和土地重新分配的制度上的限制。關於這一類的國家，我們可以舉出日本、德國、法國及比利時爲例。它們的農業改良，主要限於化學肥料的利用以及輪耕作物和其他新耕種方法的采用，而不是引用農業機器。這些國家的人口密度太大，也是農業機械化的嚴重障礙之一。這種解釋，同樣也可以適用於丹麥，雖然它的工業生産遠不如農業生産來得重要。

二、所謂農業與工業的平衡

第二個問題是在一國內，能否保持農業與工業的平衡。對於這一問題的答案，首先須看我們給予"平衡"（balance）一詞的概念如何。我們在導論裏已經把這點着重指出過。一般可以説，在一種像工業化這樣的進化過程裏，這一問題實在無從提出來，因爲真正意義的平衡根本就不會發生。理論上，我們應該承認，若已知技術狀況，則在農業與工業之間應有一個調整的適度點。這個適度點可以稱爲"平衡"或"接近平衡點"。因此在我們的進化過程裏，同樣在理論上，將有一系列這樣的點，可以組成一條表示農業與工業諸種調整的不規則的曲綫（an irregular curve of adjustments between agriculture and industry）。但是我們要注意，實際上這種適度點是從來不可能達到的。因此農業與工業之間的平衡或平衡曲綫也是不可能真正得到的，而且，就農業、工業兩種生産部門加以比較，我們可以説，農業的擴張多少是有限的，而工業的擴張則幾乎是無窮的。在一個擴張經濟裏，若已知人口增殖率以及收入分配和收入大小的可能變動，則對糧食需要的增加和變換可以大致確定。這就是説，農業供給糧食的功能，即使在變動的經濟裏也是可以估計出來的。但是農業供給原料的功能，則不能確切地預知，這大部分要看工業的擴張及合成代用品的發展如何而定。總的來説，農業的擴張多少是可以估計出來的，因爲糧食的供給以壓倒優勢形成農業的主要功能。工業的情形却完全不同。工業中有新產品産生，它們的擴張變動不定，無法預知。在一個實際是變動不已的世界裏，農業與工業二者中有一項幾乎完全是未知數，所以二者之間的任何平衡都是不可能想象的。

但是農業與工業之間的平衡，或者可以用除了所完成的功能以外的單位來表示。我們可以用國民產品或國民收入作爲單位，也可以用工作人口作爲單位，來加以測量。我們要指出的是，這幾種尺度都不令人滿意，因爲數量分析方法的固有缺點，無法充分表示質的變動。然而在現階段，它們是唯一可用的測量尺度。因此，我們在第二章及第四章，曾運用它們來指明農業相對於工業在地位上的變動。用工作人口所表示的平衡概念已久被重視，因爲經濟學畢竟是一種人文科學，討論的是人類的物質幸福。① 但無論用什麽測量尺度，統計資料都表明了在經濟進化的擴張過程中，農業在整個經濟裏的相對重要性是下降了。這主要是由於社會上對農產品需要的收入彈性比較低下。然而這并不是説農業本身有了絕對意義的衰落。相反的，就整個世界經濟而論，自從工業化初次引入之後，農業生產就有了迅速的擴張。衹不過是農業的擴張速率比工業小些罷了。因此即使在高度工業化了的國家，從事農業的工作人口的絕對數目和農業生產的絕對數量，都是可以完全不下降的，有的農業生產數量還在不斷上升。②

三、農業國與工業國的經濟關係

第三個問題是：當農業國開始實行工業化時，在以農爲主的國家與

---

① 最近有一篇論文用工作人口爲單位來討論"鄉村與城市的平衡"（rural-urban balance），見 Arthur P. Chew, "Postwar Planning and the Rural-Urban Balance", *Journal of Farm Economics*, August 1945, pp. 664-675。

② 唯一的例外是大不列顛，農業發生了絕對的下降。但是假若我們將英國的自治領和殖民地的經濟活動也包括在內，把大英帝國當成一個國家，則我們的説法仍然成立。

美國農場工人總數從 1920 年起就下降了，但農業生產却繼續增加。見 John M. Brewster, "Farm Technological Advance and Total Population Growth", *Journal of Farm Economics*, August 1945, p. 513, Table Ⅰ。農場工人與農業生產之間的出入，是由於近幾十年來農場技術的巨大進步和廣泛應用。

以工爲主的國家之間，是否能保持協調而互利的關係？并且，農業國的工業化將給予已經高度工業化了的國家以何種影響？對於這種問題，可以從下述兩方面進行分析和回答。

第一，除掉了政治上的考慮暫時不計外，在農業國所完成的經濟活動與工業國所完成的經濟活動之間的相互依存關係，其深切程度并不下於同一國家内在農業與工業之間經濟活動的相互依存關係。在這裏我們要考慮兩點：一方面，從氣候及資源所顯示出來的自然因素的差別，以及由勞動技術所表明出來的文化背景的不同，在國與國之間是大於在同一國之内的。因此根據國際水平的生產分工，似乎比根據一國規模的分工，其範圍要大一些，程度要高一些。另一方面國際分工的必要性，部分地被各國在國民經濟政策中所表現出來的自給自足的企圖所抵消了。近幾十年來出現的"平行運動"（parallel movement），主要就是由於這種企圖。所謂"平行運動"就是工業國的"農業化"（agrarianization）和農業國的"工業化"相平行，前者是特別反潮流和違背經濟進化的趨勢的。這兩方面的因素，自然的或物質的，與政治的或人爲的，總是趨向於朝著彼此相反的方向發生作用。

第二，如果我們從長期觀點來研究這一問題，并且采用本書所給予的工業化概念，那麽農業國的工業化可以認爲是經濟發展的不可避免的結果。其長期的影響，對於正在進行著工業化的國家和已經高度工業化了的國家兩方面，都將證明是有利的。其所以會如此，是因爲農業國的工業化將提高新近進行工業化各國的生產力和收入水平，這又將提高這些國家的"邊際輸入傾向"（marginal propensity to import）而有利於老的工業國家。但是必須認清，要得到這些利益，就必須付出一定的代價。農業國的工業化，對於老工業國家的某些行業，無疑地將有競爭的影響。新的工業國先可能減少它從老工業國的輸入，後來又與老工業國競爭於第三者的市場。這將迫使老工業國采用某種方法調整生產以應付變動了的形勢。老工業國從農業國的工業化中究竟能得到多大利益，大部分取決於它們進行這種調整的能力和方式。這種不利的效果和對於調整的衝擊影響，比之新近進行工業化的農業國家在內部經濟結構上所必然發生的情形，實在沒有很大的區別。

四、關於中國工業化問題的幾點討論

最後，第四個也是特別重要的一個問題，就是像中國這樣的農業國家，在它的工業化過程中，將會可能遇到一些什麼樣的問題。在以上各章我們曾經企圖描述并估計一個農業國家在工業化時可能引起的牽連關係和複雜性。現在我們經過前面各章的討論，就比較容易瞭解中國工業化將要遇到的各種問題。本書的目的和範圍不允許我們對這些問題作詳盡的研究；我們祇在第六章裏，對農業在工業化過程中所起的作用和可能進行的調整，作了扼要的分析。

關於中國的情形，有幾點可以提出來，以供今後進一步的探討。第一，我們可以説，工業化的激發力量必須在農業以外的來源中去尋找。這就是説，在未來經濟大轉變的過程中，農業祇能扮演一個重要但比較被動的角色，而要使工業化得以開始和實現，還須另找推動力量，特別是在社會制度方面。第二，我們已經證明了工業的發展對於農業的改革及改良是一個必要的條件，儘管不是一個充分的條件。這主要是由於這兩個部門的生產結構的特徵所決定的。祇有當工業發展開始了，基要生產函數或戰略性生產要素組合的變動纔有可能。工業的發展和基要生產函數的變動，兩者大致上可以看成是一樣的東西。那種認爲農業不依賴工業也可以單獨發展的主張，是由於沒有認清這一戰略要點（strategical point）。第三，對於農業的改革和改良，除了從工業的發展得到激發和支持外，最重要的是以土地改革的強烈政策爲前提條件的農場合并。最後，中國的工業化在某些生產行業方面，無疑地對於老的工業國將會有一些競爭的影響。但是這要經過很長的時期，纔會被老的工業國所感覺到。而且，這種影響有一部分將被中國人民購買力的提高所衝銷。如果老的工業國相應地立即努力調整其生產，則中國及其他農業國的工業化將會引導國際分工達到一個新的途徑和水平，這在長期裏對於農業國和工業國雙方都將證明是有利的。

附錄(一) 對"工業"概念的探討

在我們日常生活中，我們經常談到造紙工業、紡織工業或鋼鐵工業；而在紡織工業之下，我們還可談到毛織、棉織或絲織工業，這都不會發生什麼問題。但是一旦從實際的領域跨入理論的天地，我們就會感到，如果要為工業下一明確的定義，實甚困難。而且這種困難，幾乎難以克服。羅賓遜先生(E. A. G. Robinson)為工業所下的定義是："為同一市場生產同一商品的一群生產單位(Firms)。"①但他接著又指出：在實際生活裏，不同的生產者很少是生產"同一種貨物"的。因此當我們談到鋼鐵工業或棉織工業時，我們并不認為它們是生產同一種商品的一群生產單位，而是認為它們是生產各種不同的棉織品或鋼產品的一群生產單位；有時一個單獨的生產單位在它的一個車間裏往往也可以生產出幾種貨物。從這裏我們就可以明瞭，困難的癥結是在實際社會中，同一種工業內并沒有一種"同質的、劃一的商品"(a homogeneous, identical commodity)存在，而這種同質的劃一的商品，在最後分析時，對於理論上工業概念的形成，可說是必要的先決條件。

古典派學者將其理論建立在純粹競爭的假定上，認為工業是指一群為出售一種"同質的、劃一的商品"而相互競爭的賣者。祇要純粹競爭的假定可以成立，祇要商品的同質性或劃一性不發生疑問，這種工業概念是完全合理而可以承認的。但是古典派學者對於同質性或劃一性并未解釋清楚，若一旦對它發生疑問，那麼這一概念原有的含糊不清就會立刻顯現。比這更嚴重的是，整個古典學派關於工業之間競爭的理論也

---

① E. A. G. Robinson, *The Structure of Competitive Industry*, New York and London, 1932, p. 7。

將因之動搖，因爲這一理論主要是建立在這一含糊的概念上。這個基礎顯而易見的是太脆弱了，負載不起沉重的上層建築物。除非我們能用一種方法擴大工業的定義，使它具有適當的基礎而可以承受擺在它上面的沉重負荷，否則古典派的純粹競爭理論的邏輯一致性，將受到致命的損傷。

提倡壟斷競爭理論（theory of monopolistic competition）的學者和使用一般均衡分析方法（general equilibrium approach）的學者都曾盡力企圖克服這種困難。[1] 前一派學者，以羅賓遜夫人（Mrs. Joan Robinson）和張伯倫（E. Chamberlin）爲代表，用一種簡易的方法來解決困難，那就是既不放棄對工業的分析，同時又添加了對生產單位的分析（廠商理論）。關於工業的概念仍然縮小爲祇生產一種商品或產品。羅賓遜夫人爲方便計，寧願對於單一商品採用一種粗疏和簡便的定義，以期與普通常識相符而不致引起麻煩。[2] 她關於工業的概念是，假定不同生產單位的產品是由"一串替代品"（a chain of substitutes）所組成的，它的兩邊都爲"明顯的空隙"（marked gap）所間斷，在此範圍內，對每一個生產單位的產品的需求，都對其他任何一個生產單位的產品的價格，具有相同的敏感性。羅賓遜夫人認爲這種"邊沿部分"（boundary）是一種界限，過此界限這種敏感性即行消失，至少變爲不同級的度量。[3] 卡爾多（N. Kaldor）采用一種"尺度"（Scale）概念。每種"產品"在"尺度"上都占有一定的部分；尺度構成的條件是在相互鄰近的產品之間，"消費者的替代彈性"（the consumers' elasticity of substitution）爲最大（"產品"本身可以定義爲彼此之

---

[1] 特里芬（Triffin）在其著作中曾以極簡明的一節討論"集團"或工業的概念，可以作爲進一步的參考。見 Robert Triffin, *Monopolistic Competition and General Equilibrium*, Harvard University Press, 1940, Chapter 2, Section 3, pp. 78-89。

[2] 羅賓遜夫人定義商品爲"一種可消費的貨物，與他種貨物可以任意相區別，但就實際的目的而言，可以認爲它本身是同質的"。見 Joan Robinson, *Economics of Imperfect Competition*, London, 1933, p. 17。

[3] Joan Robinson, *ibid*, p. 5, and N. Kaldor, "Mrs. Robinson's 'Economics of Imperfect Competition'", *Economica*, 1945, pp. 339-340。

間消費者的替代彈性爲無窮大的一組物品)。張伯倫則采用一種"組合"(group)概念,這種組合可大可小,依分類的概括性的大小而定。① 組合的定義不一定要基於產品間的"替代性"(substitutability)。據他説,"根據'技術標準'(technological criteria)來將工業分類,較之根據市場的替代性來將工業分類,似乎更加容易和更有理由得多。"②

顯而易見的,壟斷競争理論所提出的修正,并未圓滿地解決本節開頭所提到的困難。情況仍然和以前一樣: 祇是在純粹競争的情況下,將許多生産單位集合於一個工業,能使賣者的行爲和反應表現得更加簡單和更加明確一些。但除了這種簡單情況之外,生産單位的匯合絲毫不能簡化各種競争類型的複雜性和多樣性。正由於這個主要的緣故,有些使用一般均衡方法的學者,認爲在一般的純粹價值理論中,"組合"和"工業"是無用的概念。壟斷競争理論的新酒,不應該注入局部均衡方法的舊瓶中。當競争的研究從純粹競争的狹隘假定下解放出來之後,要分析競争,主要祇需保留兩個名詞: 一方面爲個別的生産單位; 另一方面爲全部競争者的集合體。根據這種材料,就能更簡便地建立起一種關於經濟相互依存的一般理論(a general theory of economic interdependence)。③

我們已經明瞭,由於不完全競争及產品差異的存在,"工業"的概念,不僅難於立足,而且也無用處。現在面臨的問題是,我們能否調和理論上的邏輯一致性與經濟社會的現實確切性? 如果能夠,那麼,又應以何種方法調和呢? 爲了解釋這一點,我們可以稍加説明。大家知道,許多"純粹"理論家,每每不嚴密地利用一些設想或假定——例如利潤最大化及滿足最

---

① E. Chamberlin, *Theory of Monopolistic Competition*, 1933, Harvard University Press, pp. 100-104。

② E. Chamberlin, "Monopolistic or Imperfect Competition?", *Quarterly Journal of Economics*, Vol. LI, No. 4, 1937, p. 568, footnote。

③ Robert Triffin, *Monopolistic Competition and General Equilibrium*, Harvard University Press, 1940, p. 89。

大化(maximization of profit and maximization of satisfaction)——以進行分析并建立理論"模型"(models)。另一方面,一些"講求現實的"學者,却批評純粹理論家運用推導而得到的概括結論,距離事實太遠,毫無應用的價值。① 這是一個至關重要的問題,也是一個爭論極多的問題,可是在本書範圍内不能作進一步的研討。我們現在所需要説明的,祇是這種糾纏不清的關係,在上面所討論的問題上,亦同樣發生。工業的概念,在價值的一般純粹理論中,可能是難於立足和毫無用處的,但是它對於實際經驗研究的價值,則不容否認。因此,我們將轉移到問題的實際方面來。不過我們應該指明,我們這樣做,并不是從理論的陣地退却。本書的作者一直相信,理論與實際的結合,或理論與實際的完全一致,是科學研究者的共同目標;而要達到這種目標,純粹理論家和實際分析者都要爲之獻出無盡的努力。

在實際方面,工業的概念不僅可以成立,而且很有必要。如果我們承認"任何兩個工業的相鄰處有一定的誤差範圍存在",這段誤差範圍是由於分類時發生了空隙或重疊而產生的,那麽我們就有十足的理由來爲工業下一定義,并且依照這一定義來將工業分類。我們認爲,一種工業可以定義爲生產一群同類商品的一群生產單位,此種商品的相同性爲最大或者相異性爲最小。各種不同工業的界綫,如前面所討論的,可以依照市場的替代性或生產技術的標準來劃分。我們更應該指出,這種劃分必須基於"市場上真確的事實"②,而且還必須依照我們分析的目的而定。③ 工業這一概念之所以成爲必要,不僅是因爲古典學派及新古典學

---

① E. F. M. Durbin, "Method of Research-A Plea for Co-operation in the Social Sciences", *Economic Journal*, June 1938; L. M. Fraser, "Economists and Their Critics", *Economic Journal*, June 1938; Theo Suranyi-Unger, "Facts and Ends in Economics", *Economic Journal*, March 1939。

② F. H. Knight, *Risk, Uncertainty and Profit*, New York, 1921, p. 125。

③ Alfred Marshall, *Principles of Economics*, London, 8th Edition, 1920, p. 100, Footnote 1。

派的理論都是建立在工業均衡的基礎上,也因爲任何實際經驗的研究,尤其是任何經濟政策的分析,都必須應用工業的概念,都必須首先假定工業的分類是可能的。①

---

① 里昂惕夫(Leontief)在將一般均衡分析作實際的應用以研究美國的經濟結構時,用一種實際的工業概念代替嚴格的理論上的工業概念,而且基於這種概念并根據若干正當的理由,將工業進行分類。見 Wassily W. Leontief, *The Structure of American Economy*, *1919—1929*, Harvard University Press, 1941, pp. 20-21。

附錄(二) 農業作爲一種"工業"與農業對等於工業

就廣義言，農業祇是許多工業的一種。如果我們堅持理論上的定義，認爲一種工業是指生產同一商品的一群生產單位或生產者，很明顯，我們就能將農業進一步劃分爲幾種工業，如小麥種植業、水果種植業、牛乳工業等等。我們甚至還可進一步依照農業生產者出產何種水果，將水果種植業再劃分爲多種行業。不過這樣會使我們陷入無止境的分類，使實際分析難於進行，甚至不可能進行。因此我們必須采用實際的考慮和步驟，即使犧牲邏輯的一致性及理論的純潔性也在所不惜。前面所提到的調和方法，即承認分類時有誤差範圍存在，現在又可采用。按照這種分類方法，可將農業當作一種工業處理，或者徑直稱之爲"農耕工業"(agricultural Industry)。① 這種工業"生長"(grow)②一群產品，其市場替代性的量度幾乎是同級的，因爲實際上大多數糧食產品都能互相替代，故具有高度的市場替代性；其需要彈性(elasticity of demand)的大小也是同級的，因爲實際上對於大多數農產品的需要的價格彈性(price elasticity)，以及對於大多數糧食產品的需要的收入彈性(income elasticity)，都是相當低微的。而且農業生產大都是在相同的生產技術條

---

① 有一本著作以整個一章叙述"農業的工業"，以區別於捕魚、采礦、製造及其他種種工業。見 J. G. Glover and W. B. Cornell, *The Development of American Industries*, New York, 1932, Chapter 2, The Agricultural Industry, pp. 15-38。
② 布萊克將農業當作一種"生長性的"工業來研究，并且定義生長性的工業爲"生長"產物的工業。見 John D. Black, *Introduction to production Economics*, New York, 1926, p. 70。

件下進行的，比如生產調整的彈性（elasticity of production adjustment）①極小，就是這些條件中的一例。

布萊克（J. D. Black）曾經着重指出，農業這一生產部門，與其他工業相較，在性質上是"生長性的"（genetic），在生產階段上是屬於初級的。布萊克將所有工業分爲三類②：① 開采工業，包括采礦、伐木、捕魚、狩獵及水力利用；② 生長工業，包括農業、造林及養魚；③ 製造及機械工業，包括工廠經營、建築及手工業。科林·克拉克（Colin Clark）採用最廣泛的工業定義，甚至將僅僅提供服務的生產部門也包括在內。他也將一切工業分爲三類③：① 初級工業，包括農業、造林及養魚等；② 次級工業，包括製造、采礦及建築等；③ 第三級工業或第三級產業，包括商業、運輸、服務行業及其他經濟活動。布萊克的初級生產，顯然將克拉克的初級工業和次級工業都包括在內。澳大利亞的費雪爾（Allan G. B. Fisher）則將經濟發展分爲下列三階段：初級生產（農業與畜牧）階段，次級生產（製造或工業）階段及"第三級"（貿易與運輸）階段。④ 這種分類含有歷史方面的意義及技術方面的考慮。此處我們需要着重指出的就是，如同上述布萊克、費雪爾、克拉克等所表明的，農業是一種初級的工業。

里昂惕夫（W. W. Leontief）將一般均衡分析方法作實際的應用，以研究美國的經濟結構，在更廣泛的意義上使用了"工業"一詞。除上述的一切工業之外，他在分析1919年至1929年的情況時，將"家庭"也當作一

---

① 生產調整的彈性與生產的替代彈性（elasticity of substitution in production）有些相似之處，但并不完全相同，而且除生產要素組合的變化外，生產調整的彈性還包括了整個工廠的規模的變化。
② John D. Black, *Introduction to Production Economics*, New York, 1926, pp. 66-86。
③ Colin Clark, *Conditions of Eonomic Progress*, London, 1940, p. 182。
④ Allan G. B. Fisher, *The Clash of Progress and Security*, London, 1935, pp. 25-32。

種工業①；後來，在分析1939年的情況時，又將"政府"也當作一種工業來進行研究②。這樣看來，里昂惕夫似乎認爲任何具有相同經濟活動的組合或集團，不論是生産的或是消費的，都是工業。

直到現在，我們都是從廣義的意義上討論"工業"一詞。但在本書的分析中，我們將要狹義地使用工業這個概念。狹義的工業祇包括製造及機械生産。本書則尤其着重與農業有直接的或密切的關係的工業，例如紡織工業、農業機械工業等等。在其他工業中，凡與農業發生間接的或迂迴的關係的，也將予以探討。至於運輸，則是與狹義的農業和工業都有區別的一種生産部門，在應該涉及的地方，也將加以適當的討論。不過我們應當認清，就歷史的意義來説，即使是狹義的工業，也不僅限於現代的製造及機械生産，還要包括在現代工廠制度建立以前的手藝或手工業。就這方面來説，本書所用的工業概念，又得稍加擴大了。

既然工業限於狹義，那麼農業就不應當再作爲一種"工業"來研究。因此，我們可以粗略地將生産活動分爲五個部門，就是：農業、工業、運輸、商業、銀行和其他經濟服務行業。造林及養魚可以當作農業，而采礦及建築則可當作工業。自然我們還應該説明，它們的功能和經濟意義，與農業及工業相比，都是各有不同的。在本書中，"農業"一詞是用以包括各色各樣的農場經營(farm enterprise)，除了大規模的現代化農場外，還包括小規模的家庭農場。農場經營都具有一個共同點，那就是和土地保持着密切的生産技術關係。在這方面，造林及采礦都很像農業。但農業是生長性的事業，采礦則是開采性的事業，彼此之間自有區別。

---

① 里昂惕夫將一切工業(實際上即一切經濟活動)分爲十類，即：農業及糧食，礦業，金屬及其產品，燃料及動力，紡織及製革，蒸汽鐵路，國際貿易，雜項工業，不分配者(主要爲商業勞務及職業服務)，家庭。見 Wassily W. Leontief, *The Structure of the American Economy, 1919—1929*, Harvard University Press, 1941, pp. 69-72。

② Wassiy W. Leontief, "Output, Employment, Consumption and Investment", *Quarterly Journal of Economics*, February 1944, p. 304。

至於造林，雖然也是一種生長性的事業，但依照常識和習慣的標準以及經營的特點，則通常總是和狹義的農業分開的。

本書所采用的農業概念及工業概念，如以理論上的邏輯一致性來判斷，是不夠精確的和不夠純一的。我們之所以采用這種概念，第一，因爲經濟學是一種"人文"科學或"社會"科學，既然是一種人文科學，所以還不能如大多數"純粹"科學或"自然"科學那樣精確。其次，正如我們在導論中已經指出的，本書不僅是理論的分析，同時也是經驗的和歷史的研究。我們認爲，正因爲是經驗的和歷史的研究，概念中和分類時的"含糊範圍"（range of vagueness）或"未決地帶"（zone of indeterminateness）一定更會擴大。爲此，也祇有承認比較寬廣的未決地帶，理論與經驗的結合研究纔可能完成。① 不過這樣又會發生一個問題，那就是如何爲連接的兩個"未決地帶"劃分界限。要回答這個問題，我們就得面對在未決地帶

---

① 作者多年來就抱有一種想法，認爲若要將"自然科學"中所用的科學研究方法應用於"人文科學"，我們最好是能以"範圍"或"地帶"的概念來代替"點"的概念。例如，在研究一個生產單位的成本曲綫或一種工業的供需曲綫時，我們可用"帶"（belt）來代替"一系列點"（a series of points），這種帶可以稱爲"一系列地帶"（a series of zones）。當作者三年前學習於哈佛大學工商管理學院（Graduate School of Business Administ-ration, Harvard University）時，在"案例教學"中，曾發現許多公司或廠家都使用"實際地帶"（practical zones）的方法，爲產量及成本作種種不同的流動預算，而在實際地帶以內，則無變化或調整，因之使作者更相信此種調和方法的合理與適用。這種商業上的實際地帶相當於我們理論上的"未決地帶"，在此種地帶内有許多可能調整的點；至於在此種地帶內，應該以何處爲最適當點或均衡點，却不能決定。

作者後來轉到同校文理學院經濟系時又讀到熊彼特（J. A. Schumpeter）著作中的兩段文字，認識到他對於這一問題持有同樣的看法。熊彼特在討論到均衡和不完整競爭時，認爲"我們唯一可做的事情，就是用'均衡地帶'（equilibrium zone）代替'均衡點'（equilibrium point）"。在討論均衡概念對於研究經濟波動的功效時，熊彼特認爲"因爲實際上經濟制度從未真正達到那種情況（如果達到，就能滿足一切均衡的條件），我們將考慮放棄'均衡點'的概念，而代以'範圍'（ranges），在這種範圍內，整個經濟制度要比它在範圍之外，更接近均衡一些"。見 Joseph A. Schumpeter, *Business Cycles: A Theoretical, Historical and Statistical Analysis of the Capitalist Process*, New York and London, 1939, p. 58 and p. 71。

之間存在有空隙或重叠的現實情況。這種情況使我們不能達到基於"連續性"(continuity)和"流暢性"(smoothness)的那種理論上的完善境界。但是，在這一方面，我們究竟應該犧牲理論上的完善性到什麼程度，以使我們的分析符合現實情況，在經濟研究的現階段，我們對於這個問題尚無圓滿的解答，有待於今後繼續探討。

参 考 书 目

Allen, R. G. D., and A. L. Bowley, *Family Expenditure* (London: P. S. King and Son, Ltd., 1935).

Anderson, H. D., and P. E. Davidson, *Occupational Trends in the United States* (Stanford University, California: Stanford University Press, 1940).

Angell, James W., *The Theory of International Prices* (Cambridge, Massachusetts: Harvard University Press, 1926).

Ashley, Sir William, *The Economic Organisation of England* (London and New York: Longmans, Green and Company, 1937).

Barger, Harold and H. H. Landsberg, *American Agriculture, 1899—1939: A Study of Output, Employment and Productivity* (New York: National Bureau of Economic Research, 1942).

Beach, W. E., *Some Aspects of International Trade Under Monopolistic Competition, in Exploration in Economics* (New York and London: Mc Graw-Hill Book Company, 1936).

Beveridge, William H., *Unemployment: A Problem of Industry* (London: Longmans, Green and Company, 1930).

Bezanson, Anna, "The Early Use of the Term Industrial Revolution", *Quarterly Journal of Economics*, February 1922.

Bienstock, G., S. M. Schwarz, and A. Yugow, *Management in Russian Industry and Agriculture* (London and New York: Oxford University Press, 1944).

Black, John D., *Agricultural Reform in the United States* (New York and London: McGraw-Hill Book Company, 1929).

——*Factors Conditioning Innovations in Agriculture*, in *Mechanical Engineering*,

March 1945.

——*Food Enough* (Lancaster, Pennsylvania: Jaques Cattell Press, 1943).

——*Interregional Analysis with Particular Reference to Agriculture*, in *Explorations in Economics* (New York and London: McGraw-Hill Book Company, 1936).

——*Introduction to Production Economics* (New York: Henry Hoht and Company, 1926).

——*Parity, Parity, Parity* (Cambridge, Massachusetts. The Harvard Committee on Research in the Social Sciences, 1942).

Bowden, W., M. Karpovich, and A. P. Usher, *An Economic History of Europe Since 1750* (New York: American Book Company, 1937).

Bowley, A. L., *Wages and Income in the United Kingdom Since 1860* (Cambridge, England: Cambridge University Press, 1937).

Brewster, John M., "Farm Technological Advance and Total Population Growth", *Journal of Farm Economics*, August 1945.

Brinkmann, Theodore, *Die Oekonomik des landwirtschaftlichen Betriebes*, in *Grundriss der Sozialökonomik*, Abteilung Ⅶ (Tübingen, 1922). (Translated into English by E. T. Benedict and others, under the title of *Economics of the Farm Business*, 1935).

Bronfenbrenner, M., "Production Functions: Cobb-Douglas, Interfirm, Intrafirm", *Econometrica*, January 1944.

Brown, A. J., *Industrialization and Trade* (London: Oxford Press, Institute of International Affairs, 1943).

Burns, Arthur F., "The Measurement of the Physical Volume of Production," *Quarterly Journal of Economics*, February 1930.

——*Production Trends in the United States Since 1870* (New York: National Bureau of Economic Research, 1934).

Cassel, Gustav, *The Theory of Social Economy*, English edition, vol. Ⅰ (London: E. Benn, Ltd., 1932).

Chamberlin, Edward H., "Monopolistic or Imperfect Competition?" *Quarterly Journal of Economics*, vol. LI, no. 4 (1937).

——*The Theory of Monopolistic Competition* (Cambridge, Massachusetts: Harvard University Press, 1938). (中譯本: 張伯倫, 《壟斷競爭理論》, 商務印書館。)

Chang, P. K., "A Note on the Equilibrium of Firm" (unpublished)

——*China's Food Problem*, mimeographed (Washington, D. C., 1945).

——*Food Economy in Kwangshi Province*, in Chinese (Shanghai: Commercial Press, 1938). (張培剛, 《廣西糧食問題》, 商務印書館。)

——"Role of Agriculture in China's Industrialization", *National Reconstruction Journal*, October 1945.

——and C. I. Chang, *The Grain Market in Chekiang Province*, in Chinese, Monograph No. 14, Institute of Social Sciences, Academica Sinica (Shanghai: Commercial Press, 1940). (張培剛、張之毅, 《浙江省食糧之運銷》, 商務印書館。)

Chew, Arthur P., "Postwar Planning and the Rural Urban Balance", *Journal of Farm Economics*, August 1945.

Christensen, Raymond P., *Using Resources: to Meet Food Needs* (Washington, D. C.: United States Bureau of Agricultural Economics, 1943).

Clapham, John H., *The Study of Economic History* (Cambridge, England: Cambridge University Press, 1929).

Clark, Colin, *The Conditions of Economic Progress* (London: The Macmillan Company, 1940).

Cohen, Morris R., and Ernest Nagel, *An Introduction to Logic and Scientific Method* (New York: Harcourt, Brace and Company, 1934).

Condliffe, J. B., "The Industrial Revolution in the Far East", *Economic Record* (Melbourne), November 1936.

Crum, W. L., *Corporate Size and Earning Power* (Cambridge, Massachusetts:

Harvard University Press, 1939).

Cunningham, William, *The Growth of English Industry and Commerce*, vols. I — III (Cambridge, England: Cambridge University Press, 1905—1907).

Danish Statistical Department, *Denmark* (1931).

Dean, W. H., Jr., *The Theory of the Geographic Location of Economic Activities* (Ann Arbor, Michigan: Edwards Brothers, 1938).

Douglas, Paul H., "Technological Unemployment", *American Federationalist*, volume 37, No. 8, August 1930.

——*The Theory of Wages* (New York: The Macmillan Company, 1934).

Durbin, E. F. M., "Method of Research—A Plea for Co-operation in the Social Sciences", *Economic Journal*, June 1938.

Ellis, Howard S., *Removal of Restrictions on Trade and Capital*, in *Postwar Economic Problems*. edited by Seymour Harris (New York and London: McGraw-Hill Book Company, 1943).

Ernle, Rowland Edmund Prothero, Lord, *English Farming: Past and Present*, 3rd edition (London: Longmans, Green and Company, 1922).

——*Pioneers and Progress of English Farming* (London: Longmans, Green and Company, 1888).

Ezekiel, Mordecai, "The Cobweb Theorem", *Journal of Farm Economics*, February 1938.

——"Population and Unemployment", *The Annals of the American Academy of Political and Social Science*, vol 188, November 1936.

Fang, Hsien-t'ing (Fong, H. D.), *Triumph of Factory System in England* (Tientsin, China: The Chihli Press, 1930). (方顯廷,《英國工廠制度之勝利》,天津。)

Faulkner, H. U., *American Economic History*, 5th edition (New York and London: Harper Brothers, 1943).

Fisher, A. G. B., *The Clash of Progress and Security* (London: Macmillan and

Company, Ltd., 1935).

——"Some Essential Factors in the Evolution of International Trade," *Manchester School*, October 1943.

Fong, H. D. (Fang, Hsien-t'ing), *China's Industrialization: A Statistical Survey* (Shanghai, 1931). (方顯廷,《中國工業化之統計考察》, 上海。)

——*The Postwar Industrialization of China* (Washington, D. C.: National Planning Association, 1942).

Frankel, H., "Industrialization of Agricultural Countries and the Possibilities of a New International Division of Labour", *Economic Journal*, June—September 1943.

Fraser, L. M., "Economists and Their Critics", *Economic Journal*, June 1938.

Frickey, Edwin, *Economic Fluctuations in the United States* (Cambridge, Massachusetts: Harvard University Press, 1942).

——*Some Aspects of the Problem of Measuring Historical Changes in the Physical Volume of Production*, in *Exploration in Economics* (New York and London: McGraw-Hill Book Company, Inc., 1936).

Gibbins, H. de B., *British Commerce and Colonies* (London, 1897).

Glover, J. G. and W. B. Cornell, eds., *The Development of American Industries*, revised edition (New York: Prentice-Hall, Inc., 1941).

Haberler, Gottfried, *Prosperity and Depression*, 3rd edition (Geneva: League of Nations, 1941). (中譯本: 哈伯勒,《繁榮與蕭條》, 商務印書館。)

——*The Theory of International Trade* (New York: The Macmillan Company, 1937).

Hansen, Alvin H., "The Business Cycle and Its Relation to Agriculture", *Journal of Farm Economics*, January 1932.

——*Fiscal Policy and Business Cycles* (New York: W. W. Norton Company, 1941).

Hansen, Alvin H. and C. P. Kindleberger, "The Economic Tasks of the Post-war

World", *Foreign Affairs*, April 1942.

Hawk, Emory Q., *Economic History of the South* (New York: Prentice-Hall, Inc., 1934).

Heady, Earl O., "Changes in Income Distribution in Agriculture with Special Reference to Technological Progress", *Journal of Farm Economics*, August 1944.

Heckscher, Eli F., "A Plea for Theory in Economic History", *Economic History*, January 1929.

Hedrick, Wilbur O., *The Economics of a Food Supply* (New York and London: D. Appleton and Company, 1924).

Henderson, H. D., *Supply and Demand* (New York: Harcourt, Brace and Company, 1922).

Hicks, J. R., "Leon Walras", *Econometrica*, October 1934.

——*The Theory of Wages* (London: Macmillan and Company, Ltd., 1935).

Hobson, J. A., *Economics and Ethics* (New York and London: D. C. Heath and Company, 1929).

Hoffmann, Walther, *Stadien und typen der Industrialisierung: Ein Beitrag zur quantitativen Analyse historischer Wirtschafts prozesse* (Jena, 1931).

Holmes, C. L., *Types of Farming in Iowa*, Bulletin No. 256 (Ames, Iowa: Iowa State College Press, 1929).

Hoover, E. M., *Location Theory and the Shoe and Leather Industries* (Cambridge, Massachusetts: Harvard University Press, 1937).

Hopkins, John A., *Changing Technology and Employment in Agriculture*, United States Bureau Agricultural Economics (Washington, D. C.: Government Printing Office, 1941).

Hotelling, H., *Stability in Competition*, in *Economic Journal*, March 1929.

Hourwich, Isaac A., *Immigration and Labour—the Economic Aspects of European Immigration to the United States* (New York and London: G. P. Putnam Sons, 1912).

Hubbard, C. E., and T. E Gregory, *Eastern Industrialization and Its Effect on the West* (London: Oxford University Press, 1935).

Iverson, Carl, *Aspects of the Theory of International Capital Movements* (London: Oxford University Press, 1935).

Jerome, Harry, *Mechanization in Industry* (New York: National Bureau of Economic Research, 1934).

Jones, G. T., *Increasing Return* (Cambridge, England: Cambridge University Press, 1933).

Kaldor, N., "The Equilibrium of the Firm", *Economic Journal*, March 1934.

——"Mrs. Robinson's 'Economics of Imperfect Competition,'" *Economica*, December 1934.

——"Welfare Propositions of Economics and Interpersonal Comparison of Utility", *Economic Journal*, September 1939.

Keynes, J. M., *The General Theory of Employment, Interest and Money* (New York and London: Harcourt, Brace and Company, 1936). (中譯本: 凱恩斯,《就業利息和貨幣通論》, 商務印書館。)

——*Reply*(to Staehle), in *Review of Economic Statistics*, vol, XIX (1937).

——*A Treatise on Money*, vol. I (New York: Harcourt, Brace and Company, 1930).

King, W. I., "The Relative Volume of Technological Unemployment", *Proceedings of American Statistical Association*, 1933.

Knapp, John, "The Theory of International Capital Movements and Its Verifications", *Review of Economic Studies*, Summer 1943.

Knight, Frank H., *Risk, Uncertainty and Profit* (Boston and New York: Houghton Mifflin Company, 1921).

——"Some Fallacies in the Interpretation of Social Cost", *Quarterly Journal of Economics*, August 1924.

Knight, Melvin M., H. E. Barnes, and F. Flügel, *Economic History of Europe*

(Boston and New York: Houghton Mifflin Company, 1928).

Knight, Melvin M., "Recent Literature on the Origins of Modern Capitalism", *Quarterly Journal of Economics*, May 1927.

Knowles, L. C. A., *Economic Development in the Nineteenth Century* (London: G. Routledge and Sons, Ltd., 1932.)

Koh, Tso-Fan, *Capital Stock in China*, in *Problems of Economic Reconstruction in China*, mimeographed. China Council Paper No. 2. Institute of Pacific Relations, 8th Conference at Mont Tremblant, December 1942.

Kondratieff, N. D., "The Long Waves in Economic Life", *Review of Economic Statistics*, November 1935.

Kuznets, Simon, "Economic Progress", *Manchester School*, April 1941.

——*National Income and Its Composition, 1919—1938* (New York: National Bureau of Economic Research, 1941).

Lamartine Yates, P., *Food Production in Western Europe* (London and New York: Longmans, Green and Company, 1940).

Lauderdale, James Maitland, An Inquiry Into the Nature and Origin of Public Wealth, 2nd edition (Edinburgh: A. Constable and Company, 1819; first edition, 1804).

League of Nations, Mixed Committee, *Final Report on the Relation of Nutrition to Health, Agriculture and Economic Policy* (Geneva, 1937).

Lecky, W., *History of England in the Eighteenth Century* (London, 1870—1890).

Leontief, Wassily W., "Output, Employment, Consumption and Investment", *Quarterly Journal of Economics*, February 1944.

——*The Structure of American Economy, 1919—1929* (Cambridge, Massachusetts: Harvard University Press, 1941).

Levy, Hermann, *Large and Small Holdings* (London and New York: Macmillan Company, 1911).

Lin, W. Y., *The Future of Foreign Investments in China*, in *Problems of the Pacific* (New York: Oxford University Press, 1939).

Locklin, D. Philip, *Economics of Transportation*, revised edition (Chicago: Richard D. Irwin, Inc., 1938).

Longe, F. D., *A Refutation of the Wage-fund Theory*, reprinted edition, J. H. Hollander, ed. (Baltimore, Maryland: Johns Hopkins Press, 1904; Original printing, London, 1866).

Lorwin, Lewis L., and John M. Blair, *Technology in Our Economy*, TNEC Monograph No. 22 (Washington, D. C.: U. S. Government Printing Office, 1941).

McCulloch, J. R., *Principles of Political Economy* (Edinburgh, 1830).

Mancolescu, M., *L'Equilibre economique européen* (Bucharest, 1931).

Mantoux, Paul, *The Industrial Revolution in the Eighteenth Century* (New York: Harcourt, Brace and Co., 1928).

Marshall, Alfred, *Money, Credit and Commerce* (London: Macmillan and Company, Ltd., 1929).

——*Principles of Economics*, 8th edition (London: Macmillan and Company, Ltd., 1925).（中譯本：馬歇爾，《經濟學原理》，商務印書館。）

Martin, R. F., *National Income in the United States, 1799—1938* (Washington, D. C.: National Industrial Conference Board, 1939).

Marx, Karl, *Capital*, English translation, vol. Ⅰ (Chicago: Charles H. Kerr and Company, 1909).（中譯本：馬克思，《資本論》第一卷，人民出版社。）

Mason, Edward S., *Industrial Concentration and the Decline of Competition*, in *Exploration in Economics* (New York and London: Mc Graw-Hill Book Company, Inc., 1936).

Michl, H. E., *The Textile Industries: An Economic Analysis* (New York: Textile Foundation, 1938).

Mill, John Stuart, *Principles of Political Economy* (London and New York:

Longmans, Green and Company, 1909; first edition, 1848).

Moore, H. L., *Economic Cycles: Their Law and Cause* (New York, 1914).

Nicholls, William H., "Imperfect Competition Within Agricultural Processing and Distributing Industries", *Canadian Journal of Economics and Political Science*, May 1944.

——*A Theoretical Analysis of Imperfect Competition with Special Application to the Agricultural Industries* (Ames, Iowa: State College Press, 1941).

Notestein, Frank W., *The Future Population of Europe and the Soviet Union* (Geneva: League of Nations, 1944).

Ohlin, Bertril, *Interregional and International Trade* (Cambridge, Massachusetts: Harvard University Press, 1933).

Orchard, John E., *The Social Background of Oriental Industrialization—Its Significance in International Trade*, in *Exploration in Economics* (New York and London: Mc Graw-Hill Book Company, 1936).

Orwin, C. S., and B. I. Felton, *Journal of the Royal Agricultural Society of England* (1931).

Papi, G. U., *The Colonial Problem: An Economic Analysis* (London: P. S. King and Son, 1938).

Parsons, T., "Capitalism in Recent German Literature: Sombart and Weber", *Journal of Political Economy*, December 1928.

Peck, Harvey W., *Economic Thought and Its Institutional Background* (New York: Farrar and Rinehart, 1935).

——"The Influence of Agricultural Machinery and the Automobile on Farming Operations", *Quarterly Journal of Economics*, May 1927.

Persons, Warren M., *Forecasting Business Cycles* (New York: John Wiley and Sons, 1931).

Pigou, A. C., *Industrial Fluctuations* (London: Macmillan and Company Ltd., 1927).

Pirenne, Henri, *Economic and Social History of Medieval Europe* (New York: Harcourt, Brace and Company, 1927).

Political and Economic Planning, *Economic Development in Southeastern Europe* (London: Oxford University Press, 1945).

Predohl, A., "The Theory of Location in Its Relation to General Economics", *Journal of Political Economy*, June 1928.

Prothero, Rowland Edmund, *see* Ernle.

Quaintance, H. W., *The Influence of Farm Machinery on Production and Labor* (New York: Macmillan Company, 1904).

Reid, Margaret G., *Food for People* (New York and London: John Wiley and Sons, 1943).

Remer, C. F., *Foreign Investments in China* (New York and London: Macmillan Company, 1933).

Ricardo, David, *Principles of Political Economy and Taxation*. 3rd edition (London: The Macmillan Company, 1821; first edition, 1817). (中譯本：李嘉圖，《政治經濟學及賦稅原理》，商務印書館。)

Ritschl, Hans, "Reine und Historische Dynamik des Standortes der Erzeugungszweige", *Schmoller's Jahrbuch*, 1927.

Robbins, Lionel, *Elementary Political Economy* (1888).

——*An Essay on the Nature and Significance of Economic Science* (London: The Macmillan Company, 1935).

——"On the Elasticity of Demand for Income in Terms of Effort", *Economica*, June 1930.

——*The Optimum Theory of Population*, in *London Essays in Economics* (London, 1927).

Robertson, D. H., *Banking Policy and Price Level* (London, 1926).

—— *A Study of Industrial Fluctuations* (London, 1915).

Robinson, E. A. G., *The Structure of Competitive Industry* (New York and

London, 1932).

Robinson, Joan, *Economics of Imperfect Competition* (London: Macmillan and Company, Ltd., 1933). (中譯本：羅賓遜,《不完全競爭經濟學》, 商務印書館。)

—— *Essays in the Theory of Employment* (London: Macmillan and Company, Ltd., 1937).

Roll, Erich, *Elements of Economic Theory* (London: Oxford University Press, 1937).

Röpke, Wilhelm, "L'Industrialisation des pays agricoles: problème scientifique", *Revue economique internationale*, July 1938.

——*International Economic Disintegration* (New York, 1942).

Rosenstein-Rodan, P. N., "Industrialization of Eastern and Southeastern Europe", *Economic Journal*, June—September 1943.

Royal Institute of International Affairs, *World Agriculture: An International Survey* (London: Oxford University Press, 1932).

Say, J. B., *Traite d'economie politique*, 2nd edition (Paris, 1814; 1st edition, 1803). (中譯本：薩伊,《政治經濟學概論》, 商務印書館。)

Schüller, Richard, *Effects of Imports upon Domestic Production*, in *Selected Readings in International Trade and Tariff Problems*, edited by F. W. Taussig (New York and London, 1921).

Schultz, Theodore, *Food and Agriculture in a Developing Economy*, in *Food for the World* (Chicago: University of Chicago Press, 1945).

——"Two Conditions Necessary for Economic Progress in Agriculture", *Canadian Journal of Economics and Political Science*, August 1944.

Schumpeter, Joseph A., *Business Cycles: A Theoretical, Historical and Statistical Analysis of the Capitalist Process*, vol. I (New York and London: Mc Graw-Hill Book Company, 1939).

——*The Theory of Economic Development*, translated from the 2nd German edition

(Cambridge, Massachusetts: Harvard University Press, 1934).

Sée, Henri, *Les Origines du Capitalisme Moderne* (Paris: Colin, 1926).

Shadwell, Arthur, *History of Industrialism*, in *An Encyclopaedia of Industrialism*, Nelson's Encyclopaedic Library.

Shaw, Eldon E., and John A. Hopkins, *Trends in Employment in Agriculture, 1909—1936*, WPA, N. R. P. Report No. A-8.

Shepherd, G. S., *Agricultural Price Analysis* (Ames, Iowa: Iowa State College Press, 1941).

Shove, G. F., "Varying Costs and Marginal Net Products", *Economic Journal*, *June* 1928.

Sombart, Werner, *Der Moderne Kapitalisms*, vol. I, second edition (Munich and Leipzig: Duncker and Humblot, 1928).

——" Economic Theory and Economic History", *Economic History Review*, January 1929.

Staehle, Hans, *Rejoinder* (to Keynes), *Review of Economic Statistics*, vol. XXI (1939).

——"Short-period Variations in the Distribution of Incomes", *Review of Economic Statistics*, August 1937 (vol. XIX).

Staley, Eugene, *World Economic Development* (Montreal: International Labour Office, 1944).

Stigler, George J., *Production and Distribution Theories* (New York: The Macmillan Company, 1941).

——*The Theory of Competitive Prices* (New York and London: The Macmillan Company, 1942).

Stopler, W. F., "The Possibility of Equilibrium Under Monopolistic Competition", *Quarterly Journal of Economics*, May 1940.

Sumner, W. G., and A. G. Keller, *The Science of Society* (New Haven: Yale University Press, 1927).

Suranyi-Unger, Theo, "Facts and Ends in Economics", *Economic Journal*, March 1939.

Sweezy, Paul M., *Theory of Capitalist Development* (New York: Oxford University Press, 1942).

Taussig, F. W., *International Trade* (New York: The Macmillan Company, 1927).

Tawney, R. H., *Land and Labour in China* (New York: Harcourt, Bruce and Company, 1932).

Temporary National Economic Committee, *Competition and Monopoly in American Industry*, Monograph No. 21, by Clair Wilcox (Washington, D. C.: United States Government Printing Office, 1940).

Temporary National Economic Committee, *Technology in our Economy*. Washington, 1941.

Thünen, J. H. von, *Der isolierte Staat in Beziehung auf Landwirtshaft und Nationalökonomie*, 1st edition (Berlin: Wiegandt, 1826).

Timoshenko, V. P., *The Role of Agricultural Fluctuations in the Business Cycle*, Michigan Business Studies (Ann Arbor: University of Michigan School of Business Administration, June 1930).

Toynbee, Arnold, *Lectures on the Industrial Revolution of the Eighteenth Century in England*, 1st edition (London: Longmans, Green and Company, 1884).

Triffin, Robert, *Monopolistic Competition and General Equilibrium Theory* (Cambridge, Massachustetts: Harvard University Press, 1940).

United States Department of Agriculture, *Agricultural Outlook Charts*, 1944.

United States Department of Agriculture, *Agricultural Statistics*.

United States Bureau of the Census, *Eleventh Census of the United States*, vol. V (Washington, D. C.: United States Government Printing Office).

United States Bureau of the Census, *Fifteenth Census of the United States*, vol. IV (Washinton, D. C.: United States Government Printing Office).

United States Bureau of the Census, *Population*, Series p. 9, No. 11, December 1944.

United States Bureau of the Census, *Sixteenth Census of the United States*, vol. Ⅲ (Washington, D. C. : United States Government Printing Office).

United States Bureau of the Census, *Twelfth Census of the United States*, vols. Ⅴ. Ⅶ (Washington, D. C. : United States Government Printing Office).

United States Bureau of the Census, *United States Census of Agriculture*, 1935, vol. Ⅲ (Washington, D. C. : United States Government Printing Office).

United States National Resources Committee, *Consumer Expenditure in the United States*, 1939.

United States Works Progress Administration, N. R. P. Report No. A-8, *Trends in Employment in Agriculture, 1909—1936*, prepared by Eldon E. Shaw and John A. Hopkins.

United States Works Progress Administration, N. R. P. Report No. A-9, *Changes in Farm Power and Equipment: Tractors, Trucks and Automobiles* (Washington, 1938).

United States Works Progress Administration, N. R. P. Report No. A-11, *Changes in Farm Power and Equipment: Field Implements*, prepared by Eugene G. McKebben and others (Washington, 1939).

United States Works Progress Administration, *Changes in Technology and Labour Requirements in Crop Production: Corn (A-5), Wheat and Oats (A-10), Cotton (A-7), Vegetable Crops (A-12)* (Washington: Government Printing Office).

United States Works Progress Administration, *Changes in Technology and Labour Requirements in Dairying* (Washington, D. C. : Government Printing Office, 1939).

United States Works Progress Administration, *Survey of Economic Theory on Technological Change and Employment*, National Research Project

(Washington, 1940).

Unwin, George, *Industrial Organization in the Sixteenth and Seventeenth Centuries* (Oxford, At the Clarendon Press, 1904).

Usher, A. P., *A Dynamic Analysis of the Location of Economic Activity*, Mimeographed, 1943.

——*An Economic History of Europe Since* 1750 (New York, 1937). (See Bowden.)

——*History of Mechanical Inventions* (New York: Mc Graw-Hill Company, 1929).

——*The Industrial History of England* (New York: Houghton Mifflin Company, 1920).

Uyehara, S., *Industry and Trade of Japan* (London, 1926).

Venn, J. A., *The Foundations of Agricultural Economics: Together with an Economic History of British Agriculture during and after the Great War* (Cambridge, England: Cambridge University Press, 1933).

Walker, E. Ronald, *From Economic Theory to Policy* (Chicago: University of Chicago Press, 1943).

Walras, Leon, *Elements d'economic politique pure* (Lausanne: F. Rouge, 1926).

Wang, Chich-chien and Wang, Cheng-cheng, *Report of a Survey on Cotton Mills in Seven Provinces of China, in Chinese* (Shanghai: Commercial Press, 1935) (王子建、王鎮中,《七省華商紗廠調查報告》,商務印書館。)

Weber, Alfred, *Industrielle Standortslehre*, in *Grundriss der Sozialökonomik*, vol, Ⅵ (Tübingen: I. B. C. Mohr, 1914).

——*Über den Standort der Industrien*, Teil 1, *Reine Theorie des Standorts*, 1st edition, 1909. Translated by C. J. Friedrich as *Theory of the Location of the Industries* (Chicago: The University of Chicago Press, 1929).

White, Harry D., *The French International Accounts 1880—1913* (Cambridge, Massachusetts: Harvard University Press, 1933).

Williams, John H., "The Theory of International Trade Reconsidered", *Economic Journal*, June 1929.

Wilson, Roland, *Capital Imports and the Terms of Trade* (Melbourne: Macmillan Company, 1931).

Wright, Chester W., *The Fundamental Factors in the Development of American Manufacturing*, in *Exploration of Economics* (New York and London: Mc Graw-Hill Book Company, 1936).

Young, Allyn, "Increasing Returns and Economic Progress", *Economic Journal*, December 1928.

Yugow. A., *Russia's Economic Front for War and Peace: An Appraisal of the Three Five-Year Plans* (New York and London, 1942).

Zeuthen, F., *Problems of Monoploy and Economic Warfare* (London: George Routledge and Sons, 1930).

Zimmerman, C. C. *Consumption and Standards of Living* (New York: Williams and Norgate, 1936).

Zimmermann, Erich W., *World Resources and Industries* (New York and London: Harper Brothers, 1933).

Zweig, Ferdynand, *Economics and Technology* (London: P. S. King and Son, Ltd., 1936).

英漢人名對照

Aftalion, Albert　　　　　　亞佛達理翁，艾伯特
Angell, James W.　　　　　　安吉爾，詹姆士 W.
Bakewell, Robert　　　　　　貝克韋爾，羅伯特
Black, John D.　　　　　　　布萊克，約翰 D.
Blanqui, Jerome Adolphe　　 布朗基，熱羅姆·阿道夫
Bowden, W.　　　　　　　　　鮑登，W.
Burns, Arthur F　　　　　　 伯恩斯，阿瑟 F.
Cassel, Gustav　　　　　　　卡塞爾，古斯塔夫
Chamberlin, Edward H.　　　 張伯倫，愛德華 H.
Clark, Colin　　　　　　　　克拉克，科林
Clark, J. B.　　　　　　　　克拉克，J. B.
Clark, J. M.　　　　　　　　克拉克，J. M.
Condliffe, J. B.　　　　　　康德利夫，J. B.
Crum, W. L.　　　　　　　　　克魯姆，W. L.
Dean, W. H., Jr.　　　　　　小迪安，W. H.
Douglas, Paul H.　　　　　　道格拉斯，保羅 H.
Ellinger, Barnard　　　　　　埃林格爾，巴納德
Ernle, Lord, Rowland Edmund　厄恩利爵士，羅蘭·埃德
　　Prothero　　　　　　　　　　蒙·普羅瑟羅
Ezekiel, Mordecai　　　　　 伊喬基爾，莫迪凱
Fisher, Allan G. B.　　　　 費雪爾，阿倫 G. B.
Frankel, H.　　　　　　　　 弗蘭克爾，H.
Frisch, Ragnar　　　　　　　弗里希，拉格納

Gregory, T. E.	格雷戈里, T. E.
Haberler, Gottfried	哈伯勒, 戈特弗里德
Hansen, Alvin H.	漢森, 阿爾文 H.
Heady, Earl O.	赫迪, 厄爾 O.
Hicks, J. R.	希克斯, J. R.
Hobson, John A.	霍布森, 約翰 A.
Hoffmann, Walther	霍夫曼, 沃爾瑟
Hoover, Edgar M., Jr.	小胡佛, 埃德加 M.
Hopkins, John A.	霍普金斯, 約翰 A.
Hourwick, Isaac A.	霍爾維希, 艾薩克 A.
Hubbard, G. E.	赫伯德, G. E.
Iversen, Carl	艾弗森, 卡爾
Jevons, H. S.	杰文斯, H. S.
Jevons, William Stanley	杰文斯, 威廉·斯坦利
Jones, G. T.	瓊斯, G. T.
Kaldor, N.	卡爾多, N.
Karpovich, M.	卡波維奇, M.
Keynes, J. M.	凱恩斯, J. M.
Knight, Frank H.	奈特, 弗蘭克 H.
Knowles, L. C. A.	諾爾斯, L. C. A.
Kondratieff, N. D.	康德拉捷夫, N. D.
Lauderdale, Lord, James Maitland	勞德代爾爵士, 詹姆士·梅特蘭
Leontief, Wassily W.	里昂惕夫, 瓦西里 W.
Lescure, Jean	列居爾, 讓
Longe, F. D.	朗格, F. D.
McCulloch, J. R.	麥卡洛克, J. R.
Mantoux, Paul	孟都, 保羅
Marshall, Alfred	馬歇爾, 艾爾弗雷德

Marx, Karl	馬克思，卡爾
Michl, H. E.	米歇爾，H. E.
Mill, James	穆勒，詹姆士
Mill, John Stuart	穆勒，約翰·斯圖亞特
Mitchell, Wesley C.	米切爾，韋斯利 C.
Moore, H. L.	穆爾，H. L.
Ohlin, Bertril	俄林，B.
Pigou, A. C.	庇古，A. C.
Pirenne, Henri	裴朗，亨利
Prothero, Rowland Edmund	普羅瑟羅，羅蘭·埃德蒙
Ricardo, David	李嘉圖，大衛
Ritschl, Hans	里希爾，漢斯
Robbins, Lionel	羅賓斯，萊昂內爾
Robertson, D. H.	羅伯遜，D. H.
Robinson, E. A. G.	羅賓遜，E. A. G.
Robinson, Joan	羅賓遜，瓊
Roll, Eric	羅爾，厄利克
Rosenstein-Rodan, P. N.	羅森斯坦-羅丹，P. N.
Say, J. B.	薩伊，J. B.
Schumpeter, Joseph A.	熊彼特，約瑟夫 A.
Senior, Nassau Willian	西尼耳，納索·威廉
Shadwell, Arthur	沙德韋爾，阿瑟
Sismondi, Simonde de	西斯蒙第，西蒙德·德
Sombart, Werner	桑巴特，威爾納
Spiethoff, Arthur	施比脫夫，阿瑟
Staley, Eugene	斯特利，尤金
Sweezy, Paul W.	斯威齊，保羅 W.
Taussig, F. W.	陶西格，F. W.

Thünen, J. H. von	屠能, J. H.
Timoshenko, V. P.	鐵木辛科, V. P.
Torrens, Robert	托倫斯, 羅伯特
Townshend, Charles	湯新, 查爾斯
Toynbee, Arnold	托因比, 阿諾德
Tugan-Baranowsky, Mikhail Ivanovich	杜岡-巴拉諾夫斯基, 米哈伊爾·伊凡諾維奇
Usher, A. P.	厄謝爾, A. P.
Veblen, Thorstein	凡勃倫, 桑斯泰因
Walras, Leon	瓦爾拉, 萊昂
Wantrup, Ciriacy	萬特魯普, 西里亞西
Watt, James	瓦特, 詹姆士
Weber, Alfred	韋伯, 艾爾弗雷德
Wicksell, Knut	威克塞爾, 克努特
Wright, C. W.	賴特, C. W.
Young, Allyn	楊, 艾林
Young, Arthur	楊, 阿瑟
Zweig, Ferdynand	茲懷格, 費迪南德

張培剛年譜

張培剛年譜*
(1913—2011 年)

1913 年　出生

7 月 10 日(農曆六月初七),張培剛出生於湖北省黃安(今紅安)縣南鄉八里灣成家田村一個普通農民家庭。父張焕元(字錫臣);母張黄氏;兄張培典(號卓群,以號行世);大姐張先娣;二姐張培蓉;三姐張培秀;四姐張培荷;五姐張培聰;妹妹張培駒。

1919 年　6 歲

春,入私塾讀書,誦讀《大學》、《中庸》、《論語》、《孟子》、《幼學瓊林》及《千家詩》等,打下舊學基礎。

1920 年　7 歲

是年,繼續在私塾讀書。

1921 年　8 歲

插班進入兄長張卓群與湖北第一師範學校的同學合辦的私立啟人小學學習。農忙時從事車水、插秧、鋤草、割穀、打穀、放牛等農活,深深體會到農民生活的困苦以及農業勞作的艱辛與不易。

1922 年　9 歲

是年,繼續在啟人小學讀書。

---

* 武漢地方志辦公室著:《張培剛傳》(修訂本),2016 年。

1923 年　10 歲

是年，繼續在啓人小學讀書。

1924 年　11 歲

是年，從啓人小學畢業。

1925 年　12 歲

春，進入董必武任校董兼國文教員的私立武漢中學。期間，受董必武影響，參加一些學生活動。

1926 年　13 歲

10 月，國民革命軍北伐軍占領武漢。

1927 年　14 歲

春，轉入中共黨員劉季良任校長的湖北省立第一中學（今武漢市第十四中學）初中部二年級學習。學習成績常爲全班之冠，作文與數學尤其突出。數學期考常得滿分，作文常被全班傳閲。是時，武漢成爲國民革命中心。兄長張卓群曾任國民黨武昌市黨部執行委員、武昌市政府土地局局長；五姐張培聰加入中國共產黨；張培剛加入童子團，參加遊行活動，接受反帝反封建思想的洗禮。大革命失敗後，五姐張培聰參加"黄麻起義"，英勇犧牲；張培剛一心讀書。

寒假，回鄉接父母妹妹到漢，住兄長張卓群家。

1928 年　15 歲

冬，畢業於湖北省第一中學初中部。知悉國立武漢大學 1929 年春季將招收預科插班生，遂決定以同等學力報考文預科插班生。

1929 年　16 歲

2月15日（農曆正月初六）凌晨，隨同外出打工的堂叔及堂兄弟五六人步行70里到達黃陂縣城，夜宿黃陂縣城旅店。

2月16日，凌晨起，步行20多里到平漢鐵路橫店站，乘火車抵達武漢，住武昌胭脂路。半月後前往位於武昌東廠口的武漢大學參加考試。揭榜時文預科插班生僅錄取張培剛1名，理預科錄取艾華治（女）等6名。文預科主要學習數學、國文、英文等基礎課程。

3月1日，武漢大學珞珈山校址第一期工程動工。

3月，武漢大學代理校長劉樹杞因身兼湖北省政府委員、省教育廳廳長職，事務繁忙，向國民政府教育部提出辭呈，國民政府教育部準辭并任命王世杰爲武漢大學校長。在王世杰未到任之前，由理學院院長王星拱代理校長。

3月4日，參加總理紀念周，聆聽武漢大學法律系主任周鯁生演講。周鯁生認爲：知識也是一種力量，大學負有養成實用專門人才的使命，武漢大學要擔負起提高社會文化的使命。

3月11日，參加武漢大學代理校長劉樹杞離任歡送會。代理校長王星拱認爲，知識是立身的基礎，在主觀方面的修養，不能脱離知識，在客觀方面的應用，尤須以知識爲源泉。

春季，撰寫入讀武漢大學文預科後的國文課第一篇命題作文《論文學之創作與模仿》。

5月12日，參加總理紀念周，聆聽武漢大學文學院教授高翰演講《大學應注重人文教育》。

5月22日，參加武漢大學歡迎王世杰校長莅校大會。王世杰暢談就任校長的目的"是要創造一個新的武漢大學"，擁有文、法、理、工、農、醫六大學院的萬人大學。

6月3日，參加總理紀念周。王世杰演講《大學教育的目的》，認爲"應該把高尚人格的訓練和高深知識的灌輸一樣看作本校教育努力的目標"。

暑假，回鄉省親。

9月23日，參加武漢大學補行秋季學期開學典禮。

10月5日，參加總理紀念周。王星拱演講《讓武昌變成文昌》，直言"教育乃是百年樹人之大計"。

10月25日，參加總理紀念周。武漢大學法學院教授燕樹棠演講《禮貌問題》。

10月，王世杰校長提出大學的"總理紀念周"要有大學的特點，"應當有關於學術教育之報告和演講"。此後，武大的"總理紀念周"幾乎成了大家名師作學術報告和演講的"學術周"。

12月5日，國民政府陸海空軍總司令部武漢行營主任張治中應武漢大學校長王世杰邀請到校演講《文化與武化》，強調："大學是一國文化中心，是領導一個國家的細胞"；"武化"即是"要諸位有強健的體魄、不撓的精神、鐵般的紀律、漆般的團結；用那去發揚文化，用那去指導社會，中國纔有轉機，纔能在國際上有一個地位"。

1930年　17歲

2月23日，參加總理紀念周。同盟會元老、武漢大學工學院院長石瑛發表演講，介紹孫中山做人特點，即"刻苦"、"勤學"、"百折不撓的精神"、"大公無私的態度"。

3月12日，植樹節。武漢大學教職員及學生在珞珈山校址植樹。

3月，武漢大學珞珈山校址工程全面動工。

4月14日，參加總理紀念周。王世杰在演講中宣布校務會議議決案：本科一年級學生須一律選習基本英文課目，其目的在於本科學生經此課目及校中其他課目之訓練，能得到閱覽西書的完全自由。爲了使武漢大學學生畢業後能夠閱覽普通西文書及其專門學科之西文書，武漢大學本科各學系還設有諸種專門科目的外語選讀。

9月，順利進入武漢大學法學院經濟系本科一年級秋季學期就讀，將英國著名思想家、哲學家弗朗西斯·培根的一篇名著中的一句名言，特意譯成押韻的中文："多讀使人廣博，多寫使人準確。"以此作爲"讀書座右銘"。

9月22日，參加總理紀念周。工學院院長石瑛演講《大學生應該有一個遠大的目標和理想》，建議"各位同學畢業後多到農村中去服務，因爲今日中國言治，必先從農村中着手"。

12月，武漢大學文學院英文講師、經濟系一年級基礎英文任課教師胡稼胎在總理紀念周上演講《大學風》，提出：大學之教育，重在創造，應爲一國文化之源泉；大學不僅爲研究學術之中心，且應爲培養高尚人格之素地。

1931年　18歲

2月2日，參加總理紀念周。王星拱發表演講，希望全體學生讀書注意兩點，一是專心，二是增加興趣，并告誡學生一方面用功讀書，一方面注意鍛煉身體。

9月，進入本科二年級。必修課師從皮宗石（財政學）、張峻（憲法及銀行學）、楊端六（貨幣學及會計學）、梁明致（經濟學英文選讀）；另有選修課民法總則（燕樹棠）、近代歐洲政治史（周鯁生）、市政學。繼續選修第二外語法文課，受教於袁昌英。

9月18日，日本關東軍發動"九一八"事變。

10月2日，武漢大學學生集會成立"武大抗日救國會"，決定發行反日刊物，聯合武漢三鎮各校共同抵制日貨，組織"義勇軍"，以實際行動進行抗日。

10月12日，參加總理紀念周。王星拱受校長王世杰委托向學生演講《求學的方法》，強調學問是立身之本，應趁年富力強時努力求學。

10月19日，以武漢大學學生爲首的武漢地區學生舉行大規模反日遊行示威。張培剛與幾位同學起草傳單、標語，鼓動同學罷課赴京請願。

12月7日至10日，武漢大學舉行國難演講，學生踴躍參加。

12月22日，參加總理紀念周。武漢大學商學系主任楊端六演講《建設的意義》，認爲物質建設和精神建設是不可偏重、不可偏廢的。

1932年　19歲

1月，武漢大學珞珈山新校舍一期工程竣工，校址建設告一段落。武漢大學開始由武昌東廠口遷入珞珈山新校址。

2月22日，武漢大學遷入珞珈山新校舍。

3月3日，武漢大學從漢口銀行界借款在新校址開學。

3月7日，參加總理紀念周。武漢大學新學期全體教職員和全體學生第一次集會，也是教職員和全體學生在武漢大學珞珈山校址第一次集會。王世杰校長希望全體教職員和全體學生把武漢大學建成一個名副其實的學府，把武漢大學作爲永久的工作園地；贈送各位學生"好學、吃苦、守紀律"7字箴言。

春，袁昌英布置法文作文題："珞珈山遊記"，以應珞珈勝景。張培剛認真作文，查閱字典，對照法語書刊，幾乎花費了一個星期的課餘時間，完成作文。

5月23日，曾任湖北省教育廳廳長兼武漢大學籌委會主任、建築設備委員會委員、武漢大學代理校長，時任北京大學理學院院長的劉樹杞應邀參加武漢大學珞珈山校址落成典禮，發表《中國科學教育的幾個重要問題》的演講，認爲"宇宙間的各門科學，都是互爲關聯的，并沒有一個天然的界限"。

5月25日下午，前來參加武漢大學珞珈山校舍落成典禮的蔡元培出席武漢大學教職員歡迎會，發表《大學生之被助與自助》的演講。

5月26日，參加武漢大學珞珈山校舍落成典禮。蔡元培代表國民政府行政院、李四光代表國民政府教育部，武漢軍政黨學各界代表及全體教職員和學生參加慶典。王世杰校長作《請大家看我們所走的路是不是中華民族的出路》的報告。蔡元培發表熱情洋溢的講話，希望武漢大學師生搬進新校舍後，充分利用優良的條件，勤奮地學習和研究，把武漢大學真正辦成華中地區的學術文化中心。

5月30日，參加總理紀念周。武漢大學政治系主任周鯁生演講《大學之目的》，指出：現代大學應該有三個重要的使命，一是造就人才，二是提高學術，三是影響社會，要做社會改造的動力。

9月，進入本科三年級。必修課師從周鯁生（三民主義、國際公法）、任凱南（近代外國經濟史、經濟思想史）、陶因（經濟政策）、張峻（國際貿易國際金融）、梁明致（經濟學英文選讀）；另有近代歐洲外交史、政治思想史、保險學、第二外國語等選修課。張培剛選修第三外語德文，受教於德籍教師格拉塞。

9月26日，參加總理紀念周。武漢大學文學院院長陳源演講《怎樣做筆記》。

11月21日，參加總理紀念周。吳其昌發表《治學的態度和救國的態度》的演講。

11月28日，參加總理紀念周。武漢大學教務長楊端六在《人生的意義》演講中認爲，人生的興味，在乎繼續不斷地上進。人生的意義各人不同，走上光明正大的路，在乎立定宗旨，不要走入歧途；在乎努力奮鬥，人生在世，都是一部奮鬥史，從來沒有畏難苟安而能成功；在乎養成充分的能力，以爲應付環境的工具。

11月30日，北京大學文學院院長胡適在武漢大學講學，學生踴躍參加。

12月12日，參加總理紀念周。王星拱坦言：大學的任務，可以分作三個方面。在道德的方面，大學應當樹立國民的表率，大學生做國民的表率；在知識的方面，大學應當探研高深的理論；在技能方面，大學應當研究推進社會進步的事業。

是年，武漢大學制定獎學金規則。該年度設學系獎學金13名，每學系1名，每名獎50元；設學院獎學金4名，每院1名，每名獎60元。獲獎者須是該院系學年成績（即該學年各科學年成績之平均分數）"最高者"，或者必修科目學年成績"均滿 80 分"或有"三門滿 90 分"者，學校指定教授 5 人組成獎學金評定委員會。

1933 年　20 歲

3 月 6 日，參加總理紀念周。王星拱發表《求學的態度》的演講。

4 月 17 日，參加總理紀念周。武漢大學文學院院長陳源在《談談學習外國文》演講中認爲，外國的文化學術，是一個我們見所未見、聞所未聞的大寶藏。打開這寶藏的門的秘訣是外國文，不學外國文，是不能窺見這一個大寶藏的奧妙的。

4 月 24 日，參加武漢大學師生歡送王世杰校長赴京大會。王世杰發表《祝武漢大學前途無量》的演講。此前 21 日，國民黨中央政治會議決定任命王世杰擔任國民政府教育部部長，武漢大學校長一職由王星拱接任。

5 月 15 日，參加總理紀念周。武漢大學理學院院長查謙發表《國耻與我們的責任》的演講。

5 月 29 日，參加總理紀念周。武漢大學文學院哲學系教授胡稼胎演講《領袖哲學》。

9 月 18 日，武漢大學圖書館動工興建。

9 月 19 日，進入本科四年級，參加 1933 年度秋季學期開學典禮。爲學好德文，訂閱上海同濟大學編輯出版的《德文月刊》。大學畢業後仍然繼續訂閱，直到 1937 年抗日戰争烽火蔓延上海，同濟大學西遷後雜誌停刊爲止。由於大學時打下的根底，加上畢業後的連年自修，張培剛在後來工作中能够用德文閱讀專業書刊。

11 月 2 日，作爲儐相參加盧立群與朱世濂在武昌抱冰堂舉辦的新式婚禮。

12 月 11 日，參加總理紀念周。武漢大學文學院院長陳源演講《讀書與環境》，認爲武漢大學所處的環境可以説是讀書的比較理想的環境。

1934 年　21 歲

暮春，武漢大學露天游泳池在東湖之濱落成。

4月9日，《評憲法草案初稿》刊發於《中興周刊》第 38、39 合期。

4月，經武漢大學政治系學生郭長祿介紹，誤入中華民族復興社，未參加任何組織活動。

5月21日，參加總理紀念周。武漢大學文學院教授吳其昌演講《開國的士風與亡國的士風》。

5月，經辛亥革命烈士吳祿貞親侄、武漢大學政治系 1933 年畢業生吳忠亞介紹，誤入國民黨忠實同志同盟會，未參加任何組織活動。

6月，以優异成績畢業於武漢大學經濟系（年年得系獎學金，全系成績最優；畢業時得法學院獎學金，全院成績最優），獲法學學士學位。張培剛在武漢大學求學 5 年半，為其學術生涯打下了重要基礎。

6月，《論我國食糧盈虧的估計方法》發表於《中山文化教育館季刊》第 4 卷第 2 期。

7月，因成績優秀被選送到中央研究院社會科學研究所，任助理研究員，從事農業經濟及糧食問題研究。自此，從事農村經濟調查研究工作達 6 年之久。

11月15日，《論如何繁榮漢口市》發表於《中國經濟評論》第 1 卷第 9 號。

11月17日，《我國農村調查之困難及其補救》發表於天津《益世報·農村周刊》。

12月15日，《農村建設的推動力》發表於《中興周刊》第 74 期。

12月，《評 W. Gee：〈農業的社會經濟學〉英文版》發表於《社會科學雜志》第 5 卷第 4 期。

1935 年　22 歲

1月19日，《中國的土壤——讀稜卜氏〈中國土壤與人文地理民要〉》

發表於天津《益世報‧農村周刊》。

2月，在《獨立評論》第138號發表《第三條路走得通嗎?》一文，提出："我們要做到工業化，不僅要建設工業化的城市，同時也要建設工業化的農村。"

3月30日，《一年來之農村復興工作》發表於《中興周刊》第88期。

3月，《一年來農村金融的調劑工作》發表於《中國經濟評論》第2卷第3期(1935年一周年紀念號)；《評 Edmund de S. Bruner and J. H. Kolb:〈農村社會趨勢〉英文版》發表於《社會科學雜誌》第6卷第1期。

4月27日，《我國合作社的現況》發表於天津《益世報‧農村周刊》。

4月，《近年來的災荒》發表於《獨立評論》第150號。

6月，發表《印度的農民借貸——幾種清償農民負債的方法》；《法國貨幣貶值的問題》發表於《中國經濟評論》第2卷第6期。

夏，《民國二十三年的中國農業經濟》發表於《東方雜誌》第32卷13號(1935年夏季特大號)。

9月14日，《失去了的朋友——紀念正輝》發表於《中興周刊》第109期。

11月30日，《保定的土地與農業勞動》發表於天津《益世報‧農村周刊》。

11月，《匯兌干涉之研究》發表於《中國經濟評論》第2卷第11期(貨幣問題專號)。

1936年　23歲

1月18日，《論農村調查的方法——揀樣調查法的理論及其應用》發表於天津《益世報‧農村周刊》。

1月中旬，因日軍步步進逼，華北局勢日益緊迫，中央研究院社會科學研究所從北平遷至南京，隨所到南京工作。

3月31日，《中國農村經濟的回顧與前瞻》發表於《經濟評論》第3卷第3期(兩周年紀念號)。

春，《我國農民生活程度的低落》發表於《東方雜志》1936年新年特大號，向社會人士和政府當局大聲疾呼，要重視農民生活日益困苦的問題。

4月，《民國二十四年的中國農業經濟》發表於《東方雜志》第33卷第8號。

夏，受中央研究院社會科學研究所指派，到浙江從事全省食糧運銷調查，調查區域遍及32個縣、市的56個市場，爲時3個月。後寫成《浙江省食糧之運銷》，於1940年出版。

11月，《浙江糧食消費的一個特殊習慣》發表於《獨立評論》第226號。

是年，《清苑的農家經濟》由商務印書館出版發行。

1937年　24歲

春，開始撰寫浙江省食糧運銷的研究報告。後因全民族抗日戰爭爆發，南京時遭日軍飛機空襲，研究所南遷，撰寫研究報告陷於停頓。

4月24日，《中國農業經濟的新動向》發表於天津《益世報·農村周刊》。

4月，《民國二十五年的中國農業經濟》發表於《實業部月刊》第2卷第4期。

6月23日，《論農家記帳調查法》發表於天津《益世報·農村周刊》。

6月26日，《評湯惠蓀、杜修昌編〈中國農家經濟之記帳的研究〉》發表於天津《益世報·農村周刊》。

6月，《評 Paul de Hevesy：〈世界小麥問題〉法文版》、《評 Bertrand Nogaro：〈世界農產價格與經濟恐慌〉法文版》發表於《社會科學雜志》第8卷第2期。

8月，應廣西大學經濟研究室主任千家駒邀請，向中央研究院請假離所一年前往桂林廣西大學經濟研究室任研究員，從事農業經濟及糧食問題研究，并設計廣西省戰時糧食問題之管制方案。依據在廣西省各所及省統計室的經濟調查資料和統計數字及《廣西年鑒》，并進行一些必要的補充調查，至 1938 年暑期編著完成《廣西糧食問題》。

9月，《農村調查與資料整理》發表於《廣西統計季報》第 3 期。

夏，《論我國糧食盈虧的估計方法》發表於《中山文化教育館季刊》第 4 卷第 2 期(1937 年夏季號)。

1938 年　25 歲

暑期，回湖北黃安縣探望雙親。8 月間，與堂弟張培琴抵達漢口。後與萬先法、萬先榮兄妹一同乘火車南下到衡陽轉長途汽車至桂林。

9月，回廣西陽朔中央研究院社會科學研究所工作，任助理研究員，繼續撰寫浙江省食糧運銷研究報告，至年底全部脫稿。

12月，《抗戰期中我國糧食問題的探討》發表於《中國農村》第 5 卷第 4 期。

是年，《廣西糧食問題》由商務印書館出版；《論戰時的糧食統制》發表於《戰時文化》第 3 期。

1939 年　26 歲

1月，因中央研究院社會科學研究所須西遷昆明，被派駐貴陽市為圖書資料轉運站負責人。

春，隨社會科學研究所到昆明工作。

春季學期，應浙江大學(時校址在廣西宜山)校長竺可楨和農業經濟系主任梁慶椿邀請，經社會科學研究所所長陶孟和同意，到浙江大學農業經濟系擔任講師，為畢業班學生講授農場管理、土地經濟學課程。

8月，回中央研究院社會科學研究所(時在昆明竹安巷 4 號)工作，任助理研究員；《淪陷區的農村經濟》發表於昆明《今日評論》第 2 卷第 10 期。

1940年　27歲

2月，庚款留美考試委員會即將在重慶和昆明兩地招考第五屆留美公費生，遂決定報考"工商管理"科，向中央研究院社會科學研究所所長陶孟和請假離所，租居復習，積極備考。該科所考課目爲英語、經濟學、貨幣與銀行、勞動經濟、成本會計、工商組織與管理。

3月，遷居離昆明40公里處安寧縣溫泉莊租賃房屋備考。

7月，遷居昆明鐵局巷13號華中大學駐昆明辦事處備考。

8月，在昆明雲南大學參加停頓數年之久的庚款公費留美考試。英語祇考作文，得益於張恕生、胡稼胎、駱思賢三位老師堅持每兩周一篇英文作文的教學，考得優秀成績。

是年冬，在雲南大理喜洲鎮華中大學等候庚款留美考試發榜的同時，利用數年積累的資料，開始撰寫《中國糧食經濟》。

是年，《浙江省食糧之運銷》由商務印書館出版。

1941年　28歲

4月，報載"清華留美公費考試發榜"消息，共錄取16名，外加林森獎學金1名。其中文科門類僅錄2名，即張培剛(工商管理)、吳保安(經濟史)；其餘門類共15名，均屬於理工科。

5月初，到昆明西南聯合大學內庚款留美考試委員會報到。該會指定清華大學教授陳岱孫和武漢大學教授楊端六作爲張培剛留美導師。陳、楊建議張培剛就讀哈佛大學工商管理。

5月，去重慶國民政府外交部辦理赴美手續。

6月，從中央研究院社會科學研究所離職，準備赴美留學。

7月，乘飛機經重慶抵達香港，在美國駐香港領事館接受體檢，因沙眼治療半月始獲赴美簽證，辦理出國和乘船手續。

8月中旬，在香港乘"哈利遜總統號"特大客輪離港經太平洋赴美。

9月上旬，歷經23天抵達美國西部海岸城市舊金山，由吳忠亞僑居美國的堂弟吳忠華接船。3天後，乘公共汽車離舊金山抵達波士頓，轉乘地鐵到哈佛大學所在地康橋，入住伊爾文街16號。翌日入哈佛大學工商管理研究生院。

12月，與吳保安、呂保維前往康橋行者街27號拜謁清華留美學生監督趙元任教授。結識趙元任一家。

是年，編著《中國糧食經濟》（手稿，1940—1941年）。

1942年　29歲

10月，從哈佛大學工商管理研究生院轉到文理學院經濟系，學習經濟學原理、經濟史、經濟思想史、農業經濟、貨幣金融、國際貿易等課程，先後選修了張伯倫教授的經濟學原理和壟斷競爭理論、熊彼特教授的高級經濟學和經濟思想史，以及農業經濟、貨幣金融、國際貿易等課程。晚間到哈佛大學印刷所擔任中文書籍的排字工作。以勤工儉學收入償還了工商管理學院的一部分債務，并能購買一些書籍。

秋冬間，作爲哈佛大學中國留學生代表出席在華盛頓召開的全世界青年聯合會會議，會期3天。第二天，美國總統羅斯福及夫人在白宮廣場接見會議代表。會議休會時，前往中國駐美大使館拜訪胡適大使，適逢張培剛在武漢大學求學時的武漢大學法律系主任周鯁生擔任大使館法律顧問。周鯁生遂向胡適介紹張培剛在武漢大學學習期間年年拿獎學金，并詢問張在哈佛學習情況，希望張培剛學成後邀約幾位基礎扎實、學習好的同學到武漢大學執教。

12月24日，與趙元任一家及同學友人共度平安夜。

1943年　30歲

5月，主修張伯倫教授開設的經濟學專題課程，所撰寫的考核論文《關於"廠商均衡理論"的一個評注》被張伯倫評爲"A"，并寫下評語：A very good paper, indeed. It seems to me, on the whole, quite sound. （真正是一篇很好的論文，在我看來總體上十分正確。）

12月，通過碩士論文答辯，取得撰寫博士論文資格。

是年，師從經濟史學大師厄謝爾學習歐洲經濟史課程。

1944年　31歲

是年，廣泛閱讀經濟學著作，收集資料，準備撰寫博士論文。住 Walter Hastings Hall 8號。

1945年　32歲

年初，與博士論文指導導師布萊克和厄謝爾商定，將農業與工業化作爲研究方向和博士論文題目。爲撰寫這篇論文，大量閱讀有關英、法、德、美、日、蘇等國從產業革命以來各自實行工業化的歷史文獻和統計資料。僅從參考書目來看，涉及的經濟學家180餘人，文獻資料200餘種，幾乎包括了當時世界上全部經濟學中最主要的成就。

7月，時在美國的周鯁生被國民政府教育部任命爲武漢大學校長。周鯁生訪問哈佛大學時，當即邀請在哈佛大學就讀博士的張培剛和吳保安、韓德培三人畢業後到武漢大學任教。

9月初，接到兄長張卓群於2月寄出的家信，告知母親已於2月20日（農曆正月初八）因病去世。

10月，完成博士論文《農業與工業化》（Agriculture and Industrialization）。

11月5日，武漢大學在四川樂山補行開學典禮。周鯁生報告聘請新教授的情況，言稱法學院的張培剛、韓德培、吳保安、趙理海，都因爲交通工具的困難，一時未能到校。

12月上旬，順利通過博士論文答辯，獲得哈佛大學經濟學博士學位，并經答辯教授推薦其論文參加哈佛大學大衛·威爾士獎的評選。

年底，從兄長張卓群來信中得知父親已於8月病逝，賦詩悼念雙親。

1946年　33歲

1月至5月，在國民政府經濟部資源委員會駐美技術考察團任專門委員，從事中國國民收入估計、農業機械化問題研究。

5月，離美回國。

6月，抵達上海。

6月至9月，在南京國民政府資源委員會經濟研究室任專門委員，從事農業經濟與工業化研究。

7月，與中央研究院社會科學研究所同事張之毅在南京相見。張之毅將其保管的張培剛於1940年夏秋間開始撰著并於1941年初完成的《中國糧食經濟》(未刊稿)交還給張培剛。

7月，《論"正統學派"對於經濟學的新看法》發表於《經濟周報》第3卷第1期。

10月初，到武漢大學任經濟系系主任、教授，建議武漢大學邀請一批國外留學生到武漢大學任教。後在華中大學、中華大學兼課，講授農業與工業化、計劃經濟。

10月31日，參加武漢大學由四川樂山遷回武昌珞珈山後舉行的開學典禮。

1947年　34歲

1月7日，參加總理紀念周。周鯁生校長作《克服困難，辦好武大》的演講。

2月，《通貨膨脹下的農業和農民》發表於南開大學《經濟評論》第1卷第2期。

3月，收到哈佛大學賀函，祝賀《農業與工業化》博士論文被評定爲哈佛大學1946—1947年度經濟學專業最佳論文，榮獲大衛·威爾士獎，并被列爲哈佛經濟叢書第85卷由哈佛大學出版社出版。

5月，與韓德培、金克木、曾炳鈞等6位教授聯名發表宣言，響應學生運動，呼吁恢復國共談判，保障人民自由，鏟除豪門資本。

6月，《論物價指數債券》發表於南開大學《經濟評論》第1卷第6期。

8月，被評爲中央研究院社會科學研究所通訊研究員。

夏，推薦芝加哥大學社會學碩士劉緒貽任武大經濟系副教授，講授社會學和文化人類學課程。

10月31日，參加國立武漢大學建校19周年及武漢大學本學年開學典禮、武漢大學醫學院附設醫院開業典禮。

11月7日，武漢大學第450次校務會議決定，組織學術文化講演委員會，推舉張培剛等7人為委員。

12月，《評Paul M. Sweezy:〈資本主義發展的理論——馬克思政治經濟學原理〉英文版》發表於《社會科學雜志》第9卷第2期。

是年，《論經濟學上的兩大準則——效率與公平》刊發於《武漢大學經濟學會會刊》。

1948年　35歲

1月，由哈佛大學導師布萊克推薦，經聯合國亞洲及遠東經濟委員會秘書處研究組主任方顯廷介紹，被經濟委員會執行秘書羅格拉森聘任為聯合國亞洲及遠東經濟委員會顧問和研究員，取得周鯁生校長同意，赴聯合國任職，但仍兼任武漢大學經濟系主任，其工作暫由周新民代理。月底抵達上海。在聯合國亞洲及遠東經濟委員會工作期間，到訪過新加坡、馬來西亞、印尼、柬埔寨、緬甸等國（地區），實地考察，收集資料，以便於繼續研究農業國工業化問題。

2月下旬，受聯合國亞洲及遠東經濟委員會派遣，以觀察員身份出席國際糧食農業組織在菲律賓碧瑤召開的國際稻米會議、國際營養會議、國際水產會議。

3月底，從菲律賓返滬，為聯合國亞洲及遠東經濟委員會編印的《亞洲遠東國家經濟概況年刊》撰寫《農業及糧食》一章。

5月初，因聯合國亞洲及遠東經濟委員會第三次大會將於5月底在印度召開，中國代表團首席代表李卓敏邀約張培剛以顧問身份陪同前往與會。

5月下旬，乘飛機經香港去印度，以中國代表團顧問身份前往印度出席聯合國亞洲及遠東經濟委員會第三次大會。會期三周。

6月5日,《從"新經濟學"談到凱恩斯和馬克思》發表於《觀察》第4卷第15期。

6月下旬,回國途經香港時,與千家駒、許滌新、徐堅等會面,研讀毛澤東的《中國革命和中國共產黨》、《新民主主義論》、《論聯合政府》,返回武漢大學。後出國、回國途經香港時多次與千家駒、許滌新、徐堅、高叔平、蔡北華、章乃器、薩空了等會面,并舉行幾次座談會,進一步瞭解黨的新民主主義經濟政策。

6月,《評 Edward Heimann:〈經濟學說史:經濟理論導論〉英文版》發表於《社會科學雜志》第10卷第一期。

9月,聯合國亞洲及遠東經濟委員會執行秘書羅格拉森電邀赴會工作,商請武漢大學同意,赴上海工作,任職農業工作組,在亞洲及遠東各國搜集資料編寫報告。

11月底,以中國代表團專家、顧問身份赴澳大利亞參加聯合國亞洲及遠東經濟委員會第四次大會。

12月底,返滬。適時聯合國亞洲及遠東經濟委員會秘書處由上海遷泰國曼谷。

是年,承擔聯合國亞洲及遠東經濟委員會編寫的《1947年度亞洲及遠東地區經濟調查報告》第4章《亞洲及遠東地區的土地利用》撰寫任務。該調查報告由紐約聯合國總秘書處經濟部印刷出版。

是年,在武漢大學學生會會刊發表《經濟學上的兩大原則:效率與公平》,表明社會主義優於資本主義,在長期的發展中,各個國家包括中國在內一定會走向社會主義。

1949年　36歲

1月,離滬經香港去泰國曼谷。

2月中旬,辭去聯合國亞洲及遠東經濟委員會顧問及研究員職務,放棄優厚待遇,又兩次婉言謝絕哈佛大學導師布萊克和厄謝爾的邀請,離開泰國曼谷回國，繼續擔任武漢大學教授兼經濟系主任。

2月，邀請交通銀行漢口分行襄理李崇淮兼任武漢大學經濟系教職，後又聘爲教授。

3月18日，參加武漢大學學生舉行的周鯁生六十壽辰祝壽會。

4月初，趙忍安回武漢後經中共武漢市委書記曾惇同意，即到武漢大學與張培剛聯繫，約請張培剛、李崇淮到家與曾惇一起研究關於折實儲蓄的問題，并請張培剛協助做武漢大學教授的工作，留下不走，迎接武漢解放。

4月，經蔡心耜、劉緒貽介紹加入中共的外圍組織武漢大學新民主主義教育協會，參加學習和討論《新民主主義論》、《中國革命和中國共產黨》、《將革命進行到底》、《工商政策》等著作和文獻。後擔任新教協教授支部委員。

四五月間，與劉緒貽等8位教授組織新民主主義經濟座談會，講授計劃經濟與新民主主義、生產和分配政策、貨幣政策、農業與工業的配合問題，并從事團結"應變"工作；與劉緒貽等共同起草武漢大學教授會《爲呼吁局部和平運動告武漢人民書》，呼吁武漢市民行動起來，促使一個完整的武漢回到人民手中。

5月16日，武漢解放。

5月22日晚，出席武漢大學師生與駐武昌的解放軍某師官兵在武漢大學體育館舉行的軍民聯歡晚會。

6月10日，中國人民革命軍事委員會武漢市軍事管制委員會文教接管部武漢大學接管辦公室成立。6月至7月，張培剛參加武漢大學接管工作。

6月28日晚7時，出席武漢市軍事管制委員會文教接管部駐武漢大學代表和聯絡組全體人員在圖書館大閱覽室與武漢大學教授、講師、助教舉行的茶叙會。張培剛首先發言，指出以往學校管理的不夠民主，大權由行政機構的少數人把持。

7月29日至9月18日，暑假期間，參加教職員集體學習，討論國內形勢、國際形勢、新民主主義政治、文化與教育、毛澤東思想以及中國革命基本問題。

8月24日，武漢市軍事管制委員會文教接管部批准成立武漢大學校務委員會。張培剛任校務委員兼總務長。校務委員會取代學校原有的校長制，成爲全校最高領導機構。25日，出席武漢大學校務委員會成立慶祝大會。29日，接管總務處。

9月，兼經濟系主任，并代理法學院院長，因總務處下設會計室、出納組、庶務組、公用組（後庶務組、公用組合并爲公用組）、儀器組、衛生組，承擔大量事務性工作，以及參加討論會和學習會，僅有一小部分時間預備課堂教學；教授農業經濟課題，并參加新民主主義經濟課程的討論。

10月14日，《長江日報》以"慶祝人民政協圓滿成功"爲題發表張培剛等訪談。

10月26日，在《長江日報》發表《我對於武大青年團的希望》。希望青年團的同學要團結全校師生員工，幫助校委會，建設新的人民的武漢大學，加緊政治與業務學習，建立爲人民服務的人生觀，把自己鍛煉成在經濟建設和文化建設中的有用人才。

10月30日下午3時，出席武漢工商界、財政金融界、文化教育界等各單位負責人士在中原人民政府教育部召開的中國新經濟學研究會武漢分會發起人會議，當選爲籌備會常務委員。

11月22日下午1時，出席中國新經濟學研究會武漢分會籌委會在中原人民政府教育部召開的第一次常務委員會。會議決定於12月初召開正式成立大會，委托張培剛負責辦理武漢大學會員申請登記。

12月5日，與周鯁生等148名武漢大學教授致電聯合國秘書長賴伊及大會主席羅慕洛，支持周恩來總理兼外長致聯合國的聲明，要求立即取消國民政府所派遣的代表團的代表權利，并承認中華人民共和國中央人民政府爲代表中國人民的唯一合法政府。

12月11日9時，中國科學工作者協會武漢分會在懿訓女中舉辦科學講座,由張培剛主講"中國工業化問題",包括工業化的性質和方式、從農業國轉變為工業國的各種問題、如何使中國工業化。武漢各界踴躍聽講。

12月11日,與周鯁生等148名武漢大學教授致電各大學教授,提請各大學教授聯名致電聯合國秘書長賴伊及大會主席羅慕洛。

是年,哈佛大學經濟叢書第85卷《農業與工業化》由哈佛大學出版社出版。1969年再版。

是年,承擔聯合國亞洲及遠東經濟委員會的《1948年度亞洲及遠東地區經濟調查報告》第4章《亞洲及遠東地區的糧食與農業》撰寫任務。該調查報告由紐約聯合國總秘書處經濟部印刷出版;《農業與工業配合》由武漢大學刊印。

1950年　37歲

1月11日晚,參加武漢大學學生會召開的認購人民勝利折實公債動員大會,認購100分,充分表現出他對祖國及人民的熱愛。

1月28日,《長江日報》刊發《發行勝利折實公債的意義》。此文係武漢大學經濟系張培剛等13名教師的觀點,由張培剛等人整理成文。

1月,武漢市各界代表會協商委員會為研究關於武漢市各種具體問題,集中人民意見以便進行協商,設立文化建設、勞資關係、市政建設、衛生、社會救濟、財經、碼頭等七個研究委員會。張培剛為財經研究委員會委員。

3月7日,參加武漢大學召開的自願減薪動員會,請減226分。武漢大學自願減薪運動期間總共減去工薪分22036分。

4月3日,《新武大》刊發武漢大學總務長張培剛的《本校關於經費運用及精簡節約——工作檢查報告之一》。

4月10日,中央人民政府主席毛澤東簽發《中央人民政府任命通知書》(府字第1767號):茲經中央人民政府委員會第六次會議通過任命張培剛為武漢市人民政府委員。

4月17日14時30分，代表高教聯出席在青年團武漢市工委俱樂部召開的武漢市民主青年聯合會籌委會，討論并通過籌委會組織章程，當選爲副主任委員。會議還通過了代表資格審查委員會、提案審查委員會、文件起草委員會名單。

4月18日上午，在武漢劇院出席武漢市人民政府成立大會，武漢市人民政府市長吳德峰，副市長周季方、陳經畬，張培剛等28名政府委員就職視事。19日，參加分組討論。20日，參加大會討論。

4月22日，《長江日報》刊發《克服困難努力生產 慶祝大軍勝利登陸——本市各界人士發表感想》。張培剛的感想爲：在不久以前，蔣介石和美國還說人民解放軍不能跨海作戰，現在解放軍在海南島登陸了。這是鐵的事實。在後方工作的人，在興奮之餘，更要刻苦努力，增加生產，支援前綫，完成海南島和臺灣的早日全面解放，開展今後長期的建設工作。

5月4日，武漢人民廣播電臺爲紀念"五四"青年節和新民主主義青年團成立紀念日，播送特別節目。13時至13時20分，由武漢市民青聯籌委會副主任張培剛播講"爲什麼要成立民青聯，以及如何加强各界青年的團結"。

5月20日，《長江日報》公布張培剛等211人爲中國保衛世界和平大會武漢分會委員。

5月，武漢市人民政府第十二次行政會議通過，成立由主任委員吳德峰、副主任委員朱有騫等5人、張培剛等34名委員組成的武漢市都市計劃委員會。

6月8日至11日，在武漢市職工俱樂部出席武漢市第一屆民主青年代表大會，當選爲武漢市民主青年聯合會執委會副主任委員。

6月11日，中南軍政委員會指令武漢市人民政府：市府各單位負責人除呈請政務院批準外，先行到職視事。6月20日，武漢市人民政府命令各單位負責人遵令執行，張培剛就任武漢市人民政府財經委員會委員。

6月12日，經徐懋庸、夏森介紹，中共武漢大學經濟系支部大會討論，決定吸收張培剛爲中共預備黨員，候補期一年。

7月21日，中央人民政府政務院總理周恩來簽發中央人民政府政務院任命通知書（政內字第01361號）：兹經政務院第四十二次政務會議通過，任命張培剛爲武漢市人民政府財政經濟委員會委員。任職期間曾協助中南財委及武漢市財委研究設計關於城市經濟和農村經濟的調查統計事項。

9月18日，出席中南軍政委員會第二次會議，并發表講話，代表武漢市各界表示熱烈擁護土改。

10月13日，在粤漢鐵路武昌總站以武漢市青聯副主席的身份迎接世界民主青年聯盟代表團，并出席在月臺舉行的歡迎大會。隨後陪同代表團出席在漢口舉行的歡迎大會，并陪同在武昌活動的代表團成員參觀武昌第一紗廠、武昌人民劇院、省立第一女中，出席中南軍政委員會、中共中央中南局、中南軍區等單位聯合舉辦的歡迎晚宴及晚會。14日，陪同代表團成員參觀武漢大學，出席在中山公園舉行的群衆大會。

10月13日，參加中國金融學會武漢分會發起人大會，當選爲副理事長。

10月21日，武漢人民政府第三十六次行政會議決定聘請張培剛爲武漢市第四次各界人民代表會議代表。

12月6日，武漢市人民政府爲熱烈響應并積極執行12月1日中央軍委會及政務院發布之"關於招收青年學生、青年工人參加各種軍事幹部學校的聯合決定"，在市府會議室召開武漢市軍事幹部學校招生委員會成立大會。會議還決定在武昌成立武漢市軍事幹部學校招生委員會武昌分會，張培剛等10人爲委員。

是年至1951年，武漢市急需培養一批銀行和財務人員，武漢市人民銀行、武漢市稅務局商請武漢大學經濟系合作舉辦兩屆銀行專修科和稅務專修科培訓班，培養數百名銀行、稅務工作人員。張培剛與學校商定由李崇淮擔任銀行專修科主任，黄仲熊擔任税務專修科主任。

1951 年　38 歲

1月，在武漢市第四次各界人民代表會議上，張培剛等24名教育界代表爲支援本市各教會學校師生反侮辱、反誹謗的抗美援朝運動，發表聲明，支持武漢市各教會學校師生開展的反侮辱、反誹謗的行動。

9月8日，《長江日報》以"痛斥美國單獨進行對日媾和非法行爲"爲題刊發張培剛書面談話。

10月16日，《長江日報》刊發張培剛等286名武漢大學教授、講師、助教的"堅決反對美制非法對日和約——决心做好教學研究工作，熱烈地參加抗美援朝等三大愛國民主運動"。

10月，至北京中共中央馬克思列寧學院學習，鑽研馬克思主義的辯證唯物主義與歷史唯物主義，以及政治經濟學理論的觀點和方法。

是年，《農業與工業化》西班牙文版在墨西哥出版發行，引起南美學者普遍關注。

1952 年　39 歲

8月，結束在中共中央馬克思列寧學院的學習回到武漢。

10月25日下午，以中國人民保衛世界和平委員會中南總分會委員的身份前往車站歡迎出席亞洲及太平洋區域和平會議的印度代表團。

11月15日下午，以武漢大學教授身份前往武昌機場歡迎蘇聯藝術科學工作者代表團、蘇聯藝術工作者代表團。

11月，中南軍政委員會(1953年1月更名爲中南行政委員會)文化教育委員會召開高等教育計劃會議，决定在武漢新建三所工科學院即華中工學院(後改爲華中理工大學，現爲華中科技大學)、中南動力學院和中南水利學院，同時組建三院聯合建校規劃委員會，張培剛任委員兼辦公室主任。

1953 年　40 歲

1月17日，中南行政委員會正式批準成立華中工學院籌備委員會。22日，中南行政委員會教育部宣布"三院聯合建校規劃委員會"正式成立，張培剛爲委員；設規劃建校辦公室作爲辦事機構，負責規劃建校的具體事宜，任命張培剛爲三院聯合規劃建校辦公室主任。張培剛爲籌建華中工學院，從選定校址、規劃設計到基建施工無不傾注心血和汗水。

2月4日，與三院聯合建校規劃委員會主任查謙等查看幾處地方後，最終確定三院建在喻家山、關山地區。報經中南行政委員會教育部呈請中南行政委員會批準。

2月6日，陪同湖南大學參加華中工學院建校籌備工作的人員到喻家山察看校址。

5月，中華人民共和國中央人民政府批準華中工學院籌備委員會名單，張培剛等爲委員。

6月5日至6日，參加華中工學院籌備委員會第一次全體會議，討論教學組織、行政機構和籌備工作中的主要問題；并匯報關於學校校園規劃和第一期基建任務的情況。會議決定設立機械製造系、内燃機及汽車系、電力系、動力系和實習工廠，設辦公室、教務組、總務組3個職能辦事部門，確認張培剛爲總務組主任。

7月9日至12日，參加華中工學院籌備委員會第二次會議。

7月底，華中工學院第一期建校基建工程的24種類型的校舍設計任務全部完成。

9月1日至11日，參加華中工學院籌備委員會第三次會議。

9月11日，華中工學院在武漢市喻家山正式開工興建。

10月15日，華中工學院成立大會和開學典禮在武漢大學舉行，正式宣告華中工學院成立。

11月，因張培剛曾參加中華民族復興社，中共武漢大學文法學院支部委員會取消張培剛候補黨員資格，1955年12月上級黨委批準處分決定。

是年，請負責校園規劃的建築專家會同武漢市園林部門的專家提出校園綠化工作的要點。

1954年　41歲

3月17日，參加華中工學院第十七次行政會議。經華中工學院籌備委員會主任委員查謙提請上級批準，張培剛被任命爲華中工學院總務長。總務處曾在本年3月、6月、7月具體組織協調華中工學院南昌分部、桂林分部、長沙分部遷漢工作。

4月10日，張培剛與譚慧喜結連理。朱九思、熊小村等校領導，譚慧的哥哥譚崇臺、妹妹譚冰心以及華中工學院籌建處的同志參加婚禮。

5月20日，接中南行政委員會高等教育管理局通知，撤銷三院聯合建校規劃委員會，將規劃建校辦公室改爲華中工學院基建辦公室。

5月31日，參加華中工學院第二十三次行政會議。

5月，華中工學院第一期建校工程（計81 400平方米）完成。年底，完成建築面積9 500餘平方米。

1955年　42歲

3月25日至28日，參加華中工學院第一次院務委員會全體（擴大）會議，學習3月4日中央人民政府高等教育部《關於研究和解決高等工業學校學生學習負擔過重問題的指示》，討論并通過了執行高等教育部指示的決議。此前華中工學院院務委員會成立，張培剛爲委員。

是年，華中工學院圖書館大樓落成，建築面積6 000平方米，有14個閱覽室，可供1 500人同時進館閱覽。

1956年　43歲

1月14日至20日，中共中央召開關於知識分子問題的會議，周恩來代表中共中央作了《關於知識分子問題的報告》。會後，華中工學院傳達會議精神，組織學習討論，并根據《關於知識分子問題的報告》中關於制定1956年至1967年科學技術發展的遠景規劃的精神，成立由張培剛等12人組成的規劃小組，負責綜合規劃的起草工作。

2月20日，參加"綠化校園，營造青年林"開工典禮。

3月9日，參加華中工學院行政(擴大)會議。

夏，在華中工學院工地接待兩位智利大學的教授。

9月1日，參加華中工學院第十四次院務委員會全體會議，討論并通過規劃小組起草的《華中工學院12年遠景和1956年—1960年的綜合規劃(草案)》。

11月，參加華中工學院第十六次院務委員會全體會議。

12月5日，參加華中工學院院務委員會第十七次全體(擴大)會議。會議決定於1957年5月召開第一次全院科學討論會。

1957年　44歲

4月27日，中共中央發出《關於整風運動的指示》。

5月上旬，華中工學院開始黨內整風。華中工學院黨委負責人多次召開教師、職工、學生座談會，聽取意見，歡迎大家幫助黨組織搞好整風。張培剛認爲自己搞基建是"不務正業"，希望回到教學研究崗位工作。華中工學院接受了張培剛的意見，調張培剛任政治經濟學教研室主任。

5月22日，參加華中工學院第一次科學討論會。

6月8日，《人民日報》發表社論《這是爲什麼？》；同一天，毛澤東起草《中共中央關於組織力量準備反擊右派分子進攻的指示》。《人民日報》社論的發表和中共中央指示的下達，標志着反右派鬥爭正式開始。6月26日，華中工學院召開全院大會，號召全院反擊右派分子的進攻。采取的方式主要是開辯論會，分清大是大非，先後召開了5次全院大會，就"中國爲什麼這樣窮"、"社會主義制度"、"社會主義民主"、"黨的領導"等問題開展大辯論。參加7月4日華中工學院5 000餘師生員工舉行的大辯論。

6月,參與撰寫的《社會主義人口理論:馬爾薩斯人口理論與中國人口問題》發表於《經濟研究》1957年第6期。

8月26日,《長江日報》以"談談高校領導體制問題"爲題刊發張培剛的觀點:黨必須領導也能夠領導高等學校,而當前的問題是在於如何加强黨在高等學校的領導、改進領導方法和工作作風。

10月15日,由張培剛等23人組成的華中工學院教學問題處理委員會改組後召開第一次會議,討論委員會的工作任務、工作方法及決定教學改革組、科學研究與師資培養組、教學體制與組織制度組負責人,并就本年度畢業設計提出建議,供行政參考。

11月,隨着反右派鬥爭的結束,華中工學院的整風運動轉入着重整頓作風、改進工作,以解決人民内部矛盾爲主的整改階段。12月上旬,華中工學院開始以"精簡機構,下放幹部"爲主要内容的第一個整改高潮。中共華中工學院委員會根據"統一安排,全面鍛煉"的方針,分三批下放了325名教職工到農村、工廠勞動鍛煉,或到基層單位去工作。12月20日至29日,與華中工學院6 000餘名師生員工一起參加武漢市東西湖圍墾工程勞動。

12月28日至31日,中國科學院武漢分院哲學社會科學研究所和湖北省哲學社會科學研究會聯合召開會議,300餘名哲學社會科學工作者、自然科學工作者、各大專學校教師、新聞出版界代表、各民主黨派代表等出席。張培剛等18人在會上作了發言。

1958年　45歲

1月20日,中共華中工學院委員會批準張培剛等98名教師、幹部下放紅安縣參加勞動鍛煉,和社員同吃、同住、同勞動。

1月27日,《長江日報》刊發張培剛文章,批判反社會主義的"經濟綱領"。

5月,陪同澳大利亞青年代表團參觀華中工學院。

8月6日，華中工學院召開全院黨員大會，提出開展以批判資產階級教育路綫、教育觀點和教育方法爲中心内容的教育革命。8月下旬，全院開展了對教學觀點、教學大綱、教學内容的大清查，批判資產階級的教育思想。

8月30日，《人民日報》發表社論《學術批判是自我革命》，提出高校的領導者要大膽地發動群衆，幫助資產階級學者們進行學術思想批判。華中工學院隨後開展了學術批判的群衆運動，張培剛遭受錯誤的批判。

1959年　46歲

9月18日，在華中工學院院報上發表《在平地上建設文化城》。

是年底至1960年初，全黨掀起一個學習運動。湖北省舉辦《資本論》講座，張培剛主講《資本論》第二卷。

是年至1966年間，在《經濟研究》、《江漢學報》、《武漢大學學報》、《七一》、《湖北日報》、《長江日報》等報刊，先後發表了《社會主義人口規律與中國人口問題》、《對〈資本家宣言〉的批判》、《對〈非共產黨宣言〉的批判》等文章。

1960年　47歲

是年，在政治經濟學教研室工作。

1961年　48歲

2月，針對高等學校教材缺乏，已有教材又多受1958年以來"大躍進"運動和各種政治運動的影響而水平較低，難以保證教學質量的問題，中央書記處決定把編選高校教科書和講義作爲教育部門的重要工作。之後，參與編寫政治經濟學教科書和講義。

9月15日，中央工作會議討論并通過《教育部直屬高等學校暫行工作條例（草案）》（簡稱"高教六十條"），提出一系列調整關係、穩定工作秩序、調動知識分子積極性的政策，并相應作出具體規定；明確高等學校的基本任務是爲社會主義建設培養合格的各種專門人才，必須以教學爲主，學生以學習爲主，努力提高教學質量。條例的中心問題是調整同知識分子的關係。條例發布後，華中工學院黨委開始逐步落實條例精神，召開會議聽取張培剛等人的意見，對過去的錯誤承擔責任，在教師中產生了良好反響。

10月，中共中央中南局第一書記陶鑄在廣東主持召開中南地區高級知識分子座談會，建議在中南地區今後一般不用"資產階級知識分子"這個名詞。張培剛的境況進一步改善。

11月25日，華中工學院第三屆院務委員會第十九次常委會決定《華中工學院學報》復刊，并成立由張培剛等19人組成的學報編輯委員會。

12月9日，向華中工學院講師以上教師傳達中共湖北省委第一書記王任重在全省高級知識分子座談會上的兩次講話。會前張培剛等華中工學院8位教授出席中共湖北省委召開的全省高級知識分子座談會。

1962年　49歲

7月23日至28日，參加華中工學院暑期教學工作座談會，全面討論教學工作的方針，貫徹"少而精、學到手"，勞逸結合，因材施教等原則，以提高教學質量，并結合學院的實際情況，研究貫徹教學方針的主要問題與主要措施。

1963年　50歲

7月10日，50周歲，書寫"百歲春秋纔過半，一生甘苦但求真"，抒懷明志。

1964年　51歲

1月12日，毛澤東就巴拿馬人民反對美帝國主義的愛國鬥爭，對人民日報記者發表談話：中國人民堅決支持巴拿馬人民的愛國正義鬥爭。

15日，《長江日報》以"同讎敵愾反對美國侵略巴拿馬——我市各界人民紛紛舉行座談和發表講話"爲題發表張培剛談話。

七八月間，中共中央宣傳部、高等教育部和教育部在北京聯合召開會議討論全國高等學校、中等學校政治課教學中存在的問題。會議提出高等學校應該開設形勢與任務、中共黨史、哲學和政治經濟學四門課程。會後，華中工學院抓緊進行政治理論課教學的改革，成立政治理論課改革小組；中共華中工學院黨委召集政治理論教研室負責同志研究如何在政治理論課中加强對學生的思想教育。

1965年　52歲

5月，根據《關於輪換省直等單位參加農村"四清"運動幹部的通知》要求，參加恩施縣社教工作團，作爲恩施縣白果區社教工作分團成員參加"四清"運動至1966年10月。

1966年　53歲

四五月間，在湖北省恩施縣白果區賦詞一首："咆哮清江水正黄，栽秧割麥兩頭忙。人人立下愚公志，誓把窮山變富莊。"

5月7日，華中工學院召開全院大會，部署開展"文化大革命"。

6月，中共湖北省委向華中工學院派出工作組，領導開展"文化大革命"運動。

8月上旬，中共湖北省委工作組撤離華中工學院，各種"紅衛兵組織"紛紛成立，全院各級黨組織陷入癱瘓。

10月，由恩施縣返回華中工學院。

1967年　54歲

4月1日，華中工學院造反派對全院的"牛鬼蛇神"採取"四一"革命行動。深夜敲開張培剛的家門，翻箱倒櫃，開始第二次抄家。第二天拂曉，將張培剛帶走，押往東三樓不准回家，天天寫書面材料交代"罪行"。第三天,造反派展出了"四一"行動抄家的戰利品,以證明"牛鬼蛇神"的反動性。後勒令張培剛必須半天内從三居室住房搬出,搬至一間16平方米的學生集體宿舍居住。此次搬家,損失巨大。

是年,經受"文化大革命"的磨難。

1968年　55歲

9月23日,"工人毛澤東思想宣傳隊"和"解放軍毛澤東宣傳隊"進駐華中工學院,實行工(軍)宣隊、革命師生和革命領導幹部三結合的領導體制,以工(軍)宣隊負責人爲核心建立黨組織。之後,宣傳隊開始進行恢復教學秩序的工作,拆除武鬥工事,收繳武器,制止武鬥,領導開展革命大批判,清理階級隊伍,調整革委會成員、整黨建黨等"鬥、批、改"工作。

1969年　56歲

4月11日,華中工學院革命委員會作出《對於張培剛的處理决定》:"從寬處理,不戴歷史反革命的帽子,把帽子拿在群衆手裏,由群衆監督改造,以觀後效。"

12月4日,與華中工學院一部分教師,在軍宣隊、工宣隊率領下從武昌火車站乘車去湖北省咸寧縣(今湖北省咸寧市咸安區)馬橋鎮農村參加"鬥、批、改"運動。至1971年7月一年半時間,先在湖北省咸寧縣馬橋鎮,後在向陽湖畔的甘塘角華中工學院五七農場,從事體力勞動,接受"群衆的監督勞動和改造"。

1970年　57歲

6月,中共中央决定在部分高等學校進行試點,恢復招生,并明令廢除歷來實行的統一考試、擇優録取的招生辦法,改爲"實行群衆推薦,領導批準和學校復審相結合的辦法"。7月,華中工學院準備招生,絶大部分參加"鬥、批、改"運動的教師從咸寧返回學校,開始教學準備工作，開辦工農兵學員試點班；年近六旬的張培剛仍被留在五七農場。

1971 年　58 歲

7月，從咸寧縣向陽湖華中工學院五七農場返回喻家山。

是年，華中工學院正式招收第一批工農兵學員。以後每年招生，直至1976年共招收6屆6 000餘人。

1972 年　59 歲

1月31日至2月3日，華中工學院召開連以上三級黨員幹部會議。會議着重提出落實政策問題：一是堅持執行黨的幹部政策，大膽放手使用幹部；二是落實黨的知識分子政策，充分調動廣大教師積極性。張培剛調華中工學院外語教研室，從事英語教學。

9月21日至24日，參加華中工學院黨支部書記、教研組組以上幹部的座談會。分析學院的形勢，着重討論如何加強黨對教育革命的領導，如何鞏固和發展教學、生產、科研三結合的新體制，如何深入開展教學改革、提高教學質量。

1973 年　60 歲

秋，調任華中工學院政治理論課部政治經濟學教研室教授。在此前後，張培剛、李誠能、胡俊杰組成寫作組，研究大衛·李嘉圖、亞當·斯密等人的古典經濟學，先後在校刊、學報上發表數篇文章。

1974 年　61 歲

是年，在政治經濟學教研室從事古典經濟學研究。

1975 年　62 歲

是年，在政治經濟學教研室從事古典經濟學研究。

1976 年　63 歲

1 月，參加華中工學院師生沉痛悼念周恩來總理大會。
9 月，參加華中工學院師生沉痛悼念毛澤東主席大會。
10 月，中共中央毅然粉碎"四人幫"，"文化大革命"結束。

1977 年　64 歲

5 月，中共華中工學院臨時委員會召開師資培養規劃交流會，要求各系貫徹落實師資培養指示精神，對老中青各類教師的培養和提高制定切實可行的規劃。華中工學院即招收 13 名文科生以培養政治理論課的師資，由張培剛擔任英語教學任務。

8 月，參加華中工學院對國外著名大學的教學、科學研究情況所進行的調查研究工作，查閱 2 400 餘份國內外科技文獻資料。在調查研究中，着重瞭解、分析美國麻省理工學院、貝克萊加州大學的情況，涉及大學的歷史發展、教學和科學研究現狀、基礎理論課及主要專業課的教材內容、最新科學技術的科學研究動向、新興學科專業的課程結構、實驗裝備和圖書資料情況等等。經過調查研究，華中工學院提出要瞄準美國麻省理工學院，努力趕超。此項調查研究工作持續半年。

1978 年　65 歲

2 月 26 日，華中工學院招錄的全國高考第一屆(1977 級)新生開始到校。

春，赴北京參加由國務院財政經濟委員會爲中央機關負責幹部和廣大經濟工作者舉辦的國外經濟學講座，講授"微觀經濟分析"和"熊彼特的創新理論"，對於當時我國普及和傳播市場經濟知識、轉變人們對市場經濟的正確認識，發揮了先導作用。

5 月，是月起至翌年秋應中國社會科學院經濟研究所邀請，在北京參加編撰我國第一部《政治經濟學辭典》(三卷集)，主編其中的"外國經濟思想史"部分，將西方經濟理論引進我國。

6月14日，中共華中工學院臨時委員會作出《張培剛同志政治歷史問題復審結論》，"其政治歷史問題已審查清楚，與本人交代相符。撤銷一九七二年十二月華工臨時黨委對張培剛同志政治歷史問題的審查結論"。1979年3月8日，湖北省革委會文教辦公室、中共湖北省委宣傳部製發《關於張培剛同志政治歷史問題復審結論的批復》（鄂文教政[1979]9號），行文至中共華中工學院臨時委員會："同意你院一九七八年六月十四日對張培剛同志政治歷史問題的復審結論，撤銷中共湖北省委宣傳部一九七四年六月十五日關於張培剛同志政治歷史問題的審查結論的批復。"

1979年 66歲

四五月間，在杭州參加《政治經濟學辭典》外國經濟思想史部分的終審會議。

5月，在杭州參加中華外國經濟學說籌備會。9月，中華外國經濟學說研究會在北京成立，當選爲副理事長（後改爲副會長）。

是年，兼任中國社會科學院經濟研究所研究員、湖北省社會科學院經濟研究所顧問、武漢大學經濟系教授、湖北省經濟學會副理事長。

1980年 67歲

1月10日，華中工學院學術委員會成立，張培剛等31人爲委員。

2月11日，出席湖北省社會科學院和省社會科學聯合會籌備組聯合舉辦的迎春茶話會，并發表感言：在理論工作上要面對現實，努力趕超世界先進水平。

3月，《微觀經濟學的對象和方法》發表於《教學與研究》1980年第3期。

春，對"文革"的結束、十一屆三中全會後涌現出的新氣象，由衷地感到高興，賦七律詩一首贈給好友甘士杰："白雲飛渡逝華年，雨薄風摧喜有邊。佳句吟成千日淚，苦丹回味幾分甜。慈禧新莽今何處，文景貞觀又一天。再躍疆場新試刃，與君携手共揮鞭。"

6月3日至23日，參加國家物資總局、中國社會科學院財貿物資經濟研究所、中國物資經濟學會組成的中國物資經濟學會訪日代表團，考察物資流通經濟。張培剛重點考察了物資流通管理人才的培養，即日本有關物流教育的現狀、專業設置、教學計劃和課程安排，有關物流的科學研究方向和教材、教學參考書籍的編寫出版情況。後撰寫《日本物資流通管理教育考察觀感》發表於《高等教育研究》（月刊）。

6月，《微觀經濟學的產生和發展》發表於《江漢論壇》1980年第6期。

8月14日、16日，出席武漢市經濟情報研究所和長江日報編輯部聯合召開的武漢經濟優勢問題座談會，就什麼是經濟優勢發表看法，并參與如何發揮武漢經濟優勢的討論。

10月，經華中工學院政治理論課部張平、毛求識介紹，中共華中工學院政治經濟學教研室支部通過、後於12月18日中共華中工學院委員會批準，被吸收爲中共預備黨員。《長江日報》於12月21日以"著名經濟學家張培剛教授入黨"爲題作了報導。

11月至1981年1月，參加武漢地區知名經濟學專家每周星期三下午在湖北財經學院開辦的"外國經濟講座"，分別主講"微觀經濟分析"、"宏觀經濟分析"、"經濟計量學"、"經濟預測的理論與方法"、"當代西方貨幣理論"、"激進學派經濟理論"等6個講題，共8講，介紹和探討國外經濟學界近年來科學研究的新課題、新成果和新動態。

是年，與厲以寧合著的現代外國經濟學說叢書《宏觀經濟學和微觀經濟學》由人民出版社出版，是改革開放後國內率先介紹西方經濟學的著作。

是年，兼任中華外國經濟學說研究會湖北省分會理事長、湖北省金融學會顧問。

1981 年　68 歲

2 月 13 日，中共華中工學院臨時黨委根據中共湖北省委文教工作部鄂文教幹[1981]014 號通知，印發任職通知(院發字[1981]19 號)，任命張培剛爲華中工學院哲學社會科學部主任。

3 月 10 日，中共華中工學院臨時黨委、華中工學院決定在社會科學部政治經濟學教研室的基礎上成立經濟研究所，任命張培剛爲所長。

4 月 29 日至 5 月 8 日，參加在成都舉行的中華外國經濟學說研究會第一次學術研討會。會議討論的主題是發展經濟學與中國社會主義發展戰略、亞當·斯密《國富論》與我國的經濟建設。

5 月至 6 月，應美國羅格斯-新澤西州立大學亞洲經濟研究中心邀請，赴美國新澤西州參加第一屆美國與亞洲國家經濟關係會議，作《中國的經濟調整與外貿前景》(合撰)學術報告(該報告入選杜塔教授主編的《美國與亞洲經濟關係研究》英文本，由美國艾孔出版社(Acorn Press)1985 年出版)。會後，受國家教育部委托，從東部到西部訪問考察哈佛大學、麻省理工學院、伊利諾瓦大學、哥倫比亞大學、貝克萊加州大學等 11 所大學。

6 月，湖北省信托投資公司成立，張培剛等 19 人爲董事。

秋，招收黃少明、葉強、王春育、張燕生等人爲當代西方經濟學研究方向研究生。他們是"文革"結束後張培剛招收的第一屆碩士學位研究生。

是年，發表《熊彼特的創新理論》、《關於物資流通的理論研究和人才培養》。

1982 年　69 歲

2 月，《美國經濟與管理學科的發展動態——兼談改革我國經濟與管理專業的建議》發表於《高等教育研究》(月刊)1982 年第 2 期。

是年，美國著名經濟學家、世界銀行負責發展政策的副行長霍利斯·錢納里訪問中國上海時説：發展經濟學的創始人是你們中國人，是張培剛先生，這是中國人的驕傲。

1983 年　70 歲

1 月，湖北省教育工會舉辦武漢地區大專院校教職工迎新音樂會。張培剛因病住院，仍回校參加華中工學院合唱團排練演出。

3 月，積勞成疾，幾度病危。疾病迫使他在醫院治療達一年半。病情好轉即制訂新的寫作計劃。同年冬，決定將《農業與工業化》博士論文修訂定名爲《農業國與工業化——農業國工業化問題初探》作爲上卷出版，再陸續著述中卷《大戰後農業國工業化問題再論》和下卷《社會主義中國農業與工業化問題研究》。之後，費時十餘月，審閲和修訂由他當年的研究生曾啓賢、萬典武翻譯的《農業與工業化》。

4 月，在華中工學院主持召開中華外國經濟學説研究會湖北分會第三屆年會，以紀念馬克思逝世一百周年爲主題。與會代表着重交流了對馬克思經濟學説研究的成果，評論了外國經濟學者對馬克思經濟學説的研究。

5 月 26 日，武漢市人民政府咨詢委員會成立。咨詢委員張培剛認爲：市政府成立咨詢委員會是爲了發揮人才的作用；我們參加咨詢委員會，則是理論聯繫實際的一個好機會。

7 月 10 日，70 周歲。書寫"自古人生誰不老，奮力求真總是春"的詩句，表達矢志求真的信念。

7 月 16 日至 22 日，出席中華外國經濟學説研究會爲紀念無產階級導師馬克思逝世一百周年在雲南昆明舉行的全國第二次學術討論會和第二屆會員代表大會。與胡俊杰合作撰寫的論文《馬克思論科學技術在社會經濟發展中的地位》在會上進行了交流。

10 月 18 日，參加華中工學院建校 30 周年慶祝大會。

12 月 22 日，武漢市社會科學聯合會召開成立大會，與李爾重等 7 人被聘爲顧問，黎智當選爲市社聯主席。市社聯是武漢市第一個全市性的社會科學各學會的聯合組織。

1984年　71歲

1月、3月，參加華中工學院教研室主任以上幹部討論會，討論如何認識和迎接世界新技術革命的挑戰。

9月，參加在安徽屯溪召開的華東地區外國經濟學說研討會，提出"脫鈎論"和"掛鈎論"的設想。

10月12日至20日，出席中華外國經濟學說研究會在華中工學院召開的第二次調研工作會議，與陳岱孫、陳彪如共同主持會議。

11月27日至12月4日，出席中南地區(河南、湖北、湖南、廣東、廣西)外國經濟學說研究會在華中工學院召開的第一屆年會。

是年，與厲以寧再度合作撰寫《微觀宏觀經濟學的產生和發展》，親赴北京圖書館查閱資料，終於脫稿待印。

是年，《農業與工業化——農業國工業化問題初探》由華中工學院出版社出版。

1985年　72歲

1月29日上午，出席中共武漢市委、武漢市人民政府舉行的春節茶話會，爲武漢經濟騰飛獻計獻策。

2月20日，乙丑年春節，遷居華中工學院招待所，疾筆奮書，協助商務印書館，組織翻譯熊彼特的名著《經濟分析史》和《經濟發展理論》，并制訂新的寫作計劃，繼續研究農業與工業化問題。

3月18日，參加湖北省社會科學界第三次代表大會和湖北省社會科學工作會議開幕式。湖北省社會科學界第三次代表大會和湖北省社會科學工作會議於3月18日至22日在武漢舉行。

7月，《運用微觀分析方法探討社會主義經營管理問題》發表於《上海經濟研究》1985年第七期。

暑期，應西南財經大學邀請爲研究生和成都地區的經濟理論工作者講授微觀經濟學，并爲四川省體制改革研究班第二期和第三期200多名學員講授微觀經濟學。

9月至10月，應羅格斯-新澤西州立大學亞洲經濟研究中心邀請，在美國紐約參加第二屆美國與亞洲經濟關係會議，宣讀《中國的現代化：穩定、效率和價格機制》；會後應邀到密西根州立大學和内華達大學就中國的經濟體制改革問題作專題學術報告。

10月14日，《世界經濟導報》整版發表長篇通訊《中國經濟學家——張培剛》。

12月25日至26日，參加中共武漢市委、武漢市人民政府召開的市咨詢委員會全體會議，爲武漢市1986年經濟體制改革出謀獻策，提出"找準宏觀控制和微觀搞活的結合點"等建議。

1986年　73歲

3月26日，出席武漢城市經濟學會成立大會及首屆年會。該學會是由張培剛等倡導，由武漢大學、華中師範大學和武漢市經濟研究所發起成立的。市委書記黎智爲名譽會長，武漢市副市長趙寶江爲會長，張培剛等爲顧問。

3月30日，天朗氣清，惠風和暢，櫻花盛開。與武漢大學校長劉道玉，副校長童懋林、傅健民，以及武漢大學經濟系1945級學生在武漢大學團聚。

6月19日至21日，出席湖北省經濟研究中心等6家單位聯合在武昌洪山賓館召開的中青年振興湖北經濟研討會。

6月，《淺談宏觀控制及其與微觀搞活的關係》發表於《江漢論壇》1986年第六期。

9月，《熊彼特經濟理論》載於由宋承先、陳招順、張榮喜主編，湖南人民出版社1986年出版的《當代西方經濟思潮》。

10月28日至11月2日，出席中華外國經濟學說研究會在長沙湖南師範大學舉行的第三屆學術年會。在分組討論上，就西方經濟學的評價、西方經濟學研究與我國經濟體制改革的問題作了發言。會議期間，研究會面向湖南長沙高校師生舉辦了外國經濟學說的系列講座，由張培剛主講西方經濟學的借鑒和運用。

12月30日，在湖南財經學院作《當代西方經濟學的特點、發展趨勢及其借鑒和利用》的報告。該報告發表於《財經理論與實踐》1987年第一期。

是年，與厲以寧合著的《微觀宏觀經濟學的產生和發展》由湖南人民出版社出版。

是年，國務院農村發展研究中心致函華中工學院："我們最近讀了張培剛先生的著作《農業與工業化》，感到張先生的研究對我國當前的經濟決策工作有很多的幫助，我們想把有關的課題交給張先生研究，給他提供一些幫助。"

1987年　74歲

6月29日至7月3日，中美經濟合作學術會議在華中工學院召開。這次學術會議是由華中工學院經濟管理學院名譽院長張培剛、經濟管理學院院長林少宮，以及美國羅格斯-新澤西州立大學經濟學教授、亞洲經濟研究美國委員會主任杜塔共同發起、組織并主持召開的。美方17位知名學者，中方45位來自北京、上海、廣州、吉林、武漢等地一些高校和社會科學院的經濟學者出席會議。

7月，參加華中工學院第一次文科工作會議。會議總結了華中工學院8年多來文科建設取得的成績，研究了文科發展中遇到的困難，着重討論文科在理工科院校的地位和作用，明確了辦文科的指導思想。

9月15日，在西北大學經濟管理學院作《當代西方經濟學說與中國經濟體制改革》的報告。該報告發表於《西北大學學報》(哲學社會科學版)1988年第二期。

12月，《華中工學院學報》(人文科學版)創刊，任學報顧問。

是年，《馬克思論科學技術在社會經濟發展中的作用》發表於中華外國經濟學説研究會湖北分會編的《外國經濟學説研究》專號上。

是年，英國劍橋國際傳記中心編輯出版的《國際知識分子名人錄》第7卷，收錄張培剛傳記，并將張培剛作爲其中極少數有卓越貢獻的學者，特別提出列在卷首獻詞中。

1988 年　75 歲

1月，經國家教委批準，華中工學院改名爲華中理工大學。

春，《當代西方經濟學説與中國經濟體制改革》發表於《華中工學院學報》(哲學社會科學版) 1988 年第一期。

8月，撰寫《熊彼特〈經濟分析史〉中譯本序言》。《經濟分析史》中文本由商務印書館 1991 年出版。

9月5日至8日，作爲中方主席參加在上海召開的第二屆中美經濟關係國際會議。

10月13日，參加在青島召開的中華外國經濟學説研究會華東分會，作《發展經濟學往何處去——建立新型發展經濟學芻議》的學術報告，首次提出創建新發展經濟學的設想，還提出"牛肚子"理論，即"中部崛起"理論，從理論上論證了中部崛起對於整個中國經濟騰飛的重要意義。

10月24日，參加國家教委在中南財經大學召開的全國高校系統紀念黨的十一屆三中全會十周年經濟學術研討會。

是年，創辦華中理工大學經濟發展研究中心，任中心主任。

是年，《從世界經濟的發展看生産力標準問題》收入湖北人民出版社出版的《生産力標準專題講座》。

1989 年　76 歲

5月，參加在鄭州召開的中華外國經濟學説研究會中南分會年會。

6月，《發展經濟學往何處去——建立新型發展經濟學芻議》發表於《經濟研究》(月刊) 1989 年第六期。

6月，赴德意志聯邦共和國參加在杜伊斯堡大學舉行的發展中國家經濟發展戰略問題國際研討會。15日，主持研討會；28日，參觀法國巴黎大歌劇院。

7月23日至25日，香港《大公報》連續3天刊登青天撰寫的《發展經濟學創始人張培剛》、《最早探討農業國工業化》、《老牛奮蹄，有所開創》，介紹張培剛的事迹。

9月，爲《凱恩斯革命的再革命》一書撰寫序言：《寄希望於青年學者》。該序言發表於《經濟學動態》（月刊）1989年第九期。

12月18日，在第四次全國歸僑代表大會上被評爲全國優秀歸僑僑眷知識分子。

12月19日，出席湖北省荊門市企業管理協會和企業家協會成立大會，作《企業管理和企業家在經濟發展中的作用》的學術報告。該學術報告發表於1990年《企業管理研究》創刊號。

12月，《關於建立新型發展經濟學的幾個問題》發表於《經濟學家》（雙月刊）1989年第六期。

1990年　77歲

3月，《外貿、外資與經濟發展》發表於《財經科學》1990年第三期。

5月，參加在成都召開的中華外國經濟學說研究會第四屆會員大會和第四次學術討論會。會議期間，與北京大學晏智杰、上海社科院楊建文、華中理工大學孫鴻敞等邀聚十幾位志同道合的學者開會研討新發展經濟學問題和撰寫《新發展經濟學》的籌備會。1992年9月《新發展經濟學》由河南人民出版社出版。

暑期，在北京國家教委舉辦的全國經濟學十門核心課程教學大綱教師講習班上分別在西方經濟學、發展經濟學和國際貿易課程上作講座，其《國際貿易與經濟發展》報告，後發表於對外經濟貿易大學主編的《國際貿易問題》1991年第二期。

9月15日，與李崇淮、譚崇臺、周新民、劉滌源、王治柱等武漢大學經濟系1945級任課老師和學生在珞珈山歡聚，并接受學生的鞠躬拜師禮。武漢大學黨委書記任心廉、校長齊民友、副校長李進才等見證了尊師禮。

10月10日至14日，參加華中理工大學經濟發展研究中心組織召開的"發展經濟學展望研討會"，并致開幕詞。

11月20日，參加長江日報社與武漢市經濟體制改革委員會聯合召開的"深化改革，走出困境"主題座談會。

12月11日至13日，湖北省社會科學界第四次代表大會在武昌召開，被聘爲湖北省社會科學界聯合會第四屆顧問。

是年，發表《外貿、外資與經濟發展》、《企業管理和企業家在經濟發展中的作用》；爲《商品經濟與荷蘭近代化》一書作序。

1991年　78歲

2月，《創新理論的現實意義——對熊彼特〈經濟發展理論〉的介紹和評論》發表於《經濟學動態》(月刊)1991年第二期。

3月14日上午，與武漢市人民代表大會代表王曉瑜交談對《武漢市國民經濟和社會發展十年規劃和第八個五年計劃綱要》(草案)的意見。

3月，《農業與工業化》中譯本擴大本以《發展經濟學通論第一卷·農業國工業化問題》由湖南出版社出版。

4月，《土地改革與經濟發展》發表於武漢大學《經濟評論》(雙月刊)1991年第二期。

春，《文化傳統與中國工業化及現代化》發表於《華中理工大學學報》(哲學社會科學版)1991年第一期。

5月7日，出席上海社會科學院主辦的中國90年代經濟發展理論研討會。

5月19日，《湖北日報》理論周刊第370期發表厲以寧寫的《張培剛先生對市場取向改革的可貴探索》一文。

5月中旬至7月中旬，在加拿大多倫多大學訪問講學；到美國華盛頓世界銀行和貝克萊加州大學、耶魯大學訪問，開展學術交流。

7月底至8月初，參加在內蒙古大學召開的發展經濟學與中國區域經濟發展研討會。

7月，《新型發展經濟學的由來和展望——關於我的〈發展經濟學通論〉》發表於《經濟研究》（月刊）1991年第七期。

12月2日，《長江日報》刊發《張培剛：發展經濟學的一代宗師》。

是年，發表《國際貿易與經濟發展》、《土地改革與經濟發展》、《熊彼特〈經濟分析史〉中譯本序言》。

1992年　79歲

6月4日，出席武漢市人民政府決策咨詢委員會召開的專家學者座談會，坦言獻策。

9月1日，與武漢大學經濟學院名譽院長譚崇臺聯合培養的發展經濟學方向的在職博士生徐長生、張衛東分別以《經濟起飛階段資本的形成和運用》、《大國的工業化與對外貿易》爲題的博士論文順利通過答辯。

9月，率全國衆多青年學子、主撰的《新發展經濟學》（全國社會科學基金會資助項目）由河南人民出版社出版（1999年修訂再版），其爲國內第一部有關發展中國家特色的經濟專著，產生了廣泛的學術影響。10月7日，參加河南人民出版社在鄭州舉辦的《新發展經濟學》出版座談會；9日去開封參觀包公祠，三鞠躬致敬。

10月15日至17日，華中工學院慶祝張培剛80華誕暨從事科研教學60周年，同時舉行"張培剛學術思想研討會"、"張培剛教授學術成就展覽"，并成立了"張培剛發展經濟學研究基金"。時任中共湖北省委書記的關廣富親筆題寫"奮力求真"條幅，表示熱烈祝賀。臺北武漢大學校友蔡名相送交張培剛在臺灣老友萬先法手書一封、賀聯一副、佳句三首及張培剛存放在萬先法處的60餘幀舊照片一册。

10月26日，吟唱"七律・和臺北摯友萬先法兄"。後又於12月1日至17日回憶與萬先法相識、相知的兄弟情，爲"和臺北摯友萬先法兄"作注四五千言。

12月5日下午，出席共青團武漢市委員會召開的紀念"一二·九"運動座談會，向參加座談會的武漢大學、湖北大學、江漢大學等校的學生提出希望。

1993年　80歲

初春，應三亞市邀請赴海南省進行20天考察，與海南經濟行政部門和研究院所進行廣泛的接觸，舉行多次座談會，并與中共海南省委書記和各市、縣長以及農業、工商、金融部門負責人交換意見，還訪問少數民族和農民家庭。中共三亞市委、市人民政府邀請張培剛每年去三亞對其經濟發展作理論指導。

2月19日，香港《文匯報》以整版篇幅刊載《張培剛：發展經濟學先驅》一文。

3月12日，《長江日報》刊發《勞動力必須是商品——對一個傳統命題的看法》一文，援引張培剛經典名言："市場經濟是真的，還是假的，是高層次的，還是粗淺的，關鍵是看對人的態度，對勞動力的態度，勞動者是否能自由擇業、自由地支配勞動力。"

3月31日，《長江日報》刊發《關於股份制的訪談錄》，載有張培剛訪談內容。

4月22日，爲紀念"世界地球日"23周年到來之際，與湖北省19名著名專家學者面向全社會鄭重地發出倡議：希望全社會共同行動起來，關心生態，建設生態；向湖北社會各界發出倡議：珍惜土地，保護資源，節制人口，控制污染，發展經濟，造福子孫。

5月10日，出席中共湖北省委宣傳部召開的武漢——中國第三個股市聚焦點座談會。張培剛認爲，漢口解放前就有"東方芝加哥"之稱，是僅次於上海的國內金融中心。在區位上，它既是向東南沿海散開的扇面樞紐，又是向西北、西南散開的扇面樞紐；在長江流域也處在"蛇"之"七寸"的位置上。因此，在武漢設立第三個證券交易所，對我國中西部的經濟發展乃至全國的經濟起飛，都具有舉足輕重的意義。

5月15日至16日，出席武漢市舉辦的把武漢建成國際性城市發展戰略討論會。

10月16日，出席湖北省社會科學聯合會和湖北省經濟體制改革研究會在武昌召開的企業轉換經營機制理論與實踐研討會。

1994年　81歲

1月7日，《長江日報》的《環球經貿瞭望》專刊創刊，刊發張培剛撰寫的《放眼世界　開拓未來》發刊詞及人物介紹《張培剛》。

1月25日，《長江日報》以"勇於攻關，健康發展"為題刊發張培剛等專家學者的發言。

1月，《生產率與經濟增長研究的一部開拓性著作——評〈生產率與中美日經濟增長研究〉一書》（合撰）發表於《經濟研究》1994年第一期。

4月5日，中共華中理工大學委員會、華中理工大學發出通知：經濟管理學院劃分為工商管理學院和經濟學院，由張培剛擔任經濟學院名譽院長。

4月，《新發展經濟學與社會主義市場經濟》刊載於江蘇人民出版社出版的《我的市場經濟觀》（下卷）。

5月5日，倡議并參加華中理工大學經濟發展研究中心和湖北省社會科學院農村經濟研究所聯合舉辦的農業與經濟發展學術研討會。研討會就農業剩餘勞動力、農村工業化、土地制度、農工商一體化和生態農業以及糧食等問題進行研討。

6月，《新發展經濟學的思路》發表於《江海學刊》（雙月刊）1994年第三期。

11月3日，出席在華中理工大學舉行的張培剛、鍾世杰經濟發展基金簽字儀式。該基金旨在推動我國對經濟發展的研究，立足中國，面向世界，以嚴謹的科學態度，不斷探索中國及其他發展中國家如何有效地實現工業化和現代化的理論。

是年，《懷念母校講授基礎課的諸位老師》收錄於武漢大學出版社出版的武漢大學百年校慶專輯《百年樹人，百年輝煌》。

1995 年　82 歲

4月，《新貿易理論及其與發展中國家的關係》(合撰)發表於《經濟學家》(雙月刊)1995年第二期。

5月7日至9日，湖北省社科界第五次代表大會召開，張培剛當選爲湖北省社會科學聯合會第五屆委員會顧問。

5月25日，《新發展經濟學》榮獲第一屆湖北省社會科學優秀成果一等獎。

春夏間，開始整理《中國糧食經濟》手稿。

10月5日至8日，出席華中理工大學經濟學院、武漢大學經濟學院、湖北省社會科學院聯合在華中理工大學召開的發展經濟學與中國經濟發展研討會。這是我國經濟學界專門就發展經濟學而召開的第一次盛會。

10月9日，出席中南財經大學研究生自辦的第三屆全國高校研究生經濟理論及熱點問題研討會。全國57所高校的120多名研究生參會，就建立現代企業制度、市場機制與宏觀調控、財政金融投資理論等問題展開熱烈討論。

12月7日，《沒有農業現代化就沒有中國現代化——論工業化進程中中國農業發展的問題及其對策》(合撰)發表於《長江日報》1995年12月7日第一版。

12月，《中國經濟在亞太經濟發展中的地位和作用》(合撰)發表於《經濟學家》(雙月刊)1995年第六期。

是年，主持的"武漢在湖北經濟發展中的'龍頭作用'研究"課題獲武漢市社會科學基金資助。

9月25日，赴美參加學術會議，途經上海時應聘兼任上海社會科學院經濟研究所研究員。

1996 年　83 歲

1 月 24 日上午，中共湖北省委書記賈志杰登門看望張培剛。

1 月 29 日，出席國務院發展研究中心和武漢市人民政府在北京國際會議中心聯合舉辦的武漢與中西部發展戰略研討會。

2 月，《工業化進程中的中國農業》(合撰)發表於黑龍江大學《求是學刊》(雙月刊)1996 年第一期。

3 月 1 日，應邀參加由武漢市人民政府主持召開的全市國民經濟和社會發展"九五"計劃和 2010 年規劃研討會，對《武漢市國民經濟和社會發展第九個五年計劃和 2010 年規劃綱要(徵求意見稿)》提出中肯的意見。

3 月，因商務印書館將重新翻譯出版熊彼特的《資本主義、社會主義與民主》，應商務印書館經濟編輯室邀約改寫中譯本序言。

5 月，《當前中國農業發展問題的思考》(合撰)發表於《經濟學動態》(月刊)1996 年第五期。

1997 年　84 歲

5 月 6 日，武漢大學區域發展研究院正式掛牌成立，張培剛等 21 位各界名流被聘爲研究院顧問。

5 月 16 日，《"牛肚子"理論——簡釋中部崛起的理論基礎》發表於《經濟學消息報》(周刊)1997 年 5 月 16 日第 4 版。

5 月 19 日，向華中理工大學圖書館捐贈個人著作 6 種 9 本。

9 月，中共華中理工大學委員會授予張培剛特別貢獻獎，以表彰張培剛在教育戰綫勤奮工作，爲發展經濟學的創立和發展，爲華中理工大學經濟學科的創辦和建設作出的貢獻。

10 月 24 日至 31 日，出席中華外國經濟學説研究會在南昌江西財經大學召開的第七屆年會與華東地區外國經濟學説研究會第十屆學術討論會，被選爲名譽會長。

12月12日，出席武漢大學經濟學院、華中理工大學經濟學院和山西經濟出版社聯合在華中理工大學舉辦的《張培剛選集》、《譚崇臺選集》出版座談會。

是年，主撰的《微觀經濟學的產生和發展》由湖南人民出版社出版發行。

1998年　85歲

3月20日，出席武漢大學譚崇臺教授執教50周年慶賀會。

5月8日，出席紀念《江漢論壇》創刊40周年座談會。

7月，華中理工大學西方經濟學專業博士點獲批，張培剛被聘爲博士生導師。

8月，《文章風範照千秋——悼念陳岱孫先生逝世一周年》發表於《經濟學家》(雙月刊)第四期。

10月26日至28日，出席武漢市紀念十一屆三中全會20周年研討會。

10月29日，撰寫的《要發展，就要打破舊框框》一文刊發於《長江日報》。

12月23日，武漢歐美同學會成立，被聘爲名譽會長。

1999年　86歲

2月15日，《長江日報》刊發《愛吃紅苕稀飯的張培剛》一文。

4月12日，華中理工大學、湖北省社會科學院哲學社會科學聯合研究院成立，被聘爲研究員。

5月18日，榮獲第二屆武漢大學杰出校友稱號，接受母校褒揚，佩戴金質"杰出校友"獎章，獲獎金1萬元。

5月，撰寫發展經濟研究叢書總序。

5月，武漢市人民政府擬對漢口中山大道部分路段進行大規模整治，并本着"整舊如舊"的原則對沿街的老建築進行維修。在專家學者論證會上，張培剛認爲這是一件十分有意義的舉措，并建議武漢市有關部門在整治過程中重視保護老建築。

2000 年　87 歲

1 月 1 日，《長江日報》刊發《肩負歷史重任　繁榮社會科學——10 位武漢學界名流寄語新世紀新千年》。張培剛寄語：新的千年來臨，我們更應有緊迫感。作爲中國人，不僅要在經濟上爭氣，早日擺脱貧困，做到真正振興和發達，而且在學術上也要爭氣，早日擺脱落後，做到真正獨立和繁榮。

5 月，出席中華外國經濟學説研究會在成都西南財經大學召開的第八届會員代表大會，即興發表題爲"繼往開來　同振中華"的演説，深情地緬懷學會創辦者陳岱孫及其他謝世的各位元老的貢獻。

7 月 4 日，華中科技大學學術委員會成立。裘法祖任名譽主任委員，楊叔子任主任委員，周濟等 10 人爲副主任委員，張培剛等 33 人爲委員。

7 月，接受《長江日報》記者采訪，認爲開設二板市場，不僅能爲國内企業募集大量資金，促進企業建立現代企業制度，還能帶動第三產業發展，有利於資本市場的建立和完善；在武漢設立二板市場，其功能是任何其他城市(包括上海、天津、廣州)所不能取代的。

7 月，賦詩《和慶雄教授吾兄遥贈七律》一首。

2001 年　88 歲

2 月 20 日，國務院發展研究中心、武漢市人民政府、武漢大學發起，聚合長江流域科研力量的長江發展研究院在武漢大學宣布成立，被聘任爲首批學術顧問。

是年，主編的《發展經濟學教程》由經濟科學出版社出版。2007 年修訂版出版。

2002 年　89 歲

1 月 23 日，完成《二十世紀中國糧食經濟》序言，并定稿。

7 月 8 日，一群"孝順的學生"，一群耄耋之年的老人，武漢大學經濟系 1945 級在漢校友爲張培剛 90 華誕祝壽。

10 月 18 日，華中科技大學爲張培剛 90 華誕暨從事學術活動 70 周年舉行隆重熱烈的祝壽活動。教育部副部長周濟發來賀信，湖北省副省長王少階和武漢市副市長辜勝阻代表省市政府到會祝賀，武漢市人民政府向張培剛基金會捐贈 70 萬元；時爲全國政協常委、著名經濟學家的董輔礽等海峽兩岸大量專家學者與會，并就發展經濟學與中國工業化和現代化進行爲期兩天的研討。

10 月，發展經濟學研究叢書《二十世紀中國糧食經濟》由華中科技大學出版社出版。

是年，《農業與工業化》中文版作爲上卷再版，《農業與工業化》(中下合卷)由華中科技大學出版社出版；《農業與工業化》英文版由香港花千樹出版社出版。

2003 年　90 歲

9 月 5 日，出席武漢市江夏區"一主三化"(即堅持主要依靠民營經濟推動工業化、農業產業化和城鎮化)發展戰略研討會，認爲，江夏區發展經濟的思路很超前，抓住了經濟發展的"牛鼻子"，特贈江夏區四句話：招商引資、興工旺農、富民強國、世界大同。

2004 年　91 歲

9 月 10 日，教師節。中共中央政治局委員、湖北省委書記俞正聲看望張培剛，表示節日的問候。張培剛向俞正聲贈送《農業與工業化》、《新發展經濟學》。

2005 年　92 歲

6 月 6 日，張培剛爲其博士生、時任中共黃陂區委副書記舒煉專著《"牛肚子"論——中部經濟發展戰略研究》書寫序。該專著在張培剛指導下深入研究"牛肚子"理論，提出"加快發展中部地區，完全符合世界經濟增長中心轉移規律"等多個論點，并對怎麼看待中部地區發展問題、中部地區的家底如何、具有哪些競爭優勢，作了深入的研究。

夏，書贈橫批爲"對待人生"的楹聯給博士生舒煉："認真但不要太認真應適時而止，看透豈可以全看透須有所作爲。"

9 月 8 日，與妻子譚慧（張培剛發展經濟學研究基金會理事長）參加張培剛經濟學優秀博士碩士論文奬首次頒奬儀式。

2006 年　93 歲

4 月 23 日，參加華中科技大學第一屆張培剛發展經濟學研究成果奬頒奬典禮，親自向何煉成、林毅夫、史晋川等 3 人頒發獲奬證書，并寄語師生。該奬項是由張培剛發展經濟學研究基金會面向全國評選。

2007 年　94 歲

6 月 9 日，參加首屆中華發展經濟學年會暨慶祝張培剛教授 95 華誕學術研討會，寄望後學："我殷切地盼望，在繁星點點的夜空中，出現閃爍炫目亮光的中國新星。"

2008 年　95 歲

9 月 9 日，湖北省人民政府省長李鴻忠專程看望張培剛，祝他教師節快樂。

9 月 14 日，中秋節，參加武漢大學經濟學院爲譚崇臺教授舉辦的執教 60 周年慶賀會，賦詩慶賀。

2009年　96歲

1月10日，中共湖北省委副書記、湖北省人民政府省長李鴻忠看望張培剛，送來新年祝福和黨的關懷。

2月8日，第二屆張培剛發展經濟學優秀成果獎頒獎典禮暨中國經濟發展論壇在北京人民大會堂舉行，譚崇臺、吳敬璉、劉遵義等6位學者的論著或論文獲獎。96歲高齡的張培剛通過視頻向獲獎學者表示祝賀。

9月，由中共湖北省委宣傳部、中共湖北省委黨史研究室、湖北日報傳媒集團主辦的"功勳湖北100人"大型評選活動評選結果揭曉，張培剛榮獲"新中國成立以來感動荊楚人物"榮譽證書。

11月15日，由中國社會科學院科研局、中國社科院經濟研究所、廣東省出版集團等聯合主辦的"未來10年中國經濟走向"高峰論壇暨"影響新中國60年經濟建設的100位經濟學家"叢書首發式在北京舉行，張培剛入選影響新中國經濟建設的100位經濟學家。

是年，主編的國家"十一五"規劃教材《發展經濟學》由北京大學出版社出版。

2010年　97歲

11月4日，中共湖北省委印發關於命名表彰首批"荊楚社科名家"的通報（鄂文[2010]62號），省委決定授予張培剛等13人首批"荊楚社科名家"榮譽稱號，并予以通報表彰。

12月11日至12日，第三屆張培剛發展經濟學優秀成果獎頒獎典禮暨2010中國經濟發展論壇在華中科技大學舉行。帕金斯、李實、盧鋒、張軍等學者的4部論著或論文獲獎。

2011年　98歲

8月，撰寫《養牛之談》一文。

11月23日14時，因病醫治無效，在華中科技大學附屬協和醫院不幸逝世，享年98歲。張培剛逝世後，黨和國家領導人溫家寶、李長春、李克强、王岐山、劉延東、俞正聲、朱镕基、吳官正、陳宗興等以各種方式表達慰問和哀悼。國務院僑務辦公室等中央國家機構和組織發來唁電并敬獻花圈花籃。中共湖北省委、省人大、省政府、省政協、省紀委、湖北省人民檢察院，中共武漢市委、市人大、市政府、市政協等發來唁電并敬獻花圈花籃。爲表彰張培剛在經濟學界取得的突出成就和對學校發展的突出貢獻，華中科技大學於是日授予張培剛華中科技大學終身成就獎。

11月25日，張培剛的學生、武漢市市長唐良智代表中共武漢市委、市政府赴張培剛家中吊唁慰問。

11月26日，受中共湖北省委書記李鴻忠、省長王國生的委托，中共湖北省委常委兼省委宣傳部部長尹漢寧專程赴張培剛家中吊唁和慰問。

11月27日，張培剛遺體告別儀式在武昌殯儀館舉行，社會各界1 000餘人參加。告別儀式上，華中科技大學校長李培根介紹了張培剛的生平，中共華中科技大學委員會常務副書記馮友梅主持告別儀式。